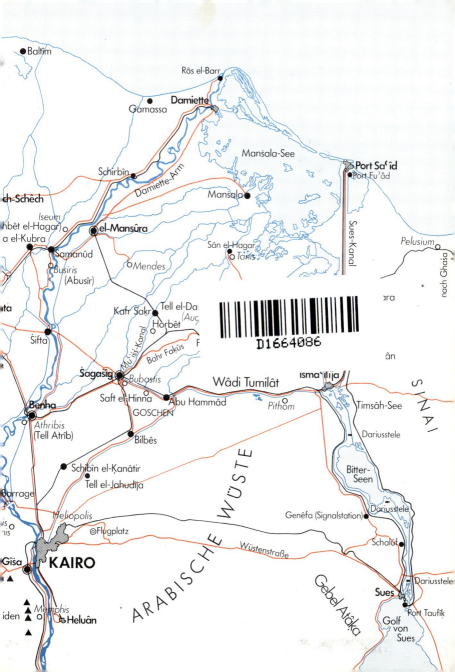

*Kohlhammer
Kunst- und
Reiseführer*

Emma-Brunner-Traut

Ägypten

*Kunst- und Reiseführer
mit Landeskunde*

*Mit Beiträgen von Renate Jacobi (Islâm)
und Victoria Meinecke-Berg (Islamische Kunst)*

*Mit 16 Schwarzweiß-Photos, 8 Farbphotos,
95 Abbildungen, 145 Karten und Plänen
und 3 Sonderkarten*

Vierte, erweiterte und verbesserte Auflage

*Verlag W. Kohlhammer
Stuttgart Berlin Köln Mainz*

CIP-Kurztitelaufnahme der Deutschen Bibliothek

Brunner-Traut, Emma:
Ägypten: Kunst- u. Reiseführer mit Landeskunde /
Emma Brunner-Traut. Mit Beitr. von Renate Jacobi u. Victoria Meinecke-Berg.
4., erw. u. verb. Aufl. – Stuttgart; Berlin; Köln; Mainz: Kohlhammer, 1982.
  (Kohlhammer-Kunst- und Reiseführer)
  ISBN 3-17-007350-8

Vierte, erweiterte und verbesserte Auflage 1982
Dritte Auflage 1978
Alle Rechte vorbehalten
© 1978 Verlag W. Kohlhammer GmbH
Stuttgart Berlin Köln Mainz
Umschlag: hace
Photonachweis Seite XXV, Umschlagmotiv:
Baumgöttin spendet den Verstorbenen Speise und Trank.
Aus dem Grab des Sennodjem, Theben Nr. 1
Gesamtherstellung W. Kohlhammer Druckerei GmbH + Co. Stuttgart
Printed in Germany

Bauten, davor die Zeit sogar sich fürchtet,
Wo sonst doch fürchtet alles in der Welt die Zeit.

Omâra-al-Jamani

Vorwort

Die Reisenden sind gut beraten, wenn sie das Nilland als Studienziel wählen, aber sie mögen sich auch raten lassen, Ägypten nicht als Einzelner zu besuchen, sondern – zumindest bei der ersten Reise – mit einer Gruppe. Trotz des technisch-zivilisatorischen Ausbaus und aller Europäisierungen, die Ägypten zugunsten des Tourismus trifft, bleibt das Land für den Westen fremdartig und nicht auf Anhieb bewältigbar. Ein Versäumnis bei der Paßregistratur, Photographieren am falschen Platz, Verlaufen in eine unbesuchte Gegend, Erkranken ohne arabische Sprachkenntnisse, Verlust der Brieftasche oder ein mißverstandener Blick nach einer Frau können zum Verhängnis werden, ganz zu schweigen davon, daß es der Einzelreisende schwer hat, ein Fahrzeug zu bekommen oder gar ein Hotelzimmer. Der Besucherstrom nach Ägypten schwillt laufend an, stieg im verflossenen Jahr auf eine dreiviertel Million Touristen. Hotels und Eisenbahn könnten ihre Plätze dreifach vergeben, die Organsationskünste ägyptischer Administration sind überfordert.
Ganz besonders zu widerraten ist einer Selbstfahrer-Autoreise. Wenn auch theoretisch die internationalen Verkehrsregeln gelten, so herrschen praktisch interne Regelungen, mit Hierarchiebegriffen, Hupensprache, Scheinwerferblinkern und psychologischen Gesetzmäßigkeiten, die man sich durch vorsichtige Übung allmählich aneignen muß. Ampeln und Pflastermalerei werden vor dem Faustrecht zur Dekoration, Fußgänger zum Verkehrshindernis, Vieh, das nachts dunkle Landstraßen überquert, reißt Autofahrer nicht selten mit in seinen Tod. Hinzukommt, daß der Europäer sich nicht in orientalischer Rechtspraxis auskennt. Die Nachteile einer Gruppenreise sind jedenfalls geringer als das Risiko einer Einzelreise, deren Abenteuer oft schon im Kairener Flughafen geendet hat.
Doch sollte der Gruppenreisende besonderen Wert darauf legen, sich durch einen Studienreiseführer vorzubereiten, wenn er als kultivierter Mensch von dem Unternehmen Gewinn haben und selbständig urteilsfähig bleiben will. Das vorliegende Buch möchte ihm dazu an die Hand gehen, die Mitte haltend zwischen den gegensätzlichen Ansprüchen eines Führers durch Ägypten, dessen wenige Seiten man im Flug von Europa nach Kairo durchblättert, und monographischen Abhandlungen sämtlicher Denkmalbezirke.
Unser geistiger Horizont hat sich geweitet, die wissenschaftlichen Errungenschaften des letzten Jahrhunderts haben über den europäischen Raum hinaus und hinter Griechenland zurück die Zäune gelichtet, so daß wir

uns in ständig wachsender Zahl nicht nur auf Ursprung und Herkunft unserer eigenen Kultur besinnen, sondern auch im Spiegel andersartiger Lebensformen die eigene neu zu verstehen suchen. Kein Land wäre besser geeignet, auf diese Fragen Antwort zu geben, als Ägypten, da seine Hochkultur am Beginn der Geschichte steht und Ägypten auch strukturmäßig gerade so viel Abstand von uns hat, daß ein Vergleich fruchtbar ist. Jeder, der sich über seine geistige Situation und damit auch über seine Aufgabe hier und jetzt klar zu werden bemüht, und auch jeder, der nur die Ausdehnung seines historisch-kulturellen Wissens sinnvoll anstrebt, tut gut daran, Ägypten als Reiseziel zu wählen. Eine Ägyptenreise ist daher nicht billigerweise „Modesache", liegt vielmehr auf dem Wege geistiger Neuorientierung.

Die 3000 Jahre während alte Hochkultur in ihrer Geschlossenheit und Einheitlichkeit hält für Geschichte wie Religion, für Kultur und Kunst, aber auch für Schrift und Sprache, kurz auf allen Gebieten menschlicher Betätigungen Lösungen von einmaligem Rang bereit. Das ist nicht selbstverständlich, denn oft genug wird Begabung nur einseitig geschenkt. Damit aber die archäologischen Denkmäler, die Ruinen von Tempeln, Gräbern und Palästen sich dem Betrachter mit geistigem Leben füllen, geht dem Führungsteil des Buches eine Landeskunde voraus, die einen Überblick über die weittragenden Schöpfungen und Leistungen vermitteln will. Damit die antiken Stätten in ihrer Stummheit gegenwärtig werden und widerklingen vom Hall ihrer Bewohner, die Jubel kannten und Trauer wie wir, damit sie auffunkeln in ihrem ehemaligen Glanz, deshalb müssen wir wissen, wo, wann und wie sich die alten Geschichten zugetragen haben.

Der Schwerpunkt des Buches liegt sachgemäß in den drei vorchristlichen Jahrtausenden, da eine Vielzahl von Göttern den Weg der Menschen bestimmte. Aber in den Sand ägyptischer Wüste zeichneten auch die Füße der ersten christlichen Mönche ihre Spuren, ehe schließlich Mohammeds Glauben das Land für sich gewann. So gehören kuppelüberwölbte Schêchgräber und Moscheen mit schlanken Minaretts ebenso zu Ägyptens Wahrzeichen wie die Pyramiden der Pharaonen. Fallen Hieroglyphenteppiche über die Mauern von Gräbern und Tempeln, so überrieselt das Geflirre islamischer Arabesken die Wände der Mausoleen. Das Land ist trächtig an bewegender Geschichte bis zum heutigen Tag.

Wer Ägypten kennt, kennt die andere Hälfte der Welt, kennt den Orient mit seinem Zauber und seinem Elend, kennt ein Musterbeispiel für das harte Beieinander von Süß und Bitter, von paradiesischer Fülle und lebensfeindlicher Wüste, von unbarmherziger Sonnenglut und kalten Nächten. Die Landschaft wartet auf mit unverlierbaren Urbildern.

Ausgrabungen und Forschungen, deren Urheber hier bewußt ungenannt

Vorwort

bleiben, breiten ständig neues Licht über die vergangene Kultur. Die Bibliotheken füllen sich fleißig mit Fachliteratur vieler Nationen, doch ist sie dem Laien schwer zugänglich, allein schon wegen der unverständlichen Schriften und Sprachen (Hieroglyphen, Hieratisch, Demotisch, Koptisch und Arabisch). Die ägyptische Altertümerverwaltung erschließt dem Reisenden laufend weitere Denkmäler und sorgt durch Provinzmuseen für Dezentralisation der schier unüberblickbaren Fundstücke. Auch die Landkarte Ägyptens wird in epochaler Weise verändert.

Das vorliegende Buch versucht, dem Interessierten auf gegenwärtigem Stand der Wissenschaft zuverlässig Bescheid zu geben – so umfangreich, daß jedes üblicherweise ersehnte Reiseziel aufgesucht werden kann, aber so knapp, daß der Leser nicht vor lauter Bäumen keinen Wald mehr sieht. Es ist gedacht, daß der Reisende die Landeskunde *vor* der Reise liest, den Führungsteil während seines Besuches der jeweiligen Sehenswürdigkeiten. Den einzelnen Besichtigungsgruppen geht, um Überschneidung und Wiederholung möglichst zu vermeiden, in der Regel eine allgemeine Einführung voraus. Ein Pfeil (→) verweist auf eine Behandlung des Stichwortes, dessen Vorkommen dem Sachverzeichnis am Ende des Buches zu entnehmen ist.

Mein Dank gilt den Kollegen, die durch Hinweis und Auskunft und nicht zuletzt durch ihre Forschungen, von denen dieses Buch mitzehrt, beigetragen, und schließlich jenen, die meine Reisen in Ägypten durch ihre Hilfsbereitschaft erleichtert haben.

So gehe dieser Führer hinaus und mehre die Freunde Ägyptens, und zeige ihnen eine andere von den besten aller Welten. Überreicht sei er denen, die nicht reisen, um es bequem zu haben, sondern Unbequemlichkeiten auf sich nehmen, um Bleibendes zu gewinnen. Gewidmet sei er dem ägyptischen Volke und allen, die ihm wohlwollen.

Tübingen, Juni 1976   Prof. Dr. *Emma Brunner-Traut*

Vorwort zur 4. Auflage

Die neue Fassung des Führers stellt gegenüber der 3. Auflage eine Änderung dar, nicht allein weil wissenschaftliche Erkenntnisse und organisatorisch-technische Verhältnisse sowie die historischen Ereignisse und derzeitigen Gegebenheiten selbstverständlich auf den neuesten Stand zu bringen angestrebt ist (den Abschreibern des Buches sei größere Aufmerksamkeit als bisher empfohlen), sondern auch weil die Bearbeitung des mittelalterlich-islamischen Ägypten dankenswerterweise in die Hand von Frau Dr. Viktoria Meinecke-Berg, Hamburg-Damaskus, gelegt werden konnte (S. 237–250, S. 383–418 und S. 428–431). Als gute Fachkennerin vermochte sie auch, meinem von Anfang an gehegten Wunsch zu entsprechen, die islamischen Sehenswürdigkeiten an eine Führungslinie mit Detailplänchen zu binden, so daß der Benützer des Buches sich in dem Altstadtgewirr leicht zurechtfinden wird. Frau Dr. Vera Hell, die die entsprechenden Teile der früheren drei Auflagen betreut und den Führer initiiert hat, sei für ihre bisherige Mitarbeit bestens gedankt. Schließlich sei mein herzlicher Dank Frau Karin Ibrahim ausgesprochen, die als Dolmetscherin z. Zt. in Kairo tätig ist und mit peinlicher Gewissenhaftigkeit die technischen Angaben überprüft bzw. erhoben hat und dafür verantwortlich zeichnet. Der Beitrag von Frau Prof. Dr. Renate Jacobi wurde im Abschnitt über die Literatur neugefaßt.

Den verehrten Benützern des Buches ein gutes Geleit an Hand des neuen dux bene vivendi für Ägypten, das in der derzeitigen Uneingeschränktheit nicht mehr lang zu besichtigen sein dürfte, denn auch der Tourismus hat sich seit der 3. Auflage verändert bzw. zum Massentourismus entwickelt. Er hat für die Denkmäler Folgen gezeitigt, die von Ägypten, den Ägyptologen und Ägypten-Liebhabern nicht zu verantworten sind. Durch Atem und Transpiration der Reisegäste und die von Staub und Mikroben durchschwängerte Luft sind nicht wenige Gräber von Schimmelpilzen befallen und kaum noch zu retten. Es genügt nicht, weitere Gräber zu schließen, man erwägt, sie für Touristen in originalgetreuen Nachbildungen zugänglich zu machen und dann sämtliche Grabbauten für Besucher zu sperren. Der Reisende möge für die jetzt schon vorgenommene Schließung einiger Sakralbauten Verständnis haben und wolle nicht versuchen, durch Bakschîsch die Wärter zu Ausnahmen zu verleiten.

In den letzten beiden Jahren zählte Ägypten 3 Mill. Feriengäste – kein Wunder, denn eine Ägyptenreise gehört zu den Höhepunkten des Lebens. Damit Ägypten dieser Zahl von Besuchern gerecht werden kann, reicht es aber weder aus, die Denkmäler verantwortlich zu präsentieren noch auch durch eine bessere touristische Infrastruktur die Reisemöglichkeiten auszubauen – die leitenden Stellen hier wie drüben überdenken außerdem, wie sie die dem Totendienst vorbehaltene Bannmeile dem Gast als Stätte ehrwürdiger Kultur verpflichtend ans Herz legen können, damit nicht »die Lande des Schweigens« zu Rummelplätzen werden, wo eine zeitgenössische Wegwerfgesellschaft sich hemmungslos vergnügt, drängelt und schiebt.

Jedem einzelnen ist die Aufgabe gestellt, an der Lösung dieser Frage mitzuhelfen, und sei es durch stillen Verzicht, wenn statt einer Besichtigung eine Freizeit eingeräumt werden muß. Das Sonderangebot verweilenden Beobachtens und besinnlichen Vertiefens in fremdartige Vorstellungen und Lebensweisen füllt in Ägypten jede Programmpause randvoll aus. Ägypten bleibt immer eine Reise wert.

Tübingen, Oktober 1981 Prof. Dr. Emma Brunner-Traut

Inhaltsübersicht

Vorworte .... VII–XII

Landeskunde

Zur Umschreibung der arabischen Wörter 1

Abkürzungen 3

Kleine Liste arabischer Ausdrücke 4

Land und Leute 7

Das ägyptische Land 7

Natürliche Gliederung 7
Staat und Verwaltung 8
Klima 9
Gouvernorate 10
Geologie 12
Der Nil 14
Bewässerung 17
Landwirtschaft und Vegetation 18
Viehzucht und Wild 21
Industrie, Verkehr und wirtschaftliche Lage 22

Die heutige Bevölkerung 25

Bestand, Lebensstandard, Volkscharakter 25

Bevölkerungszahl S. 25 – Schmelztiegel S. 26 – Fellahen S. 27 – Kopten S. 28 – Beduinen S. 30 – Nubier S. 31 – Sudânneger S. 32 – Übrige Ausländer S. 32

Inhaltsübersicht

Soziale Gliederung 32
Fellahen S. 32 – Handwerker S. 33 – Industriearbeiter S. 33 – Frauen S. 34

Bildung und Kultur 36
El-Ashar-Universität S. 36 – Schulpflicht S. 36 – Literatur S. 37 – Malerei S. 38 – Musik S. 38 – Sprache S. 38 – Schrift S. 39 – Religion S. 40 – Entwicklung der letzten Jahrzehnte S. 40

Geschichte 41

Pharaonenzeit 41

Vorgeschichte 45
Frühzeit 45
Altes Reich 46
1. Zwischenzeit 48
Mittleres Reich 49
2. Zwischenzeit 50
Neues Reich 50
Amarnazeit S. 52

Spätzeit 56
Griechische oder ptolemäische Herrschaft 57
Römische Herrschaft 59
Ausklang: Byzantinische Herrschaft 62

Eine Auswahl ägyptischer Königsnamen (Hieroglyphen) 64

Mittelalter 68

Ägypten eine Provinz des Kalifenreichs 68
Ägypten unter selbständigen Herrschern 69
Mamlûken 70
Herrschaft der Osmanen 71

Neuzeit 72

Französische Herrschaft 73
Mohammed Ali und seine Nachfolger 73
Republik 76

Inhaltsübersicht

Religion der Pharaonenzeit 84

Götter 85
Mythen 98
Königstheologie 102
Tempelkult 103
Frömmigkeit 104
Ethik 105
Totenglauben 106
Mumifizierungstechnik 113

Anhang 114
Tell el-Amarna S. 114 – Beziehungen zur Bibel S. 115

Sprache, Schrift und Literatur der Pharaonenzeit 118

Sprache 118
Altägyptisch S. 118 – Mittelägyptisch S. 118 – Neuägyptisch S. 118 – Demotisch S. 118
Schrift 119
Hieroglyphen S. 119 – Hieratisch S. 122 – Demotisch S. 125
Literatur 125
Klassische Epoche S. 125 – Demotische Epoche S. 128
Anhang über die Entzifferung der Hieroglyphen 129

Kultur der Pharaonenzeit 131

Geistige Güter 131
Materielle Güter 136
Ernährungswirtschaft (und Fauna und Flora) 141
Wohnkultur 145
Staat und Gesellschaft 147

Kunst der Pharaonenzeit 151

Vokabular 153

Architektur 166
Bautechnik S. 166 – Geschichte S. 168 – Königsgräber S. 169 – Privatgräber S. 172
Tempel S. 174

Plastik 179
Flachkunst 182
Relief S. 182 – Malerei S. 183 – Schrift S. 184 – Stil S. 184

Erkenntnistheoretische Grundlage ägyptischer Kunst 185
Künstler 190
Eigenart der ägyptischen Kunst 191

Das koptische Christentum 193

Glaube und Kirche 193

Das frühe Christentum 193
Geschichte der koptischen Kirche 194
Klöster 196
Die Kopten von heute 201

Sprache, Schrift und Literatur 205

Sprache 205
Schrift 206
Literatur 207

Koptische Kunst 208

Begriff und Wertung 208
Architektur 211
Plastik und Relief 213
Malerei 214
Kleinkunst 216
Touristenziele S. 217

Der Islâm – *Renate Jacobi* 218

Mohammed und der Koran 219
Das Kalifenreich 223
Die kultischen Pflichten 225

Inhaltsübersicht

Die Stadt und ihre Geschichte 294
Topographie 297
Antike Stätten 299

Kôm ed-Dîk S. 299 – Serapeum S. 300 – Kôm esch-Schuḳâfa S. 302 – Anfûschi S. 306 – Weitere kleine Nekropolen: Gabbâri, Schatbi, Mustafa S. 306

Museum griechisch-römischer Altertümer 307
Museum der Schönen Künste 311
Neuere Stadt 311

Norden S. 311 – Zentrum S. 313 – Gärten S. 313

Umgebung von Alexandria und Mittelmeerküste 313

Nach Osten: über Montaṣa – Abukîr – Rosette bis Râs el-Barr S. 314 – Nach Westen: Küstenstraße bis Sollum S. 315 – Abusîr S. 316 – Ruinen der Menas-Stadt S. 318 – El-Alamên S. 319

Delta 321

Einführung 321
Ausflüge 322
Route Agricole 323
Naukratis 324
Buto 324
Saïs (Sâ el-Hagar) 325
Busiris 325
Iseum – Behbêt el-Hagar 325
Mahalla el-Kubra – el-Mansûra – Damiette 326
Bubastis (Tell Basta) 327
Tanis (Sân el-Hagar) 328
Wâdi Tumilât 331
Pithom 332
Isma'ilîia und Sues 332
Sueskanal 336

Geschichte S. 336 – Kanalfahrt von Port Sa'îd nach Sues S. 337

Kairo 340

Allgemeine Hinweise (von A–Z) 340

Die Stadt und ihre Geschichte 346
Die neuere Stadt 348

Die Museen 351

Inhaltsübersicht

Dogmatik und Recht 227
Die islamische Kultur 233
Die Zeitrechnung 236

Islamische Kunst in Ägypten – *Viktoria Meinecke-Berg* 237

Ägypten nach der islamischen Eroberung 237
Tuluniden 239
Fatimiden 240
Aijubiden 244
Mamlûken 245
Ägypten seit der osmanischen Eroberung 248

Chronologische Übersicht 251

Deutsch-arabisches Wörterverzeichnis 261

Kleines Vokabular S. 261 – Zahlen S. 271 – Ausrufe S. 272 – Bei einem Besuche S. 272 – Grußformeln S. 273 – Redeformeln S. 273 – Redewendungen S. 274 – Anreden S. 275 – Ägyptische (arabische) Nationalspeisen S. 275

Literatur zu Ägypten 277

Die wichtigsten Museen der Welt mit ägyptischen Altertümern 281

Kunstführer

Was man vor der Reise wissen muß (von A–Z) 285

Ägyptische Einrichtungen in Deutschland S. 285 – Anreise nach Ägypten S. 285 – Antiken S. 285 – Ausrüstung S. 285 – Auto S. 285 – Bademöglichkeiten S. 286 – Camping S. 286 – Eintrittskarten S. 286 – Eisenbahn S. 286 – Geld S. 286 – Gesundheitswesen S. 287 – Getränke, Tabak S. 287 – Hotelwesen S. 287 – Landesflagge S. 287 – Maße und Gewichte S. 288 – Omnibusse S. 288 – Paß, Visa S. 288 – Photographie S. 288 – Post S. 288 – Reisegestaltung S. 288 – Reisezeit S. 289 – Speisen S. 289 – Sport S. 289 – Sprache S. 289 – Stromspannung S. 289 – Taxen S. 289 – Trinkgelder S. 289 – Zeit S. 290 – Zoll S. 290

Unterägypten 291

Alexandria 291

Allgemeine Hinweise (von A–Z) 291

Inhaltsübersicht

Ägyptisches Museum 351
Erdgeschoß S. 351 – Obergeschoß S. 358 – Mumiensaal S. 367

Andere Museen (von A–Z) 373
Eisenbahnmuseum S. 373 – Entomologisches und ornithologisches Museum S. 373 – Ethnographisches Museum der Ägyptischen Geographischen Gesellschaft S. 373 – Gayer-Anderson-Museum S. 373 – Geologisches Museum S. 373 – Gesîra-Museum S. 374 – Landwirtschaftsmuseum S. 374 – el-Manial-Palast-Museum S. 374 – Miliärmuseum S. 374 – Muchtâr-Museum S. 374

Museum für Islamische Kunst und Arabische Bibliothek 375
Museum für Moderne Kunst 382
Islamische Altstadt 383
Liste der wichtigsten Begriffe S. 383 – el-Ashar-Moschee, „die Glänzende" S. 385 – Moschee des Sultans Barsbey S. 387 – Madrasa es-Sâlihîja S. 389 – Madrasa, Mausoleum und Krankenhaus des Sultans Ḳala'ûn S. 389 – Madrasa des en-Nâsir Mohammed S. 391 – Madrasa des Sultans Barḳûḳ S. 391 – Palast des Emirs Beschtâk S. 392 – Sebîl-Kuttâb des Abd er-Rahmân Ḵatchodâ S. 392 – el-Aḳmar-Moschee S. 393 – Bêt es Sihaimi S. 393 – Moschee des Kalifen el-Hâkim S. 394 – Die fatimidische Stadtmauer. S. 395 – Wakâla des Sultans Ḳâït-Bey S. 397 – Chânka des Sultans Baibars II. S. 397 – Moschee des Saijîdna Husein S. 398 – Chân el-Chalîli S. 399 – Ghûrîja S. 401 – Moschee des el-Mu'ajad Schêch S. 402 – Das fatimidische Stadttor Bâb Suwêla S. 403 – Moschee des Wesirs es-Sâlih Talâ'i S. 404 – Moschee des Emirs Ulmâs S. 407 – Madrasa des Emirs Sunḳur es-Sa'di S. 407 – Südliche Totenstadt S. 408 – Grabkomplex des Imân esch-Schâfi'i S. 408 – Die Moschee des Ahmed Ibn Tulûn S. 410 – Gayer-Anderson-Museum S. 413 – Sebîl-Kuttâb des Sultans Ḳâït-Bey S. 415 – Die Zitadelle S. 416 – Die Moschee des Sultans en-Nâsir Mohammed S. 417 – Moschee des Mohammed Ali S. 418 – Die Madrasa-Moschee des Sultans Hasan S. 421 – er-Rifâ'i-Moschee S. 424 – el-Mardâni-Moschee S. 424 – Moschee des Ḵidschmas el Ishâki S. 425 – Madrasa des Emirs Scha'bân S. 426 – Die Aḳ-Sûnḳor-Moschee S. 426 – Moschee des Cheir-Bek S. 427 – Chânka des Farag Ibn Barḳûḳ S. 428 – Madrasa des Sultans Bars Bey S. 430 – Grabmoschee des Ḳâït-Bey S. 430

Neuere Paläste 431
Gärten 432
Alt-Kairo 433
Koptisches Museum S. 434 – El-Mo'allaḳa S. 437 – St. Sergius S. 437 – Sitt Barbara S. 439 – Synagoge S. 439 – St. Georg S. 439 – Fustât S. 440 – Amr-Moschee S. 440 – Nilmesser S. 441

Umgebung von Kairo 442

Moḳáttamhöhe 442
el-Gijûschi-Moschee 442
Alt-Heliopolis – Matarîja – Neu Heliopolis 443
Heluân 445

Inhaltsübersicht

Barrage du Nil 445
Wâdi Natrûn 446

Dêr el-Baramûs S. 448 – Dêr es-Surjân S. 448 – Dêr Amba Bschôi S. 448 – Dêr Abu Makâr S. 449

Pyramiden und Gräberfelder von Gîsa, Abu Roâsch, Abu Gurôb und Abusîr 450

Einführung 450
Anlage und Geschichte 452
Bautechnik 455
Sinn 458
Die Bauten von Gîsa 457

Cheopsyramide S. 459 – Schiff S. 462 – Chephrenpyramide S. 463 – Taltempel S. 464 – Sphinx S. 466 – Pyramide des Mykerinos S. 467 –

Gräber auf dem Ost- und dem West-Friedhof 468
Abu Roâsch 471

Abu Gurôb 472
Abusîr 472

Die Stätten von Memphis, Sakkara, Dahschûr, Maidûm und Lischt .. 475

Memphis 475

Geschichte S. 475 – Denkmäler S. 479

Sakkâra 480

Djoser-Pyramide mit Umgebung: Stufenpyramide des Djoser S. 481 – Mastaba der Idut S. 486 – Mastaba des Mechu S. 487 – Das Doppelgrab der Königinnen Nebet und Chenut S. 488 – Unaspyramide S. 489 – Gräber am Aufweg des Unas S. 491 – Jeremiaskloster S. 496 – Grab des Haremhab S. 496 – Persergräber S. 498 – Pyramide des Sechemchet S. 499 –
Bezirk um den Mariette-Platz: Serapeum S. 499 – Mastaba des Ti S. 501 – Mastaba des Ptahhotep S. 508 –
Bezirk um die Teti-Pyramide: Pyramide des Userkaf S. 510 – Pyramide des Teti S. 510 – Mastaba des Mereruka S. 511 – Mastaba des Kagemni S. 514 – Gräberstraße S. 514

Tiernekropolen: Ibisgalerie S. 515 – Tempelplatz S. 517 – Kuhgalerie S. 517 – Paviangalerie S. 517 – Falkengalerie S. 518

Sakkâra-Süd 518
Dahschûr 520
Lischt 525
Maidûm 525

Inhaltsübersicht

Das Faijûm 527
Allgemeine Hinweise S. 527 – Lage und Geschichte S. 530

Karânis, Biahmu 532
Kasr es-Sâgha 532
Dîme 533
Kasr Karûn 533
Medînet el Faijûm, Krokodilopolis-Arsinoë 534
Medînet Mâdi, Tebtynis 534
Hauwâra 535
Illahûn, Kahûn 537

Oberägypten 538

Von Kairo bis Luksor 538

Allgemeine Hinweise 538
Die Fahrt 538
Beni Hasan 547
Die Felsengräber S. 547 – Speos Artémidos S. 552

Hermopolis magna 554
Tûna el-Gebel 557
Grabtempel des Petosiris S. 557 – Totenstadt S. 560

Museum von Mellaui 560
Tell el-Amarna 561
Felsengräber S. 563 – Königsgrab S. 569 – Hatnûb S. 569

Das Weiße und das Rote Kloster bei Sohâg 570
Abydos 573
Tempel Sethos' I. S. 574 – Kenotaph Sethos' I. S. 577 – Tempel Ramses' II. S. 579

Dendara 579
Der Hathortempel S. 581 – Geburtshäuser S. 588

Theben 589

Allgemeine Hinweise (von A–Z) 589
Die antike Stätte und ihre Geschichte 591
Theben-Ost 592
Luksor 592

XXII **Inhaltsübersicht**

Der Luksor-Tempel S. 592 – Luksor-Museum S. 598

Karnak 602

Der Große Amontempel S. 602 – Die nördlichen Tempel von Karnak S. 612 – Die südlichen Anlagen des Amontempels S. 613 – Der Bezirk des Chonstempels S. 614 – Der Mut-Tempel S. 616

Theben-West 617
Totentempel Sethos' I. von Kurna 618
Die Königsgräber Bibân el-Molûk 620

Geschichte S. 620 – Anlage und Ausstattung S. 623 – Die einzelnen Gräber: Ramses IX. S. 625 – Merenptah S. 625 – Ramses VI. S. 625 – Ramses III. S. 626 – Ramses I. S. 627 – Sethos I. S. 627 – Thuthmosis III. S. 629 – Amenophis II. S. 630 – Haremhab S. 631 – Tutanchamun S. 631 – Das westliche Tal S. 632

Von Bibân el-Molûk nach Dêr el-bahri 632
Dêr el-bahri 633

Tempel des Hatschepsut S. 633 – Tempel Thuthmosis' III. S. 639 – Totentempel des Mentuhotep S. 640

Ramesseum 641
Privatgräber 644

Dra Abu'l Nega S. 644 – El-Asasîf S. 645 – El-Chôcha S. 651 – Schêch Abd el-Kurna S. 654

Dêr el-Medîna 667

Tempel S. 667 – Stadt S. 668 – Nekropole S. 669

Kurnet Murai 671
Tal der Königinnengräber 673
Medînet Hâbu 676

Geschichte S. 677 – Der Bezirk um das Hohe Tor S. 677 – Großer Tempel S. 679 – Kleiner Tempel S. 683

Memnonskolosse 684
Ausflüge in die Umgebung 686

Medamûd S. 686 – Tôd S. 687 – Erment S. 687

Von Luksor bis Assuân 688

Die Fahrt 688
Der Tempel von Esna 689
Elkâb 692
Der Tempel von Edfu 694

Inhaltsübersicht

Der Tempel von Kôm Ombo 698
Neu-Nubien 701

Assuân und seine Umgebung 703

Allgemeine Hinweise (von A–Z) 703
Assuân 705
Elephantine 708
Assuân-Museum 714
Pflanzeninsel oder Botanische Insel 715
Insel Sehêl 715
Ausflug auf das Westufer 715
Grabmal des Aga Chân S. 716 – Felsengräber S. 716 – Simeonskloster S. 721 – Steinbrüche S. 724

Philae – Agílkia 725
Lage und Geschichte S. 725 – Die Tempel S. 726

Konosso und Bigga 731
Staudamm von Assuân 731
Hochdamm (Sadd el-âli) 732

Wiedererrichtete Tempel von Neu-Assuân 734

Der Mandulis-Tempel von Kalâbscha (Talmis) 734
Kiosk von Ḳertassi 738
Felsentempel von Bêt el-Wâli 739

Von Assuân bis zur Südgrenze – Unternubien 741

Land, Volk, Geschichte Nubiens 741
Die Fahrt 744
Denkmäler 745

Wiedererrichtete Tempel von Neu-Sebû'a 747

Tempel von ed-Dakka (Pselkis) 747
Tempel von el-Maharráḳa 749
Tempel vom Wâdi es-Sebû'a 749

Wiedererrichtete Bauten von Neu-Ámada 750

Tempel von Ámada 750

Tempel von ed-Derr 752
Felsgrab des Pennût 752
Ḳasr Ibrîm 753

Wiedererrichtete Tempel von Neu-Abu-Simbel 754

Großer Tempel von Abu Simbel 754
Kleiner Tempel von Abu Simbel 757
Wiederaufbau 757

Randgebiete Ägyptens 759

Die westlichen (Libyschen) Oasen 759

Sîwa (über Marsa Matrûh) 760
El-Wâdi el-gedîd – New Valley – Neues Tal 762
El-Baḥrîja 763
El-Farâfra 764
Ed-Dâchla 764
El-Chârga 765

Die Oase S. 765 – Die Stadt S. 766 – Denkmäler S. 767 – Die nördlichen Denkmäler von el-Chârga: Amontempel von Hibis S. 767 – El-Bagawât S. 770 – Koptisches Kloster S. 771 – Die südlichen Denkmäler von el-Chârga S. 772

Die östliche (Arabische) Wüste und das Rote Meer 772

Küstenstraße mit Kloster des Antonius und Kloster des Paulus 774

Das Rote Meer S. 775 – Kloster des Antonius S. 776 – Kloster des Paulus S. 777

Von Ḳena nach Port Safâga (Ḳenastraße) mit Mons Claudianus und Mons Porphyrites 778

Von Koptos (Ḳuft) nach Ḳosêr (Wâdi Hammamât) 779
Routen nach Berenike und el-Kanâjis 780

Sinai 782

Natur und Geschichte 782
Katharinenkloster 786
Mosesberg – Monêgaberg – Katharinenberg 791

Finis (Rede von H.-D. Genscher) 793

Verzeichnis der Abbildungen und Pläne 795

Verzeichnis der Photos 799

Empfohlene Bücher 800

Stichwortverzeichnis 801

Photonachweis

Umschlagphoto Hellmut Brunner

Nach S. 112 Bildarchiv Foto Marburg (4)

Nach S. 128 Bildarchiv Foto Marburg (2), Museum Kairo (1), Hellmut Brunner (1)

Nach S. 176 Hellmut Brunner (4)

Nach S. 416 Andreas Reichert (2), Ludwig Merckle (2)

Nach S. 544 Andreas Reichert (4)

Nach S. 560 Bildarchiv Foto Marburg (2), Hellmut Brunner (2)

Landeskunde

Zur Umschreibung der arabischen Wörter

Dem Leser sei im folgenden ein Schlüssel in die Hand gegeben zur Umschrift der arabischen Wörter, deren System angesichts der nicht lösbaren Schwierigkeiten notwendig inkonsequent ist. Das Nebeneinander von klassischer und Umgangssprache, von ober- und unterägyptischen Dialekten, der Unterschied in der Behandlung zwischen korannahen und koranfremden Vokabeln empfahlen eine Umschreibung entsprechend der Anwendung und der Aussprache durch die Einheimischen selbst am Ort ihres Gebrauchs. Dabei wurde der arabische Lautwert vereinfacht dargestellt und, soweit den arabischen Lauten keine deutschen entsprechen, der arabische Laut mit dem nächst verwandten deutschen Buchstaben wiedergegeben. Auf die Setzung diakritischer Zeichen ist möglichst verzichtet, die betonte Länge erhielt einen Zirkumflex (ê), die betonte Kurzsilbe einen Akzent (á).

Nicht leicht wiedergegeben werden können die Vokale, da sie sich entsprechend ihrer lautlichen Umgebung verändern. Der hier gelegentlich mit »e« bzw. »a« umschriebene Vokal schwebt zwischen kurzem ä und a. Ebenso fließend ist die Aussprache zwischen kurzem e und i oder kurzem o und u. Man bemühe sich, diese Laute möglichst unbetont und leicht auszusprechen. Im übrigen ist für die Erlernung einer einwandfreien Aussprache Unterricht unerläßlich.

Eingedeutschte Worte sind, soweit sie annähernd richtig ausgesprochen werden oder durch konsequente Umschreibung unverständlich würden, belassen (Kalif, Bagdad), die anderen berichtigt (Sultân, Islâm). – Bei Eigennamen von Hotels oder Straßen (in den Allgemeinen Hinweisen), bei denen auf den Schildern französische oder englische Umschreibung üblich ist, wurde aus Gründen der rascheren Orientierung diese »offizielle« Transkription beibehalten. Sonst gilt als Umschreibungsregel die auf S. 2 aufgestellte Liste des Alphabets.

Große Anfangsbuchstaben kennt die arabische Schrift nicht; unsere Umschrift paßt sich weitgehend deutschen Schreibregeln an.

Der arabische Artikel »el« assimiliert sich einer Reihe von Konsonanten (es-sultân statt el-sultân« er-râgil statt el-râgil). Zur Bezeichnung ehrwürdiger Begriffsinhalte (wie Moscheen) wird häufig noch der klassische Artikel »al« gebraucht.

Zur Umschreibung der arabischen Wörter

Wiss. Umschrift	Umschrift des Buches	Erklärungsbedürftige Aussprache
ʾ (Hamsa)	im Wortinnern ʾ (Apostroph), am Anfang und Ende des Wortes meist unbezeichnet	Knackgeräusch vor einem Vokal; vgl. ver'eisen (zu Eis werden) mit verreisen (auf die Reise gehen)
b	b	
t	t	
ṯ	th	wie engl. stimmloses th; heute ungebräuchlich
ǧ	g in einigen Fällen dsch	
g	g	
ḥ	h	kräftiger Hauchlaut, fast heiser
ḫ	ch	wie in »noch«, nicht wie in »nicht«
d	d	
ḏ	dh	wie engl. stimmhaftes th; heute ungebräuchlich
r	r	Zungen-R
z	s̄	stimmhaft
s	s	stimmlos
š	sch	
ṣ	s	stimmlos
ḍ	d	
ṭ	t	
ẓ	s̄	stimmhaft
ʿ (Aijn)	im Wortinnern ʿ (umgekehrter Apostroph), am Anfang und Ende des Wortes meist unbezeichnet	Kehlreibelaut (Vomitivlaut)
ġ	gh	Zäpfchen-R (Gutturallaut)
f	f	
q	ḳ	in Oberäg. fast wie g, in Unteräg. wie ʾ
k	k	
l	l	
m	m	
n	n	
h	h	immer hörbar, nie Dehnzeichen
w	w oder u	
y	j oder i	

Abkürzungen

Für die Datierung innerhalb der *altägyptischen Geschichte* sind für die einzelnen Perioden, deren Jahreszahlen dem Geschichtskapitel (S. 41 ff.) zu entnehmen sind, folgende Abkürzungen gewählt worden:

Vg – Vorgeschichte   NR – Neues Reich
Fz – Frühzeit   Sp – Spätzeit
AR – Altes Reich   Dyn. – Dynastie
MR – Mittleres Reich

Bei den *Grundrissen* (die so ausgerichtet sind, daß der Eingang dem Besucher zugewandt ist, damit er sich innerhalb des Gebäudes leicht orientieren kann) ist versucht, sprechende Bezeichnungen zu wählen:

A – Allerheiligstes
    A 1 und A 2 beziehen sich auf das Allerheiligste für die Tempelbarke bzw. das für das Kultbild
H – Hof; bei Felsentempeln: Halle. Bei mehreren Höfen: H 1, H 2 usf.
S – Säulensaal
V – Vorhalle
    I, II, III – I., II., III. Vorsaal
Innerhalb der Räume bezeichnen:
l. – links
r. – rechts

Die *Karten* sind selbstverständlich nach Norden ausgerichtet.

Zu den *Umschreibungen* der arabischen Wörter s. allgemein S. 1.

Kleine Liste arabischer Ausdrücke

'Ain – Quelle
Bâb – Tor
Bahr – Meer, Fluß
Balad (Beled) – Dorf
Bêt – Haus
Bîr – Brunnen
Birka – Teich, See
Dêr – Kloster
Gâmi' – Moschee
Gabal (Gebel) – Berg
Gesîra – Insel
Ḳantara – Brücke
Kafr – Weiler, kleines Dorf

Kôm – (Schutt)hügel
Kubri – Brücke
Medîna – Stadt
Midân – Platz
Mohafṡa – Gouvernorat
Mudirîja – Provinz
Râs – Vorgebirge
Schâri' (in der engl. Form Shâri', abgekürzt sh.) – Straße
Sikka – Weg
Tell – Hügel
Tir'a – Kanal
Wâdi – Tal

Deutsch-arabisches Wörterverzeichnis S. 261.

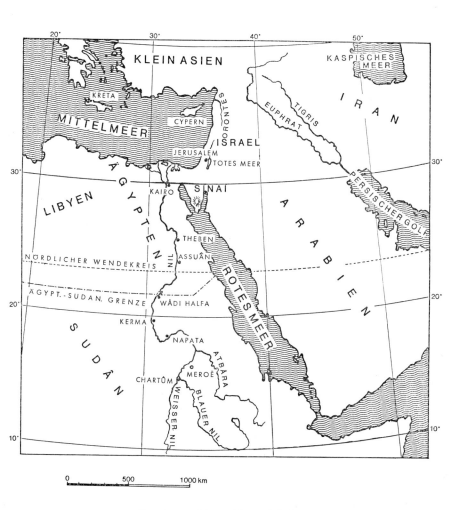

Ägypten und benachbarte Länder

Land und Leute

> Ägypten ist es, das bis in unsere entleerten
> Tage hinein nicht nur urtümliche Landschaft
> gewahrt hat, sondern auch Urverrichtungen
> zeigt, aus denen die wahren Dinge entstanden
> sind, die in ihrer Beharrung fast ewig er-
> scheinen.
>
> *Rilke*

Das ägyptische Land

Natürliche Gliederung

Ägypten ist Wüste. Sand, Stein und *Ödland* bilden 96,5 % seiner Landesfläche. Aber mitten durch diese sterile Wüste strömt der Nil von Süd nach Nord und machte mit seinen jährlichen Überschwemmungen die beiderseitigen Uferstreifen zu einem sprichwörtlichen *Garten Eden*. Auch die Wüste wäre großteils fruchtbar, wenn sie Wasser hätte. Das beweist das »Neue Tal« in der Lybischen Wüste. Aber wo es kein Wasser gibt, da ist Ägyptens Erde tot. Doch die schmale Niloase, die sich von der südlichen Landesgrenze bis zum Mittelmeer zwischen der Arabischen Wüste im Osten und der Libyschen im Westen 1440 km (Luftlinie 1063 km) lang hinstreckt (22° bis 31° 5' n. Br. und 25° bis 36° ö. L.), hat eine Bevölkerung von 43 Millionen zu ernähren. Die Breite dieses Fruchtstreifens, des eigentlichen, lebenden Ägypten, schwankt zwischen 1 km in der Nähe von Assuân und dem 20fachen bei Kairo. Von hier aus ergießt sich das Nildelta mit seinen zahlreichen Wasseradern wie ein Fächer breit gegen das Meer. Durch einen Dünenrand vom Meer getrennt, liegen an der Küste des Nildeltas große Brackwasserseen.

Das *Nutzland* Ägyptens wird vermehrt durch die Oase des Faijûm, die vom Bahr Jûsuf gespeist und meist noch zum Niltal gerechnet wird, sowie durch die fünf westlichen Oasen: Sîwa, el-Bahrîja, el-Farâfra, el-Chârga und schließlich ed-Dâchla. Nur 3,5 % fruchtbaren Bodens mit einer Anbaufläche von etwa 35 000 qkm (d. i. die Größe des Landes Baden-Württemberg) stehen so einer Gesamtfläche von rund 1 000 000 qkm

gegenüber. Auf den nutzbaren 3,5 % des Landes leben 99 % der Bevölkerung, während die Wüstengebiete von 96,5 % der Gesamtfläche nahezu unbewohnt sind. Durch das Wâdi el-gedîd-(Neue-Tal-)Unternehmen wird zunehmend Ackerland gewonnen.
Die *Westgrenze* dieses politischen Gebietes verläuft vom Golf von Sollum nach Süden; im *Osten* setzt sich die natürliche Grenze des Roten Meeres und des Golfs von Akaba auf der Sinai-Halbinsel bis gegen Ghaśa fort. Während die Masse des Landes auf afrikanischem Boden liegt, zählt die Sinai-Halbinsel zu Asien. Die *Südgrenze* Ägyptens verläuft bei Adendân (22. Breitengrad), 44 km nördlich von Rest-Wâdi Halfa im Sudân. In der frühesten Zeit ägyptischer Geschichte war dem Land mit dem 1. Katarakt bei Assuân ein natürlicher Riegel vorgeschoben; doch bald schon verlor diese Sperre ihre Bedeutung als Weghindernis, und der Verlauf der südlichen Landesgrenze wird geradezu Maßstab für die politische Macht im Gang der ägyptischen Geschichte.

Staat und Verwaltung

Die Staatsform ist eine präsidiale Republik, „Die Arabische Republik Ägypten« (el-Gumhurîja Misr el-Arabîja), z. Zt. mit Mehrparteiensystem. Das Land ist in 25 Gouvernorate (Muhâfśa) und in 8 Wirtschaftsregionen eingeteilt. Regierungssitz und Landeshauptstadt ist Kairo. *Administrativ* wird Ägypten von jeher in das nördliche Unter- und das südliche Oberägypten geteilt. Wie im Altertum, so läuft noch heute die Grenze südlich von Kairo. Der unterägyptische Teil umfaßt 9 Provinzen und 4 Gouvernements. Die 8 oberägyptischen Provinzen reichen von Giśa bis Assuân, während die Oasen der westlichen und südlichen Wüste sowie der Bezirk zwischen Nil und Rotem Meer und schließlich der Sinai der Grenzverwaltung unterstehen. Als dritter Landesteil schließt sich südlich von Assuân das Staubecken Nubien an, das von Assuân aus verwaltet wird. Die genauere Einteilung entnehme man der Übersicht auf S. 10/11.
Die Bevölkerung Ägyptens beträgt nach Schätzung im Frühjahr 1981 43 Mill., die jährliche Zuwachsrate 2,6 % oder über 1 Mill. Menschen, die Bevölkerungsdichte 1000 pro qkm. Die größten Städte sind Kairo mit 10 Mill., Alexandria mit 2,5 Mill., und Gîsa mit 1 Mill. Einwohnern. Hafenstädte sind: Alexandria, Port Saî'd und Sues, neuerdings auch Marsa Matrûh; Safâga und Ḳosêr am Roten Meer. Zollflughafen ist Kairo.
Die Nationalflagge ist rot-weiß-schwarz, quergestreift, im weißen Streifen das Staatswappen, ein goldener Adler. Diese Flagge ist die der Förderation Arabischer Republiken, die seit 1972 auch von Syrien (und von 1972–1977 von Libyen) geführt wird.

Klima

Wettersorgen gibt es in Ägypten kaum. Die Nordküste und das Delta zählen zur mittelmeerischen Klimazone, sonst herrscht im ganzen Lande subtropisches Wüstenklima. Die Luft ist rein und trocken, allerdings nicht mehr in dem Maße wie vor dem Bau des → Sadd el-âli. Die durchschnittliche Luftfeuchtigkeit beträgt in Kairo 50%, in Oberägypten 22%; die Niederschläge liegen in Kairo bei 42 mm, in Oberägypten gibt es praktisch keine. In der Sommerzeit (Mai bis September) wird die Glut (bis zu 52° C) durch die regelmäßigen Nordwinde gemildert. Im Winter (kälteste Zeit von Dezember bis Februar) wirken die Mittelmeerstürme auf das Delta ein, bringen kühles Wetter (Tiefsttemperatur 0° C) und auch für Kairo (gelegentlich bis Beni Suêf) trübe Tage und Wolken. Sobald die Sonne untergeht, fällt die Temperatur rasch, so daß selbst nach sengenden Tagen die Nächte empfindlich abkühlen. Die Schwankung zwischen Tag und Nacht beträgt bis zu 17° C. Die Temperaturen betragen:

	Jahresdurchschnitt		Januar		Oktober	
	Min.	Max.	Min.	Max.	Min.	Max.
Alexandria	14,3° C	26,2° C	10,2° C	18,4° C	20,0° C	28,0° C
Kairo	15,3° C	28,7° C	7,1° C	18,4° C	17,1° C	29,3° C
Assuân	19,1° C	34,9° C	9,6° C	23,7° C	20,8° C	37,0° C

Durch den starken Temperaturrückgang bei Nacht liegt im Niltal während des Winters der Morgen meist im Nebel. Kairo hat 4–6 Regentage im Jahr, Alexandria und das Küstengebiet empfangen von November bis Februar die mittelmeerischen Winterregen; in der Wüste sind heftige Platzregen nicht außergewöhnlich, sie verwandeln die Öde über Nacht in ein blühendes Feld.

»Schlechtes Wetter« bedeutet für Ägypten der *Chamasîn* und der *Sobá'a*. Der Chamasîn (italienisch scirocco, arabisch samûm, in Lybien gibli, im Sudân habûb), ein höchstens 3 Tage lang anhaltender trockenheißer Südwind, stürmt mit großer Gewalt, reißt Sand- und Staubmassen mit sich und fegt eine dichte graugelbe Wolkenwand zusammen, die die Sonne verdunkelt (»Ägyptische Finsternis«?). Der gefürchtete Glutwind macht ähnlich unserem Föhn schlaff und matt, erregt die Nerven und ruft nicht selten Fieber hervor. Der Chamasîn charakterisiert die »50 (= chamsîn) Tage« nach dem Frühlingsäquinoktium (März–Mai), tritt aber gelegentlich auch im Herbst auf. Er kann strafmildernd wirken. – Der Sobá'a bewegt sich mit großer Schnelligkeit als ein Wirbelwind von Sand. Man suche rasch Deckung, verlasse das Segelboot, schütze Augen und – Kamera! Die Sandstürme können den Flugplan beeinflussen. – In der Zeit der trockenheißen Winde kann die relative Luftfeuchtigkeit in ganz Ägypten bis auf weniger als 2 % sinken.

Verwaltung

Gouvernorate *Hauptstädte*

Stadtdistrikte
1 Kairo   Kairo
2 Alexandria   Alexandria

Provinzen Unterägyptens
3 Behêra (»der See«) und Tahrîr Damanhûr
4 Damiette   Damiette
5 Kafr esch-Schêch   Kafr esch-Schêch
6 Gharbîja (»die Westprovinz«)   Tanta
7 Menufîja   Schibîn el-Kôm
8 Daḳahlîja   Mansûra
9 Scharḳîja (»die Ostprovinz«)   Ṡagaŝîg
10 Ḳaljubîja   Benha

Kanaldistrikte
11 Port Sa'îd   Port Sa'îd
12 Isma'ilîja   Isma'ilîja
13 Sues   Sues

Provinzen Oberägyptens
14 Gîsa   Gîsa
15 Faijûm   Medînet el-Faijûm
16 Beni Suêf   Beni Suêf
17 Minia   Minia
18 Assiût   Assiût
19 Sohâg (Girga)   Sohâg
20 Ḳena   Ḳena
21 Assuân   Assuân

Grenzdistrikte
22 Sinai
23 Rotes Meer
24 Matrûh
25 Neues Tal (el-Wâdi el-gedîd)

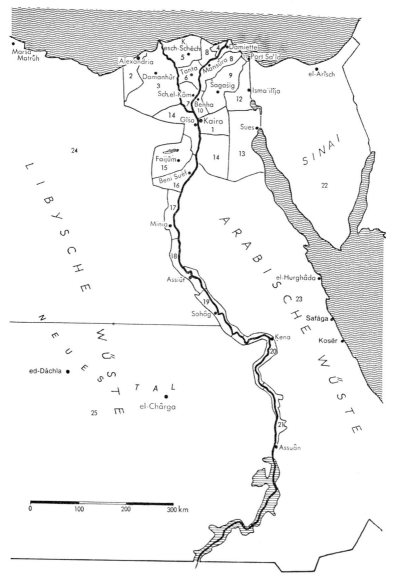

Gouvernorate Ägyptens

Geologie

Das nordafrikanische Tafelland Ägyptens und der Sahara gilt *morphologisch* als eine großartige und ungewöhnlich ausgedehnte Stufenlandschaft. Die Stufen mit ihren vorgelagerten Zeugenbergen bilden nicht nur in der *Libyschen Wüste* die wichtigsten Großformen des flachen Plateaus, sie reichen auch über den Nil hinweg bis zum Osthang des Gebirges der *Arabischen Wüste* und stellenweise sogar bis ans Rote Meer. Die Schichttafeln und -stufen bestehen aus nubischem Sandstein, aus Cenomanen, Eozänen und im Norden auch aus Oligozänen und Miozänen, Kalken und Mergeln. Die Talsysteme der zahlreichen Wâdis der Arabischen Wüste sind während der Ausbildung der Landterrasse des nubischen Sandsteins entstanden. Häufig, so auch längs der Küste des Roten Meeres, tritt das unter den Schichttafeln liegende kristalline Grundgebirge zutage, das durch seine unregelmäßige Oberfläche und Härte bei Assuân den Nilstrom spaltet und die Schnellen des ersten Kataraktes verursacht.

Der Nil als ein Fremdlingsstrom aus dem feuchteren Hochgebiet von Abessinien und Zentralafrika hat es vermocht, die Trockenheit der Wüste zu überwinden. Das *Niltal* ist im wesentlichen durch Erosion des Stromes und denudative Vorgänge im Schichttafelland entstanden. Zumindest bis hinab nach Assiût ist es erosiven Ursprungs. Von der Südgrenze Ägyptens bis unterhalb Assuâns ist der Strom über 300 km lang als ein enges Felstal in die Landterrasse des nubischen Sandsteins eingetieft. An den Stellen: nördlich von Assuân, bei Kôm Ombo, Edfu und Kena gehen die Wände des schmalen, flachbodigen Trogtales allmählich in die Talaue über. Bei Esna und dann unterhalb Thebens wird die westliche Talwand von der Landstufe des eozänen Kalks gebildet, in die der Nil von Kena an mit einer großen Strombiegung einfließt. Die bis Kairo etwa 400 km lange Aue wird nun 16—20 km breit. Abwärts Kairo öffnet sich das gut 200 km lange Tal zu dem dreieckigen Alluvialgebiet des Nildeltas.

Bei Dairût, wo der westliche Talhang nur sanft zur Landterrasse ansteigt, spaltet sich der Bahr Jûsuf heute vom Ibrahimîja-Kanal (früher wohl bei Assiût vom Nil) ab und begleitet ihn, bis er sich ins *Faijûm* ergießt und in der abflußlosen Birket (See) Karûn an der tiefsten Stelle endet. Das Faijûmbecken, eine bis unter den Strom, ja bis 44 m unter den Meeresspiegel abgesenkte Depression, gehört der Landterrasse des Eozänkalkes an. Die *Oasen* und Depressionen der Libyschen Wüste hängen ebenfalls mit dem morphologischen Stufenaufbau der nordafrikanischen Landschaft aufs engste zusammen: Sie liegen sämtlich am unteren Ende einer Landterrasse und am Fuße einer Landstufe.

An Kleinformen und *Oberflächengestalt* ergibt sich in den einzelnen Gebieten folgendes Bild: Die *Libysche Wüste* im Westen, eine etwa 300 m

Geologie

hohe Kalkstein-Hochebene und südlich anschließend ein niederes Tafelland aus nubischem Sandstein, ist an der Oberfläche mit geschwärzten Feuersteinen sowie Krusten von Braunstein und Eisenoxyd überzogen. Während sich im südlichen Teil nur selten Dünen gelben Flugsandes ausdehnen, wird der nördliche Teil der Libyschen Wüste von 30—60 m hohen Dünen Hunderte von Kilometern weit von NNW nach SSO bedeckt. Die fluviomarinen Ablagerungen in der Libyschen Wüste mitsamt den steinernen Wäldern stammen aus dem Miozän, da der Nil noch westlich seines heutigen Bettes dem Meer entgegenströmte. Auch in der nubischen Wüste finden sich häufig verkieselte Stämme fossiler Bäume. Nach W und nach S fällt die Tafel in scharf gegliederten Schichtstufen ab.
Die am Fuße dieser wasserlosen und völlig unbewachsenen Landstufen eingesenkten *Oasen* werden von Quellen bewässert, die durch Gesteinsklüfte oder auch erbohrte artesische Brunnen (bis zu 1500 m tief) emporsteigen. Man rechnet damit, daß die Wässer in einem Pluvial vor 25 000—35 000 Jahren gefallen sind. Die meist dunklen Sande und Tonböden aus der oberen Kreideformation sind durch Alaun und Phosphate angereichert. Den Reichtum an Versteinerungen in der Umgebung der Oase Sîwa rühmen bereits Herodot und Eratosthenes.
Ein völlig anderes Bild bietet die *Arabische Wüste* im Osten. Der Rand des tektonisch abgesenkten Roten-Meer-Grabens und damit die Küste des Roten Meeres wird von einer herausgehobenen Scholle des Grundgebirges aufgebaut, einem 2000 m hohen Zug aus Granit, Diorit, Gneis, Hornblende, Talk- und Glimmerschiefer sowie aus anderen kristallinen Gesteinen. Mit ihnen tritt vulkanisches Material zutage, wie in den Porphyrbrüchen des Gebel Abu Duchchân. Die Sedimentgesteine am Ost- und Westhang dieser Kette, Kalkstein und Mergel im Norden und Sandstein im Süden, bilden nach Westen die weiten Landterrassen, die mit steilen Schichtstufen zum Niltal und zum Roten Meer abfallen. In den tief eingeschnittenen Tälern entwickelt sich, besonders nach Regen, einiger Pflanzenwuchs, in den Schluchten, aus denen Quellen aufsteigen, sogar üppig (Futterplätze für die Beduinenherden).
Während der *Isthmus von Sues* aus Ablagerungen des Mittelmeeres, Sedimenten des Nils und, südlich der Bitterseen, aus quartären Bildungen des Roten Meeres aufgebaut ist, tragen die Ufer des Golfs von Sues fossile Korallenriffe bis zu 300 m Höhe.
Zwischen beiden Wüsten erstreckt sich das *Niltal* wie ein langer, schmaler Trog. Seine Kulturflächen und das Delta, die alluvialen Ablagerungen des Nils, sind fruchtbarer, toniger Schlamm und Sand, wie sie das jährliche Überschwemmungswasser zurückließ. Unterhalb dieser durchschnittlich 10 m mächtigen Schwemmschicht liegen gelbliche, grobe Sande und Kiese des Pleistozäns (Diluvialzeit). — Aus einem lichten quartären Kalksandstein oder Kalk bauen sich die niedrigen Hügel westlich von Alexan-

dria und der schmale Küstenstreifen östlich davon bis Abukîr auf. Der Basalthügel bei Abu Sabal, nordöstlich von Nawa, liefert die Schottersteine für Kairos und Alexandrias Straßen. Das Gestein des Gebel elahmar oder Roten Berges östlich Kairo, ein außerordentlich festes Konglomerat aus Sand, Rollkieseln und versteinerten Holzresten, das durch Eisenoxyd gelbrot bis braun gefärbt ist, liefert heute ebenfalls Material für den Straßenbau, diente im Altertum aber dem Bildhauer für seine Statuen.

Die Mergelsteine und Sande südlich Kairo bis in die Höhe von Faschn gehören dem Pliozän (jüngeren Tertiär) an. Sie bieten reiche Fundstätten wohlerhaltener Versteinerungen. Die Gebirge aus Nummulitenkalk des Mittel- und Untereozäns oberhalb von Kairo sind ebenfalls an Versteinerungen reich. – In den Gebieten der Katarakte: bei Assuân, dem nubischen Wâdi Halfa, bei Kerma und Napata sowie beim Tor von Kalâbscha, wo sich von Wüste zu Wüste quer durch das Niltal die Härtlingsschwellen des Grundgebirges schieben, heben sich die kristallinen Gesteine als schwarze oder rote Hügelmassen aus dem niederen Tafelgebirge des Sandsteins urweltlich heraus.

Der Nil

Ägyptens Lebensader ist der Nil. Das Wasser des Nils setzt dem landwirtschaftlichen Ertrag seine Grenze, die Höhe seiner Überschwemmung entschied darüber, ab die Jahre fett wurden oder mager.

Von den Quellen des Kagera im Südwesten des Viktoria-Sees bis zu seiner Mündung mißt der Nil nach neuesten Berechnungen 6671 km und ist damit der längste Strom der Erde. Nach seinem Austritt aus dem Albertsee (621 m ü. M.) bahnt er sich als Bahr el-Gebel (Bergfluß) seinen *Weg;* nimmt den Bahr el-Ghasâl (Gazellenfluß), den Bahr eś-Śarâfa (Giraffenfluß) und als dem wichtigsten Nebenfluß den Sobat auf, der alljährlich dem Weißen Nil die Flut zuführt. Von hier aus, etwa 9 Grad n. Br., heißt der Strom nun el-Bahr el-abjad oder Weißer Nil. In Chartûm fließt er mit dem Blauen Nil zusammen, dem Bahr el-aśrak, der seinen Namen den trüben Schlamm-Massen verdankt, die er heranwälzt. Zwischen Chartûm und dem Mittelmeer nimmt der Nil auf der Strecke von über 3000 km nur den Atbâra als Nebenfluß auf. Seine Breite betrug zwischen Wâdi Halfa und Assuân rund 500 m, nördlich davon schwankte sie zwischen 500 m und 900 m. Während im Altertum sieben Mündungsarme dem Meer zuströmten, teilt sich heute 23 km nördlich von Kairo der Strom nur in den von Rosette und den von Damiette. Anders als die beiden Hauptzweige des Altertums am West- und Ostende des Deltas zerlegen sie das Mündungsdreieck in etwa drei gleich große Teile.

Der Nil

Da es südlich von Kairo so gut wie nicht regnet, ist der Nil der einzige Wasserspender. Seiner Laune verdanken Mensch und Vieh, Gärten und Fluren ihr Leben. Aber er hielt seine Launen in Grenzen, obwohl die Alten Ägypter weibliche Züge an ihm erkannten: Der Nilgott Hapi wird als Mann mit Frauenbrüsten dargestellt. Mit verläßlicher Regelmäßigkeit traten seine *Überschwemmungswasser* jedes Jahr über die Ufer. Durch die heftigen Gebirgsregen in Abessinien schwellen der Blaue Nil und der Atbâra rasch an und stürzen samt der Unmenge von Schlamm, die sie von der Hochebene mit sich reißen, zu Tal. Diese fruchtbare Tonerde (von hohem Kaligehalt, aber arm an Nitraten) hat im Laufe der Jahrtausende die Äcker des Niltals sowie das Delta geschaffen, und bis vor unsere Tage hat sie sich als neue Dungschicht alljährlich über die Felder gelegt.
Die ungeheuren Wassermassen ließen den Nil über seine Ufer treten, in Chartûm schwillt er an vom Beginn des Mai. Hat er gegen Mitte September seinen höchsten Stand erreicht, so ist er dort durchschnittlich um 6,5 m gestiegen. Beim Höchststand der Flut tritt der Blaue Nil seine Rolle als Wasserbringer an den Weißen Nil ab, der in den 9 Monaten Trockenzeit mit einem Fünftel des gesamten Abflusses den Strom aus Zentralafrika speist. Im September schleuste der Nil bei Assuân bis 20mal soviel Wasser durch wie zur Zeit des Tiefstandes im Mai oder Juni.
Soweit die Überschwemmungswasser die Ufer netzten, soweit konnte das Land angebaut werden. Wo der Boden sich hebt und von der Flut nicht mehr erreicht wurde, beginnt die Wüste. Die Grenze zwischen Fruchtland und Wüste verläuft so haarscharf, daß man in Ägypten mit einem Fuß im Wüstensand stehen kann, mit dem anderen auf Ackerboden. Es gibt kaum je einen Übergang. An jeder Stelle des Landes kann Ägyptens Kulturland in seiner vollen Breite übersehen werden.
Seit Beginn der altägyptischen Geschichte galt der Eintritt der *Nilschwelle* als wichtigster Termin. Er bezeichnete den Jahresanfang bei der Einführung des → Kalenders, und die Höhe der Überschwemmung wurde aufgezeichnet als Charakteristikum eines jeden Jahres. Der Alte Ägypter kannte drei Jahreszeiten; es sind die nilbedingten landwirtschaftlichen Jahreszeiten: Überschwemmung, Aussaat und Ernte sowie Trockenzeit. Sobald das Wasser zu fallen anfing, wurde in die feuchte Erde gesät, vier Monate lang Ackerbau getrieben; aber dann lagen bis zum Neueintritt der Nilschwelle die Felder brach, d. i. in den Monaten März bis Juni. Da die Wasser an den Rändern zuerst versickerten, konnte in der Nähe des Flußbettes länger geackert werden, so daß die Zeit der wirtschaftlichen Nutzbarkeit des Landes variierte.
Tritt die Flut zwar pünktlich ein, so wechselt doch ihre Höhe. Im 3. vorchristlichen Jahrtausend pendelt sie zwischen 1 Elle und 8,5 Ellen, in

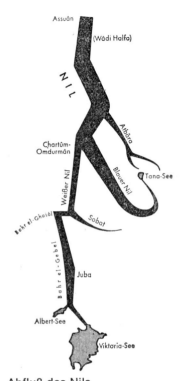

Abfluß des Nils

Die jährliche Wasserführung ist durch die Breite des Flußlaufs ausgedrückt.

griechisch-römischer Zeit gilt, da sich der Nullpunkt inzwischen verändert hat, eine Überschwemmung von 16 Ellen als normal; 10–12 m beträgt die Schicht des Schwemmlandes, das der Nil im Laufe der Jahrtausende angehäuft hat. In hundert Jahren füllte sich das Nilbett um rund 10 cm auf, so daß heute Bauten an den Ufern des Stromes von der Flut erreicht werden, die ehedem trockenlagen.

Um die Wasser der Flut möglichst lange festzuhalten, hat man schon im Altertum das Land durch Erdwälle schachbrettartig in Becken eingeteilt und ihnen die Flut durch ein System immer feiner sich verzweigender Kanäle und Rinnsale zugeführt. So konnte das allzu rasche Verlaufen verhindert und der Boden Becken um Becken tüchtig getränkt werden. Durch → Schadûf und → Sâkija wurde das absickernde Wasser in die höheren Landbecken gehoben.

Aber die Abhängigkeit von der jährlichen *Nilhöhe* blieb, und die Frage: Fülle oder Hungersnot? richtete sich an jedes neue Niljahr mit der gleichen Bangigkeit bis in die Zeiten → Mohammed Alis. Als er 1821 die Baumwollkultur in Ägypten einführte, ersann er an Stelle der von der Überschwemmungshöhe abhängigen und nur auf eine Jahreszeit befristeten Bassinbewässerung eine das ganze Jahr umspannende Dauerbewässerung. Überschüssige Wasser, die sich bisher ungenützt ins Mittelmeer gewälzt hatten, wurden aufgestaut und in der trockenen Jahreszeit den durstenden Feldern zugeführt.

Dazu wurden große *Staudämme* errichtet: 1835 der Barrage du Nil 23 km nördlich von Kairo (1890 vollendet), die Staudämme von Assuân und Assiût (1902 vollendet), die von Esna und Şifta (1909 vollendet), der von Nag Hammâdi (1930) und zur Bewässerung des Deltas der Mohammed-Ali-Barrage (1936–1939). Weitere große Dämme liegen

Der Nil — Bewässerung

am Weißen und Blauen Nil sowie am Viktoria-See. Durch den 1971 eingeweihten → Sadd el-âli, den Hochdamm 15 km südlich von Assuân, soll ein Viertel bis ein Drittel der jetzigen Anbaufläche für Ägypten hinzugewonnen werden; allerdings scheinen die Nachteile dieses gigantischen Eingriffs in die Natur noch die Vorteile zu überwiegen. Der Nil, der von Anfang an seine Bewohner prägte, ihr Leben unterhielt, Zeit und Raum für sie „in Ordnung" brachte, die Bildung des Staates herausforderte wie auch die religiöse und geistige Verfassung entscheidend mitbestimmte, der Nil ist wie vor 5000 Jahren das Schicksal Ägyptens.

Bewässerung

Nachdem Ägypten keinen »Nil von oben« (Regen) hat, muß das Land durch Flußwasser bewässert werden. Das geschieht heute im Prinzip wie vor 5000 Jahren. Die Uferwälle des Nils werden verstärkt und das sich dahinter ausbreitende, ebene Uferland schachbrettartig in quadratische Felder eingeteilt (Hods); zwischen ihnen werden Kanäle eingegraben, deren Aushub dazu verwendet wird, die Ränder der Hods mit etwa 30 cm hohen Wällen zu säumen. Die Kanäle sind alle miteinander und indirekt mit dem Nil verbunden, so daß das Nilwasser über die Kanäle in die Bassins der Felder fließen kann, sobald die kleinen Dämme (mit Hand und Hacke) »durchstochen« werden. Nach einem peinlich genauen Verteilersystem werden die Felderbassins 40 Tage lang bewässert, danach sät man in den nassen Schlamm und erntet ohne weitere Bewässerung.

Um nun auch die etwas höher gelegenen, vom Nil bis zu einem halben km entfernten Felder bewässern zu können, muß das Wasser aus den tieferen Kanälen in die höheren gehoben werden, und das bedeutet für den ägyptischen Bauern die schwerste Arbeit des Jahres. Es gibt kein Begießen der Felder wie bei uns, sondern man bedient sich dabei folgender *Hebegeräte:* 1. der *Sâkija,* eines Göpelwerkes mit einem großen Rad (etwa 9 m Durchmesser), das durch Büffel, Rinder oder Kamele gedreht wird. Zu dem durch Zähne mit dem Zugrad verbundenen senkrechten Rad läuft ein zweites parallel und schöpft (ähnlich wie bei unseren Baggermaschinen) durch hölzerne oder tönerne, mit Stricken am Rad angebundene Schöpfgefäße das Wasser hoch. 2. Mühsamer als das Treiben der Zugtiere ist das Heben des Wassers mit dem *Schadûf,* einem Schöpfgerät, das auch in Mesopotamien, Indien und China bekannt war. Ein Pumpenschwengel mit Eimer oder Korb und einem Lehmpatzen als Gegengewicht wird bewegt, das gehobene Wasser in die Rinne entleert. Oft sind mehrere Schadûfs stockwerkartig übereinander angebracht (Westufer von Edfu). Auf, aus, ab heißt der Rhythmus von Sonnenauf- bis Sonnenuntergang.

3. *Archimedische Schrauben (Tanbûr)*, Wasserschnecken, sind vor allem im Delta in Betrieb. 4. Das *Tabût*, ein leichtes Holzrad, das die Wasser durch zahlreiche Fächer in den hohlen Felgen hebt, ist ebenfalls besonders im Delta an Kanälen mit andauernd ziemlich gleichem Wasserstand in Gebrauch. 5. Die sehr wasserbedürftigen Zuckerrohrplantagen werden durch moderne *Pumpwerke* bewässert. 6. Im Faijûm sind unterschlächtige *Wasserräder (Nurîja)* in Betrieb. 7. In den Oasen schließlich wird das aus den Quellen aufsprudelnde Wasser über dem Niveau der zu bewässernden Fläche *aufgespeichert*, bis man es braucht. 8. Die primitivste Methode ist das *Schwingen* des Wassers in Körben oder mit Ledereimern (Nataleh).
So wird das Wasser in die feinen Kanäle gehoben und aus dem letzten Rinnsal auf das jeweilige Feldviereck geleitet, das zuteilungsreif ist. Die Zuteilung des Wassers führt wie im Altertum noch heute zu erheblichen Rechtsschwierigkeiten.

Landwirtschaft (Nutzfläche: 35 000 qkm) und Vegetation

Das Rückgrat der ägyptischen Volkswirtschaft war und ist noch immer der *Ackerbau*. Das Land ist überaus fruchtbar, je nach Kultur haben die Felder Ägyptens bis zu drei Ernten im Jahr. Jedoch wird seit dem Anbau von Baumwolle und Zuckerrohr der Boden stark verbraucht. Manche Pflanzungen bedürfen einer Brachzeit, andere müssen gedüngt werden. Da der Mist der Haustiere in dem holzarmen Lande als Brennmaterial dient, fehlt natürlicher *Dung* fast ganz. Dazu muß der Nilschlick, der hinter dem Damm des Sadd el-âli zurückgehalten wird, durch Einfuhr von jährlich 2 Mill. t Phosphor- und Stickstoffdünger ausgeglichen werden. Auch nach dem Bau der Stickstoffwerke von Assuân und Sues bleibt Ägypten auf Import angewiesen; denn das neue Werk (KIMA), das beim Sadd el-âli gebaut ist, kann nichts über das hinaus decken, was für die neugewonnenen Felder nötig ist. Für die Gärten verwendet man den Mist der Tauben, die als Dunglieferanten in großer Zahl in eigenen schönen pylonartigen Häusern gehalten werden. Das beliebteste Düngemittel waren die Ruinen der alten Städte, deren ungebrannte Lehmmauern Schmutz und Abfälle von Jahrtausenden enthalten und eine Erde (Sebbah) lieferten mit Salzen bis zu 12% Salpeter, Soda und Ammoniak.

Die *Ackergeräte* sind teilweise noch dieselben, die die Ägypter vor 5000 Jahren benützt haben: Die kurze Handhacke dient als Universalgerät, ein eiserner Igel als Egge; der spitzwinkelige zweisterzige Pflug ist der gleiche, der bei der Schrifterfindung das Bild für die Hieroglyphe abgegeben hat, der einsterzige ist wohl in ptolemäischer Zeit eingeführt worden. Das Getreide wird (in einiger Höhe über dem Boden) abgesichelt

Landwirtschaft und Vegetation 19

oder mit den Händen ausgerauft, dann durch einen Dreschschlitten zerkleinert (im Süden werden die Körner wie ehedem durch Tiere ausgedroschen) und durch Worfeln und mit einem großen Sieb gereinigt. Die Kornbehälter aus Lehm sind dieselben wie zu den Zeiten des Reichsgründers Menes (um 3000 v. Chr.). Maschinen werden hauptsächlich auf Großgütern benutzt, sind aber im Kommen.
Was der Bauer an Mühe aufbringen muß zur Bewässerung, das wird ihm leicht gemacht bei der *Bodenbearbeitung*. Er kratzt die Erde nur wenige Zentimeter auf, sät und erntet und dies 2- bis 3mal im Jahr (→ Feldarbeit im Alten Ägypten). Als *Winterkultur* (November bis April) werden angebaut: Weizen, Gerste, Bohnen, Zwiebeln und Klee; als *Sommerkultur* (Mai bis August) Reis (Mai bis Oktober), Baumwolle (März bis September; ein Teil der Baumwolle wird aus zweijährigen, zurückgeschnittenen Pflanzen gezogen), Durra (Sorghum vulgare) und Zuckerrohr; als *Herbstkultur* (knapp 70 Tage) im Delta Mais, sonst Durra.
Im folgenden seien die wichtigsten *Feldgewächse* Ägyptens zusammengestellt: Zuckerrohr (3jährige Kultur); Weizen, Gerste, Reis, Sorghum (Mohrenhirse), Linsen, Lupinen, Saubohnen, mehrere andere Bohnen- und Erbsenarten, Klee, Luzerne, Platterbse, Helba als Grünfutter; die Körner liefern einen Nährtrank. — Reiz- und Rauschmittel sind verboten. — Baumwolle, Flachs, Hanf, Sisalpflanze. — Farbstoffe (Indigo, Henna, Saflor u. a.: Hennasträucher beim Ptah-Tempel in Karnak). — Ölfrüchte, so Oliven (Faijûm), Rizinus, Erdnuß, Sesam, Raps und Senf. — Gewürze, wie Koriander, Fenchel, Pfeffer, Kümmel, Anis u. a. — Gemüse, besonders Kürbisse, Gurken, Melonen, Tomaten, Malven, Kohl, Lattich, Sellerie, Spinat, Blumenkohl, Portulak, Kresse; feinere Gemüse (Artischoken, Spargel) für verwöhnte Gaumen. — Zwiebel, Knoblauch, Lauch, Kartoffeln. Süße Bataten, Topinambur, Rettiche, Karotten, Rote und Weiße Rüben. — Nach dem Zuckerrohr (große Felder bei Kôm Ombo, Nag Hammâdi und Erment) wird die Zuckerrübe angebaut. Die (wohlschmeckende) Kartoffel ist im Vordringen. Die Jahresproduktion an Baumwolle beträgt 1 200 000 t, an Zuckerrohr 300 000 t, an Mais 2 500 000 t, an Reis 2 800 000 t, Weizen 1 500 000 t, Hirse 830 000 t, Gerste 120 000 t, Zwiebeln 490 000 t.
Während die Baumwolle Ägypten Bargeld liefert, versorgen Klee und die übrigen Futterfrüchte kärglich das Vieh. Die meisten Feldgewächse aber dienen unmittelbar der menschlichen Nahrung. Die Fellahen leben fast ausschließlich von Weizen, Mais (für Brot) und Reis, von Bohnen — vornehmlich Saubohnen —, Zwiebeln und Gemüse sowie Obst und Pflanzenölen. Die Kartoffel als billige Nahrung wird mehr und mehr geschätzt.

Ägypten kann sich beim jetzigen Stand der Bevölkerung in schlechten Jahren nur zu 80% selbst ernähren (→ Bevölkerungszunahme). Ehemals

war es Kornkammer Roms, heute muß es Weizen *einführen;* dazu fehlt es zudem an Silos. *Ausgeführt* wird vor allem die hauptsächlich im Delta angebaute hochwertige Baumwolle.
Unter den *Bäumen* nimmt die Dattelpalme den ersten Rang ein. Aber auch sie steht meist einzeln, selten in Hainen. Wälder kennt Ägypten nicht. Auch im Altertum mußte gutes Nadelholz aus Asien eingeführt werden. Die Dattelpalme ist in etwa 40 Arten bekannt und in ganz Ägypten wie in seinen Oasen verbreitet. Insgesamt liefern 6 Millionen Bäume jährlich etwa 380 000 t Datteln, die Oasen und die Gegend von Assuân die besten Sorten. Ebenfalls übers ganze Land verbreitet, meist an Ufern stehend, ist die Nil-»Akazie« (Albizzia Lebbek), der »Dornbaum« der Alten, mit ihren gelben Blüten, die Sykomore, ein schon im Altertum geheiligter Baum (Uferstraße Luksor—Karnak; beim Nilmesser auf Elephantine) und der Eukalyptus (an der Fahrstraße Gîsa–[Sakkâra–]Bedraschên). Der Lebbech, eine Mimose mit weit ausgreifenden Ästen, ist als Schattenspender geschätzt (große, alte Bäume an der Uferstraße von Erment). Noch später eingeführt als er wurde die prächtige Poinciana regia, »flamboyer des Indes«, deren leuchtend rote Blütenkelche »den Frühling künden« (Flußgarten Kairo, Anlagen Luksor-Tempel). Still glüht daneben das tiefe Violett der blühenden Bauhinia (Anlagen Luksor-Tempel). Die rasch emporschießende Jacaranda verströmt aus ihren blauen Blüten einen süßen Duft. Casuarina und Tamariske (im Kataraktengebiet von Assuân) mildern mit ihrem grauen Nadellaub die Sonnenglut zu stimmungsvollem Halbschatten. Seltenere Palmenarten (Fächer- und Flaschen-, ausnahmsweise auch Kokospalmen) und tropische Ficussorten mögen die Liste der beachtenswerten Bäume vervollständigen.
Wie die Dattelpalme die Landschaft Ägyptens charakterisiert, so war die Dûmpalme der Baum Nubiens; diese Fächerpalme mit gegabeltem Stamm liefert Nüsse, aus deren Kern Knöpfe gemacht werden und deren fleischige Schale nach Lebkuchen schmeckt.
Von den in Europa geläufigen *Obst*bäumen ist besonders die Aprikose ertragreich, während der Pfirsich durch seinen faden Geschmack enttäuscht. Orangen, Mandarinen, Zitronen und ihre kleinen Schwestern, die Limonen, und Granatäpfel wurden erst in den letzten Jahrzehnten wieder hochgezüchtet. Der Johannisbrotbaum gedeiht hauptsächlich in den Städten, der Maulbeerbaum in Unterägypten, die Weinrebe üppigst im Westdelta und im Faijûm. Die Mangofrüchte der Gärten sind Leckerbissen. Bananen werden neuerdings immer besser kultiviert, Feigen sind weit verbreitet.
Für *Zierpflanzen* ist der Boden den armen Fellahen zu kostbar. Wie den Wald, so suchen wir auch Wiesen mit wild wachsenden Blumen in Ägypten vergebens, wenn wir von der Meeresküste absehen. Was aber das Land

Vegetation — Viehzucht und Wild

hervorzuzaubern vermag, zeigen gepflegte Hotel- und Villengärten, Parkanlagen und die Pflanzeninsel. In den letzten 60 Jahren haben die Ziergewächse fast völlig gewechselt. Wir bewundern: Rosen (an Weihnachten), Nelken, stattliche Oleander, Bougainvillea, Christusdorn, den Hibiscus mit dem satt blutenden Karmin seiner Kelche, Euphorbia pulcherrima (Weihnachtsstern), Bignona und Spathodea nilotica — freilich neben zahlreichen Einjahresblüten aller Art. Papyrus und Lotos, Symbolpflanzen im Alten Ägypten sind heute als Wildflora verschwunden und werden nur noch an wenigen Stätten künstlich abgebaut.

Viehzucht und Wild

Die *Viehhaltung* ist gegenüber dem Ackerbau in Ägypten von geringerer Bedeutung. Die meisten Fellahen besitzen einen Esel, der, in seinen hohen Qualitäten nicht mit dem europäischen zu vergleichen, ebenso erbarmungswürdig sein Leben fristet wie sein Herr. Rinder und Büffel werden als Zugtiere gehalten, die Rinder erst wieder neuerdings, nachdem eine Pest die alte einheimische Art ausgerottet hatte. An ihre Stelle ist der Wasserbüffel aus Nordindien getreten. Er ist ebenso wie die als Lastträger und Reittiere dienenden Dromedare und Esel ausdauernd, zäh und genügsam. Arabische Rassepferde werden erst in wenigen Ställen wieder gezüchtet. Schafe und Ziegen leben als Haustiere, während das Schwein als unrein gilt. Da auch der Hund als unrein angesehen wird, lebt er meist wildernd und ist nicht immer ungefährlich (bei Erment), dagegen wird die Katze wie im Altertum als Lieblingstier gehalten. Hühner (klein), Enten, Gänse, vor allem aber Tauben sind zahlreich, die weißen »Kuhreiher«, die das Ungeziefer von Boden und Vieh wegfressen, werden geschützt.

An *Wild* treffen wir in der westlichen Wüste Steinböcke (auch auf dem Sinai) und Gazellen sowie Wüstenfuchs und -hase, Luchs, Wildkatze und Fuchs; Schakale und Hyänen. (Zu übrigem Wild und Wassertieren, die heute nach Süden abgewandert sind, → Fauna im Alten Ägypten). Chamäleon, Echsenarten — der größere Waran wie auch der kleine Gecko — und die Wüstenspringmaus sind die kleinen Bewohner der Wüste. Kaum zu entdecken, aber weniger angenehm sind die Schlangen, mit denen man ein wahres Gruselkabinett zusammenstellen könnte. Hervorgehoben seien die »Kobras«, Speischlangen und Uräus, Avicenna- und Hornviper sowie die in Gîsa häufige Sandraselotter. Man hüte sich vor den (schwarzen und grünen) Skorpionen, die sich meist in Mauerritzen, im Dunkel von Schutthaufen und im Gebüsch aufhalten, während man die Schlangen im Winter *unter* Steinen fürchten muß oder aber in den Sand gebuddelt, in der warmen Jahreszeit dagegen *auf* den heißen Steinen. Ihr einziger namhafter Feind ist das Ichneumon.

Oft kann man in der Wüste Aasgeiern begegnen. Über den Dächern von

Kairo (von der Zitadelle aus zu beobachten) kreist der Milan; Wildgänse und -enten, Wasserhühner, Reiher (auch Königs- und Fischreiher), dazu Nebelkrähen, Kiebitze und Bachstelzen bewohnen die Sumpfgebiete des Deltas, die Brackwasserfelder nach der Überschwemmung oder die Ufer der Wasserläufe. Schnepfen und Wachteln machen auf ihrem Flug zwischen Europa und Zentralafrika in Ägypten Station. In der Uferstraße von Luksor freut man sich bequem der vielen Wiedehöpfe, am Abend huschen dort scharenweise Fliegende Hunde. Im ganzen ist der Vogelreichtum Ägyptens, besonders im Delta, beachtlich und verlockt leider zu Jagden.
Ungewöhnlich reich war Ägypten an *Fischen* und der Fischfang in den Binnengewässern wie im Mittelmeer von großer wirtschaftlicher Bedeutung (zu Flora und Fauna Ägyptens → Landwirtschaftsmuseum in Kairo), bis er durch den Sadd el-âli beunruhigend zurückgegangen ist.

Industrie, Verkehr und wirtschaftliche Lage

Die industrielle und *wirtschaftliche Lage* Ägyptens hat sich seit etwa 1974 grundlegend gewandelt. Infolge der von Präsident Sadat eingeleiteten Liberalisierung der Wirtschaft und Reprivatisierung von Unternehmen und der allgemeinen Öffnung nach Westen, dank der Erschließung neuer Rohstoffquellen, der starken Zunahme der Erdölexporte, der wachsenden Einnahmen aus dem Sueskanal und dem weiteren Ausbau des Tourismus ist das Bruttosozialprodukt seit 1977 jährlich um 9 % gestiegen. Ägypten hat im Ausland für seine Wirtschaftspolitik soviel Vertrauen gewonnen, daß Anfang 1981 über 1000 ausländische Firmen an ägyptischen Unternehmen beteiligt waren.
Die früheren Devisenschwierigkeiten sind erheblich entspannt, und zwar durch die Erschließung langfristiger Kredite, aus den USA, der Bundesrepublik Deutschland und Japan; die anfängliche Hilfe aus ölfördernden arabischen Staaten ist seit der Unterzeichnung des ägyptisch-israelischen Friedensvertrages (1979) offiziell eingestellt. Aus den westlichen Ländern und von multinationalen Institutionen erhält Ägypten jährlich 2,–2,5 Mrd. US $. Ägypten ist Schwerpunkt der deutschen Entwicklungshilfe, es steht an 2. Stelle der Empfängerländer (nach Indien).
Die im wesentlichen junge *Industrie* des Landes ist durch gebesserte Rohstoff- und Energiegrundlage seit 1974/75 stark gehoben, Kohle, die zuvor ganz fehlte, wurde Anfang der 60er Jahre auf dem Sinai entdeckt, ihre Abbauwürdigkeit wird z. Zt. geprüft. Durch volle Nutzung des Nilgefälles hofft man – neben dem Assuân-Damm und dem Hochdamm (mit 270 MW Elektrizitätserzeugung) – weitere 800 MW gewinnen zu können. In verschiedenen Teilen des Landes, besonders am Roten Meer, auf dem

Industrie und Verkehr 23

Sinai und im Küstengebiet wird laufend mehr Erdöl gefördert, 1980 etwa 32 Mill. t (Plan für 1985 etwa 50 Mill. t). Der Eigenbedarf beträgt etwa 8 Mill. t. Seit Ende 1974 wird im Delta, in der vorgelagerten Küstenzone und in der westlichen Wüste (Abu Gharâdik) auch Erdgas gefördert, 1979 bereits 865 000 t, 1980 gegen 1,4 Mill. t. Am Roten Meer und im Wâdî el-gedîd (Neuen Tal) sind bei Abu Tartûr Phosphate aufgedeckt, in der Oase Bahrîja Eisenerz, in Oberägypten Bauxit (Aluminium), Mangan auf dem Sinai. Vorkommen von weiteren *Mineralien* im Land (darunter Uran) werden auf ihre Abbauwürdigkeit geprüft. Dank moderner Technik könnte die Goldschürfung wieder möglich werden.

Die Eisenerzlager von Assuân werden am Ort durch eine staatliche Elektro-Eisenhütte verwertet, die ebenso wie ein Stickstoffwerk mit Wasserkraft arbeitet. Die anderen bedeutenden *Industriezentren* liegen bei Alexandria, Damiette und Mahalla el-Kubra im Delta, zwischen Kairo und Heluân, bei Sues und am Ostrand des Faijûms. Die wichtigsten *Produktionszweige* sind: Nahrungsmittel, Textilien, Tabak und Zigaretten (seit 1954 wieder erlaubt), Aufbereitung von Baumwolle und NE-Metall-Erzeugung; die Düngemittelfabriken und die Zuckerindustrie sind im Wachsen, ebenso die Zementproduktion. Der Reichtum an Salz- und Natriumvorkommen führt zur Salz- und Sodaerzeugung.

Industriezentren sind abhängig von einer günstigen *Verkehrslage*. Wie im Altertum so ist heute noch der Nil die natürliche Verkehrsader des Landes. Mit einer Reihe von Kanälen ermöglicht er einen Schiffsverkehr vom Delta und Sueskanal bis zur südlichen Landesgrenze. Das Eisenbahnnetz (4000 km) ist im Delta dicht, die Verbindung nach Libyen ist unterbrochen, die Bahnlinie auf dem Sinai von Israel demontiert worden, die Verbindung zur Oase El-Chârga wird z. Zt. wiederhergestellt. Nilaufwärts verkehrt die Bahn bis zum Neuen Hafen von Assuân, eine Zweiglinie führt ins Faijûm, dort breitet sich ein dichtes Verkehrsnetz aus. Bis auf einen geringen Personenstraßenverkehr mit Israel ist der Landverkehr ohne Verbindung mit Nachbarstaaten, der Binnenluftverkehr dient vornehmlich dem Tourismus.

Mittelpunkt des gesamten Verkehrsnetzes ist die Hauptstadt Kairo. Von hier aus strahlen die zunehmend besser ausgebauten Straßen in alle Windrichtungen aus, wenn auch vorerst nur die Hauptadern asphaltiert sind (13 000 km befestigte Straßen). Für den internationalen Verkehr hat Ägypten eine ausgezeichnete Durchgangslage am Sueskanal mit seinen Transithäfen Port Saʿîd und Sues. Haupthafen für den internationalen Schiffsverkehr ist der von Alexandrien, für den Luftverkehr der Flughafen von Kairo. Elf weitere Flughäfen dienen dem Binnenverkehr.

Die *Entwicklungsplanung* des Landes schlägt sich nieder in 5-Jahres-Plänen, die alljährlich fortgeschrieben werden. Z. Zt. ist der Plan 1980/81

bis 1984/85 gültig, der Plan 1981/82 bis 1985/86 in Vorbereitung. Haushalts- und Planjahr beginnt seit 1980 am 1. Juli.
Zu den großen Investitionsvorhaben gehören der Bau von Be- und Entwässerungsanlagen, Elektrizitäts- und Atomkraftwerken, Straßen und Brücken, von Hotels zur weiteren Förderung des Fremdenverkehrs; der Wohnungsbau, Neulandgewinnung, außerdem die nochmalige (nach 1980) Vertiefung und Erweiterung des Sueskanals, der Ausbau des allgemeinen Verkehrsnetzes und der Telekommunikation, Entwicklung der Sonnenenergie, allgemeine Industrialisierung mit zugehöriger Rohstofförderung und dadurch Beschaffung von Arbeitsplätzen und nicht zuletzt eine rasche Steigerung der Lebensmittelversorgung.
Die Bewässerung von Wüstengebieten, vor allem das *Wâdi el-gedîd* (Neue Tal)-Projekt, demzufolge artesisches Wasser in der westlichen Wüste erbohrt und in Geländedepressionen abgeleitet wird, hatte bereits beachtliche Erfolge, wenn auch Fruchtland in Form künstlicher Oasen nur in geringem Prozentsatz gewonnen werden kann, denn das Untergrundwasser scheint sich als ein erschöpfbarer Vorrat aus einer vorgeschichtlichen Regenzeit herauszustellen und nicht aus den niederschlagsreichen Teilen des Südens zu stammen. Immerhin konnten die Oasen Ed-Dâchla und El-Chârga auch anbaumäßig zusammengeschlossen werden. Das Projekt, die Ḳattara-Senke in einen 15 000 qkm großen See zu verwandeln und diesen wirtschaftlich zu nutzen, ist nach reiflicher Prüfung fallen gelassen worden; noch sind die Nachteile des Sadd el-âli (Hochdamms) nicht bewältigt.
Wichtigster Zweig der Wirtschaft ist noch immer die Landwirtschaft (S. 18 ff.) mit einem Anteil von 21 % am *Bruttosozialpodukt*. Er wird gefolgt vom Petroleumsektor (18 %), der Industrie (12 %), dem Bausektor (5 %) und dem Sueskanal (3 %). Der ägyptische *Export* stieg seit 1976 auf das Dreifache i. J. 1980. Die bedeutendsten Abnehmer der Ausfuhrgüter sind: Italien, Sowjetunion, Deutschland, Großbritannien und USA, bei den wichtigsten Lieferländern steht USA an der Spitze, es folgen Deutschland, Italien und Frankreich, *Ausfuhrgüter* sind vor allem: Erdöl, Rohbaumwolle und unter den Rohstoffen Aluminium und Phosphate. Eingeführt werden: Getreide und Mehl, Stahl, Holz, Chemikalien und Düngemittel, Fleisch, Zement, Zucker, Milch und Milchprodukte. Im Handel mit Deutschland spielen Maschinen, Fahrzeuge, chemische und pharmazeutische Erzeugnisse sowie elektrotechnische Produkte die Hauptrolle.

Die heutige Bevölkerung

Bestand, Gesundheit, Lebensstandard, religiöse und ethnische Gruppen, Volkscharakter

Über die *Bevölkerungszahl* im Alten Ägypten haben wir keine Angaben, sie wird für die Zeit um 2000 v. Chr. auf etwa 1 Mill. geschätzt. Unter Nero war sie auf 7,5 Mill. angewachsen, während sie zu Beginn des 19. Jh. auf rund 2,5 Mill. zusammengeschmolzen war. Aber dann setzt eine allmähliche Auftreibung ein, die sich heute als »Bevölkerungsexplosion« entlädt. In der Mitte des 19. Jahrhunderts hatte sich die Zahl fast verdoppelt auf 4,5 Mill., heute zählt Ägypten 43 Mill. Köpfe. Die Geburten-/Sterberate (auf 1000 Einwohner) beträgt 39/13. Bei gleichbleibendem Bevölkerungswachstum wird das Land im Jahre 2000 80 Mill. Einwohner haben. Ägypten gehört zu den dichtest bevölkerten Gebieten der Erde, auf 1 qkm Fruchtland drängen sich durchschnittlich über 1000 Menschen zusammen (Bundesrepublik 247), in Kairo über 30 000, in den zehn am dichtesten bewohnten Stadtvierteln sogar 65 000 bis 120 000.

Infolge medizinischer und hygienischer Maßnahmen (so die Vernichtung krankheitsverbreitender Insekten) sinkt die Sterblichkeit, während die Geburtenzahl noch immer zu den höchsten der Welt gehört. Der Fruchtbarkeitsindex ist bei den Muslimen höher als bei den Christen. Alle 25 Sekunden wird ein Ägypter geboren, der jährliche Bevölkerungszuwachs beträgt 1,2 Mill. = 2,7 % (Tendenz steigend).

Obwohl islamische Autoritäten in jüngster Zeit eine Geburtenkontrolle gutheißen, obsiegen vorläufig Tradition und religiöse Vorstellung. Die Säuglingssterblichkeit ist noch sehr hoch, trotz beträchtlicher Rückgänge (160 je 1000 Lebendgeborenen; in Schweden 10 je 1000 Lebendgeborenen), ebenso die Zahl der Kranken. An *Krankheiten* treten hervor: die Fieber-(Malaria) und Mückenkrankheiten; alle Arten von schweren Darmerkrankungen, Bilharzia, Blasen- und Nierensteine (vorwiegend bei Männern) und Augenleiden; Hauterkrankungen, zunehmend Tbc, selten dagegen sind Thrombose und Embolien.

Das Trachom, die sogenannte *ägyptische Augenkrankheit*, ist an Länder gebunden, in denen häufige Staubwolken die Bindehaut der Augen in einem Reizzustand erhalten. Damit wird die Bindehaut zu einem Nistort für Keime, die durch Berührung mit unsauberer Hand oder unsauberem Material (Brillen, Ferngläser), am häufigsten aber durch Fliegen von Trachomkranken auf Gesunde übertragen werden. Schwere Bindehautentzündungen, Geschwüre, Schädigung der Hornhaut bis zur Erblindung sind die Folgen. In Oberägypten stehen Staub, Fliegen und Trachom in engster Beziehung zueinander.
Seit den ältesten Zeiten lastet auf dem ägyptischen Volk die Schistosomiase *(Bilharzia)*, eine Krankheit, die durch in den Blutgefäßen der Unterleibsorgane (bis einschließlich Leber) lebende Saugwürmer verursacht wird. Deren Eier sind schon in ältesten Mumien gefunden worden. Bei ihrem Durchtritt durch die Gewebe verursachen die Eier der Parasiten schwere Schleimhautschädigungen, die zu Blutungen und Wucherungen führen, mitunter auch zu Krebs. Die Wurmlarven, die aus den mit Harn oder Stuhl ins Wasser ge-

langten Eiern ausschlüpfen, durchlaufen in Wasserschnecken als Zwischenwirten eine Entwicklung; haben die verwandelten Larven die Schnecken verlassen, so schwimmen sie auf der Wasseroberfläche und bohren sich in die unverletzte Haut des Menschen (Endwirt) ein, die mit diesem Wasser benetzt wird. Diese Möglichkeit besteht in Ägypten überall. In einigen Gebieten ist die Bevölkerung bis über 50—75 % mit den Parasiten behaftet, frei ist kein Bezirk des Landes. Jedes Baden, jede Berührung mit der Wasseroberfläche ist gefährlich. 1978 wurde in Kairo eine Poliklinik des von deutschen Parasitologen betreuten Bilharz-Forschungsinstituts eröffnet. Seit dem Bau des Sadd el-âli hat die Biharziose zugenommen, da die Wasserschnecken in den wuchernden Wasserhyazinthen einen guten Biotop finden.

Ägypten ist ein *Schmelztiegel von Völkerschaften* ohnegleichen. Doch wenn das altägyptische (hamitisch- semitische) Volk auch im Laufe seiner langen Geschichte überlagert und durchsetzt wurde von den (aus Asien kommenden) Hyksos, den (hamitischen) Libyern aus dem Westen, den (negroïden) Äthiopen vom Süden, den (semitischen) Assyrern aus dem Osten, später den (indogermanischen) Persern; den Griechen und Römern; seit seiner Islamisierung von verschiedenen arabischen Stämmen und Türken — so hat sich der Habitus des Alten Nilvolkes dennoch durchgerettet. Er lebt in Fellahen und in den Kopten sogar fast unverändert weiter. Das Land am Nil scheint eine besondere Assimilationskraft zu haben und Fremdes rasch einzuschmelzen nach den Gesetzen des Stromes. Die Durchschlagskraft des Nilbauern ist so stark, daß sie Beduinen wie Tscherkessen nach wenigen Generationen ägyptisiert.

Wir unterscheiden von den Städtern die Fellahen als die Hauptbevölkerung (70 %; fellâh = Bauer), von den Moslems → die Kopten (koptisch = ägyptisch), die sich der Islamisierung widersetzt haben; dazu tritt eine Reihe orientalischer und europäisch-amerikanischer Minderheiten. Die Beduinen, soweit sie noch als Nomadenvölker in den Wüsten streifen, leben im Osten des Niltals als Nachkommen der alten Beduinen aus Asien (Syrien-Palästina-Sinai-Arabien); als Nachfahren der Blemyer im Süden; während die Abkömmlinge der alten Libyer heute die westlichen Oasen bewirtschaften. Die jüngeren arabischen Beduinen, die mit Mohammeds Scharen Ägypten überrannt haben, leben am reinsten in den Aulâd Ali im Norden weiter, in den Städten haben sie sich vermischt und kulturell angeglichen. Die Berberi oder Nubier, die schon im Alten Ägypten als Söldner, Diener und Handwerker aus ihrem Stammland südlich von Assuân den Nil heruntergekommen waren, sind heute meist als Flüchtlinge vor den Stauwassern zu betrachten. Von ihnen zu unterscheiden sind die Sudâni oder Neger, die ursprünglich als Sklaven ins Land gekommen sind; schließlich leben aus den Zeiten des Osmanischen Reiches Türken, Perser, Inder, Syrer und Armenier und eine als »Levantiner« bezeichnete Gruppe aus dem östlichen Mittelmeerraum, d. s. vornehmlich christliche Syrer und Libanesen, häufig durch Heirat mit Franzosen, Italienern oder Juden mehr oder weniger europäisierte Orientalen. Den Rest machen Europäer fast aller Nationen und Amerikaner aus.

Bestand

Vor dem letzten Weltkrieg war das Gemisch von Rassen, Sprachen und Religionen in der Weltstadt Kairo allerdings weit bunter als heute (wenn man von den Touristen absieht), wo an den Platz des weißen Mannes vielfach Mitglieder der ölreichen Länder getreten sind. Das Beieinander vieler Hautfarben und Zungen, der wogende Reigen von Sitte und Unsitte auf dem Hintergrund einer 5000jährigen Geschichte ist aber noch immer eines Studiums wert.

Mit guten Gründen gelten die *Fellahen* neben den (christlichen) Kopten als die rassereineren Nachkommen der Alten Ägypter. Sie machen etwa 70 % der Bevölkerung aus, leben als Bauern, Pächter oder Taglöhner und sind vielfach noch Analphabeten*. Jahrtausendealte Sitten und Bräuche haben sich bei ihnen treu gehalten, viele ländliche Szenen wirken wie atmende Verwirklichungen altägyptischer Reliefs. Die Fellahen sind gut durchschnittlich groß, haben einen kräftigen Knochenbau, sind aber nie fett, die Frauen sogar ausgesprochen schlank, schmal in den Hüften und zart an Gliedern. Ihre Hautfarbe ist gelb- bis dunkelbraun (im Süden), ihr Haar wellig und von schwarzbrauner bis blauschwarzer Färbung. Die von den dichten Wimpern schwer umschlossenen mandelförmigen Augen der Ägypterinnen, über denen die Brauen gerade und glatt verlaufen, glänzen dunkel. Unter der niederen Stirn ist die Nasenwurzel tief eingesenkt, die Backenknochen treten breit heraus, der ebenfalls breite Mund hat dicke Lippen, aber das Untergesicht springt kaum vor.

Der Fellahe ist unkriegerisch und lebte bis gestern geschichtslos dahin. Ihm ging jeglicher Zeitbegriff ab; dadurch strömte er eine Ruhe aus, wie wir sie in Europa vergebens suchen. Der Fellahe hat 2000 Jahre für andere gearbeitet, war selbst entrechtet und leidet auch jetzt noch — trotz aller Programme und einer spürbaren Hebung seines Lebensstandes — Not. Sein uralt hergebrachtes Haus aus Nilschlamm* mit einem Strohdach, ein paar Matten und Körbe, ein Satz Kupfer- und ein Satz Aluminiumgeschirr, ein paar Krüge aus Ton sowie eine Breithacke für den Feldbau sind sein entscheidender Besitz. An *Kleidung* hat er selten mehr, als er auf dem Leibe trägt; er liebt einen Stock in der Hand, Schuhe trägt er nur aus Anlaß. Die Kleidungsstücke sind: kurze Baumwollhose, Galabîja (d. i. nachthemdartiges Straßengewand aus Baumwolle)**; Überwurf aus Ziegengarn oder Decke aus Schafwolle, die umgeworfen wird nach Art eines Mantels; die knappe Filzkappe (libda) wird nur mehr selten getra-

---

* Zahlen über die sozialen Verhältnisse sind seit der → Republik in raschem Fluß. 1981 betrug die Alphabetisierungsquote der Erwachsenenbevölkerung 25 %, der Kinder unter 12 Jahren 50 %.
** Es ist ebenso unbegründet, wenn sich der Fellahe seines Hauses schämt, wie verständnislos, wenn der Reisende es voll Mitleid »primitiv« nennt, denn in dem sonnigen Land ohne Regen ist kaum eine angemessenere Bauweise denkbar. Ebenso unangebracht ist es, die Galabîja — außer in der Beschreibung — als »Nachthemd« zu bezeichnen, denn sie ist sowenig ein Schlafgewand wie der europäische Hosenanzug ein Reitkostüm.

gen und wie der Tarbûsch (von Europäern »Fês« genannt), mit dem die Vornehmeren den Kopf bedeckt hatten, häufig mit einem weißen Turban umwickelt.
Die *Wohnung* hat durchschnittlich pro Familie 2,7 Räume (Familiendurchschnitt 5,5 Personen). Elektrischen Strom gibt es in beinahe allen Dörfern, ebenso Pumpen für Trinkwasser; dennoch holt sich der Fellahe sein Trinkwasser häufig noch aus dem Nil.
Außer den wenigen oben angeführten vegetarischen *Nahrungsmitteln* ißt der Fellahe Fisch (jedoch entfallen auf den Kopf der Bevölkerung im Jahr nur 3—4 kg) und 1- bis 2mal im Monat Fleisch, vorzugsweise Hammelfleisch. Aus der gemeinsamen Pfanne nimmt man, am Boden hockend, die festen Speisen mit den Fingern, Suppen und Soßen werden mit Brotstücken ausgetunkt. Das »griechische Heu« (foenum graecum = Melba) wird roh gegessen, Ziegen- oder Schafkäse gelten als Leckerbissen.
Was der Tourist an verschlagenen *Charakteren* kennenlernt, entspricht nicht der Wesensart dieser Menschen. Wer länger und enger mit ihnen zusammenlebt, erfährt ihr Maß an Bereitschaft, anderen etwas zuliebe zu tun, ihr kindverwandtes Vertrauen, ihr Glück im Erstaunen und ihre Dankbarkeit. Dazu sind sie gastfreundlich und von Natur aus voll Achtung vor dem Fremden. Der Umgang mit den Touristen macht jene Leute, die davon erfahren, daß ein einziger Reisender für eine einzige Übernachtung im Hilton mehr zahlt, als der Vater einer 5köpfigen Familie monatlich verdient, verständlicherweise leicht zu Bettlern bis Halsabschneidern. — Immer wieder bleibt es rätselhaft, wie die geistige Wendigkeit der Jungen sich früh verkehrt. Auf dem Felde hat der Bauer schwer zu arbeiten, oft noch nach uralt primitiver Weise Wasser zu heben. Der Glaube an Allah schließt nicht aus, daß der Fellahe sich überall von Geistern bedroht sieht und dem Aberglauben fröhnt.
Die *Kopten* haben nach der islamischen Invasion den christlichen Glauben beibehalten und ihre → monophysitische Lehre, die sie mit den Abessiniern teilen, gegen die byzantinische Staatsreligion durchgekämpft.
»Kopten« ist heute eine Bezeichnung der ägyptischen Christen im Munde der Europäer*. Im Lande selbst nennen sich die Kopten »Christen«, und nur in Verbeugung vor europäischem Sprachgebrauch und vornehmlich Europäern gegenüber bezeichnen sie sich als »Kopten«, und zwar als »orthodoxe Kopten« im Unterschied zu den Protestanten oder »protestantischen Kopten« und den Katholiken oder »römisch-katholischen Kopten«. »Kopten« kann aber auch die Protestanten und Katholiken einschließen, so daß »Kopten« im weiteren und engeren Sinn gebraucht wird: im weiteren Sinn für alle ägyptischen Christen, im engeren Sinn nur für die orthodoxen Kopten.

---

* Zur Etymologie S. 193, außerdem S. 60 und die Kapitel S. 193 ff. und S. 205 ff.

In der Literatur führt die Bezeichnung »orthodox« häufig zu Mißverständnissen, da »orthodox«, geschichtlich gesehen, die S. 195 f. genannten rechtgläubigen Byzantiner meint im Unterschied zu den von ihnen seit 451 abweichenden Monophysiten (S. 194), außerdem mit »orthodox« die griechisch-orthodoxen Christen gemeint sein können im Unterschied zu den Kopten; schließlich »orthodox« sich absetzen kann gegen Protestanten und Katholiken.

Heute, nach über 1300 Jahren muslimischer Herrschaft, haben sich die Kopten als die größte christliche Minderheit im Orient gehalten. Seit dem Jahre 1500 hat sich ihr Bestand eher vermehrt als verringert. Die offiziellen Statistiken weichen von den Angaben der Kopten selbst erheblich ab, ihre Zahl wird mit 7 % bis 12 % der Bevölkerung angegeben.

Besonders dicht, teils sogar als Mehrheit, leben sie in: Minia, Assiût, Abu Ḳurḳâs, Tahta, Manhari, Sohâg, Achmîm, Girga, Dendara, in der Gegend von Ḳuft, in Luksor und Esna. In Alexandrien und Kairo bewohnen sie geschlossene Stadtviertel (z. B. Alt-Kairo).

Waren die Kopten früher identisch mit der Bildungsschicht Ägyptens, so ist heute viel zu hören von einer bewußten Hintansetzung. Doch kann keine Rede davon sein, daß dieser Volksteil um- oder ausgesiedelt würde, wie das gelegentlich behauptet wird; dazu ist das koptische Element sozial viel zu stark mit dem Volksganzen verflochten. Allerdings verhärtet sich in den letzten Jahren die Front zwischen Islâm und Christentum. Im äußeren Gehaben zeigt sich der Kopte bescheiden, doch ist sein früherer geradezu sprichwörtlicher Reichtum an Grundbesitz auch faktisch geschwunden.

An Bildung sind die Kopten den Muslimen überlegen. Durchschnittlich dreimal soviel (bei den Frauen bis zu fünfmal soviel) Kopten erreichen einen akademischen Grad. Aber die Zahl an koptischen Universitätsprofessoren, höheren Offizieren und Diplomaten ist Beschränkungen unterworfen. Auch als Händler und Handwerker bewähren sie sich.

Die den Kopten nachgerühmte Intelligenz ist wohl vor allem die Frucht stärkerer Anstrengung, wie sie bedrängte Minderheiten nötig haben, um zu überleben. Wenn irgend möglich, oft unter größten Opfern, schicken sie ihre Söhne zur Hochschule. An Sensibilität und der damit verbundenen Verletzlichkeit sind sie kaum zu übertreffen. Ein Europäer kann sich wohl selten so benehmen, daß er einen Kopten nicht kränkt.

Ein entscheidender Strich im Profil des Kopten würde fehlen, wollte man nicht auf seinen ungewöhnlichen Familiensinn hinweisen. Hier gibt es nicht nur wohlgehütete Sitten, sondern spricht tief empfundenes Gefühl. Die Anhänglichkeit der Familienmitglieder zueinander geht weit über das hinaus, was man sich in Europa vorstellen kann. Erst in letzter Zeit ist die Ehe zwischen Blutsverwandten nicht mehr selbstverständlich. Der Kopte ist ausgezeichnet durch seine relative Achtung vor der Frau. Wenn auch jährlich, so heißt es, ca. 5000 Kopten zum Islâm übertreten, so ist die innere Kraft der ägyptischen Christen eher im Wachsen begriffen. Obgleich heimlich, so doch mit Stolz weist der Kopte auf sein im Unterarm tätowiertes Kreuz mit den gleich langen Balken. Durch jahrhundertelange Verfolgung und Unterdrückung gefestigt, weiß er zu dulden und sich in schwere und schlechte Verhältnisse willig zu schicken.

Außer den orthodoxen Kopten leben an *Christen* (Kopten plus andere Christen gegen 4 Mill.) in Ägypten die Angehörigen der orientalischen Nationalkirchen: der Syrianer (Nestorianer), Armenier und die Griechisch-Orthodoxen, die Katholiken, die mit Rom unierten Orthodoxen verschiedener Brechung sowie die protestantischen Anglikaner, Presbyterianer, Offene und Geschlossene Brüder, Pfingstler. In der protestantischen Gruppe machen die Koptisch-Evangelischen (Presbyterianer) die Mehrzahl aus, etwa 70 000—90 000.
In jüngster Zeit ist innerchristlich eine zunehmende Frontenbildung zu beobachten. Die koptisch-orthodoxe Kirche scheint entschlossen zu sein, die im Laufe der letzten 120 Jahre entstandenen katholischen und evangelischen Gemeinden in die orthodoxe Mutterkirche zurückzuholen und die überkonfessionelle Evangelisationsbewegung auszuschalten.

Was sich an Arabertum in den Städten nur mehr vermischt, und zwar in allen Schattierungen, erhalten hat, findet sich rein unter den *Beduinen*. Soziologisch scheiden sie aus, denn in den letzten 30 Jahren ist die Mehrzahl der Beduinen *seßhaft* geworden (etwa 50 000). Sie leben vornehmlich am Rande der Uferstreifen von Viehzucht und Ackerbau, haben sich kulturell den Ägyptern angeglichen und sprechen deren Arabisch. Indes schauen sie mit Beduinenstolz auf die Fellahen herab. Nur auf dem Sinai schweifen noch welche wie zu den Zeiten der Pharaonen, wenn dort auch Dörfer für sie gebaut worden sind.
Soweit sie noch *wandern* — das dürften für die Gebiete Ägypten, Libyen, Jordanien und im Irak insgesamt 650 000 (für Ägypten 50 000) sein —, leben sie in Zelten und ziehen unter der Leitung eines Schêchs mit ihren Kamel-, Schaf- und Ziegenherden in den Wüstentälern — ohne Paß — von »Futterplatz« zu »Futterplatz«, jeder Stamm ungefähr in einem Geviert von 8500 qkm. Wie ihre Tiere sind sie ausdauernd und anspruchslos. Die Söhne Isma'îls üben nach dem Gebot der Wüste als oberste Tugend die Gastfreundschaft. Von ihren harten Sitten sei die Blutrache erwähnt. Trifft man mit einem Stamm zusammen, so tut man am besten, sich von ihnen zu einem am Spieß gebratenen Hammel einladen zu lassen.
Wenn überhaupt, wird der Reisende am ehesten den »Bega« begegnen, zwischen Nil und Rotem Meer. Innerhalb dieser »Bega« unterscheidet man südlich Kena bis zum Wendekreis als Nachkommen der alten Blemyer die *Abâbda* und die *Bischarîn*. Die letzteren sind jetzt in einem Lager bei Assuân, ihrem Hauptstreifgebiet, zusammengefaßt; sie leben von

Bestand

Kamelzucht und -handel. Die Bischarîn waren nur mit Lederschurz und Umschlagetuch bekleidet, führten ein freies, wildes Leben. Die Abâbda sind von Natur aus sanfter und ruhiger, haben sich den Fellahen mehr angepaßt, auch in Kleidung und Sprache. Aber keiner wird versäumen, einem bei jeder Gelegenheit zu sagen, daß er Abâbda sei. — Die im Westen des Niltals schweifenden Beduinen vermitteln den Verkehr zu den westlichen Oasen, die Bischarîn zum Roten Meer.
Welchen Stammes die Beduinen auch sind, alle bekennen sich zum Islâm. Trotz ihrer Verschiedenheit untereinander sind sie gegenüber den Nilbauern durch die Wüste einheitlich gezeichnet. Ihre *Gestalten,* flink, schlank und sehnig, sind ohne Makel, die Glieder fein; ihr Gesicht ist scharf geschnitten und von edler Bildung, ihre Haltung die eines Königs. Ihre Haut leuchtet wie dunkle Bronze, die Gesichter knittern früh, das Haar ist voll, entweder offen und kraus oder in unzähligen kleinen Zöpfchen steif und fettig abstehend. Ihre leicht gebogene Nase ist groß, das Kinn spitz, ihre Lippen schwellen. Ist man ihnen einmal begegnet, wenn sie ihrem Tatendrang Ausdruck verleihen durch ein blitzendes Messer zwischen den Zähnen, so versteht man wohl, wie hoch sie ihre Freiheit veranschlagen. In den letzten Jahrzehnten ließen sie sich allerdings sogar herab zu betteln, wenn auch auf wild zudringliche Weise — und heute empfangen sie selbst Schwestern der Mission.

Die *Nubier* (Berberiner), deren Heimat mit dem Sandsteingebirge südlich von Edfu beginnt, wurden mit dem Bau des Staudammes um Assuân vermehrt angesiedelt. Der südlich von Assuân bis zur sudanesischen Grenze in den Wüstendörfern beider Ufer verbliebene Rest von rund 100 000 Menschen ist zu einem kleinen Teil bei Esna, überwiegend aber in einem Halbkreis östlich um Kôm Ombo angesiedelt worden, ehe die Fluten des erweiterten Stausees sie verschlangen. In den todgeweihten Ortschaften lebten außer einigen kräftigen Männern, die als Vertreter der zivilen Gewalt fungieren, nur Frauen, Kinder, Greise und Kranke, während die arbeitstüchtigen Männer ihr Brot in den Städten Ägyptens verdienten. Als Wäscher, Bügler, Hoteldiener, Köche und Türhüter trifft man dort auch jetzt noch ihre dunkelbraunen schlanken Gestalten; sie sind geschätzt wegen ihrer Sauberkeit. Die in Ägypten Arbeitenden gehören einer eigenen Gewerkschaft an und bleiben ihrer Heimat und ihren Familien treu. Auch sie bekennen sich zum Islâm, sprechen aber eine eigene (nicht literaturfähige) Sprache, das vom Arabischen völlig verschiedene Nubische. Da das *Nubische* nicht literatur- oder überhaupt schreibfähig ist, gibt es keine nubische Schrift. Als Nubien christianisiert war, diente dort zur Übertragung der frommen Texte in die Landessprache (Altnubisch) die koptische Schrift mit einigen Zusatzbuchstaben (10.–11. Jh.), heute bedient man sich schriftlich des Aarabischen.

Die rund 100 000 in den Städten Ägyptens lebenden (schwarzen) *Sudânneger* sind fast durchweg Nachkommen ehemaliger Sklaven, die in der Mitte des letzten Jahrhunderts aus den verschiedensten Stämmen über die Sklavenmärkte von Omdurmân nach Ägypten gekommen sind und dort zu den niedersten Arbeiten verwendet wurden. Heute betätigen sie sich geschickt auch als Autofahrer und -monteure. Wer Gelegenheit hat, Sudâni kennenzulernen, freut sich ihrer Sauberkeit.
Sofern ein Pauschalurteil über »die Ägypter« erlaubt ist, darf man behaupten, daß das Volk ungewöhnlich leidensbereit und leidensfähig ist, aber im gleichen Maße heiter und liebenswürdig. Selten endet ein heftig aufblitzender, lautstarker Streit anders als mit einem versöhnlichen Lächeln. Man trifft zwar auf einfallsreiche, listige und von daher fast bewundernswerte kleine Spitzbuben, doch nicht auf Verbrecher. Was den Europäer in dieser Richtung beunruhigen mag (Blutrache), beruht auf uraltem Volksrecht und geheiligten Sitten.

Die *übrigen Ausländer,* die vornehmlich in den Großstädten des immer mehr nationalbewußten Ägypten leben, nehmen ständig ab. Armenier, Griechen und Levantiner (Kosmopoliten des östlichen Mittelmeeres) hatten sich dort als Händler niedergelassen, ähnlich Italiener und Türken, werden aber laufend durch Ägypter ersetzt. Die übrigen Europäer waren meist in gehobenen Stellungen, aber heute trifft man sie fast nur noch als Vertreter oder Angestellte europäischer Firmen. Die in Ägypten tätigen ausländischen Arbeiter brauchen eine Genehmigung in Form einer Arbeitskarte.

Soziale Gliederung

Trotz der bisherigen Sozialreformen, durch die es dem *Fellahen* so »gut« geht wie noch nie, und obwohl andererseits der maximale Bodenbesitz auf rund 80 ha herabgemindert wurde, springt dem Reisenden der krasse Gegensatz von Arm und Reich noch in die Augen. Was fast ganz fehlt, ist die staatstragende Mittelschicht. Die Beamten und die seit zwei Generationen heranwachsende Gruppe von Akademikern und kleine Geschäftsleute sind alle, die ihr angehören. Das Gros von 70 % besteht aus Fellahenfamilien, die zu den Ärmsten der Erde zählen. Während sich 40 % der Nutzfläche Ägyptens im Besitz von nur 5 % der Bevölkerung, der ländlichen Oberschicht, befinden, leben von den übrigen 60 % der Agrarfläche 70 % der Landbevölkerung: die Fellahen mit eigenem Landbesitz bis maximal 1 Feddân (0,42 ha) oder landlos als Pächter oder als Lohnarbeiter.
Während sich die Bevölkerung seit 150 Jahren fast verzwanzigfacht hat, konnte die landwirtschaftliche Nutzfläche nur verdoppelt werden,

Soziale Gliederung

so daß dem Bewohner von 1980 nur ein Zehntel des Ackerlandes zur Verfügung steht, das für einen Einwohner von 1800 — allerdings weniger ertragreich — nutzbar gemacht werden konnte. Doch ist es bereits ein Gewinn für den Fellahen, daß die Abgaben sowie der Pachtzins an die Grundbesitzer verringert sind und überwacht werden. Durch Musterdörfer mit Moscheen, Schulen, Krankenhäusern und Schulungskursen für die Erwachsenen — in Landwirtschaft für die Männer, in Haushalts-, Kranken- und vor allem Säuglingspflege für die Frauen — wird versucht, eine Elite heranzubilden.

Landwirtschaftliche Genossenschaften unter staatlicher Aufsicht leisten in den Dörfern Pionierarbeit, sie geben den Bauern Darlehen und stellen ihnen landwirtschaftliche Maschinen zur Verfügung. Im Rahmen des umfangreichen Neulandgewinnungsprojektes in der Provinz West-Tahrîr werden die Neusiedler bei el-Nahda in Intensiv-Produktions- sowie Vermarktungsmethoden beraten und geschult. Entsprechend im »Neuen Tal«.

Außer durch Erweiterung der Ackerfläche infolge Trockenlegung der Mareotis-Sümpfe und teilweise des Ḳarûnsees, durch Umstellung auf ganzjährige Ackerbestellung (→ Sadd el-âli), Kultivierung des Bodens, Brunnenbohrungen in der westlichen Wüste versucht die Regierung, dem Elend durch *Industrialisierung* des Landes zu begegnen. Ihre Anfänge gehen in die Zeiten Mohammed Alis zurück. Die Schwierigkeiten, mit denen die heutige Regierung zu kämpfen hat, sind außer dem Mangel an Kapital immer noch der Mangel an Energiequellen und vor allem der an geschulten Leuten, sowohl Arbeitern, Fachleuten als auch Unternehmern wie Betriebsleitern. Schließlich ist die technische Infrastruktur überaltert, die fachliche Qualifikation der Verwaltung unzureichend und auch der Binnenmarkt für Industrieprodukte begrenzt. Im 19. und 20. Jh. verfiel das *Handwerk* und machte der ausländischen Massenproduktion Platz. Allerdings sind in der Textil- und Seifenindustrie, in Töpfereien und in den Auto-Reparaturwerkstätten sowie hauptsächlich für die Fremden auch in den Kupfer- und Goldschmieden noch 1/4 Mill. Handwerker beschäftigt.

Ihnen steht die wachsende Zahl von rund 1,5 Mill. *Industriearbeitern* gegenüber (4,5 Mill. Arbeitskräfte in der Landwirtschaft, 4 Mill. in der Verwaltung), die überwiegend in den kleinen Betrieben von Kairo und Alexandrien, neuerdings auch in den Assuân-Werken beschäftigt sind (Verkehrslage, Konsumnähe, Elektrizitätswerke; vgl. S. 22 ff.). Ein Facharbeiter bei einer Baufirma oder gar ein Baggerführer verdient etwa gleich viel wie ein ausgebildeter Mediziner im Staatsdienst, ein Studienrat oder ein Abteilungsleiter im Ministerium. Staatsbeamte verdienen umgerechnet monatlich zwischen 50.— und 130.— DM, mit Universitäts-

abschluß 280.— DM. Das Pro-Kopf-Einkommen beträgt jährlich 500.— DM (Stand Februar 1981).
Es bedarf nur geringer Beobachtungsgabe, um festzustellen, daß Arbeitsdisziplin und -lust sowie Arbeitstempo nicht mit europäisch-amerikanischem Maßstab gemessen werden dürfen. Der Mangel an Schulung hat einen hohen Verschleiß an teuren Einrichtungen zur Folge. 1961 wurde in Kairo durch die Bundesrepublik Deutschland eine Feinmechaniker-Lehrwerkstatt geschaffen, an der mit sehr gutem Erfolg Feinmechaniker, Rundfunk- und Fernsehtechniker ausgebildet werden; eine Abteilung für Meß- und Regeltechnik wurde 1975/76 angeschlossen. Um dem Überangebot von ungelernten Kräften und theoretisch gebildeten Akademikern technisch ausgebildete Fachkräfte gegenüberstellen zu können, hat die Bundesrepublik Deutschland außerdem in Heluân ein Polytechnikum (CIT) begründet, das allerdings (1975) zu einer technischen Hochschule heraufgestuft wurde. — Die soziale Gesetzgebung ist im Aufbau, seit 1939 besteht ein Sozialministerium, ein staatlicher Gesundheitsdienst ist im Werden, 1951 wurde ein Alters- und eine Hinterbliebenenfürsorge eingerichtet.
In der bisherigen hierarchischen *Sozialordnung* Ägyptens zeichnet sich eine fast revolutionäre Wende ab. Für den Ägypter, den Orientalen überhaupt, bedeutet es eine umwerfende Erkenntnis, daß er durch seiner Hände Arbeit mehr verdienen kann als am Schreibtisch. Die sozialen Umwälzungen bestehen nicht nur in der Industrialisierung, sondern auch in einem neuen Selbstbewußtsein der unteren Stände von gestern und ihren damit verbundenen höheren Ansprüchen.

Die Zahl der *Frauen* und Männer hält sich etwa die Waage (104 Männer:100 Frauen). Die niedrige Stellung der Frau ist durch den Islâm nicht bedingt, sondern durch ihn nur sanktioniert worden. Das alleinige Scheidungsrecht des Mannes ist aufgehoben, die Polygamie läuft aus. Nach dem Koran darf der Mann bis zu vier Frauen heiraten, doch wird von diesem Recht heute — schon aus wirtschaftlichen Gründen — kaum mehr Gebrauch gemacht. Auf dem Land gibt es 4 %, in der Stadt nur 1—2 % polygam lebende Männer. Darf zwar nach der gegenwärtigen Gesetzgebung ein Moslem bis zu vier Frauen haben, so könnte doch jede Frau die Scheidung verlangen, wenn der Mann ohne ihre Zustimmung eine weitere Frau heiratet oder wenn sie bei der Eheschließung nicht davon unterrichtet wurde, daß der Mann bereits verheiratet war. Die Einehe wird durch das staatliche Sozialversicherungswesen begünstigt. — Erbrechtlich erhält die Frau nur halb so viel wie ein Mann.
Der Schleier, der nicht islamischen Ursprungs ist, den zu tragen aber vier Koranstellen nahezulegen scheinen, ist in der Stadt weitgehend gefallen, der Gesichtsschleier so gut wie ganz. Huda Scha'arâui, eine

Soziale Gliederung

Ägypterin, hat damit, daß sie als erste orientalische Frau Anfang der zwanziger Jahre, von einer Europareise zurückgekehrt, ihren Gesichtsschleier in das Hafenbecken von Alexandrien warf, zwar einen großen Skandal heraufbeschworen, aber bahnbrechend für eine neue Stellung der Frau gewirkt. Auch die Absperrung der Frau, die besonders in den mittleren und höheren Ständen streng gewahrt wurde, ist auf das Privatleben eingeschränkt.
Frauenbewegung, der Einfluß des Kinos (Ägypten produziert nach Indien die meisten Filme und hat die meisten Kinobesucher) und Fernsehens sowie Schulpflicht haben schon manches zur Änderung des Frauenrechts beigetragen. Noch vor dem 2. Weltkrieg war die Frau so sehr gehütetes Eigentum ihres Mannes, daß sie sich nirgendwo im öffentlichen und gesellschaftlichen Leben zeigte. Heute gibt es zwar immer noch dies Frauenleben im Harîm, daneben aber steht die moderne Ägypterin, die sich von einer Europäerin in ihrer Lebensweise nicht unterscheidet. Das sind einmal die mit Europäern verheirateten, zum andern jene Frauen, die in Europa studiert haben und nun berufstätig sind, und in deren Gefolge immer mehr. Auch der Reisende trägt zum Modernismus nicht wenig bei.
Die Frauenbewegung wurde von Gihân as-Sadat, der Witwe des vormaligen Präsidenten, gefördert. Allerdings betreiben seit Ende der 70er Jahre die Fundamentalisten eine eifrige Gegenbewegung und haben eine neue Art von Gesichtsschleier (ähnlich einer Schwesternhaube) eingeführt.

Kein Beruf außer dem Richteramt ist der Frau mehr verschlossen. Daß 1958 zwei Frauen ins ägyptische Parlament gewählt wurden, war alarmierend. Jetzt gibt es die Flugzeuginstrukteuse bei der Wehrmacht, weibliche Petroleumbohrfachleute, Universitätsprofessorinnen, Künstlerinnen. Aber keine Frau wird sich über den ungeschriebenen, durch den Koran ebenfalls nahegelegten Moralkodex hinwegsetzen und etwa in ihrem Heim einen Mann empfangen, wenn nicht wenigstens ein männlicher Familienangehöriger zu Hause ist, oder außerdienstlich sich mit einem Mann unterhalten. Durch die Selbständigkeit und das Ansehen, das die berufstätige Frau genießt, ist das Familienleben im Gesunden, keineswegs in einer Auflösung begriffen. Bei allen beruflichen Möglichkeiten, die eine Ägypterin hat, bleibt ihr Ideal Ehe und Mutterschaft (zur Kinderverhütung S. 83). Auf 20–30 Männer mit höherem akademischen Grad kommt eine Frau.
Entsprechend Einkommen, gesellschaftlichem Milieu und Familientradition weicht das Familienleben in Stadt und Land meist erheblich voneinander ab. Am treuesten bewahrt sind die alten Sitten auf dem Land. Mit unerbittlicher Strenge beobachtet die bäuerliche Gesellschaft die Reinheit des Mädchens und die Familienehre. Bei einem Fehltritt des jungen Mädchens wäscht – besonders auf dem Land – der nächste männliche Verwandte die Familienehre im Blut: Er bringt das Mädchen um.
Während die moderne Ägypterin sich heute nicht selten dem Mann ihres Herzens vermählt, wird das (oft schon im Kindesalter oder sogar vor seiner Geburt verlobte) Fellahenmädchen verheiratet, meist zwischen 12 und 14 Jahren, obwohl das gesetzlich vorgeschriebene Mindestalter 16 Jahre beträgt. Die Mutter des Sohnes wählt die Braut, wenn keine Tochter des Onkels väterlicherseits, die man gewöhnlich heiratet, mehr zur Verfügung ist. Die – meist vom Vater – formell befragte Braut bekundet ihre Einwilligung durch Schweigen oder stilles Weinen. Die in vorislamische Zeit zurückreichende Beschneidung (Klitorektomie) des Mädchens, etwa in seinem 8. Lebensjahr, ist durch Sitte und

Tradition so stark verankert, daß bisher kein Gesetz dagegen aufkommen konnte. Dieser furchtbare Eingriff beeinträchtigt nicht nur das Eheglück für beide Geschlechter, sondern begünstigt auch den (freilich verbotenen) Haschîschgenuß des Mannes, durch dessen Wirkung er mit der Unempfindlichkeit seiner verstümmelten Partnerin fertig zu werden versucht. Von den mannigfachen Leiden der arabisch-islamischen Frau erscheinen einer Europäerin die Zeremonien der Hochzeitsnacht besonders entwürdigend.
Nach der Heirat gehört die Frau zur Familie des Mannes und darf die eigene Familie nur mit ausdrücklicher Erlaubnis des Mannes besuchen. Männliche und weibliche Welt sind scharf voneinander getrennt. Der Mann verbringt sein Leben außer dem Hause, die Frau daheim. Die Kinder leben bei der Mutter und hängen sehr an ihr, kommen noch als Erwachsene ihrem Wunsche unbedingt nach. Das Erziehungsrecht der Mutter ist nach neuestem Gesetz für Söhne bis zu deren 10. Lebensjahr, für Töchter bis zu deren 14. Lebensjahr ausgedehnt worden.

Bildung und Kultur

Ägypten ist zwar der Mittelpunkt islamisch-arabischer *Bildung,* deren Herz in der el-Aṣhar-Universität schlägt, doch wird ihre Denkweise den Ansprüchen eines modernen Industriestaates kaum gerecht. Die weit verzweigten el-Aṣhar-Schulen sind religiöse Bildungsstätten und führen in einer rd. 15 jährigen Schullaufbahn von der 4 jährigen Koranschule (Ḳuttâb) über die 5 jährige Moschee-Schule (Madrasa) zur Hochschule der *el-Aṣhar*-Moschee in Kairo.

Dieses geistige Zentrum der islamischen Welt, deren Symbolkraft und auch Bedeutung an diejenige von Mekka heranrückt und die durch ihre Studentenschaft aus 27 außerägyptischen Ländern bis nach Peking oder zu den Philippinen und andererseits bis nach Dakar, die nach Buchara oder Taschkent und andererseits bis nach Sansibar hineinwirkt, hat zumindest bis zu dem Gesetz Nr. 49 vom 17. November 1930 noch ganz auf mittelalterliche Weise formalistisch-kasuistisch gelehrt, ausgerichtet auf religiöse Fragen. Dabei ist die »Wahrheit« ein für alle Mal festgelegt im Koran. Gesetzesdenken, Traditionalismus und die äußerlich-assoziative Begriffsschematik lenken wie ehedem nicht nur das religiöse und rechtliche, sondern das gesamte geistige Leben. Forschung heißt nicht Weiterschreiten, sondern Ermittlung des Wissens früherer Generationen, Lehren daher nicht Erklären und Begründen, sondern Vermitteln dieses früheren Wissens, das, je älter, um so besser, je mehr durch eine Autorität bezeugt, um so unantastbarer erscheint. So mag es nicht verwundern, daß es lange dauert, ist gar nicht möglich ist, einen islamischen Studenten zu wissenschaftlich kritischer Haltung in europäischem Sinne zu erziehen. Ehe man Autorität opfert, läßt man neue Forschungen fallen. Diese in abendländischem Sinne tote Gelehrsamkeit schlägt sich nieder in Kommentaren und Glossen. Immer wieder werden Stimmen laut, die auf mittelalterlich-scholastischer Lehrtradition beruhenden el-Aṣhar-Schulen dem heutigen Bildungsbedürfnis anzupassen. Bis jetzt können nur die drüben von europäischen Lehrern vorgebildeten Studenten mit ihren Kommilitonen in Europa Schritt halten.

Noch 1937 waren 82 % der Bevölkerung Analphabeten. Denn erst 1933 wurde für das 7.–12. Lebensjahr die gesetzliche *Schulpflicht* eingeführt; seit 1950 ist der öffentliche Unterricht unentgeltlich. 1956 wurde eine durchgreifende Schulreform eingeleitet. Der 5 jährigen Elementarschule folgen anschließend die Vorbereitungsschulen verschiedener Richtung: all-

Bildung und Kultur 37

gemein bildende, landwirtschaftliche, kaufmännische Fach- und Berufsschulen. Die allgemein bildenden Schulen bereiten auf die höheren Schulen vor, die wiederum in verschiedene Typen aufgegliedert sind. Die fachlichen führen zum Studium an besonderen Fachschulen, die wissenschaftlich-musischen zum Universitätsstudium. Ägypten hat (außer der → el-Ašhar-Hochschule) 10 Universitäten, 3 davon in Kairo (darunter eine amerikanische) und je eine in den Städten: Alexandria, Assiût, Minia, Mansûra, Tanta, Minûf (Delta) und Schibîn el-Kôm. Die älteste wurde 1908 gegründet. Daneben bestehen Lehrerbildungsanstalten, eine notwendige Voraussetzung, der allgemeinen Schulpflicht gerecht zu werden. Nach der letzten Statistik hat Ägypten 7675 Volksschulen registriert, 1072 Höhere Schulen, 219 Technische Schulen, 78 Lehrerbildungsanstalten, 56 Hochschulen und 19 Fachschulen.
Die drei deutschen Schulen in Ägypten (Deutsche Evangelische Oberschule in Kairo und die beiden Borromäerinnen-Schulen in Kairo und Alexandria) mit mehr als 3000 Schülern und 65 entsandten deutschen Lehrkräften genießen infolge ihres hohen Ansehens eine Sonderstellung als zugelassene ausländische Privatschulen. Die Zweigstellen des Goethe-Instituts in Kairo und Alexandria haben neben einem umfangreichen Kulturprogramm und dem Sprachunterricht auch die Aufgabe, den Unterricht an etwa 70 ägyptischen Oberschulen mit 9000 Schülern und 100 ägyptischen Deutschlehrern zu betreuen.
Die Analphabetenquote, bei Frauen erheblich höher als bei Männern, liegt heute durchschnittlich bei 74 %. Sie ist in den letzten Jahren infolge des Bevölkerungszuwachses wieder gestiegen.
Von einem Lande, das sich eben erst anschickt, aus seinen Ruinen neu zu erstehen, darf man billigerweise nicht zu viel an *Kultur* erwarten. Kairo ist das bedeutendste Medienzentrum im Nahen Osten. Die ägyptische Presse mit ihrer langen Tradition hat weite Verbreitung und nimmt in der arabischen Welt auch qualitativ eine Spitzenstellung ein. Der Rundfunk, genehmigungs- und gebührenfrei, versorgt praktisch jeden Haushalt, das Fernsehen wurde 1960 in Kairo eingeführt, die Ausstrahlung in Farbe 1975. Die ägyptische Filmindustrie produziert 70—100 Titel im Jahr und ist allen andern im Nahen Osten überlegen. Das Theater beschränkt sich im wesentlichen auf volkstümliche Stücke, Theater- und Konzertwesen im europäischen Stil gibt es nicht, aber eine große Zahl von Folklore-, Instrumental- und Spielgruppen.
Wenn auch angeregt und geschult durch Europa, so verdient die *Literatur* hie und da eine Würdigung im Sinne selbständiger Leistung. Ihre Beachtung mag daraus hervorgehen, daß eine Reihe von Werken in fremde Sprachen (englisch, französisch, deutsch) übersetzt worden sind. Als die anerkanntesten Schriftsteller seien Taha Husên, Mahmud Teijmûr, Taufîk, el-Hakîm, Ihsan Abd el-Kuddus, Saʿid Abdu, Nagîb, Mahfûš, Mahdi

Allâm, Ahmed Haikal, der 1981 89jährig verstorbene Lyriker Ahmed Râmi, Abu Raija sowie Ahmed Schauķi genannt. Viele weitere, nicht weniger bedeutende müssen hier unerwähnt bleiben. (Zur Klassik vgl. S. 234 f.)
In der modernen *Malerei* versucht Ägypten den Wettstreit nicht weniger als in der *Musik*. Die Maler und Graphiker, zumeist an europäischen Hochschulen ausgebildet, haben sich sowohl gegen das verpflichtende Erbe der pharaonischen Vergangenheit wie gegen den Einfluß europäischer Kunst zu wehren. Daß ihnen die Auseinandersetzung gelingt, konnte man in einer Reihe von (meist durch den Maler Farûķ Schehata inszenierte) Ausstellungen auch in Deutschland anerkennend feststellen. Auch haben sich die Künstler aus der durch das Bilderverbot hochentwickelten Ornamentkunst des Mittelalters völlig befreit. Ähnlich stellen wir in den Volksmalereien an Schêchgräbern und Hausmauern eine Art Bebilderung fest, die dem Islâm zuwiderläuft; sie darf indes als ein Erbe pharaonischer Bildfreudigkeit angesehen werden. Waren diese Bilder — zumeist Darstellungen zur Wallfahrt nach Mekka durch die Pilger — bislang aspektivisch (→ Kunst der Pharaonenzeit), so sind sie unter europäischem Einfluß heute mehr und mehr perspektivehaltig.
Im Reich der Töne ist es noch schwieriger, den Ausgleich zwischen der vielfach noch im Altägyptischen wurzelnden orientalisch geprägten Volksmusik und der abendländischen Kunstmusik zu finden. Das traditionelle ägyptisch(-arabische) Ensemble der Kunstmusik aus 4—6 Instrumenten, einem(r) Sänger(in) und einem Chor von 4—6 Sängern für den refrainartigen Teil des Liedes wurde unter dem Einfluß europäischer Musik zum »Großen arabischen Orchester«. Spezifisch ägyptische Instrumentalformen sind der dôr, ein vertontes Gedicht, und die tahmîla, ein Wechselvortrag von Soloinstrumenten und kleinem Ensemble. Die wichtigsten ägyptischen Instrumente sind: ûd-Kurzhalslaute, darabukka-einfellige Kelchtrommel, riķķ-einfellige Rahmentrommel, miŝmâr-Klarinettenart, kanûn-Brettzither, kamandja-Fiedel und nâij-Langflöte. Laute und Violine verdankt Europa der arabisch-islamischen Kultur (vgl. auch S. 235 f.).
Ob ein Volk kulturfähig ist, zeigt sich in dem Begriffspaar *Religion* und *Sprache*. Beide, Religion und Sprache, haben miteinander die »arabische« Welt erobert, beide sind seit den Zeiten Mohammeds und in inniger Verbindung miteinander in Ägypten am Leben geblieben, als Ausdruck des Volkes ebenso wie als sein Gestalter. Mit der Schöpfung des Koran hat Mohammed die arabische Sprache in entsprechendem Maße literaturfähig gemacht wie Luther die deutsche mit seiner Bibelübersetzung. Nach einer dichterischen Blüte im Mittelalter ist die Sprache verfallen wie das Reich, und heute klafft sie auseinander in das »klassische Literatur-Arabisch« und die Vulgärsprache, die sich ähnlich voneinander unterscheiden wie Latein und Italienisch.

Bildung und Kultur

Das Vulgär-Arabisch zerfällt in die verschiedenen Dialekte der Länder, in Ägypten spricht man den ägyptischen Dialekt. Die Sprache wieder literaturfähig zu machen, ist eine bedeutende Aufgabe, und erst Werke wie die der oben genannten Schriftsteller beweisen, daß ein Erfolg möglich ist. Die Verbindung zwischen beiden ist deshalb nie abgerissen, weil der Koran in der klassischen Sprache geschrieben ist und jeder »Muselmann« ihn kennt. Das Koran-Arabisch als die offenbarte Sprache gilt allein als richtig und hat immer wieder das Richtmaß abgegeben. Eine Zwischenstellung zwischen Vulgär- und Klassisch-Arabisch hat die Sprache der Predigt, der Presse und des Rundfunks.
Das Arabische gehört zu den schönsten und schwierigsten Sprachen der Welt. Schwierig allein schon durch seinen Formenreichtum, die Differenzierung im Ausdruck (es gibt im Klassischen über 100 Wörter für Kamel, zahlreiche für Schiff, Waffen u. a.) und die sehr genau geregelten Wendungen, die zunächst anmuten wie leere Floskeln oder erstarrte Höflichkeitsformeln, die aber bei ausreichender Beherrschung ebenso aussagekräftig eingesetzt werden können wie die plumpste Erklärung. Doch verlangt die schön gezierte Rede einen Meister der Zunge. Schwierig für uns ist vor allem die völlig andere Denkweise und die davon abhängige Syntax. Auch die Phonetik bedarf einer rechten Umstellung unserer Kehle. Für Kenner ist das Arabische eine »Sprache der Könige«.

١	٢	٣	٤	٥
1	2	3	4	5
٦	٧	٨	٩	١٠
6	7	8	9	10
١٥	٢٠	٣٠	٥٠	١٠٠
15	20	30	50	100

Arabische Zahlen

Daß das Arabische auf Straßenschildern, Anschlägen und auf den Ämtern Französisch und Englisch fast ganz verdrängt hat, ist die Folge des nationalen Selbstbewußtseins; daß die *Schrift* nicht – wie etwa in der Türkei – latinisiert wurde, dürfte durch den Koran begründet sein. Die Schrift, aus dem Aramäischen entwickelt, hat 28 Konsonanten und wird von rechts nach links geschrieben. Ein Buchstabe hat verschiedene Form, je

nachdem ob er nach rechts, nach links, beiderseitig verbunden oder isoliert steht. Nach einem Beschluß der arabischen Sprach- und Literaturakademie in Kairo soll jedoch aus kulturpolitischen Erwägungen die Zahl der Schriftzeichen von 405 auf 170 verringert werden, doch besteht vorerst keine Aussicht auf Verwirklichung.
Die Ziffern, die von links nach rechts geschrieben werden, dienten als Vorbilder für die von uns seit dem Mittelalter an Stelle der römischen gebrauchten. Die Vorstufe der heutigen arabischen Schrift ist die bis ins 9. Jh. angewandte kufische, die uns als Zierschrift mittelalterlicher Bauwerke begegnet (Abb. auf S. 124).

Die *Religion* ist für die Muslims (etwa 88—90 %/o der Bevölkerung) nicht ein Lebenssektor, sie beherrscht und durchdringt das ganze Leben und seinen täglichen Ablauf (vgl. Kopten). Ob sie tragfähig ist für die modernen Bestrebungen mit ihrem Fortschrittsgedanken, muß sich zeigen. Daß der Mensch sich einschaltet in den Ablauf der Dinge, daß er zum movens agens wird, ist für sie ein harter Prüfstein. An dieser Stelle entscheidet sich im letzten Ägyptens Entwicklungsfähigkeit (→ Geschichte).
Die von politischer Ungeduld getriebenen Ägypter wählen von den ihnen gebotenen westlichen Gütern pragmatisch aus, aber mit Erfolg. Die *Entwicklung der letzten Jahrzehnte* ist außerordentlich. Doch wir suchen vergebens nach einer Selbstanalyse. Dazu hat die arabische Welt keine Zeit. Dort steht das politische Handeln voran, die Ideologie folgt. Völlig neu aufgenommen ins Programm ist nach westlichem Muster der Begriff der Freiheit. Marx wie Sartre gelten gleichermaßen als heuchlerische Immoralisten, die den Moslem von seiner Religion entfremden und ihm damit die Grundlage entziehen. Im übrigen ist das Verhältnis zu Europa zwangsläufig gespalten.
Es versteht sich, daß in der vorausgegangenen knappen Übersicht die kulturellen Errungenschaften, die die Europäer selbst oder die Ägypter nach europäischem Muster geschaffen haben, wie Beton-Hochhäuser, Ladenstraßen mit nervöser Lichtreklame, Autofluten in den Boulevards von Kairo, Verwaltungskasernen mit Schalterbeamten oder Musikbars, nicht gewertet wurden, obwohl die Ägypter besonders stolz gerade darauf hinzudeuten pflegen; ihre Großartigkeit übertrifft in den beiden Landesstädten Kairo und Alexandria vielfach diejenige ihrer Vorbilder. Unser Auge wendete sich dem Genuin-Orientalischen zu, weil wir in dem laisser faire, das zu einem guten Ende zu führen pflegt, in der zu einer Ordnung sich überhöhenden Unregelmäßigkeit, in jenem dem Lande und seinem Lichte angemessenen Bräuchen phantasievoller Gestaltung den eigentlichen Reiz und die Echtheit Ägyptens erkennen und weil wir dem Lande wie uns wünschen, daß es diese seine Eigenart gegen Europa behaupte.

Geschichte

»Man sieht nur, was man weiß.«

L. Curtius

Pharaonenzeit

Die altägyptische Geschichte durchmißt einen Zeitraum von rund 3000 Jahren und läßt mit dieser *Lebensdauer* alle anderen Hochkulturen hinter sich zurück. Manetho, Hoherpriester von Heliopolis aus dem 3. vorchristlichen Jahrhundert, der für Ptolemaios II. eine ägyptische Geschichte verfaßte, teilt den Ablauf der Ereignisse in 30 Dynastien ein, indem er etwa mit jedem neuen Herrschergeschlecht eine neue Dynastie beginnen läßt. Diese lange Reihe von 30 Dynastien ist bereits im Bewußtsein der Ägypter zerfallen in *drei Reiche*, das Alte, das Mittlere und das Neue Reich (AR, MR, NR), dem sich die Spätzeit (Sp) anschließt. Zwischen diesen drei Reichen, die verschiedenartig gekennzeichnet sind durch glanzvolle Höhepunkte, liegen Zeiten der Wirre (oder »Zwischenzeiten«): die erste Wirre der Herakleopolitenzeit, da das Reich infolge innerer Entwicklung zusammengebrochen ist; die zweite Wirre oder Hyksoszeit, da infolge einer Infiltrierung durch Fremdvölker aus dem Osten das Land in chaotische Zustände verwickelt wurde. Die Spätzeit ist bestimmt durch Fremdherrschaft. Der eigentlichen Geschichte, die man mit der Erfindung der Schrift beginnen zu lassen pflegt, geht die Zeit der Vorgeschichte voraus, an deren Ende im 5. und 4. Jt. das Neolithikum steht.

Das Alte Reich könnte schlagwortartig bezeichnet werden als die Kultur bäuerlich-vitaler Lebenskraft; sie ist äußerlich gekennzeichnet durch den Pyramidenbau und konzentriert ihre Hauptdokumente in Unterägypten um das alte Memphis (bei Kairo). Das Mittlere Reich ist die Zeit der Hinwendung nach innen, der geistigen Vertiefung und eines neuen Verantwortungsbegriffes; sie tritt hervor durch großartige Literaturwerke und verinnerlichte Plastik. Das Neue Reich entfaltet sich zur imperialen Weite und leuchtet heraus durch Reichtum, Macht und Siegesruhm; geistig wie politisch erfolgt eine Auseinandersetzung mit den wechselnden aus Asien gegen das Niltal andrängenden Hochkulturen und deren Machtansprüchen, während bis dahin Ägypten – besonders mit der Blickwendung gegen das südliche Nubien – die selbstverständliche Oberherrschaft besaß. Im NR entstehen die großen Tempel und königlichen Felsgräber um Theben und in Nubien. Als roter Faden läuft am Weg des Pharaonenreiches entlang die Entwicklungslinie der theologischen Stellung des Königs, der, unmittelbar von den Göttern stammend, vom leibhaftigen Gott zum Gottessohn mit mehr und mehr menschlichen Zügen herabsteigt.

Es gilt noch die Vorfrage zu beantworten, wie wir für die ägyptische Geschichte zu absoluten Daten kommen, nachdem die Alten Ägypter selbst keinen chronologischen Fixpunkt kannten, vielmehr mit jedem neuen König die Jahre neu zu zählen begannen, denn ihre *Geschichtsauffassung* unterschied sich grundsätzlich von der unseren. Alle Geschichte vor den Römern ist nicht nur die Geschichte von Menschen, sie ist stets Geschichte und Mythos zugleich. So gab es für die Ägypter keine wie auch immer geartete Kette von Ereignissen, vielmehr waren geschichtliche Vorgänge ein Ritual, dem sich die Könige unterzogen. Ein jeder »vereinigte die beiden Länder (Unter- und Oberägypten)« mit seiner Thronbesteigung, d. h. aus ihrer addierenden Denkweise in die unsre übersetzt: »er übernimmt die Herrschaft über Ägypten«, ein Akt, welcher an zahlreichen Denkmälern, besonders Statuensockeln, dargestellt ist

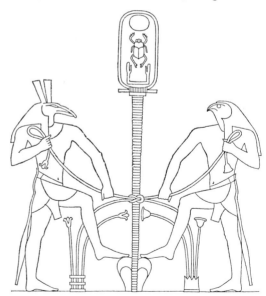

Seth und Horus verknüpfen die Wappenpflanzen von Ober- und Unterägypten, 12. Dyn.

Pharaonenzeit

durch das Umschlingen des Schriftzeichens Vereinigen mit den Wappenpflanzen von Unter- und Oberägypten, Papyrus und Lilie, durch zwei Götter. Ebenso gehört es zum königlichen Ritual, »die Feinde zu erschlagen«, wie wir es an den großen Tempelpylonen immer wieder vor Augen haben (zugleich magische Abwehr), und vieles andere mehr. Immer ist irdische Geschichte transponiert in göttliche Weite, denn ägyptische Geschichte ist Dogmatik des Gottkönigtums.
Die königlichen Handlungen waren *irdischer Vollzug mythischen Geschehens,* das so und nicht anders zu geschehen hatte und durch die schriftliche wie bildliche Darstellung realen Wert bekam, so daß das faktische Geschehen demgegenüber zurücktrat. Neue Ereignisse konnten jedoch als neue »Ritualszenen« aufgenommen werden, so wie in der Kunst neue Motive dem Musterschatz einverleibt wurden. Es dürfte einleuchten, daß bei einer solchen Geschichtsauffassung der Blick des Handelnden rückwärts und nicht nach vorn gerichtet war. Neue Geschehen lagen zunächst immer außer der Ordnung, womit sich die geistige Ordnung zu erkennen gibt als eine, die unserem Fortschrittsdenken entgegengerichtet

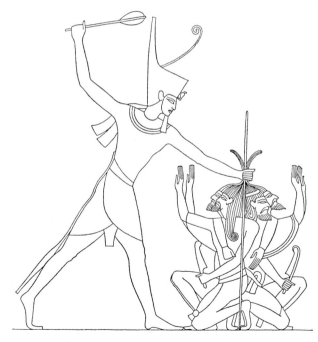

Sethos I.
Triumphator

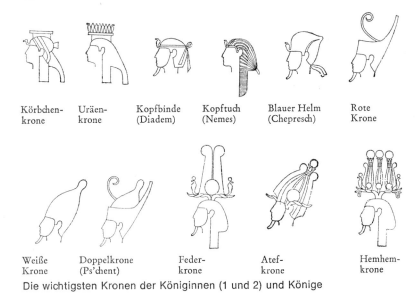

Die wichtigsten Kronen der Königinnen (1 und 2) und Könige

war. Ägypten bleibt daher wie zu Anfang so auch durch den ganzen Verlauf der Geschichte ein *Doppelreich,* sein Pharao ein Doppelkönig, als welcher er die Doppelkrone (die Rote von Unter- und die Weiße von Oberägypten) trug. Verlief eine Handlung anders als nach dem Plane (Gottes), also etwa eine Schlacht nicht siegreich, so wurde ihr dennoch musterhaft berichtet. Es hieße ägyptisches Denken mißverstehen, wollten wir hier von Geschichtsfälschung o. ä. sprechen. In der 18. Dynastie beobachten wir ein ungewöhnliches Interesse an einmaligem Geschehen, überhaupt am zeitbedingten Ablauf eines Geschehens, Interesse auch an der Vergangenheit wie Offenheit gegenüber außerordentlichen Ereignissen.

Nach dem Gesagten nimmt es nicht wunder, daß Ägypten über den *chronologischen Verlauf* der Geschichte nur wenige Angaben macht. Immerhin genügen die → Königslisten, welche Namen und Regierungsdauer der Könige angeben — wie der Palermostein, der Turiner Königspapyrus, eine Liste Thuthmosis' III. aus Karnak, diejenige Sethos' I. in Abydos sowie die darauf basierende des Manetho —, um die Reihenfolge und zeitliche Verflechtung der Herrschaften weitgehend klarzustellen.

Die *absolute Festlegung* — d. h. eine Fixierung nach unserer Zeitrechnung —, ist dagegen auf die sog. Sothisdaten angewiesen. Da das Kalen-

Vorgeschichte – Frühzeit

derjahr der Ägypter um rund ¼ Tag kürzer war als das astronomische, wurde dem Sothisaufgang (→ Kalender) besondere Aufmerksamkeit zugewandt. Wo nun der Sothisaufgang zusammen mit einem historischen und einem kalendarischen Zeitpunkt verzeichnet wird, ist dem Forscher der Schlüssel für ein absolutes Datum in die Hand gegeben. Solche Sothisdaten kennen wir für den Anfang des MR und das frühe NR. Vom Jahre 2000 v. Chr. an bewegen wir uns deshalb datenmäßig auf solidem Boden, das 3. Jt. dagegen ist für genaue Zahlen noch nicht ausreichend gesichert, sondern schwankt um 100 Jahre.

Vorgeschichte

Die Geschichte Ägyptens verliert sich im Dämmer der Vorgeschichte, für die uns Ausgrabungen die Reste verschiedenartiger Kulturen erbracht haben, ohne aber historische Geschehnisse sichtbar machen zu können. Nicht nur das Niltal, auch die Wüsten der Umgebung waren im *Paläolithikum* und Mesolithikum (bis 5000 v. Chr.) bewohnt, Fauna und Flora andere als später. Klimatische Veränderungen trockneten Nordafrika mehr und mehr aus, so daß sich die Nomaden der heutigen Wüstengebiete ins Niltal zogen, dort seßhaft wurden und den Ackerbau kennenlernten. Als Viehzüchter kannten sie Rind, Schaf und Ziege sowie Schweine und den Hund.
Als *neolithische* (5000–3000 v. Chr.) Behausung dienten ovale Hütten, die Toten wurden – örtlich verschieden – teils in der Siedlung, teils auf Friedhöfen bestattet. Vereinzelt findet sich Kupfer. Neben Tulpenbechern, rotpolierten Töpfen mit schwarz geschmauchtem Rand, weiß- und rotfigurigen Gefäßen, als den keramischen Leitformen, gehören zur spätneolithischen Kultur die ersten kleinen Menschen- und Tierplastiken. Vom Jagen (anderer oder späterer Stämme) sprechen Felsbilder in der Wüste, wo sich damals noch das heute weit nach Süden abgedrängte Wild tummelte (→Fauna).
Gegen *Ende der Vorgeschichte* wird die Kultur des Nillandes einheitlich. Die nilwärts gerichteten Bewegungen der (hamitischen und semitischen) Volksstämme sind zur Ruhe gekommen, Könige treten ihre Herrschaft an, noch ehe die Schrift erfunden wurde, d. h. noch vor Beginn der Geschichte. Als Gründer des Staates gilt König Menes.

Frühzeit

Der Anfang der Geschichte (1.–2. *Dyn.* = Thinitenzeit; 3000–2665) steht unter dem Zeichen der Konsolidierung des Königreiches, des Ausbaus der Verwaltung und Setzens der staatlichen Grenzen. Der Nil mit seinen Überschwemmungen hat nicht nur den *Staat* aus der Wiege gehoben, sondern auch die geometrische Vermessung des Landes herausgefordert, indem er alljährlich eine neue Abgrenzung der Güter notwendig machte. Da auch das Wasser zugeteilt werden mußte und sich die Steuern der Feldbesitzer nach der Höhe des Nilstandes richteten, war der Strom ein unerbittlicher Lehrmeister. Die → *Schrift* machte es erstmals möglich, Ereignisse über die Zeiten hinweg zu fixieren und über beliebige räumliche Entfernungen Weisungen zu erteilen. Das Bewußtsein des Menschen von Zeit und Raum ist in eine neue Phase eingetreten, sprunghaft und nur als geistige Mutation erklärbar.

Bezeichnen wir diese Bewußtwerdung als »sprunghaft«, so ist das mit dem Blick über die Jahrtausende gesagt; der Vorgang der Entfaltung hat rund 200 Jahre gedauert, bis zu Beginn der 3. Dyn. die errungenen Ideen endgültig ausgeformt sind.

Die entscheidende Konzeption war die Erfassung der Grenze, die das Kontinuum von Erscheinungsformen und Vorstellungen scheidet in Gestalt wie Begriff. Aus Beliebigkeit wird Ordnung. Schöpfung im Sinne der Differenzierung vollzieht sich in einem noch nie dagewesenen Maße. Damals gelingt Ägypten auch die Ausgrenzung seines Landes gegen die Umwelt; es duldet nichts Amorphes mehr, religiös, künstlerisch und kulturell findet es seine eigene, nur ihm angemessene Ausdrucksweise, sein Proprium.

Ägypten ist der *Prototyp der früheren Hochkulturen,* einzigartig in seiner Geschlossenheit wie durch die ungestörte Entwicklung seiner Anlagen. Es war ihm vergönnt, den Plan, nach dem es in die Welt getreten ist, zu verwirklichen. Scheiden und Grenze ziehen, nach Werten ordnen – das ist wie im Schöpfungsbericht des Alten Testamentes die Schöpfungstat zu Beginn der 3. Dyn., während im Verlauf der weiteren Geschichte die Linien dieses Entwurfs nur ausgezogen werden. Zur Erfindung der Schrift gesellt sich die des *Kalenders* – menschheitsgeschichtliche Leistungen von unüberbietbarem Ausmaß. Die Grundlage aller heutigen *Wissenschaft* wird gelegt, der *Kunstkanon* geschaffen, die ersten Bauten der Welt aus behauenem Stein errichtet. Die *Weisheitsliteratur* als Vorform der Philosophie zeigt das Ideal des Menschenbildes auf, im Reich der Religion treten die numinosen Mächte als Götter in ihre Mythen ein.

Altes Reich

Nachdem die Thiniten (1.–2. Dyn.) das Land abgegrenzt und gegen die Feinde gesichert hatten, kam es im Alten Reich (3.–6. Dyn., 2665–2155) zu keinen nennenswerten Kriegen mehr. Die Geschichte des 3. Jt.

Altes Reich 47

ist daher keine Geschichte von Eroberungen und Schlachten, sondern eine Geschichte des Geistes. Letzten Endes ist Geschichte niemals nur vordergründiger Ablauf historischer Fakten, deren Richtigkeit kritisch zu erforschen ist, sondern Geschichte ist immer Kundgebung des Geistes. Ihn aufzuspüren ist die letzte und eigentliche Aufgabe des Historikers. Indes wird sich unser Überblick allzusehr beschränken müssen auf die offenliegenden Geschehnisse.
Die überragende Königsgestalt der *3. Dyn.* (2665—2600) ist *Djoser*, und ihm zur Seite steht sein kongenialer Baumeister und Staatsrat → Imhotep, der noch von den Griechen unter dem Namen Imuthes als Heiliger verehrt wird. Als Grabmal für Djoser reckt sich die erste »Pyramide« auf, die 6stufige Rechteckmastaba von Sakkâra, deren Nebenbauten die neu gewonnene Ordnung, wie sie sich in den Verwaltungsbauten repräsentiert, in Stein verewigen.
Die *4. Dyn.* ist die Zeit der großen Pyramidenerbauer (2600—2480) *Cheops, Chephren* und *Mykerinos*, deren Grabmäler im Totenfeld von Gîsa aufragen. Daß der Vorgänger und Bruder des Chephren, *Djedefrê*, seine Pyramide bei Abu Roâsch begann, daß seine Nachfolger und Brüder sich mit ihm befehdeten, könnte auf Auseinandersetzungen über die Königstheologie, das Verhältnis Pharaos zu Gott, und die daraus entspringenden Bräuche schließen lassen. Es dürfte außer Zweifel stehen, daß die Form des königlichen Grabmals ein Gegenstand dieses Streits gewesen ist — hängt doch am Wohlergehen auch des toten Königs das Heil in dieser Welt. So war die rituell richtige Bestattung nicht eine zentrale Frage, sie war eine Existenzfrage, und zwar für jeden einzelnen. Der Sohn und Nachfolger des Mykerinos, *Schepseskaf*, ließ sich keine Pyramide mehr bauen, sondern bei Sakkâra ein Grabmal in der Form eines riesigen Sarkophages (Mastaba el-Fara'ûn).
Die nach ihm zur Regierung kommende *5. Dyn.* (2480—2320) hat ihr archäologisches Gesicht durch die Heiligtümer für den Sonnengott Rê. Innerhalb eines offenen Hofes erhob sich auf einem hohen Sockel ein Obelisk, auf dessen Spitze die aufgehende Sonne Platz nahm, während sie mit ihren Strahlen die Opfergaben erfaßte, die auf dem davor stehenden Altar niedergelegt wurden. Der Sonnenglaube hatte sich durchgesetzt und war offiziell anerkannt. Gleichsam das Gegenbild der Glaubensmöglichkeit spiegelt die in der 5. Dyn. hochkommende Osirisreligion.
Der König als oberster Herr des Landes, der in den beiden ersten Dynastien als höchster Weltgott noch in geheimnisvoller Weise in die Schöpfung einbezogen war, wird zum Sohn des Gottes. Er untersteht dem Sonnengott Rê, aber als erster auf Erden und noch selber gotthaltig als dessen Sohn. Er ist Gottessohn, Mensch und Gott zugleich; Mittler zwischen Gott und den Menschen und deren Hirte.
Gräber wie Totentempel (Abusîr) dieser Zeit berichten von äußeren Un-

ternehmen, so einer Flottenexpedition unter *Sahurê* nach Asien, einem *libyschen* Feldzug desselben Königs oder von den Fahrten nach *Somali-Punt*. Felsinschriften vom *Sinai* verraten, daß die schon in der 3. Dyn. einsetzenden Züge auf die Halbinsel zur Ausbeutung von Kupfer und Türkis das AR hindurch fortgesetzt wurden.
Das Bewußtwerden der eigenen Person als eines Wesens mit eigener Verantwortung, das sich nicht mehr begnügte mit der Gefolgschaft Pharaos, sondern nach individuell geprägter Verwirklichung strebte, brachte dem ägyptischen Staat zunächst einen Zusammenbruch ein. Der unvergleichlich großartige Entwurf der früheren Herrscher hat bis hierher getragen und nicht mehr weiter. Alte Bindungen und Traditionen verloren ihren Wert, im Verlauf der *6. Dyn.* (2320 v. Chr.–2155 v. Chr.) löste der Staat sich auf, insbesondere durch die *zentrifugalen Kräfte* unter den Gaufürsten. *Pepi II.*, der nicht weniger als 94 Jahre regierte, war im Alter zu schwach, um die Verselbständigung der Provinzen zu verhüten. Die Gaufürsten rangen nach seinem Tode schließlich sogar um die Königskrone. Mit Pharao *Ibi* sank die alte geordnete Welt endgültig ins Grab. Daß hier etwas Großes sich vollendet hatte, daß eine Mission erfüllt war, empfanden nicht zuletzt die Ägypter selbst, wie ihre Geschichtslisten beweisen.

1. Zwischenzeit

Die folgende sog. 1. Zwischenzeit (2155—etwa 2130) ist eine Epoche äußerer Wirren. Verschiedene Könige regierten zeitweilig nebeneinander. Aus der gegensätzlichen Politik einer aus *Herakleopolis* stammenden und in Memphis residierenden Dynastie und einer anderen aus Hermonthis, die in *Theben* eine Residenz errichtete, zerfiel das Reich. Fühlten sich die Herakleopoliten dem geistigen Erbe ihrer Ahnherrn verpflichtet, so scheinen sich die Thebaner nach Art von Provinzlern mehr auf ihre Faust zu verlassen. Die Grenze beider Reiche verlief bei Assiût. Wäre nicht eine große Hungersnot ausgebrochen und hätten sie sich nicht aufgemacht, die Asiaten im Delta zu vertreiben, so wären die Herakleopoliten von den ihnen in den Rücken fallenden Thebanern schwerlich überwunden worden. — Daß der Staat als eine gottgewollte und daher für unerschütterbar vorgestellte Ordnung aus den Fugen ging und damit die soziale Pyramide einstürzte, rief im ägyptischen Volk eine namenlose Bestürzung hervor. Fragen nach Gottes Gerechtigkeit brechen auf, eine Neubesinnung über fundamentale Werte schafft in der *Literatur* mit das höchste, was uns die Ägypter auf diesem Gebiet hinterlassen haben.

Mittleres Reich

Zwei bis drei Generationen »dreht das Land sich um wie eine Töpferscheibe«, das Gültige übersteht, und aus den Trümmern erhebt sich phönixhaft der Staat aufs neue, wenn auch verändert durch die Erfahrungen der Wirrzeit. *Mentuhotep* von Theben, König der *11. Dyn.* (2130–1991) und Nachfolger der dortigen Fürsten namens Antef, vereint das Land, nachdem er die Herakleopolitaner besiegt hat. *Amenemhêt,* der Wesir des letzten Königs der 11. Dyn., stürzt seinen Herrn und begründet mit seiner Thronbesteigung die *12. Dyn.* (1991–1786 v. Chr.). Als Regierungssitz wählte er *Lischt* auf der Höhe des nördlichen Faijûm. Der Staat erlebt eine neue Blüte.
Der private Grundbesitz wird weitgehend in Staatsbesitz zurückgeführt, die Verwaltung straff geordnet, das Gerichtswesen erneuert. Alle staatliche Organisation zeichnet sich aus durch Straffheit, aber diese Straffheit ist nicht nur die aus der Kraft, wie sie sich aus den Ideen des AR von selbst ergab, sondern diese Straffheit ist bewußte Zucht – liegen doch die Erkenntnisse des ersten Zusammenbruchs dazwischen. Pharao versteht sich nicht mehr unproblematisch in den Willen Gottes gestellt, sondern weiß vertieft um die menschliche Komponente seines Wesens, welche Unzulänglichkeit heißt, und die daraus erwachsende Verantwortung. Der Ernst der königlichen Bildnisse dieser Zeit verrät die Bürde königlichen Amtes.
Häufig wird die Bevölkerung zwar noch zu Staatsarbeiten ausgehoben, aber damals ersteht als neue soziale Schicht ein *selbstbewußtes Bürgertum*. Der König unterhält eine starke Miliz, deren Tätigkeit mit Landbesitz belohnt wird. *Nubien,* mit dem Ägypten bisher in friedlichen Handelsbeziehungen stand, wird jetzt Ziel kriegerischer Eroberungen, da aus Innerafrika neue Völkerschaften andrängen. Über die südliche Grenze bei Elephantine greifen die pharaonischen Soldaten bis nach Semna aus. Mit *Palästina* und den phönizischen Seestädten geht reger Handel hin und her. Die Erzählung des → Sinûhe, die zu den beliebtesten Literaturwerken Ägyptens gezählt hat und die eine Fülle zeitgeschichtlicher und religiös höchst beachtlicher Einzelheiten birgt, enthüllt als politisches Dokument ein farbenfrohes Bild von der Regheit und Vielseitigkeit der Beziehungen zwischen Ägypten und Asien. Ein Fund in Tôd unter dem Pflaster eines Tempels bestätigt die Schilderung Sinûhes: Rollsiegel, Silberbarren und Keilschrifttafeln aus Mesopotamien füllen einen ägyptischen Kasten Amenemhêts II.
Wirtschaftlich-kulturell ist die Entwässerung und Urbarmachung des *Faijûm* hervorzuheben. Unter den rasch wechselnden Herrschern der *13. Dyn.* erlahmte die Kraft des Staates, wenn sich auch ägyptische Herrschaft noch ungeteilt bis nach Semna im Süden erstreckt und im Norden die Küstenstadt Byblos unter ägyptischer Oberherrschaft stand. Das MR

ist eine Zeit feinster geistiger Blüten, bedeutender Literatur und subtiler Kunst, die es vermag, menschliche Untergründe sichtbar zu machen. Die bäuerliche Lebenskraft des Volkes ist durch Reflexion gebrochen.

2. Zwischenzeit

In die Mitte des 17. vorchristlichen Jahrhunderts fällt eine neue Wende ägyptischer Geschichte. Die «Herrscher der Fremdländer», die *Hyksos,* übernahmen die Macht. Ob sie, wie Manetho berichtet, »unerwartet aus dem Osten einbrachen« und das Land »mit Gewalt, aber ohne Schlacht, leicht einnahmen«, ob sie Ägypten allmählich unterwandert hatten oder aber als asiatische Söldner sich auf den Thron schwangen, ist ebensowenig geklärt wie die genaue Volkszugehörigkeit. Daß sie aus Asien kamen, steht fest, auch churritische Elemente sind nach den Namen der Könige *(Salitis, Chian)* vermutet worden; aber eher als eine rassisch-völkische Gruppe scheint sich in dem Volksgemisch eine gesellschaftliche zu verbergen. Als Besitzer von Pferd und Wagen stellen die Hyksos eine Herrenklasse dar. Neben sechs Hauptkönigen *(15. Dyn.)* herrschten Kleinkönige *(16. Dyn.).*
Die Herrschaft der Hyksos dauerte insgesamt über 100 Jahre und erstreckte sich über ganz Ägypten und teilweise nach Nubien und sogar nach Syrien hinein. Als Hauptstadt gründeten sie *Auaris,* das im heutigen Tell el-Dab'a bei → Ḳantîr im Ostdelta wiedergefunden worden ist. Ihren Hauptgott Ba'al oder Teschub, einen Kriegs- und Gewittergott, den sie aus Vorderasien mitgebracht hatten, verehrten sie in Ägypten unter der Gestalt des Seth.
Es darf als äußerlich-kulturelles Merkmal der Hyksos angesehen werden, daß sie in Ägypten *Pferd und Wagen* eingeführt haben. Ihre weit tiefere Einwirkung auf die ägyptische Geschichte aber besteht darin, daß sie aus dem Volk am Nil eine Expansionspolitik herausreizten.
Die Vasallen der Hyksos erhoben sich gegen den Großkönig *Apophis,* doch erst *Kamose,* der letzte König der *17. Dyn.,* und dessen Bruder *Ahmose* vertrieben die Hyksos aus dem Lande und verfolgten sie bis nach Südpalästina hinauf. Ein neuer Akt ägyptischer Geschichte beginnt, eine Zeit großartigen äußeren Aufschwungs und weltweiter Herrschaft: das Neue Reich.

Neues Reich

Hatte Ägypten in der 1. Zwischenzeit (zwischen dem AR und MR) die Erfahrung inneren Versagens gemacht, so in der Hyksoszeit erstmals

Neues Reich

die eines äußeren Erliegens. Ägypten war aufgerufen, sich mit der übrigen Welt auseinanderzusetzen, friedlich oder auch mit Gewalt. Es hatte sich im Kampf gegen die »Herrscher der Fremdländer« geöffnet. In der *18. Dyn.* (1555–1305) entwickelt sich lebhafter Austausch ebenso wie kriegerische Auseindersetzung. Der vorderasiatische Kontinent war im Aufbruch, neue Großreiche bildeten sich, Völkerschaften griffen imperialistisch aus, und Ägypten konnte sich nur halten, wenn es in Asien Vorposten schuf. *Amenophis I.* (?) und *Thuthmosis I.* stießen zu Beginn der 18. Dyn. im Norden bis zum Euphrat gegen das Reich der neu auf den Plan getretenen *Mitanni* vor, im Süden gewannen sie das unter den Hyksos schließlich abgefallene *Nubien* zurück und rückten die Grenze nilaufwärts. Als willensstarke und kühne Fürstin regierte die Königin *Hatschepsut,* die sich mit aller Kraft den kulturellen und wirtschaftlichen Aufgaben zuwandte. Indes hat ihre Person nicht wenig erbrechtliches Wirrsal verursacht. Nach dem Tod ihres Gatten und Halbbruders *Thuthmosis II.* übernahm sie an Stelle ihres noch minderjährigen Stiefsohnes (Sohn ihres Gemahls mit einer Nebenfrau) und Halbneffen *Thuthmosis III.* die Regierung, ließ sich im 2. Jahr der Regentschaft zum König ausrufen und verdrängte den zum Pharao proklamierten Thuthmosis III. für die Zeit ihres Lebens (sie selbst hatte nur eine Tochter geboren).
Die Legitimität ihrer Thronfolge ist von ihr dennoch und sogar dreifach erwiesen worden: durch Proklamation ihres Vaters, durch Orakel und durch göttliche Zeugung. Sie berichtet davon in dem von ihr erbauten Terrassentempel von Dêr el-bahri, in dem sie auch die unter ihr durchgeführte Expedition nach dem Lande Punt (Somali-Südarabien) schildert. Die in *Thuthmosis III.* (1490–1436) aufgestaute Kraft entlud sich nach dem Tod der Herrscherin mit der Macht eines Vulkans. Seine *außenpolitische* Stoßrichtung zielt nach Palästina und Syrien, das er in nicht weniger als 17 Feldzügen bis Karkemisch unterwarf. In Nubien hat er die Grenze bis zum Gebel Barkal am 4. Katarakt vorgeschoben. Sein Haß gegen die Stiefmutter und Halbtante Hatschepsut machte sich Luft in der Verfolgung von Hatschepsuts Namen. Er scheute sich nicht, deshalb selbst ihre → Obelisken in Karnak einzumauern.
Thuthmosis III. hat viel gebaut, wenn seine *Tempel* auch nicht die klassischen Maße überschreiten. Daß er sich vieler Jagderfolge über Großwild rühmt, entspricht seiner Lust an Sport und Krieg. Die Annalen im Karnak-Tempel sprechen für seinen Geschichtssinn wie der Botanische Garten am gleichen Ort für sein wissenschaftliches Interesse. Auf allen Gebieten des Geistes pulsiert dieses Leben, das auch durch die Berührung mit asiatischem Kulturgut angereichert wurde.
Amenophis II., der Sohn und Nachfolger Tuthmosis' III., setzte in mehreren Kriegszügen die Auseinandersetzungen mit dem syrischen Großreich der Mitanni am oberen Euphrat fort. Im übrigen stellt er sich gern als

Kriegs- und Sportheld heraus. Unter *Thuthmosis IV.* kam es zwischen Ägypten und den Mitanni zum Frieden, ein Aufstand in Nubien wurde rasch niedergeschlagen.
Höchsten Glanz und Reichtum entfaltete die Regierungszeit *Amenophis' III.* (1405—1365), alles Gold der tributpflichten Länder des ägyptischen Imperiums floß in der Metropole Theben zusammen. Mit den Mitanni wie den kassitischen Herrschern Babyloniens hatte Amenophis III. gute Beziehungen, eine Tochter des Mitanni-Königs Schuttarna nahm er in seinen Harîm auf. Der große Tempel des Amun zu Theben wurde Reichsheiligtum, seine Theologen festigten Dogmen und Riten und wurden zu eifrigen Hütern der Tradition. Eine schwelende Spannung zwischen der konservativen Gruppe von Priestern und Beamten auf der einen Seite und den fortschrittlich gesinnten Militärs, auf deren Seite die Könige standen, gewann an Bedeutung. Durch seine Heirat mit dem einfachen Mädchen *Teje*, der Tochter eines Provinzpriesters, provozierte der König die Priesterschaft, da nach der herrschenden Theologie nur seine Schwester als Gottesgemahlin den Thronfolger von dem Gotte Amun hätte empfangen dürfen. In seinem geistigen Vorstoß wurde der Herrscher aber durch eine Reihe bedeutender Männer unterstützt, insbesondere durch den später als Gott verehrten *Amenophis, Sohn des Hapu,* der die Memnonskolosse bei Theben und andere Kolossalbilder des Königs aufstellen ließ und die Auszeichnung erfuhr, sich einen eigenen Totentempel errichten zu dürfen. Im Zuge seiner Distanzierung von den Mächten der Tradition ersetzte Amenophis III. in der Verwaltung von Tempel und Stadt die thebanischen Familien mehr und mehr durch memphitische.

Zum offenen Bruch führte die Spannung unter dem Thronfolger *Amenophis IV.-Echnaton* (1365—1347). Er verfemte den Glauben an den bisherigen Reichs- und Hauptgott Amun sowie die übrigen Götter, stellte die bis jetzt tragende Schicht der Beamten und Priester kalt, gründete im 4. Jahr seiner Regierung auf jungfräulichem Boden bei *Tell el-Amarna* in Mittelägypten eine neue Hauptstadt, in die er 2 Jahre später übersiedelte, und berief einen frischen Stab von Priestern und Beamten, die nicht durch Tradition belastet waren, meist sogar als homines novi emporstiegen. Als obersten und einzigen Gott predigte er mit der ganzen Leidenschaft eines religiösen Eiferers *Aton*, der in der Sonnenscheibe sichtbaren Ausdruck fand.
Nicht nur die Religion, auch die Sprache und die Kunst, das Staatswesen sowie höfische Gesittung änderten sich einschneidend und legen Zeugnis ab vom grundlegenden Wandel der Gesinnung. Amenophis IV., der nach dem neuen Glauben seinen Namen durch »Echnaton« ersetzte, scheint bestrebt gewesen zu sein, sich durch Darstellung von Intimszenen aus seinem Familienleben auf neue Weise einen Nimbus zu verschaffen: Gegen

alle Tradition küßte er seine Gemahlin auf offener Straße und klagte ungehemmt an der Bahre seiner Tochter. Er schwelgte in Gefühlen.
Mit dem Radikalismus des Besessenen verfolgte er systematisch im ganzen Reich die thebanischen Götter Amun und Mut und ergab sich seinen Impulsen mit solcher Inbrunst, daß er darüber seine politischen Pflichten versäumte. Zum erstenmal in der ägyptischen Geschichte, die bislang jedes Vorbild »in den Zeiten des Rê«, d. h. rückblickend in den mythologischen Anfängen geordneter Schöpfung suchte, stürmte ein Herrscher gewaltsam und bewußt nach vorn. Diese autoritative Änderung bedeutete eine religiöse wie staatspolitische Wende, die nur von wenigen innerlich mitvollzogen werden konnte. Selbst Echnatons Mutter Teje wandte sich noch zu seinen Lebzeiten von ihm ab und siedelte in seinem 12. Regierungsjahr ins Faijûm über.
Echnaton hatte 6 Töchter. Die zweite, Meketaton, deren Tod im Familiengrab mehrfach dargestellt ist, war in Amarna bestattet. Die älteste, Meritaton, die von ihrem Vater eine Tochter hatte, wurde später die Gemahlin des Semenchkarê, der die Partei des Echnaton hielt. Die dritte Tochter, Anches-en-pa-Aton, die ebenfalls von ihrem Vater eine Tochter hatte, wurde die Gemahlin Tutanchamuns; das Paar scheint auf der Seite von Nofretete gestanden zu haben.

Echnaton war *kein Staatsmann*. Er schuf seinen Sonnengott und war selbst dessen Verkünder. Von der uralt geheiligten Königstheologie übernahm er nur jene Lehren, die den König zum Mittelpunkt von Staat, Gesellschaft und Kult machen. Sein Gott deckte nur die lichte Seite des Lebens, die dunkle blieb ausgeklammert. Die Stiftung eines solch einseitigen Glaubens konnte nichts anderes als eine Niederlage erfahren, zumal der Fanatiker und Träumer den politischen Aufgaben seiner Zeit aus dem Wege ging. In der Außenpolitik ließ er sich treiben, so daß im asiatischen Gebiet des Imperiums Willkür und Unsicherheit sich mehrten. Aus den *Amarnabriefen*, die aus dem Archiv des Auswärtigen Amtes des Pharao stammen (rund 400 Tontafeln mit Keilschrift beschrieben, meist in akkadischer Sprache) vernehmen wir die Hilferufe der Vasallenfürsten, die vor dem Ohr des Königs ungehört verhallten. In Palästina waren die Chabiru (vielleicht Hebräer) eingedrungen, in Syrien schürten die Hethiter von ihrem kleinasiatischen Reiche aus die Einwohner zu Aufsässigkeit an. Echnaton sinnierte weiter.
War auch Echnaton zweifellos eine der *eigenwilligsten Persönlichkeiten* der ägyptischen Geschichte und im Rahmen der Weltgeschichte eine bemerkenswerte Erscheinung, so verstehen wir dennoch, daß sich die Opposition über alle Unterschiede hinweg nach seinem Tode zusammenfand und nach der alten Ordnung zurückbegehrte. Auch dürfte es unter den opportunistisch aufstrebenden Neulingen, die Echnaton, meist aus dem

Heer, in die neue Beamtenschicht berufen hatte, an geistigem Fundament gefehlt haben, das die Ideen des Künders hätte weitertragen können.
Über dem *Ende der Amarnazeit* liegt noch mancherlei Dunkel. Sicher ist, daß Echnaton den Mann seiner Tochter Meritaton, einen Verwandten (?) mit Namen *Semenchkarê*, zum Mitregenten krönte, daß dieser nach Theben ging, wohl um mit den alten Machtinhabern zu verhandeln, aber dort sehr bald starb. Auch Echnaton und seine Gemahlin verschwanden von der Bühne; welchen Todes sie gestorben sind, ist unbekannt. Nachfolger auf dem Pharaonenthron, zunächst noch in Amarna, wurde der Gemahl der dritten Tochter Echnatons, *Tut-anch-Aton* [1347–1337], der bei seiner Thronbesteigung noch im Kindesalter stand. Er begann in seinem vierten Regierungsjahr, durch Rückkehr nach Theben und Änderung seines Namens in Tut-anch-Amun Echnatons Religion und Politik zugunsten ägyptischer Tradition aufzulösen, doch starb er schon im Alter von etwa 19 Jahren eines gewaltsamen Todes. – Seine Witwe, Echnatons Tochter *Anches-en-pa-Aton*, bat den Hethiterkönig, ihr einen seiner Söhne zum Gemahl und König von Ägypten zu senden, doch starb dieser Prinz auf der Reise zum Nil (eines natürlichen Todes?). Die Doppelkrone der Pharaonen setzte sich ein alter Höfling namens *Eje* aufs Haupt, und Anches-en-pa-Aton, Königstochter und Gemahlin zweier Könige, endet in seinem Harîm. Eje war wahrscheinlich Echnatons Erzieher und hat auch hinter Tutanchamuns Thron gestanden. Er bestattete den jungen König mit großem Reichtum in einem kleinen Grabe im → Tal der Könige. Als auch er nach wenigen Regierungsjahren starb, erhielt das Land endlich die starke Hand, die es nach dieser schwierigen Epoche brauchte. Der General *Haremhab*, aus Mittelägypten stammend und mit dem Königshaus nicht verwandt, ergriff das treibende Ruder des Staatsschiffes, bekämpfte durch überaus scharfe Sondergesetze die allenthalben eingerissene Korruption, ordnete den Kult und das Heerwesen neu und schuf auf diese Weise eine tragfähige Grundlage für die Wiederaufrichtung des Weltreiches in der nächsten Dynastie.

Das neue Königsgeschlecht kam mit *Ramses I.* auf den Thron. Die *19. Dyn.* (1305–1196) stand unter dem Zeichen der Wiederherstellung der *Reichsmacht* in Asien und Nubien. In Asien setzten sich die großen Völkerschübe fort, die bronzezeitlichen Kulturen wurden dort abgelöst durch Völker, deren Macht auf dem Gebrauch von Eisen beruht.
Nachdem *Sethos I.* (1303–1290) mit Erfolg die Libyer bekämpft hatte, stieß er in Palästina-Syrien bis *Kadesch* vor, aber erst seinem Sohn und Nachfolger *Ramses II.* (1290–1224) gelang – nach persönlichem Einsatz – ein halber Sieg bei dieser hart umkämpften Stadt über die *Hethiter* (1285). Alle großen Tempel Ramses' II. berichten in Wort und Bild von diesem Krieg (Ramesseum, Luksor-Tempel, Abu Simbel, Reste in Abydos). Indes

Neues Reich

mußten die Hethiter, die unterdessen das Mitanni-Reich vernichtet hatten, unter einem Völkerdruck von Norden und der erstarkenden Macht der Assyrer vom Kampf gegen die Ägypter ablassen. 16 Jahre nach der Kadesch-Schlacht schlossen sie mit Ramses II. einen *Friedensvertrag*, der auf einer Tempelwand in Karnak nachzulesen ist. Sein Text ist in ägyptischer wie hethitischer Version erhalten. Der Status quo scheint wiederhergestellt worden zu sein, was für Ägypten einen endgültigen Verzicht auf Nordsyrien bedeutete. Zum erstenmal in seiner fast 2000-jährigen Geschichte mußte Ägypten eine gewichtige Großmacht anerkennen. Im weiteren gestaltete sich das Verhältnis der beiden Völker so freundschaftlich, daß Ramses II. eine Tochter des Hethitherkönigs Chattuschils III. als Gemahlin heimführte (Hochzeitsstele in Abu Simbel).

Die Hethiter wandten im folgenden ihre Aufmerksamkeit nach Norden, wo im Zuge der dorischen Völkerwanderung aus dem Balkan neue Völkerscharen zu Wasser und zu Land in den südlichen und östlichen Mittelmeerraum auch gegen das Hethiterreich vorstießen. Die unter dem Namen *»Seevölker«* zusammengefaßten Stämme (der Achäer, Sardinier, Sikuler, Thyrrhener, Philister und Lyker) griffen das Westdelta an, wurden aber von *Merenptah,* dem Nachfolger Ramses' II., und nach neuem schwereren Angriff von *Ramses III.* (1193–1162, 20. Dyn.) 25 Jahre später endgültig in Land- und Seeschlachten zurückgestoßen (Medînet Hâbu).

Die großen Kriege haben Ägypten wirtschaftlich stark beansprucht. Dennoch waren die Ramessiden besonders eifrige *Bauherren,* allen voran Ramses II., ein ungewöhnlich frommer Mann, der das ganze Land, bis tief nach Nubien hinein, mit kolossalen Tempeln geradezu überschwemmt hat; auch diese kostspieligen Huldigungen für die Götter haben das Reich wirtschaftlich geschwächt. Im Ostdelta errichtete er zudem als Prachtresidenz die »Ramses-Stadt« bei Ḳantîr. Entscheidender aber als durch die finanziellen Aderlässe sollte Ägyptens Entwicklung bald dadurch verändert werden, daß *Libyer* wie Seevölker in Ägypten und in Südpalästina als Söldner angesiedelt wurden. Ansehen des Königtums und Rechtssicherheit schwanden, fast alle Ämter wurden erblich und käuflich. Die Könige wechselten rasch, die Macht über Oberägypten glitt in die Familien der Hohenpriester von Theben.

General *Herihor* machte sich gewaltsam zum Hohenpriester des Amun und begründete den thebanischen *»Gottesstaat«.* Die weltlichen Könige regierten nun von Tanis aus und bestimmten die Außenpolitik, während in Theben Gott Amun als König herrschte. Der Hohepriester war sein Machtvollstrecker, das Orakel sein Mittel. Eine Zeit kulturell-politischen Niedergangs hob an, die gelegentlich auch als 3. Wirrzeit bezeichnet oder aber in die sog. Spätzeit einbezogen wird.

Spätzeit

Die Spätzeit umfaßt das 1. Jt. bis zur Eroberung des Landes durch Alexander d. Gr. (332 v. Chr.). Sie ist gekennzeichnet durch verschiedene Fremdherrschaften, die immer wieder einreißen, was einheimische Regenten in den Zwischenzeiten aufgebaut haben. Der eigenschöpferische Wert dieser letzten Geschichtsphase liegt auf religiösem Gebiet. Die Spätzeit ist eine Zeit der (Rück-) Besinnung und Verinnerlichung, die (25./) 26. Dyn. darf geradezu als Renaissance bezeichnet werden.
Die in Ägypten angesiedelten Söldner machten sich allmählich selbständig, ihre Kommandanten übernahmen Schlüsselstellungen, bis es 946 v. Chr. einem libyschen Häuptling *Scheschonk* aus Herakleopolis gelang, im ganzen Land als König anerkannt zu werden *(22. Dyn.);* bald nahmen auch andere libysche Fürsten die Königswürde für sich in Anspruch *(22. und 23. Dyn.)*, und um 730 *(24. Dyn.)* regierten eine ganze Anzahl von »Königen« nebeneinander, wenn auch nur in Nord- und Mittelägypten, während der Gottesstaat (Thebaïs bis Hermopolis) jetzt statt vom Hohenpriester (wie in der 21. Dyn.) von der *Gottesgemahlin* geleitet wurde. Als Gottesgemahlin fungierte eine Prinzessin des regierenden Hauses, die Nachfolge wurde durch Adoption geregelt. Scheschonk I. verfolgte die Tradition der Asienpolitik, indem er, der Sisak der Bibel (1. Kön. 14, 25 f.), einen Beutezug gegen Palästina unternahm.
Während der libyschen Herrschaft machte sich das nubische Kolonialreich selbständig und baute unter eigenen »äthiopischen« Königen eine ägyptisch-nubische Mischkultur auf. Von ihrer Hauptstadt Napata aus, südlich vom 4. Katarakt, eroberte *Kaschta* die Thebaïs und zwang die regierende Gottesgemahlin *Schepenupet*, seine Tochter *Amenerdâs* zu adoptieren *(25. Dyn.)*. Unterdessen schickte der libysche Fürst *Tefnacht* von Saïs sich an, das Delta und Mittelägypten zu einigen, wurde aber von Kaschtas Nachfolger Pije *(Pianchi)* in die unwegsamen Gebiete des Deltas zurückgedrängt.
Die *Äthiopen* beherrschten Ägypten von 745 bis 655, als sie von der neuen Großmacht in Vorderasien, den *Assyrern*, besiegt wurden. Nach wechselnden Kämpfen machten die Assyrer der Herrschaft der Äthiopier in Ägypten ein Ende und wiesen sie auf ihr Stammland zurück, wo sie bis in römische Zeit geherrscht haben.
Als die Assyrer durch Gyges von Lydien im Norden festgehalten waren, gelang es *Psametich* von Saïs, einem von den Assyrern eingesetzten Stadtfürsten, die fremde Oberherrschaft abzuschütteln und noch einmal eine eigene Dynastie auf den Thron zu heben *(26. oder saïtische Dyn., 664–525)*; die Thebaïs gliederte er an sein Herrschaftsgebiet nach äthiopischem Vorbild dadurch an, daß er die Gottesgemahlin *Schepenupet II.* zur Adoption seiner Tochter *Nitokris* veranlaßte. Ägypten erlebte eine neue

kulturelle und wirtschaftliche Blüte, in der das eigene Wesen noch einmal aufleuchtete. Im Suchen nach arteigener Form griff man zurück nach Stil und Haltung der Vergangenheit, *kopierte Kunstwerke,* insbesondere des AR, aber auch Sprache und Verwaltung richteten sich aus an den vor 2000 Jahren geschaffenen Vorbildern. Außenpolitisch waren die Saïten machtlos, vermochten weder die vom Norden heranbrausende neue Welle der Babylonier noch die der *Perser* abzudämmen. So gelang es *Kambyses,* Ägypten im Jahre 525 v. Chr. zu erobern *(27. Dyn.,* 525—404) und es zur persischen Satrapie zu machen.

Unter einem *Amyrtaios* (404—398) war Ägypten vorübergehend noch einmal selbständig *(28. Dyn.),* die *29. Dyn.* wurde von farblosen Königen aus der Stadt Mendes bestritten (399—380), während die *30. Dyn.* (380—342) die Kultur zum letztenmal zum Strahlen brachte. Doch ihr Licht war das einer Kerze vor ihrem Erlöschen. Ägypten schuf in der 30. Dyn. seine Bauten und Bildnisse letztmals nach eigenem Plan (Teile in Medînet Hâbu, auf Philae und in Dendara). 332 fiel es als Satrapie des Perserreiches mit der Eroberung durch *Alexander d. Gr.* kampflos in die Hände der Makedonier.

Griechische oder ptolemäische Herrschaft

Die *Ptolemäer* (323—30 v. Chr.) gebärden sich den Ägyptern gegenüber als Nachkommen der Pharaonen, achten ihre Religion, ihre Sitten und bauen ganz und gar in ägyptischem Stil. Unter ihnen erblüht das Land am Nil drei Jahrhunderte lang nochmals zu einem ruhmvollen Königreich, wird zum mächtigsten Staat der Welt ebenso wie zu ihrem geistigen Mittelpunkt, bis es, unter den letzten Throninhabern heruntergewirtschaftet, unter römische Herrschaft gerät.

Alexander d. Gr. (332—323) zog zur libyschen Oase des Zeus-Ammon nach Sîwa, um sich von dem ägyptischen Gott als Sohn und Herrscher bestätigen zu lassen; er gründete das nach ihm benannte Alexandria, das sich bald zum Zentrum des Welthandels und als Herzstück griechischer Gelehrsamkeit entwickelte. Als nach seinem Tode das makedonische Weltreich zerfiel, wurde Ägypten für die Dauer von 300 Jahren Königreich der Ptolemäer.

Die drei ersten Ptolemäer wirken im Geiste Alexanders und setzen dessen Werke fort durch den Ausbau *Alexandrias,* wo alle bedeutenden Geister der Zeit ihre Heimstätte fanden. Im ganzen Lande bauten sie großartige Tempel; Ptolemaios' I. Tochter *Arsinoë,* Schwestergemahlin *Ptolemaios' II.,* war eine der klügsten Herrschergestalten auf dem Thron. Schon vor ihrem Tode wurde sie göttlich verehrt, galt als Schutzgöttin des Faijûm. Theokratie und Geschwisterehe innerhalb des ptolemäischen Königtums

haften sich bleibend an diese geniale Frau. Wie Kleopatra am Ende der Ptolemäer-Herrschaft, so war Arsinoë an ihrem Beginn moralisch zwar skrupellos, aber hochgebildet und kühn an Herrschersinn. Unter *Ptolemaios III*. Euergetes I. (246—221) stand Ägyptens Macht und Reichtum auf dem Höhepunkt, er eroberte sogar vorübergehend Teile des Seleukidenreichs. Es folgt die Peripetie: *Ptolemaios IV*. Philopator (221—205) verstand es nicht, die Höhe zu halten, in Theben kamen sogar noch einmal einheimische Pharaonen zur Macht. Bereits unter seinem Nachfolger setzten anarchische Zustände ein, die mit der Vergiftung des Herrschers endeten.
Die beiden folgenden Jahrhunderte standen unter dem Zeichen des Bruder- und Gattenmordes als Folge von Thronstreitigkeiten. Unter *Ptolemaios XII*. Neos Dionysos (80—51), dem »Flötenspieler«, wurde der Tempel von Edfu beendet und der von Dendara begonnen. Seine unmittelbaren Nachfolger, seine Kinder *Kleopatra VII*. und *Ptolemaios XIII*. (51—48), leiteten den letzten Akt des dramatischen Herrscherspiels ein.
Die Kinder stehen unter der »Vormundschaft« des vom römischen Senat beauftragten *Pompejus*. Als dieser in Ägypten nach der verlorenen Schlacht bei *Pharsalus* (48) Zuflucht sucht, wird er auf Anstiften seines Mündels Ptolemaios, der inzwischen seine Schwester vertrieben hat, bei der Landung in Pelusium ermordet. Der in Rom zur Macht gekommene *Julius Cäsar* kommt nach Alexandria, besiegt den aufständischen Ptolemaios, der im Nil ertrinkt (?), und setzt den 11jährigen Bruder Kleopatras zum Mitregenten ein (47). Die ägyptische Helena, 22jährig, hat den 52-jährigen Cäsar vorübergehend mit ihrem Zauber gefangen, auf ihr Anstiften wird *Ptolemaios XIV*. ermordet (44), und *Ptolemaios XV. Cäsar* (auch Cäsarion geheißen), Sohn Cäsars und der Kleopatra, erhält die Mitregentschaft. Nach Cäsars Ermordung (44) treibt Kleopatra ihr Spiel mit dem drei Jahre später nach Ägypten entsandten *Antonius* (41) weiter, treibt vor allem aber mit ihm eine sehr reale Politik. Denn Antonius einerseits, den Octvian als Rivalen Schritt für Schritt aus dem Westen hinauszumanövrieren verstand, blieb nichts übrig, als sich auf die einzige wirkliche Macht im Osten, eben auf Ägypten mit seinen immer noch großen Reichtümern, zu stützen; und Kleopatra andererseits mußte sich dem römischen Machthaber verbinden, wenn sie ihre Stellung halten, erst recht, sie so gewaltig ausbauen wollte, wie sie es tat. Schließlich erklärt der römische Senat Antonius zu einem Feind des Vaterlandes, und *Octavian* (der spätere Kaiser Augustus) zieht gegen ihn. Nach der Schlacht bei *Actium* und der Eroberung Alexandrias begeht Antonius Selbstmord. Kleopatra (38jährig) setzt nach der Überlieferung eine Schlange an ihren Busen (wenn sie sich nicht durch einen gifthaltigen Haarpfeil getötet hat). Bei allem Lasterhaften, das diesem dämonischen Weib eigen war, darf sie den Anspruch der genialsten Politikerin erheben. Ungewöhnliche

Römische Herrschaft

Energie und unersättliche Herrschsucht strebten danach, im Stile der ersten Ptolemäer ein hellenistisches Großreich aufzurichten. Cäsarion, den römisch-makedonischen Sproß zweier Eltern von höchsten Geistesgaben, ließ Octavian als Nebenbuhler beseitigen. Er machte reinen Tisch: Ägypten wurde römische Provinz, die dem Kaiser allein unterstand und durch einen von ihm entsandten Statthalter (Präfekten) verwaltet wurde. Senatoren war der Zutritt zu dem Kronland sogar verboten. Damit war der letzte antike Traum von der Schaffung eines ägyptischen Großreiches zu Ende.

Man kann es keinen Zufall nennen, daß in hellenistischer Zeit unter den Nachfolgern Alexanders die Ptolemäer zu den menschlich bestberufenen, kunst- und bildungsfreudigsten gehörten. So ist manches, was diese geistreichen, doch landfremden Beherrscher Ägyptens gebaut haben, mit hohen Ehren zu nennen und dem Reisenden zu empfehlen.

Römische Herrschaft

Die römischen Kaiser (30 v. Chr.–395 n. Chr.) traten ebenso wie die Ptolemäer als Nachfolger der Pharaonen auf, achteten weiterhin Sitten und Religion der Ägypter und bauten in ägyptischem Stil. Die geistige Kraft des Nillandes war noch immer so stark, daß selbst Cäsaren sich vor ihr beugten. Wirtschaftlich erlangte es als *Kornkammer* für Rom hohe Bedeutung. Indes wurden die inzwischen vergessenen Gesetze der Ptolemäer über die Trennung zwischen ägyptischem Volk und griechisch-makedonischer Herrenschicht verschärft; die Ägypter waren »dediticii«, kaiserliches Eigentum, und hatten keine Möglichkeit, in einen höheren Rechtsstand aufzurücken, genauer: Sie blieben im Rechtsstand orientalischer Landbevölkerung, die ja kein Bürgerrecht im griechisch-römischen Sinne hatte, sondern als lebendes Inventar zum Land gehörte, das in der Verfügung des Herrschers stand. Persönlich waren sie frei, aber eben ohne eigene politische Rechte. Sie konnten das römische Bürgerrecht nur erhalten, wenn sie zuvor ein anderes Bürgerrecht (praktisch das von Alexandria) hatten. Im Heeresdienst waren sie auf die Auxilien beschränkt, und diese Soldaten hatten beim Ausscheiden ebenfalls das Anrecht auf das römische Bürgerrecht. Indes waren sie zahlenmäßig gering. Zwar ging es den Ägyptern wirtschaftlich kaum schlechter, aber das Gymnasium, die Stätte griechischer Bildung und Kultur, blieb ihnen ebenso verschlossen wie der höhere Beamtendienst. Ob sie mit der Constitutio Antoniniana des Caracalla vom Jahre 214 das römische Bürgerrecht erhalten haben, ist umstritten, doch war sie offenbar einschneidender für Ägypten als die Rechtsreform Konstantins.

27 wurde Octavian unter dem Namen *Augustus* Alleinherrscher über

Ägypten. *Claudius* (41—54) begann den Tempel in Esna und einen auf Philae, *Nero* (54—68) machte Ägypten zum Umschlaghafen zwischen Rom und Indien. Von Alexandria brach *Titus* (79—81) zu jenem unglückseligen Marsch nach Palästina auf, an dessen Ende er im Jahre 70 Jerusalem zerstörte. *Trajan* (98—117) setzte den im MR erstmals angelegten Ostkanal zwischen Nil und Rotem Meer neu in Betrieb und errichtete den schönen Kiosk auf Philae. Auch unter *Hadrian* (117—138), der Ägypten im Jahre 130 besuchte, entstanden neue Bauten, so das nach ihm benannte Tor auf derselben Insel. Wenn auch die römischen Kaiser in der Nachfolge der Pharaonen, ähnlich wie es abermals 1000 Jahre später die deutschen Kaiser, in Erinnerung an ihre römischen »Vorfahren am Reich« versuchten, im Stile dieser Pharaonen höchst interessante Monumente errichtet haben, so scheuten sie doch nicht davor zurück, mit unglaublicher Energie einen Obelisken nach dem anderen in die Hauptstadt Rom zu entführen.
Der griechische Gelehrte Strabo, der Ägypten 24—20 v. Chr. bereiste, schenkte der Nachwelt die erste geographische Beschreibung des Landes. Daß der Mathematiker und Astronom Ptolemaios um 150 in Alexandria arbeitete, gereichte der Stadt zur Ehre. Um die Vorlesungen der berühmten Gelehrten zu hören, besuchte *Marc Aurel* im Jahre 176 die geistige Metropole.

Auch die *Christianisierung* des römischen Reiches konnte in Ägypten die Kluft der sozialen Gegensätze nicht schmälern, im Gegenteil. Ägypten war das erste vollständig christianisierte Land der Erde, und seine Geschichte wurde nur mehr durch religiöse Fragen bestimmt. Ägypten wurde Mittelpunkt der geistigen Auseinandersetzung um die rechte christliche Lehre, und der religiöse Streit vertiefte den Haß der Gegner. Galt Ägypten bisher als das Land der Heiden schlechthin, so jetzt als *das* der Christen.
Nach der Überlieferung war es der Evangelist *Markus*, der die Kirche Ägyptens gegründet hat. Die neue Glaubensform bedeutet für die Ägypter keinen Umbruch, denn die spätägyptische Religion hatte den Weg für die Erscheinung Jesu bereitet. So wechselte das Volk zwar seine Religion, blieb aber im Kern dennoch, was es war.
Alexandria, inzwischen *Bischofsstadt* geworden, war seit 190 auch Sitz einer Katechetenschule, deren erstem Vorsteher Pantaenus *Clemens Alexandrinus* (um 200) und *Origines* (seit 203) folgten. Die alexandrinische Kirche steht plötzlich um 200 vollendet vor uns. Das Delta war bereits weitgehend christlich, als 204 *Septimius Severus* (193—211) den Übertritt zum Christentum verbot. Von kurzen Unterbrechungen abgesehen, dauerte das Martyrium der frühen Christuszeugen 200 Jahre lang. *Decius* (249—251) setzte unter dem Bischof Dionysius von Alexandria

im Jahre 250 die Verfolgung der Christen fort, und wenn sie auch unter *Gallienus* (260—268) vorübergehend eingestellt wurde, so hat sie gewiß Anteil daran, daß sich in Ägypten als erstem Lande das *Einsiedler- und Mönchtum* entwickelte. In Theben, am Roten Meer und im Wâdi Natrûn zogen sich Kopten (Name für die ägyptischen Christen; »Kopten« ist bereits im Talmud als Verstümmelung aus »Ägypten« bezeugt) von der Welt zurück. Der Kopte *Antonius* hauste in einer Felshöhle, in deren Umkreis die Schüler des Heiligen nach dessen Tode eine Eremitensiedlung gründeten. Aus ihr ging das nach Antonius benannte, 40 km vom Roten Meer entfernte Kloster und (daneben) das hl. Paulus hervor. (Von den zahlreichen Klöstern der ersten christlichen Jahrhunderte waren diese beiden und weitere fünf berechtigt, den Patriarchen der Koptenheit zu wählen.) 320 gründete *Pachomius* das erste Mönchskloster bei Tabennêse, um 350 entstanden die Asketenvereine in der sketischen und nitrischen Wüste (Makarios).

Die unter *Diocletian* (284—305) grausam wiedereinsetzende Christenverfolgung (303) beruhigte sich erst unter *Konstantin* (324—337). Dieser erste christenfreundliche Kaiser regelte auch die ägyptische Verwaltung neu, teilte das Land in sechs Provinzen und machte es zur Diözese. Auf dem Konzil von *Nicäa* (325) wurde der Lehrstreit zwischen dem Presbyter *Arius*, nach dem der Sohn Gottes geschaffen und nicht eigentlich Gott sei, verworfen zugunsten der des Patriarchen von Alexandria, *Athanasius*, nach welcher der Sohn Gottes mit dem Vater wesenseins sei. Der Sieg der Orthodoxie war zugleich ein Sieg des alexandrinischen Patriarchats.

Bereits in der Mitte des 4. Jh. wurden koptische Übersetzungen der Bibel notwendig. Unter *Theodosius I.* endlich (379—395) wurde das Christentum zur Staatsreligion erhoben, und die Verfolgung stieß in entgegengesetzter Richtung. Das Serapeum von Alexandrien wurde zerstört, das berühmte Bild des von den Ptolemäern geschaffenen Gottes Sarapis, das im Glauben der Heiden eine zur Bonifatiuseiche analoge Rolle spielte, verbrannt, die heidnische Philosophin Hypatia gesteinigt (415). Die meisten Tempel des Landes wurden geschlossen, viele davon zerstört oder doch (wie auch die Synagogen Alexandriens) in Kirchen umgewandelt.

Die große Gestalt des *Schenûte* (333—451), seit 383 Vorsteher des Weißen Klosters bei Sohâg, gab der nationalägyptischen, der »koptischen« Kirche ihr Gesicht. Die Struktur der koptischen Kirche war bestimmt durch die auf der Bedeutung der Stadt ruhende überragende Stellung des Patriarchen von Alexandria, durch die Rolle der Einsiedler (Anachoreten) und Klöster (Koinobiten) und durch die periphere Lage, insbesondere des südlichen Ägypten, die den lokalen Bischöfen übermäßige Befugnisse zuspielte. Die weltgeschichtliche Bedeutung des frühen ägyptischen Christentums liegt in seinem Beitrag zur christlichen Theologie. Gnostiker und Kirchenväter lebten und lehrten in Ägypten, die trinitarischen Strei-

tigkeiten wurden auf seinem Boden ausgetragen, und hier wurden auch die entscheidenden christologischen Auseinandersetzungen im Kampf um das Dogma geführt. Altägyptische Tradition haben die alexandrinische Theologie von Trinität oder die Vorstellung von der Gottessohnschaft wie die vom Jüngsten Gericht entscheidend geprägt.
Mit der Teilung des römischen Reiches (395) in Ostrom und Westrom fiel Ägypten an *Byzanz*. Diese Ausrichtung nach Ostrom bedeutet die Loslösung vom Abendland und sehr bald eine Sezession des koptischen Glaubens vom griechischen.
Was heute in Alexandria dem Besucher offen steht, sind Überreste ägyptisch-hellenistischer Mischkultur, und zwar Grabanlagen einiger Kultgemeinschaften und das Serapeum, die Kultstätte der von den Ptolemäern geschaffenen zentralen Gottheit. Für die koptischen Denkmäler sind wir vornehmlich auf die Klosterbauten im übrigen Lande angewiesen. Zum Koptentum im einzelnen s. S. 193 ff.

Ausklang: Byzantinische Herrschaft

Die nächsten zweieinhalb Jahrhunderte (395—640 n. Chr.) reißen ein, was in drei Jahrtausenden errichtet worden ist. Konstantinopel beutet Ägypten aus, ohne etwas für das Land zu tun. Pest und Hungersnöte schmälern das Volk. Glaubenseifer entfacht Bilderstürme, die theologischen Streitigkeiten bleiben in Gang. 451 wird auf dem 4. ökumenischen Konzil zu *Chalkedon* die von dem ägyptischen Patriarchen vertretene Einnaturenlehre verdammt, so daß sich der Hauptteil der ägyptischen Kirche mit seinem monophysitischen Bekenntnis (bis heute) von der Reichskirche mit dem dyophysitischen Dogma von der unvermischten, aber untrennbaren Zusammengehörigkeit der göttlichen und menschlichen Natur in Christus abgespalten hat. (Nur die katholischen Kopten erkennen den Papst an, nicht aber die orthodoxen.) Da die Schöpfer der Zweinaturenlehre Griechen waren, erfolgt mit der religiösen zugleich eine nationale Scheidung. Vergebens haben die späteren Kaiser versucht, die Kircheneinheit wiederherzustellen.
Inzwischen zieht im Osten ein neues Wetter herauf, dessen Stürme gegen Ägypten brausen. *Mohammed* begründet den Islam. 622 wandert er von Mekka nach Medîna aus (Hidschra, Beginn der mohammedanischen Zeitrechnung), doch liegt in seinen Plänen zunächst keine missionarische Absicht. Nach dem Tode des Propheten (632) wird sein Nachfolger *Abu Bakr* der erste Kalif (weltliches Oberhaupt der muslimischen Gemeinde), und durch ihn erfolgt der Stoß in die Kriegsfanfare, hinter der die arabischen Scharen eine Provinz des morschen byzantinischen Reiches nach der andern im Sturm hinwegfegen. Nach der Eroberung Syriens

Byzantinische Herrschaft

stürmen sie unter dem zweiten Kalifen *Omar* gegen die Byzantiner und schlagen sie bei Jarmuk (636). Damaskus fällt. Nachdem die Araber auch das persische Sassanidenreich gestürzt haben (637) und Jerusalem gefallen ist (638), dringen sie ins Niltal vor und blasen auch hier die Byzantiner fort. Ägypten wird eine Provinz des *Kalifenreichs* (640 n. Chr.) und erfährt seinen folgenreichsten Umbruch.

Eine Auswahl ägyptischer Königsnamen
Die Ziffern hinter den Namen bezeichnen die Dynastie.

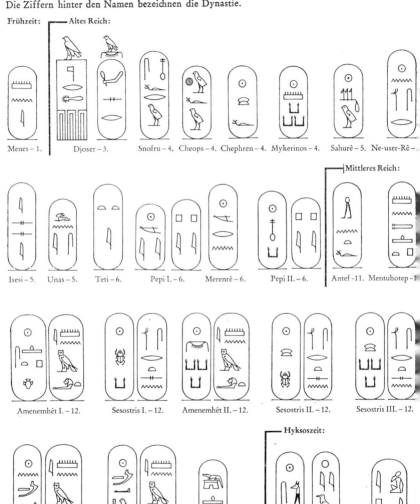

Frühzeit: Menes – 1.

Altes Reich: Djoser – 3. Snofru – 4. Cheops – 4. Chephren – 4. Mykerinos – 4. Sahurê – 5. Ne-user-Rê –.

Isesi – 5. Unas – 5. Teti – 6. Pepi I. – 6. Merenrê – 6. Pepi II. – 6.

Mittleres Reich: Antef – 11. Mentuhotep – 1

Amenemhêt I. – 12. Sesostris I. – 12. Amenemhêt II. – 12. Sesostris II. – 12. Sesostris III. – 12.

Amenemhêt III. – 12. Amenemhêt IV. – 12. Sebekhotep – 13.

Hyksoszeit: Chian. Apophis.

Neues Reich:

 Sekenenrê – 17.

 Ahmose – 17.

 Amenophis I. – 18.

Thuthmosis I. – 18.

 Thuthmosis II. – 18.

 Hatschepsut – 18.

 Thuthmosis III. – 18.

 Amenophis II. – 18.

 Thuthmosis IV. – 18.

Amenophis III. – 18.

Amenophis IV.-Echnaton – 18.

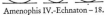

Tut-anch-Amun – 18.

 Haremhab – 19.

 Ramses I. – 19.

 Sethos I. – 19.

 Ramses II. – 19.

 Merenptah – 19.

 Ramses III. – 20.

 Ramses VI. – 20.

Spätzeit:

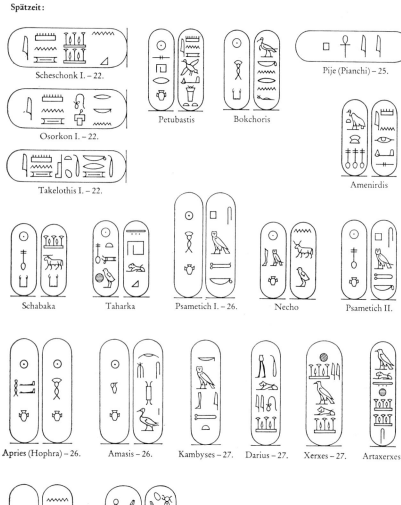

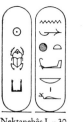

Nektanebês I. – 30.

Nektanebês II. – 30.

Ptolemäer-Herrschaft:

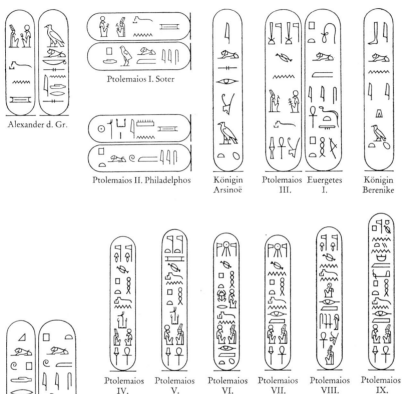

Alexander d. Gr.

Ptolemaios I. Soter

Ptolemaios II. Philadelphos

Königin Arsinoë

Ptolemaios III.

Euergetes I.

Königin Berenike

Ptolemaios IV.

Ptolemaios V.

Ptolemaios VI.

Ptolemaios VII.

Ptolemaios VIII.

Ptolemaios IX.

Kleopatra und ihr Sohn Cäsarion

Autokrator – Kaisaros, die Titel der römischen Kaiser

Mittelalter

Ägypten eine Provinz des Kalifenreichs (640–935)

Amr Ibn el-Âs, der Feldherr des Kalifen Omar, besiegt nach der Eroberung von Pelusium, dem Schlüssel zu Ägypten, 640 mit seiner Beduinenschar die Byzantiner und gewinnt damit Ägypten ausschließlich für den Orient zurück. 641 gründet er nördlich der Festung Babylon die neue Hauptstadt *Fustât,* später Alt-Kairo genannt. Ägypten bleibt nach einigen wenigen Zuckungen der Byzantiner in arabischer Hand, wird Ausgangspunkt der muslimischen Eroberung Nordafrikas und ist seitdem bis in die Gegenwart ein Zentrum der politischen, kulturellen und religiösen Entwicklung des Islâm. Die Südgrenze des Landes bildete, nachdem das christliche Nubien bis Dongola überrannt war (651/652), die Insel Philae, und sie blieb es bis in die Mamlûkenzeit.
Nicht willkürlich läßt die Forschung mit den Kalifen das ägyptische Mittelalter beginnen, vielmehr kann der Einschnitt nicht scharf genug bezeichnet werden. Der Grund wird gelegt zu dem, was Ägypten heute noch ist. Volk und Verwaltung werden arabisiert. Ägypten wechselt zum zweitenmal seine Religion, es wechselt seine Sprache. Die alte Kultur wird geistig annuliert, was noch Bestand hat, gebrochen, ein Neues wächst herauf. Zuerst wird Ägypten von Othmân (644–656), dann von Ali, dem Schwiegersohn des Propheten, regiert, schließlich von den *Omaijaden* (658–750), die in *Damaskus* residieren.
Am Nil werden arabische Stämme angesiedelt, der Islâm sowie die arabische Sprache im Lande ausgebreitet. Der letzte Omaijade flüchtet nach Spanien (750) und gründet 756 das Emirat von Cordoba (seit 929 unabhängiges Kalifat).
Unter der nachfolgenden Dynastie der *Abbasiden* (in Ägypten 750–868) erfährt das Kalifat seine Blütezeit. *Bagdad* wird gegründet und neue Residenz. Unter den Statthaltern in Ägypten werden die Kopten unterdrückt, sie antworten mit vielen Aufständen, die jedoch *Ma'mûn,* der Sohn Harûn ar-Raschîds, niederwirft. Das Arabische bemächtigt sich infolge der Besiedlung ländlicher Gebiete durch arabische Nomaden auch der Fellahen und ist seitdem Landessprache bis heute. Als unter Ma'mûns Nachfolger die Provinzen des Kalifenreiches sich loslösen, wird auch Ägypten unter den *Tuluniden* (868–905) für einige Jahrzehnte selbständig. Der Türke *Ahmed Ibn Tulûn,* zunächst noch Statthalter der Abbasiden, begründet die kurzlebige Dynastie, indem er sich zum unabhängigen Emir erklärt. Unter seiner Herrschaft, die er kriegerisch bis Mesopotamien ausgedehnt hat, hebt sich der Wohlstand Ägyptens; es entsteht die nach ihm benannte Moschee in Kairo. Der selbständige Staat

bleibt indes ein Intermezzo, 905 gerät Ägypten wieder unter die Herrschaft der *Abbasiden* von Bagdad (905—935).

Ägypten unter selbständigen Herrschern (935—1250)

Der Türke *Mohammed el-Ichschîd,* Statthalter von Ägypten, löst sich, einem dem Nilland innewohnenden Gesetz zufolge, wiederum vom Kalifat los und begründet die selbständige Dynastie der *Ichschididen* (935—969). Doch dringen nach der Jahrhundertmitte vom Westen Nordafrikas die *Fatimiden* nach Ägypten vor; sie führen sich auf Fâtima, die Tochter Mohammeds, zurück und sind aus der schi'itischen Bewegung hervorgegangen (969—1171). Ist die vorfatimidische Zeit gekennzeichnet durch den Kampf um die Unabhängigkeit türkischer Statthalter von der Zentrale des Kalifats und beruhen die Dynastien auf der Tüchtigkeit ihrer Gründer, so erhält Ägypten mit den Fatimiden erstmals eine lebensfähige Dynastie auf religiöser Grundlage. *Gôhar,* der Feldherr des Fatimiden Mu'iss, erobert Ägypten und gründet als Residenz des Kalifen *Kairo* (969). Kurz darauf vollendet er das »blühende« Bauwerk der über 200 Jahre regierenden Fatimiden, die Moschee *el-Ashar,* die 988 zur Universität bestimmt wird. Diese älteste islamische Universität der Welt ist der Hort scholastischer Lehrmethode bis heute und macht Kairo zum Mittelpunkt des Islâms. Im 11. Jh. wird auch der Sitz des koptischen Patriarchats von Alexandria nach Kairo verlegt.
Da wird 1065 Ägypten heimgesucht von den apokalyptischen Reitern. »Sieben magere Jahre« durch tiefen Nilstand, Pest, Plünderung von Palast und Bibliothek sowie Aufstände der türkischen und berberischen Söldner zehren die Kräfte des Landes aus. Am Ende des 11. Jh. baut der Wesir Badr el-Gamâli eine schon früher begonnene *Stadtumwallung* mit 60 Toren aus sowie die Gijûschi-Moschee. Der Kalif *el-Musta'li* (1094—1101) erobert Jerusalem und die syrischen Küstenstädte, verliert aber seine Eroberungen in den blutigen Kämpfen von 1099 an das erste Kreuzfahrerheer. Unter unfähigen Kalifen und Streitigkeiten um das Wesirat zerfällt das Reich.
Saladin begründet die Dynastie der *Aijubiden* (1171—1250), und in den 22 Jahren seiner Regierung führt er Kairo zu höchstem Glanz. Die schi'itische Lehre der Fatimiden wird ausgerottet. Der Sultân baut die *Zitadelle* und bringt durch Eroberungskriege Syrien vorübergehend wieder zum Reich. Unter den Aijubiden und ihren Nachfolgern wird auch der Kampf gegen die *Kreuzfahrer*invasion mit Erfolg geführt und damit Ägypten im Streit zwischen West und Ost für den Islâm gerettet. 1218 wird Damiette von König Johann von Jerusalem belagert, doch müssen die Kreuzfahrer (das Heer des fünften Kreuzzuges mit Friesen und

Deutschen) nach drei Jahren die Stadt zurückgeben. 1249 wiederholt Ludwig IX. von Frankreich den Angriff auf Damiette, wird aber bei Mansûra geschlagen (sechster Kreuzzug, 1250). Als Kaiser Friedrich II. mit einem Kreuzfahrerheer in Palästina auftritt, schließt Sultân el-Malik el-Kâmil (1218–1238) mit ihm einen Vertrag (1229), der dem Kaiser die Küstenstädte sowie Jerusalem auf zehn Jahre zubilligt.
Den letzten Aijubiden ermorden seine eigenen Leibgardisten, die Mamlûken, und erheben nach dem kurzen Interregnum der Sultânin Schagarat ed-Durr, deren Grabmal unterhalb der Zitadelle gelegen ist, einen der ihren auf den Thron.

Mamlûken (1250–1517)

Die Mamlûken, aus gekauften und militärisch erzogenen Sklaven hervorgegangen, beherrschten Ägypten in zwei Dynastien, der sog. *bahritischen* (ihre Kasernen lagen auf der Insel Rôda am »bahr«, dem Fluß) von 1250–1382 und bis 1517 der (tscherkessischen) burdschitischen. In den 132 Jahren der 1. Dyn. regierten 25 Sultâne. Kaum einer starb eines natürlichen Todes, kaum einer kam legal zur Macht, wenn auch die Nachfolge durch Erbrecht geregelt war. Ihre Geschichte ist die von Blutbädern und Greueln. Indes erstanden prächtige *Bauten* bei glänzender Hofhaltung. Finanzkraft und militärische Leistung sind nur dadurch zu verstehen, daß die militärische Aristokratie der Mamlûken das eigentlich ägyptische Volk schamlos ausbeutete; dazu kam der indische Handel als wichtige Einnahmequelle. Der Ausbau der Militärlehen hat einen alles zersetzenden Militarismus herbeigeführt; der Lehnsstaat stützte sich auf gekaufte Sklaven, die später freigelassen wurden. Die weltgeschichtliche Leistung der Sklavenfürsten ist die Abwehr des Mongolensturmes.
Einer der bedeutendsten Herrscher war *Baibars I.* (1260–1277), der die Mongolen besiegte, aber auch das Königreich Jerusalem endgültig zerstörte. Er bezwang die Feinde im Osten und im Westen und richtete eine neue soziale Ordnung ein. Einen Angehörigen der abbasidischen Kalifenfamilie nahm er 1261 in Kairo auf und ließ ihn dort ein Scheinkalifat führen, das dessen Nachkommen 256 Jahre lang innehatten (bis 1517). Ägypten und Syrien faßte er in einen Einheitsstaat zusammen. Sein Nachfolger *Kala'ûn* (1279–1290) besiegte von neuem die Mongolen, die inzwischen Bagdad erobert und den letzten Kalifen hingerichtet hatten, und nahm Fühlung mit Rudolf von Habsburg. Er baute in Kairo die nach ihm benannte Moschee, das Mausoleum und den Muristân (Kranken- und Waisenhaus). Ein eigener ägyptisch-islamischer Baustil entwickelt sich. El-Aschraf Chalîl vertrieb die Christen endgültig aus dem Heiligen Lande (1291).

Mamlûken – Herrschaft der Osmanen 71

Was Prunksucht und Baufreude des *Mohammed en-Nâsir* (1293–1340) errichten ließen — er baute sich eine Grabmoschee, eine Moschee auf der Zitadelle, ließ die Zitadelle mit einer Wasserleitung verbinden —, das zerstörte das große Erdbeben von Kairo 1302, und auch die Pest (1348/49) holte sich ihre Opfer. Der letzte Sultân mit Namen *Hasan* wurde ermordet, hat sich aber durch seine prächtige Moschee ein Andenken gesetzt.
Die 2. *Dynastie* (1382–1517) der Sklavenherrscher begann mit Verrat und regierte mit Willkür. Der jeweils stärkste Anführer folgte auf dem Thron. Intrigen, Revolutionen, Thronstreitigkeiten sind die Wegmarken der eineinhalb Jahrhunderte. Indem die Oberschicht praßte, powerte sie das Volk zum Weißbluten aus. Da sie die Bewässerung vernachlässigte, verödeten weite Landstrecken. Gleichwohl bauten die *burdschitischen* Sultâne eifrig, und ihre Werke zählen zu den vielgerühmten Kairos.
Barkûk (1382–1399) errichtete eine der Sultân Hasan-Moschee vergleichbar angelegte Madrasa sowie Grabmoschee und Kloster, die von seinen Söhnen vollendet wurden. Schêch *el-Mu'aijad* (1412–1421) baute »die rote« Moschee sowie einen Muristân (Krankenhaus). Er ist der gleiche, der die bereits seit Omars Zeiten (634) bestehenden Kleidervorschriften für Juden und Christen verschärft, Schnitt wie Farbe von Gewand und Turban festgelegt hat. Erwähnt seien schließlich die Bauten des *Kâït-Bey*, der als einer der letzten selbständigen Mamlûkensultâne (1468–1496) die seit Beginn des Jahrhunderts andrängenden Osmanen siegreich abzuwehren verstand. Er baute seine Grabmoschee, das prächtigste der »Kalifengräber«, sowie die nach ihm benannte Schulmoschee, eine Madrasa. *El-Ghûri* (1501–1516) wurde nördlich von Aleppo von dem Osmanenherrscher Selîm I. besiegt. Endlich geht der dekadente und entvölkerte Mamlûkenstaat zu Ende. 1517 wird Kairo gestürmt und damit türkische Provinz (Paschalik).

Herrschaft der Osmanen (1517–1798)

Ägypten hatte bisher noch immer ein besonderes Ansehen genossen, einmal weil es die Oberhoheit über Mekka und Medîna, die heiligen Stätten des Islâms, innehatte, zum andern durch das Symbol des alten Kalifats in der Person eines — vielleicht nur vermeintlichen — Abbasiden. Beides wurde von den Osmanen beseitigt. Die osmanischen Sultâne nahmen den Titel »Diener der beiden vornehmen heiligen Stätten« für sich in Anspruch, wodurch sie einen Vorrang vor den übrigen muslimischen Herrschern erlangten. Im übrigen aber trat damals das gesamte östliche Mittelmeer durch die Entdeckung Amerikas und die Verlegung des Welthandels in den Hintergrund politischen Interesses; die Weltgeschichte hatte sich anderswo ihre Bretter gesucht, indes die ägyptische Geschichte große

Strecken lang zu einer Provinzgeschichte monotonen Streits zwischen Beys und Paschas heruntersank. Ägypten verharrte im Mittelalter.
Selîm I. starb 1520, als er einen Angriff auf Rhodos vorbereitete, von wo aus die Johanniter-Ordensritter die Verbindungen zu den neu erworbenen Provinzen bedrohten.
Unter seinem Nachfolger *Sulaimân I.* (1520—1566) erreichte das osmanische Reich seinen Höhepunkt. Mit ihrer Eroberung von Syrien und Ägypten hatten die Osmanen den Schlüssel zum Indienhandel im Mittelmeer gewonnen, wenn seine Bedeutung auch dadurch beeinträchtigt war, daß die Portugiesen den indischen Handel ums Cap leiteten.
Ägypten war in dem Riesenreich der Osmanen eine äußere Provinz. Es behielt sein altes Steuersystem mit eigener Staatskasse, aus der die lokalen Bedürfnisse bestritten wurden, indes der Überschuß an die Pforte abzuführen war. Das Lehnssystem aus der Zeit der Mamlûken blieb bestehen, einzelne Lehnsträger blieben sogar in ihren Stellungen im Verwaltungsdienst sowie im Militär, und sie arbeiteten mit dem Pascha und den aus Konstantinopel hierher verlegten Truppen zusammen. Gebührt zwar Sulaimâns Herrschaft hoher Ruhm, so enthüllt doch die Struktur des osmanischen Reiches bald nach dem Ende des »Goldenen Zeitalters« seine Schwächen; der allgemeine, ständig wachsende Verfall, der nicht zuletzt durch den großen Umfang des Reiches bedingt war, ergriff auch Ägypten, so daß gegen Ende der osmanischen Herrschaft die Mamlûken, die ihre Stellung innegehalten hatten, faktisch die Macht als Statthalter von Kairo wieder errangen.
Das Land war in erbarmungswürdigem Zustand, als nach 280jähriger Osmanenherrschaft Napoleon Bonaparte am 2. Juli 1798 vor Alexandria erschien.

Neuzeit

Durch die Napoleonische Expedition wurde Ägypten mit Europa in Berührung gebracht und damit sein Schicksal wieder entscheidend von der Politik des Abendlandes bestimmt. Mit Bonaparte und den nachfolgenden Chedîven beginnt eine ganz und gar neue Ära, die sich scharf gegen die mittelalterlich-islamische absetzt: Mohammed Ali und die von ihm begründete Dynastie haben Ägypten (nach überwiegend französischem Vorbild) technisch, wirtschaftlich, rechtlich und sozial europäisiert. Ist dies zur gleichen Zeit in den übrigen Ländern zwar auch geschehen, so hat doch Ägypten auf die fortschreitende Europäisierung in eigener Weise reagiert.

Französische Herrschaft — Mohammed Ali

Französische Herrschaft (1798—1801)

Napoleons Interesse galt primär nicht Ägypten, er versuchte, den englischen Mittelmeerhandel lahmzulegen und Englands Seeweg nach Indien zu sperren. Nach seiner Landung bei Alexandria (2. Juli 1798) schlug Bonaparte in der »Schlacht bei den Pyramiden« die Mamlûken. Aber am 1. August 1798 schon wurde die französische Flotte in der Bucht bei *Abukîr* östlich von Alexandria von den Engländern unter Nelson vernichtet. Ein Jahr später (25. Juli 1799) schlug Napoleon, der inzwischen die Mamlûken bis Philae verfolgt hatte, zwar das in Ägypten gelandete türkische Heer (mit Mohammed Ali als Offizier in dem albanesischen Korps); aber 1801 mußten die Franzosen vor den Engländern kapitulieren und ägyptischen Boden verlassen.

Das Intermezzo durch die Franzosen war kurz, aber folgenschwer. Bei der Belagerung von Alexandria hatten die Engländer einen Damm bei Abukîr durchstochen, um die *Mareotis-Landschaft* unter Wasser zu setzen. In dem Becken wurden von dem hereinstürzenden Salzwasser nicht nur 150 Ortschaften ersäuft, sondern auch fruchtbarste Kulturen Ägyptens zerstört. Nach Mohammed Alis Vorstößen ist erst in jüngster Zeit dort die Trockenlegung nenenswert gelungen und der schon im Altertum berühmte Weinbau wieder aufgenommen worden.

Zum Ruhme darf von dem Korsen berichtet werden, daß er einen Stab von Wissenschaftlern ins Nilland mitbrachte, deren Expedition die Erforschung Ägyptens großartig einleitete. In ihrem Gefolge steht die Wissenschaft der Ägyptologie, die mit der → Entzifferung der Hieroglyphen erst eigentlich ins Leben gerufen wurde. Dagegen ist ein kultureller Einfluß der Franzosen auf Ägypten nicht erfolgt, der Abstand war zu groß. Ob Napoleon die Druckerpresse in Ägypten eingeführt hat oder der 1821 begründete Druck (der Bücher für die neu eröffneten Regierungsschulen) selbständig entwickelt wurde, ist umstritten. Das Unternehmen, die versenkte napoleonische Flotte zu heben (1951), scheiterte bis jetzt.

Mohammed Ali und seine Nachfolger (1805—1952)

Endlich erschien wieder ein strahlender Stern am politischen Himmel Ägyptens. Der Analphabet *Mohammed Ali*, Tabakhändler albanesischer Abstammung, ist es, der Ägypten aus seinem Elend riß und am Nil einen modernen Staat begründete, wenn er dabei auch keinen anderen Gelüsten folgte, als sich selbst zu verwirklichen. Sein Aufstieg, den er seiner Klugheit und kaltblütig-geschickten Taktik verdankte, endete auf dem Gipfel staatsmännischer Macht: An Stelle des vertriebenen türkischen

Statthalters in Ägypten wurde er zum Pascha ausgerufen und von der Pforte bestätigt (1805). Er nahm von der Zitadelle Besitz und vernichtete dort, was seiner Herrschaft noch im Wege stand: 1811 lud er 480 Mamlûkenbeys ein und ließ sie von seinen Albanesen niedermachen. Nur einer seiner Gäste, so erzählt die Mär, sei dem grauenhaften Blutbad entkommen. Doch zuvor hatte er sich ihrer bedient, um die in Alexandria und Rosette gelandete englische Flotte zum Abzug zu zwingen (1807). Nun, da er sich von allen Nebenbuhlern freigekämpft hatte, führte er Ägypten zur staatlichen Selbständigkeit.

Obwohl er von den Traditionen des osmanischen Reiches stark bestimmt war (vgl. die von Mohammed Ali in der Zitadelle von Kairo im Konstantinopler Stil erbaute sog. Alabastermoschee), hat Mohammed Ali europäische Lehrmeister und europäische Methoden eingeführt. Jedoch gelang es ihm, während seiner ganzen Regierungszeit fremde Einmischung in die innere Politik Ägyptens fernzuhalten; deshalb hat er auch niemals dem Durchstich der Landenge von Sues zugestimmt.

Während seine Söhne unter ihm Feldzüge nach Arabien, nach Griechenland, an den Euphrat, in den Sudân und nach Kleinasien durchführten, reformierte Mohammed Ali das Militär, hob den Ackerbau und begann die Industrialisierung des Landes. Er führte die Baumwolle ein und begann, die Bewässerung durch Staudämme zu regulieren. Er erbaute den »barrage du Nil« nördlich von Kairo. Von der Oberherrschaft der Pforte machte er sich frei und erlangte nach manchen glänzenden Siegen, die besonders dem Feldherrntalent seines Sohnes *Ibrahîm* Pascha nachzurühmen sind, für seine Familie die Erblichkeit der Herrschaft über Ägypten. 1849 starb er geistesgestört.

Unter Mohammeds viertem Sohn *Sa'îd,* der sich für eine soziale Verbesserung einsetzte und den Bau von Eisenbahnen betrieb, wurde 1859 der Sueskanal begonnen, 10 Jahre später unter dem Nachfolger *Isma'îl,* einem Sohn Ibrahîm Paschas, festlich eröffnet. Die aus dem Anlaß komponierte Oper »Aida« wurde Weihnachten 1871 im neu erbauten »Italienischen Theater« in Kairo uraufgeführt. Isma'îl führte eine Politik eigener Interessen; doch kamen die Fabriken, Schleusen, Kanäle und Brücken, die Post- und Telegrapheneinrichtungen, die Straßen und Eisenbahnen auch der Allgemeinheit zugute. Durch den Bau von Schulen und eine Neuordnung der Gerichtsbarkeit hat er sich verdient gemacht. Militärische Tüchtigkeit hatte ihm ein Reich bis Abessinien und nach Süden bis zum 2. nördlichen Breitengrad eingebracht. Jedoch trieb er finanziell eine Mißwirtschaft, die das Land an den Rand des Abgrundes brachte und ihn um seinen Thron (1879). Hohe Summen hatte er aufgewendet, um von der Pforte neue Familien- und Staatsrechte und für sich den Titel des Vizekönigs *(Chedîve)* zu erwerben. Die Staatsschulden hatten sich unter ihm von 3 Mill. auf mehr als 100 Mill. Pfund vermehrt, indes sich sein privater Grundbesitz auf ein Fünftel des Fruchtlandes ausgeweitet hatte. Er war gezwungen, Franzosen und Engländer in sein Ministerium aufzunehmen und seine Suesaktien zu verkaufen, wodurch sich die Engländer die Kontrolle über den Kanal sicherten.

Unter *Taufîk* (1879–1892), dem Sohn Isma'îls, brach in Kairo unter Arâbi Pascha ein Militäraufstand aus (1881), der in der Gesamtbewegung »Ägypten den Ägyptern« das Land von europäischem Einfluß befreien wollte. Die Unruhen in Alexandria kosteten vielen Engländern das Leben, jedoch siegte die »zum Schutze der Europäer« eingesetzte englische Flotte über das militärisch schwächere Ägypten, und die *Briten,* deren Interesse Ägyptens geographischer Lage auf dem Wege nach Indien galt, wurden Herr im Lande (1882). Theoretisch blieb die internationale Stellung des Landes nach der Besetzung unverändert.

Sir Evelyn Baring, der nachmalige *Lord Cromer,* wurde 1883, in dem Jahr, da der Mahdistenaufstand die ägyptische Herrschaft im Sudân stürzte, Generalkonsul in Ägypten (bis 1907). Er festigte endgültig die Stellung der Engländer im Niltal und hob gleichzeitig den Wohlstand Ägyptens. Der türkische Einfluß auf die ägyptischen Angelegenheiten wurde abgedrängt. Lord Cromer ordnete des Landes Finanzen und Verwaltung und nahm die Interessen Großbritanniens wahr, nicht ohne zugleich für das Wohl Ägyptens Sorge zu tragen. Durch seine Maßnahmen wurde Ägypten finanziell wieder selbständig. In Übereinkunft mit Frankreich wurde 1887 die Neutralität des Sueskanals erklärt. *General Kitchener* (seit 1911 zweiter Nachfolger von Lord Cromer und seit 1914 »Earl Kitchener of Khartoum«) eroberte 1896 den Sudân zurück, der 1899 von Ägypten abgetrennt, aber in englisch-ägyptischem Kondominium regiert wurde.

Unter der englischen Regierung wurde das Land zivilisatorisch gehoben, eine Reihe von Eisenbahnen gebaut, die Landwirtschaft gefördert, vor allem durch neue Bewässerungsanlagen und neuartige Bewässerungssysteme. Umwälzend wirkte sich die Errichtung des *Assuân-Dammes* aus, der 1902 vollendet, danach aber noch erhöht wurde. Gleichwohl wuchs die antienglische Bewegung.

Zu Beginn des *1. Weltkrieges* hob England das Hoheitsrecht der Türkei über Ägypten auf und erklärte Ägypten zum britischen Protektorat (18. Dezember 1914). Alexandria diente den Engländern als Flottenbasis. Ägypten erklärte den Mittelmächten den Krieg, ist aber strategisch nur als Glied des britischen Reiches zu verstehen. Nach dem Krieg erfolgt der Rückschlag auf Englands Intervention von 1882 durch das Aufleben der nationalistischen Agitation, der sich diesmal auch die Kopten und Kreise der el-Ashar anschlossen (1919). Mit *Sa'ad Saghlûl* Pascha an der Spitze forderte die nationale Bewegung Ägyptens Unabhängigkeit, jedoch drei Jahre lang ohne Erfolg. Erst 1922 wurde das Protektorat aufgehoben und

Ägyptens Unabhängigkeit bis auf gewisse Einschränkungen anerkannt.
Sultân Ahmed Fu'âd wurde als *Fu'âd I*. König von Ägypten, verkündete
1923 eine Verfassung und bestimmte zur neuen Landesflagge grünen
Grund mit weißem Halbmond und drei Sternen. Doch blieb das öffentliche, vor allem das wirtschaftliche Leben fremdem Einfluß offen; Auslandskapital spielte in der Erschließung des Landes eine überragende
Rolle. Von den ägyptischen Aktiengesellschaften befand sich 1914 mehr
als $^9/_{10}$ des Gesamtkapitals in ausländischen Händen (in der Mitte der
dreißiger Jahre die Hälfte, 1945 etwa 15%).
Ägyptische Nationalisten, die den Sudân zurückverlangten, ermordeten
in Kairo den englischen Generalgouverneur des Sudân, woraufhin England die ägyptischen Truppen aus dem Sudân zurückbefahl (1924). König
Fu'âd regierte weise und erfreute sich allgemeiner Beliebtheit. Nach seinem
Tode folgte ihm 1936 sein 16jähriger Sohn *Farûk* auf dem Thron, der
sich von Anfang an durch lasterhaftes Leben und skrupellose Korruption
verhaßt machte. Er betrog seine eigene Armee und seine eigenen Beamten;
was er tat oder unterließ, geriet dem Lande zum Schaden. So nimmt es
nicht wunder, daß er bei dem Staatsstreich der »Freien Offiziere« am
23. Juli 1952 aus dem Lande gejagt wurde. England hatte seine Truppen
bereits 1946 freiwillig aus Kairo und Alexandria zurückgezogen, nachdem
die ägyptisch-nationale Wafd-Partei volle politische und wirtschaftliche
Unabhängigkeit gefordert hatte. 1951 hatte Ministerpräsident Nahas
Pascha, der der Wafd-Partei angehörte, versucht, die Engländer aus dem
Sudân und vom Sueskanal zu verdrängen. Allerdings wurde er abgesetzt,
als am 26. Januar 1952 der Kleinkrieg der Freiwilligenbataillone, die
sich aus den nationalen und radikalen Parteien rekrutierten, gegen die
englischen Besatzungstruppen in einem blutigen Aufstand — vornehmlich
in Kairo — seinen Siedepunkt erreichte. Nach der Julirevolution übernahm ein dreiköpfiger Regentschaftsrat die Funktion der Krone.
2000 Jahre lang hatten Fremdherrscher am Nil in ihre eigenen Säckel
gewirtschaftet und das Land ausgelaugt. Eine Oberschicht ließ es sich
wohl sein auf Kosten der Arbeitenden. Ein physisch wie geistig und moralisch vernachlässigtes Volk war das schwere Erbe, das die neuen Herren
antraten.

Republik (seit 1952)

Erstmals wieder stammen die Machthaber aus dem eigenen Volk. Ihr
Kampf gilt der Korruption, sozialer Ungerechtigkeit und der Tyrannei,
sie bekämpfen den »Feudalismus und Imperialismus«. *General Nagîb*,
Kriegsminister und Oberkommandierender der Armee, wurde Premier,
er verkündete das Gesetz der Agrarreform (9. September 1952), wonach

Republik

der Landbesitz auf 200 Feddân (knapp 100 Hektar) begrenzt, der darüber hinausgehende Bodenbesitz enteignet und zugunsten der landlosen Fellahen neuverteilt wurde, und hob die Verfassung von 1923 auf.
Am 18. Juni 1953 übernahm Oberst Nasser *(Gamâl Abd-en-Nâsir)* diktatorisch die Regierungsgewalt.
Nachdem er im April 1956 die Sueskanal-Gesellschaft durch einfaches Staatsdekret nationalisiert hatte, kam es nach weiteren Maßnahmen, sie zu verstaatlichen (26. 7. 1956), im Oktober 1956 zu bewaffneten Auseinandersetzungen mit Frankreich und Großbritannien. Gleichzeitig besetzten die Israelis die Halbinsel Sinai. Anfang Dezember 1956 wurden unter dem Druck der Vereinten Nationen und der USA alle besetzten Gebiete wieder geräumt. 1956 wurde Nasser als Staatspräsident durch Volksabstimmung bestätigt. Der Zusammenschluß mit Syrien zur Vereinigten Arabischen Republik (VAR) am 1. Februar 1958 hob zwar das Ansehen des Präsidenten, führte aber zu Spannungen mit dem Irak, Saudi-Arabien, Jordanien und Tunesien. Nun wendet sich der Staatschef nach Osten und nimmt zeitweise dessen militärische und wirtschaftliche Unterstützung an. Entscheidend ist für ihn die Zusicherung der Sowjetunion vom 28. 12. 1958, ihm beim Bau des Hochdammes zu helfen; am 9. 1. 1960 wird die Arbeit am Sadd el-âli offiziell eröffnet. — Die Verhältnisse zum Westen besserten sich, England wurde für seine Verluste am Sueskanal und im Land entschädigt. Die USA und die Bundesrepublik Deutschland leisteten bedeutende Wirtschaftshilfen, vier von sechs Broten zahlte Amerika.
Am 28. 9. 1961 wehrte sich Syrien gegen die politische und wirtschaftliche Verschmelzung durch seinen Austritt aus der VAR, und auch der Jemen, der sich der VAR locker angeschlossen hatte, erklärte im Dezember 1961 die Verbindung für gelöst. Dennoch behielt Nasser den illusionären Namen VAR für Ägypten ebenso bei wie die zwei Sterne im weißen Band der Landesflagge. Am 17. 4. 1963 wurde in Kairo — in Auswirkung der Staatsstreiche im Irak und in Syrien — der Zusammenschluß der drei Staaten zu einer neuen »Vereinigten Arabischen Republik« proklamiert, aber durch die ständigen schweren innenpolitischen Krisen in Syrien und im Irak mißlang diese Verwirklichung des Föderationsplanes, wenn auch 1964 weitere gemeinsame Maßnahmen projektiert wurden, vor allem im Kampf gegen Israel und den westlichen Imperialismus. Am 28. 4. wurde mit dem Jemen ein Koordinierungsausschuß zur Vorbereitung eines Zusammenschlusses vereinbart. — Am 13. 5. 1964 feierte Ägypten in Anwesenheit von N. S. Chruschtschew die Beendigung der ersten Baustufe des mit finanzieller und technischer Hilfe der Sowjetunion im Bau befindlichen Sadd el-âli. Am 13. 8. kam es in Kairo zur Unterzeichnung eines Vertrages über die Errichtung eines »Gemeinsamen Arabischen Marktes« durch den Irak, Jordanien, Kuwait, Syrien und die VAR.
Im Mai 1965 bricht Ägypten mit anderen arabischen Staaten die diplo-

matischen Beziehungen zur Bundesrepublik ab, weil Bonn die diplomatischen Beziehungen zu Israel aufgenommen hat. Am 18. 5. verzichtete Nasser auf Weizenlieferungen der USA.
Im September kam es im Nildelta zu Unruhen. Bei einer Razzia gegen die Moslem-Bruderschaft wurden mehrere hundert Menschen verhaftet und Waffen beschlagnahmt, weil sie nach Meldungen aus Kairo eine Verschwörung gegen den Staatspräsidenten und Sabotageakte in Industriebetrieben, ja einen Sturz des Regimes geplant hatten. Die arabischen Regierungschefs, die Mitte März 1966 in Kairo tagten, haben beschlossen, die diplomatischen Beziehungen zur Bundesrepublik nicht wieder aufzunehmen.

Das *innenpolitische* Ziel Nassers war der »Arabische Sozialismus«. Das Wirtschaftssystem Jugoslawiens diente ihm als Vorbild. Seine Sorge galt der landwirtschaftlichen Verbesserung, der Industrialisierung und im Zusammenhang mit beidem dem *Sadd el-âli*, dem Hochdamm, 15 km südlich von Assuân. Nasser hoffte, durch ihn die Nutzung des Fruchtbodens um ein Drittel zu vergrößern, durch die ihm angeschlossenen Kraftwerke Fabriken zu unterhalten und den Fellahen Land und Arbeit zu verschaffen. Durch Bohrungen und gründliche Nützung fossiler Wasservorräte sind bereits unter ihm ausgedehnte Wüstenstreifen im Oasengebiet in Fruchtland verwandelt worden.

Durch → *Schulpflicht* sucht man dem Analphabetentum beizukommen (1953 81%, 1966 71%) und einsatzfähige Arbeiter zu erziehen; fliegende Stationen erteilen den Frauen Unterricht in Haushalts-, Säuglings- und Krankenpflege, Musterdörfer sollen Beispiel geben für gesundes und wirtschaftliches Leben. Die höhere Erziehung zielt auf Ärzte und Ingenieure. Im Straßenbild sind die Bettler verschwunden, der Gast freut sich der größeren Sauberkeit und der Ausweitung des Straßennetzes. Der Fremdenverkehr gilt als drittwichtigste Einnahmequelle (nach Baumwollausfuhr und Gebühren des Sueskanals) und wird gefördert.

Ein großes Problem bildete das Außenhandelsdefizit, das man durch drastische Importbeschränkungen zu vermindern suchte. 1969 hatte Ägypten erstmals einen Exportüberschuß. Die leichte wirtschaftliche Besserung wurde jedoch zunichte gemacht durch die militärische Niederlage gegen Israel im sog. Sechstagekrieg (5.–10. Juni 1967), in dessen Verlauf der größte Teil der ägyptischen Luftwaffe (120 MIG-Jäger) zerstört wurde und die Israelis die ganze Sinai-Halbinsel und das Ostufer des Sueskanals besetzten. Die Städte am Kanal wurden durch den Krieg weitgehend zerstört und von der Bevölkerung verlassen. Zwar wurde der Gebührenausfall von den arabischen Ölstaaten ersetzt, Nassers außen-

politischer Spielraum dadurch aber stark eingeengt. Als er im Oktober auch noch die 1962 begonnene militärische Intervention im jemenitischen Bürgerkrieg erfolglos beenden mußte, war seine Position im arabischen Raum sehr geschwächt. Auch die wirtschaftliche Lage verschlechterte sich trotz beachtlicher Funde von Erdöl und Erdgas in verschiedenen Teilen des Landes. Ausländische Investoren wurden durch Nassers Nationalisierungspolitik abgeschreckt.
Im Juli 1969 nahm Nasser diplomatische Beziehungen zur DDR auf. Im Oktober desselben Jahres wurde die Bodenreform durch die Verteilung des letzten mittleren Grundbesitzes vollendet. Am 28. September 1970 erlag Nasser einem Herzschlag.

Sein Nachfolger wurde Vizepräsident Mohammed Anwar as-*Sadat,* ein enger Vertrauter Nassers. Sadat hatte mit ihm die Militärakademie besucht, ebenfalls den Freien Offizieren angehört und unter Nasser hohe Staats- und Parteiämter bekleidet. Sadat wurde am 15. Oktober vom Volk zum Präsidenten gewählt und am 12. November zum Vorsitzenden der ägyptischen Einheitspartei, der Arabischen Sozialistischen Union (ASU); es dauerte jedoch bis zum Mai 1971, bis er sich innenpolitisch gegen seine Rivalen endgültig durchgesetzt hatte.
Am 15. Januar 1971 konnte Sadat im Beisein des sowjetischen Staatspräsidenten Podgorny nach 11jähriger Bauzeit den Hochdamm von Assuân einweihen. Sadat setzte die Wirtschaftspolitik Nassers fort. Er versuchte, den Wirtschaftsaufschwung durch eine mehr liberale Politik zu erreichen, indem er privatwirtschaftliche Initiative und ausländische Investoren ermunterte.
Außenpolitisch löste Sadat die Bindung an die Sowjetunion mehr und mehr, im Juli 1972 schickte er die sowjetischen Militärberater nach Hause; Ägypten weigerte sich, eine Unterstützung durch die UdSSR mit politischen Zugeständnissen zu erkaufen. Im Juni 1972 nimmt er die Beziehungen zur Bundesrepublik Deutschland wieder auf, nach dem Oktoberkrieg auch zu den USA.
Im »Oktoberkrieg« 1973, überraschend von Ägypten und Syrien am israelischen Jom Kippur begonnen, gelang es den Ägyptern, das Ostufer des Sueskanals zu besetzen, worauf die Israelis erst in den letzten Kriegstagen mit einer Brückenkopfbildung am ägyptischen Westufer und dessen Ausweitung am 25. Oktober antworteten. Auf Druck der Großmächte kam es zu einem Waffenstillstand. Der Krieg brachte Sadat einen Prestigeerfolg, der es ihm erlaubte, mit amerikanischer Unterstützung durch ein Truppenentflechtungsabkommen im Januar 1974 die Israelis zum Rückzug vom Sueskanal und zur Herausgabe einiger Teile der besetzten Sinai-Halbinsel zu bewegen. Nach langwierigen Räumungs- und Instandsetzungsarbeiten konnte am 5. Juni 1975 der Sueskanal wieder

dem Verkehr übergeben werden. Im Oktober des Jahres erhielt Ägypten die Sinai-Ölfelder zurück.
Vom 26. bis 28. November 1977 verursachte Präsident Sadat ein »Erdbeben im Heiligen Land«, indem er, jäh und völlig selbständig, eine Reise nach Jerusalem unternahm, dort vor dem israelischen Parlament, der Knesseth, die arabischen Forderungen auf Räumung der besetzten Gebiete vorbrachte und seinerseits, die historische Feindschaft zwischen Juden und Arabern durchstreichend, die friedliche Koexistenz beider Länder zusagte.

Am 5. 12. bricht Ägypten die diplomatischen Beziehungen zu den Staaten der »Ablehnungsfront« ab und schließt osteuropäische Kulturzentren und Konsulate außerhalb Kairos.
Auf der Gipfelkonferenz von Camp David (5.–17. 9. 1978) mit US-Präsident Carter, Staatspräsident Sadat und Ministerpräsident Begin werden zwei Rahmenabkommen unterzeichnet (»für den Frieden im Nahen Osten« und »für den Abschluß eines Friedensvertrages zwischen Ägypten und Israel«), doch von den Staaten der »Ablehnungsfront« (Algerien, DVR Jemen, Libyen, Syrien und der PLO) verurteilt. Die Friedensverhandlungen zwischen Ägypten und Israel gehen unter amerikanischer Schirmherrschaft weiter, am 26. 3. 1979 wird der Friedensvertrag zwischen den beiden Staaten in Washington unterzeichnet und in einer Volksabstimmung von den Ägyptern bestätigt. Sadat und Begin erhalten je zur Hälfte den Friedens-Nopelpreis 1978. In den Verhandlungen über die Autonomie für die Palästinenser auf dem Westufer (»Westbank«) und im Ghasa-Streifen kommt es jedoch zwischen Ägypten und Israel erneut zu Meinungsverschiedenheiten, ohne daß aber die Gespräche völlig abgebrochen wären. Sadat vertraut auf die Dynamik des Friedensprozesses, für den er mutig die Bresche geschlagen hat, ohne Begins Rechnung aus dem Auge zu verlieren: die Legalisierung der israelischen Herrschaft auf dem Westufer gegen die Rückgabe des Sinai einzuhandeln.
Am 5. 6. 1981 treffen sich Sadat und Begin in Scharm esch-Schêch (Ofira) im Süden des Sinai, der bis April 1982 als letztes Teilgebiet der Halbinsel zurückgegeben werden soll. Im Gespräch der beiden Staatshäupter mahnte Sadat seinen Partner zu Zurückhaltung Israels im Libanonkonflikt. Im übrigen ergab die Verhandlung, daß israelische Touristen weiterhin ans Rote Meer reisen können und daß Israel die Militäranlagen in den zu räumenden Gebieten des Sinai unversehrt zurücklasse. Mit Hilfe amerikanischer Vermittler haben sich Ägypten und Israel im Juni 1981 geeinigt, daß nach dem Abzug der Israeli vom Sinai dort eine internationale »Friedenstruppe« von 2500 Soldaten (davon rd. 1000 Amerikaner) aufgestellt werde.
Die ägyptische Außenpolitik ist fast ausschließlich auf Nahost konzentriert, wo sie außer der Rückgewinnung des gesamten Sinai die Errich-

tung der Selbstverwaltung auf dem Westufer des Jordan (»Westbank«) und des Ghasa-Streifens anstrebt und, darauf basierend, die Beendigung der außenpolitischen Isolierung, in die es seit Sadats Friedensinitiative geraten ist. Diese Ziele reiben sich erheblich mit den Interessen Israels, so daß es Sadat nicht mehr gelungen ist, die Folgen des Friedensabschlusses und des Botschafteraustauschs mit Israel: den Abbruch der diplomatischen Beziehungen mit 17 arabischen Staaten, die Suspendierung der Mitgliedschaft in der Arabischen Liga, deren Sitz nach Tunis verlegt wurde, und in der Islamischen Konferenz — rückgängig zu machen oder auszugleichen. Ägypten hat vorübergehend die Führungsrolle der Dritten Welt eingebüßt. Trotz teilweise erheblichen Druckes aus arabischen Staaten brach jedoch bisher keiner der nicht-arabischen Staaten Afrikas die diplomatischen Beziehungen zu Kairo ab.
Die stärkere Annäherung Ägyptens an den Westen hat 1981 zu einem militärischen Abkommen Ägyptens mit den USA geführt, wonach die Amerikaner in Ägypten Stützpunkte errichteten und mit den Ägyptern gemeinsame Manöver abhalten; auch die Wirtschaftshilfe Amerikas wird laufend verstärkt. In der Folge wurde im September 1981 die sowjetische Militärmission in Kairo geschlossen, der Botschafter der UdSSR ausgewiesen.
Innenpolitisch hat Sadat weitgehend die Zustimmung seines Volkes, die stärkste Opposition erfährt er wohl durch die Fundamentalisten. Im Juni 1979 erringt Sadats Nationaldemokratische Partei die absolute Mehrheit, im Mai 1980 übernimmt Sadat auch das Amt des Ministerpräsidenten und wird bei der Bildung der neuen Regierung Staatspräsident auf Lebenszeit. Unter den 5 Verfassungsänderungen verdient die stärkere Orientierung der Gesetzgebung nach dem islamischen Recht besondere Beachtung. Doch Sadat erklärte Ägypten betont als ein Land der Muslime *und* der Christen.
Im September 1981 ließ er infolge zunehmend schwerer blutiger Zusammenstöße zwischen Muslimen und Christen rund 1500 Personen verhaften, darunter führende islamische Politiker sowie 8 koptische Bischöfe; setzte Schenûte III. ab und verbannte ihn in sein Kloster Amba Bschôi. Eine nachträgliche Volksabstimmung hat des Präsidenten Schritt gutgeheißen. Sadat, der Zustände wie in Iran und im Libanon unter allen Umständen abbiegen wollte, stieß mit seiner Gesamtpolitik, die auf dem Camp-David-Abkommen basierte, auf den Widerstand extremer Muslime, die den Frieden mit den Israelis, die Aufnahme der Schah-Familie und die Orientierung nach dem Westen verwerfen und überdies den Koran als das einzige Gesetzbuch fordern.
Die Wirtschaft Ägyptens hat sich überraschend erholt, seit Sadat sie dem Westen öffnete, ausländische Firmen zuließ und die Unternehmen schon zu über 30 % reprivatisiert wurden. Zur Hebung der Infrastruktur sind

hoffnungsvolle Ansätze gemacht (s. S. 24). Besondere Bedeutung kommt der Industrialisierung, dem Ausbau des Sueskanals und der Touristik zu, wenn auch ein hemmungsloses Anwachsen der Besucherzahl vor den Denkmälern kaum mehr verantwortet werden kann. 1980 konnte die letzte der durch den (Hochdamm und) Stausee nötigen Tempelversetzungen abgeschlossen und die von der Insel Philae auf die benachbarte Insel Agílkia übertragenen Heiligtümer dem Besuch freigegeben werden.
Die Zehn-Jahres-Feier der Einweihung des Hochdamms im Januar 1981 wurde nicht zu einem Freudenfest, da die Nachteile dieses gigantischen Unternehmens: Versalzung des Fruchtlandes, Abbruch der Nilufer, Sterben der Fische, Schlammablagerung südlich des Dammes, Krise der Ziegelfabrikation und der Töpferei durch Schlammangel im Nil, Verlust des natürlichen »Nildüngers«, Vermehrung der Nagetiere, Klimaänderung, nicht zuletzt Anhebung des Grundwasserspiegels und die damit verbundene z. T. starke Gefährdung der antiken Bauten oder die Zunahme der Bilharziose (S. 25) – die Vorteile fast überwiegen.
Den Ballungen in Kairo (22–25% der Gesamtbevölkerung) versucht Sadat durch Neugründung von Städten in der Wüste zu begegnen, die Verwaltung aus Korruption und Ineffizienz durch Dezentralisation zu heben und die Bevölkerungsexplosion durch Aufklärung zu mildern, das Analphabetentum durch Ausweitung der Schulbildung zu verringern.
Frau Gihân as-Sadat, die Frau des Präsidenten, unterstützt die Frauenbewegung und ist eifrig bemüht, nach europäischem, besonders deutschem Muster die soziale Fürsorge zu verbessern und nimmt sich mit Vorrang der Kinder an. Die 1974–1977 durchgeführten drei UNICEF-Programme mit einem Kostenaufwand von 40 Mill. DM galten vornehmlich der Kinderhilfe. Das laufende Programm des deutschen UNICEF-Komitées ist der Sechsfach-Impfung aller ägyptischen Kinder unter 6 Jahren zugedacht.
Die innenpolitischen Aufgaben der Regierung sind bei der schwierigen Wirtschaftslage um so mühsamer zu lösen, als die Bevölkerungsexplosion bei allen Erfolgen im einzelnen eine Hebung des Lebensstandards nur in Ansätzen verwirklichen läßt, aber die Bevölkerung gerade auf dieses Ziel ausgerichtet ist. Der Verwestlichung stehen nicht alle Teile des Volkes ohne Kritik gegenüber, aber die große Mehrheit bejaht Sadat ebenso wie sein Regime.
Am 6. 10. 1981 gelang es, den Präsidenten bei Abnahme einer Militärparade (anläßlich des 8. Jahrestags des Oktoberkrieges gegen Israel) zu ermorden. Für den Anschlag hat sich die »Unabhängige Organisation für die Befreiung Ägyptens« verantwortlich erklärt. Sie schart sich um den früheren Generalstabschef Schaŝli, der als Gegner von Sadats Nahost-Politik in Libyen im Exil lebt. Auch der Stellvertreter des Patriarchen, Bischof Samuel, wurde von den Attentätern getötet.

Republik

Der als Nachfolger designierte *Mohammed Hosni Mubârak*, früher Luftwaffenchef und Vizepräsident Ägyptens, ist am 13. 10. 1981 neuer Präsident geworden. Nach Mubâraks Erklärung setzt Ägypten seine prowestliche Politik unverändert fort. Weitere Regimegegner wurden verhaftet, über das Land der Ausnahmezustand für die Dauer eines Jahres verhängt. Am 7. 2. 1982 besuchte Mubârak auch Deutschland.
Die Friedensbemühungen zwischen Ägypten und Israel sollen weitergeführt und gleichzeitig ein Gespräch der USA mit der PLO angestrebt werden. Die USA intensivieren ihre Hilfen und Kontakte nicht allein zu Ägypten, sie unterstützen auch den von Libyen bedrohten Sudân und bemühen sich um die Stabilität von Marokko bis nach Pakistan.

Trotz Industrialisierung, trotz wirtschaftlichem Aufbau und kultureller Hebung des Landes darf man keine europäischen Verhältnisse erwarten. Man bedenke, daß die europäische Zivilisation Ägypten über mittelalterliche Zustände geradezu übergestülpt worden ist und das Volk deshalb Jahrhunderte im Sprung nehmen muß. Es ist ein weiter Weg vom scholastischen Denken bis zum Elektronengehirn; und überall besteht die Gefahr, daß lediglich entseelter Materialismus und äußere Technik übernommen werden, wo die zugehörigen geistigen Hintergründe und mühsam erarbeitete Entwicklung fehlen.
Stellung der Frau, Verstädterung (knapp 60% auf dem Lande, über 40% in Städten), mangelhafte Infrastruktur, die Auflösung der Großfamilie, soziale Verschiebungen, der seit diesem Jahrhundert aufgekommene Arbeiterstand, die wirtschaftliche Lage der Fellahen, Analphabeten und ein Heer von Krankheiten — dies und mehr sind Probleme, mit denen Ägypten keineswegs allein in der Welt steht, die es vielmehr mit dem übrigen Afrika, Asien und Lateinamerika teilt. Der *Geburtenüberschuß*, der besser mit Bevölkerungsexplosion betitelt wird, ist darüber hinaus ein Problem, das sich in diesem Ausmaß nur der ägyptischen Regierung stellt und sich vorerst als unlösbar erwiesen hat.
Die Bemühung um Geburtenkontrolle war bisher wenig erfolgreich. (Ägyptischen Angaben zufolge verwenden immerhin etwa 30% der berufstätigen Frauen nach dem 3. Kind Verhütungsmittel). Bei der unzureichenden Sozialversorgung stellen eben Kinder die billigsten Arbeitskräfte und die sicherste Altersversorgung dar.
Die überwältigende Aufgabe, vor der Ägypten steht, bedarf der Anstrengung ganzer Generationen. Angesichts dessen bleibt der Aufstieg des Landes seit seiner Öffnung nach Westen höchst eindrucksvoll. Wer Ägyptens verzweifelten Kampf um eine neue Selbständigkeit als legitimes Ringen um ein würdiges Dasein anerkennt und die Schäden und Lücken großenteils aus den letzten zwei Jahrtausenden unglückseliger Geschichte begreift, nur der kann dem Lande gerecht werden.

Religion der Pharaonenzeit

> »Der, der gefunden hat, der kann jede, jede Lehre gutheißen; jeden Weg, jedes Ziel, ihn trennt nichts mehr von all den tausend andern, welche im Ewigen leben, welche das Göttliche atmen.«
>
> *H. Hesse*

Man versteht die ägyptische Religion nicht schon, wenn man ein paar kurios gestaltete Götter zu benamen weiß, ihre Kultorte kennt, oder wenn man sich über priesterliches Zeremoniell oder Tempelordnung unterichtet hat, ja überhaupt nicht, wenn man sie nur neugierig befragt als religionsgeschichtliches Phänomen seltsamer Verirrung, vielmehr ist es nötig, daß man sie als eine mögliche Ausdrucksform der Wechselbeziehung von Mensch und Gott begreift und ernst nimmt. Die Religion ist der *Schlüssel zur ägyptischen Kultur* überhaupt, alle Lebensäußerungen haben hier ihre Wurzel, ihr Verständnis ist das A und O. Und auch das darf vorweg gesagt werden: Bei allem, was wir an Hohem innerhalb der altägyptischen Kultur bewundern, gibt es nichts von gleichen Dimensionen. Die Religion hat die eigene Kultur in ihrer Tiefe und Weite bestimmt und darüber hinaus auch unserer christlichen stark zum Gepräge verholfen; zum Gepräge und selbst zum Gehalt. Die Religion ist im Alten Ägypten das Eigentliche. Eine Versenkung in die Quellen macht zugleich deutlich, daß das Anliegen des menschlichen Herzens das ewig gleiche ist und in diesem Sinne die ägyptische Religion so jung wie die unsre, wenn sich auch die Formen gewandelt haben. Für den Ägypter lebten seine Götter, und die wir sie historisch betrachten, verhalten uns angemessen nur dann, wenn wir sie als geglaubte Wirklichkeiten achten.

Die ägyptische Religion ist im Unterschied zu unserer keine Offenbarungs-, sondern eine *mythisch* gebundene Religion. So wird sie uns am besten greifbar in den Schöpfungs- und anderen großen Mythen, in der Königstheologie, aber auch durch Opfer, Kult und Priesterwesen, durch die Frömmigkeit und in der Ethik sowie schließlich durch die Einstellung zu Tod und Jenseits. Dieser Erscheinungen kann bei der Enge des Rahmens nur allzu kurz gedacht werden.

Die Vokabeln »Frömmigkeit«, ja auch »Glaube« und den Oberbegriff »Religion« suchen wir im Ägyptischen vergebens, nicht weil diese Phänomene gefehlt hätten, vielmehr weil sie begrifflich in den Hintergrund traten. Daß das menschliche Verhältnis zu Gott aber in mythische Begriffe gefaßt wurde, das ist einzigartiges Verdienst und markiert die menschheitsgeschichtliche Wende um 3000 mehr denn irgendeine andere Errungenschaft.

Ein weiteres Merkmal unterscheidet die ägyptische Religion wesenhaft von der christlichen: Sie erhebt nicht den Anspruch einer Weltreligion, sondern ist allein an Ägypten geknüpft; deshalb wohnt ihr kein Auftrag zur Mission inne, vielmehr duldet sie die Nachbarreligionen als gleichberechtigt neben sich. Fremdvölker bringen ihre Götter mit ins Land und verehren sie neben den ägyptischen oder benennen sie um nach verwandten ägyptischen Gottheiten.

Götter

Wer sind die ägyptischen Götter? Die ägyptische Religion gilt als Musterbeispiel für *Polytheismus*. Doch sei klargestellt, daß auch die Ägypter die Vorstellung von dem Einen großen (Sonnen-)Gott hatten, aber das unfaßliche, anonyme Heilige versinnlichten und personifizierten, indem sie es entsprechend der ihm zugeordneten Lebensbereiche in Gestalten mit Namen auffächerten. Durch sie wird Gott anschaulich und als Du ansprechbar, ähnlich wie im katholischen Volksglauben durch Heilige. Die Vorstellungen von dem allmächtigen Gott und dem Bunt vieler Gottheiten gehören verschiedenen Erlebniskreisen zu. Dem Hang, Gott immer mehr zu differenzieren und seine Erscheinungsformen auseinanderzulegen, steht das theologische Bestreben gegenüber, die Vielfalt seiner Gestalten zu ordnen, bis es im NR in der trinitarischen Formulierung gipfelt: »Alle Götter sind drei: Amun, Rê und Ptah. Verborgen ist Gott als Amun, Gott ist Rê vor aller Augen und Gottes Leib ist Ptah« (Geist-Schöpfer-Leib).

Das Heilige kann sich in mancherlei Gestalt verkörpern: Mensch und Tier, Pflanze und sogar Gegenstand können Träger der numinosen Macht sein, wenn auch im großen die Tendenz zu beobachten ist, daß im Laufe der Geschichte der menschenförmigen Gestalt Gottes die anderen als Attribute oder doch als Teile beigeordnet werden. Durch Verbindung von Mensch und Tier entstehen die Mischwesen, von denen es einem Goethe grauste, wenn er mit den »hundsköpfigen Göttern auch Isis und Osiris los« sein wollte.

Von den Göttern seien die für das Verständnis der Denkmäler wichtigsten in alphabetischer Folge knapp skizziert.

Amun, »der Verborgene«, ist ursprünglich Gott des Windes und wird mit der Vormachtstellung Thebens, wo er zugleich als Ortsgott Verehrung genießt, Haupt- und Reichsgott (Amonrasonther = Amun-Rê, König der Götter) und verbindet sich mit Mut und Chons zur Triade von Theben. In seiner Verbindung mit Min ist er ithyphallisch dargestellt, erscheint so gut wie immer menschengestaltig (gelegentlich widderköpfig), trägt die hohe Federkrone (Ausdruck seiner Beziehung zum Wind), Widder und Gans sind ihm als heilige Tiere beigegeben. Der Gott des Windes und Odems ist Ursache des Geistig-Seelischen in allen Lebewesen und hellenistisch mit pneuma theou umschrieben. »Man hört seinen Laut, ohne ihn zu sehen«, ist die klassische Umschreibung seiner Natur als deus invisibilis (unsichtbarer Gott), »Kein Ding ist leer, er, Amun, ist darin« der Ausdruck für seine Allgegenwart. In besonderem Sinne spielt er die Rolle des Retters aus Nöten (thebanische Tempel, bes. Karnak*).

Anubis, schakalköpfig oder -gestaltig, ist der Gott, der den Leichnam »verklärt«; als Balsamiergott wird er mit schwarzer Hautfarbe dargestellt, ist in den Gräbern über die Mumie geneigt, im Tympanon von Grabeingang oder Stele häufig zu sehen (Grab des Sennodjem in Dêr el-Medîna). → Upuaut.

---

* Am Schluß jedes Stichwortartikels sind die einschlägigen Quellen genannt, denen ein Reisender voraussichtlich begegnet.

Apis, immer in der Gestalt eines Stieres, mit Sonnenscheibe (und Uräus) zwischen den Hörnern, ist Gott der Fruchtbarkeit und wird mit Ptah von Memphis und Osiris verbunden (Serapeum in Saḳḳâra und Bronzen im Kairener Museum).

Aton bezeichnet seit dem MR die Sonne als Gestirn und wird in Amarna unter Echnaton mit Strahlen, die in Hände ausgehen, als einziger Gott verehrt. Er ist Vater des Königs und schöpferische Allmacht (Sonnengesang).

Atum, mit Rê zu Atum-Rê verbunden, ist Ur- und Schöpfergott an der Spitze der Neunheit von Heliopolis, menschengestaltig oder als Aal, stets mit Doppelkrone. Als Sonnengott steht er für die untergehende Sonne. Sein Name hängt mit dem Wort für »vollenden« zusammen, in dem mit ihm verknüpften Schöpfungsmythos heißt er »der von selbst Entstandene«, sonst führt er vornehmlich den Beinamen »Allherr«. Filialkulte sind äußerst selten.

Bastet, katzengestaltige Göttin von Bubastis (mit Körbchen am Arm, löwenköpfigem Brustschild und Sistrum) ist die freundliche Gegennatur der Löwengöttin Sechmet, die beide zusammen das Doppelwesen von Gottes Furcht-Liebe-Natur ausdrücken. Bastet ist heiter und »fröhlich«, sie liebt rauschende Feste von ausgelassener Trunkenheit, zu denen die Ägypter von weither zu Schiff gezogen kamen. Auf den Katzenfriedhöfen der Spätzeit wurden die Mumien des ihr heiligen Tieres beigesetzt. In den zahlreichen spätzeitlichen Bronzen erscheint die Göttin vielfach in reiner Katzenform (Beispiele im Kairener Museum).

Bês ist Überbegriff einer Gruppe einander ähnlicher Halbgötter von satyrartigem Wesen, mit Federkrone, fratzenhafter (Löwen-)Maske und Zwerggestalt, die der Gebärenden und der Wöchnerin Schutz gewähren (Betten und Fayence-Amulette im Kairener Museum). Vgl. Toëris.

Cheprê als Urgott mit Rê und Atum verschmolzen, bezeichnet die »werdende«, d. i. aufgehende Sonne und wird (einem Wortspiel zufolge) als Skarabäus (Käfer) gestaltet (Skarabäen) oder als Mensch mit Käfersymbol auf dem Kopf. In ihm verkörpert sich die Vorstellung von der Urzeugung. Von einem eigenen Kult des Gottes wissen wir nichts (Gott mit Käfer als Kopf im Grab der Königin Nofretiri, als Käfer innerhalb der Sonnenscheibe in vielen Königsgräbern).

Chnum, menschengestaltig mit Widderkopf, ist der Spender von Nil- und Quellwasser und hat daher seinen Kult an Insel-, Katarakten- oder Seegebieten (Tempel in Esna und auf Elephantine). Als Schöpfergott bildet er die Menschen auf der Töpferscheibe (Dêr el-bahri, Luksor-Tempel).

Chons, Sohn von Amun und Mut, trägt als Mondgott die Mondscheibe und -sichel auf dem Kopf; falkenköpfig (Chonstempel in Karnak).

Geb (männlicher!) Erdgott, menschengestaltig (selten dargestellt), in der heliopolitanischen Neunheit Gemahl der Himmelsgöttin Nut und Vater von Osiris und dessen Geschwistern (entspricht Gaia und Uranos, den – geschlechtlich entgegengesetzten – Himmels- und Erdgöttern der griechischen Mythologie). Abb. → Nut.

Hathor, menschengestaltig, manchmal mit Kuhohren und -hörnern oder in der Gestalt einer Kuh, ist die Göttin der Liebe, des Tanzes und Rausches, in der Verbindung mit Isis auch mit mütterlichen Zügen ausgestattet; in der thebanischen Nekropole Göttin der Toten; mit der Stadtgöttin von Byblos identifiziert. Als Hathor von Dendara ist sie mit Horus von Edfu vermählt und Mutter des Harsomtus. (Zu ihrem Sohn Ihi s. S. 90; Dendara-Tempel). Die sieben *Hathoren* entsprechen den griechischen Moiren = Schicksalsgöttinnen.

Horus, falkengestaltiger Himmelsgott (auch nur mit Falkenkopf oder ganz als Mensch), der sich im König inkarniert, in der Osirissage Sohn von Osiris und Isis; in Heliopolis mit Rê zu Rê-Harachte verschmolzen. Als einer der wichtigsten und ältesten Götter hat er viele Sonderformen entwickelt, als Sohn der Isis heißt er Harsiësis, als »großer Horus« Haroëris (Kôm Ombo), als Rächer seines Vaters Osiris Harendotes, als Kind der Isis Harpokrates, als der »im Horizont« Harmachis (so die Sphinx von Gîsa; Edfu-Tempel).

Die vier *Horuskinder:* Hapi, Dua-Mutef, Kebeh-Senuef und Amset sind die Schützer der Kanopen und Vertreter der Himmelsrichtungen (Abb. → Kap. Kunst, S. 155).

Ihi, jugendlicher Sohn der Hathor von Dendara, Gott der Musik mit Menit und Sistrum, als Knabe häufig mit Kinderlocke dargestellt. Der Musikantengott wird zum Vertreter formgerechten Kultes (Dendara-Tempel, insbesondere Krypten und Mammisi).

Imhotep (Imuthes), Baumeister und Ratgeber Djosers, der in der Spätzeit göttliche Ehren genoß; seine Weisheitssprüche sind schon im MR zitiert. Obwohl historische Persönlichkeit, galt er als Sohn des Gottes Ptah. Kleine Kapellen wurden ihm in verschiedenen Tempeln errichtet, auf Philae ein eigener Tempel. Da er in Memphis als Heilgott verehrt wurde, haben ihn die Griechen mit Asklepios gleichgesetzt. Zu der Wunderheilstätte des Asklepieions in Saḳḳâra strömten Sieche und Kranke aus dem ganzen Lande zusammen. Bei den zahlreichen Bronzen (Kairener Museum) liest er in einer Papyrusrolle.

Götter

Isis, menschengestaltig, mit Hieroglyphe für Thron oder der Sonnenscheibe zwischen Kuhgehörn auf dem Kopf, ist die Muttergöttin kat'-exochen. Sie ist Mutter des Horus, Schwestergemahlin des Osiris, ursprünglich wohl Gottheit des Thronsitzes. In der Spätzeit hat sie mehrere Göttinnen in sich aufgenommen und wurde als Universalgöttin noch in hellenistisch-römischer Zeit im gesamten Raum der Antike bis nach Köln verehrt. Die Griechen haben sie mit Demeter gleichgesetzt; als Mutter, die Harpokrates stillt, ist sie Vorbild unserer Madonna (Philae-Tempel).

Ma'at ist menschengestaltige Personifikation des Begriffes für Recht, Ordnung und Wahrheit und wurde dadurch Tochter des Rê; ihr Abzeichen ist die Feder auf dem Kopf = Schriftzeichen für »Ma'at« (Grab des Ramose, Theben Nr. 55).

Min, ithyphallischer Gott mit Kappe, in der Verschmelzung mit Amun mit hoher Federkrone; Herr der Zeugungskraft, deshalb auch Schöpfergott. Ihm zugeordnet ist der Lattich. Am Minfeste, dem einzigen Fest, in das die Königin aktiv einbezogen ist, leiten große Prozessionen die Ernte ein (Pylon des Luksor-Tempels und Medînet Hâbu). Hauptkulturorte Achmîm und Koptos. Durch die Lage von Koptos am Eingang zum Wâdi Hammamât gewinnt Min die Stellung als Herr der östlichen Wüste (Kapellenschrein Sesostris' I. im Freilichtmuseum von Karnak aufgestellt).

Month, ursprünglich falkengestaltig ähnlich Horus, aber in der Regel mit Doppeluräus. Er agiert vornehmlich als Kriegsgott und war vor Amun der Hauptgott von Theben (Tempel des Month in Karnak).

Mut, ursprünglich geiergestaltig, bald völlig anthropomorph, Gemahlin des Amun und Mutter des Chons (thebanische Triade); in ihrer Würde als Gemahlin des Amun inkarniert sie sich in der Königin, die häufig eine Geierhaube trägt (Muttempel in Karnak).

Neith, menschengestaltige Kriegs- und Kronengöttin, in Saïs verehrt, von den Griechen mit Athena identifiziert. Die alte Waffengöttin hält zwei gekreuzte Pfeile und Bogen oder altertümlichen Schild; gelegentlich trägt sie ihr Schriftzeichen auf dem Kopf, sonst die unterägyptische Krone. Durch die Lage ihres Kultzentrums kommt sie unter den Saïten (26. Dyn.) zu neuen Ehren (Bronzen im Kairener Museum, als Kanopengöttin am Kanopenschrein des Tutanchamun).

Götter

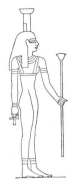

Nephthys, mit ihrem Schriftzeichen auf dem Kopf (»Herrin des Hauses«), beweint mit ihrer Klageschwester Isis den verstorbenen Osiris. In der Osirissage ist sie die Gattin des Seth, aber zugleich Mutter des von Osiris gezeugten Anubis. Außer in diesen beiden Rollen tritt die Göttin praktisch nicht auf, so daß sie fast nur ein gedanklich-dualistisches Komplement von Isis darstellt (Kanopenschrein des Tutanchamun und Sarkophage).

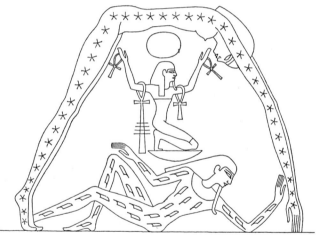

Nut, Himmelsgöttin, Gemahlin des → Geb, Mutter von Sonne und Sternen. Täglich die Gestirne verschluckend (beim Untergang) und neu gebärend (beim Aufgang), überspannt sie schützend königliche Sargkammern (Sethos I. im Königsgräbertal und Osireion von Abydos) und Sargdeckel oder steht an der Decke von Kapellen (Kiosk von Dendara und Edfu). Geb ist als Erde mit Schilfblättern bedeckt. Zu Schu vgl. S. 99, unten.
Osiris, mumienförmig mit gekreuzten oder angewinkelten Armen, Krummstab und Wedel (»Geißel«) als Insignien, Atefkrone, bildet mit Isis und Horus die göttliche Familie. Wie sich im lebenden König Horus

inkarniert, so im toten dessen Vater Osiris. Dieser Osiris des Jenseits richtet die Toten. Der Osiris-(Horus-)Kreislauf, m. a. W. der sterbende und wiederaufstehende Gott wird zum Sinnbild ewigen Lebens und vertritt das zyklushafte Werden und Vergehen der Natur. So ist Osiris Toten- und Korngott (vgl. Attis-Adonis). Sein Kultsymbol ist der Ewigkeits-

pfeiler Djed . Sein Schicksal ist von einem

Kranz von Mythen umflochten und wird früh durch Mysterienspiele vergegenwärtigt. Die Osirismysterien haben in den hellenistischen Kultgemeinden Aufnahme gefunden und von da aus christliche Vorstellungen prägen helfen (Osireion von Abydos und Tempel auf Philae; Osiriskapellen auf dem Tempeldach von Dendara; Osirisbahre im Kairener Museum, Mittelhalle; Osirisgemächer im Isistempel auf Philae, im Hibistempel in Chârga). Vgl. S. 101 f.

Ptah, menschengestaltig und mit kahlem Kopf (oder eng anliegender Kappe?) und ungelösten Gliedern, ist Stadtgott von Memphis, Ur- und Schöpfergott, Schutzpatron der Künstler und Handwerker, und wurde von den Griechen dem Hephaistos gleichgesetzt (→ Memphitische Theologie). In der Triade von Memphis Gemahl der Sechmet und Vater des Nefertem (jugendlicher Gott auf der Lotosblüte). Er erscheint in einer Kapelle auf einem Sockel = »Treppe« (Ptahkapelle im Sethostempel von Abydos).

Rê ist der Sonnengott von Heliopolis und dort mit Atum und Horus zu Rê-Atum bzw. Rê-Harachte (falkenköpfig) zur Einheit verschmolzen. Als Atum-Rê wird er zum Urgott, als kosmischer Gott (menschengestaltig) ist er Herr der Weltordnung und oberster Richter; die → Ma'at ist seine Tochter. In der

5. Dyn. wird er zum Reichsgott erhoben, in seiner Verbindung mit Amun als Amun-Rê zum obersten aller Götter. Um ihn kreisen Mythen und mythische Erzählungen (»Tefnutlegende«), sein Kultsymbol ist der Obelisk, auf dessen Spitze er sich niederläßt; sein Altar steht unter freiem Himmel, er hat nur ausnahmsweise eine Kultgestalt (Sonnenheiligtümer von Abusîr, Obelisk in Heliopolis, Rê-Kapelle in Dêr el-bahri und Abu Simbel und andere).

Sarapis (röm. Serapis), künstlicher Name aus Osir(is) Apis, ist eine von Ptolemaios I. in Alexandrien geschaffene Gottheit, welche Vorstellungen von dem Jenseitsgott → Osiris und dem Orakelkult des → Apis vereinigt. Die Beihilfe eines ägyptischen wie eines griechischen Theologen durfte erwarten lassen, daß beide Bevölkerungsteile von Alexandria, Ägypten und Griechen, diesem Gotte huldigten. Sarapis ist Gott der Seligkeit nach dem Tode, aber auch Helfer (durch Inkubation) und Retter. Rechtsunsicherheit klärt er durch Orakel. Indem er ein Ohr für die Nöte der Zeit hat, wird er zu dem meist bekannten Gott der helleistisch-römischen Welt in der Gestalt der Zeusbüste (durch Gleichsetzung mit Amun Widderhörner) und erweitert das Ansehen des Ptolemäerreiches weit über dessen Grenzen. Selbst frühe Christen verehren ihn. Seine wichtigsten Kultstätten sind das Serapeum von Memphis und das von Alexandrien. Seine »Anhänger« heftet er in wörtlichem Sinne an sich, sie leben im Tempelbezirk und erlangen durch ihre Verbindung mit der Gottheit die Fähigkeit des Wahrsagens (Museum in Alexandrien).

Sechmet, die Gemahlin des Ptah und als Herrin von Krieg und Krankheit die Gegennatur zur Bastet-Katze, ist meist als Frau mit Löwenkopf dargestellt (zahllose Plastiken, in Museen, Hotelgärten, im Muttempel von Karnak; Rilke, Karnak-Gedicht).

Selkis, unterägyptische Skorpiongöttin, vermenschlicht mit Skorpion auf dem Kopf, Schützerin des Le-

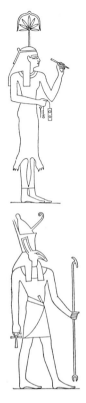

bens und der Kanopen (Kanopenschrein des Tutanchamun).

Seschât ist die Göttin der Schreibkunst, verwandt mit → Thoth und von den Griechen als Muse verstanden; Palmrippe in der Hand oder Schreibzeug, Symbol 🌿 auf dem Kopf (Krönungsszenen in allen großen Tempeln).

Seth, der »Rote«, mit einem zoologisch nicht bestimmbaren Tier geschrieben, später mit dem Esel zusammengesehen, ist der Gott der Wüste und des Sturmgewitters, des Fremdlandes und spielt auch als Brudermörder des Osiris (→ Osirismythos) und kraftvoller, aber tölpelhafter Lüstling die Rolle des Bösen. In der 19. Dyn. hochverehrt (Sethos-Namen); später wird er zum Inbegriff alles Teuflischen und lebt in Märchen bis auf den heutigen Tag; vgl. auch Esau (Peripteros in Medînet Hâbu; s. auch Abb. S. 42 und S. 103).

Sobek (griechisch Suchos), Krokodilgott, der hauptsächlich in Ombos und im Faijûm verehrt wurde (Kôm Ombo-Tempel).

Sothis (= Sirius) ist Bringerin der Nilüberschwemmung und setzt den Jahresbeginn. Menschengestaltige Göttin mit Stern auf dem Kopf.

Sphinx (→ Kunst S. 165).

Thoth, als Ibis, ibisköpfiger Mensch oder Pavian dargestellt, ist der Gott der Weisheit, der Gesetze und heiligen Bücher. »Der Erfinder der Hieroglyphen« fungiert als Sekretär der Götter wie auch als Protokollant beim Totengericht. – Als Mondgott (Mondscheibe auf Mondsichel als Krone → Chons) ist er Herr der Zeitrechnung; als Götterbote verkündet er (Sprechgebärde) der schwangeren Königin (→ Königstheologie) die Titel und Würden einer Königsmutter (Dêr el-bahri) und wird von den Griechen mit Hermes identifiziert.

Toëris, als trächtiges Nilpferd, oft mit Krokodilkopf und Löwenbeinen, aufrecht dargestellt, ist die Göttin der Wochenstube. Sie schützt die Wöchnerin, an deren Bett sie mit ihrem Genossen → Bês abgebildet ist, wie deren Säugling, gehört aber lediglich in die Sphäre des Volksglaubens. Auf das Symbol des »Schutzes«, das sie mitbringt, hat sie scheinbar ihre Hand gestützt (große Plastik im Kairener Museum).

Upuaut, »Wegeöffner«, ist kriegerisch und wird in Angleichung an den ebenfalls schakalgestaltigen Anubis zum Totengott, besonders in Abydos. Meist erscheint er als Standartenbild. → Anubis.

Uräus ist die griechische Form der ägyptischen Bezeichnung für »die sich aufbäumende« kampfbereite Stirnschlange (eine Kobra). Im AR trug sie Pharao an Diadem oder Kopftuch, seit dem MR auch an den Kronen, entsprechend der dualistischen Auffassung vom Königtum auch verdoppelt oder mit dem Geierkopf der Nechbet (von Oberägypten) verbunden (Tutanchamun-Särge). Die Uräusschlange ist eine Erscheinungsform der → Uto und als solche ein Symbol der Königsherrschaft.

So wurde sie auch von den (solaren) Königsgöttern (wie Rê und Horus) getragen. Das gefährliche Tier als Ausdruck der bedrohlichen Macht des Königs vermag dessen Feinde zu vernichten; in Königsgräbern speit es Feuer gegen die Götterfeinde. Damit es aber seinem Träger und dessen Freunden nicht schade, wird es kultisch besänftigt. — An Tempeln und Schreinen reiht sich der Uräus zu langen Friesen (Gebäude beim Südgrab Djosers, Medînet Hâbu; Abb. → Naos, S. 156).

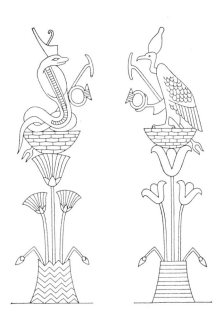

Uto, Uräusschlange und Kronengöttin, vorgeschichtliche Schutzgöttin von Unterägypten, mit der Papyruspflanze Sinnbild und Wappenzeichen Unterägyptens und mit der Geiergöttin Nechbet, ihrem oberägyptischen Gegenstück, Schutzherrin des Königs (Kronenschlange).

Mythen

Diese Gottheiten als die wichtigsten Gestalten des ägyptischen Pantheon und eine große Anzahl weiterer Götter sind Träger numinoser Mächte, die nicht anders verstanden sein wollen als die verschiedenen Aspekte einer als Ganzes nicht faßbaren einheitlichen Existenz Gottes. Sie repräsentieren sich in Mythen, in denen die Erfahrung Gottes zu Bild und Ereignis gestaltet ist. Im Unterschied zu den märchenhaft-religiösen Vorstellungen der vorgeschichtlichen Jahrtausende, wo der Mensch, noch mit dem Urgrund des Seins verhaftet, sich als Teil anonymer, die Welt unberechenbar durchwaltender Mächte empfand, sind im Mythos die Mächte verdichtet und besitzen Personcharakter, so daß die Götter als Du dem Menschen gegenüberstehen. Das aber konnte erst geschehen, als der Mensch sich als Ich verstand, d. h. zum Individuum voll erwacht war. Das vom Mythos Umschriebene, zeitlos-Ruhende, das Ewige, wird zur Geschichte mit Handlungscharakter und Zeitformen, weil es sich — will es konkret anschaulich bleiben — anders nicht in menschliche Sprache umsetzen läßt; aber um den Mythos zu verstehen, dürfen wir nicht mit den Methoden rational-kausalen Erkennens analysieren, wie sie unserer wissenschaftlichen Forschung angemessen sind. Das mythische Denken bestimmt die Haltung der Ägypter nicht nur auf dem Feld religiöser Vorstellung, sondern sickert in alle Bereiche ihres Fragens, so daß der Mythos Höhe und Tiefe ägyptischen Geistes bezeichnet, aber auch den Umkreis der Weite absteckt. Es mag erhellen, daß Physik, Astronomie oder Geographie durch die Verhaftung mit dem Mythos in ihrer Entfaltung gehindert waren, indes die Religion zum Großartigsten gehört nicht nur alles dessen, was Ägypten seine Entstehung verdankt, sondern was religiös jemals konzipiert worden ist.

Von der Fülle und Herrlichkeit der *Mythen* und gar ihrer Deutung vermag das, was hier als Inhalt einiger weniger angedeutet werden kann, kaum einen Begriff zu geben. Die Ägypter gestalteten verschiedene Mythen zur *Weltschöpfung* und formulierten mythische Aussagen über das Werden der Welt. Unter dem Eindruck der Nilüberschwemmung, aus der zu Beginn des neuen Jahreszyklus das erste Land zeichenhaft als Insel auftaucht, entstand die Vorstellung vom »Urhügel«, der aus dem Urozean, dem »Nun«, aufgetaucht ist. Der Wind, eine gestaltlose und unsichtbare, daher chaotische Macht, hat ihn zusammengeweht. Dieser Wind ist Amun, der zwar aus der Welt vor der Schöpfung stammt, durch sein unruhiges Wesen aber diese Welt überwindet und die Schöpfung einleitet. Dort ist aus dem Ur-Ei des »Großen Schnatterers« der Sonnengott Rê ausgekrochen, d. h. aus chaotischer Feuchte ist gestaltetes Leben entstanden (ähnlich die Entstehung der Welt durch den jugendlichen Gott auf der Lotosblüte, die auf einem Teiche schwimmt; vgl. das Auffinden Moses' in einem auf dem Nil treibenden Körbchen).
Nach *helipolitanischer Lehre* steht ein Urgott — Atum — als nichtgeschaffen am Anfang der Dinge. Durch Selbstbegattung bringt er die Leere, den Luftraum (Schu) und die Feuchte (Tefnut) hervor, d. s. zwei Urelemente gegensätzlicher Natur und verschiedenen Geschlechts, die Erde und Himmel aus sich entlassen. Die Himmelsgöttin Nut, die auf dem Erdgotte Geb lagert, wird durch den Luftgott Schu in die Höhe gehoben und so vom Manne getrennt (Abb. S. 93). Osiris, Isis, Seth und Nephthys ergänzen die »heliopolitanischen« Götter zu dem die Welt beherrschenden

geschlossenen Machtkreis der »Neunheit« und gelten als »der Nut Kinder«. Pharao, der Horus ist, des Osiris Sohn, stammt somit unmittelbar aus dem Geschlecht der Götter.
Im »Denkmal *memphitischer Theologie*« ist die Weltschöpfungslehre vergeistigt. Der Schöpfergott Ptah gilt als Vater und Mutter des Atum und bringt alle Kreatur, aber ebenso die Rechtsordnung, die Götterkulte und die Götterbilder als die Leiber der Götter durch das schöpferische Wort hervor. Auch nach dieser Lehre sind Königtum und Staat Schöpfungswerke Gottes.
Während die skizzierten Weltschöpfungslehren an den Anfang der ägyptischen Geschichte heranreichen, hat eine andere den Zusammenbruch des AR als Erlebnis zur Voraussetzung. Der Mensch als Ziel der Schöpfung steht im Mittelpunkt, um seinetwillen hat Atum die Welt geschaffen, die Tiere zu seiner Nahrung und das Königtum zu seinem Schutz (Hymnus für Merikarê). In engem Zusammenhang mit diesen die Weisheitsliteratur durchziehenden Gedanken steht die Vorstellung von der *Vernichtung der Menschen*. Sie wird erzählt im »Buch von der Himmelskuh« (Grab Sethos' I. und Ramses' III. und Schrein des Tutanchamun).
Da die Menschen sich gegen die göttliche Ordnung der Welt empört hatten, beschließt Rê, das Geschlecht der Menschen zu vernichten. Doch reut ihn sein Entschluß, er besänftigt seine von ihm mit der Vernichtung beauftragte Tochter Hathor durch eine List, so daß sie abläßt von ihrem grausamen Tun; doch zieht er sich von der Weltregierung zurück und setzt eine neue Ordnung. Die Weltvernichtung liegt als Strafe in der Vergangenheit, ihre Gefahr ist überstanden, aber Gott ist seitdem den Menschen fern. — Sind auch die mythologischen Bilder dieser Erzählung der ägyptischen Welt entnommen, so ist ihr theologischer Gehalt kein anderer als der der Sintflutsage; zugleich aber birgt sie alte märchenhafte Umschreibung des Naturgeschehens der Sonnenwende.
Diese Mythen enthalten bereits wesentliche Elemente des ägyptischen *Weltbildes*. Die dem Menschen als Lebensraum zugewiesene Erde ist bei der Schöpfung aus dem Urstoff des Wassers ausgegrenzt, sie bleibt weiterhin von diesem Urstoff umkreist; auch oben am Himmel ist Wasser (auf dem der Sonnengott in einer Barke fährt), und das Grundwasser, auf das man allenthalben beim Graben stößt, ist nichts weiter als derselbe »Nun«. Der Nil mit seiner Überschwemmung ist ein geordneter, das heißt räumlich und zeitlich geregelter Ausfluß eben dieses Nun. Die Urmaterie allein ermöglicht die Existenz durch ihre befruchtende Feuchtigkeit, gleichzeitig aber bedroht sie diese ständig.
Ordnen, Scheiden, das ist das *Wesen des Schöpfungsaktes*. Sie ist keine creatio ex nihilo, vielmehr hat Gott im Schöpfungsakt aus der amorphen materia prima geordnete Bereiche ausgegrenzt. Urbild dieser Ordnung ist der Urhügel, das erste Stück festen Stoffes in der Urflut; er wird ver-

gegenwärtigt in jedem Tempel und in jedem Thron. Wie örtlich, so auch zeitlich hat der Schöpfergott das Chaos in die Ordnung überführt: Der große Zeiteinteiler ist die Sonne mit ihrem Jahr und ihrem Tag. Der Welt *vor* der Schöpfung ist die Finsternis zugeordnet, die in regelmäßiger Periode durch die Sonne besiegt wird.
An jedem Abend bricht der Urzustand erneut über die Menschen herein, bedrohlich, aber notwendig zugleich, tauchen doch die Schläfer des Abends müde und kraftlos wieder in den Urozean ein, um am Morgen frisch zu erwachen. So wie der Nil, so wie jede Fruchtbarkeit sich aus diesem Kraftmeer speist, so badet sich auch der Schläfer dort, er wäscht seine Augen blank im Nun und taucht mit der Sonne des Morgens daraus empor.
Von hier aus ist auch der Totenglaube der Ägypter zu verstehen, deren Angst es war, mit dem Tode wieder in den ungeordneten Stoff ohne Grenzen zu versinken. Dem Jenseits und der dort herrschenden Finsternis geordnete Bezirke abzuringen, etwa durch Einteilung der Nacht in Stunden, war ihnen wichtige Vorsorge für das, was wir Seligkeit nennen. Eines Tages werden Himmel und Erde sich wieder vereinigen, die Weltordnung zugrunde gehen, die Wasserflut wird wieder alles bedecken. Die menschliche Existenz, allein in der Ordnung möglich, ist ständig bedroht, sie ist ein Geschenk Gottes, dem der Mensch dafür zu danken hat.

Als letzter der großen *Mythenkreise* sei der *von Osiris* angerissen. In die Gestalt dieses Gottes sind mehrere Gottheiten eingeflossen, die Überlieferung ergibt ein verwickeltes Bild. Einmal erkennen wir in ihr einen chthonischen Fruchtbarkeitsgott, der die Unsterblichkeit der sich jährlich erneuernden Vegetation repräsentiert. Seine (natürliche) Erscheinungsform ist das Korn, das begraben wird, im Dunkel der Unterwelt lebt und als neues Korn aufersteht (Kornosiris Thutmosis' IV., Museum Kairo). Dann auch ist Osiris ein Herrschergott — mit Hirten-Krummstab (dem Bischofsstab) und Fliegenwedel. Nach der Fabel seines Dramas wird er von seinem Bruder Seth getötet. Sein Sohn Horus ringt mit dem Mörder um das Erbe, gewinnt es ihm ab und folgt seinem Vater auf dem Throne nach.
Der Unsterblichkeitsglaube, der sich an Osiris haftet, wird nun mit dem Dogma über den Herrscher verschmolzen: Der lebende König-Heros erbt von seinem toten Vater Osiris das Reich, m. a. W.: Osiris steht in seinem Sohne Horus wieder auf. Der Naturmythos ist — wahrscheinlich in Memphis — zum Königsdogma ausgeprägt worden. Als nach dem Zusammenbruch des AR königliche Privilegien abgesunken sind, wurde die Identifizierung des Toten mit Osiris auf jeden übertragen, der rituell richtig bestattet war. Der Tote wird dann zu »Osiris NN«. Daß daneben Osiris Totengott und Totenrichter bleibt, schließt sich nicht aus.

Von den vielen Göttern, die den Mythos umranken, sei Isis als Gattin des Osiris und Mutter des Horus genannt, außerdem Nephthys als Gattin des Seth und Klageschwester der Isis.

Königstheologie

Der Osirismythos hat uns im wesentlichen vertraut gemacht mit der *Königstheologie*. Pharao ist Gottes Sohn und trägt als solcher den Titel »Sohn des (Sonnen-) Gottes«, außerdem mit seiner Thronbesteigung den Titel »Horus«, der ihn als Gott legitimiert. Nach seinem Tode wird er zu Osiris, während sich in seinem Sohne und Nachfolger der Gott aufs neue inkarniert. Die Horusnatur ist der mythische Ausdruck für die Rechtmäßigkeit des Throninhabers. Als Thronwalter hatte Pharao das Amt, die göttliche Ordnung auf Erden zu erhalten und zu erneuern, Mittler zu sein zwischen Gott und den Menschen, und auch das tägliche Leben der Menschen lag in seiner Hand. Er bewirkte das Fluten des Nils, ließ das Vieh gedeihen, aber auch die Kinder im Mutterleib. Pharao war Gott und Mensch zugleich, sein mythisches Bild, der Horus-Falke, wohnt im Himmel.
Die seit dem 3. Jt. geläufige Vorstellung von der Gottessohnschaft und göttlichen Natur des Königs hat zu festen Riten geführt und ihren Niederschlag in Text und Bild gefunden. Die Doppelnatur Pharaos wird mythisch umschrieben durch eine *Geburtsgeschichte,* die ihn Sohn nennt einer irdischen Mutter und eines himmlischen Vaters, wie sie in unserer Weihnachtslegende weiterlebt.
Nach dieser Geschichte, die auch hymnisch gestaltet ist, naht sich der Geistgott Amun in Gestalt des regierenden Königs der jungfräulichen Königin und erzeugt mit ihr den neuen Gottkönig. Das Thema dieses Mythos von Pharaos wunderbarer Zeugung und Geburt ist behandelt in den Tempeln von Dêr el-bahri, Luksor, Karnak, war es ebenso im Ramesseum und anderen. Neben dieser für die legitime Königsfolge geltenden Geschichte ist uns durch den Papyrus Westcar (→ Literatur) in Märchenform eine Erzählung überliefert, die den Dynastiewechsel legitimiert als eine Erwählung Gottes außer der Regel.

In den Geburtshäusern der Spätzeittempel, den sog. Mammisi, wird die Geburt des göttlichen Königs und die des Gotteskindes ineinander gesehen; die dort dargestellten Szenen sind doppelsinnig und belegen die Vorstellung von der göttlichen Abkunft des Herrschers bis in die römische Kaiserzeit.
Daß der König besondere Verehrung, in der Gestalt seiner Statuen — seien sie in seinem Toten- oder auch in einem Göttertempel aufgestellt

Königstheologie — Tempelkult

gewesen — auch einen eigenen *Kult* genoß, versteht sich aus seiner göttlichen Natur. Von den besonderen Festen, die ihm galten, seien das Krönungs- und das Jubiläumsfest genannt, das er in der Regel erstmals nach 30 Regierungsjahren mit vielen, teils noch aus der Prähistorie überlieferten Zeremonien beging.

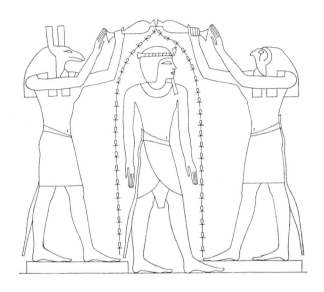

Amenophis III. wird von Seth und Horus mit dem
Wasser des Lebens rituell gereinigt

Tempelkult

Der übrige Tempelkult des Landes für die Götter gehörte seit Gründung des Staates zu seinen festgeregelten Institutionen. Das *tägliche Ritual* setzte für den Gott einen königlichen Tageslauf voraus. Die Statue als der Wohnsitz des Gottes wurde an- und ausgekleidet, gesalbt, geschmückt,

mit Speise und Trank versorgt, durch Musik und Tanz erheitert, durch Hymnen gepriesen. Dieser Gottesdienst, welcher der Idee nach nur durch den König als den Sohn Gottes ausgeübt werden durfte, wurde an Priester delegiert. Wurde die gottesdienstliche Handlung jedoch offiziell dargestellt, so erscheint stets der König selbst – auch noch in den Tempeln der ptolemäischen und römischen Herrscher. Amtieren stellvertretend die Priester, so tragen sie ein an das königliche erinnerndes Ornat. In älterer Zeit sind diese Priester Laien und versehen gleichzeitig staatliche Ämter. *Götterfeste* und -prozessionen sind teils lokal gebunden, teils werden sie im ganzen Lande einheitlich begangen. So die jahreszeitlich bedingten wie das Neujahrsfest, das Fest des Monatsanfangs, das der monatlichen Halbzeit oder der Aufgang der Sothis.
Im Luksor-Tempel finden wir eine ausführliche Darstellung des *Opetfestes*, an dem Amun von Karnak nach Luksor gezogen ist, dort wohnte und wieder auf dem Nil zurückkehrte, begleitet von jubelnden Menschen, Soldaten, Tänzern und Musikkapellen. Die Dauer des Festes schwankt in den verschiedenen Zeiten zwischen 11 und 27 Tagen. Stimmungsvoll ausgestattet war »das schöne *Fest vom Wüstental*«. Amun von Karnak fährt in seiner Festbarke, einem schwimmenden Tempel, unter dem Geleit weiß gewandeter, Fackel tragender Priester nach Dêr el-bahri (vgl. die axiale Bezogenheit beider Tempel), mit ihm zieht alles thebanische Volk hinüber in die Totenstadt auf dem Westufer. Die Angehörigen besuchen ihre Gräber, stellen dort Lichter auf, opfern den Toten und feiern bei Gesang, Tanz und Wein, bis am nächsten Morgen die Fackeln der Priester in Milch gelöscht werden.
Zu hoher Bedeutung gelangt sind die *Osirisfeste* — ursprünglich in Abydos, dann im ganzen Lande —, das Fest der Hathor von Dendara, die sich mit Horus von Edfu vermählt, oder das Minfest (dargestellt in Medînet Hâbu und auf dem Pylon des Luksor-Tempels).

Frömmigkeit

Auf ihren Prozessionen konnte die Gottheit befragt werden und *Orakel* erteilen. Die Fragen zielten sowohl auf Enthüllung einer Tatsache als auf Anweisung für die Zukunft ab, der Gott antwortete mit Ja oder Nein. Das Orakel konnte auch die Wahl zu einem Amte bestimmen und vor allem die nicht gesetzliche Königswahl legitimieren (Hatschepsut, Thuthmosis III., Haremhab); es war juristisches wie politisches Instrument, wurde vornehmlich durch Amun erteilt, aber auch durch Chons, den vergöttlichten König Amenophis I., Apis u. a., in den letzten vorchristlichen Jahrhunderten von dem Ammon der Oase Sîwa, der auch

Alexander d. Gr. als Sohn und in seinem Herrscheramt bestätigt hat. Mehr als aus allen bisher genannten Erscheinungen erschließt sich die Wirklichkeit Gottes im Leben der Ägypter durch ihre *Gebete*. Die ägyptische Religion ist nicht wie die jüdische, die christliche und mohammedanische eine Buchreligion, also nicht auf eine inspirierte Schrift festgelegt, sondern lebendiger, sich wandelnder Glaube; dogmatisch kaum fixiert, dennoch leitend und apellativisch. Zwar besteht die vornehmliche Form der Begegnung mit Gott im Kultus, aber die ergreifendsten Zeugnisse altägyptischer Frömmigkeit sind die Gebete. Aus ihnen erfahren wir, wie sich der handelnde und leidende Mensch von Gott geführt wußte. Blindheit nahm er als Antwort auf seine Sünde, Krankheit als Strafe, welches Gottverhältnis typisch die kultisch gebundene Frömmigkeit ausdrückt, die den Gedanken an Lohn in sich schließt. Sind die Gebete auch aus den kultischen Formularen entwickelt, so werden sie immer wieder zum persönlichen Gespräch mit Gott, freilich mit der Neigung, wieder zum Formular zu werden.

Ethik

Das rechte Verhalten gegenüber der Gottheit — nicht ein praktisch nützliches Benehmen — ist auch die Wurzel der Ethik, die uns durch die Weisheitsliteratur und biographische Inschriften greifbar ist. Die Lebensregeln sind nicht allgemein formuliert, sondern für konkrete Fälle richtunggebend ausgesprochen. Die ethischen Gebote kreisen um das Menschenideal des rechten »Schweigers«. Sie fordern reibungsloses Sich-Einfügen in bestehende Ordnung, zu tun, »was die Menschen loben und die Götter lieben«, streitende Brüder zu trennen, Recht und Maß herzustellen. Die *Ma'at* ist Zentralbegriff der Ethik, d. i. die rechte, von Gott gesetzte Ordnung, die Wahrheit. Also nicht etwa Fortschritt, Verbesserung ist die Parole, sondern Aufrechterhalten dessen, was von Gott begründet ist.
Im Herzen, dem Sitz von Erkennen und Urteil, erfährt der Mensch, was Gott mit ihm vorhat, ob er ihn gehorchen läßt oder nicht. Früh erkennt der Ägypter die Unmöglichkeit vollkommenen Verhaltens, entwickelt — nachdem er nach dem Zusammenbruch des AR die Frage der *Theodizee* eindringlich gestellt hat — eigene Verantwortlichkeit und das Gefühl seiner Schuld. Die Fortsetzung dieser Linie führt zum Totengericht und dem Sündenbekenntnis am jenseitigen Richterstuhl (s. S. 110 ff. und S. 128; Abb. S. 109), bis sich der Glaube in jene Paulinische Höhe aufschwingt, wonach der Mensch auf Gottes Gnade vertraut und sich aus Dankbarkeit um rechtes Verhalten bemüht. Vgl. S. 111, unten.

Totenglauben

Der Tod ist im ägyptischen Glauben einbezogen im kosmischen Sinne als Weltvergehen, als Sterben der Götter und als Individualtod der Geschöpfe. Gott hat das Leben gegeben, Gott schickt den Tod. Gott schafft das Kind im Leibe — dafür gibt es mehrere mythologische Bilder (vgl. den Töpfergott Chnum in Dêr el-bahri) —, Gott bestimmt die Lebenszeit, Boten hauchen die Abberufung dem Menschen ins linke Ohr. Der Tod gehört in Ägypten als Begrenzung des Lebens zur Ordnung der Welt, er tritt mit der Schöpfung in den Plan.

Gleichwohl fürchtet ihn der Ägypter, besonders als Zustand nach dem Sterben. Der Tote ist im Grab einsam, bedroht, west im Finstern und leidet Mangel, insbesondere an Wasser, ist seiner Organe und Sinne nicht mächtig, wenn er nicht die erforderlichen Riten erfährt. Um die Erhaltung des Körpers zu ermöglichen, wird der Leichnam mumifiziert — das dauert bis zu 70 Tagen —, in Binden gewickelt und mit Amuletten versehen. Durch die Zeremonie der »*Mundöffnung*« (Abb. S. 107) wird der Tote zum Sprechen gebracht, d. h. werden alle Organe aufs neue gebrauchsfähig, wird er als ganzes Geschöpf wieder funktionsfähig und durch Rezitationen des »Vorlesepriesters verklärt«, d. h. zu einem → »Ach« gemacht. Diese und weitere magischen Praktiken sind Vorwegnahme der Neuschöpfung des Toten durch den Schöpfergott im Jenseits, falls der Verstorbene das → Jenseitsgericht besteht.

Da der Tote als Wiederbelebter der gleichen Mittel bedurfte wie der Lebende, also Licht und Luft, Trank und Speise, Kleidung und Gerätschaften und ein Haus (= Grab), entwickelte der *Totendienst* mancherlei Brauch, um dem Toten den Genuß dieser Ausstattung zu beschaffen. Die notwendige Ausrüstung, für die man gemäß der Anweisung in den Lebenslehren vom Augenblick der Mannbarkeit an zu sorgen hatte, wurde entweder realiter oder in Form von Modellen mitgegeben, aufgemalt — in der Speiseliste, auf die Sarg- und Grabwände — oder auch dem Toten durch die magische Kraft des Wortes im Opfergebet zugesprochen. Der Totendienst wurde von dem ältesten Sohn des Verstorbenen vollzogen, später auch durch berufsmäßige Totenpriester. Um seine Versorgung zu sichern, erließ der Lebende ein Testament, in dem er die Nutznießung seiner Hinterlassenschaft mit der Auflage verband, ihm aus seinem Besitz regelmäßig Spende darzubringen. Dadurch wurde der Totendienst auch wirtschaftlich wirksam.

Die *Grabbeigaben*, die den Hauptbestand der Museen ausmachen, unterliegen zeitlichem Wechsel. So finden wir »Dienerfiguren« bis ins MR,

Mundöffnung. Vor dem Eingang zum Grab mit Pyramidion und Stele wird der von Frauen beklagten Mumie mit einem Dächsel der Mund geöffnet; ein als Anubis verkleideter Priester hält die Mumie, ein anderer spendet Speisen, Trank- und Rauchopfer darunter ganze Gruppen: Webereien, Schlächtereien, Bäckereien, Brauereien, Gutshof (Museum Kairo), die dazu gedacht sind, dem Toten im Jenseits ebenso zu dienen wie auf Erden. Seit dem MR werden sie abgelöst von den »Uschebti«, den »Antwortenden«, kleinen Figürchen aus Fayence (Ton, Holz oder Stein), meist in Mumienform, mit Hacken und Körbchen auf dem Rücken. Wird der Tote zur Arbeit aufgerufen, so haben sie für ihn zu »antworten« und an seiner Stelle im Jenseits die Arbeit zu tun. Solche Figürchen wurden bis zu 365 mit ins Grab gegeben, für jeden Tag eines. In der Spätzeit, da die Magie den Glauben überwuchert, nehmen Amulette, voran Skarabäen, als Grabbeigaben überhand. Skarabäen sind knopfgroße Käfer, meist aus Fayence, mit spezifischem Sinngehalt. Durch Übereinstimmung des Namens für Käfer mit dem Wort für die werdende (aufgehende) Sonne, wurde der Skarabäus zum Symbol des (morgendlichen) Sonnengottes und der Auferstehung. Da der Ägypter meinte, der Käfer entstehe aus der (zum Schutze der Eier gedrehten) Mistkugel, also durch Urzeugung, rückte er ihn dem anfänglich aus der Urmasse entstandenen Sonnengott auch durch diese Gleichung nahe. (Der Skarabäus, auf seiner Unterseite vielartig ausgearbeitet, diente zugleich als Siegel. Mit einer ungewöhnlichen Nachricht versehen, wurden einige große Exemplare als »Gedenkmünzen« ausgegeben.)

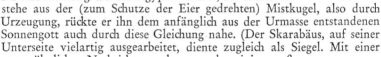

Die Beschaffung von Grab und Beigaben hatten die psychologische Folge, daß der Ägypter zeit seines Lebens im Angesicht des Todes stand, sich mit ihm auseinandersetzte, und im Gegenüber mit ihm zu der ihm eigenen Reife gelangte. Von seiner Siedlung aus, die nach dem Schema auf der Ostseite des Nils gelegen war, wo die Sonne aufging, hatte er die Nekropole auf der Westseite des Nils, wo die Sonne unterging, ständig vor Augen.

Neben der Vorstellung, daß das Grab das »Haus der Ewigkeit« sei und der Tote ein diesseitsähnliches, wenn auch überhöhtes Weiterleben führe, entwickelte sich die von der anderen Welt: dem »Schönen Westen« nicht nur, sondern auch von der Unterwelt, dem »Gegenhimmel«, wo der Verdammte fürchten mußte, »auf dem Kopfe zu gehen«. »Der Schöne Westen«, Jenseits, Unterwelt, Himmel-und-Hölle sind synonyme Begriffe, sie stehen gleichbedeutend nebeneinander. Ob einem das Jenseits zum Himmel wird oder zur Hölle, hängt vom Ausgang des Gerichtes ab, das den Toten drüben zur Rechenschaft zieht.

Die Bindung des Toten an das Grab ist nur ein Aspekt des Totenglau-

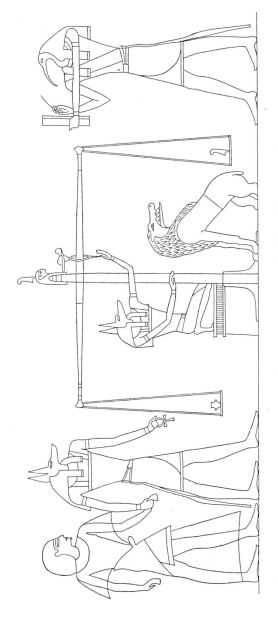

Der Tote wird im Jenseits in die Halle des Gerichts (vor Osiris) geführt. Sein Herz wird gegen die Wahrheit gewogen, Thoth registriert die Sünden, das Höllentier erwartet sein Opfer (Vgl. S. 110)

bens, eine frühe Form, die zwar weiterlebt, aber an geistiger Bedeutung stark verliert. Das Grab wird unverändert als Totenhaus ausgestaltet, und der Tote darin vertreten durch seine in Stein (oder Holz) gehauene Statue. Aber schon seit dem AR kommt die Vorstellung auf, daß der Tote ins Jenseits eingeht und daß seine postmortale Existenz vom Ausgang des Jenseitsgerichts bzw. von seinem ethischen Verhalten im Diesseits abhängt. Wird der Tote freigesprochen, so darf er als Seliger, als Verklärter weiterleben, genauer: wird er neu-erschaffen; wird er verdammt, so verfällt er der Höllenpein bzw. wird anonym der Schöpfungsmasse zurückgegeben.

Die Idee des Totengerichts wird im Laufe der ägyptischen Geschichte immer mächtiger. Nach ihr fällt der große Totenrichter Osiris das Urteil nach der Herzwägung. Denn das Herz ist der Sitz des geheimen Wissens und tritt in dieser Eigenschaft beim Verhör des Toten in Funktion. Der Tote wird in die Gerichtshalle geführt, sein Herz auf die eine Waageschale gelegt, auf die andere ein Sinnbild der Wahrheit (meist eine Feder); der Tote spricht das sogen. negative Sündenbekenntnis, vereinfacht gesagt: er bekennt sich zum ethisch-normativen Verhalten. Wo immer er in seinem faktischen Verhalten auf Erden von dieser Norm abgewichen ist, d. h. gesündigt hat, macht die Waage einen Ausschlag. Der schakalköpfige Totengott Anubis prüft das Zünglein an der Waage, der ibisköpfige Schreibergott Thoth führt Protokoll. Je nach Ausgang wird der Tote gerettet oder fällt der Hölle in den Rachen. Das Monstrum mit Krokodilsrachen, Löwenleib und Nilpferdhinterteil, das bei der Waage auf seinen Fraß wartet, ist in den Bildern ein Kürzel für Höllenpein. Freispruch bedeutet Auferstehung, Verdammnis den ewigen Tod. Um zu erklären, was mit diesen Vokabeln gemeint ist, bedarf es einer kurzen Darstellung von der Erschaffung des Menschen.

Nach ägyptischem Verständnis hat der Mensch die Aspekte Leib, Ka und Ba. Mit Ka ⎛⎞ bezeichnet er die Lebenskraft eines Menschen, wie sie ihm durch Speise zugeführt wird. Der Mensch und sein Ka werden als identische Gestalten geschaffen und kommen ununterscheidbar als einheitliche Person zur Welt. Der Ba entspricht der griechischen Psyche (Seele) und wird in der Gestalt eines Vogels mit dem (menschlichen) Kopf der Person vorgestellt ⎛⎞ und gilt als bevorzugter Träger der unvergänglichen immatriellen Substanz des Menschen.

Diese drei fiktiven Teile, die nach der Vorstellung der Ägypter den Menschen konstituieren, fallen mit seinem Tode auseinander, die Person löst sich auf, ihre Funktionen erlöschen. Um dem Tod entgegenzuwirken, gilt es daher, die Teile, nachdem sie in den Zustand der größtmöglichen Vollkommenheit gebracht worden sind, wiederzuvereinen. Der Leib wird durch Mumifizierung möglichst vollkommen erhalten, dem Ka spenden

Totenglauben

die Hinterbliebenen nach uralter Sitte am Grabe Speise und Trank, für die Seele, die für ihren Unterhalt nur des Wassers bedarf, stellt man am Grabe eine Schale mit Wasser auf oder legt einen Teich dort an. Das ist alles, was der Mensch für seinen Toten tun kann, außer daß er für ihn betet. Der entscheidende Akt der Neuerschaffung geschieht durch den Sonnengott im Jenseits, indem er die imaginären Teile der Person wiedervereinigt. Er erschafft den Toten neu, so daß er namentlich im Himmel weiterlebt. Was der Schöpfergott im Jenseits vornimmt, ist durch die magische Zeremonie der Mundöffnung vom Priester auf Erden vorgeahmt worden. Der Akt der Auferstehung vollzieht sich technisch in der Weise, daß sich der Gerettete »auf die Beine stellt«, daß er »aufsteht«, aufersteht.

Als ein »Verklärter«, ein Ach 🐦, darf er nun mit der Sonne täglich wiedererstehen, darf in den Himmel eingehen oder in die seligen Gefilde des Paradieses, er darf mit der Sonne in einer Barke auf dem Himmelsgewässer ziehen, darf das Antlitz des Osiris täglich in seinem Glanze schauen, als Stern am Firmament strahlen – oder wie die je nach Aspekt verschiedenen Umschreibungen für ein verklärtes Leben im Jenseits formulieren.

Wer aber das Gericht nicht besteht, erfährt die Strafen der Hölle – Feuer und Finsternis und Gemetzel – und wird als Materie dem Urstoff der Schöpfungsmasse wieder eingemischt. Aus dieser Urmasse, der materia prima, können zwar neue Lebewesen geschaffen werden, aber es entsteht nicht mehr dieselbe namentliche Person, die sie vor dem Tod gewesen ist. Diese ist endgültig genichtet, sie hat den »zweiten Tod« erfahren (vgl. Offenbarung 2, 11; 20, 6; 21, 8).

Die Ausschmückung sowohl der Neuschöpfung der Person wie auch – und dies besonders – von Himmel und Hölle haben zahlreiche Entsprechungen im Neuen Testament, vor allem in der Apokalypse, aber auch in den Evangelien, mehr noch in den apokryphen Texten, etwa der Paulus-Apokalypse, und leben in Dantes Göttlicher Komödie nach.

Auch bei dieser vergleichsweise geistigen Konzeption vom Leben nach dem Tode aufgrund eines Gerichtsurteils im Jenseits ist der Ägypter nicht stehen geblieben. Immer stärker gelangt er zu der Erkenntnis, daß im Letzten der Mensch in seiner Sünde bleibt und er keinen Freispruch erwirken kann außer durch Gottes unermeßliche Gnade. Im Vertrauen auf Gottes Liebe erwächst neben seiner Furcht vor Gott seine Liebe zu ihm, aus der heraus er auf neuer Ebene sich bemüht, Gottes Gebote zu erfüllen.

Was der Tote in seinem Sündenbekenntnis zu sprechen hat, ist u. a. in den *Totenbüchern* aufgeschrieben, die den Verstorbenen als Papyri seit der 18. Dyn. mit ins Grab gegeben wurden, sei es in den Sarg, sei es in die

Mumienhülle eingewickelt. Geschrieben sind sie in der Regel in Kursivhieroglyphen oder hieratisch und häufig mit Vignetten ausgeziert, besonders auch mit der Darstellung des Totengerichts (Museum Kairo, Treppe). Das 125. Kapitel enthält eine Aufstellung all der Vergehen, die der Tote *nicht* begangen haben will (sog. negatives Sündenbekenntnis; auch unsere Gebote sind vornehmlich negativ gefaßt). Dazu zählen wie in der Thora juristische Vergehen, Mißachten kultischer Vorschriften wie auch Verletzen ethischer Gebote. Zu den sittlichen Pflichten gehört es:

seine Pflicht treu zu erfüllen,
das Recht zu reden und zu üben,
bescheiden zu sein, Gier und Habsucht zu meiden,
Vater und Mutter zu lieben und zu ehren,
gegen die Geschwister und Nächsten liebenswert zu sein,
sich in seinem Amte der Schwächeren anzunehmen,
sein Amt nicht zu mißbrauchen,
die Hungrigen zu speisen und die Nackten zu kleiden,
sich der Witwen und Waisen anzunehmen,
Untergebene vornehm zu behandeln,
gegen niemanden bei dessen Vorgesetzten etwas Nachteiliges zu sagen,
keinem Menschen etwas zu leide zu tun, »niemanden weinen zu machen«,
»den Überfallenen aus dem Arme des Starken zu retten«.

Wie differenziert und weitgespannt die Verhaltensregeln durchdacht sind, beweist das schöne Gebot, nach dem es verwehrt ist, das Vieh von seiner Weide zu vertreiben. Zu unserem »ich habe nicht getötet« tritt die Ergänzung »und habe nicht zu töten befohlen und habe niemandem Schmerz zugefügt«. Die Formulierung »ich habe nicht...« ist dabei nicht als Aussage eines Faktums zu werten, sondern als ein Bekenntnis zur religiösen Forderung. Eine oft zitierte Stelle aus der Weisheitslehre für Merikarê mag eine ethische Grundauffassung zum Ausdruck bringen: »Der Mensch bleibt nach dem Sterben übrig, und seine Taten werden haufenweise neben ihn gelegt.«
Außer den genannten Totenbüchern seien an verwandter Literatur noch die *Pyramiden- und die Sargtexte* genannt. Die Pyramidentexte sind in Sargkammer und Gängen von Pyramiden des AR aufgeschrieben und haben zum Inhalt religiöse Sprüche, die sich mit der jenseitigen Existenz des verstorbenen Königs beschäftigen. Die Sprüche sind als Begleittext zu Ritualhandlungen bei der Beisetzung zu verstehen, damit dem König die jenseitige Existenz und fortwirkende Kraft gesichert werde. Manche der Sprüche sind in die Sargtexte wie die Totenbücher einge-

Triade des Mykerinos (Ägyptisches Museum Kairo) ▶▶
Mundöffnungsszene im Grab des Tut-anch-Amun ▶

Totenglauben

gangen, die ihrer Häufigkeit wie den Themen nach eine starke Ausweitung bedeuten. Auch die Sargtexte sind in Kursivhieroglyphen geschrieben und illustriert, vornehmlich auf Särgen der 9.-12. Dyn., ihre einzelnen Kapitel mit Überschriften versehen.
Zum Abschluß dieses Abschnitts sei gesagt, daß die Ägypter ihre Gedanken über das Jenseits in Texte gefaßt haben, die zum Schönsten gehören, was die Weltliteratur zum Tod formuliert hat. Permanent durchgehalten haben sie den Gedanken, daß der Tod im Letzten ein Geheimnis sei.

Mumifizierungstechnik

Auf die häufig gestellte Frage nach der *Mumifizierungstechnik* sei kurz Bescheid gegeben. Wir stellen voraus, was Herodot über die Balsamierungsvorgänge schreibt: »Als erstes entfernen sie (die Ägypter) mit einem kleinen Metallhaken das Gehirn durch die Nase, aber nur zu einem Teil; den Rest lösen sie mit Drogen auf. Danach machen sie mit einem Stein aus Äthiopien einen langen Schnitt an der Seite (des Bauches) und nehmen alle Weichteile aus dem Körper. Die so entstandene Höhle reinigen sie mit Palmwein und aromatischen Essenzen. Dann füllen sie den Leib mit reinem Myrrhenpulver, mit Kassia und anderen bekannten Duftstoffen, schließlich nähen sie den Schnitt wieder zu.« Seit dem MR tragen die Mumien Masken, seit römischer Zeit »Mumienporträts«. Auch die Mumifizierungs*praktiken* variieren im Laufe der Geschichte.
Die Eingeweide werden zumeist in Kanopen beigesetzt. Von dem Körper sind in diesem Stadium der Mumifizierung nur Knochen und Fleisch übrig, und es gilt nun, diesem Rest die Flüssigkeit zu entziehen. Dazu benützen die Ägypter das in ihren Wüsten vorkommende Natron, dessen natürliche, konservierende Einwirkung auf die Leichen wohl die Technik überhaupt angeregt hat. Wir lesen weiter: »Sie konservieren die Leiche nun mit dem (trockenen) Salz des Natrons 70 Tage lang. Nach diesen 70 Tagen waschen sie die Mumie und umwickeln sie mit sehr feinen Leinenbinden. Diese werden mit einer Art Gummimasse überzogen, die die Ägypter an Stelle von Kleister verwenden.«
Diese 70 *Tage* zwischen Tod und Grablegung entsprechen den 70 Tagen der Unsichtbarkeit der Dekangestirne, so daß eine Gleichsetzung zwischen ihrem Wiedererscheinen und der Auferstehung des Toten den Zeitraum bestimmt haben dürfte. Wie die Mumie – in den einzelnen Zeiten verschieden – bemalt und mit Ersatzstücken ausgestattet wurde (Augen, Haare u. a.), ist bei der Betrachtung der Kairener Mumien zu beobachten.
Die *Binden* sind bei sorgfältig balsamierten Mumien mehrere hundert Meter lang, die Stoffe fein, ihre Wicklung ist kunstvoll. Finger, Hände und Füße wurden gesondert eingehüllt, und zwar in besonders feine, weiche Binden. Bei kostbarer Ausstattung waren Finger und Zehen in goldene Hülsen gesteckt. Dann wurde der Körper umwickelt und zuletzt der ganze mumifizierte Leichnam bandagiert. Die Form der Wicklung hat ebenfalls ihre Geschichte und wurde bis zur Vollendung getrieben. Das Tränken der Binden mit Parfümölen erhöhte die Haltbarkeit der Stoffe.
Eine wichtige Rolle spielten die schutzbringenden *Amulette* (Herzskarabäus, Udjatauge, Osirispfeiler, Isisblut), die in die Mumienhülle mit eingebunden wurden. Der Ort ihrer Anbringung, ihr Material wie ihre Farbe waren sinnbezogen. Auch außen sind die Mumienbinden vielfach mit Götterfiguren bemalt oder belegt (Flügelskarabäus, 4 Horussöhne).
Eine solche Mumifizierung war nicht allein eine lange Prozedur, sie kostete auch viel Geld, und je nach Stand leistete man sich eine *Güteklasse*. »Wenn man den Balsamierern den Toten bringt«, so schreibt Herodot weiter, »zeigen sie den Angehörigen Mumien-

◀ *Relief im Grab des Ptahhotep in Saḳḳâra*
◀◀ *Barke des Amun im Tempel Sethos' I. in Abydos*

modelle aus bemaltem Holz. Die teuerste Klasse, so erklären sie ihnen, entspricht der Balsamierung des Osiris. Das zweite Muster, das sie ihnen zeigen, ist weniger sorgfältig und daher billiger balsamiert, und das dritte kostet am wenigsten. Sie fragen dann, zu welcher Ausführung sich die Verwandten des Toten entschließen möchten, und vereinbaren mit ihnen den Preis.«

Anhang:
Religion von Amarna und Beziehungen zur Bibel

Tell el-Amarna, der »Lichtort des Aton« am rechten Nilufer Mittelägyptens, war durch Grenzstelen abgesteckt, nach denen die Gründung der Stadt vermutlich ins 4. Regierungsjahr Echnatons fällt und wenigstens fünf Sonnentempel projektiert waren. Im 6. Regierungsjahr war die Stadt so weit erstanden, daß sie Aton geweiht werden und die königliche Familie mit ihrem Anhang dorthin übersiedeln konnte. Auch den Frauen der königlichen Familie waren besondere Heiligtümer zugeeignet, »Sonnenschatten« genannt. Die königlichen Paläste wie die Wohnhäuser der Städter waren gleichfalls mit Kultstätten ausgestattet, an deren Rückwand hinter dem offenen Kultraum der König in Anbetung vor Aton dargestellt war oder die als kleine Hausaltäre im Hauptgemach des Hauses aufgestellt waren. Keine Ansiedlung Ägyptens ist von Zeichen frommen Tuns derart durchsättigt wie Amarna. Heute ist die alte Aton-Stadt ein Trümmerfeld, denn mit dem Ende des Atonglaubens wurde sie in der frühen 19. Dyn. systematisch zerstört. Glaube und Kult wurden verfemt.

Aton (von einigen Jati genannt) ist – trotz gedanklicher und sachlicher Vorläufer – eine Glaubensschöpfung Amenophis' IV. und die Zentralfigur seiner Lehre. Amenophis IV. war ein Fanatiker und religiöser Klügler, der alle in Ägypten bis dahin geglaubten Erscheinungsformen Gottes leugnete zugunsten eines einzigen, des Sonnengottes. Sein monotheistischer Radikalismus entleerte die ägyptische Gottesvorstellung dadurch noch weiter, daß er das Bild entmythisierte zum astralen Begriff (des Gestirns). Aton, der einen lehrhaft ausgeklügelten Namen erhielt, wurde dargestellt als Sonnenscheibe, deren Strahlen in segnende Hände ausliefen. Daß der Name in einen Königsring eingeschlossen wurde, sollte die (königliche) Hoheit des Aton bezeichnen.

Amenophis IV., der seinen Namen sinngemäß in Echnaton, »Strahl des Aton«, änderte, betrachtete sich als Sohn dieses seines von ihm hervorgedachten einzigen Gottes und verkündete ihn, indes er die anderen Götter, insbesondere den Hauptgott Amun, verfolgte.

Echnaton war Häretiker und wurde dem Glaubensbedürfnis seines Volkes nicht gerecht, ganz abgesehen davon, daß er die Wirklichkeit Gottes in ihrem vollen Umfang nicht erfaßte. Was er mit seiner Verkündigung einfängt, ist die ideale Seite des Lebens, seine Lichtnatur. Die Ausgrenzung alles Nächtlichen aus dem Bereich Gottes engt dessen Macht ein. Nichtsdestoweniger darf Echnaton als religiöse wie geistige Erscheinung zu den Großen dieser Erde gezählt werden, deren Handlungsweise nur unter dem Vorzeichen der Inspiration verständlich ist. So verdanken wir diesem sonderbarsten aller Pharaonen einen Sonnengesang, der mehr noch als dem des Franz von Assisi dem 104. Psalm des Alten Testaments gleicht und dessen Geist in Hölderlins Elegie »An den Äther« neu ersteht.

Beziehungen zur Bibel

Immer wieder waren im vorstehenden Kapitel Hinweise, Parallelen oder Vorläufer genetischer Art zur Bibel zu bemerken. Die Beziehungen sind in der Tat so reich, daß sie hier auch nicht andeutungsweise aufgezählt werden können. Das Alte Ägypten gibt sowohl Antwort auf die Frage, inwieweit biblische Berichte wie Josephsgeschichten und der Auszug der Israeliten historisch sind oder doch sein könnten, als sie auch Entscheidendes zum Verständnis bestimmter Teile des *Alten Testamentes* beitragen, deren literarische Form oder deren Gedankengut vom Nil entlehnt sind.

Der Erzähler der *Geschichten von Josephs* Aufenthalt in Ägypten (Genesis 37 und 39–50) bringt viele anschauliche Einzelheiten und ägyptische Wörter. Er verrät dabei eine ausgezeichnete Kenntnis Ägyptens und seiner Bräuche, doch stammt diese seine Kenntnis sicher nicht aus vormosaischer Zeit; vielmehr hat er eine ihm überlieferte ältere Geschichte mit Details seiner eigenen Zeit, des 10. oder 9. Jh., ausgeschmückt. Auffallend bleibt, daß dem ganzen Bericht die Ablehnung ägyptischen Wesens, wie man sie aus späteren Büchern des Alten Testaments so gut kennt, fremd ist. Der Kern der Josephs-Geschichten weist wohl in die frühe Ramessidenzeit zurück.

Nach der Überlieferung des *Alten Testamentes* (Exodus 1–14) und der späteren Tradition ist *Moses* von einer ägyptischen Prinzessin gefunden und am Pharaonenhofe erzogen worden. Es wäre erstaunlich, wenn die von ihm ausgeformte israelitische Religion bei aller Verschiedenheit im Grundsätzlichen nicht manche Züge ägyptischer Theologie übernommen hätte. Der Konflikt zwischen den als Gast am Nil weilenden israelitischen Stämmen und Pharao entzündete sich, als dieser unter klarem Rechtsbruch die als »Fremdlinge« vor solchem Zwang geschützten Israeliten zur »Fronarbeit« an der neuen Residenz im Delta einzog, der Ramsesstadt beim heutigen Ḳantîr. Dieser überstürzte Aufbau einer prächtigen Hauptstadt und die Anlage von Versorgungsbasen für Kriegszüge in Asien gehen auf den Willen Ramses' II. zurück, so daß der Auszug entweder unter ihm oder seinem Nachfolger Merenptah erfolgt sein muß. Eine Stele dieses Königs im Kairener Museum zählt inmitten vieler besiegter Völker und Stämme auch Israel auf, so daß damals zumindest einige der 12 Stämme bereits wieder in Palästina gelebt haben müssen. Dies ist übrigens der erste außerbiblische Beleg für den Namen des auserwählten Volkes. Einen historischen Beweis für den Aufenthalt von Israeliten in Ägypten haben die Denkmäler im Niltal nicht geliefert, doch ist die Historizität des biblischen Berichtes auf Grund des ägyptischen Befundes in seinen Grundzügen nicht anzuzweifeln.

Daß Scheschonk I. *Jerusalem* eroberte und die Schätze des Salomonischen Tempels nach Ägypten führte, ist aus der Bibel bekannt (1. Kg. 14, 25–27). Diese Reichtümer haben die ägyptischen Staatskassen, die durch schwere Abwehrkämpfe erschöpft waren, auf lange Zeit hinaus gefüllt.

Wenn den Formen altägyptischer Buß- und Dankgebete vielfach die *Psalmen* des Alten Testamentes überraschend ähnlich sind, so ist schwer zu entscheiden, ob eine Abhängigkeit oder allgemein orientalische Gleichgestimmtheit vorliegt. Unbezweifelbar ist die Entlehnung großer Teile der »*Sprüche Salomonis*«, von denen einige Kapitel eine wörtliche Übersetzung des ägyptischen Weisheitsbuches des Amenemope ins Hebräische darstellen.

Die Erforschung *weiterer Übernahmen* ägyptischen Gutes ins Alte Testament, so besonderer literarischer Formen, sowie der Zeremonien am Königshof mit Beamtentiteln (Salomo hat eine ägyptische Prinzessin geheiratet, 1. Kg. 3, 1), ja sogar der Gestalt des Salomonischen Thrones, ist noch im vollen Fluß. In jedem Fall vermögen die altägyptischen Quellen Wichtiges zum Verständnis nicht nur der Geschichte, sondern auch zum religiösen Gehalt des Alten Testamentes beizutragen.

Auch das *Neue Testament* steckt voller Gedanken und Formulierungen, die in Ägypten ihre Heimat haben, besonders mythologische Vorstellungen sind am Nil verwurzelt. Der hellenistische Schmelztiegel rund ums Mittelmeer wurde von Ägypten her vornehmlich durch die Osirismysterien gespeist.

Aus Anlaß der Geburtsgeschichte konnte bereits auf das Weiterleben dieses Mythos in der *Weihnachtslegende* hingewiesen werden. Trinität, Heiliger Geist, das Madonnenbild als christliche Ausprägung der stillenden Isis sind, obwohl jede einzelne Erscheinung mit schwerer Fracht beladen ist, hier nur am Rande bemerkt worden. Zum *Lebensbild Jesu* finden sich als Elemente in Ägypten bereits »der zwölfjährige Knabe im

Anhang: zur Bibel

Tempel«, zu seinem Sterben darf an das Sterben des Osiris erinnert werden, dessen Auferstehung und Richteramt im Himmel. Das *jenseitige Leben* des Menschen ist in den altägyptischen Totenbüchern ebenso vorgeformt wie der zweite Tod. Auch Christus als »*Retter*« findet altägyptische Vergleiche, die Eigenschaft des guten Hirten wird Pharao spätestens um 2000 v. Chr. zugeschrieben *Literarische Übereinstimmungen*, Einzelmotive (Johannes der Täufer), aber auch Abendmahlgedanken oder Taufe durch Lebenswasser sind beziehungsreich an Ägypten geknüpft.

Ist die ägyptische Religion demnach einer der vielen Wegbereiter der christlichen, so bekräftigt das ihren hohen Rang; die christliche Religion andererseits gibt erst auf diesem Hintergrund ihre Tiefe und Weite voll zu erkennen und erschließt sich uns in ihrer Einzigartigkeit. Im übrigen sollte der Christ bedenken, daß die von Ägypten entlehnten Bilder nicht das Essentiale seines Glaubens ausmachen.

Sprache, Schrift und Literatur der Pharaonenzeit

»Die Sprache ist die äußere Erscheinung des
Geistes der Völker.«

W. v. Humboldt

Sprache

Die altägyptische Sprache ist verwandt sowohl mit semitischen wie mit hamitischen Sprachzweigen, ist aber dennoch von eigenem Gepräge.
Gut 300 Wurzelwörter hat das Ägyptische mit dem Semitischen gemeinsam und über 100 mit den hamitischen Sprachen Nord- und Ostafrikas, zeigt zu beiden Gruppen auch grammatische Analogien. In ihrem eigentümlichen Charakter, besonders der Konjugation, ist das Ägyptische selbständig. Es hat einen reichen Wortschatz, mehr als 8000 Wörter sind bekannt, aber jeder neu gefundene Text vermehrt den Bestand.
Die ägyptische Sprache hat sich in den rund 4500 Jahren, in denen wir sie an Hand ihrer Schriftdenkmäler verfolgen (3000 v. Chr.–1500 n. Chr.), in ihrem Lautbestand, ihrem Wortschatz und in ihrer Grammatik erheblich gewandelt. Nach dem *Altägyptischen* des 3. Jahrtausends, das uns fast ausschließlich aus biographischen und religiösen Wandinschriften (Pyramidentexten) bekannt ist, bringt das *Mittelägyptische* eine große Literaturblüte. Obwohl die gesprochene Sprache sich am Ende des MR stark verändert hat, werden alle Texte noch in der 18. Dyn. in der klassischen Sprache des MR geschrieben. In der Schriftsprache werden die neuen Sprachstadien nach langem Zurückhalten in Abständen sprunghaft nachgeholt. So erhebt erst Echnaton die gesprochene Sprache des NR, das *Neuägyptische,* zur Schriftsprache. Religiöse Texte und offizielle Inschriften behielten das Mittelägyptische daneben bei, und zwar bis zum Ende der ägyptischen Geschichte.
Mit dem Ausgang des NR wird das Neuägyptische zur toten Sprache, und seit etwa 700 v. Chr. taucht in den Dokumenten eine neue Sprache auf, die wir nach Herodot »demotisch« (volkstümlich) nennen. Das *Demotische* erscheint um 600 als Kanzlei- und Gerichtssprache, später werden auch Literaturwerke in dieser Sprache abgefaßt.
Aus dem altägyptischen Sprachgebrauch sind, wenn auch stark verändert, eine Reihe von Wörtern *bis zu uns gedrungen,* teils durch Vermittlung der Bibel, teils über griechische und lateinische Schriftsteller oder auch

Sprache – Schrift

über die arabischen Autoren des Mittelalters. Zu diesen Vokabeln gehören außer »Ägypten« (Kopten) und »Pharao« z. B. Ammoniak, Basalt, (Al-)Chemie, Ebenholz, Gummi, Ibis, Lilie, Natron (Nitrogen u. a. Ableitungen), Oase, Papier, Pavian, Phönix, Salmiak, Senf, Syenit und vielleicht auch Kuchen und Kuppel.

Schrift

Die ägyptische Sprache wird in drei Schriftarten geschrieben: in Hieroglyphen, Hieratisch und Demotisch; die Spätphase der Sprache, das Koptische, bedient sich einer andersartigen Schrift, der koptischen (S. 124 f.).
Die Zeichen, die die *Hieroglyphenschrift* verwendet, sind Bilder. Deshalb vermutet der Laie in den Hieroglyphen eine Bilderschrift. Dem ist nicht so. Eine Bilderschrift vermag allenfalls die Vorstellung von dem aufgezeichneten Gegenstand zu vermitteln, nicht aber den Laut eines Wortes noch Abstrakta oder grammatische Formen. Um einen Gedanken vollständig in Schrift umzusetzen, bedarf es einer phonetischen Schrift oder Lautschrift.
Die Hieroglyphen sind eine Lautschrift, genauer: der Form nach Bilder, dem Wert nach Laute, und zwar ausschließlich Konsonanten. Vokale werden gar nicht ausgedrückt, gelegentlich nur mit Hilfe der schwachen Konsonanten w und j angedeutet.

Geschichtlich stellt man zur Schrift so gut wie keine Vorstufe fest. Die *Erfinder* der Hieroglyphen haben zur Zeit der Reichseinigung um 3000 v. Chr. Zeichen, die abbildbare Wörter darstellen, in der Schrift übertragen auf andere Wörter mit denselben Konsonanten; so pr »Haus« auf pr »herausgehen«, also nach Art der Rätsel, die bei uns »Rebus« heißen, mit dem Unterschied, daß die Verwendung der einzelnen Zeichen durch Konvention geregelt war. Da die Ägypter wie viele andere Völker der hamito-semitischen Sprachfamilie nur die Konsonanten berücksichtigten, ließ sich dieses rebusartige System sehr weit anwenden.
Diejenigen Wortzeichen, die das geschriebene Objekt selbst bezeichnen, nenen wir *Ideogramme*. Systematisch gesehen, stellen sie die früheste Stufe der Schrift dar. Die meisten Zeichen sind *Mehrkonsonantenzeichen*, geben also die Folge von 2–4 Konsonanten (ohne Rücksicht auf die dazwischenliegenden Vokale) wieder. Schließlich gibt es auch von entsprechend kurzen Worten hergeleitete *Einkonsonantenzeichen*, so beispielsweise von ⌢ Mund (ro) r oder von ☐ Sitz (pe) p.

Um eine etwaige (durch das Fehlen der Vokale bedingte) Mehrdeutigkeit zu vermeiden und die Lesbarkeit zu erhöhen, fügt die Schrift den

Wörtern Determinative hinzu. Diese insgesamt mehr als 100 *Deutzeichen* am Ende eines Wortes haben keinen Lautwert, geben lediglich die Bedeutungskategorie an, zu der das Wort gehört. So steht ein Ast für alles Holzwerk, ein fliegender Vogel für alles, was fliegt, auch für Schmetterlinge. Viele Wörter werden überhaupt nur verständlich durch ihr Determinativ. So kann die Konsonantenreihe n f r, geschrieben ⟨...⟩, bedeuten:

    ohne Determinativ: gut, schön

    mit sitzender Frau: junges Mädchen

    mit Stück Stoff: Stoff

    mit Kornbehälter und Pluralstrichen: Getreide

    mit Bierkrug und Pluralstrichen: Bierart

    mit Tierschwanz und Pluralstrichen: Pferde

    mit Kohlenbecken mit Flamme: Feuer

    mit Sonne mit Strahlen: Sonnenglanz

    mit Krone: Weiße Krone von Oberägypten.

Daß die verschiedenen Wörter in der Sprache durch die Vokalisation unterschieden waren, versteht sich.

Alle diese verschiedenartigen Schriftzeichen stehen nebeneinander: Wortzeichen, Ideogramme, Ein- und Mehrkonsonantenzeichen und Determinative. Um die Lesungen zu verdeutlichen, traf der Ägypter im Laufe der Geschichte immer mehr Verbesserungen. So wurden den Ideogrammen Lautzeichen zugefügt, manchmal sämtliche Konsonanten, manchmal nur ein Teil. Ebenso wurden die Mehrkonsonantenzeichen durch das phonetische Komplement eines oder mehrerer seiner Konsonanten lautlich ergänzt, schließlich setzte man einem Wortzeichen aus verschiedenen Gründen einen Strich | bei, so meist, wenn es in gleicher Schreibung auch ein Lautzeichen sein könnte: ⌒ ro bedeutet »Mund«, ⌢ r bedeutet »zu«. Die Zahl der Hieroglyphen beträgt etwa 700, in griechisch-römischer

Schrift

Zeit über 1000. Im Laufe des 1. Jt. v. Chr. ist das Schriftsystem verwildert. Die Zeichen bekamen teils neue Lesungen, ihre Zahl wurde künstlich vermehrt, manche Zeichen haben bis zu 9 Lesungen je nach ihrem Zusammenhang. Die Schrift ist bis zum Ende der ägyptischen Kultur in Gebrauch geblieben — die letzte sicher datierte Inschrift stammt aus dem Jahre 394 n. Chr. aus der Regierungszeit des Kaisers Theodosius — ohne daß sich ihr System entscheidend geändert hätte. So hat sich die Reihe der Einkonsonantenzeichen, die ausgereicht hätte, sämtliche Laute zu bezeichnen, nicht etwa zu einem Alphabet formiert. Diese Erfindung gelang erst den protosemitischen Schriften; den Ägyptern war eine solche durchgehende Rationalisierung wesensfremd. Die 24 Einkonsonantenzeichen, die unter gegebenen Bedingungen die vielen hundert übrigen Hieroglyphen überflüssig gemacht hätten, sind folgende:

	wissenschaftl. Umschrift	abgebildeter Gegenstand		wissenschaftl. Umschrift	abgebildeter Gegenstand
	ꜣ (Aleph)	ägyptischer Geier		ḥ	Sieb
	j	Schilfblatt		ḫ	Tierbauch mit Schwanz
	ʿ (Ajin)	Vorderarm		s	Riegel
	w	Wachtelküken		ś	gefaltetes Tuch
	b	Fuß		š	See
	p	Sitz		ḳ	Hügel
	f	Hornviper		k	Henkelkorb
	m	Eule		g	Kruguntersatz
	n	gekräuseltes Wasser		t	Brot
	r	Mund		ṯ	Seil

	wissen-schaftl. Umschrift	abgebildeter Gegenstand		wissen-schaftl. Umschrift	abgebildeter Gegenstand
⌑	h	Hausgrundriß	⌒	d	Hand
𓎛	ḥ	geflochtener Docht	𓆑	ḏ	Kobra

Die Orthographie war keineswegs streng geregelt. Es fehlen – im Vergleich zu unserer Schrift – die Worttrennung und, von Ausnahmen abgesehen, auch die Satztrennung, erst recht der übrigen Interpunktionszeichen. Selbst die Richtung der Hieroglyphen ist beliebig. Man schreibt üblicherweise von rechts nach links, doch kann auch von links nach rechts geschrieben werden, aber auch in senkrechten Zeilen von oben nach unten. Entschieden hat darüber die Bildkomposition. In Beischriften stehen die Hieroglyphen in der Richtung der dargestellten Figur, auf die sie sich beziehen. Die Schriftrichtung ist am schnellsten zu erkennen an den Menschen- und Tierzeichen, da sie stets nach vorn, d. h. zum Zeilenanfang hin, blicken.

Die Hieroglyphen waren für *repräsentative Inschriften* auf Bauwerken oder Kunstgegenständen in Gebrauch und wurden mit dem Meißel in Stein geschlagen oder gemalt, oft wie Bildfiguren sorgfältigst ausgearbeitet. Eine kursivere Schreibweise der Hieroglyphen mit einer Binse auf Holz oder Papyrus, mit denen die Sargtexte und Totenbücher geschrieben wurden, nennen wir *Kursivhieroglyphen*.

Die ausgesprochene Kursivform ist das *Hieratische*. Das Schriftsystem des Hieratischen ist genau das gleiche, aber die bildhafte Form wird durch rasches Schreiben immer mehr verflüchtigt, so daß die ursprünglichen Zeichen nicht mehr zu erkennen sind. Hieroglyphen (Denkmalschrift) und Hieratisch (Buchschrift) dürfen in Analogie zu unserer Druck- bzw. Handschrift gesehen werden. Außer auf Holz und Papyrus stehen hieratische Texte auch auf Ton- und Kalksteinscherben (sogenannten Ostraka) oder auch auf Leder. Das Hieratische ist kaum jünger als die Entstehung der Hieroglyphen, aber der Schriftduktus hat sich in den einzelnen Epochen stark gewandelt (Alt-, Mittel- und Späthieratisch). Auch drückt sich die Individualität des Schreibers in der Kursivschrift so stark aus, daß wir die einzelnen Handschriften unterscheiden können. Das Hieratische wird bis ins 7. Jahrhundert v. Chr. geschrieben, für religiöse Texte auf Papyrus lang darüber hinaus, und erhält wegen diesem seinem Gebrauch von den Griechen den Namen »heilige Schrift« (= Hieratisch). In erstarrter Form hält es sich bis in die römische Kaiserzeit.

Schrift 123

Hieroglyphen

Hieratisch beschriebenes Ostrakon (ramessidisch)

Demotisch (frühe römische Kaiserzeit)

ⲛ·ϯ·ⲉ̄ⲟⲟⲩⲛⲁⲕⲡⲉⲭⲥ̅ⲡⲉⲛⲛⲟⲩⲧⲉ ⲡⲓⲣⲉϥ
ⲣ̄ⲡⲉⲧⲛⲁⲛⲟⲩϥ ⲙ̄ⲛ̄ⲛⲓⲯⲩⲭⲏ · ⲛⲓⲍⲱⲟⲛ
ⲉⲧⲧⲁⲓⲏⲩⲛⲁⲡⲓⲥⲟⲟⲩⲛ̄ⲧⲛⲉⲟⲉ ϫⲟⲟⲩ ⲛⲁⲕⲉⲥ
ⲣ̇ⲁⲓⲓⲡⲥ̄ⲛⲓⲛⲟⲟⲩⲡⲉ ϫⲡⲟ ϫⲉⲕⲟⲩⲁⲁⲃ ⲕⲟⲩⲁⲁⲃ
ⲕⲟⲩⲁⲁⲃ ⲡϫⲟⲉⲓⲥⲥⲁⲃⲁⲱⲑ ⲡⲉⲧⲛ̄ⲧⲟⲛⲓⲙⲙⲟϥ
ⲉⲛⲛⲉⲧⲟⲩⲁⲁⲃⲛ̄ⲧⲁϥ ·

Koptisch (9./10. Jahrhundert)

Kufisch-arabisch (8./9. Jahrhundert)

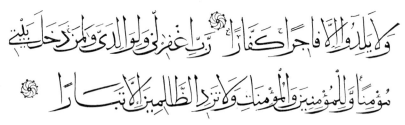

Nashi-Arabisch (Anfang 15. Jahrhundert)

Schrift — Literatur

Die jüngste Schriftform des Ägyptischen ist das *Demotische* (»Volksschrift«); der älteste demotisch geschriebene Text stammt aus der Zeit Psametichs I. aus dem Jahre 660 v. Chr. Auch das Demotische schafft keineswegs ein neues Schriftsystem, sondern es verflüssigt nur die alten Zeichen graphisch immer mehr, schafft Kürzungen und feste Ligaturen. Vornehmlich (juristische) Urkunden und Literatur werden demotisch geschrieben, meist auf Papyri und Ostraka, aber in den mehrsprachigen Dekreten der Ptolemäer- und Römerzeit wird die »Volksschrift« auch in Stein gemeißelt. Sie ist bis in die Zeit des Kaisers Zeno (um 452 n. Chr.) belegt.
Mit dem Sieg des Christentums sterben alle drei Schriftarten, da sie aufs engste mit der altägyptischen Religion verhaftet sind, ab. An ihre Stelle tritt die → koptische Schrift (S. 206).

Literatur

Welches ist nun der Inhalt der Texte, die in dieser Sprache und mit dieser Schrift aufgezeichnet wurden? Grundsätzlich finden sich sämtliche Gattungen wie bei uns. Wir werden zweckmäßig unterscheiden zwischen Alltagstexten wie Briefen, geschäftlichen und amtlichen Texten einerseits, wissenschaftlichen und Schultexten andererseits sowie eigentlicher Literatur, weltlicher und religiöser. Nur keimhaft vertreten sind Roman und Drama.

Klassische Epoche

Zu der ersten Gruppe ist wenig zu sagen; eine Aufzählung der verschiedenartigen *Texte aus dem Alltag*, nur für den praktischen Gebrauch geschrieben, mag genügen. Wir haben Briefe persönlichen und geschäftlichen Inhaltes, von den Nachrichten einfacher Arbeiter, wo es um den Kauf einer Kuh oder die Pacht eines Esels geht, um die Gesundheit von Verwandten oder um geplante Reisen, bis zu königlichen Erlassen privater oder auch höchst offizieller Natur. Gerichtsakten berichten von Prozessen wegen des Diebstahls eines alten Kleides bis zu Grabräuberei und Königsmord; die Akten eines Katasteramtes gewähren Einblick in Landeigentums- und Bewirtschaftungsverhältnisse; Listen, auf denen die Vorarbeiter ihre Leute notierten, entschuldigtes oder unentschuldigtes Fernbleiben von der Arbeit sind ewig menschliche Dokumente: »Der Arbeiter Nachtamun fehlt am 23. III., weil er einen Schrank für die Frau des Meisters machen muß« oder »weil er Augenschmerzen hat«. Zahllose Quittungen und Verträge, Testamente von vielfach höchst komplizierter Bestimmung, bieten reiches juristisches Material. Die → wissenschaftlichen Texte behandeln vornehmlich die Gebiete: Medizin, Mathematik und Astronomie, Topographie und Annalistik.

Diesen Schriften steht die eigentliche Literatur gegenüber. In *Prosa* geschrieben sind *Biographien* und Selbstbiographien, deren ethisches Idealbild in den Weisheits- oder Erziehungslehren ausgebreitet wird. Der bekannte Roman des Sinuhe gehört inhaltlich zu den Autobiographien, wenn er auch deren Rahmen sowohl künstlerisch wie dem Umfang nach weit sprengt. Er schildert die politisch bedingte Flucht des Sinuhe nach Asien, sein erfolgreiches Leben dort und schließlich des Helden Heimkehr in den Schoß des eigenen Volkes und an den Königshof, wo er hochbetagt und in vollen Ehren stirbt. Das Literaturwerk ist zugleich ein Hoheslied auf den ma'atgemäßen Ägypter.

Die *älteste Gattung* scheinen die *Weisheitslehren* zu sein, haben wir doch schon Nachricht von einer Lehre des Imhotep, des Baumeisters und höchsten Beamten König Djosers aus der 3. Dyn., auch wenn diese Lehre selbst nicht erhalten ist. Die älteste, die wir fragmentarisch kennen, stammt von einem Sohn des Cheops, Djedef-Hor. Zeitlich nicht fern steht ihr die vollständig erhaltene Lehre des Ptahhotep; sie entwirft als menschliches Ideal den Mann, der sich schweigend einfügt in die ethische wie politischreligiöse Ordnung von Staat und Gesellschaft des AR, da diese Ordnung von Gott stamme. Verhaltensregeln gegenüber Vorgesetzten, Kollegen, Untergebenen und Frauen werden ebenso ausgebreitet wie Tischsitten, Benehmen im Ratskollegium, bei Trinkgelagen. Eine große Rolle spielt dabei die für jeden Erzieher wichtige Frage, wieweit der Mensch durch Veranlagung bestimmt, wieweit er erziehbar sei. Diese Gattung der Lebenslehre ist durch zahlreiche Beispiele bis in die hellenistische Zeit hinein ein guter Zeuge des sich auf festem Grund dennoch wandelnden ägyptischen Geistes. Manche dieser Lehren stammen aus dem Munde von Königen, andere von Beamten unterer Ränge; einige betonen die Lebensklugheit stärker, andere den metaphysischen Grund des Lebens, der freilich in allen diesen Werken vorausgesetzt wird, andere schließlich haben politischen Akzent. Eine sich der christlichen nähernde Ethik erreicht Amenemope (um 1200 v. Chr.).

Die *Blütezeit* ägyptischer Literatur ist das MR. Eine formal wie inhaltlich ausgewogene Dichtung erwächst in der 12. Dyn. auf dem Boden der geistig bewegten Ersten Wirre, in der sich der Typus der *Auseinandersetzungsliteratur* entfaltet. Tiefe Fragen nach dem Wesen des Bösen, nach Art und Bestimmung des Menschen, nach der Gerechtigkeit Gottes brechen damals angesichts der gewalttätigen Zerstörung des AR und seiner Ordnung auf. Es entstehen echte Dialoge wie das Gespräch eines Lebensmüden mit seiner Seele; es erschallen Klagen über den Zustand des Landes und

Literatur 127

der Welt, die ihren Höhepunkt in Vorwürfen an Gott finden; es erheben sich die »Klagen eines Oasenbewohners«, die, in eine Rahmenerzählung eingebettet, höchst kunstvoll Fragen nach dem richtigen Verhältnis von Recht zu Macht thematisieren. »Die Geschichte des Schiffbrüchigen« erzählt mit märchenhaften und mythischen Zügen von einem Mann, der, an eine einsame Insel verschlagen, eine Begegnung mit einem Schlangengott hat. Die 12. Dyn. bringt weiterhin einen reichen Kranz von politisch bestimmten Erzählungen und Dichtungen hervor, sei es in Gestalt von Prophezeiungen, von Klagen oder auch von Gedichten auf das Königtum, wie sie auch bereits der gleichzeitige Sinuhe-Roman enthält. Daneben besitzen wir aus dieser Zeit mit dem Papyrus Westcar noch eine Kette von wunderbaren und märchenhaften *Zaubergeschichten*, die in einer Rahmenerzählung mit politischem Hintergrund gesammelt sind und am Hofe König Cheops' erzählt werden. Vgl. S. 102.

Das NR bringt eine *neue literarische Blüte*. Am bekanntesten ist das *Märchen von den zwei Brüdern*, mythisch-märchenhafte Unterhaltungsliteratur, deren Motive einen Siegeslauf um die Erde gemacht haben und bis in unsere Tage lebendig sind; auch die Geschichte von Potiphars Frau und ihren Verführungsversuchen an Joseph nimmt es vorweg. Ihm zur Seite stehen andere Märchen, wie das vom Verwunschenen Prinzen oder das von Wahrheit und Lüge. Anekdoten aus den großen Eroberungskriegen in Syrien werden noch Generationen später ausgesponnen und in übertreibender Weise erzählt; auch das »Trojanische Pferd« ist vorgebildet. Burlesk-volkstümliche Züge trägt die in der Götterwelt spielende mythische Erzählung von Horus und Seth. Anders ist der Humor, der den »*Bericht* des Wenamun« durchzieht. In Form feiner Selbstironisierung ägyptischen Wesens erstattet der ägyptische Sondergesandte nach Byblos unter dem ersten König der 21. Dyn. seinen Vorgesetzten Bericht. Besonderen Reiz erhielte dieses prächtige Stück Erzählerkunst, wenn es sich, wie vermutet, um den Originalbericht handelte, den Wenamun-Odysseus nach seiner Rückkehr von der gescheiterten Mission abgab, also um ein amtliches Aktenstück. Ein Kriegsbericht über die Schlacht Ramses' II. bei Kadesch wurde zum Heldenepos, die Stiftung eines Tempels konnte die Form einer Novelle annehmen.

Von *weltlichen Gedichten* seien nur Liebes-, Trink- und Harfnerlieder ausdrücklich erwähnt, in denen sich manche Form findet, die in die Weltliteratur eingegangen ist, sowie einfache Gesänge zur täglichen Arbeit auf dem Felde, beim Viehhüten oder anderer Tätigkeit. Kunstvoller sind Lieder auf den König oder die Residenz.

Bei diesen letztgenannten kann man schwanken, ob man sie nicht eher der *religiösen Literatur* zurechnen sollte. Hier seien vor allem kunstreiche Hymnen und Gebete genannt, die solchen einfacher Leute in kunstloser Form, aber voller Innigkeit gegenüberstehen. Erhalten ist das Ritual, das täglich in allen Tempeln Ägyptens zelebriert wurde, daneben Bruchstücke aus den großen Festritualen.

Besonders reich aber ist die *Totenliteratur,* Texte, die dem Toten im Jenseits die Seligkeit verschafften. In den Pyramiden des späteren AR sind solche Spruchsammlungen erstmals aufgezeichnet (»Pyramidentexte«). Gebäudeweihetexte stehen da neben Schlangenzaubern, Thronbesteigungslieder neben solchen, die bei der Rezitation den König »verklären«, d. h. zu einem seligen Geist machen. Viele Sprüche handeln von den verschiedenen Formen der Himmelfahrt, durch die der Verstorbene aufsteigt und am ewigen Kreislauf der Gestirne teilhat. Diese zunächst nur für den König bestimmten Texte sinken in der Ersten Wirre zu Allgemeingut ab und finden sich so im MR auf den Särgen auch einfacherer Leute wieder (»Sargtexte«). Im NR schließlich werden den Toten die unentbehrlichen Sprüche auf einer Papyrusrolle mit ins Grab gegeben, nicht ohne daß sich die Auswahl nochmals verschoben hätte; neben das altüberlieferte Gut tritt neues. Jetzt sprechen wir vom »Totenbuch«. Der bekannteste Spruch daraus ist der 125., eine Sammlung von »negativen Bekenntnissen«, in denen der Tote vor seinen Jenseitsrichtern versichert, er habe die und die Sünde nicht begangen. Dies Bekenntnis zur göttlichen Ordnung wird gegen seine Taten gewogen, wobei das Herz des Verstorbenen als Zeuge fungiert, und je nach dem Ergebnis erfolgt die Seligsprechung oder die Verdammnis zur Höllenstrafe (→ Totengericht).
Götterhymnen und Mythen, Orakeltexte und theologische Traktate (unter ihnen das aus dem AR stammende, bedeutende → »Denkmal memphitischer Theologie«), Zauberbücher und Kultlegenden sind weitere Gattungen der religiösen Literatur. Zu den Texten in den Königsgräbern S. 172.

Demotische Epoche

Zur Zeit der demotischen Schrift und Sprache, also in den letzten Jahrhunderten vor Christi Geburt, erlebt die ägyptische Literatur eine *dritte Blüte.* Die Weisheitslehren sind immer noch beliebtes Erziehungsinstrument. Die Erzählerkunst schafft umfangreiche Werke wie den *Sagenkranz* um König Petubastis oder um den Helden Inaros und einen Panzer, vor allem aber den Geschichtskreis um ein Geschlecht von mephitischen Hohenpriestern, in dessen Mittelpunkt Setom-Chaemwêse steht. In mythischer Rahmenerzählung ist aus dieser Zeit eine reiche *Fabelsammlung* erhalten, wie auch sonst die Fabel — nach älteren Vorläufern — jetzt besonders beliebt ist. Eine gewisse weltkluge Relativierung der ethischen

Poetische Stele Thuthmosis' III. (Ägyptisches Museum Kairo) ▶
Rückenlehne des Thronsessels Tut-anch-Amuns (Ägyptisches Museum Kairo) ▶▶

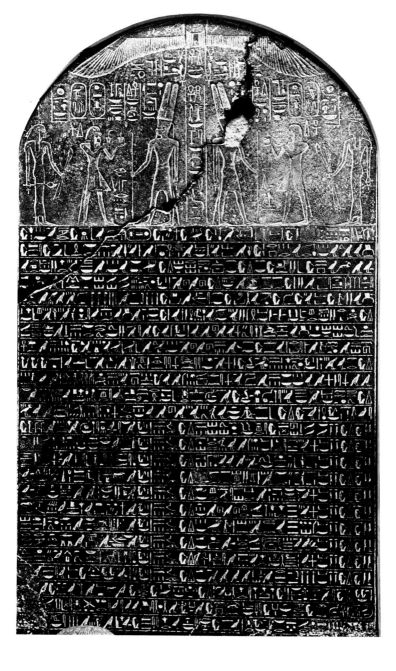

Werte macht sich in den demotischen *Weisheitslehren* bemerkbar, deren beide wichtigsten die umfangreiche Anweisung auf dem Papyrus Insinger sowie eine im Gefängnis geschriebene eines Mannes Anch-Scheschonki sind. In eigentümlicher Weise mischt sich diese abgeklärte Haltung mit tiefer Frömmigkeit. Die neutestamentliche Geschichte vom Reichen Mann und Armen Lazarus hat im Demotischen ihr unmittelbares Vorbild.

Erst wer die *Fülle ägyptischer Literatur* kennt, sie als eine Wurzel unserer eigenen erfahren hat, den formalen wie stofflichen Reichtum erfaßt und die Nähe zu gegenwärtigen menschlichen Fragen verspürt, der erst stößt durch den Moder der Grabräume hindurch zum Herzen des alten Volkes. Er liest darin von Nöten und Bangigkeit, von Zweifel und Hoffnung, und er versteht sich als Bruder. Aber er dürfte erblassen, wenn er des Ägypters Eifer vernimmt für Recht und Gerechtigkeit, für Maß und Ordnung und für schickliches Benehmen. Schließlich mag er staunen über dessen Frohsinn, dessen Humor und die Lust zu leben. Nur wer so wie er am Leben hing, konnte so viel Vorkehr treffen, es nach seinem Tode weiterzuführen.

Anhang über die Entzifferung der Hieroglyphen

Als die Araber im Jahre 640/41 Ägypten erobert hatten, ging die Kenntnis von Sprache und Geschichte und Kultur des Landes, die durch Herodot, Strabo, Diodor, Plutarch sowie die Geschichtsträger der frühchristlichen Kirche immerhin noch wachgehalten war, für das Abendland so gut wie ganz verloren. Wenn auch im 4. Jh. die Hieroglyphenschrift noch angewandt wurde, so hatten ihre Zeichen doch soweit den Charakter des Geheimnisses, daß ihnen mancher spätantike Wissenshungrige forschend nachging. Chairemon, ein stoischer Grammatiker des Museion von Alexandria, und Horapollon, Kirchenväter wie Clemens Alexandrinus oder Eusebios haben letzte Fetzen wissenschaftlicher Überlieferung gerettet. Nach einer Brache von mehr als 1300 Jahren hat sich der Jesuit Athanasius Kircher (1601–1680) dem Problem der altägyptischen Schrift erneut zugewandt. Ihm verdanken wir die Erkenntnis, daß sich das Koptische aus dem Altägyptischen herleitet und das Hieratische die Kursivschrift der Hieroglyphen darstellt. Aber seine Entzifferungsversuche dürfen als phantastisch übergangen werden. Erst im Gefolge der Napoleonischen Expedition (1798–1801), die eine reiche wissenschaftliche Ernte aus Ägypten einbrachte, steht die geniale Forscherleistung des Jean François *Champollion* (1790–1832): Ihm gelang im Jahre 1822 die Entzifferung der

◀ *Wandbild im Grab des Amun-her-chopeschef, Königinnengräbertal* **Nr. 55**
◀◀ *Relief eines Gabenbringers im Grab des Ramose, Theben Nr. 55*

Hieroglyphen, und damit bereitete er den Boden zur wissenschaftlichen Durchdringung des Alten Ägypten, die nunmehr in der sechsten Generation betrieben wird.

Champollion, der als Begründer der Ägyptologie angesehen werden darf, der schon in seinem 16. Lebensjahr mit einer Abhandlung über die Kircherschen Theorien hervortrat und ein koptisches Wörterbuch bearbeitete, legte 1822 in seinem »Lettre à M. Dacier relative à l'écriture des hiéroglyphes phonétiques« das Prinzip der altägyptischen Schrift dar. Die entscheidende Hilfe bot ihm der Stein von Rosette, der in griechischer, demotischer und in Hieroglyphenschrift ein Dekret Ptolemaios' V. bekanntgibt (heute im Britischen Museum). Mit Hilfe einer zum Vergleich geeigneten Inschrift von Philae entzifferte er zunächst die – durch die Kartuschen herausfallenden – Namen der Könige auf mehreren Denkmälern und stellte ein provisorisches »Alphabet« zusammen. Am Ende seines kurzen Lebens blickt der Begnadete auf das Ergebnis nicht nur eines Wörterbuches und einer Grammatik, sondern auch auf die Sammlung eines großen Textschatzes aus Ägypten und Nubien, und verfügt über die Kenntnis des Hieratischen wie Demotischen.

Die weitere systematische Forschungsarbeit zu Schrift und Sprache, die bis heute trägt, war (unter Beihilfe ausländischer Gelehrter) der Berliner Schule vorbehalten, die auch das einzige international benützte zwölfbändige Wörterbuch geschaffen hat. Seit dem 2. Weltkrieg liegt das Material in Ost-Berlin, ohne daß es weiterbearbeitet werden kann.

Kultur der Pharaonenzeit

»Dies stand einmal unter Menschen mitten im Schicksal.«

Rilke

Ein wenig überspitzt darf man sagen: Es gibt nichts, was es im Alten Ägypten nicht gab, genauer: zu dem die Alten Ägypter nicht den Grund gelegt hätten. Wir nehmen kaum einen Gegenstand in die Hand oder denken einen Gedanken, der nicht am Nil vorgeformt wäre. Damit sei nicht behauptet, daß unsere *Kulturgüter* ausschließlich aus Ägypten zu uns vermittelt worden wären — etwa durch die Griechen oder über die Bibel —, aber Ägypten war ausersehen, die erste Hochkultur der Welt zu entfalten und in seiner Geschlossenheit und bei seiner langen Lebensdauer nicht nur prototypisch die Möglichkeit geistigen Werdegangs aufzuzeigen, sondern auch Wurzel zu sein eines großen Baumes, dessen Früchte die damalige Umwelt wie die nachfahrenden Kulturen bis auf den heutigen Tag reichlich gespeist haben. Nach der Schicksalswende der Menschheit um 3000 v. Chr. war es bis zur Neuzeit nur noch das 6. vorchristliche Jahrhundert, insbesondere in Griechenland, das einen vergleichbaren Stern über dem menschlichen Geiste aufgehen ließ.

Geistige Güter

Ägypten hat die *Schrift* erfunden und damit das Mittel geschaffen, die ihrem Wesen nach flüchtigen Gedanken und Worte über die Zeiten und den Raum hinweg festzuhalten. Über die → Sinaischrift und durch die Vermittlung der Phönizier hat sich eine Auswahl ihrer Hieroglyphen in unserem Alphabet niedergeschlagen. Im Laufe von 3000 Jahren entwickelt das Volk eine vielfältige *Literatur:* Mythen und Märchen; Annalen wie wissenschaftliche Lehrbücher; tiefsinnige religiöse Schriften und die Weisheitslehren als Urform philosophischer Abhandlung; aber ebenso Novellen, Reiseberichte, Abenteuer- und Zaubergeschichten. Die Formen gebundener Sprache verhüllen sich dem Philologen insofern, als die ägyptische Schrift die Vokale nicht wiedergibt und deshalb Metrik und Klang nur unvollständig rekonstruiert werden können. Götter- und Königshymnen, Naturdichtung wie Liebespoesie sind hoch entwickelt (S. 127 ff.).

Nicht anders steht es mit den *Wissenschaften,* wenn wir den Begriff in seiner Zeit stehen lassen und nicht den Maßstab unseres abstrakt logischen Kausaldenkens anlegen. In der Tat sind einige Spuren erhalten, die uns lehren, daß auch die Ägypter die Grundsätze erkannten, auf denen eine Erscheinung beruht, und daß sie ihre Ergebnisse in allgemein gültiger, zwingender Form aussprachen; aber vornehmlich war ihre Wissenschaft *empirisch-normativ.* Primär interessiert das Nilvolk nicht der grundsätzlich das Unendliche beherrschende Lehrsatz, sondern es ordnet und wertet die Mannigfaltigkeit der Erscheinungen und bündelt sie zu Gattungen. Seine wissenschaftliche Leistung besteht — nicht ohne Einfluß der Landschaft — im Scheiden von Ordnungswerten und -größen und in der Erarbeitung einer Nomenklatur. Die aus der Erfahrung gewonnene Regel wird dabei zum Paradigma weiterer Übung. Daß die Ägypter an der Causa nicht interessiert sind, erklärt sich daraus, daß es für sie nur eine Ursache gibt: das ist Gott.
Die Ägypter behalten stets Bezug mit der Welt der Erscheinung, begeben sich nicht in die eisige Höhe reiner Gehirnakrobatik, wenn sie auch den Inhalt eines quadratischen Pyramidenstumpfes mit gegebener Höhe und Kantenlänge nach der Formel berechnet haben (um 2000 v. Chr.), welche Entdeckung man landläufig Demokrit zuschreibt. Die Oberfläche der Halbkugel als das Doppelte der Fläche des Hauptkreises zu bestimmen, ist nicht der Erkenntnis Archimedes' zu verdanken, sondern den Ägyptern. Doch im großen gesehen gilt auch für die *Mathematik,* daß die Ägypter empirisch verfahren. Eine einmal erreichte Lösung wird beibehalten, selbst wenn auf anderem Rechnungsgebiet ein einfacherer Weg gefunden ist.
Die Mathematik hat eine eigene Fachsprache entwickelt (wie die meisten Wissenschaften), sie setzt z. B. für unser x »Haufen«, für das gleichschenklige Dreieck »Dorn«. Grundsätzlich wurde »dyadisch« verfahren, die Bruchrechnung durch Zerlegen in einfachste Brüche durchgeführt. Die Zahl π hatte den Annäherungswert von 3,16. Zerlegungstafeln, Rechentabellen, Handbücher, Schulschriften und Aufgabensammlungen belehren uns über den ägyptischen Kenntnisstand ebenso wie etwa Ostraka mit architektonischen Vorzeichnungen. Gewölbe wurden vorausberechnet, ihre Kurve über Abszisse und Koordinate festgelegt. Die jährliche Nilüberschwemmung bildete frühzeitig die Kunst der Landvermessung aus.
Die Voraussetzung zum *naturwissenschaftlichen* Denken ist Beobachtung und die Fähigkeit, das Wesen einer Erscheinung zu erfassen. Wie begabt die Ägypter dazu waren, beweist allein ihre Kunst. Abgesehen von der allgemeinen Treue der Bilder darf z. B. hingewiesen werden auf den künstlerischen Bericht der Punt-Expedition in Dêr el-bahri, wo nicht nur die differenzierte Darstellung der Spezifica die Lokalisierung des Landes ermöglicht, sondern auch die Symptome einer zentralen (cerebralen) Adipositas derart genau festgehalten sind, daß sie nach $3^{1}/_{2}$ Jahrtausen-

den ebenso in ein medizinisches Lehrbuch eingehen könnten wie die somatischen Veränderungen des chondro-dystrophischen Zwergen Teos aus der 30. Dyn. (Sarg im Museum Kairo). – Thuthmosis III. läßt im »Botanischen Garten« des Karnak-Tempels exotische Tiere und Pflanzen wie deren Einzelteile isoliert aufzeichnen. Ein andermal fügt er der Abbildung eines von ihm erjagten Rhinozeros eine Reihe von Maßen hinzu.

Das Sichten und Werten führt zur sog. »*Listenwissenschaft*«, konkret gesprochen zu: Annalen, Chroniken, zu Tabellen, Vokabularen und Wörterbüchern. In den *medizinischen* Papyri werden die Krankheiten nach ihren Symptomen topographisch geordnet; vom Kopf beginnend, werden die Krankheiten beschrieben, die Prognose gestellt und in einer dritten Kolumne die Therapie angegeben. Neben diesen für die Praxis des Facharztes bestimmten Heilbüchern gab es theoretische Werke, z. B. über die Gefäßlehre. Gut entwickelt ist die Chirurgie (Trepanation, auch Zahnersatz sind belegt), wie besonders der Befund an Mumien erweist.

Eine wissenschaftliche Schöpfung von höchstem Rang stellt der *Kalender* dar. An der Nilüberschwemmung beobachtet und am Aufgang der Sothis (Hundsstern) korrigiert, ist der Kalender wahrscheinlich im Jahre 2772 v. Chr. in der 3. Dyn. unter Djoser eingeführt worden. Das Jahr mit 365 Tagen hat 3 Jahreszeiten: Überschwemmung, Aussaat und Brache, zu je 4 Monaten mit 30 Tagen. Die 5 (zusätzlichen) Epagomenen reichen um rd. $1/4$ Tag (genau: 5 Stunden, 48 Minuten, 46 Sekunden) nicht aus, um dem astronomischen Jahr gerecht zu werden. Die Reform durch Julius Caesar und eine letzte durch Papst Gregor XIII. (1582) bewirkten die heute gültige exakte Form des auf die Ägypter zurückgehenden Kalenders. – Tag und Nacht mit je 12 Stunden wurden mit Sonnen- und Wasser*uhren* gemessen.

Als Ergebnis echten Forscherdrangs und staunenswerte technische Leistung muß die *Umschiffung Afrikas* unter Necho (um 600 v. Chr.) gewürdigt werden.

Die Wissenschaft war grundsätzlich zweckgebunden und erwuchs aus praktischem Bedürfnis. So sind die Himmelsbeobachtung und die auf ihr beruhende *Astronomie* u. a. aus dem Verlangen geboren, die »Stundengebete« zur rechten Zeit zu sprechen. Zu diesem Zwecke hat man dem Toten auf die Innenseite des Sargdeckels oder an die Decke des Sargraumes (Sethos I.) Kalender und Himmelsbilder aufgezeichnet (zur Sternbeobachtung auf dem Tempeldach vgl. Dendara). Das Wissen wurde im »Lebenshaus« tradiert, wo auch die religiösen und wissenschaftlichen Bücher abgefaßt und abgeschrieben wurden.

Schulen, aus Hofschulen hervorgegangen, später meist Tempeln angeschlossen, gaben das Elementarwissen an die Zöglinge weiter, die Beamten, Priester und Künstler. Die höheren Kenntnisse wurden im Einzelunterricht vom Lehrer an den Schüler weitergereicht, vom »Vater an den

Sohn«. Lesen und Schreiben lehrte man in der heute als »Ganzheitsmethode« gekennzeichneten Weise. »Das Ohr des Schülers« saß »auf seinem Rücken, er hörte, wenn man ihn schlug«. Zum Schulstoff gehörten neben den Bildungsfächern auch Verhaltensregeln, die zu sittlichen Geboten aufstiegen.

Während der bildenden Kunst das Wort in einem eigenen Kapitel gesprochen sei, widmen wir hier den *musischen Künsten* Musik und Tanz einen kurzen Gedanken. Die *Musik* hat im Alten Ägypten zu jedem festlichen Mahl, aber ebenso zu gemeinschaftlicher Arbeit (Flöten) und nicht minder zu Totenfeier, Kult- und Tempelfest gehört. Durch ein schwaches Nachleben in der heutigen ägyptischen Volksmusik sowie in der koptischen Kirchenmusik, vor allem aber durch die bildlichen Darstellungen der Alten selbst, ihre textlichen Erwähnungen und die erhaltenen Instrumente kann sie erfreulich rekonstruiert werden, obgleich es eine Notenschrift in unserem Sinne nicht gegeben hat. Jedoch haben Cheironomen (Handwinker), die den Musikern gegenübersaßen, den Verlauf der Melodie sowie die Vortragsweise bezeichnet, welche Praxis über die griechischen »Neumen« (= Winke) zu unserem Notenbild geführt hat.
Die Musik kannte den Bordun und eine Mehrstimmigkeit zumindest insofern, als Instrumentengruppen – oder auch Solist (vielfach Flötist) und Ensemble – gegeneinander gesetzt waren. An *Instrumenten* waren sämtliche Gattungen entwickelt: Flöte, (Doppel-) Oboe, Klarinette; Leier, Laute und verschiedenartige Harfen; die Trompete als Signal- und Kriegsinstrument, aber auch bei kultischen Prozessionen; Trommel, Tamburin, Sistren und andere Rassel- und Klapperinstrumente (wie Kastagnetten). Rhythmisch unterstützt wird der Vortrag durch Händeklatschen.
Es gibt Berufs- und Tempel*musiker*, häufig von angesehenem Stande. Der Harfner ist fast immer blind. Auch Frauen huldigen dem Amt der Muse. Als Amons- und Hathorsängerinnen gehören sie zum festen Tempelpersonal und bestreiten auch weitgehend den Tanz.
Es gibt keinen Gesellschafts*tanz* mit Paaren beider Geschlechter, vielmehr Einzel-, Paar- und Gruppentanz von Frauen, seltener von Männern allein. Sie tanzen nicht zum eigenen Vergnügen, sondern bieten Schau- oder auch rituelle Tänze. Tanzen, Singen und Musizieren vereinigen sich vielfach in derselben Person. Es gibt verschiedene Tanzkostüme, die Hauptdarstellerin ist bei bestimmten Gelegenheiten nackt. Jedoch sind solche Lockerheiten erst seit dem NR entwickelt – vielleicht unter asiatischem Einfluß? Im AR waren die Formen strenger, wenn auch neben gebundenem Stil von Anfang an akrobatisch-wilde Tänze geübt wurden. Inhaltsbetonte Tänze, die weniger rhythmisch gebunden waren als Mitteilung darstellten, demnach ballatio- und nicht chorea-Tänze, waren bevorzugt.

Geistige Güter 135

Zu eigenem *Vergnügen* dienen verschiedene Arten von *Sport*, die vornehmlich Herren von Stand betreiben, ja die ursprünglich teilweise allein Privilegien des Königs waren. Vornehme bilden sich aus im Schwimmen und erwerben das Recht, Fisch- und Vogelfang mit Speer und Angel bzw. mit Wurfholz (statt mit Netzen wie die Berufsjäger) zu üben (Nacht)*, wie es vordem nur Pharao zugestanden hatte. Amenophis II. rühmt sich seiner Rekorde im Rudern und Bogenschießen (Stele in Karnak), spätere Pharaonen besonderer Jagderfolge auf Großwild (Medînet Hâbu). Ringen wurde ähnlich wie Fechten als Zweikampf und Kampfspiel ausländischer Söldner, aber auch von Berufsringern geübt, und zwar mit noch heute gültigen Handgriffen (Beni Hasan).

Eine Stellung zwischen Tanz und Sport nehmen manche *Spiele* ein. Abgesehen von den akrobatischen Übungen, von denen Brücke und Überschlag und Rad benannt seien (Ptahhotep, Mereruka), gibt es Bewegungsspiele wie Pantomimen nach Texten und Liedern, die einen (vielleicht vorgeschichtlich-magischen) religiösen Untergrund haben (Beni Hasan). Kosmische Mächte werden choreographisch ausgedeutet. Daneben stehen meist für Gruppen von Knaben und Mädchen Spring-, Hüpf-, Kletter- und Geschicklichkeitsspiele, von denen einzelne noch in der Gegenwart lebendig sind. Weder Reif noch Kreisel noch Pfeil fehlen im Repertoire.

Bis ans andere Ende des Geschichtsfadens, in die Prähistorie, lassen sich *Brettspiele* verfolgen, wo sie vermutlich noch in ursprünglicher Weise als Orakel zu werten sind. Es gab das »Schlangenspiel«, bei dem auf einem als Schlange geringelten Brett Spielsteine in Form von Hunden und Löwen und als Spielgeld Kugeln benutzt wurden. Ein rechteckiges Spielbrett mit 3 × 4, später 3 × 10 Quadraten wurde mit »Halmasteinen« besetzt. Im Leben diente es der Unterhaltung — wurde sogar ins Tiermärchen einbezogen —, in der Unterwelt konnte der geschickte Spieler mit seiner Kunst böse Dämonen abwehren. Dies Spiel, dessen Regeln im einzelnen noch ungeklärt sind, ist nach Assur gewandert. Unser »Wolf und Schaf« wurde mit Hunden bzw. Schakalen gespielt; dabei wurden die Stäbchen mit den Tierköpfen in Löcher auf das Feld gesteckt (vgl. auch Plutarch, De Iside 12). Würfel-, Kegel-, Morraspiel seien als weitere Beispiele nur erwähnt (Brettspiel im Grab der Königin Nofretiri, Originale unter den Tutanchamun-Funden).

Kinder hatten ihr eigenes *Spielzeug*. Puppen verschiedener Art, Bälle, Klappern und Tiere, die manchmal auch zum Nachziehen auf Rollen gesetzt waren, Glieder bewegen und Rachen aufsperren konnten; als besonderes Kleinod ist eine Elfenbeingruppe tanzender Zwerge erhalten

---

* Im folgenden sind in Klammern (...) die Orte der Originale genannt, die ein Reisender voraussichtlich besuchen wird; so das Museum Kairo; die Gräber des Ti, Ptahhotep und Mereruka in Saḳḳâra; die thebanischen Gräber des Nacht (Nr. 52), des Menena (Nr. 69), des Ramose (Nr. 55) oder die bekannten Tempel.

(Museum Kairo), die sich durch Zug an einem unterseitig angebrachten Bindfaden drehte. Der natürlichste Spielkamerad des Kindes waren die Haustiere, nicht selten tragen die Kleinen ein Vögelchen mit sich herum.

Materielle Güter

Ziehen wir die handwerkliche Linie der Kunst aus, so führt sie uns zum *Kunstgewerbe.* Hier hat Ägypten Meisterhaftes zu bieten. So gut wie alle Techniken sind dort erfunden und aufs feinste entwickelt. Steine werden gebrochen, behauen, gefügt, gebohrt, aber auch geglättet und poliert zu Gefäßen vom Anfang der Geschichte an (→ Steinbearbeitung). Der Steinbohrer, ehemals mit einer Feuersteinspitze, hatte einen exzentrischen Griff und als zentrifugale Kraft zwei schwere Gewichte. Daneben kannte man die Bohrtechnik, mit Hilfe eines Bogens einen Kupferstab zu drehen. Neben den kostbaren *Gefäßen aus Hartgestein* (meist Vorgeschichte und Frühzeit; Museum Kairo) wie Granit, Diorit, Basalt oder Grauwacke und dem weichen Alabaster (Kalzit), aus Schiefer oder Breccia gab es die Masse der Gebrauchsgeschirre aus Ton. Die weißliche Erde, reich an Kalziumkarbonat aus der Gegend von Ballâs und dem bis heute als Töpferstätte Ägyptens bekannten Kena lieferte die besten Tonwaren. Seit dem frühen AR wurden die Gefäße mit der Töpferscheibe geformt, poliert, gebrannt, engobiert und bemalt. Doch wurde die *Töpferkunst* niemals so hoch entwickelt wie etwa die der griechischen Vasenmalerei. Künstlerische und kunstgeschichtliche Bedeutung hat fast nur die Keramik der Vorgeschichte. Viele Töpfe sind roh, um eine stärkere Wasserverdunstung und damit ein Kühlhalten der Flüssigkeit zu erreichen. Die Vorratskrüge sind meist henkellos, wurden in Netzen getragen und mit ihrem Spitzboden in den Sand gestellt, seltener auf Gestelle gehängt.
Wird ein Kern aus Kieselsand im Schmelzverfahren mit einer Glasur überzogen, so erhält man *Fayence;* der Kern wird mit der Hand modelliert, später in Tonformen hergestellt. Fayence, bereits in der Vorgeschichte verarbeitet, dient ebenfalls als Material für Gefäße, mehr aber für Amulette, Schmuckstücke, für kleine Figuren, → Uschebtis und → Skarabäen, auch für Ziegel und Kacheln; häufig ersetzt sie edlere Werkstoffe wie Malachit, Türkis und Lapislazuli, wodurch auch ihre Farbe bestimmt wird. Die Farbe der Glasur erreicht man durch Beimengung, die häufigste: Blau und Grün, durch einen Zusatz von Kupfer. Wenn auch die Nuancen in den verschiedenen Zeiten wechseln, so unterliegen die Farben grundsätzlich mythologischen Vorstellungen, wie auch die Wahl des durch Fayence häufig vertretenen Steines, ja überhaupt die Wahl der Materialien als solche an religiöse Bilder gebunden ist, denn Materialien haben ursprünglich hintergründigen Sinn.
Aus der Fayence leitet sich die Herstellung von *Glas* ab, das ebenso in

Materielle Güter

der Vorgeschichte bereits für Perlen und Amulette verwendet wird; doch erst am Ausgang der Hyksoszeit finden sich Glasgefäße. Durchsichtigfarbloses Glas kennen wir seit Tutanchamun. Das farbige Glas entsteht durch Zusatz verschiedener Mineralien wie Kobalt und Kupfer, Zinn- und Kupferoxyd, Mangan, Blei und Antimon. Diese Farbstoffe wurden zusammen mit Glassand, Natron und Kalziumkarbonat in Tonschalen erhitzt, das flüssige Glas in Tonformen gegossen. Um Glasgefäße herzustellen, drehte man einen (nach Fertigstellung auszubohrenden) Tonkern in flüssigem Glas. Glas zu blasen verstand man erst in römischer Zeit. Durch Aufsetzen von Glasfäden in noch weichem Zustand wurden Verzierungen angebracht, für Einlagen Stückchen von kleinen Glasröllchen abgeschnitten. Durch senkrechtes Aufsetzen der Röllchen rund um eine Glasröhre und weiches Verschmelzen der stacheligen Enden entstehen *Millefiori*perlen, die sich von Ägypten aus in römischer Zeit den Markt bis Kapstadt und China erobert haben und deren Technik als »Venezianische Glaskunst« gilt. — Fayencen wie Glasperlen werden häufig eingelegt, meist in Metall, und durch kleine Gruben oder Stege gegeneinander abgegrenzt (Zellenschmelztechnik; Schmucksaal Museum Kairo).

Auch *Metall* wurde in den verschiedensten Techniken verarbeitet; zuerst Kupfer und Blei (Vorgeschichte), später Bronze (AR—MR) und Eisen (18. Dyn.), dazu vor allem Edelmetalle – Gold früher als Silber – zu Gefäßen wie zu Figuren und Schmuck, zu Beschlägen für Spiegel und Prunkausstattung. Die Ägypter haben Metalle getrieben wie gegossen, zum Anfachen des Feuers bedienten sie Blasebälge mit dem Fuß; entwickelten die Technik des Ziselierens mit dem Grabstichel, des Tauschierens (Einlegens von Metall in Metall) wie auch des Einlegens von Halbedelsteinen (Karneol, Lapislazuli, Malachit, Obsidian und Bergkristall) und Glaspasten. Auch die Technik mit Niello (einem schwarzen Gemenge aus angeschwefeltem Kupfer und Silber) ist ein beliebtes Verfahren; am Schmuck der Prinzessinnen des MR (Museum Kairo) bewundern wir besonders die kunstvolle Granulation (Körnchenarbeit). Vgl. Metall als → Wertmesser.

Unter Kunstgewerbe seien schließlich die feineren *Holzarbeiten* erwähnt. Während die einheimischen Hölzer wie Akazie, Persa oder Tamariske, Sykomore für Gebrauchsgegenstände und übliche Möbel verwendet wurden, holte man sich zu Schmucktruhen und kleinen Kästchen, für repräsentative Möbel wie Thron oder Prunkausstattung das Holz vom Ausland: Ebenholz aus dem Süden, Pinie aus Syrien, Koniferen aus dem Libanon. Auch Holzplastiken wurden aus diesen kostbaren Harthölzern gefertigt. Die kunstgewerblichen Gegenstände sind feinstens verziert, durch Malerei, durch Holzeinlagen oder Inkrustierung; einen Höhepunkt der Schnitztechnik stellen die Geräte des sog. »mykenischen Stils« dar. Toilettenkästchen mit Schiebedeckel, Löffel in Form einer Schwimmerin, die eine Ente

vor sich hinschiebt, Näpfchen in Vogelform, Schminktöpfchen oder Kämme sind teils Gegenstände aus dem Kult, teils aus der Welt der Dame. Ihre Verzierung mit jungen nackten Mädchen im Papyrusdickicht, zwischen Lotosblüten, im Kahn oder auch mit Musikinstrumenten läßt einen Duft aus dem Leben der Liebenden aufsteigen. Für gedeckte Salbschälchen sind kleine Jagdszenen mit allerlei Getier beliebt, für offene Schalen Fische und Wasser. Die reizvollen Motive sind nicht ohne Sinnbezug gewählt.
Wiewohl für das Kunstgewerbe noch *technische Feinarbeiten* hervorzuheben wären wie Steinschneiden, Elfenbeinschnitzereien, Schildpatt- und Bernsteinarbeiten oder Perlenbohren, für welche Arten von Kunsthandwerk das Museum in Kairo eine Fülle von Beispielen bietet, benützen wir das Holz als Brücke zum *Handwerk,* dessen Gebiete hier nur kurz gestreift werden können (→ Ziegelstreichen, → Steinbrucharbeiten). — Bei den Alten werden handwerkliche Erzeugnisse neben künstlerischen meist in der gleichen Werkstatt und von den gleichen Leuten hergestellt. Sie gruppieren sich nach Materialien.

In der *Schreinerei,* wo Holzstatuen neben Möbeln und Bauteilen entstehen, verwenden die Ägypter als Werkzeuge Dächsel zum Behauen, das Beil nur für gröbere Arbeiten, die Säge — wobei das Holz senkrecht im Boden aufgestellt und von oben nach unten durchgesägt wird (Ti) wie noch heute vereinzelt in Oberägypten —, Winkelmaß, Holzhammer und zum Stemmen den Meißel. Der Drillbohrer wird mit einem Fiedelbogen zum Drehen gebracht. Werkzeuge sind als Grundsteinbeigaben, als Modelle und auch als gebrauchte Stücke erhalten.
Man versteht das *Biegen des Holzes* für Stäbe und Bogen, ebenso das Furnieren durch Aufleimen kostbarer Holzplatten. Fertige Gegenstände werden mit Bimsstein poliert; schöne Schreine für Statuen oder Särge durchbrochen, andere mit Stuck überzogen und vergoldet oder auch mit Einlagen verziert (Tutanchamun). Kanopen, Kisten, Sänften und Bahren, Betten mit Kopfstützen, Stühle, Schemel, Sessel verschiedener Form, auch Klappstühle, Tische und Türen sowie Säulen sind Werkstücke aus Holz (Grab des Ti, des Rechmirê, Möbel von Hetepheres und Tutanchamun im Museum Kairo).
Besonderer Kunstfertigkeit bedarf die *Herstellung von Bogen* (es gibt den einfachen und den Kompositbogen) *und Pfeil.* Der Sehnenhalter ist aus Bronze, der Bogen wird lackiert; gute Bögen waren dank ihrer Zusammensetzung aus verschiedenen Materialien so stark, daß sie nur von einem Odysseus gespannt werden konnten und die Pfeile aus Bronze oder Feuerstein und in verschiedener Form selbst Metallplatten durchbohrten (→Waffen).

Materielle Güter 139

Zu den Holzarbeiten gehören ferner *Wagen- und Schiffsbau*. Als der *Wagen* noch nicht erfunden war, bediente man sich hölzerner Walzen (so beim Pyramidenbau); daran erinnern die Scheibenräder der ältesten Wagen. Für den Kampf, Sport, zur Jagd und Inspektionsreise benützte man den zweirädrigen Wagen, für Lastentransport (Särge, Grabbeigaben, Schiffe) den vierrädrigen. Der leichte zweirädrige ist erst mit dem Pferd in der Hyksoszeit bekanntgeworden. Eichenholz (bei Tutanchamun Ulme) ist verarbeitet für Deichsel, Achsen und Speichen, Esche für die Felgen und für das Joch Buche. Auch bessere Hölzer: Akazie aus Nubien oder Zedern, werden als Material textlich erwähnt. Birkenbast dient zum Umwickeln der Verbindungsstellen. Die Zahl der Speichen wechselt von 4 und 8 zu 6. Der Wagenkorb wird mit Leder bespannt, der königliche Wagen mit Edelmetallen beschlagen (Originale im Museum Kairo). Wie die Pferde, so wurden auch Wagen in der Spätzeit exportiert (vgl. Salomo 1. Kg. 10, 29; 2. Chr. 1, 17). – Die Hauptstraße des Landes war schon damals der Nil, deshalb das wichtigere Verkehrsmittel das *Schiff*. Schon früh in mehreren Typen ausgebildet, transportiert es die Prozessionsbilder, befördert beim Leichenbegräbnis Sarg und Beigaben (Götter- und Totenbarken), bringt die Wallfahrer nach Abydos und nach Bubastis, dient als Fähre, zur Reise für den König und die Großen und schließlich zur Lastenbeförderung. Die ältesten Boote waren aus Papyrusbündeln zusammengebunden, für größere Holzschiffe mußten Zedern aus dem Libanon beigeschafft werden. Verwendete man das geringwertige einheimische Holz, so wurden die Bretter zu Bordplanken und Kielen zusammengedübelt. Bei großen Seeschiffen (für Krieg und Handel) spannte man von Bug zu Heck Taue. Bug und Heck sind je nach der Bestimmung des Schiffes mit Protomen verziert (Darstellung der Barken des Opetfestes in Luksor; Schiff von Gîsa).
Stromauf wurde im Nordwind gesegelt, stromab gerudert, und zwar mit Paddeln wie mit festen Rudern; die Lenkruder waren seitlich am Heck festgelegt. War der Wind zum Segeln zu schwach, so wurden die Schiffe stromauf getreidelt. Als Schutzhütten dienten Kajüten. Die größten Schiffe waren nötig zum Transport von Obelisken; für das von Thutmosis I. werden 63 m Länge und 21 m Breite angegeben, die Bauzeit rechnet nach Tagen. Die Hauptwerft war bei Memphis, wo im selben »Rüstungsbetrieb« auch die meisten Wagen hergestellt wurden.

In den Werkstätten der Wagenbauer sind auch die *Lederarbeiter* beschäftigt. Sie gerben die vielfach durch ausländische Tribute gewonnenen Häute, dehnen das Leder über einen Bock und schneiden es zu, meist zu Riemen für den Wagenbau; auch Spaltleder stellen sie her. Außer Bogentaschen und Köcher fertigen sie Sattelkissen und vor allem Sandalen. Sitzmöbel werden mit Leder bezogen, manchmal aufgepolstert.

Kultur der Pharaonenzeit

Sehr geschickt waren die Ägypter im *Flechten* und *Weben*. Die Matten aus geschlitzten Papyrusstengeln, Bast, Rohr, Leinenfasern oder Palmfiber wurden verwandt zum Reisen, für Betten und Sitzmöbel, für Dächer und als Mauerbehänge, als Schutzmatten für Hirten; auch Netze, Siebe, Kästen und Sandalen sowie Körbe wurden kunstvoll geflochten, Teppiche gewirkt. Schon früh entwickelte sich aus diesen Techniken das Weben. Zwischen zwei am Boden befestigten Webebäumen war die Kette horizontal ausgespannt, zwischen ihre Fäden schob man die das Fach bildenden Stäbe; der Schußfaden wurde mit einem Stab angedrückt. Neben diesen liegenden Webstühlen kamen im NR stehende auf und mit ihnen der Webekamm. Am waagrechten Webstuhl arbeiteten stets zwei Frauen, am senkrechten häufiger Männer, gelegentlich auch gefangene Ausländer.

Das fein gesponnene Leinen war äußerst haltbar, bis heute sind vollständige *Kleidungsstücke* überkommen. Die bunten Gewänder wichen in frühester Zeit bei Frauen wie Männern rein weißen. Bunte Tracht wurde Zeichen der Barbaren. Die Mode wechselte langsam vom einfachen Gewand zum reicheren und mehrfachen. Könige und Priester trugen historische Gewänder (ähnlich die Götter); Soldaten, einfache Arbeiter, aber auch Wesire sind an einer Berufstracht zu erkennen. Vornehme Herrschaften kleideten sich in plissierte Gewänder (Museum Kairo), die teils mit Goldborten besetzt waren: darüber legten sie Netzgewänder aus Perlen. Auch Leichentücher und Mumienbinden wurden gewebt, in vielen Techniken und Stoffarten, oft mit Fransen.

Die fertige Leinwand wurde gewaschen – früher durch Klopfen, dann nach dem Einweichen im Zuber mit heißem Wasser und Lauge –, gebleicht und für besondere kultische Zwecke beschrieben oder bemalt.

Das Stricken von Netzen (Filieren) und die Seilerei sind nicht weniger beachtenswert als was in der *Salbenküche* geschieht. Aus Talg und Öl und duftenden Drogen (Blumen, Kräutern und Harzen) wurden die »Salbkegel« hergestellt, die die Vornehmen als Parfüm auf dem Kopfe trugen (Nacht). Durch die Wärme langsam zerschmelzend, durchtränkten sie Perücke wie Gewänder. Den guten Wäscher erkannte man daran, daß die von ihm gewaschenen Kleider nicht mehr dufteten.

Des öfteren war als Material (zum Bootsbau oder Flechten) *Papyrus* genannt, aber die Rolle der altägyptischen Symbolpflanze ist damit noch nicht genügend gewürdigt. Denn die heute in Ägypten verschwundene Staude, auf einer Nilinsel in Kairo wiederangebaut und präpariert in einem schwimmenden Museum am Nilufer zu besichtigen, fand vielseitige Verwendung, vor allem zur Herstellung des Schreibstoffes, von dem sich dem Namen nach unser »Papier« herleitet. Schon in der 1. Dyn. verstand man Papyrus herzustellen. Das Mark der grünen, oft armdicken Stengel, wurde in Streifen geschnitten, Streifen um Streifen parallel nebeneinan-

Materielle Güter — Ernährungswirtschaft

dergelegt, eine zweite Schicht quer dazu, und das so gebildete »Blatt« (von 35—42 cm Höhe zu 40—48 cm Breite) mit einem Holzschlägel geklopft, dann gepreßt und poliert.
Durch Aneinanderkleben der Blätter entstand eine Rolle, die normalerweise 20 Blatt lang war. Die horizontal gefaserte Seite galt als Vorderseite. Frischer Papyrus ist fast weiß und äußerst haltbar, zäh und elastisch; erst sein mehrtausendjähriges Alter hat ihn bräunlich und brüchig werden lassen.

Ernährungswirtschaft (und Fauna und Flora)

Bilden Ackerbau und Viehzucht die Grundlage der Wirtschaft im geschichtlichen Ägypten, so im 5. und 4. vorchristlichen Jahrtausend das *Jagen*. Aber die vorgeschichtliche Technik des Jagens hat sich in die Zeit der Hochkultur gerettet, und zwar als Sport und Spiel und im Tempelzeremoniell als Ritualhandlung; so das Speeren der Fische, das Vogelfangen mit dem Wurfholz (Nacht) oder das Einfangen des Wildstiers (Abydos, Sethostempel) wie des Nilpferds mit dem Lasso. Das Harpunieren von Krokodilen wurde in geschichtlicher Zeit offenbar gar nicht mehr geübt, man begnügte sich damit, den Leviathan mit einer Abwehrgeste zu beschwören (Ti). Daneben entwickelte die neue Technik der geschichtlichen Zeit das Jagen mit dem Speer und mit Pfeil und Bogen, für Fisch- und Vogelfang bot sie Netz und Reuse.
Der *Fisch* war ein verbreitetes Nahrungsmittel. Herodot (II 15, 113) berichtet von »Fischfabriken« an der Deltaküste. Der Reichtum des Nils und besonders des Faijûmsees erlaubte sogar eine Ausfuhr gepökelter Fische nach Syrien. Die Fische wurden mit Schleppnetzen und auch mit Reusen vom Ufer oder von Papyrusnachen aus gefangen, die *Vögel* für den wirtschaftlichen Verbrauch mit dem Schlagnetz.
Das Jagen auf das *Großwild der Wüste* war Vorrecht der Könige. Nur sie jagten Elefanten, Wildstiere, Wildesel, Strauß und Löwe, im NR vom Wagen aus. Löwen wurden unbezweifelbar gezähmt und folgten Pharao in den Krieg (Karnak, Medînet Hâbu, Abu Simbel). Der als Panthera leo nubica (Blainville, 1843) bestimmte altägyptische Löwe unterscheidet sich stark von dem nordafrikanischen, bildet nämlich verwandtschaftlich den Übergang von den bauchmähnenlosen Löwen Afrikas südlich der Sahara zu denen Vorderasiens. Die Jagd auf kleinere Tiere wurde als eingelapptes Treiben durchgeführt (Wüstenfuchs, Schakal, Wildschwein, Leopard, Hase und Igel, vereinzelt auch Damhirsch), bei der man Hunde verschiedener Rassen ebenso einsetzte wie der Jagd auf Wild abgerichtete Geparde. — Im Papyrussumpf machten Ichneumon, Genette und Wildkatze dem Menschen die Beute an Vögeln streitig.
Das Alte Ägypten darf als ein Zentrum der *Domestikation* angesehen

werden; selbst Löwen wurden gezähmt, Wildkatzen erst im NR wirklich zum Haustier. Niemals voll gelungen ist die Zähmung von Wild, wie Antilopen, Gazellen und Steinböcken, was die Ägypter vermutlich dazu veranlaßte, diese Tiere später erbost zu verfemen. Das Huhn lernten sie in der 18. Dyn. in Kleinasien kennen, das Pferd durch die Hyksos.

An *Zuchttieren* treffen wir auf dem Geflügelhof außer Gans und Ente auch Tauben (die auch als Brieftauben abgerichtet werden), Kraniche, Reiher, Ibisse und sogar Pelikane. In den Ställen werden im AR auch Hyänen gemästet. Nach der Überschwemmung ziehen die Hirten zur Weide mit Rindern, Eseln, Schafen, Ziegen und seltener auch mit Schweinen; ist das Vieh heimgetrieben, dann wird es dem Herrn vorgeführt (Modell im Museum Kairo), von ihm kontrolliert, gezählt; die neuen Würfe werden gestempelt. Hund, Katze und Affe erfreuen als Lieblinge, sitzen mit Vorliebe unter dem Stuhl ihres Herrn (Nacht). Die Wandbilder berichten ausführlich vom Leben der Tiere (Ti und Mereruka) und ihrer Wartung, Veterinärpapyri von der Krankheit des Viehs und seiner Behandlung mit Heilmitteln.

Honig wurde früh gesammelt; spätestens in der 5. Dyn. werden *Bienen* gehalten, die ihre Waben in Tongefäße bauen. Auch aus Syrien wird Honig eingeführt, doch bleibt er immer eine besondere Leckerei, wird an königlichen Tafeln für Opferbrote oder auch zu Heilzwecken verwendet. Das Wachs dient für Modelle kleiner Bronzefiguren für Amulette und Zauberfiguren und wird auch als Licht und Räucherwerk verbrannt.

Wie aus dem genannten Wild bereits ersichtlich wird, hat sich die *Fauna* Ägyptens in der geschichtlich überschaubaren Zeit gewandelt. So sind Elefant, Löwe, Wildrind und Wildesel, Nilpferd, Krokodil und der Strauß weit nach Süden abgewandert. Noch im vierten vorchristlichen Jahrtausend lebten in den Trockenwâdis der Wüstenränder der afrikanische Elefant, die Gerenukgazelle und Kutuantilopen, ebenso die Giraffe in großer Zahl und von den Vögeln der Weiße Storch und der Marabu; noch haben in Oberägypten Affen gehaust, im Nil Fischottern geräubert. Doch klimatische Veränderungen wie auch die Kulturarbeit des Menschen haben sie nilaufwärts getrieben. Heute lebt das Nashorn erst in Mittelafrika, das Krokodil von der südlichen Landesgrenze ab, Nilpferd, Elefant, Pavian und Ibis sind noch weiter stromauf gezogen; die Giraffe hat jetzt südlich der Sahara ihre Heimat, während wir Löwe und Wildesel erst im Sudân begegnen. So bewahrheiten sich Brehms Worte: »Erst wenn man in das tiefe Innere Afrikas kommt, werden die 4000 Jahre alten Bilder der Heiligen Schrift auf den Tempeln Ägyptens lebendig: Dort finden sich heute noch wie vor Jahrtausenden dieselben Tiere unter den sich gleich gebliebenen Menschen; dort begegnen wir neben dem Pavian und dem Krokodil, dem heiligen Ibis und dem Tantalus jenen

Ernährungswirtschaft 143

übriggebliebenen: dem Elefanten, dem Nashorn und dem Nilpferde.«
Ebenso hat sich die charakteristische *Flora* des Nillandes bis zum Quellgebiet des Stroms oder doch in die Gegend des Weißen Nils hinaufgezogen.

Vielfältig gestalten sich die *Arbeiten des Bauern,* einst wie heute. Waren die Wasser der Nilüberschwemmung verlaufen, so wurde der noch feuchte Acker gepflügt — mit Ochsen, Kühen, einmal auch mit Maultieren und mit Menschen, aber auch mit Eseln und Schafen; die Tiere sind an die lange Deichsel des hölzernen Pfluges (mit zwei kurzen Handgriffen — derselbe, der noch heute von Fellahen benutzt wird) früher mit der Stirn angeschirrt gewesen, seit dem NR durch ein Nackenjoch. Die Schollen werden mit der Hacke und dem Hammer zerkleinert, die Samen aus einer Umhängetasche gestreut und von Schafen oder Schweinen eingetreten. Das *Getreide* wird wie heute in Ägypten hoch am Halm (Nacht oder Menena) gesichelt (Sichel aus Holz mit Feuersteinzähnen), zu (Doppel-) Garben gebunden oder in Säcken von Eseln zur Tenne geschleppt. Esel, Rinder oder Schweine, auf der Tenne im Kreise getrieben, dreschen das Korn, Frauen (mit Kopftüchern gegen den Staub; Menena), seltener Männer, worfeln die Körner, damit »die Spreu vom Weizen getrennt« werde. Das gesiebte Getreide wird von oben her in die Silos gefüllt, unten später entnommen. Das Saatgut, Tempel- und Staatsgetreide lagert in Zentralscheunen. Zur Berechnung der Steuern wird das Feld vom Katasteramt ausgemessen.

Neben der Kornernte wird in den Gräbern meist die *Flachsernte* dargestellt (Nacht). Die Büschel werden ausgerauft, zu Garben gebündelt, kleine Mengen durch den Kamm gezogen, d. h. gehechelt, so daß die Samenkapseln abfallen.

Edlere Kulturen baut man in *Gärten:* Datteln und Dûmnüsse, Ölnußbaum, Feige, insbesondere die gute Sykomorenfeige, Äpfel, Granatäpfel und Brustbeerbaum; Ölbaum, Johannisbrotbaum, Tamariske, Persea-Baum, Christusdorn und Akazie sind nur die wichtigsten Vertreter der langen Liste; auch Maulbeeren und Johannisbeeren vervollständigen noch nicht den Bestand an Kulturen. Mandeln, Pfirsiche, Kirschen und Birnen gibt es in Ägypten erst seit der Zeit der Römer.

Auf keinem gut gedeckten Tische fehlte der *Wein,* der mindestens von der frühesten Geschichte an gezogen wurde. Auf flacher Erde standen die Reben — wie in Italien — laubenartig. Die reifen Trauben wurden in Wannen ausgetreten (Nacht), aus denen der Saft in Krüge floß. Nach der Gärung verschloß man die durchbohrten Nilschlammpfropfen und versiegelte sie. Daß sich schon damals der Geist am Wein entzündet hat, beweisen die Etikette mit Namen, Herkunft und Jahrgang der Sorte, denn sie zählen zu den ältesten Schriftdenkmälern überhaupt. Zum Gebrauch wurde der Wein durch Heber abgesogen, gelegentlich genoß man ihn wohl

unter dem Einfluß asiatischer Sitte auch mit dem Trinkrohr unmittelbar aus dem Krug.
An *Gemüsen* kennen die Alten Ägypter verschiedene Zwiebel-, Lauch- und Knoblaucharten, mannigfache Salatsorten, Lattich, Gurken und Melonen. Rettiche, Rüben und Hülsenfrüchte.
Aber auch an *Blumen* fehlte es nicht, vergeht doch kein Fest, keine Feier, ja kein Alltag und keine Arbeit ohne reichsten Schmuck an Blumen. Außer den schon genannten Papyrus und Lotos sind in die Stabsträuße und Bukette, in die Girlanden und Kränze (Tutanchamun, Sechemchet) Blätter und Blüten, Beeren und Früchte vieler Arten kunstvoll eingebunden (Waldnachtschatten, Oliven, Alraune, Kornblume, Mohn, Minzen, Saflor, Immortellen, Chrysanthemen, Malven, Efeu, Winden, Dill, Koriander, Tamariske, Henna u. a.). Die Gewinde um die Krüge hielten das Getränk zugleich kühl.
Um die schönen Gewächse ziehen zu können, bedarf es der *Gartenpflege,* die damals wie heute hauptsächlich in zusätzlichem Bewässern bestand. Jeder Garten hatte entweder einen Teich, rechteckig oder T-förmig, oder lag am Fluß bzw. an einem Kanal. Größere Gärten waren sogar mit mehreren Teichen ausgestattet. Aus diesen Teichen oder Kanälen holte man das Wasser zum Gießen mit Krügen und trug sie an einem Joch über der Schulter zu den Beeten. Für weitere Wegstrecken bediente man sich wie heute der Ziegenschläuche. Daneben gab es das noch jetzt übliche → Schadûf; aus der Spätzeit ist eine → Sâkija erhalten, die bei ihrer Auffindung sogar noch betriebsfähig war (Tûna el-Gebel). Die Gärten wurden auch damals schon schachbrettartig in Felder eingeteilt, ihre Ränder zum Halten des Wassers erhöht.

Die letzten noch zu erwähnenden Berufe führen uns mitten in die Küche. *Bäcker und Brauer* arbeiten dort nebeneinander und Hand in Hand. *Brot,* das Hauptnahrungsmittel, wurde mindestens in 16 Arten gebacken, nach Form und Teig geschieden. Es gab ungesäuerte Fladen (für die Bierbereitung), Brot- und Feingebäck; süße Brote, mit Honig gebacken (für die Tempel) oder mit Früchten des Christusdorns; »Schmalzgebäck«, d. h. im heißen Fett gesottene, und schließlich aufgezogene Kuchen. Nach dem Mahlen des Kornes und Kneten des mit Sauerteig versetzten Teigs (bei größeren Mengen mit den Füßen), wurde das Brot nach der Art unserer Holzkohlenbrote auf dem Land im Ofen gebacken.
Eng mit der Bäckerei zusammen hängt die *Bierbrauerei.* Bier war Alltagsgetränk und bereits in der Vorgeschichte bekannt. Getreide (Gerste oder Emmer) wurde zerstoßen, mit Sauerteig versetzt, angefeuchtet und in kleinen Fladen leicht angebacken (Hopfen war nicht zugesetzt). Diese Brote zerstampfte man in Bottichen und brachte sie zum Gären, knetete den gewonnenen Brei über einem Gefäß auf einem Sieb, so daß das Bier

Ernährungswirtschaft — Wohnkultur

abtropfte. Beim Einschenken wurde der Trunk nochmals geseiht (Brauereimodelle im Museum Kairo).
Nach allem, was wir von der Nahrungswirtschaft gehört haben, dürfen wir uns die altägyptische *Mahlzeit* lecker vorstellen. Die gerupften und ausgenommenen Gänse wurden über dem Feuer am Spieß gebraten; die ausgenommenen Fische ebenfalls gebraten, wenn nicht eingepökelt und getrocknet; das Fleisch der großen Tiere in Kesseln gekocht, in Ton- und Metallpfannen oder aber am Spieß gebraten (Modelle von Küchen und Schlachthöfen im Museum Kairo). Der Herd wurde mit Stroh und Schafdung (heute Kamelmist) beschickt, zum Anzünden dienten Feuerbohrer und -brett.
Außer dem Herd — bis zu 1 m hoher Tonofen oder Feuerstelle mit metallenem Dreifuß — stand in der *Küche* ein Tisch mit Mulden (so in Amarna gefunden), zur weiteren Einrichtung gehörten Geräte und Behälter, ähnlich wie heute. Die für ein Gastmahl bereiteten Speisen und Getränke wurden auf tragbaren Tischchen angerichtet, mit Blumen und Girlanden geschmückt und in der Vorratskammer abgestellt, bis man sie nach Empfang der Gäste fertig in die offene Halle auftrug.
Man pflegte drei Mahlzeiten zu halten, am Morgen, am frühen Nachmittag und die Hauptmahlzeit am Abend. Der Speisende saß anfangs auf einer Matte am Boden, aber schon im AR auf einem Holz- oder Rohrsessel vor einem niedrigen Speisetisch, jeder vor seinem eigenen. Er nahm die Speisen mit der Hand (wie noch heute die Landleute). Das Vergnügen einer Mahlzeit war bei vielen eingeschränkt durch Zahnschmerzen, denn das (durch das Mahlen des Korns auf Stein) mit Sand durchsetzte Brot schädigte das Gebiß derart, daß ein hoher Prozentsatz der Alten Ägypter an Zahnleiden sogar gestorben ist.

Wohnkultur

Die Küche führt uns in das Herz des *Hauses*, dessen Anlage und Bau wir uns nunmehr zuwenden. Alle *Wohnhäuser* wurden — im Gegensatz zu dem für die Ewigkeit bestimmten Grab, nicht aus Stein, sondern wie noch heute — aus luftgetrockneten Nilschlammziegeln, Holz und Rohr gebaut, weshalb sie nur in spärlichen Resten überkommen sind. Aus dem AR ist am Aufweg des Chephren eine staatliche Handwerkersiedlung erhalten, aber aufschlußreicher ist die Handwerker- und Beamtenstadt von Kahûn aus dem MR. Die Häuser sind sozial unterschieden (die der Reichen etwa 50mal so groß wie die der Armen, deren Häuser aber immer noch mehr Raum hatten als die bei uns als »soziale Wohnungsbauten« anerkannten) und klar gegeneinander abgegrenzt. Die Räume gruppieren sich um einen Hof, von einem Nebengemach aus steigt die Treppe zu den höheren Geschossen auf. Bad und Toilette sind schon seit der 2. Dyn. be-

kannt. Luftfänge auf dem Dach führten den kühlen Nordwind zu (ähnliche »Klimaanlage« wie heute der Malkaf; gut über den Dächern von Kairo von der Zitadelle aus zu sehen).
Die Stadt der Nekropolenarbeiter in Dêr el-Medîna ist insofern nicht charakteristisch, als dort die Menschen gettoartig und also auf besonders engem Raum zusammengedrängt waren. Immerhin hatten ihre zweistökkigen Häuser nicht weniger als 90 qm Grundfläche. Erhalten sind gemauerte Betten und Reste schöner Wandmalereien, die man als Vorläufer der pompejanischen auffassen darf.
Seit der Frühzeit sind die *Tür*rahmen aus Stein, auf ihnen stehen Name und Titel des Besitzers.
Fenster saßen hoch oben in der Wand und waren durch Holzgitter verschlossen. Die Haustüren, die unten stets einen Spalt offen ließen, drehten sich mit Zapfen in Angelsteinen und wurden durch hölzerne Riegel verschlossen (→ Steinbrucharbeiter und -metzen; Fenstergitter im Großen Säulensaal in Karnak und im Ptolemäer-Tempel in Dêr el-Medîna).
Während gebrannte *Ziegel* zwar vereinzelt schon seit dem MR, aber häufiger erst seit der römischen Zeit verwendet wurden, sind die aus Nilschlamm in rechteckigen Holzformen an der Sonne getrockneten (Ziegelstreichen 2. Mose 1, 14; 5, 6–14 = in die Holzform streichen) bis dahin das übliche, aber sehr vergängliche Material, selbst für *Paläste*, so daß wir über die königliche Residenz verhältnismäßig schlecht unterrichtet sind. Doch ergänzen Texte und Darstellungen in den Gräbern die wenigen originalen Überreste (Amarna; Ramesseum und Medînet Hâbu z. B. waren »Absteigepaläste«). Der private Teil des Palastes enthält Schlafräume des Königs, das Frauenhaus (den Harîm), Lustgärten, Dienerquartiere und Magazine; der offizielle den Thron- und Audienzsaal, Säulenhallen, Höfe. Im »Erscheinungsfenster«, einem Balkonfenster, erschien der König, von dem aus er »Lob spenden« konnte, Schauspiele beobachtete und einziehende Truppen oder ausländische Gesandte empfing.
Zur *Anlage einer Stadt* läßt sich allgemein nur schwer etwas aussagen, da jede der erhaltenen oder rekonstruierbaren ihr spezielles Gepräge hatte. Von Amarna sei berichtet, daß Palast, Tempel, Verwaltungsgebäude und Speicher den Kern bildeten, breite Grünanlagen Güter wie Herrschaftshäuser voneinander trennten, und auch hier die Arbeiter aus der Nekropole und aus den Steinbrüchen innerhalb einer Umzäunung in einem entfernten Dorfe wohnten. Die meisten Städte und Bezirke waren von starken Ziegelmauern rechteckig umgeben (10 bis 15 m dick, 20 m hoch, vgl. Elkâb), die Straßen zweigten von einer Hauptachse rechtwinklig ab bzw. führten zu markanten Punkten der Umgebung, so daß also trotz des runden Determinativs für Stadt ⊗ die Anlagen ein Rechteck füllten.

Staat und Gesellschaft

Keimzelle des Staates war die *Familie* und deren Grundlage die Ehe. Nicht die Sippe, sondern die Familie stellte im Rechtsleben wie im Kult die eigengesetzliche Gemeinschaft dar. Im Unterschied zum heutigen (islamischen) Recht war die Frau rechtlich etwa dem Manne gleichgestellt; Kinder konnten leicht adoptiert werden; Freunde teilten sich als »Brüder« mit den Söhnen der Verstorbenen in die Verwaltung und Nutznießung der Totenstiftung.

Mann und Frau kauften, falls die Frau keine Kinder bekam, gemeinsam eine Nebenfrau, meist eine Sklavin, deren Kinder nach dem Tode des Mannes für frei erklärt wurden. Den Herrn umgaben (freie) Diener zum Tragen seines Reisezeltes, seiner Sandalen oder als Mundschenk; die Dame war im Harîm von Zofen und im Wochenbett von Amme und Wärterin umgeben. Daneben, besonders seit dem NR, lebten im Hausstand Sklaven, vorwiegend kriegsgefangene Ausländer.

Doch ist die soziale Schichtung nicht allein hochkompliziert und im Laufe der 3000 Jahre altägyptischer Geschichte mehrfachen Wandlungen unterworfen, auch unsere Nomenklatur paßt auf die damaligen Zustände so wenig, daß es in gebotener Kürze nicht möglich ist, über wirtschaftliche Lage, gesellschaftliche Stellung, Verwaltung und Staat einen auch nur annähernden Begriff zu bieten.

Für das NR, wo die Verhältnisse am klarsten liegen, läßt sich zur sozialen Schichtung etwa folgendes sagen: Die Beamten bildeten in der 18. Dyn. die oberste Schicht, doch wird ihr Führungsanspruch zunehmend von den Offizieren des Heeres bestritten, insbesondere von der Wagenkämpfertruppe, der altägyptischen »Kavallerie«, die sich nach Einführung von Pferd und Wagen neu herausgebildet und in ihrer militärischen Überlegenheit als unerreichbar erwiesen hatte. Die Priester unterschieden sich nach ihrer Ausbildung nicht von den Beamten. Einen eigenen Bauernstand gab es nicht. Die Felder wurden als Domänen durch Ackersklaven, meist Ausländern, bewirtschaftet, oder das Land war bestimmten Bevölkerungsschichten zum Unterhalt zugewiesen. Doch diese »Bauern« hatten daneben in der Regel einen anderen Beruf, waren z. B. Soldaten, Hirten, Priester oder Pferdeverwalter. Doch wenn einer den Beruf wechselte, fiel der Landbesitz an die königliche Verwaltung zurück. Eine ausgesprochene Arbeiterschaft kam erst im späteren NR auf. Die viel zitierten ägyptischen Sklaven, zumeist ausländische Gefangene, decken sich begrifflich nicht mit ihren Namensvettern aus Rom, sind, zumindest im AR und MR, eher als »Hörige« zu verstehen.

Im AR hat sich unter dem Dogma des → göttlichen Königtums aus der patriarchalischen »Beauftragung« der Prinzen mit Regierungsämtern ein zentralistischer, straff organisierter *Beamtenstaat* entwickelt mit einem Wesir an der Spitze. Fünf Büros, darunter das königliche Sekretariat, verwalteten im AR die Akten und fertigten die Dekrete aus. Die Abgaben des Landes sammelten sich im Schatzhaus. Feudalismus und Bürokratie, dazu das wachsende Innewerden der individuellen Persönlichkeit, führten auf der Grundlage gleichen Dogmas zwar zu Krisen, aber jeder Neuaufbau richtete sich wieder am Königtum aus als der alleinigen legitimen Wurzel aller staatlichen Macht. Beauftragt werden konnten von der Zentralregierung auch ganze Klassen, wie die Priester. In seinem Amt als höchste richterliche Instanz war selbst der Wesir nur Stellvertreter des Königs, wie alle Vertreter der Bürokratie und Landesverwaltung einen Teil der vom König delegierten Macht innehatten.

Ägypten ist — ganz im Unterschied zu den meisten altorientalischen Ländern — ein *Rechtsstaat* katexochen. Der König, der die Ma'at verwirklicht und hütet, ist die Quelle des Rechts. Er erläßt die Gesetze, Dekrete und Anordnungen. Schon früh gibt es Rechtsbücher, die das Verwaltungs-, Sachen-, Zivil- und Strafrecht betreffen; die Sammlungen liegen beim Wesir. Neben sechs großen Gerichtshöfen stehen lokale Beamtenkollegien und für besondere Fälle auch Sondergerichte, wo außer Prozessen notarielle Erhebungen durchgeführt werden. Bei dem Volk der Schreiber spielten Protokolle und Akten eine nicht mindere Rolle als bei uns, doch die Archäologen haben Gewinn davon.

Im AR gab es noch keinen eigenen *Militärstand*, vielmehr konnte das Volk eingezogen werden ebenso zu Bauarbeiten wie zu Expeditionen in die Steinbrüche oder auch für Feldzüge; junge Männer derselben Siedlung dienten als Arbeitsgruppen organisiert und registriert unter denselben Beamten, die ihnen auch sonst vorstanden. Erst gegen Ende des AR wurden als einzige Ausnahmen die Angehörigen der Götter- und Totentempel von der Aushebung befreit, dagegen damals schon Söldner aus Libyen und Nubien angeworben. Im MR ersteht eine ständige Miliz, die aber unter der obersten Leitung des Schatzmeisters und der praktischen Leitung seiner Beamten auch die Expeditionen durchführt. Je 100 Mann unter der Leitung eines »Generals« sind in Truppen zu 10 Mann unterteilt, die einem Gruppenführer gehorchen (Modelle im Museum Kairo). Diese Berufssoldaten, »Kämpfer« genannt, erhielten für ihren Unterhalt Land.

Während im NR das alte *Milizsystem* fast nur noch für Steinbruchexpeditionen ausreichte, wurde für die imperialen Kriege mit Vorderasien das Heer besser ausgebildet und organisiert. Das Feld, mit denen die Berufssoldaten belehnt wurden, fiel sogleich zurück, wenn kein Mitglied der Familie mehr Soldat wurde. Die Streitwagenkämpfer waren die wichtigste Waffengattung, und die »Stallvorsteher«, denen die Pferde unterstanden, erhielten die größten Ländereien. Aber auch fremde Söldner, ja

Staat und Gesellschaft 149

ganze Völkerstämme von Gefangenen wurden geschlossen angesiedelt. Die Organisation der vier »Divisionen« war straff und durchgebildet, Dienstgrade und Auszeichnungen fehlten nicht.
An *Waffen* wurden Knüppel verwendet, die die Barbaren eingeführt, aber dann auch die Ägypter getragen haben, Beile, deren Form sich im Laufe der Geschichte wandelte, sowie Pfeil und Bogen. Das Schwert, das zu Beginn des NR aus dem Norden importiert wurde, und die Lanze verdrängten in der Ramessidenzeit den Dolch im Gürtel. Der Schild, aus Holz und immer mit Tierfell bespannt, war seit dem MR häufig gewölbt und hatte einen Metallbuckel; die großen Schilde für mehrere Mann verwendete man bei Belagerung. Im NR kam als weitere neue Waffe das Sichelschwert hinzu, aus Asien stammend, schließlich Panzer und Helm und — reformierend — der Streitwagen. Die Schleuder kennen wir in Ägypten nur in den Händen ausländischer Söldner.
Die *Soldaten* lernten kein anderes als das Waffenhandwerk und vererbten es von dem Vater auf den Sohn. Ihr Leben bot dieselben Abwechslungen wie heute. Auf ein Trompetensignal sammelten sie sich hinter dem Standartenträger zu einem Vorbeimarsch, die Bogenschützen vor der Infanterie mit Lanze und Schild; sie präsentierten vor ihrem neuen Obersten oder marschierten mit geballter Faust. Die Verpflegung bestand gewöhnlich aus Brot, Rindfleisch, Gemüse, aus Kuchen, Wein und allen guten stärkenden Nahrungsmitteln, die die Soldaten unter der Führung ihrer Chargen an der Verpflegungsausgabe empfingen, wo sie mit ihren Ranzen in guter Ordnung angetreten waren; ihre Rationen wurden sorgfältig eingetragen.

Auch der *Außenhandel* unterstand königlichem Befehl. Im AR erreichte er im Libanon Byblos, im Süden Nubien und das Weihrauchland Punt. Der Libanon lieferte wertvolles Bauholz, das in Ägypten fehlte, und zum Balsamieren das Harz der Nadelbäume. Byblos scheint auch der Umschlaghafen für Lapislazuli gewesen zu sein, der aus Afghanistan gekommen zu sein scheint. Von Syrien bezog Ägypten Öl, im MR vor allem Kupfer und Halbedelsteine, aus Punt außer dem Weihrauch, Gold, Elfenbein, Ebenholz, Tierfelle, Fette, Giraffenschwänze, Myrrhenbäume und andere Kostbarkeiten. Um diese Länder zu erreichen, benutzte man die Seewege an der Küste des Mittelmeers entlang bzw. das Rote Meer; mit Punt betrieb man ausgesprochenen Küstenhandel. Verderbliche Waren wurden auf den Schiffen in Lattenverschlägen befördert, also luftig und doch vor der Sonne geschützt. Als Tauschobjekte dienten Waffen und kunstgewerbliche Gegenstände wie feine Gefäße, nach Asien auch Gold.
Nach Nubien zogen Eselkarawanen von Siût, dem heutigen Assiût, von Abydos und von Elephantine aus; sie führten gegen ähnliche Rohstoffe, wie sie aus Punt eingeführt wurden, an ägyptischen Produkten aus: Honig und Fertigwaren, vor allem Kleider und wertvollere Gefäße.

Das Gold aus Nubien zahlten die Ägypter durch ihren militärischen Schutz gegen die Nomaden-Überfälle aus der Wüste.
Schließlich bereichern die Produkte aus den Oasen und angrenzenden Wüsten Ägypten um Salz, Natron, Flechtwerk und Gerten, um Kräuter, Vögel und schließlich um Schminke.

Für das NR ist charakteristisch, daß sich neben dem königlich-staatlichen Handel der *Zwischenhandel* entwickelte und daß die Barbaren ihre Waren selbst nach Ägypten führten; ausländische Kaufleute verhandelten auch Sklaven, ähnlich wie die Midianiter Joseph verkauften. Die Warenschiffe scheinen regelmäßig und schnell verkehrt, die Waren bestellt worden zu sein.

Der *Binnenhandel* entwickelte sich aus dem Tauschhandel zwischen Handwerkern und Landarbeitern, die – für ihre Arbeiten auf den staatlichen Gütern vom Staat bezahlt – aus ihren privaten Gärten zum Tausch Gemüse feilhielten, Lattich, Zwiebeln, auch Feigen und Öl, dazu Fische und Brot. Die Handwerker priesen die Produkte ihrer Arbeit an: Sandalen, Leinwand, Kopfstützen, Fächer und Stöcke. Schmuckstücke, Siegel und andere Metallarbeiten scheinen von den staatlichen Handwerkern auch für den Dorfmarkt hergestellt worden zu sein. Im NR traten dann auch eigene Kaufleute auf, meist Ausländer.
Die Preise wurden anfangs nur durch Naturalien gezahlt, jedoch nach feststehendem Wert berechnet. Der *Wertmesser* ist eine Gewichtseinheit, die sich auf Silber, Gold oder Kupfer bezieht, deren Relationen sich im Laufe der Zeit verschieben; geringere Werte werden nach »Säcken« von Korn berechnet. Die Rinderform von Gewichtssteinen erinnert an die Kuh als Wertmesser in früherer Zeit (vgl. pecunia). Eine Art offizieller Währung gibt es seit der 22./23. Dyn., Münzen kommen unter dem Einfluß kleinasiatischer Völker zur Zeit der Perserherrschaft auf.

Kunst der Pharaonenzeit

»Die Kunst ruht auf einer Art religiösem Sinn, auf einem tiefen unerschütterlichen Ernst; deswegen sie sich auch so gern mit der Religion vereinigt.«

Goethe

Die Kunst ist das sinnenfälligste Dokument altägyptischen Wollens und jene Artikulation, derentwegen der Reisende an den Nil fährt. Was er dort als künstlerische Zeugnisse trifft, sind Tempel, Pyramiden und Gräber, aber nur spärliche Reste von Palästen und Wohnhausarchitektur. Als Bestandteile der Bauten lernt er die Reliefs und Malereien der Wände kennen, während er ihr ursprüngliches Inventar nur mehr im Museum bestaunen kann. Das sind vor allem die Statuen, aber auch einzelne Bauglieder, außerdem an Grabbeigaben Kleinodien von Schmuck und Kunsthandwerk.

So verschiedenartig die Kunstgüter sein mögen — alle sind sie fremd und fern, nicht mit unseren Begriffen zu werten, nicht ohne weiteres verständlich, seltsam eingebunden in religiöse Vorstellungen und immer verhaftet mit ihrem sinnbezogenen Grund. So kann ein Kunstwerk »an sich« niemals »genossen« werden, sei es durch ästhetische Zwiesprache, sei es durch meditatives Versenken, es bedarf vielmehr der glaubensmäßigen Interpretation. Scheinbar »hinzu« kommt die Eigenart der Darstellweise, die vom Laien häufig als »primitive Verzeichnung« oder »Mangel an plastischem Formvermögen« gedeutet wird. Inhaltliche wie formale Erklärung können kein anderes Ziel haben, als die Wurzel dieser Kunst freizulegen.

Wir markierten schon einmal das Jahr 3000 v. Chr. als die Schwelle, über die der Alte Ägypter aus der Prähistorie in die Geschichte eingetreten ist; in jener Sternstunde erhielt der Mensch am Nil die Charis, aus seinem märchenhaften Zusammenhang mit dem Urgrund der Welt zu der neuen Bewußtseinsebene aufzusteigen, die durch den Mythos gekennzeichnet ist. Um das Jahr 3000 gelangen ihm die menschheitsgeschichtlichen Entdeckungen und Erfindungen, die samt und sonders beruhen auf einem neuen Weltverhältnis, genauer: auf einem neuen Verhältnis zum Tode und damit zu Zeit und Raum. Was der Mensch seinerzeit geschaffen hat, war ein Ausgrenzen aus der kontinuierlichen Fülle von Möglichkeiten, ein *Herausreißen von Gestalten aus dem Fluß der Zeit,* welche Vergänglichkeit bedeutet. Das Innewerden des je eigenen Todes auf dem

Hintergrund des überzeitlichen Sinneszusammenhanges unzerstörbaren Seins forderte den Ägypter heraus, der Ewigkeit ein Stück abzuringen, das flüchtige Geschehen festzuhalten — *zeitstumm*. Das Auseinanderlegen des Menschseins in leibliches, todgeweihtes Leben auf Erden und seine jenseitige Existenz in Verklärtheit, die ihn zu Gott eingehen oder bei ihm wohnen läßt, das ist es, was den Alten Ägypter antrieb, seine Kunst zu schaffen. Wir werden dies zeitstumme Wesen seiner Kunst noch genauer betrachten, während unsere Aufmerksamkeit zunächst ganz allgemein dem religiösen Antrieb gilt.
Thematisch sind die Kunstgebilde als *magisch-kultische* Gegenstände zu begreifen: die Tempel und Gräber ebenso wie die Statuen, welche Götter, Könige und Tote darstellen oder ihnen als Wohnung dienen, und auch die Malerei und Reliefkunst, die zur Ausstattung der Räume gehören. Die Kunstwerke waren der Idee nach nicht geschaffen, um einen Beschauer ästhetisch zu befriedigen; vielfach waren sie nicht einmal zugänglich (wie die Statuten im → Serdâb oder die Bilder im vermauerten Teil des Grabes). Ihre Aufgabe war vielmehr, da zu sein, einfach dazusein, um durch ihr Dasein zu wirken. Als Gestaltetes hatten sie die Möglichkeit, rituell zum Leben gebracht zu werden und als Sitz des Lebens mittelbar oder unmittelbar mit dieser Welt in Verbindung zu treten.
Alles, was geschaffen wurde, ist in engerem oder weiterem Sinne in das gleiche religiöse Verhältnis zu setzen. Das gilt für den Ursprung der ägyptischen Kunst, das gilt für die klassischen Schöpfungen des AR, die hoheitsvollen des MR und auch die gehaltenen des früheren NR. Danach allerdings tritt die Kunst erstmals aus dem Hof religiöser Bezogenheit heraus in die Welt des Sich-selbst-Gefallens und tut damit einen anfänglichen Schritt auf den Weg, der das Schicksal der gesamten Kultur wendet.
Künstlerisches Schaffen heißt altägyptisch »*Leben spenden*«, und zwar »für die Ewigkeit«, wobei aber Ewigkeit nicht zu begreifen ist im Sinne des dem Chaos angehörenden infinitum, sondern von sehr langer Dauer. Die geschaffene Gestalt verwirklicht sich in Raum und Zeit, aber da aspektivisch (S. 185 ff.) in Bezug zur 3. Dimension »zeit- und raumstumm«, wenn wir mit dieser Formulierung auch über den Grad dessen hinausgehen, was dem Ägypter bewußt gewesen ist. Doch jedes Bloßlegen von objektiv-geistigen Zusammenhängen kann erst aus jener Entfernung gelingen, wo das Ganze eines Ablaufs mit Anfang und Ende überschaut und damit Auftrag und Erfüllung der Sinngesetze verstanden werden, vorausgesetzt, daß das denkerische Durchdringen sich von den Phänomenen gebieten läßt, nicht umgekehrt.

Vokabular

Bevor wir uns den bildenden Künsten: Architektur, Plastik, Relief und Malerei im einzelnen zuwenden, seien ein paar Begriffe zum voraus listenartig aufgestellt und kurz erklärt:

Barke → Götterbarke.

Flaggenmast → Pylon.

Gewölbe. In Ägypten ist die geradlinige Begrenzung eines Architekturwerkes und die rechtwinklige Grundform so bezeichnend, daß der Unvoreingenommene überrascht sein mag zu hören, wie früh und selbstverständlich der Ägypter Räume auch gewölbt überdeckt hat. Allerdings in der Regel so, daß diese Bogenform nach außen nicht in Erscheinung trat, so

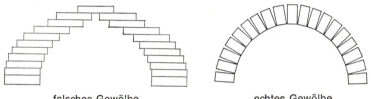

falsches Gewölbe   echtes Gewölbe

daß wir mit Recht behaupten dürfen, das Gewölbe war nicht Element der Gestaltung, sondern nur technische Konstruktion. Die runde Überspannung der vorzeitlichen Hütten mit Rohr mag die gebogene Form, Tonnengewölbe wie Kuppel, ausgelöst haben, die schon in der Frühzeit auftritt. Aus dem AR kennen wir sowohl das Scheingewölbe aus vorkragenden Ziegeln wie auch das Keilschnittgewölbe. In der 6. Dyn. hat man ein Raumquadrat durch Eckzwickel in einen Kreis übergeführt und auf ihn die konzentrischen Ringe der Kuppel aufgelegt. Steingewölbe sind erst aus der Spätzeit bekannt mit den Kapellen der Gottesgemahlinnen in Medînet Hâbu. Eine Anzahl von Dokumenten zeigt, wie die Wölbungen berechnet und als Kurve in ein Achsenkreuz eingezeichnet wurden (Museum Kairo).

Götterbarke. Bei der wichtigen Rolle, die der Nil als Verkehrsweg spielt, ist es begreiflich, daß die Barke auch in das religiöse Denken und die kultischen Bräuche einbezogen ist. Bei der Prozession der Götter wurde ihr Kultbild auf die Barke gesetzt, die üblicherweise hinter dem Naos an der Rückwand des Tempels in einer eigens für sie ausgesparten Nische stand. Der Naos mit dem Kultbild nimmt die Stelle der Kajüte ein. Zu

Land wird die Götterbarke auf den Schultern der Priester mit Stangen getragen, von rezitierenden Priestern und Fächerträgern begleitet; sie kann auch auf Kufen durch den Sand geschleift werden. Zu Wasser fährt sie unmittelbar oder wird innerhalb eines Festschiffes befördert. Die Barke ist an Bug und Heck durch die Köpfe des Gottes, der sie gehört, oder

seine Symbole verziert, auch sonst durch Beiwerk religiös ausgestaltet. Die Darstellung auf dem Abstellsockel zeigt, daß sie der himmlischen Sphäre angehört. Fast in jedem Tempel seit dem NR sind mehrfach Barkenprozessionen dargestellt (ausführlich in Luksor, Sethostempel in Ḳurna, Ramesseum).

Hohlkehle ist in Ägypten ein wichtiger Bauschmuck, findet sich bei allen → Pylonen wie freistehenden Toren, Säulenschranken, bei vielen Stelen, Särgen und anderen Kastenmöbeln als oberer Abschluß einer gerade abschneidenden Wand. Die Hohlkehle ist eine nach vorn gebogene Mauerbekrönung, die vermutlich uralte Form aufgesteckter und herunternickender Palmwedel in Stein umsetzt (beachte solche Wedel besonders in el-Chârga!). So erklärt sich auch das Blattornament auf ihrem Bildfeld, das erst seit dem NR durch Königsringe und später gar durch Darstellungen ergänzt wird (Beispiele in jedem Tempel; Abb. → Pylon, Stele).

Vokabular

Kanope. Von dem menschenköpfigen Gefäß, das als Bild des Gottes Kanopus in der gleichnamigen Stadt verehrt wurde, ist fälschlich der Name Kanope übertragen auf die Krüge, in denen man seit der Mumifizierung der Leichen am Anfang des AR die Eingeweide bewahrte. Die vier Eingeweidekrüge aus Holz, Ton oder meist Stein wurden später vier »Schutzgeistern« unterstellt:

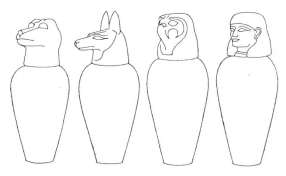

Hapi (Pavian), Dua-Mutef (Schakal), Kebeh-Senuef (Falke) und Amset (Mensch), den »Söhnen des Horus«. Die Kanopen, die ursprünglich neben dem Sarg gestanden haben, wurden später in einen eigenen Kasten gestellt, den die Schutzgöttinnen Isis, Nephthys, Selkis und Neith mit ihren Flügeln oder Armen schützend umspannen (Tutanchamun).

Kartusche nennt man nach dem barocken Schmuckelement den ovalen Ring, mit dem Geburts- und Krönungsnamen eines Königs umschlossen werden; in der neueren Literatur auch einfacher »Königsring« genannt (Abb. → Namensliste in Kap. Geschichte, S. 64 ff.).

Kiosk ist ein leichtes, pavillonartiges Bauwerk, dessen Dach durch rings umlaufende (Pflanzen-) Säulen oder Pfeiler getragen wird. Er ist zu verstehen als die steinerne Übersetzung einer »Laubhütte« und wird benützt als vorübergehendes Obdach für Götterbarken auf der Prozession (Alabasterkiosk in Karnak), für den göttlichen Gast in einem Tempel u. ä.

Mammisi ist ein Geburtshaus, das bei den Spätzeittempeln im Außenhof quer zur Hauptachse des Tempels errichtet wird. Diese kleinen und meist anmutigen Nebentempel (Dendara, Edfu, Philae, Kôm Ombo, Kalâbscha) haben einen (peripteralen) Umgang von Kompositsäulen, deren pflanzliche Bestandteile auf ihre für den Zweck von Geburt und Wochenbett kurzfristig errichteten »Laubhütten« hinweisen. Aus leichtem Material erstellt, standen diese Wochenlauben im Freien, außerhalb des eigentlichen Wohnhauses, so wie das Mammisi außerhalb des Gotteshauses steht. Figuren des Bês in den Kapitellen sind als Schützer der Wöchnerin zu verstehen, die Darstellungen an den Wänden beziehen sich auf das göttliche Kind, dessen Geburt schon früh mythologisch eingefangen war (→ Religion). In den Mammisi wurde die Geburt des Gottessohnes (und des mit ihm identifizierten Königs) rituell nachvollzogen, d. h. in der Form von »Mysterienspielen«.

Mastaba = Bankgrab → Grabanlage (S. 172).

Naophor nennt man die Statue eines Mannes, der einen → Naos trägt. Typologisch angeglichen sind die Träger von Götterstatuen und -emblemen, Stelen oder Opfertafeln.

Naos ist ein kapellenartiger Schrein, dessen Öffnung durch eine doppelflügelige Holztür verschließbar ist und dessen Dach entweder flach verläuft oder »kanopenförmig« geschwungen, d. h. nach vorn in einer Kurve hochgezogen wird. Als Kopfverzierung ist gern ein Fries von Uräen angebracht, die Wände können durchbrochen sein in Form häufiger Symbole wie Leben ☥, Heil 𓄤, Dauer 𓊽, und Isisblut 𓎬, an der Stirnseite schützt die geflügelte Sonne 𓇳 gegen Einbruch alles Bösen. Der Naos birgt das Kultbild und steht im Allerheiligsten des Tempels.

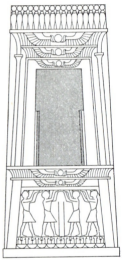

Naos (Götterschrein)

Obelisk (griech. [»Himmels-] Nadel«) ist ein Monolith auf quadratischer Grundfläche mit sich verjüngendem Schaft und einem Pyramidion als Spitze. Gedeutet werden darf er wohl als eine der Sonne entgegengehobene kleine Pyramide. Der höchste noch am originalen Standort aufgerichtete Obelisk ist der der Königin Hatschepsut in Karnak von knapp 30 m, gut 30 m hoch ist der von Thuthmosis III. im Lateran; der im Steinbruch von Assuân unfertig verbliebene mißt knapp 42 m. Die Spitze des Obelisken gilt als Sitz der Sonne, auf dem sie sich bei ihrem Aufgang

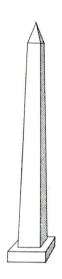

niederläßt; so steht er als Kultgegenstand im Mittelpunkt der Sonnenheiligtümer von Abusîr. Vor den Pylonen der NR-Götter- (nicht Toten-) Tempel flankiert ein Obeliskenpaar den Eingang. Alle Obelisken sind aus Rosengranit von Assuân gearbeitet, ihre Pyramidien waren vergoldet, Seitenflächen und Sockel meist mit Weihinschriften bedeckt; für den Hatschepsut-Obelisken in Karnak nennt der Text eine Arbeitszeit von sieben Monaten. Außer ihm stehen in Ägypten einer von Thuthmosis I. in Karnak, einer von Ramses II. in Luksor, einer von Sesostris I. in Heliopolis, dazu mehrere kleine. Seit der Zeit der römischen Kaiser sind sie als beliebtes »Souvenir« ins Ausland gekommen; nach Rom gut zwei Dutzend, je einer nach Konstantinopel, Paris, London und schließlich einer nach New York.

Über die Aufrichtung des letztgenannten in dem Lande perfektionierter Technik ist ein umfangreiches Buch erschienen (für Rom vgl. die Versetzung des Vatikan-Obelisken 1586 unter Sixtus V.), während die Ägypter diese Leistung mit keinem Wort erwähnen. Man rekonstruiert sie folgendermaßen: Mit dem stumpfen Ende nach vorn wurde der Monolith mit Rindern über eine Rampe geschleift und dann in einen vorgerichteten Schacht abgelassen, dessen Sandbett am Boden auslaufen konnte, bis die Basis des Obelisken auf den darunter errichteten Sockel zu stehen kam.

Die Opfertafel, meist aus Stein, erscheint in der Hieroglyphe ⌐△⌐, die eine Matte mit daraufstehendem Brot wiedergibt; häufig sind auf ihr die niederzulegenden Gaben abgebildet, auf daß sie magisch wirksam werden. Für die Trankspenden ist gelegentlich eine Rille mit Ausguß eingegraben. Abb. S. 158.

Osirispfeiler ist eine architektonische Stütze, bei der ein Monumentalbild des Königs in Gestalt des Osiris mit einem in seinem Rücken stehenden Pfeiler zu einer Einheit verschmolzen ist. Während Statue und Pfeiler auf gemeinsamer Basis stehen, ruht der Architrav nur auf dem Pfeiler. Osirispfeiler sind erstmals in Lischt und Karnak in der 12. Dyn. nachweisbar, seit dem NR häufig (Dêr el-bahri, Ramesseum, Medînet Hâbu, Karnak-Tempel Ramses' III., Abu Simbel), meist an einer oder mehreren Seiten eines (offenen) Tempelhofes.

Ostrakon (griech. »Scherbe«). Mit Ostrakon bezeichnet man eine Scherbe aus Ton oder einen Kalksteinsplitter (seltener anderes Material), die an Stelle des kostbaren Papyrus als wohlfeiles Schreib- bzw. Zeichenmaterial benutzt worden sind. Die meisten sind handgroß und auf Müllhaufen (so in Dêr el-Medîna) oder sonstwo verworfen gefunden. Sie dienten zum Aufzeichnen von Rechnungen, Listen, als Briefpapier und Notizblock, aber auch zum Aufschreiben literarischer Texte, besonders in den Händen der Schüler. Die Abc-Schützen haben darauf ihre ersten Schreib- und Malübungen gemacht. In den Händen der Maler wurden sie für Entwürfe, Skizzen, Kopien und Berechnungen gebraucht, einfache Leute ließen sie zu bescheidenen Weihstelen ausstatten (Museum Kairo). Die Texte sind in

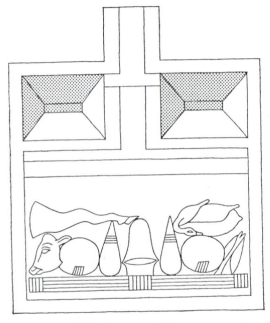

Opfertafel: Matte mit Speisen, Libationsbecken mit Abflußrinne

kursivhieroglyphischer, hieratischer, demotischer, koptischer (später griechischer und arabischer Schrift) geschrieben (Abb. S. 123 f.).

Pfeiler. Die geradflächig begrenzte vierkantige Stütze ist wesenhafter Ausdruck ägyptischer Architektur. Seine strenge Form findet sich zuerst im AR, ohne Fuß- und Deckplatte (Sphinxtempel). Die Seitenflächen tragen häufig Bilder und Inschriften, die Vorderseiten sind herausgehoben. Symbolwert haben die Pfeiler Thuthmosis' III. in Karnak mit Papyrus und Lilie; Pfeiler mit Sistrum und Hathorkopf in Dêr el-bahri und Abu Simbel.

Vokabular

Pylon (griech. »Einzugstor«) nennt man den mächtigen Torbau in der Achse des Tempels, dessen zwei Tortürme beiderseits einer niedrigeren Eingangstür den Tempel in der Vorderfront abschließen. Die beiden Tortürme erheben sich über breitrechteckigem Grund, ihre Mauern sind geböscht, oben wird die Eingangstür durch eine → Hohlkehle bekrönt, an den Kanten laufen → Rundstäbe um. *Flaggenmaste* aus Zedernholz, an deren oberem Ende bunte Wimpel flatterten, richteten sich in den Nischen auf; an der oberen Pylonwand waren sie durch Klammern gehalten (jetzt

Löcher in der Mauer); meist waren es 2 × 2, der erste Pylon von Karnak hatte 8, der Atontempel von Amarna sogar 10 Flaggenmaste. Der 1. Pylon von Karnak mißt als der größte 113 m in der Länge, 15 m in der Tiefe und ist (unvollendet) 43,5 m hoch; die Flaggenmaste überragten ihn weit. Wo ein Tempel lang in Betrieb war und ständig vergrößert wurde, können mehrere Tortürme hintereinander liegen, so in Karnak 6. Spätestens nachweisbar sind sie seit dem MR.

Pyramidion. Bezeichnung der kleinen selbständig gearbeiteten Pyramidenspitze, auch der pyramidalen Spitze des Obelisken, meist aus kostbarem Stein oder vergoldet (Pyramidion Amenemhêts III. im Museum Kairo und über thebanischen Gräbern).

Rundstab ist ein stabförmiges Architekturornament, das an Mauerkanten entlangläuft (so bei Pylonen, Stelen, Särgen und Kastenmöbeln) und, wie seine Bandmuster zeigen, sich von den Rohrbündeln ableitet, die beim Ziegelbau zum Schutz der Kanten angebracht waren. Seit der 3. Dyn. (Djoser) ist er beim Steinbau nachweisbar.

Sarg (Sarkophag). Der Sarg gehört zur unumgänglichen Grabausstattung eines Ägypters und hat eine reiche typologische Entwicklung erfahren.. Er galt als Gehäuse zur Wiedergeburt und wird, um die Verbindung des Toten mit der Außenwelt herzustellen, in der älteren Zeit häufig (außen) mit Augen und Türen bemalt. Als Material dienen Stein, Holz und Ton, für Könige Edelmetall, in späterer Zeit auch Kartonage. Seit dem NR wird das Holz unter der Malerei mit einer Stuckauflage versehen.
Im AR herrscht die lapidare Form des Kastens, der aber häufig durch reiche Nischengliederung verziert ist. Seit dem MR tragen die (Holz-) Särge → Totentexte und (innen) gemalte Friese mit Kult- und Gebrauchsgegenständen. Im späteren MR kommen mumienförmige Särge auf, in der 2. Zwischenzeit werden sie (außen) mit gemalten Flügeln dekoriert (Rischi-Särge).
Im NR sind die Gehäuse (aus Holz) fast ausschließlich mumuienförmig. Die großen Holzsärge pflegen wertvoll ausgestattet zu sein, sind (außen) beschriftet, mit Mumienbinden und mit Jenseitsgöttern bemalt. Der Farbgrund ist in der Regel weiß. Die Innendecken tragen neben anderen Göttern häufig die Himmelsgöttin → Nut, nach und nach wird der Innendekor theologisch immer differenzierter.
Vornehme ließen sich in 2 Särgen bestatten, Könige in mehreren umeinander gemantelten Sarghüllen aus Gold oder Silber (Tutanchamun; Könige aus Tanis). Diese werden umschlossen von einem rechteckigen oder ovalen Sarkophag aus Stein und schließlich in Schreinen aus vergoldetem Holz aufgenommen (Tutanchamun; Wandbild im Grab des Ramose).
In der Sp werden erstmals auch mumiengestaltige Särge aus Hartgestein gearbeitet (wie Basalt oder Granit). Daneben gibt es aus dieser Zeit, und vor allem der griechisch-römischen Epoche, einfachste Bretterkisten mit hochstehenden Eckpfosten oder aber, besonders unter den Persern, sehr kunstvoll geschnitzte Holzsärge mit Reliefs oder mit Durchbrucharbeit oder schließlich solche aus Kartonage (Pappmaschee), die häufig aus alten Papyri zusammengeleimt (und auf farbigem Grund bemalt) wurden.
Statt der bisherigen Gesichtsmaske wird der Mumie in der Kaiserzeit ein Gipskopf aufgesetzt, der sich (zur Auferstehung) aus den Binden hochreckt, oder ein Mumienporträt ins Leichentuch eingebunden (→ Mumifizierung). Originale in fast allen Museen, sämtliche Typen vertreten im Museum Kairo, prächtige Steinsarkophage im Serapeum von Saḳḳâra.

Säulen. Bei der ägyptischen Säule ist das Verhältnis von Stütze und Last nur ein Problem der Konstruktion, drückt sich aber nicht wie beim griechischen Bau in Wesen und Form der Säule aus. Denn die ägyptische Säule ist, wenngleich konstruktiv nötig, dem Sinne nach kein Glied, das zu tragen bestimmt ist, vielmehr freistehend. Diesen ihren Sinn bezieht sie aus der Mythologie; daß sie trägt, wird möglichst negiert. So kann der

Vokabular 161

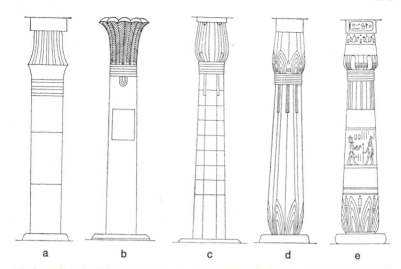

a   b   c   d   e

Abakus, der ohnehin zurückspringt, schwarz d. h. mit der Farbe des Nichts gemalt werden. Die Säule ist die monumentale Nachbildung eines Bestandteils des Kosmos.
Ihre Form kann daher nicht beliebig, d. h. aus ästhetischen Gründen gewählt werden, sie ist vielmehr vom Sinn her bestimmt. Die besonders häufige Pflanzensäule ist die zu Stein gewordene Pflanze und will verstanden sein als aus dem Ursumpf des (Tempel-) Bodens unter dem (Tempel-) Himmel emporsprießende Vegetation.
Gegenüber dieser Sinnbezogenheit tritt die stilistische Entwicklung zurück, wenn auch die Zeit an Maß und Proportion der Säule arbeitet. Von der lapidaren Form meist monolither Säulen im AR führt der Weg über zierlichere Bauglieder zu den großartigen bis protzig-unmäßigen (über 20 m hohen) der Ramessiden- und Spätzeit, die aus Trommeln und Halbtrommeln aufgemauert sind. Alle ägyptischen Säulen haben Basis und Abakus. Die Basis ist am Prozessionsweg entlang häufig abgeschnitten, der Schaft beschrieben und bebildert.
Die schlichteste Säule ist eine einfach *zylindrische* mit runder Basis und quadratischem Abakus.
Von den *kannelierten* Säulen ahmt eine schlanke mit starker Verjüngung einen geschälten Baumstamm nach; bei einer mehr gedrungenen, gerade aufstrebenden mit 8, 16 und mehr Kanneluren, die fälschlich als »protodorisch« bezeichnet wird, ist der Schaft vielkantig gebrochen (Beni Hasan).
Selten verwendet ist die *Zeltstangensäule* (a) mit rundem glattem Schaft

und Knauf (Festtempel Thuthmosis' III.), die sich von den Zeltstangen (Hetepheres, Museum Kairo) ephemerer Pavillons und Hütten ableitet und eben dort angewandt wird, wo ein Zelt in Stein dauerhaft übertragen ist.

Die ungleich wichtigeren sind die für ägyptische Tempel charakteristischen Pflanzensäulen verschiedener Art.

Die *Palmsäule* (b) hat einen glatten zylindrischen Schaft mit einem Kapitell hochstehender und nach außen gebogener Palmwedel (Museum Kairo).

Die *Lotosbündelsäule* (c) stellt ein Bündel Lotosstengel dar mit offenen (selten) oder geschlossenen Blüten; ihr Schaft läuft (im Unterschied zur Papyrussäule) unten konisch gerade und hat entsprechend dem Naturvorbild runder Stengel konvexe Kanneluren.

Die *Papyrusbündelsäule* (d), die ein Papyrusbüschel darstellt, hat zum Unterschied der vorgenannten einen unten eingezogenen Schaft, der zudem durch bodenständige Blätter eingehüllt ist. Da die Stengel der Staude dreikantig sind, haben die konvexen Kanneluren scharfe Kanten. Später werden Schaft wie Kapitell geglättet, tragen Bilder und Inschriften (e).

Neben der Papyrusbündelsäule gibt es auch die *Papyrussäule* mit dem glockenförmigen Kapitell einer *offenen* »Dolde« oder dem steilen Kapitell der *geschlossenen* Dolde. Die Dolde öffnet sich mit Vorliebe unmittelbar beiderseits des Prozessionswegs.

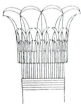

Besonders prächtig entwickelt die Spätzeit *Kompositsäulen*, die verschiedene Pflanzen vereinigen. Die reichen, reizvollen, ständig variierenden Kapitelle (Edfu, Esna), mitunter auch mit dem Kopf der Sistrumsäule kombiniert (Dendara), werden in den → Mammisi mit einer Figur des Geburtsgottes Bês ausgestattet oder in der Vorwegnahme romanischer Kapitelle auch durch musizierende Affen belebt (Philae).

Die *Hathor- oder Sistrumsäule* ist wie der gleichnamige Pfeiler eine Nachbildung des Kultinstruments der Hathor und wird in ihren Tempeln (Dendara) und Kapellen (Dêr el-bahri) oder denen einer als Hathor vorgestellten Königin (Kleiner Tempel von Abu Simbel) seit dem MR angewandt.

Vokabular

Scheintür. Die Scheintür ist die Opferstätte der Gräber, an ihr begegnet der Tote den Lebenden, wenn sie ihm Opfer und Gebete darbringen zu seiner Versorgung. Die Darstellung des Toten vor dem Opfertisch bildet denn auch neben der Speiseliste ihren wichtigsten Bestandteil, gelegentlich tritt der Tote sogar rundplastisch aus der Tür heraus (Mereruka), d. h. er tut den Schritt aus seinem Totenbezirk in die Welt der Lebenden, die sich ihm mit ihren Spenden nähern. Sinngemäß liegt die Scheintür stets in der Westwand. Im einzelnen kann sie recht verschieden ausgestaltet sein, in großen Gräbern wird sie verdoppelt und verdreifacht, seit der 11. Dyn. kommen auch zweiflüglige Holztüren auf. Ihre Form läßt sich unter folgendem Schema unterbringen: Sie ist, wie ihr Name sagt, die Nachbildung einer Tür. Als Opferstätte ist sie zur Nische vertieft. Die Tür wird bekrönt durch eine → Hohlkehle, ein → Rundstab läuft dreiseitig um. Das obere kleinere Feld des steinernen Bauglieds ist mit einer Speiseliste ausgefüllt, darunter sitzt der Tote vor dem Speisetisch; diese Szene wird häufig erweitert durch beigesellte Motive. Oben ist die Nische abgeschlossen durch eine Walze, d. i. der in Stein imitierte aufgerollte Vorhang. Die Scheintür ist ihrer Wichtigkeit entsprechend im Idealfall aus hartem Stein, meist Granit, und auch später (im NR), als sie oft nur aufgemalt ist, wird mit Farbe Granit imitiert.

Scheintür (mit leeren Inschriftzeilen)

Serdâb = Statuenraum → Grabanlage, S. 172.

Skarabäus s. S. 108.

Sonnenschiff. Die Frage nach den bereits seit der Vorzeit den Toten mitgegebenen Schiffen wurde neu belebt, als an der Südseite der Cheopspyramide sich 1954 ein gut erhaltenes großes Schiff gefunden hat, und zwar als eins der fünf die Pyramide im Osten und

Kunst der Pharaonenzeit

Süden umgebenden, doch ist der Entscheid ihrer Bedeutung kaum einheitlich zu fällen. Die frühen Boote sollten dem Toten gewiß nur die Möglichkeit der Wasserreise, insbesondere bei kultischen Fahrten, eröffnen; vielleicht waren die beigesetzten dieselben, in denen die Grabausstattung transportiert worden war. Seit dem Einzug des Rê-Glaubens wurde ihnen der Sinn unterlegt, dem Toten (ursprünglich nur dem König) die Fahrt zusammen mit dem Sonnengott am Himmel zu ermöglichen (Schiff der 12. Dyn. im Museum Kairo). Das Schiff des Cheops war das Staatsschiff des Königs (Benutzungsspuren).

Stele ist ein Mal und gehört wesentlich zur Grabausstattung; sie darf modernisierend und verflachend einfach »Grab- bzw. Denkstein« genannt werden. In ihrem Text nennt sie wesentlich den Grabinhaber mit Namen und Titel. Im Laufe der Zeit nimmt sie dazu die Biographie des Grabinhabers auf und sein Bild, häufig auch die Darstellung seiner Familie, Opfer und Gebet, und schließlich kann der Grabinhaber vor einem Totengott im oberen Bildfeld betend und opfernd gezeigt werden, indes ein Gebet die unteren Querzeilen füllt. Im MR und NR errichteten sich viele Ägypter in Abydos, dem Ort der Auferstehung des Osiris, eine Stele.

Formal unterscheiden wir zwei Haupttypen: eine hochrechteckige Stele, die oben (tympanonartig) abgerundet ist, und eine ebenfalls hochrechteckige mit einer → Hohlkehle als Bekrönung und umlaufendem → Rundstab. Als Material wurden alle Arten von Stein benützt (gelegentlich auch Holz), Schrift wie Darstellung waren farbig ausgemalt. In den thebanischen Felsgräbern sind sie häufig nur aufgemalt (Grab des Nacht). Die meisten Stelen, ursprünglich freistehend oder in die Wand eingelassen, sind heute in Museen gebracht.

Die Stele geht in ihrer Eigenschaft als Dokumententräger wohl zurück auf jene Tafeln, die zur Veröffentlichung königlicher Mitteilungen vor Tempeln standen. So verewigt sie eine Tempelgründung oder die Dekrete eines Tempels (Kanopusdekret, Stein von Rosette), hält ein wichtiges historisches Ereignis fest (Hochzeitsstele von Abu Simbel, Israelstele) oder bezeichnet Grenzen (wie die von Amarna).

Sphinx nennen wir ein Mischwesen aus Löwenleib und Menschenhaupt (im weiteren Sinne auch mit Widderkopf – »Widdersphinx« – und anderen Tierköpfen). Der Typus ist seit der 4. Dyn. bekannt und ist in Ägypten überaus beliebt. Er strahlt nach Syrien, Kleinasien bis Griechenland aus, ist in Ägypten fast ausschließlich männlich, in Griechenland weiblich. Die Sphinx versinnbildlicht Pharao als Vereinigung von physischer und geistiger Kraft. Später finden sich auch Götter als Sphinx dargestellt; so wird die große Sphinx von Gîsa im NR als Sonnengott Harmachis aufgefaßt und verehrt. – Die Sphingen spielen vor allem die Rolle als Wächter vor Tempeln; sie wehren Feinde ab, ohne selbst böse zu sein. So wie der König als Sphinx seinen Tempel oder seine Pyramide bewacht, so die Widdersphinx des Amun den Karnaktempel. –

Eine Sonderform der Sphinx ist der *Greif:* Löwenleib mit Vogelkopf und Flügeln, bei gleicher Bedeutung.

Sphinxalleen nennt man die von Sphingen flankierten Prozessionsstraßen, die die Tempel miteinander verbanden oder vom Tempel zum Kai führten. Auf ihnen zogen die Götter an ihren Festen, wenn sie andere Götter in ihren Tempeln besuchten oder die Prozessionsbarke auf dem Nil bestiegen (Luksor, Karnak, Medînet Mâdi).

Uschebti s. S. 108.

Würfelhocker nennt man die Statue eines am Boden hockenden Mannes, der sein Mantelgewand über die eng angezogenen Knie bis zu den Füßen gehüllt hat, so daß seine Figur einen Block abgibt, aus dem nur der Kopf herausschaut. Die Hände sind meist flach auf die Oberseite des Würfels gelegt, die Füße schauen in der Regel nur wenig vor. Je nach Zeit, Stilrichtung und Güte des Werkes scheint die Bildung des Körpers mehr oder weniger durch die Stoffverhüllung hindurch. Besonders reizvoll sind Bildungen wie der als Erzieher dargestellte Senenmut mit seinem Schützling Nofrurê auf dem Schoß, deren Köpfchen den zweiten plastischen Akzent bildet (Museum Kairo). Wartende Ägypter können heute (auf den Bahnsteigen) als lebendige Vorbilder beobachtet werden.

Architektur

Als Vorfrage der ägyptischen Architektur sei die *Bautechnik* behandelt. Da das Haus und auch der Palast fast durchgängig aus Lehmziegeln erbaut waren, sind nur geringe Spuren erhalten (→ Haus, → Palast, → Ziegelstreichen, Arbeiterstadt Dêr el-Medîna, Amarna). Profane Bauten, die nichts als Zweckbauten waren, hatten für den von der Religion her bestimmten Ägypter keinen Belang, und er gab sie durch die Wahl des Materials unbekümmert der Vergänglichkeit preis. Der Lehm wurde entweder in Ziegelform gestrichen oder zwischen Bretterschalwänden eingestampft. Rahmen von Türen und Fenstern waren aus Stein oder Holz, aus Holz auch die Fenstergitter. S. auch S. 146.

Die für den Ägypter wesentlichen Bauten waren aus Stein, darum gelte eine Vorbetrachtung den Stichwörtern: *Steinbruch und Steinbearbeitung*. Die → Geologie des Landes lehrt uns, daß die Ränder des Niltals reich sind an Gesteinen. Besonders die östliche Wüste wurde von früh an ausgebeutet, der Transport der gebrochenen Steine zu Schiff oder über Land mit Schlitten staatlich organisiert. Der hauptsächliche Baustein war

Vokabular — Architektur

der Kalkstein, der von Kairo an südwärts bis in die Gegend von Edfu ansteht, in besonders guter, weißer Qualität in den Brüchen bei Tura und Maʿsarâ (südlich Kairo); aus ihm wurden die feinen Verkleidungsblöcke für die Pyramiden und Mastabas geschnitten. Der noch feinere, ein kristallinischer honigfarbener Kalzit, der sogenannte Alabaster, wurde bei Hatnûb, dem »Goldhaus« in Mittelägypten, abgebaut. Südwärts Edfu bestehen die Gebirgszüge aus rotem Sandstein, der vornehmlich beim Gebel es-Silsila südlich von Edfu gebrochen wurde. Als wertvollste Steine galten die verschiedenen Granitarten von Assuân, die außer für Bildhauerwerke für architektonisch bedeutungsvolle Einzelstücke verwandt wurden.

Die weicheren Steine brach man, indem man mit Stein- oder gehärtetem Kupfer-, später auch mit Bronzemeißeln oder -bohrern, schmale Gräben um den freizulegenden Block pflügte, dann gegen die Unterseite Löcher schlug, sie mit anzufeuchtenden Hölzern verkeilte, so daß deren Aufquellen den Block vom Untergrund lossprengte. Bei den harten Gesteinen wurden die Trenngräben mit Hartsteinkugeln herausgehämmert. Auch durch Feuer scheinen die obersten Lagen abgesprengt worden zu sein. Die erste rohe Vorbearbeitung des gewonnenen Blockes geschah noch im Steinbruch, das Vorformen des Werkstückes durch Behämmern mit Steinkugeln, das Polieren mit flachen Steinen und nassem Quarzsand als Schmirgel. Auch eine Kupfersäge scheint benützt worden zu sein, dagegen fehlten Werkzeuge aus Eisen oder gar solche mit halbedelsteinbesetzten Schneiden (→ Steinbohren). Kupferwerkzeuge waren fast stahlhart gehämmert.

Die Technik des Bauens ist in gleichem Grade primitiv, das Ergebnis um so erstaunlicher (→ Pyramidenbau, → Errichtung eines Obelisken). Das *Aufsetzen der Mauern* und Säulentrommeln geschah in der Weise, daß man mit dem Steinbau zugleich eine schräg aufsteigende Ziegelumgebung aufschichtete, auf der die Arbeiter stehen konnten, und man dann, während die Ausstattung mit Bildern und Texten von oben nach unten ausgeführt wurde, die Ziegelumgebung entsprechend abtrug (1. Pylon in Karnak); der Große Säulensaal in Karnak war bis oben hin mit Sand aufgefüllt. Während bei frühen Steinbauten (Djoser) die Lagen ohne Bindemittel einfach aufeinandergesetzt wurden, verwendete man später für Steinbauten gebrannten Gips als Mörtel (für die ungebrannten Ziegel Lehm), während Kalkmörtel erst durch die Griechen in Ägypten bekanntgeworden ist.

Kleine Löcher an den Tempelwänden (Karnak, Medînet Hâbu) lassen erkennen, daß sie mit Gold-, Weißgold- und Bronzeblech überzogen waren, wie wir es in Bauinschriften lesen, daß Götter- und Königsfiguren teilweise mit Halbedelsteinen oder Edelmetall eingelegt wurden, so daß sie ähnlich gewirkt haben wie die bekannte Thronlehne des Tutanchamun

(Museum Kairo). Der Boden des Tempels konnte als Bild des Wassers mit Silber ausgelegt, die Decke als Himmel mit »Lapislazuli« bedeckt sein. So haben die Gotteshäuser im Idealfall ein Bild farbiger Pracht und materieller Kostbarkeit abgegeben, wie sie den Gott erfreuen und den Beter in Distanz halten sollten. Wo immer die edlen Materialien zu teuer waren, wurden die Flächen mit den entsprechenden Farben bemalt.
Wie bereits aus der vorgenannten Liste charakteristischer Formelemente hervorgeht, zehrt die ägyptische Architektur durch die ganze Zeit ihrer *Geschichte* von den frühen Stufen des Rohr-, Matten- und Lehmziegelbaus (so Hohlkehle, Rundstab, Schmuckfries und Palmsäule). Am anschaulichsten wird die Umsetzung in Stein bei dem ersten Monumentalbau, der Djoser-Pyramide von Sakkâra. Die kleinkalibrigen Steine der 3. Dyn. machen in der 4. Dyn. großen Würfeln Platz, und der Stein befreit sich zu eigengesetzlichen Formen. Aber nirgends wäre es so verkehrt, von stilitstisch ästhetischem Formwillen der Architektur zu sprechen wie in Ägypten, denn Tempel und Grab (d. i. auch Pyramide und Königsgrab) sind Ausgestaltung von kultischem Anspruch und der ihm zugrunde liegenden religiösen Vorstellung. Selbst die Bedingung der Landschaft (wie Dêr el-bahri bzw. das Felsgebirge Oberägyptens und Nubiens) als formbildender Faktor tritt demgegenüber ebenso zurück wie die zeitliche Wandlung des Stils.
Die Religion vielmehr ist es, die die Tempel schuf, und sie auch ließ sie wachsen. Denn solange ein Gotteshaus in Benützung war, wurde es auch durch Vorbauten von Säulenhöfen und Pylonen, Anbauten von Nebenkultstellen oder Errichten von Altären, Stelen und Statuen erweitert. Damit ist der Tempel zugleich abgehoben vom griechischen, indem er nicht wie dieser von einem Zentrum aus in Maßen und Proportionen bestimmt war; er ist kein Bauorganismus mit einem lebendigen Körpergefühl. Er grenzt Räume stereometrisch aus, der künstlerischen Konzeption nach setzt er sich zusammen aus rechtwinklig zueinanderstehenden Flächen. Mit seinen vollendetsten Vertretern (im AR) erreichte er eine Läuterung bis zu kristalliner Struktur. Wir erleben in einem ägyptischen Tempel mit das großartigste, was an Architektur denkbar ist, aber wir erleben seine Räume nicht als Plastik. Was für die Räume als Ganzes gilt, trifft auf ihre Elemente zu.
Da die Hauptsorge des Ägypters seinem *Grabe* galt, so widmen auch wir ihm unsere erste Aufmerksamkeit, und zwar zunächst dem Königsgrab. Es braucht nach dem vorher Gesagten kaum betont zu werden, daß weder Königsgräber noch Pyramiden noch irgendeine Ruine, in der sich der Geist Ägyptens verkörpert, ein »Denkmal« ist, eine »Erinnerungsstätte«; weder wollen die Bauten ein staatliches Ereignis festigen noch eine Leistung dokumentieren; sondern sie sind *ein Stück mythischer Geschichte,* sind eingebettet in die Welt heiligen Geschehens. *Sie wären*

Architektur 169

religiöser Anteil der Geschichte, wäre nicht Geschichte historischer Anteil der Religion.

Hören wir von »*Königsgräbern*«, so meinen wir im engeren Sinne die berühmten des Königsgräbertales oder auf arabisch: der Bibân el-Molûk (»Tore der Könige«) aus dem NR in Theben. Aber Königsgräber sind auch die Pyramiden, und ihnen ging eine Entwicklungsgeschichte voraus. Von der einfachen rechteckigen Kammer aus der frühesten geschichtlichen Zeit entwickelt sich das Königsgrab durch Erweiterung schon in der 2. Dyn. zu Anlagen bis zu 50 Räumen, die sich als Nebenräume um die Sargkammer gruppieren. Der Oberbau war ein rechteckiger Tumulus, bei einem lokalen Typus durch Risalitfassaden umkleidet.
Mit der 3. Dyn. beginnt in der Ebene Unterägyptens der Bau von Pyramiden, die sich als Grabform für Könige bis ins frühe NR erhalten. Erst dann entwickeln sich in Oberägypten die Felsgräber, deren zugehörige Totentempel getrennt von ihnen am Rande der Wüste liegen und zugleich als Göttertempel dienen. Daß Pyramiden von den Äthiopen nochmals als Grabmonument für Könige gebaut wurden, sei nur am Rande erwähnt.

Die *Pyramide*, das königliche Grabmal vornehmlich Unterägyptens (nur kleinere Pyramiden ungeklärter Bestimmung finden sich in Oberägypten), gilt wegen ihrer Monumentalität und Urform mit Recht als Symbol des Pharaonenreiches. Ihre Gestalt hat sich in der 3. Dynastie entwickelt: Zunächst aus Stufen auf rechteckigem, dann quadratischem Grundriß bestehend, gewinnt sie erstmals in Maidûm die klassische Form, wenn auch Größe und Böschungswinkel immer stark variieren.
Allgemein darf festgestellt werden, daß jede Pyramide (außer der des Djoser) bei aller Einmaligkeit nach Plan und Ausstattung aus folgenden Elementen besteht: den Bestattungsräumen unter der Erde bzw. im Pyramidenkern, den durch einen Aufweg verbundenen beiden Tempeln dicht an der Ostseite der Pyramide bzw. im Tal, d. h. dem Verehrungs- oder Totentempel bzw. dem Taltempel, sowie der Nebenpyramide (oft deren mehrere) (und den Schiffen). Die wichtigste Funktion hatte der sogenannte Totentempel an der Ostseite der Pyramide für die Versorgung des verstorbenen Königs mit Spenden und Gebet; im Taltempel wurden Mumifikation, Reinigung und Wiederbelebung (Mundöffnung) des Leichnams rituell vollzogen.
Erbaut wurden die Pyramiden nicht von Sklaven, sondern von ägyptischen Bauern in der Zeit der Trockenheit und der Überschwemmung, in der sie keine Feldarbeit machen konnten. Ein Stab von Facharbeitern, vor allem Steinmetzen, war ganzjährig auf dem Pyramidenfeld tätig und bearbeitete die von den Bauern aus den Steinbrüchen geholten Blöcke.

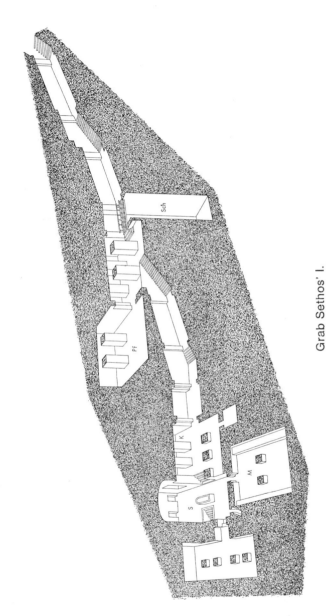

Grab Sethos' I.

Sch = Schacht als Höhle eines Grabgottes, Pf = unvollendeter Pfeilersaal am Ende der ersten Achse, K = Kammer mit dem Kuhbuch, S = Sargraum mit gewölbter Decke, M = Magazin für die Schätze

Architektur 171

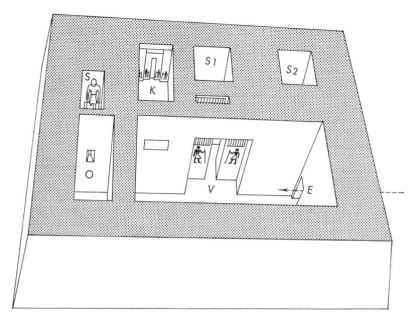

Mastaba

E = Eingang, V = Vorhof mit Eingangsfassade, O = Opferkammer mit Schlitz zum Serdâb (S), K = »Kultraum« mit Scheintürnische, S₁ und S₂ = Schächte zu den unterirdischen Sargräumen

Die Versetzung geschah über ständig erhöhte und verlängerte Baurampen aus Steinschutt und Ziegeln mittels Menschen- und vor allem Tierkraft sowie Holzwalzen und Schlitten. Bei seiner Krönung begann jeder König des AR und MR mit dem Bau seiner Pyramide, bei frühem Tode des Herrschers blieben die Grabmäler oft unvollendet.

Das *Königsgräbertal* hinter dem Berg von Dêr el-bahri wurde erstmals von Thutmosis I. belegt. Die Anlagen sind aus dem Felsen ausgehöhlt, haben eine Länge bis zu 213 m, Kammern und Gänge reihen sich hintereinander, in der 18. Dyn. rechtwinklig umbiegend, später im wesentlichen geradeaus, wenn auch gelegentlich seitlich verschoben, durch tiefe Schächte oder Treppen unterbrochen. Die Gräber der libyschen Könige in Tanis sind entsprechend deren geringerer Macht bescheidener, aus späteren Zeiten finden sich kaum Überreste. Grabanlage wie Texte hatten u. a. den Zweck, die Sonne nachts durch das Grab zu lenken.

Sind die Pyramiden mit Totentexten beschriftet, so die Königsgräber bebildert mit Jenseitsbüchern. Alle Darstellungen an Wänden und Decken haben religiöse Funktion, sei es, daß sie dem Toten bei seiner Fahrt durch die Unterwelt dienen, sei es, daß sie ihm die Stunden der Nacht ansagen oder den verstorbenen König mit den Göttern vereinigen.

Eine besondere Grabform weisen die *Grabkapellen* der Gottesgemahlinnen aus der Spätzeit auf, die zwischen Hohem Tor und Tempel im Hof von Medînet Hâbu stehen. Die Sargkammern sind unterirdisch, der Oberbau ist eine Cella in einem Tempelchen mit Vorhalle. Besonders erwähnt sei das echte Steingewölbe, das die Cella deckt, weil es bis jetzt als das älteste Ägyptens gilt (7. Jh. v. Chr.).

Nicht nur die Könige, jeder einzelne Ägypter wendete eine Hauptfürsorge seinem Grabe zu, dessen Bau und Ausstattung er gleichermaßen zu Lebzeiten betrieb.

Aus den vielartig, oft regellos angelegten »Privatgräbern« der Vorzeit entwickeln sich gleich zu Beginn der Geschichte Typen klarer Form. Verallgemeinernd darf man sagen: Die unterirdische Sargkammer ist rechteckig, vor ihr liegt ein Opferraum, ringsum wird sie mit einer Anzahl von Nebengemächern hausähnlich umgeben; sogar Bad und Closett können die »Totenwohnung« vervollständigen. Die Decken sind entweder flach oder als Scheingewölbe aus Ziegeln konstruiert. Diese Grabanlage ist durch eine Treppe zugänglich, oder aber wird der Sarg durch einen Schacht hinuntergelassen. Der oberirdische Bau ist ein rechteckiger Tumulus, in dessen abgeschrägte Ziegelmauern Nischen (mit Vorbauten) für die Totenversorgung eingelassen werden.

Damit sind alle Elemente entwickelt, aus denen das AR seine »*Mastabas*« oder Bankgräber aufbaut, wenn auch lokale wie zeitliche Unterschiede eine Reihe von Typen entstehen lassen. Die Elemente sind: unterirdische Grabräume um die *Sargkammer* für die Bestattung des Toten und Beigaben, oberirdische Anlage für die Versorgung des Toten mit Speise und Trank, und als notwendige Ergänzung der »*Serdâb*«, jene Kammer, in welcher das Stein-, seltener Holzbild des Verstorbenen Platz nimmt zum Empfang der Gaben. Dieser Serdâb ist mit der »*Opferkammer*« durch einen Schlitz verbunden, die Anordnung der übrigen Räume jeweils bestimmt durch ihre Ausrichtung auf die Sargkammer bzw. den Statuenraum. Reiche Mastabas wie die des Ti, des Mereruka oder des Ptahhotep in Saḳḳâra sind erweitert durch Vorhöfe oder Pfeilerhallen; die zu Familiengräbern erweiterten Anlagen wiederholen — wenn auch für die Nebenpersonen bescheidener — die »Kultstellen«. — Diese unrichtig als »Kult«-Stelle bezeichnete *Nische*, in welcher die Versorgung für den Toten, nicht ein Kult für ihn, vorgenommen wird, ist besonders ausgestaltet. Zu ihr gehören → Opfertafel und → Scheintür.

Neben dem Bankgrab, dessen in die Erde eingetiefter Sargraum und

Architektur

dessen Hügeloberbau nur in der Ebene denkbar sind, entwickelt sich für die felsige Landschaft das *Felsgrab*. Da der Ort politisch-kultureller Aktivität sich im Laufe der Zeit verlagert von Unter- nach Oberägypten, dürften wir vereinfachend sagen, daß der Wechsel von Mastaba zu Felsgrab auch einen zeitlichen Unterschied präsentiert. Im Unterägypten des AR begegnen wir (Gîsa und Sakkâra) der Mastaba, im NR (Theben) dem Felsgrab, das, nach anfänglichen Anlehnungen an die Form der Mastaba, bald eigenen Gesetzen folgt. In der ersten Zwischenzeit wie im MR gibt es sowohl die gemauerte als auch die in den Felsen gehauene Mastaba, daneben das Felsgrab als besonders prächtige Anlage. Die Gaufürsten der oberägyptischen Provinzhauptstädte Beni Hasan, Berscha, Mêr, Assiût, Kâu el-kebîr und Assuân überbieten sich an großartiger Architektur. Theben hat dann in der 11. Dyn. die Form entwickelt, die als Typ für das ganze NR richtunggebend geblieben ist: *Hinter einer Querhalle liegen eine oder mehrere Längshallen, so daß der Grundriß vom Blick des Eintretenden aus die Form eines umgekehrten T annimmt;* ein mehr oder weniger ausgestatteter Vorplatz unter freiem Himmel kann die Anlage ergänzen. Ideell sind die Gräber von Ost nach West ausgerichtet, so daß man sie von Osten her betritt, der Tote im Westen ruht (Nacht, Menena).

Wie bei der Mastaba gehört auch zum Felsgrab die *Dreiheit: Spendenstelle mit Scheintür, Statuennische und Sargkammer.* Häufig führen ein paar Stufen hinunter zur Eingangstür an der östlichen Längswand der Vorhalle. Je nach Wohlhabenheit des Inhabers ist das Grab durch zusätzliche Räume erweitert oder aber durch Pfeiler und Säulen bereichert (Ramose, Amenemhêt-Surêre = Theben Nr. 48 unvollendet, Cheriûf). Die Querhalle ist in der Regel mit weltlichen Szenen bebildert, die Längshalle mit Themen der Beisetzung und des Jenseits.

Die Außenanlagen der thebanischen Gräber kann auf Grund baulicher Reste und von Darstellungen in den Gräbern selbst in der Art rekonstruiert werden, wie die Abbildung S. 174 zeigt. Ein weiter Vorhof, gegen den ansteigenden Berg abgestützt oder auch mit Brüstung versehen, Eingangstür mit Hohlkehle und Rundstab, gelegentlich von Stelen flankiert, Pyramidien, oft über Sockelbauten und mit kleiner Säulenstellung an ihrer Front oder mit Nischen für eine Statue des Grabherrn, der zur aufgehenden Sonne betet, gehören zu ihren Merkmalen. Ziegelkegel werden mit ihrer runden Fläche nach außen als Friesband in das Mauerwerk »eingenagelt«. Rot getönt zieren sie die weißen Wände und nennen den Namen des Grabinhabers.

In Dêr el-Medîna, wo die Gräber der Nekropolenarbeiter aus der 18.–20. Dyn. gegenüber ihrer Wohnstadt besonders intim gebaut sind, lebt über dem Eingang in der kleinen spitzen Ziegelpyramide das königliche

Rekonstruktion des Oberbaus eines thebanischen Grabtyps

Grabmal aus Unterägypten ebenfalls häufig nach, mit der Demokratisierung hoheitlicher Rechte nun über dem Privatgrab. Die Spätzeitgräber des Monthemhêt (Nr. 34) und des Petamenophis (Nr. 33) in Theben gehören zu den größten Anlagen überhaupt (meist unzugänglich). Wegen seiner Auseinandersetzung mit griechischem Stileinfluß ist das am Ende des 4. Jh. v. Chr. entstandene Grab des Petosiris in Tûna el-Gebel, eine gut erhaltene tempelartige Anlage mit Hörneraltar, besonders interessant und sehenswert.

Die *Tempel* sind Wohnungen für das Heilige und wandeln sich von den

Architektur

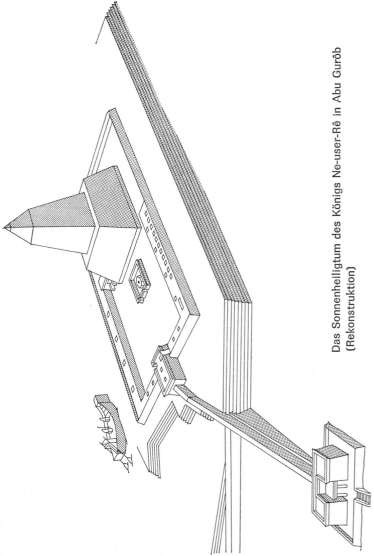

Das Sonnenheiligtum des Königs Ne-user-Rê in Abu Guröb (Rekonstruktion)

primitiven Rundhütten der Vorzeit zu den klassischen, deren Plan kanonisiert war. Dem großen Reichtum an Formen zu Beginn entspricht das Tastende künstlerischen Suchens. Da von der 3. Dyn. an jede Schwierigkeit technischer Beherrschung überwunden ist, darf das, was geschaffen ist, als Absicht gewertet werden. Doch ist aus dem AR nur mehr ein Rest an Tempelbauten erhalten: die Pyramidentempel und die Sonnenheiligtümer, andere Göttertempel nur in Spuren.

Von den *Pyramidentempeln,* die sich aus Taltempel, Aufweg und Verehrungstempel östlich der Pyramide zu Baukomplexen zusammenfügen, ist bei der Betrachtung der Pyramide (S. 169) gesprochen worden.

Eine Sonderform der AR-Tempel haben die *Sonnenheiligtümer,* die in der 5. Dyn. bei Abusîr liegen. Vor einem hohen Obelisken, auf dessen Spitze die aufgehende Sonne Platz nahm, stand unter freiem Himmel ein Altar (ohne Kultbild), dessen Opferspeisen der Sonnengott unmittelbar ergreifen konnte. Um dieses kultische Zentrum lag ein Hof mit den Schlachtstätten für die Opfertiere und Räume mit Reliefs, die sich insbesondere auf die Natur als Geschenk der Sonne beziehen und einen ikonographischen Hymnus darstellen. — Entsprechend den Sonnenheiligtümern des AR waren auch die Sonnentempel in Amarna offene Höfe mit Altären für die Opfer.

Im MR setzt sich der Totentempel anlagemäßig fort. An selbständigen Göttertempeln sind nur wenige erhalten, die meisten wurden überbaut oder erweitert. Als *Kern* läßt sich jedoch herausschälen: ein Naos oder Götterschein im Mittelpunkt der Anlage für den jeweiligen Hauptgott; seitlich Kapellen für Götter, die nebengeordnet am Kult teilhaben; vor den Kulträumen ein Opfertischraum für die Versorgung der Götter; Magazinräume, und vor diesem erweiterten Kultbau Säulenhallen und offene Höfe, in denen sich das Volk versammelte, und als vorderer Abschluß der ganzen Anlage ein »Pylon« genannter doppeltürmiger Torbau. Damit ist im Prinzip der Göttertempel geschaffen, der bis in späteste Zeit Vorbild blieb.

Im NR wandelt sich — gewiß auch durch den landschaftlichen Wechsel von der unterägyptischen Ebene zum oberägyptischen Felsgebirge bedingt — die Anlage des *Totentempels* merkbar. Er steht für sich, ist nur ideell auf das Grab bezogen (selten auch axial) und immer zugleich Göttertempel. Mit dem Totentempel Thutmosis' I. wird der erste seiner Art weit vom (Fels-) Grab getrennt, er liegt wie die nachfolgenden am Rande der thebanischen Wüste auf dem Ufer des »schönen Westens«.

Einzigartig ist der Totentempel der Königin Hatschepsut in *Dêr el-bahri,* deren dreistufige Terrassenanlage durch Rampen in eine nördliche und eine südliche Hälfte geteilt wird mit je verschiedenen Göttertempeln. Auf

Stufenpyramide des Djoser in Saḳḳâra ▶

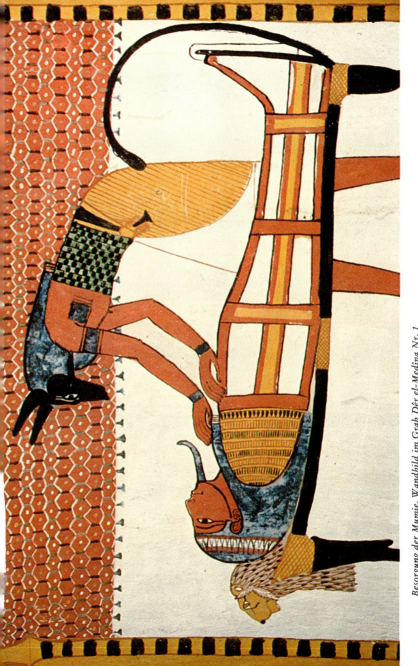

Besorgung der Mumie, Wandbild im Grab Dêr el-Medina Nr. 1

Architektur

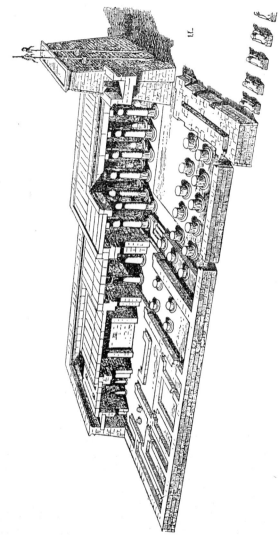

Rekonstruktion eines ramessidischen Tempels in Anlehnung an den Chonstempel von Karnak

◀ *Widdersphinxallee des Karnak-Tempels*
◀◀ *Tempel von Luksor*

der oberen Terrasse öffnet sich ein Säulenhof, von dem aus der Kultraum in den Felsen getrieben ist.

Das NR erweitert die *Göttertempel* des MR gewöhnlich dadurch, daß es weitere Höfe und Säulenhallen vor das ältere Heiligtum legt, den Bau jedesmal mit einem Pylon abschließt, vor ihn, den Eingang flankierend, zwei Obelisken aufstellt und — in den Mauernischen — Flaggenmaste errichtet. Für die großen Prozessionen der Götter an ihren Festen wurden von Sphingen gesäumte Straßen angelegt, die die Tempel verbanden (Amon- mit Muttempel in Karnak) oder zum Kai führten, wo die Barke mit dem Götterbild auf das Schiff verladen wurde (Reliefs in Luksor mit Opetfest). Zum Abstellen der Prozessionsbarke waren an den Alleen »Stationshäuschen« errichtet, eine von Pfeilern umgebene Cella mit einem Sockel in der Mitte, zu dem man über eine flache Treppe (mit Schleifen für das Prozessionsbild in der Mitte) auf- und gegenüber von ihm absteigen konnte (Stationstempel des MR im Magazinhof von Karnak).

In der Spätzeit hat der Göttertempel die bereits im MR vorbereitete *Endform* erreicht und stellt sich am eindrucksvollsten in dem gut erhaltenen Tempel von Edfu dar. Pylon mit Flaggenmasten am Eingang, offene Höfe und Säulenhallen lassen zwischen sich den Prozessionsweg in der Achse frei, der stufenweise leicht ansteigt bis zum Raum der Kultstatue. Gleichzeitig senkt sich die Decke (vom Dach aus gut zu erkennen) bis zum Kultbildraum am Ende des Tempels, wo in einem Naos das Götterbild im Halbdunkel wohnt. Seitliche Kapellen für die Gastgötter und Magazinräume umgeben das Allerheiligste, Treppen führen zu Krypten in die Tiefe, wo Tempelschätze bewahrt wurden, andere auf die Tempeldächer, wo Priester die Sterne beobachteten und an Festen vielartige Zeremonien stattfanden.

Um einen äußeren Umgang, in den Wasserspeier aus der Höhe herabschauen, läuft eine einfriedende Umfassungsmauer. Zu jedem Tempel gehört ein heiliger See außerhalb der Bauanlage, außerdem ein Brunnen, der durch einen unterirdischen Gang vom Tempel aus zugänglich ist. Durch ihn ist der Tempel wie mit einer Nabelschnur mit dem Urgott Nun verbunden, der dem Tempel als einem mythischen Ort Kraft spendet zu täglich neuem Leben. Denn der Tempel gilt in dieser Zeit als die Wiederholung des Urhügels mit gestalteter Welt, in der das Heilige einkehrt. Der Urhügel erreicht seine höchste Stelle mit dem Altarsockel, auf dem die Gottheit Platz nimmt. Der Tempel als Wiederholung des Kosmos hat eine als Himmel mit Sternen oder Sternbildern ausgezierte Decke und treibt aus dem Sumpf des Vorgeländes vor den Kultraum die Säulen des Papyrus (oder auch anderer Pflanzen). Solche Ausdeutungen waren ursprünglich den Baugedanken fremd, die Göttertempel dienten vielmehr lediglich als Wohnung der Gottheit, in der ihnen das Ritual zelebriert wurde. So oder so, noch in der Sp war es die Funktion des Tempels, die primär seine Gestalt bestimmte, und nicht etwa ein Formprinzip.

Ein weiterer Bau gehört zum Tempel der Sp, das ist das sog. → *Mammisi* oder Geburtshaus des Gotteskindes im Außenhof quer zur Tempelachse, das als Umgangstempel gebaut ist. Hier wurde die Geburt des Gotteskindes gefeiert, das im Geburtsmythos den Gottessohn Pharao verdrängte. Die hellenistische Ausprägung dieses Mythos hat an der christlichen Vorstellung von der Geburt Jesu ihren Anteil.

Plastik

Das plastische Schaffen reicht ins Neolithikum zurück, entwickelt in der Frühzeit besonders ausdrucksstarke Tierfiguren, wie den Affen des Narmer aus Alabaster im Berliner Museum (52 cm), Nilpferd- und Löwenfiguren kleineren Formats, stellt in den Sitzstatuen Chasechems mit ihren noch archaisch-regellosen Sockelzeichnungen Hochwerke der 2. Dyn. vor und breitet seit der 3. Dyn. eine Fülle aus *von Werken* jeder Größe, Gattung und aus jedwedem Material. Figuren von Göttern, Königen und »Privatpersonen« werden stehend (der Mann mit leicht vorgesetztem linkem Fuß), sitzend, kniend und hockend gebildet, als Schreiber, Würfelhocker und später als Naophoren »kriechend« oder Opfergefäße vor sich hin-»schiebend«, oder auch zu Gruppen geeinigt (anfängliches beziehungsloses Nebeneinander bei Rahotep und Nofret, Museum Kairo).

So wird die Statue eines Grabinhabers vermehrfacht; verschiedene Größe, Haltung und Tracht deuten auf verschiedene Funktionen des Menschen hin. Entweder stehen die Figuren einzeln nebeneinander (Ranofer, Museum Kairo) oder sind gruppiert; ähnlich die Ehepaare mit ihren Kindern, ihrer Bedeutung entsprechend in der Größe unterschieden. Die Verbindung des Paares wird zart angedeutet durch Ineinanderlegen der Hände oder indem die Frau ihren Arm um die Schulter des Mannes legt (Gruppe des Zwergen Seneb im Museum Kairo). Auch Gottheiten, zuweilen tiergestaltig, und König sind zu eindrucksvollen Gruppen komponiert (Mykerinos, Museum Kairo; Hathorkuh mit Amenophis II., Museum Kairo). Vielfach lehnen die Statuen an »Rückenpfeilern«, die Namen, Titel oder auch Weihungen und Gebete tragen. Sockel und andere glatte Flächen werden ebenfalls beschriftet. Wo die Hand nicht Stab oder Szepter führt, ist sie, zur Faust geballt, mit einem »Schattenstab« gefüllt, der, schwarz gemalt, »nichts« bedeutet. Zur Tierplastik leitet die in vielen Versionen behandelte Sphinx über (S. 165).

Alabaster (Chephren oder Amenerdâs, Museum Kairo), der weiche Kalkstein, und alle Arten von Hartgestein, mit Vorliebe Rosengranit und in der Spätzeit Grauwacke oder Grünstein, auch metamorpher Schiefer (Thuthmosis III., Museum Kairo); Holz (Ka-Statue, Museum Kairo) meist für kleinere Figuren, und nach den Inschriften mindestens seit der 2. Dyn. Kupfer (Pepi I. mit seinem Sohn, Museum Kairo) und Bronze dienten als *Material*. Die Statuen waren so gut wie alle bemalt, die Augen häufig in anderen Werkstoffen eingelegt. Über der Bemalung lag gelegentlich eine Vergoldung und darüber ein Gewand aus Leinen. Die Goldplastiken sind längst eingeschmolzen, in Proben (Holzkern mit Goldblattüberzug) aus dem Grab des Tutanchamun erhalten. Die kostbarsten Plastiken waren zweifellos die Götterfiguren bzw. die ihrer heiligen Tiere, die als Kultstatuen in den Tempeln standen; sie dürften überwiegend aus Edelmetall gewesen sein und wurden deshalb bevorzugt geraubt (an Ort und Stelle erhalten die Kultstatuen im Ptahtempel von Karnak und die Triade von Abu Simbel; Chons sowie Kuh aus Dêr el-bahri, Museum Kairo).

Die überwiegende Zahl der Statuen, zumindest im AR von Privatpersonen, sind *Ka-Statuen*, das heißt jene für das Grab geschaffenen Bilder des Toten, in denen sein Geist Platz nehmen und die Versorgung empfangen konnte. An Stelle der Ka-Statue stand (hinter der Trennungsmauer von Grabschacht und Sargkammer) in den Gräbern der 4. und vereinzelt auch noch in der 5. Dyn. in Gîsa nur der Kopf mit Hals des Toten, meist aus Kalkstein. Ohne Haare und im Stile der Zeit aufs sparsamste reduziert, zeichnen sich diese sog. »Ersatzköpfe« aus durch Adel und sprühenden Geist (Museum Kairo). *»Tempelstatuen«* durften durch besondere Gunst des Königs seit Ende des AR — später zunehmend mehr — von Privatpersonen in Göttertempeln aufgestellt werden, wodurch der Dargestellte ein weiteres Mal und an geheiligter Stätte »denkmalhaft« leben, dazu am Kult teilhaben konnte.

Dieser Masse von Statuen gegenüber treten die weniger sorgfältig gearbeiteten → *Dienerfiguren* und → Uschebtis zurück, die dem Toten drüben die Arbeit abnehmen sollten, ihn also als Gehilfen ins Jenseits begleiteten. Künstlerisch sind die Dienerfiguren deshalb besonders reizvoll, weil sie Bewegungen und Haltungen wiedergeben, die der Kanon für die Herren nicht erlaubt. Daß sie jedoch denselben Formregeln unterworfen sind, bleibe nicht unerwähnt.

Neben diesen selbständigen Statuen schuf die ägyptische Plastik *Architekturwerke* wie → Osirispfeiler, Fassadenkolosse (Luksor, Abu Simbel, Memnonskolosse) oder etwa die Sphingen der Prozessionsstraßen. Ihre Darstellung wandelt sich mit der Zeit: Während bei der bekannten *Sphinx* von Gîsa der Übergang von dem königlichen Antlitz in den Löwenleib durch das Kopftuch verdeckt ist, wird das Gesicht der Tanis-Sphingen (Museum Kairo) von der Löwenmähne unmittelbar umrahmt; auch Haltung der Pfoten, des Schweifs, Bildung der Rippen und weitere Einzelheiten lassen die Zeit der Entstehung ablesen. Die Sphingen der Hatschepsut zeichnen sich aus durch Grazie und Keuschheit.

Plastik

So verschieden auch die *Typen* und ihre durch Zeit, Ort oder Persönlichkeit bedingte Ausformung sind, *alle Statuen leben*, und sie leben um ihrer selbst willen; aber nicht im Sinne des l'art pour l'art, sondern als Bild des Dargestellten, richtiger: als der Dargestellte selbst. Durch die Zeremonie der → Mundöffnung werden sie — ebenso wie die Mumie — belebt. Wir sind demnach völlig auf dem Irrweg, wenn wir eine Statue als Schmuck, Zierat, Beiwerk oder formal ästhetisch werten. Sie ist der Abgebildete, und in diesem Sinne des Selbstseins ist sie auch *Porträt*. Ein Porträt im römisch-abendländischen Sinne gibt es nicht; auch wo persönlichen Zügen mit dem Meißel nachgegangen ist, wird das Bild des Dargestellten eingefügt in ein Muster. Selbst wenn er noch soviel individuelle Farbe über einen Typus legt, bleibt der Bildhauer gebunden an eine kanonisierte Form von Wahrheit. Die beabsichtigte unverwechselbare Einmaligkeit eines individuellen Wesens wird gesichert durch den beigeschriebenen *Namen;* er ist bei den Alten nicht Benennung, sondern gehört zum Wesen.

Was zum *Wesen* des Dargestellten gehört, das wird im Bild wiedergegeben, nicht aber, was zufällig, flüchtig, vorübergehend an ihm erscheint. So kommt es, daß das ägyptische Bildnis bei allem sinnlichen Erfassen der Person außerordentlich abstrahiert, jedoch andererseits die Abstraktion nur so weit treibt, daß sie die sinnliche Vorstellung nicht tilgt. Je höher die dargestellte Person im Werturteil steht, desto mehr erschöpft sie sich im bloßen Dasein. Zu Dienern dagegen gehört es wesenhaft, daß sie arbeiten, und so sind die Dienerfiguren thematisch und also auch künstlerisch-formal am vielfältigsten.

Wer von der griechischen Plastik herkommt — und unser aller Auge ist an ihr geschult —, der findet die ägyptische »monoton«, »stereotyp« und wie die Fehlurteile alle heißen, an denen selbst ein Jacob Burckhardt teilhatte; er findet sie steif und leblos-formalistisch. Was wir zugestandenermaßen an ihr vermissen, ist organisches, von einem Zentrum her gesteuertes Leben. Indem sie aber die Phänomene wiedergibt in ihrer immer wiederholbaren Präsenz, ist sie nicht organisches, vergängliches Leben, sondern zeitstummes, immer gegenwärtiges Leben. *Da in der Regel das Zufällige, Gelegentliche, ja überhaupt das Aktuelle prinzipiell aus dem Bilde genommen ist, ist es weit weggehoben aus der auf uns bezüglichen Zeit mit ihrem Fluß von Veränderung und Vergehen.*

Prinzipiell können alle Statuen bzw. ihre Teile in ein Gehäuse gestellt werden, dessen Wände senkrecht zueinander stehen. Die Figur ist nicht kontrapostisch und von innen her gebaut als ein (animalischer) Körper, sondern sie ist von außen Seite um Seite gearbeitet und damit ein in sich ruhendes Gebilde, in das der Raum zwar konstruktiv, doch nicht als perspektivisch-ichbezogene Lebensanschauung hineingenommen ist. Es scheint die Rundplastik Ägyptens im Grunde nur aus Flächen zu bestehen,

so daß auch vom Gesichtspunkt des Raumes her die Vergänglichkeit (des Leibes) als bezwungen gilt.
Hat sich unser Auge erst eingesehen in die grundsätzlich andere Beschaffenheit ägyptischer Plastik, so wird es bald erkennen, wie ungeachtet aller kanonischen Festlegung die einzelnen Typen sich wandeln und ihre *Stilgeschichte* nicht minder haben als die Kunsterzeugnisse anderer Völker und Zeiten. Nicht allein an Tracht und modischen Formen kann die Zeit der Entstehung abgelesen werden, schöpferische Eigenart prägen die Werke zu je eigenen Gestalten. Das *Porträt* im veristischen Sinne ist allerdings von Ägypten her eine Entartung und findet sich allenfalls bis zur Schwelle persönlicher — häufig nur persönlich-ideeller — Züge. Was demgegenüber Ägypten als Hochleistung plastischen Vermögens hinterlassen hat, sind *bis zur letzten Durchsichtigkeit geläuterte Werke von sinnlich verhafteten Ur-Bildern ewiger Existenz.* Keinem Volk dürfte es gelungen sein, Hoheit und göttlichen Adel eines Königs darzustellen wie dem am Nil (Museum Kairo); *das weite Feld plastischer Möglichkeiten haben die Ägypter abgeschritten, und dies bis zur letzten Vollendung.*

Flachkunst

Das ägyptische *Relief* überrascht zunächst durch seine Technik. Es ist nicht wie das griechische dick erhaben, ist überhaupt keine plastische Schöpfung, sondern muß als Flachkunst gewertet werden wie die Malerei. Man unterscheidet grundsätzlich zwei verschiedene Arten des Reliefs: das erhabene und das versenkte.
Das *erhabene Relief* hebt sich aus dem Steinhintergrund heraus, das versenkte ist in ihn eingetieft. Wie ein Relief gearbeitet wurde, lehren unfertige Arbeiten, die in vielen Gräbern zu beobachten sind, außerdem Ostraka, an denen Schüler das Werkverfahren übten. Steht die Bebilderung der Wand fest, so wird sie im Groben eingeteilt; es werden innerhalb eines Quadratnetzes die Umrisse der Figuren mit Rot flüchtig vorgezeichnet, dann mit Schwarz in ihrer endgültigen Kontur festgelegt. Hierauf meißelt der Reliefarbeiter die Ränder aus, und zwar zunächst steil. Danach wird alles, was den Hintergrund ausmacht, von den Figuren weg abgearbeitet in die Tiefe. Zuletzt werden die Ränder weich gerundet und die Figuren modelliert und bemalt, später wenigstens teilweise (Ramose). — Die frühesten Beispiele des erhabenen Reliefs sind die Schieferpaletten der Vorgeschichte (Museum Kairo), weiter wird es für Stelen, Steinwände in Gräbern und Tempeln angewandt, zu Darstellungen wie zu monumentaler Schrift.
Das *versenkte Relief* unterscheidet sich praktisch vom erhabenen nur dadurch, daß der Hintergrund nicht weggearbeitet ist: Die Figur ist im Umriß in die Fläche eingemeißelt, danach wird ihre Oberfläche modelliert. Die Tiefe des Reliefs schwankt je nach seiner Entstehungszeit. Es

Flachkunst

kommt erst von der 4. Dyn. an auf und dürfte zwei Beweggründen seinen Ursprung verdanken. Einmal ist es weniger gefährdet, außerdem bei grellem Tageslicht besser zu erkennen als das erhabene. So wird das versenkte Relief meist an Außenwänden angebracht, wenn auch gewisse Modeströmungen diese Regel durchbrechen (vgl. die Säulen der nördlichen und südlichen Hälfte im Säulensaal von Karnak). Von der Ramessidenzeit an wird es immer gröber gearbeitet und kann mehrere Zentimeter tief werden, so daß man eine ganze Faust hineinlegen kann (Medînet Hâbu). Es bleibt dann häufig unmodelliert, wird aber mit Farbe bemalt.

Neben das Relief tritt als Wand-»Schmuck« der Gräber die *Malerei*. Dem Reisenden begegnet sie vor allem in den thebanischen Gräbern des NR, aber sie wurde seit der Vorgeschichte geübt und zählt noch in der Spätzeit zu den lohnenden Studienobjekten. Stark vergröbert dürfen wir jedoch sagen, daß mit dem Ortswechsel vom AR zum NR auch die Technik des Reliefs der Malerei Platz macht. Das hängt mit der schlechteren Beschaffenheit der Felswände in Theben zusammen, die ein unmittelbares Ausmeißeln kaum erlaubten; vielmehr wurden dort die Wände zunächst mit Nilschlamm und darauf mit einer Gipsschicht überzogen und dann bemalt, ja auch in Gips reliefiert und bemalt (Grab Sethos' I.). Wurde Holz bemalt, so überzog man es zunächst mit einer Schicht von Gips und Schlemmkreide. – Diese Überzüge bzw. *Malgrund*-Schichten sind empfindlich und bröckeln bei unsachgemäßer Behandlung leicht ab (im Grab der Nofretiri durch Felsbewegung), sonst vielfach durch die Erschütterung der Autos und auch durch Kameras und Brotbeutel der Besucher. Die Farben selbst leiden durch Luftfeuchtigkeit.

Die *Farben* sind in der Technik der Tempera-Malerei al secco aufgetragen und werden durch Eiweiß und Leim gebunden, seit der 18. Dyn. gelegentlich gefirnißt. Man verwendete nur (mineralische) Naturfarben, und zwar Schwarz (Lampenruß), Blau und Grün (beide aus Malachit), Weiß (Gips oder Kreide), Rot in verschiedenen Tönen bis zu Gelb, Rosa und Braun aus verschiedenfarbigem Ocker (Eisenoxyd). Diese Farben wurden hart nebeneinandergesetzt, Übergänge zunächst dadurch erreicht, daß eine Farbe über die andere schraffiert wurde, später erst durch Mischung; in Amarna gibt es auch (mit Schwarz) gebrochene und dadurch besonders stimmungsvolle Töne.

Ähnlich wie beim Relief wird der vorbereitete und geglättete Malgrund mit Hilfslinien überspannt, entweder nur mit einem Gerüst aus Punkten und Linien, denen die Proportionen zu entnehmen waren, später mit einem *Quadratnetz:* Dem ordnenden Sinn der Ägypter entsprechen die »Standlinien«, auf denen die Bildfiguren stehen, reihenweise übereinander die ganze Wand ausfüllend mit räumlich wie zeitlich simultanen Szenen.

Der Maler entwirft sie mit Rötel, hält die endgültigen Umrisse mit Schwarz fest und füllt dann die Flächen farbig aus (unfertige Wand bei Nacht). Die *Farbgebung* ist »naturalistisch«, wenn wir die in der Natur erscheinenden sehr differenzierten Farben auf ihren Grundwert zurückführen und andererseits bedenken, daß die Farbe innerhalb des religiösen Bereichs Symbolwert hat. Die Bilder sind polychrom, die Farben reine Lokalfarben, atmosphärische oder Schatteneinwirkungen kommen nie zum Ausdruck. Hier hat die Landschaft Ägyptens ihren Anteil.

Außer den Gräbern und Tempeln waren es Paläste und Wohnhäuser, die an *Decken, Fußböden und Wänden* mit ganzen Teppichen farbiger Bilder überdeckt waren (Fußboden von Amarna im Museum Kairo), aber mit den aus vergänglichem Material errichteten Profanbauten ist auch deren Bemalung verlorengegangen. Immerhin lassen die spärlichen Reste so viel erkennen, daß wir die ägyptische Wandmalerei als den Vorläufer der pompejanischen Hausmalerei bezeichnen dürfen (aufschlußreich die Arbeitersiedlung von Dêr el-Medîna). Köstliche Zeugnisse malerischer Übungen sind die bebilderten *Ostraka*, deren Skizzen und Entwürfe mit unübertrefflicher Sicherheit als Frucht jahrhundertealter Tradition hingeworfen sind. Intimere Motive und Illustrationen von (teils illiteraten) Tiermärchen gehören zu den kulturgeschichtlichen Kleinodien; Malereien auf Gefäßen und auf Papyri (Vignetten) bieten weder eigengesetzliche Regeln noch Motive.

Thematisch umspannen Relief und Malerei alles, was sich im Diesseits und Jenseits ereignet. Sie sind eine kulturgeschichtliche Quelle ersten Ranges, indem sie von der Arbeit auf dem Felde ebenso berichten wie vom Scheiden nach Böcken und Schafen vor dem Richterstuhl in der Großen Halle des Osiris.

Eng zur Flachkunst gehört die *Schrift*. Der Form nach Bild, ist die Schrift gelegentlich kaum abzugrenzen gegen das Bild. Beides verschmilzt zur Einheit. Die Hieroglyphen werden oft ebenso detailliert ausgeführt wie das Bild, die Figuren oft ebenso kursiv wie die Schriftzeichen. Die Beischriften setzen für den Gedanken um, was das Bild für das Auge veranschaulicht. Über den Personen stehen Namen und Titel, über den landwirtschaftlichen oder Handwerker-Szenen Zurufe der Arbeiter oder die Bezeichnung ihrer Tätigkeit; auch kann der Ort angegeben sein, wo etwas geschieht, oder das Ergebnis eines Unternehmens. In den religiösen Räumen stehen vornehmlich Gebete und Opfersprüche, auf den äußeren Tempelwänden sind historische Ereignisse verzeichnet, während die Wohnräume intimere Szenen trugen, wie Wochenbettbilder. Sinnlicher und übersinnlicher Bereich der Welt erfuhren durch die ägyptischen Künstler ihre hieroglyphische Bestandsaufnahme in Bild und Wort.

*Stil*istisch erlebt auch die Flachkunst ihren Wandel. Nach den ungestümpurzelnden Bildern der Vor- und Frühgeschichte findet sie zu Beginn der 3. Dyn. ihre spezifische Ausprägung, deren Stempel die ägyptische Kunst endgültig von der Umwelt abhebt. Mit dem Blick über die drei Jahrtausende darf man verallgemeinernd sagen, daß die strenge Form des AR, die sich gegen Ende freier und reicher entwickelt, mehr Überschneidungen duldet und die Proportionen zugunsten schlankerer Gestalten (vgl. Ti, Ptahhotep und Mereruka) verschiebt, nach dem Verfall in der 1. Zwischenzeit eine neue Festigkeit erlangt. Weitere Motive werden in den Kanon aufgenommen, eine spröde Knospe entfaltet gegen Ende des MR eine Blüte voll Duft und Zauber. Ihren Höhepunkt erreicht die Malerei im NR; das Relief unter Amenophis III. (Ramose, Chaemhêt, Cheriûf) gehört zum Raffiniertesten, was die ägyptische Kunst überhaupt zu bieten hat. Unter Sethos I. zeichnet es sich aus durch Adel und Reinheit (Abydostempel und Kurna-Tempel), während den Ramessiden ihre Massenbauten auf Kosten der Güte gelingen. Die Spätzeitreliefs sind teils archaisierend, teils erstarren sie in der Tradition, bewahren aber dank der zähen Überlieferung ein Niveau, das bei dem Mangel an neuen Impulsen Achtung verdient. Die Malerei, die das Gesicht der 18./19. Dyn. prägt, wandelt sich auf dem anfänglich weißen, dann blaugrauen und zuletzt goldgelben Hintergrund von keuscheren Bildern zu üppigeren, von hart konturierten zu gelösteren Bildern in mehr malerischem Stil, die Farbgebung tendiert von Polychromie zu Kolorismus.

Erkenntnistheoretische Grundlage ägyptischer Kunst

Von einem anderen noch darf und muß gesprochen werden: von Wesen und Grundlage ägyptischer Kunst. Mehr noch als bei der Plastik ist der Beschauer bei der Flachkunst zunächst befremdet durch die seltsam »steifen« und »verrenkten« Figuren. Da jede Kunst das Weltverhältnis ihres Urhebers widerspiegelt, also das Vorbild durch den Geist des Schaffenden umgesetzt wird, gibt es so viele Lösungen, wie es Künstler gibt. Aber auch abgesehen von der Formneigung des einzelnen, seiner Gemütsart und abgesehen von jedem Zeitstil und örtlich gebundenen Wollen gibt es ein in größere Tiefe reichendes Verhalten, das über Völker hinaus auf dem Vor-»Entscheid« eines ganzen Zeitalters beruht. Diese ins philosophische Bewußtsein zu erhebende, bewußte oder unbewußte Grund-Haltung des Ägypters ist die — im Unterschied zur perspektivischen benannte — *aspektivische Welt-Anschauung*. Der Ägypter, und mit ihm die meisten Völker, wie wir noch aufzeigen werden, schaut die Welt grundsätzlich anders an, er hat eine andere Betrachtungsweise, steht anders zum vorgegebenen Objekt als die Griechen. Er hat dasselbe Verhältnis zu dem Gegenstand, den er zeichnet, wie zu den Phänomenen, die er religiös erfaßt, wissenschaftlich formuliert, ja überhaupt sprachlich ausdrückt.

Zeichnen heißt zunächst einmal, ein Ding der dreidimensionalen Welt einzufangen in die zweidimensionale Malfläche. Das stellt den Zeichner vor ein anderes Problem als den Bildhauer, und wir fragen, auf welche Weise er die Schwierigkeit angeht. Der *perspektivische* Künstler löst seine Aufgabe, wie wir wissen, durch Winkelverschiebung, Verkürzung und Verjüngung der Linie, Einführung einer Lichtquelle, Schattenbildung, farbliche Relativität. Die perspektivische Wiedergabe täuscht einen hinter der Zeichenebene sich erstreckenden Tiefenraum vor und zwingt die Dinge in die Form des Anscheins. Die Perspektive ist die Betrachtung der Welt vom Standpunkt des Menschen aus, die Darstellung hängt ab vom wahrnehmenden Subjekt in einem genauen Zeitpunkt an bestimmt festgelegtem Ort. Der Gegenstand wird dem Menschen untergeordnet, und zwar so, daß er vom Beschauer aus in einem einzigen Blickfeld steht. Der Mensch ist Ausgang und Ziel.

Anders die ägyptische *Zeichenweise!* Zeichnet der Ägypter beispielsweise einen quadratischen See, so gibt er ihn wieder als ein gleichseitiges Viereck mit vier rechten Winkeln, also durch ein Quadrat und nicht durch ein Viereck, dessen Seiten und Winkel sich je nach dem Beobachtungsort verändern und dessen Schatten mit der Zeit wechseln würden. Der

See mit Wasserträgern

ägyptische See bleibt, was er ist, immer und überall und für jeden gleich. Die Pflanzen und Bäume rings um den See stehen strahlig nach außen, wie »die Wurzeln auf dem Boden stehen«. Für das perspektivisch gebildete Auge scheinen die Bäume an den Seiten zu liegen, unten sogar auf dem Kopf zu stehen.

Diese Schwierigkeit ist behoben, sobald wir — *aspektivisch, d. h. ausschnittweise voneinander abgegrenzt* — jede Seite für sich betrachten. Jeder Gegenstand ist in Ägypten so gezeichnet, wie er aussieht, wenn wir ihn in *gerader Richtung* zu seinen einzelnen Flächen ansehen, das heißt, jeder einzelne *Aspekt* ist geistig getrennt ins Auge gefaßt. Die Teile sind nicht einander untergeordnet, nicht aufeinander funktional bezogen, sondern jeder steht neben dem andern und in seiner vollen Gültigkeit, ungeschmälert durch das Subjekt des Betrachters, ja unbezogen auf ihn.

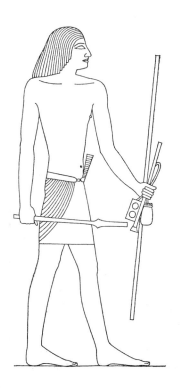

Nicht der Mensch ist Mittelpunkt, auf den hin das Bild ausgerichtet ist, vielmehr steht es für sich, Teil um Teil nebeneinandergelegt. Aspektive ermöglicht durch ausgrenzendes Einzelsehen der Dinge oder deren Teile viele Formen, die perspektivisch unmöglich wären, und kann dadurch auch der Vorstellung ungehemmter Ausdruck geben.

Da der Herr mehr »wert« ist, mehr »bedeutet« als der Diener, wird er größer dargestellt als dieser; steht er aber neben seinem König, dann wird derselbe Herr kleiner abgebildet, da seine Bedeutung geringer ist *(Bedeutungsmaßstab;* vgl. mittelalterliche Stifterfiguren unter dem Schutzmantel der Madonna). Eine andere Regel z. B. veranlaßt den ägyptischen Künstler, die Scheitel verschiedener Personen gleich hoch zu setzen *(Isokephalie),* einerlei ob sie sitzen oder stehen. Daß die sitzende Person zugleich die ranghöhere ist, sagt Scheitelgleiche indirekt aus. — Teile, die verborgen sind, werden dann sichtbar gezeichnet, wenn es auf sie ankommt, und jeder Teil in seiner bezeichnenden Ansicht. Viele,

viele solcher *Einzelregeln* wären zu benennen, überschreiten aber diesen Rahmen. Es sei indes die Darstellung der menschlichen Figur als ein Grundthema noch kurz erklärt.

Wir sagten, ein Gegenstand wird als ein künstlerisches Beieinander von partikularen Ansichten, von »Aspekten« wiedergegeben. Da das Objekt jedoch mehrseitig körperlich zu sein pflegt, so gilt es, unter den Ansichtsseiten zu wählen. Und der Ägypter wählt die ihm für das Ding *charakteristisch erscheinenden Ansichten*. Er geht gewissermaßen im Geiste um das Ding herum und fügt diejenigen Flächen aneinander, die den Gegenstand kennzeichnen, jede Seite unverkürzt. Für jeden zusammengesetzten Gegenstand gibt es mehrere Lösungen, ein fester Kanon gültiger Muster bildet sich aus.

Für den *Menschen* gilt folgende Regel als wegweisend: Seine Gesamtgestalt ist im Profil gesehen; das Auge sitzt in Vorderansicht im Kopf, ebenso werden die Schultern in Vorderansicht gezeichnet; von der Brust an bis zu den zwei gleichen Füßen dagegen erscheint er wieder von der Seite. Brustwarze und Nabel rücken dicht an die äußere Begrenzungslinie. So reiht der Zeichner die einzelnen Teile des Menschen parataktisch nebeneinander, die einzelnen unverändert.

Seine Kenntnis von der Welt befähigt den Beschauer, das aspektivisch gewonnene Bild als Organismus zu erkennen, wie sie analog perspektivisch gezeichnete Gegenstände entzerren muß. Platon (Staat 598 A; 602 B– 603 B und Sophistes 236 A–B) und Aristoteles nannten die ägyptische Zeichenweise *wahr* und *richtig*, während sie die Perspektive als täuschend und trügerisch brandmarkten; denn der Ägypter zeichnet das Ding, wie es ist, der Grieche, wie es ihm erscheint. Der moderne Mensch hat zur aspektivischen Art der Darstellung neuen Zugang. Aspektivische bzw. perspektivische Darstellweise entsprechen bestimmten Wahrnehmungsweisen, und diese einer bestimmten mentalen Lage.

Wie der Ägypter, so zeichnen alle Völker der frühen Hochkulturen, auch die Griechen bis tief ins 6. Jh.; ebenso die heutigen Primitiven, unsere Kinder und die schulisch nicht gebildeten Erwachsenen, m. a. W.: *Die Griechen des 6. Jahrhunderts haben die perspektivische Zeichenweise gefunden, und nur sie waren ausersehen, sie zu finden; alle Völker neben und nach ihnen zeichnen perspektivisch nur so weit, wie sie mittelbar oder unmittelbar von den Strahlen griechischen Geistes getroffen wurden.* Diese griechische Darstellweise hängt aufs innigste zusammen mit einer Neuorientierung in der Welt. Ihr gegenüber bezeichnet Goethe die ägyptische Zeichenweise (angesichts der Gemälde des Polygnot) als »wesentlich«, und wir sehen darin bestätigt, was wir als zeit- und raumstumm und damit todüberwindend bereits herauszustellen versuchten und uns nun im folgenden auch für die Flachkunst vergegenwärtigen wollen.

Grundlage ägyptischer Kunst

Noch sinnfälliger als die Plastik macht sie, die Flachkunst, die scheinbare Negierung der beiden Kategorien Raum und Zeit, die unsere irdische Existenz vornehmlich bestimmen. Indem sie aspektivisch darstellt, erscheint in ihr der *Raum* als Fläche, d. h. in seinen einzelnen Dimensionen nebeneinander ausgebreitet, hat also keinen perspektivischen Tiefenraum, wohl aber einen »Binnenraum«. Die dargestellten Wesen handeln in Richtung der Bildfläche, nur selten dreht eines den Kopf aus der Ebene heraus (das hat immer einen bestimmten Grund); der Hintergrund steht zur »Dekoration« nicht in einem perspektivischen Tiefenverhältnis, sondern ist entweder neutrales Nichtssein oder landschaftliche Szenerie. Die Bildstreifen bedeuten lediglich simultane Nebenordnung, keineswegs perspektivisches Hintereinander. Ebenso selbstverständlich fehlt der ägyptischen Flachkunst der Schatten, sowohl der Schlag- als auch der Raumschatten, statt dessen sind die Figuren durch Umrißlinien — innerhalb der Fläche — voneinander abgegrenzt.

Was für den Raum gilt, das gilt grundsätzlich auch für die *Zeit*. Dazu gehört vordergründig, daß »momentane« Ereignisse nur in Ausnahmefällen dargestellt werden. Ein Geschehen, etwa ein Sprung, wird kinematographisch in einzelne Phasen auseinandergetrennt, und diese erscheinen simultan nebeneinander im Bild; oder aber das Geschehen ist ein zyklisches, »binnenzeitliches«, und findet Ausdruck in einer Kunstgebärde, aber nicht in Fluktuation. Die Einwirkung der Zeit auf den Lebensvorgang des Menschen wird kaum je zur Anschauung gebracht. — Ebenso erscheint das, was an Bewegung, Handlung, also Vorgang — etwa bei Arbeitenden — ins Bild gesetzt ist, nicht als Dynamis, sondern Gebärde. Auch die Folge der Szenen in den verschiedenen Streifen ist nicht nach der Zeit ausgerichtet. So nehmen Raum und Zeit keinen Bezug auf den Betrachter, aber sie existieren innerhalb des Bildgeschehens als »Binnenraum« bzw. »Binnenzeit«. Wir nennen die aspektivische Kunst daher »raum- und zeitstumm«.

Daß sowohl Zeit als auch Raum in der ägyptischen Kunst stumm sind, verleiht ihr scheinbar die Fähigkeit, den Tod zu überwinden. Wie der Totendienst mit all seinen Einrichtungen einschließlich der bildnerischen Ausstattung des Grabes dazu diente, dem Verstorbenen über den Tod hinaus das Leben zu ermöglichen, so erscheint in der aspektivischen Kunst das Ding dem Fluß der Zeit entrissen, aus seiner Vergänglichkeit hinübergerettet in die Zustandsform ewigen Seins, wobei »Ewigkeit« verstanden sein will im Sinne dauernder Zeit. Sein Zeit-, d. h. sein Todesbewußtsein hat den Ägypter zur Ewigkeit gedrängt und ihn auch seine Kunst schaffen heißen. Rein äußerlich-technisch führt ihn sein Mühen zur Wahl dauerhaften Materials für alles, was ihm wesentlich ist.

Er hat Anschein und Zufall, persönliche Willkür und Abhängigkeit vom jeweiligen Standpunkt als ichbezogene Werte mißachtet und die Dinge (objektiv) sein lassen, ohne sie beeinflussen zu wollen, *weil er*, um es mit seinen eigenen Worten zu sagen, *»angesichts der göttlichen Wahrheit schweigt«*. So kommt es, daß keine andere so wie die ägyptische Kunst Transzendentes aufleuchten läßt. Durch alle Zeiten hindurch hat die ägyptische Kunst an diesen ihren Grundlagen festgehalten, denn sie entsprachen dem ägyptischen Welt- und Gottverständnis, nach dem nur das Unveränderliche Wert hat und *alles Veränderliche erst Sinn bekommt, wenn es als Wiederholung oder Vergegenwärtigung an ewigjenseitige Existenz geknüpft wird*. Wo immer die Kunst von diesem ihrem Grundverhalten abweicht, beobachten wir eine Wegbiegung in Ich-Nähe. An der ägyptischen Sprache, der Religion, in allen Sparten geistiger Betätigung läßt sich dasselbe Grundverhalten aufzeigen.

Innerhalb dieser Haltung hat die ägyptische Kunst ebenso viele Spielmöglichkeiten und eine ebenso große *stilistische Variationsbreite* wie die perspektivische. Allerdings gab es nur in Ausnahmen das Streben nach neuen Formen; vielmehr war der ägyptische Künstler – so wie der wohlerzogene Ägypter auf allen Gebieten – *rückwärts gewandt*, d. h. das zu erreichen bemüht, was die Väter geschaffen hatten. Daß sich dennoch ständig neue Formen – fast gegen seinen Willen – einschlichen, ist ein Gesetz jeder lebendigen Entwicklung, und diese neuen Formen wurden dann sofort wieder normativ. So erweiterte sich der zu Beginn der geschichtlichen Zeit geschaffene Kanon ständig.

Wer in einem kanonisch festgelegten *Musterschatz* eine Gefahr der Erstarrung erblickt, möge sich auch des Vorteils bewußt werden, der darin besteht, einen Verfall lange Zeit hindurch aufzuhalten. Daß ein solcher möglich war und die ägyptische Kunst nicht etwa ein selbstverständliches, von tieferen Quellen unabhängiges Produkt handwerklicher Geschicklichkeit darstellte, läßt die Kunst der Zwischenzeiten ablesen, wo mit dem religiösen und staatlichen Verfall der künstlerische Hand in Hand ging: Ordnung und Ausgewogenheit der Komposition wie Formgebung im einzelnen; Linienführung oder Ausrichtung der Schriftbilder, kurz alles, was dem Bild Wert gibt, ist verloren.

Künstler

Diese Überlegung führt zur Würdigung des ägyptischen Künstlers. Wie etwa bei uns im Mittelalter ist er immer Handwerker gewesen. Er arbeitete nach Vorlagen, unterstand dem Tempel bzw. der staatlichen Verwaltung und arbeitete auf Bestellung für einen bestimmten Zweck; sein Material erhielt er vom staatlichen Schatzhaus, ein privat angestellter Künstler wurde von seinem Auftraggeber bezahlt. Er signierte seine Arbeiten nicht, denn er verstand sein Werk nicht als einmalige geniale Schöpfung. Neben anderen Handwerkern saß er in der Werkstatt, bald ein Tischbein, bald eine Holzfigur schnitzend. So kennen wir nur wenige Künstler mit Namen. An ein und demselben Relief haben mehrere Künstler hintereinander gearbeitet. Zuerst der Umrißzeichner, dann der Bildhauer, der die Konturen ausmeißelte, schließlich der Maler, der Schrift wie Bild farbig machte. An einer Statue haute zunächst der Steinarbeiter, der auch die Vasen bohrte, den Block roh zu, dann meißelte der Statuenmacher die Figur, ein anderer polierte, der letzte bemalte sie. Die Künstler hießen als die, die »Leben spenden«, die »Leben Schaffenden«. Zu ihrem Beruf darf verwiesen werden auf das, was über Schulen und Handwerker gesagt ist. Daß sie sich, ungeachtet ihrer sozialen Stellung, großer Beliebtheit erfreuten und von ihren Auftraggebern in den persönlichen Freundeskreis aufgenommen wurden, entspricht der Wichtigkeit ihrer Aufgabe — hing doch von ihren Schöpfungen die jenseitige Existenz der Auftraggeber ab.

Eigenart der ägyptischen Kunst

In der ägyptischen Bildnerei ist es zwischen Naturwiedergabe und schöpferischem Drang zu jenem Frieden gekommen, der der Natur ihr Recht beläßt, ohne den Sieg des Geistes zu schmälern. Scharf beobachtete Formen des Vorbildes sind vereinfacht zu Klarheit und Größe. Die Ausgewogenheit zwischen Denken und Fühlen wird nur einmal bedroht durch die Gefühlsseligkeit Amarnas. Die herbe bis spröde Darstellweise des frühen AR mit ihrer beinahe dinglichen Wertung und der Sinnträchtigkeit jedes Striches entfaltet sich zu liebenswürdiger Spielfreude gegen das Ende dieser ersten Hoch-Zeit, welche Entwicklungsrichtung in den beiden folgenden Reichen auch jeweils neuem Ansatz vergleichbar wiederkehrt. Neue Formen erproben sich in den Bildern der Alltagswelt, während die Sphäre der Götter an den alten festhält. Aber auch zu den Zeiten ihres größten »Schwelgens« bleibt die ägyptische Kunst maß- und zuchtvoll, stellt sich gesetzmäßig dar, auf den Bau der Figur gestimmt und mit einer leisen Neigung zu geometrischen Formen. Da die Bilder kraft ihres Inhaltes wirken, können sie nie zu bloßen Gebilden abgezogen sein.

Der Einheitlichkeit des Menschen und seiner Kultur entspricht das wechselseitige Verlangen der Künste nacheinander, der Baukunst und Plastik, der Flachkunst und der Schrift. Das eine wäre nichts ohne das andere, die verschiedenen Ausdrucksseiten ergänzen einander. Die Künste wissen an jedem Ort um ihren Rang, das Relief in seiner flachen Schmiegsamkeit zerreißt einen Baukörper ebensowenig, wie Sockel und Rückenpfeiler eine Statue bedrücken oder die Schrift eine Malerei erstickt.

Ein abschließendes Wort zur formalen Wertung gelte den *Maßen* der

Werke. Mancher, der sie nur aus Büchern gekannt hat, mag in Ägypten erstaunt gewesen sein, daß nur wenige menschliche Figuren überlebensgroß sind. Dagegen sieht er seine Vorstellung von den »kolossalen Dimensionen« bestätigt durch die ramessidischen Tempel, auf deren Ausdehnung denn auch kein trivialer Kunstführer ausgiebig hinzuweisen versäumt. Doch vergesse man nicht, daß Ägypten daneben auch Kunstwerke kleinsten Formats geschaffen hat; daß die feingliedrigen Bauwerke des AR und MR zum größten Teil abgebrochen und von den überdimensionalen verdrängt wurden.

Will man die Maße richtig werten, so ist zu unterscheiden zwischen der innerer Größe entsprechenden Monumentalität der Pyramiden und der Gewaltsamkeit der Ramessiden während politisch unsicherer Verhältnisse. Auch dies sei bedacht, daß selbst der kleinste Kunstgegenstand Ägyptens insofern groß ist, als er geladen ist mit Kraft, mit einer Kraft, die eine vielfache Vergrößerung ohne Schaden aushält. Davon zehren viele Kunstbücher, und darauf beruht die Täuschung. *Der Ägypter ist groß gesinnt.* Seine fast ausschließlich religiöse Kunst gibt Zeugnis von seinem *»Maß an Opferung«*. Denn es leistet Kunst in ihrer Sphäre, was der Geist in der seinen erreicht. Indem dieser die sinnlich-übersinnliche Welt in einen Gedankenzusammenhang bringt, ist jene *unmittelbares Bekenntnis,* ist sie Ethos, *Religion* — nicht in ihren Ausdrucksmitteln, aber im Quell ihres Werdens.

Das koptische Christentum

Glaube und Kirche

»Koptisch«* ist nicht erst die griechische Bezeichnung für »ägyptisch« im Munde der Araber, sondern bereits früher im Talmud als verstümmelter Name für ägyptisch gebraucht.
Wenn »koptisch« demnach etymologisch auch nichts anderes bedeutet als »ägyptisch« (beide Wörter haben den gleichen Konsonantenbestand), so ist »koptisch« doch vornehmlich ein religiöser Begriff. Nicht sein Ägyptertum, vielmehr sein Glaube macht den Kopten zum Kopten, und »koptisch« heißt dem Sinne nach: »ägyptisch-christlich«. Daher sind die Kopten vor allem unter dem Gesichtspunkt ihrer Religion zu würdigen. Zwar sind sie auch rassisch »ägyptisch«, insofern als sie den altägyptischen Habitus am reinsten in die Gegenwart gerettet haben. Denn sie stehen unmittelbar in der Geschlechterfolge der Alten Ägypter, weil zwar Kopten Muslims, aber nicht Muslims Kopten geworden sind. Doch eben nicht ihre somatische Erscheinung, vielmehr ihr christlicher Glaube gibt den Kopten ihr Gepräge. Um koptischen Glauben und koptische Kirche zu verstehen, kann man nicht umhin, auf die christlichen Anfänge in Ägypten einen Blick zu werfen.

Das frühe Christentum

Daß Markus selbst Ägypten missioniert habe, mag legendär sein, immerhin hat wohl Apollos, der Mitarbeiter des Paulus, in seiner Heimatstadt Alexandrien das Christentum angenommen; um die Jahrhundertwende hat es nachweislich Christen in Ägypten gegeben, wenn auch über deren Zahl nichts Sicheres gesagt werden kann. Doch schon knapp hundert Jahre später geben sich alexandrinische Theologie wie kirchliche Hierarchie derart entwickelt zu erkennen, daß sie einen beachtlichen Werdegang hinter sich haben müssen. Neuere Erkenntnisse sprechen für Markus als den tatsächlichen Missionar.

---

* Zu den Kopten als Bevölkerung S. 28 f., zur Geschichte S. 60 f.

Zuerst hat sich das Christentum in Ägypten wohl unter den Griechen und Juden des Landes, vor allem Alexandrias, ausgebreitet, ehe es unter den Ägyptern selbst, den »Kopten«, Wurzel geschlagen hat. Doch schon im 3. Jahrhundert wurde die Bibel in die koptische Sprache übersetzt, einen ober-, dann einen unterägyptischen Dialekt (S. 205). Ägyptens Beitrag zur christlichen Theologie kann kaum überschätzt werden. Hervorgehoben sei, daß die trinitarischen und christologischen Streitigkeiten von Alexandrinern durchgekämpft worden sind, bis Ägyptens Patriarch schließlich 451 auf dem Konzil zu Chalkedon unterlag und die Mehrheit der Kirche Ägyptens sich mit ihrem monophysitischen Bekenntnis von der Reichskirche trennte. Erst mit diesem Datum kann im eigentlichen Sinne von der »koptischen Kirche« gesprochen werden.

Geschichte der koptischen Kirche

Die Kirche Ägyptens hat also ihre »koptische« Sonderform erst mit dem Jahre 451 begründet, als sie die Entscheidung des Konzils von Chalkedon — wie ähnlich die Kirchen von Syrien und Armenien und später Äthiopien — ablehnte und sich zum Monophysitismus bekannte. Die auf diesem, dem 4. ökumenischen Konzil unterliegende monophysitische Anschauung lehrt, daß in Christus, dem Mensch gewordenen Sohn Gottes, zwar die göttliche und die menschliche Natur zusammenkommen, aber die menschliche Natur neben der göttlichen keine Selbständigkeit behält, indes die obsiegende dyophysitische Lehre entgegenstellt, daß diese zwei Naturen in Christus bleiben, unvermischt und unverwandelt, aber auch ungesondert und ungetrennt. Man sollte meinen, daß von der monophysitischen Lehre aus der Tod Jesu am Kreuz unbegreiflich geworden wäre; aber derartige Folgerungen wurden von den Kopten nicht gezogen, vielmehr waren sie damals und sind auch heute noch durch ihren tiefen, unüberboten tiefen Glauben an Jesus, der am Kreuz gestorben ist zur Erlösung der Menschheit, geradezu am treffendsten charakterisiert. Schon im 5. Jh. sind die subtilen dogmatischen Unterscheidungen oft nur ein Vorwand für die Rivalität der Patriarchenstühle von Alexandrien und Konstantinopel gewesen, und der Widerstand der Ägypter gegen das kaiserliche Konzil von Chalkedon entsprang weitgehend der feindlichen Haltung des ägyptischen Volkes gegen die anmaßende griechische Oberschicht. So ist auch heute der Monophysitismus mehr ein Verbal- als ein Realmonophysitismus, und letzten Endes das Ergebnis verschiedener Terminologie.
Hatte die Kirche Ägyptens vor dem Chalkedonischen Konzil 150 Jahre lang die dogmatische Führung der Gesamtkirche inne, so entwickelte sie sich jetzt als ein selbständiger Zweig. Das Koptische wurde — bis auf ein paar griechische Sätze — im Laufe der folgenden Jahrhunderte die Sprache

Geschichte der koptischen Kirche

der Liturgie, aber auch des Kirchenrechtes, bis es seinerseits wiederum weitgehend durch das Arabische verdrängt wurde.

Mit *Schenûte* (gestorben 451), der nach dem Gründer 83 Jahre lang Abt des Weißen Klosters bei Sohâg war und die noch heute stehende Klosterkirche erbaut hat, erstand der koptischen Kirche ein kraftvoller Schriftsteller, dessen originelle Predigten auch nach seinem Tode noch im Gottesdienst benutzt wurden. In seinen Lehren wirken gelegentlich altägyptische Vorstellungen nach. Seine bedeutenden Briefe vermitteln eine gute Anschauung vom Leben in den zahlreichen koptischen Klöstern (S. 196 ff.), die seit über 100 Jahren aus den Eremitenkolonien in großer Zahl erwachsen waren.

Ging die koptische Kirche derart ihren selbständigen Weg, so hat es bei den Byzantinern nicht an Versuchen gefehlt, die Kopten zum »Reichsglauben« zurückzuführen. Nachdem 451 der Patriarch Dioskur I. abgesetzt und verbannt worden war, bemühten sie sich beinahe 200 Jahre, in Alexandrien orthodoxe Patriarchen durchzusetzen und das Volk bald durch Beschlüsse, bald durch Zwang zurückzugewinnen. Umsonst! Die koptische Kirche beharrte auf ihrem Widerstand und ging aus der Auseinandersetzung eher gekräftigt hervor. Auch der Bemühung des Patriarchen Kyros, der nach der Eroberung Ägyptens durch die Perser (etwa 625) vom Kaiser eingesetzt war, widersetzten sich die Kopten mit Erfolg. Der Versuch des Kyros hatte darauf gezielt, den Monotheletismus durchzusetzen. Nach seinem Mißerfolg fiel es Kyros nicht schwer, Alexandrien den muslimischen Arabern auszuliefern, die 639/642 nach Ägypten einstürmten; die Orthodoxen verließen das Land.

Die Kopten, die Folgen nicht absehend, wehrten sich infolge ihrer Ablehnung der griechisch-byzantinischen Herren gegen das neue Eroberervolk nur schwach. Als Patriarch Benjamin I. sogar aus Oberägypten nach Alexandrien zurückkehren konnte, ahnten sie nicht, daß ihr Glaube in der Folge eine Bedrohung von ganz anderer Grundsätzlichkeit erfahren sollte. Zwar wurde die koptische Kirche im Prinzip durch den Islâm geduldet, aber ihre Sonderstellung machte es den Kopten nicht leicht, sich zu behaupten. Den neuen Glauben anzunehmen, sahen sich viele Kopten gezwungen, weil sie durch Kleidervorschriften diffamiert, durch Zusatzsteuern bedrückt, im öffentlichen Leben zurückgesetzt oder auch als Erben und Zeugen rechtlich gemindert waren. Sie versuchten nicht weniger als sechsmal, die neuen Herren durch Aufstände loszuwerden, letztmals 829/830, aber vergeblich. Etwa um 900 war die Mehrzahl der Kopten zum Islâm übergetreten: eine Rückkehr zum alten Glauben wurde mit dem Tode bestraft. Um das Jahr 1000 endlich wurden sie gewaltsam zur Konversion gezwungen, andernfalls hingerichtet, ihre Kirchen zerstört. Wenn ihnen später auch gestattet wurde, von solchen zwangsweise erfolgten

Konversionen zurückzutreten, so waren sie nun doch im tiefsten verwundet. Was folgte, war Niedergang, bestenfalls Stillstand.
Um 1300 verlor das ägyptische Christentum auch Nubien an den Islâm. Im frühen 14. Jh. hatten die Kopten erneut Kirchenzerstörungen und Unterdrückung zu erleiden. Ihre Kraft versiechte, die Zahl der Gläubigen war um 1500 auf weniger als ein Zehntel der Bevölkerung gesunken, die der Bistümer auf rund ein Dutzend und die der bewohnten Klöster von 8 für Männer auf 5 für Nonnen unter die heutige zusammengeschrumpft (S. 198). Die koptische Sprache (S. 205) wurde von der arabischen mehr und mehr verdrängt, geistig wie theologisch stagnierte das Koptentum. Aus der Türkenzeit (1517–1798) ist wenig zu berichten, ebenso aus der letzten Epoche der Geschichte im Rahmen unserer knappen Übersicht nichts zu erwähnen, das der Beachtung wert wäre.
Ehe die gegenwärtige Lage der Kopten und ihrer Kirche umrissen wird, sei die bedeutungsvolle Geschichte der koptischen Klöster behandelt.

Klöster

Der fast finstere Eifer der frühen ägyptischen Christen trieb die Bußfertigen in die Einsamkeit; auch Steuerlast führte zur Landflucht. Man darf das *Eremitentum* als Steigerung der Askese betrachten. Der Asket, der zwar abseits, doch in der Nähe der Siedlungen gelebt hatte, zog sich in die Wüste zurück und lebte dort in Höhlen. Denn »wer von Menschen besucht wird, kann nicht von Engeln besucht werden« (Sulpicis Severus). Durch die Apophthegmata (S. 207) und die Historia Lausiaca haben wir ein anschauliches Bild vom Leben der Väter in der Wüste: Sie waren meist wenig geistesgebildet, aber unübertrefflich genügsam, zuchtvoll und fromm-einfältig; alle verfügten über mehr oder weniger gute Bibelkenntnis.
Das Einsiedlerleben der Eremiten schloß nicht aus, daß sich den Meistern Schüler zugesellten, damit sie von ihren »Vätern« die Art vollkommenen Lebens erlernten. So entstanden *Eremitenkolonien*, erstmals in feste Form gebracht und damit begründet von *Antonius* dem Großen (gest. 356) aus Koma in Mittelägypten, der mit 20 Jahren in die Wüste ging und dort »ein vollkommener Christ geworden ist« (so Athanasius in seiner Vita Antonii). Zuletzt ließ sich Antonius, vor 300 n. Chr., in der arabischen Wüste nahe dem Roten Meer beim Gipfel des Berges Kólzom in einer Höhle nieder, dem Mons S. Antonii. Von dort stieg er regelmäßig herab, um seine am Fuße des Berges bei einer Quelle siedelnden Schüler zu unterweisen. Wenn Antonius seine Schüler belehrt hatte, zog er sich wieder in die Einsamkeit der Bergesnähe zurück. So hat er Anachoretentum und Gemeinschaftsleben in seiner Person verbunden. Er lehrte die

Klöster

Mönche einen strengen Rhythmus von Arbeit und Gebet, seine Grundlage war die Heilige Schrift.
Andere Anachoretenkolonien entstanden in Leontopolis im Delta unter Hierakas, in der nitrischen Wüste oder »Nitria« südöstlich von Alexandrien unter Amun, in der sketischen Wüste oder »Sketis« im heutigen Wâdi Natrûn unter Makarius d. Ä. und in der zwischen beiden liegenden Kellia sowie unter Palämon auch in Oberägypten. Wenn auch dem heiligen Antonius der Name »Vater der Mönche« beigelegt wurde, so waren doch die Eremiten sowenig Klostermönche wie die Eremiten- oder Anachoretenkolonien Klöster. Vielmehr bedurfte es erst der Tat des Pachomius, ehe die von Antonius geformte Asketenkolonie zum Kloster entwickelt war.

Pachomius, gestorben 348, hat, den Ansatz des Antonius aufgreifend, das gemeinschaftliche Leben seiner Klostermönche, das Koinobion, organisiert. Zu dem gemeinsamen Gottesdienst des Antonius fügte er das gemeinsame Gebet, das gemeinsame Essen und gemeinsames Arbeiten. Wohl als wichtigstes Verdienst darf ihm nachgerühmt werden, daß er der Mönchsgemeinde die erste christliche Regel gegeben hat, eine Regel, die das gesamte Leben der Mönche bis in alle Einzelheiten erfaßt. Sah Antonius in der Anachorese die Bestform christlichen Lebens, so Pachomius im Koinobion. Pachomius hat nicht nur das Kloster von Tabennêse gegründet und später das Kloster bei Chenoboskion — dem durch seine jüngsten Handschriftenfunde berühmten heutigen Orte Oberägyptens el-Ḳasr wes-Sajâd bei Nag Hammâdi —, sondern hatte am Ende seines Lebens 5000 Mönche in 7 Klöstern unter seiner Leitung, während seine Schwester Maria 2 Nonnenklöstern vorstand.

Ein Kloster nach dem anderen entstand in rascher Folge. Aus den Urkunden koptischer, griechischer und arabischer Sprache erfahren wir von *mehreren Hundert Klöstern*, die sich vom Delta den Nil entlang bis in den Sudân und in die ägyptischen Oasen ansiedelten. Teils legten sie sich über altägyptische Tempel oder entstanden doch in deren Nähe; ihre Verteilung und Dichtigkeitszentren — in der Nitria, Kellia, Sketis, beim heutigen Mellaui, bei Assiût, Achmîm und Girga sowie in der Nilschleife von Luksor — entnehme man der Karte S. 198. Zum größten Teil sind die Klöster heute zerstört oder harren noch des Spatens der Archäologen, soweit sie nicht in Nubien überflutet wurden. Durch Ausgrabungen gut bekannt oder wissenschaftlich untersucht wurden lediglich: Das »Jeremias-Kloster« von Saḳḳâra, in erster Linie eigentlich Wallfahrtsstätte, das Apollon-Kloster in Baûît, das gleichnamige von Bala'îsa bei Abutîg mit seinen wichtigen Handschriften, das berühmte Pachomios-Kloster »Phoibamon« in der Thebaïs, das Epiphanius-Kloster in Theben-West sowie das Simeons-Kloster bei Assuân; das Menas-Kloster westlich Alexandria

Koptische Klöster und heutige Bischofssitze

Klöster 199

sowie die ausgedehnten Klosteranlagen der Kellia werden zur Zeit wieder freigelegt. Ungleich großartiger als das Rote Kloster bei Sohâg ist das nach seinem bedeutendsten Abt Schenûte auch Dêr Amba Schenûda genannte Weiße Kloster bei Sohâg, über dessen Leben wir durch Schenûtes Briefe bestens unterrichtet sind.
Die seit dem frühen 5. Jh. sich ständig wiederholenden und das Leben der Mönche aufs schwerste bedrohenden Einfälle der Barbaren veranlaßten die Mönche schon im 5. Jh., Türme zu errichten (Ḳasr), in die sie sich bei Gefahr flüchten konnten. Diese Türme, nur durch eine Zugbrücke mit der übrigen Siedlung verbunden, bildeten ein Kloster im Kloster, enthielten sie doch alles Lebensnotwendige im Kleinen. Ebenso erwies es sich als notwendig, die Siedlungen mit Mauern zu umgeben. Innerhalb der Klostermauer standen ursprünglich frei um die Kirche als dem geistigen Zentrum die Zellen der Mönche mit ihren Kapellen. Von den Gemeinschaftsräumen waren der Speisesaal und die Bibliothek die wichtigsten. Küchenhaus, Bäckerei, Mühle, Presse, Werkstätten und Vorratsräume, aber auch der Friedhof und ein Gästehaus vervollständigen das Bild der Klöster, dessen Lebensnerv der Brunnen ist.

Noch *heute bewohnt* sind in Kairo 10 und im übrigen Land weitere 10 Klöster mit zusammen etwa 350 Mönchen und 150 Nonnen. 1961 wurde in Menasstadt (Mareotis) ein neues Mönchskloster gegründet. Im nördlichen Delta (24 km nördlich von Mansûra) liegt das Pilgrim-Kloster Dêr Sitt Dimiana, das von den Mönchen des Antonius-Klosters versorgt wird, aber nur an den Festtagen des 21. 5. und 22. 1. von Wallfahrern bewohnt ist, in letzter Zeit allerdings zunehmend zu einem ständigen Mönchsort wird.

Das Mönchswesen übt auf die junge Generation eine wachsende Anziehungskraft aus, und das Klosterleben hat nach langer Stagnation mit dumpf in den Klöstern dahinlebenden, ignoranten Mönchen seit 1969 einen überraschenden Aufschwung genommen. Die Mönche sind heute überwiegend akademisch gebildete Männer, während die Nonnen – 5 ihrer Klöster in Kairo – ein mehr kontemplatives Leben führen. In manchen Orten, so in Kairo, Heluân und Beni Suêf, entstanden neue kleine Klostergemeinschaften, die das kontemplative Leben mit aktivem sozialem Engagement verbinden. Ihre Angehörigen leben entweder gemeinsam oder auch allein, gehen ihrem Beruf weiter nach, aber treffen sich in regelmäßigen Abständen. Der Impuls zu diesen neuen Formen mönchischen Lebens ging und geht von dem seit 1969 dem → Makarioskloster im → Wâdi Natrûn vorstehenden Mönch Matta al-Maskîn aus, der auch im eigenen Kloster das mönchische Leben derart revitalisiert hat, daß sich nicht nur die sieche Zahl von 6 Mönchen heute auf fast ein halbes Hundert erhöht hat, sondern auch an Wochenenden und besonders an

Festtagen große Pilgerscharen dorthin strömen. Das Makarioskloster, dessen Areal heute mit allen Neubauten 4 ha beträgt, wurde zu einem neuen intellektuellen und geistlichen Zentrum und bedeutet einen Wendepunkt in der Geschichte ägyptischen Klosterlebens.

Von Ägypten aus verbreiteten sich drei Formen mönchischen Lebens in die *Umwelt:* das Eremitentum der Wüste, das bereits im 2. Jahrhundert nach Christi Geburt seine Anfänge hat, die Anachoretenkolonie des Antonius, die rund um 300 beginnt, sowie das nachfolgende Klosterleben des Pachomius. (Auf die Sarabaiten kann hier verzichtet werden.) Bereits im 4. Jh. strömten aus allen Gebieten der Christenheit Besucher nach Ägypten, um dort das Mönchtum kennenzulernen. Um 400, da auch in Syrien, vornehmlich durch Symeon (390—459), den Säulenheiligen, das Stylitentum als eine Hochform der Askese begründet wurde, stand die gesamte Kirche unter dem Ideal mönchischen Lebens. Von hier aus können die Entscheidungen des Konzils von Chalkedon (451) erst recht beurteilt werden. Bisher hatte der Bischof keine Rechtsprechung über die Mönche, nunmehr wurden sie in den bischöflichen Diözesanverband eingegliedert und damit der Kirche verbunden.

Die Mönche stellten nicht nur Bischöfe und Patriarchen, sie nahmen auch an Konzilen teil, griffen entscheidend in die dogmatischen Streitigkeiten ein, nahmen schützend Flüchtlinge oder Kirchenführer in ihren Mauern auf und stellten so eine kirchenpolitische Macht dar. Von Schenûte hören wir, daß er das Heidentum ausrottete, sogar mit Gewalt; andere Mönche halfen bei der Zerstörung des Serapeums von Alexandria.

Der *Einfluß* koptischen Mönchtums reichte, vor allem über die Collationes (Gespräche) des Johannes Cassianus, bis nach Irland. Schenûte, der Abt von Athribis, galt als imposante Verwirklichung des koptischen Mönchtums. Die Mönchsregeln des Basilius, des Cassianus, des Cäsarius von Arles und schließlich die des Benedikt von Nursia sind unmittelbar oder mittelbar von den koptischen Klosterregeln abhängig, insbesondere von der Lehre des Pachom. Die von Basilius aus den ägyptischen für das kleinasiatische Mönchtum eigens entwickelten Regeln, die sich durch größere Weite auszeichnen, gelten heute auch in dem erst von Justinian erbauten Katharinenkloster auf dem Sinai, jener schon immer von Eremiten bevorzugten Wüstenlandschaft. Die Mönche des Katharinenklosters gehören nicht zur koptischen, sondern zur griechisch-orthodoxen Kirche.

An *sichtbarer Hinterlassenschaft* schenkten uns die Klöster die kunstgeschichtlich wie künstlerisch hochwichtigen Bauten selbst (S. 211 f.) und darüber hinaus eine bedeutende Zahl höchst wertvoller altchristlicher Handschriften, wie sie außerhalb Ägyptens verlorengegangen sind.

Die Kopten von heute

Die koptische Kirche, die älteste christliche *Kirche* in Afrika, ist in 18 Bistümer eingeteilt mit ebensovielen »Metropoliten« als deren Oberhaupt; weitere 7 Bischöfe stehen Klöstern vor (Paulus, Antonius, Mahárrak, Amba Bschôi, Surjân) oder amtieren als Zweitbischöfe neben den Metropoliten. An ihrer Spitze steht der im August 1971 als 117. Patriarch durch das Los aus 3 Kandidaten bestimmte Schenûte III., 1923 geboren, ursprünglich Lehrer für Englisch und ägyptischer Offizier, zuletzt Bischof für Unterrichtsangelegenheiten. Diesem Manne unterstehen außer den Bischöfen rund 1000 verheiratete und unverheiratete Priester. Im September 1981 hat Präsident Sadat den Patriarchen abgesetzt und ihn in das Kloster Amba Bschôi verbannt. Die Kirche in Äthiopien ist im Juni 1959 eigenes Patriarchat geworden, war aber bis 1974 eine starke Stütze des Koptentums. Ein anderer Ausläufer der koptischen Kirche geht nach Jerusalem, wo sie mit den konfessionsgleichen Jakobiten (syrisch-orthodoxen Monophysten) in enger Gemeinschaft steht. Jetzt ist sie auch im Ökumenischen Rat vertreten und ist in Uganda wie im Sudân erneut missionarisch tätig.

Unter dem Einfluß der Mission gibt es heute gut 100 000 eingeschriebene *Protestanten* im Lande mit eigenen Kirchen, aber gelegentlich gemeinsamem Religionsunterricht mit den orthodoxen Kopten, aus denen sie hervorgegangen sind. Beide Kirchen fühlen sich eng zusammengehörig. Einen stärkeren Einschnitt machen sie zwischen sich und den *Katholiken* (unierten Kopten), obwohl die Kopten mit ihrer Marienverehrung, ihrem Heiligenkult und den 7 Sakramenten: Taufe, Firmung, Abendmahl, Beichte, Krankenölung, Ehe und Priesterweihe den römischen Katholiken näherzustehen scheinen als dem Protestantismus. Hier aber dürfte außer der Ablehnung des römischen Primatanspruches die alte Gegnerschaft Byzanz—Rom entscheidender wirken als die gegenwärtigen Verschiedenheiten beider Konfessionen. Tatsächlich ist ein Universal-Episkopat des Papstes allein deshalb unmöglich, weil der koptische Patriarch einen solchen für Afrika – als den Jurisdiktionsbezirk des hl. Markus – besitzt. Die Katholiken haben wie die Protestanten ihre eigenen Kirchen, außerdem aber auch getrennten Religionsunterricht. Die Fluktuation zwischen allen drei Bekenntnissen ist stark und ein Ausdruck dafür, daß das Leben der Kopten in jüngster Zeit im Zeichen tiefgreifender Besinnung und Erneuerung steht. Vgl. auch S. 28 f.

Was die Kopten zusammenhält, ist ihr *Glaube* an das Kreuz, el-Salîb, der Glaube an Jesus den Christus. Ihr Glaube ist so stark und groß, wie er einfach ist. Seit Schenûte hat das Koptentum erst gegenwärtig wieder Männer hervorgebracht, die über die Grenzen ihres Landes hinaus bekannt geworden sind; die Kirche hat seit dem Konzil von Chalkedon

(451), also seit ihrem Beginn, weitgehend stagniert, die Religion blieb seit 1500 Jahren theologisch unreflektiert — ein Phänomen, das der dynamisch bestimmte Abendländer kaum begreift. Koptisch-religiöser Unterricht war nicht Exegese, nicht Geschichte, nicht Systematik, er war gläubiges Annehmen und Einüben. Kaum kannte man das Dogma; und wenn man einen akademisch gebildeten Kopten auf sein Monophysitentum hin ansprach, so schüttelte er zweifelnd den Kopf. Von diesen Dingen, die wir als trennend herausstellen, wußte er nichts, und — weiß er nichts mehr. Denn nur mehr Liturgie und Nationalität, nicht Monophysitismus trennt heute die Kirchen. In der Christologie hält man koptischerseits die Formel »Eine Person in zwei Naturen« für eine ausreichende Definition.

Die Grundlage des Glaubens sind die Liturgie und das Fasten, weniger die Pilgerfahrten. Noch heute folgen viele Freiwillige auf den Spuren der Heiligen in die Wüste. Die Kopten sind ein Freund der Bibel, und nicht selten können sie alle Evangelien auswendig.

Der Kopte besucht die Kirche (kenîsa) häufig. Bis zum 9. Jh. rief die Glocke oder der Holzgong (auf dem Sinai wie in Äthiopien heute noch in Gebrauch) zum Gebet, dann wurde den Kopten das Geläut verboten. Wo heute Glocken fehlen, geht man ganz ohne Ruf zur Kirche und wann man will. — Der Gottesdienst fängt etwa um 9 Uhr an und endet vielfach erst um 12 Uhr. Der *Meßgottesdienst* erinnert stark an den der griechisch-orthodoxen, von denen sich die Kopten im wesentlichen ja nur dadurch unterscheiden, daß sie Dioskur von Alexandrien nicht anerkennen. Der Kirchenbesucher begrüßt die Heiligenbilder an der Wand und den Altar durch Kniebeugen und küßt dem Priester die Hand. Der Gottesdienst findet mittwochs, freitags und sonntags, in Kairo meist nur freitags und sonntags, statt, dauert wenigstens 3, an Festtagen bis zu 6 Stunden.

Die *Liturgie* folgt in ihrer Struktur der byzantinischen. Drei verschiedene Messen sind in Gebrauch; üblicherweise die Basilius-Liturgie, an Festtagen die des Gregor von Nazianz und nur höchst selten die des Kyrillos, in der noch die alte griechische Stadtliturgie von Alexandrien fortlebt (griech.: Markus-Liturgie). Alle drei Liturgien waren ursprünglich griechisch verfaßt und werden heute im bohairischen Dialekt (S. 205) rezitiert. Gebete und Evangelienabschnitte werden auswendig gesprochen, rezitiert und psalmodiert, an verschiedenen Stellen der Kirche respondiert, meist zuerst in koptischer Sprache, die auch die Priester nicht immer verstehen, dann in arabischer Übersetzung wiederholt. Dem Priester assistiert ein Schulleiter mit einem Chor von Knaben oder Blinden.

Der koptisch-orthodoxe Gottesdienst kennt keine instrumentale *Kirchenmusik* (auch nicht in Äthiopien). Außerhalb des Gottesdienstes, wie zum Hymnensingen, werden zwar Instrumente angewandt, aber nur rhythmische, d. s. Zimbel, Becken und Triangel (in Äthiopien auch noch das aus dem Alten Ägypten überlieferte Sistrum, jedoch dort nicht nur außerhalb des Gottesdienstes, sondern auch außerhalb des Gotteshauses). Bei den protestantischen Kopten dagegen wird Kirchenmusik mit rhythmischen Instrumenten auch im Gottesdienst geübt, aber nicht als »Musik« bezeichnet, sondern ein Mittel, »den Ton des Chorals zu regulieren«.

Während der heiligen Handlungen stehen die *Gläubigen;* sie gehen in den Dorfkirchen auch hin und her, unterhalten sich gelegentlich über Marktgeschäfte, Mütter sitzen, ihre Kinder stillend, am Boden, und manchmal folgen sogar Hühner oder Ziegen in die Kirche. Das hindert sie nicht, sich durch das Straußenei, das vor der Ikonostase hängt — wie auch in der Basilika des Katharinenklosters — mahnen zu lassen, dem Gottesdienst ebenso aufmerksam zu folgen, »wie die Straußenmutter ihre Eier im Wüstensand anschauen müsse, damit ihre Jungen ausschlüpfen«. In Wahrheit ist das Straußenei wohl eher ein Auferstehungssymbol.

An den Sonntagsgottesdienst schließt sich eine *Abendmahlfeier* an. Auf den Abendmahlsempfang, der auch an allen anderen Tagen möglich ist, bereitet sich der Kopte in der Regel durch die Beichte vor. Der Priester teilt dem Kommunikanten, der nicht gefrühstückt haben darf, im allgemeinen nacheinander zuerst das Brot und dann den Wein aus, den Wein mit einem Löffel (der Gebrauch ist gemeinorthodox) oder bei den protestantischen Kopten in je einem eigenen Glase. Bisweilen wird auch nur das mit dem Wein befeuchtete Brot gegeben. Dann reicht der Diakon das »Wasser des Gebetes«; mit ihm spült der Kommunikant seinen Mund dreimal und schluckt dann das Wasser, damit nichts von dem heiligen Leibe und Blute des Herrn im Munde bleibe und beim Sprechen etwa zu Boden falle.

Jede Messe schließt mit dem wechselseitig vorgetragenen und entsprechend dem kirchlichen Kalender variierten 150. Psalm. Schließlich wird — wie auch in anderen orientalisch-christlichen Riten — die *Eulogie* ausgeteilt. Von den am Vorabend für den Gottesdienst gebackenen, etwa talergroßen Broten wird nur eins zur Konsekration gewählt, die übrigen werden den Gottesdienstbesuchern als Segensbrot verteilt. Auch Gäste aus anderen christlichen Kirchen können die Eulogie erhalten. Die in einem besonderen Ofen neben der Kirche unter Psalmengebet gebackenen »Hostien« sind gestempelt mit 13 Kreuzen und meist der Umschrift: agios o theos, agios ischyros, agios athanatos. Gegen Ende des Gottesdienstes tritt der Priester, das Räucherfaß mit brennendem Weihrauch schwingend, aus dem Hêkal unter die Gemeinde, segnet sie, einzelnen die Hand aufs Haupt legend. — Für Taufe (bei den Orthodoxen völliges Untertauchen, bei den Protestanten Besprengen des Hauptes), Trauung, Bestattung, Priesterweihe und auch für die Karwoche gibt es ein eigenes Ritual.

Besonders streng nimmt es der Kopte mit dem *Fasten*. Jegliche tierische Nahrung, einschließlich Eier, Fett, Milch, Butter und Käse (außer Fisch) sind ihm verboten. Zweimal wöchentlich, am Mittwoch und Freitag, wird gefastet, außerdem – wie in der griechischen Kirche, aber mit einigen Terminabweichungen: »Advent« = 43 Tage, vom 25. November bis Weihnachten (7. 1.); »Passion« = 55 Tage, in den 40 Tagen vor Ostern, denen noch besondere Fastenzeiten vor- und nachgeschaltet sind: »Nenawa« (bekannt nach dem Ort, an dem Jonas vom Walfisch ans Land gespuckt wurde) = 3 Tage, und zwar 15 Tage vor Passion; »Apostel« = zwischen 17 und 43 Tage, d. i. in der Zeit von Pfingsten bis Peter und Paul und schließlich »Jungfrau« = 15 Tage vor Mariä Heimgang.

Wallfahrten unternehmen Kopten wenig, wenn überhaupt, so an Ostern; sie sind kirchlich nicht vorgeschrieben. Pilgern sie nach Jerusalem, so lassen sich die Kopten im Jordan nochmals taufen. Von den Klöstern haben Dêr el-Mahárrak bei Manfalût, wo die heilige Familie auf ihrer Flucht gewohnt haben soll, das Kloster der Sitt Dimiana bei Mansûra, Menasstadt und neuerdings das Makarioskloster besondere Anziehungskraft.

Daß am 19. Januar, dem Tauffeste Christi, unserem Erscheinungsfest, Jungen und Männer im Taufbrunnen mit dem vom Priester gesegneten Wasser oder auch im Nil, in den man geweihtes Wasser gießt, untertauchen, und daß am Vorabend des Tauffestes, an Gründonnerstag, sowie am Fest der Apostel der koptische Priester allen Gemeindemitgliedern die Füße wäscht, sind *Zeremonien*, die heute meist nur noch symbolisch ausgeführt oder ganz vernachlässigt werden. An Palmsonntag läßt sich der Kopte Palmwedel weihen, trägt sie aber nicht mehr das Jahr über in der Kopfbekleidung als Segen spendendes Mittel, sondern bewahrt sie zu Hause. Eines besonderen Hinweises bedarf der »Tempelschlaf«: Zu bestimmten Zeiten übernachten Eheleute in der Kirche, um ihre Bindung an Gott zu stärken.

Da die Kopten den Gregorianischen *Kalender* nur für das weltliche Jahr übernommen, für das kirchliche aber den Julianischen beibehalten haben, fallen ihre Festtage nicht mit den unseren zusammen. Das koptische Jahr beginnt am 29. August (= 1. Thoth des Alten Ägypten) und hat die Zählung vom Jahre 284, dem Regierungsantritt Diocletians, als »Ära der Märtyrer« (Anni Martyrum) beibehalten.

Während sich die Kopten heute in der *Tracht* nicht mehr von den Muslims unterscheiden, trägt der *Geistliche* noch die den Kopten ehemals zwangsweise auferlegten schwarzen oder doch dunklen Kleider und den dunkelblauen oder schwarzen Turban. Selbstverständlich leben die Priester, soweit sie vor der Weihe heirateten, wie alle Kopten monogam. Heirat ist ihnen – nicht anders als in allen orientalischen Riten – vor der Weihe erlaubt und üblich, Scheidung oder Wiederverheiratung nach dem Tode der Frau jedoch nicht gestattet.

Eindrucksvoll sind viele althergebrachten Bräuche bei persönlichen Feiern, besonders Geburt und Tod, und bei Kirchenfesten.

Das seit mehr als einem Jahrtausend im Zustand der Lethargie verharrende Koptentum befindet sich auf allen Gebieten geistigen Lebens in einem Aufbruch. Die Zahl der Kirchen ist in Kairo seit 1959 von 60 auf 105 angewachsen. Das 1954 gegründete *koptische Institut* (Sh. Rames, Amba Ruês Building, bei der Butrusîja-Kirche Kairo, Abbasîja) erarbeitet unter Mitarbeit namhafter koptischer Gelehrter eine beachtliche theologische Literatur zu Dogmatik und Kirchengeschichte sowie Beiträge zur koptischen Kultur mit dem Erfolg, daß ein Glaubensgespräch zwischen Schenûte (Schenuda) III. und der Kurie weitgehende theologische Übereinstimmung der beiden Kirchen konstatieren konnte. Was die Kopten neuerdings bedrängt, ist eine durch die moslemischen Fundamentalisten hervorgerufene religiöse Intoleranz, doch sie vertrauen der Zusage Sadats, Ägypten sei ein Land der Muslime *und* der Christen (Zur Verhaftungswelle im September 1981 s. S. 81.) und hoffen darauf, daß Mubârak die Toleranzpolitik fortsetzt.

Sprache, Schrift und Literatur

Sprache

Man nennt die ägyptische Sprache »koptisch« seit der Zeit, da sie mit griechischen Buchstaben geschrieben wird. Die koptische ist also keine andere Sprache als die pharaonische (S. 118 f.), allerdings durchsetzt mit griechischen Fremdwörtern, die vor allem zur Bezeichnung der neuen christlich-religiösen Begriffswelt dienen. Sie datiert vom 3. Jh. bis in die Mitte des 2. Jt., da sie nach einem tausendjährigen Druck durch das Arabische als Umgangssprache ausstirbt.

Von den Mischformen abgesehen, unterscheidet man im Schrifttum 5 koptische Dialekte: Saïdisch als Hauptdialekt und Literatursprache, Bohairisch, das später in die Rolle des Saïdischen trat, Achmîmisch und Subachmîmisch sowie Faijûmisch. Heute wird Koptisch, und zwar im bohairischen Dialekt, nur noch als Liturgiesprache im koptischen Gottesdienst angewandt, entsprechend dem Lateinischen in der römisch-katholischen Kirche, von der Gemeinde unverstanden, von den Priestern vielfach auch. In den letzten Jahren setzte sich auch in der Liturgie mehr und mehr das Arabische durch wie in der römisch-katholischen Kirche die Nationalsprachen.

Eine junge Bewegung versucht, die Sprache wiederzubeleben, und zwar über den Umweg der europäischen Erforschung. Besonders das koptische Institut in Kairo (S. 205) macht sich auf gutem Niveau und in breitem Umfang um die Pflege des Koptischen verdient. Von den beiden anderen benachbart gelegenen Instituten ist die Société d'Archéologie Copte eine Art Akademie, die Theologische Fakultät dagegen vor allem eine Lehranstalt für Priester zum Lesenlernen koptischer Texte für den Gebrauch im Gottesdienst. Auch die Mönche, die Koptisch lesen können, haben zuvor als Priester diese Kunst an der Theol. Fakultät erlernt. In direkter Tradition ist die Sprache nicht mehr lebendig. – Wo wir heute auf eine von der europäischen abweichende Aussprache treffen, spielen andere, hauptsächlich griechische und arabische Einflüsse eine Rolle.

Schrift (Abb. 124)

Wenn auch die ersten vereinzelten Versuche, die ägyptische Sprache mit griechischen Buchstaben zu schreiben, auf Nichtchristen des 3. *vor*christlichen Jahrhunderts zurückgehen (Altkoptisch), so macht sich doch gerade das Christentum die Einführung der Schrift zunutze für seine Werke neuen Geistes, so daß wir die koptische Schrift (und damit Sprache) mit der Verbreitung des Christentums gleichsetzen dürfen (3. Jh. *nach* Chr.). Daß die Sprache nun mit griechischen Buchstaben geschrieben wird, darf im Vergleich mit dem Türkischen gesehen werden, das die arabische Schrift 1928 durch die lateinische Schrift ersetzt hat, ohne daß sich dadurch im Prinzip die Sprache geändert hätte. Das Koptische benutzt griechische Majuskeln und erweitert das Alphabet um 8 Buchstaben für die Laute des Ägyptischen, die dem Griechischen fremd sind:

ϣ	ϥ	ϧ	ϩ	ϩ	ϫ	ϭ	ϯ
sch	f	ch	ch	h	tsch	kj	ti

Mit diesem »modernen« Alphabet können nun auch die Vokale – nicht nur wie mit den ägyptischen Schriften (S. 119 ff.) die Konsonanten allein – wiedergegeben werden, so daß wir mit dem Koptischen erstmals den Klang der ägyptischen Sprache erfahren. Indem sie Rückschlüsse auf ihre lautlichen Vorstufen gestattet, ist die koptische Sprache, abgesehen davon, daß sie die Endphase einer mehrtausendjährigen Sprache darstellt, von besonderem linguistischen Wert.

Schrift — Literatur

Literatur

Stellt die koptische Sprache eine späte Entwicklungsform der altägyptischen dar, ist das Mittel ihrer Fixierung, die Schrift, griechisch, so die Literatur christlich-religiös. Fast das gesamte koptische Schrifttum dient der religiösen Erbauung, indes theologische oder auch tiefergehende philosophische Literatur vollkommen fehlt. *Volkstümliche Erzählungen* gehören zu den Seltenheiten: Bruchstücke des auch sonst in der hellenistischen Welt verbreiteten Alexanderromans und Teile des Physiologus sind tradiert sowie einige wenige volkstümliche Lieder, darunter die von Salomo und der Königin Saba.

Koptische Übersetzungen für die biblischen Texte des Gottesdienstes, vollständige Übersetzungen des Neuen Testamentes, Teilversionen des Alten Testamentes, apokryphe Erzählungen mit ihren Wundergeschichten, farbig ausgemalte Apokalypsen, Apostel-, Heiligen- und Märtyrerlegenden und -Acta sowie die Predigten nehmen den größten Raum der koptischen Literatur ein und sind an Zahl fast unübersehbar.

Von der *gnostischen* Literatur in koptischer Sprache sind die beiden Handschriften »Pistis Sophia« und »Die zwei Bücher des Jeû« die umfangreichsten. Die 1945/46 bei Chenoboskion, beim heutigen Nag Hammâdi, gefundenen 13 Papyrusbücher einer gnostischen Bibliothek aus dem 4. Jh. mit 48 Schriften befinden sich großenteils noch unter der Lupe der Gelehrten. Glücklicherweise sind sie weit besser erhalten als die 1930 in Medînet Mâdi gefundenen Papyri einer *manichäischen* Bibliothek, ebenfalls aus dem 4. Jh. Außer über diese beiden Geistesrichtungen selbst bieten die Papyri wertvollen Aufschluß über das frühe Christentum.

Das Wesen des Mönchtums wird in Gestalt weiser Aussprüche oder kurzer Anekdoten *(Apophthegmata)* überliefert und gelehrt, ausgebreiteter durch die *Lebensgeschichten* frommer Männer wie des Pachôm (S. 197) und des Schenûte. Schriften der Apostolischen Väter und der Kirchenväter — wie Petrus von Alexandrien, Basilius des Großen, Gregor von Nazianz, Johannes Chrysostomus, Ephraim oder Athanasius — sind teilweise nur koptisch überhaupt bekannt. Die beliebteste Literaturform der Predigt ist die Wundergeschichte.

Schenûte (S. 195 und 199) von Athribe ist der einzige, der das Prädikat Schriftsteller wirklich verdient. Seine im saïdischen Dialekt geschriebenen Werke wurden ins Bohairische, Griechische und Arabische übersetzt.

Nach dem Siege des Islâms versinkt die literarische Produktion Ägyptens rasch im Schatten geschichts- und formlosen Daseins. Der Schwanengesang koptischer Literatur ist ein Gedicht zum Preise des Koptischen aus ehemals 732 vierzeiligen Strophen, von denen noch 428 erhalten sind, wahrscheinlich aus dem 13. Jh. stammen und bereits mit einer arabischen Übersetzung versehen.

Koptische Kunst

Begriff und Wertung

Wird die koptische Sprache als ein Zweig der ägyptologischen Forschung seit den Tagen des Athanasius Kircher (17. Jh., S. 129) aufmerksam studiert, die Literatur zusätzlich von Theologen ausgewertet, so ist die koptische Kunst noch wenig erforscht, und die anfänglichen Untersuchungen der Gegenwart zeitigen als vorläufiges Ergebnis heftigste Meinungsdifferenz. Doch ist für die bisherige stiefmütterliche Behandlung wie das heterogene Urteil der Stoff selbst verantwortlich zu machen, erlaubt doch die Kunst vorderhand nicht einmal eine klare Definition.
Grenzen wir sie — analog der *begrifflichen Bestimmung* ihrer Träger selbst — als die Kunst der christlichen Ägypter ab, so erfassen wir damit die koptische Kunst im engeren Sinn, d. h. nach der Verfasserin Meinung die eigentliche koptische Kunst. Zeitlich wird die so verstandene koptische Kunst entweder eingeengt auf die älteste christlich-ägyptische Kunst, d. h. die der byzantinischen und frühislamischen Zeit (etwa 350—900 n. Chr.), oder ausgedehnt bis in die Gegenwart, was jedoch nur Sinn hat für Werke, die sich entgegen den zahlreichen Einflüssen als eigenständig behaupten konnten. Im weiteren Sinn versteht man unter koptischer Kunst aber zusätzlich auch die Kunst Ägyptens, die durch heidnische Bewohner, durch Ausländer von der Zeit der Christianisierung bis zur arabischen Invasion geschaffen wurde. Wer seinen Blick für Wesen und Wert geschult hat, wird die verschiedenartigen Schöpfungen kaum verwechseln können. Ganz und gar abzulehnen ist es, auch die Werke rein antiker Genese — wie den Bronzekopf des Hadrian vom Britischen Museum — als Beispiel koptischer Kunst anzuführen, nur weil er in Dendara gefunden worden ist. Aber auch wenn wir von solchen unzweifelhaft antiken Denkmälern absehen, bleibt genug an Uneinheitlichkeit, was den Betrachter beirrt. Er vergegenwärtige sich die geschichtliche Situation, um die Vielfädigkeit zu verstehen! Von der Kultur abgeschnitten, sozial und rechtlich unterdrückt, ägyptische Bauern auf dem Lande; wirtschaftlich und politisch ihnen bei weitem überstellt die zahlenmäßig dünne Schicht der städtischen »Griechen«, die sich zusammensetzen aus wirklichen Griechen, Makedonen, Kleinasiaten, Thrakern und Persern und die etwa das ausgemacht haben, was wir in der Moderne »Levantiner« nennen — beide sprechen verschiedene Sprachen, aber das (Koine-)Griechisch ist Amtssprache; darüber schließlich die wenigen römischen Herren kaiserlicher Großgrundbesitzer oder höchster Verwaltungsbeamten, und es nimmt nicht wunder, daß dieser unter den Ptolemäern errichtete, durch Augustus wiederbelebte und erhärtete Unrechtsstaat zwischen den Bevölkerungs-

Begriff und Wertung der Kunst

teilen eine so tiefe Kluft geschaffen hat, daß auch in der Kunst keine fruchtbare Synthese erwachsen konnte. (Von den Juden ist in diesem Zusammenhang ganz abgesehen.)
Außerhalb Alexandrias scheinen die Griechen weitgehend bei ihrem alten Glauben geblieben zu sein, so daß »Hellene« zum Schimpfnamen »Heide« werden konnte. Der nationale Haß zwischen Griechen und Ägyptern konnte durch das Christentum nur vorübergehend überbrückt werden. Die Konzilsentscheidung von 451 fixierte die Trennung zwischen Griechen und Ägyptern bis auf den heutigen Tag.
Bei aller Vorsicht lassen sich entsprechend dieser geistigen Situation auf dem Gebiete der Kunst voneinander unterscheiden: die Kunst der Kopten als die eigentliche koptische Kunst, und die Kunst der Spätantike Alexandrias wie der übrigen griechischen Städte. So erklären sich sowohl Uneinheitlichkeit und verschiedene Höhenlage des Stils wie auch das Nebeneinander heidnischer und christlicher Motive der üblicherweise gleichmäßig als »koptisch« bezeichneten Kunst. Daß diese beiden Hauptteile der damaligen Kunstwelten Ägyptens nach Entstehungsorten wie zeitlicher Herkunft feiner zu differenzieren sind, versteht sich, aber darauf kann hier nicht eingegangen werden. Unsere Kennzeichnung muß im allgemeinen und hauptsächlichen bleiben. Die zeitliche Entwicklung aufzuzeigen unterliegt der besonderen Schwierigkeit, daß es nur wenig sicher datierte Werke gibt. Lokal ist die koptische Kunst leichter einzugliedern. Sie ist weniger in Unterägypten entstanden, wo durch die kulturelle Übermacht Alexandrias der griechische Einfluß vorherrschte, vielmehr in Mittel- und Oberägypten, besonders in den großen Klöstern.

Die koptische Kunst im eigentlichen Sinne ist eine *Volkskunst*. Zur gleichen Zeit, da diese christliche Kunst entsteht, werden die späten ägyptischen Tempel noch ganz im Stile der pharaonischen Kunst ausgeschmückt (so Esna oder Philae). Die Urheber dieser spätpharaonischen Kunst aber sind andere Leute als die christlichen Ägypter, die in einen Türsturz den Einzug Christi in Jerusalem schnitzen. Mit jahrtausendealter Übung werden die gewohnten pharaonischen Themen, bald bis zur Geleektheit routiniert, bald nur noch in entseelter Wiederholung in ägyptische Tempel von bestens geschulten Künstlern mustergültig gemeißelt. Die Kopten dagegen, die ihre Grabstelen schneiden oder Ornamente weben, sind primitive Bauern und untere Handwerker, die sich nie zuvor mit Kunstproblemen beschäftigt haben. Sie sind blutige Anfänger, unwissende Kinder, getrieben nur durch einen religiösen Impuls, aber einen starken, opferwilligen, leidenschaftlichen Impuls.
Wie man es macht, das haben sie abgeguckt von denen, die es konnten, voran den unter »Griechen« subsumierten Leuten. Von allen haben sie Anregungen aufgenommen, Anregungen verschiedenster Art und ohne

sie gegeneinander abschätzen zu können, unkritisch, künstlerisch urteilslos. Aber unter ihren Händen wurden die Dinge verwandelt; was sie schufen, wurde »koptisch«, d. h. anfänglich, unbeholfen, urtümlich – im Gegensatz zu der in eine Scheinprimitivität abfallenden spätantiken Provinzkunst oder, andererseits, der gleichzeitigen zwischen adliger Dekadenz und Laszivität hin- und hergehenden Kunst Alexandrias. Koptisch ist sowenig und soviel spätantik wie spätpharaonisch.
Das Kunststreben des Volkes entspringt einem Schmuckbedürfnis: Man verschönert die Wohnstätte, verziert Kleidung und tägliche Gebrauchsgegenstände; das gilt für das Privatleben wie das klösterliche. Bitte und Dank an die Gottheit finden in Votivgaben ihren Ausdruck, im übrigen schafft der Glaube für Kirche und Grab, aber mit billigen Mitteln, in anfänglicher Technik und mit ungeschultem Kunstsinn. Mit der Unbekümmertheit eines Kindes, der Hingabe des Frommen und der ungebrochenen Freude am Hervorgebrachten entstehen Figuren, Bilder, Ornamente von köstlicher Frische, naiv und von bäurischer Kraft.
Trotz aller tastenden Versuche und Verschiedenartigkeit der Lösungen im einzelnen läßt sich nicht verkennen, daß die von außen genommenen fremdartigen Anregungen koptisch umgeschmolzen sind. Das gilt auch noch, als im 6. Jh. der Einfluß von Byzanz selbst die koptischen Klöster erreicht und unter dieser Einwirkung durch die Reichshauptstadt sich ein einheitlicherer Stil anbahnt, so daß etwa die Wandmalereien des Klosters von Baûît von weitem wie ein Dialekt der byzantinischen Kunstsprache wirken, aber eben nur von weitem.
Wer genauer zusieht, erkennt, daß all die spätantike und auch die byzantinische Kunst etwas hinter sich hat, die koptische aber etwas vor sich. Was die antiken Künste durchlaufen haben, ist, wenn wir einmal absehen von allen Kunsttugenden, die Perspektive, indes der koptische Mensch auf einem Boden steht, der drei Jahrtausende hindurch aspektivisch geschaffen hat. Als in der neuen Ära in der Antike die Perspektive wieder verlorengeht und sie zurückfällt in ihre vor dem 5. Jh. auch dort geübte aspektivistische Schaffensweise (S. 185 ff.), scheint sie sich zu berühren mit der im Nilland aufsteigenden frühen Kunst der Kopten. Die spätantike Kunst ist voller Reminiszenzen und steht in einer noch immer nicht erlegenen Tradition der Perspektive, während der Kopte sich diese Darstellweise bestenfalls äußerlich aneignet und verständnislos imitiert (etwa Stand- und Spielbein).
Das dürfte einen Schlüssel in die Hand geben, um die – im Gegensatz zu Lebenswärme, Gemütstiefe oder auch Lieblichkeit der spätantiken Kunst stehenden – Werke der Kopten aufzuschließen. Nur so kann die Weiterwirkung ägyptischer Kunst auf die koptische verstanden werden, nur durch die gleiche *Grundhaltung,* und nicht etwa, wie oft schwache Beweise geführt werden, durch die Übernahme pharaonischer Symbole

Kunst — Architektur

und Figuren als christlich umgedeutete Zeichen und — bereits zuvor griechisch interpretierte — Gestalten.
So wurde das Lebenszeichen ♀ zum Henkelkreuz (crux ansata), Horus als Sieger über Seth zum heiligen Georg, der den Drachen überwindet, Thoth an der Waage des Totengerichts zu St. Michael, Isis mit dem Horusknaben zur Mutter Gottes mit dem Kinde. Solche *Übernahme einzelner Themen* bedeutet nichts anderes als die Verwendung fremdsprachlicher Vokabeln in der eigenen Sprache. Nicht das Weiterleben dieser Motive in verwandelter Bedeutung ist der bestimmende Anteil altägyptischer Kunst an der koptischen, sondern deren aspektivische Grundauffassung. Die koptische Kunst ist somit die ägyptische Fassung der spätantiken Kunst, deren griechisch-perspektivisches Wesensinnere aufgelöst und durch eine neue geistige, von Neuplatonismus und Christentum angefachte Bewegung zerstört ist; was davon noch lebt, ist äußerliches Auslaufen, aber nicht mehr schöpferisches Hervorbringen.
Die koptische Kunst will der neuen christlichen Anschauung im Bilde Gesicht geben, im Bild und Sinnbild. Das Sinnbild ist glücklichster Ansatz für den im geheimen schlummernden angestammten Drang zum Ornament.

Architektur

In der Architektur haben die Kopten eine neue Form des Kultraumes geschaffen, die *Basilika*. Möglicherweise nach dem Vorbild altägyptischer Tempel, vielleicht über den Umweg Rom, ist sie — entsprechend Vorhalle, Säulensaal und Allerheiligstem der pharaonischen Bauten — gegliedert in: Narthex (Vorraum), von Säulen getragenes Schiff und Sanktuar (Allerheiligstes); weniger wahrscheinlich ist sie von der römischen [Markt(?)-, Lager(?)-, Palast(?)-]»Basilika« abhängig, vielleicht über den Umweg Nord-Syrien.
Die Basilika ist längsgerichtet, ein mehr-, meist dreischiffiger Bau mit überhöhtem Mittelschiff, dessen Obergaden das Licht ähnlich einläßt wie die Gitterfenster des Amontempels in Karnak. Das Mittelschiff wird durch eine Stützenreihe — meist den 12 Monatsheiligen oder Aposteln zugeordneten Säulen unter einem Architraven — von den (häufig mit Emporen ausgestatteten) Seitenschiffen getrennt. Der Bau, schon im 4. Jh. nach Osten orientiert, ist ausgerichtet auf das Kultzentrum: das Sanktuar mit dem Altar, in dessen Rücken sich die Bischofskathedra und das Subsillium für die Presbyter erheben. Der Hidschab (arab. Schleier), eine etwa der Ikonostasis entsprechende Holzwand, trennt das Allerheiligste vom Langhaus ab. Der Dachstuhl ist in früher Zeit offen.

Von der Hauptstadt Alexandria fehlt jede Spur eines Kirchenbaus, doch wird es nicht zu kühn sein, wenn wir annehmen, daß er sich in der benachbarten *Menasstadt* spiegelt, der Querschiffbasilika am Grabe des Märtyrers, bei der die Kreuzesarme um die Seitenschiffe herumgebaut sind. Der Ostteil mit kleiner Apsis und Nebenapsidiolen ist stark herausgehoben. Vergleichbar imposant und mit ihr zusammenhängend ist die Basilika von *Hermopolis* magna.

In *Mittel- und Oberägypten* spielt seit dem 5. Jh. die Klosterkirche eine besondere Rolle. Die des Weißen Klosters in Sohâg hat ein trikonches, nach dem Schiff abgeschlossenes Sanktuarium. Der oberägyptische Kirchenbau hat über Philae hinaus nach Nubien und in den nördlichen Sudân gewirkt, wo eine stattliche Zahl meist dreischiffiger und noch gut erhaltener Basiliken steht, die Überzahl davon heute den Fluten des Stauwassers preisgegeben. Nur wenige konnten zuvor durch die Archäologen freigelegt werden, so die aufsehenerregende Kirche von Farâs und die ebenfalls bedeutende von Demît.

Der Abschluß des Sanktuars mit drei Nischen hat ebenfalls im ägyptischen Tempelbau seine Entsprechung. Ob die für die Apsis bezeichnende Rundung und die Kuppeldecke antiker Baugesinnung entspringen oder sich aus altägyptischen Gewölbeformen herleiten, ist umstritten. Die Apsis ist bemerkenswerterweise außen gerade abgeschlossen. In den koptischen Klöstern sind wahre Prachtgewölbe jeglicher Konstruktion zu entdecken (vgl. z. B. in den Klöstern des Wâdi Natrûn oder im Simeonskloster von Assuân, im allgemeinen S. 199).

Die Säule wird mit besonderer Liebe behandelt, ihre vielfältigen Kapitelle sind ohne Zweifel die schönsten, die die altchristliche Kunst hervorgebracht hat, und Vorbild geworden für die frühromanischen. Die Neigung zu unsinnlichem, abstraktem Dekor hat Kostbarkeiten an architektonischen Ornamenten geschaffen. Auch Friese mit Blumen- und Weinranken werden mit großer Phantasie variiert.

Vom römischen Barock übernommen ist der Giebel mit durchbrochenem Geison, der dazu dient, plastischen Schmuck einzurahmen, wie auch die Grabstelen und Denksteine (s. unten) gern architektonisch umrahmt werden. Ein häufiges Schmuckelement ist die aus dem hellenistischen Kunst stammende gerippte Muschel, die entweder als Sinnbild ewigen Lebens allein oder auch in Nischen und als Hintergrund für Figuren verwendet wird.

Unter den vielen in den letzten Jahren entstandenen Kirchengebäuden, bei denen sich oft abendländischer Stil mit einheimischem mischt, gibt es manche geschmackvolle Gotteshäuser. 1968 wurde anläßlich der Rückführung einiger Reliquien des hl. Markus aus Venedig die gewaltige Markuskathedrale in Abbasîja eingeweiht.

Plastik und Relief

An »Plastik« sind *Votivfigürchen* aus Ton erhalten, aus verschiedenen Heiligtümern, vor allem von Abu Mena, naturferne Gestalten, deren Nase und Brüste oft aufgesetzt sind. Mehr oder weniger brettchenhaft, sind sie bunt angemalt mit Kleidern, manchmal auch mit Ohrringen behängt.

Außer ein paar weiteren *Kleinfiguren* aus Stein und Bronze ist von wirklicher Plastik nichts bekannt. Das meiste, was als einschlägig gezeigt wird, sind spätantike Werke, hellenistische Kunst provinziell ägyptischer Gestaltung der späteren römischen Kaiserzeit.

Dagegen können wir plastisches Schaffen greifen in einer großen Anzahl von *Grabstelen,* wenn allerdings hier auch wie nirgends sonst das ganze Dilemma der Zuweisung und Gruppierung zutage tritt. Die Stelen leiten hinüber zur Reliefkunst.

Ganz sicher heidnisch sind die *»Isismysten«* auf künstlerisch eigenartigen Stelen, die bis in den Anfang des 4. Jh. verfolgt werden können. Zeitlos »jugendliche« Gestalten in kurzen Tuniken hocken mit untergeschlagenem Bein meist auf einem Kissen, in der einen Hand eine Weintraube, in der anderen ein Tier, fast immer eine Taube.

Neben sicher spätantiken Werken gibt es eine durch Münzfunde zwischen 268 und 340 datierte Gruppe von einigen Hundert Grabstelen aus *Kôm Abu Billu,* der Nekropole des antiken Terenuthis, die in der altägyptischen Technik des versenkten Reliefs gearbeitet und ursprünglich bemalt gewesen sind. Sie stecken so sehr in der spätägyptischen Tradition, daß die untere Körperpartie ganz im Profil wiedergegeben wird. Andererseits erheben sich, von dem en face dargestellten Oberteil der Figur abgewinkelt, erstmals die Arme mit den nach vorn gewendeten Handflächen in dem später ausschließlich üblichen Adorantengestus. Die Stelen wurden für Ägypter und Griechen gearbeitet, für Heiden *und* Christen. — Eine zweite dort gefundene Gruppe in erhabenem Relief und im Querformat erinnert kompositorisch an den römischen Typus der Mahlszene.

Andernorts *(Assiût-Lykonpolis)* beschränkt man sich auf pflanzliche Ornamente und Tiere und überzieht damit die gesamte Fläche der architektonisch umrahmten Grabstelen. Diese Reliefs sind zweischichtig gearbeitet, so daß das ganze Bildmuster wie abhebbar über dem Steingrund steht. Unter den Symboltieren spielt der antike Totenvogel, der Pfau, eine gewisse Rolle; sonst ist die Symbolsprache kaum gedeutet.

In den übrigen Stelen, denen hier nicht einzeln nachgegangen werden kann, mischt sich vieles. Aber die deutlich herausschälbare Gruppe wirklich koptischer Werke zeigt bei allen Einflüssen und Anregungen von außen jene *Merkzeichen,* die sie zur eigentlich koptischen Kunst stempeln. Deren Gestalten wirken geradezu eingefroren, sind unorganisch, un-

dynamisch, ihre maskenhaften Gesichter wie aus geometrischen oder ornamenthaften Flächen zusammengesetzt. Die Naturformen erscheinen grob und weit über jede Stilisierung hinausgehend vereinfacht und typisiert.
In der *übrigen Reliefkunst* in Stein, Holz oder Knochen unterliegen die Figuren denselben Gestaltungsprinzipien. Schlicht aufgereiht, wenden sie sich dem Beschauer frontal zu und sind, von den selteneren dramatischen Szenen abgesehen, unbewegt. Nebenfiguren und Tiere erscheinen im Profil. Einzelheiten werden stellenweise überdeutlich eingraviert, immer mit der Hinneigung zum Ornament. Christliche Motive, die nur selten vor dem 5. Jh. in Erscheinung treten, sind: Opferung Isaaks, Madonna mit dem Kinde, Auferweckung des Lazarus und Einzug in Jerusalem. Von christlichen Ornamenten ist das von Engeln erhobene Kreuz, die imago cliptea, wohl als Christus zu verstehen, die Weinrebe als die Kirche. Ob griechische Mythengestalten christlich umgedeutet wurden, wie Orpheus und Eurydike in David und Melodia, die Geburt der Aphrodite in die Auferstehung oder Leda mit dem Schwan in die Verkündigung, oder ob diese Bilder nicht alle der spätantiken, also nicht im engeren Sinne koptischen Kunst zuzuordnen sind, ist sehr fraglich.

Malerei

Am stärksten entfaltet hat sich koptische Kunst wohl in der (Fresko-) *Wandmalerei*. Die Mönche malten ihre Zellen aus — tun es teils noch heute —, die Kirchen und Kapellen ihrer Klöster und auch die Wände der übrigen Kirchen, der Grabkapellen auf den Friedhöfen sowie der Wohnhäuser waren bemalt. Die meisten Bilder sind mit den aus Lehmziegeln errichteten Bauten durch die Einwirkung der Zeit und durch Verfolgungen verlorengegangen, aber Proben blieben allenthalben, darüber hinaus sind einige Gebäude verhältnismäßig gut erhalten, wie die Friedhofskapellen in el-Bagawât in der Oase el-Chârga oder die jüngst in Nubien freigelegten Kirchen von Farâs (S. 215) und Demît. Das Bild ist oft eingerahmt von vegetabilischen oder geometrischen Schmuckbändern, die Komposition locker, häufig nur eine beliebige Ansammlung, die Farben zeugen vielfach von heiterer Frische.

Von den noch ins 5. Jh. gehörenden Malereien von *el-Bagawât* ist vor allem die »Kapelle des Auszugs« lehrreich. Die Bilder — überraschend viele alttestamentliche Motive — sind auf weißem Grund in verschiedenen Rot- bis Violettönen gemalt, ohne Vorzeichnung, mit harter Kontur, ebenso schlicht-naiv wie mutig; hieroglyphisch vereinfacht und in einer Sprache, die ausschließlich von der altägyptischen Aspektive her verständlich wird.

Malerei 215

In *Bauît* sind wenigstens die Reste von Wandfriesen mit biblischen und auch mit profanen Szenen geblieben, eine große Zahl von Apsiden in den Andachtskapellen der Mönche mit der Himmelfahrt Christi in einer zweizonigen formelhaften Darstellweise: In der Wölbung der thronende Christus in einer runden Gloriole mit Evangelium in der Linken und mit segnend erhobener Rechten. In der unteren Zone Maria (thronend) in der Mitte, beiderseits die Apostel und Heilige, gleichmäßig aufgereiht. Diese Bilder haben ikonenhaften Charakter und sind kaum mehr zu erkennen als eine ins Statische umgedeutete Himmelfahrt Christi, die höchstwahrscheinlich in der Himmelfahrtskirche in Jerusalem ihr Vorbild hat und deren Ausgestaltung auf die Berufungsvision von Ezechiel, Kap. 1, zurückgeht.
Obwohl provinzial-byzantinischen Stils, sind diese Bilder koptisch eigengeprägt.

Die Wandmalereien des anderen der beiden bedeutendsten Klöster des koptischen Christentums, des Jeremiasklosters von *Sakkâra* aus dem späten 6. Jh., stehen jenen von Bauît sehr nahe und gehören demselben Kunstkreis an.

Gerade jenseits der ägyptisch-sudanesischen Grenze liegend, ist die 1961/62 entdeckte dreischiffige Kirche von *Farâs*, die unter dem Gemäuer eines jüngeren Klosters gelegen und völlig vom Sand verweht war, mit ihren mehr als 100, teils unwahrscheinlich gut erhaltenen, fremdartig schönen, kraftvollen Wandmalereien so bedeutend, daß ihrer hier gedacht sei. Sie sind nicht mehr in situ, sondern nach ihrer Ablösung in die Museen von Warschau und Chartûm gewandert, wo sie vor den Fluten des nubischen Stausees geborgen werden.
Durch die Unterstellung unter den Patriarchen von Alexandria war das Christentum Nubiens eng mit Ägypten verbunden. Die Kirche von Farâs – zeitweise die Hauptstadt des nubischen Königreichs Nobatia, das das Gebiet des jetzigen Stausees einnahm – wurde Anfang des 8. Jh. als Basilika gebaut, nach knapp 300 Jahren umgebaut und überkuppelt. Auf mehreren Putzschichten liegen übereinander die zahlreichen Inschriften und Malereien als Beweis blühenden christlichen Lebens im mittelalterlichen Nubien.
Die Malereien der verschiedenen Perioden in der Kirche von Farâs bezeugen das kontinuierliche Kunstschaffen über mehrere Jahrhunderte hinweg. Die vorbasilikalen Schichten, die unter Einwirkung der frühbyzantinischen Kunst stehen, gehören zum Schönsten aus der Zeit Justinians I. überhaupt. Die Schichten des 8. Jh. dagegen repräsentieren deutlich eine Umwandlung zum eigentlich Koptischen hin. Die Bilder, meist in Braun- und Rottönen und mit ein wenig Grün und Violett, sind in der schon

gekennzeichneten Art flächig, ornamental, in ihren Proportionen unwirklich, die Gesichter ähnlich maskenhaft starr, während die Malschichten des 11. Jh. mit ihren gefälligeren Formen sich erstaunlicherweise wieder mehr dem byzantinischen Stil zuneigen.
Waren die religiösen Bauten mit Szenen aus dem Alten und Neuen Testament bemalt, so macht ein Fragment des Klosters von Bauît (heute koptisches Museum Kairo) mit einer Phase aus dem Katzen- und Mäusekrieg deutlich, daß auch weltliche Themen zur Sprache kamen, vermutlich auch in *Häusern,* ähnlich wie im Alten Ägypten.

In Tempera-Technik (mit Eigelb gebundene Farben) gemalt sind die frühesten koptischen *Ikonen:* feierlich-strenge Heiligenbilder, die in ihrer überindividuellen, entpersönlichenden Abstraktion bei aller äußerlichen Ähnlichkeit den persönlich-individuellen → Mumienporträts gegenüberstehen, obwohl sicherlich (außer Byzanz auch) ihnen verpflichtet. Sie geben den Begriff der Dargestellten wieder, fern ihrer wirklichen Erscheinung.

Miniaturmalerei ist in den *Buchillustrationen* erhalten, die auch im Abendland weitergewirkt haben. – Plastik wie Flachkunst sind, soweit sie in ägyptischer Tradition stehen, wie ihre Vorgänger aspektivisch.

Kleinkunst

Die bedeutendste Leistung koptischen Kunstgewerbes ist die *Textilkunst.* Hier kommt die Begabung der Kopten für das Ornament und die dekorative Ausschmückung der Fläche voll zum Tragen. Die Figuren sind linear umrissen und wirken wie mit Fäden geführte Zeichnungen. Die Gestalten der Gewebe wären ähnlich zu kennzeichnen wie die der Reliefs als: unkörperlich, ornamenthaft bestimmt, abstrahiert und bis zum Schema stilisiert, streng symmetrisch und immer reduziert auf Grundformen. Neben mythologischen Szenen stehen verhältnismäßig wenige christliche Themen. Von den Ornamenten ist das häufigste das Medaillon mit Tier- und Pflanzenmotiven. Die Figuren waren eingewirkt, die feinsten Zeichnungen mit der fliegenden Nadel ausgeführt.

Als Werkstoff ist vor allem Leinen verwendet, seltener und wohl später auch Wolle; Baumwolle ist sehr selten, Seide vereinzelt. Die Menge des Überkommenen übersteigt jede Vorstellung, hatte doch Ägypten lange Zeit nahezu ein Monopol für die Leinenweberei. Vorhänge, Decken und Wandbehänge, Gewänder, auch für die Tempel, Borten, Besatzstücke oder Mumienhüllen — denn die Kopten haben in ihrer Frühzeit die Mumifizierungssitte beibehalten — entstammen den Textilzentren Achmîm-Panopolis in Oberägypten, Karânis im Faijûm, Schêch Abâda bei dem

Kleinkunst

antiken Antinoë oder Hermopolis beim heutigen el-Eschmunên — um nur die wichtigsten zu nennen. Von den vielen Techniken sei die Noppenweberei und das Doppelgewebe herausgestellt. Unter dem Einfluß der Sassaniden während der islamischen Herrschaft sind die Bilder mehr und mehr ornamentalisiert und durch Stickerei ersetzt worden.

Von der koptischen Kleinkunst, die in den verschiedensten Materialien eine Menge kunsthandwerklicher Gegenstände aller Art hervorgebracht hat, sind beachtenswert schließlich die *Schnitzereien*. Vor allem von den Elfenbeinarbeiten Alexandrias angeregt, schufen die Kopten selbst gute Schnitzarbeiten in Elfenbein und Knochen, zumeist Einlegestücke für Möbel, Türen, Wände. Holzschnitzereien an Konsolen, Wandbekleidungen und Türfüllungen, vielfach mit Heiligenbildern und farbigen Einlagen, sind von beachtlicher Höhe. Aber auch sie geraten im Mittelalter immer mehr unter den Einfluß islamischer, byzantinischer und vielleicht sogar venetianischer Formgebung, wenn die Kopten sie auch meist in eigene Sprache umgesetzt haben und ihr Stil schließlich auf die kulturbenachbarten Gebiete Einfluß nimmt.

So hat die koptische Kunst auf die frühe Kunst Westeuropas gewirkt, und zwar über Marseille und das Rhônetal bis Irland und von dort aus weiter im Norden. Auch in das byzantinische Strahlungsgebiet wirkt sie zurück und weiter nach Armenien und Georgien. Ganz abhängig von ihr ist die Kunst des christlichen Äthiopien, und auch die frühislamische Kunst hat Elemente von ihr aufgenommen und weiterentwickelt.

Der Tourist begegnet der koptischen Kunst vor allem im koptischen Museum in Kairo, auszugsweise auch im Museum griechisch-römischer Altertümer in Alexandrien, in den Kirchen von Alt-Kairo, in Menasstadt, in den noch bewohnten Klöstern des Wâdi Natrûn und am Roten Meer, im Weißen und im Roten Kloster von Sohâg, im Simeonskloster bei Assuân sowie auf dem Friedhof von el-Bagawât in der Oase el-Chârga.

Der Islâm

Renate Jacobi

Der Islâm gehört nach Ausbreitung und Anspruch zu den Weltreligionen. Seine Anhänger zählen etwa 350 Millionen — das sind 11 % der Menschheit — und finden sich in allen Teilen der Welt. Sein Kerngebiet erstreckt sich von Nordafrika über den Vorderen Orient bis Asien; in Afrika ist seine Macht heute ständig im Wachsen. Als jüngste der drei Offenbarungsreligionen sieht sich der Islâm nicht als isoliertes Phänomen, vielmehr verkündet er seinem Anspruch nach die Fortsetzung und zugleich den Abschluß der göttlichen Offenbarung, deren erste Stufen die Grundlage von Judentum und Christentum bilden. Sein Stifter Mohammed ist »das Siegel der Propheten« (Sure 33, 40), d. h. er ist nach den jüdischen Propheten und Christus der letzte Überbringer des göttlichen Wortes an die Menschen.
Der Aufbruch der islamischen Eroberer zu ihrem gewaltigen Siegeszug geschah im Zeichen der neuen Religion. Sie löste die Bewegung aus und schuf durch ihre einigende Wirkung aus unorganisierten, sich gegenseitig bekriegenden Beduinenstämmen schlagkräftige Heere. Darüber hinaus waren es jedoch politische und wirtschaftliche Motive, Machthunger und Beutelust, welche die arabischen Wüstenstämme in die reichen Kulturländer trieben; man kann in den arabischen Heeren die letzte große Welle der semitischen Wanderungen sehen, die von der arabischen Halbinsel ausgegangen sind.
Die historische Situation der Zeit, die Erschöpfung der beiden großen Nachbarstaaten, Persien und Byzanz, die sich in zahlreichen Kriegen gegenseitig aufgerieben hatten, erklärt den raschen Sieg der Araber. Bereits zwanzig Jahre nach Mohammeds Tod erstreckt sich das islamische Reich von Persien bis Ägypten. Die Gründung eines Weltreiches beruht jedoch nicht zuletzt auf der staatsbildenden Kraft des Islâm, der seiner Konzeption nach die Errichtung eines »Gottesstaates« auf dieser Welt anstreben muß. Mohammed verwirklichte in seiner Person die Idee der religiösen und politischen Führerschaft; nach seinem Vorbild wurde die Institution des Kalifats geschaffen, die zumindest in der Theorie — praktisch hat sie viele Wandlungen erfahren — bis zur endgültigen Abschaffung durch die Osmanen (1924) bestehenblieb.
Es ist eine der großen Leistungen des Islâm, das Nationalgefühl der unter-

worfenen Länder durch das Bewußtsein der islamischen Brüderlichkeit ersetzt zu haben. Erst in neuerer Zeit hat der umgekehrte Prozeß diesen Wert weitgehend zerstört. So wurden die schöpferischen Kräfte der einzelnen Völker frei für die Schaffung der allen gemeinsamen islamischen Kultur, die zu ihrer Blütezeit im 9. und 10. Jh. kaum ihresgleichen hatte. Der wichtigste Beitrag der Araber ist die religiöse Konzeption, so wenig ursprünglich arabisch sie auch in ihrem Grundgehalt ist, sowie die arabische Sprache, die sich in der Verwaltung, in Wissenschaft und Literatur allmählich überall durchsetzen konnte. In Syrien und Ägypten hat sie die Landessprache sogar vollständig verdrängt. Damit war ein Rahmen gegeben, in den sich nun die vielfältigsten Elemente fügten, die trotz ihrer deutlich erkennbaren hellenistischen oder altorientalischen Herkunft unverwechselbar islamisches Gepräge tragen. Mit gewissem Recht kann man daher von dem »rezeptiven Charakter« des Islâm sprechen. Es ist weniger die Originalität der Kulturleistung, wie wir sie am Alten Ägypten bewundern, sondern die Kraft der schöpferischen Assimilierung, die wir in der islamischen Kultur zu erkennen und zu würdigen haben.

Mohammed und der Koran

Über die Jugendzeit des arabischen Propheten gibt es wenige historisch zuverlässige Nachrichten. *Mohammed* wurde um 570 als Angehöriger der Sippe Hâschim, eines wenig angesehenen Unterstammes der mächtigen Kuraisch, in Mekka geboren. Früh verwaist, wuchs er bei einem Bruder seines Vaters, Abu Tâlib, in ärmlichen Verhältnissen auf, und erst durch seine Heirat (um 595) mit einer reichen Witwe namens Chadîdscha, deren Geschäfte er zunächst geführt hatte, lernte er den Wohlstand kennen; daß er die Armut aus eigener Erfahrung kannte, hat sicher seine spätere Gesetzgebung beeinflußt, die in vieler Hinsicht die starken sozialen Unterschiede der herrschenden Gesellschaft auszugleichen sucht. Die Ehe mit Chadîdscha, die wesentlich älter gewesen sein soll als Mohammed, war offenbar sehr glücklich; entgegen seiner späteren, oft getadelten Lebensweise — er hatte bis zu neun Frauen — lebte er mit ihr in Monogamie. Aus dieser Ehe stammen mehrere Töchter, von denen nur Fâtima, die Frau des vierten Kalifen Ali, männliche Nachkommen hatte. Chadîdscha war Mohammeds erste Anhängerin. Sie ermutigte ihn in seinem Sendungsbewußtsein, warb für ihn und stand in den Jahren der Anfeindungen und bitteren Kämpfe bis zu ihrem Tod (619) treu an seiner Seite.
Mohammeds Berufung zum Propheten geschah zu einer Zeit, als er bereits vierzig Jahre alt war (609 oder 610), doch ist es sicher, daß die Gedanken seiner ersten Verkündigungen sich schon lange vorher in ihm zu formen

begannen. Durch die jüdischen Gemeinden, die sich auf der arabischen Halbinsel angesiedelt hatten, und durch christliche Asketen waren monotheistische Lehren und neue Kultformen in das Heidentum eingedrungen und hatten Zweifel an dem überkommenen Polytheismus geweckt. Während die Mehrzahl der reichen Kaufleute in Mekka mehr aus Bequemlichkeit als aus Überzeugung an ihren überlebten Vorstellungen festhielt, suchten einzelne Menschen auf anderem Wege, durch Übertritt zum jüdischen bzw. christlichen Glauben oder durch asketische Lebensführung, nach dem Vorbild der christlichen Mönche ihre religiösen Ansprüche zu befriedigen. Auch Mohammed ging zuerst nur den Weg der Askese, bis ein visionäres Erlebnis ihn zu der Überzeugung brachte, daß er zum Propheten seines Volkes ausersehen sei. Er fand jedoch bei seinen Landsleuten, die sich durch seine Bußpredigten in ihren Lebensgewohnheiten angegriffen fühlten, wenig Anerkennung, vielmehr gestaltete sich das Verhältnis zwischen ihm und den Mekkanern äußerst feindlich, und nur durch seine Sippe, die sich den Stammesgesetzen gemäß zu seinem Schutz bereitfand, entging er ernstlichen Angriffen.
Im Jahre 622 begab sich Mohammed mit etwa 70 Glaubensgenossen, meist Angehörigen niedrigerer Volksschichten, nach Jathrib, dem späteren Medîna (an-Nabî), der »Stadt (des Propheten)«, wo eine starke jüdische Gemeinde den Boden für seine monotheistische Lehre bereitet hatte. Das ist die Hidschra, der Beginn der islamischen Zeitrechnung. Der Ausdruck hat nicht den Sinn »Flucht«, wie oft übersetzt wird, sondern Emigration, Ausscheiden aus dem Stammesverband, eine schwerwiegende Entscheidung für Araber jener Zeit. Mit der Hidschra beginnt Mohammeds Aufstieg. Er wird der politische und militärische Führer, Gesetzgeber und Organisator des Gemeinwesens. Die jüdischen Stämme, die ihn entgegen seiner Erwartung nicht anerkennen, werden teils ausgewiesen, teils blutig ausgerottet, und der Kult wird von jüdischen Elementen gereinigt. So ist z. B. die Gebetsrichtung (ķibla) von nun an Mekka, während sie früher Jerusalem war. Mehrere kriegerische Auseinandersetzungen mit den Mekkanern führen schließlich zum siegreichen Einzug in Mekka (630), das Mohammed zum Zentrum seines Kultes macht, indem er die Ka'ba, ein heidnisches Heiligtum von würfelförmigem Bau, in das ein schwarzer Stein eingemauert ist, durch die Abrahamlegende (s. S. 222) für den Islâm beansprucht. Bei seiner »Abschiedswallfahrt« nach Mekka im März 632 hat der Prophet die Zeremonien festgelegt, die noch heute für die Pilgerfahrten gelten. Mohammeds militärische Erfolge veranlaßten viele Beduinenstämme, den Islâm anzunehmen, was zugleich die politische Unterwerfung unter seinen Befehl bedeutete. So kam es, daß bei seinem Tode im Juni 632 fast die ganze arabische Halbinsel in seiner Gewalt war.
Die Sammlung aller Offenbarungen Mohammeds ist der *Koran* (Lesung, Rezitierung), der schon zur Zeit des dritten Kalifen Othmân (644—656)

Mohammed und der Koran

seine kanonische Form erhielt. Er besteht aus 114 Abschnitten von sehr unterschiedlicher Länge, den Suren, die in Verse (ajât) unterteilt sind. Die Anordnung der Suren richtet sich im allgemeinen nach ihrer Länge; mit Ausnahme der kurzen Eröffnungssure (fâtiha) stehen die längsten am Anfang. Nach Mohammeds Vorstellung ist der Koran Teil einer himmlischen Schrift, der »Mutter des Buches«, die sich bei Gott befindet und ihm, wie auch den jüdischen Propheten und Christus, nur in Auszügen offenbart ist. Entscheidend war es für Mohammed, daß sein Volk, nachdem es lange vergessen worden war, nun eine heilige Schrift in seiner eigenen Sprache besaß, einen »arabischen« Koran. Dies ist das große Wunder, der Beweis seiner Prophetenschaft, auf den er sich immer wieder beruft. In der Betonung des Arabischen als Medium der Offenbarung und in dem Verbot, den Koran zu übersetzen, liegt der Hauptgrund für die Verbreitung der arabischen Sprache im islamischen Bereich.

Obwohl nur formale Gesichtspunkte die Anordnung der Suren bestimmt haben, ermöglicht der große Unterschied in Stil und Inhalt der Offenbarungen, der den Wandel in der Persönlichkeit des Propheten vom religiösen Ekstatiker zum zielstrebigen Politiker und Organisator widerspiegelt, eine einigermaßen verläßliche relative Chronologie. Die frühesten Verkündigungen sind in einer knappen, stark rhythmischen Reimprosa gehalten, dem Stil des altarabischen Sehers (kâhin), der im Stammesleben eine bedeutende Rolle spielte. Die folgende Übersetzung des Anfangs von Sure 96, nach allgemeiner Auffassung die erste Offenbarung überhaupt, gibt einen guten Eindruck von diesem Sprachstil. Nach der Überlieferung ergeht hier die Aufforderung des Engels Gabriel an Mohammed:

»Trag vor in des Herren Namen,
Der euch schuf aus blutigem Samen!
Trag vor! Er ist der Geehrte,
Der mit dem Schreibrohr lehrte,
Was noch kein Menschenohr hörte.
Doch der Mensch ist störrischer Art,
Nicht achtend, daß er ihn gewahrt.
Doch zu Gott führt einst die Fahrt.«

Zwei Gedankenkomplexe stehen im Mittelpunkt der ersten Offenbarungen: das Endgericht, dessen Schrecken in gewaltigen Bildern beschworen werden, und die Allmacht des einen Schöpfergottes, dem der Mensch unendliche Dankbarkeit für seine Güte schuldet. Mit dieser letzten Vorstellung hängt der Name zusammen, den Mohammed selbst seiner Lehre gegeben hat. Islâm bedeutet »Hingebung«, d. i. die bedingungslose Ergebung in den Willen Gottes. Der Begriff enthält den Grundzug dieser Religion, der in allen ihren Äußerungsformen sichtbar wird: die Nichtig-

keit des Menschen vor der Erhabenheit Gottes und seine vollständige Abhängigkeit von dessen Macht. Die Bezeichnung Muslim für den Anhänger des Islâm ist von demselben Wortstamm gebildet. Der Ausdruck »Mohammedaner«, wie er sich in Europa eingebürgert hat, ist den Muslimen nicht erwünscht, da sie in einem anderen Verhältnis zu Mohammed stehen als die Christen zu Christus.
Die Sprache der späteren Suren wirkt gegenüber dem poetischen Schwung der frühen Offenbarungen ungleich prosaischer. Das mag mit dem Nachlassen der prophetischen Inspiration zusammenhängen, ist jedoch auch durch den Inhalt bedingt, der nun vorwiegend aus rituellen Vorschriften und einer genauen Fixierung der Rechtsverhältnisse besteht. Die Sätze werden länger, in sich verschachtelt und verlieren spürbar an rhythmischer Bewegung. Der Reim wird zwar beibehalten, doch wirkt er wenig organisch, da das Versende meistens durch stereotype Wendungen zum Preise Gottes gebildet wird.
Viele Teile des Korans sind polemischer Art, anfangs gegen die heidnischen Mekkaner gerichtet, später gegen die Juden und Christen, die dem prophetischen Anspruch Mohammeds mit Spott und Ablehnung begegneten. Die Haltung dieser beiden Gruppen ist um so verständlicher, als die im Koran enthaltenen biblischen Erzählungen in stark abgewandelter Form erscheinen, die ausschließlich mündliche Überlieferung, z. T. auf apokryphe Quellen zurückgehend, vermuten läßt. Es sind besonders die Juden von Medîna, die Mohammed durch ihre Weigerung, ihn anzuerkennen, zu einer grundsätzlichen Neuorientierung seiner Lehre zwangen. So entsteht seine Theorie von der »Verfälschung« der heiligen Schriften, Thora und Evangelium, durch spätere Generationen, wodurch die koranische Version der biblischen Stoffe ihre Rechtfertigung erhält. Mohammed knüpft an die Gestalt Abrahams an, den er als Begründer des mekkanischen Heiligtums und der Wallfahrtszeremonien bezeichnet und dessen reine Religion durch den Islâm wiederhergestellt werden soll. Abraham, so heißt es im Koran, sei weder Jude noch Christ, sondern Muslim gewesen (Sure 3, 67). Mit dieser Lehre hat Mohammed den entscheidenden Bruch mit Judentum und Christentum vollzogen und im bewußten Gegensatz zu ihnen eine neue Religion proklamiert. »Daß der Islâm Weltreligion wurde«, sagt ein führender Islâmforscher, »hat er zu einem nicht geringen Teil den ... Juden von Medîna zu verdanken.«
Die Christen haben Mohammed weit weniger zu schaffen gemacht als die Juden, da sie nur vereinzelt auftraten. So bleibt seine Haltung ihnen gegenüber vergleichsweise milde; Christus wird als der größte Prophet vor Mohammed angesehen, doch gelten die Gottessohnschaft und die Dreifaltigkeit, die Mohammed als Gott, Maria und Christus mißverstanden hat, als »Verfälschung« seiner Lehre.

Das Kalifenreich

Durch den Tod Mohammeds (632) hatte die junge Gemeinde einen Führer verloren, dessen staatsmännisches Geschick und persönliche Autorität zunächst unersetzlich schienen. Da Mohammed keine Verfügung über die Nachfolge getroffen hatte, entbrennt in den nächsten Jahrzehnten ein heftiger Streit um die Frage nach dem rechten Nachfolger (chalîfa) des Propheten, eine Entscheidung von theologischer und politischer Konsequenz zugleich, die zu den ersten Sektenbildungen des Islâm führt.
Die beiden ersten Kalifen, *Abu Bakr* (632-634 und *Omar* (634-644), stammen aus Mohammeds engstem Freundeskreis, und beide haben sich um die Erhaltung und Erweiterung seines Herrschaftsbereiches große Verdienste erworben. Abu Bakr gelingt es in seiner Regierungszeit, die zahlreichen Beduinenaufstände niederzuschlagen, die der Tod des Propheten nach sich zog, und unter Omar, einer der größten Führerpersönlichkeiten des Islâm, finden die ersten großen Eroberungen statt: Persien (640-644) und die byzantinischen Provinzen Syrien (635), Palästina (638) und Ägypten (641). Omar legte auch die Grundlage für die Finanzverwaltung und Justiz des Reiches. Während in Arabien selbst keine fremde Religion geduldet wird, dürfen Juden und Christen der unterworfenen Gebiete ihre Religion frei ausüben. Sie bezahlen dieses Privileg mit einer Kopfsteuer (dschisja), die als Haupteinnahmequelle der Eroberer zur Erhaltung der überall gegründeten Militärkolonien dient. Dieses wirtschaftliche Moment ließ den Machthabern Übertritte zum Islâm als wenig wünschenswert erscheinen, hat aber andererseits nicht wenig zur Islamisierung dieser Länder beigetragen.
Nach der Ermordung Omars, die ein privater Racheakt war, wird ein Schwiegersohn des Propheten, *Othmân* (644-656), aus der Familie Omaija gewählt, ein schwacher Regent, der die wichtigsten Staatsämter doch Verwandte besetzt und so den Aufstieg der Omaijadendynastie vorbereitet. Sein bleibendes Verdienst ist die Koranredaktion (s. S. 220 f.). Die Ermordung Othmâns und ebenso der gewaltsame Tod *Alis*, des vierten Kalifen (656-661), sind die traurigen Ergebnisse des Nachfolgestreites. Wird Othmân durch Parteigänger Alis umgebracht, der ein Neffe des Propheten und ebenfalls sein Schwiegersohn ist, so erliegt dieser selbst in den Kämpfen gegen Moʻâwija, den ersten Omaijaden (661-680), der als Bluträcher Othmâns auftritt. Die Partei Alis und seiner Söhne jedoch, die Schîʻa (Spaltung), gibt sich nicht zufrieden. Für sie ist die wahre Nachfolgerschaft nur in der Familie des Propheten zu suchen. Jahrhunderte hindurch sind schiʻitische Umtriebe ein Störungsfaktor im Kalifenreich, und die dogmatische Entwicklung dieser Bewegung führt zu einer konfessionellen Spaltung im Islâm. Trotz der blutigen Kämpfe jener Epoche gilt die Zeit der ersten vier Kalifen als das »goldene Zeitalter« des Islâm;

nur sie werden von der später entwickelten Kalifatstheorie als »rechtgeleitet« anerkannt.
Mit der Dynastie der *Omaijaden* (661–750) kommt eine mekkanische Familie an die Macht, die in Geisteshaltung und Lebensführung weitgehend von vorislamischen Traditionen bestimmt ist. Arabische Sitten, altarabisches Ethos sind das Ideal dieser Zeit, doch ist die Verlegung der Residenz von Medîna nach dem syrischen Damaskus kulturell nicht ohne Wirkung geblieben (vgl. Die Kunst unter den Omaijaden). Die Omaijaden setzen mit Energie den Kampf gegen die nichtislamische Umwelt fort, besonders gegen Byzanz, das allerdings in seinem Kernland unbesiegt bleibt (bis 1453). 670 wird der Westen Nordafrikas erobert, 711 Spanien; der weitere Vormarsch in Europa wird bekanntlich von Karl Martell durch seinen Sieg bei Tours und Poitiers (732) verhindert. Um 750 gelingt es einem Zweig der Prophetenfamilie, den Abbasiden, vom Iran her das Kalifat zu erringen. Der letzte Omaijade flüchtet nach Spanien, wo er 756 das Emirat von Cordoba gründet. Damit ist schon sehr früh die Einheit des Kalifenreiches zerbrochen.
Das *abbasidische Kalifat von Bagdad*, der neugegründeten Hauptstadt am Tigris (762), beendet die Vorherrschaft des Arabertums. Perser hatten den Umsturz vorbereitet, und sie erhalten jetzt entscheidenden Einfluß am Kalifenhof, der in Zeremoniell und Prachtentfaltung die Tradition des Sassanidenhofes wieder aufnimmt. Die Anknüpfung an den theokratischen Herrscherbegriff des Alten Orients, der Fürst als »Abbild Gottes«, zeigt sich in dem Titel »Kalif Gottes«, der jetzt gern statt »Kalif des Propheten« verwendet wird. Diese Idee hat jedoch nicht so stark auf die erst in dieser Zeit entstehende orthodoxe Kalifatstheorie gewirkt, daß der Kalif Lehrautorität wie etwa der Papst erhalten hätte. Sein geistliches Amt beschränkt sich auf die Bewahrung der Religion; diese religiöse Seite der Kalifenwürde wird durch den Titel »Imâm« (Führer) bezeichnet. Erblichkeit des Kalifats schließt die Theorie aus, doch hat der Grundsatz, daß der Kalif seinen Nachfolger bestimmen könne, praktisch schon unter den Omaijaden zu einer reinen Erbfolge geführt.
Unter den *Abbasiden* erlebt das Kalifenreich seinen kulturellen Höhepunkt. Kunst und Wissenschaft werden gefördert. Theologie und religiöses Recht erhalten ihre endgültige Ausformung. Doch schon in der Glanzzeit, im 9. Jahrhundert, beginnt der politische Verfall, die Auflösung des Reiches in Einzeldynastien. Die Geschichte Ägyptens macht diesen Prozeß besonders anschaulich. Im Jahre 1258 wird das Kalifat von Bagdad durch den *Mongolensturm* beseitigt, nachdem es lange vorher durch den Aufstieg türkischer Söldnerdynastien seiner politischen Macht beraubt war. Ein Mitglied der Kalifenfamilie erhält Asyl in Ägypten, wo er selbst und seine Nachkommen ein Scheinkalifat aufrechterhalten und so den *Mamlûken* zur Legitimierung ihrer Herrschaft dienen.

Die kultischen Pflichten

Fünf »Grundpfeiler« (arkân) sind es, die den Islâm stützen: 1. das Glaubensbekenntnis (schahâda), 2. das rituelle Gebet (salât), 3. die Almosensteuer (sakât), 4. das Fasten im Monat Ramadân (saum), 5. die Pilgerfahrt nach Mekka (hadsch).

1. Das Glaubensbekenntnis, zugleich das Grunddogma des Islâm, lautet: »Ich bekenne, daß es keinen Gott gibt außer dem (einen) Gott (Allâh) und daß Mohammed der Gesandte Gottes ist.«
2. Die Gebetsübung, zu welcher der Mu'adhdhin (Mu'essin) die Gläubigen vom Minarett aus ruft, ist Gottesdienst und hat nichts mit einer persönlichen Anrufung Gottes zu tun. (Diese kennt der Islâm als du'â.) Jeder volljährige Muslim ist verpflichtet, fünfmal am Tag das Gebet zu verrichten. Es darf überall ausgeführt werden, Vorbedingungen sind die rituelle Reinheit (s. S. 226) und die Reinheit des Bodens. Daher zieht der Gläubige seine Schuhe aus, wenn er die Moschee betritt oder sich an anderen Orten zum Gebet auf eine Matte, notfalls sogar nur eine Zeitung stellt. Das Gebet besteht aus festliegenden Formeln zum Preise Gottes und Segenswünschen über den Propheten und die Gläubigen. Dazu wird das Glaubensbekenntnis und die erste Sure des Korans zitiert. Zwischen den Worten sind bestimmte Beugungen des Körpers bis zur Prostration vorgeschrieben.
3. Die sakât (Wohltätigkeit) war ursprünglich eine freiwillige Frömmigkeitsübung und wurde dann als genau berechnete Vermögenssteuer die wichtigste Finanzquelle des Staates. Daneben gibt es eine besondere Almosenspende am Ende des Fastenmonats, die aus Naturalien besteht und ausschließlich den Bedürftigen zugute kommt.
4. Die islamische Fastenzeit dauert einen Monat (Ramadân) und bedeutet von Sonnenaufgang bis -untergang völlige Enthaltsamkeit von jeder Art körperlichen Genusses (Essen, Trinken, Rauchen, Geschlechtsverkehr). In Kairo pflegt ein Kanonenschuß von der Zitadelle Beginn und Ende des Fastens anzukündigen. Im Falle von Alter, Krankheit, Schwangerschaft und ähnlichen Fällen darf das Fasten gebrochen werden, doch sollte man es nachholen oder eine angemessene Sühne leisten. Den Abschluß der Fastenzeit bildet das îd al-fitr (Fest des Fastenbrechens), nach türkischem Brauch auch kleiner Bairâm genannt. Es ist nicht das größte, aber das freudigste Fest des Islâm, an dem man sich besucht und Glückwünsche wie Geschenke austauscht.
5. Zur Pilgerfahrt nach Mekka ist jeder volljährige Muslim (Mann oder Frau) einmal im Leben verpflichtet, sofern er die Mittel zur Reise besitzt. Sie soll im Monat Dhû'l-Hidscha durchgeführt werden und verlangt in Mekka und an verschiedenen Orten seiner Umgebung ein

verwickeltes Ritual, das zum großen Teil aus vorislamischer Zeit stammt. Es gibt außerdem eine kürzere Zeremonie, die sich nur auf Mekka beschränkt und zu jeder Jahreszeit ausgeführt werden kann. Am 10. des Monats Dhû'l-Hidscha hat der Pilger in Minâ bei Mekka ein Opfertier zu schlachten, und dieses Opferfest (îd al-adhâ), auch großer Bairâm genannt, wird im ganzen islamischen Bereich mitgefeiert. Es ist üblich, an diesem Tage ein Tier zu schlachten, darüber hinaus sind die Bräuche ähnlich wie beim kleinen Bairâm.

Zeitweise neigte man dazu, auch den »*Glaubenskrieg*« (dschihâd) zu den Grundpfeilern des Islâm zu rechnen, doch blieb es schließlich bei den fünf oben genannten Pflichten. Der Krieg um des Glaubens willen wurde zuerst von Mohammed in seinen Kämpfen gegen die Mekkaner propagiert, zur Zeit der großen Eroberungen diente das religiöse Motiv zur Rechtfertigung des Angriffskrieges. Der dschihâd gehört im Gegensatz zu den fünf Individualpflichten (fard al-'ain), denen sich jeder Muslim unterziehen muß, zu den Kollektivpflichten (fard al-kifâja), bei welchen es genügt, wenn eine ausreichende Anzahl von Muslimen ihnen nachkommt.
Zur Verrichtung des Gebetes und anderer religiöser Pflichten bedarf der Gläubige der *rituellen Reinheit* (tahâra). Unreinheit entsteht durch gewisse körperliche Vorgänge und durch die Berührung mit Unreinem; dazu gehören Schweinefleisch und Alkohol, deren Genuß verboten ist, ebenso Blut und Aas von ungeschächteten Tieren. Je nach dem Grad der Unreinheit stellt eine große oder kleine Waschung den Zustand der rituellen Reinheit wieder her. Erstere erstreckt sich auf den ganzen Körper, letztere betrifft nur Gesicht und Haare, Hände bis zum Ellenbogen und Füße. Die Waschvorrichtungen in der Moschee entsprechen dieser Vorschrift. Ist kein Wasser vorhanden, darf reiner Sand zur Waschung verwandt werden.
Es gibt im Islâm keine *Priesterhierarchie* und keine Sakramente im christlichen Sinne. Das Freitagsgebet in der Moschee, bei dem mindestens 40 Personen anwesend sein müssen, wird von einem Vorbeter geleitet wie jedes Gebet, an dem mehrere Personen teilnehmen. Den Kern des Gottesdienstes bildet eine kurze Predigt (chutba), die der Prediger (chatîb) auf der Kanzel (minbar) stehend vorträgt. Diese Predigt hat eine besondere politische Bedeutung erlangt, indem die Nennung des Kalifen in ihr zum Symbol seiner Souveränität wurde.
Neben den religiösen Pflichten gibt es im Islâm vielerlei *Brauchtum*, das erst spät durch das Gesetz sanktioniert wurde und häufig auf vorislamische Tradition zurückgeht. Dazu gehört die Beschneidung (bei Knaben und meist auch bei Mädchen, S. 36), die in der Regel zwischen dem 4. und 9. Lebensjahr vorgenommen wird, gelegentlich auch bald nach der

Die kultischen Pflichten 227

Geburt. Sie gilt für das Volksempfinden als eine Art Einführung in den Islâm und wird daher auch bei Konversionen angewendet.
Sehr wenig erfolgreich in der Bekämpfung lokaler, fest eingewurzelter Bräuche war der Islâm hinsichtlich des *Totenkults*. So ist es ihm z. B. nicht gelungen, die laute Totenklage zu verdrängen, die der islamischen Kardinaltugend, dem geduldigen Ertragen des Leides (sabr), widerspricht. Bei einem Leichenbegängnis in Ägypten läßt sich im Trauerritual manch altägyptisches Element beobachten. Der Tote wird rasch begraben, am Tage des Todes selbst oder tags darauf. Den Leichenzug eröffnen die Männer. Mit dem Kopf voran wird der Tote von seinen Freunden — zumindest eine Strecke weit — getragen. Dem Zug der Männer folgen oft die trauernden Frauen, manchmal nach altägyptischer Sitte mit gelöstem Haar und vielfach das Gesicht blau beschmiert, häufig auch wie im Alten Ägypten von Klagefrauen begleitet, die schrille Schreie ausstoßen und Preislieder auf den Toten sprechen. Die Verwandten haben zuweilen ein dunkles Band um Stirn und Haar gewunden — gemäß altägyptischem Brauchtum. Die Leiche wird zunächst in die Moschee gebracht und nach dem Gebet auf den Friedhof. In einem Tuch eingehüllt, wird der Leichnam aus dem einfachen Holztroge an der Schwelle seines Grabes herausgenommen und dem Friedhofswärter übergeben. Die Totenkammern der Gräber sind so hoch, daß der Tote aufrecht sitzen kann, wenn in der Nacht nach der Beisetzung die beiden Engel Munkar und Nakîr erscheinen, um ihn auf seine Rechtgläubigkeit hin zu prüfen. Jedoch erst bei der Auferstehung am Tage des Jüngsten Gerichts entscheidet sich sein ewiges Schicksal.

Dogmatik und Recht

Im Koran finden wir den islamischen Glauben folgendermaßen zusammengefaßt: »Ihr Gläubigen! Glaubt an Gott und seinen Gesandten und die Schrift, die er auf seinen Gesandten herabgeschickt hat, und die Schrift, die er (schon) früher herabgeschickt hat! Wer nicht an Gott, seine Engel, seine Schriften, seine Gesandten und den Jüngsten Tag glaubt, ist (damit vom rechten Weg) weit abgeirrt« (Sure 4, 135). Diese und alle anderen Offenbarungen sind jedoch nur der Ausgangspunkt für die islamischen Theologen, denen es in den Jahrhunderten nach Mohammed vorbehalten blieb, aus den sich vielfach widersprechenden Aussagen des Propheten ein Lehrsystem zu schaffen, das den wachsenden geistigen Ansprüchen der Muslime genügen und den Angriffen vor allem der christlichen Polemik standhalten konnte. Die Lösung der Widersprüche gelang nicht immer und nie ohne heftige Kämpfe, in welche die jeweiligen Kalifen bisweilen mit blutiger Verfolgung eingriffen. Im Verlauf dieser bewegten Geschichte hatte der Islâm sich mit zwei ganz entgegengesetzten geistigen Strömungen auseinanderzusetzen, der spekulativen Theologie (kalâm) und der Mystik. Beide Richtungen bedeuteten in ihren Extremformen eine Gefahr und wurden schließlich überwunden; beide haben jedoch die islamische Dogmatik in sehr wesentlichen Zügen beeinflußt und das Bild des Islâm in seiner heutigen Form bestimmt.

Neben dem Koran erkennt die muslimische Theologie, zu welcher auch das religiöse Recht (scharî'a) gehört, eine zweite schriftliche Quelle an: den *Hadîth* (Bericht, Erzählung), d. i. die Überlieferung von den Reden und Taten Mohammeds und seiner Genossen. Ihr Inhalt ist die *Sunna* (Gewohnheit) des Propheten, die für die Gläubigen in gleichem Maße wie der Koran verbindlich ist, daher die Bezeichnung »Sunniten« für die Anhänger des orthodoxen Islâm.

Obwohl die Verfasser der sechs kanonischen Hadîth-Sammlungen, muslimische Gelehrte des 9. Jahrhunderts, die ungeheure Masse des Überlieferungsstoffes einer kritischen Sichtung unterzogen und einen großen Teil für unecht erklärten, enthält der Hadîth eine Fülle fremden Gedankengutes, dessen Quelle vielfach nachweisbar ist. Da finden wir Sätze aus dem Alten Testament, aus den Evangelien, antike, persische, altägyptische Weisheit, oft bis zur Unkenntlichkeit islamisiert, als Aussprüche des Propheten wieder; auch Spuren altarabischen Heidentums, das der Koran nicht vollständig überwinden konnte, tauchen hier auf. Für die Muslime war die Gedankenwelt des Hadîth jedoch die rechtmäßige Fortsetzung der koranischen Lehren, und so wurde dies einer der Wege, auf dem neue, fruchtbare Ideen in den Islâm eindrangen und ihn über sein Anfangsstadium hinaus zu einer höheren Entwicklung führten.

Erst später bildete sich eine weitere wichtige Instanz für theologische und juristische Entscheidungen: der *Idschmâ* (Übereinstimmung), nach allgemeiner Deutung der *consensus* der zu einer bestimmten Zeit anerkannten Theologen. Die Anerkennung des consensus stützt sich auf einen Ausspruch des Propheten, der besagt, daß seine Gemeinde nie in einem Irrtum übereinstimmen könne. Damit ist die Unfehlbarkeit der Theologen bei gemeinsamen Beschlüssen ausgesprochen und die Lehrautorität ihnen übertragen. Der consensus hat sich als eine der wichtigsten Erneuerungsmöglichkeiten für den Islâm erwiesen. Ein moderner Theologe nennt ihn »die Pforte, durch die die verjüngenden Kräfte in das Gebäude einziehen sollen«.

Unter den Anhängern des kalâm (Rede), der *spekulativen Theologie*, ist vor allem die Gruppe der *Mu'tasiliten* (die sich Absondernden) zu nennen. Ihre Vorläufer sieht man in einer sektenartigen Bewegung der Omaijadenzeit, den Kadariten, die sich in der Frage der Prädestination (kadar), die der Koran nicht eindeutig beantwortet, im Gegensatz zur Orthodoxie für die Willensfreiheit des Menschen entschieden. Unter dem Einfluß der

Dogmatik und Recht 229

griechischen Philosophie entwickelte sich aus dieser Gruppe eine bedeutende philosophisch-theologische Schule, deren Lehrmeinungen für kurze Zeit, unter dem Kalifen al-Ma'mûn (813–833), sogar Staatsdoktrin wurden.
Die Mu'tašiliten, die »Leute der Gerechtigkeit und der Einheit« (Gottes), wie sie sich nannten, kämpften mit den Methoden aristotelischer Dialektik für die Reinheit des Gottesbegriffes. Das Argument, daß es der Gerechtigkeit Gottes widerspräche, ein Wesen ohne Entscheidungsmöglichkeit beim Jüngsten Gericht zur Verantwortung zu ziehen, führt sie zu dem Grundsatz der Willensfreiheit. Ihr extremer Monotheismus läßt sie das anthropomorphe Gottesbild des Korans angreifen; Gott kann nicht wirklich eins sein, wenn neben ihm seine Eigenschaften existieren, ewig wie er selbst. An diesem Punkt entzündet sich auch der Streit um die Frage, ob der Koran als Gottes Wort ewig und unerschaffen oder in der Zeit geschaffen sei, ein Problem, das wie kein anderes die Gemüter jener Zeit bewegt hat. Es ist ein Verdienst der Mu'tašiliten, in ihrem Bemühen um die »Einheit« Gottes den Islâm wirksam gegen den dualistischen Manichäismus und die christliche Trinitätslehre verteidigt zu haben. Im Kampf gegen die konservativen Kräfte des Islâm mußten sie freilich scheitern. Durch eine vermittelnde Lehre gelang es dem großen Theologen al-Asch'ari (873–935) und seiner Schule, die Gefahr dieser »Freidenker des Islâm« endgültig zu beseitigen. Als wichtigstes Element bleibt der Orthodoxie die von den Mu'tašiliten ausgebildete dialektische Methode und die Anerkennung der Vernunft als Quelle des Glaubens.
al-Asch'ari ist der Begründer der *scholastischen Theologie*, die bis heute den sunnitischen Islâm beherrscht. Sie lehrt einen gemäßigten Determinismus, der dem Menschen die Möglichkeit zubilligt, von sich aus dem zuzustimmen, was Gott in ihm wirkt. Das Gottesbild beruht auf dem Koran, der unerschaffen ist, doch sollen die dort genannten konkreten Eigenschaften aufgefaßt werden »ohne das Wie« (bi-lâ kaif), d. h. ohne daß eine exakte Vorstellung damit verbunden ist. Die göttliche Allmacht steht außerhalb der Notwendigkeit. Die islamische Dogmatik leugnet jede Kausalität; Naturgesetze sind »Schöpfungsgewohnheiten« Gottes, die jederzeit durchbrochen werden können.

Die Ursprünge der *Mystik* liegen schon in der Frühzeit des Islâm. Der asketische Geist der jungen Gemeinde Mohammeds wich sehr bald einer zunehmenden Verweltlichung, waren es doch häufig rein wirtschaftliche Vorteile, die zum Übertritt geführt hatten. Als Reaktion auf diesen Prozeß entwickelte sich eine Unterströmung strengen Asketentums, dessen oberstes Gebot im Gottvertrauen (tawakkul) bestand. In extremer Auslegung bedeutet das einen vollkommenen Quietismus, Verzicht auf jede Anstrengung zur Befriedigung leiblicher Bedürfnisse. Dieses zunächst

eher praktische Büßertum wurde auf der Grundlage neuplatonischen und indischen Gedankengutes zu einer Bewegung von hohem geistigen Rang. Nach der Kleidung, dem wollenen Gewand (sûf), erhielten ihre Vertreter den Namen Sûfi, die Bewegung selbst bezeichnet man als *Sufismus*. Sie hat zu Ordensbildungen geführt, von denen besonders die »tanzenden Derwische« bekannt sind. Ihre Technik des dhikr (Erinnerung, Erwähnung), die von rhythmischen Bewegungen begleitete Wiederholung von Gottesnamen und Koranversen, dient dazu, den Betenden in Ekstase zu versetzen, und wird bis heute geübt. Bei sufischen Andachtsübungen spielt auch die in orthodoxen Kreisen nicht geschätzte Musik eine Rolle.
Unter den sufischen Kreisen gab es einige, die durchaus innerhalb des islamischen Gesetzes verblieben und nur eine Verinnerlichung der Religionsausübung forderten. Andere dagegen neigten zur Mißachtung aller konfessionellen Bindungen und mußten so in schweren Konflikt mit der Orthodoxie geraten. Einer der größten Mystiker des Islâm, al-Hallâdsch, der seine mystische Erfahrung in die Worte faßt: »Ich bin die Wahrheit«, wurde 922 als Ketzer hingerichtet. Trotz großer Widerstände drangen jedoch sufische Gedanken in den Islâm ein und bildeten ein Gegengewicht lebendiger Religiosität zu der spitzfindigen Dialektik und Kasuistik der herrschenden theologischen Kreise. Ihren festen Platz innerhalb der Dogmatik erhielt die Mystik durch den großen religiösen Denker al-Ghasśâli (gest. 1111), dem Abendland auch als Algasel bekannt, seiner Wirkung nach der bedeutendste islamische Theologe überhaupt. In seinem Werk »Die Erneuerung der Wissenschaften von der Religion« stellt er den sufischen Begriff der Gottesliebe als Hauptmotiv des Handelns in den Mittelpunkt und fordert Frömmigkeit des Herzens bei der Befolgung der religiösen Gesetze. Indem er so die innere Einstellung des Gläubigen zum Wertmesser seines Tuns bestimmt, verhilft al-Ghasśâli der rein formalistischen Theologie seiner Zeit zu einer vertieften Ethik.

Nicht ursprünglich zum Islâm gehörig, sondern erst später durch den consensus (s. S. 228) in der Dogmatik verankert, ist die *Heiligenverehrung*. Bis in die neuere Zeit hat es immer wieder Stimmen gegeben, die den Heiligenkult als unislamisch ablehnten, doch konnten sie sich gegen das natürliche Bedürfnis des Volkes, die Kluft zwischen Gott und Mensch durch Mittelspersonen zu überbrücken, nicht durchsetzen. Die Heiligenverehrung ist eine rein volkstümliche, von keiner öffentlichen Institution her geförderte Erscheinung und äußert sich vor allem im Gräberkult. Wie beim Trauerritual haben sich auch auf diesem Gebiet vorwiegend lokale Traditionen durchgesetzt; so hat sich durch Umdeutung heidnischer Gottheiten und alter Kultstätten manch vorislamisches Kulturgut erhalten.
Es ist begreiflich, daß sich das Verehrungsbedürfnis des Volkes zuerst auf die Person des Propheten richtet. Mohammed selbst hat sich niemals

übernatürliche Kräfte zugeschrieben, obwohl die Neigung seiner Freunde, in ihm einen Wundertäter zu sehen, und der Spott seiner Gegner, die sichtbare Beweise seiner Prophetenschaft forderten, ihn leicht dazu hätten verführen können. Zahlreiche Sätze im Koran zeugen für seine Ehrlichkeit in dieser Hinsicht, z. B.: »Wenn ich das Verborgene wüßte, würde ich mir viel Gutes verschaffen und hätte nichts Böses zu leiden. Ich bin (aber) nur ein Warner und ein Verkünder froher Botschaft für Leute, die gläubig sind« (Sure 7, 188). Doch haben ihm derartige Beteuerungen wenig genützt. Schon zu seinen Lebzeiten gab es viele, die seiner Person Wunderwirkung zuschrieben, und bald nach seinem Tode bildeten sich zahlreiche Legenden, die häufig das christliche Vorbild erkennen lassen. So soll die Geburt Mohammeds ähnlich der Geburt Christi von wunderbaren Vorzeichen begleitet gewesen sein.
Neben Mohammed und seine Familie — letztere steht im Mittelpunkt des schi'itischen Kultus (s. S. 223 und 232) — traten seit dem 8. Jahrhundert die sufischen Asketen, deren Weltabgewandtheit dem Volke als Zeichen besonderer Gottesnähe galt. Vom 10. Jahrhundert an wurde es üblich, Grabstätten sufischer Heiliger (wâli) aufzusuchen und Reliquien aller Art zu verehren. Man nannte diese Stätten maschhad (Zeugenort), und das Pilgern dorthin konnte unter Umständen sogar die Pilgerfahrt nach Mekka ersetzen.
Ein beliebter Nationalheiliger Ägyptens ist Ahmed Badawi (gest. 1276), dessen Grab in Tanta im Deltagebiet noch heute besucht wird. Er ist der Begründer des sufischen Ordens der Ahmedîja, der in Ägypten große Bedeutung erlangt hat. Ebenfalls sehr volkstümlich ist die Heilige Saijida Nafîsa, die im 8. Jahrhundert gelebt haben soll. Die Legende schreibt ihr besondere Segenswirkung zu, so soll sie einmal bei großer Trockenheit eine Nilschwellung hervorgerufen haben, indem sie ihren Schleier in den Strom warf. Eine Anzahl von Heiligengräbern enthält die Totenstadt von Kairo (el-Ḳarâfa), die zu den schönsten der islamischen Welt gehört. Aber auch den ganzen Nil aufwärts finden sich noch vom Volke besuchte Grabstätten, häufig in Verbindung mit einer Baumgruppe, was auf den altägyptischen Baumkult hindeutet.

Von den *Sekten* des Islâm, die es seit seiner Frühzeit in großer Zahl gegeben hat, ist nur die *Schî'a* (Spaltung, Partei) zu einer konfessionellen Bedeutung gekommen. Der schi'itische Glaube, zu dem sich 8 % der Muslime bekennen, ist heute in Persien Staatsreligion; in Ägypten hat er zur Fatimidenzeit Anerkennung gefunden.
Der Ursprung der Schî'a ist rein arabisch (s. S. 232), die Anhängerschaft an Ali, den Schwiegersohn des Propheten, und seine Nachkommen; später hat sie viele iranische Elemente aufgenommen und sich dadurch immer weiter von der Orthodoxie entfernt. Der wesentlichste dogmatische Un-

terschied zur Sunna liegt in der Frage nach dem rechten *Imâm,* der nach schi'itischer Auffassung über Ali und Fâtima von Mohammed abstammen muß. Die Person des Imâm steht im Mittelpunkt der schi'itischen Theologie, die Anhänglichkeit an ihn gehört zu den → »Grundpfeilern« des Islâm. Er ist sündlos und unfehlbar — hat also Lehrautorität —, da ihm eine Lichtsubstanz innewohnt, die sich von Mohammed her durch die Generationen vererbt. Ein Grunddogma der Schî'a ist der Glaube an den *Mahdi* (den »Rechtgeleiteten«), der auf der Vorstellung beruht, daß der letzte in der Reihe der bekannten Imâme — nach Auffassung der meisten Schi'iten sind es zwölf — nicht gestorben sei, sondern als »verborgener« Imâm weiterlebt, um eines Tages wiederzukehren und die Weltherrschaft anzutreten. Dieser Mahdiglaube ist auch in die Orthodoxie eingedrungen, ohne jedoch zum Dogma erhoben zu werden. In ihrer Gesetzesstrenge und Intoleranz gehen die Schi'iten weit über das Maß der Sunniten hinaus, auch ihre Reinigungsvorschriften sind extremer und tragen manche zoroastrischen Züge. So ruft die Berührung mit Andersgläubigen nach schi'itischer Lehre rituelle Unreinheit hervor.

Das *religiöse Gesetz* (scharî'a) nimmt einen breiten Raum im Leben der Muslime ein, da es nicht nur das Verhältnis des Menschen zu Gott, sondern auch das der Menschen untereinander regelt. Die Wissenschaft vom Gesetz (fikh) wird noch heute an der theologischen Fakultät gelehrt und gehört zu den kompliziertesten Angelegenheiten der »einheimischen« Wissenschaften (s. S. 234). Im Laufe der Zeit haben sich verschiedene Rechtsschulen herausgebildet, von denen vier kanonische Geltung haben (Hanafiten, Malikiten, Schâfi'iten, Hanbaliten). Sie sind heute regional verteilt und unterscheiden sich nur unwesentlich voneinander. Für Ägypten gilt das schâfi'itische Recht. Der Richter entscheidet auf Grund von Rechtsgutachten (fatwa), die ein Rechtsgelehrter (Mufti) abgibt.
Soweit Koran und Hadîth für die Rechtsentscheidung nicht ausreichen, hielt man sich an das auf lokale Gebräuche zurückgehende Gewohnheitsrecht ('âda), dazu kommen in unserer Zeit in wachsendem Maße Umbildungen nach europäischem Vorbild, die das islamische Gesetz verdrängen. Es sind z. B. Bestrebungen vorhanden, im Gegensatz zu der koranischen Erlaubnis, vier Frauen zu haben, die Einehe einzuführen*. In der Geltung von Koran und Hadîth als Quellen des Gesetzes liegt eine der Hauptschwierigkeiten für Reformversuche in der modernen islamischen Gesellschaft.

---

* Zum Frauenrecht vgl. S. 35 f.

Die islamische Kultur

Es gibt keinen Vorgang, der so tiefgehenden Einfluß auf das Werden der islamischen Kultur gehabt hätte wie die Übernahme des antiken Schrifttums und seiner Verarbeitung durch den islamischen Geist, ein Prozeß, der sich etwa vom 8. bis zum 10. Jh. hinzog und im Hinblick auf eine vergleichbare Erscheinung in Europa oft als »Renaissance« des Islâm bezeichnet wird. Wenn man, wie das heute zuweilen geschieht, das Einströmen europäischer Kultur- und Zivilisationswerte in die islamischen Länder seit dem 19. Jh. als weitere Parallele zu jenem Vorgang ansieht, so ist damit sicherlich die Hoffnung verbunden, daß sich der Islâm noch einmal als stark genug erweise, die fremden Elemente umzuformen und sie zur Steigerung des eigenen Wesens schöpferisch zu assimilieren.

Die Entstehung der frühesten arabischen *Übersetzungen* griechischer Schriften — zunächst wohl nur über syrische Zwischenübersetzungen — fällt mit dem Aufstieg der allem Fremden aufgeschlossenen Abbasidendynastie zusammen. Ihre Hauptstadt Bagdad, wo der Kalif al-Ma'mûn 830 eine Übersetzerakademie gründet, wird zum Zentrum der muslimischen Bemühungen um das antike Erbe. Die Auswahl der übersetzten Schriften ist erstaunlich einseitig, es handelt sich fast ausschließlich um medizinische, philosophische und naturwissenschaftliche Werke. Von den literarischen Erzeugnissen der Griechen, Poesie, Tragödie, Geschichtsschreibung, ist so gut wie nichts in den Islâm eingedrungen. Das hängt eng mit der Vermittlerrolle der syrisch-christlichen Schulen zusammen, die neben der theologischen eine wissenschaftliche und philosophische Ausbildung anstrebten und daher die antike Tradition nur auf diesen Gebieten pflegten. Was zum Lehrplan dieser Akademien gehörte, dürfte mit Ausnahme der theologischen Schriften in seiner Gesamtheit islamischer Besitz geworden sein. Das war vor allem Aristoteles nebst den peripatetischen Kommentaren, die Neuplatoniker Plotin und Proklos, auch Platon, der jedoch im Vergleich zu Aristoteles weniger Interesse gefunden hat. Lehrstoff waren ferner die medizinischen Werke des Galen und Hippokrates, die »Elemente« des Euklid, die Mathematik, die Astronomie und die Geographie des Ptolemaios, um nur einiges Wichtige zu nennen. Für uns haben die arabischen Übersetzungen des griechischen Schrifttums aus zwei Gründen Bedeutung: Einmal sind uns eine Anzahl antiker Werke nur in dieser Form erhalten, und zum anderen sind die arabischen Übersetzungen oft älter als die existierenden Handschriften, so daß sie mit erheblichem Nutzen zur Textkritik herangezogen werden können.

Auf der *wissenschaftlichen Tradition* der Griechen aufbauend, haben die Muslime *eigene Werke* geschaffen, die zusammen mit der Übersetzungsliteratur aus der Antike über Spanien in das mittelalterliche Europa eindrangen und sein geistiges Leben in hohem Grade beeinflußten. Von den islamischen Philosophen haben Ibn Sînâ (gest. 1037) und Ibn Ruschd (gest. 1198), dem Abendland als Avicenna und Averroes bekannt, besonderes Ansehen genossen, letzterer vor allem als Kommentator des Aristoteles. Unter den Autoren medizinischer Werke steht ar-Râśi (865–925), Rhazes, an erster Stelle, unter den Mathematikern al-Chwârismi (gest. um 844), dessen Name als Algorithmus in die abendländische Mathematik eingegangen ist. In dieser Wissenschaft haben die Muslime manches ursprünglich indische Element nach Europa vermittelt, so die Ziffern und das Dezimalsystem mit der Null. Ausdrücke arabischer Herkunft wie Algebra, Azimut, Zenit, Alchemie, Chemie und eine Reihe von Sternennamen weisen auf die muslimischen Forschungen (vgl. S. 219).

Die bisher behandelten Gebiete gehören nach muslimischer Klassifikation des 10. Jh. zu den fremden, d. h. auf antiker Überlieferung fußenden Wissenschaften. Ihnen gegenüber stehen die einheimischen bzw. *arabischen Wissenszweige;* das sind die aus der Beschäftigung mit dem Koran und der arabischen Literatur erwachsenen Disziplinen, also neben den theologischen Fächern Grammatik und Lexikographie, Prosodie und Poetik, außerdem Geschichte. Auch hier haben die Muslime Hervorragendes geleistet; die aus dem Bemühen um die eigene Sprache entstandenen lexikalischen und grammatischen Werke werden noch heute an den arabischen Schulen und Universitäten benutzt. Der Europäer wird dazu neigen, bei einer Würdigung der islamischen Kultur die Leistungen auf dem Gebiet der fremden Wissenschaften am höchsten zu bewerten, der mittelalterliche Muslim empfand anders. Sein Stolz und sein Überlegenheitsgefühl anderen Nationen gegenüber beruhte, abgesehen von dem Bewußtsein, den wahren Glauben zu haben, auf seinem literarischen Besitz und seiner Sprache, deren Beherrschung bis in die letzten Feinheiten des Wortschatzes und der Grammatik die höchste Stufe der Bildung bedeutete.

Die *Poesie* ist bis heute die beliebteste Literaturgattung der Araber. Ihre Anfänge, die vorislamische Beduinendichtung, die unter den Omaijaden eine große Nachblüte erlebte, gelten vielen zugleich als ihr Höhepunkt. Ihre systematische Erfassung und Kommentierung war seit dem 8. Jh. die wichtigste Aufgabe der arabischen Literaturwissenschaft. Die ersten Zeugnisse gehen bis ins 5. Jh. zurück, doch lassen die feste Thematik und die streng angewandten Formprinzipien von Metrum und Reim auf eine lange Tradition schließen. Der Themenkreis dieser Poesie umfaßt Lob- und Schmähgedichte, Liebes- und Trauerlieder, Beschreibung von Wüstenritten mit ausführlichen Tierschilderungen. Friedrich Rückert hat eine Sammlung altarabischer Gedichte, die Hammâsa des Abu Tammâm (gest. 846) übersetzt, aber selbst die beste Übersetzung kann nur einen schwachen Eindruck von der Schönheit des arabischen Originals vermitteln.

Die altarabischen Gesetze von Metrum und Reim bleiben in der klassischen Poesie erhalten, dazu ein fester Bestand beduinischer Motive. Aber schon in der Omaijadenzeit entstehen neue, lyrische Gattungen, und in der abbasidischen Epoche finden wir eine sprachlich differenzierte, städtische Dichtung, die zum Teil höfische Züge trägt. In dieselbe Zeit fallen die Anfänge der mystischen Poesie. Zu ihren Vertretern gehört der schon genannte al-Hallâdsch (s. S. 230) und der ägyptische Mystiker Omar Ibn al-Fârid (gest. 1235). Seit Ende des 19. Jh. werden die traditionellen Formen und Motive durch den europäischen Einfluß allmählich verdrängt. Die moderne arabische Lyrik verwendet freie Rhythmen und ist in ihrer Thematik ganz auf die Gegenwart bezogen.
Die klassische Literatur kennt weder Epos noch Drama. Es gibt jedoch seit der frühen Abbasidenzeit eine reiche Prosadichtung, die neben der arabischen Tradition iranische, hellenistische und altorientalische Elemente assimiliert hat. Diese Literatur der »feinen Bildung« (adab) enthält Fürstenspiegel, Spruchweisheit, historische und legendäre Stoffe, Liebesgeschichten und Märchen. Indischer Herkunft ist der Kernzyklus der Märchen von Tausendundeiner Nacht, der schon im 9. Jh. aus dem Persischen übersetzt wurde. Die Sammlung hat im Laufe der Zeit aus den verschiedensten Quellen Motive aufgenommen; eine Schicht von Erzählungen stammt aus dem mamlûkischen Ägypten. In unserer Zeit haben die arabischen Autoren auch die europäischen Gattungen (Roman, Kurzgeschichte, Drama) mit Erfolg gepflegt (vgl. S. 37 f.).

In der arabischen *Musik* unterscheidet man eine westliche und eine östliche Prägung. Während das westliche »andalusische« Tonsystem mehr dem abendländischen zuneigt und als zwölfstufig bezeichnet werden kann, verwendet der Osten, d. h. auch Ägypten, Tonstufen, die kleiner sind als der Halbton, ja in den an Verzierung reichen und improvisatorisch freien Melodien oft irrational ineinandergleiten. Die kleinen Tonstufen versuchte man durch 17- und 24stufige Tonsysteme theoretisch zu erfassen, doch sind fast alle Gebrauchsleitern 7stufig. Sie enthalten lediglich Schleiftöne — vielfach mit Leittontendenz —, die man als $1/4$-, $1/3$- und $5/4$Töne zu bezeichnen pflegt. Kennzeichnend sind $1 1/2$Tonschritte.
Die Musik ist einstimmig und bevorzugt vokal, der Gesang gepreßt und leicht näselnd. Man sieht den Sänger häufig die Hand hinter das Ohr legen. Auch der Rhythmus ist sehr ungebunden. Als Texte dienen klassische Poesie und in der Volksmusik auch vielfach spontane Einfälle. Man singt und musiziert bei Festen und bei der Arbeit oder auch nur zur Unterhaltung bzw. einfach vor sich hin in jeder Situation. Die Kapelle besteht neben dem Sänger aus 3—4 Berufsmusikern, die meist Saiteninstru-

---

* Das Folgende einschließlich »Zeitrechnung« von E. Brunner-Traut

mente (Laute = ûd) und kleine Trommeln (tabl), aber auch Blasinstrumente (Doppelklarinette = summâra) spielen. Die einzige Art der Mehrstimmigkeit ist der Bordun. Unter dem Einfluß Europas, der die gesamte orientalische Musik ergreift, sind auch die älteren Tabulatoren zugunsten europäischer Notenschrift verschwunden (vgl. auch S. 38).

Die Zeitrechnung

Der islamische Kalender rechnet mit dem *Mondjahr* von 354, in Schaltjahren 355 Tagen. Auf eine Periode von 30 Jahren entfallen 11 Schaltjahre. Jedes Jahr hat 12 Monate mit abwechselnd 29 und 30 Tagen. Der 16. Juli 622 (→ Hidschra) ist der Beginn der islamischen Zeitrechnung.
Heute ist die islamische Zeitrechnung so gut wie ganz durch die christliche ersetzt, doch stehen einer endgültigen Abschaffung des Mondjahres ernstliche theologische Schwierigkeiten entgegen, da es von Mohammed selbst eingesetzt wurde. Es ist dies ein gutes Beispiel für die Problematik, der die reformfreudigen Kreise unter den Muslimen auf Schritt und Tritt begegnen. Die Nachteile des islamischen Kalenders, dessen Monate nicht festliegen, so daß die Fastenzeit oder der Wallfahrtsmonat zuweilen in die heiße Jahreszeit fallen, sind auch dem gläubigen Muslim offensichtlich. Aber noch gilt das göttliche Wort, der Koran. Allein die Tatsache, daß ein pakistanischer Gelehrter versucht hat, das Sonnenjahr aus dem Koran zu rechtfertigen, zeigt, welch ein mühevoller Weg vor den Muslimen liegt, wenn sie Fortschritt anstreben und gleichzeitig ihre Religion unangetastet erhalten wollen. Im Zuge der Reislamisierung wird der christliche Kalender wieder mehr zurückgedrängt.
Am 21. 11. 1979 begann das islamische Jahr 1400.

Die islamische Kunst in Ägypten

Viktoria Meinecke-Berg

Die islamische Kunst in Ägypten ist vor allem die Kunst der Hauptstadt *Kairo*. Infolge der seit der arabischen Eroberung (640/641) jeden Machtwechsel überdauernden zentralistischen Verwaltung des Landes, durch die die potentielle Auftraggeberschicht an den Regierungssitz gebunden war, entstanden hier die bedeutendsten Kunstwerke in einer unvergleichlichen Konzentration, während die übrigen ägyptischen Orte eine dementsprechend untergeordnete provinzielle Rolle spielen. Dies gilt insbesondere für die Architektur. Kairo ist daher in zweierlei Hinsicht bemerkenswert: zum einen wegen des dichten Denkmälerbestands besonders der mittelalterlichen Bauten, die auch heute noch wesentlich das Bild der Altstadt prägen — von den über 500 Baudenkmälern gehören mehr als die Hälfte der Zeit vor der osmanischen Eroberung von 1517 an — zum anderen als eines der eindrucksvollsten Beispiele islamischer Stadtbaukunst überhaupt.

Noch heute besitzen zahlreiche Moscheen, Paläste, Brunnenhäuser u. a. einen erheblichen Teil ihrer originalen Ausstattungen, die eindrücklich die hohe Qualität des ägyptischen Kunstgewerbes — der Innendekoration und des beweglichen Mobiliars — vor Augen führen. Dekorteile und Einrichtungsgegenstände verlorener Bauten sowie besonders kostbare Einzelstücke, wie z. B. die mittelalterlichen Glasampeln der Moscheen, wurden systematisch in das *Kairener Museum für Islamische Kunst* überführt. Sie bilden dort zusamen mit zahlreichen im Laufe der Jahre angekauften bzw. aus Privatbesitz eingebrachten Objekten der islamischen Kleinkunst Ägyptens den Schwerpunkt der Museumsbestände.

Ägypten nach der islamischen Eroberung (640–868)

Als Provinz des Kalifenreiches, regiert von den Statthaltern zunächst der orthodoxen Kalifen in Medîna (bis 661), der Omijaden in Damaskus (661–750) und schließlich der hauptsächlich im Irak residierenden Abbasiden (seit 750), hat Ägypten anfangs kaum Anteil an der Entwicklung der islamischen Kunst, die in Syrien den Omaijaden bereits zu einer frühen Hochblüte gelangt. Die ersten die Islamisierung des Landes einleitenden *Moscheengründungen* des Feldherrn Amr Ibn el-Âs in *Fustât*, der Vorgängerstadt von Kairo, und in Alexandria (641–42) waren bescheidene, weder baukünstlerisch noch durch Dekoration hervorgehobene Versammlungsräume. Die noch im 7. und sodann im 8. Jh. belegten mehrfachen, z. T. umfangreichen Vergrößerungen der Amr-Moschee in Fustât spiegeln zwar das rasche Wachstum der aus einem Heerlager zu einer bedeutenden Ansiedlung gewachsenen Hauptstadt wider, ein Abglanz der grandiosen Bautätigkeit der Omaijaden läßt sich jedoch allenfalls vereinzelt nachweisen: So soll die Amr-Moschee, als sie 715 im Auftrag des Kalifen el-Walîd erweitert wurde, wie die kalifalen Hauptmoscheen in Damaskus, Medîna und Jerusalem mit Mormorpaneelen und Goldmosaiken ausgestattet worden sein.

Die frühesten Zeugnisse islamischer Kunst in Ägypten sind erst unter den Abbasiden faßbar. Diese gründen unmittelbar nach dem Fall der Omaijaden (750) eine weitläufige Gouverneursresidenz, *el-Askar*, im Norden von Fustât. Die *Amr-Moschee* erhielt 872 bei einem Neubau ihre heutige Ausdehnung von ca. 110 m × 120 m Grundfläche und die definitive Baugestalt einer Hofmoschee mit mehrschiffigen Arkadenhallen (Riwâk), die einen zentralen Hof (Sahn) umlaufen. Dieser im frühen Islâm entwickelte und alsbald über das gesamte islamische Gebiet verbreitete Typus der *Hofmoschee* bleibt im mittelalterlichen Kairo neben der späteren Iwân-Anlage die vorherrschende Bauform hauptsächlich der großen Freitagsmoscheen. Wie in allen mittelmeerischen Nachbarländern mit reicher kultureller Hinterlassenschaft wurden für die Arkaden der Amr-Moschee ausschließlich antike und frühchristliche Spoliensäulen und -kapitelle verwendet. Einen ungefähren Eindruck des später noch mehrfach erneuerten und schließlich verfallenen ältesten Moschee in Ägypten vermittelt noch heute der Hauptriwâk, in dem sich Spuren der ehemaligen Dekoration erhalten haben: mehrere geschnitzte Holzarchitrave am Ansatz der Arkadenreihen der SW-Wand mit antikisierendem Akanthus und Rankenmuster. Die Überreste der übrigen Anlage sind inzwischen größtenteils einem aufwendigen rekonstruierenden Neubau zum Opfer gefallen.

Neben der (auch wegen ihrer politisch-religiösen Bedeutung für die frühislamische Zeit bemerkenswerten) Amr-Moschee läßt sich ein weiteres, für die Wirtschaftsgeschichte des Landes hervorragendes Monument in seiner heutigen Gestalt wesentlich auf die abbasidische Periode zurückführen: der *Nilmesser* auf der Südspitze der Insel Rôda. Er wurde 861 im Auftrag des Kalifen el-Mutawakkil von dem Mathematiker Ahmed Ibn Mohammed als Ersatz für einen mehrfach erneuerten Vorgängerbau des frühen 8. Jh. erbaut. Er ist ein Hausteinbau, ein etwa 13 m tiefer quadratischer Schacht mit einer freistehenden Spoliensäule in der Mitte; diese dient

Die Kunst nach der islamischen Eroberung

als Meßskala des über drei Kanäle eingeleiteten Nilwassers. Der Nilmesser ist sowohl wegen seines Baumaterials als auch durch die sorgfältige dekorative Bearbeitung außergewöhnlich. Denn Haustein, der hier zweifellos im Rückbezug auf die altägyptische Steinbautradition und in Anlehnung an vorislamische Nilmesser (vgl. z. B. Elephantine) Verwendung fand, wurde im frühislamischen Ägypten unter dem Einfluß iranisch-mesopotamischer Baugewohnheiten vollkommen durch Ziegel ersetzt und kommt erst wieder in fatimidischer Zeit zunehmend in Gebrauch. Von der Bauornamentik sind vor allem die für die islamische Kunst charakteristischen Schriftfriese im archaischen Kufi-Duktus am oberen Wandabschluß des Meßschachtes hervorzuheben. Sie enthalten Bauinschriften und Koranzitate, die inhaltlich auf die Verwendung des Baus Bezug nehmen. Die inhaltliche und zugleich dekorative Einbeziehung der arabischen Schrift in die Architektur kann überhaupt als einer der wichtigsten eigenständigen Beiträge des Islām in der Baukunst gelten. Dies um so mehr, als die Ausbildung figürlicher Bauplastik infolge des islamischen Bilderverbots auf die Dauer fast ganz unterbunden wurde. Von entwicklungsgeschichtlicher Bedeutung sind auch die zugespitzten Bögen der Wandnischen, die formal den im Abendland erst mit der Gotik auftretenden Spitzbogen vorwegnehmen.

Die *kunstgewerbliche Produktion,* insbesondere von Textilien, Keramik, Holz- und Beinarbeiten, lag in der Frühzeit noch hauptsächlich in den Händen der lokalen koptischen Kunsthandwerker. Durch den Bedarf der frühen Statthalter an Luxusartikeln für ihre neu gegründeten Residenzen wird das Kunsthandwerk jedoch entscheidend gefördert und durch seine neuen Aufgaben im religiösen Bereich sowie durch ein erweitertes, vornehmlich aus den östlichen Gebieten beeinflußtes Formenrepertoire allmählich islamisiert.

Tuluniden (868–905)

Mit den Tuluniden, der ersten weitgehend autonomen Dynastie Ägyptens, ist ein erster Höhepunkt der lokalen islamischen Kunstentwicklung erreicht. Der Gründer dieser Dynastie, Ahmed Ibn Tulûn, der zunächst als Gouverneur der Abbasidenkalifen aus Samarra nach Ägypten versetzt wurde, demonstriert seinen Machtanspruch mit einer eigenen neuen Stadtgründung, *el-Kâtâi,* nördlich des abbasidischen Residenzviertels el-Askar. Von diesem den zeitgenössischen Beschreibungen nach großzügig angelegten Vorstadtkomplex, der neben Palastanlagen, Polospielplatz und anderen öffentlichen Einrichtungen auch das erste Krankenhaus Ägyptens umfaßte, besteht heute nur mehr die 876–79 erbaute große Freitagsmoschee.

Bezeichnenderweise ließ *Ibn Tulûn* diese etwa 120 m × 140 m große *Hofmoschee* nach dem Vorbild der kalifalen Moscheen in Samarra errichten, sehr wahrscheinlich unter Beteiligung von mitgebrachten bzw. von dort angeforderten Bauleuten und Kunsthandwerkern. Dementsprechend erhielt die Moschee einen gegenüber der Amr-Moschee veränderten Arkadenaufriß, nämlich Pfeilerarkaden aus gebranntem Ziegel, bei denen selbst die Ecksäulen der Pfeiler aufgemauert wurden. Der in Samarra ausgebildete *Schrägschnittstil* des reichen ornamental-vegetabilen Stuckdekors der Hofarkaden sowie der noch vereinzelt erhaltenen Holzverkleidungen wurde allgemein nach Ägypten übertragen. Dies belegen Grabungsfunde von Privathäusern in Fustât, aber auch Beispiele koptischer Architektur (Wâdi Natrûn, Dêr es-Surjân). Auch die besondere Form des Minaretts mit der spiralig hochgeführten Außentreppe orientiert sich an den kalifalen Vorgängerbauten, bleibt jedoch ohne direkte Nachfolge.

Insgesamt läßt sich an der Moschee des Ibn Tulûn ein Prinzip der Kunstvermittlung im Islâm allgemein und in Ägypten insbesondere veranschaulichen: einerseits die hohe *Mobilität der Künstler,* die im Rahmen politischer Machtverschiebungen oder aufgrund bedeutender Bauvorhaben über weite Entfernungen hinweg tätig werden; zum anderen die große *Assimilationsfähigkeit* der ägyptischen hauptstädtischen Kunstlandschaft, die sich in der Bereitschaft zeigt, fremde Bauformen, Dekortechniken und Ornamentmotive in den sich allmählich konstituierenden Lokalstil harmonisch zu integrieren. So blieb z. B. der Arkadenaufriß der Moschee des Ibn Tulûn für zwei der bedeutendsten späteren Freitagsmoscheen in Kairo vorbildlich: für die Moschee des Fatimidenkalifen el-Hâkim (990—1013) und der Moschee des Mamlûkensultâns Baibars I. (1266—69).

Auch in der *Kleinkunst* läßt sich die direkte Übernahme mesopotanischer Errungenschaften, wie die Produktion von Lüsterfayence für Luxusgeschirre nachweisen. Holzreliefs mit der Darstellung von Sängerinnen, die der Sohn Ibn Tulûns im Großen Palast angebracht haben soll, wurden vermutlich von entsprechenden Vorbildern in einem der Paläste von Samarra angeregt.

Fatimiden (969–1171)

Die mit der Zerstörung der Tulunidenstadt eingeleitete kurze Phase der Wiedereingliederung der ägyptischen Provinz in das Abbasidenreich (905 bis 935) scheint kunsthistorisch bedeutungslos geblieben zu sein. Eine neuerliche kulturelle Blüte unter der Dynastie der *Ichschididen* (935–69) ist zwar überliefert, jedoch nicht mehr faßbar.

Mit der Eroberung durch die schî'itischen, das Kalifat für sich beanspruchenden *Fatimiden* erlangt Ägypten endlich eine dauerhafte, über mehrere Jahrhunderte währende Unabhängigkeit. In bewußter Rivalität zum

Abbasidenhof in Bagdad entfalten die Fatimiden ein prachtvolles Zeremonial der Selbstdarstellung, das vornehmlich in der Architektur, aber auch in den luxuriösen Gebrauchsgegenständen und der Ansammlung eines legendären, an Festtagen zur Schau gestellten Kronschatzes seinen Ausdruck findet. 969 wird der Grundstein zu einer neuen, alle vorangegangenen Gründungen überstrahlenden Stadt nördlich der zu Groß-Fustât zusammengewachsenen Vorgängerstädte gelegt: *al-Ķâhira* (»die Siegreiche«), namengebend für das heutige Kairo und Nucleus der folgenden Stadtentwicklung bis ins späte 19. Jh.

Das Planschema dieser einheitlich konzipierten fatimidischen Gründung, die in ihrem regelmäßigen Grundriß römische Stadtanlagen rezipiert, bestimmt noch heute die *Topographie des Altstadtkerns:* ein annäherndes Rechteck, östlich begrenzt durch den Moķáttam-Berg, westlich von einem schon in der Antike ausgehobenen Kanal, der den Nil mit dem Roten Meer verband (an der Stelle der heutigen Port Sa'îd-Straße). An der die Stadt durchschneidenden Längsachse, bis heute die Hauptstraße der Altstadt (el-Mu'iśś li-Dîn Allah-Straße), entstanden zwei zentrale, Amtssitz und Wohngemächer des Kalifen umfassende Palastkomplexe und daran anliegend verschiedene staatliche Einrichtungen wie Zeughaus, Münze, Magazine, Kasernen, Ställe und Exerzierplatz. Südlich des Ostpalastes wurde bereits 970 als vordringlichste sakrale Bauaufgabe die große Freitagsmoschee el-Aśhar gegründet, die sich zum Zentrum der schî'itischen Lehrtätigkeit und Propaganda entwickeln sollte. Das restliche Stadtgebiet wurde gemäß den arabischen Siedlungsgewohnheiten in Wohnviertel für die stammesmäßig zusammengefaßten Truppenkontingente der Eroberer aufgeteilt.

Während mit Ausnahme der Befestigungsanlagen die fatimidische Profanarchitektur fast vollständig durch Überbauungsmaßnahmen späterer Machthaber verlorenging, blieb ein bedeutender Teil der Sakralbauten erhalten, darunter die Gründungsmoschee *el-Aśhar* und die große Freitagsmoschee des Kalifen *el-Hâkim* (990—1013). An ihnen läßt sich verfolgen, wie aus der Synthese verschiedener von den Fatimiden aus dem Maghreb mitgebrachter, aber auch aus Persien vermittelter Stilelemente mit vorbildhaften einheimischen Bauwerken, wie der Amr-Moschee und der Ibn Tulûn-Moschee, ein *eigenständiger Lokalstil* erwächst: Beide neuen Freitagsmoscheen entsprechen den vorangehenden Hauptmoscheen allgemein in den Proportionen, doch während sich die el-Aśhar im Arkadenaufriß mit Spoliensäulen auf die Amr-Moschee bezieht, erhielt die Moschee des Kalifen el-Hâkim nach dem Vorbild der Ibn Tulûn-Moschee Pfeilerarkaden. Neu ist bei beiden in Anlehnung an nordafrikanische Vorgängerbauten die Einführung eines Mittelschiffes im Hauptriwâķ, das die parallel zur Wand geführten Arkaden vertikal durchschneidet und zusätzlich durch eine Kuppel vor der Gebetsnische betont ist.

Eine neue Bauaufgabe, die wesentlich der religiösen Legitimation der Fatimiden diente, stellen die *Wallfahrtsgräber* (Maschhad) an den angeblichen Begräbnisorten schî'itischer Heiliger im Südfriedhof (el-Karâfa el-Kubrâ) dar. Zumeist sind es kleine stuckverzierte Ziegelbauten mit zentralem, von Nebenräumen flankiertem Kuppelraum, wie z. B. das Grab der Saijida Rukaija (1133). Dieser Bautypus persischen Ursprungs bleibt jedoch auf die Fatimidenzeit beschränkt.

Von grundlegender Bedeutung für die Entwicklung der Kairener Architektur ist das *städtebauliche Gesamtkonzept,* mit dem sich die Fatimiden den architektonischen Rahmen ihres politisch-religiösen und kulturellen Anspruchs schaffen. Der vorgegebene Stadtgrundriß bestimmt von Anfang an das Bebauungsschema und die Ausrichtung der einzelnen Bauwerke innerhalb der Stadtmauern. Besonders an der Hauptstraße, die sich im Zentrum zwischen den beiden Palästen zu einem großen Platz erweiterte, besaßen die öffentlichen Paläste und die religiösen Stiftungen zugleich die Funktion, den Schauplatz der an den Festtagen stattfindenden großen Paraden und Prozessionen baukünstlerisch zu gestalten. Die Entwicklung der für Kairo typischen, die gesamte Straßenfront eines Baus einnehmenden *Schaufassade* dürfte dadurch einen wesentlichen Anstoß erhalten haben.

Die Fassade der spätfatimidischen *Akmar-Moschee* (1125) ist hierfür das früheste erhaltene Beispiel. Die durch Nischen gegliederte, reich ornamentierte Hausteinfassade der kleinen Hofmoschee folgt in ihrer Ausrichtung unmittelbar dem Verlauf der Straße. Dies hat zur Folge, daß durch die vorgeschriebene *Orientierung des Innenraums* zur Kibla, d. h. nach Mekka, erhebliche Richtungsunterschiede zwischen Außenbau und Innenraum entstehen. Diese werden jedoch so geschickt ausgeglichen, daß sie optisch nicht in Erscheinung treten. Die Grundrisse aller späteren hier und im übrigen bebauten Stadtgebiet gestifteten Sakralbauten sind durch solche Richtungsdivergenzen zwischen Straßenlage und Mekka-Orientierung gekennzeichnet. Die Fassaden werden seitdem ausschließlich in Haustein errichtet.

Bereits in der Gründungsphase von Kairo verwenden die Fatimiden neben dem Ziegel Haustein, der bald als *Baumaterial* für die baukünstlerisch anspruchsvollere Architektur bevorzugt wird. Während die erste Stadtbefestigung noch aus Ziegel errichtet wurde, soll der gleichzeitige große Ostpalast aus Stein erbaut worden sein. Dies dürfte zumindest für die nach außen gerichteten Straßenfronten zutreffen. So erhielt z. B. auch die Moschee des Kalifen el-Hâkim, insgesamt ein Ziegelbau, an der durch einen vorspringenden Portaltrakt betonten Eingangsseite eine Hausteinverkleidung und an den Ecken ornamentierte Steinminarette, die unter der späteren Eckverstärkung noch voll erhalten sind. Das der SW-Ecke

ist der Prototyp der mehrfach abgestuften, reich rekorierten mamlûkischen *Minarette*.
Die bedeutendste Steinarchitektur entstand am Ende des 11. Jh. im Zuge einer Erweiterung des Stadtgebiets nach N und S mit dem Neubau der *Stadtbefestigung* und der *Tore* Bâb el-Futûh und Bâb en-Nasr (1087) in der N-Mauer sowie Bâb Suwêla (1091) in der S-Mauer, und zwar durch nordsyrische Architekten. In der von diesen eingeführten technisch vollendeten Steinbearbeitung, insbesondere der Gewölbe (Hängekuppeln, Tonnen), übertreffen sie bei weitem ihre nordsyrisch-mesopotamischen Vorläufer (z. B. Stadtmauer von Diyarbakir). So auch in der Monumentalität, die sich eher an den altägyptischen Denkmälern orientiert. Die umfangreiche Verwendung von altägyptischem Spolienmaterial beim Bau dieser neuen Stadtmauer, und dabei die beträchtliche Größe der wiederverwendeten Steinblöcke, haben ihre ungewöhnlich monumentalen Proportionen sicherlich mitbestimmt.
Je nach Baumaterial sind Reliefs in Stuck oder Stein die vorrangigen *Dekormittel:* Stuck bei Ziegelbauten (z. B. Haupttriwâḵ der Aṣhar-Moschee, Gujûschi-Moschee, Gebetsnischen der Wallfahrtsgräber); Stein bei den Straßenfassaden. Dabei ist die Abhängigkeit der Steinornamentik vom Stuck bei einzelnen Dekormotiven wie Blendnischen und Zierfeldern offensichtlich. Bedeutende Reste der ehemaligen Holzausstattung mit geschnitzten und kassettierten Decken und Türen befinden sich vereinzelt noch in situ (z. B. Türen in den Moscheen el-Aḵmar und el-Fakahâni), zum größeren Teil aber im Museum für Islamische Kunst.
Das *Ornament* dieser ursprünglich zumeist farbig gefaßten Holzarbeiten — Ranken und geometrisches Sterngeflecht — bleibt im sakralen Bereich abstrakt, während im Profanbau figürliche Darstellungen einen wesentlichen Bestandteil bilden. Deckenbalken u. a. mit der Darstellung von Tierkreiszeichen in der Ruine des Kala'ûn-Krankenhauses und weitere von dort ins Museum überführte Holzfriese mit höfischen Figuren, Jagdtieren und Fabelwesen stammen aus dem ehemals hier anstehenden Palastkomplex der Fatimidenkalifen.
Auch in verschiedenen Medien der *Malerei* steht die figürliche Darstellung im Vordergrund. Neben vereinzelten Fragmenten großfiguriger Fresken aus Fustât besitzen wir einen umfassenden Bildzyklus an der Holzdecke der Capella Palatina in Palermo (um 1140), die von fatimidischen Künstlern für den Normannenhof in Sizilien ausgeführt wurde. Ebenso trägt die seit den Tuluniden in Ägypten hergestellte und unter den Fatimiden äußerst verfeinerte *Lüsterkeramik* zum größten Teil figürliche Malereien. Insgesamt sind die Figuren des überwiegend höfischen Repertoires — thronende Herrscher, Reiter, Musikanten und Tänzerinnen sowie Fabelwesen und Tiere — selten in lebendigen Szenen vereinigt, sondern statisch vereinzelt einem dekorativen Kompositionsschema untergeordnet.

Daß diese Ware nicht nur für den Hof, sondern auch für die reiche einheimische Bourgeoisie hergestellt wurde, beweisen einzelne christliche Themen.
Zu den weiteren Höhepunkten des fatimidischen *Kunstgewerbes,* von dem viele Objekte auch in die Schatzkammern abendländischer Kirchen und Fürsten gelangten, gehören *Elfenbeinschnitzereien,* wiederum mit Figuren- und Tierdarstellungen, außerdem kostbare Gefäße aus Bergkristall und gestreifte *Seidenstoffe* mit eingewirkten Schriftbändern (Tirâṣ), die in großem Umfang zur Herstellung von Ehrengewändern für Hofstaat, Militär und Beamtenschaft und z.B. auch für ausländische Gesandte verwendet wurden.

Aijubiden (1169–1252)

Unter der Bedrohung der Kreuzfahrer wird *Fustât* 1168, damit es dem Feind nicht in die Hände falle, in Brand gesetzt. Zugleich ergreifen die aus Syrien gegen die Kreuzfahrer anrückenden *Aijubiden* unter Salâh ed-Dîn (Saladin) die Gelegenheit, die Herrschaft des geschwächten Fatimidenreiches an sich zu bringen. Obwohl Fustât sich bald wieder erholt, erlangt es nicht wieder die Eigenständigkeit, die es zuvor als Zentrum von Handel und Gewerbe besessen hatte. Diese Funktion geht nun endgültig auf *Kairo* über. Die Öffnung der ehemals exklusiven (nur für die Kalifen mit ihrem Hofstaat und ihren Truppen bestimmte) Residenzstadt für die einheimische Bevölkerung hatte sich zwar schon in fatimidischer Zeit abgezeichnet, doch wird diese Entwicklung nun unter den neuen Machthabern entschieden vorangetrieben. In einem ehrgeizigen, nur teilweise vollendeten Projekt begann Salâh ed-Dîn mit der Erweiterung der Stadtbefestigung, die das gesamte besiedelte Gebiet zusammenfassen sollte. Nach dem Vorbild syrischer Stadtanlagen wurde ein erhöhtes Plateau zwischen den beiden Stadtteilen Fustât und el-Kâhira als *Zitadelle* ausgebaut (1176–1208), die seitdem, bis ins späte 19. Jh., als Regierungssitz diente.
Im Stadtkern setzte allmählich eine Überbauung der fatimidischen Palastanlagen ein. Die Aṣhar-Moschee, das Zentrum der schi'itischen Propaganda, wurde geschlossen und die wiedereingeführte Sunna durch die Stiftung einer ganzen Reihe von theologischen Hochschulen (Madrasa) gefördert. Die *Madrasa,* die als Institution zwar schon früher in Ägypten nachgewiesen werden kann, ist als Bauaufgabe in Kairo neu. So folgt der Grundriß, wie die beiden noch in Ruinen erhaltenen Beispiele el-Kâmilîja (1225) und es-Sâlihîja (1242–44) erkennen lassen, einem über das seldschukische Kleinasien nach Nordsyrien vermittelten Madrasatypus: Er besteht aus zwei sich gegenüberliegenden, in voller Höhe und Breite

auf einen Hof geöffneten tonnengewölbten Hallen (Iwân) und seitlichen Zellentrakten. Doch abgesehen von diesem neu eingeführten Bautypus entspricht die wirkungsvoll dem städtischen Umraum einbezogene Gesamtanlage der lokalen fatimidischen Architektur. So wurde der Madrasa es-Sâlihîja eine prächtige Schaufassade vorgeblendet, die in ihrer Ausrichtung — wie schon bei der Akmar-Moschee — vorrangig vom Straßenverlauf bestimmt ist. Dem entspricht auch, daß die Gestaltung dieser Hausteinfassade mit rhythmischer Nischengliederung und zusätzlicher Ornamentierung durch Schmuckfelder und kleine Blendnischen unmittelbar an die spätfatimidischen Vorbilder anschließt.

Einen bedeutenden Beitrag leisten die Aijubiden auch in der *Grabarchitektur*. Gewissermaßen als Reaktion auf die Wallfahrtsgräber der Schî'iten setzt der spätere Sultân el-Kâmil dem 820 verstorbenen Imâm esch-Schâfi'i, dem Begründer der in Ägypten populärsten der vier orthodoxen Rechtsschulen, ein weithin sichtbares Denkmal: 1211 errichtete er an dessen Grabstätte im Südfriedhof ein monumentales Kuppelmausoleum (kubbat el-Imâm esch-Schâfi'i). Aber auch der herrschaftliche Bauherr, dem dieses Mausoleum zugleich als Familiengrablege dient, bewahrt hierin sein Andenken.

Der Bau des Herrschermausoleums bzw. der *Mausoleen* der Oberschicht wird schließlich eine der vornehmsten Bauaufgaben und Anlaß für die Stiftung zahlreicher Sakralbauten. Richtungsweisend ist hierfür der nachträgliche Anbau eines großen Kuppelmausoleums an den Baukomplex der Madrasa es-Sâlihîja (1250) im Auftrag der Schagarat ed-Durr, der Gattin des verstorbenen Stifters der Madrasa. Damit wird diese in Syrien übliche Verbindung von Sakralbau und Stiftermausoleum auch in Kairo eingeführt.

Baudekor und -ausstattung der aijubidischen Architektur in Stuck, Stein und Holz werden offensichtlich in denselben Werkstätten, die schon für die Fatimiden arbeiteten, auf einem vergleichbar hohen Niveau weiterentwickelt. Hingegen erlangt die *Kleinkunst* — so am auffallendsten die Keramik — nicht annähernd die Bedeutung, die sie unter der vorangegangenen Dynastie besaß. Die figürlich bemalten Lüsterfayencen verschwinden ganz, desgleichen die Elfenbeinarbeiten und Bergkristalle. Metall- und Glasobjekte werden überwiegend aus Syrien importiert.

Mamlûken (1250–1517)

Unter den 1250 zur Macht gelangten Mamlûken erlebt *Kairo* eine Phase intensivster Bautätigkeit, die zugleich als Höhepunkt und Abschluß der bisherigen städtebaulichen und baukünstlerischen Entwicklung bezeichnet werden kann. Es sind vor allem die zahlreichen sakralen Stiftungen der

Mamlûken, die mit reich dekorierten Fassaden, Kuppeln und Minaretten in Straßenbild und Silhouette der Altstadt dominieren. Aber auch Paläste, Handelsbauten und Bäder sind aus dieser Zeit erhalten. Die frühen Sultâne Baibars I. (1260–77), Kala'ûn (1279–90) und allen voran en-Nâsir Mohammed in seiner langen Regierungszeit von 1310–41 betreiben zunächst gezielt den *Ausbau des Stadtgebiets,* insbesondere des nur spärlich besiedelten Geländes zwischen der fatimidischen Südmauer und der Zitadelle, sowie die Erweiterung der Stadt über die Nordmauer hinaus. Die Ausdehnung auch nach Westen wurde durch die Befestigung des Niluſers ermöglicht, das bis dahin alljährlich durch Überschwemmungen gefährdet war.

Der städtebauliche Kontext bestimmt auch weiterhin in besonderem Maße Gestaltung und Funktion der neu errichteten Bauten. Die schon seit den Fatimiden übliche Bindung einmal bebauter Grundstücke durch religiöse und wohltätige Stiftungen stabilisiert die *topographischen Verhältnisse* des bald dicht besiedelten Stadtgebiets. So kam es den baufreudigen Sultânen und Emîren vor allem darauf an, ihre Bauanlagen in möglichst vorteilhafter Weise dem städtischen Umraum einzubeziehen und die zunehmend kleiner werdenden Grundstücke optimal zu nutzen. Hauptanliegen eines jeden zu Amt und Würden gekommenen Mamlûken war der Bau des eigenen *Mausoleums.* Dieses wurde verbunden mit einem mehrteiligen sakrale, wohltätige und je nach Standort auch merkantile Einrichtungen vereinigenden Baukomplex: Neben dem Mausoleum gehörte dazu grundsätzlich eine Madrasa, die auch Moscheefunktion erhielt, ein öffentlicher Brunnen mit darüberliegender Waisenschule (Sebîl-Kuttâb), Unterkünfte für das Lehr- und Verwaltungspersonal und verschiedentlich auch ein Konvent (Chanka) mit mehrstöckigen Zellentrakten für die hier wohnenden Sûfis.

Im Gegensatz zu den Grabkomplexen in der neu entstandenen Totenstadt außerhalb der Ostmauer, bei denen die Mausoleen meist auf der Kibla-Seite liegen, befinden sich die Mausoleen innerhalb der Stadt unmittelbar an der Straßenseite, so daß ihre Kuppeln, wie auch die Minarette, prominent über den Schaufassaden aufsteigen. Auch der *Sebîl-Kuttâb* wird für die Pasanten zugänglich an der Straße, vorzugsweise an Straßenecken plaziert. An der Hauptstraße und den großen Durchgangsstraßen, an denen sich Märkte etabliert haben, werden, gleichgültig ob es sich um Sakral- oder Profanbauten handelt, zusätzlich auch *Läden* in den Erdgeschossen der Fasaden und Seitenfronten untergebracht. Viele dieser Handelseinrichtungen, wie die Läden des frühmamlûkischen Palastes des Emirs Beschtâk (um 1335) oder die der Moschee des Sultâns Ghûri (1504) angeschlossene *Markthalle* (Kaisarîja), sind noch heute in Benutzung.

Eine bezeichnende Entwicklung findet im *Moscheenbau* statt. Die erste von den Mamlûken neugegründete Freitagsmoschee, die Moschee des Sultâns

Die Kunst unter den Mamlûken

Baibars I. außerhalb der Nordmauer (1266—69), entspricht in der Baugestalt und im Anspruch noch ganz den vorangegangenen Freitagsmoscheen. Unter den zahlreichen nun folgenden Moscheengründungen der Sultâne und Emîre befinden sich jedoch nur mehr vereinzelt Hofmoscheen. Nachdem das Freitagsgebet nicht mehr allein auf die Hauptmoscheen beschränkt ist, sondern z. B. auch in Madrasen stattfinden kann, setzt sich den von diesen übernommene Bautypus der *Vier-Iwân-Anlage* durch. Prominentestes und zugleich das monumentalste Beispiel ist die mit vier gewaltigen tonnengewölbten Iwânen errichtete *Moschee-Madrasa des Sultâns Hasan* unterhalb der Zitadelle (1356–62). Bei zunehmender Verknappung des Baugrunds werden die Bauten jedoch kleiner. Die anfangs tonnengewölbten Iwâne erhalten, wie im Palast- und Wohnbau, flache Decken, bis schließlich auch der immer kleiner angelegte Hof überdacht wird.

Dafür nimmt der *Baudekor* einen um so größeren Umfang ein. *Marmorinkrustationen,* die schon seit der frühen Mamlûkenzeit neben den traditionellen Dekortechniken in Stuck und Holz den wohl typischsten Bestandteil der Innendekoration bilden, *Stuckfenster mit farbigen Glaseinlagen* und die farbig gefaßten *Kassettendecken* lassen diese Räume — und das gilt gleichermaßen für die Paläste — äußerst stimmungsvoll und kostbar erscheinen.

Daneben erlangt die *Steinbearbeitung* bei den nunmehr überwiegend ganz aus Haustein errichteten Bauwerken größte Perfektion, wie die Entwicklung der *Kuppeldekoration* beispielhaft zeigt. Es werden zunächst die bei den Ziegelkuppeln üblichen Rippen in Stein nachgeahmt, diese sodann durch ein Zickzackmuster ersetzt und schließlich durch Sternflechtornamente und komplizierte mehrschichtige Arabeskenmuster abgelöst (Höhepunkt: Mausoleum des Sultâns Ḳaît-Bey in der Totenstadt, 1472–74). Auch die mehrfach abgestuften, von kleinen Kuppeln bekrönten *Minarette* erhalten einen zunehmend reicheren Reliefdekor.

Das hohe künstlerische Niveau der mamlûkischen Architektur erklärt sich wesentlich daraus, daß die Mamlûken, die gewissermaßen als Erben des in den Mongolenstürmen untergegangenen Abbasidenreiches auftreten, zahlreiche *auswärtige Künstler* nach Kairo ziehen, das neue kulturelle Zentrum der Region. Hauptsächlich sind dies Bauleute und Kunsthandwerker aus den syrischen Provinzen, aber auch Emigranten aus dem Irak.

Diese spielen auch für das *Kunstgewerbe* eine Rolle. So sind etwa unter den zahlreichen Gebrauchsgegenständen aus den Haushalten der Mamlûken die mit Gold und Silber tauschierten Bronzegefäße hervorzuheben, deren Technik durch Mosuler Künstler in Kairo eingeführt wurde. Vermutlich syrische Werkstätten stellten die vielen in die Moscheen gestifteten Glasampeln mit emaillierter Bemalung und zusätzlicher Vergoldung her; desgleichen kostbare blau-weiße Keramikgeschirre, die neben der sonst eher einfachen, durch Ritzzeichnung und erdfarbenen Glasuren dekorierten Keramik hervorstechen. Ein großer Teil dieser Objekte — und das gilt auch für die Architektur — trägt Inschrift und Wappen des Stifters bzw. Besitzers.

Ägypten seit der osmanischen Eroberung von 1517

Mit der Eingliederung Ägyptens in das Osmanenreich wird Kairo zur Provinzstadt degradiert. Im Bereich der Kunst hat dies unmittelbar zur Folge, daß durch das Fehlen der großen Bauherren und Mäzene die Bautätigkeit stagniert und die kunstgewerbliche Produktion erheblich absinkt. Der hauptstädtische osmanische Stil Istanbuls hat auf die wenigen neu entstehenden Bauten keinen direkten Einfluß, doch kommt es anfangs zu einer interessanten Synthese osmanischer Baugedanken mit der lokalen Bautradition. So wird z. B. bei der Moschee des Sinân Pascha in Bulâk (1571) der osmanische Bautypus der überkuppelten Moschee in rein mamlûkische Formen umgesetzt. Einzig die Minarette erhalten nun

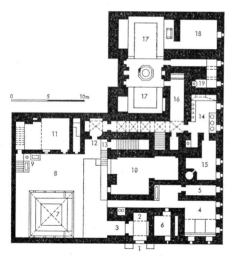

Grundriß eines arabischen Hauses

Erdgeschoß

1 Eingang des Hauses – 2 Bank (Mastaba) für den Türhüter (Bauwâb) – 3 Flur (Dirka) – 4 Stall für Esel – 5 Futterkammer – 6 Sattelkammer – 7 Laube zum Empfang im Sommer – 8 Hof (Hôsch) – 9 Brunnen – 10 – Mandara (Empfangsraum) – 11 Wohnung für den Diener – 12 Tür zum Frauengemach (Harîm) – 13 Treppe zur Tachtabôsch (offene Halle) – 14 Küche – 15 Bäckerei – 16 Kleiner Hof – 17 Hauptzimmer (el-Kâ'a) – 18 Chasna (Abstellraum) – 19 Abort

überwiegend die schlanke zylindrische osmanische Form. Insgesamt wird die lokale Tradition jedoch weitergeführt und insbesondere im Baudekor und in der Innenausstattung (wie z. B. bei der Burdaini-Moschee von 1616–29 und den Brunnenhäusern des Abd er-Rahmân Katchodâ aus der Mitte des 18. Jh.) auf die mamlûkischen Vorbilder zurückgegriffen.
Daß Kairo als Handelsstadt unter den Osmanen wieder einen Aufschwung nimmt, beweisen die zahlreich im Stadtkern und in dem zu einem größeren Vorort ausgebauten Hafen Bûlaḳ errichteten *Handelsanlagen*. Auch hier wird vor allem ein schon aus mamlûkischer Zeit bekannter, aber vermutlich noch älterer Bautypus des *Lagerhauses* (Chân/Wakâla) tradiert: ein nach außen geschlossener mit einem rechteckigen Innenhof versehener Baukomplex, der in den unteren zum Hof geöffneten Arkaden Magazine und Geschäftsräume und darüber Wohngeschosse enthält (Wakâlat el-Bazâr'a, 17. Jh.). Die prachtvollste Architektur leisten sich die reichen Handelsherren mit ihren kostbar ausgestatteten, weiträumigen *Wohnpalästen* (Bêt es-Sihaimi, 1648–1796).
Unter *Mohammed Ali* und seinen Nachfolgern (seit 1805) verliert die

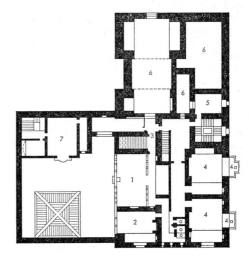

1. Stock

1 Offene Halle (Tachtabôsch) — 2 Kabinett — 3 Türe des Herrn zum Harîm — 4 Harîmzimmer mit Maschrabîjen (4 a) — 5 Vorratsraum — 6 Licht- und Lufthöfe — 7 Gästezimmer mit Chaṡna und Abort

lokale Bautradition schließlich ganz an Bedeutung. Die von Mohammed Ali errichteten Bauten schließen bewußt an die hauptstädtische osmanische Architektur an. Seine Moschee auf der *Zitadelle* (1833–57), wirkungsvoll anstelle des ruinösen mamlûkischen Justizpalastes über die Stadt gesetzt, ist eine klassische osmanische Kuppelmoschee, wie sie seit dem 16. Jh. (Sinân) in Istanbul tradiert wird. Der in der gleichzeitigen osmanischen Kunst bereits ausgeprägte Einfluß des europäischen Barock und Klassizismus zeigt sich hier in der dekorativen Gestaltung der Moschee.

Unter Heranziehung europäischer Architekten beginnt Mohammed Alis Sohn Isma'îl 1869–70 schließlich mit dem schon von seinem Vater geplanten Ausbau von Kairo zu einer *modernen Metropole* französischer Prägung in den nur wenig besiedelten Gebieten westlich und nördlich der alten Stadtanlage. Die Verlagerung des Stadtzentrums in die neuen Stadtteile, die heutige City, hat als positives Ergebnis, daß die islâmische Altstadt bis heute in großen Partien intakt bewahrt werden konnte.

Seit der *Republik* (1952) nimmt die Baukunst großen Aufschwung. Moderne Wohnviertel, großzügige Platz- und Straßenanlagen, Hochhäuser, repräsentative Verwaltungsgebäude, Hotels und Brunnen verändern das Stadtbild. Gesamtplanung wie Einzelarchitektur sind europäisch und amerikanisch beeinflußt (Niluferstraße, Straße zum Flugplatz, Midân et-Tahrîr u. a.), daneben bemüht man sich um Formen, die altarabische Kunst weiterführen, ohne sie zu kopieren (Turm von Kairo, Innenarchitektur im Hilton- und Semiramis-Hotel, Dorf Ḳurna bei Luksor u. a.).

Diese Versuche haben trotz manchen Experimentierens mehr Erfolg als die direkte Nachahmung altägyptischer Bauformen (Bahnhof in Luksor, Saijîda-Sênab-Moschee), die unangenehm an die »Stil«-Architektur am Ende des 19. Jh. in Europa erinnern.

Anhang

Chronologische Übersicht

Zeit	Wichtigste Daten aus der Geschichte	Hauptsehenswürdigkeiten
5000–3000	**Vorgeschichte** (Neolithikum)	
	Ansiedlung von Jägernomaden im Niltal	Felsbilder im oberägyptischen Niltal und im Wâdi Hammamât
		Keramik im Museum Kairo
1. u. 2. Dyn. 3000–2665	**Früh- oder Thinitenzeit**	
	Reichsgründung durch König Menes. Bildung des Staates, Gründung von Memphis als Residenz. Erfindung der Hieroglyphenschrift, Anfänge der Plastik.	Reliefgeschmückte Schminkpaletten, Steingefäße im Museum Kairo
	Altes Reich (Pyramidenzeit) 2665–2155	
3. Dyn. 2665–2600	Residenz endgültig in Memphis. Auskristallisieren des ägyptischen Stils, Erste Hoch-Zeit Ägyptens	
	Djoser	Stufenpyramide von Saḳḳâra, erster Bau aus behauenem Stein, Baumeister Imhotep
	Sechemchet	Unvollendete Pyramide in Saḳḳâra
		Reliefs des Hesirê und Statue des Djoser im Museum Kairo
4. Dyn. 2600–2480	Zeit der großen Pyramidenbauer	
	Snofru	Knickpyramide und Rote Pyramide von Dahschûr
	Cheops	Große Pyramide und Schiff von Gîsa
	Djedefrê	Unvollendete Pyramide von Abu Roâsch
	Chephren	Zweite Pyramide von Gîsa mit Taltempel und Sphinx
	Mykerinos	Dritte Pyramide von Gîsa
		Mastabas in Gîsa
		Schatz der Hetepheres aus Gîsa
		Plastik, »Ersatzköpfe« im Museum Kairo

Zeit	Wichtigste Daten aus der Geschichte	Hauptsehenswürdigkeiten
5. Dyn. 2480–2320	Sonnenkult wird Staatsreligion Blütezeit der Reliefkunst	
	Sahurê	Pyramide in Abusîr
	Neferirkarê	Pyramide in Abusîr
	Ne-user-Rê	Pyramide in Abusîr und Sonnenheiligtum in Abu Gurôb
	Unas	Pyramide in Saḳḳâra
	– – – –	Mastabas des Ti und des Ptahhotep in Saḳḳâra Plastik, Dienerfiguren im Museum Kairo
6. Dyn. 2320–2155	Innere Wirren führen zum Zusammenbruch des Staates, in der Provinz regieren Gaufürsten zunehmend selbständig. Pyramidentexte	
	Teti	Pyramide in Saḳḳâra
	Pepi I.	Pyramide in Saḳḳâra-Süd
	Pepi II.	Pyramide in Saḳḳâra-Süd
	– – – –	Mastaba des Mereruka in Saḳḳâra. Provinz-Felsgräber in Mêr, Dêr el-Gebrâui und Assuân Plastik und Reliefs im Museum Kairo

Erste Zwischenzeit

7.–10. Dyn. 2155–2130	Zahlreiche Könige mit kurzer Regierungszeit, soziale Revolution, blutiger Bürgerkrieg, religiöse und geistige Auseinandersetzung; Blüte der Literatur	Soldatenfiguren im Museum Kairo

Mittleres Reich
Zweite Hoch-Zeit, 2130–1650

11. Dyn. 2130–1991	Fürstengeschlecht aus Theben erringt nach und nach die **Gesamtherrschaft** (ab 2061) Mentuhotep	Grabmal in Dêr el-bahri
12. Dyn. 1991–1786	Residenz in Memphis; Kolonisierung des Faijûms und Nubiens. Grenzfestungen am 2. Katarakt. Hervorragende Plastik (Bildnisse) und Goldschmiedekunst	
	Amenemhêt I.	Pyramide in Lischt
	Sesostris I.	Pyramide in Lischt; Obelisk in Heliopolis; Alabasterkapelle in Karnak

Chronologische Übersicht 253

Zeit	Wichtigste Daten aus der Geschichte	Hauptsehenswürdigkeiten
	Amenemhêt II.	Pyramide in Dahschûr
	Sesostris II.	Pyramide in Illahûn
	Sesostris III.	Pyramiden in Dahschûr
	Amenemhêt III.	Pyramiden in Dahschûr und Hauwâra mit Labyrinth
		– – –
13. u. 14. Dyn. 1785–1650		Festungen in Nubien (Buhen und Semna), Felsgräber in Beni Hasan, Mêr, Assiût und Assuân; Stadtmauer von Elkâb, Statuen, Sarkophage, Goldschmuck und Kleinkunst (Holzmodelle) im Museum Kairo, Juwelensaal
15.–17. Dyn. 1650–1555	**Zweite Zwischenzeit** *(Hyksoszeit)* Einfall der Hyksos aus Asien; unter ihrer Herrschaft Einführung von Pferd und Wagen und neuer Kriegstechnik in Ägypten. Befreiungskrieg thebanischer Fürsten gegen die Fremdherrscher	
	Sekenenrê	Mumie im Museum Kairo
	Kamose	
	Ahmose	
18. Dyn. 1555–1305	**Neues Reich 1555–1080** Entfaltung des Imperiums bis zum Euphrat und 4. Katarakt. Amun von Theben wird Reichsgott. Bedeutende Bautätigkeit, vor allem in Theben, neue Blüte der Kunst. Dritte Hoch-Zeit	
	Amenophis I.	Alabasterkapelle in Karnak
	Thuthmosis I.	Obelisk in Karnak
	Thuthmosis II.	
	Hatschepsut	Terrassentempel in Dêr el-bahri; Obelisken in Karnak; Tempel in Buhen
	Thuthmosis III., größter Feldherr Ägyptens	Bauten in Karnak und kleiner Tempel in Medînet Hâbu

Zeit	Wichtigste Daten aus der Geschichte	Hauptsehenswürdigkeiten
	Amenophis II.	Schießstele in Karnak
	Thuthmosis IV.	Sphinxstele
	Amenophis III. (Gemahlin Teje)	Memnons-Kolosse; Luksor-Tempel; Bauten in Karnak
1365–1347	Amenophis IV. Echnaton (Gemahlin Nofretete), religiöser Reformator	Tell el-Amarna, Amarna-Saal im Museum Kairo Luksor-Museum
	Semenchkarê	
	Tutanchamun (Restauration der alten Religion)	Grabschatz im Museum Kairo
	Eje	
	Haremhab	Grab in Saḳḳâra

		Königsgräber in Bibân el-Molûk Statuen, Stelen und Grabfunde im Museum Kairo Bemalte Felsgräber der Beamten in Theben-West (Nacht, Menena, Ramose)
19. Dyn. 1305–1196	Ramessiden. Verlegung der Residenz ins Delta (Ḳantîr), Tempelbauten in Nubien, Hethiterkriege	
	Ramses I.	
	Sethos I.	Tempel in Abydos mit Kenotaph; Bauten in Karnak; Totentempel in Ḳurna
	Ramses II., größter Bauherr Ägyptens, baut Residenz »Ramsesstadt« (Delta)	Bauten in Luksor und Karnak; Ramesseum; Tempel in Abydos, Abu Simbel und andere nubische Felsentempel. Koloß in Memphis und auf dem Bahnhofsplatz Kairo
	Merenptah	Israelstele im Museum Kairo
	Weitere kleinere Könige	

		Beamten- und Königsgräber in Theben-West; Königsmumien, Statuen, Stelen und Kleinfunde im Museum Kairo
20. Dyn. 1196–1080	Ramessiden. Abwehr der Libyer und Seevölker, Niedergang des Reiches, Plünderung der Königsgräber	

Chronologische Übersicht 255

Zeit	Wichtigste Daten aus der Geschichte	Hauptsehenswürdigkeiten
	Sethnacht	
	Ramses III.	Medînet Hâbu, Bauten in Karnak (Kleiner Amontempel, Chonstempel)
	Ramses IV.–XI.	– – – – Königsgräber wie oben; Stadt und Privatgräber in Dêr el-Medîna
	Spätzeit 1080–332	
	Fremdvölker: Libyer, Äthiopen, Perser greifen nach dem Pharaonenthron	
21. Dyn. 1080–946	Amonpriester herrschen in Theben, daneben Könige in Tanis	Königsgräber in Tanis Grabschatz im Museum Kairo (Tanis-Saal)
22. u. 23. Dyn. 946–720	Bubastiden (libysches Herrschergeschlecht). Allmählicher Zerfall des Reiches. Könige mit Namen Scheschonk, Osorkon, Takelotis	Bauten in Karnak; Königsgräber wie 21. Dynastie
24. Dyn. 730–715	Regiert mit Königen Tefnacht und Bokchoris aus Saïs neben der 25. Dyn.	
25. Dyn. 745–655	Äthiopische Könige aus Napata greifen nach dem ägyptischen Thron. Renaissance der Kunst Königsnamen: Pije (Pianchi), Schabaka, Taharka	Bauten in Karnak; Grabkapellen der Gottesgemahlinnen in Medînet Hâbu Pianchi-Stele im Museum Kairo
26. Dyn. 664–525	Residenz in Saïs (Delta). Gründung der Griechenstadt Naukratis Königsnamen: Psametich, Necho, Apries, Amasis	Archaistische Beamtengräber in Theben-West (Ibi, Pabasa); Serapeum in Sakḳâra
27. Dyn. 525–404	Ägypten wird Satrapie des Perserreiches. Bau des Kanals vom Nil zum Roten Meer Kambyses, Darius, Xerxes, Artaxerxes	Hibis-Tempel in der Oase el-Chârga
28.–30. Dyn. 404–342	Einheimische Herrscher aus dem Delta Königsnamen: Nektanebês (30. Dyn).	Bauten in Medînet Hâbu, auf Philae-Agílkia und in Dendara
342–332	Fortsetzung der Perserherrschaft	
	Griechische Herrschaft *(Ptolemäer)* 332–30 v. Chr.	
332–323	Alexander der Große erobert Ägypten (332) und gründet Alexandria	Grab des Petosiris in Tûna el-Gebel

Zeit	Wichtigste Daten aus der Geschichte	Hauptsehenswürdigkeiten
323–30	Ptolemaios I.–XV. Residenz Alexandria, Zentrum griechischer Kunst und Gelehrsamkeit. Sarapis-Kult. Kleopatra VII., letzte Königin der Ptolemäer, wird von Octavian (Augustus) besiegt und tötet sich	Bauten in Dendara, Dêr el-Medîna, Edfu, Kôm Ombo, Philae, Dakka; Städte im Faijûm, Serapeum in Alexandria
		– – – –
		Denkmäler in den Museen in Alexandria und Isma'ilîja; Tiernekropolen in Saḳḳâra
	Römische Herrschaft (30 v. Chr.–395 n. Chr.)	
30 v. Chr.	Ägypten wird römische Provinz. Kaiser herrschen als Pharaonen	Tempelbauten in Dendara, Esna, Philae (jetzt Agílkia), Kalâbscha; Katakomben und Pompejussäule in Alexandria; Nekropole Tûna el-Gebel
		Festung Primis
um 200 n. Chr.	Vordringen des Christentums	
3. Jhdt.	Wiederholte Christenverfolgungen, Einsiedlerwesen	
4. Jhdt.	Klostergründungen (Pachom 320)	Klöster im Wâdi Natrûn und am Roten Meer
395	Bei der Teilung des römischen Reiches fällt Ägypten an Ostrom	– – –
		Denkmäler im koptischen Museum Kairo
	Byzantinische Herrschaft (395–640)	
451	Trennung der ägyptischen Kirche von der Reichskirche auf dem Konzil von Chalkedon	Kirchen und Klöster im ganzen Lande (Simeons-Kloster bei Assuân)
	Schenûte, Gründer der koptischen Kirche, gestorben	– – –
		Denkmäler im koptischen Museum Kairo
	Mittelalter (640–1517)	
640	Eroberung durch Amr Ibn el-Âs	
641	Gründung von Fustât (Alt-Kairo-Nord)	
641–658	Statthalter der orthodoxen Kalifen; Gründung der Amr-Moschee	Amr-Moschee in Kairo
658–750	Statthalter der Omaijaden	
750–868	Statthalter der Abbasiden	
868–905	Dynastie der Tuluniden	Moschee Ibn Tulûn in Kairo

Chronologische Übersicht

Zeit	Wichtigste Daten aus der Geschichte	Hauptsehenswürdigkeiten
905–935	Statthalter der Abbasiden	
939–969	Dynastie der Ichschididen	
969–1171	Fatimidenkalifen (Gründung von Kairo als Residenz 969)	Moschee el-Ašhar (988 Universität) Moschee el-Hâkim Bâb el-Futûh Bâb en-Nasr Bâb eš-Šuwêla
1171–1250	Dynastie der Aijubiden	Stadtbefestigung Saladins, Zitadelle, Mausoleum des Imâm Schâfiʿi
1250–1382	Bahritische Mamlûken	Madrasa und Mausoleum des Sultâns Ḳalaʿûn; Moschee Sultân Hasan
1382–1517	Burdschitische Mamlûken	Grabmoschee Sultân Barḳûḳ Moschee el Muʿaijad Moschee Sultân Kâït-Bey
		– – – –
		Denkmäler im Islamischen Museum Kairo
1517–1798	Osmanische Herrschaft der Mamlûken	Bêt el- Kreatlia Bêt es- Sihaimi
	(1798–1981)	
1798	Expedition Napoleons	
1798–1805	Französische Herrschaft bis zur endgültigen Einsetzung Mohammed Alis	
	Mohammed Ali und seine Nachfolger (1805–1952)	
1805–1848	Mohammed Ali	Alabastermoschee, Staudämme (Barrage du Nil)
1848 (Juni–Nov.)	Ibrahîm	
1848–1854	Abbâs I.	
1854–1863	Saʿîd	
1863–1879	Ismaʾîl. 1869 Einweihung des Sueskanals	
1879–1892	Taufîḳ (1882 Besetzung durch die Engländer, 1883 Mahdistenaufstand)	
1892–1914	Abbâs II. Hilmî (1914 englisches Protektorat, Lord Cromer, General Kitchener)	Staudamm von Assuân
1914–1917	Sultân Husên Kâmil	

Zeit	Wichtigste Daten aus der Geschichte	Hauptsehenswürdigkeiten
1917–1922	Sultân Ahmed Fu'âd	
1922–1936	Ahmed als Fu'âd I. König	
1937–1952	Farûk. 1946 zieht England seine Truppen aus Alexandria und Kairo ab	

Republik (seit 1952)

23. 7. 1952	Staatsstreich der »Freien Offiziere« unter General Nagîb	
18. 6. 1953	Proklamation der Republik	
14. 11. 1954	Nagîb wird abgesetzt durch Gamâl Abd en-Nâsir (Nasser)	
1. 1. 1956	Unabhängigkeitserklärung des Sudân	
16. 1. 1956	Nasser wird als Staatspräsident bestätigt	
14. 6. 1956	Die letzten britischen Besatzungskontingente verlassen ägyptischen Boden	
26. 7. 1956	Nasser erklärt die Nationalisierung der Sues-Kanal-Gesellschaft; Kampf um den Sues-Kanal	
7. 11. 1956	Einstellen des Feuers auf Eingreifen der UNO	
1. 2. 1958	Staatsgründung der »Vereinigten Arabischen Republik (VAR)«. Hinwendung zur Sowjetunion	
9. 1. 1960	Offizieller Beginn der Bauarbeiten am Sadd el-âli (Hochdamm von Assuân); mit der »Tahrîr-Provinz« wird Nutzland in der Wüste erschlossen	Sadd el-âli
28. 9. 1961	Syrien löst sich aus der VAR	Turm von Kairo
Ende 1961	Der Jemen löst die Union mit der VAR	
17. 4. 1963	Proklamation der neuen VAR	
18. 5. 1965	Nasser verzichtet auf Weizenlieferungen der USA, bricht die diplomat. Beziehungen zur BRD ab	
1964	Vertrag über die Errichtung eines »Gemeinsamen Arabischen Marktes«	
5.–10. 6. 1967	Sechstagekrieg zwischen den arabischen Staaten und Israel. Israeli besetzen den Ghaśa-Streifen und die Sinai-Halbinsel bis zum Sueskanal. Schließung des Sueskanals durch Nasser.	
28. 9. 1970	Tod Nassers; Mohammed Anwar as-Sadat wird Nachfolger	

Chronologische Übersicht

Zeit	Wichtigste Daten aus der Geschichte	Hauptsehenswürdigkeiten
15. 1. 1971	Einweihung des Sadd el-âli bei Assuân durch Sadat; allmähliche Lösung von der Sowjetunion	
Juni 1972	nimmt Ägypten die Beziehungen zur BR Deutschland wieder auf	
6.–22./25. 10. 1973	»Oktoberkrieg« gegen Israel; danach Wiederaufnahme der Beziehungen zu den USA	
Januar 1974	Truppenentflechtungsabkommen für den Sueskanal	
5. 6. 1975	wird der Sueskanal dem Verkehr zurückgegeben	
Oktober 1975	Ägypten erhält die Sinai-Ölfelder zurück	
29. 3.–3. 4. 1976	weilten Staatspräsident Anwar as-Sadat und Gemahlin bei einem Staatsbesuch in der BR Deutschland	
17.–19. 1. 1977	Infolge von Preiserhöhungen in allen großen Städten Ägyptens spontane blutige Aufstände	
26.–28. 11. 1977	Besuch Sadats in Jerusalem, vor der Knesseth Forderung auf Räumung der besetzten Gebiete und Zusage friedlicher Koexistenz	
5. 12. 1977	Ägypten bricht diplomatische Beziehungen zu den Staaten der »Ablehnungsfront« ab und schließt osteuropäische Kulturzentren und Konsulate außerhalb Kairos	
1. 1. 1978	Zahlung der letzten Schulden für den Bau des Hochdamms an die Sowjetunion	
5.–17. 9. 1978	Gipfelkonferenz von Camp David mit den Präsidenten Carter, Sadat und Begin; Unterzeichnung von zwei Rahmenabkommen	
20.–23. 9. 1978	3. Gipfelkonferenz der Staaten der »Ablehnungsfront« in Damaskus verurteilt Camp-David-Abkommen	
27. 10. 1978	Sadat und Begin erhalten je zur Hälfte den Friedens-Nobelpreis 1978	
2.–5. 11. 1978	Auf 9. Arabischer Gipfelkonferenz in Bagdad wird Sadats Friedensinitiative verurteilt und die PLO als einzige legitime Vertretung des palästinensischen Volkes bestätigt	

Zeit	Wichtigste Daten aus der Geschichte	Hauptsehenswürdigkeiten
26. 3. 1979	Unterzeichnung des Friedensvertrages zwischen Ägypten und Israel in Washington	
10. 3. 1980	Feierliche Übergabe der auf Agílkia wiedererrichteten Tempel von Philae Grundsteinlegung für ein neues Nubien-Museum in Assuân	Tempelbauten auf Agílkia
15. 5. 1980	Bildung einer neuen Regierung. Sadat übernimmt auch das Amt des Ministerpräsidenten und wird Staatspräsident auf Lebenszeit	
23. 5. 1980	Auf einer Volksversammlung wird unter 5 Verfassungsänderungen die Wiedereinführung des islamischen Sakralrechtes (Scharî'a) als fundamentale Rechtsquelle gebilligt	
16. 12. 1980	Freigabe des auf 20 m vertieften Sueskanals durch Sadat	
15. 1. 1981	10-Jahres-Feier der Einweihung des Hochdamms (Sadd el-âli) bei Assuân	
5. 6. 1981	Treffen der Präsidenten Sadat und Begin auf dem Sinai	
Sept. 1981	Nach Militärabkommen Ägyptens mit den USA Schließung der sowjetischen Militärmission in Kairo und Ausweisung des Botschafters der UdSSR	
Sept. 1981	Nach wiederholten blutigen Zusammenstößen zwischen Muslimen und Christen Verhaftung von rd. 1500 Personen beider Religionen, darunter 8 Bischöfen. Patriarch Schenûte III. wird abgesetzt und ins Kloster verbannt. Ihn vertreten 5 Bischöfe mit dem Oberhaupt des Bischofs Samuel	
6. 10. 1981	Präsident Sadat wird ermordet. Ebenso Bischof Samuel	
13. 10. 1981	Der bisherige Vizepräsident Mohammed Hosni Mubârak wird Nachfolger des ermordeten Präsidenten	
Oktober 1981	Weitere Verhaftungen von Regimegegnern. Die USA intensivieren ihre Verbindungen zu Ägypten und dem (von Libyen bedrohten) Sudân und ziehen direkte Gespräche mit der PLO in Betracht	
7.–9. 2. 1982	Besuch Mubâraks in der BR Deutschland	

Deutsch-arabisches Wörterverzeichnis

*Kleines Vokabular**

a
abbiegen – háuwid
  nach rechts – 'al-jamîn
  nach links – 'asch-schimâl
Abend – lêl
Abendessen – 'áscha
abfahren – ķâm
  wann fahren Sie ab? – teķûm (hatķûm) imta?
Abort – kabinêh, twalett
Absender – râsil
absteigen (vom Reittier) – ninsil
  wir wollen hier absteigen – ihna 'awisîn nins̀il héna
  steigt ab! – jálla ins̀ílu!
Achtung! (= Vorsicht) – hâsib!
Adresse – 'inwân
Ägypten – masr
Ägypter – masri
  plur. – masrijîn
alle(s) – el-kull
  alle Leute – kull en-nâs
alt: ein altes Schloß – ķasr ķadîm
  ein alter Mann – râgil kebîr
  oder 'agûs
Amerika – amríka
Amerikaner – amrikâni
  plur. amrikân
Amt (= Büro) – máktab
Antiquitäten – antíka
Apotheke – ags̀achâna
Araber – (râgil) 'árabi
  plur. – el-'árab
Arabien – bilâd el-'árab
arabisch – 'árabi
  wie heißt das auf arabisch? – ismu ê (da) bil-'árabi?
arm – faķîr, maskîn
  plur. – fúķara, masakîn
Arm – dirâ'
Arznei – dáwa
Aspirin – asbirîn, aspro

Chinin – kîna
Opium – afjûn
Arzt – hakîm
auf – fôķ
aufgeben (Brief) – ráma fil-bústa
aufwecken – sáhha
Auge – 'ên, 'ain
  die Augen – el-'enên (Dual)
  meine Augen – 'enáija
  Augenarzt – hakîm 'ijûn
Auskunft – isti'lâm
außen, draußen, hinaus – bárra
Auto – 'arabîja
Autobus – utubîs

b
Bäcker – farrân
Bad, Badeanstalt – hammâm
Bahnhof – mahátta
Bahnhofsvorsteher – nâsir el-mahátta
Bananen – môs̀
  eine Banane – môs̀a
Bank – bank
Basar – sûķ
Baumwolle – ķotn
Beduine – bádawi
  plur. bádu, 'árab
Beduinenschêch – schêch el-'árab
Beefsteak – biftêk
Bein – rigl
Belgien – bilgîka
Benzin – bansîn
Berg, Bergkette – gabal (gebel)
  plur. – gibâl
Bett – serîr
  plur. – sarájir
bezahlen – dáfa'
  du hast noch nicht bezahlt – inta lissa ma-dafá'tisch
  ich will bezahlen – ána 'âwis̀ adfa'
Bier – bîra

---

* Zur Aussprache s. S. 2.

Billett – taškara
  plur. – tašâkir
bitte – min fádlak!
Boot – felûka, márkib
  plur. – falâjik, marâkib
Botschaft (deutsche) – safâria (almânia)
Braut – 'arûsa
Bräutigam – 'arîs
Brief – gewâb
  plur. – gawabât
Briefkasten – sandûk bústa
  sind Briefe für mich da? –
    fîh gawabât 'aschâni?
  eingeschrieben – mesôgar, musaggal
Briefmarke – wárakit bústa, tâbi' bústa
Briefumschlag – šarf
  plur. – šurûf
Brille – naddâra
bringen – gâb
  bringe die Eier! – gib el-bêd!
Brot – 'êsch
Brotlaib – raghîf
  plur. – arghîfa
Brücke – kúbri, kantara
Bruder – achch
  vor Suffixen u. Genitiven aber – achû
  also: unser Bruder – achûna
  plur. – ichwât
Brunnen – bîr
  plur. – abjâr
  ein öffentlicher (durch fromme Stiftung
    geschaffener) Brunnen heißt –
    sabîl (sebîl)
Buch – kitâb
  plur. – kútub
Büffel – gamûsa
  plur. – gawamîs
bügeln – káwa
bürsten – farrasch
Butter – šibda

c
Café – káhwa
Chauffeur – sauwâk
China – bilâd es-sîn
Christ – nasrâni, masîhi

d
da, dort – henâk
  da ist er! – ahó!
  da ist sie! – ahí!
  ist Brot da? – fîh 'êsch?
  es ist keins da – mafîsch
Dame – sitt
  plur. – sittât

Dänemark – danimárka
Dank – schukr
  vielen Dank – mutaschakkir châlis
danke – kattar chêrak, schukran
danken – schákar
Dattel – balah
Datum – tarîch
Dauerwellen – barmanánt
deutsch, Deutscher – almâni
Deutschland – almânja
  Westdeutschland –almânja 'l-gharbîja
Diät – reschîm
Dorf – balad (beled)
  plur. – bilâd
Dorfschulze – schêch el-balad (beled)
dort – henâk
Dragoman – turgumân
Droschke – 'arabîja hantûr
  plur. – hanatîr
Dusche – duschsch

e
Ei – bêda
  plur. – bêd
  gekochte Eier – bêd maslûk
  gebackene Eier – bêd makli bis-samn
Einheimischer – ibn el-balad (beled),
    muwâtin
Eintrittskarte – taškara
Eis (Speise-) – gilâti, eiskrêm
Eisenbahn – sikka hadîd
England – bilâd el-inglîs, ingiltíra
Engländer – inglîsi
Ermäßigung – tachfîd
Esel – homâr
  plur. – hamîr
Eseltreiber – hammâr
essen – akal
  ich aß oder du aßest – akalt
  ich will essen – ána 'awiš âkul
  wir wollen essen – ihna 'awišîn nâkul
  iß! – kul!
Essen – akl
  bringe das Essen! –
    gîb el-akl! hât el-akl!
  nimm das Essen ab! – schîl el-akl!
Eßlöffel – ma'láka kebîra
Essig – chall
Europa – urúbba
Europäer – urúbbi
  plur. – urrubbijîn

f
Fabrik – fabrîka
Fahrkarte – taškara

Kleines Vokabular 263

Fahrplan – dalîl maua'sîd es-sáfar
Fahrt – sáfar
Farbe – lôn
 plur. – alwân
farbig, bunt – mulauwan
Feigen – tîn
 eine Feige – tîna
Fenster – schibbâk
 plur. – schababîk
fertig – chalâs
Fest – 'îd
 Fest eines Heiligen – mûlid
Fieber – húmma
Film – film
Filterkrug – sîr
 plur. – asjâr
Fisch – sámaka
 plur. – samakât
 koll. – sámak
Flagge – 'álam
Flasche – ḳisâsa
 plur. – ḳasâjis
 Tonflasche – ḳulla
 plur. – ḳulal
Fleisch – lahma
 koll. – lahm
Flughafen – matâr
fragen – sa'al
Frankreich – faránsa
Franzose – faransâui
 plur. – faransauijîn
Frau – sitt
 plur. – sittât
Frauenabteil – diwân es-sittât
Freund – sâhib
frieren: ich friere – ána bardân
Frisör – hallâḳ
Frisörsalon – salôn hilâḳa
Frühstück – futûr
führen: führe mich – waddîni
 du wirst nur mich führen, sonst gebe
 ich dir nichts – tewaddîni wahdi,
 walla ma'díkschi hâga
für – 'alaschân, 'aschân
Fuß, Bein – rigl
 die Füße (Dual) – er-riglên

g
Gabel – schôka
Garten – ginêna
 plur. – ganâjin
 Botanischer Garten (in Kairo) –
 ginênet el-urmân
 Zoologischer Garten (in Kairo) –
 ginênet el-hajawanât

Gasse – darb, hâra
Gasthof – lokánda, pansiôn
 wo ist der Weg nach dem Gasthof? –
 sikket el-lokánda (pansiôn) min fên?
geben: er gab – ídda
 sie gab – íddit
 ich gab – iddêt
 er gibt od. wird geben – jíddi
 ich gebe, werde geben – áddi
 ich gebe dir fünf – addîlak chamsa
 gib mir das Geld! – hât el-fulûs!
 (hât – gib her)
 gibt es hier Wasser? – fîh máija héna?
 es gibt nichts! – mafîsch
 es gab – kân fîh
Gebet – sála
 plur. – salawât
Gebetsrufer – mu'assin (mu'essin)
gehen – râh
 geh! – rûh!
 ich ging fort – ruht
 wohin ist er gegangen? – húwa râh fên?
Gelbscheibe – hâgis lischschams,
 -filter – muraschschih
Geld – fulûs
 ich habe kein Geld – ma 'andîsch fulûs
Gemüse – chudâr
 gekocht – matbûch, (vom Wasser)
 maghli;
 (in Wasser) maslûḳ
genau – masbût
genug – kifâja, bass, bisijâda
Gepäck – 'afsch
Gepäckschein – bolîsa
Gepäckträger – schaijâl
 plur. – schaijalîn
geradeaus – dughri, 'ala tûl
Geschäft (Laden) – dukkân
Geschäftshaus (großes) – mahalla tigâri
Geschäftsreise – sáfar masláhi
Geschenk – hedîja
Gesicht – wischsch
gestern – embârih
gesund – salîm, kwaijis, mabsût
 (letzteres auch = zufrieden)
Getränk – maschrûb (alkoholfreies G. –
 châli min [ghêr] ilkuhûl)
 Die wichtigsten einheimischen Getränke
 sind folgende:
 gansabîl – Ingwergetränk
 charrûb – Johannisbrotwasser
 hilba – Getränk aus Bockshornklee
 'irḳsûs – Lakritzensaft
 karkadê – Malventee (sudanesischer Tee)

mughât – Getränk aus wilden Granatäpfeln
ķirfa – Zimtgetränk
sûbja – Getränk aus Gerste
tamrhindi – Tamarhindensaft
jansûn – Anisgetränk
Gift – simm
giftig – sâmm
Glas: Trinkglas – kubbâja
 plur. – kubbajât
 Glas als Stoff – ķisâs
Gleis – rasîf
Glühbirne – lámba
Gold – dahab
Grieche – junâni
 plur. – junân
Griechenland – bilâd el-jonân
groß – kebîr, 'asîm;
 (Wuchs) tawil
Größe (Nummer) – hagm (nímra)
Gruß – salâm
gut – taijib

h
haben: ich habe einen Hund =
 bei mir ist ein Hund (also durch Präpos.
 – 'and od. li)
Hafen – mîna
halb, Hälfte – nuss
halt! – waķif 'andak! 'andak!
 haltmachen (stehenbleiben) – wuķûf
 er machte halt – wáķaf
 wir wollen h. – ihna 'awisîn nuķaf
 festhalten – mísik
Hand – îd oder jadd
 die Hände (Dual) – el-ídên
 rechter Hand, rechts – 'al-jamîn
 linker Hand, links – 'asch-schimâl
Handschuhe – guwánti
Handtuch (auch Serviette) – fûta
hart – gâmid
Haus – bêt
 plur. – bujût
 ist der Herr zu Hause? –
 es-saijid maugûd (fil-bêt)?
Haut – gild
heiß (von Speisen und Getränken) – suchn
 (vom Wetter) – harr
heißen – samma
 ich heiße x – ismi x
 wie heißt diese Straße? –
 ism esch-schâri' da ê?
 wie heißt das auf arabisch? –
 ismu ê da bil 'árabi?

Hemd – ķamîs
 plur. – ķomsân
Herr (europ.) – chawâga
 (Ägypter in europ. Kleidern, vor den
 Namen gesetzt) – saijid
heute – en-nahárda
hier – héna
 komm hierher – ta'âla (héna)
 geh von hier weg! – rûh min héna!
Hof – hôsch
hoch – 'âli
hören: er hörte – simi'
 er wird hören – jisma'
 höre! – isma'!
Hose (europäische) – bantalôn
Hosenträger – hammâlat bantalôn
Hotel – lokánda, otêl
Hügel – tell, kôm
Hund – kalb (kelb) plur. – kilâb
hupen – darab el-keláks; šámmar
Hut – burnêta, barnîta

i
Illustrierte – magalla msauwára
Imbiß – tasbîra
impfen – ta'am
Infektion – 'adwa
Insekt – haschara
Insektenpulver – dáwa hascharât
Insektenstich – ķársa
Insel – gesîra
 plur. – gusur, gasâjir
Institut – ma'had
 das Deutsche Archäol. Institut –
 el-ma'had el-almâni lil-hafrijât
Iran – irân
Irak – el'êraķ
Italien – itálja
Italiener – taljâni
 plur. – taljân, taláina
italienisch – taljâni

j
ja – aiwa
 jawohl – na'am
Jacht – jacht
Jahr – sana (sene)
 2 Jahre – santên
 3 Jahre – talat sinîn
 dieses Jahr – es-sana-di
 voriges Jahr – es-sana illi fâtet
jeder (Hauptw.) – kull wâhid
 Fem. – kull wáhda
jeder Mensch – kull insân

Kleines Vokabular

jede Stadt – kull balad (beled)
Jemen – el-jaman
jetzt – dilwaḳt
Jude – jahûdi
  plur. – jahûd
jung – sughaijar
Junge – walad (weled)
  plur. – aulâd

k

Kabine – kabîna
Kaffee, Kaffeehaus – ḳáhwa
  eine Tasse Kaffee – fingân ḳâhwa
  stark gesüßter – ḳáhwa sukkar śijâda
  leicht gesüßter – ḳáhwa maśbûta
  wenig gesüßter – 'ar-rîha
  ungesüßter – sâda
  mit Milch – bi laban (leben)
  ohne Milch – min ghêr laban
Kaffeebohnen – bunn
Kaffeekanne – kánakit ḳáhwa
Kaffeelöffel – ma'láḳit ḳáhwa
Kaffeetasse (oder Tasse überhaupt) – fingân
  plur. – fanagîn
  bring ein Täßchen Kaffee! – hât fingân ḳáhwa!
Kaffeewirt – ḳahwági
Kaftan – ḳuftân
Kahn – felûka
Kajüte – ôda, kabîna
Kakao – kakâw
Kalender – natîga
kalt – bârid
  fem. – bárda
  mir ist kalt – ána bardân
Kälte – bard
  es ist kalt – ed-dinja bard
Kamel: männl. K. – gamal
  plur. – gimâl
  Reitkamel – hagîn
Kameltreiber – gammâl
Kamera – fotoghrafîja, kâmera
Kanister – safîha
Kanzel – manbar (od. minbar)
  plur. – manâbir
Karte (Post-) – kart postâl
Kartoffel (Koll.) – batâtis
Käse – gibna
kein – wála ...
kennen, wissen – 'írif
  ich kenne ihn – ána a'ráfu
  ich kenne dich nicht – ána ma'rafáksch
Kerze – scham'a
Kilogramm – kîlo

Kilometer – kilomitr
  wieviel Kilometer sind es noch von hier bis x? – kâm kilomitre min héna lighait x?
  (fâdil kâm kîlo min héna lighâjet x?)
Kilometerzähler – 'addâd sur'a
Kino – sináma
Kiosk – kuschk
Kirche – kenîsa
Klasse: I. Klasse (der Bahn, des Dampfers) – daraga ûla
  II. Klasse – daraga tânja
Kleider – hudûm
  zur arab. Kleidung gehören:
  Fes – tarbûsch
  Schweißmütze – taḳîja
  Filzkappe – libda
  Kopfschal – kufîja, schâl
  Strick dazu – 'uḳâl
  Turban – 'imma
  Pumphose – sirwâl
  Umhang – 'abâja
  Kaftan – ḳuftân
  nachthemdartiger Kittel – galabîja
  Leibbinde – hiśam
  Ledergürtel – hiśâm (kamar)
  Strumpf – scharâb
  Schuh – gaśma (rote orientalische mit hochstehender Spitze) markûb
  Riemensandale – ḳubḳâb
  Frauenkleid – fustân
  Gesichtsschleier (mit Nasenröllchen) – burḳa'
  großer feiner Schleier – jaschmaḳ
klein – sughaijar
Kleingeld – fakka
Klimaanlage – takjîf háua
Klosett – s. Abort
Klosettpapier – wáraḳ twalett
Kloster – dêr (christlich)
  tikîja (islamisch)
Knabe, Junge – walad (weled)
  plur. – aulâd
Koffer – schanta
  plur. – schunat
Kognak – kunjâk
kommen – gâ
  ich kam – ána gît
  er kam – hûwa gâ
  sie kam – hîja gât
  wir kamen – ihna gîna
  sie kamen – húmma gum
  komm (Mann)! – ta'âla!
  komm (Frau)! – ta'âli!
  kommt! – ta'âlu!

komm her (M.)! – ta'âla héna!
Kompott und Marmelade – marabba
Konsul – ḵunsul
Konsulat – ḵunsulâto, ḵunsulîja
Konsulatsdiener – sâ'i
Konzert – hafla musiḵîja, konsert
Kopf – râs
 plur. – rûs
Kopte – ḵibti
Korb – sabat
kosten (schmecken) – dâk
 koste die Suppe! – dûḵ esch-schurba!
 was (wieviel) soll dies kosten? –
  da bikâm?
krank – 'aijân
Krankenhaus – mustaschfa
Krankheit – 'aija, marad
 Diarrhoe – ishâl
 Fieber – humma, suchûna
Krokodil – timsâh
Krug – íbrîk
 Tonflasche – ḵulla
 Tragkrug für Wasser auf dem Kopf der
  Frauen – ballâs
 Wasservorratsbehälter – sîr
Kuchen – gatô, kêk

l
Lampe – lámba
langsam! – bischwêsch!
 oder schwaija schwaija!
 oder 'ala máhlak!
Lärm – dauscha
leer – fâdi
legen, hinlegen – hatt
 leg das Buch dorthin! – hutt el-kitâb
  henâk!
 ich habe es hingelegt – ána hattêtuh
 ich habe es nicht hingelegt –
  ána mahattetûsch
 sich legen, schlafen gehen – nâm
 er legt sich – hûwa nâjim
 lege dich! – nâm!
Legitimation – ruchsa
Lehrer – mu'allim
Leiter – raijis
lenken – sâḵ
Licht (Lichtschein) – nûr
 plur. – anwâr
 Kerze – scham'a
  plur. – scham'
 Lampe, Birne – lámba
Lift – asansêr, lift
Limonade – lamunâta; 'asîr lamûn
links – schimâl

geh links! – rûh 'asch-schimâl!
Lizenz – ruchsa, tasrîh
Löffel – ma'láḵa
 plur. – ma'âliḵ
Loge – lôg
Lohn – úgra
Luft – haua
Luftpost – barîd gauwi, bit-taijâra
Luftpostbrief – gawâb bil-barîd el-gauwi

m
machen – 'ámal
Mädchen – bint
 plur. – banât
Mann – râgil
 plur. – riggâla
Mantel – balto
Markt – sûḵ
 plur. – aswâḵ
mehr – aktar
 mehr als 100 Piaster –
  aktar min mît ḵirsch
Meile – mîl
Mekka – makka
 Mekkapilger – hagg
Messer – sikkîna
 plur. – sakakîn
 Rasiermesser – mûs
 Taschenmesser – mátwa
mieten – chad, a'gar
Milch (im allg.) – laban (leben)
 frische, süße M. – halîb
  oder laban halîb
 saure M. – laban hâmid
Minarett – minâra; madna
Mineralwasser – maija ma'danîja, sôda
Mohammedaner – muslim
 plur. – muslimîn
Mönch – râhib (christlich)
morgen – bukra
Mücke (Moskito) – namûsa
 plur. – namûs
müde – ta'bân
Museum – mathaf;
 antikchâna (nur für das Äg. Museum)
Musik – musîka
Mutter – umm

n
nach – ba'd
 nachher – ba'dên
Nachricht – chabar
Nacht – lêla
Name – ism
 plur. – asâmi

wie ist dein Name (wie heißt du)? –
 ismak ê?
ich heiße 'Ali – ismi 'Ali
wie heißt das auf arabisch? –
 ismu ê da bil-'árabi?
natürlich! – tab'an, ummâl!
nehmen – achad
nein – lâ
 nein, ich will nicht – lâ, ána musch 'âwiš
 ('âwiša, wenn eine Frau spricht)
neu – gedîd
nicht – musch, misch
nichts: es gibt nichts – mafîsch
 was willst du? – 'âuwis ê?
 Antw. nichts – wála hâga
Niederlande – holánda
niemals – abadan, mit Negation des
 Verbs, also: ich rauche niemals –
 ána mabaschrabsch duchchân
 abadan (wörtl.: ich trinke niemals
 Tabak) oder
 ána mabadachchansch abadan
Nil – nahr en-nîl, oder einfach –
 el-bahr (der Fluß)
noch – lissa, lessa
 noch nicht – lissa, lessa
 er ist noch nicht gekommen –
 húwa líssa magâsch
 noch einer – kamân wâhid
 noch mehr – kamân
Norden, nördlich – bahari
Norwegen – nurwêg
nötig – lâsim
 es ist nötig, daß ich ihn festnehme –
 ána lâsim amsíku
 unnötig – musch lâsim
Nubien – bilâd en-nôba
Nummer – nímra
nur – bass

o
Oase – wâha
oben – fôḳ
 der obere Weg – et-tarîḳ el-foḳâni
Obst – frûta
offen – maftûh
öffnen – fátah
 öffne das Fenster – iftah esch-schibbâk!
 öffne deinen Koffer! – iftah esch-schanta
 btâ'tak!
 wann ist geöffnet? –jiftah émta?
Öl – šet
oft – ketîr, marrât ketîra
ohne – min ghêr

Ohr – widn
Ohrenarzt – hakîm widân
Orangen – burtuḳân
Orient, Osten – eschscharḳ
 östlich – scharki
Österreich – en-nimsa
Österreicher – nimsâwi

p
Paket – tard
Palast – ḳasr
Pantoffeln – bantúfli, schibschib
Papier (Koll.) – wáraḳ
parken – rákan
Parkplatz – mauḳaf
Paß – basabórt, passpôr, gawâṣ-sáfar
 hier ist mein Paß –
 ahó el-passpôr bitâ'i
Pfeffer – filfil
Pfeife – bíba
Pferd – hosân
 Koll. – chêl
Photoapparat –(âla) fotoghrafîja, kâmera
Piaster – ḳirsch
 plur. – ḳurûsch
Pilger (Mekkapilger) – hagg
 plur. – huggâg
Pilgerfahrt – hagg
Platz – midân
Polizei – bolîs
Polizist – 'askari bolîs,
 oder schawîsch
Portier – bauwâb
Porto – ugrit bústa
 wieviel beträgt das Porto nach x? –
 ḳadd ê ugrit el-bústa lighâjet x?
 oder 'alaschân x?
Post – bústa
Postkarte – kart postâl
postlagernd – juhfaṣ bil-bústa
Preis – taman
 welches ist der Preis? – bikâm?
Privatwagen – 'arabîja mallâki
Prophet – nabî
 (Gesandter Gottes) – rasûl
Proviant – ṣâd, ṣuwwâda
pünktlich – fil-mi'âd, tamâm
Pyramide – haram
 plur. – ahrâm

q
Quelle – 'ên, 'ain
Quittung – wasl

r

rasch! (los!) – jálla!
Rasthaus – istirâha
Rauch, Rauchtabak – duchchân
rauchen (Tabak trinken) –
    dachchan, schirib duchchân
Raum (Platz) – mahall,
    (Zimmer) ôda
Rechnung – hisâb, fatûra
rechts – jamîn
  geh rechts! –
    rûh ʻal-jamîn! (ʻal-jamînak)
reden, sprechen – itkallim
  sprichst du arabisch? –
    inta btitkallim bil-ʻárabi?
Reifen (Auto-) – kawitsch
  den Reifen aufpumpen –
    nafach el-kawitsch
rein – nadîf
reinigen – naddaf
  reinige das Zimmer! – naddaf el-ôda!
  ich habe das Zimmer noch nicht
  gereinigt – ána lissa manaddáftisch
  el-ôda
Reis – russ
Reise – sáfar, rihla
Reisebüro – maktab sijâha
reisen, abreisen- abfahren – sâfir
  wann werdet ihr abreisen? –
    hatsâfru émta?
  wir wollen morgen frühzeitig abreisen –
    (ihna ʻawisîn) nesâfir bukra bádri
  (mit Sonnenaufgang) –
    maʻatulûʻ esch-schams
  eine Stunde vor Sonnenaufgang –
    sâʻa ḳabl tulûʻ esch-schams
Reparatur – taslîh
Reparaturwerkstätte – warscha
Rezept – roschetta, wasfa
Richter – ḳâdi
Richtung – nâhjit
Rühreier – bêd madrûb
Russe, russisch – rûsi
Rußland – rûsja

s

Sache – hâga
sagen – ḳâl
  sag ihm, er solle kommen! – ḳúllu jigî!
Salz – malh
Sand – raml
Sandale – sandal
Sattel – sarg
Scheitel – farḳ
Schiff – markib
  plur. – marâkib
Dampfschiff – wabûr el-bahr
  oder bâchira
schlafen – nâm
  ich schlief – ána nimt
  er schläft – huwa nâjim
  schlaft! – nâmu!
schlagen – darab
  schlag ihn! – idrábu!
Schlange – tiʻbân oder haija
  plur. – taʻabîn oder haijât
Schlangenbeschwörer – hâwi
Schlauch (Auto-) – kawitscha guwâni
schlecht – battâl, wihisch
schließen – ḳafal
  schließ die Tür! – iḳfil el-bâb!
  die Tür ist verschlossen – el-bab maḳfûl
Schloß (Palast) – ḳasr oder sarâja
  plur. – ḳusûr oder sarajât
Türschloß – kalûn
  plur. – kawalîn
Vorlegeschloß – ḳifl
  plur. – aḳfâl
Schlüssel – muftâh
  plur. – mafatîh
Schmieröl – schahm
Schmutz – wasácha oder wasach
schmutzig – wisich
Schnaps – brandi
schnell – sarîʻ
schön – kwaijis oder gamîl
schreiben – kátab
  er wird schreiben – húwa hajiktib
  schreib, was ich dir sage! –
    iktib illi ána aḳullak ʻalê!
Schuhe – gaśma
Schule: Elementarschule –
    kuttâb (madrasa ibtidâʼi)
  Mittelschule – madrasa iʻdâdi
  höhere Schule – madrasa (sanaui)
  plur. – madâris
Schweden – suwêd
Schweiz – swisra
See – bahr, birka
  plur. – birak
Segel – ḳalʻ
segeln – sâfir fi markib schirâʻi
sehen – schâf
sehr – ḳawi, ketîr, châlis
Seide – harîr
Seife – sabûn
Seil – habl
sein: die Kopula (»ist, sind«) wird nicht
  übersetzt
Silber – fadda

Kleines Vokabular

singen – ghanna
Skarabäus – gu'rân
Skorpion – 'aḳraba
so – kida
Sodawasser – sôda
Sofa – kánaba (diwân)
sofort – hâlan
Sohn – ibn oder walad (weled)
   plur. – aulâd
Sonne – schams
Sonnenaufgang – tulû' esch-schams
Sonnenstich: er hat einen S. bekommen –
   esch-schams darbétu
   oder achad darbet schams
Sonnenuntergang – ghurûb esch-schams
sonst, andernfalls – wálla
spät – wachri
Speise (Mahl) – akl(a)
Speisekarte – listit ta'âm, menî (S. 275 f.)
Sphinx – abu'l-hôl
sprechen – itkallim
   sprechen Sie arabisch? –
      inta btitkallim 'árabi?
Stadt – madîna (medîna), balad
   plur. – mudun; bilâd
Stadtviertel – haij (ḳism)
Stein – hagar
   plur. – higâra
   Stein, Kern (der Frucht) – naḳâja
sterben – mât
Stoßstange (Auto) – el-istidâm
Straße, Weg – schâri', tarîḳ
   oder sikka
   Hauptstraße (einer Stadt) – schâri'
   (auf Straßenschildern: sh.)
Strom – bahr
   elektr. Strom – taijâr
Stromsperre (Staudamm) – ḳanâtir, sadd
Stück – hitta
Stufe – daraga
Stuhl – kursi
   plur. – karâsi
Sudan – es-sudân
Süden – ganûb
südlich – ḳibli
Suppe – schurba
süß – helu
Syrien – súrja

t

Tabak – duchchân, tobâko
Tag – jôm, nahâr
   plur. – aijâm
   am Tage, bei Tage – bin-nahâr
   (Gegens.: bei Nacht – bil-lêl)
täglich – kulli jôm oder jomâti
Tageszeiten: früher Morgen – fagr
   später Vormittag – subh
   oder sabâh
   Mittag – duhr
   Nachmittag – 'asr, ba'd ed-duhr
   Sonnenuntergang – maghrib
   Abend, Nacht – lêl
   Mitternacht – nuss el-lêl
Tal – wâdi
   plur. – widjân
Tankstelle – mahattit bansîn
Tanz – raḳs
Tasche – schanta
Taschenlampe – battarîja
Tasse – fingân
   plur. – fanagîn
Taube – hamâma
   plur. – hamâm
Tee – schâj
Teelöffel – ma'lâḳit schâj
Teich, auch See – birka
   plur. – birak
Telegraph, Telegramm – telleghrâf
Telegraphendraht – silk telleghrâf
Telegraphenbüro – máktab telleghrâf
   ich will telegraphieren –
      ána 'âwiš ab'at telleghrâf
Telephon – telephôn
Teller – sahn
   plur. – suhûn
Tempel (antiker) – ma'bad
Tempelruine – baḳâja ma'bad, birba
Teppich – siggâda
teuer – ghâli
   das ist sehr (zu) teuer – da ghâli châlis
Tisch – sufra, tarabêsa
Tochter – bint
   plur. – banât
Toilette s. Abort
Torte – torta
   Kuchen – kêk
   Blätterteig – gatô
trinken – schirib
   Impf. aschrab, tischrab usw.
   trink Kaffee! – ischrab ḳáhwa!
   warum trinkst du nichts? –
      lê mabtischrabschi hâga?
Trinkgeld – baḳschîsch
Türe, Tor – bâb
   plur. – bibân
Türke, türkisch – turki
Türkei – túrkija
Typhus – taifûs

u

über – fôk
überholen – sabak
übermorgen – ba'd-bukra
übernachten – bât
Uhr – sâ'a
 plur. – sa'ât (auch »Stunde«)
 2 Stunden – sa'tên
 3 Stunden – talat sa'ât
 wieviel Uhr ist es? –
  es-sâ'a kâm?
 es ist 3 Uhr – es-sâ'a talâta
 es ist 4¹/₂ Uhr – es-sâ'a arba'a w nuss
 es ist ¹/₄ vor 5 Uhr – es-sâ'a chamsa illa rub'
umsonst – balâsch, min ghêr fulûs
Unfall – hâdsa
Unfallstation – markaš is'âf
Universität – gâm'a
unten – taht
 der untere Weg – et-tarîk et-tahtâni

v

Vater – abb, wâlid
 (vor Suffixen u. Genitiven
  aber – abû; also z. B. – abû Hasan
  = Vater des Hasan)
verboten – mamnû'
 (durch die Religion verboten –
  harâm, s. unter Wein)
 Eintritt verboten – ed-duchûl mamnû'
vergessen – nisi
 vergiß nicht! – matinsâsch!
Verkehr – hárakat el-murûr
verlieren – dáija'
 ich habe mein Buch verloren –
  ána daijá't kitâbi
verstehen – fihim
 ich habe dich verstanden –
  ána fihimtak
 ich verstehe nicht – ána misch fâhim
verzollen – dafa' gumruk
viel, zuviel, sehr – ketîr
vielleicht, möglicherweise –
 gâjiš, rubbáma, jimkin
Visum – ta'schîrat safar
Vogel – têr
 plur. – tijûr, têr
vor – kabl (zeitlich)
 kuddâm (örtlich)
vorgestern – auwal embârih
vorwärts! – jálla!

w

Wächter, Nachtwächter – ghafîr
 plur. – ghúfara

Wagen (auch Eisenbahnwagen) – 'arabîja
wann – imta, emta
Wanze – bakka, bakkâja
warten – istanna
 warte ein wenig! –
  istanna schwaija!
 warum hast du nicht gewartet? –
  'aschân ê mastannétsch?
 warum? – lê oder 'aschân ê?
was – ê?
Wäsche – ghasîl
Wäscher – ghassâl
Wäscherin – ghassâla
waschen – ghasal
 ich will meine Hände waschen –
  ána 'âwiš aghsil idaija
 wasche meine Kleider! – ighsil hudûmi!
 wieviel kostet die Wäsche? –
  taman el-ghasîl kâm?
Wasser – maija, moija
Wasserpfeife – schîscha, gôsa
Watte – kotn
wechseln – fakk, ghaijar
 wechsle mir ein Pfund! –
  fukkili ginê!
 hast du das Pfund gewechselt? –
  inta fakkêt el-ginê?
Wechsler – sarrâf
wecken – sahha
 wecke mich! – sahhîni!
Weg – tarîk oder sikka
 s. auch Straße
Wein – nebît
 der Wein ist (von Gott) verboten –
  ennebît harâm
 (Gegensatz: halâl – erlaubt)
Weintrauben – 'inab
weit (entfernt) – ba'îd
 wie weit ist es von hier nach x? –
  el-masâfa kadd ê min héna lighâjit x?
 (nicht eng) – wâsi'
weiter! – jálla!
wenig (zu wenig) – schuwaija
 oder schwaija
wer – mîn
Westen – gharb
 westlich – gharbi
Wetter (auch Luft und Wind) – haua, taks
wie? – iššáij
wieviel – kâm
 für wieviel? – bikâm?
 wieviel Stunden? – kâm sâ'a?
Wind – haua, rîh
 Glutwind – chamasîn
  (s. S. 31)

Arabische Zahlen

wissen – 'irif
wo oder wohin – fên
wohin gehst du? – inta râjih fên?
(an eine Frau gerichtet – inti râiha fên?)
wo ist er? – húwa fên?
Woche – usbû'
woher – minên
woher kommst du? – inta gâi minên?
(an eine Frau gerichtet –
inti gâija minên?)
Wohnort – maskan
wollen: ich will gehen – ána 'âwiš arûh
willst du gehen? – inta 'âwiš terûh?
Wolle – sûf
wozu, weshalb – lê, 'aschân ê?
oder 'alaschân ê?
Wüste (die Sahara) – es-sáhara

z

zahlen – dáfa'
Zahn – sinna
zeigen – wárra
zeige mir den Weg! – warrîni es-sikka!
Zeit – waķt
nach der Zeit fahren
(Droschke) – bis-sâ'a
Zeitung – gurnâl

zerbrechen – kásar
zerbrochen – maksûr
Zigarre – sigâr
Zigarette – sigâra
 plur. – sagâjir
Zigarettenpapier – wáraķ sagâjir
Zimmer – ôda
 plur. – uwad
Zisterne – hôd
Zitadelle (von Kairo) – el-ķal'a
Zitrone – lamûn
eine Zitrone – lamûna
Zoll (Maß) – bûsa
(Grenzzoll) – gumruk
Zucker – sukkar
Kaffee mit Zucker – ķáhwa bis-sukkar
Kaffee ohne Zucker –
 ķáhwa min ghêr sukkar
 oder ķáhwa sâda
(s. auch unter Kaffee)
zufrieden – mabsût
Zug (Eisenbahn) – ķatr
zurück – liwára; rigi'
zusammen – sawa, ma' ba'd
Zwieback – buksumât
Zwiebel – básal
zwischen – bên
Zypern – ķubrus

Zahlen

1 – wâhid, fem. wáhda
2 – itnên
3 – talâta
4 – arbá'a
5 – chámsa
6 – sitta
7 – sáb'a
8 – tamánja
9 – tis'a
10 – 'áschara
11 – hadâschar
12 – itnâschar
13 – talattâschar
14 – arba'tâschar
15 – chamastâschar
16 – sittâschar
17 – saba'tâschar
18 – tamantâschar
19 – tisa'tâschar
20 – 'ischrîn
21 – wâhid we'ischrîn
30 – talatîn

40 – arba'în
50 – chamsîn
60 – sittîn
70 – sab'în
80 – tamanîn
90 – tis'în
100 – mîja, vor Subst. – mît
200 – mitên
300 – tultumîja
400 – rub'umîja
500 – chumsumîja
600 – suttumîja
700 – sub'umîja
800 – tumnumîja
900 – tus'umîja
1 000 – alf
2 000 – alfên
3 000 – tálattalâf
4 000 – árba'talâf
5 000 – chámastalâf
100 000 – mît alf
1 Mill. – miljûn

	masc.	fem.
der erste	– el-auwal	el-ûla
der zweite	– et-tâni	et-tânja
der dritte	– et-tâlit	et-tâlta
der vierte	– er-râbiʿ	er-râbʿa
der fünfte	– el-châmis	el-châmsa
der sechste	– es-sâdis	es--sâdsa
der siebente	– es-sâbiʿ	es-sâbʿa
der achte	– et-tâmin	et-tâmna
der neunte	– et-tâsiʿ	et-tâsʿa
der zehnte	– el-ʿâschir	el-ʿâschra

einmal – marra wáhda, marra (oder nôba wáhda)	ein halb – nuss
zweimal – marratên	ein drittel – tult
dreimal – talat marrât	ein viertel – rubʿ
viermal – arbaʿ marrât	drei viertel – talatirbâʿ
fünfmal – chamas marrât	ein fünftel – chums
sechsmal – sitt marrât	ein sechstel – suds
siebenmal – sabaʿ marrât	ein siebentel – subʿ
achtmal – taman marrât	ein achtel – tumn
neunmal – tisaʿ marrât	ein neuntel – tusʿ
zehnmal – ʿaschar marrât	ein zehntel – ʿuschr

Ausrufe

ʿâl, ʿâl!	sehr gut!
inschâ ʿallâh!	so Gott will! (hoffentlich!)
jâ salâm!	meine Güte!
lâ ja schêch!	nein, wirklich?
mâscha ʿallâh	was Gott will! (O je!)
wallâhi!	bei Gott! (wahrhaftig!)

Bei einem Besuche

A:	inta ʿatschân?	hast du Durst?
	oder: ʿâwiš tischrab?	hast du Durst? (möchtest du etwas trinken?)
B:	â ana hamût min el-ʿatasch	ja, ich werde verdursten
A:	itfaddal istaraijah	bitte, nimm Platz
B:	schukran	danke
A:	itfaddal ḱáhwa	bitte, einen Kaffee
	oder: itfaddal schâj	bitte, einen Tee
	oder: itfaddal sagâjir	bitte, eine Zigarette
B:	schukran	danke (beim Nehmen)
	oder: mutaschakkir	danke (beim Nehmen)
	oder: lâ mutaschakkir	nein, danke
	oder: lâ schukran mabaschrabsch duchchân abadan	nein, danke, ich rauche nie
A:	itfaddal kul	bitte, iß
B:	lâ mutaschakkir	nein, danke

Gruß- und Redeformeln 273

	oder: lâ makdarsch âkul hâga tâni	nein, ich kann nichts mehr essen
	oder: lâ ana schab'ân 'al-âcher	nein, ich bin sehr satt
A:	ji'gibak da?	gefällt es dir?
B:	â da ji'gibni châlis	ja, es gefällt mir sehr
	oder: â da ji'gibni kawi	ja, es gefällt mir sehr

zu Speisen s. S. 275 f.
zu Getränken s. S. 253 f.

Grußformeln

A:	ahlan w-sahlan	willkommen
B:	ahlan bîk	willkommen
A:	es-salâmu 'alêkum	Friede auf euch (guten Tag oder auf Wiedersehen unter Arabern)
B:	'alêkum es-salâm	Friede auf euch (guten Tag oder auf Wiedersehen)
A:	ma'a s-salâma!	leb wohl!
B:	allâh jisallemak!	Gott bewahre dich (leb wohl)!
A:	sabâh el-chêr	guten Morgen
B:	sabâh el-chêr oder sabâh en-nûr	guten Morgen
	oder: sabâh el-foll	guten Morgen
A:	sa'îda	guten Tag oder auf Wiedersehen
B:	sa'îda	guten Tag
	oder: sa'îda mbârak	auf Wiedersehen
A:	misâ' el-chêr	guten Abend
B:	misâ' el-chêr	guten Abend
	oder: misâ' en-nûr	guten Abend
A:	lêltak sa'îda	gute Nacht
B:	lêltak sa'îda mbârak	gute Nacht
A:	sallimli 'ala il-aulâd	grüße die Kinder
B:	allâh jisallemak	Gott bewahre dich (danke)

Redeformeln

A:	'an isnak	bitte (erlaube es mir)
	oder: min fadlak	bitte (erlaube es mir)
B:	itfaddal	(ja,) ich bitte
A:	ana âsef	entschuldige mich
B:	el-'afu	bitte
A:	aschkurak	danke
	oder: mutschakkir	danke
	oder: schukran	danke
B:	el-'afu	bitte schön (nicht der Rede wert)
A:	'âwis da?	willst du was?
B:	lâ misch 'âwis hâga	nein, ich will nichts
A:	'ala kêfak	wie du willst
A:	balâsch mudâjka ja achi	bitte störe mich nicht
A:	'êb 'alêk!	schäme dich!

A:	w-ba'dên?	und dann?
A:	ê ra'jak fi kida?	was meinst du dazu?
B:	ana muâfiķ 'ala kida	ich bin damit einverstanden
A:	ischme'na kida?	warum so?
B:	winta mâlak?	was hast du damit zu tun? (was geht dich das an?)
A:	ja chsâra!	wie schade!
B:	ma'lêsch	das macht nichts
A:	kull sana winta taijib	frohes Fest
B:	winta taijib	frohes Fest
	oder: winta bissiha wes-salâma	(frohes Fest) und Gesundheit und Wohlergehen
A:	mabrûk	(gesegnet) herzlichen Glückwunsch
B:	allâh jibârik fîk	Gott segne dich (danke)
A:	wallâhi mumkin ...?	ist es möglich ...?
B:	â tab'an bikull surûr	ja sicherlich, gern
	oder: aiwa mumkin	ja, es ist möglich
	oder: hâdir	jawohl
	oder: lâ	nein
	oder: lâ musch mumkin	nein, es ist nicht möglich

Redewendungen

A:	iššaijak	wie geht es dir?
	oder: kêf hâlak	wie geht es dir?
B:	el-hamdu lillâh	Gott sei Dank (gut)
A:	iššaij sihhitak	wie geht es deiner Gesundheit?
B:	'âl kwaijis	sehr gut
	oder: sihhiti kwaijisa	meine Gesundheit ist gut
A:	iššaij el-'êla	wie geht es der Familie?
	oder: iššaij el-aulâd	wie geht es den Kindern?
B:	'âl kwaijisîn el-hamdu lillâh	sehr gut, Gott sei Dank
A:	winta iššaijak	und du, wie geht es dir?
B:	nuss nuss	halbwegs (leidlich, so so la la)
	oder: ana ta'bân	ich bin müde
	oder: ana musch mabsût en-nahárda	heute bin ich nicht zufrieden
A:	mabsût?	bist du zufrieden?
B:	ķawi	sehr
	oder: â ana mabsût ķawi	ja, ich bin sehr zufrieden (Mann)
	â ana mabsûta ķawi	ja, ich bin sehr zufrieden (Frau)

matidrabschi el-hosân (el-homâr)! – schlag das Pferd (den Esel) nicht!

Anreden

Die Freude an Titeln und bildreicher Sprache entwickelte zusammen mit arabischer Höflichkeit und Schmeichelei ein kompliziertes Anredesystem, durch welches die Ägypter ihrem Gesprächspartner den Grad ihrer Wertschätzung und den Rang der sozialen Stufung zu erkennen geben. Einige Beispiele:

Saijid	– Herr (offizielle Anrede im Schriftverkehr mit Behörden)
Usta	– Meister (Anrede an Arbeiter und Handwerker)
Raijis	– Leiter (Anrede an Kellner, Dienstboten, Hilfsarbeiter)
Mu'allim	– Lehrer (Anrede an Vorarbeiter, Geschäftsinhaber)
Chawâga	– Lehrmeister (Anrede an Europäer)
Hadritak	– Deine Gegenwart (lebenslange Anrede der Kinder an ihre Eltern, der Schüler an ihre Lehrer und Professoren)
Saadtak	– Eure Glückseligkeit (Anrede an einen namhaften Professor)
Sidi	– mein Herr (Anrede eines Hausangestellten an den Hausherrn)
Walad	– Junge (Anrede des Hausherrn an seine Hausangestellten, bis in deren hohes Alter)
Hanum	– Frau (Anrede an die Frau eines mittleren oder gehobenen Beamten)
Umm	– Mutter (Anrede an die übrigen Frauen, wobei »umm« der Name des ältesten (bei Kinderlosen eines zugedachten) Sohnes beigefügt wird
Saijida	– Madame
Sitt	– Anrede einer Hausangestellten an die Hausfrau
Anissa	– Fräulein

Ägyptische (arabische) Nationalspeisen

Atâjif	– gesottene, süß gefüllte Teigtaschen
Bâmija	– kleine, tütenförmige Gemüsefrucht mit dickem Saft
Fetîr	– Art Kuchenbrot, Pastete
Filfil	– gefüllte Pfefferschoten
Fûl	– Saubohnen
Fûl nâbit	– gekochte keimende Saubohnen, mit gebratenen Zwiebeln gewürzt
Halâua	– süße Paste aus Sesam und Kichererbsenbrei
Kebâb	– am Spieß gegrillte Fleischstückchen
Kalâui	– Nierchen
Kufta	– gegrilltes Hackfleisch (Frikadellen)
Kunâfa	– sehr süße, mit Zucker, Schmelzbutter, Honig oder Sirup und Nüssen gebackene Fadennudeln
Kûsa mahschi	– gefüllte Spargelkürbisse
Mahschi	– mit Fleisch, Reis und Gewürzen gefüllte Gemüse (Kohl, Eierpflanze, Weinblätter)
Manga	– süße, parfümiert schmeckende, sehr beliebte Frucht (Mango)
Molochîja	– dickflüssige, schleimige Suppe aus Gemüsejute mit Reis, Huhn oder Hammelfleisch

Mohallabîja	– Pudding aus Reismehl, Milch und Zucker
Sanbûsik	– dreieckige Fleischpastete in gewelltem Brotteig
Somît	– Semmelkringel
Tahîna	– ölige Tunke aus gemahlenem Sesamsamen
Turbi	– Eintopf aus Gemüse und Fleisch

Zu ägyptischen Getränken S. 263 f. unter »Getränk«.

Literatur zu Ägypten

Die Hinweise sind vornehmlich auf deutschsprachige Werke gerichtet, vergriffene Bücher mit * gekennzeichnet. Pseudowissenschaftliche, wenn auch noch so lauthalsige Bücher bleiben unerwähnt, aus der Flut der populärwissenschaftlichen sind nur einige hervorragende herausgegriffen.

1. Allgemeines, Land und Leute heute

W. F. Bassili, Sinai and the Monastery of St. Catherine, Kairo 1962.
* W. S. Blackman, The Fellâhîn of Upper Egypt, London 1927.
J. Galey, K. Weitzmann und G. Forsyth, Sinai und das Katharinenkloster, Stuttgart und Zürich 1979.
G. Gerster, Nubien, Zürich und Stuttgart 1964.
Das tausendjährige Kairo, 969–1969, Kairo 1969.
H. Kees, Das Alte Ägypten. Eine kleine Landeskunde durch das Alte Ägypten, 3. Aufl., Berlin 1975.
Th. Kramer, Deutsch-ägyptische Beziehungen in Vergangenheit und Gegenwart, Tübingen 1974.
E. W. Lane, The Manners and Customs of the Modern Egyptians, Neudruck London-New York 1963; deutsche Übers.: Sitten und Gebräuche der heutigen Ägypter, 3 Bde., 2. Aufl. Leipzig 1856.
K. Munzel, Ägyptisch-arabischer Sprachführer, Wiesbaden 1958.
R. Paret, Zur Frauenfrage in der arabisch-islamischen Welt, Stuttgart 1934. Nachdruck in: R. Paret, Schriften zum Islam, hrsg. von J. van Ess, Stuttgart, Berlin, Köln, Mainz 1981, S. 135–205).
Political and Social Change in Modern Egypt, ed. by P. Holt, London 1968.
B. Rothenberg (Hrsg.), H. Weyer, Sinai, Bern 1979.
H. Schamp (Hrsg.), Ägypten, Tübingen und Basel 1977.
Youssef el-Masry, Die Tragödie der Frau im arabischen Orient, München 1963.
H. Ziock, Moderne Erzähler der Welt, Ägypten, Tübingen und Basel 1974.

2. Ägyptologische Nachschlagewerke

W. Helck – E. Otto, Kleines Wörterbuch der Ägyptologie, 2. Aufl., Wiesbaden 1970.
E. Hornung, Einführung in die Ägyptologie, Darmstadt 1967.
* G. Posener, Lexikon der ägyptischen Kultur, Wiesbaden 1976.
Lexikon der Ägyptologie, Wiesbaden 1975 ff.

3. Geschichte

J. von Beckerath, Abriß der Geschichte des Alten Ägypten, München 1971.
W. Helck, Geschichte des Alten Ägypten, Leiden 1968.
E. Hornung, Grundzüge der ägyptischen Geschichte, 2. Aufl., Darmstadt 1977.
E. Otto, Ägypten. Der Weg des Pharaonenreiches, 4. Aufl., Stuttgart 1966.
W. Wolf, Das alte Ägypten, München 1971 (dtv 3201).

4. Kultur

H. Brunner, Altägyptische Erziehung, Wiesbaden 1957.
E. Brunner-Traut, Der Tanz im Alten Ägypten, 2. Aufl., Glückstadt 1958.

E. Brunner-Traut, Die Alten Ägypter, Verborgenes Leben unter Pharaonen, 3. Aufl., Stuttgart 1981.
E. Otto, Wesen und Wandel der ägypt. Kultur, Berlin – Heidelberg 1969.
A. D. Touny / St. Wenig, Der Sport im Alten Ägypten, Leipzig 1969.
St. Wenig, Die Frau im Alten Ägypten, Leipzig 1967.
W. Wolf, Kulturgeschichte des Alten Ägypten, 2. Aufl., Stuttgart 1977.

5. Sprache, Schrift und Literatur

H. Brunner, Abriß der mittelägyptischen Grammatik, 3. Aufl., Graz 1966.
H. Brunner, Grundzüge einer Geschichte der altägyptischen Literatur, 3. Aufl., Darmstadt 1980.
E. Brunner-Traut, Altäg. Literatur, in: Handbuch der Literaturwiss., Band 1, Der Alte Orient, Wiesbaden 1978.
E. Brunner-Traut, Altägyptische Märchen, 5. Aufl., Köln–Düsseldorf 1979.
E. Brunner-Traut, Altäg. Tiergeschichte und Fabel. Gestalt und Strahlkraft, Darmstadt, 6. Aufl. 1980.
J. Černý, Paper and Books in Ancient Egypt, London 1952.
Sir Alan Gardiner, Egyptian Grammar, 4. Aufl., London 1973.
Handbuch der Orientalistik, 1. Abteilung, 1. Band, Ägyptologie, 1. Abschnitt, Ägyptische Schrift und Sprache, Leiden 1959. 2. Abschnitt, Literatur, 2. Aufl., Leiden 1970.
E. Hornung, Meisterwerke altägyptischer Dichtung, Zürich und München 1978.
M. Lichtheim, Ancient Egyptian Literature. A Book of Readings, Berkeley 1973–76.
S. Schott, Altägyptische Liebeslieder, Zürich 1950.
W. K. Simpson (Ed.), The Literature of Ancient Egypt. An Anthology. New Haven 1972.
K.-Th. Zauzich, Hieroglyphen ohne Geheimnis. Eine Einführung in die altägyptische Schrift für Museumsbesucher und Ägyptentouristen. Mainz 1980.

6. Religion

J. Assmann, Ägyptische Hymnen und Gebete, Zürich 1975.
H. Bonnet, Reallexikon der ägyptischen Religionsgeschichte, Berlin 1952.
H. Brunner, Ägyptische Texte, in: Religionsgesch. Textbuch zum Alten Testament (hrsg. von W. Beyerlin), Göttingen 1975.
E. Brunner-Traut, Gelebte Mythen, 2. Aufl., Darmstadt 1981.
H. Frankfort, Ancient Egyptian Religion, New York 1948.
E. Hornung, Der Eine und die Vielen, 2. Aufl., Darmstadt 1973.
E. Hornung, Das Totenbuch der Ägypter, Zürich und München 1979.
E. Hornung, Ägyptische Unterweltsbücher, Zürich und München 1972.
H. Kees, Der Götterglaube im Alten Ägypten, 3. Aufl., Berlin 1975.
S. Morenz, Ägyptische Religion, 2. Aufl., Stuttgart 1977.
S. Morenz, Gott und Mensch im alten Ägypten, Leipzig 1964.
E. Otto, Osiris und Amon, München 1966.
G. Roeder, Die ägyptische Religion in Texten und Bildern, Band I bis IV, Die Bibliothek der alten Welt, Zürich und Stuttgart 1959 bis 1961.

7. Archäologie und Kunst

C. Aldred, Die Juwelen der Pharaonen, München 1976.
E. Brunner-Traut, Die altägyptischen Scherbenbilder, Wiesbaden 1956.
* S. Clarke – R. Engelbach, Ancient Egyptian Masonry. The Building Craft, Oxford-London 1930.
R. David, Ägypten. Kunstschätze am Nil. Hamburg 1981.
R. David, Ägypten. Kunstschätze am Nil. Hamburg 1981.

Literatur zu Ägypten

Chr. Desroches- Noblecourt, Tut-ench-Amun, Berlin 1963 (Taschenbuchausg. Ullstein 1971).
I. E. S. Edwards, Die ägyptischen Pyramiden, Wiesbaden 1967.
I. E. S. Edwards, Tutanchamun – Das Grab und seine Schätze, Bergisch Gladbach 1978 (auch Paperback-Sonderausgabe).
G. Goyon, Die Cheops-Pyramide, Bergisch Gladbach 1980.
E. Hornung, Tal der Könige, Zürich und München 1982.
Th. Hoving, Der goldene Pharao Tut-ench-Amun, München 1980 (Taschenbuchausg. Droemer-Knaur Nr. 3639).
K. Lange – M. Hirmer, Ägypten. Architektur, Plastik, Malerei in drei Jahrtausenden, Sonderausgabe, München 1980.
J.-Ph. Lauer, Das Geheimnis der Pyramiden, München 1980.
J.-Ph. Lauer, Saqqara, Bergisch Gladbach 1977.
J. Leclant (Hrsg.), Ägypten – Bd. I: Das Alte und das Mittlere Reich. Bd. II: Das Großreich. Bd. III: Spätzeit, Hellenismus und Christentum. München 1979/1981.
A. Lucas, Ancient Egyptian Materials and Industries, 4. Aufl., London 1948.
A. Mekhitarian, Die ägyptische Malerei, Genf 1954.
K. Michałowski und A. Dziewanowski, Alexandria; Wien 1970.
K. Michałowski, Karnak; Wien und München 1970.
K. Michałowski und A Dziewanowski, Luxor; Wien und München 1972.
K. Michałowski, Theben; Wien und München 1974.
K. Michałowski, Pyramiden und Mastabas, Leipzig 1973.
H. Schäfer, Von ägyptischer Kunst, 4. Aufl. (hrsg. von E. Brunner-Traut), Wiesbaden 1962.
W. St. Smith, The Art and Architecture of Ancient Egypt, Penguin Books, Harmondsworth 1958.
Fr. Teichmann, Der Mensch und sein Tempel. Ägypten. Stuttgart 1978.
J. Vandier, Manuel d'Archéologie égyptienne, I–VI, Paris 1952 bis 1978.
Cl. Vandersleyen, Das Alte Ägypten, Propyläen Kunstgeschichte, Bd. 15, Berlin 1975.
M. Vilímková, Altägyptische Goldschmiedekunst, Prag 1969.
W. Westendorf, Das Alte Ägypten, Baden-Baden 1968.
W. Wolf, Funde in Ägypten. Geschichte ihrer Entdeckung, Göttingen 1976.
W. Wolf, Die Kunst Ägyptens, Stuttgart 1957.

8. Museen in Ägypten

E. Drioton, Encyclopédie de l'art. Le Musée du Caire, Paris 1949, Editions »Tel«.
W. und B. Forman, Ägyptische Kunst aus den Sammlungen des Museums in Kairo, Hanau 1962.
G. Grimm, Kunst der Ptolemäer- und Römerzeit im Ägypt. Museum Kairo, Mainz 1975.
Museum für altägyptische Kunst in Luxor, Führer durch die Ausstellung, Kairo 1978.
H. Messiha und M. A. Elhitta, Mallawi Antiquities Museum, Kairo 1979.
H. Riad, Y. H. Shehata, Y. el-Gheriani, Alexandria, Kairo o. J.
P. P. Riesterer, Das ägyptische Museum Kairo, München 1975.

9. Christliches Ägypten

E. Alt, Ägyptens Kopten – Eine einsame Minderheit, Saarbrücken 1980.
A. Badawy, Coptic art and archaeology, Cambridge, Mass. 1978.
O. F. A. Meinardus, Christian Egypt, Ancient and Modern, Kairo 1965.
C. Detlef – G. Müller, Grundzüge des christlich-islamischen Ägypten, Darmstadt 1969.
K. Wessel, Koptische Kunst, Recklinghausen 1963.
H. Zaloscer, Die Kunst im christlichen Ägypten, Wien–München 1974.

10. Islamisches Ägypten

Enzyklopädie des Islam, Bd. I–IV u. Suppl., Leiden 1913–1938; Encyclopédie de l'Islam, nouv. éd., Leiden & Paris 1954 ff. Encyclopedia of Islam, new edition, Bd. I ff., Leiden – London 1960 ff.
Handbuch der Orientalistik, 6. Band: Geschichte der islamischen Länder.
* 1. Abschnitt: Die Chalifenzeit (B. Spuler), Leiden 1952.
  3. Abschnitt: Neuzeit, Leiden 1958.
Der Islam I. Vom Ursprung bis zu den Anfängen des Osmanenreiches, hrsg. u. verf. von Cl. Cahen, Frankfurt 1968. – Der Islam II. Die islamischen Reiche nach dem Fall von Konstantinopel, hrsg. von G. E. von Grunebaum, Frankfurt 1971. (Fischer Weltgesch. Bd. 14 und 15).
Das Vermächtnis des Islam. 2 Bde., Zürich und München 1980. (Englische Originaledition: The Legacy of Islam. Second edition, edited by the late Joseph Schacht with C. E. Bosworth, Oxford 1974).
T. Andrae, Islamische Mystiker, Stuttgart 1960.
F. Buhl, Das Leben Muhammeds, deutsch von H. H. Schaeder, Heidelberg 1930. Nachdruck 1955.
K. A. C. Creswell, The Muslim Architecture of Egypt, I und II, Oxford 1952–1959. Nachdruck 1978.
N. Daniel, Islam and the West. The Making of an Image, 4. Aufl., Edinburgh 1980.
L. Gardet, Islam (Religion und Gemeinschaft). Aus dem Französischen von S. Summerer und G. Kurz. Köln 1968.
H. A. R. Gibb und J. M. Landau, Arabische Literaturgeschichte, Zürich 1968.
I. Goldziher, Vorlesungen über den Islam, 2. Aufl., Heidelberg 1925. Nachdruck Darmstadt 1963.
O. Grabar, Die Entstehung der islamischen Kunst (aus dem Amerikanischen übers. von F. R. Scheck), Köln 1977.
G. E. von Grunebaum, Der Islam im Mittelalter, Zürich – Stuttgart 1963.
G. E. von Grunebaum, Modern Islam. The Search for Cultural Identity, Los Angeles 1962.
R. Hartmann, Die Religion des Islam, Eine Einführung, Berlin 1944.
J. Kraemer, Das Problem der islamischen Kulturgeschichte, Tübingen 1959.
E. Kühnel, Die Kunst des Islam (1), Stuttgart 1962.
S. Y. Labib, Handelsgeschichte Ägyptens im Spätmittelalter, Wiesbaden 1965.
A. Mez, Die Renaissance des Islams, Heidelberg 1922. Nachdruck Hildesheim 1968.
R. Paret, Mohammed und der Koran, 4. Aufl., Stuttgart 1976.
R. Paret, Der Koran, Übersetzung, Kommentar und Konkordanz. 2 Bde., Stuttgart 1966 bis 1977. Taschenbuchausgabe Stuttgart 1980.
R. Paret, Die Welt des Islam und die Gegenwart, Stuttgart 1961.
M. Rodinson, Mohammed. Eine Biographie. Aus dem Französischen von G. Meister, Frankfurt 1975.
P. Rondot, Der Islam und die Mohammedaner von heute, Stuttgart 1963.
D. T. Russell, Medieval Cairo, London 1960.
J. Schacht, An Introduction to Islamic Law, 3. Aufl., Oxford 1975.
A. Schimmel, Mystische Dimensionen des Islam, Aalen 1979.
D. et J. Sourdel, La civilisation de l'Islam classique (Les grandes civilisations, Bd. 8), Paris 1968.
J. Sourdel-Thomine und B. Spuler, Die Kunst des Islam, Berlin 1973 (Propyläen Kunstgeschichte Bd. 4).
F. Taeschner, Geschichte der arabischen Welt, Heidelberg 1944, Stuttgart 1964.
A. J. Wensinck, The Muslim Creed, Cambridge 1932.

11. Ägyptische Museen und Sammlungen in Deutschland

Ägypten, Die Schatzkammer, Band 3, Leipzig 1960 (Leipzig).
Ägyptische Altertümer aus der Skulpturensammlung Dresden, Dresden 1977.
Ägyptisches Museum Berlin, Berlin-W 1976.
E. Brunner-Traut, Die altäg. Grabkammer Seschemnofers III. [in Tübingen], Mainz, 2. Aufl. 1982.
E. Brunner-Traut und H. Brunner, Die ägyptische Sammlung der Universität Tübingen, Mainz 1981.
H. Kayser, Die ägypt. Altertümer, Hildesheim 1973 (Hildesheim).
E. Otto, Aus der Sammlung des ägyptologischen Instituts der Universität Heidelberg, Berlin 1964.
Staatliche Sammlung ägyptischer Kunst [in München], München, 2. Aufl. 1976.
St. Wenig, Führer durch das Berliner ägyptische Museum, Berlin-O 1961.
J. Woldering, Ausgewählte Werke der ägyptischen Sammlung (Bildkatalog des Kestner-Museums Hannover), Hannover, 2. Aufl. 1958.

12. Nachleben Ägyptens

A. Hermann, Rilkes ägyptische Gesichte, Darmstadt 1966.
S. Morenz, Die Begegnung Europas mit Ägypten, Zürich und Stuttgart 1969.

Die wichtigsten Museen der Welt mit ägyptischen Altertümern

Ägypten: Alexandria, Museum griechisch-römischer Altertümer
  Elephantine, Assuân-Museum
  Isma'ilîja, Museum und Garten der Stelen
  Kairo, Ägyptisches National-Museum, Arabisches Museum, Koptisches Museum
  Luksor, Luksor-Museum
  Mellaui, Ägyptisches Museum
Australien: Sydney, Nicholson Museum
Belgien: Brüssel, Musées Royaux d'Art et d'Histoire = Koninklijke Musea voor Kunst en Geschiedenis
Dänemark: Kopenhagen, Ny Carlsberg-Glyptothek
  Kopenhagen, Dänisches Nationalmuseum
Deutschland: Berlin-Ost, Staatliche Museen, Ägyptische Abteilung
  Berlin-West, Ägyptisches Museum in Charlottenburg
  Dresden, Skulpturensammlung
  Frankfurt am Main, Liebieghaus
  Hannover, Kestner-Museum
  Heidelberg, Sammlung des ägyptologischen Institutes der Universität
  Hildesheim, Pelizaeus-Museum
  Karlsruhe, Landesmuseum
  Leipzig, Sammlung des ägyptologischen Institutes der Universität
  München, Ägyptische Staatssammlung und Glyptothek
  Tübingen, Sammlung des ägyptologischen Institutes der Universität
England: Birmingham, City Museum
  Cambridge, Fitzwilliam Museum
  Liverpool, City Museum

London, British Museum
Oxford, Ashmolean Museum
Swansea, Universität
Frankreich: Grenoble, Musée des Beaux Arts
Marseille, Musée Borély
Paris, Louvre
Straßburg, Institut d'Égyptologie de l'Université
Italien: Bologna, Museo civico
Florenz, Museo archeologico
Neapel, Museo nazionale
Rom, Museum im Vatikan
Turin, Museo di antichità
Kanada: Toronto, The Royal Ontario Museum of Archaeology
Niederlande: Leiden, Rijksmuseum van Oudheden
Österreich: Wien, Kunsthistorisches Museum
Schottland: Edinburg, The Royal Scottish Museum
Schweden: Stockholm, Mittelmeermuseum (Medelhavsmuseet)
Uppsala, Victoria-Museum
Sowjetunion: Leningrad, Éremitage
Moskau, Puschkin-Museum der schönen Künste
Sudân: Chartûm, Museum
Ungarn: Budapest, Museum der schönen Künste
Vereinigte Staaten von Amerika: Baltimore, Walters Art Gallery
Boston, Museum of Fine Arts
Brooklyn, Brooklyn Museum
Chicago, Oriental Institute Museum
Cleveland, Museum of Fine Art
New York, Metropolitan Museum
Philadelphia, University Museum

Kunstführer

Was man vor der Reise wissen muß (von A–Z)

→ bedeutet Hinweis auf genauere Behandlung des Stichwortes, dessen Vorkommen aus dem Register zu ermitteln ist.

Ägyptische Einrichtungen in Deutschland: Botschaft der Arabischen Republik Ägypten, 5300 Bonn-Bad Godesberg, Kronprinzenstraße 2.
Generalkonsulate s. S. 288 unter »Paß«.
Büro des Ägyptischen Fremdenverkehrsamtes, 6000 Frankfurt a. M., Taunusstraße 35.

Anreise nach Ägypten: Ägypten erreicht man in der Regel mit Flugzeug, immer seltener mit Schiff. Mehrere große Fluggesellschaften stellen die Verbindung Deutschland–Ägypten her.
Von *Venedig* und *Genua* führen eine italienische, zwei griechische und eine türkische Schiffahrtslinie regelmäßigen Liniendienst nach Alexandria durch. Von *Hamburg* und Bremen fahren deutsche Handelsschiffe nach Port Saiʿîd oder Alexandria. Von Venedig, Ancona und Piräus Autofähren nach Alexandria, Vorausreservierung nötig.

Antiken: Für die Antikenausfuhr steht ein Gesetz vor der Verabschiedung, wonach sie gänzlich verboten ist auch der Besitz und Verkauf von echten Antiken der Pharaonen- und altislamischen Zeit mit Gefängnisstrafen zwischen 5 und 10 Jahren plus Geldstrafen bis zu £E 4000.– geahndet werden. Praktisch sind seit Jahren nur noch Fälschungen auf dem »Antikenmarkt«. Man lasse sich nicht auf dunkle Geschäfte ein, sondern begnüge sich mit Nachbildungen oder modernen Souvenirs.

Ausrüstung: Man stelle seine Garderobe etwa wie für den deutschen Hochsommer zusammen. Doch nehme man auf jeden Fall auch wollene Wäsche und Pullover oder Wolljacke mit. Für die Exkursionen sind geschlossene Schuhe mit flachem Absatz und Gummisohlen am besten geeignet. Als Sonnenschutz braucht man einen leichten Hut mit breiter Krempe und eine Sonnenbrille. Als Touristenanzug haben sich auch für Damen und selbst in Oberägypten lange Hosen durchgesetzt. Man trage keinesfalls Shorts. Bei Touristenreisen ist keine Gesellschaftskleidung nötig, für den Abend genügt ein dunkler Anzug (im Sommer sind weiße Jacke und weiße Hose beliebt) bzw. ein einfaches Cocktailkleid. Die Kleidung sei möglichst unempfindlich gegen Schmutz und Staub.
Wäsche wird in den Hotels schnell und billig gewaschen. Elektrische Rasierapparate nicht überall verwendbar, man versehe sich mit einem Ausgleichsstecker. Für die Gräber empfiehlt sich dringend eine Taschenlampe, zum Trinken aus Flaschen versehe man sich mit Trinkhalmen, zur Schnellwäsche mit Lavextüchlein (siehe auch Gesundheitswesen und Photographie). Eine kleine Plastikflasche zur Mitnahme von Tee kann willkommen sein. Man nehme keine wertvollen Koffer mit, da sie sehr strapaziert werden, aber aus gleichem Grund auch keine zu schlechten, denn eine Reparatur ist unterwegs so gut wie unmöglich.

Auto: Wenn man mit dem eigenen Wagen in Ägypten fahren will, braucht man:
1. das internationale Triptik oder Carnet de Passage en Douane, das der Automobilclub (Deutschland ADAC) des Heimatlandes ausstellt.
2. den internationalen Führerschein.

3. eine Versicherungskarte für Auto und Insassen; die grüne Versicherungskarte gilt nicht, es muß eine Kurzhaftpflichtversicherung an der Grenze abgeschlossen werden.
4. ein Nationalitätszeichen.
Bevor man plant, erkundige man sich nach den Sperrgebieten!
Nach dem Straßenzustand, besonders der Wüstenstraßen, erkundige man sich beim Automobilklub von Ägypten, Kairo, 10 Sh. Ḳasr en-Nîl. Man fahre nie eine Wüstenstraße, wenn ein Einheimischer widerrät, und dränge auch keinen Fahrer gegen seinen Willen; Sandverwehungen oder (seltene) Unwetter können auch eine gute Wüstenstraße zeitweise unbefahrbar machen. Für Wüstenfahrten sollten sich mindestens 2 Autos zusammentun. Folgende Straßen sind asphaltiert und sehr gut instand: von Alexandria nach Kairo durch die Wüste und durch das Delta; einige Deltastraßen (s. dort); die Straße Kairo-Faijûm, wie Kairo-Sues-Port Sa'îd und Kairo-Isma'ilîja; Assiût-el-Chârga-ed-Dâchla; 3 Straßen durch die Arabische Wüste (s. dort), die Küstenstraße am → Roten Meer sowie eine Quer- und eine Längsstraße durch den → Sinai, die Straße Kairo-Assuân. Zu einer Reise auf schlechten Straßen oder in der Wüste braucht man einen robusten Wagen und muß mit Reparaturwerkzeugen, Ersatzteilen, Reservebenzin und einem Wassertank versehen sein. Benzin bekommt man in den Städten und bei den Tankstellen an den Hauptstraßen, Super-Benzin nur an wenigen Tankstellen. Es empfiehlt sich, Super-Benzin zu tanken. In Ägypten wird rechts gefahren. Keine Nachtfahrten unternehmen!
Reparaturwerkstätten sind selten und kaum zulänglich ausgestattet; die Beschaffung von Ersatzteilen ist schwierig. Die Tankstellen sind oft weit voneinander entfernt. In Alexandria und noch mehr in Kairo ist der Verkehr dicht und nicht ungefährlich (besonders für Fußgänger!). In Hauptverkehrszeiten fährt man Stoßstange an Stoßstange (vgl. Vorwort). Pannenhilfe durch Automobil- und Touringclub of Egypt, Notruftelefone alle 5 km zwischen Kairo und größeren Deltastädten und Kairo-Faijûm.

Bademöglichkeiten: Ideal in den Seebädern an der → Mittelmeerküste (→ Ausflüge von Alexandria), ferner am Golf von → Sues, im → Roten Meer; möglich in den → Badeanstalten Kairos bzw. von Neu-Heliopolis; s. auch Mineralbad Heluân. In den Seebädern keine Bilharziagefahr.

Camping ist nur an wenigen Stellen an der Mittelmeerküste und am Roten Meer zu empfehlen. Im voraus polizeiliche Genehmigung besorgen. S. auch Kairo, Camping, S. 342.

Deutschsprachige Einrichtungen in Ägypten: s. unter Alexandria und Kairo.

Eintrittskarten zu den Sehenswürdigkeiten in Ägypten:
Der Reisende kann sich in Kairo im Department of Antiquities, Sh. Mariette, eine Generaleintrittskarte für alle pharaonischen Denkmäler in Ägypten besorgen; sie gilt für ein Jahr. Einzel-Eintrittskarten bei den Denkmälern; auch bei den kunsthistorisch bedeutenden Moscheen. Die Eintrittspreise für die Museen sind unterschiedlich und hängen von Wochentagen und Jahreszeit ab. Da sie sich öfter ändern, sind sie hier nicht aufgenommen.

Eisenbahn: Die ägyptischen Eisenbahnen sind staatlich. Es empfiehlt sich, 1. Klasse zu reisen. Die Fahrpreise sind niedrig. Die Wagen sind in Europa hergestellt, die Schlafwagen sehr bequem. Die Erschütterungen sind durch den Gleiszustand bedingt. Manche Züge haben Klimaanlage (Zuschlag!). Im Zug wird auch an jeden Sitzplatz Essen serviert. Trotz Jalousien staubt es in die Wagen. Die Züge haben meist Verspätung. Platzkarten (obligat) müssen oft Wochen im voraus bestellt werden.

Flugverkehr: s. Kairo, Flugplatz.

Geld: Infolge Währungsschwankungen hat die ägyptische Regierung seit 1962 die Ein- und Ausfuhr ägyptischer Noten zeitweise verboten, während fremde Geldsorten unbe-

Gesundheitswesen, Getränke, Hotels, Maße, Gewichte, Geld 287

grenzt eingeführt werden können. Der Reisende muß bei Ankunft den Gegenwert von £E 100 umtauschen, doch wird die Vorschrift nicht immer streng gehandhabt. Alles Geld muß bei der Einreise deklariert und kann unter Abzug der Ausgaben in Ägypten wieder ausgeführt werden. Es empfiehlt sich die Mitnahme von DM oder von Dollars.

Das nicht verbrauchte ägypt. Geld kann man gegen Vorlage der Deviserklärung noch auf dem Flugplatz zurücktauschen, aber nach langem Schlangestehen. Ausfuhr verboten. Man erkundige sich vor der Reise bei seiner Bank nach den jeweiligen Bestimmungen, sowohl nach dem Kurswert wie nach dem erlaubten Höchstsatz zur Einfuhr ägyptischen Geldes.

1 ägypt. Pfund (1 £E) = 100 Piaster. 1 Piaster (1 PT) = 10 Millièmes.

Kleingeld ist sehr knapp. Alle großen Hotels haben Wechselstuben. Die Banken sind wochentags von 9–13 Uhr geöffnet, freitags geschlossen und sonntags von 10–12 Uhr dienstbereit.

Gesundheitswesen: Für Ägypten ist keine Pockenschutzimpfung mehr vorgeschrieben. Manche Ärzte empfehlen aber eine Impfung gegen Typhus, Cholera und Paratyphus. Durch die starken Temperaturschwankungen ist die Erkältungsgefahr groß, für empfindliche Personen ist eine wollene Leibbinde ratsam. Man hüte sich vor kalten Getränken, trinke Wasser und Milch nur abgekocht und Alkohol erst nach Sonnenuntergang. Man esse keine Salate und kein frisches Obst, wenn man es nicht schälen kann; auch kein Eis. Man sei vorsichtig bei dem Genuß von Butter und Käse. Wegen der Bilharziagefahr (ausführlich behandelt auf S. 25 f.) ist es äußerst gefährlich, im Nil zu baden. Man wechsle öfters durchschwitzte Wäsche und halte auch seine Augen rein (s. S. 25). Vorsicht wegen Tetanus! Papiergeld ist wegen langer Umlaufzeit ein gefährlicher Bazillenträger. Auf alle Fälle bringe man eine Reiseapotheke von Zuhause mit, die Mittel gegen Erkältung, Fieber, Halsentzündung, Schnupfen, Durchfall, Verstopfung enthalten sollte, wie auch Jod, Verbandszeug sowie ein Fieberthermometer, ein Insektenschutzmittel, Salbe gegen Flohbisse, Hautcreme und Kamillentee. Von Juni bis Oktober sind weite Teile Ägyptens malariagefährdet (Medikament mitnehmen). Träger von Kontaktlinsen und Reisende mit empfindlichen Augen sollten sich mit Augentropfen versehen (besonders wichtig bei den Sandstürmen (Chamasîn) im Frühjahr (s. S. 9).

Getränke, Tabak: Das leichte ägyptische Bier (Stella) sowie ägyptische und syrische Weine sind gut und billig, während europäische Weine, Spirituosen und Mineralwasser teuer sind. Als beste ägyptische Weine gelten: »Cru des Ptolemées« (weiß) und »Omar Chajjam« (rot). Ägyptische Zigaretten sind gut, es gibt sie als »Orient« und als »English Type«. Pfeifenraucher versorgen sich am besten zu Hause mit Tabak. Auch wer dunklen europäischen Tabak oder blonden Virginiatabak vorzieht, besorge sich seinen Bedarf zu Hause.

Hotelwesen: In Alexandria, Montaša, el-Alamên, Râs el-Barr, Kairo, Luksor, Assuân gibt es sehr gute europäisch geführte Hotels, gute auch in Heluân, am Birket Ḳarûn (Faijûm), in Marsa Matruh, Ain Suchna, Hurghâda, Minia, Edfu und Abu Simbel, bessere in Port Saʿîd, Sues, Ismaʿilîja, Mellaui und in Nag Hammâdi. Für den Europäer kommen die Kategorien Luxusklasse, 1. Klasse und u. U. 2. Klasse in Frage. In den Besichtigungsorten, in denen es keine Hotels gibt, kann man notfalls in Rasthäusern übernachten. Das Hotelwesen wird laufend ausgebaut, auch die Ausbildung von (fehlendem) Fachpersonal in Hotelfachschulen vorbereitet. An sauberen Landgaststätten fehlt es völlig.

Landesflagge: Rot-weiß-schwarz quergestreift mit goldfarbenem Adler im weißen Feld; vgl. S. 8.

Maße und Gewichte: Offiziell gibt es das metrische System, gelegentlich aber werden noch alte Maße verwendet:

1 Feddân = 4,201 qm   1 Ardep = 150 kg
1 Kantâr = 44,9 kg   1 Okka = 1,248 kg

Omnibusse sind überaus billig, aber der Fremde sollte sie (außer den Pullmann-Fahrzeugen) nicht benützen.

Paß, Visa: Deutsche Staatsangehörige benötigen ein Einreisevisum. Man fordere beim zuständigen Generalkonsulat zwei Formulare pro Paß an und sende sie, in englischer oder französischer Sprache ausgefüllt, mit zwei Paßbildern ein. Es ist ratsam, dem Antrag die Gebühr für die eingeschriebene Rücksendung des Passes beizulegen. Die Bearbeitung nimmt etwa drei Wochen in Anspruch. Notfalls kann man ein Visum auf dem Flughafen von Kairo oder in den Häfen bekommen.
Man unterscheidet verschiedene Visumarten: Das Touristenvisum, das Geschäftsvisum, mit dem man innerhalb von sechs Monaten mehrmals einreisen kann, das Transitvisum, mit dem man sich sieben Tage in Ägypten aufhalten darf. Diese Visa stellen die deutschen Generalkonsulate der Arabischen Republik Ägypten aus:
Generalkonsulat der AR Ägypten, 5300 Bonn-Bad Godesberg, Wendelstadtallee 2.
Generalkonsulat der AR Ägypten, 6000 Frankfurt a. M., Eyssenekstraße 52.
Generalkonsulat der AR Ägypten, 2000 Hamburg 13, Sankt-Benedikt-Straße 9.
Österreich, Generalkonsulat der AR Ägypten, Wien VIII, Trautsohngasse 6.
Schweiz, Generalkonsulat der AR Ägypten, Bern, Taubenstraße 16, Touristenattaché, Genf, 2, Rue de Berne.
In Ägypten muß der Paß innerhalb von sieben Tagen (vom Hotel) zur Registrierung eingereicht werden. Das Registrierungsamt befindet sich in Kairo im el-Mogamma Building, Midân et-Tahîr.

Photographie: Folgende Anlagen dürfen weder photographiert noch gezeichnet oder gefilmt werden: Flugplätze, Militäranlagen, Fabriken, Wasserwerke, Elektrizitätswerke, Rundfunkstationen. Auch Aufnahmen von und auf Nilbrücken sind strengstens verboten. Man sei vorsichtig beim Photographieren von Betenden, Frauen und Bettlern, auch in den Sûks, in Moscheen und bei »Elendszenen« kann man Schwierigkeiten bekommen. Außerhalb der Betzeit darf in den Moscheen photographiert werden, nicht immer in der el-Ashar-Moschee in Kairo. Es ist ratsam, den Filmbedarf aus Deutschland mitzubringen, da die Filme in Ägypten teurer und die Farbfilme oft überaltert sind. Kamera vor Sand schützen, insbesondere bei Stürmen in der Wüste! Plastikhülle!

Post: Laufzeit nach Deutschland etwa 20 Tage, Luftpost 5–8 Tage.
Man lasse seine Post eingeschrieben (sonst hat sie kaum Chance anzukommen) ans Hotel oder auch postlagernd (»poste restante«) schicken; Anschrift in Druckbuchstaben schreiben. – Telefonverbindungen ins Ausland (und noch mehr innerhalb Ägyptens) sind schwer zu bewerkstelligen; stundenlange Wartezeiten; Gespräche vorher anmelden und zahlen. Telegramme nach Deutschland dauern Tage; besser sind Telexverbindungen.

Reisegestaltung: Zumindest für eine erste Reise nach Ägypten ist es ratsam, sich einer Gesellschaftsreise anzuschließen. Man setze sich mit einem guten Studienreisebüro in Verbindung, bei dem man die Gewähr für sachkundige Führung hat.
Die Reiseroute Kairo–Luksor bietet auf der Länge von ca. 700 km kaum ausreichende Hotels in wünschenswerten Abständen. Daher ist eine Schiffsreise auf dem Nil sehr zu empfehlen, da man von den Anlegestellen aus die Hauptsehenswürdigkeiten aufsuchen kann. Im Januar 1980 konte Ägypten auf 18 Schiffen über 3500 Betten anbieten. Außerdem gibt es innerägyptische Bahn- und Flugverbindung (→ Eisenbahn, → Flugverkehr). Um nur die bedeutendsten Denkmäler in Ägypten zu besichtigen, sollte man wenigstens

Reisezeit, Speisen, Sport, Sprache, Trinkgelder

einen Monat im Lande sein. Die für den Touristen in Frage kommenden Ziele sind in diesem Führer behandelt, die wichtigsten im Stichwortverzeichnis mit * versehen.

Reisezeit: Für eine Reise nach Ägypten empfehlen sich die Monate Oktober bis April. Entsprechend der Ausdehnung des Landes ist das Klima in den einzelnen Landesteilen sehr unterschiedlich. In *Alexandria* ist das Wetter von Dezember bis März häufig regnerisch und windig, in *Kairo* kühl, aber trocken, in *Oberägypten* schön und beständig. Dort regnet es fast nie, doch wegen der Hitze empfehlen sich als Reisemonate nur November bis Ende März. Die Temperaturunterschiede zwischen Tag und Nacht sind beträchtlich, so daß der Europäer sich leicht eine Erkältung zusieht (→ Klima im Kap. Land und Leute). Durch den → »Nasser-See« ist die Luft nicht mehr so trocken wie früher, es kommt öfter zu einem Gewitter, selbst in Oberägypten zu Sturzregen oder Regensturm. Jedoch muß sich der Reisende nicht darauf einstellen.
Reist man im Sommer, so sollte man in den Mittagsstunden nicht ausgehen. Die großen Hotels sind mit Klimaanlagen ausgestattet. Der Flugreisende sollte sich erst klimatisch anpassen, ehe er anstrengende Besichtigungen unternimmt.

Speisen: In den großen Hotels wird nach europäischer Art gekocht. Einige Luxusrestaurants führen auch orientalische Spezialitäten. In kleinen orientalischen Eßlokalen kann man u. U. sehr gut und billig speisen, aber man prüfe die Sauberkeit. Man sei vorsichtig, an Ständen etwas zu genießen. Nationalspeisen s. S. 265 f. Restaurants mit ägyptischen Spezialitäten S. 342.

Sport: Schwimmen (nur am Meer, nicht im Nil und vorsichtshalber auch nicht in Schwimmbädern), Unterwasserfischfang und Tauchen im → Roten Meer (aber ohne Harpunieren). Tennis, Golf, Reiten, Schießen, Kanufahren u. a. m. wird von den Reiseagenturen sehr empfohlen und kann in den Clubs (von Kairo und Alexandria) vergnüglich betrieben werden; man muß sich dazu lediglich eine befristete Aufnahme in einen dieser Clubs beschaffen.
Jagd wird für Touristen immer stärker ausgebaut (November bis März in den Seengebieten des Deltas, auch im Faijûm und in Meʿâdi).

Sprache: Die Landessprache ist arabisch. In größeren Städten und Touristenzentren sowie in sozial gehobenen Kreisen wird vielfach englisch und französisch gesprochen. Korrespondenzsprachen sind arabisch, englisch und in beschränktem Maße auch französisch. Deutsch wird in jüngster Zeit – auch im Schulunterricht – begünstigt.
Auch die Dragomane (berufsmäßige Fremdenführer) können Englisch, Französisch und z. T. auch Deutsch. Bei Bedarf werden sie von den Reiseagenturen und den Hotels vermittelt. Wenn man sich aber abseits der allgemein üblichen Touristenroute bewegen will, muß man arabische Sprachkenntnisse oder einen *Dolmetscher* haben.
Zur Sprache s. S. 38 ff., zur Umschreibung S. 2, Vokabular S. 261 ff.

Stromspannung: Sie wechselt von Stadt zu Stadt (Alexandria 115 Volt, Kairo 220 Volt, Luksor 200 Volt, alle Wechselstrom). Man versehe sich mit einem Ausgleichsstecker (Rundstecker).

Taxen sind billig, aber (seit der Abwanderung vieler Unternehmen in die Ölländer) schwer zu bekommen.

Trinkgelder: In den Hotels und Restaurants bezahlt man 10–15 % Bedienungsgeld, das gleich auf die Rechnung kommt. Es ist üblich, noch ein kleines Trinkgeld zusätzlich zu geben. Der fortwährende Ruf »Bakschîsch« der Kameltreiber, Eselhüter, Wärter, Kinder, auch in einigen Hotels des Personals, kann ein recht unerfreulicher Teil einer Ägyptenreise werden. Man gebe nur nach einer Dienstleistung und lasse sich vor allem nicht aus

der Ruhe bringen. Auch der Taxifahrer erwartet ein Trinkgeld, der Arme ein Almosen.
Rat: Weniger aber oft geben, an Trinkgeld jedoch nicht weniger als 25 Piaster.

Zeit: In Ägypten herrscht osteuropäische Zeit, die gegen die mitteleuropäische um 1 Stunde und im Sommer (Mai bis Oktober) um 2 Stunden vorgeht. Kalender —> Zeitrechnung.

Zoll: Gegenstände des persönlichen Bedarfs können neu oder gebraucht zollfrei nach Ägypten eingeführt werden. Dazu zählen eine Photoausrüstung, ein Kleinkinoapparat, ein Radio, ein Grammophon, eine Schreibmaschine, ein Fernglas, ein Tonbandgerät, Schallplatten, Schmuck, Lebensmittel, Tabak, Spirituosen. Die Gegenstände müssen an der Grenze in ein Formular eingetragen werden, das abgestempelt bei der Ausreise wieder vorgelegt werden muß.
Sportler können eine Campingausrüstung, Sportgeräte einschließlich Jagdgewehr, Fahrrad und Kanu einführen.
In Deutschland dürfen zollfrei Gegenstände eingeführt werden, die als Andenken kenntlich sind und deren Wert insgesamt 100 DM nicht überschreiten, außerdem Lebensmittel bis zu einem Wert von 10 DM. (—> Antiken).

Unterägypten

Alexandria

Allgemeine Hinweise (von A-Z)

Man vergewissere sich, besonders was die Öffnungszeiten der Museen betrifft, in der wöchentlich erscheinenden Schrift »Alexandria Night and Day«, die in den Hotels und Reisebüros kostenlos verteilt wird.

Ärzte

Zur Ermittlung eines Arztes wende man sich an das Generalkonsulat oder an das Goethe-Institut; beide Einrichtungen können gute Ärzte und Krankenhäuser nachweisen. Die Versorgung mit Medikamenten ist gesichert.

Ausschiffung

Die Schiffe aus Europa legen im Westhafen an. An Bord werden die Polizeikontrollen vorgenommen und der Paß mit einem Einreisestempel versehen. Im → Zoll muß man 2 Formulare ausfüllen, eines über die persönlichen Gegenstände (es wird besonderer Wert auf die Angabe des Schmuckes gelegt) und eines über das eingeführte Geld. Die abgestempelten Durchschriften sind bei der Rückreise vorzulegen.

Autobusdienst nach Kairo

Stündlicher Verkehr, Abfahrt vor dem Hotel Cecil; dort auch Fahrkartenbüro (Vorverkauf).
1. Über die Wüstenstraße, 225 km, Fahrzeit etwa 3½ Stunden, nach 15 km Kontrollstation, die die Wagennummer registriert, Halt am Wüsten-Rest House bei 130 km (Tankstelle). Die Fahrt vermittelt einen großartigen Eindruck von der Wüstenlandschaft und den Neu-Siedlungen. Die Straße wurde von den Engländern zum Aufmarsch gegen die deutsch-italienischen Streitkräfte im 2. Weltkrieg gebaut.
2. Durch das Delta, 223 km, über Damanhûr–Tanta–Benha. Die Fahrt geht durch fruchtbares Kulturland mit den charakteristischen Deltakanälen und gewährt einen Eindruck in das ländliche Volksleben. Fahrzeit wegen der vielen Haltestellen gegen 5 Stunden.
3. Es verkehren auch regelmäßig, sogar nachts, Busse direkt zum Flughafen Kairo.

Banken

Die zahlreichen Banken sind von April bis Oktober von 8.30–12.30 Uhr geöffnet; sonntags von 10–12 Uhr und im Winterhalbjahr zusätzlich von 16–17 Uhr; freitags geschlossen. Bank von Alexandria, 59 Midân Sa'ad Saghlûl; 23 Sh. Tala'at Harb; 6 Sh. Salah Salem. – Central Bank von Ägypten, 3 Sh. Mahmûd Asmi. – Bank von Kairo, 16 Sh. Sesostris. – Bank Misr, 9 Sh. Tala'at Harb. – Nationalbank von Ägypten, 26 Sh. Salah Salem.

Buchhandlungen

Ami du Livre, Bd. Sa'ad Šaghlûl – Cité du Livre, 2 Sh. el-Hurrîja – Hachette, 61 Sh. Nebî Daniel (Depot des Verlages) – Victoria Book Shop, Bd. Sa'ad Šaghlûl.

Deutschsprachige Einrichtungen

Goethe-Institut (Deutsches Kulturinstitut), 10 rue des Ptolémées (Tel. 809 870). Deutsche Schule der Borromäerinnen, 32 Sh. Salah ed-Dîn. – Pelizäusheim (Altersheim mit Pension bzw. Unterkunft für durchreisende Deutsche, Leitung: deutsche Borromäerinnen), 12 Sh. Sultân Husên.

Diplomatische Vertretungen (Konsulate):

Generalkonsulat der Bundesrepublik Deutschland, 5 rue Mina, Roushdy. – Österreich, 8 Sh. Debbana. – Schweiz, 8 Sh. Moktar Abdel Halim Kalaf (nur zweimal monatlich Sprechstunden).

Eisenbahn:

Vom Kairo(= Haupt)-Bahnhof Züge nach Kairo (ca. 2½ Std.), nach Rosette und ins Delta; vom Ramla-Bahnhof zu den Seebädern an der Ostküste; nach Marsa Matrûh vom Hauptbahnhof bzw. vom Bahnhof Sîdi Gâbr (nach Kairo und Marsa Matrûh auch Flugverbindung).

Flugplatz:

Flugplatz von Nuša im Süden der Stadt. Die ägyptische Fluglinie Egypt Airlines fliegt zweimal täglich nach Kairo und zurück und dreimal wöchentlich von Alexandria via Port Sa'îd nach Kairo und zurück, außerdem nach Marsa Matrûh. Informationen Egypt Air, 19 Midân Sa'ad Šaghlûl.

Gottesdienst:

Protestantische Kirche, 15 rue de la Poste – Katholische Kirche: Kathedrale St. Katharina (deutsche Franziskaner), Midân St. Catherine – Franziskanerkirche, 3 Sh. Sên el-Abidîn.

Krankenhäuser

Universitätsklinik, Schatbi, Tel. 3 01 72 – El-Moassat, Hadra, Tel. 7 28 88 – Italienisches Hospital, Hadra, Tel. 2 14 59 – Koptisches Hospital, Moharram Bey, Tel. 2 98 67 – El-Mobarra, 12 Sh. Apostolides, Tel. 6 49 87.

Lokale:

Hotels (ohne Anspruch auf Vollständigkeit):

Zentrumnähe:
1. Kl.: Cecil, 16 Midân Sa'ad Šaghlûl. – Windsor, 17 Sh. Shohada.
2. Kl.: Metropol, 52 Sh. Sa'ad Šaghlûl.

An der Corniche:
Luxuskl.: Palestine, im Park von Montaša.
1. Kl.: San Stefano, Sh. el-Gêsch, in San Stefano. – Salamlek, im Park von Montaša.
2. Kl.: Beau Rivage, 434 Sh. el-Gêsch. – San Giovanni, Sh. el-Gêsch. – Méditerranée, Sh. el-Gêsch.
Die Hotels an der Corniche sind teils nur von Juni bis September geöffnet.

In der Umgebung:
Agâmi – Hanoville: Hotels der Luxus- und 1. Klasse mit Badestränden. → östlich und → westlich von Alexandria; außerdem → Küstenstraße.
Jugendherberge: 15 Sh. Port Sa'îd, in Schatbi.

Allgemeine Hinweise

Restaurants:
In allen großen Hotels, außerdem: Abaza, 134 Sh. el-Gêsch. – Andrea, Sh. el-Gêsch. – Baudrot, 2 Sh. el-Hurrîja. – Calithea, 180 Sh. 26 July. – Delices, 29 Sh. Saʿad Saghlûl. – Mustafa Darwish, 200 Sh. 26 July. – El-Ikhlas, 49 Sh. Safia Saghlûl.

Polizei:
Touristenpolizei: am Hafen und beim Montaśa-Palast, Tel. 60 00 00 – 80 76 11.

Post:
Hauptpost am Midân Ismaʿîl (durchgehend geöffnet). – Postämter auch in den anderen Stadtteilen und im Hauptbahnhof. – Telegramme ins Ausland: Marconi, Sh. Saʿad Saghlûl – Telephon ins Ausland: Bureau Central, Sh. Egyptian Telegraph.

Reiseagenturen:
American Express, 26 Sh. el-Hurrîja. – Cook, 15 Midân Saʿad Saghlûl. – Eastmar, 16 Sh. Salah Salem. – Egitalloyds, 27 Sh. Saʿad Saghlûl. – Jolley's Tours, 15 Sh. Sesostris. – Mena Tours, 24 Sh. Saʿad Saghlûl. – Misr Travel, 33 Sh. Salah Salem. – Pharos SAE, 34 Sh. el-Hurrîja. – Lufthansa, 6 Sh. Talaʿat Harb.

Strandbäder (mit Kabinen):
Der Strand hat auch im Winter mildes Seeklima, andererseits dank der Winde im Hochsommer erträgliche Temperaturen. In sanften Buchten zieht sich gut 30 km lang ein feiner, weißer Sandstrand entlang. Alle Bäder nach Osten sind mit dem Bus Nr. 20 zu erreichen. Es gibt eine Reihe guter Badeplätze. An der Corniche, von Osten nach Westen: Abukîr, el-Maʿmûra, el-Montaśa, el-Mandarra, el-Assafra, Miami, Sidi Bishr, Ramla, San Stefano, Glim, Stanley Bay, Sidi Gabr, Sporting, el-Ibrahimîja, Schatbi, el-Anfûschi. – Östlich wie westlich davon weitere Seebäder an der Mittelmeerküste, nach Westen fast 500 km weiße Strände mit staubfeinem Sand. – Im Stadtgebiet ist die Sauberkeit des Wassers nicht gewährleistet. In der Hochsaison (Juli und August) sind alle Bäder mit Einheimischen überfüllt.

Theater:
Vgl. für Theater und Konzerte den in allen größeren Hotels kostenlos ausgehändigten Prospekt »Two weeks in Alexandria«.

Verkehrsmittel in der Stadt:
Elektrische Straßenbahn im Stadtgebiet. – Autobusse im Stadtgebiet und in die Umgebung. Hauptstation Midân et-Tahrîr. – Elektrische Ramla-Bahn an die Ostküste und zu den Vororten.

Zeitplan:
Wenn man nur wenig Zeit zur Verfügung hat, besuche man mit Taxi die Pompejussäule, die Katakomben von Kôm esch-Schukâfa und das Museum der griechisch-römischen Altertümer.
Halbtagsspaziergang: Tahrîrplatz – römisches Theater – Moschee Terbâna – Moschee Abu'l Abbâs – Fort Kâït Bey – Gräber von Anfûschi.
Halbtagsausflug (mit Taxi oder der Ramla-Bahn): Nuśha- und Antoniadisgarten.
Ruinen der → Menastadt (Halb/Ganztagsausflug); → el-Alamên (Tagesausflug); → Oase Sîwa (mehrtägiger Ausflug); → Wâdi Natrûn (Tagesausflug, besser von Kairo aus zu unternehmen); Seebäder an der → Mittelmeerküste.

Die Stadt und ihre Geschichte (Plan S. 304/5)

Alexandria (eingedeutscht auch Alexandrien, arabisch Iskanderîja) ist einer der bedeutendsten Mittelmeerhäfen und die zweitgrößte *Stadt Ägyptens*. Sie liegt auf der felsigen Landzunge, die den Mareotischen See vom Meer trennt, im äußersten NW des Nildeltas, zählt nahezu 2¹/₂ Mill. Einwohner (zu Anfang des 19. Jh. 6000 Einwohner), darunter viele Europäer, vor allem Griechen und Italiener. Die Stadt wirkt weitgehend europäisch, besonders der östliche Teil. Hier im Osten und in Ramla wohnen die Europäer (große Plätze, Anlagen, Hochhäuser), während die Ägypter die westlichen und nördlichen Stadtteile bewohnen. Die einheimischen Viertel mit Gassengewirr und Basaren liegen vornehmlich zwischen Ost- und Westhafen.

Im östlichen Hafen, »dem großen Hafen« der Alten, legen heute nur Fischerboote an, der westliche, im Altertum »der Hafen der guten Heimkehr (Eunostos)« genannt, wurde erst seit der spätrömischen Kaiserzeit nennenswert benützt und 1871 durch einen großen Außenhafen erweitert. Der 900 ha große Westhafen wird durch die Insel Pharos und einen 4 km langen Wellenbrecher gegen das Meer geschützt. Die Stadt mit ihrem »alexandrinischen« (= Handels-) Charakter verdankt ihr Aufblühen der Entwicklung Ägyptens als Baumwollzentrum. Vier Fünftel der gesamten ägyptischen Ein- und Ausfuhr wird in diesem Hafen immer noch umgeschlagen, wenn seine Bedeutung auch nachläßt. Da der Reisende heute üblicherweise mit dem Flugzeug ankommt, liegt auch für ihn die Hafenstadt im Windschatten. Außer zu geschäftlichen Zwecken wird die Stadt daher heute von Europäern allenfalls als Badeort aufgesucht. Als Treffpunkt für internationale Konferenzen ist sie beliebt. Im übrigen ist sie heute eine farb- und glanzlose Allerwelts-Großstadt, ihre einstmals so strahlende Mittelmeer-Strandpromenade eine Autorennbahn entlang an verfallenen Häuserfluchten und leeren Lokalen, die sich nur während der zwei bis drei Sommermonate durch meist einheimische Badegäste beleben.

Geschichte

»Alexandrinisch« heißt für den Historiker nicht handelsverhaftet, sondern zugehörig zum geistigen Mittelpunkt der Welt in den drei Jahrhunderten vor und nach der Geburt Christi. 332 v. Chr. wurde die Stadt durch Alexander d. Gr. *gegründet* und von seinem Architekten Deinokrates erbaut. Rasch entwickelte sie sich zum Hauptsitz griechischer Gelehrsamkeit wie zum ersten Handelsplatz der antiken Welt. Ptolemaios I. Soter (323–283), der Begründer der ptolemäischen Dynastie, hat den genialen Plan Alexanders aufs trefflichste fortgeführt: Er machte die Stadt nicht nur zum Regierungssitz, sondern auch zur Heimstätte der Künstler und Gelehrten, schuf

Die Stadt und ihre Geschichte

die berühmte Bibliothek, das Museum wie das Serapeum. In Alexandria trafen sich die geistigen Größen der Zeit, der Philosoph Demetrius Phalereus, der Mathematiker Euklid, die Ärzte Erasistratus (etwa 250 v. Chr.) und Herophilus wie die Maler Apelles und Antiphilus. Der Dichter Kallimachos war einer der ersten Leiter der Bibliothek. Künstler und Gelehrte wohnten im Museum, dort trieben sie ihr Studium. Die Septuaginta, die griechische Übersetzung des Alten Testaments, entstand damals in Alexandria. Von hier wirkten starke Einflüsse auf Malerei, Mosaik- und Kleinkunst.

Als nach den Streitigkeiten zwischen Kleopatra und ihrem Brudergatten Ptolemaios XIII. Caesar in Alexandrien seinen Einzug hielt (48 v. Chr.), war die Stadt auf ihrem *Höhepunkt*. Kleopatra verband sich Caesar ebenso wie Antonius (42–30), bis Octavian in Alexandria einzog (30 v. Chr.). Damals soll die Bevölkerung über 500 000 gezählt haben: Griechen, Ägypter und, in sich geschlossen, Juden.

Nach der Eroberung Alexandrias machte Antonius seinem Leben ein Ende, und Kleopatra gab sich den Tod durch Schlangenbiß (oder einen giftigen Haarpfeil). Ägypten wurde römische Provinz (→ Geschichte, S. 58 f.).

Nach Rom selbst ist Alexandria die größte Stadt des römischen Imperiums und genießt entsprechende Achtung. Die Alexandriner proklamierten Vespasian zum Kaiser (69 n. Chr.). Hadrian (130) veranstaltete dort Disputationen und hörte Vorlesungen bei den Gelehrten der Stadt. Marc Aurel (161–180) hat sich laut seiner Vita in Alexandrien ganz als Bürger und Philosoph gegeben. Auch ihre Nachfolger besuchten Alexandria und bezeugten der Stadt ihre Gunst. Der griechische Satiriker Lukian lebte als Sekretär des ägyptischen Präfekten ebenfalls in Alexandria (später auf der Insel Elephantine).

Doch fehlte es unter der römischen Herrschaft auch nicht an Rückschlägen. So führte der Aufstand der Juden, die seit der Stadtgründung in Alexandria ansässig waren und unter Trajan (98–117) ein Drittel der Bevölkerung ausmachten, zu blutigem Bürgerkrieg; erst unter Hadrian wurden die Unruhen wieder beigelegt. Mit Caracalla begann der unheilvolle und nicht mehr revidierbare *Verfall* der Königin der mittelmeerischen Städte. Um sich für die Sarkasmen der Alexandriner zu rächen, ließ der Kaiser (211–217) unter den jungen Männern, die er im Gymnasium versammelt hatte, ein schreckliches Massaker anrichten, die Stadt in zwei Teile trennen, schloß die Theater, verfügte Repressalien und verbot die Zusammenkünfte der Philosophen. Schließlich fiel die Stadt vorübergehend in die Hand der Zenobia, Königin von Palmyra, und wurde bei der Rückeroberung mit Zerstörung der Stadtmauer und starker Gebietsverkleinerung schwer bestraft. Ein neuer Aufstand wurde niedergeworfen durch das Blutbad Diocletians (295); grausame Zerstörung der Stadt und Vernichtung ihrer Menschen waren das Ende.

Die *Christenverfolgung* unter Decius (250) und die zweite unter Valerianus 7 Jahre später verbesserten die Zustände ebensowenig wie die Pest, die einen weiteren Teil der Einwohner Alexandrias hinraffte. Wie die Überlieferung will, hat der Evangelist Markus selbst, dessen Gebeine 828 nach Venedig überführt wurden, das Christentum in Alexandria verkündet und damit nach Ägypten getragen. Alexandria wurde nun Zentrum christlicher Lehre, war Bischofssitz und unterhielt seit 190 auch eine Katechetenschule, als deren bedeutendster Vorsteher Clemens Alexandrinus genannt werden darf. Er vor allem wußte die christliche Lehre mit den damals in Alexandrien aufkommenden neuplatonischen Ideen zu vermählen, die mit Plotin ihren hervorragendsten Vertreter fanden.

Alexandria wurde als Metropole der *geistigen Auseinandersetzung* mit dem Christentum wiederum Schauplatz blutiger Kämpfe, als die → Athanasianer mit den → Arianern um den rechten Glauben fochten. Die Lehre des Erzbischofs Athanasius von Alexandria, Gottes Sohn sei mit dem Vater wesenseins, siegte im Konzil von Nicäa (325) gegen die Lehre des Presbyters Arius von Alexandria, und Theodosius (379–395) verfolgte nach der Erhebung des Christentums zur Staatsreligion (389) die Heiden sowohl wie die Arianer. Der von ihm beauftragte Theophilus zerstörte das Theater, die Tempel und Denkmäler, die Statuen; so auch das berühmte Serapeum mit der Statue des Sarapis. An seiner Stätte wurden eine Kirche und ein Kloster errichtet, unter Justinian (527–565) sämtliche heidnischen Schulen geschlossen. Inzwischen war Alexandria materiell verfallen. Besonders ruiniert wurde die Stadt noch dadurch, daß der Patriarch Kyrillos die Juden vertrieben hatte. Dennoch nennt der Märtyrer Antonius im Jahre 565 Alexandria noch immer »eine prächtige Stadt«.

Nach der vorübergehenden, aber folgenschweren Eroberung Alexandrias durch die *Perser* (619–626) wurde die christliche Hochburg eine Beute des *Islâms*. Unter dem Befehl des Generals Amr-Ibn-el-Âs drangen die Scharen des Kalifen Omar ins Land und eroberten die Stadt 641 nach 14monatiger Belagerung. Auch damals noch sprachen die Araber von der glänzenden Stadt, aber mit ihrer Wahl von → Fustât (Alt-Kairo) und dann Kairo selbst zur neuen Hauptstadt sank die Bedeutung des fast 1000jährigen Alexandrien rasch und tief, wenn sie auch in den Schriften der folgenden Jahrhunderte weiterhin anerkennende Prädikate erhält: »Gegenwärtig (1350) ist A. die erste Seestadt Ägyptens und eine der Hauptstädte des Sultâns.« Rosette beerbte sie jedoch als See- und Handelsstadt, zu Beginn des 19. Jh. zählt Alexandria 6000 Einwohner (vor Christi Geburt über $1/2$ Mill.) und kümmert als Fischerdorf dahin.

Wenn *heute* Alexandria wieder zu einer Millionenstadt geworden ist, so verdankt sie diesen Rang zunächst → Mohammed Ali, dem Begründer des modernen Ägypten, der Alexandrias Bedeutung als Hafen erkannte, den Mahmudîja-Kanal anlegte und die Stadt wieder mit dem Hinterland verband; und dann schließlich dem Anschluß Ägyptens an die europäische Kultur und Wirtschaft und damit an den Mittelmeerverkehr.

Topographie (Plan S. 298)

Von dem alten Alexandria erhalten wir die beste Beschreibung durch *Strabo,* der in den letzten Jahrzehnten v. Chr. in seiner »Geographie« folgendes Bild entwirft. Die Insel Pharos war mit dem Festland durch einen 1200 m langen Damm verbunden, das Heptastadion, mit zwei überbrückten Durchfahrten und einer Wasserleitung. Auf der Ostspitze der Insel ragte der berühmte Leuchtturm in 180 m Höhe auf. Dieses unter Ptolemaios II. aus weißem Kalkstein 279 v. Chr. errichtete Bauwerk, das als »Pharos« von da an allen Leuchttürmen den Namen gegeben hat, zählte zu den Wundern der alten Welt. Nach seiner Zerstörung durch Erdbeben (1303 und 1326) und durch das Meer erbaute man an der Stelle des »Pharos« das Fort Ḳâït Bey, das noch heute erhalten ist. Der Damm trennte den »Großen Hafen« im O ab vom »Eunostos-Hafen« im W, wo auch ein Kriegshafen (Kibotos) angelegt war.

Alexandrien war damals in *fünf große Stadtteile* eingeteilt: Im W lag die Nekropolis, wo die Toten balsamiert wurden; das nach O anschließende Rhakotis war der Wohnbezirk der Ägypter; zwischen dem Heptastadion und der Landspitze Lochias lag die Königsstadt Regia-Bruchium mit den öffentlichen Bauten, dem Theater, der Bibliothek, dem Museum, der Akademie, dem Gymnasium; Bruchium wurde 269 n. Chr. in den Kämpfen mit Zenobia zerstört. Das Kap Lochias trug den königlichen Palast der Ptolemäer. Östlich an das im Zentrum gelegene bedeutendste Viertel schlossen die Judenquartiere an (unter Trajan zerstört) und außerhalb der eigentlichen Stadt im O der Hippodrom und Eleusis, die von Augustus wegen seines Sieges über Antonius in Nikopolis umbenannte Vorstadt mit der Rennbahn und dem Amphitheater. In der regelmäßig angelegten Stadt stießen die Straßen rechtwinklig aufeinander. Nach Strabon hatte der Grundriß der Stadt die Form eines makedonischen Reitermantels. Da die antike Stadt unter der heutigen liegt, kann sie nur gelegentlich städtischer Bararbeiten ausgegraben werden. Mit dem Küstensaum ist manches griechische Gebäude ins Meer abgesunken, erhalten haben sich von den alten Bauwerken nur wenige Ruinen.

Östlich des Forums lag das *Theater* gegenüber der Insel Antirrhodos, so daß die Zuschauer im Hintergrund das Meer sahen; westlich des Forums das *Caesareum,* ein Heiligtum, das Kleopatra für Antonius beginnen ließ und Augustus vollendete, für die göttliche Verehrung der Kaiser; vor seinem Eingang standen die »Nadeln der Kleopatra«, die beiden jetzt in London und New York befindlichen Obelisken.

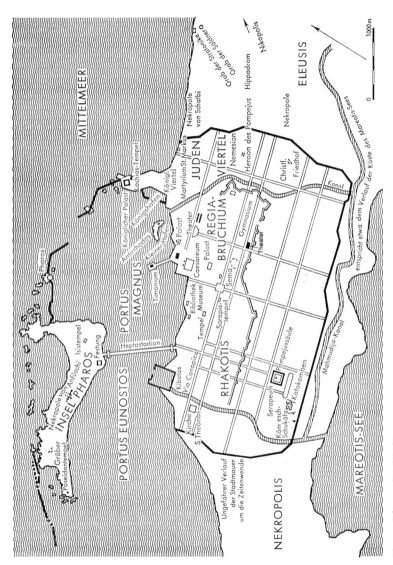

Alexandria – alte Stadt

Antike Stätten

Paneum und *Gymnasium* konnte man nur annähernd lokalisieren (siehe Plan). Das *Sema* bei den Königspalästen barg die Gräber Alexanders d. Gr. und der nachfolgenden Ptolemäer. Das *Museum*, die Wohn- und Wirkstatt der Gelehrten (z. Z. der ersten Ptolemäer mindestens 100), hatte u. a. eine Wandelhalle, eine Sitzhalle und einen Speisesaal für die »am Museum angestellten Gelehrten«. An das Museum nach N angeschlossen war die alexandrinische *Bibliothek*, die z. Z. Caesars, da sie verbrannte, knapp 1 Mill. Rollen umfaßte; Museum wie Gelehrte waren reich dotiert. Das *Serapeum*, das dem synkretistischen Gotte → Sarapis geweiht war, lag auf einem südwestlichen Hügel, dort wo die sog. → Pompejussäule als Wahrzeichen Alexandriens aufragt (389 n. Chr. geschlossen).
In der Nekropole von *Anfûschi* wurden griechische Felsgräber aus dem 2. vorchristlichen Jahrhundert entdeckt, am Hang des *Kôm esch-Schuḳâfa* sind römische Gräber aus dem 1. und 2. Jahrhundert nach Christi Geburt ausgehöhlt; jüngste Ausgrabungen legten dort zwei Baderäume frei. Nicht unerwähnt bleiben sollen schließlich die ausgedehnten Zisternen. Auch bei Râs et-Tîn wurde eine kleine Nekropole zutage gefördert und schließlich aus dem Kôm ed-Dîk neben römischen Bädern ein Theater ausgegraben. Wo der Spaten ansetzt, stößt er auf antike Reste. Das Grab Alexanders ist noch immer nicht gefunden.
Im ganzen ist von dieser einstmals so glanzvollen Stadt nur wenig übriggeblieben. Der Vandalismus der Geschichte hat ihr zwar den Ruhm nicht nehmen können, geistige Mitte einer kosmopolitischen Weite gewesen zu sein, hat aber die Spuren der sichtbaren Zeichen fast ganz getilgt. Wir folgen ihnen heute auf dem Weg zum Kôm ed-Dîk, zur Stätte des alten Serapeums mit der Pompejussäule, zu den Katakomben von Kôm esch-Schuḳâfa, der griechischen Nekropole von Anfûschi und ins Museum der griechisch-römischen Altertümer.

Antike Stätten

Der Festungsgürtel **Kôm ed-Dîk** (2 B/C*; Nähe Museum griech.-röm. Altertümer).

Öffnungszeit: täglich von 9–17 Uhr.

Als das Fort aufgelassen wurde und der Hügel eingeebnet werden sollte zu einem Baugrund, wurden solch überraschende Funde gemacht, daß man den ganzen Kôm zur archäologischen Stätte erklärte und nun systematisch freilegt.
Unter 3 Schichten islamischer Gräber aus dem 9.–11. Jh. fand sich ein aus-

---
* Ziffer und Buchstabe geben die Gitterlinien des Plans auf S. 304 f. an.

gedehnter Komplex mit römischen Bädern des 3. Jh. mit Restaurierungen unter Justinian (6. Jh.). Der schönste Grabungsertrag war bis jetzt ein römisches Theater, das als der bisher älteste Profanbau Alexandrias gilt. Die 13 Stufen sind aus weißem europäischem Marmor, die Säulen aus Assuân-Granit und grünem Marmor aus Kleinasien. Dieses vielleicht ursprünglich überdachte Musiktheater (Odeion) konnte 700–800 Besucher aufnehmen. Nach den griechischen Inschriften auf den Stufen diente es auch für Kampfspiele. Die Anlage war von einer 8 m hohen Mauer umgeben (2. Jh.), und wurde im 5. Jh. von den Christen umgebaut und war nach Ausweis kufischer Inschriften noch im 7. Jh. in Benützung.

In einer römischen Stadtvilla beachtliche Mosaiken, außerdem spätrömische Häuser (4.–7. Jh.), die noch bis zu drei Stockwerken hoch erhalten sind.

Serapeum (3 B)
Öffnungszeit: täglich 9–17 Uhr.

Die Stätte des alten Serapeums neben dem großen arabischen Friedhof im SW der Stadt ist heute ein öder, von antiken Bauresten, Schutt und verworfenen Denkmälern bedeckter Hügel. Von dem ptolemäischen Tempel, der dem Gotte Sarapis geweiht war, ist nichts mehr vorhanden. Theodosius hat ihn im Zuge der Heidenverfolgung 391 n. Chr. umlegen und, wie die Mär es will, »zum Gedenken an den Triumph des Christentums« die Säule errichten lassen, die in einer Höhe von knapp 27 m das Ruinenfeld sieghaft überragt.

Diese Säule war ein Bauglied des Serapeums und hat die Zeitläufe besser als irgendein anderes antikes Denkmal überlebt. Weil hier (in Verwechslung mit dem Nemesion) das Grab des Pompejus vermutet wurde, heißt sie seit den Kreuzzügen *»Pompejussäule«*. Sie ist aus rotem Assuângranit gehauen, ihr Schaft hat unten 2,70 m Durchmesser, verjüngt sich auf 2,30 m unter dem korinthischen Kapitell; auf ihm sollen 1832 22 Menschen im Kreise gestanden und miteinander gespeist haben. Die Blöcke, aus denen der Unterbau aufgemauert ist, entstammen älteren Gebäuden, einer trägt den Namen Sethos' I. (19. Dyn.), ein anderer den der Arsinoë Philadelphos; an der Westseite eine stark zerstörte Weihinschrift aus dem Jahre 292 n. Chr. zu Ehren des Kaisers Diokletian. Diese Inschrift regt die Vermutung an, daß die Säule zu Ehren Diokletians errichtet wurde (302 n. Chr.), weil er nach der die Kämpfe zwischen den Kaiserlichen und Palmyrenern abschließenden Belagerung und Aushungerung Alexandrias unter die Armen Brot verteilen ließ und sich hilfsbereit zeigte.

Nördlich der Säule steht ein antikes Wasserbecken, *südlich* erheben sich auf hohem Sockel zwei Sphingen aus Rosengranit, eine Sphinx ohne Kopf von Haremhab, ein Skarabäus aus rotem Assuângranit, eine Sitzfigur

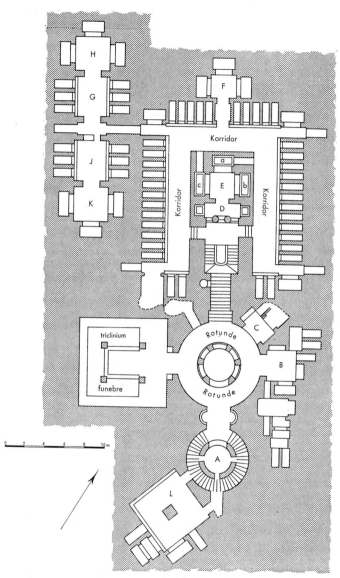

Kôm esch-Schukâfa

Ramses' II. ohne Kopf und rings um die Säule überall Reste alter Fundamente, Säulenschäfte aus Rosengranit, Architekturfragmente der römischen Zeit, die zu einem riesigen Gebäude gehört haben müssen. Teilweise dürften die Baureste von der Bibliothek herstammen, die dem Serapeum angeschlossen war und zum Unterschied von der Großen Bibliothek im Kaiserlichen Viertel Tochterbibliothek hieß.

Das an der Stelle des Serapeums errichtete Kloster und die ebenda zu Ehren Johannes' des Täufers erbaute Kirche ist offenbar im 10. Jh. zerstört worden. – Der Besuch der rund 50 m westlich von der Säule entfernten Ruinen des Serapeums lohnt nur im Sinne pietätvollen Gedenkens an diese berühmte Weihstätte.

Kôm esch-Schukâfa (3 A) (Plan S.301)

Öffnungszeiten: täglich 9–17 Uhr. – Eintrittskarten s. S. 307 (Museum). – Mitnahme einer Taschenlampe empfohlen.

Unweit des Trümmerfeldes liegen bei der kleinen Moschee Gâmi' el-Mîri die *Katakomben von Kôm esch-Schukâfa*, am Südhang eines Hügels, der von einem Fort bekrönt ist und als Steinbruch dient. Kôm esch-Schukâfa, in verschiedenen Etappen entdeckt, ist die größte und bedeutendste römische Grabanlage in Ägypten. Sie stammt aus dem 1. und 2. Jh. nach Christi Geburt, liegt in mehreren Stockwerken unter der Erde und zeichnet sich künstlerisch durch einen ägyptisch-griechisch-römischen Mischstil aus. Vermutlich gehörte die Begräbnisstätte einem (noch nicht christlichen!) Kultverein, ihre Hauptstätte dem Stifter und seiner Familie.

Durch Geländer, Brücken und elektrisches Licht ist das Innere unschwer zugänglich gemacht; heute steht allerdings meist Grundwasser an.

Vom wiederhergestellten Eingang aus führt um einen großen runden Lichtschacht eine Wendeltreppe (A) zu zwei Stockwerken in die Tiefe (das untere heute meist unter Wasser); die Sargkammer gleich oben neben der Treppe (L) stammt aus späterer Zeit. Im oberen Stockwerk, an dessen Eingang beiderseits halbkreisförmige Nischen mit Bänken liegen, betritt man zunächst eine kuppelüberdachte Rotunde, in deren Mitte ein Schacht zu einer weiteren Etage hinunterführt. In den zwei kleineren Räumen (B und C) rechts Nischen und Sarkophage, darüber backofenartige Schiebegräber (loculi); links das triclinium funebre, ein größerer Raum mit dreiseitig aus dem Fels gehauenen Liegebänken, auf denen der Leichenschmaus abgehalten wurde; die Decke von vier Pfeilern getragen. In der Hauptachse führt die Treppe abwärts, sich vor dem Eingang teilend, in den Vorraum (D) der Grabkapelle (E).

Die *Vorhalle* ist stark mit altägyptischen Stilelementen durchsetzt, ihre Fassade durch zwei Säulen dreiteilig gegliedert. Ein flach abgerundeter Giebel mit der Sonnenscheibe in der Mitte liegt über einem Hohlkehlengesims (mit Anklängen an jonisches Eierstabmuster) mit Flügelsonne und Horusfalken auf den beiden ägyptischen Pflanzensäulen mit Kompositkapitellen; zwischen ihnen steigen drei Stufen auf das Niveau des *Vorraums* (D) hinauf. Dort r. und l. in tiefen Nischen je eine aus weißem Kalkstein gearbeitete Statue einer Frau und eines Mannes in altägyptischer Gewandung. In der Rückseite ein Portal nach altägyptischem Muster mit Uräenfries, Flügelsonne in der Hohlkehle und Rundstab um das Gewände; beiderseits auf hohen Untersätzen unter Schilden mit dem Gorgonenhaupt zwei große Schlangen mit der ägyptischen Doppelkrone, dem Hermesstab und dem Thyrsus des Dionysos.

Die drei Nischen (a–c) der *Grabkapelle* (E) enthalten Schein-Sarkophage, die mit den Deckeln aus dem Sandfels gehauen und in griechischer Art verziert sind mit bebänderten Girlanden und Trauben, mit Masken, Medusenhäuptern und Stierschädeln und am Deckelrand mit Mäander. Die Wände tragen Reliefs mit religiösen Szenen. Beiderseits des Eingangs zu den seitlichen Nischen halten der altägyptische hundsköpfige Gott Anubis als Krieger und eine andere Mischgestalt mit Hundskopf und Schlangenleib die Türwacht.

Die Szenen der *Mittelnische:* Auf der Rückwand eine Bahre mit der Mumie, die von den Göttern Horus, Thoth und Anubis besorgt wird; auf der linken Wand der Verstorbene vor einem Altar, ein Totenpriester liest das Ritual; auf der rechten opfert ein Priester der Göttin Isis.

Rechte und linke Nische haben entsprechende Darstellungen: Auf der Rückwand (der rechten Nische) opfert der König bzw. der Kaiser in der Doppelkrone dem heiligen Apisstier ein Halsband, hinter dem Tier die Göttin Isis mit schützend ausgebreiteten Schwingen; auf der linken Wand opfert der König dem Verstorbenen als Osiris; auf der rechten menschenköpfiger und hundsaffenköpfiger Totengott.

Von der Vorhalle aus zugänglich ist der rings um die Grabkapelle laufende *Korridor*, in dessen Wänden 91 Schiebegräber in zwei Reihen übereinander liegen; in jedem dieser loculi waren drei bis vier Tote beigesetzt. Auf einigen der Verschlußplatten sind noch die rot aufgeschriebenen Namen und Altersangaben der Toten zu erkennen. In der Mittelachse rückwärts liegt die *Sarkophagkammer* (F) mit drei Sargnischen. Die vier seitlich angehängten Räume (G–K), wiederum mit Schiebegräbern und Sarkophagnischen, stammen aus späterer Zeit.

1942 wurde in einem Hügel das Höhlengrab einer Priesterin der Nemesis entdeckt mit einem Schatz an Kleinodien, 1964 zwei Baderäume.

Wer den Besuch von Gabbâri anschließen möchte, s. S. 306.

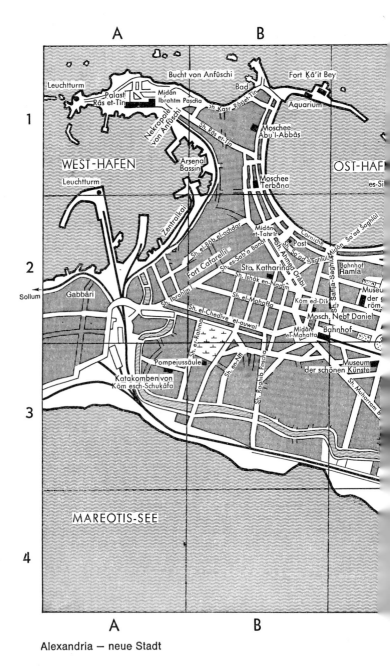

Alexandria — neue Stadt

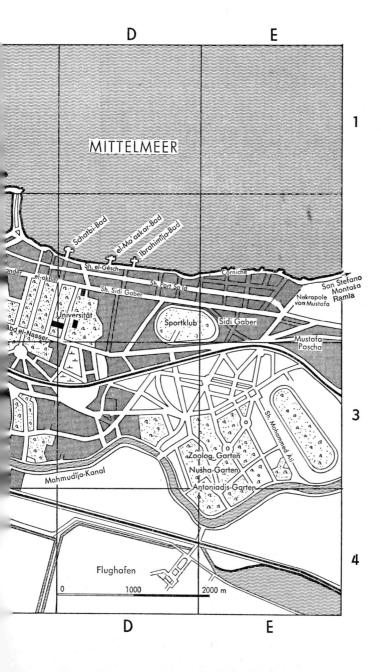

Anfûschi (1 A)

Öffnungszeit: täglich 9–17 Uhr. – Eintrittskarten s. S. 307 (Museum). – Mitnahme einer Taschenlampe empfohlen.

Im äußersten NW der Stadt, auf der Halbinsel Pharos, liegen nahe dem Ufer der *Afûschi-Bucht* griechische Felsgräber aus dem 2. vorchristlichen Jahrhundert, weniger bedeutend als die von Kôm esch-Schuḳâfa. Sie sind Beispiele für den griechisch-ägyptischen Stil der Ptolemäerzeit. Zu *beiden Gräbern* führt je eine Treppe in ein Atrium, von dem aus in rechtwinklig zueinander liegenden Achsen je zwei Grabanlagen zugänglich sind. Diese Anlagen bestehen je aus Vorhalle und eigentlicher Grabkammer. Die Wände der Vorhalle sind im Stil der römischen Dekorationskunst des 2. Jh. mit Marmor- und Alabasterimitationen bemalt, die Grabkammern mit mythologischen Darstellungen und griechischen Aufschriften ausgestattet, im Grab 1 auf der Rückwand des N-Grabes mit 3 Kronen, in Grab 2 beide Anlagen mit Palmen, die Decken teilweise als Tonnengewölbe gestaltet (auch mit Kassetten); Triclinium, Granitsarkophag und Altar sind weitere sinngemäße Ausstattungsstücke.

Die *religiösen Szenen* zeigen vor allem den Toten, von Osiris, Isis und Horus umgeben, auch von anderen Totengöttern, so Anubis, besorgt. Die Bilder sind teils unfertig, teils zerstört, entbehren aber nicht eines hohen Reizes. Während man die Kunst der Vorhallen mit dem 1. Pompejanischen Stil vergleichen darf, werden die hinteren Gemächer, die Grabkammern, von ägyptischen Motiven beherrscht. Ebenso sind die Architekturelemente vornehmlich ägyptischer Herkunft, so Hohlkehle oder Uräenfries, aber über dem Portalsims bildet den Abschluß ein griechisches Tympanon.

Neben beiden Hauptgräbern der Nekropole liegt eine Reihe ähnlicher, aber weniger bedeutender Gräber.

Weitere kleine Nekropolen: Gabbâri, Schatbi, Mustafa

Öffnungszeit: täglich 9–17 Uhr. Eintrittskarten s. S. 307 (Museum). – Mitnahme einer Taschenlampe empfohlen.

Wer intensiver eindringen möchte in ptolemäisch-römische Grabkultur, suche die oben genannten kleinen Nekropolen auf, deren erste im Westen (2 A), deren beiden anderen im Osten (2 D und 2 E) liegen.

Die Nekropole in *Gabbâri* (Eingang Sh. Bergwân), westlich von Kôm esch-Schuḳâfa, bietet Felsgräber aus dem 2. Jh. v. Chr. bis zur römische Kaiserzeit, darunter bedeutende Anlagen in der Art von → Anfûschi und → Mustafa Pascha, doch ist die Nekropole durch Steinbrucharbeiten stark zerstört und gefährdet.

Die Ruinen der architektonisch eindrucksvollen Nekropole von *Schatbi* (zwischen dem Strand und dem St.-Markus-Gymnasium gelegen) stammen bereits aus dem 3. Jh. v. Chr. Schatbi war ein bedeutendes Seebad der frühen Ptolemäer, die ihre Gräber mehr hellenistisch als ägyptisch ausgestattet haben. Fundstücke daraus jetzt im Museum, Saal 20 und 21 (S. 310).

Museum griechisch-römischer Altertümer

Mustafa, wenige Kilometer ostwärts in Strandnähe gelegen, ist die lohnendste der drei Nekropolen, sie stammt aus dem 3. und 2. Jh. v. Chr. Ihre Gräber stecken halb im Fels, die andere Hälfte ist aufgemauert, alle sind nach gleichem Plan angelegt, 4 sind zu besichtigen, besonders klar wird die Anlage bei Grab Nr. 1. Manchmal sind die Gräber feucht bis naß, man sei vorsichtig, nicht auszurutschen.
Am Fuße einer Treppe liegt ein etwa quadratischer Hof, dessen Wände in einer Weise mit dorischen Halbsäulen geschmückt sind, als ob sie ein Peristyl umstünden. In der Mitte ein kleiner Opferaltar. Die Kammern, »Wohnräume«, Korridor und Sargraum waren mit Stuck verkleidet und illusionistisch mit Holz- und Marmormuster bemalt, heute weitgehend abgeblättert und mit Algen überzogen.

Museum griechisch-römischer Altertümer (2 C) Plan S. 309

5 Sh. El-Mathaf-ar-Rumâni. Öffnungszeiten: täglich von 9–16 Uhr, freitags bis 11.30 Uhr; an Festtagen geschlossen. Die Eintrittskarten gelten auch für die Katakomben von Kôm esch-Schukâfa und Anfûschi (S. 304 und S. 306).

Das Museum griechisch-römischer Altertümer ist streng genommen ein Stadtmuseum, hat aber in Anbetracht der Bedeutung dieser ehemaligen Metropole stellvertretenden Wert für Kunst und Kultur von rd. 300 v. Chr. bis 300 n. Chr. aus ägyptisch-griechisch-römischem Bereich. 1891 gegründet und mehrmals erweitert, faßt die ansehnliche Sammlung vor allem Gegenstände aus alexandrinischen Nekropolen; außer den Funden durch wissenschaftliche Ausgrabungen auch solche, die bei dem in Alexandria üblichen Buddeln nach Steinen zum Hausbau gemacht wurden. Sie befinden sich in 31 (teils dem Besucher nicht zugänglichen) Sälen und im Garten. Außer den ägyptischen Denkmälern, den Vasen und Tanagra-Figuren griechischer Kultur sind die Kompromiß-Lösungen religiöser Vorstellungen und künstlerischer Stilelemente von Orient und Okzident häufig genug synkretistische Mischprodukte zweifelhaften Geschmackes und weltanschaulicher Unsicherheit.
Man beginne seinen Rundgang am besten in Saal 6 (links vom Eingang) und besichtige die Säle 1–5 zuletzt.

In der *Eingangshalle* prähistorische Feuersteingeräte. 2 Sphingen von Apries.

Saal 1 (rechts vom Eingang) vereinigt christliche Altertümer, vor allem Grabsteine, griechisch-christliche und ägyptisch-christliche (= koptische) aus Alexandrien und Oberägypten. Kreuze – beachte die verschiedenen Formen! –, Lebenszeichen (= Henkelkreuz), Pfau und Palmette sind typische Ornamente. Viele Texte beginnen mit: »Stele des soundso (Name), Alter, Geburtsdatum, Beruf« und enden mit der Formel: »Sei nicht traurig, niemand auf dieser Welt ist unsterblich.« – Säulen und andere schöne Architekturteile. In den Schränken Terrakotta-Figuren, koptische und byzantinische Papyri; in der Mittelvitrine ein Kissen aus Antinoë mit mehrfarbiger Wolle; Knochen- und Elfenbeinschnitzereien, Menasflaschen, Tonlampen u. a. Gefäße, kleine Stelen; ein Marmorrelief des hl. → Menas (zwischen 2 Kamelen), Mumien, und in der Saalmitte: ein prächtiger Sarkophagdeckel aus Porphyr in Form eines Pyramidenstumpfes, frühchristlich, 4. Jh.

Saal 2: Kapitell mit Blattmasken in der Mitte, in den vier Ecken weitere wundervolle Säulenköpfe der frühchristlichen Zeit.

Saal 3: Wandmalereien, eine Stucknische aus Kôm Abu Girga mit dem Paradies; Widderträger (Nr. 22273), den guten Hirten darstellend, aus Marsa Matrûh, 4./5. Jh. n. Chr.; zwei koptische Pantoffelsärge aus Ton.

Saal 4: Prachtvolles, großes Tongefäß, beim Wâdi Natrûn gefunden, bemalt mit christlichen Symbolen und Christus selbst (?).

Saal 5: Koptische Textilien, aus Achmîm und Schêch Abâda; vgl. dazu S. 540, bei 272 km.

Saal 6 enthält mit seiner chronologisch geordneten Sammlung griechischer und lateinischer Inschriften und Papyri die wissenschaftlich bedeutendsten Stücke des Hauses. Geschichte, Topographie, Kunstgeschichte; Religion, Kultur und Sprache, öffentliches wie privates Leben der Zeit werden durch nichts besser dokumentiert als durch diese Zeugnisse. Zu den Weih- und Denkschriften gesellen sich zahlreiche Grabsteine, darunter (Nr. 88) die Stele der Artemisia, von der sich Isidora verabschiedet; auf einer Grabplatte (Nr. 252) aus Marmor das Hochrelief des Kriegers Aurelius Sabius syrischer Heimat. Saalmitte: Apisstier aus Diorit, mit Sonnenscheibe und Uräus zwischen dem Gehörn (Nr. 351), in Lebensgröße, westlich der Pompejussäule gefunden, Weihstück des Kaisers Hadrian.

Saal 7 – 9: Ägyptische Altertümer, Saal 7 aus Abuķîr. Kolossalstatue (2,82 m) von Ramses II. mit Standarte aus Rosengranit, zwei Sphingen (kopflos) Amenemhêts IV., Oberteil einer Statue Ramses' II. In den Vitrinen Königsköpfe der Spätzeit.

Saal 8: Prächtiges Hathorkapitell aus schwarzem Basalt; in der Mitte der Rückwand, gegenüber dem Eingang: Flachrelief (Nr. 380 aus Heliopolis) der saïtischen Zeit (Tigrane-Relief) mit Harfner, Musikantinnen und Sängerinnen vor Tja-nefer in weitem Mantel; Kalksteinsärge in Mumienform, Holzsärge aus Dêr el-bahri; Mumien, vor allem aus Saķķâra und dem Faijûm, teils (Nr. 7312) mit Porträt, 1. und 2. Jh. n. Chr.

Saal 9: Funde des ptolemäischen Theadelphia Faijûm, wo als Hauptgottheit ein Krokodilgott verehrt wurde (sein Tempel ist heute im Nordgarten des Museums aufgestellt); einige Stelen; Holztür mit griechischer Inschrift aus dem Jahre 137 v. Chr.; Fresken, Teil eines Obelisken Sethos' I.; Oberteil Psametichs II. aus schwarzem Granit; in der Mitte Krokodilmumie auf Traggestell.

Saal 10 (Antoniades-Sammlung) mit kleineren ägyptischen Skulpturen, d. s. Figuren von Göttern und heiligen Tieren aus Fayence und Bronze; Mumienmasken, -kartonagen und Sargdeckel; Alabastergefäße, Uschebtis, Eingeweidekrüge, Skarabäen, Amulette, Ringe; kleine Vasen aus Rhodos und Zypern; Goldschmuck aus ptolemäischer, römischer und byzantinischer Zeit; im Eingang Opferbecken. Büste der Zeit Amenophis' III., 1942 im Serapeum gefunden. Mitte: Kolossaler Königskopf aus Abuķîr, wohl 26. Dyn., Granit.

Saal 11: Ägyptische Plastik, Reliefs und Wandmalereien aus griechisch-römischer Zeit, die meisten in ägyptischem Stil und ägyptischer Technik, aber griechisch beeinflußt oder mit griechischen Inschriften versehen; Statue des Horus als Krieger; Dîme-Statuen (von Priestern und Beamten), Tempelreliefs, Naoi, Grabsteine, Mosaikfußboden. Mitte: Falke, schwarzer Granit, aus dem Serapeum.

Saal 12: Porträtbüsten und kleinere Skulpturen der sechs Jahrhunderte ptolemäisch-römischer Zeit; Königs- und Privatplastik (auch Alexander [?] und Kleopatra [?]), besonders schöner Kopf einer jugendlichen Göttin; Pan, Faune, Venusstatuetten. In der Mitte: Kolossalfigur des Marc Aurel (Nr. 3250) aus Marmor aus dem Ziziniatheater von Alexandrien, von Christen wurde der römische Adler auf der Brust durch ein Kreuz ersetzt; li. Sarapis-Figur aus weißem Marmor (Nr. 22158), besterhaltene des Museums, mit zahlreichen Spuren ehemaliger Vergoldung auf dem Gesicht, bei der Pompejus-Säule gefunden; re. Sokrates; eine Reihe schöner Alexanderbüsten und Kolossalköpfe ptolemäischer Herrscher und ein feiner Marmorkopf von Julius Caesar (Nr. 3243); Mitte: realistischer Kopf Hadrians aus Bronze, Augen aus Glas und Elfenbein eingelegt (Nr. 22902), in Dendara gefunden; Libyer-Kopf.

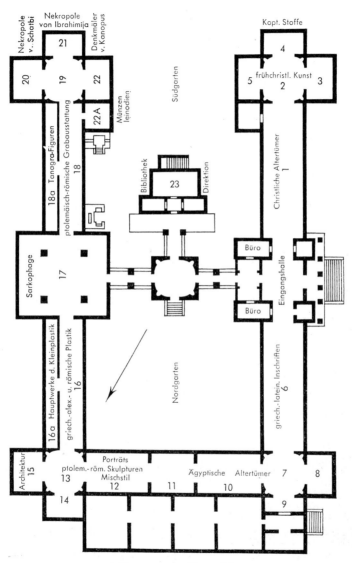

Museum von Alexandria

Saal 13 und 14: Plastiken und Torsen, Denksteine, Sphingen und Architekturteile, Verschlußplatten eines Loculus. Römischer Kaiser in Heroenpose (S. 14). In der Mitte von S. 14 das Medusenmosaik aus Gabbâri.

Saal 15: Interessante und teils sehr schöne Kapitelle u. a. Architekturstücke, meist in ägyptisch-griechischem Mischstil, bemalte Kapitelle aus dem Palastviertel, Grabaltärchen und -fresken; römisches Fresko mit Sâkija.

Saal 16: Plastik, Büsten, Statuen, Statuenbruchstücke und Architekturfragmente; Nr. 17 838 bemerkenswerte Büste der Demeter-Selene mit zwei Hörnchen an der Stirn, römisch; korinthische und jonische Kapitelle; in der Mitte des Saales kolossaler Adler (1,98 m) aus weißem Marmor (Nr. 3936), griechische Arbeit von der Insel Thasos. – Kolossalfigur eines thronenden Zeus-Sarapis (Nr. 3916), aus Marmor (1,90); Kolossalköpfe desselben Gottes; römisches Porträt eines Unbekannten; Apollo auf dem Omphalos; kopflose Marmorstatue eines Nilgottes (Nr. 22 173), auf hohem Felsenthron sitzend, mit Nilpferd und fünf allegorischen Kindern, aus Kynopolis, 2. Jh. n. Chr.; liegende Grabfigur eines bejahrten Römers in Tunika und Mantel (Nr. 3897) mit Schale und Blumenstrauß in Händen, aus Abukîr.

Saal 16 a: Grabreliefs, Torsen, griechische Köpfe, Kleinfunde. – Hauptwerke der Kleinplastik des ganzen Museums. Herausgehoben seien: Totenstele (Nr. 3893), 4. Jh. v. Chr., attisch; Antoniadiskopf (Nr. 3262), Bild der Königin Arsinoë II.; Kopf Alexanders d. Gr. (Nr. 3402); sitzende Frau mit stehendem Mädchen (Nr. 14 942), Grabplastik des 3. Jh. v. Chr.; Zeuskopf (Nr. 3463); Frauenkopf (Nr. 25 449), 3./2. Jh. v. Chr.; männliche Torsi (Nr. 3923 und 2925); Frauentorso (Nr. 3924); Bruchstück einer Jünglingsstatue (Nr. 3880), wohl nach der Alexanderstatue des Lysipp.

Saal 17: In der Mitte ein Mosaikfußboden: von Musik begleitetes Mahl einer Familie in einem Zelt am Nil. Größte Porphyr-Statue der Welt (Nr. 5934), 4. Jh. n. Chr. (Diokletian oder Christus Pantokrator), gefunden bei der Attarinemoschee in Alexandria; Kopf Vespasians; 2 in Särge umgewandelte Brunnentröge; von den Marmorsarkophagen ragt Nr. 25 781 heraus.

Saal 18: Am Eingang: Terrakotta-Modell eines Wasserreinigers (oder des Labyrinths des Königs Minos), von Athribis; Särge, Gipsmasken und Mumienporträts; Kleinkunst, meist Grabbeigaben, darunter vor allem: Glasflaschen, geschnittene Steine und Kameen, Glaseinlagen; eine Auswahl der sehr zahlreich gefundenen, z. T. bemalten Terrakottafiguren, am besten davon die Mädchen, die an Feinheit die Tanagra-Figürchen erreichen; Ausschnitt aus den unübersehbaren Funden von Tonlampen jeder Gattung; Elfenbeinschnitzereien, Fayencen, eine stattliche Sammlung schönster Aschenurnen aller Typen. Mitte: Bronzebecher (Nr. 25 263) mit Reliefdekor und Ziselierung einer romantischen Landschaft mit zwei Paaren.

Saal 18 a: Terrakotten und Tanagra-Figuren.

Saal 19: Mosaiken, Bês-Vasen aus Terrakotta u. a. Gefäße.

Saal 20: Torso der Gruppe Dionysos und Faun aus weißem Marmor, dessen Original aus der Schule des Praxiteles stammen dürfte; Grabbeigaben der Nekropole von Schatbi; Totenkränze aus Terrakotta und vergoldeter Bronze; ptolemäische Aschenurnen, Gefäße, Terrakotten; Flöte.

Saal 21: Verschiedenartige Grabbeigaben; Aschenurnen und Tonfiguren sowohl aus Schatbi wie den Grabungen von → Ibrahimîja.

Saal 22: Architektur-Bruchstück aus Kanopus und Funde aus Abukîr, dabei Geräte des täglichen Gebrauchs; Mosaiken.

Saal 22 A: Ptolemäische (Silber-), byzantinische und römische (Gold-)Münzen; Amulette, Schmuck. Mittelvitrine: Venus-Statuette aus Silber (Nr. 24 042); vergoldeter Silberbecher

Museum griechisch-römischer Altertümer – Neuere Stadt 311

mit reliefierten Amoretten bei der Winzerarbeit (Nr. 24 201), feinste Arbeit des 1./2. Jh., wohl aus Hermopolis (Eschmunên); zwei Gruppen hochwichtiger Grundsteinbeigaben mit zweisprachiger Widmungsformel Ptolemaios' III. haben die Lokalisierung des Serapeums rings um die Pompejussäule geklärt.

Zurück über Saal 17 und links in die Quergalerie (mit römischem Hörneraltar), die den Garten in eine nördliche und eine südliche Hälfte teilt.

N-Hälfte des Gartens: am Fuße der Treppe zwei Sphingen des Apries aus Heliopolis; Gruppe Ramses' II. und Tochter aus Abukîr; Kolossalkopf des Antonius als Osiris; große Steinsarkophage und Architekturstücke; im Hintergrund Tempel des Krokodilgottes Pnêpherês (s. Saal 9); zwei Löwen, zwei Sphingen.

S-Hälfte des Gartens: zwei wiederhergestellte Gräber aus der westlichen Nekropole, 3. Jh. v. Chr. und 1. Jh. n. Chr.; girlandengeschmückte Sarkophage; Steinsarkophage in der Form von Badewannen; zahlreiche griechische, römische, koptische und arabische Bruchstücke; runder Altarfuß aus Marmor.

Museum der Schönen Künste (3 C):

18 sh. Menascha.
Öffnungszeiten: Winter 9–13 und 17–18 Uhr. Sommer 9–13.30 Uhr. Geschlossen montags und an den offiziellen Feiertagen.
Das 1952 gegründete Museum zeigt in 7 Sälen Werke von Künstlern, die in Alexandria geboren sind, aber auch solche europäischer Maler des 16.–19. Jh. Künstler, die in Ägypten gelebt haben, sind bevorzugt. Ein Saal stellt Arbeiten von jungen ägyptischen Kupferstechern und Radierern zur Schau, ein anderer Werke der Brüder Sêf und von Adam Wanlij zur Schau. Im Skulpturensaal Kopien der Plastiken von Muchtar, einem bedeutenden ägyptischen Bildhauer, dessen »Wasserträgerin« im Garten aufgestellt ist.
Im Erdgeschoß wechselnde Ausstellungen, im Treppenhaus Zeichnungen des Franzosen Adrien Dauzats, die er während einer Ägyptenreise gefertigt hat.

Neuere Stadt (Plan S. 304/5)

Norden (Taxirundfahrt)

Der Palast Râs et-Tîn (1 A)

erhebt sich auf der ursprünglichen Insel Pharos, die heute mit dem Festland zusammengewachsen ist. Die Königsresidenz wurde unter Mohammed Ali erbaut, unter Isma'îl Pascha erneuert und 1925 von italienischen Künstlern modernisiert. In dem Palast hat König Farûk gewohnt, wenn er nach Alexandria kam, und hier hat er auch seine Abdankungsurkunde am 16. Juli 1952 unterzeichnet. Der Palast ist nicht mehr zu besichtigen, seine insgesamt 300 Räume, prunkvoll im historisierenden Stil des 19. Jh. ausgestattet, sind heute für offizielle Gäste eingerichtet, die Nebengebäude von der Armee eingenommen.

Das Gelände hinter dem Palast, mit Militärhospital und heutigem Leuchtturm, ist militärisches Sperrgebiet. – Neben dem Palast eine Moschee im türkischen Stil.
Wer sich nicht eingehender mit der archäologischen Stätte beschäftigen möchte, besuche

anschließend die Nekropole von → Anfûschi, besser aber widme man ihr einen eigenen Besuch.

Vom östlich anschließenden *Midân Ibrahîm Pascha* (1 A) nehme man zunächst den Weg zum

Fort Ḳâit-Bey (1 B) an der Nordspitze der alten Insel Pharos.

Öffnungszeiten: täglich von 9–14 Uhr, freitags von 9–12 Uhr (außerhalb der Öffnungszeiten kann man mit Erlaubnis des Aufsehers vom Portal der Umwallung aus einen Blick auf das Fort werfen).

Das Fort, ein eindrucksvolles Beispiel arabischer Fortifikationskunst, wurde Ende des 15. Jh. erbaut und bildete einen Teil der Verteidigungsanlagen Alexandrias. Es steht an der Stelle des alten → »Pharos«, Leuchtturms von Alexandria, und ist teilweise aus seinen Ruinen erbaut. Das dreistöckige Fort wurde zum großen Teil, einschließlich der Residenzgebäude im Innern, gut restauriert: die Beziehung zum Festungsgefängnis stellt der »Hinrichtungssaal« her. Der wuchtige Bau mit 4 runden Wehrtürmen an den Ecken, ist von einer durch Halbtürme geschützten Mauer umgeben. Von den Höhen der Wallmauer hat man einen herrlichen Blick auf das Meer, die Hafenbuchten und die Stadt.
Im Fort ein kleines Schiffsmuseum.

Der Leuchtturm von Alexandria, der als eines der Sieben Weltwunder berühmte *»Pharos«*, wurde 279 v. Chr. als Bauwerk des griechischen Architekten Sostratos von Knidos vollendet (Zeit Ptolemaios' II. Philadelphos). Der dreistöckige, mit 400 Ellen (= 180 m) Höhe angegebene Turm wurde durch das Erdbeben von 1303 schwer geschädigt, doch sollen nach dem Beben von 1326 immer noch bedeutende Reste gestanden haben.

Nahe beim Fort Ḳâit-Bey, auf dem Südufer, liegt das
Meeresbiologische Institut mit seinem Aquarium im Erdgeschoß (1 B).

Öffnungszeiten: täglich von 9–14 Uhr.

Dem Besucher bieten sich in 50 Reservoiren Fische des Nils, des Mittelmeeres und des Roten Meeres, außerdem Muscheln, Korallen, Schwämme und Schildkröten; ferner Fischereigeräte und Schiffsmodelle sowie das Skelett eines 17 m langen Wals, der 1936 am Strand von Rosette erlegt wurde. Kleine Bibliothek.

Auf der Fahrt in Richtung Stadtzentrum empfiehlt sich ein kleiner Umweg über die *Moschee Sidi Abu'l Abbâs-el-Mursi* (1 B), die 1769 über dem Grab des im 13. Jh. verstorbenen, namengebenden Lokalheiligen errichtet wurde, und anschließend über die *Moschee des Ibrahim Terbâna* (1 B), die 1648 unter Verwendung griechisch-römischer (Säulen und) Kapitelle erbaut wurde, und beschließe diese Rundfahrt durch den N der Stadt beim

Midân et-Taḥrîr (2 B)

dem »Platz der Freiheit«, bis 1952 »Platz des Mohammed-Ali«, dessen bronzenes Reiterstandbild nach einem Modell des Franzosen A. Jacquemart den Platz beherrscht. Nach der Bombardierung durch die Engländer 1882 wurde der Platz neu angelegt (460 m × 100 m). An seiner Ostseite der Alte Börsenpalast, an der Südseite der Justizpalast, an der Nordseite

Neuere Stadt — Umgebung 313

die Markuskirche. Nach Osten schließt sich der Midân Ahmed-Orâbi an (ehem. Isma'îl-Platz), der an die Corniche angrenzt. Gegen die Corniche hin das ehemals Isma'îl-Pascha gestiftete Denkmal, das nun zu einem Denkmal des Unbekannten Soldaten umbestimmt worden ist.

Zentrum (Fußweg)

Nur selten wird sich der Besucher Zeit nehmen, die City aufzusuchen, sie sei darum nur kurz gestreift.
Man nehme seinen Ausgang von dem mit der Statue des namengebenden Staatsmannes geschmückten Midân Sa'ad Śaghlûl (2 B/C), der im N an die Corniche (Sh. 26 July) grenzt. An der Ostseite die Schottische Kirche.
Der Platz geht nach Osten in den Platz des Ramla-Bahnhofes über, von dem aus man zu den Badestränden der Ostküste fährt. Unweit im W das Hotel »Cecil«, touristischer Mittelpunkt. Autobuslinien und Straßenbahnen, Abfahrt nach Kairo.
Die *Corniche* schwingt sich in einem 3 km langen Bogen um den antiken, heute stillgelegten Ost-Hafen vom Fort Ķâit Bey bis zur Landzunge von es-Silsila (zur Corniche S. 294).
Stadteinwärts führt die Sh. Safîja-Śaghlûl, eine Geschäftsstraße, die als bedeutendste Querstraße — nach der Sh. Salâh-Mustafa — die Sh. el-Hurrîja, kreuzt (heute Gamal Abd el-Nasser), die Hauptverkehrsader der Stadt, an der das → Museum griechisch-römischer Altertümer liegt und bis zu der hin sich der antike → Kôm ed-Dîk hinzieht, mit den römischen Thermen und (weiter südlich) dem Amphitheater.
Westlich des Hügels Kôm ed-Dîk die *Moschee des Nebî-Daniel* (2 B) mit dem Grab Sa'îd Paschas und weiterer Angehöriger der ehemaligen königlichen Familie. Südlich von der Midân el-Gumhurîja oder Bahnhofsplatz (Abfahrt nach Kairo).
Will man seinen Rundgang fortsetzen und ein Stück eleganteres Alexandrien mit anspruchsvolleren Geschäften kennenlernen, so wende man sich von der Sh. el-Hurrîja in die Sh. Salâh-Salem (früher Scherîf-Straße); sucht man lieber Trödlerware auf, so bewege man sich von der Sh. el-Hurrîja südwestwärts (zwischen Sh. Masgid al-Atarîn und Sh. Mahattet Masr).

Gärten

Wer sich in Alexandria erfrischen möchte, suche seine Gärten unweit des Stadtzentrums auf: täglich von 9–17 Uhr geöffnet.
In einer Schleife des Mahmudîja-Kanals, der die Stadt nach Süden abschließt, liegen beieinander drei Gartenanlagen: der *Nuša-Garten* (3 D/E) mit schönen seltenen Bäumen, der kleine *Zoologische Garten* mit einem Rosengarten und der *Antoniadis-Garten*, einst der Landsitz eines reichen Griechen mit Villa und Felsengräbern aus der römischen Zeit.
Der 78 km lange Mahmudîja-Kanal wurde 1819–1823 von Mohammed Ali angelegt, um die Stadt mit Trinkwasser zu versorgen; er verbindet den Nilarm, der bei Rosette mündet, mit dem Westhafen von Alexandria. Einstmals war er die romantische Flußpromenade der Stadt, heute ist er von Industrieanlagen gesäumt.

Umgebung von Alexandria und Mittelmeerküste

Nach Osten kann man einen Ausflug über Montaša, Abuķîr bis Rosette unternehmen, nach Westen über Abusîr nach Menasstadt und — in Fortsetzung der Küstenstraße – nach el-Alamên, Marsa Matrûh (von hier zur Oase Sîwa) und u. U. weiter bis Sollum an der libyschen Grenze.

Nach Osten:

Von Alexandria über Montaśa nach Abuķîr (24 km) – Rosette (63 km); ostwärts weitere Badestrände bis Râs el-Barr (266 km).

Montaśa, Omnibus Nr. 120 vom Tahrîr-Platz ab.

Am Ostende der Corniche erreicht man *Montaśa*, die ehemalige Sommerresidenz des Königs. Der Garten ist von 8 Uhr bis Sonnenuntergang geöffnet.
Der etwa 150 ha große gepflegte *Park* geht bis ans Meer, er bietet Rasenflächen, Palmenhaine, Sportanlagen, einen Gazellenhügel, eine öffentliche, sehr schön gelegene Badeanstalt (Kabinen und Restaurant), von der man zur Teeinsel Farûķs hinüberblickt, die durch eine Brücke mit dem Land verbunden, aber auch heute nur für Würdenträger zugänglich ist.
Das *Schloß* selber ist eine zweistöckige Villa im Renaissance-Barock-Stil des 19. Jh. Nach seiner Renovierung 1980/81 wird es als Residenz für Staatsgäste dienen. Von den Terrassen hat man einen prachtvollen Blick auf Garten und Meer.
Hotels → Alexandria, S. 292.

Den prächtigen Badestrand von *Ma'mûra*, der sich zu einer 250 ha großen Touristensiedlung entwickelt hat (Ma'mûra Palace), linker Hand lassend, erreicht man 24 km östlich Alexandria *Abuķîr*, heute ebenfalls ein gern besuchtes Seebad mit schönem Sandstrand. Die Stadt verdankt ihren historischen Namen dem Ägyptenfeldzug Napoleons: 1798 wurde das vor Abuķîr liegende französische Geschwader durch die englische Flotte unter Admiral Nelson zerstört; 1799 vernichtete Napoleon eine von den Engländern dort an Land gesetzte türkische Armee, 1801 schlugen die Engländer hier einen Rest des französischen Heeres. Heute macht sich die Stadt einen harmloseren Namen durch ihre Krabbenfischerei. Aufgrund von Erdgasvorkommen ist eine Stickstoffabrik im Aufbau. – Ausgrabungsfunde von Abuķîr im → Museum zu Alexandria.

Nahe bei Abuķîr liegt *Kanopus*, nicht nur Hafen an der Mündung des gleichnamigen Nilarms, sondern auch die Stätte des berühmten Serapeums, wo im Altertum viele Pilger Heilung gesucht haben. Einige Bauten im Park der Villa Hadriana in Ostia bei Rom hatten ihr Vorbild in Kanopus, wo Kaiser Hadrian zu weilen liebte.

Weiter östlich auf der Küstenstraße von Alexandria (63 km) erreicht man die 870 auf den Trümmern einer antiken Siedlung gegründete Kalifenstadt *Rosette*, arabisch Raschîd (auch von Disûķ im Süden aus erreichbar), das seinen Ruhm jenem 1799 hier gefundenen sog. »Rosette-Stein« verdankt, an dem sich praktisch die Wissenschaft der Ägyptologie entzündet hat. Jener Stein, der in den drei Sprachen/Schriften: Hieroglyphen, Demotisch und Griechisch denselben Text, ein Preislied auf Ptolemaios V. (196 v. Chr.), trägt, war der Schlüssel zu Champollions Entzifferung der

Ausflüge in die Umgebung 315

Hieroglyphen (1822). Heute befindet sich der Stein, der bei Ausbesserungsarbeiten am Fort von Rosette von dem französischen Leutnant Bouchard gefunden wurde, im Britischen Museum (s. S. 130).
Die Bedeutung als größte Hafenstadt Ägyptens hat Rosette Ende des 19. Jh. an Alexandria abgetreten, doch behielt die Stadt als Handelszentrum und besonders durch ihre großen Reislager Klang und Namen. Ihre spezifische Note aber bekam sie während ihrer Blütezeit im 17./18. Jh. durch Bautechnik und -stil ihrer Häuser. Nicht nur die vorkragenden Simse der hohen Ziegelsteinbauten, sondern vor allem die Fenstergitter mit ihren feinen und variationsreichen Holzschnitzereien sowie die auffallenden Mosaiken an den Giebeln, Türpfosten und -stürzen geben der Stadt ein zaubrisches Aussehen. Auch ihre Moscheen mit quadratischer Halle und Grabkuppel, zweigeschossigen Minaretts mit Galerie sowie Fayence-Schmuck (Silisli) gehören einem eigenen Typus an. Man besichtige die Saghlûl-, die Abâsi- und die Abu-Mandûr-Moschee.

Bereits zum Ostdelta gehörend, knapp östlich vom Längengrad von el-Mansûra, liegt an der Küste *Gamassa,* ein Kurort mit zahlreichen Sommervillen und Privatzimmern.

Von Kairo bis el-Mansûra mit der Bahn, von dort mit Bus erreichbar, in der Badesaison mit Direktbus von Kairo, Abfahrt Bahnhofsplatz. Unterkunft in Gamassa: Hotel Palm Beach.

Auf einer Landzunge zwischen Meer und Nilarm ist der Badeort *Râs-el-Barr* gelegen, 266 km von Alexandria. In der Badesaison regelmäßiger Busverkehr mit Alexandria und Kairo (Abfahrt Bahnhofsplatz). Guter Sandstrand, zahlreiche Sommervillen und einfache Hotels.

Nach Westen:

Küstenstraße von Alexandria über Abusîr (und Menasstadt) nach Marsa Matrûh – Sollum.

Ausfahrt (vom Ramla-Bahnhof in Alexandria, Bus Nr .11) über Gabbâri, Meks. Die Straße führt – in mittelmäßiger Güte – fast immer am Meer entlang. Über Marsa Matrûh hinaus ist eine Genehmigung des äg. Frontier Corps nötig. Man erkundige sich beim Automobilclub in Kairo.

20 km Agâmi-Hannoville; guter Sandstrand. Unterkunft: Hotel Hannoville, Costa Blanca und Agâmi-Palace. Beim Baden Vorsicht, starke Strömung!
32 km Sidi Krêr, Touristendorf und Kasino, Hotel, Gästevillen; Auskunft durch Hotel Cecil, Alexandria.
48 km Dicht bei der Straße auf einem Kalksteinrücken die Ruinen des Tempels von → *Abusîr* (Taposiris magna).
Von der Route nach Marsa Matrûh südwärts nach Borg el-arab und von dort 4 km ostwärts nach Bahîg, Ausgangspunkt für →

Menasstadt, und (3 km ostwärts und 1 km nordwärts) zu den Ausgrabungen der byzantinischen Hafenstadt Mareia.

106 km → *El-Alamên*

154 km Sidi Abd er-Rahmân, guter Sandstrand; Hotel el-Alamên, moderner Neubau, 72 Doppelzimmer, 12 Bungalows à 2 Zimmer, 12 Häuser à 4 Zimmer (1. Kl.), Badekabinen, 19 Zelte.

245 km Saujet el-Kasâba, von wo eine Piste südwärts in die Kattara-Senke abzweigt. Das Projekt, die Senke zu bewässern, ist aufgegeben (s. S. 24).

290 km *Marsa Matrûh*, Hauptstadt der westlichen Wüstenprovinz. Von hier zog Alexander d. Gr. nach → Sîwa und geht auch heute die Straße zur Oase. – Marsa Matrûh, Verwaltungszentrum, 20 000 Einwohner, und Badestadt. Handelszentrum mit wöchentlichem Viehmarkt (berühmte Schafe, Wolle, Datteln, Oliven, Melonen). Sehr schöner Sandstrand, Unterwassersport. Neben dem Hafen einige Grotten und Lagunen. Der Felsen an der Küste mit dem Namen »Bad der Kleopatra« (benannt nach dem Lustschloß der Kleopatra, wo sie mit Antonius lebte), umschließt ein viereckiges Becken, in das aus drei Passagen Meerwasser strömt und hohe Wellen aufschäumen läßt.

Unterkunft recht einfacher Art: Hotel Rim, Beau site, Des Roses, Lido, Riviera, Marine Fu'âd (Rommel) Island).

427 km Sidi Barrâni, 1940 durch die Italiener erobert (Tankstelle). Kleiner Hafen, Beduinenmarkt.

510 km *Sollum*, Grenzstadt, 1940 und 1942 umkämpfter Kriegsschauplatz (Tankstelle). Unterwasserfischerei. Stätte des römischen Banaros.

Abusîr

Das alte Taposiris magna, Umschlaghafen für Abu Mena (Menas-Stadt), eine bedeutende ägyptische Stadt griechisch-römischer Zeit. Von der Stadt, die in der Ebene lag, haben sich nur geringe Reste erhalten. Eine mit Basalt gepflasterte Straße führt zu unterirdischen, aus dem Fels geschlagenen Gewölben (Nekropolen?). Reste des Stadtpalastes und des öffentlichen Bades stammen aus der Zeit Justinians (5. Jh.). Auf dem Kalksteinfelsen am Meer lag der dem Gott Osiris geweihte Tempel, von dem die Umfassungsmauer aus Kalkstein gut erhalten ist. Von den beiden Pylonen (Treppen) hat man eine wundervolle Aussicht über das Meer; man steige im südlichen Pylon auf. In späterer Zeit scheint der Tempel in ein Kloster umgewandelt worden zu sein. – In der frühen Kirche ein Baptisterium für Kindertaufe. – In der Nähe des Tempels liegt ein Bad, dessen Besuch empfohlen werden kann. Wenige Minuten nördlich des 90 m langen Tempels ein restaurierter Leuchtturm römischer Zeit, der nach dem Muster des Pharos von Alexandria gebaut ist; eine dunkle Treppe im Innern führt zu einer Plattform mit schöner Aussicht. In den Felsen der Umgebung eine Anzahl Steinbrüche sowie römische Gräber.

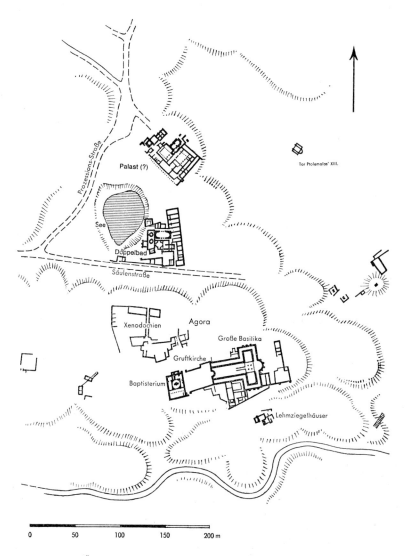

Abu Mena — Übersichtsplan über das Grabungsgebiet

Umgebung von Alexandria

Ruinen der Menas-Stadt (Karm Abu Mena; Plan S. 317)

Zu erreichen mit Auto oder Bahn über Meks und Bahîg, doch zeitweise militärisch gesperrt. Außerhalb der Regenzeit gut befahrbare und durchweg beschilderte Piste bis zu dem in unmittelbarer Nähe der Ruinen gelegenen Kloster »Monastère St. Menas«.
Ein Mönch des heutigen Klosters (etwa 100 m von den Ruinen entfernt) führt.
Der hl. Menas (Abu Mena) war nach widersprüchlicher Überlieferung ein Ägypter oder Libyer, der als Soldat bzw. Kamelhirt in Phrygien lebte, wo er den Märtyrertod (296) erlitt; es ist nicht ausgeschlossen, daß zwei verschiedene Legenden sich in der Gestalt des Menas vereinen. Sein Leichnam wurde später in Ägypten beigesetzt, und auf Grund der Wunder, die an seinem Grabe geschahen, die Stätte ein koptischer Wallfahrtsort.
Nach ihrer Blütezeit vom 5. bis zum 7. Jh. wurde im 9. Jh. die große und reiche Stadt, die weitgehend »aus Marmor erbaut war«, durch Wüstenstämme zur Zeit des Kalifen el- Muʿatasim zerstört, scheint aber nach Reiseberichten noch im 13. Jh. bewohnt gewesen zu sein, ehe der Sand der Mareotis-Wüste ihre Spuren verwehte.
Die abenteuerliche Entdeckung der Menapolis durch C. M. Kaufmann zu Beginn dieses Jh., die zu ihrer Zeit ähnliches Aufsehen erregte wie die nachmalige Entdeckung des Tutanchamun-Grabes, wurde durch eine (durch den Krieg unterbrochene) noch nicht abgeschlossene Grabung fortgesetzt. Die 5 urkundlich bekannten Bauperioden der Stadt lassen sich im wesentlichen archäologisch nachweisen. Danach ergibt sich stichwortartig folgende Stadtgeschichte:

Der Märtyrer wird am Rand einer Siedlung in schon bestehendem Bestattungsort beigesetzt (spätere Krypta der Gruftkirche). Diese Stätte wurde auf Kosten der Nachbargräber kontinuierlich vergrößert. – Über dem Grab wird in Form eines Tetrapylons ein Oratorium errichtet (so die Texte, archäologisch noch nicht bestätigt). – Anfang des 5. Jh. ist eine kleine Basilika an der Stelle der heutigen Gruftkirche, also über der Grabstätte erbaut. Sie erhält nacheinander zahlreiche Annexe und muß Anfang des 6. Jh. einem größeren Neubau weichen, der heutigen Gruftkirche (Tetrakonchos). – Unter dem Patriarchen Joseph (831–849) wird nach der Zerstörung unter dem Kalifen el Muʿatasim ein 5schiffiger basikaler Neubau mit Ostapsis errichtet. – Auf der Ostseite ist ebenfalls Anfang des 6. Jh. (nach einfachem Vorgängerbau mit nur einschiffigem Querhaus) die große (kreuzförmige) Basilika gebaut. Eine »Arkadiusbasilika« gibt es also nicht.

Der zentrale Baukomplex besteht aus: der Gruftkirche, der nach Osten anschließenden Großen Basilika und der westlich anschließenden Taufkirche (Baptisterium). Die Gruftkirche (38 m lang, 22 m breit, Krypta 8 m tief, durch 30 Stufen zugänglich) war das Haupttheiligtum der Menasstadt und machte sie mit ihren unterirdischen Anlagen, zu denen eine 80 m lange Zisterne, »der heilige Quell«, gehört, zum »Glanz von Libyen«. – Die Große Basilika, der größte Kirchenbau Ägyptens (67 m lang, Langhaus 26 m breit), ist eine dreischiffige Kirche mit dreischiffigem Querhaus (50 m lang, 22 m breit) mit Emporen, einem im W gelegenen Narthex und — wie die Gruftkirche — mit Mittelapsis ($\emptyset$ 10,6 m). Ihre Baustoffe – wie Holz, Marmor, Mosaiken – stammen aus Europa. Die Einwirkung des Bauwerkes auf die Gestaltung der großen europäischen Pilgerkirchen des Mittelalters war bedeutend. – Die Taufkirche ist als Oktogon gebaut (36 m $\times$ 25 m), hat an der Westseite einen Narthex und ist mit kleinem und großem Taufbecken, einer Stufenpiscine, ausgestattet.

Auch sie hat mehrere Bauphasen (5. bis 8. Jh.), aber mit je etwa gleichem Raumprogramm.
Um diesen heiligen Bezirk ist die ausgedehnteste altchristliche Stadt Ägyptens entstanden. An der Nordseite der drei Kirchen breitete sich die auf mindestens zwei Seiten von Kolonnaden umgebene Agora aus. Weiter nördlich liegen Koinobien (Mönchssiedlungen), Xenodochien (Pilgerherbergen), mehrere große Badeanlagen mit all den Einrichtungen, die von römischen Bädern bekannt sind. Diese Bäder waren nicht, wie bisher vermutet, Heilbäder, sondern Reinigungsbäder. Das zur Trennung der Geschlechter eingerichtete Doppelbad übertrifft an Größe alle bisher aus Ägypten bekannte Bäder. Das Hypokaustsystem für die Kaldarien ist noch bestens erhalten. Die östlich anschließenden Räume sind Läden an einer nach N führenden Straße. – Weitere Kirchen, Kapellen, Zisternen, Brunnen, ein See und Palast(?)gebäude, und etwa 600 m nördlich eine Basilika (wohl 5. Jh.) mit Atrium, vermutlich die Residenzkirche hoher kirchlicher Würdenträger während der Festtage des hl. Menas (dabei moderner Beduinenfriedhof). – Im Osten der Stadt wurde inmitten einer offen gebauten Mönchskolonie ein weiterer Tetrakonchos mit Atrium und angehängtem Baptisterium entdeckt und teilweise freigelegt. Friedhöfe und Werkstätten vervollständigen das Bild des orientalischen Wallfahrtsortes der Antike.
In Töpfereien und Brennöfen, die aufgedeckt wurden, sind die »Menasflaschen« hergestellt worden, welche die Pilger, die regelmäßig herbeiströmt kamen, als »souvenir« mitnahmen. Diese kleinen Ampullen, zweihenklige linsenförmige Tonflaschen mit Hals, sind überwiegend dekoriert mit dem Relief des betenden Menas zwischen zwei liegenden Kamelen.

Das etwa 100 m entfernt liegende *neue Menaskloster* hat der koptische Patriarch Kyrill VI. (1959–1971) gegründet, 1974 wurde er dort nach seinem Wunsch endgültig bestattet. Die völlig einsame Stätte inmitten der Wüste ist von Mönchen bewohnt. Der Notwendigkeit ihrer zivilisatorischen Versorgung ist es zu danken, daß jetzt die antike Menasstadt wieder gut zugänglich geworden ist.

El-Alamên

Im zweiten Weltkrieg fand vom 23. Oktober bis zum 4. November 1942 hier die Schlacht zwischen dem deutsch-italienischen Afrikakorps unter Generalfeldmarschall Rommel und der britischen 8. Armee unter den Generälen Alexander und Montgomery statt.

Die über 80 000 Soldaten, die dort fielen, sind auf 3 Friedhöfen bestattet, die der alliierten Truppen in El-Alamên selbst, die der Deutschen und Italiener in der Nähe.

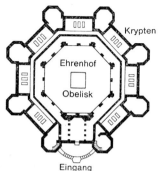

Für die 4280 deutschen Gefallenen, in Einzelsärgen in 7 Krypten beigesetzt, wurde 1957 auf der Höhe 26, 1 km nördlich von Kilometerstein 115, ein Ehrenmal errichtet: ein Oktogon von 42 m Durchmesser, mit 12 m hohen Türmen an den Ecken und 7 Krypten dazwischen, über den Krypten wuchtige Sarkophage mit den Namen der deutschen Länder. Der Anklang der Ehrenstätte an das Castel del Monte des Hohenstaufers Friedrich II. in Apulien ist unverkennbar. Der Ehrenhof ist von Arkaden umschlossen, in seiner Mitte ein 11,5 m hoher Obelisk aus deutschem Basalt.
In einer Grotte eine Gedächtnisstätte für Rommel mit Erinnerungsstücken.

El-Alamên — Deutsches Ehrenmal

In der Nähe »Das Grab des Unbekannten Soldaten«: 4 Stahlhelme, ein deutscher, ein italienischer, ein französischer und ein englischer, auf einem schlichten Hügel, dabei die Inschrift: »Der Tod kennt kein Vaterland.«

El-Alamên-Museum, täglich von 9–17 Uhr geöffnet. Rasthaus.

Delta

(s. vordere Vorsatzkarte)

Einführung

Das Alte Ägypten, dessen gräzisierter Name Aigyptos wohl auf den Stadtnamen von Memphis zurückgeht, das aber von den Ägyptern selbst »Das Schwarze« (Land) genannt wurde im Gegensatz zur »Roten« Wüste, umfaßte ähnlich wie heute die drei großen Landeseinheiten: Delta, Oberägypten und Nubien. Das Land der Nubier südlich von Assuân war Kolonialland, die Oasen einschließlich des Faijûm und Wâdi Hammamât wie Wâdi Tumilât dagegen gehörten zum Stammland. Ober- und Unterägypten waren *verwaltungs*mäßig in Gaue unterteilt, die in griechischer Zeit zu 42 an der Zahl harmonisiert wurden. Davon entfallen 20 auf Unter- und 22 auf Oberägypten.

Wechselt im Laufe der ägyptischen Geschichte auch der Sitz der Reichshauptstadt von Unter- nach Oberägypten, ist Theben auch jahrhundertelang neben Memphis eine religiöse Hochburg, ja besitzt Amun von Karnak sogar mehr als das Sechsfache an Ländereien als der Sonnengott von Heliopolis, so darf ohne Einschränkung behauptet werden, daß das Delta damals wie heute die *wirtschaftliche* Basis des Landes ausmachte, daß im Delta damals wie heute die bedeutenderen Städte lagen und daß es reich war an Tempeln und Kultstätten. In der Tat sind über das Delta noch heute solch ausgedehnte Trümmerstätten gebreitet, daß ganz Karnak mit seinem Wunder verblassen würde hinter dem Glanz der Bauten im Norden, stünden sie noch aufrecht.

Indes sind in Unterägypten gerade wegen der wirtschaftlichen Nutzbarkeit des Landes fast alle ehemals bedeutenden Stätten verfallen. Einsame Mauerreste oder ein Obelisk sind neben weiten *Schuttfeldern* die letzten Zeugen früheren Ruhmes. Die Städte wurden überbaut bis heute, Tempelruinen ausgebeutet für Dünger oder als Grab- und Wohnhöhlen benützt, Gotteshäuser abgetragen zum Bau neuer Städte und moderner Fabriken. Das inzwischen gestiegene Grundwasser brachte die Gebäude zum Einsturz. Die überwucherten Ruinenhügel werden bis heute einer nach dem andern eingeebnet und bepflanzt. Datteln schwanken über Memphis, der Bauer pflügt sein Feld, wo ehedem Priester Weihrauch abgebrannt haben. Allen Drachen voran dürfen politische Bewegtheit und die Feuchtigkeit des Bodens als Erzfeinde der Delta-Ruinen gelten. Das durch den Hochdamm steigende Grundwasser tut sein übriges.

So kommt es, daß die meisten Deltastädte überhaupt *nicht ausgegraben* sind und wir zwar gelegentlich noch auf imposante Ruinenhügel treffen, es aber kaum einen Ort gibt, dessen Topographie geklärt, dessen Grundriß wiederhergestellt wäre, geschweige denn, daß die Bauten rekonstruiert werden könnten. Da es deshalb hauptsächlich nur dem Mann vom Fach oder leidenschaftlichen Liebhaber lohnt, sich in das Chaos der Trümmer einzusehen und die Atmosphäre der geschichtlichen Orte wahrzunehmen, ist dem Delta in unserem Führer nur wenig Raum gegönnt. Indes sei nochmals betont, daß der Boden zweifellos an Überraschungen reich ist, entsprechend der Bedeutung, die dem Delta damals wie heute zukam. Am ergiebigsten waren bisher die Entdeckungen im Ostdelta.

Statt der heutigen zwei *Nilarme,* von → Damiette und → Rosette, zählte Herodot sieben, und zwar den pelusischen als den östlichsten, den kanopischen als den westlichsten, den sebennytischen als den der Mitte; von diesem zweigen der saïtische und der mendesische ab; die mythische Sieben erreicht er, indem er die künstlich geschaffenen Kanäle, den bolbitischen und den bukolischen, hinzufügt. Diesen sieben Armen etwa scheinen die großen Deltastraßen zu folgen, die jetzt von Kairo gegen die Küste hin ausstrahlen (s. auch → Alexandria und → Provinzen des Deltas).

Ausflüge

Lernt man auf der → *Route Agricole* eine Reihe der wichtigsten heutigen Deltastädte kennen, so lassen sich die bedeutendsten antiken Stätten auf drei *Ausflügen* besuchen, am besten alle von Kairo aus mit der Taxe: → Westdelta, → Mitteldelta, → Ostdelta. Lohnen wird für den Reisenden von den alten Stätten kaum ein anderer Ort als Tanis.

Auf einer Fahrt nach Ismaʿilîja durchzieht man das geschichtsbeladene → *Wâdi Tumilât* mit einer Reihe von antiken Orten, ohne jedoch nennenswerte Altertümer zu sehen. Die *Wüstenstraße* westlich des Deltas von Alexandrien nach Kairo über das Rasthaus beim → Wâdi Natrûn (S. 446 ff.) läßt den gegensätzlichen Hintergrund der üppigen Fruchtbarkeit der Deltamarschen erfahren, eine → *Kanalfahrt* von Port Saʿîd nach Sues am Ostrand des Deltas die verkehrspolitische Bedeutung des Gebietes.

Zu *Rosette* s. S. 314.

Route Agricole

Will man einen Gesamteindruck vom Deltagebiet haben, so benutze man von Alexandria nach Kairo die gut ausgebaute *Deltastraße* (*Route Agricole*, 223 km). Obwohl sie etwa ebenso lang ist wie die *Wüstenstraße* (225 km) über das Rasthaus Wâdi Natrûn, braucht man durch den starken Lastwagenverkehr etwas mehr Zeit. Man verläßt Alexandria auf der Sh. el-Hurrîja in östlicher Richtung, biegt dann rechts in die Sh. Canal es-Sues ein (die erste Straße führt weiter nach Abuķîr) und folgt der Eisenbahnlinie (rechte Seite). Bald rechts der Mareotis-See, der 2½ m unter dem Meeresspiegel liegt. Nachdem er im Mittelalter völlig ausgetrocknet war, erhielt er sein heutiges Aussehen durch den Dünendurchstich der Engländer bei Abuķîr im Jahre 1801 (S. 73).

28 km Kafr el-Dawâr; rechts zweigt eine Straße ab, die auf die »Wüstenstraße« führt. Gebiet mit ausgedehnten Baumwollkulturen. Textilindustrie.

65 km *Damanhûr* (155 000 Einw.), Hauptstadt der Provinz Behêra. Fabriken zur Baumwollentkörnung, Textilindustrie. Hier lag die altägyptische Horusstadt (Time en Hor), die die Römer Hermopolis parva nannten. Ausflug zu den Ruinen von → Naukratis, der von Psametich II. um 590 v. Chr. gegründeten griechischen Handelsstadt, die am kanopischen Nilarm lag.

91 km Itjâi el-Barûd. 14 km südwestlich Kôm el-Hisn, wo 1943–45 eine bedeutende Nekropole aus der Hyksoszeit freigelegt wurde. Einige km nordöstlich von Kôm el-Hisn liegt Kôm Ferîn mit den Ruinen eines Tempels Ramses' II. Kurz vor Kafr eš-Šaijât – bevor man den Rosette-Arm überquert – zweigt rechts eine Straße ab, die am linken Rosette-Ufer über den → Deltabarrage nach Kairo führt. Überquert man den Rosette-Arm, so erreicht man kurz danach

110 km Kafr eš-Šaijât (20 000 Einw.), Kreisstadt mit Fabrik zur Baumwollentkörnung. Getreide- und Baumwollhandel.

130 km *Tanta* (700 000 Einw.), Hauptstadt der Provinz Gharbîja, Handelszentrum, Eisenbahn- und Straßenknotenpunkt. Mehrere Kirchen, Moscheen, Basare, ehem. vizekönigliches Schloß. Hauptsehenswürdigkeit ist die Moschee Saijid el-Badawi, die nach einem volkstümlichen Heiligen benannt ist. Er wurde im 12. Jh. in Fês geboren und siedelte sich nach einer Wallfahrt nach Mekka hier an. Die Moschee mit 3 Kuppeln und 2 Minaretts wurde im 19. Jh. im türkischen Stil erbaut. Unter der großen Kuppel das hochverehrte Grab des Heiligen, unter den beiden kleineren die von zwei Schêchs. Am Geburtstag des Heiligen (August) wird ein großes Volksfest (el-Mûlid el-kebîr) abgehalten; kleinere Märkte finden im Januar und März statt. Hotel Arafa am Bahnhofsplatz.

Ein *Folklore-Museum* ist in Vorbereitung, auch altägyptische Denkmäler aus dem Delta, griechische, koptische und islamische Stücke werden ausgestellt.

Man überquert den Damiette-Arm, kurz danach

174 km *Benha* (50 000 Einw.), Hauptstadt der Provinz Ķaljubîja; Rosenölfabrikation. In der Umgebung Anbau von Apfelsinen, Mandarinen, Feigen, Wein, Getreide und Baumwolle. Unweit nordöstlich die Ruinen von Athribis (Kôm el-Atrîb), einer altägyptischen Stadt, die mindestens von der 13. Dyn. bis in die Römerzeit blühte. Ruine eines Horustempels im W, im übrigen unübersichtliche Trümmer.

Später taucht rechts die libysche Wüstenkette auf, dann links der Moķáttam und die Zitadelle von Kairo.

223 km *Kairo*

Westdelta

Naukratis

Zu erreichen von Kairo über Schibîn el-Kôm oder Benha–Tanta auf der Strecke nach Damanhûr. Man verbinde den Besuch mit dem von → Buto und Saïs.

Bei Nebîra am früheren kanopischen Nilarm im Nordwesten des Deltas liegen die Ruinen der Handelsstadt Naukratis, die unter Psametich II. (6. Jh. v. Chr.) von den Milesiern gegründet wurde. Amasis räumte dort den Griechen den einzigen Freihandelsplatz in Ägypten ein. Die Zolleinnahmen kamen dem Neith-Tempel des östlich benachbarten Saïs zugute, ebenso wurden die Zollbeamten in diesem Tempel beschäftigt. Naukratis wurde Zentrum der griechischen Bewohner Ägyptens, sie hatten dort Tempel für die eigenen Götter. An Tempeln bekannt sind der für den milesischen Apollon, der für Hera von Samos, ein Dioskuren-Heiligtum, weiter ein Athena- und ein Aphrodite-Tempel. Das Hauptheiligtum war das von den acht Gründerstädten unterhaltene »Hellenion«, das allen Griechen offenstand. Im Norden der Stadt waren die berühmten Töpferwerkstätten, in denen die »Naukratis-Vasen« hergestellt wurden, und eine Fayence-Manufaktur, besonders für Salb- und Parfüm-Fläschchen. Naukratis war bald die mächtigste Handelsfaktorei des Landes, hier wurden die einzigen aus Ägypten bekannten vorptolemäischen Münzen in Silber und Bronze geprägt. Die Stadt büßte erst mit der Gründung Alexandrias an Bedeutung ein, blieb aber als Zollenklave und Umschlaghafen zwischen Alexandria und Memphis weiterhin ein Brückenkopf für die Griechen, ähnlich wie Hongkong für England; der große See bei Naukratis scheint das alte Hafenbecken darzustellen.
Nicht allein wirtschaftliche, auch die geistigen Güter wurden hier eingetauscht. Über Naukratis dürfte den Ägyptern Homer bekanntgeworden sein, über Naukratis könnten umgekehrt Äsop und Aischylos ihr Wissen von Ägypten bezogen haben. Ein Besuch der restlichen Trümmer lohnt nur für den Griechenfreund, der einmal auf dem historischen Boden gestanden haben möchte.

Buto

Von Kairo aus am besten zu erreichen über Tanta–Damanhûr–Disûḳ. Man verbinde den Besuch zweckmäßig mit dem von → Saïs.

Zwischen den Dörfern Ibtu und Schâba liegen an der Stelle des alten Buto die Trümmerhügel des Tell el-Faraʿîn östlich des heutigen Disûḳ im Westdelta. Buto war seit den ältesten Zeiten ein religiöses Zentrum, ist als antithetische Partnerin von Hierakonpolis in Oberägypten eine mythische Hauptstadt der Pyramidentexte, ihre lokalen Gottheiten, die falkenköpfigen »Seelen von Buto«, begegnen uns in den Geburtshallen der Tempel und den Königsgräbern. In Buto hauste die grüne Schlange, die das vor Seth in den Sümpfen von Chemmis versteckte Horuskind nährte und schützte; ihr Tempel hat der Stadt ihren Namen gegeben. Den Griechen galt sie der analogen Sagenbildung wegen als Leto. Politisch-historisch hat Buto keine Rolle gespielt, indes dürften die Trümmer willkommene Aussagen über frühe religiöse Vorstellungen machen. Eine Ausgrabung ist im Gange, doch erübrigt sich vorerst ein Besuch.

Naukratis – Buto – Saïs – Busiris – Behbêt el-Hagar

Saïs (Sâ el-Hagar)

Von Kairo aus zu erreichen über Tanta und, auf der Straße nach Damanhûr, Kafr eš-Šaijât; von da auf Nebenstraße östlich am Rosette-Arm entlang. Man verbinde den Besuch von Saïs mit dem von → Buto.

Nördlich von Sâ el-Hagar am Rosette-Nilarm liegen die noch nicht ausgegrabenen Ruinen von Saïs, der Residenz Psametichs I. und der folgenden Könige der 26. (»saïtischen«) Dynastie sowie des Kultortes der Göttin Neith. Ihr Heiligtum wird bereits auf den frühesten Denkmälern genannt. Saïs war eine religiöse Metropole und Gau-Hauptstadt, aber geschichtlich bedeutend erst, seit am Ende des 8. Jh. Tefnacht von Saïs (und Behbêt) gegen den Äthiopen Pije kämpfte und sein Sohn versuchte, von hier aus Ägypten wieder zu einen. Als Saïs dann unter den Saïten Hauptstadt wurde und Ägypten einer neuen politischen und kulturellen Höhe entgegengeführt werden konnte, scheint die Stadt den gesamten Handel mit dem Norden übers Meer übernommen zu haben.

Nach Herodot liegen in Saïs auch die saïtischen Herrscher bestattet, doch dürfte Kambyses bereits das Grab des Amasis zerstört haben. Der gleiche Perserkönig aber hat die Tempel von Saïs von »Fremden«, die sich darin eingenistet hatten, gereinigt und auch das »Lebenshaus« (Tempelarchiv und Kanzlei für geistig-geistliche Werke) wiedererrichtet.
In christlicher Zeit wurde Saïs Bischofssitz, der arabische Historiker Makriši erwähnt es noch im 15. Jh.; jedoch war damals die Stadt schon weitgehend verfallen.
Der Boden würde gewiß ausgiebige und aufschlußreiche Funde hergeben, indes lohnt jetzt ein Besuch nicht. Was an Statuen und Baugliedern von dort geborgen wurde, steht in den Museen verstreut, viele Statuen von saïtischen Beamten auch im Museum von Kairo.
Schillers »Verschleiertes Bild von Saïs« geht auf antike Quellen zurück.

Mitteldelta

Busiris

Besser als über Šifta zu erreichen von Kairo aus über Tanta – Mahalla el-Kubra; von dort auf der Straße nach Mansûra bis Samannûd und nun südwärts auf Nebenstraße 7 km. Man verbinde den Besuch von Busiris mit dem von → Behbêt el-Hagar.

Im Herzen des Deltas, südlich von Mahalla el-Kubra auf dem linken Ufer des Mündungsarms von Damiette, liegt die Ortschaft Abusîr, dem das alte Busiris entspricht. Sein Name leitet sich her von »Tempel des Osiris«, der in der Stadt dieses Heiligtums, der Gauhauptstadt Djedu, große Verehrung genoß. Hier wurde alljährlich die Trauerfeier um den verstorbenen Gott begangen, den Isis hier bestattet hatte. Auch ihr war in Djedu nach Herodots Bericht (II, 59, 61) ein großer Tempel errichtet, aber kein Rest erinnert mehr an die ehemalige Kultstätte.

Iseum – Behbêt el-Hagar

Man verbinde den Besuch mit dem von → Busiris.

Im NO von Mahalla el-Kubra, etwa 5 km westwärts des Mündungsarms von Damiette in der Mitte des nördlichen Deltas, liegt Behbêt el-Hagar, die Stätte des Horus-hebît, die römisch mit Iseum bezeichnet wurde. Denn hier genossen Isis, ihr Gemahl Osiris und beider Sohn Horus bis in römische Zeit Verehrung. In der saïtischen Dynastie gehörte der Ort mit Saïs zusammen zum Stammgebiet der Herrscher, und Nektanebês II., der letzte ägyptische Pharao, scheint aus dieser Stadt zu stammen. Sonst hatte sie ausschließlich religiöse Bedeutung.

Nektanebês II. (30. Dynastie) begann dort einen großartigen Tempel, Ptolemaios II. und III. setzten den Bau fort. Obwohl er aus grauem und rotem Granit erbaut wurde, ist er heute nur noch ein imposanter Trümmerhaufen; Säulenfragmente, Architravstücke, Deckplatten und Baublöcke sind malerisch übereinandergestürzt. Dagegen ist die Umfassungsmauer aus Luftziegeln teilweise noch recht gut erhalten; die Einwohner benützen sie als Begräbnisstätte. In dem wirren Feld von Pfeilern, Hathorkapitellen und -friesen, zwischen den Wasserspeiern und Resten alter Treppen läßt sich die Stelle des ehemaligen Sanktuars an einem ptolemäischen Reliefblock erkennen, auch sonst stößt man in dem weitläufigen Ruinengebiet auf reliefierte Platten mit Szenen des Isiskultes. Obwohl der Ort ausgegraben ist, setzt er ein geschultes archäologisches Auge voraus, wenn er recht gewürdigt werden soll.

Mahalla el-Kubra – el-Mansûra – Damiette

Wer nicht nur archäologisch interessiert ist, sondern auch heutige, durch die Industrialisierung belebte Städte kennenlernen möchte, mag die Reise durch das Mitteldelta ergänzen durch die Route Kairo–Damiette.

Bei 120 km wird die stark aufblühende Stadt *Mahalla el-Kubra* erreicht, die sich durch ihre Spinnereien und Textilindustrie stark entwickelt und an Bedeutung zunimmt.

Nach 146 km gelangt man nach *el-Mansûra*, Provinzhauptstadt mit 160 000 Einwohnern, im Hochmittelalter gegründet und heute nach Mahalla el-Kubra und → Tanta wohl die bedeutendste Deltastadt.

212 km, *Damiette*, ebenfalls Provinzhauptstadt, 10 km vor der Mündung des Damiette-Armes gelegen, wurde unter Saladin z. Zt. der Kreuzzüge befestigt, fiel aber beim 3. Ansturm der Keuzfahrerheere und wurde besetzt. Die Bewohner verließen ihre Stadt, nachdem sie sie teilweise in Brand gesteckt hatten, kehrten aber 1250 zurück. Schon 1251 wurde Damiette durch Sultân Baibars wiederum zerstört, allerdings weiter westlich am Nil neu aufgebaut.
Die Stadt entwickelte sich rasch zu einer Handels- und Hafenstadt, ihre Industrie verarbeitet heute landwirtschaftliche Produkte, der Hafen dient der Küstenschiffahrt. Die arabischen Häuser sind, vornehmlich durch ihre Fenstergitter, denen von Rosette zu vergleichen. Die Moschee Amr Ibn el-Âs ist nicht nur wegen ihrer Spolien aus der Antike erwähnenswert.
Nur bescheidene Unterkünfte.

Im Osten von Damiette liegt der *Manzâla-See* als der größte See des Deltas, mit zahlreichen Hinweisen auf antike Bauten und Stätten, außerdem ein paradiesisches Rückzugsgebiet für Wasservögel (Pelikane, Reiher, Flamingos u. a.).

Ostdelta

Bubastis (Tell Basta)

Auf guter Asphaltstraße von Kairo über Bilbês (vor Šagasîg) zu erreichen (100 km); unterwegs läßt sich mit einem Abstecher nach Schibîn el-Ḳanâtir die 3 km im SO davon liegende Trümmerstätte *Tell el-Jahudîja* (»Judenhügel«) besuchen, die Reste der unter Ptolemaios Philometor gegründeten Siedlung für die Juden, die Antiochos III. aus Syrien-Palästina verbannt hat; doch gibt der Ort archäologisch nichts mehr aus.

Dicht südöstlich von *Šagasîg,* einer der wichtigsten Handelsstädte für Baumwolle und Getreide, im südlichen Teil des Ostdeltas liegt der Hügel Tell Basta mit den weit ausgedehnten Ruinen des alten Bubastis, Hauptstadt des gleichnamigen Gaues und während der 22. Dynastie Residenz des Reiches. Das Pi-beseth des Hesekiel (30, 17) war die Stadt der Bastet, deren Tempel nach Herodot 700 000 Menschen zum jährlichen Freuden- und Opferfest der heiteren Katzengöttin an sich zog. Die Mauern alter Ziegelhäuser stehen teilweise noch immer erstaunlich hoch, aber die Tempelreste am südwestlichen Fuß des Hügels sind meist im Grundwasser ertrunken. Schon die Pyramidenerbauer der 4. Dyn. scheinen an ihm gebaut zu haben; andere Bauteile stammen aus dem Mittleren Reich, der Hyksoszeit und dem Neuen Reich (eigener Tempel von Amenophis III.), vor allem aber haben die Ramessiden den Tempel erweitert. Seine letzte Gestalt erhielt er durch die in Bubastis residierenden libyschen Könige (um 950 v. Chr. gegründete 22. Dyn.) und durch Nektanebês II., dessen prachtvoller Neubau aus Basalt, rotem und schwarzem Granit mindestens sieben Schreine aus Hartstein barg. Der Tempel, dessen Göttin von Herodot als Artemis bezeichnet wird (II, 138), lag, dreiseitig von zwei breiten Kanälen umgeben, »wie auf einer Insel« und hatte mit seinen vier Sälen eine Länge von 600 Fuß (rd. 180 m).

Zwar ließ er sich dank sorgfältiger Untersuchung gut rekonstruieren und liefert mit seiner »Festhalle Osorkons II.« (Saal 2) auch interessante Einzelheiten zum Festkult, aber da allein ein Gewirr von Granitblöcken, Architraven, Säulen und auch Statuen wie Reliefs nur bruchstückhaft erhalten sind, lohnt ein Besuch kaum. Seine Hauptdenkmäler sind in den Museen verstreut.

Neuerdings gelang es, ein *Bauwerk Pepis I.* (6. Dyn.) im Grundriß zu sichern, dessen 5 m dicke Lehmziegelmauer einen Bezirk von 90 m×63 m umschließt; mit dem Heiligtum Pepis ist uns erstmals ein »Ka-Haus« erhalten, wo vermutlich Gastgottheiten empfangen wurden. Es liegt etwa 100 m westlich von dem Großen Tempel aus Granit und ist, von seinen 8 Kalksteinpfeilern im Innern abgesehen, aus getrockneten Ziegeln erbaut. – Nördlich vom Großen Tempel liegt ein Heiligtum für Mahes, den Sohn der Bastet, das Osorkon I. errichten ließ und Herodot als »Hermes-Tempel« bezeichnet.

Das Beispiel Bubastis zeigt deutlich, wie Baustücke im Delta wandern; die für die Neubauten in Bubastis hierher verschleppten Werkblöcke dienen in der Verfallszeit des Kultortes für Bauten der Umgebung bis Bilbês und selbst bis Kairo. Dies bedeutet neben den Witterungsschäden das entscheidende Hindernis, die Bauten von Bubastis wiederaufzurichten, so daß der Besucher auch weiterhin vor einem Trümmerhaufen wird stehen müssen, wenn er je die heilige Stätte aufsuchen sollte.

Die *Ebene,* die den Tell von der Stadt Šagašîg trennt, war eine Fundgrube für Katzenbronzen und Bastet-Statuetten, ein Gebeinhaus von Katzen und Ichneumonen, den heiligen Tieren der Bastet bzw. des Atum, der mit Mahes zusammen die Bastet-Triade bildet.

Die sich in der kultischen Verehrung und rituellen Beisetzung von Tieren äußernde Pervesion der ursprünglichen Scheu vor der numinosen Kraft des Tieres ist eine religiöse Ausgeburt der Spätzeit. – Hier wurde auch der *Schatz von Šagašîg* im Jahre 1905 gefunden, dessen schönstes Stück, ein Silbergefäß mit aufgerichteter Ziege als Henkel, im Museum Kairo zu bewundern ist (Nr. 4216; S. 364). – Neuerdings wurden Gräber verschiedener Epochen und Teile eines MR-Palastes mit Magazinbauten freigelegt sowie das *Grab des Uti* (Wtj) aus der Zeit Ramses' III. mit 9 Räumen und mehreren Statuen.

Tanis (Sân el-Hagar)

Auf guter Asphaltstraße zu erreichen von Kairo über Bilbês (Bubastis)-Sagasig-Kantir (S. 327) am Bahr Faḳûs entlang (173 km). Die Erlaubnis zur Besichtigung des Grabungsgeländes ist vorher beim Oberinspektor in Šagašîg einzuholen. Man versäume auf dieser Fahrt nicht einen Besuch von → Bubastis (Tell Basta).

Bei dem Fischerdorfe Sân el-Hagar am Mu'iṡṡ-Kanal, ungefähr in der Mitte zwischen Manṡala und es-Salihîja, liegen die ungeheuren Ruinen des alten Tanis, des biblischen Zoan, das politisch-strategisch wie wirtschaftlich gleich bedeutend war. Die Ebene zwischen den genannten Orten am Südufer des Manṡalasees, die heute versteppt ist und dem Wind gehört, war im Altertum ein Dickicht im äußersten Nordosten des Deltas. Der in ihrem Herzen liegende nackte Ruinenhügel von Sân el-Hagar ist ein halbes Jahrhundert lang mit Erfolg ausgegraben worden.

Tanis ist eine Gründung nach dem Erlöschen der Ramessidendynastie und gegen die von Ramses II. als Residenz gegründete »Ramsesstadt« gebaut, großteils aus Spolien, gerade auch solchen der Ramsesstadt. Die Ramsesstadt liegt weiter südlich, nahe Ḳantir, wohl bewußt neben der starken Hyksos-Festung Auaris, die unter dem Ruinenhügel Tell el-Dab'a aufgedeckt werden konnte.

Tanis stand seit der 21. Dyn., als die Priesterkönige in Theben regierten und im Norden die Taniten, bis in die römische Zeit hinein in Blüte. Zu den Funden der Stadt gehören: ein großer Tempelbezirk mit einer äuße-

Tanis

ren und einer späteren inneren Umwallung, die Nekropole der Könige der 21./22. Dyn., kleinere Heiligtümer, Gräber und Stadtreste. Mit diesen gewaltigen Ruinen ist Tanis heute der sehenswerteste Ort des ganzen Deltas.

Der unter Verwendung älterer Architekturstücke erbaute *Große Tempel* stammt von Ramses II. und liegt jetzt vollständig in Trümmern; die meisten Denkmäler von dort, Statuen und Sphingen, befinden sich im Museum Kairo. Ramses II. verbaute viel Material aus abgebrochenen Tempeln und schleppte zur Ausschmückung Teile aus dem ganzen Lande zusammen; sie gehen zurück bis in die 4. Dyn., vornehmlich aber ins Mittlere Reich.

Allein die Ausmaße des Tempels, der ursprünglich Seth, nach dessen Verfemung aber Amun geweiht war, sprechen für Macht und Ansehen dieser Kultstätte. Das Heiligtum ist von einer gewaltigen ramessidischen Ziegelmauer umgeben, dessen unregelmäßiges Viereck etwa 400 m × 350 m mißt. Psusennes engte den Bezirk später durch eine neue Umwallung auf etwa die Hälfte (6 ha) ein. Sein Eingangsportal ist zerfallen und die ganze Anlage ein Irrgarten von riesigen Baublöcken, Architraven und gestürzten Obelisken; von zerschlagenen Kolossen und Statuen; von Altären, Schreinen und Stelen. Es wäre ein mühsames Unterfangen, wollten wir eine detaillierte Führung anstreben. Der Besucher bemühe sich, an Hand der

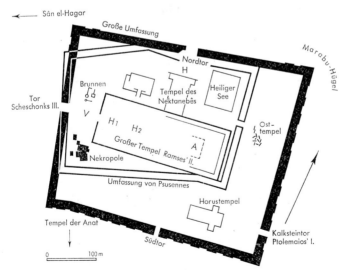

Tempelbezirk von Tanis

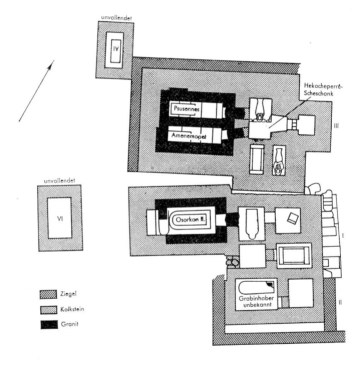

Tanis — Königsgräber der 21./22. Dyn.

Planskizze, von Westen nach Osten schreitend, das Gebäude geistig zu rekonstruieren. Er betrete das Areal durch das monumentale Tor Scheschonks III., das die Westseite der Umfassungsmauer in der Mitte durchbricht, und schreite etwa in der Achse vorwärts, bis er im Osten zwischen den beiden Umwallungen auf die schönen monolithen Säulen mit Palmkapitellen und den Kartuschen Ramses' II. stößt. Ein Durchbruch im südlichen Teil der östlichen Umfassungsmauer stammt von Ptolemaios I.; auch Nord- und Südmauer öffnen sich durch Tore.

In der Südwestecke des Tempelbezirks von Psusennes ist die *Nekropole der Pharaonen* angelegt: Psusennes, ein Nachfolger mit Namen Amenemopet, die Libyer Osorkon II. und Scheschonk III. waren hier bestattet, dazu ein bis dahin unbekannter König Scheschonk. Das Grab des Psusennes (21. Dyn.) war unversehrt, in ihm lagen außer dem genannten Herrscher Königin Mut-nedjmet sowie zwei Generale des Psusennes und im Vestibül der unbekannte (Hekacheperrê-)Scheschonk. Die Funde dieses fünffach ausgerüsteten Königsgrabes füllen heute einige Schatzkammern im Museum von Kairo (S. 363) mit silbernen Sarkophagen, goldenen Gesichtsmasken, mit kostbaren Gefäßen aus Edelmetall und Kleinodien, die nicht allein als kunsthandwerkliche, sondern auch als kultur- und religionshistorische Zeugnisse einen hohen Wert darstellen. Die relativ einfache Anlage der Gräber wolle man der Planskizze entnehmen. Grab IV und VI waren unvollendet.

Außerhalb der Tempelumwallung sind noch Bauten aus verschiedenen Zeiten und kleinere Heiligtümer gelegen; das bedeutendste unter ihnen ist der *Tempel der Anat,* einer syrischen Kriegsgöttin und Gefährtin des Seth, etwa in der südlichen Verlängerung der westlichen Umfassungsmauer. Mit den umliegenden Schutthügeln der Wohnhäuser beträgt die Fläche der alten Stätte über 30 ha.

Das 25 km südlich gelegene *Kantîr* hat ebenfalls die Ruinen eines Ramses-Palastes bewahrt, dessen schöne mehrfarbige Fayence-Kacheln heute zum großen Teil im Museum Kairo zur Schau stehen; die Ruinen dieses Ortes sind die Überreste der »Ramsesstadt«.

Wâdi Tumilât

Das Wâdi Tumilât ist das natürliche Bett nicht erst des heutigen Isma'ilîja-Kanals, sondern lenkte bereits im Mittleren Reich eine künstliche Wasserader, die den Nil mit dem Roten Meer verband. Für den alten, 1798 wiederentdeckten Kanal haben die Böschungsmauern aus Steinquadern eine Breite von 45 m und eine Tiefe von 5 m ergeben. Necho hat seinen Bau zu erneuern begonnen, aber nachdem ihm ein Götterwort geweissagt hatte (Herodot II, 159), daß er damit seinem Feinde Nutzen bringen werde, hat er ihn liegen lassen. Darius I. hat ihn rund 100 Jahre später (etwa 500 v. Chr.) als Verbindungsweg zwischen

Susa und Ägypten fertiggestellt. Die über die Kanalarbeiten berichtenden Stelen befinden sich heute im Museum zu → Isma'ilîja und Sues.
Ptolemaios II. Philadelphos baute den Kanal weiter aus, aber bald danach scheint die Wasserstraße verfallen zu sein. Nur der Name amnis Trajanus (Trajansfluß) für eine Verbindung zwischen Kairo und dem Golf von Sues dürfte darauf hinweisen, daß unter diesem Kaiser (98–117) der Kanal wiederhergestellt worden ist. Amr Ibn el-Âs, der Feldherr des Kalifen Omar, ließ ihn erneuern, um Getreide von Kairo nach Medîna zu transportieren. Im 8. Jh. wurde die spätere »Pforte der Meere« aus strategischen Gründen zugeschüttet und blieb tot für mehr als 1000 Jahre.
Der heutige, bei Kairo abzweigende Kanal, der die Arbeiter am Sueskanal mit Trinkwasser zu versorgen hatte, durchfließt nach seinem Lauf am Rande der arabischen Wüste bis Bilbês das biblische *Goschen*, das wir in dem Dreieck Bilbês–Sagasîg–Abu Hammâd erkennen dürfen: Seine Hauptstadt lag bei dem heutigen Saft el-Hinna. Die Ruinen sind völlig abgetragen, in Häusern verbaut finden sich einzelne Blöcke, ein Schrein des Nektanebês I. ist im Museum Kairo aufbewahrt. Das Land Goschen war das Land der Kinder Israels (I. Mose 45,10; 46,28,29; 47,1,6,27 und II. Mose 1,11), die nach dem letzten Bibelzitat die Städte → »Pithom und Ramses« gebaut haben. (Zu Ramses-Stadt siehe Ḳantîr, S. 331).

Pithom

Diese Stadt (»Haus des Atum«) ist insofern wissenschaftsgeschichtlich bedeutend, als sie die archäologische Erforschung Ägyptens angeregt hat. Denn in ihr vermuteten die Forscher eine der beiden »befestigten Städte«, die die Israeliten während ihrer Unterdrückung haben bauen müssen (Ex. 1,11). »Patumos« wurde nach Herodot II, 158 von dem altägyptischen Kanal zwischen Nil und Rotem Meer berührt. Den Verlauf des pharaonischen Kanals erkennen wir im → Wâdi Tumilât, in dem Pithom 20 km westlich von Isma'ilîja nahe Nahsama gelegen ist. Pithom war eine außerhalb des eigentlichen Ägypten gelegene östliche Gauhauptstadt und Grenzstadt, befestigte Sperre sowohl wie Ausfallort gegen Asien, der besonders in ramessidischer Zeit blühte.
Die Ruinen des alten Pithom sind mit großer Wahrscheinlichkeit, wenn auch nicht sicher, im *Tell el-Rotâba* wiederzuerkennen (südlich der Autostraße Kairo–Isma'ilîja, bei km 96 von Kairo), und nicht im Tell el-Mas'chûta.
17 km weiter östlich, südlich der Autostraße, liegt *Tell el-Mas'chûta* (Hügel der Idole), wahrscheinlich das antike Heroonpolis. Die zahlreichen Funde dieser Grabungsstätte heute im → Museum von Isma'ilîja bzw. Garten der Stelen.

Isma'ilîja und Sues

Eisenbahnverbindung: Kairo–Isma'ilîja–Sues. Autobus: Kairo–Isma'ilîja (2½ Stunden), bis Sues (3½ Stunden). Kairo–Sues (de Luxe 2¼ Stunden). Die Reiseagenturen unternehmen Auto-Tagesausflüge Kairo–Isma'ilîja–Sues–Kairo. Straße durchweg sehr gut.
Die Wüstenstraße *Kairo–Sues* (134 km, sehr gut) über Heliopolis (s. S. 404 f.) folgt teilweise der alten Karawanenstraße, die Ägypten mit Asien verband und auf der auch die Mekkapilger entlangzogen. Nach 62 km links auf dem Hügel die Ruinen eines Schlosses des Chedîven Abbâs, nach 66 km Rasthaus (mit Tankstelle), in der Nähe das Mausoleum des Schêchs Mohammed ed-Dakrûri.

Isma'ilîja

Die Stadt mit 385 000 Einwohnern wurde während des Kanalbaus gegründet und ist mit ihrer regelmäßigen Anlage von rechtwinklig sich kreuzen-

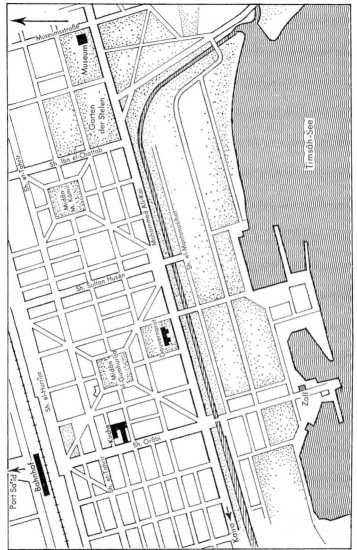

Isma'ilija

den Straßen und schönen, großen Plätzen, den hübschen Villen etwas verblichenen Stils und den Parkanlagen eine reizvolle Siedlung. Im Krieg wurde sie allerdings teilweise zerstört, doch rasch wieder aufgebaut, das seit 1967 geschlossene → Museum 1980 wiedereröffnet.

Isma'ilîja, am Ufer des Timsâh-Sees (Badestrand, Kanufahrten), dem »See des Krokodils«, gelegen, hat für den Altertumsforscher und -liebhaber zwei Anziehungspunkte: den »Garten der Stelen« und das Museum. An der Stelle, wo die dem Kanal folgende Verbindungsstraße zwischen Kairo und Port Sa'îd nach Südosten abknickt, liegt links vom Kai Mohammed Ali der

Garten der Stelen, der 1980 mit dem Museum vereint wurde. Er enthält fast ausschließlich Funde von → Pithom und → Tell el-Mas'chûta, fast alle von Ramses II.

Das bekannteste Stück der Sammlung ist das sogenannte »Pyramidion«, das den von Sethos I. geschaffenen Sockel für ein steinernes Falkenbild des Gottes Horus darstellt, die Rückseite und die Basis hat Ramses II. beschriftet; eine Gruppe Ramses' II. zwischen den Göttern **Cheprê** und **Atum** sitzend; liegende Sphingen, deren eine von Ramses II. den Göttern Atum und Harmachis geweiht ist; große Denkinschrift Ramses' II. aus Granit mit dem Bilde des Königs, der dem Gotte Rê-Harachte ein Bild der Wahrheitsgöttin Ma'at darbringt, auf der Rückseite der König vor Atum; Bruchstücke einer Kapelle, von Ramses II. in den Tempel von Mas'chûta geweiht; Sargdeckel eines hohen Palastbeamten aus schwarzem Granit, ebendaher; Stelen und Naoi.

Geraden Weges in östlicher Richtung schließt sich das Museum an, das die Antiken aus der Umgebung enthält, insbesondere jene, die beim Bau des Kanals gemacht worden sind. In Anbetracht der relativ geringen Überreste aus dem Delta sind sie eine wichtige Ergänzung der Stücke des Museums von Alexandria; auch sie stammen überwiegend aus ptolemäisch-griechisch-römischer Kultur, während die älteren Objekte fast durchweg durch die Bodenfeuchtigkeit so sehr aufgeweicht waren, daß sie nicht mehr konserviert werden konnten.

Museum

Nach den Öffnungszeiten erkundige man sich jeweils vor der Planung eines Besuches.

I. Saal. Ptolemäische Holzsärge aus Assiût; römische Mosaiken; 1408, Dioritkopf eines Mannes mit Skarabäus; Vitrinen mit prähistorischen Gegenständen, Holzuschebti; Kalksteinkopf (NR), Dienerfigur, Siegel; Vitrine mit Bronzen; Vitrine mit Bildhauermodellen und Malerskizzen auf Ostraka; über den Vitrinen koptische Stoffreste.

Langer Saal. Vitrinen mit griechischer Keramik, ptolemäischen Münzen, Lampen u. a. Gegenständen koptischer und arabischer Zeit; in der Mitte großes Mosaik mit mythologischer Szene in zwei Registern; beiderseits Marmorstatuen der Venus auf dem Delphin; Vitrinen mit byzantinischem Glas; mit griechisch-römischen Gegenständen aus Gold und Elfenbein, Schmuckstücken und Gemmen; römische Statuetten; römische Keramik; griechische Terrakotta; römische Bês-Figuren; griechische Ostraka aus Elephantine und arabische Papyri aus Achmîm (6./7. Jh.); drei Gefäße um ein Mosaikbecken; Mühle; Mörser; Granitkapelle aus el-Arîsch mit einer interessanten Inschrift über die Herrschaft der Götter auf Erden.

Hinter dem Museum Rest einer Granitstele des Darius, auf der er die Wiedereröffnung des Kanals zwischen Nil und Rotem Meer festhält, den die Pharaonen des MR durchs → Wâdi Tumilât angelegt hatten. Die Denkstele war 8 km nördlich von Sues aufgestellt und in vier Sprachen beschrieben: ägyptisch (Hieroglyphen), altpersisch, babylonisch und elamitisch (die letzten drei in Keilschrift).

Ismaʿilîja–Sues (102 km)

In südöstlicher Richtung am Ufer des *Timsâh-Sees* entlang, dann zwischen dem Sues- oder Maritimen Kanal und dem Süßwasserkanal weiter nach Süden. Der Süßwasserkanal dient zur Bewässerung des östlichen Deltas, er verbindet Kairo mit Ismaʿilîja und teilt sich dann nach Sues und Port Saʿîd; er wurde 1858–1863 angelegt und seit 1876 erweitert; nach 14 km der *Große* und der *Kleine Bittersee*. Am Ufer entlang, bis man wieder den Sueskanal erreicht; nach 3 km etwa 150 m rechts der Straße Reste des alten Pharaonen-Kanals, nach weiteren 22 km Sues.

Sues

Die Hotels waren durch den Krieg im Juni 1967 und besonders durch die nachfolgenden Artillerieduelle zerstört, wurden aber in fieberhafter Eile wieder aufgebaut; Sues ist als neues Touristenzentrum vorgesehen. Hotels: Bel-Air, San Stefano, Etap und äußersten Falls Misr Palace und Beau Rivage. – Summer Palace in Port Taufîḳ. – 1982 soll das Luxushotel El-Mogharbel Tourist Hotel eingeweiht werden.

Die Stadt hatte zusammen mit → Port Taufîḳ 315 000 Einw. und liegt am Eintritt des Sueskanals in das Rote Meer. Sie hat keine sehenswerten Denkmäler, ist aber eindrucksvoll durch ihre Lage, den Hafen und das Völkergemisch, das der Kanalverkehr mit sich bringt. Ihre Industrie: Eisenwerke, Raffinerien und petrochemische Anlagen, wurden im Krieg gegen Israel stark beschädigt. Die im Golf und in der westlichen Wüste erschlossenen Ölquellen haben eine beträchtliche Steigerung des ägyptischen Rohöls erbracht; Bohrtürme und Schlote verändern das Bild der Stadt, die, im 15. Jh. gegründet, sich aus einem unbedeutenden Flecken erst in der 2. Hälfte des 19. Jh. durch den Kanalbau entwickelte.

Auf dem Schutthügel Kôm el-Kulsum im Norden der Stadt lag wahrscheinlich die ptolemäische Festung *Klysma*, die an der Stelle einer pharaonischen Siedlung an der Mündung des Pharaonen-Kanals gebaut war. Von der Höhe hat man einen prachtvollen Blick auf die Stadt, das Meer, die Sinaihalbinsel im Osten und das Atâḳa-Gebirge im Westen.
Nördlich von Kôm el-Kulsum mündet der *Süßwasserkanal* ins Rote Meer. Der Wasserspiegel des Kanals liegt 2 m höher, der Unterschied wird mit Schleusen überbrückt. Ein 2 km langer und 15 m breiter Steindamm, auf dem auch die Eisenbahn fährt, verbindet Sues mit Port Taufîḳ auf der Ostseite der Suesbucht. Die Halbinsel von *Port Taufîḳ* ist

durch die ausgebaggerten Erdmassen künstlich geschaffen, im Hafen von Port Ibrahîm finden über 500 Schiffe aller Größenordnungen Platz.

Das 1962 gegründete *Museum* barg altägyptische, griechische, römische und koptische sowie arabische Denkmäler, meist kleinformatige (Bronzen, Keramik, Schmuck, Holzarbeiten), aber auch einige Plastiken, außerdem Särge, Ikone und Teppiche. Seine Wiedereröffnung ist geplant.

Sueskanal

Geschichte

Die Landenge zwischen dem Mittelmeer und dem Golf von Sues beträgt 112 km. Schon die Venezianer dachten an die günstigen Auswirkungen eines Durchstichs dieser Landenge, und auch Leibniz wies 1671 in seiner Denkschrift für Ludwig XIV. »Eine Expedition nach Ägypten« auf einen solchen Kanalbau hin. Aber erst Napoleon ließ ab 1798 durch den Ingenieur Lepère Vorarbeiten anstellen, die jedoch durch falsche Messungen das Resultat zeitigten, das Rote Meer liege 9,9 m höher als das Mittelmeer, und so scheiterte das Projekt.

Die wirtschaftliche Bedeutung dieser Meerenge hatten auch die Engländer erkannt; sie legten für die Indienpost eine Straße und später eine Eisenbahnlinie von Sues nach Kairo an. Eine regelmäßige Schiffsverbindung führte von Indien nach Sues und von Alexandria nach England. Der französische Konsul in Ägypten *Ferdinand von Lesseps* (1805–1894), der sich seit 1838 mit dem Kanalplan beschäftigte, legte 1854 dem Vizekönig Saʿîd ein Projekt vor, das auf neuen und richtigen Messungen fußte, nach denen die Höhe zwischen den beiden Meeren etwa gleich war. Die 1854 gegründete Sueskanalgesellschaft erhielt 1856 die Konzession zu Bau und Betrieb, die 99 Jahre nach Vollendung des Kanals erlöschen sollte. Gegen den Widerstand Englands unter Palmerstone wurden am 23. April 1859 die Arbeiten begonnen und nach mannigfachen Schwierigkeiten (Trinkwasserversorgung, Geldmangel, technische Probleme, Choleraepidemie) konnte der Kanal am 17. November 1869 feierlich eingeweiht werden. Im Jahre 1956 wurde er von Präsident Nasser verstaatlicht (vgl. Geschichte).

Der schleusenlose Kanal ist 171 km lang, 20 m tief (ursprünglich 8 m), die geringste Breite beträgt (nach achtmaliger Verbreiterung) 140 m an der Oberfläche und 80 m an der Sohle.

Die Schiffe fahren in Geleitzügen von 20 und mehr Schiffen zweimal täglich in jeder Richtung durch den Kanal. Die Fahrt dauert etwa 15 Stunden, ihr stehen vier Ausweichstellen zur Verfügung. Trotz moderner Navigationshilfen müssen Lotsen an Bord genommen werden.

1966 passierten 21 250 Schiffe den Kanal. 85 % des Transportvolumens nahmen Öl und Ölprodukte ein. 1967 hat Ägypten den Kanal infolge

Sueskanal 337

des Junikrieges (vgl. Geschichte) gesperrt, er war durch Schiffswracks, Minen und Versandung unbenutzbar. Die Tankerreedereien stellten den Öltransport auf Großtanker um und fuhren um Afrika. 1974 wurde der Kanal geräumt und instandgesetzt, am 5. Juni 1975 wiedereröffnet. Am 16.12.1980 konnte Sadat nach fünfjährigen Ausbauarbeiten der Weltschiffahrt einen Kanal übergeben, der mit vollbeladenen Supertankern bis zu 150 000 t (unbeladen 370 000 t) befahrbar ist. Zusätzlich wurde am Kanal entlang eine Pipeline gebaut und 1981 der Ahmed Hamdi-Tunnel, der die beiden Kanalufer 17 km nördlich von Sues verbindet, dem Verkehr übergeben. Die Kanalgebühren sind Ägyptens drittgrößte Deviseneinnahmen, 1980 betrugen sie 660 Mill. Dollar.

Der Wiederaufbau der von ihren Einwohnern fast völlig verlassenen und großteils stark zerstörten Kanalstädte (Sues 80 %, Ismaʿilîja 40 %, el-Ḳanṭara 100 %, Port Saʿîd 70 %), die Wiederansiedlung von Bauern in Dörfern der Kanalzone, die Inbetriebsetzung der Häfen sowie die Instandsetzung von Wasser- und Stromversorgung, der Straßen- und Eisenbahnverbindung mit dem Delta und u. a. auch die Errichtung eines Fremdenverkehrs- und Touristen-Zentrums am Mittelmeer und am Roten Meer wurden energisch in Angriff genommen und mit Erfolg betrieben.

Kanalfahrt von Port Saʿîd nach Sues

Port Saʿîd, gegründet 1859 in Verbindung mit den Kanalarbeiten. Die Stadt hat rechtwinklig sich kreuzende, breite Straßen und ist mit ihren 343 000 Einwohnern nach Alexandria die größte Hafenstadt Ägyptens und der erste Hafen für die Verbindung nach Kleinasien und zum Fernen Osten. Der große Hafen (230 ha) ist durch zwei Wellenbrecher gesichert und durch Deiche vor Versandung geschützt. Das auf der westlichen Mole 1899 errichtete Denkmal für Ferdinand von Lesseps von E. Frémiet wurde 1956 von Nationalisten gestürzt. Der Leuchtturm, 53 m hoch, kreuzt seine Lichter mit dem Pharos von Burlos.

Außer dem Hafen, den Straßen an den Kais des Kanals und der Uferstraße hat die Stadt mit ihren neueren Häusern nichts Sehenswertes zu bieten. Malerisch ist allenfalls das Handelszentrum am Rande des Hafens mit seinen polyglotten Kaufleuten. Auf dem östlichen (asiatischen) Ufer liegt *Port Fuʾâd,* eine weiträumig angelegte Gartenstadt mit Villen und schönen Stränden und mit den Büros der Kanalverwaltung.

Hotels der Luxus- und der 1. Klasse: Etap, Holiday Hotel, Riviera, Vendome und Abu Simbel Hotel.
Deutsches Konsulat: Sh. Palestine.

Manṣâla-See (2500–2600 qkm), beiderseits des Kanals trockengelegt. Einst befand sich hier eine der fruchtbarsten Landschaften Ägyptens, durch die 3 Nilarme (der pelusische, der tanitische, der mendesische) flossen. Die bedeutendsten Städte waren → Tanis und Tennis.

44 km   *el-Ḳanṭara* (die »Brücke«); Ausgangspunkt der pharaonischen Heerstraße von Ägypten nach Syrien. Über die Brücke führte die heute zerstörte Bahnlinie nach el-Arîsch – Ghaṣa – Jerusalem.

Port Sa'īd

Kanalfahrt von Port Saʿīd nach Sues

50–61 km der 1949–1951 angelegte Umleitungskanal. Der Kanal führt durch das Gebiet der ausgetrockneten Ballâh-Seen (»Dattelseen«).
65 km *el-Ferdân*, früher große Drehbrücke für Eisenbahn und Straße mit Verbindung zum Sinai. Beginn der 16 m ü. M. liegenden Schwelle von el-Gisr (der »Damm«), einstmals ein großes Hindernis beim Kanalbau. An der Westseite auf einem Hügel das verlassene Dorf von el-Gisr mit einer Marienkapelle und einer verfallenen Moschee.
77 km *Timsâh-See* (»Krokodilsee«), 15 qkm, ehemals eine sumpfige Lagune.
80 km *Ismaʿilîja*. Nach dem Verlassen des Timsâh-Sees rechts Gebel Marjam, wohin der Legende nach die Schwester Mosis eine Woche lang verbannt war. Denn da sie die Heirat ihres Bruders mit einer Äthiopierin mißbilligte, sei sie vom Aussatz befallen worden.
90 km sog. Serapeum (Felsenschwelle).
98–135 km *Großer und Kleiner Bittersee*, mit dem Orte Mara der Bibel (Exod. 15, 23) identisch. Die Schiffe fahren zwischen Bojen, bei km 100 und 115 Kreuzungsstelle. An der rechten Seite der Gebel Genêfa (250 m).
135 km Genêfa (Signalstation).
145 km Schalûf, hier mußte eine große Kalksteinbank beim Kanalbau entfernt werden (Fähre).
170 km *Port Taufîḳ*, gegenüber → Sues. Wo der Kanal in den Golf einmündet, stand ein Relief mit überlebensgroßen Figuren: »Nasser schenkt dem ägyptischen Volk den Sueskanal.« – An der Südspitze von Port Taufîḳ erinnerte das Indian War Memorial, ein 1926 errichteter Obelisk, an die im 1. Weltkrieg in Ägypten und Palästina gefallenen Inder. Nahebei war eine Sphinx von → Abu Roâsch aufgestellt.

Die Straße verläuft bis Ismaʿilîja zwischen Kanal und Eisenbahn.

Kairo

Allgemeine Hinweise (von A-Z)

Man informiere sich in der monatlich erscheinenden kleinen Schrift »Cairo by Night & Day«, die vom Komitee zur Entwicklung des Fremdenverkehrs in Kairo herausgegeben und kostenlos an die Hotels und Reisebüros verteilt wird. – Midân = Platz; Schâri'a (Sh.) = Straße.

Ärzte, Krankenhäuser:

Zur Ermittlung eines Arztes wende man sich an sein Hotel oder an die Gesandtschaft. Ärzte mit deutschen Sprachkenntnissen vermerken dies auf ihren Hausschildern, auf denen sie auch angeben, ob sie in Deutschland, Österreich oder in der Schweiz ihr Fachexamen gemacht haben. Honorare werden sofort kassiert. In Ernstfällen fliege man nach Hause zurück.
Victoria Hospital (Schweiz), 5 Sh. Saroit. – Anglo-American Hospital, Gesîra, neben Kairo-Turm, Tel. 80 61 63 – 5. – Französisches Hospital, Sh. es-Sergâmi. – Katib Hospital (deutsche Oberschwester), 17 Sh. Hindawi, Dokki. – Dar-el-Chifa Hospital, 373 Sh. Ramsîs. – Neuro-Psychiatrische Klinik (deutsche Schwestern), Me'âdi. – Militärhospital in Me'âdi, Telefon 3 70 39.

Bahnhöfe:

Hauptbahnhof am Midân el-Mahatta; er liegt an der Bahnlinie Alexandria–Assuân. – Bahnhof Pont Limûn (östl. vom Hauptbahnhof) für die Züge nach Sues. – Bahnhof Bâb el-Lûk (Sh. Mohammed Mahmûd) für die Züge nach Me'âdi und Heluân.

Banken:

Die Banken sind alle von 9–13 Uhr geöffnet, an Sonntagen von 10–12 Uhr, freitags geschlossen. Alle großen Hotels haben eine eigene offizielle Wechselstelle mit längeren Öffnungszeiten. Bank of Alexandria, 49 Sh. Kasr en-Nîl. – Deutsche Bank, 23 Sh. Kasr en-Nîl. – Dresdner Bank, 33 Sh. Kasr en-Nîl. – National Bank of Egypt, 24 Sh. Scharîf Pascha. – Bank Misr, 151 Sh. Mohamed Farîd.

Buchhandlungen:

Hachette, Midân Tala'at Harb. – Lehnert & Landrock (Schweiz), 44 Sh. Scherîf (auch gute Farbdias und Kartenmaterial). – L'Orientalist, 15 Sh. Kasr en-Nîl.

Deutschsprachige Einrichtungen:

Deutsch-Arabische Handelskammer, 2 Sh. Scherîf Pascha, Lewa Building. – Deutsches Archäologisches Institut. 22 Sh. Gesîra el-Wusta (Eingang: 31 Sh. Abu el-Feda), Samâlek. – Deutsche Evangelische Oberschule, 6 Sh. el-Dokki, Gîsa (Nähe staatl. ägypt. Universität). – Deutsches Kulturinstitut und Goethe-Institut, 6 Sh. el-Scherifên. Seit 1978 gibt es dort eine Zentralbibliothek für deutsche Wissenschaftsliteratur. – Deutsches evangelisches Pfarramt, 17 Sh. el-Kâmil Mohammed, Apt. 18, Šamâlek. – Deutsche Schule der Borrhomäerinnen, 8 Sh. Moh. Mahmoud, Bâb el-Lûk. – Österreich. Kulturinstitut, 1103 Sh. Corniche en-Nîl. – Seelsorge der deutschsprachigen Katholiken: St. Joseph, 2 Sh. Banque Misr. – Schweizerisches Institut für ägyptische Bauforschung, 11/13 Sh. el-Scha'er Asîs, Abâsa, Šamâlek. – Lufthansa, 9 Sh. Tala'at Harb.

Allgemeine Hinweise 341

Diplomatische Vertretungen (Konsulate):

Deutsche Botschaft, 20 Sh. Boulos Hanna, Dokki. – Deutsches Konsulat und Kulturabteilung, 11 Sh. El-Sadd el-âlî, Dokki. – Niederlande, 18 Sh. Hasan Sabri, Šamâlek. – Österreich, 21 Sh. El-Sadd el-âli, Dokki. – Schweiz, 10 Sh. Abdel Chalek Sarwat.

Einkäufe: Geschäftszeiten 10–19 Uhr, im Winter bis 18 Uhr, donnerstags bis 20 bzw. 21 Uhr, freitags und sonntags geschlossen. Besonders preisgünstig sind Lederwaren jeder Art. Geschäfte in der Sh. Ḳasr en-Nîl, Sh. Tala'at Harb und Sh. Scherîf. Kaufhäuser: Salon Vert und Hannaux. Man lasse sich vor dem Einkauf die Warenbezeichnung im Hotel aufschreiben! Im übrigen vgl. Basare (S. 399).

Flugplatz:

Flugplatz in der Nähe von Neu-Heliopolis, von 49 internationalen Linien angeflogen, Knotenpunkt der innerägyptischen Linien.
Kairo–Luksor–Assuân: mehrmals täglich.
Kairo–el-Chârga: 3mal wöchentlich
Kairo–Hurghâda: dienstags, donnerstags, samstags und sonntags 2mal täglich
Kairo–Alexandria: 1- bis 2mal täglich
   Alexandria–Marsa Matrûh: 2mal täglich
Bei stärkerer Nachfrage werden zusätzliche Flüge eingesetzt.
Die Binnentarife sind niedrig. – Die innerägyptische Linie heißt »Misrair«, die internationale ägyptische Linie »Egyptair«. Die private Fluggesellschaft »Arabia« fliegt außerdem Kairo – Port Sa'îd: 3mal wöchentlich.
Zur Fahrt zum Flugplatz können Funktaxis bestellt werden; s. Verkehrsmittel

Friseur:

Einige der großen Hotels haben einen Friseur im Haus, sonst lasse man sich durch den Empfangschef des Hotels eine Empfehlung geben.

Gottesdienst:

Deutsche Evangelische Kirche, 32 Sh. el-Galâ', Bulâḳ; jeden Sonntag 10 Uhr. – Römisch-Katholische Kirche St. Joseph, 2 Sh. Banque Misr.

Lokale (Auswahl)

Cafés und Teesalons (außer denjenigen in den Hotels):

L'Américaine, Sh. 26 July und Sh. Tala'at Harb. – Brazilian Coffee Shop, 38 Sh. Tala'at Harb und 12 Sh. 26 July. – Exelsior, 35 Sh. Tala'at Harb. – El-Fischaui, im Chân el-Chalîli (beim Midân el-Ashar). – Groppi, Midân Tala'at Harb und Sh. el-Ahram in Heliopolis. – Groppi Garden, Sh. Adli. – Indian Tea House, 23 Sh. Tala'at Harb. – Lappas, 17 Sh. Ḳasr en-Nîl. – Lokma, Sh. el-Sayed el-Bakry. Šamâlek. – Tea Island im Zoologischen Garten, Gîsa.

Hotels:

Luxusklasse: Holiday Inn Sphinx und Holiday Inn Pyramids, Alexandria Desert Road (in Pyramidennähe). – Sheraton, Mîdan Kubri el-Galâ', Gîsa. – Sheraton Heliopolis, Sh. U'ruba. – Meridian, Rôda Island, Rôda. – Nile Hilton und Ramses Hilton, Corniche en-Nîl. – Shepeard's, Corniche en-Nîl. – New Semiramis, Corniche en-Nîl. – El-Salam Hyatt, Sh. Abdel Hamîd Badawî (Heliopolis). – Mena House Oberoi, Sh. el-Harîm (Pyramids Road). – Concorde, 146, Sh. el-Tahrîr, Dokki.

Kairo

1. Klasse: Atlas, Sh. el-Gumhurîja. – El-Borg, Sh. Saray el-Gesîra. – Cleopatra Palace, 2 Sh. el-Bustan (Midân et-Tahrîr). – El-Nil, Corniche en-Nîl. – Jolie Ville Cairo Pyramids, nahe Pyramiden. – Hotel Nova beim Flughafen.

2. Klasse: Continental–Savoy, 10 Midân Opera. – Cosmopolitan, Sh. Ḳasr en-Nîl. – Fontana, Midân Ramsîs. – Indiana, Sh. Sarâyet, Dokki. – Longchamp, 21 Sh. Isma'îl Mohammed, Šamâlek. – Scheherazade, 182 Sh. en-Nîl. – Victoria, 66 Sh. el-Gumhurîja. – Windsor, 3 Sh. el-Alfi. – Tonsy, Dokki, nahe Sheraton.

Campingplatz bei den Pyramiden von Gîsa; die Genehmigung erteilt gegebenenfalls die Touristenpolizei.

Nachtklubs:

Neben den speziellen Etablissements haben alle großen Hotels Nachtklubs. Die Darbietungen sind unterschiedlich, schließen aber immer den ägyptischen Bauchtanz zu orientalischer Musik ein. – Auberge des Pyramides, 352 Sh. el-Haram (Pyramidenstraße). – Chateau de Versailles, 12 Sh. Mohammed Sakeb, Šamâlek. – Merryland, Sh. el-Ma'had el-Ischterâki; schöner Garten. – Omar Khayyam, Hausboot im Nil, Šamâlek. – Red Carpet, 51 Sh. Studio Misr; im Sommer finden die Darbietungen um den Swimming-pool statt. – La Ronde, am Anfang der Wüstenstraße Kairo–Alexandria. – Sahara City, 12 km hinter den Pyramiden von Gîsa, zwei große Beduinenzelte auf einem Wüstenplateau. – Shalimar, am Anfang der Wüstenstraße Kairo–Alexandria. – Tamerina, Sh. Gamal ed-Dîn el-Afghany, Pyramidenstraße; schöner Garten.

Restaurants (außer denjenigen in den Hotels):

Europäische Küche: Caroll, 12 Sh. Ḳasr en-Nîl. – Manial Palast (Club Méditerranée), Insel Rôda. – Rex, 33 Sh. Abdel Khalek Sarwat. – Union, 28 Sh. 26 July.

Spezialitätenrestaurants: Andrea, Pyramidenstraße, bei der Kanalstraße nach Saḳḳâra, nach links etwa 1 km; schöner Garten (griechische Speisen, gebratene Hühner). – Casino des Pigeons, am Nil, Gîsa, südlich der Abbas-Brücke (gegrillte Täubchen). – Le Chantilly, 11 Sh. Bagdad, Heliopolis (französische Küche). – Château de Versailles, 12 Sh. Mohammed Sakeb, Šamâlek (französische und libanesische Küche). – Estoril, 12 Sh. Tala'at Harb. – Fu Ching, 28 Sh. Tala'at Harb (nordchinesische Küche. – Groppi Restaurant, Midân Tala'at Harb. – Kursaal, 17 Sh. el-Alfi. – Mena Café, Mena House Oberoi Hotel (indische Spezialitäten). – München-Löwenbräu, 31 Sh. 26 July (deutsche Küche). – Paprika, 1129 Corniche en-Nîl (Pizza-Auswahl). – Peking, 14 Sh. Saray el-Esbekîja (Menu von Canton). – Pizzeria Capri, 31 B Sh. 26 July (Pizza-Spezialitäten). – Pizzeria Granada, Granada City,`Roxy, Heliopolis (7.30–13 Uhr). – Restaurant Andalusia (13.30–16.30 Uhr und 20.30–1.30 Uhr). – Seahorse am Nil, Straße nach Me'âdi (Fischspezialitäten). – Sofar, 21 Sh. Adli (syrische und libanesische Spezialitäten). – Swissair Restaurant, El-Nasr Building, Sh. en-Nîl, Gîsa (französische Küche). – Uncle Sam, 159 Sh. 26 July (gebratenes Huhn). – Wimpy, Sh. Gameit el-Dowal el-Arabia, Dokki (10–16 Uhr und 18.30–2 Uhr).

Ägyptische Spezialitäten: Abu Shakra, 69 Sh. Ḳasr el-Aini (besonders kufta und kebâb). – Al-Dahan, 4 Chân el-Chalîli (beim Midân el-Ashar) (kufta und kebâb). – Fatarane et-Tahrîr, 166 Sh. et-Tahrîr (fetîr = ägyptische Pastetenart). – Filfila, 15 Sh. Hoda Scha'râwi und Filfila Village, el Mariûtija-Canal; schöner Garten). – Hag Mahmud el-Sammak, Sh. Abdel-Ašis (Fische, Garnelen). – El-Hatti, 8 Midân Halim (kufta und kebâb). – Al-Rakib, 19 Midân el-Saijida Sênab. – El-Shimy, 45 Midân Orabi, (klein, ruhig). El-Tabie, 31 Sh. Orabi. – Arabesque, Ḳasr en-Nîl (Nähe Tahrîr-Platz).

3 Gartenrestaurants an der Saḳḳâra-Straße: ed-Dar. – Saḳḳâra-Nest. – La Lanterne (in der Nähe des Restaurants Andrea). Kairo-Turm, sich drehendes Restaurant mit Blick auf den Nil und die Stadt.

Allgemeine Hinweise

Photographie:

Agfa, Leitz, 7 Sh. Dr. Abdel-Hamed Saʿîd. – Reparatur von Photoblitzanlagen, Khatchig Voukoufian, 27 Sh. Abdel-Khalek Sarwat. – Kodak, 20 Sh. Adli. – Photogeschäfte im Nile Hilton-Hotel und im Sheraton-Hotel. – Agfa Photoshop, Sh. Brazil, Šamâlek.

Polizei:

Die Touristenpolizei ist stationiert auf dem Flughafen, im Hauptbahnhof, im Chân el-Chalîli, bei den Pyramiden. Die Hauptdienststelle: 5 Sh. Adli.

Post:

Hauptpostamt: Midân el-Ataba el-Chadra, geöffnet von 8–20 Uhr (Nachtschalter). Man lasse die Post ins Hotel schicken oder in dringenden Fällen an das zuständige Konsulat. Nicht zu empfehlen ist postlagernde Sendung. Eingeschriebene Sendungen haben größere Chance anzukommen. Telegramme ins Ausland: Telegraphenamt, Sh. Ramsîs. Besser als Tage dauernde Telegramme sind Telexverbindungen; öffentliches Telex: Šamâlek, Sh. 26 July. Telephonverbindung nach Deutschland am besten über Hotel oder im Telegraphenamt Sh. Alfi, geöffnet rund um die Uhr.

Reiseagenturen (Travel Agencies) Auswahl:

Air Sea Travel, 8 Sh. Ḳasr en-Nîl. – American Express, 15 Sh. Ḳasr en-Nîl und Nile Hilton-Hotel. – Atun Travel, Nile Hilton-Hotel. – Bon Voyage Egypt 16 Sh. Adli-Cooks World Travel, 4 Sh. Champollion. – Delta Tours, 4 Sh. Mazlum. – Eastmar, 13 Sh. Ḳasr, en-Nîl. – Egyptair (Karnak), 12 Sh. Ḳasr en-Nîl. – International Wagons Lits Co., Building Hotel Shepheard. – Jolley's, 8 Sh. Talaʿat Harb. – Middle East Tourist, 13 Sh. Ḳasr en-Nîl. – Kuwait & Arab States, 6 Sh. Ḳasr en-Nîl. – Luxor Tours, 30 Sh. Talaʿat Harb. – Misr Travel, 1/7 Sh. Talaʿat Harb. – Nawas Travel, 17 Sh. Mahmûd Basiûni. – Queen Tours, 43 (A) Sh. Ḳasr en-Nîl. – Trans Egypt Travel, 37 Sh. Ḳasr en-Nîl. – Twin Tours and Travel Co., 12 Sh. Ḳasr en-Nîl.

Schiffahrt auf dem Nil:

Von September bis April werden Nilkreuzfahrten veranstaltet. Näheres im Hotel oder bei den Reisebüros zu erfahren. – Unterhalb von Shepheards Hotel kleine Segelboote für kürzere Nilfahrten.

Schwimmbäder:

Im Garten der Auberge des Pyramides. – Im Garten des Mena-House-Hotels. – In den Hotels der Luxusklasse: Meridian, Nile Hilton, Sheraton u. a. (s. S. 341 f.). – In den Sportklubs, in die man aber eingeführt werden muß, oder gegen Eintrittsgeld.

Sport:

s. S. 289. Der Gesîra Sporting Club in Šamâlek bietet Mitgliedschaft zur Zeit an für: Tennis, Golf, Reiten, Schwimmen. Der Dokki Shooting Club Kairo bietet Reviere für Entenjagd bei Ismaʿilîja, im Delta und im Faijûm.

Stadtrundfahrt und Führungen:

Verschiedene Reisebüros veranstalten Stadtführungen und Ausflüge in die nähere Umgebung. Auskunft im Hotel.

Theater:

El-Gumhurîja-Theater, Sh. el-Gumhurîja (ersetzt z. Zt. das Opernhaus, klassisches Repertoire). – Sayed Darwish Konzerthalle, Sh. Gamal el-Dîn el-Afghany. – New Theatre, Sh. Mahmûd. – New Campus, Amerikanische Universität (einheimische und ausländische Stücke). – Ewart Hall, Sh. el-Sheikh Rihan, Amerikanische Universität Kairo. – Zaki Tolaimat Theatre, Midân el-Ataba in der Nähe des Esbekîja-Theaters, vor allem klassische und nationalägyptische, auch in europäische Sprache übersetzte, arabische Schauspiele (Okt.–Mai) – Kairoer Universitätstheater, Kairo Universität (folkloristische Darbietungen, ausländische Künstler). – Om-Kultum-Theater, Sh. en-Nîl. – Agusa, südlich der Šamâlek-Brücke (folkloristische Darbietungen, Okt.–März). – Sphinx-Theater (bei der Sphinx), Freilichttheater im Sommer (folkloristische Darbietungen, auch Ballett und Konzert). – Wekalet el-Ghûre (Karawansaray), 3 Sh. el-Sheikh Mohammed Abdu. – Kairoer Puppentheater, Esbekîja-Garten (Okt.–Mai).

Son et lumière-Veranstaltungen bei den Pyramiden und auf der Zitadelle (derzeit geschlossen). Die Beleuchtung der Pyramiden und der Sphinx mit Musik und Erläuterungen in verschiedenen Sprachen täglich außer freitags. Sommer und Winter 19.30 Uhr (sonntags deutsch und französisch; montags englisch; dienstags französisch; mittwochs englisch; donnerstags arabisch; sonnabends englisch). Taxen und Omnibuslinie 8 und 900 zu den Vorstellungen vom Midân et-Tahrîr oder mit der Omnibuslinie 3 vom Gîsa-Platz.

Verkehrsmittel in der Stadt:

Straßenbahnen (Metro). – Autobuslinien (nicht zu empfehlen) im gesamten Stadtgebiet und auch zu den Pyramiden von Gîsa (Linie 8 und 900 vom Midân et-Tahrîr; 40 Minuten), nach Heliopolis, Meʿâda und ins Faijûm. – Das Taxifahren ist preisgünstig, doch vereinbare man unbedingt vorher den Fahrpreis. – Es ist üblich, ein kleines Trinkgeld zu geben. – Zum Flughafen können auch Funktaxis bei der Misr Travel Agency, 43 Sh. Ḳasr en-Nîl, bestellt werden.

Wichtige Adressen (s. auch deutschsprachige Einrichtungen):

Die Behörden haben vormittags geöffnet, meist von 9–13 Uhr. Automobilklub von Kairo, 10 Sh. Ḳasr en-Nîl. – Touristenbüro, 5 Sh. Adli. – Paß- und Registrations-Büro, el-Mogamma-Gebäude, Midân et-Tahrîr. – Touring Club of Egypt, 8 Ḳasr en-Nîl. – Rotary Club, 3 Sh. Baehler.

Zeitplan (Rundgänge):

A. 3 Tage Kairo

1. Tag: Vorm. Ägyptisches Museum. – Nachm. Ibn-Tulûn-Moschee, Gayer-Anderson-Museum, Sultân-Hasan-Moschee, Zitadelle (Mohammed-Ali-Moschee, Sultân-en-Nâsir-Moschee).

2. Tag: Tagesausflug: Memphis–Saḳḳâra (Mittagessen im Hotel Mena House–Oberoi in Gîsa) – Gräberfeld von Gîsa.

3. Tag: Vorm. Islamisches Museum, el-Ashar-Moschee, Kalifengräber (Barḳûḳ-Moschee oder Ḳâït-Bey-Moschee), Basar Chân el-Chalîli. – Nachm. Alt-Kairo (Koptisches Museum, Kirche el-Moʿallaḳa, Sergiuskirche, Sit Barbara-Kirche, Synagoge, Festung Alt-Babylon) – Amr-Moschee, Töpferviertel – Nilmesser oder Mamlûkengräber (falls zugänglich).

B. 8 Tage Kairo

1. Tag: Vorm. Ägyptisches Museum, 1. Besuch. – Nachm. Spaziergang durch die moderne Stadt; Esbekîja-Garten – Opernplatz – Sh. Ḳasr en-Nîl – Hilton Hotel – et-Tahrîr-Brücke – Tahrîr-Garten – Andalusischer Garten – Tee im Turmcafé.

Allgemeine Hinweise

2. Tag: Vorm. Zitadelle (Mohammed-Ali-Moschee, Sultân-en-Nâsir-Moschee, Josephsbrunnen) – Sultân-Hasan-Moschee – Ibn-Tulûn-Moschee – Gayer-Anderson-Museum (Bêt el-Kreatlia). – Nachm. Spazierfahrt entlang der nördlichen Stadtmauer – Bâb en-Nasr, el-Hâkim-Moschee – Gräber der Kalifen (Barķûķ-Moschee und Ķâït-Bey-Moschee) – Basar Chân el-Chalîli (Einkäufe).

3. Tag: Tagesausflug: Memphis–Saķķâra.

4. Tag: Vorm. Gîsa (siehe Plan A). – Nachm. Alt-Kairo (siehe Plan A).

5. Tag: Tagesausflug: Fahrt durch das Faijûm – Mittagessen in der Auberge du Lac am Ķarûnsee oder im Pavillon de Chasse.

6. Tag: Vorm. Islamisches Museum – el-Mu'aijad-Moschee – Bâb Ṣuwêla – Ķala'ûn-Moschee – el-Ashar-Moschee. – Nachm. Mamlûkengräber mit Hôsch el-Pascha.

7. Tag: Tagesausflug: Maidûm und Dahschûr oder Halbtagsausflug: Abusîr und Abu Gurôb.

8. Tag: Vorm. Landwirtschaftsmuseum oder Ägyptisches Museum, 2. Besuch. – Nachm. Fahrt nach Heliopolis und Matarîja oder zum Barrage du Nil (eventuell Rückkehr mit dem Segelboot) oder Heluân.

Folgende *Ausflüge* können ebenfalls von Kairo aus unternommen werden: Isma'ilîja (Mittagessen) – Sues (→ Delta); → Wâdi Natrûn (auch von Alexandria aus); → Sinai, Rotes Meer mit Antonius- und Pauluskloster (→ Die östliche Wüste); → Abu Roâsch; → Sîwa (jedoch besser von Alexandria aus). Für die Tagesausflüge ist ein VW-Bus-Taxi für 7 Personen günstig, man wende sich an die Reiseagentur.

Die Stadt und ihre Geschichte
Vgl. auch Kap. Geschichte, S. 69.

Kairo, arabisch Masr (Misr) el-Ḳâhira, etwa 20 km südlich des sog. »Kuhbauchs« gelegen, jener Stelle, wo der Nil sich in Rosette- und Damiette-Arm auseinandergabelt, im Osten vom Moḳáttam, im Westen vom Nil begrenzt, ist die *Hauptstadt* der Republik Ägypten und mit rd. 10 Mill. Einwohnern die größte Stadt Afrikas. Hier schlägt das Herz des Landes, hier sitzt das Hirn des afro-asiatischen Islâms. Die historische Tiefe prägt das Gesicht der Stadt nicht minder als die räumliche Weite der geistigen Welten, die sich in ihr begegnen. Schönster malerischer Orient existiert noch immer neben europäisch begründeter oder zumindest europäisch inspirierter Eleganz und Sachlichkeit.

Kairo, von einem eigenen Gouverneur verwaltet, ist der Sitz der Regierung, der obersten Behörden des Staates und auch religiöses Zentrum; ist die Stätte von Universitäten, bedeutender Museen und wissenschaftlicher Institute, ebenso der diplomatischen Vertretungen; ist aber auch Knotenpunkt sowohl des innerägyptischen Handels wie des zwischen Europa, Afrika und Asien. Nicht zuletzt bemüht sich Kairo, politische Mitte der arabischen Staaten zu sein.

Wie das pharaonische Memphis verdient Kairo das Prädikat »die Waage der beiden Länder (Ober- und Unterägypten)«. In seinem *ältesten Teil* – im heutigen Alt-Kairo – lag Cheri-aha, der Ort des Kampfes, wo nach der Legende das feindliche Brüderpaar Horus und Seth, miteinander gekämpft hat. Die Griechen nannten die Siedlung *Babylon*. Das von den Römern hier angelegte befestigte Kastell wurde 641 n. Chr. von Amr ibn al-Âs, dem Feldherrn des Kalifen Omar, erobert. Dieser Streiter für den Islâm entwickelte nördlich davon aus seinem Heerlager die Hauptstadt des Landes *Fustât* (lat. fossatum, »die Umwalte«?), deren Namen Alt-Kairo (Masr el-atîka oder Masr el-kadîma) erst später aufgekommen ist. An der Stelle seines Zeltes baute Amr die nach ihm benannte Moschee.

Nachdem Fustât beim Sturz der Omaijaden im Jahre 750 bis auf die große Moschee abgebrannt war, legten wieder weiter nördlich die abbasidischen Statthalter als neuen Stadtteil el-Askar an. Ahmed Ibn Tulûn (868–883) verlegte die Residenz nach dem Jaschkur-Hügel, gründete hier das Viertel el-Ḳaṭâ'i mit dem Zentrum der Ibn-Tulûn-Moschee und zog das Stadtgebiet nordöstlich bis an den Fuß der Zitadelle. Das heutige »Kairo« endlich verdankt seinen Ursprung Gôhar, dem Feldherrn des Fatimiden Mu'iṣṣ, der 969 Ägypten eroberte, die Kalifenresidenz nördlich von el-Ḳaṭâ'î (zwischen den Toren Bâb el-Futûh und Bâb Ṣuwêla) anlegte und ihr nach der Konstellation des »siegreichen« Mars *(el-Ḳâhir)* zur Stunde ihrer Gründung den noch heute gültigen Namen gab.

1176 begann Saladin den Bau der Zitadelle, und die prachtliebenden Sultâne der Folgezeit führten die Siegreiche im 14. Jh. auf einen glänzenden Höhepunkt. Pestepidemien (besonders 1492), gewaltsame Thronwechsel, blutige Revolutionen, Greuel, Plünderungen, Mord und Christenverfolgungen (besonders unter Sâlih 1351–1354) kennzeichnen indes den nachfolgenden Leidensweg der Mars-Stadt, bis der osmanische Sultân Selîm I. 1517 in sie einzog. Obwohl von nun an Beuteobjekt der Türkenherrscher, blieb Kairo noch immer eine glanzvolle Stadt.

Nach dem französischen Interregnum (1798 zieht Napoleon nach der Schlacht bei den Pyramiden in Kairo ein) nimmt 1805 Mohammed Ali als Pascha von Ägypten Besitz von der Zitadelle und verhilft der Stadt zu einem neuen Aufschwung; er beginnt, sie zu europäisieren, bricht u. a. die Muski durch die alten Viertel. Mit der Regierung Isma'îls

Die Stadt und ihre Geschichte 347

wird die Modernisierung fortgesetzt; westlich der Esbekîja entsteht das Stadtviertel *Ismaʿilîja*, unter Taufîḳ die *Taufîḳîja*. Im 20. Jh. endlich weitet sich Kairo noch mehr gegen den Nil hin aus, Villenviertel wie die Garden City und die schönen Anlagen auf der Insel Gesîra mit ihren Clubhäusern, Sportplätzen und Parks geben ihr einen vornehmen Zug. Der *Midân et-Tahrîr* (Befreiungsplatz) löst den Opernplatz am Esbekîja-Garten als Zentrum der modernen Stadt ab. Kairo greift heute auf das linke Nilufer über und wächst mit seinen Vororten zusammen.

Die Geschichte Kairos ist weitgehend die Geschichte Ägyptens. Die Stadt ist, im großen gesehen, von Süd nach Nord und von Ost nach Westen gewachsen. Alt-Kairo ist noch heute fast ausschließlich von Kopten bewohnt, am Fuße des Moḳáttam erstreckt sich das wirre Geflimmer altarabischer Häuser mit dem islamischen Mittelpunkt der Ashar-Moschee und den malerischen Basaren um die Muski; von dem alten Zentrum des Esbekîja-Gartens mit seinen exotischen Bäumen strecken sich die »neustädtischen« Geschäftsstraßen mit ihren Banken, Hotels Agenturen und Warenhäusern nach Westen dem Nil zu, dessen Ufer und Insel Gesîra die Stadt mit Anspruch darstellen.

Ist für die Gäste des Landes noch immer das Wahrzeichen der Stadt die Mohammed-Ali-Moschee oberhalb der Zitadelle, so für Ägyptens Jugend der Turm von Kairo dicht westlich des Andalusischen Gartens. Stahlbeton-Konstruktionen, Hochbauten amerikanischen Stils, Geschäftshäuser und Luxushotels zwischen Wohnkasernen im Niemandsstil sind Ausdruck neuen Lebensgefühls. Die Corniche am Nil darf als Repräsentant zeitgenössischer Baugesinnung gelten.

Kairo ist nicht allein der geistige Mittelpunkt des Landes, in der Metropole ist auch über die Hälfte aller Industriebetriebe ansässig, etwa 45 % der Industriearbeiter sind hier beschäftigt. Diese Ballung allein reicht aus, um die Menschenströme zu erklären, die sich unaufhörlich aus den Landgebieten mit unterbeschäftigter und gering bezahlter Bevölkerung in die Hauptstadt ergießen. Sie belasten dort zusätzlich ein Infrastruktursystem, dessen Leistungsfähigkeit immer stärker hinter der wachsenden Anforderung zurückbleibt. Sadat versuchte, Kairo durch Neugründung von Städten in der Wüste zu entlasten, 10 solcher Städte sind bereits bewohnt.

Da Kairos Infrastruktur einer Bevölkerung von allenfalls 3 Mill. gewachsen ist, brechen in der übervölkerten Stadt Stromversorgung, Straßenverkehr, Telefonnetze und Abwassereinrichtungen häufig zusammen. Nimmt man Lärm, Staub und Abgase hinzu, so kann Kairo zur Hölle werden. Der Ausbau des Telefonnetzes wurde mit deutscher technischer und finanzieller Hilfe Anfang 1978 in Angriff genommen und ist in vielen Stadtteilen bereits fertiggestellt.

Der innerstädtische öffentliche Verkehr mit einem täglichen Transportvolumen von 8–10 Mill. Fahrgästen wird vorwiegend von (1400) Omnibussen durchgeführt. Durch gleitende Arbeitszeiten sind die Straßen in jüngster Zeit spürbar entlastet worden.

Zur aparten Struktur Kairos gehört auch die Beseitigung des Hausmülls von weit über 1 Mill. Haushalten. Sie wird nicht städtisch, sondern sozus. privatrechtlich geregelt. Müllmakler besitzen bezirksweise die Kontrollrechte über den Müllanfall und verkaufen ihn an die »Sabalin«, die den Müll nachts mit Eselskarren abholen und auf die Müllberge in den Talschluchten des Mokáttam-Gebirges führen, wo sie mit ihren Familien (etwa 40 000 Menschen, meist Kopten) in 10 Barackensiedlungen verachtet hausen, von Krankheit und Tod bedroht (von ihren Kindern überleben kaum 40 % das 1. Lebensjahr). Die Sabalin verwerten den Müll durch manuelles Recycling, so daß sie selbst von den Erträgen ihrer Arbeit leben können, eine Schweinezucht unterhalten und nur einen unverwertbaren Rest von 5 % auf der Deponie verbrennen.

Auch auf den Friedhöfen (der Kalifen) sind die Höfe und Häuser, in denen einst die Hinterbliebenen beim Besuch ihrer Toten wohnten, heute okkupiert, von Wohnungssuchenden und Flüchtlingen. Andere Wohnungslose hausen in Kanalröhren.

Dies zur Unterseite der Stadt Kairo, die trotz allem eine unwiderstehliche Faszination ausübt. Gerade auch die Altstadt hat in ihrer Geschlossenheit historisch bedeutender Bauten nicht mehr ihresgleichen.

Im Drang nach Fortschritt widmet der Ägypter von heute dem mittelalterlichen Kairo allerdings zu wenig Aufmerksamkeit; seine antiken Stätten pflegt er mehr als Anziehungspunkte für die (Devisen einbringenden) Touristen denn als Orte ehrwürdiger Vergangenheit. Geschichte, Völkergemisch sowie gesellschaftlich-kulturelle Schichtung haben Kairo das Antlitz einer ungewöhnlich reizvollen Weltstadt verliehen, zumindest bis sie sich bewußt nationalisierte und sie im gleichen Zug Gefahr läuft, weltprovinziell zu werden.

Der Reisende wird allen Teilen der Stadt ihren Zauber abgewinnen; er halte sich zunächst tunlichst an den Besichtigungsplan (S. 344 f.). Von den Museen seien ihm die drei größten nachhaltig empfohlen: das Ägyptische Museum, das Koptische Museum (Alt-Kairo) und das Museum für Islamische Kunst; sie liefern einen hervorragenden, umfassenden Einblick in Ägyptens kunstgeschichtliche Vergangenheit. Auch das Landwirtschaftsmuseum verdient hervorgehoben zu werden.

Die neuere Stadt

Das Herz Kairos, das sich im Laufe der langen Stadtgeschichte immer weiter nach W verschoben hat, schlägt heute am *Midân et-Tahrîr* (Platz der Befreiung; 4/5 C/D) *, einem volkreichen bis turbulenten Platz, dessen

---
* Ziffer und Buchstabe hinter den Kairener Sehenswürdigkeiten beziehen sich auf das Planquadrat des Stadtplans von Kairo.

Die neuere Stadt 349

Menschenmassen nur noch durch eine weitgeschwungene Überführung für Fußgänger und eine Unterführung für Fahrzeuge bewältigt werden konnten. Während seines Kairoer Aufenthaltes wird der Reisende diesen Platz, mit dem Befreiungsdenkmal in der Mitte, häufig queren, da dort im N das → Ägyptische Museum, im S das zentrale Regierungs-Hochhaus el-Mogamma mit der konkav geschwungenen Fassade, im Zentrum der Omnibus-Bahnhof und im Umkreis mehrere namhafte Hotels liegen; im W das Nile-Hilton-Hotel (mit Dachgarten, Aussicht!), an das sich nördlich die Stadtverwaltung anschließt und südlich, vor der Auffahrt zur Tahrîr-Brücke, der ehemalige Sitz der Arabischen Liga. Westwärts dieser Gebäude die Uferpromenade des Nils, die Corniche, tagsüber mit einer strömenden Autoflut.

Vom Midân aus entwickelt sich die moderne Geschäftsstadt nach O: nach NO führt die *Sh. Tala'at Harb* (mit Büro der Lufthansa u. a. Fluggesellschaften sowie von mehreren Reiseunternehmen), bisher Sh. Sulaimân Pascha, mit der sich am *Midân Tala'at Harb,* umgangssprachlich noch immer Midân Sulaimân (4 D), mehrere Straßen kreuzen, als die wichtigste die Sh. Ḳasr en-Nîl. Der Midân Sulaimân wird beherrscht von dem Standbild des Sulaiman, dem französischen Obersten de Sèves (1788 bis 1860), der die Armee Mohammed Alis europäisierte und für seine Verdienste zum Pascha erhoben wurde. Tala'at Harb begründete die Misr Bank, das Esbekîja-Theater und den ägyptischen Film.

Die nördlich parallel verlaufende Ramsesstraße führt zum *Midân Ramsîs* (2 E), dem Bahnhofsplatz, auf dem seit 1955 in Verbindung mit einer Brunnenanlage eine Statue Ramses II. aus Memphis aufgerichtet steht (10 m hoch, aus Rosengranit). Im rechten Flügel des Bahnhofs das Eisenbahnmuseum. Nach O führt die Ramsesstraße nach → Heliopolis und zum Flughafen.

Etwa auf halber Strecke zwischen dem Ausgangspunkt der Sh. Tala'at Harb und der Ramsesstraße führt vom Midân et-Tahrîr nach O die *Sh. Ḳasr en-Nîl* über den Midân Tala'at Harb, eine elegante Geschäftsstraße mit zahlreichen Banken. Auf der Höhe des Justizpalastes mündet die Sh. Tala'at Harb in die *Sh. 26. July,* die bedeutendste OW-Achse Kairos. Sie endet im O beim → Esbekija-Garten (3/4 E).

An den Esbekîja-Garten schließt sich östlich das Stadtviertel *el-Muski* an, Vorsaal des Chân-el-Chalîli-Basars (4 F/G; → Basare), im W wird der Garten tangiert von der *Sh. el-Gumhurîja* (Straße der Republik), die nach N zum Bahnhof führt, nach S über den Opernplatz zu dem ehemals königlichen → Abdîn-Palast (5 E), heute Ḳasr el-Gumhurîja, während im SO auf dem *Midân el-Ataba el-Chadra* die Hauptpost liegt mit einem kleinen *Post-Museum* (4 E).

Südlich des Midân et-Tahrîr erstreckt sich die *Garden City*, ein besseres Wohnviertel mit vielen Instituten und Botschaftsgebäuden. Südöstlich vom Mogamma-Gebäude steht der Betonbau der Amerikanischen Universität, und südlich von ihr das → Ethnographische und das → Geologische Museum, Universitätsinstitute und das Parlament.

Während die nördlichen Stadtviertel dem Reisenden wenig zu bieten haben: Bulâk (mit Funkhaus, Deutscher Evangelischer Kirche), Schubra (Textilindustrie) und Rôd el-Farag (St. Theresa-Kirche), besitzt die große Nilinsel el-Gesîra, 800 m breit und 4 km lang, als eine der wenigen grünen Lungen Kairos bedeutende Anziehungskraft. In ihrem nördlichen Teil mit den von meist großen Gärten umgebenen Villen liegen auch das Deutsche Archäologische Institut, das Österreichische Kulturinstitut und das Schweizerische Institut für ägyptische Bauforschung.

Der südliche Teil ist eine Gartenlandschaft mit dem ausgedehnten Gelände des Sportclubs u. a. sportlicher Vereine. Er trägt den *Turm von Kairo* (187 m hoch, drehbares Stockwerk mit Café und Restaurant, Aussicht!), el-Burdsch, als weithin sichtbares Wahrzeichen der modernen Stadt (→ Gärten auf der Gesîra), ein Museumsgebäude (5 B) mit dem Museum der Ägyptischen Zivilisation und dem → Gesîra-Museum (oder Museum der Schönen Künste), dem → Muchtâr-Museum und schließlich das el-Borg-Hotel.

Auf dem linken Nilufer liegen von N nach S die Stadtteile: Imbâba, el-Agûsa und el-Dokki, das sich mit el-Gîsa berührt, einer Millionenstadt, die zwar mit Kairo eng verwachsen ist, aber administrativ selbständig die Hauptstadt des gleichnamigen Distriktes bildet. *El-Dokki* mit seinen hinter der Galâ'-Brücke fächerartig ausstrahlenden Alleen ist ein ruhiges Villenviertel mit kleineren Parks, mehreren Konsulaten, darunter der Deutschen, Österreichischen und Schweizer diplomatischen Vertretung, dem → Botanischen und dem → Zoologischen Garten und dem sehr zu empfehlenden → Landwirtschaftsmuseum, in das das frühere Baumwollmuseum eingegliedert ist, sowie – im Zentrum – dem → Museum für Moderne Kunst.

Die südlich von der Gesîra gelegene kleinere und anspruchslosere Insel el-Rôda lockt den Besucher durch den → Nilometer an der Südspitze und den im nördlichen Teil gelegenen → Manial-Palast mit einem kleinen Museum.

Die Museen

Ägyptisches Museum (4 C)*

Mariette-Straße. – Öffnungszeit: 1. Mai bis 31. Oktober 8.30 bis 13 Uhr, freitags bis 11.15 Uhr. 1. November bis 30. April 9–16 oder 16.30 Uhr, freitags geschlossen von 11.15 bis 13.30 Uhr. Besichtigung des Mumiensaals, falls geöffnet, kostet Sondereintritt.

Das Ägyptische Museum unweit der Nilbrücke, von dem französischen Ägyptologen *Mariette* (Bronzedenkmal und Marmorsarkophag im Museumshof) 1857 begründet, ist die bedeutendste Sammlung altägyptischer Denkmäler. Die inzwischen veralteten Museumsräume sind überfüllt mit Kostbarkeiten, dazu bergen die Magazine eine Unzahl von Schätzen. Aus diesem Grund ist ein Neubau seit langem geplant: die Ausstellungstourneen ägyptischer Museumsschätze durch Europa und Amerika haben dafür bereits große Summen erbracht. Ankauf wie Ausgrabungen erweitern die Bestände ununterbrochen. Heute wird das Museum von Ägyptern verwaltet.

Die *Säle* sind benummert, die Denkmäler chronologisch oder systematisch geordnet. Dem Plan entnehme man die Aufstellung, allerdings werden immer wieder einmal Stücke umgestellt und sind deshalb nicht an der bezeichneten Stelle zu finden. Von Zeit zu Zeit werden irgendwelche Räume wegen Neuordnung, wissenschaftlicher Arbeit oder Reinigung geschlossen. Insbesondere verlasse man sich nicht auf die Bezeichnung der *Vitrinen*. Für den Besucher gelten die schwarzen Nummern auf weißem Schild (nicht umgekehrt). Man besuche das Museum öfter, am besten vor und nach dem Aufenthalt in Oberägypten, mindestens aber zweimal, beginne im Untergeschoß und lasse die Besichtigung des Obergeschosses mit den Tutanchamun-Funden folgen. Photographieren ist nicht gestattet.

Erdgeschoß

Das Erdgeschoß enthält die größten Denkmäler vom Beginn der altägyptischen Geschichte bis in die römische Zeit. In der Rotunde, die man zunächst betritt:

Raum 48, zwischen den beiden Flügeln der Großen (südlichen) Galerie, sind die jeweiligen *Neuerwerbungen* ausgestellt, meist aus Grabungen. Seitlich: 6051, großer Kopf des Königs Userkaf a. d. Hofe seines Pyramidentempels in Saḳḳâra, aus Rosengranit; über den Menschen und Zeiten stehender Willensausdruck. Vor den Pfeilern: Kolossalstatuen Ramses' II. und Statue des Amenophis, Sohnes des Hapu, des Architekten Amenophis' III.

Denkmäler des Alten Reiches (2665–2155 v. Chr.)

Große Galerie (Westflügel, links vom Eingang) 47: Große Sarkophage des Alten Reiches, in Kasten- (46), Hausform oder, wo sie etwa einem Prinzen gehörten, als Palast mit Prunkscheintüre gestaltet.

180, 149, 158, drei Statuengruppen (aus metamorphem Schiefer) des Königs *Mykerinos,* mit oberägyptischer Krone, Königsbart und gefälteltem Schurz, zwischen Hathor und einer Gaugöttin; Fuß- und Rückenplatte.

In der Mitte 7 Vitrinen (A–G) mit kleineren Holz- und Steinfiguren; besondere Gestalten: Buckliger und Zwerg (B). – *Dienerfiguren* bei der Arbeit (D) des Teigknetens, Kornmahlens, beim Gänserupfen oder Auspichen eines Topfes. 111, Alabasterstatuette des Königs

---

* Ziffer und Buchstabe hinter den Kairener Sehenswürdigkeiten beziehen sich auf das Planquadrat des Stadtplans von Kairo.

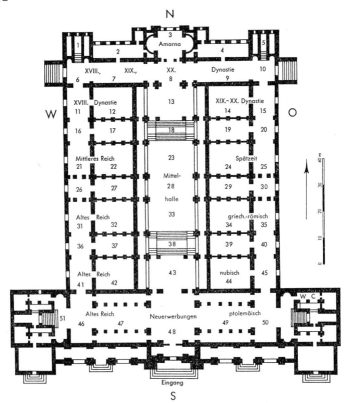

Ägyptisches Museum — Erdgeschoß

Chephren aus Mitrahîna (C); 6003–6006, *Ersatzköpfe* aus Kalkstein, in Mastaba-Schächten bei der Cheopspyramide gefunden (C); stärkste Reduktion auf das Wesentliche, wohl auch ursprünglich ohne Farbe; nur aus der 4. (und 5.) Dyn. bekannt; Kopf des Werchuu, ungewöhnlich eindrucksvoll, späte 5. Dyn. (G).

An den Längswänden: Stelen und Scheintüren, durch die der Tote aus dem Jenseits in die Opferkammer eintreten konnte, um die Gaben entgegenzunehmen.

Räume 46, 41, 42, 31, 32 enthalten Denkmäler der Pyramidenzeit (3.–6. Dyn.) meist aus Gîsa, Ṣaḳḳâra und Abydos.

Westgalerie 46 und 41: Außenwand: langes Relief aus dem Grabe des Ipi mit Szenen aus seinem Leben (Sänfte); Tür und Wände aus dem Grabe des Neferma'at in Maidûm, dessen Bilder und Schriftzeichen eingeschnitten und mit bunter Paste (in Gruben) eingelegt sind, 4. Dyn.; der Künstler des Grabes rühmt sich dieser seiner Erfindung, durch die die Bilder nicht »weggewischt« werden könnten.

Ägyptisches Museum

Meisterwerke des Alten Reiches
Raum 42:
Links: 6008, Sitzfigur des Königs *Djoser*, aus dem Totentempel seiner → Stufenpyramide in Saķķâra; eine der frühesten Königsstatuen, voll gesammelter Kraft; Gesicht stark beschädigt; heute an der Stelle des Fundortes eine Nachbildung in Gips.

Mitte: 138, Dioritstatue des Königs *Chephren* aus dem → Torbau seiner Pyramide, im Nacken der Falke als Bild der Göttlichkeit Pharaos; löwengestaltiger Thron mit Lilie und Papyrus, den Wappenpflanzen von Ober- und Unterägypten, um die Hieroglyphe für »Vereinigen« an beiden Seiten zum Zeichen des, daß der König (beide Hälften von) Ägypten beherrscht.

Links ihm: 140, Holzstatue des wegen der Typenverwandtschaft mit einem heutigen *Dorfschulzen* sog. Schêch el-beled mit Namen Ka-aper, aus Saķķâra; kurz geschorenes Haar, Augen aus mattem und durchsichtigem Quarz zusammengesetzt und eingelegt, Lidränder aus Bronze, langer Schurz mit Vorderfalten, Arme mit Stiften angesetzt, Beine aus altem Holze erneuert, Stock modern ergänzt; wohlbeleibter hoher Beamter und Großgrundbesitzer der 5. Dyn. – Rechts von Chephren: 141, Kalksteinstatue eines Schreibers mit untergeschlagenen Beinen, der ein Papyrusblatt beschreibt; Augen eingelegt, Bemalung gut erhalten, 5. Dyn.

132 f., zwei große granitene Palmensäulen aus dem Totentempel des → Unas, und 134 f., zwei aus dem des Sahurê in → Abusîr.

Galerie 31: 88, sechs Holzpaneelen des *Hesirê*, die in Wandnischen seines Grabes in Saķķâra angebracht waren; der Grabherr, fünfmal stehend, einmal sitzend mit verschiedener Kleidung, immer aber mit der Schreibpalette als Abzeichen seiner Beamtenwürde. Auch die Hieroglyphen von Bildrang, die Namen und Titel des Mannes nennen, sind als Flachrelief wunderbar zart modelliert; 3. Dyn., Zeit des Djoser, mit die frühesten Großreliefs.

Im gleichen Raum: großes Fragment der Reliefs aus dem Totentempel der Pyramide des Königs *Sahurê*, das die Darstellung eines königlichen Sieges abschloß. Über vier Reihen erbeuteter Tiere gefangene libysche Heerführer in drei Streifen, ebenso in einem weiteren Streifen darunter; die Libyer sind kenntlich an Kreuzband, Bart und Phallustasche; rechts oben registriert die Göttin des Schreibens die Beute, rechts unten der Gott von Libyen und die Göttin des Westens. Am Übergang zu Galerie 26 Kopf der Göttin Neith.

Am Eingang zu Raum 32 Kopf des Sahurê aus Abusîr.
Raum 32, Mitte: 223, Kalksteinstatuen des Prinzen *Rahotep* und seiner Gemahlin *Nofret,* aus einem Grabe in Maidûm (Anfang der 4. Dyn.), vorzüglich in den Farben erhalten; Mann dunkler als Frau, Augen aus Bergkristall; Nofret trägt Mantelgewand über Trägerkleid, um die künstliche Perücke einen schweren Haarreifen.

224 f., zwei Kalksteinstatuen des Priesters *Ranofer* aus Saķķâra, 5. Dyn., durch Kleidung und Frisur unterschieden.

229, Statue des → *Ti* aus Saķķâra, 5. Dyn., dessen Grabreliefs zu den schönsten des Alten Reiches zählen.

230 f., in Kupfer getriebene Statue des Königs *Pepi I.* und seines Sohnes Merenrê, aus Hierakonpolis; innen war ein Füllkern, der heute fehlende Königsschurz aus Blattgold.

6055, kleine Gruppe des Zwerges *Seneb* mit seiner Familie, in dem dahinter stehenden als Kasten ausgehöhlten Kalksteinblock in seinem Grabe in Gîsa gefunden; an Stelle der (unterschlagenen) Beine die beiden Kinder mit dem Finger im Mund und der Kinderlocke; die Gemahlin des zu hohen Ehren gelangten Zwerges ist eine Prinzessin; 6. Dyn.; davor Alabastergefäße für die Nahrung im Jenseits.

Rechte (südliche) Wand: 136 E, Stuckmalerei aus einem Grabe in Maidûm mit *sechs Gänsen*, meisterhaft beobachtet und farblich wiedergegeben; 4. Dyn.

Mittleres Reich und Hyksoszeit (2130–1555 v. Chr.)

Galerie 26/21: 287, Sandstein-Statue des Königs Mentuhotep.
284, Kalksteinstatue des Königs *Amenemhêt III.* aus seinem → Totentempel, Bild vollendeten Ausdrucks königlicher Hoheit; beim Durchgang zu Raum 22 zwei Sitzstatuen der Königin Nofret, Gemahlin Sesostris' II., mit Hathorfrisur, aus schwarzem Granit.

Raum 22, Mitte: 380, Grabkammer des Harhotep (mit dem Kalksteinsarg im Innern), deren Wände mit den Bildern des für den Toten notwendigen Hausrats und Totensprüchen bemalt sind; 11. Dyn.
301 ff., 10 überlebensgroße Kalksteinstatuen König Sesostris' I. aus dem Totentempel seiner Pyramide von → Lischt mit guten Reliefs am Throne.
In den Vitrinen hervorragende *Bildnisse* von Königen und Privatleuten.
Vitrine A beim Eingang links: Köpfe der Könige Sesostris' III. und Amenemhêts III., teils leidgezeichnet durch die vorangegangenen politischen Wirren, teils abgeklärt, weise; in Vitrine D beachte 313, Holzfigur Sesostris' I. mit der weißen Krone, aus Lischt.
Ostwand: 331, Große Stele Sesostris' III. aus Rosengranit aus dem Tempel Mentuhoteps in → Dêr el-bahri; Höhepunkt der Stelenkunst des MR; unter geflügelter Sonnenscheibe die Namen des Königs, in der Hauptdarstellung Pharao im Verkehr mit Amun und mit dem als Gott verehrten Gründer des Tempels Mentuhotep (r.).

Galerie 16: 507 A–507 D, *Sphingen* Amenemhêts III. aus schwarzem Granit, gefunden in → Tanis, mit persönlichen Zügen des Königs; das Antlitz von Löwenmähne umschlossen. – 508, Amenemhêt III., als König für Ober- und Unterägypten zweimal dargestellt, als Fischopferer; grauer Granit, ebenfalls aus Tanis; König in altertümlicher Tracht, Fische über Lotosstengeln auf den Armen, weitere Fische und Vögel an Schnüren tragend, usurpiert von → Psusennes. Ähnliche Figur Amenemhêts III. aus der Faijûmhauptstadt (506).

Neues Reich (1555–1080 v. Chr.)

Galerie 11; links: 6139, farbige Kalksteinsphinx der Königin Hatschepsut, aus ihrem Tempel in Dêr el-bahri.
400, Thuthmosis III. mit der oberägyptischen Krone, aus Karnak, grünlicher Schiefer, energischer Gesichtsausdruck, spannkräftiger Körper.

Raum 12: 407, Stele Amenopis' III. Im oberen Halbrund Himmel mit geflügelter Sonnenscheibe. Darunter König im Verkehr mit Amun, der in der Ketzerzeit ausgehackt und erst später wieder eingesetzt wurde. Unten überrennt der König auf dem Streitwagen seine Feinde; reicher Ornat, verfeinerte Formen.
503; Thuthmosis IV. und seine Mutter Tii, aus Karnak. – Statuen, Grab- und Denksteine der 18. Dyn.
418, → *Senenmut* mit der Prinzessin Nofrurê, der Tochter Hatschepsuts; der Erzieher, formal in den Block des Würfels eingebaut, umfaßt schützend das Kind.
420, Denkinschrift auf die Siege Thuthmosis' III., aus Karnak; oben symmetrische Darstellung: Der König opfert Amon-Rê, hinter ihm die Stadtgöttin von Theben. In dem Gedicht der Inschrift begrüßt Amun den König als Sieger und zählt die unterworfenen Länder auf.
Vitrine B: 424, Statue der Isis, Mutter Thuthmosis' III., mit vergoldetem Diadem, aus Karnak.
428, Thuthmosis III. kniend und Wein opfernd; Miniaturbild aus Marmor; edle Formung, meisterhafte Arbeit.
445 f., Kapelle und heilige *Hathorkuh,* von Thuthmosis III. bzw. Amenophis II. geweiht, im Felsen bei Dêr el-bahri gefunden. Die Kapelle, mit falschem Tonnengewölbe überdeckt, ist mit farbigen Reliefs ausgeschmückt; prächtig erhalten: Der König und seine Gemahlin vor der göttlichen Kuh und der menschlich gestalteten Hathor. – Die jetzt in der Mitte des Raumes stehende Kuh aus dem Innern der Kapelle, ein Meisterwerk ägyptischer Skulptur, tritt aus dem Papyrusdickicht. Fell durch Farbornamente angegeben. Der Kopf

Ägyptisches Museum

verrät großartige Naturbeobachtung. Die Kuh habe bei ihrer Auffindung gebrüllt, wissen die ägyptischen Grabungsarbeiter zu erzählen. Vor ihr, in ihrem Schutz der tote König (schwarz), an ihrem Euter der lebende König (rot); vgl. die Bilder auf den beiden Seiten der Kapelle; ihre Decke als Himmel mit Sternen übersät. Besucheraufschriften aus dem NR.
Vitrine C: 451, schwarzer Granitkopf von weichem, feinem Gesichtsausdruck, wohl Haremhab.
Statuen des Weisen *Amenophis, Sohnes des Hapu* (459, 465, 467), unter Amenophis III. hoher Staatsbeamter, in der Spätzeit als Heiliger verehrt. 465 und 461 als Schreiber, beide nur durch die Inschrift unterschieden. 459 mit flach auf die Schenkel gelegten Händen, in einem langen, den Unterkörper verhüllenden Gewand, hat Porträtzüge und Zeichen des höheren Lebensalters; der Text auf dem Schoße ist vom Betrachter aus zu lesen. 409, Bruchstück desselben Mannes in ähnlicher Gestaltung. 467 als »Würfelhocker« mit angezogenen Knien, den Unterkörper vom Gewand umhüllt. 462, Granitstatue des Gottes *Chons* mit den Zügen Tutanchamuns; mumiengestaltig, mit Krummstab und Wedel, eng ansitzende Kappe; die seitliche Kinderlocke erweist ihn als Sohn (des Amun); Kultstatue der 18. Dyn.
Aus dem Terrassentempel der Hatschepsut in Dêr el-bahri stammt das Relief 452 mit der *Fürstin von → Punt*, die an einer Adipositas leidet; Symptome beispielhaft beobachtet. –

Im Tempel heute Gipsnachbildung eingesetzt.

Nord-Galerie 6, 7, 8: Grabsteine und Bruchstücke von Grabwänden aus dem NR; Statuen, Statuetten, Sphingen.
560 (in Raum 6, gleich links vom Aufgang), große Stele aus Rosengranit, von Haremhab usurpiert, berichtet von der Wiedereinsetzung des Amonkultes unter Tutanchamun *(Restaurationsstele).*

Raum 3, Amarna-Saal (1365–1347 [?] v. Chr.)

An den Wänden: 6016, o. Nr., 6015, 6182, vier Kolossalstatuen Echnatons (fragmentarisch) aus Karnak, Sandstein; ehemals Bauglieder im Säulenhof eines Atontempels, in den äußeren Attributen nach altem Muster, aber Gesichtsbildung wie Körperformen fanatisch »wahrheitsgetreu« entsprechend seiner neuen religiösen Lehre; Gottesnamen auf Armringen und Kleidern in der neuen theologischen Formulierung. – Rechts von der Tür: 487, Königsfamilie opfert vor dem Sonnengott.
Vitrine K: Prinzessinnen-Köpfe, mit den für Amarna bezeichnenden hohen Hinterköpfen; wohl krankhaft, nicht künstlich deformiert, dann zum Schönheitsideal erhoben (vgl. Kopfaufsätze) und in der Kunst gesteigert (auch bei Höflingen u. a. Personen außerhalb der Königsfamilie). – Essende Prinzessin, Modell- und Werkstück, im Ringen um die Wahrheit entstanden, aus einer Bildhauerwerkstatt.
Vitrine L (Mittelvitrine): 6272, Kopf des Königs Echnaton.
Vitrine F: 472, farbige Kalkstein-Statuette Echnatons. Unter den Modell- und Werkstücken ragt heraus: 6206, eine Gipsmaske der Königin Nofretete von feinen und wieder gemäßigten Zügen, vielleicht eine Studie zu dem Berliner Kopf. – 471, Echnaton mit Tochter auf den Knien; 478, Echnaton. – 6209, Gipsmaske desselben.
Vitrine C: 6056, Echnaton und Nofretete opfern dem Sonnengott Aton; farbiges Relief eines kleinen Hausaltärchens in der Form des Tempeltores von Amarna.
Vitrine D: 482, Klappaltar; Echnaton im Kreise seiner Familie, der Königin Nofretete und seiner Töchter, im Schutze des als Sonnenscheibe wiedergegebenen Aton, dessen Strahlen, in Hände endigend, die königliche Familie kraftspendend berühren. Wahrheitlich-expressiver Stil, ans Häßliche grenzende Körperformen, menschlich-intim, nur die blaue Krone kennzeichnet den Pharao.
Vitrine E, fast in der Mitte des Eingangs stehend: 3873, Sarg des Königs Semenchkarê, dessen Goldmaske gerissen ist; Einlagen aus Glasfluß, Lapislazuli, Karneol und Malachit in Gold; die Kartusche, wohl die Echnatons, ist herausgeschnitten.

Vitrine A: Tontafeln, Korrespondenz (in Akkadisch) des Auswärtigen Amtes von Amarna mit syrisch-palästinensischen Fürsten.
An den Wänden oben: Fußbodenmalereien a secco; Sumpfpflanzen mit aufflatternden Wildvögeln; ohne Umrißlinien, gebrochene Farben, stimmungsvoll-malerisch (vgl. den großen Fußboden in der Mittelhalle).

Großformatige Denkmäler verschiedener Zeiten

Mittelhalle, Raum 13: 599, sog. *Israelstele*, Stele Amenophis' III. aus Granit, von Merenptah auf der Rückseite wiederverwendet für seinen Siegesbericht, in dem der Name Israel vorkommt; ältester Beleg des Namens außerhalb des Alten Testamentes.

Wir schreiten durch eines zweier Tempeltore aus Medamûd (MR). Auf der nördlichen *Treppe 18:* 610, 7 m hohe Kalksteingruppe Amenophis' III. und seiner Gemahlin Teje, mit ihren drei Töchtern aus → Medînet Hâbu.

Raum 23: Mittelgang: 6189 u. 6190, Türstürze von zwei Türen aus Medamûd mit Reliefs des Jubiläumsfestes Sesostris' III. und Sebekhoteps. 613, 616, 617, Kolossalfiguren von Königen des MR, von Ramses II. usurpiert, aus → Tanis.

Raum 28: 627, *Palastfußboden* aus Amarna, bemalt mit Sumpfpflanzen, aufflatternden Wildvögeln, Kälbchen und Fremdvölkern, teilweise rekonstruiert. – Aus rotem Quarzit Teile einer Kapelle der Hatschepsut aus Karnak, in deren religiösen Szenen die Königin wie ein (männlicher) Pharao erscheint.

Raum 33: 619, Sarg König Thuthmosis' I. – 620, 6024, Särge der Königin Hatschepsut, aus rotem Quarzit vom Gebel el-ahmar bei → Heliopolis. – 621, Osirisbahre aus schwarzem Granit mit je 2 Falken an Kopf- und Fußende; der auf der Leiche hockende Falke verkörpert Isis, die postum von ihrem Gatten den Horus empfängt. – 633, MR-König aus Tanis, von Ramses II. usurpiert.

An den Seiten Sarkophage aus der Spätzeit, innen und außen mit religiös-magischen Totentexten beschrieben.

Mitte: 626, Spitze der *Pyramide* des Königs Amenemhêts III. aus Dahschûr, schwarzer Granit.

6175, ebensolche des Königs Chendjer aus Saḳḳâra, Ende MR. – 6337a und b, Sarkophag des Merenptah, usurpiert von Psusennes I., mit der Himmelsgöttin Nut auf der Unterseite des als Himmel zu denkenden Deckels (im Spiegel zu sehen) im Hochrelief; zu ihr geht der Tote ins Jenseits ein (19. bzw. 21. Dyn.).

Auf der südlichen Treppe 38: 624, Sarkophag des Königs Eje.

Raum 43, oben: 6 und 9, zwei Holzbarken Sesostris' II., die zu seinen Begräbnisfahrten verwendet und dann für seinen Gebrauch im Jenseits bei seiner Pyramide in → Dahschûr beigesetzt wurden, ähnlich wie die seit dem AR bei den Pyramiden gefundenen Boote; letztmals südlich der → Cheopspyramide.

Man wende sich durch die Mittelhalle zurück bis zur Nordgalerie und besichtige die weiteren Räume im Erdgeschoß, die von der 19./20. Dyn. (Nordgalerie) bis in die römische Zeit führen (Ostgalerie).

Galerie 9, 10: Reliefs und Statuen der 18./20. Dyn.; darunter (R. 9 in der Achse): 660, Die *»Königstafel aus Saḳḳâra«,* berühmt wegen der in zwei Reihen aufgezählten 58 ägyptischen Könige, zu denen der Schreiber Tunri betet. Die Liste beginnt mit Miebis (1. Dyn.) und endet mit Ramses II., beschränkt sich jedoch auf diejenigen Könige, deren Kult in der 19. Dyn. im memphitischen Gau geübt wurde. Auf der Gegenseite ein Hymnus an Osiris.

Von Raum 9 öffnet sich eine Tür nach *Raum 4* mit einer kleinen Sammlung von *Münzen* und Medaillen griechisch-römischer Zeit, chronologisch geordnet.

Ostgalerie 15–25: Denkmäler des Neuen Reiches und der Spätzeit. Mumienförmige Steinsärge, Statuen, Statuetten von königlichen und privaten Personen. Sehr schön in

Ägyptisches Museum 357

Galerie 15: Vitrine A, 745 und 746, Fragmente einer Gruppe des Nachtmin und seiner Frau, aus Theben (18. Dyn.).
Raum 14: Vornehmlich Denkmäler der 19. und 20. Dyn. – 768, der Schreiber und Hohepriester Ramses-Nacht, auf dessen Schultern der Schutzgott der Schreiber Thoth in Gestalt eines Pavians hockt.
743, Ramses VI., einen Libyer packend, mit seinem gezähmten Löwen.
Raum 19: Weihfiguren ägyptischer Gottheiten aus Stein und Bronze. 4752, Statue des Priesters Djed-Hor, über einem Becken, in welchem sich das über den »Retter« gegossene Wasser sammelte, nachdem es die magische Kraft der hieroglyphischen Sprüche aufgenommen hatte, damit die gläubigen Patienten es als Hilfsmittel gegen Schlangenbisse trinken konnten.

Denkmäler der Spätzeit (745–332 v. Chr.)

[seit den Äthiopen; Libyer (1080–720) im Tanissaal]

Raum 24, Naossaal: An den Pfeilern der Eingangswand acht feine Reliefs im archaisierenden Stil des AR, aus Gräbern. 870, Der Verstorbene beaufsichtigt die Ablieferung der für ihn bestimmten Schmucksachen.
829, Wundervolle Vase aus schwarzem Granit, von König Apries (26. Dyn.) dem Gotte Thoth geweiht.
1184, Kopf des → Monthemhêt (25. Dyn.).
1185, Kopf des Äthiopenkönigs *Taharka*, des Tiharka der Bibel, wie voriger negroid.
791, Statue der nilpferdgestaltigen Göttin Toëris aus grünem Stein, aus Karnak, sehr gute Arbeit, 26. Dyn.
Am Südpfeiler: 851, Die *»Pithomstele«*, Denkstein des Königs Ptolemaios II. Philadelphos (285–246 v. Chr.) aus → Tell el-Mas'chûta; der König rühmt sich seiner Taten, insbesondere der Gunstbezeugungen gegen die ägyptischen Tempel; er ist nach Persien gezogen, um die von den Persern entführten ägyptischen Götterbilder zurückzuholen. Eine Flotte von vier Schiffen hat er unter einem General nach den südlichen Teilen des Roten Meeres geschickt.
Ostgalerie – Mitte, 30: Äthiopische Denkmäler, 25. Dyn. Mitte: 930, Alabasterstatue der Fürstin und Gottesgemahlin → *Amenerdâs*, sehr feine Arbeit.
Einige historisch interessante Siegesstelen, darunter (937) die über die Eroberung Ägyptens durch den Äthiopenkönig Pije (früher: Pianchi), Begründer der 25. Dyn. (751–656).
Ostgalerie 35 enthält Denkmäler der Spätzeit, der äthiopischen sowie der griechisch-römischen Epoche.
Raum 34: Denkmäler der griechisch-römischen Zeit (332 v. Chr. bis 395 n. Chr.). Mithrasaltäre.
Freistehende Vitrine D: 993, Marmorkopf eines Galliers, griechisches Original aus Rhodos, frühe Ptolemäerzeit.
Vitrine A, an der Rückwand, mit griechischen Grabstelen und Skulpturen. Nordwand: 983, *»Kanopus-Dekret«*, zu Kôm el-Hisn gefunden. Die dreisprachige Inschrift ist oben in altägyptischer Sprache und Hieroglyphenschrift, in der Mitte im Umgangsdialekt und in demotischer Schrift, unten in griechischer Sprache und Schrift abgefaßt. Das Dekret ist gegeben von der Priesterschaft am 7. März (17. Tybi) 238 v. Chr. unter Ptolemaios III. Euergetes I. zu Kanopus und preist den König dafür, daß er die nach Asien entführten Götterbilder zurückerobert hat, dem Land den Frieden erhalten, es bei drohender Hungersnot durch Getreidezufuhr und Steuererlaß gerettet, außerdem eine Reihe von Siegen erkämpft hat. Zum Danke dafür sollen die Ehrungen für das Königspaar und seine Vorfahren gemehrt, alle Priester auch Priester der göttlichen Euergeten genannt werden, eine neue Priesterklasse der Euergeten gegründet und ein → zeitlicher Fixpunkt eingeführt

werden, um das Euergetenfest auch zukünftig wie heuer am Neujahrstage feiern zu können. Weiterhin wird beschlossen, der jung verstorbenen Prinzessin Berenike ein bestimmtes Fest zu widmen und ihr ewige Ehren zu erweisen. Das Dekret endet mit dem Erlaß, die Inschriften in hieroglyphischer, demotischer und hellenischer Schrift aufzuzeichnen und sie in den Tempeln aufzustellen.
Rechts an der Südwand befindet sich unter Nr. 980 ein anderes Exemplar des Kanopus-Dekretes, das in Tanis gefunden wurde. Neben 983 ein Gipsabdruck des Steines von *Rosette,* der, ebenfalls dreisprachig, als Schlüssel zur → Entzifferung der Hieroglyphen gedient hat (Original in London).
Westwand, Vitrine B: 1010, Aphrodite, ihre Haare auswringend, aus Alexandria, 2. Jh. v. Chr.
Ostgalerie 40: Überblick über die Kunst Nubiens und des Sudâns in hellenistisch-römischer (meroïtischer) Zeit (3. Jh. v. Chr.–3 Jh. n. Chr.).
Mehrere Vitrinen mit federleichten bemalten meroïtischen Tonnäpfchen u. a. Keramik.
Vitrine H, Nachleben ägyptischer Totenbräuche.
Ostgalerie 45: Funde aus Fürstengräbern von Ballâna und Kustûl (5./6. Jh. n. Chr.).
Vitrine 7, schöne Truhe mit Elfenbeineinlagen.
Mittelvitrinen 5 und 6, Metallgeräte (Lampen, Kleeblattkannen, Kessel).
Vitrine 43, metallene Trinkgefäße.

Raum 44: Nubische Kultur; rekonstruiertes Pferdebegräbnis, Waffen; vor allem von Ballâna und Kustûl.
Große Galerie 50 und 49: Statuen und Sarkophage, meist aus Granit, der saïtischen, ptolemäischen und römischen Zeit.
Im Durchgang zu *Galerie 49* links 2181, große Granitstatue Alexanders II. (?) aus Karnak.
1294, Sarg eines Zwerges, mit seinem Bilde auf dem daneben stehenden Deckel.
6036, *Sarg des Petosiris* von → Tûna el-Gebel (Mittelägypten), dessen Hieroglyphen mit Glas in ungewöhnlicher Sorgfalt eingelegt sind.

Obergeschoß

Wir steigen die südwestliche Treppe (51) hinauf zum Obergeschoß der *Großen Galerie* (46–50), die Möbel, Hausrat, Grundsteinbeigaben, Gefäße, Königs- und Priestersärge zur Schau stellt.
Von den südlich anschließenden Räumen enthält *Raum 53* die *naturwissenschaftliche* Sammlung, Mumien und Skelette von Tieren, Pflanzenreste sowie Brote.
Raum 54 und 55 zeigen Dokumente aus der *Ur- und Vorgeschichte* Ägyptens, Steinwerkzeuge des Altpaläolithikums mit Faustkeilen, Äxten und Bohrern; Steingeräte verschiedener Form (mesolithische Faijûmkultur, Vitrine D-I in Raum 54). Funde aus Merimde, einer Siedlung im Delta, zeigt Vitrine S (6200): Töpferware, Beile, Bohrer, Pfeilspitzen, Klingen und Sägen sehr sorgfältiger Arbeit; auch Keulenköpfe, Nadeln und Spinnwirtel, Gefäße mit Ritzmustern und Henkeln. Diese Hinterlassenschaften weisen auf ein Volk, das Jagd und Fischfang ebenso wie Ackerbau und Viehzucht trieb. Die Toten waren unmittelbar bei den Wohnstätten beigesetzt (Hausbestattung).
Aus Oberägypten sind vornehmlich die vorgeschichtlichen Funde aus Badâri und Nêkada bekannt (5. und 4. Jt.).
Vitrine R und Q: Feine Töpferware, dünnwandig, geriefelt; Schmuck; anfängliche plastische Gebilde, Knochenarbeiten.
Vitrine Y zeigt Entwicklung und Formenreichtum der Steingeräte.
Vitrine ohne Bezeichnung: Sammlung besonders schöner Steinmesser. 3062, Messer mit Goldgriff mit eingeprägter Jagdszene und Doppelschlange.

Ägyptisches Museum 359

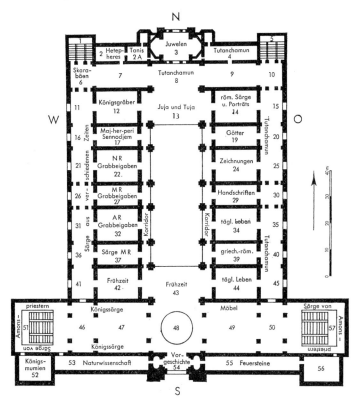

Ägyptisches Museum — Obergeschoß

Raum 43 setzt die frühen Denkmäler fort und enthält vornehmlich Gegenstände aus dem Grabe des Hemaka, Wesirs unter König Wedimu (1. Dyn.). — An der Südwange vor Raum 42 beachte die rekonstruierte Wandverkleidung aus Fayenceplättchen, die in der → Stufenpyramide des Djoser als Nachbildung des Mattenbehanges gefunden wurde.

In *Raum 42* finden wir die zeitlich anschließenden Denkmäler der Frühzeit (1. und 2. Dyn., 3000–2665 v. Chr.), in der sich der eigentlich ägyptische Stil herausbildet.
Bergkristall-, Ton- und Kupfergefäße, Grabsteine aus Abydos, Feuersteinwerkzeuge, Toilettengeräte, Schminkpaletten (zum Zerreiben der Schminke), als Prunkgeräte Siege oder Jagderfolge verherrlichend.
Vitrine V (Westende des Raumes): 3055, große Prunk-Schminktafel des Königs *Narmer-Menes*, mit Reliefdarstellungen seiner Siege, aus Hierakonpolis; krönender Abschluß.
Vitrinen C, D, P mit Kleinplastiken und Schnitzereien.

Vitrine U: 3056, Statuette des Königs *Chasechem* aus Schiefer, Ende 2. Dyn., mit oberägyptischer Krone; auf der Sockelkante die besiegten Feinde.
Vitrine W: 3072, kniende Gestalt eines Priesters, Granit.

Raum 37: Särge aus dem späten Alten und Mittleren Reich: 3101, Sarg des Generals Sepa (12. Dyn.); 3106, Sarg des Abdu (Hyksoszeit).
3345 f., zwei Züge ägyptischer Soldaten. 3345, vierzig Ägypter mit Schild und Speer in weißen Schurzen; 3346, vierzig nubische Söldner mit Bogen und Pfeilen (deren Spitzen aus Feuerstein) in bunten Schurzen; beide Truppen in Viererreihen aufgestellt, im Gleichschritt, aber lebendig bewegt durch individuelle Verschiedenheiten. Aus dem Grabe eines Offiziers in Assiût, 9./10. Dyn.

Raum 32: Grabbeigaben aus dem Alten und Mittleren Reich, vor allem Modelle. Hölzerne Nachbildungen, weniger durch ihren Kunstwert als durch die Wirklichkeitstreue wertvoll, von Szenen aus dem Lande, in Haus und Hof, von Handwerkerstuben, von Booten und Speichern aller Art; einzelne Opferträger und -gaben, Dienerfiguren, arbeitende Tiere.
3123, Küchenhof mit Bierbrauerei,
3124, Töpferei, 3125, Tischlerwerkstatt, 3126, Hauskonzert,
3166, Küchenhof mit Metzgern, Koch und Bierbrauer;
verschiedene Statuen des Ischeti.
Im Korridor 280, Holzstatue des → *Ka* des Königs Hor in einem hölzernen Schrein (195) mit der Hieroglyphe Ka (zwei erhobenen Armen) auf dem Kopf.

Raum 27: Fortsetzung von Saal 32; aus dem MR.
Vitrine I: 6080, der Herr mit seinen Beamten und Schreibern in einer Laube, vor ihm werden seine Herden vorbeigetrieben und gezählt.
Vitrine L: 6084, Spinnerei und Weberei (nur Frauen).
6083, Tischlerei.
6082, Vorhalle eines Hauses mit Garten und Teich des Herrn *Mektirê* (11. Dyn.), in dessen Grab in Dêr el-bahri die Beigaben des Raumes gefunden wurden; beachte die Türen! Bei der Doppeltüre in der Mitte sind Verschluß, Türzapfen und Angeln angegeben sowie die geschnitzte Verzierung.
Vitrine A: Nachbildungen von Häusern in Ton, teils (3270/71) mit Treppen ins Obergeschoß, teils (3273) mit Tonnengewölbe. Im Hof Schlachten und Speisebereitung.
Vitrine M (Mitte): 6085, zwei Schiffe mit dem Schleppnetz; 6079, Ruderboote mit Lotsen, der Herr, Mektirê von Theben, unter einem Schutzdach, ein Untergebener erstattet Bericht. – 6077 (andere Mittelvitrine), ein ähnliches Schiff, auf dem die Mannschaft das Segel hochzieht, mit geräumiger Kajüte, durch deren hintere Tür man Bett und Truhe sieht. Auf 6078 wird gerade gekocht (Segel verloren). – 6085, Fischerszene. 6081, große Opferträgerin in Perlennetzgewand.

Raum 22: Ausstattungsstücke aus Gräbern des NR (und der Spätzeit), Schmuck und Amulette von Mumien.
Totenfiguren, Herzamulette, Kopfstützen, Brusttafeln, heilige Augen, kleine Sarkophage mit Horusdeckeln (Vitrine T).

Raum 17: Grabfund des Wedelträgers *Maj-her-peri* (18. Dyn.), dessen Grabausstattung zu den vollständigsten gehört, die jemals gefunden wurden, und des → *Sennodjem* (19. Dyn.).

Grabfund des Maj-her-peri:

Vitrine (E): 3800, rechteckiger Holzsarg mit Satteldach; darin ein mumienförmiger schwarzer, teilweise vergoldeter Holzsarg.
Vitrine (F): 3821 A, vergoldeter Sarg.
Vitrine (B): 2000, offener Sarg mit Frauenmumie und Gesichtsmaske.

Ägyptisches Museum

Vitrine (C): 3818, schwarzer Kasten für Eingeweidekrüge, in Form eines Tempelchens, das auf einem Schlitten steht.
Vitrine (I): 3782, zwei Köcher mit Deckel aus gepreßtem rotem Leder; dazu Pfeile. – 3802 und 3810, zwei lederne Hundehalsbänder mit dem Namen des Tieres. Armbänder, Halsketten, Brettspiel mit Steinen, bunte Glasvase, blaue Fayenceschale.
Vitrine (A): 3823 B, Holzkästen mit Kalbskeulen, Tauben, Enten u. a. als Speisen für den Toten.
Vitrine H: 3823 A, alabasterne Kanopen (Eingeweidekrüge); 3823, Tonkrüge u. a.
Vitrine G: 3820, hölzernes Totenbett; auf der gespannten Leinwand ist ein Bild des (Vegetationsgottes) Osiris (der wie das Korn in die Erde gelegt wird und wieder aufersteht) gemalt und mit Gerste besät.
An den Wänden: 3822 A–E, Totenbuchpapyrus des Maj-her-peri mit farbigen Vignetten, ein besonders schönes Beispiel.

Grabfund des Sennodjem:

2000–2007, Särge, Mumien, auch seiner Verwandten, Möbel, Meßinstrumente und Beigaben (zum Grab s. S. 669 f.).

Raum 12: Funde aus thebanischen Königsgräbern

Vitrine im Eingang (Osten): 3000, Korb des Streitwagens Thuthmosis' IV., Holz, dekoriert mit in Stuck reliefierten Kampfszenen. (Nicht immer stehen die Vitrinen in der hier angegebenen Folge, die im Sinne des Uhrzeigers den Raum abschreitet.) Vitrinen F, E und D: Amenophis II. Glas- u. a. Gefäße, Holzfiguren, Zauberstäbe und Henkelkreuze (Lebenszeichen); 3761, Kuhkopf; 3766, Holzstatuette des Königs; 3766 F–G, zwei Holzpanther.
Vitrine C: Thuthmosis IV. 3731–3733, drei Ziegel, die als magische Grableuchter dienten; 3738, Zeugstück in Kelimtechnik mit dem Namen Thuthmosis' IV. und Lilien.
Vitrine G: Thuthmosis III. 3772, Leichentuch.
Vitrine A: (Westwand): Haremhab. 3841, Parfümbecher.
Ausgang zur Galerie: sog. Kornosiris, Holzmodel mit durchlöchertem Boden zum Aufnehmen von Erde, in die Korn gesät wurde, dessen Aufsprießen die Auferstehung des Vegetationsgottes symbolisierte.
Vitrine L: Priester der 21. Dyn. 3779, Perücken; Perückenkästen.
Vitrine K (Nordwand): Kanopen. 3792, Kästchen mit den Eingeweiden der Königin Ma'atkarê. Vitrine J: Uschebtis und Kästen für sie.
3782, Kasten mit Uschebtis für König Pinodjem I. Vitrine I: mumifizierte Opfergaben. 3776, Mumie eines Kindes (21. Dyn.); 3780, Mumie einer Gazelle (21. Dyn.).
Vitrine H: Textilien und Bronzen.

Im *Korridor* vor Raum 12, Vitrine B: vier Nachbildungen von Sonnenbarken.

Raum 13: Neben einigen anderen königlichen Möbeln und Kriegswagen Tutanchamuns, Ausstattung aus dem unversehrt aufgefundenen Grab von *Juja und Tuja,* der Eltern Tejes, die trotz ihres bürgerlichen Standes von Amenophis III. königlich bedacht wurden. 3673/4, Kinderstühle der Prinzessin Sitamun; 3677/8, zwei mit Email verzierte Schmuckkästen mit dem Namen Amenophis' III.; 3680, Bett mit Bês- und Toëris-Darstellungen, den Schutzgottheiten der Schlafenden; 3614/5, zwei Totenbetten, auf der Leinwand die Figur des Vegetationsgottes Osiris in Gerste aufgesät; 3675, Wagen der Tuja; 3666–3669, vier Holzsärge des Juja, der äußerste auf einem Schlitten, die inneren mumiengestaltig, der innerste vergoldet und mit eingelegten Glasflüssen; 3705, 3704, 3671, drei Särge der Tuja, der äußerste mit gewölbtem Deckel auf einem Schlitten, der innerste vergoldet, Verzierungen und Inschriften mit Steinen und buntem Glas ausgelegt.

Raum 14: Särge, Mumien, Mumienbilder, teilweise Porträts, und Mumienmasken der griechisch-römischen Zeit. Beachte besonders die Mittelvitrinen der Südwand. *Mumienporträts,* in der Technik der griechischen Wachsmalereien hergestellt, auf die Mumie an der Stelle des Gesichts eingebunden (vgl. S. 536 f.).
Raum 19: Statuetten von Göttern und heiligen Tieren, Bronze und Fayence.
Raum 24: Zeichnungen auf Kalksteinsplittern *(Ostraka)* und Tonscherben (Entwürfe, Kopien, Skizzen, Ersatzstelen einfacher Leute); *Modelle* für Bildhauer, unfertige Statuen; an den Wänden Totenpapyri.
Im westlichen Eingang rechts: 4371, Plan eines Königsgrabes, wohl Ramses' VI.
Raum 29: Papyri, meist Totenbücher, teilweise mit farbigen Vignetten, aber auch literarische Texte auf Papyrus und Steinsplittern. Schreib- und Malgeräte.
Raum 34: Gebrauchsgegenstände für das tägliche Leben. Werkzeug, Waffen, Spielzeug, Toilettengeräte (künstlerisch besonders mannigfaltig entwickelt), Bauteile, Musikinstrumente, Acker- und Webegeräte, Maße und Gewichte.
Zwischen Raum 34, 39 und 44 im Korridor: Gewebe und *Gewänder,* ursprünglich blütenweiß, Ein- bis Sechsfadengewebe, teilweise plissiert.
Raum 39: Griechisch-römische Kleinkunst. Mitte: 6250, Bronzestatue des Dionysos (1./2. Jh. v. Chr.).
Raum 44: Gegenstände aus Holz, Bronze und Fayence, meist Tempelweihgaben und Amulette. Türriegel, Funde aus den Grabungen in → Ḳanṭîr, Tell el-Jahudîja u. a.
Raum 57 (Südosttreppe): 3848, Totenzelt der Königin Isis-em-chebet aus grünen und roten Lederfeldern (21. Dyn.).
Nun begebe man sich zur Mitte der *Großen Galerie,* 48, wo eine Gipsnachbildung der Grabbauten des Königs Sahurê von → Abusîr (5. Dyn.) aufgestellt ist. Unter den Särgen beachte besonders
623, Kalksteinsarg der Prinzessin Kauit aus Dêr el-bahri (11. Dyn.), außen mit schönen Reliefs verziert (Toilettenszene, Melken einer Kuh), innen bemalt. – Entsprechend 6033, Sarg der Aschait (11. Dyn.).
Zur Seite eine Vitrine mit besonderen Kostbarkeiten. Darunter: 4244, Elfenbeinfigürchen des *Königs Cheops,* einzige Darstellung des Erbauers der Großen Pyramide.
6218, tanzende Zwerge aus Elfenbein; durch einen Zug der Kordel unter dem Boden wurden die Figürchen in Bewegung gesetzt.
4257, *Steatitköpfchen* der Königin Teje, im Sinai gefunden (18. Dyn.).
3381, technisch hervorragendes mehrfarbiges (weiß, blau, gelb) Fayence-Uschebti des Ptahmes.

Man wende sich den Königssärgen in der *Großen Galerie 47* zu; anschließend gelangt man in die
Westgalerie 41–11, die an Särgen und Mumien (bzw. Leichen) von der vorgeschichtlichen Zeit bis in die griechisch-römische Periode den Gang der Bestattungssitten durch die Jahrtausende veranschaulicht.
Nordgalerie 6: Skarabäen, Schmuckstücke und Amulette.
Mittelvitrine enthält *Skarabäen* aus allen Zeiten der altägyptischen Geschichte, jene vielförmigen Bildungen des Mistkäfers, der – infolge eines Wortspieles – als Sinnbild des Sonnengottes galt. Die als Siegel verwendeten Käfersteine (beachte die Unterseiten!) wurden am Ring oder am Halsketten getragen und haben durchweg Amulettcharakter. Besondere Arten: Gedenk- und Herzskarabäen. Vgl. S. 108.
Vitrine A, B und C zeigen Ketten aus Halbedelsteinen, Gold und Fayence; die figürlichen Glieder haben die Bedeutung von Amuletten. – Ohr- und Fingerringe. – An der Wand Amulette, welche, in die Mumie eingewickelt, den Körper schützten.
Grabfund der Königin Hetepheres
Von Raum 7 begebe man sich in *Raum 2,* welcher den Fund aus dem Grabe der Königin *Hetepheres* birgt, der Mutter des Cheops. Er wurde in einem Schacht bei der Großen

Ägyptisches Museum 363

Pyramide gemacht, wohin er ausgelagert war und wo ihn die Amerikaner ausgegraben und aus seinem jammervollen Zustande (siehe die Photos) in minuziösester Arbeit wiederhergestellt haben.
6199 (hinten), prächtiges Reisezelt aus goldbeschlagenem Holz-(erneuert)gestänge, über dem die Sonnentücher ausgebreitet waren. An den Vorderpfosten in feiner Ziselier- und Prägekunst Titulatur und Namen des Königs Snofru. – 6330 (Mitte), Kasten für die Tücher des Zeltes.
6162 (unter dem Zelt), das ebenso einfache und großartige Ruhebett mit einem mit Fayence eingelegten Fußbrett.
6160, Kopfstütze.
6161, Armlehnstuhl, ebenso auf einfachste Form reduziert, nur durch Stierfüße und Lotosstengel verziert. – Links vorn der Schmuckkasten der Königin mit Fuß-(oder Arm-)ringen aus Silber (es war damals wertvoller als Gold) mit eingelegten Schmetterlingen; auf dem Deckel der Name der Königin.
Mittelvitrine: 6041, Sänfte, deren Tragstangen in Palmköpfe enden: Namen der Königin in Gold graviert, wunderbare Arbeit von schlichter Größe und Vornehmheit.
An der Wand: 6025, fein polierter Alabastersarg; links Kanopenkasten, eines der ältesten Beweisstücke für die Mumifizierung.
Unter dem Fenster: Totengeräte, Messer, Schüsseln, Krüge, auch Wasch- und Salbgefäße.

Tanis-Funde

In dem anschließenden *Raum 2 a* befinden sich die Schätze aus den *Königsgräbern von* → *Tanis* (Delta), die der 21. und 22. (libyschen) Dyn. angehören (1085–730). Neben den Tutanchamun-Funden stellen sie die bedeutendste Goldsammlung des Museums dar.
Hauptstücke: zwei Falkensärge, sehr feine Arbeit.
In Vitrine 5: 6293, goldene Armspange mit den Königstiteln in Lapislazuli, Karneol und Feldspat. Weitere Schmuckstücke, Goldfinger (für die Mumienhände) u. a.
6291 und 6295, große goldene Halsketten.
Vitrine 11: Goldene und silberne Vasen edelster Formung.
Wandvitrine: Goldmasken.
Hinteres Kabinett: An den Wänden Uschebtis, in den Vitrinen ein Gold- und *Silbersarg Psusennes' I.*, menschengestaltig.

Raum 3, Juwelensaal

Die ungewöhnlich sehenswerte Schmucksammlung gibt einen Überblick über die ägyptische Juwelierkunst von der 1. Dyn. bis in die byzantinische Zeit und zeigt die Beherrschung sämtlicher Goldschmiedetechniken, wie Ziselier-, Tauschier-, Granulierkunst, Nielloarbeiten oder Filigran. Die Zeiten sind jeweils an den Vitrinen angeschrieben. Man beginne den Rundgang in der Südwestecke (beim Eingang links).
Vitrine 3: 4010, goldener Falkenkopf mit eingelegten Augen aus Obsidian; er saß auf einer kupfernen Falkenfigur, aus Hierakonpolis, 6. Dyn.
Vitrine 4–6: Grabfund von → *Dahschûr*, bei den dortigen Pyramiden in den Gräbern von Prinzessinnen der 12. Dyn. gefunden; höchste Vollendung subtiler Arbeit.
Unter den Schmucksachen der Prinzessin Sit-Hathor-Junet in Vitrine 4: 3983, goldene, mit Karneol, Lapislazuli und Malachit ausgelegte Brusttafel mit dem Namen Sesostris' II. zwischen zwei Falken.
3970, eine ähnliche goldene Brusttafel der Prinzessin Mereret mit eingelegten Halbedelsteinen: unter der schwebenden Geiergöttin der Name Sesostris' III., r. und l. zwei den König symbolisierende Greife, die asiatische Feinde niedertreten.
3971, ähnliche Brusttafel mit Amenemhêt III. r. und l., der einen knienden Asiaten mit der Keule erschlägt.
Vitrine 5: Schmucksachen der Prinzessinnen Chnumet und Ita.
3925/6, zwei goldene Diademe mit eingelegten Halbedelsteinen und Glasfluß, das eine mit Vergißmeinnicht, das andere mit Rosetten und lyraförmigen Zieraten.

3901–4, vier goldene Halsketten allerfeinster Arbeit, mit Schmetterling, Sternen und Anhängseln (3904, blaues Plättchen mit einer Kuh), Granulation.
Vitrine 8: Schmucksachen aus dem Grabe einer Prinzessin bei der Pyramide von → Illahûn. Goldenes Diadem; Silberspiegel mit Hathorgriff.
Vitrine 9: 4102, Dolch mit dem Namen des Hyksoskönigs Apophis.
Vitrine 10: Schmucksachen und Grabbeigaben der Königin Ahhotep, der Mutter der Hyksosbezwinger Kamose und Amosis, Anfang der 18. Dyn.
4055, goldener Dolch mit Scheide; Knauf des mit Gold und Halbedelsteinen geschmückten Griffs in der Form von vier Frauenköpfen; der Klingenansatz durch einen Stierkopf kunstvoll verdeckt, schöne Damaszierung der Klinge.
4049, goldene Barke auf einem hölzernen Wägelchen mit Bronzerädern, Bemannung aus Silber.
4030, Boot aus Silber.
4032, Silberaxt.
4035, Beil mit goldüberzogenem Zedernholzstiel; darauf die Namen des Königs Amosis; die goldene Klinge mit Glasfluß eingelegt.
4038, Brustschmuck aus Gold mit eingelegten Steinen: In einer Barke gießen die Götter Amun-Rê und Rê-Horus Reinigungswasser über König Amosis aus, beiderseits Falken.
4037, goldener Brustschmuck aus Reihen von Antilopen, Löwen, Blumen, Knoten u. a., die Endstücke in der Form von Falkenköpfen.
Vitrine 11: Gold- und Silberschatz der 19. Dyn. aus der Werkstätte eines Goldschmiedes von → Bubastis.
4216, silberner Krug mit goldenem Henkel in Form einer Ziege.
4218, goldener Becher in Form einer Lotosblüte, mit den Namen der Königin Tawosret.
Vitrinen 13 und 14: Goldschmuck der Königinnen Teje (18. Dyn.) und Tawosret (19. Dyn.), im Königsgräbertal gefunden.
Vitrinen 23–25: ptolemäisch-römische Schmucksachen.
Vitrine 24: Schatz von Tûch el-Karamûs; man beachte, wie der feingliedrige und maßvolle Schmuck der alten Zeit abgelöst ist von schweren bis aufdringlichen Arbeiten.

Der Grabschatz des Tutanchamun (1347–1338 v. Chr.)

1922 im Tal der Könige durch Howard Carter nach planmäßiger Suche (nicht zufällig) entdeckt in dem zwar erbrochenen, aber unberaubten Grabe des 18- bis 19jährig unerwartet verstorbenen Königs. Der zum Teil einzigartige und geschlossene Fund, als Kunsthandwerk bestaunenswert durch die Meisterschaft der Materialbeherrschung, findet sich in einem Teil von Raum 13 (Kriegswagen), in der Nordgalerie in Raum 7–10, in Raum 4 (Goldmaske und -särge) sowie in der Ostgalerie (Grab → Königsgräbertal).
Wir beginnen unseren Rundgang mit der
Nordgalerie: 1319–1322, vier mit Blattgold belegte *Holzschreine*, die ineinander standen und die inneren Särge umschlossen; Gold heterogen, stark kupferuntermischt. An den vier Ecken eines jeden mit Tinte die Himmelsrichtung aufgeschrieben, in der die Kapellenwände im Sargraum aufzustellen waren; die Decken wurden zuletzt aufgesetzt; an den drei größten mit dem üblichen nach hinten fallenden Dach seitliche Metallgriffe, die Türen waren durch Ebenholzriegel verschlossen. – Der zweite und dritte von außen waren noch unversehrt versiegelt (1249/50). Die Kapellenwände beiderseits mit Inschriften und Symbolzeichen (Osirispfeiler und Isisblut) bedeckt, auf dem äußersten mit blauer Fayence ausgelegten, gut 5 m langen Schrein hinten innen die Himmelskuh; auf dem innersten in Hausform mit Tonnengewölbe und hochgezogenen Backenmauern steht die älteste Version des → Mythos von der Vernichtung der Menschen.
Rechts vom Eingang zu 4 ein Vegetations-Osiris und die Beisetzungsbukette, die sich vertrocknet, aber unversehrt wiederfanden.
Weiter östlich findet man 985, die vergoldete *Holzkapelle* mit den vier Schutzgöttinnen

Ägyptisches Museum

(455–458) an den Seiten, als Behälter für den prächtigen Kanopenschrein aus Alabaster (984) mit den vier erhaben gearbeiteten Schutzgöttinnen an den Ecken; die vier ausgehöhlten Eingeweidebehälter im Innern haben (heute getrennt aufgestellte) Deckel in Form von Köpfen (437–440) Tutanchamuns; wunderbare Arbeit, Brauen und Mund bemalt.
1581, zerlegbarer Pavillon aus vergoldetem Holz nach der Art eines Sonnenschirmes; über dem Gestänge war ein Tuch gebreitet.
Vor dem Eisengatter zu Raum 3 beiderseits unterlebensgroße Steinstatuen des Königs, l. 457, r. o. Nr.

Raum 4: Maske und *goldene Innensärge,* goldene Eingeweidesärge sowie Goldschmuck Tutanchamuns. Innerhalb der vier großen Schreine stand der Sandsteinsarkophag, der sich noch heute im Grabe Tutanchamuns befindet, zusammen mit dem nach innen folgenden äußersten vergoldeten Holzsarg in Mumienform. In diesen wiederum eingeschalt war zunächst der mumienförmige Sarkophag 222, Vitrine 26 (l.), ebenfalls aus vergoldetem Holz; das Blattgold ist an Gesicht und Händen verstärkt. Über Armen und Leib die geiergestaltigen Bilder der Schutzgöttinnen von Ober- und Unterägypten, die ihre Fittiche rings um den Mumienleib schlagen; Einlagen aus roten und blauen Pasten.

In diesen **Sarg** eingeschalt war schließlich der innerste, 219, aus *massivem Gold,* Vitrine 29 (r.). Sein Gewicht wird mit 225 kg angegeben, sein Goldwert auf 2 Millionen DM geschätzt. An der Stirn Geier und Schlange, die Abzeichen der Königswürde, aus Gold und Lapislazuli, mit Fayenceeinlagen, am Kinn der Götterbart, um den Hals zwei dicke »Tapferkeits«-Ketten. Die frei gearbeiteten Arme sind über der Brust gekreuzt, die Hände fassen Krummstab und Wedel, königliche Herrschaftszeichen. Unterhalb der Arme Geier- und Schlangengöttin mit ausgebreiteten Schwingen, golden, mit farbigen Steineinlagen, als Brustschmuck; Isis und Nephthys breiten ihre Flügel um den Mumienleib. Alle Darstellungen und Inschriften des Sarges sind feinstens ziseliert, die Einlagen aus Karneol (rot), Lapislazuli (blau), Glasfluß (kostbar), Malachit und Fayence (grün).
Innerhalb der insgesamt acht Schrein- bzw. Sarghüllen lag endlich die Mumie, deren Gesicht mit der **Maske** 220 (Vitrine 32, Mitte) bedeckt war. Sie ist aus schwerem Gold gefertigt und mit großen Halbedelsteinen ausgeschmückt und darf als ein besonders prächtiges Beispiel für das Kunsthandwerk gelten. Das Gesicht gibt die jugendlichen Züge des Königs eindrucksvoll wieder. Die Augen sind aus Lapislazuli und weißem und schwarzem Stein eingelegt, am Kopftuch ringeln sich Geier und Schlange hoch, auf der Brust liegt ein breiter Kragen, der in zwei ebenfalls mit Lapislazuli eingelegte Falkenköpfe ausgeht. Der hieroglyphische Text enthält ein Kapitel des Totenbuches, das sich auf die Mumienmaske bezieht.

In der Vitrine darunter (33) breiten sich die herrlichsten *Juwelen* aus. Fingerringe aus Gold und Stein, einige mit Skarabäen, andere mit den Namen des Königs oder religiösen Darstellungen; Gehänge, Armbänder aus Gold mit Einlagen, Brusttafeln, Amulette in Schneide-, Preßarbeit mit Einlage- oder Stegtechnik, Granulation wie Filigran. Besonders beachtenswert 225, goldener Dolch mit Jagdtieren im mykenischen Stil auf der Scheide; 226, eiserner Dolch, der Knauf aus Bergkristall (Geschenk aus Asien).
Vitrine 30: 312–16, Brustschmuck von der Mumie mit Geier, Falke und geflügelter Schlange, den Symboltieren von Ober- und Unterägypten. Weitere kunstvolle und reiche Halskragen, ähnlich Vitrine 31.
Vitrine 42: 86, Szepter aus Gold und blauem Glas.
Vitrine 42: 452 und 1184–1186, vier goldene Eingeweidesärge.
65, wunderbarer Skarabäus mit König, der von Atum und Harachte geführt wird.
224, goldener Seelenvogel mit dem Porträt des Königs, von der Mumie.
Vitrine 35, 317, Golddiadem des Königs mit Geier und Schlange.
258/9, Goldstreifen, die den Haarbeutel der Mumie auf dem Kopf festhielten.
223, goldenes Büchschen mit farbigen Einlagen in Form eines Königsringes.
Vitrine 37: 327, goldene Sandalen von den Füßen der Mumie.
328–331, Goldhülsen für Finger und Zehen der Mumie. – 334/5, Stirnreifen.
Vitrine 38: 96, hölzerne Totenfigur mit dem Porträt des Königs (entsprechend 181).

Vitrine 39: goldene Schmuckbänder, die über den Mumienbinden lagen.
Vitrine 41: 363–376, Ohrgehänge; außerdem Spiegel (377/378), Schreibgerät (380–382), Brusttafeln.
Vitrine 42: 403, 406, Szepter; 404, 405, Wedel.
732, 221, 521, am östlichen Ende der Nordgalerie drei königliche *Prunkbetten* aus vergoldetem Holz (Vitrine 69, 3 und 70) von ungewöhnlicher Größe und tadellos erhalten. Sie sind, stark stilisiert, ausgestaltet als Kuh, Nilpferd und Löwe, alle drei Helfer zur Wiedergeburt, und dienten zur Aufbahrung der königlichen Leiche.
An der Wand Stoffe und Lederwaren, wie Kopftücher, Gewänder und Sandalen.

Von der *Ostgalerie 15–45* seien nur die Hauptstücke hervorgehoben. *Denkmäler von erlesener Schönheit.*
Vitrine 68: 337–340, Handschuhe des Königs.
Vitrine 15: Stöcke von feinster Arbeit, mit Elfenbein- und Goldeinlagen.
187, ein mit Goldblech überzogener *Fächergriff*, in den die (heute fehlenden) Straußenfedern eingesteckt waren; die sehr feine Darstellung zeigt den König auf der Straußenjagd und (Rückseite) seine Heimkehr mit der Beute.
125, 186, bronzene und silberne Kriegstrompete, beide vergoldet.
Vitrine 7: 98, vergoldeter *Wagenkasten* aus Holz mit Darstellungen des Königs in Gestalt einer Sphinx, der die Feinde niedertrampelt, sowie von Gefangenen.
Vitrine 118: 183, zylindrischer Parfümkasten, dessen Füße die Köpfe von Gefangenen bilden, von zwei Asiaten und zwei Negern; auf dem Deckel ruht ein Löwe, an den Seiten zwei von Bêsköpfen bekrönte Säulen; um den Kasten läuft ein äußerst lebendiger Bildfries mit Löwen, die Stiere anfallen, und Hunden, die Antilopen und Gazellen jagen.
Vitrine 119: 11, Lotosbecher mit Glückwünschen für den König.
Vitrine 17: Stäbe und Szepter.
195, vergoldeter Stab mit der Figur des jugendlichen Königs.
Vitrine 7: 184, kelchförmige Palastlampe mit Henkeln in Form von Papyruspflanzen mit dem Gotte der Ewigkeit, der den Namen des Königs hochhält; das auf ein eingepaßtes inneres Gefäß aufgemalte Muster: Dem König werden von seiner Gemahlin die Palmrippen der Ewigkeit dargebracht – scheint bei brennender Lampe durch die äußere Alabasterwand hindurch; vierfüßiger Untersatz.
Vitrine 25: 983, Feldstuhl, zusammenklappbar, aus Ebenholz mit Elfenbeineinlage und Goldbeschlägen; der Sitz imitiert ein geflecktes Tierfell; die Füße enden in Entenköpfe.
Vitrinen 8, 9, 10 und 11: Wagenteile und Pferdegeschirr.
Vitrine 18: 14, hölzerner Schrein in Form eines Tempelchens, mit Goldblech überzogen, auf einem Schlitten. Szenen aus dem intimen Leben des königlichen Paares, noch ganz im Amarnastil. Rechts das Paar auf der Jagd in den Deltasümpfen; ein Löwe zur Seite des Königs, der seinen Pfeil auf die Vögel sendet, während die Königin ihm einen neuen zureicht.
Vitrine 19: 22, Kinderstuhl mit Antilopen an den Armlehnen,
23, zugehöriger Fußschemel, 24, Kindersessel.

Vitrine 20: 324, künstlerisch eins der bedeutendsten Stücke des Schatzes, eine *Wäschetruhe* aus Holz mit minuziöser Malerei. Deckel rechts: König jagt Wüstentiere, links: jagt Löwen. Auf dem Kasten rechts: Schlacht gegen die Asiaten, links: gegen die Neger. An den Schmalseiten: Der König als Sphinx tritt seine Feinde nieder. Beachte das Chaos unter den Feinden bzw. den jagenden Tieren gegenüber der Ordnung der königlichen Untergebenen, in der Mitte jeweils beherrschend der Pharao.

Vitrine 21: 1, **Thronsessel** mit der Darstellung des Königspaares unter der Amarna-Strahlensonne auf der Rückenlehne. Die Königin hat dem Schälchen in ihrer Linken einige Tropfen Parfüm entnommen, die sie dem lässig sitzenden Gemahl auf den Kragen tupft; dahinter Halskragen auf Ständer. Aufgelegtes Blattgold, mit Halbedelsteinen, Paste, Glasfluß und Silber eingelegt. Grazie und höchster Feinsinn. Seitenlehnen als Geierschutz-

Ägyptisches Museum

göttinnen gebildet. Zwischen den Beinen sind die goldnen Symbole der Vereinigung der beiden Länder herausgebrochen.
Vitrine 22: 3, Thronsessel aus Zedernholz, mit Goldbeschlag und Elfenbeinfüßen; auf der Rückenlehne Gott der Ewigkeit und Königsnamen.
Vitrine 27: 117–135, Stöcke und Bogen, von denen einige wundervoll mit Filigran-Mustern verziert sind (vgl. Vitrine 67 und 75).
123, z. T. granuliert, mit dem Namen des Königs und Jagdbildern.
Vitrine 75: 127, Bogen, dessen Enden in die Oberkörper eines gebundenen Asiaten bzw. Negers auslaufen.
132, Peitschenstock aus Elfenbein mit eingelegter Inschrift.
Vitrine 43: 407–411, Statuetten des Königs aus vergoldetem Holz.
Vitrine 44: 412–419, Götterfiguren aus vergoldetem Holz.
Vitrine 48: 396, Holzkasten in Form eines Königsringes; der Name des Königs auf dem Deckel.
397, Holzkasten mit Elfenbein- und Ebenholzeinlagen, wundervolle Arbeit.
Vitrine 23: 21, Wäschetruhe mit den Namen des Königspaares.
25, Sessel mit dem durchbrochenen Muster der Vereinigung von Ober- und Unterägypten.
Vitrine 24: 5, fünf Kästen aus Zedernholz mit Elfenbeineinlagen und Rändern aus Edelholz.

Vitrine 5 und 6, am Ausgang des Ostgalerie: 181 und 96, zwei lebensgroße Holzfiguren des Königs, die wie Wächter vor der Sargkammer standen; Goldauflagen.
An der Westwand, Vitrinen I, K und L: Totenfiguren, Uschebtis, die an Stelle des toten Königs im Jenseits den Dienst verrichten sollten. Ihre Geräte, Hacken und Tragtaschen, sind in den Wandschränken rechts davon zu sehen.
Die Wandschränke auf der Ostseite zeigen Stöcke, Waffen und kleine Utensilien.

Raum 52: Mumiensaal (zeitweise geschlossen). Sondereintritt.

Geschichte der Mumien

Seit 1959 sind die Mumien der königlichen Herrscher wieder im Museum von Kairo ausgestellt, nachdem sie aus Pietätsgründen schon einmal von dort in Magazinräume, später in das Mausoleum Saghlûls gebracht worden waren. Die Frage, ob man das Recht hat, die balsamierten Leiber der Pharaonen öffentlich zur Schau zu stellen, bedrängt jeden, der sich dessen bewußt ist, daß kein Mensch so gesehen sein will, um wieviel weniger dies hohe Geschlecht, das göttliches Ansehen genoß. Haben sich die Alten Ägypter mumifizieren lassen, so doch, um die Möglichkeit eines jenseitigen Lebens zu haben, wenn die unzerstörbaren Lebenskräfte mit dem Leib wieder vereint sein würden. »Du wirst wieder leben, du wirst ewig leben, du wirst von neuem jung werden ewiglich« und ähnlich lauteten die Begleitworte der Balsamierungsrituale, deren jede einzelne Phase in der Auferstehung des Osiris sein Vorbild hatte.
Nicht erst der Grabräuber Abd el-Rassûl aus Kurna hat gegen Ende des 19. Jh. die in der Cachette bei Dêr el-bahri versteckten Mumien ausgeplündert, ehe sie 1881 von der Altertümerverwaltung ins Museum überführt wurden; schon unter Ramses IX. um 1100 v. Chr. hören wir von den Prozessen gegen Gesinnungsgenossen, die unter Beihilfe der Nekropolenangestellten ihren traurigen Gelüsten gefrönt hatten. Die Priesterkönige um 1000 v. Chr. haben das Verdienst, die mißhandelten und ausgeraubten Königsmumien wiederhergestellt und wiederbestattet zu haben, von einem Versteck zum andern, bis sie, teils im Grab Amenophis' II., teils in einem großen Felsgrab bei Dêr el-bahri, der → Cachette, geborgen wurden. Bei ihrer Überführung von dort ins Museum erfuhren dann die großen Herrscher den schmählichsten Schimpf, der ihnen angetan werden konnte: Der Steuerbeamte im Hafen von Kairo belegte die »Ware« mangels einschlägiger Spezifizierung mit der Taxe für Trockenfische!

Außer durch anatomische, ethnologische oder medizinische Interessen mag der Besucher motiviert sein, die balsamierten Leiber zu sehen, durch den Wunsch, denen, die eine solch großartige Kultur geschaffen haben und auch unsere geistigen Ahnen sind, einmal ins Gesicht zu schauen. Denn bei all seinem Hüllencharakter ist der Leib Abdruck der seelisch-geistigen Vorgänge, und dieser Abdruck ist auch nach den Jahrtausenden, die seit dem Tod der Herrscher vergangen sind, und auch trotz der Verunstaltung durch die Bewahrungstechniken noch gut zu erkennen.
Die hier im Museum beisammenliegen, sind auf einmal nicht nur historische Persönlichkeiten, die Tempel gebaut und Edikte erlassen haben, durch nicht nur große Herrscher, deren Kunstwerke unsere Zeitschriften bebildern, sie sind nun auch Menschen mit ihrer Not, die an Blattern oder Zahnabszeß gestorben sind oder sich um ihre Glatze gesorgt haben. Aus ihrer zeitlichen und aristokratischen Ferne rücken sie in die Nähe der Mitmenschlichkeit.
Die wir die Pharaonen von ihren Statuen und Reliefs her kennen, mögen überrascht sein, daß sie Gesichter hatten mit allen Spielarten der Natur. Aber gerade dadurch wird umgekehrt erneut bewußt, was die ägyptische Kunst geleistet hat. Mag durch die Mumien noch so viel Hoheit und Adel der Lebenden hindurchschimmern, mögen wir auch noch so viel Ähnlichkeit zwischen den Lebenden und ihren künstlerischen Abbildern erkennen, die Kunst hat ihr Vorbild in einer nie geschauten Weise verklärt und vertieft. So machen die Mumien als Wirklichkeitshintergrund auch Wollen und Vermögen der Kunst erst voll verständlich. Mumifizierungstechnik S. 113.
Die Mumien sind in Raum 52 in zeitlicher Folge aufgebahrt, zuerst die Pharaonen, dann weibliche Familienmitglieder, aus der Zeit der 17. bis 21. Dyn. Ihre Röntgung war aufschlußreich, die Röntgenbilder hängen an den Wänden.

Königsmumien

Sekenenrê, einer der Hyksosvertreiber am Ende der 17. Dyn., flüchtig mumifiziert in aller Eile. Die Leiche ist nicht ausgestreckt, sondern in der Haltung der Agonie (schmerzverzerrte Lippen, verkrampfte Hände, angezogene Beine, schräg aufsitzender Kopf). Der Tod erfolgte gewaltsam, wohl auf dem Schlachtfeld. Durch eine schwere Wunde an der rechten Schläfe, die er im Streitwagen stehend durch die syrische Streitaxt erhielt, ist der König gefallen; die übrigen vier Wunden erhielt er liegend, vielleicht schon bewußtlos. Sie verlaufen alle horizontal und sind durch Axt, die über dem Nasenbein durch Knüppel (Axtstiel?) erfolgt, mindestens durch zwei, wahrscheinlich durch mehrere bewaffnete Feinde. – Älteste Königsmumie des Museums, in Dêr el-bahri gefunden, 1,70 m groß, um 40 Jahre alt, tadelloses Gebiß, blutverklebte Haare.

Ahmose, erster Herrscher der 18. Dyn., war über der Originalhülle in der 21. Dyn. in neue Mumienbinden gewickelt, Arme zur Seite gelegt. Grabräuber beschädigten die Hände, rissen den Kopf ab und drückten die Nase ein. 1,64 m groß, wie andere Familienmitglieder kleines Gesicht, vorstehender Oberkiefer, Schädelform beloïd, Haare dunkelbraun, wellig und reich. Körperoberfläche ganz und gar mit steinharter schwarzer Paste bedeckt, neue Mumifizierungspraxis, erstmalig Herausnehmen des Gehirns. Zähne vollständig; unüblicherweise nicht beschnitten, weil krank (?, Bluter?). Etwa 40 Jahre (mindestens 22 Jahre regiert).

Amenophis I., 18. Dyn., noch vollkommen eingehüllt und inmitten von Blumengirlanden gebettet; unter der Hülle Perlen-Hüftgürtel. Zweimal nach Bestattung neu gewickelt, orangefarbener Stoff, Holzmaske und bemalter Karton; Girlanden von roten, blauen und braunen Blumen, unter denen Delphinium orientale, Sesbania aegyptica, carmanthus tinctorius und die Nilakazie zu identifizieren sind; eine Wespe, von den Balsamierungsdüften angelockt, wurde mitmumifiziert und ist ganz erhalten. 1,65 m groß.

Thuthmosis I., 18. Dyn. Identifikation mit dem Herrscher unwahrscheinlich, obwohl durch Technik und Familienähnlichkeit nahegelegt. Leichnam wohl beim Umbetten verwechselt. Mumie tadellos erhalten, ebenso der Stoff. Hände über die Genitalien gelegt. 1,55 m groß. Ovales Gesicht, graziler Schädel, zurücktretendes Kinn, schwach gebaut. Kopf völlig kahl

Ägyptisches Museum

bis auf Augenwimpern. Nach Knochenbefund unter 18 Jahre alt, eine Feststellung, die mit den historischen Daten nicht übereinstimmt.

Thuthmosis II., 18. Dyn., stark verwüstet durch frühe Grabräuber. Arme über der Brust gekreuzt. Ovale Schädelform, liebenswürdiges Antlitz, nicht über 30 Jahre alt. Schwach gebaut oder durch lange Hungerperiode vor seinem Tod abgezehrt. Kahlkopf vielleicht durch Mumifikation, hinten dunkelbraune, wellige Haare, wohl künstlich gelockt. Stirn voll, Nasenwurzel breit, Nasenrücken stark hervortretend. Typischer Breitschädel der Königsmumien. Finger- und Fußnägel sorgfältig geschnitten und gereinigt. 1,68 m groß.

Thuthmosis III., 18. Dyn., schwerstens durch Grabräuber beschädigt (in drei Stücke zerrissen) außer im Gesicht. Arme wie bei Thuthmosis II., Balsamierungsschnitt von ihm ab (bis zur Reaktion in der 21. Dyn.) nicht mehr wie bisher von der linken Hüfte an aufwärts gegen die Rippen, sondern schräg abwärts gegen das Schambein. 1,62 m groß, Schädel breit, Mumie trotz hohen Lebensalters jugendlich. Gesicht schmal-oval, Nase vortretend, aber nicht breit, Mund leicht geöffnet, Stirn erstaunlich niedrig, Ohren zierlich, außer den Augenbrauen nur wenige, ganz kurze weiße Haare hinter dem linken Ohr, wohl kahlköpfig gewesen. Alles, was die Grabräuber übrigließen, waren zwei feine Perlenketten aus Gold und Halbedelsteinen und ein breites Metallarmband am rechten Arm.

Amenophis II. (Athletenkönig), 18. Dyn., aus seinem Grab in Bibân el-Molûk, 1,67 m groß, kräftig gebaut, welliges braunes Haar, zwischen 40 und 50 Jahre alt bei seinem Tod. Gesichtszüge bestimmt und kräftig, Gebiß gut. Arme gekreuzt. Haut überdeckt mit Knötchen unklarer Herkunft.

Thuthmosis IV., 18. Dyn., 1,65 m groß, Arme über der Brust gekreuzt, ovales feminines Gesicht, Adlernase, dünne Lippen, beloïder Schädel, Läppchen der feinen Ohren durchbohrt; welliges, dunkel rötlich-braunes Haar. Augenbrauen bis zur Nasenbrücke auslaufend. Alter gegen 30 Jahre. Ganz große Ähnlichkeit mit seinem Vater Amenophis II., doch ist dieser männlicher und älter.

Amenophis III., 18. Dyn., im Grab Amenophis' II. gefunden, und zwar im Sargkasten Ramses' III. mit dem Deckel, der ursprünglich für einen Privatmann hergestellt war, danach für Sethos II. und schließlich für Amenophis II. umgearbeitet wurde. Auf der Mumie lagen Girlanden; vollständige Wicklung mit sechs Querbindungen, aber aus späterer Zeit, nachdem Grabräuber die Mumie geschändet hatten. Fast völlig kahl, Vorderzähne fehlen; in seinen letzten Lebensjahren hat der König an heftigem Zahnschmerz und Zahnabszessen gelitten; schwere Mundkrankheit. Alter zwischen 40 und 50 Jahren nicht genauer bestimmbar. Kräftiger, ellipsoider Schädel, 1,56 m groß, Arme gekreuzt.

Semenchkarê, 18. Dyn., nicht sicher ausgewiesen, aber nicht Amenophis IV., wie lange vermutet. In einem unvollendeten Felsgrab in Bibân el-Molûk gefunden, zusammen mit Gegenständen aus dem Grabschatz der Königin Teje, im Goldsarg für Amenophis IV., dessen Kartuschen herausgeschnitten waren. Semenchkarê, der in Theben überraschend ums Leben kam, dürfte in dieser Weise notdürftig bestattet worden sein; die Mumifizierung war flüchtig, so daß nur noch das Skelett übrigblieb. 25–26 Jahre. Typischer »Amarna-Schädel«. 1,65 m groß.

Sethos I., 19. Dyn. Obwohl durch Grabräuber geschändet (Kopf abgerissen und Bauchwand eingedrückt, gefunden in der Cachette bei Dêr el-bahri), ist diese Mumie gut erhalten und vermittelt ein Bild königlicher Würde. Arme über der Brust gekreuzt, 1,67 m groß. Ellipsoides Gesicht, Augenlider geschlossen, keine Haare. Sethos I. und seine Nachfolger unterschieden sich rassisch deutlich von ihren Vorgängern. Sind jene typisch (ober-)ägyptisch, so haben diese mediterrane Züge in Gesicht und Schädelform (vgl. bei Ramses II.). Diese besterhaltene Mumie vermittelt noch den Eindruck eines »vollendet schönen Mannes« mit feingeschnittenem Gesicht, langer, etwas aquiliner Nase und »fast europäischem Kopf«. Am linken Oberarm Augenamulett.

Ramses II., 19. Dyn., 1.73 m groß, greisenhaft fragile Knochen und atrophierte Muskeln. Weitere Angaben unten.

Die Leichengeschichte dieses großen Pharao ist besonders bewegt, die Kenntnis der Mumie unübertroffen. Nach dreimaliger Umbettung im Altertum und der Überführung aus der Cachette bei Dêr el-bahri ins Museum (1881) wurde der Sarkophag 1885 geöffnet, danach die Mumie in einem Eichenholzsarg (aus Platzgründen) senkrecht (!) aufgestellt, bis nach 100jährigem Museumsaufenthalt bemerkt wurde, daß der Leichnam Spalten und Risse bekommen hatte und von Schimmelpilzen befallen war.

1977/78 wurde er deshalb nach Paris geflogen, dort konserviert, restauriert und strahlensterilisiert. Die festgestellten 89 Schimmelpilzarten stammten aus den letzten 100 Jahren, nicht der Zeit Ramses' II. Was 3000 Jahre Wüstenschlaf nicht vermocht hatten, tat die mikrobengeschwängerte feuchte Museumsluft.

Die 200 nach drei verschiedenen Verfahren aufgenommenen Röntgenbilder bestätigten, daß Ramses II. 90jährig verstorben ist, an generalisierter Spondylarthrose gelitten hat, seine sämtlichen Rückenwirbel miteinander verwachsen waren, so daß er sich zweifellos nur noch in kleinen Schritten hat fortbewegen können. Den Kopf hatte er nach rechts gesenkt gehalten, erst bei der Balsamierung wurde er zurechtgebogen. Er war außerdem an (fortgeschrittener) Arteriosklerose erkrankt und muß daher im hohen Alter geistig reduziert gewesen sein. Das Herz befand sich noch im Thorax, wurde bei der Mumifizierung lediglich nach oben gedrückt. Dagegen war das Hirn entfernt, der Schädel dafür mit Wachs ausgefüllt. Die Kieferuntersuchung ergab, daß der König an sehr schlechten Zähnen und an einem großen, eiternden, in das Knochengewebe eingefressenen Abszeß am Unterkiefer gelitten hat und an ihm vielleicht sogar gestorben ist.

Das seidige, nach dem Tod noch etwas gewachsene Haupthaar war gelockt (Scheitel kahl), rotblond, beim Balsamieren mit Henna gelb gefärbt. Es ist das typische Haar der weißen Mittelmeerrasse (heute Berber und Tuareg in Nordafrika), welcher Befund auch durch den allgemeinen Körperbau bestätigt wird. Dieser Rassentyp, dem auch des Königs Vater Sethos I. angehörte, war in Unterägypten offenbar nicht selten.

Die Analyse der Mumifizierungsingredienzien erwies, daß vor allem Kamillenöl verwendet wurde, dazu (wohl aus dem südlichen Afrika importierte) Tabakpflanzen, die vermutlich als Insektizide bekannt waren. Die mit Harz getränkten, unerhört feinen Leinenbinden der Mumienbandage bestanden aus gekreuzten blauen und gelben Fäden.

Die insgesamt 9 Stunden mit Kobalt 60 bestrahlte Mumie (Strahlungsdosis 1,8 Megarad) wurde in seinen ebenfalls sterilisierten Originalsarkophag auf einer Akrylglasstruktur gebettet, so daß die Mumie optimal betrachtet werden kann. Sie ist jetzt bis auf den Kopf, die über der

Ägyptisches Museum

Brust gekreuzten Arme und die Füße mit ägyptischem Königsleinen der Ramessidenzeit bedeckt. An der rechten Augenbraue noch Spuren schwarzer Bemalung, Haut beim Balsamieren (nach der Sitte der Zeit) gelblich getönt, früher braun. Fingernägel sorgfältig gepflegt. Mit Hilfe von stereometrischen Aufnahmen, die photogrammetrisch ausgemessen und computergespeichert wurden, ist der Kopf des Pharao in allen Einzelheiten nachgebildet worden, das übrige corpus soll entsprechend repliziert werden.

Merenptah, 19. Dyn., ebenfalls aus dem Grabe Amenophis' II. stammend. Der Fund dieser Mumie ist um so wichtiger, als Merenptah wahrscheinlich der Pharao des Exodus ist, der nach biblischer Überlieferung im Roten Meer umgekommen sein soll. Ähnlichkeit zu seinen beiden Vorgängern sehr groß. 1,71 m groß, fast kahl, alter Mann, im Alter etwas korpulent. Bestens mumifiziert, kaum verzogen und verfärbt (außer am Kinn) wie noch die Mumien der 18. Dyn.; alle Eingeweide entfernt bis auf das Herz, wie es erst in der 21. Dyn. üblich wird. Arme gekreuzt. Typ noch ausgeprägter fremdländisch als bei beiden Vorgängern. Wie sein Vater Ramses II. schwere Zahnkrankheiten.

Sethos II., 19. Dyn., aus dem Grabe Amenophis' II., jung bis mittleren Alters, 1,64 m groß wie sein Nachfolger und wie er ohne die Bestimmtheit, die Sethos I., Ramses II. und Merenptah prägen. Sorgfältigst mumifiziert, mit 26 Binden gewickelt, mehrere Hemden, feinste Stoffe; durch Räuberhand beträchtlich geschändet, aber noch restliche Amulettschnüre erhalten. Arme gekreuzt, der rechte Unterarm fehlt.

Siptah, 19. Dyn., wiederum im Grabe Amenophis' II. gefunden. Junger Mann, 1,64 m groß, mit dichtem rotbraunem Lockenhaar. Linkes Bein ist verkürzt, so daß der König auf den Zehen gehen mußte; Röntgung macht eine Kinderlähmung (Poliomyelitis) ebenso wahrscheinlich wie einen angeborenen Klumpfuß. Mumifikationswunde ist zugenäht, wie schon gelegentlich in der 18. Dyn., aber von jetzt an bis zu Ramses IV. Brauch.

Ramses III., 20. Dyn., aus dem Versteck von Dêr el-bahri stammend. Körper muskulös, z. Z. seines Todes fettleibig, etwa 65 Jahre alt, 1,68 m groß. Kräftiger Kopf, Stirn groß, Scheitel hoch. Gesicht entstellt durch die langen, schrägen, abwärts gerichteten Schnitte, die wahrscheinlich bei der Balsamierung den Mund verlängern sollten. Arme gekreuzt, aber Hände ausgestreckt wie von jetzt an durch die 20. Dyn. hindurch. Als Neuerung betrachtet werden darf auch die künstliche Ergänzung des Gesichtes: Augen (bei anderen auch Augenbrauen) sind durch Stoff (Stein oder andere Materialien) eingesetzt, Ohren durchbohrt. König wurde ermordet.

Ramses IV., 20. Dyn., aus dem Grab Amenophis' II., 1,60 m groß, fast kahl, mindestens 50 Jahre alt, wahrscheinlich mehr. Loch am Hinterkopf wie bei anderen Mumien aus Dêr el-bahri in seiner Bedeutung nicht geklärt. Arme gekreuzt. Die Löcher vorn am Hals durch ein Insekt verursacht.

Ramses V., 20. Dyn., im Grab Amenophis' II. gefunden, 1,73 m groß, jünger als sein Vorgänger, ausgezeichnet erhalten. Gesicht mit erdig roter Farbe bemalt, Oberlippe und Kinn mit dunkelbraunem Haar leicht bedeckt. Gesicht und Körper voll Bläschen, die auf Blattern schließen lassen. Das Loch auf dem Schädel dieses Herrschers (anders als bei Ramses IV.) scheint auf eine tödliche Verletzung hinzuweisen. Seine Arme sind gekreuzt.

Ramses VI., 20. Dyn., aus dem Grabe Amenophis' II., war von den Grabräubern so grausam zerhackt, daß die Bruchstücke der Mumie nur mit Hilfe eines Brettes (im Altertum) wieder mumienförmig zusammengebunden werden konnten. Dennoch ist die Kreuzhaltung der Arme gesichert. 1,71 m groß, in mittlerem Alter (zwischen Ramses IV. und V.).

Ramses IX. oder XI., nicht genau identifiziert.

Es folgen die *weiblichen Mumien*.

Nofretiri (?), Gemahlin Ahmoses (oder Zeitgenossin), stark zerfallen, aus der Cachette geborgen. Nach Art der 18. Dyn. Arme seitlich angelegt, 1,61 m groß. Die Königin war z. Z. ihres Todes ziemlich kahl; so wurden 20 Schnürchen aus Menschenhaar über ihren Kopf gespannt, daran und an die eigenen kümmerlichen Haarreste zahlreiche dünne Zöpfchen geknüpft, die bis zu den Schlüsselbeinen 30 cm lang herunterhängen, ähnlich wie die Haare heutiger Nubierinnen. Oberkiefer vorstehend. Greisin.

Sitkamose, Tochter König Ahmoses (17. Dyn.), arg verwüstet durch Grabräuber. Sitkamose war eine stark gebaute, männliche Frau von 1,62 m Größe. Arme ausgestreckt, Hände leicht übereinandergelegt. Gesicht ungewöhnlich kräftig. Kaum über 30 Jahre alt. Stellenweise von Mäusen angefressen.

Meritamun, Gemahlin Amenophis' II. in ihrem Grab in Dêr el-bahri gefunden; innerhalb von mehreren Särgen bestattet, mit Schmuck, Herzskarabäus und Beigaben. Meritamun war zweimal durch Grabräuber geplündert und wurde zweimal wiederbestattet. Bei ihrem Tode etwa 50 Jahre alt, zart; wohlgeformter Kopf, kluges Aussehen, welliges braunes Haar, aufgefüllt mit künstlichen Zöpfen, 1,55 m groß.

Nedjmet, Gemahlin Herihors, ist interessantes und frühestes Beispiel der Balsamierungspraxis der 21. Dyn. – Unter Herihor sind die Herrscher der drei vorangegangenen Dynastien pietätvoll neu bestattet worden, und der Anblick der geschrumpften Mumien mag angetrieben haben zu jener Technik, die die Fülle des Leibes und die Züge des Lebens zu erhalten trachtete. Die Körper wurden rot oder gelb bemalt, Glasaugen eingesetzt, die Backen ausgestopft mit Stoff oder Sandkissen, die Eingeweide nicht mehr wie bisher getrennt beigesetzt, sondern in den Leib zurückgelegt. – Bei Nedjmet Übergangsform. Künstliche Perücke von braunem Haar über eigenen grauen Locken, Haare an Stelle der Augenbrauen aufgelegt. Erstmals künstliche Augen aus weißem und schwarzem Stein, wie sie in Statuen seit über 1500 Jahren eingesetzt waren, Backen mit Sand ausgestopft, wodurch die Königin puppenhaft wirkt. Arme seitlich ausgestreckt, Perlenbänder an beiden Handgelenken. Herzskarabäus und Horussöhne auf der Brust. 1,55 m groß.

Ma'atkarê, Tochter des Psusennes (?, 21. Dyn.), Gottesgemahlin, in deren Sarg die Leiche eines Pavianweibchens, wohl ihres Lieblingstieres, am Fußende liegt.
Die Mumie der Königstochter Ma'atkarê ist 1,52 m groß, höchst sorgfältig mumifiziert, unter die Haut des jungen Körpers sind Sand und Stoffe geschoben, um die Form des lebenden Körpers zu bewahren. Von Grabräubern furchtbar zerstört. Stoffe aus edelstem, vorher unbekanntem Material. Steinaugen, Gesicht bemalt, Haar dunkelbraun mit einigen grauen meliert, in losen Wellen von einem Mittelscheitel perückenartig frisiert. An jedem Daumen zwei Goldringe und ein Silberring. Deutliche Spuren vom Fixieren der Fingernägel, damit sie sich während des Laugenbades nicht hätten ablösen können.

Henut-taui, Gemahlin Pinodjems I., Balsamierungswunde mit wunderbarem Goldblatt bedeckt, beschriftet und mit den vier Horussöhnen bebildert. Balsamierungstechnik wie bei Ma'atkarê. Perücke aus schwarzen Strähnen 35 cm lang. Plumper Körper einer jungen Frau, 1,52 m groß, Steinaugen, Gesicht bemalt, Lippen rot.

Isis-em-chebet, Gemahlin Mencheperrês (21. Dyn.), 1,59 m. Da die Mumie in jeder Weise noch vollkommen erhalten war in ihrer Wicklung, blieb sie (außer durch Röntgung) ununtersucht.

Es ist damit zu rechnen, daß auch die Mumie der Königin *Teje*, Gemahlin Alenophis' III. und Mutter Echnatons, 18. Dyn., ausgestellt wird. Durch Vergleich einer Haarlocke von ihr, die ihrem Enkel Tutanchamun ins Grab gegeben wurde, mit dem Kopfhaar ihrer Mumie konnte elektronenspektralanalytisch die Identität ihrer Person einwandfrei erwiesen werden.
Zur Mumifizierungstechnik s. S. 113.

Andere Museen (von A–Z)

Abdîn-Palast-Museum (5 E)* → Paläste (S. 431)

Eisenbahnmuseum (2 E)

Hauptbahnhofsgebäude. – Öffnungszeit: täglich 9–16 Uhr, außer freitags und an offiziellen Feiertagen.
Das Museum, 1933 eingerichtet, bietet einen Überblick über die Entwicklung der Eisenbahn und des modernen Verkehrs in Ägypten, illustriert durch Modelle wie das der ersten ägyptischen Eisenbahn, Photos, Anschlagzettel. In dem Annex im Freien alte Lokomotiven, darunter die Speziallokomotive des Chedîven Sa'îd Pascha, die dieser selber steuerte.

Entomologisches und ornithologisches Museum (3 D)

14. Sh. Ramsîs. – Öffnungszeit: täglich 9–13 Uhr, außer sonntags und an offiziellen Feiertagen. Eintritt frei. Anmeldung im Sekretariat der Entomologischen Gesellschaft.
Erdgeschoß: Sammlung der Insekten des Landes. 1. Stockwerk: Sammlung der Vögel Ägyptens und der Zugvögel, der Käfer, speziell des Mistkäfers (→ Skarabäus), der Seidenraupen u. a.

Ethnographisches Museum der Ägyptischen Geographischen Gesellschaft (5 D)

Sh. Ḳasr el-Aini. – Öffnungszeit: 9–13 Uhr, außer freitags und an offiziellen Feiertagen.

Von König Fu'âd gegründet, bietet das Museum in 4 Sälen eine Sammlung ägyptischer und afrikanischer Volkskunst: Gegenstände des täglichen Gebrauchs, Ackergeräte, Handwerkszeug, Waffen; Möbel, Schlösser, Schlüssel, einen Tragsessel; Puppen, Spiele, Musikinstrumente; Münzen, Amulette, Schmuck, Toilettengeräte, Objekte, die teils von uralten Formen zehren. Eine Vitrine mit einheimischen Hölzern; ein kleiner Saal mit Diorama der Fahrt durch den Sueskanal und mit Reliefkarte des Kanals; im 1. Stock Reliefkarten des Niltals.

Gayer-Anderson-Museum (Bêt el-Kreatlia – 7 E) → 4. Gang (S. 413)

neben der Ibn-Tulûn-Moschee. – Öffnungszeit: täglich 9–16 Uhr, freitags 13.30–16 Uhr.

Geologisches Museum (5 D)

13–15 Sh. el-Schêch-Rihân, südlich vom Tahrîr-Platz. – Öffnungszeit: täglich 9–13 Uhr, außer freitags und an offiziellen Feiertagen. Eintritt frei.
An den Wänden der Halle und der Treppe Reliefkarten der verschiedenen Landschaften Ägyptens. *Erdgeschoß:* Ägyptische Fossilien, Meteoriten, Gesteins- und Bodenproben, Silexwerkzeuge. *Oberes Stockwerk:* Stein- und Sandproben, die der Mensch verwertete, mit antiken Arbeitsproben. Versteinerte Knochen prähistorischer Tiere und danach gearbeitete Modelle. Eine reichhaltige mineralogische Sammlung. Abdrücke und Muscheln aus verschiedenen geologischen Schichten Ägyptens. Silexarten und altsteinzeitliche Werkzeuge. Rohmaterialien antiker Juwelen und solcher, aus denen früher Farbstoffe gewonnen wurden. – Besonders für Fachleute zu empfehlen.

---

* Ziffer und Buchstabe beziehen sich auf das Planquadrat des Stadtplans von Kairo.

Gesîra-Museum (5 B) oder Museum der Schönen Künste

Gesîra, Eingang gegenüber dem Muchtâr-Museum. – Öffnungszeit: donnerstags 11–12 Uhr.
Das Museum zeigt Sammlungen von Glas, Keramik und seltenen Orientteppichen, außerdem Gemälde europäisch-amerikanischer Maler und einige ägyptische Werke. – Im 2. Stock → Museum der ägyptischen Zivilisation.

Landwirtschaftsmuseum (4 A)

el-Dokki. – Öffnungszeit: 1. Mai bis 31. Oktober täglich 9–14 Uhr; 1. November bis 30. April 9–16 Uhr, außer an offiziellen Feiertagen.
Das Museum wurde 1938 eröffnet, seine 3 modernen Gebäude stehen angenehm in einem Park. Der Pavillon rechts vom Eingang gibt einen Überblick über die Geschichte der Landwirtschaft in Ägypten von der vorgeschichtlichen bis zur heutigen Zeit. Die Sammlungen sind in eine pharaonische und eine sudanesische gegliedert. Graphiken, Statistiken und Modelle zu Bewässerung, Bodenamelioration, Baumwoll- und Zuckerrohranbau ergänzen die Schaustücke. Zwei andere Gebäude im Garten unterrichten über die landwirtschaftliche Zoologie und Botanik. Beachtenswert die hübsche Sammlung von Pflugmodellen aus aller Welt.
Der große Bau im Hof stellt im Erdgeschoß Trachten, Volksleben, ländliche und handwerkliche Tätigkeiten vor Augen; im 1. Stock werden Haus-, Nutz- und wilde Tiere gezeigt. Die wirtschaftliche Bedeutung der Viehhaltung ist veranschaulicht durch Molkerei, Fischerei, Taubenhäuser, Pferdezucht, Hühnerrassen. Die lebensgroßen Puppen der Szenen (darunter Dorfleben, Brautzug, Markt, Nil-Café) sind sehr ansprechend. – Dem Museum ist eine gute Bibliothek angeschlossen.

el-Manial-Palast-Museum (7 C) → Paläste (S. 431 f.)

Insel Rôda. – Öffnungszeit: täglich 9–14 Uhr.

Militärmuseum (6 G)

Auf der Zitadelle. – Öffnungszeit: täglich 9–15 Uhr, außer freitags und an offiziellen Feiertagen.
Das Museum gibt in 12 Abteilungen einen Überblick über das Militärwesen in Ägypten von der altägyptischen bis zur modernen Zeit. Dabei werden die Befestigungsanlagen, Uniformen und Waffen besonders berücksichtigt, eine Abteilung ist der Militärwissenschaft gewidmet.

Muchtâr-Museum (5 B)

Gesîra, bei der Galâ'-Brücke. Kleines Gebäude im Garten et-Tahrîr. Öffnungszeiten: 9–16 Uhr, freitags 9–12 Uhr.
Hier sind Arbeiten und Erinnerungsgegenstände des bekanntesten ägyptischen Bildhauers Mahmûd Muchtâr (1891–1934) ausgestellt: Werkzeug, Skizzen, Totenmaske. Der Künstler wählte mit Vorliebe Themen aus dem Lebensbereich der Fellahen, daneben Büsten und Statuen berühmter Ägypter. Die Statue Saghlûls auf dem Gesîra-Platz vor der Kasr en-Nîl-Brücke ist ein viel beachtetes Werk Muchtârs.

Museum für Islamische Kunst und Arabische Bibliothek (5 F)
Midân Ahmed Maher. – Öffnungszeit: täglich 9–13 Uhr, freitags geschlossen.

Das Museum für Islamische Kunst am Rande der Fatimidenstadt ist neben dem Ägyptischen Museum im heutigen Zentrum Kairos und dem Koptischen Museum in Alt-Kairo nicht nur eine der drei großen Sammlungen der Stadt, es ist in seiner Art auch weltweit nicht übertroffen. Es nahm seinen Anfang mit diversen Funden aus verschiedenen Ruinen, wurde durch Stiftungen erweitert, bis es durch Grabungen des Museums selbst, vor allem in Fustât, zu dem heutigen Bestand von 70 000 Stücken anschwoll.

1880 gegründet, zunächst in Nebengebäuden der el-Hâkim-Moschee untergebracht, wurde es 1903 in dem heutigen Gebäude der Staatsbibliothek (1887 errichtet) als »Museum der Arabischen Kunst« eingeweiht und 1952 in »Museum für Islamische Kunst« umbenannt. Es enthält Gegenstände vom 7.–19. Jh. aus der gesamten islamischen Welt: 10 000 kostbare Holzschnitzereien, 50 000 Keramiken, emaillierte und bemalte Glaswaren, Textilien, Metallarbeiten, Erzeugnisse der Buchkunst und neuerdings auch eine ansehnliche Teppichsammlung.

Was das an abendländischer Kunst geübte Auge vermissen wird, sind Plastiken, Tafelmalerei und weitgehend Bildreliefs. Er findet (infolge des Bilderverbots des Korans) figürlichen Schmuck mehr versteckt, kleinformatig und randständig, dagegen in überquellender Fülle und in jeder Spielart eine höchst entwickelte Ornamentkunst und anspruchsvolles Kunstgewerbe. Abstrakten Linienreiz anstelle von sinnenhaftiger Körperlichkeit.

Diese die islamische Architektur ergänzende, zum guten Teil aus Kairoer Bauten stammende glanzvolle Repräsentation der islamischen Kunst ist in 23 Sälen, nach Herkunft oder Objektgattung geordnet und innerhalb der Säle chronologisch, dargeboten, die Hinterlassenschaften ausschließlich von Ägypten in Saal 2–5.

Vestibül: An den Wänden chronologische Tafeln der islamischen Dynastien in Ägypten.

Saal 1: Neuerwerbungen mit wechselnden Ausstellungen. Zum festen Bestand gehören 3 Fronten von Holzschränken mit geometrisch gemusterten Paneelen, Elfenbein- und Ebenholzintarsien. – Der Messingleuchter an der Decke mit Namen Sultân en-Nâsir Hasan Ibn Mohammed Ibn Ḳla'ûn, der 1347 den ägyptischen Thron bestieg; oktogonal und mit durchbrochenem Sternmuster. – Schmuckseite eines Korans (Pergament), 1506.

Saal 2: Omajadenzeit. Ihre Kunst ist zugleich der altorientalischen wie der hellenistischen verpflichtet und steht unter dem Einfluß sassanidischer Motive. So erklären sich florale und animalische Elemente oder der bevorzugte Lebensbaum zwischen heraldisch gegengleichen Tieren. In den Koranschriften reichliche Verwendung von Gold, in der Fayence grün-braune Bemalung auf Weiß bevorzugt; die ägyptische Kunst der Zeit noch stark koptisch geprägt bzw. von koptischen Kunsthandwerkern hergestellt.

Fußboden aus polychromem Marmormosaik (17./18. Jh.) – Sassanidische Bronzekanne mit geometrischem und Blütenornament, Ausguß in Form eines krähenden Hahnes (8. Jh.),

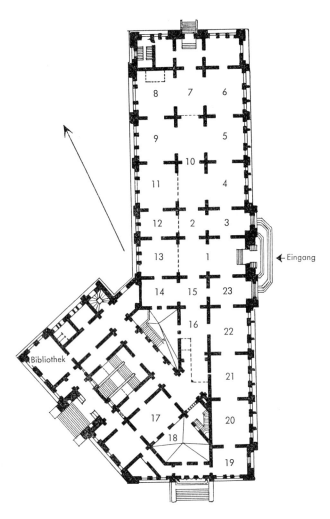

Museum für Islamische Kunst und Arabische Bibliothek

Museum für Islamische Kunst 377

gefunden im unterägyptischen Abusîr, wo der letzte omaijadische Kalif Marwan II. 750 getötet wurde. – Öllampen, Glas- und Beinarbeiten, Holzfriese mit Blütenranken, Nr. 15 468 mit Blumenkorbmotiv an Mosaikmuster im Felsendom erinnernd.

Saal 3: Abbasiden- (750–867) *und Tulunidenzeit* (868–905). Dekor abstrakter und stilisierter; Vorherrschaft persischen Stiles durch türkische Beimischung gebrochen, direkte Übernahme mesopotamischer Errungenschaften (Samarra), Aufkommen der (im 9. Jh. in Mesopotamien erfundenen [irisierenden]) Lüsterfayence (Metallgeschirr war verboten) und der (sassanidischen) Seidenweberei.

An den Wänden: Stuck- und Holzplatten, bemalt bzw. in Schrägschnittechnik, deutlich erkennbare Beziehung zu Mesopotamien. – In den Vitrinen: spätsassanidische Metallarbeiten (8./9. Jh.) – Keramik mit kobaltblauer und grüner Dekoration (9./10. Jh.), persische Imitation chinesischer Keramik. – Keramik mit Lüsterglasur. Unter dem Fenster: Textilfragmente aus Wolle und Leinen. Durchgang zu Saal 4: Gegenstände aus Bergkristall.

Saal 4: Fatimidenzeit (969–1171). Vorherrschen von figürlichen Motiven, in der Holzschnitzerei, Malerei, der (verfeinerten) Lüsterkeramik, Elfenbeinschnitzerei und Weberei. Höfisches Repertoire. – Die Kufischrift der Koranhandschriften wird zierlicher; erste Kalligraphien und Arabesken.

L. vom Eingang: Wandmalerei eines Bades von Fustât: sitzende Person mit Turban und Trinkbecher (11. Jh.). Aus gleicher Zeit und vom gleichen Ort Holzfriese, ursprünglich im Fatimidenpalast, dann wiederverwendet im Hospital des Ḳala'ûn, mit Jagd- und Tanzszenen, auch mit auf Kamelen reitenden Frauen; von den ehemaligen Bemalungen letzte Spuren erkennbar.
In den Vitrinen: Fatimidische Metallarbeiten (10.–12. Jh.), u. a. Aquamanile (Handwaschgefäß) in Gestalt eines Löwen. – Lüsterfayencen, Elfenbein-, Stein- und Holztäfelchen sehr feiner Arbeit, mit Vögeln, Musikanten, Arabesken mit Pferdeprotomen, Miniaturmihrab mit Kufischrift, Glasarbeiten, Textilien. Im Durchgang zu Saal 5: Moscheenfenster aus durchbrochenem Stuck und Glas, mit Tieren, Blumen, Zypressen, Häusern.
Aijubidenzeit (1171–1250): Polygonaler Springbrunnen. – Wandvitrine mit Schmuck in Granulations- und Filigranarbeit; Seidenstoff-Fragment mit Granatapfelmuster, Blumen und Vögeln. In den Vitrinen: Keramik, bemalte Glasflaschen mit dem Namen Saladins, Messingbassin mit Silbertauschierung (höfische Szenen, Polospieler). L. vom Eingang: Marmorstein mit der Darstellung von Harpyien, Nixen, Karpfen. R. Grabstein a. d. J. 1193.

Saal 5: Maṃlûkenzeit (1250–1517). Vielfach Arbeiten von Künstlern syrischer Provinzen, hervorzuheben sind die mit Edelmetall tauschierten Bronzegefäße, deren Technik durch Mosuler Kunsthandwerker in Kairo bekannt wurde; detaillierte und prächtige Ausstattung. Emaillierte Glasampeln sind zusätzlich vergoldet, blau-weiße Keramikgeschirre, viele Gegenstände mit Namen und Wappen des Stifters oder Besitzers versehen. Abwendung von figürlichem Schmuck, Bevorzugung von kleinteiligem, farbenfrohem Dekor. Durchbruchtechnik wirkt wie Laubsägearbeit. Anstelle von Lüsterglasur Schmelzglasur. Seidenstoffe, Damaste, Brokate werden jetzt in Ägypten selbst hergestellt, ebenso Knüpfteppiche in Rot, Blau und Grün als den bevorzugten Farben.

Wasserbecken eines Springbrunnens mit vielfarbigen Marmormosaiken aus dem Mausoleum des Ḳala'ûn, 1285. An der Wand: Stuckfenster mit Schrift und Blütendekor. L. vom Becken hektagonaler kleiner Tisch aus durchbrochenem Messing mit Silbertauschierung; die Inschrift nennt Sultân Mohammed, Sohn des Ḳala'ûn. – Wand 1. vom

Eingang: Kupfertablett mit Silbertauschierung; in 7 Medaillons Planeten- und Tierkreiszeichen, 1285. – R. Wand: Holztür mit durchbrochenem Bronzebeschlag aus dem Besitz eines Wesirs des Sultâns Ḳala'ûn mit Namen Sunḳor, 1290; bei genauerem Betrachten entdeckt man in dem Geflimmer der Linien eine Menge Tiere.
In den Vitrinen am Fenster: bemalte Gläser; Vitrine 2: Korantruhe, mit inkrustierter Bronzeverkleidung; Schreibzeug aus Messing mit Gold- und Silbertauschierung für Sultân el-Malik, 14. Jh. – In Vitrine 4: Gefäße und Kandelaber aus Moscheen. –Fensterfront: Glasfenster mit Stuckdurchbruch. – An der Decke: 5stöckiger Messingleuchter, Durchbrucharbeit, der laut Inschrift in 14 Tagen gearbeitet wurde (1330); die Auffangschale stammt von Sultân Hasan (1361).
Im Durchgang zu Saal 6: große Holztüren aus der Madrasa el-Salih Aijub (13. Jh.) und aus der el-Aŝhar-Moschee (11. Jh.).

Saal 6: Fatimidische Holzarbeiten. Von hier an sind die Ausstellungsstücke nach Materialien angeordnet. Dieser und die 3 folgenden Säle enthalten Holzarbeiten und zeigen die Entwicklung der Schnitztechnik.

Mihrâb aus der Moschee der Saijida-Rukaija, 12. Jh. (Rückseite mit tiefgeschnittenen floralen und flachen geometrischen Ornamenten); ein anderer aus der el-Aŝhar-Moschee, 13. Jh.; Mihrâb aus der Moschee Sitt Nafîsa und Gesims von ebendaher mit spitzenartigem Netzwerk. Kenotaphe. Hölzerne Zierfriese aus dem westlichen Fatimidenpalast in Kairo mit Szenen aus dem höfischen Leben.
Die von »Syrischen Kreisen« umrahmten Einzelbilder samt ihrer gemusterten Bordüren mancher Friese wiederholen sich ähnlich in Wirkereien und Stickereien, sind also nicht materialgebunden. Neben den Kufi-Inschriften setzen sich die Naskhi-Lettern durch (13. Jh.).

Saal 7/8: Holz- (und Elfenbein-)Arbeiten der Aijubiden- und Mamlûkenzeit. Maschrabîjen (die Technik der Maschrabîjen erfuhr in der Mamlûkenzeit ihren Höhepunkt), Kanzeln, Fensterumrahmungen, Gitterwerk. Doppelflüglige Tür aus Damiette. Beidseitig bearbeitete, aus verschiedenen Holzarten zusammengesetzte Türflügel aus der el-Aschraf-Moschee mit schönen Intarsien. Schrankvertäfelungen mit Arabesken- und Schriftdekor. – In den Vitrinen: Elfenbeinarbeiten aus Fustât. In den Schautischen: polygonale Tafeln aus Holz zur Dekoration von Türen und Kanzeln teils mit Goldintarsien, meist 14. Jh. Haushaltsgegenstände aus Holz, Bein und Elfenbein, einige stuckiert und farbig oder mit Gold bemalt.

An der Decke von Saal 7: Kandelaber in Gestalt eines oktogonalen, dreistöckigen, oben abgestumpften Kegels mit Naskhi-Inschrift (vor 1450).

Saal 9: Holz- und Metallarbeiten. Verschiedene Möbel mit Inkrustation von Perlmutt, Elfenbein, Schildpatt und Bronze. Schrank aus der el-Aŝhar-Moschee, aus kleinen, mit Skulpturen und Intarsien geschmückten Tafeln zusammengebaut. Koranlesestuhl, einer aus der Moschee des Sultâns Schabân. Leuchtertische, Koran-Kassetten, verschiedene Wandverkleidungen mit Elfenbeinintarsien. Bemalte und vergoldete Deckentäfelungen.
An Metallarbeiten ragen hervor die beiden Kursi aus hellem Kupfer mit reicher Inkrustation, einer aus der en-Nâsir-Moschee, der andere aus dem Muristân des Ḳala'ûn; beide ungewöhnliche Stücke waren Vorbild zahlreicher Imitationen. – In den Vitrinen: Kleine bronzene Leuchtertische, Schüssel, Spiegel – einer mit dem Tierkreiszeichen – ein Kompaß, Schreibgarnitur.

Saal 10: Rekonstruktion eines arabischen Raumes mit Brunnen, aus dessen polygonalem Marmorbecken in vielfarbigem Mosaikpflaster eine Marmorsäule steigt. Die Holzdecke mit drei Stalaktitenkuppeln (17. Jh.) aus dem Haus es-Sihaimi; Maschrabîja. Zwei sechseckige Holztische mit Einlegearbeit, 14. Jh.

Museum für Islamische Kunst 379

Saal 11: Mamlûkische Metallarbeiten. Türflügel mit Bronzebeschlägen aus der el-Ashar-Moschee. Doppeltür mit dem Namen des Kalifen el-Hâkim, 10. Jh. In den Vitrinen: Astrolabien (13. Jh.), Leuchter mit Silbertauschierung (13. Jh.). Hausgeräte, durchbrochene Metallampen u. a. – Einige Arbeiten wurden für Christen angefertigt und zeigen christliche Symbole wie das Kreuz oder Heilige; tauschierte Weihrauchfässer; die fliegenden »Enten« mit menschlichem Kopf (Ägypten, 14. Jh.) dürften auf den altägyptischen Seelenvogel zurückgehen. – An der Decke verschiedene Messingkandelaber aus verschiedenen Moscheen, meist aus der Mamlûkenzeit, beschriftet mit Namen von Mamlûken-Sultânen, als bedeutendster der achteckige 110flammige Leuchter aus der Sultân-Hasan-Moschee aus zisilierter Bronze.

Saal 12: Waffen. Aus verschiedenen Zeiten und verschiedener Herkunft, die meisten fein zisiliert und eingelegt. Mamlûkenschwerter, auch das des Mamlûkenführers Maurad Bey, das später im Besitze Napoleons war. Schwert und Scheide mit Namen el-Aschraf el-Ghûri. Auch Feuerwaffen (Musketen und Pistolen). Mamlûkisches Kettenhemd, Köcher, Arm- und Beinschutz aus Metall.
An den Wänden: Teppiche aus Karagabh, Samarkand, Kasak (19. Jh.) und Isfahân (17. Jh.).

Saal 13: Ägyptische Keramik. Von der bedeutenden Keramiksammlung des Museums können nur Proben gezeigt werden, doch sind die einzelnen Gattungen, Techniken wie Formen ausreichend vertreten und durch Vergleichsmaterial aus anderen islamischen Ländern präzisiert.

Bedeutende Sammlung fatimidischer Fayencen. In einer Vitrine (Rückwand von Saal 1) beachtliche Reihe von Wappen auf Keramikfragmenten in Nachahmung der Wappen, die die Kreuzritter trugen. – Eine andere Vitrine stellt die Signaturen der Töpfer zusammen, dann die Stücke mit Namen der Sultâne, die als Auftraggeber fungierten, schließlich jene Waren, die eine Töpfermarke tragen.
In anderen Vitrinen: Lüsterfayencen (9.–12. Jh.) mit floralen Motiven, Tierdarstellungen, auch vielen Fabeltieren. Menschen finden sich selten (Verbot durch den Koran); die figuralen Szenen deuten auf christliche Herkunft, doch wird die koptische Kunstübung immer stärker eingeschränkt. Gut erhalten ist noch der Christuskopf auf einer metallisch schimmernden Schüssel.
Wandvitrine r. vom Ausgang: sogen. Faijûmkeramik, mit letztem Einfluß der chinesischen Tang-Ware (7.–10. Jh.). – Echtes chinesisches Porzellan wird in Fayence nachgeahmt, beides nebeneinander gezeigt. Trotz der hochstehenden Keramik und Buntglasfabrikation kannte Ägypten kein Porzellan im Sinne der chinesischen Manufaktur, d. h. verwendete kein Kaolin. Doch besonders zur Sung-Zeit (10.–13. Jh.) ist chinesisches Porzellan als Welthandelsprodukt auch nach Ägypten gelangt. Einige dieser alten »Chinaseladone« verdienen besondere Aufmerksamkeit (vgl. Saal 22).
Wandteppiche des 18./19. Jh. aus Ghiordes, Ladik, Bergama und Konia.

Saal 14: Ausländische Keramik: In den Vitrinen: Buchara-Schalen mit blau-schwarzmagnesia-Muster auf weißem Grund, 19. Jh.; persische Gefäße, 16.–18. Jh. – Fayence-Kacheln verschiedener Länder, darunter eine Tafel mit der Ka'aba, ein Werk von Mohammed esch-Schami, »dem Syrer«, (1727). Weitere ausländische Ware (Rhodos, Tunis, Italien).
Wandteppiche aus Uschak, 16. Jh., Bergama, 18. und 19. Jh. – An der Decke: großer irakischer Metalleuchter.

Saal 15/16: Ausländische Töpferware, in Saal 15 aus Fustât. Außer Tellern und kleinen Spielzeug-Figürchen, Öllampen und Stempeln sind jene grauen Krüge zu sehen, deren Erde mit Asche vermischt wurde, damit durch den porösen Ton das Wasser unter

Raumtemperatur abkühlen konnte. Die Wasserkrüge waren mit Filtern (zum Schutz gegen Fliegen) bedeckt, und die reiche Kollektion dieser schönen Filter mit den vielfältigsten Motiven zeigt den Grad der Kunstfertigkeit bis zur feinen »Häkelei« (Saal 16). Fayencekacheln aus der Türkei (Išnik), 16./17. Jh., Mina'i-Majoliken, 12.–14. Jh. Seladonporzellane (vgl. S. 13, Ende) in Saal 16.
Türkische Teppiche (S. 15) und Teppiche aus Bergama (17.–19. Jh.), Ladik und Mudjur (18. Jh.), Damaskus (16. Jh.), Samarkand (19. Jh.), ein ägyptischer Teppich (Nr. 96), u. a.

Am Ende des Saales zwei hölzerne Wände eines kleinen Schulraums aus Rosette, mit geometrisch gemusterten Paneelen; die Nischen und Borde dienten zum Ablegen von Büchern und Schulutensilien (16./17. Jh.).

Saal 17: Textilien. Diese bedeutende Sammlung gibt einen vorzüglichen Überblick über die Entwicklung der Webkunst, die von altersher in Ägypten große Bedeutung hatte (Leinenweberei) und in koptischer Zeit durch die Technik des Wirkens mittels Wolle und die Musterung mit Hilfe der fliegenden Nadel sowie die Vielfalt der Anregungen (Hellenismus, Byzanz, Persien) bedeutende Werkstätten zeitigte, und schließlich im Mittelalter unter dem Einfluß Chinas zu den Stickereien und berühmten Seidenstoffen persischen Stils führte.

Bedeutende Einzelstücke wie die Wirkwaren mit dem Namen eines Kalifen (11. Jh.) oder der Stoff mit Text aus der Saijidna el-Husein-Moschee, oder die drei sogen. »polnischen Gürtel«, wie sie im 17. Jh. in Persien für Polen hergestellt wurden.
Außer den Textilerzeugnissen wird in einer kleinen Vitrine Werkzeug und Material aus Töpfereien in Fustât gezeigt; Email-Schmelzpasten, Reste von Brennöfen, Geräte zum Farbenreiben, daneben auch das Handwerkszeug der Weber und Teppichknüpfer, wie Druckstöcke, Spindeln, Spulen, Kämme.
An den Wänden Fortsetzung der Teppichsammlung mit Stücken des 19. Jh.

Saal 18: Steinmetzarbeiten. Grabsteine und Stelen mit Inschriften in Kufi und Naskhi-Schrift, die die kontinuierliche Entwicklung der arabischen Schreibkunst studieren lassen und auch die Charakteristika der koptischen und byzantinischen Thematik, Symbolik und Formgebung demonstrieren. Eine Stele von 1638 ist auf der einen Seite europäisch gestaltet (17. Jh.) und entsprechend lateinisch beschriftet, auf der anderen arabisch. – Sonnenuhren; Wasserkrüge auf Ständern aus Marmor, Untersätze in Form stilisierter Schildkröten.

Saal 19: Schreib- und Buchkunst. (Die Vitrinen und Bänke des Raumes stammen aus dem Besitz König Farûks). In den Wandvitrinen: persische, ägyptische, türkische Korane, vom 13.–19. Jh., Beispiele von Kalligraphie. – Im kleinen Schautisch: Koran in kufischer Schrift, im großen Schautisch: indopersische Lackmalerei, Schlachtdarstellung, 18. Jh., und »Dame empfängt Höflinge«, 18. Jh.; persische Miniatur »Safavidenprinz beim Fest«, 1650; ägyptische Zeichnung der islamischen Heiligtümer, 17. Jh.; persisches Buch über Anatomie, mit Illustrationen, 17. Jh., und weitere sehr feine persische Miniaturen verschiedener Themen, darunter das Kräuterbuch von Ghâfiki, 1582. Kostbare Bucheinbände. An den Wänden: Türkische und kaukasische Teppiche.
Im Durchgang zu Saal 20, 1: Zeichnung mit Tinte auf Leder und Papier, und r.: indische Illustrationen.

Saal 20: Fayencen. Kleine Teller, Pilgerflaschen, Kaffeeschälchen; Pendel zum Anzeigen von Erdbeben, aus Kleinasien, 16.–18. Jh.; Vasen, böhmische Gläser, 18./19. Jh. Kerzenleuchter, Weihrauchgefäße. – Mittelvitrine 3: Vase aus Rhodos, 17. Jh. – Mittelvitrine 4: Išnik-Fayenzen. – Mittelvitrine 6: Schmuck und Silberarbeiten.
An den Wänden: Türkische, kaukasische und turkmenische Teppiche, sehr beachtliche Stücke, 16.–18. Jh.

Museum für Islamische Kunst 381

Im Durchgang zu Saal 21: Fliesen aus Damaskus, 16./17. Jh.

Saal 21: Moscheenlampen. Diese Sammlung ist die bedeutendste ihrer Art. Von den insgesamt 200 erhaltenen Exemplaren werden hier 70 gezeigt, chronologisch von 1. nach r. geordnet (13.–15. Jh.), 32 tragen den Namen des Sultâns Hasan (gest. 1361) und stammen aus seiner Moschee in Kairo. Älter sind die Lampen mit dem Namen des Sultâns El-Aschraf Chalîl (13. Jh.) und seiner Familie. Eine ebenfalls reich mit Emailmalerei verzierte Lampe ist durch Wappen und Namen dem Mamlûken Tagitimur zugeschrieben, einem Sekretär des Sultâns Sâlih.

Diese Lampen sind in ihrer technischen Herstellung rein arabische Erfindung (deren Tradition sich bis heute fortsetzt) und haben keine Herleitung aus dem pharaonischen Ägypten, wenn auch dort die Herstellung von Glas erfunden wurde. Die hier gezeigten Lampen sind ursprünglich in Syrien erzeugt worden (Damaskus oder Aleppo). Die in Fustât ausgegrabenen Glasbruchstücke sind zwar koloriert, aber die Farben nicht eingebrannt (wie beim emaillierten Glas).

Im Schautisch: Kostbarer Seidenteppich aus Isfahân mit Gold- und Silberfäden (chinesischer Einfluß), 16. Jh.
In den Vitrinen: Glasflaschen, große Sanduhr, Parfümfläschchen, Meßgläser, geätzte Gläser, auch solche mit Schablonen –, Druck- oder Ritzornamenten, modellierte Gläser und eine Fasche mit gedrehtem Hals.
An den Wänden: Teppiche aus Isfahân, Kosak und Schirwân, 16.–19. Jh.

Saal 22: Persische Keramik. Auch diese Sammlung ist in ihrer Art eine der bedeutendsten der Welt, enthält repräsentative Vertreter der verschiedenen Gefäßformen und -stile sowie einige kostbare Fayence-Plastiken. Angeschlossen sind als Beispiele persischen Kunsthandwerks in einer Mittelvitrine: Bronzene Kästen, Moscheenleuchter, ein mit Silber tauschierter Krug mit Löwenrelief (12. Jh.).
In Wandvitrine 1: Keramik mit rahmfarbenem Grund und blaugrünem Dekor (9./10. Jh.), China-Imitationen der Tang-Zeit. – Wandvitrine 2: Keramik mit eingeritztem Ornament auf weißem Grund, 12. Jh., Imitationen der Sung-Zeit (vgl. dazu Saal 13). –
An der Wand gegenüber der Fensterfront: Islamische Fayence-Plastiken wie Papagei, türkisfarben mit schwarzen Blüten, 13. Jh.; Kamel mit Sänfte, azurblaue Glasur, 13. Jh.
In den übrigen Vitrinen: Gabri-Keramik mit sassanidischen Reminiszenzen. Mina'i-Keramik aus Raj und Kaschan, 12.–14. Jh.; polychrome Überglasurmalerei; Sultanabad-Fayencen (Imitation des chinesischen Blauporzellans); Abbas-Fayencen, Halbfayencen (Imitation des Ming-Porzellans) 16. Jh.
An den Wänden: Teppiche aus Isfahân, Schirwân und Dagestân (17.–19. Jh.).

Saal 23: Wechselausstellungen. An den Wänden mit Stücken aus Damaskus, Uschak und Kleinasien (15.–18. Jh.). Abschluß der Teppichsammlung.

Arabische Bibliothek (5 F)

Die Bibliothek mit ihren bibliophilen Kostbarkeiten befindet sich im 1. Stock des gleichen Gebäudes (getrennter Eingang), die Öffnungszeiten des Ausstellungssaales sind dieselben wie die des Museums.
Das Museum wurde 1869 von dem Vizekönig Isma'îl durch die Zusammenlegung mehrerer Bibliotheken von Moscheen und Stiftungen gegründet und von deutschen Gelehrten geordnet und katalogisiert. Es enthält eine Sammlung von Papyri, Handschriften, Drucken, Bucheinbänden und Münzen.
Arabische *Papyri,* 7./9. Jh.; Urkunden, 9./13. Jh. Von besonderer Bedeutung ist die Sammlung von *Koranhandschriften* (etwa 2700), die meist aus Sultânsbesitz stammen und

an die Moscheen gestiftet wurden. Der älteste Koran (8. Jh.) ist in kufischer Schrift auf Pergament geschrieben und stammt aus der Amr-Moschee. Korane der Sultâne Hasan, Ķâït-Bey, Barķûķ, Farag u. a. fallen durch ihr großes Format auf (der größte, der des Ķâït-Bey, hat die Maße 1,15 m×0,90 m), sie sind mit streng linearen Ornamenten verziert, nur gelegentlich mit Blumendekor. Ferner eine Sammlung indischer, persischer und türkischer Korane.
Prachtvolle persische *Handschriften mit Miniaturen,* meist Geschichtswerke oder Dichtungen. Der künstlerische Höhepunkt liegt im 16. Jh., im 17. Jh. folgt ein rascher Verfall. Diwân (Gedichtsammlung) des Farîd ed-Dîn Attâr (1454), Bustân des Sa'di (16. Jh.), Anthologie persischer Dichtungen, geschrieben für den türkischen Sultân Bajesid, mehrere Handschriften des Königsbuches des Firdausi.
Türkische Werke: Türkische Korane, türkische Handschriften mit Miniaturen, türkische Alben, 16./17. Jh., der Kudatku Bilig, das erste türkische Literaturwerk in arabischer Schrift (1070), geschrieben um 1350 in Kairo. Arabische Bücher aus Afrika, Asien und die ältesten Drucke aus Europa. Arabische, persische und türkische Bucheinbände, 14./19. Jh.
Schautisch historischer arabischer *Münzen* (die Sammlung umfaßt etwa 5000 Stück).

Museum für Moderne Kunst (5 B)

Dokki, 18 Sh. Isma'îl Abu'l Futuh, beim Midân es-Sadd el-âli. – Öffnungszeit: täglich 9–16 Uhr, freitags 9–12 Uhr.
Das Museum zeigt Gemälde, Stiche und Plastiken in- und ausländischer Künstler, etwa vom 15. Jh. bis in unsere Zeit, unter besonderer Berücksichtigung der Künstler, die sich Ägypten als Thema gewählt haben.

Saal 1 und 2: Zeichnungen von Anna und Hamed Sa'îd.
Saal der Stiche: darunter vier Rembrandts, Delacroix, Renoir.

In den folgenden Sälen Gemälde, u. a.: Bacciccia, Hieronymus Bosch, Corot, Puvis de Chavannes, Lukas Cranach, Delacroix, Ingres, Isabey, Gainsborough, van Goyen, Greuze, Guercino, Parmeggianino, Renoir, Rousseau, Jan Steen.

Je ein kleiner Saal mit Werken moderner spanischer und belgischer Maler. Ein Saal mit Gemälden, zu denen die Künstler durch die ägyptische Landschaft oder durch Beschreibungen des Landes angeregt wurden. Plastiken von Carpeaux, Rodin (zusammengezogene Hand, Büste von Dalou) u. a.

Saal der modernen Künstler: Monet, Degas u. a., auch Werke moderner ägyptischer Maler und Bildhauer.

An ägyptischen Künstlern sind vertreten: Mahmûd Sâ'id, Maler; die Brüder Sêf und Adam Wanlij, von denen das Museum der Schönen Künste in Alexandrien einen ganzen Saal füllt; Adam Henên, Bildhauer; Ahmed Abdallah, heute in Paris; Ahmed Osmân, Maler und Bildhauer; der Porträtist Ahmed Sabri, der Zeichner Abd el-Hadi el-Gaŝŝar u. a. m.

Post-Museum s. S. 349.

Islamische Altstadt

Vorbemerkung: Die vorgeschlagenen 6 Gänge durch die Altstadt sind so angelegt, daß sie leicht zu Fuß bewältigt und z. T. auch kombiniert werden können. Für die Zitadelle (4) und die östliche Totenstadt (6) ist die Fahrt mit dem Auto vorzuziehen (Taxe warten lassen). Die Moscheen (und die in Moscheen umgewandelten Madrasen) sind zum größten Teil noch in Benutzung und ganztägig, oder zumindest zu den Gebetszeiten, zugänglich. Man sollte das Gebet jedoch möglichst nicht stören. Schuhe am Portal ausziehen, sofern nicht Überschuhe bereitstehen. Fotografieren ist im allgemeinen erlaubt; man gibt dafür und auch für das Öffnen von Türen, z. B. in die Mausoleen und zu den Minaretten, ein Bakschîsch. Eilige Reisende mögen ihre Besichtigungen auf die in der Überschrift (Gang) genannten Denkmäler beschränken.

Liste der wichtigsten Begriffe:

Bâb – Tor
Chânka – Konvent (Kloster) für Sûfis; zumeist in Verbindung mit Moschee, Madrasa und Mausoleum
Bêt – Haus
Dikka – Vorbeter-Empore
Hôsch – Hof
Iwân – auf drei Seiten geschlossene Halle, auf der vierten öffnet sie sich in voller Höhe und Breite (meist mit einem Bogen) auf einen Hof bzw. Innenraum; zumeist in paarweiser Anordnung
Ḳâʿa – Halle aus zwei Iwânen und erhöhtem Mittelteil; repräsentativer Empfangs- und Wohnraum
Ḳibla – die nach Mekka orientierte Gebetsrichtung
Kursi – Koranlesestuhl
Madrasa – Hochschule für religiöses Recht u.a. traditionelle islamische Wissenschaften
Maʿḳad – Loggia
Maschhad – Wallfahrtsgrab
Maschrabîja – gedrechselte, ineinander verzapfte Holzgitter
Mausoleum – Grabbau (Ḳubba). Grundtypus: ein überkuppeltes Raumquadrat; es enthält den Kenotaph des Verstorbenen, der in einem Gewölbe unter dem Mausoleum bestattet ist.
Miḥrâb – Gebetsnische
Minarett – Turm des Gebetsrufers (Muʾeśśin)
Minbar – Gebetskanzel
Moschee (Gâmiʿ) – *Freitagsmoschee:* Hauptmoschee einer Stadt oder eines Stadtteils, in der die Freitagspredigt (Chutba) von der Kanzel gelesen wird. *Hofmoschee:* eine aus Hof und darum herumgeführten Arkadenhallen (Riwâḳ) bestehende Moschee; geschlossene (Riwâḳ) und offene Teile (Hof) sind als Einheit aufzufassen; die in Mekkarichtung liegende Arkadenhalle (Ḳibla-Riwâḳ) ist mehrschiffig und durch Gebetsnische und Baudekor betont. *Vier-Iwân-Moschee:* eine aus Hof und vier kreuzförmig anliegenden Iwânen bestehende Moschee; auch hier bilden Hof und Iwâne eine Einheit und der Ḳibla-Iwân ist entsprechend betont. *Kuppelmoschee:* überkuppelte Moschee (osmanischer, in Kairo unüblicher Bautypus) mit separiertem Vorhof.
Riwâḳ – Arkadenhalle; im Moscheenbau (s. o.) die alle vier Seiten eines Hofes umlaufenden Arkadenhallen
Sebîl – öffentlicher Brunnen; Sebîl-Kuttâb – Brunnen mit darüberliegender Kinderschule
Sûḳ – Markt
Wakâla – Handelshaus, Karawansarei

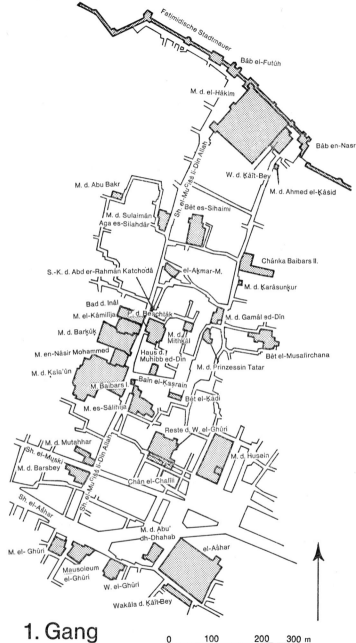

1. Gang

1. Gang Hauptstraße von el-Ashar über Barsbey – Kala'ûn-Barkûk-Palast des Beschtâk-el-Akmar – Bêt es-Sihaimi – el Hâkim bis zur Nordmauer (3/4 G) 1,5 km (einfach, ohne Gang außerhalb der Stadtmauer). S. 385–431 sind Suttan und Mamluken ohne Zirkumflex geschrieben.

Kern der islamischen Altstadt von Kairo ist die fatimidische Gründung *el-Kâhira*, 969 im Namen des Kalifen el-Mu'išš in einer einheitlichen Planung angelegt. Die Hauptstraße, die Schâri'a el-A'sam oder Kasaba, trägt heute den Namen dieses Kalifen: Sh. el-Mu'išš li-Dîn Allah. Sie durchschneidet die fatimidische Stadt in der Längsachse von Norden (Bâb el-Futûh) nach Süden (Bâb Šuwêla) und wird in beiden Richtungen über die Stadttore hinausgeführt. Das *religiöse Zentrum* liegt bis heute ungefähr in der Mitte: el-Ashar-Moschee, el-Husein-Moschee und (seit dem Fall der Fatimiden, 1171) in Bain el-Kasrain.

Insgesamt blieb die Hauptstraße innerhalb der Stadtmauern im Mittelalter ausschließlich den sakralen Stiftungen – Moschee- und Madrasakomplexen – der Sultane vorbehalten, während Paläste und kommerzielle Anlagen auch von anderen Würdenträgern erbaut wurden. Denn seit spätfatimidischer Zeit entwickelte sich die Hauptstraße (sowie die zum Bâb en-Nasr führende Parallelstraße) auch zum *kommerziellen Zentrum* und bildete einen einzigen durchgehenden Markt (Sûk); erst mit der Entstehung der modernen City im späten 19. Jh. wurde ihre Bedeutung reduziert. Heute befinden sich beiderseits der sehr belebten Straße Läden und Märkte für die einheimische Bevölkerung und auf der Ostseite von Bain el-Kasrain der berühmte Chân el-Chalîli, der Touristenbasar.

el-Ashar-Moschee, „die Glänzende"

Eintrittskarten und Überschuhe gibt es gleich links beim Haupteingang. Für den Aufstieg auf das Dach und die Minarette über dem Eingang in den Hof wird ein zusätzliches Bakschisch erwartet.

Die Gründungsmoschee der Fatimidenstadt wurde 970–72 im Auftrag des Kalifen el-Mu'išš von dessen Feldherrn Gôhar errichtet. Unter dem Kalifen el-Asîs (978–96) fand hier erstmals auch der Unterricht in den muslimischen Wissenschaften statt, der seitdem – unterbrochen nur von der Schließung der Moschee unter den Aijubiden (1169–1252) – ständig erweitert wurde. Bis heute ist el-Ashar die führende traditionelle Hochschule der arabischen Welt (vgl. S. 36).

Entsprechend ihrer Bedeutung wurde el-Ashar immer wieder erweitert und mit einer Reihe von Annexen versehen. Der *fatimidische Kern* der Hofmoschee blieb dabei erhalten. Von den mittelalterlichen Anbauten sind hervorzuheben: die *Madrasen der Emire Taibars* (1309–10) *und Akbugha* (1337–38) mit schönen Fassaden beiderseits des Eingangskorridors; das große *Portal* in den Hof der Moschee, von *Sultan Kâit-Bey* mit dem darüber aufragenden *Minarett* (1469); daneben das zweiköpfige *Minarett des Sultans el-Ghûri* (vor 1516); die kleine *Madrasa und das Mausoleum des Eunuchen Gôhar* (um 1440) auf der N-Seite des Hauptriwâks.

Einschneidende Veränderungen sind neueren Datums: Um die Mitte des 18. Jh. ließ Abd er-Rahmân Katchodâ den fünfschiffigen Hauptriwâk um vier Schiffe erweitern; die alte Gebetsnische blieb frei im Raum stehen. Von ihm stammt u. a. das heutige Eingangsportal (Tor der Barbiere), über dem sich ehemals eine Loggia mit einer Kinderschule (Kuttâb) befand. Dies wurde jedoch im Zuge der Neugestaltung der Außenfassaden unter Abbâs II. (1892–1914) verändert. Der gesamte Komplex ist von modernen Annexen umgeben, darunter den Unterkünften der auswärtigen Schüler.

Der von Sultan Kâït-Bey errichtete große Torbogen führt in das *Innere der fatimidischen Anlage.* Hier gelangt man in den weiten quergelagerten *Hof* (Sahn), dessen äußerer Säulenumgang einer späteren, allerdings noch fatimidischen Bauphase unter dem Kalifen el-Hâfiš (1130–49) angehört. Die Spoliensäulen tragen persische Kielbögen, wie sie für die spätfadimidische Zeit typisch sind. Die Stuckdekoration der Hoffassaden – kielbogige Blendnischen im Wechsel mit Rundmedaillons – ist für spätere

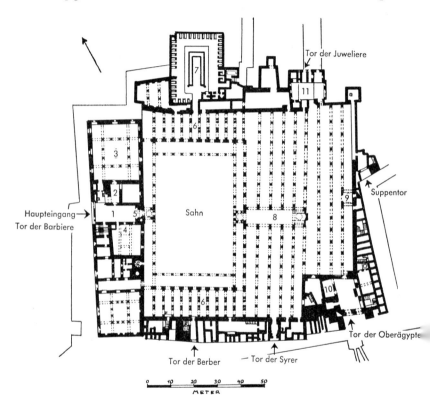

el-Ashar-Moschee

1 Vorhof – 2 Verwaltung – 3 Madrasa el-Akbughawîja (heute Bibliothek) – 4 Madrasa et-Taibarsîja – 5 Minarett und Portal des Sultans Ḳâït-Bey – 6 Hallen (Riwâḳ) für die Studierenden der verschiedenen Landsmannschaften – 7 Hof der Waschungen – 8 Gebetsnische (Mihrâb) der ursprünglichen Moschee – 9 Gebetsnische des Erweiterungsbaus – 10 Grab des Abd er-Rahmân Kihja – 11 Madrasa el-Goharîja

Moscheen immer wieder vorbildlich. Die ursprünglichen Hofseiten waren, wie sich in der zweiten Arkadenreihe erkennen läßt, von Pfeilern umstellt.

Im Hof und in den Riwâks herrscht zumeist reger Studentenbetrieb. Schüler gehen unter den Arkaden auf und ab und memorieren ihre Texte; bisweilen halten die Lehrer ihren Unterricht noch wie im Mittelalter ab, an einer Säule sitzend, umlagert von ihren Schülern.

Den fünfschiffigen *Kibla-Riwak* betritt man durch die mittlere Arkade auf der dem Hofeingang gegenüberliegenden Seite. Diese Arkade ist durch eine Kuppel betont (Stuckdekor aus der spätfatimidischen Erweiterungsphase) und nimmt damit auf das Transept im Innern des Riwâks Bezug, das die parallel zur Wand geführten Arkadenschiffe vertikal durchschneidet. Am Ende des Transepts, vor der Gebetsnische, erhebt sich wiederum eine Kuppel (in frühmamlukischer Zeit erneuert). Hier endet auch der Ursprungsbau, während die Schiffe hinter der freistehenden alten Gebetsnische zur Erweiterung des 18. Jh. gehören.

Der originale Stuckdekor in der Wölbung der Gebetsnische wurde wieder freigelegt. Der Stuck der Blendfassung stammt allerdings – wie auch die Marmorinkrustation – aus frühmamlukischer Zeit. Insgesamt sind an den Hochwänden des Transepts, der Seitenwände und der ursprünglichen Hofwand noch große Partien des originalen Stucks erhalten, wenn auch z. T. überrestauriert und zu stark ergänzt.

Auf dem Platz vor der Ashar-Moschee erhebt sich rechts von dieser die spätosmanische *Kuppelmoschee des Mohammed Bek Abu'dh-Dhahab* (1774) über einem Ladengeschoß. Auf ihrer Rückseite liegt eine von Abu'dh-Dhahab gleichzeitig mit seiner Moschee errichtete *Wakâla* mit dazugehörigem Sebîl-Kuttâb. Rechts der Moschee, wiederum auf den Platz gerichtet, schließt der spätmamlukische *Chân es-Sarâkischa* an (Anf. 16. Jh.).

In der Gasse südlich hinter el-Ashar sind die Reste einer großen *Wakâla des Sultans Kâit-Bey* (1477) sehenswert: erhalten hat sich davon noch die Fassade mit dem äußerst prunkvollen Mittelportal und mit schönen Steinreliefs (Türstürze, Entlastungsbögen) in der unteren Ladenzone. An den Enden dieses Gebäudekomplexes liegen rechts ein Sebîl-Kuttâb, links eine Tiertränke.

Zur alten Hauptstraße (Sh. el-Mu'išš li-Dîn Allah) begebe man sich über die sog. Muski-Straße (ausgebaut Mitte 19. Jh., offiziell Sh. Gôhar el-Ka'id). An der Kreuzung beider Straßen liegt auf der linken gegenüberliegenden Seite die

Moschee des Sultans Barsbey (1423–25)

Der Komplex besteht aus Moschee-Madrasa, dem Familienmausoleum des Stifters und einem Sebîl-Kuttâb. Die einfache, durch Flachnischen gegliederte Fassade faßt diese Bauteile einheitlich zusammen. Einzig die Portalnische ist durch eine Marmorverblendung mit abwechselnd schwarzen und weißen Streifen sowie farbige Intarsien hervorgehoben. Die von der Stalaktitenwölbung herabhängende Kette trug ehemals die Krone des Königs von Zypern, als öffentliches Zeichen dafür, daß Barsbey den Zyprioten 1426 besiegt hatte. Über dem Portal erhebt sich ein dreigeschossiges, reich ornamentiertes Minarett.

Der Eingangskorridor führt in den *Hof* (Sahn) der *Vier-Iwân-Madrasa*, die zugleich als Moschee eingerichtet wurde. Alle Iwâne tragen flache Holzdecken, doch sind nur die der Nebeniwâne noch weitgehend original. Die beiden Hauptiwâne öffnen sich in voller Breite mit hufeisenförmigen Bögen zum Hof, während die schmalen Seiteniwâne von gleichhohen Flachnischen flankiert werden, in denen sich die Eingänge zu den diversen Bauteilen befinden (Türen mit durchbrochen gearbeiteten Bronzebeschlägen in Medaillonform). Ein breiter umlaufender Inschriftfries über den Bögen schließt die Hoffassaden zusammen; der obere Abschluß (vorkragende Verdachung oder Zinnenkranz) ist verloren.

Der Ķibla-Iwân besitzt als einziger noch größere Teile der einst reichen Ausstattung, so die Marmorinkrustation an der Ķibla-Wand, Gebetskanzel (Minbar) und Koranlesestuhl (Kursi) aus Holz mit Sternflechtornament und Beineinlagen.

Die Tür gegenüber dem Eingang in den Hof führt in das *Mausoleum*, in dem mehrere Mitglieder der Familie des Bauherrn begraben sind, während der Sultan selbst in seiner später erbauten Grabmoschee in der Totenstadt beigesetzt wurde. Hier ist die Marmorinkrustation der Wände noch voll erhalten; die Kuppel ruht auf einer in Stein gearbeiteten Stalaktitenüberleitung, ihre Außenschale ist mit einem Zickzackband reliefiert.

Es lohnt sich, die *Seitengassen* südlich des Sebîl-Kuttâbs der Barsbey-Moschee und ihre Abzweigungen zu erkunden. Hier befinden sich schon seit dem Mittelalter u. a. Gewürzhändler und Drogisten mit einem üppigen, wundervoll duftenden Angebot. Der sog. Chân eš-Šet stammt wohl noch aus mamlukischer Zeit. Auch die Basargassen, die hier auf der O-Seite der Hauptstraße in Richtung der Husein-Moschee abgehen, sind teilweise noch sehr malerisch (Stoff- und Kurzwarenhändler, Drogisten u. a.). → Chân el-Chalîli.

Nördlich der Moschee des Barsbey, auf der anderen Seite der Muski-Straße, liegt die *Moschee des Schêch el-Mutahhar*. Bedeutend ist hier vor allem der 1744 von Abd er-Rahmân Katchodâ im mamlukischen Stil errichtete Eingangstrakt mit großem Stalaktitenportal und Sebîl-Kuttâb.

Unmittelbar anschließend folgt eine osmanische Handelsanlage, die *Wakâla des Abu'r-Rûs* (1718–19). Intakt erhalten hat sich nicht sehr viel mehr als das breite Straßenportal, während das Innere – wie bei den meisten der allmählich verschwindenden Handelsbauten dieses Typus – ruinös und durch willkürliche Einbauten verunstaltet ist. Gleichwohl sind diese Bauten voll in Betrieb: hier haben vor allem Gold- und Silberschmiede ihre Werkstätten etabliert.

Weitere *osmanische Handelsbauten*, außerdem *Moscheen* und *Sebîl-Kuttâbs* liegen vielfach dicht beieinander in den folgenden Gassen links der Hauptstraße (sehenswert: die *Moschee des Taghrîbardi* aus dem 16. Jh.).

Der anschließende Straßenabschnitt ist der prominenteste der Hauptstraße, nämlich *Bain el-Ķasrain*, der ehemalige große Platz, an dem sich die beiden Palastkomplexe der Fatimidenkalifen gegenüberlagen. Der *Goldsuķ*, der sich hier am Anfang beiderseits der Straße erstreckt, wurde bereits im späten 13. Jh. eingerichtet. Er gehörte zum Stiftungsgut der

Islamische Altstadt: Barsbey — Sâlihîja — Kala'ûn

Madrasa es-Sâlihîja (1242–44)

Von dieser aijubidischen Madrasa steht im wesentlichen nur noch die über 70 m lange, durch Nischen gegliederte, schön ornamentierte *Schaufassade* auf der rechten Seite. Durch die Portalanlage in der Mitte, die von einem Minarett bekrönt ist, gelangte man ursprünglich in einen aus zwei Madrasen bestehenden Baukomplex. Die nördliche, von der noch die Ruinen der Iwâne erhalten sind, läßt sich zu einer Hofanlage mit zwei axialen Iwânen und seitlichen Zellentrakten rekonstruieren. In dieser Madrasa waren erstmals alle vier Rechtsschulen des Islâms vertreten.
Am Nordabschluß der Fassade steht etwas vorgesetzt das postum errichtete *Mausoleum* des Stifters, Sultan es-Sâlih Nedschm ed-Dîn Aijûb (1250). Im Innern (Schlüssel im gegenüberliegenden Kala'ûn-Mausoleum) befindet sich noch der mächtige *Holzkenotaph des Sultans.*

Der große zwischen dem Mausoleum und der Madrasa-Fassade vorgesetzte frühosmanische *Sebîl-Kuttâb des Chosrau Pascha* (1535) entspricht in der Bauform und im Dekor noch ganz den mamlukischen Vorbildern.

Nördlich an das Mausoleum des Sultans es-Sâlih schloß ehemals die *Madrasa des Mamlukensultans Baibars I.* an (1262–63), die erste Madrasa in Kairo, bei der sich vier Iwâne kreuzförmig um einen Hof gruppierten. Reste des Portals und von insgesamt drei Fensterachsen sind noch erhalten (in den Tympana der Fenster sind Löwen, das Wappentier des Sultans, dargestellt); der übrige Bau fiel dem Straßendurchbruch im späten 19. Jh. zum Opfer.

In der Mitte dieser nach rechts abbiegenden Straße befindet sich links ein von außen unscheinbares Haus, in dessen Obergeschoß sich eine osmanische Empfangshalle, die *Kâ'a des Muhibb ed-Dîn* (16/17. Jh.) verbirgt (Schlüssel im Kala'ûn-Mausoleum). Etwas weiter, auf der Südseite des Midân el-Kâdi, steht eine große Säulenloggia mit seitlichem Stalaktitenportal, der *Mak'ad des Emirs Mamay* (1496). Sie öffnete sich ehemals auf den Innenhof einer später zum sog. *Bêt el-Kâdi* umgewandelten Palastanlage. Die Loggia mit fünf Bögen ist der Rest einer der schönsten Profanbauten.

Zurück zur Hauptstraße. Auf der linken Seite, im Blickpunkt der Bêt el-Kâdi-Straße, entfaltet sich der wohl prächtigste mittelalterliche Baukomplex von Kairo:

Madrasa, Mausoleum und Krankenhaus des Sultans Kala'ûn (1284–85)

Die insgesamt fast 70 m lange Straßenfassade verbindet die vorgesetzte *Madrasa* (links der Portalachse) und das Mausoleum (rechts), während das *Krankenhaus* (el-Muristân), von dem heute nur noch wenige Reste erhalten sind, dahinterlag. Besonders betont ist der das Mausoleum und das Minarett zusammenfassende Fassadenteil durch eingestellte antike Säulen, die optisch die hohen Nischen der Fensterachsen zu tragen scheinen. Die mehrfache Abstufung dieser Nischen – für Kairener Fassaden ungewöhnlich – wie auch ihr Spitzbogenabschluß verweisen auf den Einfluß der gleichzeitigen Kreuzfahrerarchitektur Syriens und Palästinas. Hingewiesen sei auch auf den breiten, über beide Fassadenteile gezogenen ehemals vergoldeten Inschriftfries (Tirâs) sowie auf die Stuckgitter der Fenster.

Durch das große Bronzeportal (Sternflechtornament mit Arabeskenfüllung) gelangt man in den inneren Verbindungskorridor und von hier aus zunächst links in die *Madrasa*. Diese besteht aus zwei axialen Iwânen und seitlichen Zellentrakten. Sie wurde zum Teil restauriert; lediglich der Ķibla-Iwân läßt noch ihre einstige Schönheit erkennen. Ungewöhnlich ist die dreiteilige Bogenstellung an der Hoffassade dieses Iwân. Dem entspricht die ebenso ungewöhnliche Dreiteilung des Inneren durch zwei eingestellte Säulenarkaden (Granitsäulen altägyptischer Provenienz, z. T. mit korinthischen Kapitellen). Die Hochwand des Mittelschiffes sowie der Ķiblawand zeigt noch große Teile des bedeutenden Stuckdekors. Die untere Wandzone trug vermutlich eine Marmorinkrustation; erhalten hat sich davon nur die der Gebetsnische (in deren Wölbung Goldmosaik). Das ehemals auf Schwibbögen ruhende Dach ist verloren.

Auf der rechten Seite des Verbindungskorridors liegt der Eingang in das *Mausoleum*. Man betritt einen kleinen, von Säulenarkaden umstandenen *Vorhof* (Eintrittskarten; hier erhält man auch die Schlüssel verschiedener Bauten in der Umgebung). Das anliegende Mausoleum ist durch eine reich stuckierte *Eingangsfront* (stark restauriert) ausgezeichnet.

Der großartige *Innenraum* ist in seiner architektonischen Gestaltung einmalig in Kairo. Wie schon bei dem Hauptiwân der Madrasa wurde die traditionelle Grundform durch eine innere Arkadenstellung bereichert: ein in das Raumquadrat eingestelltes Oktogon mit vier mächtigen Pfeilern und vier antiken Monolith-Säulen aus Rosengranit. Über ihm erhebt sich die durch einen durchfensterten Tambour überhöhte Kuppel. Der Raumeindruck wird durch den (nachträglichen) Einbau des schönen *Holzgitters* (Maschrabîja), das wie ein Querriegel um die Pfeilerpaare gespannt ist, etwas verunklärt. Das Gitter wurde 1303 von Ķalaʿûns Sohn en-Nâsir Mohammed als Umfriedung für den Kenotaph des Sultans gestiftet.

Die sehr reiche (sorgfältig restaurierte und ergänzte) *Innenraumdekoration* besteht in der unteren Wandzone aus einer kostbaren farbigen Marmorinkrustation (Dies früheste Beispiel ist zugleich Höhepunkt der für die mamlukische Architektur typischen Dekorgattung); in der Arkaden- und Fensterzone aus Stuck und zwischen dem Oktogon und dem äußeren Raumquadrat aus farbig gefaßten, kassettierten Holzdecken. Die mit bunten Glaseinlagen versehenen Stuckgitterfenster sind moderne Ergänzungen der entsprechenden mittelalterlichen Fenster.

Sehr zu empfehlen ist der Aufstieg auf das Minarett, von dem man einen großartigen Blick auf die umliegenden Bauten hat.

An den Baukomplex des Ķalâʿûn schließen unmittelbar zwei weitere Sultansbauten mit ihren Schaufassaden an. Zunächst die

Islamische Altstadt: Madrasa des Barkûk 391

Madrasa des en-Nâsir Mohammed (1295–1303), eines Sohnes von
Kala'ûn.
Zu ihr gehört das *Mausoleum*, in dem mehrere Familienmitglieder
des Sultans beigesetzt wurden. Der Sultan selbst ließ sich im Mausoleum
seines Vaters bestatten. Die kleine *Fassade* ist vor allem wegen ihres
gotischen Nischenportals bemerkenswert, einer Spolie, die von den Mamluken nach der Eroberung der Kreuzfahrerstadt Akkon in Palästina
(1291) nach Kairo verbracht und hier gewissermaßen als Siegestrophäe
aufgestellt wurde. Man beachte auch die sehr qualitätvolle feingliedrige
Stuckdekoration am quadratischen Schaft des Minarettes (obere Aufsätze
ergänzt). Auch im Inneren der Vier-Iwân-Anlage haben sich Reste der
ehemaligen Stuckdekoration erhalten (Gebetsnische im Kibla-Iwân, Fensterverblendung im W-Iwân).

Es folgt die monumentale Fassade der

Madrasa des Sultans Barkûk (1384–86), (Barkûkîja)

ebenfalls mit einem der Straßenseite anliegenden Mausoleum. An ihr
ist einzig die hohe, mit einer Stalaktitenwölbung bekrönte Portalnische
durch schwarz-weiße Marmorintarsien in der Rückwand betont (ineinander verzahnte Keilsteine, großes Schmuckfeld mit Schlingbandornament), die übrige Fassade erhielt eine sparsame, vergleichsweise trockene
Gliederung durch Flachnischen. Um so phantasievoller wirkt das mehrfach abgestufte Minarett über der NO-Ecke mit einem großflächigen
Schlingbandornament im Mittelgeschoß.
Durch den Eingangskorridor gelangt man in den großen Hof (Sahn) der
Vier-Iwân-Madrasa. Sie gehört im Planschema und im Aufriß der Hoffassaden zu den Nachfolgebauten der Sultan-Hasan-Moschee, unterscheidet sich aber signifikant in der Ausbildung des *Kibla-Iwâns*. Dieser ist
im Gegensatz zu den drei übrigen tonnengewölbten Iwânen flachgedeckt
und in Anlehnung an den Hauptiwân der nahegelegenen Madrasa des
Kala'ûn durch zwei eingestellte Säulenarkaden (hier mit mächtigen altägyptischen Granitsäulen) in drei Schiffe geteilt. Insgesamt beeindruckt
diese klar und harmonisch gegliederte Madrasa vor allem auch durch ihre
schöne dekorative Ausstattung: die eingelegten Marmorfußböden, die
reiche Marmorinkrustation der Kibla-Wand und die (erneuerten) prächtigen Holzdecken im Hauptiwân sowie viele andere Details der Ausstattung und des Baudekors.
In dem *Mausoleum*, das durch die dem Hofeingang gegenüberliegende
Tür zu erreichen ist, tragen die Wände eine bis zum Ansatz der Überleitung reichende farbige Marmorvertäfelung. Der Eingangsbogen wird
durch eine besonders schöne Maschrabîja verschlossen.

Die beiden Türen auf der W-Seite des Hofes führen in das zu diesem
Baukomplex gehörende *Sûfi-Konvent* (Chânka), heute verfallen und
weitgehend abgetragen; es bestand ursprünglich aus mehreren Wohn-
blöcken mit den Zellen der Sûfis.

Unmittelbar anschließend an den Madrasa-Komplex des Barḳûḳ liegen, verborgen hinter den Fassaden osmanischer Handels- und Wohnanlagen, die Ruinen der aijubidischen
Madrasa el-Kâmilîja (1225) und das *Bad des Mamlukensultans Inâl* (1456).

Auf der gegenüberliegenden Straßenseite steht etwas vorgesetzt der große frühmamlukische
Palast des Emirs Beschtâk (um 1340)
Dem unteren, mit Haustein verkleideten Geschoß sind Läden einbezogen,
außerdem eine kleine durch einen schönen Stalaktiteneingang hervorgehobene Madrasa, die im Kern noch auf die ehemals hier anliegenden fatimidischen Palastbauten zurückgeht. In den oberen Wohngeschossen ist lediglich die bedeutende über mehrere Geschosse gehende Empfangshalle
(Ḳâ'a) wieder instandgesetzt (zweigeschossige Arkadengliederung, schöne
Holzkassettendecken). Maḳriśi nannte diese älteste Palastanlage das großartigste Bauwerk Kairos.

Die kleine nach rechts abzweigende Gasse an der N-Seite des Beschtâk-Palastes führt
vorbei an einem frühosmanischen Mausoleum, dem sog. *Grab des Schêchs Sinân* (1585) –
zur *Madrasa des Eunuchen Mithḳâl* (um 1365). Dieser kleine, durch seine schönen Holzarbeiten ausgezeichnete Vier-Iwân-Bau gehört zum Typus der „*hängenden Madrasa*"
(el-Mo'allaḳa), d. h. einer erhöht über dem Straßenniveau errichteten Anlage. Hier
wurde dem unteren Geschoß ein gewölbter Durchgang zu einer Nebengasse einbezogen
und die eigentliche Madrasa darübergelegt. Beide Geschosse werden in der steil aufragenden Straßenfassade einheitlich zusammengefaßt – eine harmonische, für die mamlukische Zeit typische Anpassung an städtebauliche Gegebenheiten. (Ihre Restaurierung,
ein deutsch-ägyptisches Gemeinschaftsprojekt, wurde 1978 abgeschlossen).

Wieder an der Hauptstraße erreicht man eine Straßengabelung, deren Spitze wirkungsvoll besetzt ist von dem

Sebîl-Kuttâb des Abd er-Rahmân Katchodâ (1744)

Schon von weitem liegt der auf drei Seiten freistehende Bau im Blickpunkt von Bain el-Ḳasrain; umgekehrt bietet sich aus der Loggia der
Kinderschule im Obergeschoß eine besonders eindrucksvolle Aussicht auf
die vor ihm liegenden Baukomplexe und ruinösen Dachlandschaften.
Der Sebîl-Kuttâb ist betont im mamlukischen Stil errichtet und läßt erst
im Detail, z. B. der floralen Ornamentik, seine hochosmanische Entstehungszeit erkennen. Der Brunnenraum besitzt eine der Architektur sorgfältig eingepaßte *Fliesendekoration* mit Blau-Weiß-Fliesen – eine der
seltenen osmanischen Fliesendekorationen in Kairo überhaupt, und das
einzige Beispiel, für das die Fliesen offenbar speziell entworfen und her-

gestellt wurden. Dabei handelt es sich um Imitationen der türkischen Išnik-Fliesen, vermutlich lokale Erzeugnisse.

Auf der Hauptstraße, die links am Brunnenhaus vorbeiführt, liegt weiterhin die

el-Akmar-Moschee („die Strahlende")

Sie wurde 1125 von dem Wesir Ma'mûn el-Batâ'ihi für den Kalifen el-Amir erbaut. Diese kleine spätfatimidische *Hofmoschee* mit der schönen *Steinfassade* gehört zu den entwicklungsgeschichtlich interessantesten Bauten in Kairo, denn sie ist die früheste Moschee, deren gesamte Straßenfront von einer Schaufassade eingenommen wird und bei der zugleich die unterschiedliche Ausrichtung von Außenbau (zur Straße) und Innenraum (nach Mekka) im Grundriß wirksam wird. Daß nämlich die Fassade schräg vor den Innenraum gesetzt wurde, fällt optisch kaum auf. Leider ging der rechte Flügel dieser Fassade durch spätere Vorbauten verloren. Ursprünglich war sie dreiteilig, dem vorgesetzten Mitteltrakt waren zwei symmetrische Seitenflügel angeschlossen. Der Mitteltrakt, in sich wiederum dreiteilig mit der hohen Portalnische in der Mitte und flankierenden zweizonig angeordneten Seitennischen, ist gewissermaßen eine Umsetzung des antiken Triumphbogens in islamische Formensprache. Je eine zentrale Nische befindet bzw. befand sich in den Seitenflügeln, in der oberen Zone locker umgeben von Schmuckfeldern. Horizontale Schriftfriese in Höhe der Bogenansätze und ein breiterer Fries in ornamentalem Kufi am oberen Wandabschluß verbinden die einzelnen Fassadenabschnitte.

Im Inneren haben sich an den Arkadenbögen Reste der ehmaligen Stuckdekoration erhalten. Die Säulen und Kapitelle sind antike Spolien. Im Ķibla-Riwâķ sind an der linken Seitenwand noch die alten geschnitzten Türen erhalten. Die Wölbung der Riwâķs mit Stutzkuppeln geht auf eine um 1400 belegte Restaurierung zurück.

In der übernächsten nach der Aķmar-Moschee nach rechts abgehenden Straße (Sh. Darb el-Asfar) liegt an der Straßenecke (N-Seite) zunächst das *Haus des Mostafa Ga'far* (1713), heute Inspektorat der Antikenverwaltung, und etwas weiter auf derselben Seite einer der sehenswertesten Wohnpaläste, das

Bêt es-Sihaimi

Nach außen ist das Haus wie üblich fast ganz verschlossen; den Hauptschmuck bilden hier die *Maschrabîjen* der Erker und Fenster, durch die man nach draußen blickt, ohne selbst gesehen zu werden. Hinter dem Portal knickt der Eingangskorridor sogleich ab, so daß auch hier jede Sicht in das Innere des Hauses versperrt ist. Der Korridor führt in ei-

nen großen, lichten, mit Palmen und Blütensträuchern bepflanzten *Innenhof* – eine Oase der Stille und Ungestörtheit, die sich unverhofft aus dem Lärm und Gedränge des Straßenlebens auftut. Auf ihn sind die Wohntrakte gerichtet, öffnen sich eine *Empfangshalle* im Untergeschoß (Tachtabôsch) und eine *Loggia* (Ma'ḳad) im Obergeschoß. Ein zweiter Garten schließt sich an der N-Seite des Hauses an.
Der Palast gehört zu den typischen Wohnkomplexen der lokalen Notabeln, die aus mehreren – in diesem Falle hauptsächlich zwei – Häusern zusammenwuchsen und ausgebaut wurden (wichtigste Baudaten: 1. Haus an der Eingangsseite und östlicher Trakt 1648; große Empfangshalle an der W-Seite des Hofes 1699; 2. Haus an der N-Seite und Teile des westlichen Traktes 1796). Er enthält insgesamt vier unterschiedlich reich ausgestattete *Empfangsräume* (Mandara) im unteren, den männlichen Familienmitgliedern vorbehaltenen Geschoß *(Salâmlik),* die z. T. über zwei Geschosse gehen, und fünf entsprechend schöne *Wohnhallen* (Ḳâ'a) in den privaten Gemächern des Obergeschosses (Harîm), wo sich auch ein kleines *Bad* befindet.
Das ganze Repertoire traditioneller Innendekoration kann hier studiert werden: kleinteilig eingelegte Marmorfußböden (mit eingelassenen Brunnenbecken in einigen Hallen), Marmorinkrustation an den Wänden, Fliesenverkleidung (in einer oberen Ḳâ'a: ein Pasticcio aus türkischen, nordafrikanischen u. a. Fliesen), schöne Holzarbeiten, eingebaute Schränke mit Einlegarbeiten, geschnitzte und bemalte Decken und vor allem die prächtigen Holzgitter (Maschrabîja). Letztere dienen nicht nur als Sichtschutz, sondern auch als Lichtfilter und sind für die Ventilation des Hauses von entscheidender Bedeutung. Frische Luft wird durch den (nach Norden gerichteten) Windfang (Malḳaf) in das Innere des Hauses geleitet.

Wieder an der Hauptstraße, stößt man an der linken Seite auf einen spätosmanischen Baukomplex mit der *Moschee des Sulaimân Aga es-Silahdâr* (1837–40).
Unmittelbar davor zweigt eine Gasse ab, die (hinter der osmanischen Moschee vorbei) zu einem der besonders schönen spätmamlukischen Sakralbauten führt, zu der *Madrasa des Ḳadis Abu Bakr Ibn Mushir* (1479–80); eine kleine, intime Vier-Iwân-Anlage, in der sich die Iwâne der Hauptachse mit einer dreiteiligen Säulenarkade zum überdachten Innenhof öffnen. Ihre Bedeutung erhält die Madrasa auch durch die sehr reiche und qualitätvolle Innenausstattung, vor allem der Marmorinkrustationen (Signatur des Marmormeisters in den Intarsien der Ḳibla-Wand) und der Holzeinlegearbeiten mit zahlreichen Wappenkartuschen des Stifters.

Direkt an der Nordmauer liegt die

Moschee des Kalifen el-Hâkim (990–1013)

eine große Hofmoschee, deren Arkadenaufriß der Ibn-Tulûn-Moschee nachgebildet ist. Ursprünglich lag sie außerhalb der Stadt und wurde erst

Islamische Altstadt: Hâkim-Moschee — Stadtmauer

nach den Erweiterungen der Befestigungsmauern (1087) in das Stadtgebiet einbezogen. Ihre N-Wand ist zugleich Teil dieser neuen Stadtmauer. Die mit Haustein verkleidete Eingangsfront (der übrige Bau ist mit Ziegeln hochgezogen) ist durch einen *Portalvorbau* in der Mitte betont; daran haben sich Reste der ehemaligen Nischengliederung mit Ornamentfeldern in Steinrelief erhalten. An den Ecken der Fassade erheben sich zwei monumentale *Minarette*. Diese wurden erst später durch die turmartigen Eckbefestigungen ummantelt; ihre steinernen, schön ornamentierten Schäfte – der nördliche rund, der südliche polygonal auf quadratischem Unterbau – können beim Aufstieg auf die Stadtmauer bzw. auf die Minarettspitzen besichtigt werden.

Der gesamte Bau wurde in jüngster Zeit von der indischen Buchra-Sekte, die sich auf el-Hâkim zurückführt, renoviert und wiederaufgebaut. Erhalten hatten sich im Inneren nur Teile des fünfschiffigen Kibla-Riwâks (Transept und anschließende Arkaden mit Resten der bedeutenden Stuck- und Holzdekoration), die übrige Anlage wurde vollkommen neu errichtet. Der damit wiederhergestellte räumliche Gesamteindruck des weiten, von Arkaden umstandenen Hofes ist sicher das positivste Ergebnis dieses rekonstruierenden Neubaues.

Die fatimidische Stadtmauer

sollte man zuerst von der außerhalb der Stadt gelegenen Seite besichtigen. Auf dem davorliegenden großen Platz, der von der Antikenverwaltung freigelegt wurde, erhebt sich die monumentale Befestigungsanlage mit den beiden Toren *Bâb el-Futûh* »Tor der Eroberung« und *Bâb en-Nasr* »Siegestor« gleichsam als Fassade der Stadt. Sie wurde 1087 unter der Herrschaft des Kalifen el-Mustansir von dem armenischen Wesir Badr el-Gamâli erbaut, der hierzu Architekten aus Urfa/Nordsyrien (heute SO-Türkei) nach Kairo verpflichtete. Sie ersetzte die ältere vor der Hâkim-Moschee gelegene Ziegelbefestigung und diente einerseits der Erweiterung des Stadtgebietes, andererseits der Verteidigung gegen einen möglichen Angriff der Seldschuken, die sich in Syrien festgesetzt hatten. Doch wurde sie nie zu Verteidigungszwecken genutzt.

Die beiden von Turmbauten flankierten Tore – *Bâb el-Futûh* mit runden, *Bâb en-Nasr* mit eckigen Turmvorlagen – entsprechen formal römischen Befestigungsanlagen, wie z.B. auch dem großen Torbau der Festung Babylon in Alt-Kairo. Desgleichen weist die insgesamt sparsam verwendete Bauornamentik antikisierende Züge auf (Gesimse, Gebälk, Kassettierungen, Konsolen mit Widderköpfen). Festungstechnisch ist die Stadtmauer mit ihren verschiedenen Verteidigungsebenen, Fallschächten und

Schießscharten das Fortschrittlichste, das seinerzeit sowohl im Orient als auch im Abendland errichtet wurde.

Eine neue Phase des Ausbaus der Befestigungsanlage fand dann, seit 1169, unter dem aijubidischen Sultan Salâh ed-Dîn (Saladin) statt. Die Nordmauer wurde nach Westen und Osten erweitert bzw. neu angelegt. Auch die in großen Partien noch anstehende Ostmauer der Stadt (5/6 G) geht auf diesen Sultan zurück.

In das *Innere* der Anlage führt ein Beamter der Antikenverwaltung, der auf die Besucher zukommt (Zugang zum Bâb el-Futûh innerhalb der Stadt). Er zeigt vor allem die vielen altägyptischen Spolien mit Figurenreliefs, die in die Wände und Fußböden verbaut wurden. Man beachte besonders die technisch vollendete Steinbautechnik dieser Befestigung. Sie läßt sich am deutlichsten an den Gewölben erkennen, bei denen jeder Stein exakt für seinen Ort zugeschnitten werden mußte: so bei den steigenden, übereck geführten Tonnen der Treppenaufgänge, bei den Tonnen größerer Spannweite und den Kreuzgewölben einzelner Hallen, sowie den Hängekuppeln der Tordurchgänge.

Während der napoleonischen Besetzung von Ägypten (1798–1801) wurde die Stadtmauer von französischen Garnisonen okkupiert; auf diese verweisen die Inschriften an den einzelnen Türmen.

Außerhalb der Nordmauer in el-Husainîja (Schâri'a el-Gêsch, auf dem links davon abgehenden Midân eš-Šâhir / 2 G) liegt (1 km vom Bâb el-Futûh entfernt) die *Moschee des Sultans eš-Šâhir Baibars I.* (1266–69), die erste mamlukische Freitagsmoschee. Der ruinöse, heute in Restaurierung befindliche Bau vereinigt verschiedene Merkmale der vorangegangenen Hauptmoscheen.

In der Größe nimmt er auf die Amr-Moschee Bezug; die mehrschiffigen Riwâḳs sind (vielmehr waren) mit Pfeilerarkaden aufgezogen und diese nach dem Vorbild der Tulûn-Moschee z. T. mit Ecksäulen besetzt (wie bei der Hâkim-Moschee); nach dem Vorbild der Hâkim-Moschee sind die drei vorgesetzten Portalvorbauten gestaltet. Von entwicklungsgeschichtlicher Bedeutung für die späteren mamlukischen Hofmoscheen ist die gewaltige vor der Gebetsnische errichtete Kuppel, die das Mausoleum des Imâm esch-Schâfi'i als ideelles Vorbild hat.

Erhalten hat sich innerhalb der festungsartigen Umfassungsmauer mit den eindrucksvollen Portalen nicht sehr viel mehr als Teile des ehemals sechsschiffigen Ḳibla-Riwâḳs mit dem Unterbau der zentralen Kuppel; auch einige Stuckfenster der Außenwände sind noch in situ.

Rückweg

Für den Rückweg zur Ašhar-Moschee bzw. in den Chân el-Chalîli ist die Parallelstraße zur Hauptstraße zu empfehlen, in die man durch den Bâb en-Nasr gelangt. Wie diese ist sie eine wesentlich vom Handel bestimmte Straße.

Gleich rechts, unmittelbar an der SO-Wand der Hâkim-Moschee, steht eine bedeutende spätmamlukische Handelsanlage, die

Islamische Altstadt: Chânka Baibars' II.

Wakâla des Sultans Ḳâït-Bey (1480–81)

Leider ist ihr Anblick durch die unfertige Restaurierung beeinträchtigt (die Obergeschosse sind nur z. T. ergänzt) und das Innere ist durch Ein- bzw. Neubauten gestört. Man betrachte jedoch die reich dekorierte über drei Geschosse geführte Portalnische in der Mitte. Im untersten Geschoß schließen beiderseits Läden an, darüber Wohngeschosse.

Linker Hand folgt das kleine frühmamlukische *Mausoleum des Ahmed el-Ḳâsid* (um 1335) mit einem schönen Inschriftfries aus Stuck am Ansatz der Rippenkuppel. Beiderseits der Straße schließen mehrere *osmanische Handelsbauten* an, z. T. mit dazugehörigen *Brunnenhäusern* und kleineren *Moscheen* (17.–19. Jh.). Nach der Abzweigung der Darb el-Ahmar-Straße hat sich rechts ein kleines *anonymes fatimidisches Mausoleum* (um 1130) erhalten, ein einfacher Ziegelbau mit einer Trompenkuppel.

Gegenüber liegt die

Chânka des Sultans Baibars II. (1306–10)

ein wirkungsvoll an der Straße plazierter Hausteinbau. Er vereinigt eine *Madrasa*, eine *Moschee* und ein *Sûfi-Konvent* sowie das *Mausoleum* des Stifters. Seine Fassade umfaßt das vorgesetzte Mausoleum und einen monumentalen Eingangstrakt (Stalaktitenwölbung, schönes Bronzeportal). Die große Kuppel des Mausoleums und vor allem das massive turmartige Minarett (mit quadratischem Unterbau und rundem Mittel- und Abschlußgeschoß) beherrschen schon von weitem das Straßenbild.
Durch den Eingangskorridor gelangt man in einen großen rechteckigen *Innenhof* mit zwei sich gegenüberliegenden Iwânen. An den Seiten liegen die Wohnzellen der ehemals hier logierenden Sûfis und des Madrasa-Personals und in der Mitte davon jeweils ein größerer Versammlungsraum. Durch die außerordentlich schön gearbeiteten Fensterfassungen mit Stalaktiten und Nischenbekrönungen sind diese Hofseiten fassadenhaft gestaltet.
Das Mausoleum gleich links des Eingangs besitzt noch die gesamte, alle vier Wände umlaufende Marmorinkrustation. Zu empfehlen ist hier auch der Aufstieg auf das Minarett.

Unmittelbar anschließend an den Baukomplex des Sultans Baibars II. folgt die *Madrasa und das Mausoleum des Emirs Ḳarâsunḳur* (1300–1401). Von der Madrasa hat sich nurmehr die ausgenischte Hausteinfassade erhalten (beachtenswert die oberen Stuckfenstergitter mit Arabesken und Sternflechtornament; das Wappen des Stifters, Polostäbe, in den Tympana der unteren Fenster). Das ursprüngliche Portal wurde durch die heutige Anlage im späten 19. Jh. ersetzt.

Interessant ist am Anfang der nächsten nach links abzweigenden kleinen Seitengasse der noch erhaltene Torbogen eines ehemaligen *Viertel-Tores.* Solche Tore gab es überall zu den Wohnbezirken. Sie erschlossen kleinere verzweigte Sackgassen mit anliegenden Wohngemeinschaften (Hâra), die gegenüber den großen Durchgangsstraßen abgeschirmt werden konnten – besonders notwendig in Zeiten der Unruhe und bei Übergriffen der Obrigkeit.

An der Ecke der nach rechts abbiegenden Verbindungsstraße zur Hauptstraße (Schâri'a at-Tumbakschîja), erhebt sich die *Madrasa des Gamâl ed-Dîn Jûsuf el-Ustâdâr* (1408) über Läden und Magazinräumen, also eine sog. *hängende Madrasa.* Die große Portalnische mit davorliegender Freitreppe befindet sich auf der Seite der Nebenstraße; rechts ist ein Brunnenraum einbezogen.

Das Innere ist eine stimmungsvolle kleine *Vier-Iwân-Anlage* mit quergelagertem Hof und entsprechend breiten Iwânen der Hauptachse. Im Iwân auf der Ķibla-Seite sind noch größere Partien der einstmals sehr qualitätvollen Marmorinkrustation erhalten.

In der Schâri'a at-Tumbakschîja lag früher eine Karawanserei neben der anderen. Heute ist davon nur noch die *Wakâla el-Bašâr'a* (Ende 17. Jh.), neben der Madrasa des Gamâl ed-Dîn, voll erhalten, wenn auch in einem traurigen Zustand.

Zurück zur Straße des Bâb en-Nasr. An der nächsten Straßenecke folgt rechts die im mamlukischen Stil errichtete *Moschee des Mahmûd el-Muharram* (1792). Sehenswert ist das weitläufige Wohnhaus *Bêt el-Musâfirchana* (1779–88) desselben Bauherrn, eines Kaufmannes, in der hier abzweigenden Gasse. Es gelangte später in den Besitz der Chedîven-Familie und ist dementsprechend feudal nach dem Vorbild europäischer Salons, aber auch im traditionellen arabischen Stil ausgestattet. Heute befinden sich darin verschiedene Künstlerateliers.

Es lohnt sich, auch noch einen Abstecher in die rechts abzweigende Gasse zur *Madrasa der Prinzessin Tatar el-Higâsîja* (1360) zu machen. Sie wird z. Z. von einer deutsch-ägyptischen Mission restauriert. Der Bau, zu dem auch das schon 1348 errichtete *Mausoleum der Stifterin* gehört, ist aus einer *Palastanlage* hervorgegangen, die noch aus fatimidischer Zeit stammt. Insofern ist der Grundriß unregelmäßig: ein großer und ein kleiner Iwân sowie eine Arkadenhalle öffnen sich an drei Seiten des Hofes ohne erkennbaren Bezug zueinander. Dem großen Iwân wurde nachträglich an der Seitenwand eine Gebetsnische eingefügt. Dennoch ist diese Anlage recht stimmungsvoll, insbesondere wegen der schönen Stuckarbeiten (umlaufender Inschriftfries, Fenstergitter, Schmuckmedaillons). Der eingelegte Marmorfußboden ist neu.

Moschee des Saijîdna Husein

Endpunkt des ersten Ganges ist *Saijîdna Husein* (Maschhad el-Husaini), heute die *Hauptmoschee von Kairo.* (Eintritt nur für Muslime.) Sie wurde 1154 gegründet und zur Aufnahme der Kopfreliquie des Husein († 680), Sohnes des letzten orthodoxen Kalifen Ali, bestimmt. Alt ist an dieser Moschee nur ein Portal an der O-Seite mit dem darüber aufsteigenden Minarett von 1237 (Fenster- und Blendnischen mit reichem Stuckdekor). Die gesamte Moschee wurde 1867–73 unter dem Chedîven Isma'îl im gotischen Stil neuerbaut und in den 50er Jahren nochmals stilgerecht erweitert.

In dieser Moschee beten an Festtagen Staatsoberhaupt und Minister, und in den Nächten des Fastenmonats Ramadân spielt sich in bunten Zelten ein fröhliches Treiben mit folkloristischen Aufführungen ab, für jedermann ein zu empfehlendes vergnügliches Schauspiel!

Islamische Altstadt: Husein-Moschee — Chân el-Chalîli 399

Bei einem anschließenden Basarbesuch im *Chân el-Chalîli*, sogenannt nach einer im späten 14. Jh. hier erbauten, heute verlorenen Handelsanlage des Emirs Garkas el-Chalîli, stößt man im Zentrum auf insgesamt drei prunkvolle spätmamlukische Portale. Sie gehören zu einer großen *Wakâla des Sultans el-Ghûri* (1511), deren Reste noch auf der rechten Seite (wenn man von Saijîdna Husein kommt) erhalten sind. Die Fassade ist neu aufgezogen; im Inneren stehen rechts noch Teile der unteren Hofarkaden, z. T. unter dem Schutthügel. In die Fassade sind Läden eingelassen. Auf der gegenüberliegenden Gasse zog sich eine entsprechende Ladenzeile hin. Diese Ladenstraße konnte durch die Tore — und dazu gehörte noch ein viertes am rechten Ende der Wakâla — in sich abgeschlossen werden.

Für den Besuch des südlich anschließenden Gebiets → 2. Gang. Die meisten Reisenden ziehen jetzt aber einen Bummel vor durch den

Chân el-Chalîli

Die *Basare* haben schmale, ungepflegte Gassen, über die im Sommer Segel gegen die Sonne gezogen werden. Die Gassen sind nach Warengattungen bzw. Handwerken getrennt und die Viertel auch nach Nationalitäten und Glaubensbekenntnissen gesondert. Die Häuser machen zwar einen verfallenen Eindruck, aber man kann manche Reste schöner alter Architektur entdecken.

Die Kaufläden sind meist gleichzeitig Werkstatt; sie heißen *Dukkân*. Die Holzbank davor, die mit einer Matte bedeckt ist und auf der der Verkäufer oder Handwerker kauert, ist die *Mastaba*. Besonders interessant ist es, die Handwerker bei der Arbeit zu beobachten, sie verwenden noch altertümliche Werkzeuge und arbeiten manchmal auch mit den Füßen, wie die Plätter und die Drechsler. Auch die Silberarbeiter, die feinen Silberdraht in kupferne Teller einklopfen, erwecken unsere Aufmerksamkeit.

Heute werden viele minderwertige Waren angeboten, die in Europa hergestellt und nur für die Fremden bestimmt sind. Aber man kann auch noch schöne und originelle Dinge finden, wie die gestreiften Baumwollstoffe mit Seidenschuß, die für die einheimischen Gewänder verwendet werden; feine Schmuckstücke nach altägyptischen Motiven, manchmal mit echten Skarabäen und altarabischen Münzen verziert. Edelsteine, wie z. B. der grün-lila schillernde Alexandrit, sind günstig im Preis. Diverse Silber- und Kupferarbeiten, Bernsteinketten, kupferne Tischplatten auf zusammenlegbaren Holzgestellen; Kästchen und Tabletts mit Elfenbein- und Perlmutterinkrustation; Lederarbeiten wie die beliebten Puffs und Kamelsättel, Wandbehänge mit Applikationen nach altägyptischen Motiven sind die beliebtesten Souvenirs. Das Angebot an Parfümen, Weihrauch und Gewürzen ist geradezu verwirrend.

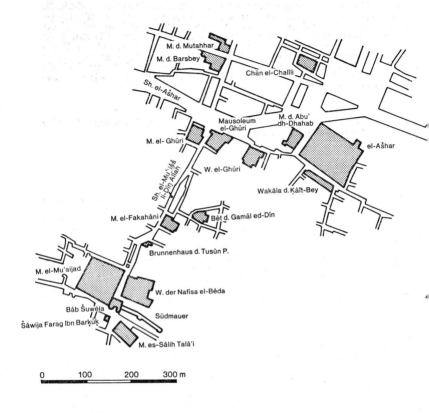

2. Gang

Islamische Altstadt: Ghûrîja 401

2. Gang Hauptstraße von el-Ghûrîja über el-Mu'aijad bis Bâb Suwêla (4/5 F). 500 m (einfach)

Die alte *Hauptstraße* (Sh. el-Mu'iss li-Dîn Allah) wird durch die sie kreuzende Ashar-Straße (angelegt erst 1931) empfindlich auseinandergerissen. Der kürzere südliche Abschnitt ist ebenfalls eine der belebtesten Marktstraßen (Sûk), dient aber – mehr noch als der nördliche Teil – vornehmlich der einfachen einheimischen Bevölkerung. Auch die Leute vom Land, die zu regelmäßigen Einkäufen in die Stadt kommen, kaufen hier ihre täglichen Bedarfsgüter wie Stoffe, Wäsche, Kleidung und Haushaltswaren.

Gleich zu Anfang erstreckt sich hier einer der städtebaulich eindrucksvollsten mittelalterlichen Baukomplexe beiderseits der Straße, die

Ghûrîja (1504–05)

genannt nach ihrem Bauherrn, dem vorletzten Mamlukensultan Kânsûh el-Ghûri: r. die *Moschee-Madrasa* mit 5köpfigem *Minarett*, l. das *Mausoleum*, dem eine *Chânka* angeschlossen ist, sowie ein hoher, wirkungsvoll in die Straße vorgesetzter *Sebîl-Kuttâb*. Die beiden schönen Portalnischen, die die Komplexe jeweils erschließen, liegen einander gegenüber und sind in der Dekoration (Stalaktitenwölbung, Marmorverblendung und -intarsia) aufeinander bezogen. Sie erheben sich über Freitreppen; darunter breiten sich vor den Fassaden Verkaufsstände aus. Zwei *Verkaufshallen* (Kaisârîja) sind der Madrasa an der N-Seite im Souterrain angegliedert.

Sehenswert ist vor allem die *Madrasa* (meist nur zu Gebetszeiten zugänglich). Es ist dies die letzte der für die späte Mamlukenzeit typischen Vier-Iwân-Anlagen mit überdachtem Innenhof. Ihre überaus reiche, farbige Innenausstattung ist fast vollständig erhalten; auch das Mobiliar (Holzminbar und Koranlesestuhl). Die kostbare Marmorinkrustation soll Sultan el-Ghûri aus Palästen und Privathäusern konfisziert haben – ein Vorgang, der angesichts der zunehmenden Knappheit dieses begehrten Materials in spätmamlukischer Zeit, und auch schon früher, durchaus nicht ungewöhnlich ist.

Auch das *Mausoleum*, das heute ein Kulturzentrum beherbergt, besitzt noch die alte Marmorinkrustation der Hochwände, und darüber ein etwas grob gearbeitetes Flächenmuster in Steinrelief, sowie den eingelegten Marmorfußboden. Die Kuppel ist verloren; sie erwies sich schon während der Erbauungszeit wegen ihrer außerordentlich großen Spannweite als problematisch und stürzte mehrfach ein.

In unmittelbarer Umgebung der Ghûrîja baute Sultan el-Ghûri auch eine große *Wakâla* (1504–05), östlich des Mausoleumskomplexes. Diese sehr praktikable Bauanlage vereinigte ehemals Lagerhaus, Handelskontore und Mietwohnungen. Durch ein breites, prächtiges Portal betritt man einen rechteckigen Innenhof.

Unten liegen die für Handel und Gewerbe bestimmten Arkadengeschosse; die oberen Wohngeschosse enthalten Appartements, die an Kaufleute, Durchreisende u. a. vermietet wurden. Geradezu modern mutet die Aufteilung dieser jeweils mehrere Räume umfassenden Appartements an: es sind über drei Geschosse gestaffelte Maisonette-Wohnungen mit jeweils eigener Innentreppe und allen notwendigen sanitären Einrichtungen.
Heute befindet sich in den unteren Räumen eine vom Kultusministerium eingerichtete kleine Ausstellung ägyptischer Volkskunst: Trachten, Schmuck und Gebrauchsgegenstände der Beduinen und Nubier (geöffnet täglich von 8–14 Uhr). In den oberen z. T. umgebauten Räumen sind Lehrwerkstätten für traditionelles Handwerk und Künstlerateliers untergebracht.

Abgehend von der Hauptstraße, breitet sich auf der S-Seite in den engen Gassen hinter der Madrasa des Sultans el-Ghûri ein sehr malerischer *Gewürzbasar* aus. Man beachte auch unter den folgenden Läden auf der rechten Straßenseite die nostalgischen *Verkaufswerkstätten von Hutmachern*, die sich auf den türkischen Fez spezialisiert haben – eine Hutform, die heute nur noch von sehr alten, distinguierten Herren getragen wird. Der Standort ist nicht zufällig: Hersteller von Kopfbedeckungen hatten sich hier schon im Mittelalter etabliert.

Auf der linken Seite folgt die *Moschee el-Fakahâni*, eine Gründung des Fatimidenkalifen es-Sâfir von 1148–49, die 1753 durch einen traditionellen Neubau ersetzt wurde. Dabei wurden die alten geschnitzten *Holztüren* wiederverwendet. Die Moschee erhebt sich über einem *Ladengeschoß*, das schon in dem fatimidischen Vorgängerbau existierte. Links ist ein *Sêbîl-Kuttâb* in die Fassadenflucht einbezogen. Der Innenraum der Moschee, eine bescheidene Arkadenhalle mit Spoliensäulen, ist einzig an der Gebetsnische durch eine Dekoration von importierten türkischen Fliesen (Werkstätten des Tekfur Saray in Istanbul) betont.

Vor der Fakahâni-Moschee zweigt eine Gasse ab, über die man zum *Haus des Gamâl ed-Dîn edh-Dhahabi* (1637) gelangt. Dieses Wohnhaus eines Kaufmannes ist eines der kleineren, ehemals komfortabel ausgestatteten Kairener Häuser (Innenhof mit Loggia, schönem Eingangsportal und Maschrabîjen; im Inneren große Ḳâ'a mit Marmorinkrustation und farbig gefaßten Holzdecken). Es beherbergt heute das Dokumentationszentrum der Islamischen Abteilung der Antikenverwaltung.
An der folgenden Straßenbiegung steht das *Brunnenhaus des Tusûn Pascha* (1820), ehemals ein Sebîl-Kuttâb.

Vor dem *Bâb Ṣuwela* liegt die
Moschee des el-Mu'aijad Schêch (1415–20)

unmittelbar an die Südmauer anstoßend. Sie ist die letzte der großen Hofmoscheen in Kairo. Ihre beiden Minarette erheben sich nicht über der Moschee selbst, sondern sind in geradezu triumphaler Weise auf das fatimidische Stadttor gesetzt. Der Ḳibla-Riwâḳ auf der Straßenseite wird nach dem Vorbild der Grabmoschee des Barḳûḳ in der Totenstadt von zwei *Mausoleen* flankiert; nur die rechte Kuppel, die mit einem Zickzackband reliefierte, wurde vollendet.
Die monumentale Eingangsnische trägt eine Stalaktitenwölbung und ist mit schönen Steinreliefs und Marmoreinlegearbeiten dekoriert. In der

Rückwand ist in einen als Spolie versetzten antiken Türrahmen das bedeutende *Bronzeportal* eingelassen, das ehemals den Haupteingang der Sultan-Hasan-Moschee verschloß und das sich el-Mu'aijad unter außerordentlicher Mißbilligung seiner Zeitgenossen angeeignet hat.
Man gelangt über einen Vorraum (reich ausgebildetes Faltgewölbe) zunächst in das Mausoleum des Sultans, und von da aus in den dreischiffigen *Ḳibla-Riwâḳ*. Dieser ist als einziger noch erhalten, während von den übrigen Arkadenhallen nur die Außenmauern und -fassaden bei einer Restaurierung von 1870-74 neu aufgezogen wurden. Der Hof, in dessen Mitte ein ebenfalls erneuerter Waschbrunnen steht, ist in einen Garten umgestaltet worden, was der ganzen Anlage eine friedliche und zugleich etwas romantische Stimmung verleiht.
Die kostbare dekorative Ausstattung des Ḳibla-Riwaḳs ist noch weitgehend vorhanden, so die qualitätvolle, sehr farbige Marmorinkrustation (blaue Glasflußeinlagen), Teile der alten Holzdecken sowie die geschnitzten Holztüren, die, wie auch die Gebetskanzel *(Minbar)*, mit einem Sternflechtornament und Beineinlagen versehen sind. Die Empore der Vorbeter (Dikka) ist aus Marmor gearbeitet. Auch die Spoliensäulen und -kapitelle der Arkaden verstärken die kostbare Gesamtwirkung; letztere waren ehemals z. T. vergoldet.

Innerhalb der Stadt liegt gegenüber der Mu'aijad-Moschee die hochosmanische *Wakâla der Nafîsa el-Bêda* (1796), der an der rechten Seite ein polygonaler *Sebîl-Kuttâb* angeschlossen ist. An der hier abgehenden kleinen Seitengasse hat sich noch der Torbogen des Vierteltores erhalten.
Auf der W-Seite der Moschee befindet sich die Ruine eines von Sultan el-Mu'aijad errichteten großen *Bades* (1420).

Das fatimidische Stadttor Bâb Suwêla

und die anschließende (noch in Resten zwischen den Häusern auf der O-Seite erhaltene *Südmauer* entstanden 1092 im Zuge des Neubaus der Stadtbefestigung durch Badr el-Gamâli. Das Tor ist ebenfalls ein Werk der aus Urfa berufenen nordsyrischen Architekten, die zuvor die beiden Tore der Nordmauer errichtet hatten. Wie das Bâb el-Futûh ist dieses Tor von halbrunden Turmvorlagen flankiert und der Durchgang selbst mit einer Hängekuppel gewölbt.
Den Mamluken diente Bâb Suwêla als öffentliche Hinrichtungsstätte. Nach der osmanischen Eroberung von Kairo (1517) wurde hier der letzte Mamlukensultan Tumân-Bey erhängt.

Der Aufstieg auf das Bâb Suwêla und von hier aus auf die *Minarette* der Mu'aijad-Moschee ist unbedingt zu empfehlen. Hier hat man einen ungestörten, sehr interessanten Ausblick auf das lebhafte Straßenleben vor und außerhalb der Stadtmauer.

Auf dem Platz vor Bâb Ṣuwêla liegt die
Moschee des Wesirs es-Sâlih Talâ'i

eine kleine spätfatimidische Hofmoschee (stark restauriert). Ihr Außenbau ist ganz auf den hier etablierten Markt ausgerichtet: Sie erhebt sich über einem Ladengeschoß (heute unter Straßenniveau) und liegt nach drei Seiten, denen rundum Läden und Magazine einbezogen sind, frei. Die Steinfassaden sind durch flache Kielbogennischen gegliedert; auf der Seite des Haupteinganges öffnet sich zwischen den Ecknischen eine Arkadenvorhalle. Das Innere ist im Gegensatz zum Außenbau ganz in Ziegel aufgezogen und mit Stuck dekoriert. Besonders schöne *Stuckfenster* befinden sich an der Ḳibla-Wand. Die bemerkenswerte große *Eingangstür* (außen Bronzeverkleidung, innen Holzvertäfelung) ist eine Kopie des im Islamischen Museum aufbewahrten Originals.

Der gegenüberliegende kleine, reich mit Marmorintarsien dekorierte mamlukische Bau, die *Sâwija des Sultans Farag Ibn Barḳûḳ* (1408), enthält einen kleinen Gebetsraum und einen öffentlichen Brunnen.

Wer noch nicht geh- oder sehmüde ist, mag hier den 3. Gang (ohne Totenstadt) anschließen.

Islamische Altstadt: nördlich und südlich von Bâb Suwêla

3. Gang Hauptstraße von Bâb Suwêla über Ulmâs bis Hôsch el-Pascha (Totenstadt) (5/9 F). 3,5 km (einfach, ohne Totenstadt; bis es-Saijida Nafîsa 2,5 km)

Außerhalb von Bâb Suwêla führt die alte Hauptstraße (mit wechselnder Bezeichnung der einzelnen Abschnitte) geradeaus weiter bis zum Wallfahrtsgrab der Saijida Nafîsa und damit in die südliche Totenstadt (el-Ḳarâfa el-Kubra), die bald hinter der Kreuzung mit der Salîba beginnt. Die Bebauung des Geländes südlich des Stadttores setzte erst in frühmamlukischer Zeit ein. Seitdem ist die Hauptstraße hier ein bevorzugter Standort für die sakralen Stiftungen hoher Staatsbeamter und daneben – wie innerhalb der Stadtmauern – ein einziger durchgehender Markt.

Gleich zu Anfang dieses Straßenabschnittes betritt man den überdachten *Basar der Zeltmacher* (el-Chijâmîja), eine ehemals größere Anlage mit Ladenzeilen und Mietswohnungen des Emirs Radwân-Bey (Mitte 17. Jh.), zu der auch der *Palast* des Bauherrn gehörte. Die davon noch erhaltene Loggia (Maʿḳad) des Innenhofes liegt hinter einem großen Torbogen auf der rechten Seite.

In diesem sehr malerischen Ensemble, zu dem auch noch weitere alte Häuser mit vorspringenden Erkern und den traditionellen Maschrabîjen gehören, folgen links zwei kleine mamlukische Moschee-Madrasen, beides einfache, aber durchaus sehenswerte Iwân-Anlagen: Die *Madrasa des Emirs Maḥmûd el-Kurdi* (1394–95) mit dem ihr einbezogenen Mausoleum zeichnet sich durch die schöne Fassade, Portalnische mit Stalaktitenwölbung, alte Fenstergitter mit geschnitzten Holzrahmen und andere Dekordetails sowohl außen als auch innen aus. Minarett und Kuppel tragen ein Zickzackrelief. Bei der *Madrasa des Inâl el-Jûsufi* (1392–93), ebenfalls mit Mausoleum und außerdem Sebîl-Kuttâb auf der S-Seite, wurden die Fassade und das Minarett in osmanischer Zeit verändert. Das an ihrer N-Seite anschließende Brunnenhaus ist 1442 datiert.

Ebenfalls auf der linken Seite liegt, durch eine Seitengasse erreichbar, ein *Haus des Sultans Ḳâit-Bey* (1485), von dem noch die große Loggia (Maʿḳad) und ein Portal zu den noch verbliebenen Wohntrakten stehen.

Rechts von der Hauptstraße abgehend gelangt man zu zwei sehenswerten osmanischen Moscheen: Die kleine *el-Burdani-Moschee* (1616–29) st en historisierender Bau im mamlukischen Stil mit besonders reicher und schöner Innenraumdekoration; sie sollte die mamlukischen Vorbilder offensichtlich übertreffen. Die *Moschee der Malika Safîja* (1610), erbaut für die Frau des osmanischen Sultans Murâd III., ist hingegen eine nach türkischem Vorbild errichtete Kuppelmoschee mit einem von Arkaden umstandenen Vorhof.

Wieder auf der Hauptstraße, folgt links die *Moschee des Gânibek* (1426–27), eine Vier-Iwân-Anlage mit dem Mausoleum des Stifters.

300 m südlich liegt die *Moschee-Madrasa des Gânem es-Saifi* (1478), deren Mausoleum erst 1510 angebaut wurde. Ihr Grundriß ist ungewöhnlich: eine reduzierte kleine Hofmoschee, bei der der Hof auf die Breite eines Arkadenschiffes verkleinert ist. Bemerkenswert ist hier der für die spätmamlukische Zeit typische qualitätvolle Reliefdekor (Arabesken) an der Kuppel und am Minarett.

Gegenüber steht noch im Straßentor der frühmamlukischen *Moschee des Emirs Ḳûsûn* (1329–30). Die große Hofmoschee dieses Emirs, zu der man durch die Gasse hinter diesem Tor gelangt, wurde beim Bau der Mohammed-Ali-Straße (um 1875) fast ganz zerstört und durch einen Neubau ersetzt. Teile der Außenmauern mit schönen Stuckfenstern sind noch hinter diesem Neubau erhalten.

Kurz vor der Kreuzung der Hauptstraße mit der (erst 1873–75 angelegten) Mohammed-Ali-Straße (oder Sh. el-Ḳâlʿa), sollte man noch einen Blick werfen in den Arkadenhof

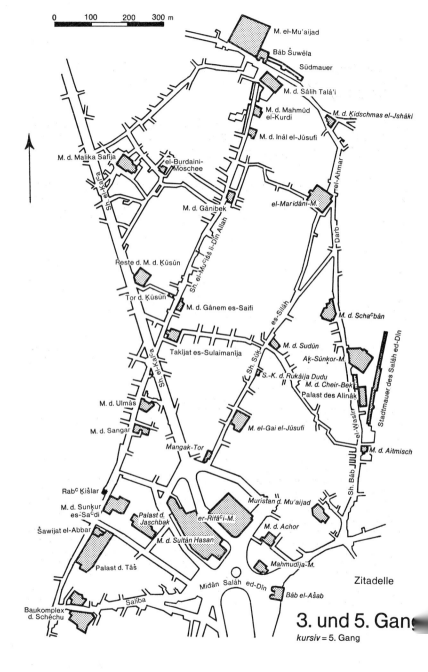

3. und 5. Gang

kursiv = 5. Gang

der frühosmanischen *Takîjat es-Sulaimanîja* (1543), das Konvent einer orthodoxen Derwisch-Sekte.

Jenseits der Kreuzung mit der Mohammed-Ali-Straße befindet sich gleich auf der linken Seite die

Moschee des Emirs Ulmâs (1329–30)

eine kleine, sehr sorgfältig ausgestattete Hofmoschee. Die nur sparsam, aber im Detail äußerst qualitätvoll dekorierte Fassade umfaßt das der Moschee vorgelagerte Mausoleum des Bauherrn sowie eine tiefe Portalnische mit einer bemerkenswerten steinernen Stalaktitendecke. Man beachte auch die schönen Holzgitter der Fenster in der Portalnische und am Mausoleum, sowie die mit Bronze verkleidete Eingangstür.
Von Ulmâs ist überliefert, daß er für diesen Bau besonders kostbare Materialien zusammentrug, so die ausgesucht schönen und einheitlichen spätantiken Spoliensäulen und Kapitelle der Hofarkaden. Von der ehemals reichen Marmorinkrustation sind nur noch Reste an der Gebetsnische und im Mausoleum erhalten; sie wurde bereits unmittelbar nach seinem Tod geplündert. Die Arkadenbögen, die Fenster und die Nischen sind durch Stuckbänder gefaßt.

Weiter südlich folgt auf derselben Seite, an der Ecke eines Straßendurchbruchs, das kleine *Mausoleum des Sangar el-Muṣaffar* (1322) mit einer frühen ganz in Stein errichteten Rippenkuppel. Diesem gegenüber steht der Sebîl des Jûsuf Bek (1772).

Sodann folgt, wiederum auf der linken Straßenseite, die

Madrasa des Emirs Sunḳur es-Saʿdi (1315–20)

die durch ihren ungewöhnlich schmuckvollen Stuckdekor am Mausoleum und am Minarett auffällt. Von der Madrasa selbst ist nur noch der W-Iwân erhalten, ebenfalls mit einem sehr qualitätvollen Stuckdekor im Inneren, außerdem die kleine in Stein errichtete Straßenfassade, die diesen Ziegelbauten vorgeblendet ist. Anstelle der verlorenen Partien der Madrasa steht die spätosmanische *Mawlawîja*, ein überkuppelter Versammlungsraum der tanzenden Derwische mit umgeführten Emporen (Restaurierung durch eine dänische Mission).

Der Madrasa des Sunḳur gegenüber liegt der *Rabʿ Kišlar* (1618), ein größerer osmanischer Hauskomplex mit Mietwohnungen; ihm sind auf der Straßenseite ein Sebîl-Kuttâb und Läden einbezogen.

Nach der nächsten Straßenkreuzung folgt auf der linken Seite die frühmamlukische sog. *Šawijat el-Abbar* (1284–85), eine Stiftung des Emirs Aidakin el-Bunduḳdâr, von der nurmehr die Fassade und zwei dazu gehörige Mausoleen (Rippenkuppeln, Stuckdekor) erhalten sind. Unmittelbar anliegend erstreckt sich ein größerer z. T. ruinöser Baukomplex, der *Palast des Emirs Tâs* (1352). Sodann erreicht man die Salîba (4. Gang).

Südliche Totenstadt (s. Stadtplan von Kairo)

Im S der Salîba führt die Hauptstraße in die südliche Totenstadt, die heute überwiegend als Wohngebiet genutzt ist (7/8 F). Nach etwa 500 m liegen rechts an der Straße die fatimidischen *Maschhads der Saijida Rukaija* (1130), sowie der *Saijida Atika* und des *Mohammed el-Ga'fari* (1120–25), und diesen gegenüber das *Mausoleum der Prinzessin Schagarat ed-Durr* (1250), der ersten Regentin der Mamluken. Weiter südlich folgen links zwei große Mausoleen der Familie des Sultans Kala'ûn, denen ehemals Madrasen angeschlossen waren: das *Mausoleum der Umm es-Sâlih* (1283–84), einer Frau des Sultans, und das *Mausoleum seines Sohnes el-Aschraf Chalîl* (1288). Die Straße mündet bald danach in einen Platz, an dem die *Moschee und Wallfahrtsstätte der Saijida Nafîsa* das Zentrum dieses Bereiches der südlichen Totenstadt bildet; die Moschee wurde am Ende des 19. Jh. im mamlukischen Stil neu erbaut. Links dahinter befindet sich das wegen seiner schönen Stuckausstattung sehenswerte spätaijubidische *Mausoleum der Abbasidenkalifen* (um 1240).

Die vom Platz in südöstlicher Richtung weiterführende Straße der Sajida Nafîsa führt nach etwa 1 km – über die Umgehungsstraße, Sh. Salâh Salem, hinweg – zum

Grabkomplex des Imâm esch-Schâfi'i (9 F)

Sein Besuch ist unbedingt zu empfehlen, doch fährt man zweckmäßigerweise mit dem Auto über die Sh. el-Imâm esch-Schâfi'i, die vom Ende des Midân Salah ed-Dîn unterhalb der Zitadelle ausgeht (7 F), direkt dorthin.

Anstelle der Madrasa, die Sultan Salâh ed-Dîn (Saladin) 1176–77 bei dem Grab des Begründers der Schâfi'iten († 820) erbaute, steht heute eine 1891 in mamlukisierenden Bau- und Dekorformen errichtete Moschee. Aus der Zeit Saladins stammt jedoch noch der prächtige für den Imâm 1178–79 gestiftete Kenotaph im Inneren des Mausoleums. Das *Mausoleum* selbst ist eine Stiftung des späteren Sultans el-Kâmil, 1211 vollendet. Es ist dies einer der größten Grabbauten in Ägypten (äußere Seitenlänge 20,50 m) und sicher der eindrucksvollste. Er wurde mehrfach restauriert, so u. a. von Sultan Kâit-Bey und 1772 von Ali-Bey el-Kebîr, doch dürfte dabei der Gesamteindruck des aijubidischen Gründungsbaus nicht wesentlich verändert worden sein.

Der Außenbau besteht aus einem in zwei Stufen aufsteigenden quadratischen Unterbau und der darüber nochmals zurückgesetzten hohen (zweischaligen) Kuppel (letztere 1772 erneuert). Seine ehemalige Schönheit läßt sich noch an den Resten der reichen Stuckdekoration erahnen, insbesondere am oberen Teil, an dem aber die Stuckfenster und -blendnischen und die durchbrochen gearbeiteten, ornamentierten Zinnen restauriert wurden und der Verputz ergänzt ist. Das Kupferschiff auf der Spitze der bleiverkleideten Kuppel ist als Futterplatz für die Vögel bestimmt.
In das Innere gelangt man durch einen zur Moschee gehörigen Vorraum. Die Heiligkeit dieses Ortes, noch heute eine der besuchtesten Wallfahrtsstätten, teilt sich dem Besucher spätestens beim Betreten des Innenraumes des Mausoleums mit. Es ist ein sehr weiter, hauptsächlich durch die oberen Fenster diffus beleuchteter Raum, erfüllt vom Duft verbrannten Räu-

cherwerks und dem verhaltenen Gemurmel seiner offensichtlich frohgestimmten einheimischen Besucher – Männer, Frauen und Kinder, die die Kenotaphe umkreisen oder sich an den Wänden niedergelassen haben.

Sie vermitteln einen guten Eindruck vom typischen Volksislâm (Küssen und Streicheln des Grabbaus u. a.).

Außer dem schönen *Kenotaph des Imâms,* den der Chedîve Abbâs II. 1911 von einem pompösen Gitter umgeben ließ, befinden sich noch die Kenotaphe der Mutter des el-Kâmil († 1211), des el-Kâmil selbst (Zuschreibung), sowie einer lokalen Größe, in dessen Familiengrabstätte der Immâm ursprünglich beigesetzt worden war. Die Dekoration des Innenraumes stammt größtenteils von den späteren Restaurierungen, so die Marmorinkrustation der Wände aus der Zeit des Ḳâït-Bey; der abschließende geschnitzte Holzfries gehört allerdings zum Ursprungsbau, desgleichen die eingesetzte oktogonale Holzbalkenkonstruktion, an der die Moscheenampeln hängen, und die großartigen Holzpendentive der Überleitung zur Kuppel. Die gesamte Bemalung der oberen Zone erfolgte im 18. Jh.

Westlich hinter dem Mausoleum des Imâm esch-Schâfi'i liegt der sog. *Hôsch el-Pascha,* die Grablege der Familie des Mohammed Ali.

Wer sich eine zusätzliche Anstrengung zumuten mag, widme seine Aufmerksamkeit den Ruinen des

Alten Aquädukts (el-Ḳanâtir), 8 C/F (S. 417).

4. *Gang* Salîba von Ibn Tulûn über Sebîl-Kuttâb Ḳâït-Bey bis zur Zitadelle (7 E–6 G). 1 km (bis zum Aufstieg zur Zitadelle).

Die *Salîba* (d. h. Kreuzstraße, bezogen auf die Kreuzung mit der alten Hauptstraße) ist eine der prominenten mittelalterlichen Straßen von Kairo. In dieser Region erstreckte sich ehemals die Tulunidenstadt el-Ḳatâ'i, von der heute nurmehr die Moschee des Ibn Tulûn erhalten ist. Alle übrigen historischen Bauten an der Salîba und in ihrer Umgebung entstanden erst in mamlukischer Zeit und später.

Die Moschee des Ahmed Ibn Tulûn (876–79)

ist eine Hofmoschee von etwa 120 m x 140 m, ein Ziegelbau nach dem Vorbild der Moscheen von Samarra/Irak, der damaligen Residenz der Abbasidenkalifen. Sie ist kleiner als diese, gewissermaßen ein provinzieller Ableger der kalifalen Bauten. Für die frühislamische Baukunst ist sie jedoch von vorrangiger Bedeutung, da sie als einzige dieser abbasidischen Moscheengruppe noch voll aufrecht steht. Trotz mehrfacher Restaurierungen blieb ihre ursprüngliche Baugestalt im wesentlichen unverändert.
Nach dem Verfall von el-Ḳatâ'i wurde der Moscheenbetrieb von den Fatimiden vorübergehend, sodann von den Aijubiden ganz eingestellt und erst in der frühen Mamlukenzeit wiederaufgenommen. 1296–97 ließ Sultan Laǧîn die Moschee aufgrund eines Gelübdes umfassend restaurieren und wiedereröffnen. In dieser Zeit fand vermutlich die Erneuerung des Minaretts in Stein statt; doch die ungewöhnliche Spiralform geht auf das ursprüngliche Minarett zurück. Seit dem späten 18. Jh. wurde die Moschee zweckentfremdet, u. a. als Weberei benutzt und schließlich 1846–47 als Armenhaus eingerichtet. Dabei wurden die Hofarkaden z. T. zugemauert. Eine gründliche Restaurierung der gesamten Moschee durch die ägyptische Antikenverwaltung erfolgte schließlich seit dem Ende des letzten Jahrhunderts. In diesem Zusammenhang wurden auch die Außenmauern von den bis an sie heranreichenden Häusern befreit.

Der heutige Haupteingang (Eintrittskarten) liegt auf der NO-Seite. Zunächst gelangt man in einen *Vorhof* (Sijâda), der die Moschee auf drei Seiten korridorartig umläuft. Die Außenmauern sowohl der Sijâda wie auch der Moschee selbst tragen einen durchbrochenen Zinnenkranz; die Moscheemauern sind außerdem durch eine gleichmäßige Abfolge von Spitzbogenfenstern (z. T. mit alten Stuckgittern) und dazwischengesetzten Muschelnischen betont. Diese einfache, klare Gliederung kennzeichnet den gesamten Bau, der auch in seinen Proportionen ungemein harmonisch wirkt.
Im Inneren ist der große quadratische *Hof* von Pfeilerarkaden umstanden, zweischiffig in den Seitenriwâḳs, fünfschiffig im Hauptriwâḳ. In den Arkadenzwickeln sitzen kleine spitzbogige Entlastungsfenster, die an den Hoffassaden zusätzlich von Stuckrosetten flankiert werden. Ein Fries aus solchen Stuckrosetten bildet den Abschluß der Hofwände. Der sparsam, aber äußerst wirkungsvoll angebrachte *Stuckdekor* (sog. Schrägschnittstil von Samarra) folgt der architektonischen Gliederung. Stuckbänder umfahren die Arkadenbögen und die Fenster und schließen die Hochwände im Inneren der Riwâḳs ab. Die Bogenlaibungen der Hofarkaden tragen reich variierte geometrische und vegetabile Flächenmuster

Islamische Altstadt: Ibn-Tulûn-Moschee 411

(z. T. stark erneuert); die Kapitelle der Ecksäulen an den Pfeilern sind ebenfalls aus Stuck gearbeitet.
Im *Kibla-Riwâk*, den man als erstes betritt, befinden sich an den Pfeilerpaaren der Mittelachse (2. Reihe vom Hof aus) zwei Gebetsnischen in Stuck, rechts gestiftet von dem Fatimidenkalifen el-Afdal (1094), links

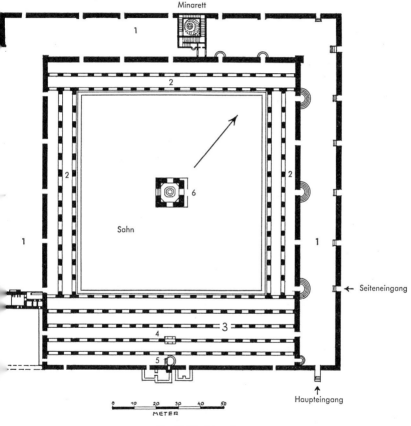

Ibn-Tulûn-Moschee

1 Dreiseitiger Vorhof — **2** Zweischiffige Pfeilerhalle (Liwân) — **3** Sanktuarium — **4** Podium für den Vorbeter (Dikka) — **5** Gebetsnische (Mihrâb) und Freitagskanzel (Minbar) **6** Brunnenhaus (Hanafîja)

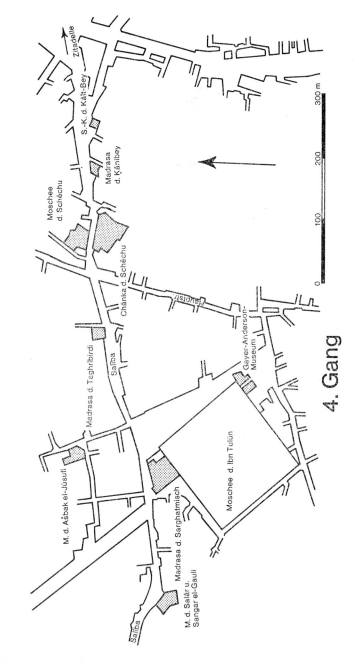

Islamische Altstadt: Gayer-Anderson-Museum 413

eine Kopie davon von Sultan Lagîn (1296). In der folgenden Pfeilerreihe ist rechts eine Inschriftplatte mit der in Kufi geschriebenen Bauinschrift des Ibn Tulûn; das dazugehörige Gegenstück wird im Islamischen Museum aufbewahrt. An den Pfeilern seitlich der Vorbeterkanzel *(Dikka)* folgen zwei einfache Stuckfelder in Form einer Gebetsnische, die ebenfalls aus der Erbauungszeit stammen.

Die *Hauptgebetsnische* an der Rückwand wurde von Sultan Lagîn mit einem Goldmosaik in der Wölbung und einer Marmorinkrustation ausgestattet, während die Blendfassung tulunidisch ist; zwei der eingestellten Säulen tragen byzantinische Körbchenkapitelle. Bemerkenswert ist über der Gebetsnische auch die originale Holzverschalung der Rückwand mit Kufi-Schriftfries und Schrägschnittornamentik. Die große *Holzkanzel* (Minbar) rechts der Gebetsnische wurde von Sultan Lagîn gestiftet. Ebenso geht wahrscheinlich auch die Errichtung einer Kuppel vor der Gebetsnische auf diesen Sultan zurück; die heutige Holzkuppel ist jedoch osmanisch. Auch die schönen *Stuckfenstergitter* in der Rückwand wurden größtenteils während der Restaurierung des Sultans Lagîn erneuert.
Beim Gang durch die Arkadenhallen beachte man die über einigen Außentüren noch erhaltenen tulunidischen Türstürze aus Holz. Die Holzdecken der Arkadenschiffe sind hingegen durchgehend erneuert.
Das große *Brunnenhaus* in der Mitte des Hofes, ein Neubau des Sultans Lagîn (1296), entspricht in der Form ungewöhnlicherweise den gleichzeitigen Mausoleen.

Beim Aufstieg auf das *Minarett,* das dem Kibla-Riwâk gegenüber in der Mitte der nordwestlichen Sijâda steht, kann man auch das Dach der Moschee betreten. Von der Spitze des Minaretts aus gewinnt man einen eindrucksvollen Überblick über die Altstadt, insbesondere die Salîba bis zur Sultan-Hasan-Moschee und die Zitadelle. An klaren Tagen kann man bis zu den Pyramiden von Gîsa sehen.

Durch einen Nebeneingang an der SO-Ecke der Tulûn-Moschee erreicht man das
Gayer-Anderson-Museum
Öffnungszeit: täglich 8.30–16 Uhr, freitags 8.30–11 und 13.30–16 Uhr; im Winter nachmittags geschlossen.

Das Museum besteht aus zwei von dem englischen Major Gayer-Anderson sorgfältig restaurierten und mit traditionellem Mobiliar eingerichteten osmanischen Häusern, links (wenn man aus der Moschee kommt) *Bêt el-Kreatlia* von 1631, rechts das im Ursprung noch ältere *Haus der Amna Bint Sâlim*. Neben der Sammlung von orientalischem Kunstgewerbe (Bronzearbeiten, Fayencen, Textilien) befinden sich hier auch altägyptische Altertümer, europäische Plastik und Malerei und allerlei Kuriosa, die der Major 1942 dem ägyptischen Staat vermachte. Vor allem sind jedoch die liebevoll ausgestatteten Häuser mit Innenhof, Loggia (Maʿkad), Empfangshallen (Kâʿa) und romantischem Dachgarten sehenswert.

Zur Salîba hin liegt unmittelbar an der NW-Seite der Tulûn-Moschee die *Madrasa des Emirs Sarghatmisch* (1356). Ein Blick von oben in den Hof, auf ihre Kuppeln und das elegante Minarett mit Säulenaufsatz bot sich schon vom Minarett der Tulûn-Moschee aus. Es lohnt sich aber auch, den ehemals sehr qualitätvoll dekorierten Bau näher zu betrachten.
Das große *Stalaktitenportal* trägt eine sehr fein gearbeitete Dekoration in Steinrelief. Das Innere ist eine einfache, stimmungsvolle *Vier-Iwân-Anlage;* die Iwâne sind flachgedeckt, mit Ausnahme des *Hauptiwâns,* der ungewöhnlicherweise dreigeteilt und von einer Mittelkuppel überwölbt ist. Diese Kuppel wurde nach alten Beschreibungen – leider nicht sehr geglückt – rekonstruiert; sie ähnelt vermutlich eher der Kuppel des danebenliegenden Mausoleums, die durch einen sehr hohen Tambour betont ist. Von der Ausstattung sind insbesondere die kostbaren reliefierten Marmorplatten (z. T. »Spolien«, die sich der Emir aus anderen mamlukischen Bauten verschafft hatte) seitlich der Gebetsnische im Ķibla-Iwân sowie im Mausoleum hervorzuheben.

Weiter westlich liegt an der Salîba etwas erhöht auf dem Felshang von el-Kabsch die frühmamlukische *Madrasa der Emire Salâr und Sangar el-Gauli* (1303–04). Die *Madrasa,* zu der ein Sûfi-Konvent gehörte, ist von unregelmäßigem Grundriß und ging vermutlich aus dem Umbau einer hier schon existierenden profanen Anlage hervor. Sie wird beherrscht von zwei nebeneinanderliegenden Kuppeln der *Mausoleen* der beiden Emire (Rippenkuppeln über hohem Tambour) und dem links anschließenden *Minarett,* die sich über der steilen, durch Flachnischen gegliederten Fassade erheben. Das Minarett mit hohem quadratischem Schaft, polygonalem Obergeschoß und abschließendem Aufsatz, ist das früheste Beispiel der reich variierten, mehrgeschossigen mamlukischen Minarette.
Im Inneren galt die größte Sorgfalt der Ausstattung der Mausoleen mit einer kostbaren (nur noch teilweise erhaltenen) Marmorinkrustation. Einmalig sind die großen *Steintransennen* in den Bogenöffnungen des zum rückwärtigen Hof geöffneten Verbindungsganges vor den Mausoleen; sie zeigen großformige stilisierte Blütenranken. Im Hof befindet sich an der linken Wand noch ein schöner Schriftfries in Stuck.

In einer Seitengasse, die nördlich gegenüber der Tulûn-Moschee von der Salîba abgeht, liegt die *Moschee-Madrasa des Emirs Aśbak el-Jûsufi* (1494–95), eine reich dekorierte *Vier-Iwân-Anlage* mit überdachtem Innenhof. Dazu gehört ein *Sebîl-Kuttâb* an der Straßenecke sowie ein sehr schön ornamentiertes Minarett über dem Eingang; für Portalnische besitzt ein bemerkenswertes Fächergewölbe. Die Bauornamentik, insbesondere das für die spätmamlukische Zeit typische Flachrelief, ist hier verschwenderisch auch am Außenbau angebracht; man beachte z. B. den reliefierten Zinnenfries. Hier, sowie an zahlreichen anderen Stellen, hat der Bauherr sein Wappen einfügen lassen.

Weiter auf der Salîba in Richtung Zitadelle folgt links die kleine *Madrasa des Emirs Taghrîbirdi* (1440). An der Hauptfassade der traditionellen *Vier-Iwân-Anlage* befindet sich links der Portalnische ein *Sebîl-Kuttâb;* rechts schließt das *Mausoleum* mit seiner schmalen, steil aufragenden Tambourkuppel an. Die zur Seitengasse gelegene Nebenfassade auf der O-Seite bezieht sich in ihrer Nischengliederung auf den dahinterliegenden Ķibla-Iwân, der allerdings schräg zur Außenmauer liegt. Bemerkenswert ist die dekorative Steinbearbeitung, vor allem die mit einem Flechtmuster reliefierte Kuppel und der Schaft des *Minaretts* mit einem Sternflechtmuster.

Unmittelbar hinter der Kreuzung mit der alten Hauptstraße erstreckt sich beiderseits der Salîba der eindrucksvolle Baukomplex von *Moschee und Chânķa des Emirs Schêchu* (1349 bzw. 1355). Die Portalnischen und Minarette am westlichen Ende der Fassaden liegen einander gegenüber und sind in den Proportionen und im Dekorationsschema aufeinander bezogen, im Detail jedoch nicht identisch; desgleichen die Fassaden selbst,

Islamische Altstadt: entlang der Salîba

deren Steilheit durch die schmale flache Nischengliederung betont wird. Die Salîba wirkt hier wie eine Straßenflucht.
Die Moschee auf der nördlichen Straßenseite ist eine im Grundriß reduzierte Hofmoschee. Unmittelbar neben dem Portal (auffallende Spolie von einem altägyptischen Sarkophag als Türsturz) ist ihr das *Mausoleum* des Stifters einbezogen; dieses trägt eine Rippenkuppel über hohem Tambour. Das *Sûfi-Konvent* (Chânka) gegenüber wurde zugleich als Madrasa benutzt. Der stimmungsvolle Innenhof, in dessen Mitte ein großes überkuppeltes Brunnenhaus steht, ist von dreigeschossigen Zellentrakten umstanden; auf der Kibla-Seite öffnet sich ein Pfeilerriwâk (Inneres in osmanischer Zeit verändert).

Auf der rechten Straßenseite folgt die kleine *Madrasa des Emirs Kânibey el-Mohammadi* (1413), eine auf zwei Iwâne reduzierte Bauanlage mit einem schönen Portaltrakt und dem *Mausoleum* des Stifters; dessen Steinkuppel ist mit dem für diese Zeit typischen Zickzack-Ornament reliefiert.

An der nächsten Straßenecke steht auf derselben Seite, wirkungsvoll in die Straße vorgestellt, der

Sebîl-Kuttâb des Sultans Kâït-Bey (1479)

Ihm ist ein Portaltrakt zugeordnet, der in der Größe und im Baudekor den Prunkportalen der Moschee- und Madrasenkomplexe entspricht, mit denen ein Sebîl-Kuttâb bis dahin immer verbunden war. Dieses ist jedoch das früheste Beispiel eines freistehenden Brunnenhauses, wie es in osmanischer Zeit schließlich breite Nachfolge findet. Das besonders reiche Bauornament – farbige Marmorintarsia und vegetabile Steinreliefs –, das den Bau flächenhaft überzieht, ist wie bei allen Stiftungen dieses Sultans außerordentlich qualitätvoll.

Je nach Zeit des Besuchers, ließe sich hier die Besichtigung der Sultan-Hasan-Moschee anschließen (s. 5. Gang, S. 421), bevor man sich auf die Zitadelle begibt.

Kairo

Die Zitadelle

ist eine aijubidische Gründung, 1176 von Sultan Salâh ed-Dîn (Saladin) begonnen und seit ihrer Vollendung 1208 unter el-Adil I. Regierungssitz der ägyptischen Herrscher. Von der aijubidischen Anlage steht im wesent-

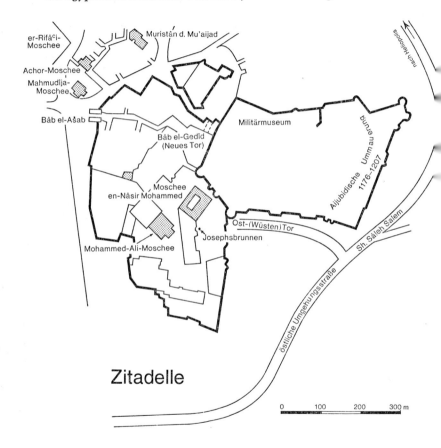

Mohammed Ali-Moschee auf der Zitadelle von Kairo ▶
Mammisi und koptische Kirche in Dendara ▶▶

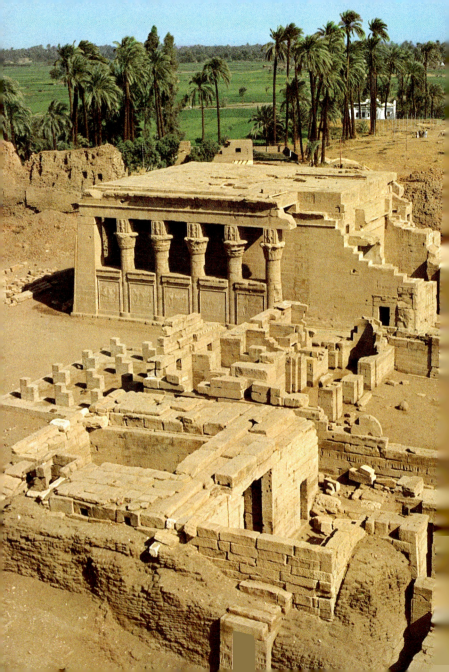

Islamische Altstadt: Zitadelle — Aquädukt — Nâsir-Mohammed-Moschee

lichen nurmehr die Ummauerung auf der Ostseite mit halbrunden und quadratischen Befestigungstürmen (am besten zu sehen auf der Fahrt über die östliche Umgehungsstraße, Sh. Sâleh Salem, 6/7 G). Dieser östliche Teil des Zitadellenkomplexes diente überwiegend militärischen Zwecken. Der eigentliche Regierungssitz und die Residenz der Sultane befand sich im westlichen zur Stadt gerichteten Teil, der hauptsächlich in mamlukischer Zeit ausgebaut wurde. Namentlich Sultan en-Nâsir Mohammed († 1341) ließ hier Moschee, Justizpalast und Privatresidenz neu erbauen. Erhalten haben sich außer der Moschee nur noch Reste der gewaltigen Palastsubstruktionen; die Paläste selbst fielen 1824 einer (sicher nicht zufälligen) Pulverexplosion zum Opfer und wurden dann durch die neue Moschee und den (1974 abgebrannten) Gauhara-Palast des Mohammed Ali ersetzt.

Aus der Zeit des en-Nâsir Mohammed stammt auch der große *Aquädukt* (1312), über den Wasser vom Nil zur Zitadelle geleitet wurde (7 F, 8 C/F). Seine mächtige *Schöpfanlage* am Nilufer gegenüber der Insel Rôda wurde 1505–06 von Sultan el-Ghûri im Zuge einer Restaurierung des Aquädukts erbaut. Zwei weitere Schöpfanlagen, die letzte vermutlich noch aus der Erbauungszeit, befanden sich unterhalb der Zitadelle, von wo aus das Wasser durch mehrere kleine Räderschöpfwerke (Sâķija) hinaufbefördert und verteilt wurde.

Anstelle des heutigen Midân Salâh ed-Dîn lag schon der Midân der Tulunidenstadt, und später ein Exerzier- und Polospielplatz der Aijubiden und Mamluken und schließlich der Osmanen. Er wurde erst in jüngster Zeit mit Schulen u. a. bebaut.

Das auf den Midân Mohammed Ali gerichtete Zitadellentor, das *Bâb el-Aʿab* (1754), ist nicht geöffnet. Den heutigen Haupteingang, das von Mohammed Ali erbaute Bâb el-Gedîd (Neues Tor), erreicht man über den steil aufsteigenden Weg auf der NW-Seite der Zitadelle; von hier aus gelangt man direkt zu den Moscheen des en-Nâsir Mohammed und des Mohammed Ali. (Zum Bâb el-Aʿab s. Plan zu 5. Gang.) Auch das Wüstentor im O ist über die Umgehungsstraße für Autos passierbar.

Die Moschee des Sultans en-Nâsir Mohammed

auf der linken Seite ist die eigentliche Burgmoschee. Sie wurde in zwei Phasen, 1318 und nochmals 1335, errichtet und ersetzt ihrerseits ältere Vorgängerbauten. Von außen ist die ganz aus Stein erbaute *Hofmoschee* bis auf einen Fensterfries in der oberen Wandzone geschlossen und wirkt mit ihrem bescheidenen Hauptportal eher unscheinbar.

Um so bemerkenswerter ist das Innere. Auf den rechteckigen Hof öffnen sich die Riwâķs mit Säulenarkaden, zweischiffig an den Nebenseiten, vierschiffig auf der Ķibla-Seite. Die Fülle der schlanken antiken Säulen mit ihren z. T. ausgesucht schönen Kapitellen wirkt unmittelbar als Schmuck

◀ *Aus einer Festmahlszene im Grabe des Nacht, Theben Nr. 52*
◀◀ *Silbersarkophag im Katharinenkloster auf dem Sinai*

innerhalb des klar und einfach gegliederten Wandaufrisses, der über den Spitzbögen der Arkaden eine gleichmäßige Abfolge spitzbogiger Entlastungsfenster zeigt (jeweils zwei über einem Bogen) und an den Hoffassaden außerdem mit einem Zinnenkranz abschließt. Vor der Gebetsnische erhebt sich über zehn großen Granitsäulen, die zeitgenössischen Quellen zufolge aus el-Eschmunên in Mittelägypten stammen sollen, eine mächtige Kuppel nach dem Vorbild der Baibars-Moschee außerhalb der Nordmauer (1266–69). Wie diese kommt sie sowohl innerhalb des Kibla-Riwâks, in dem sie drei Schiffe bzw. Joche umfaßt, als auch am Außenbau beherrschend zur Wirkung (Holzfries mit Stifterinschrift über den Arkadenbögen; die hölzerne Stalaktitenüberleitung und die Kuppel sind weitgehend erneuert).
Ungewöhnlich in der Form und im Dekor sind die beiden *Minarette*. Das in Türkis, Kobaltblau und Weiß gearbeitete *Fayencemosaik*, von dem noch Reste an den Minarettspitzen zu erkennen sind, ist das Werk einer zu dieser Zeit vorübergehend in Kairo tätigen persischen Werkstätte. Die ursprüngliche umfangreiche Marmorinkrustation der Innenwände ist verloren (Abdruckspuren); die ergänzten Partien an der Kibla-Wand sind vor allem farblich nicht geglückt.

Etwas erhöht gegenüber der mittelalterlichen Burgmoschee, und weithin sichtbar über der Stadt, thront die

Moschee des Mohammed Ali

1830 wurde sie begonnen, bezeichnenderweise anstelle des mamlukischen Thron- und Justizpalastes (1333–34), der bis zu seiner Zerstörung durch die Pulverexplosion von 1824 die Silhouette der Zitadelle beherrschte. Aufgrund dieser exponierten Lage, aber auch durch ihre Größe, gehört diese monumentale Kuppelmoschee mit ihren beiden 82 m hohen nadelförmigen Minaretten zu den markantesten Wahrzeichen der ägyptischen Hauptstadt. Abgesehen davon ist sie eine für Kairo vollkommen untypische Moschee. Mohammed Ali ließ sie von dem Architekten Jûsuf Bosnak (dem »Bosnier«) nach dem Vorbild der klassischen Istanbuler Moscheen errichten, wie sie der osmanische Baumeister Sinan in der Auseinandersetzung mit der Hagia Sophia im 16. Jh. entwickelt hatte. 1848 wurde sie bis auf unwesentliche Teile der Dekoration fertiggestellt. Ihr populärer Name »*Alabastermoschee*« bezieht sich auf die reichliche Verwendung dieses Materials, insbesondere die über 11 m hohe kostbare Alabastervertäfelung des Innenraumes.

Man betritt zunächst den *Vorhof* auf der Westseite der Moschee (Eintrittskarten), um den ein von vielen kleinen Kuppeln überwölbter Arkadengang herumgeführt ist. In der Mitte des Hofes steht ein auf acht Säulen ruhendes *Brunnenhaus* mit vorkragendem Kuppeldach, und darin ein oktogonaler überkuppelter Waschbrunnen aus Alabaster. Der neugotische

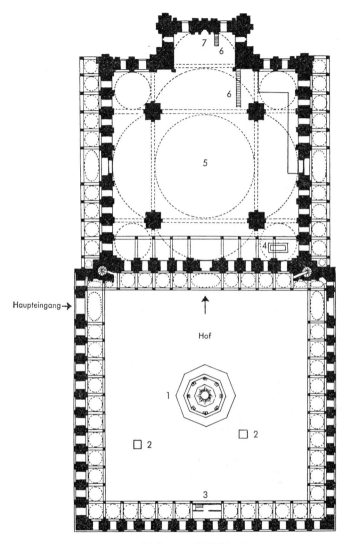

Haupteingang→

Mohammed-Ali-Moschee

1 Brunnen (Hanafîja) — 2 Zisterne — 3 Uhrenturm — 4 Grab des Mohammed Ali — 5 Kuppelraum — 6 Freitagskanzel (Minbar) — 7 Gebetsnische (Mihrâb)

Uhrturm auf der Westseite wurde 1846 von dem französischen König Louis Philippe als Gegengabe für den Obelisken auf der Place de la Concorde geschenkt. Daß er hier nicht wie ein Fremdkörper wirkt, liegt daran, daß auch der Moscheenhof selbst mit seiner neoklassizistischen Wandgestaltung dem europäischen Historismus verpflichtet ist.
Während der Außenbau der Moschee eher karg ist, beeindruckt das Innere unmittelbar durch die Schönheit und Ausgewogenheit des weiten Kuppelraumes, letztlich eine Schöpfung der hochosmanischen Baumeister Sinans und seiner Nachfolger. Die etwas pompöse neobarocke bzw. -klassizistische Ausstattung ist dabei völlig untergeordnet. Auf vier in das Raumquadrat eingestellten Pfeilern ruht die Hauptkuppel; ihr schließen sich auf allen vier Seiten Halbkuppeln an, sowie kleine Kuppeln in den Ecken und nochmals eine Halbkuppel über der apsisartig ausgebildeten Nische des Mihrâbs. Alle Kuppeln sind durch einen Fensterkranz durchlichtet und damit von der unteren Wandzone, die im Dunkel gehalten ist, gleichsam entrückt. Die tief herabgezogenen, mit vielen kleinen Glasampeln bestückten Leuchterkränze gehören zur Standardausstattung dieses Istanbuler Moscheentypes, sind in Kairo sonst aber nicht üblich.
Unter der Eckkuppel rechts des Eingangs steht, abgetrennt durch ein Bronzegitter, der *Marmorsarkophag* des 1849 verstorbenen Bauherrn.

Eine grandiose Aussicht auf die Stadt bis hin zu den Pyramiden von Gîsa, Saḳḳâra und Dahschûr bietet sich von der Rampe hinter der Mohammed-Ali-Moschee. Schon allein um hier den Sonnenuntergang zu erleben, lohnt sich eine Fahrt auf die Zitadelle.

Sehenswert ist im übrigen noch der *Josephsbrunnen* (Bîr Jûsuf), so genannt nach Salâh ed-Dîn Jûsuf, d. i. »Saladin«, dem er zugeschrieben wird. Er liegt an der SO-Ecke der Moschee des en-Nâsir Mohammed, überhöht von einem Turm jüngeren Datums. Der Brunnen selbst existierte bereits vor der Erbauung der Zitadelle; der Ausbau des fast 90 m tief in den Kalkfelsen getriebenen Schachtes, der bis zum Niveau des Nils reichte, dürfte dann unter Saladin erfolgt sein.

Bis ins 17. Jh. hieß der Brunnen Schneckenbrunnen, nach der gewundenen Form seiner Treppe. In den Kalkfelsen ist ein viereckiger, 88 m tiefer Schacht getrieben mit zwei Etagen. Auf den Absätzen bei 50 m und bei 40 m Tiefe haben früher Rinder ein Räderschöpfwerk (Sâḳija) in Betrieb gehalten. Ein treppenartiger Weg windet sich spiralförmig um den eigentlichen Brunnenschacht, von dem er durch eine dünne, aus dem Felsen gehauene Wand (20–30 cm) getrennt ist. Rundbogige Fenster gewähren einen Durchblick. Durch das Aufkommen von modernen Wasserwerken wurde der Brunnen außer Betrieb gesetzt. Die beiden Sâḳijen haben sich erhalten.

Islamische Altstadt: Mohammed-Ali-Moschee — Sultan-Hasan-Moschee

5. Gang (Saijida Sênab-) Sultan Hasan — el-Mardâni — Ḳidschmas el-Isḥâḳi — Aḳ-Sûnḳor — Mahmudîja (6 D) 6/5 F/G. — 2,5 km

Dieser Gang führt zu einigen der schönsten Bauten des mittelalterlichen Kairo und sollte nicht ausgelassen werden. Man nehme eine Taxe zum Platz (Midân) es-Saijida Sênab oder, wer die kurze Besichtigung dort aussparen möchte, zur Sultan-Hasan-Moschee. Wer es eilig hat, beschränke sich auf die vier im Kopf genannten Moscheen. Plan bei 3. Gang S. 406.

Am Midân es-Saijida- Sênab liegt die gleichnamige Moschee, die nach der Tochter des Imâm Ali, der Enkelin des Propheten, benannt ist und die deren 1883/84 vollendetes Mausoleum birgt. Die Moschee darf allerdings von Nicht-Muslimen meist nicht betreten werden.
Auf der anderen Seite des Platzes erfreut der *Sebîl-Kuttâb* (1759) des Sultans Mustafâ durch seine reich mit Bronzegittern versehenen Becken und den polychromen Marmorschmuck. Nördlich davon *Bêt es-Sinnâri* (1794) ehem. Museum Napoleon (S. 432).

Um nicht Zeit zu verlieren, begebe man sich von hier — am besten weiter mit der Taxe — direkt zur Sultân-Hasan-Moschee (6 F) bzw. beginne hier den Besichtigungs-Gang.

Die Madrasa-Moschee des Sultan Hasan (1356–62)

ist neben der Ibn-Tulûn-Moschee zweifellos die bedeutendste Kairos. Während die ältere aus Ziegeln erbaut ist und durch ihre imposante Querlagerung wirkt, ist die aus Stein errichtete des Sultans Hasan durch die Betonung der Vertikale bestimmt. Dieses Meisterwerk arabischer Baukunst ist durch seine Geschlossenheit, seine Maßverhältnisse, die streng-energische Struktur, die sich mit geistvoller Würde paart, unvergeßlich. Zahlreiche Fachleute wurden zu ihrem Bau aus Syrien und dem Iran nach Kairo geholt.
Die in sieben Jahren erbaute Moschee wurde von Sultan Hasan, dem Enkel des Ḳala'ûn, in Auftrag gegeben (1356), ihr Ende aber von dem 1361 hingerichteten Bauherrn nicht mehr erlebt.

Die über einem unregelmäßigen Fünfeck (von 7900 qm) aufstrebende Moschee erhält an der Ostseite ihre Akzente durch das Mausoleum und die beiden Minarette (ursprünglich waren vier vorgesehen), dessen südliches mit einer Höhe von 81,6 m alle übrigen der Stadt überragt. Das kleinere mit nur zwei (statt drei) Galerien wurde nach dem Einsturz des ehemaligen Minaretts 1659 errichtet. — Die wuchtigen *Fassaden* (die NW-Fassade ist unvollendet) mit ihrer regelmäßigen Steinsetzung, den acht in schmalen Rillen übereinanderliegenden steilen Fensterreihen wird über einer Hohlkehle mit fünf wespennestartigen Stalaktitenreihen abgeschlossen und mit einem Zinnenkranz bekrönt.
Das ähnlich einer Festung wirkende 155 m lange Gebäude wurde in seiner Lage gegenüber der Zitadelle später von Mamlukenemiren tatsächlich als Festung gegen den Sultan verwendet. Deshalb ließ Sultan Barḳûḳ ihr Tor zumauern und den Zutritt verbieten. Schêch el-Mu'ajad hat sie gar ihrer prächtigen bronzenen Torflügel beraubt und diese in seine eigene Moschee (s. 3. Gang) einbringen lassen. Der große 110flammige Bronze-

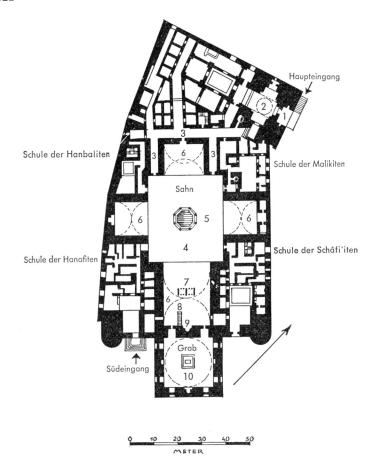

Sultan-Hasan-Moschee

1 Eingang — 2 Vestibül — 3 Korridore — 4 Offener Hof (Sahn) — 5 Brunnen (Hanafija) — 6 Säle mit spitzbogigem Tonnengewölbe (Iwân) — 7 Gebetstribüne (Dikka) — 8 Gebetskanzel (Minbar) — 9 Gebetsnische (Mihrâb) — 10 Mausoleum des Sultâns Hasan

Islamische Altstadt: Sultan-Hasan-Moschee

leuchter, mit dem er ebenfalls seine Moschee ausstatten ließ, befindet sich heute im Museum für Islamische Kunst (Saal 11), ebenso sind dort 32 ihrer kostbaren Glasampeln aufbewahrt (Saal 21).

Man betritt die Moschee beim Haupteingang über eine hohe Freitreppe durch ein 26 m hohes monumentales Portal an der NO-Ecke. Der Dekor der vorspringenden Stalaktitenwölbung und der fein geschnittenen Steintäfelung wurde, obgleich unvollendet, Vorbild gar mancher Eingänge von Kairener Moscheen.

Durch eine kuppelüberwölbte, kreuzförmige Vorhalle, ein kleines Vestibül und einen höher gelegenen, geknickten Korridor gelangt man aus dem Dunkel dieses Zugangs in den großen (35 m × 32 m), lichtüberfluteten *Innenhof* (Sahn). Dieser von dem Architekten sicher beabsichtigten Kontrastwirkung kann sich kaum jemand entziehen.

In der Mitte des Hofes der *Brunnen* (Hanafîja) für die Waschungen, von einer ehemals blau gestrichenen kugeligen Kuppel mit vergoldetem Schriftfries überwölbt. Acht Säulchen tragen das vorspringende Dach. – Die vier Flügel der ein Kreuz einnehmenden und mit mächtigen Tonnen überwölbten *Iwâne* dienen als Gebetsräume. Deren Hauptschmuck waren die heute im Islamischen Museum aufbewahrten Glasampeln (Saal 21). In den Winkeln zwischen den Kreuzarmen waren die Madrasen der vier orthodoxen Rechtsschulen eingerichtet (Hanafiten, Hanbaliten, Schâfi'iten und Maliktiten).

In dem *Iwân el-Gâmi'*, dem einst reich ausgestatteten Hauptiwân, ist außer der Marmorverkleidung als dem entscheidenden Schmuck noch der in Gips geschnittene (vielfach ergänzte) Schriftfries in schönen kufischen Lettern auf zierlichem Arabeskengrund erhalten. – Der *Mihrâb* ist besonders prächtig dekoriert, im übrigen sind nur noch die ungewöhnlich große, von acht Säulen und drei Pilastern getragene Dikka aus Marmor und die Kanzel mit ihrer bronzebeschlagenen Holztüre erhalten.

Von den beiden zum *Mausoleum* führenden Türen ist die rechts von der Kanzel reich mit Silber und Gold tauschierte Bronzetür jetzt verschlossen, während die 1. Gittertür den Weg freigibt in den quadratischen Kuppelraum (21 m × 21 m, 28 m hoch), in dessen Mitte, von einem Gitter umfriedet, der schlichte Katafalk des Sultans steht. Die Decke aus Stalaktitenpendentifs und umlaufendem Schriftfries (Naskhi-Lettern) ist wiederhergestellt. Von dem vergitterten Ostfenster links neben dem Mihrâb hat man den schönen Blick auf die Zitadelle, der für Werbungen beliebt ist und von allen Photofreunden festgehalten wird.

Auf Bitte können die Zellen der Hanâfi-Madrasa im Obergeschoß und der Aufstieg aufs Dach erlaubt werden.

Auf der anderen Seite der Sh. el-Kal'a liegt, gegenüber der Sultan-Hasan-Moschee, die
er-Rifâ'i-Moschee
die unter dem Chedîven Isma'îl 1912 für die Grablege der ägyptischen Könige über dem Grab des Schêch Ali er-Rifâ'i erbaut wurde. Hier ruhen außer den Familienmitgliedern Ismâ'ils die Könige Fuâd (gest. 1936) und sein Sohn König Farûḳ (gest. 1965) sowie der iranische Schah Reza Pahlevi (gest. 1980). Trotz ihrer prunkvollen Ausstattung mit Marmor, Zedernholz und Elfenbeinarbeiten ist dieses historisierende Bauwerk künstlerisch unbedeutend, ergänzt sich aber mit der Sultan-Hasan-Moschee zu einem wohltuenden geschlossenen Baukomplex. Besichtigung z. Zt. nicht erlaubt.

Von hier aus kann man zur Zitadelle hinaufsteigen und die zweite Hälfte der Besichtigungen vom 4. Gang anschließen oder aber den hier vorgeschlagenen Gang fortsetzen.

Nur wer über genügend Zeit und Kraft verfügt, möge noch einen Blick werfen in den *Palast des Jaschbak* von 1337, westlich der Sultan-Hasan-Moschee gelegen, sonst sich dem *Mangak-Tor* zuwenden, auf das man an der Spitze des kleinen Parkgeländes hinter der er-Rifâ'i-Moschee trifft. Wo dort die von N kommende Sh. Sûḳ es-Silâh auftrifft, steht es gleich l. Hand.
Das ruinöse Tor des Emirs Mangak al-Silahdar (»des Schwertträgers«) ist der Überrest seines Palastes (1346) und zugleich Tor eines Stadtviertels, das nachts geschlossen wurde. In den Giebelfeldern, den Zwickeln und im Stirnband der Kalotte sind Reste des Wappens des Emirs, ein Krummsäbel, zu erkennen. Man befindet sich in dieser Straße auf dem früheren Markt der Waffenhändler, ohne daß von diesem Gewerbe heute noch etwas wahrzunehmen sei.

Man verfolge die Sh. Sûḳ es-Silâh mutig weiter nach N bis zu der etwa 100 m vom Mangak-Tor entfernten, auf der r. Straßenseite gelegenen *Madrasa des Emirs el-Gai-el-Jûsufi* (1373). Dieses gut erhaltene Gebäude, das durch die schraubenförmig gedrehten Rippen seiner Kuppel auffällt, bietet ein gutes Beispiel der vier Merkmale eines mamlukischen Mausoleums: Kuppel, Minarett, Eingangsportal und Sebîl-Kuttâb.

Weitere 100 m nach N entfernt, auf derselben Straßenseite, trifft man auf den schönsten *Sebîl-Kuttâb* Kairos, den des *Ruḳaija Dudu* aus osmanischer Zeit (1761). Beachtenswert sind besonders das Gitterwerk und die Zinnen. Allerdings ist das Gebäude verlassen und steht in Gefahr, abgebrochen zu werden.
An der nächsten Straßenkreuzung steht r. über der Straße die *Moschee-Madrasa des Sudûn* (1401) und nach etwa 400 m (bei der großen Gabelung halte man sich links), dort wo die Sh. Sûḳ es-Silâh in den Darb el-Ahmar mündet, die äußerst sehenswerte

el-Mardâni-Moschee (1339/40)

Dieses frühmamlukische Bauwerk ist zugleich eines der ältesten dieses Viertels und eine der großen Moscheen Kairos. Sie ist dem Emir Altunbogha el-Mardâni zu danken, dem Schwiegersohn und Mundschenken des Sultans Mohammed en-Nâsir. Sie war im 19. Jh. stark verfallen, wurde aber von Herz Pascha wiederhergestellt und diente zeitweise dem Unterricht an Studenten der el-Aṣhar-Universität.

Die Säulenmoschee empfängt den Besucher durch ein *Portal*, dessen Torsturz und Entlastungsbogen mit Intarsien aus weißem und grünlichem Marmor überreich geschmückt sind; darüber zwischen zwei kleinen Säulen ein bronzevergittertes Fenster. In dem fast quadratischen, weiträumigen Hof steht heute anstelle des einstigen Springbrunnens ein Brunnen aus der Sultan-Hasan-Moschee.

Der *Mihrâb* und die seitlichen Wände sind mit kostbaren Mosaiken geschmückt, mit Sternen aus Perlmutt und rotem Stein, und verziert mit blauem Email. Sowohl die Kuppel vor der Nische wird von altägyptischen Säulen getragen, wie auch in den Seitenhallen ptolemäische Kapitelle verbaut sind. Die Mauern werden von Sägezahn-Zacken gekrönt. Einmalig in Kairo ist das (vielfach restaurierte) *Holzgitter*, welches das Sanktuarium vom Hof trennt.

Von der dekorativen Ausstattung sind die Stuckfelder über der Marmorinkrustation der Ḳibla-Wand hervorzuheben, deren Darstellung als Paradieseslandschaft gedeutet worden ist.

150 m weiter nordwärts der Straße, nachdem sie ein wenig nach links (westwärts) abgeknickt ist, steht rechts in einer Straßengabel die

Moschee des Ḳidschmas el-Ishâḳi (1480/81)

eine Kostbarkeit der Tscherkessenzeit. Das Geländedreieck war so knapp, daß der Kuttâb getrennt von Moschee und Sebîl auf der anderen Straßenseite erbaut werden mußte. Wenn auch für den Emir Ḳidschmas als Mausoleum gedacht, liegt er nicht hier bestattet, wurde vielmehr in Damaskus begraben, da er in Syrien den Tod fand. Ḳidschmas war Oberstallmeister des Sultans Ḳâït-Bey und als ein frommer, wohltätiger Mann hochverehrt. In dem Grab (1852) des östlichen Iwâns liegt der Schêch Abu Horêba, nach dem die Moschee im Volksmund häufig benannt wird.

L. vom Eingang (mit schöner Rosette) der versetzten Fassade der *Sebîl* mit beachtenswertem Gitter und reicher Inkrustation. Die Kreuzform der Madrasa ist verkümmert, da die Iwâne im N und S zu Nischen zusammengezogen sind. Der Hof (Sahn) wird von einer achteckigen Laterne überwölbt. Decken und Fenster zählen zu den schönsten ihrer Art und laden zum verweilenden Betrachten. Die Moschee verdankt ihre Berühmtheit der reichen Dekoration, den Marmoreinlagen und -verkleidungen, dem Stuckwerk und den herrlichen Intarsien des *Minbârs*.

Man lasse sich vom Wächter das Marmormosaik des Fußbodens (mit Matten belegt) im Ost-Iwân zeigen (Trinkgeld) und die Erlaubnis geben, das Minarett zu besteigen, von dem aus man einen schönen Rundblick über das Gebiet der Altstadt hat, im N auf das Bâb Ṣuwêla mit der benachbarten Moschee des Sâliḥ Talâ'i, die am Ende des 2. Ganges behandelt sind, im S auf die zuvor besuchte el-Mardâni-Moschee und die im folgenden vorzustellenden Bauten, die sich an der den Darb el-Aḥmar fortsetzenden Sh. Bâb el-Wâsir entlangreihen.

Rückweg

Man wende sich also von der Moschee des Ḳidschmas als dem nördlichsten Punkt dieses Ganges nach S zurück und beginne die Besichtigung mit der etwa 500 m südlich auf der rechten Straßenseite (vor einer gedeckten Passage) gelegenen

Madrasa des Sultans Scha'bân (1369)

Die Moschee ist bemerkenswert wegen ihrer monumentalen Eingangsfront und dem Gitterwerk ihres Sebîls. In der kreuzförmigen Anlage mit kleinem, offenem Hof beiderseits des Kibla-Iwâns die Gräber des Sultans bzw. seiner Mutter. Sultan Scha'bân, Neffe jenes Sultans, der Kutschuk hat erdrosseln lassen (s. u. Ak-Sûnkor-Moschee), hat sich in die Geschichte des Islâms eingetragen durch die Vorschrift, die nur noch den Nachkommen des Propheten erlaubt, einen grünen Turban zu tragen.

Die Madrasa trägt nach dem Grab der Mutter auch den Namen Madrasa der Umm es-Sultan. Man betritt sie heute von einem Nebeneingang her, während das Hauptportal mit dem beachtenswerten Stalaktitengewölbe als Eingang in eine Schule dient, die in Nebenräumen eingerichtet wurde.

Die Ak-Sûnkor-Moschee

Nach gut 100 m erreicht man auf der linken Straßenseite wieder eine markante Sehenswürdigkeit dieses Ganges, die *Moschee des Ak-Sûnkor*. Dieses auch wegen seiner Innendekoration Blaue Moschee genannte Bauwerk geht auf die Gründung des Emirs Ak-Sûnkor zurück (1346/47), mußte aber nach einem Erdbeben neu errichtet werden. Es war der osmanische Gouverneur Ibrahîm Aga, der sie 1652 wiederaufbauen und mit der (über Gebühr) berühmten Innendekoration ausschmücken ließ.

Mit dem zylindrischen Minarett fällt sie dadurch auf, daß sie mit Kreuzgewölben überdacht ist und diese statt auf den sonst üblichen Säulen auf mächtigen Pfeilern aufruhen. – Rechts vom Eintretenden (S) das Grab Ibrahîm Agas mit schöner Fayence-Dekoration, östlich davon das Grab des Ak-Sûnkor. – Links vom Eintretenden das Grab des jugendlichen Sultans el-Aschraf Kutschuk, des 8. der 9 Söhne des Sultans Mohammed en-Nâsir. Dieses beklagenswerte Kind Kutschuk regierte 5 Monate im Alter von 6 Jahren, wurde dann abgesetzt, auf der Zitadelle ins Gefängnis gesperrt und nach 3 Jahren auf Befehl seines Bruders, des Sultans el-Kâmil Scha'bân (s. o.) erdrosselt. Die Ehre, in der Blauen Moschee beigesetzt zu werden, widerfuhr ihm, weil er sich Schwager des Ak-Sûnkor nennen durfte.

Ursprünglich hatte die ungewöhnliche Hofmoschee rundum massive Pfeilerarkaden und Kreuzgratgewölbe nach syrischen Vorbildern, die von Kreuzfahrerbauten angeregt waren. Heute sind sie nur noch in den Jochen vor der Kibla-Wand erhalten.

Die Kibla-Wand mit ihren blaugrünen Fayencen hat der Moschee ihren Zweitnamen gegeben. Man beachte besonders die Fayence-Verkleidung mit einem von zwei Zypressen flankierten Blumenstrauß (1652). Von der ursprünglichen Ausstattung der sonst sehr einfachen Moschee ist nur noch die steingeschnittene Kanzel erhalten.

Zwar ist die ganze Umgegend mit interessanten Bauresten bestanden, die bis ins 14. Jh. zurückgehen, doch können in Anbetracht ihrer Fülle nur die bedeutendsten herausgehoben werden. Hier, in der Gegend der ehemaligen Friedhöfe der Fatimiden und Aijubiden, verläuft auch hart östlich hinter der Aḳ-Sûnḳor-Moschee von N nach S die Stadtmauer des Salâh ed-Dîn (Saladin).

Moschee des Cheir-Bek

Herausgehoben aus der Zahl der Bauten sei die gleich südlich an die Aḳ-Sunḳor-Moschee auf der gleichen Straßenseite anschließende *Moschee des Cheir-Bek* mit dem 1502 erbauten Mausoleum, jenes Verräters, der Ägypten an die Türken (Selim) auslieferte. Beachtenswert ist die mit Blumen- und Laubgewinden verzierte *Kuppel*. Das *Minarett* aus Ziegel hat als Kuriosum zwei voneinander getrennte Treppengänge, die durch getrennte Türen zugänglich sind, für zwei getrennt gehende Personen. – *Madrasa* und *Sebîl* wurden erst nach der türkischen Eroberung 1520 erbaut, so daß der Komplex den Übergang von mamlukischer zu türkischer Bauweise markiert.

Etwa 100 m weiter südlich auf der Sh. Bâb el-Wâsir, der großen NS-Achse, die das Bâb Ṣuwêla mit der Zitadelle verbindet, liegt wiederum auf der 1. Straßenseite die kleine *Moschee des Aitmisch el-Bagâsi* (1863). – In halber Entfernung von hier bis zum Mîdan Salâh ed-Dîn, aber da schwer und besser von der Zitadelle aus erreichbar, liegt der *Muristân des Sultans Mu'aijad* (1420), das große Hospital der Mamlûken, eine der eindrucksvollsten Sehenswürdigkeiten des islamischen Kairo, deren Mosaiken einen Besuch lohnt. – Wiederum durch eine r. abzweigende Seitenstraße auf der Höhe der er-Rifâ'i-Moschee gelangt man zur *Moschee des Emirs* und Oberstallmeisters *Achor* (1503), die durch ihren Doppelkopf auf dem Minarett gut zu erkennen ist. Die hübsche, kleine, typisch spätmamlukische Moschee zeichnet sich durch ihre Kuppel aus, die an jene des Ḳâit-Bey-Mausoleums erinnert. Ihre Wandverkleidung aus Marmor ist heute leider völlig verschwunden.

Südlich der Achor-Moschee, am Midân Salâh-ed-Dîn liegt gegenüber der Sultan-Hasan-Moschee, dem Ausgangspunkt des 5. Ganges, die *Mahmudîja-Moschee* (1568). Das streifige Gebäude mit dem schlanken, typisch-türkischen Minarett wurde von Mahmûd Pascha erbaut, 1565, Gouverneur von Kairo, und bietet ein gutes Beispiel einer kleinen Freitagsmoschee.

Da man die Zitadelle heute durch das Neue Tor betritt, nütze man die Gelegenheit dieses Besichtigungs-Ganges, um gegenüber der Mahmudîja das heute geschlossene frühere Haupttor 1, das *Bâb el-Aṡab* (1754), aufzusuchen. Hinter dem flachen, von zinnenbewehrten Türmen flankierten Spitzbogen führt der enge gewinkelte Weg hinauf, wo Mohammed Ali 1811 die 480 Mamlukenbeys als seine potentiellen Widersacher von seinen Albanesen hat abschlachten lassen (s. 74). Weitere Besichtigung der Zitadelle s. 4. Gang (S. 416 f.).

6. *Gang* Östliche Totenstadt (4/5 H/I)

Die ausgedehnte Totenstadt von Kairo, die größte und eine der eindrucksvollsten der islamischen Welt, folgte in ihrer Entwicklung der des Stadtgebietes von Süden nach Norden. Auf den weitläufigen *südlichen Friedhof* und einige der wichtigsten frühen Grabbauten wurde im 3. Gang hingewiesen. Der Südfriedhof wurde auch noch von den Mamluken benutzt; insbesondere die Geistlichkeit bevorzugte die Nähe der Heiligengräber für ihre eigene Grabstätte, doch die aufwendigen Grabkomplexe der Sultane und Emire erforderten neue Geländeerschließungen in nördlicher Richtung.

Das Panorama dieser sich östlich der Stadtmauer erstreckenden *mamlukischen Totenstadt* entfaltet sich am eindrücklichsten auf der Fahrt über die Umgehungsstraße (Sh. Sâleh Salem) vom ehem. Bâb el-Ķarâfa (7 F) in Richtung el-Ashar. Südlich unterhalb der Zitadelle (7/8 F/G) entstand in der ersten Hälfte des 14. Jh. eine größere Anzahl von von Grabanlagen hoher Emire mit Moscheen und Chânkas. (Darüber, auf der Höhe des Moķattam-Berges, steht die auffallende und eigenartige Ruine der *Gijûschi-Moschee*, eine fatimidische Grabmoschee, die 1085 von dem Wesir Badr el-Gamâli im Namen des Kalifen el-Mustansir erbaut wurde.)

Hinter der Zitadelle durchschneidet die Umgehungsstraße das Friedhofsgelände. Links verbinden sich die zahlreichen Kuppeln und Minarette der mamlukischen Grabbauten, beim Bâb el-Wesir (6 G, vgl. 5. Gang) mit denen der Moscheen im Stadtgebiet zu einer großartigen Silhouette. Die nördlich hier anschließende Hügelkette erwuchs in Jahrhunderten aus mittelalterlichen *Müllhalden*. Sie haben die Stadtmauer z. T. unter sich begraben.

Weiter östlich, rechts der Straße, erstreckt sich die weitere Totenstadt. Dieser Teil, irrtümlich als »*Kalifengräber*« bekannt, bietet im südlichen Abschnitt vereinzelte Mausoleen, darunter das auffallende *Mausoleum der Prinzessin Tughay* (Umm Anûk, vor 1348), einer Frau des Sultans en-Nâsir Mohammed. Im nördlichen Teil liegen die großen Grabkomplexe mehrerer Sultane aus dem 15. Jh. bis zum Anfang des 16. Jh.

Das gesamte Gelände dient noch heute als Friedhof. Die Toten werden in einzelnen Grabhöfen (Hôsch) bestattet. Aufgrund der katastrophalen Wohnungsnot in Kairo ist aber auch dieses Gebiet inzwischen dicht besiedelt, ein Besuch wenig empfehlenswert.

Der älteste der großen Sultansbauten in der östlichen Totenstadt ist die

Chânka des Farag Ibn Barkûk,

1399 von Sultan Barkûk auf dem Totenbett gestiftet und von seinem Sohn Farag nach längerer Bauzeit 1411 fertiggestellt. In der ausgewogenen und durchdachten Anlage sind die verschiedenen Funktionen – Moschee, Sûfi-Konvent, Mausoleen u. a. – einheitlich um einen quadratischen von Arkaden umstellten Hof gruppiert. Der dreischiffige Ķibla-Riwâķ, die Gebetshalle (außergewöhnliche *Marmorkanzel* von Sultan Ķâît-Bey 1483), ist von zwei Mausoleen flankiert, links das des Sultans Barkûk und weiterer männlicher Familienmitglieder, rechts das der Frauen. Die übrigen Hofseiten werden von verschiedenen Einrichtungen des Sûfi-Konvents eingenommen. Über der Eingangsseite mit je einem Sebîl-Kuttâb an den Ecken erheben sich zwei Minarette als Gegengewicht zu den beiden Kuppeln der Mausoleen. Der nie ganz vollendete Baudekor beschränkt sich im wesentlichen auf Steinreliefs (Zickzack-Muster an den

Östliche Totenstadt 429

Mausoleumskuppeln, Flechtmuster an den Minaretten); Reste der Marmorinkrustation haben sich in den Mausoleen erhalten.

Der Aufstieg auf das Dach der Eingangsseite und auf das nördliche Minarett ist möglich und für einen Überblick auf diesen Teil der Totenstadt sehr zu empfehlen.
Unmittelbar im Norden des Baukomplexes liegt das *Mausoleum des Anas* (1382), des Vaters des Barķûķ.

Die große Bauanlage weiter nördlich besteht aus zwei weitläufigen Grabkomplexen mit Vier-Iwân-Madrasen, Mausoleen, Chânka und weiteren Annexen, die z. T. über älteren Grabhöfen errichtet wurden. Rechts die *Madrasa des Sultans Inâl* (1451–56). Das ver-

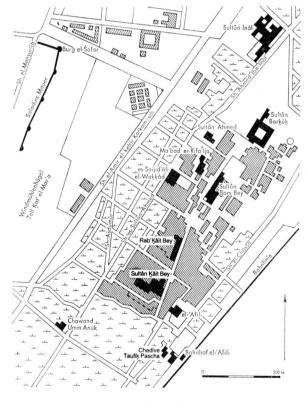

»Kalifengräber«

gleichsweise bescheidene Mausoleum hatte der Sultan noch vor seiner Thronbesteigung begonnen; sehenswert ist im Hôsch die noch aus der Erbauungszeit erhaltene steinerne *Toilettenanlage*, die bereits ein ausgeklügeltes System der Wasserspülung besaß. Links die über fünfzig Jahre später erbaute *Madrasa des Emirs Ḳurḳumâs* (1511) mit weiteren Annexen. Dieser Komplex wird z. Z. von einer ägyptisch-polnischen Mission restauriert.

Man folge der Hauptstraße durch die Totenstadt weiter in südlicher Richtung. Südlich der Chânka des Barḳûḳ liegt die

Madrasa des Sultans Bars Bey

mit einer ruinösen Chânka (1425–32). Die *Madrasa* des Sultans stellt eine aus der Hofmoschee entwickelte Sonderform dar, bei der der Hof auf die Breite eines Arkadenschiffes reduziert und überdeckt ist. Außer dem *Mausoleum* des Sultans weitere Mausoleen von Familienmitgliedern und Emiren aus dem engsten Gefolge des Sultans (besonders eindrucksvoll das des Sultans); ihre schön gearbeiteten Steinkuppeln mit variierenden Sternflechtreliefs.

Den weitläufigsten und prachtvollsten Grabkomplex mit zahlreichen Nebenanlagen erbaute sich schließlich Sultan Ḳâït-Bey (1472–74). Von der einstigen Umfriedung dieser Anlage existiert nur noch ein *Tor* auf der S-Seite. Zunächst jedoch passiert man auf dem Weg durch das Wohnviertel, das hier entstanden ist, den sog. Rabʿ des Ḳâït-Bey: ein mehrstöckiges Wohnhaus mit neben- und übereinanderliegenden Einzelzellen, das vermutlich die bei diesem Grabkomplex angesiedelten Sûfis beherbergte.

Danach mündet die Straße auf einen freien, dörflich anmutenden Platz, auf den, an der S-Seite, die

Grabmoschee des Ḳâït-Bey

mit dem Mausoleum und weiteren Annexen gerichtet ist. Die Eingangsseite, von dem Minarett überhöht, umfaßt einen der Moschee vorgelagerten *Portaltrakt* mit einer hohen, über einer Freitreppe erhobenen Eingangsnische sowie einem Sebîl-Kuttâb an der l. Ecke. Das *Mausoleum*, das hinter der Moschee liegt, ist dieser gegenüber etwas vorgesetzt und ragt mit der mächtigen Überleitungszone und der hohen Tambourkuppel weit über sie hinaus. Der insgesamt qualitätvolle, verfeinerte Baudekor konzentriert sich an diesen exponierten Bauteilen, insbesondere dem Minarett und der Mausoleumskuppel. Das mehrschichtige *Arabeskenrelief der Kuppelschale* ist überhaupt das Großartigste, das die mamlukischen Steinmetzen zu leisten vermochten. Eine zweite kleine Kuppel mit einem etwas einfacheren Arabeskenrelief erhebt sich über einem *Mausoleumsanbau* r. der Moschee, der zusammen mit einer kleinen danebenliegenden *Madrasa* für die Söhne des Sultans errichtet wurde.

Die *Innenausstattung* steht dem prächtigen Äußeren dieser Gebäudegruppe nicht nach. Schon der Gang durch die kleine Vorhalle und den Korridor in die Moschee läßt an vielen Einzelheiten (Bronzeportal, Maschrabîjen und Holzeinlegearbeiten, Marmorinkrustation u. a.) ihren außergewöhnlichen Reichtum und dabei den vorzüglichen Erhaltungszustand der gesamten Einrichtung erkennen. Die *Moschee*, eine Vier-Iwân-Anlage mit überdachtem Innenhof, ist wie alle spätmamlukischen Bauten als ein überschaubarer, einheitlich dekorierter Innenraum angelegt. Mit ihrem eingelegten Marmorfußboden, den bunten Glasfenstern (erneuert) und den farbig gefaßten Holzdecken wirkt sie äußerst stimmungsvoll. Dieser Eindruck wird im *Mausoleum*, das man über die der Eingangstür gegenüberliegende Hoftür erreicht, noch verstärkt durch eine zusätzliche kostbare Marmorinkrustation der Wände. Außer dem Kenotaph des Sultans sind hier zwei Reliquientabernakel mit den Fußabdrücken des Propheten zu sehen und von der weiteren originalen Ausstattung der große geschnitzte Koranlesestuhl (Kursi) an der r. Seitenwand (mit eingelegten Schriftwappen-Kartuschen des Sultans) sowie in der Moschee die Holzkanzel (Minbar) im Kibla-Riwâk.

Abschließend sei der Gang zu den rechts an die Moschee anschließenden Annexen empfohlen. Gleich r., gegenüber der Eingangsseite, hat sich ein altes *Schöpfrad* (Sâkija) erhalten; in dem Hof daneben eine kleine *Glasbläserei*. Vorbei an dem schon genannten *Mausolum der Söhne des Sultans* gelangt man zu einer großen *Loggia* (Ma'kad), die heute als Schule dient. Auf dem Platz vor der Moschee steht eine *Tiertränke*. In den reich dekorierten Nischenrückwänden (Steinrelief) ist das Schriftwappen des Sultans eingelassen.

Neuere Paläste

Abdîn-Palast (Kasr el-Gumhurîja)

Midân el-Gumhurîja (5 E). – Besichtigung nicht mehr gestattet.

Isma'îl (1863–1879) kaufte den Palast von Abdîn Pascha, nach dem er noch heute genannt wird, und ließ ihn 1863–1873 von dem Architekten Di Corel Wel Rousseau umbauen und vergrößern. In die Innenausstattung teilten sich französische, italienische, ägyptische und türkische Künstler. In der Folgezeit wurde das Schloß wiederholt umgebaut und vergrößert. Es besitzt 500 Räume und war von 1874–1952 die Residenz der Vizekönige und Könige von Ägypten.
Heute befindet sich in einem Flügel die *Residenz des Präsidenten der Republik*. Die prunkvolle Einrichtung ist im Stile des 19. Jh. gehalten, historisierend in den Staatsräumen, wie z. B. in der byzantinischen Halle, in den Privaträumen hingegen nach französischem Geschmack. In dem Privatzimmer des Königs und seiner Familie sind die *Gemäldegalerie* der Familie Mohammed Alis und die Teppiche mit den Szenen aus La Fontaines Fabeln von Interesse.

Manial-Palast (7 C)

Im Nordosten der Insel Rôda. – Besichtigungszeit: täglich 9 bis 16 Uhr.

Der Palast, der sich aus verschiedenen Gebäuden zusammensetzt, wurde von Mohammed Ali (1805–1818) erbaut und enthält Prunkräume im orientalischen Stil des 19. Jh. und

einige Sammlungen (Holz, Keramik). Im Eingangspavillon Jagdmuseum. Im Garten alte Bananenbäume aus Indien mit gigantischen Maßen.
Hinten, in der Nähe des Thronsaales, ein Museum, dessen vier Flügel einen Hof umschließen, mit Koran- u. a. Handschriften, persischen Miniaturen, Stickereien, Kristall, Porzellan und Teppichen.

Bêt Ibrahîm Ketschudâ es-Sinnâri (6 E)
(ehem. Museum Napoleon)

Gasse Haret Monge, Nähe Midân Saijida Sênab (6 D). Öffnungszeit: 9–14 Uhr, außer freitags.

Gut erhaltenes arabisches Haus von 1794, in dem sich noch die Originalfenster und Maschrabîjen erhalten haben. Es wurde von dem türkischen Gouverneur Ibrahîm Ketschudâ es-Sinnâri erbaut und war später der Sitz des von Napoleon gegründeten Institute d'Egypte. In ihm haben viele französische Wissenschaftler gewohnt. Heute Studienzentrum für Kunstgewerbe.

Gärten

Esbekîja-»Garten« (3/4 E)

Der Esbekîja-Garten bildet etwa die Grenze zwischen der modernen Großstadt Kairo und der alten Stadt mit den islamischen Bauten. Den Namen hat der Garten nach der Moschee eines Emir Esbek, sie war hier 1495 zu Ehren eines Mannes erbaut worden, der für den Sultân Kâit-Bey siegreich gegen die Türken gekämpft hatte.
Mohammed Ali ließ hier eine Promenade anlegen, 1870 der Pariser Gartenbaudirektor Barillet auf einer Fläche von 8,5 ha den achteckigen Garten, 1952/53 auf 10 ha vergrößert. Er ist mit seinen Schlangenwegen in der Art eines englischen Parks gestaltet; das niedrige Eisengitter, das ihn umgibt, zeigt noch den Stil des 19. Jh. Berühmt ist der Garten wegen seiner exotischen Bäume, die man aus dem Sudân und von Indien hierher gebracht hat. (Restaurant und Cafés.)

Im vorigen Jh. war hier das vornehme Zentrum der Stadt, während es sich heute zum Nil hin verlagert hat. An der Südseite stand das 1869 eingeweihte *Opernhaus*, das 1971 abgebrannt ist. Nach den Plänen des Berliner Architekten Fritz Bornemann ist ein Neubau (seit 1976) ins Auge gefaßt; Museen, Ausstellungshallen und mehrere kleine Theater werden ihm angegliedert. An der Westseite das Hotel Continental mit seiner Ladenpassage und im SW das bronzene Reiterstandbild von Ibrahîm Pascha von Cordier. An der NW-Ecke erhob sich einst das berühmte alte Shepheard's Hotel, das bei den Unruhen von 1952 abbrannte. Die größte Geschäftsstraße von Kairo, die 26.-Juli-Straße, durchquert heute den zu einem Parkplatz entstellten »Garten« in der Mittelachse und führt weiter zum Nil.

Gärten auf der *Gesîra* (arab. = Insel):

An der Westseite (3 A/B) *Nil-Aquarium* (mit Nilfischen) *und Grottengarten*. Geöffnet 8–18 Uhr.
Im Süden schließt sich das große Sportzentrum von Kairo an mit Stadion, Reitplatz, Golfplatz, Tennisplätzen, Schwimmbad u. a. Sportplätzen sowie dem Turm von Kairo.
An der Südseite (5 B) der *Tahrîr-Garten*, der als Ausstellungsgelände benutzt wird. Ein Eingang bei der Galâ'-Brücke, ein anderer bei dem Midân el-Gesîra, auf dem sich eine Statue von Sa'ad Saghlûl erhebt, dem Begründer der Wafd-Bewegung.

Gärten 433

An der Ostseite der *Andalusische Garten* (4/5 C) und nach Norden anschließend am Nil entlang der *Flußgarten* (4 C). Der Eingang zum Andalusischen Garten ist am Midân el-Gesîra und in der Sh. el-Gesîra (Eintritt). Der Garten ist im Stil der alten arabischen Gärten angelegt, mit großen rechteckigen Wasserbecken und Fontänen. Eins der Becken ist von stufenförmigen Terrassen umgeben. Den Anschluß bilden wandartig geschnittene Bäume. In das Bassin mündet eine Wassertreppe (der Wärter stellt auf Wunsch das Wasser an – Trinkgeld). Eine Kopie des Löwenbrunnens von der Alhambra wie auch Kopien von altägyptischer Plastik bilden eine eigenartige dekorative Mischung. Von der Terrasse zum Nil hat man einen schönen Blick auf die Stadt mit ihren Hochhäusern. Zum Wahrzeichen des modernen Kairo geworden ist der unweit vom Ufer des Nils gelegene 187 m hohe *Aussichtsturm* von Kairo, von dessen oberem drehbaren Stockwerk (mit Café und Restaurant) man einen prächtigen Blick genießt, besonders auch auf die nächtliche Stadt.

Östlich von ihm wurde ein *Obelisk* Ramses' II. aus Tanis aufgestellt, der bis Kairo nicht weniger als 83 Tage unterwegs war. Schon bei der Auffindung in der Deltastadt war er in zwei Teile (70 bzw. 37 Tonnen) zerbrochen. Aufgestellt wurde das Monument nach altägyptischer Methode: es wurde mit Stahlwinden auf die Höhe des Uferdammes gebracht und mit seinem unteren, dicken Ende gegen eine Grube gerichtet, in der ein Fundament eingemauert war. Als der Schaft über die Kante der Grube gezogen war, senkte er sich, durch Bremsvorrichtungen der Winden gezügelt, dem Fundament entgegen.

Die nördlichste Hälfte der Insel bildet der Stadtteil Samâlek, der zu den schönsten Wohnvierteln Kairos zählt.

Zoologischer Garten

Gîsa, auf dem Westufer des Nils (7/8 A). Geöffnet im Sommer von 9–16 Uhr, im Winter von 9–17 Uhr.

Er wurde in einem Teil des Gartens von Isma'îl angelegt. In dem unvollendeten Palast befand sich von 1889–1902 das Ägyptische Museum. Heute sind darin ein Tiermuseum und eine zoologische Fachbibliothek untergebracht. – Einst der bedeutendste Zoologische Garten Nordafrikas, ist er heute fast nur noch Park. Seine Anlage mit den Schlangenwegen, dem kleinen Fluß, dem Teich, den einzelnen Käfigen und Tierhäusern hält sich ganz an den Stil des 19. Jh. Auf einer kleinen Insel befindet sich ein hübscher Café- und Teepavillon. In fünf Grotten sind Bänke aus versteinertem Holz aus der Ostwüste aufgestellt.

Botanischer Garten (6/7 A)

Er schließt sich im Norden an den Zoologischen Garten an. In ihm befinden sich die Gebäude der Technischen Hochschule. – Wer der Herstellung von Papyrus beiwohnen möchte, begebe sich zum House Boat Moored, 3, Sh. en-Nîl, Gîsa.

Alt-Kairo (Masr el-ḳadîma; Plan S. 438)

Zu erreichen mit Omnibus Nr. 95 und 150 vom Midân et-Tahrîr bis Haltestelle Alt-Kairo oder mit Taxi (Ziel: »Mâri Girgîs« oder: »Masr el-ḳadîma«).

Gegenüber der Insel Rôda liegt der Stadtteil Alt-Kairo mit den Besichtigungszentren Ḳasr esch-Scham', Fustât und der Amr-Moschee.

Schon in *altägyptischer* Zeit bestand hier eine Siedlung auf dem Ostufer des Nils, die die Einwohner Cheri-aha (Ort des Kampfes) nannten, da Horus und Seth hier gekämpft haben sollen. Unter den *Griechen* hieß die Siedlung Babylon, die Römer legten eine

Alt-Kairo

Festung an, die unter Trajan (98–117) und Arcadius (395–408) restauriert wurde. Im Jahre 641 eroberte Amr Ibn el-Âs, der Feldherr des *Kalifen* Omar, Babylon und legte weiter nördlich eine neue Stadt an, die den Namen Fustât (= das Zeltlager) bekam; der Name Alt-Kairo ist späteren Datums (S. 241).

Besichtigungsweg

Koptisches Museum – el Mo'allaḳa – St. Sergius – Synagoge – Sitt Barbara – Altes Stadttor – Georgskirche – Fustât – Amr-Moschee – Töpferviertel.

Ḳasr esch-Scham' (Festung der Kerze)

Das fast nur von Kopten bewohnte Stadtviertel *Ḳasr esch-Scham'* erstreckt sich innerhalb der Mauern des Kastells Babylon. Hier liegen die meisten und bedeutendsten Kirchen Kairos und steht die älteste und wichtigste Synagoge Ägyptens. Die Straße, die von Kairo kommt, führt an die Westseite des Kastells, die einst von zwei mächtigen Rundtürmen beherrscht war. Nach neueren Grabungen lag zwischen diesen Türmen 6 m unter dem heutigen Niveau ein Flußhafen. Heute fließt der Nil 400 m weiter westlich. Auf den Unterbauten des nördlichen Turmes erhebt sich die *Georgskirche*, die Ruinen des südlichen Turmes stehen frei. Vom Koptischen Museum aus kann man zum Niveau dieses Turmes hinabsteigen. Die Türme stammen aus der trajanischen oder hadrianischen Zeit und sind teilweise unter Verwendung älteren Baumaterials errichtet (Steine mit Hieroglyphen).

Der Durchgang zwischen den beiden Türmen führt in den Garten des *Koptischen Museums*.

Koptisches Museum (9 C)

Alt-Kairo, Buslinie 95 und 150; Eisenbahn Richtung Heluân, Station St. Georg. – Öffnungszeit: täglich 9–16 Uhr.

Das Koptische Museum enthält die reichste koptische Sammlung der Welt. Es wurde 1908 als Privatunternehmen von Marcus Simaika Pascha gegründet, 1931 verstaatlicht und 1947 beträchtlich erweitert. Das Gebäude ist in der Art koptischer Häuser um einen viereckigen Hof angelegt. Die Türen, Holzdecken, Fenstergitter u. a. stammen aus koptischen Häusern oder Kirchen und sind entsprechend ihrer originalen Verwendung wiederbenützt. Zur koptischen Kunst s. S. 208–217.

Im *Erdgeschoß* sind Architekturfragmente ausgestellt: Kapitelle, Basen, Pilaster, Säulen (darunter Spiralsäulen), Türstürze, Friese, Fensterumrandungen. Freskoreste an Wänden und in Nischen. Die Stücke kommen hauptsächlich aus den Klöstern → des hl. Menas (Menasstadt), 4.–7. Jh.; → des hl. Jeremias (Saḳḳâra), 6. Jh.; des Amba Apollo in Baûît (Oberägypten), 5. Jh., und aus dem Kloster in Ehnâs (Oberägypten), 5. Jh.

Saal I: Architekturfragmente des 4./5. Jh.

Beinahe alle Stücke stammen aus Ehnâs (bei Beni Suêf). Diese frühen Werke sind nicht mehr altägyptisch, aber auch noch nicht christianisiert, sondern im wesentlichen hellenistisch beeinflußt; die plastischen Arbeiten daher erhobener, die Themen teils noch mythologisch, teils weltlich. Das graeco-ägyptische Amalgam kann nirgends besser als hier studiert werden.

Hervorzuheben sind:

Leda mit dem Schwan, Löwenjagd; Geburt der Venus; Dionysos mit Weinreben; Herkules mit dem Nemeischen Löwen und eine Nische aus Kalkstein mit der Malerei eines Dionysos. – Bemerkenswert der Linienfluß der Ornamente.

Koptisches Museum   435

Saal II: Relief und Malerei des 5. Jh.
Reliefs mit Blattornamenten und verschiedenen Tieren in Laubrankenwerk, in der Malerei Heilige und Oranten.

Saal III: Friese und Kapitelle des 5. Jh.
Neugegliederte Friese, meist mit heimischen Motiven; auffallend schöne Kompositkapitelle; Ausgrabungsstücke aus dem Kloster von Baût, wodurch der Akzent auf die christlichen Denkmäler versetzt wird. Zu beachten Die Evangelisten mit Christus in der Gloriole.
Die Arbeiten werden im ganzen gröber und flacher.

Saal IV und V: Architekturelemente des 5./6. Jh.
De Pflanzen werden stärker stilisiert, die flachen Reliefarbeiten wirken ähnlich Holzschnitzereien, christliche Motive überwiegen, präsentieren sich aber oft in hellenistischem Gewand.
Nischengiebel; Friesfragmente; Kapitelle mit Akanthusblatt-Motiv, Korbkapitelle und Kompositkapitelle oder solche mit verschlungenen Kreuzen bzw. Flechtbandkapitelle.

Saal VI: Architekturstücke des 6. Jh.
Kapitelle aus dem Jeremiaskloster von Sakkâra; Ambo (Kanzel) aus Kalkstein; Christus in der Gloriole.

Saal VII: Fragmente aus dem Jeremiaskloster (6. Jh.).

Saal VIII: Architekturfragmente vornehmlich christlicher Thematik (letztes Drittel des 1. Jahrtausends).
Engel; Madonna; St. Georg; Daniel in der Löwengrube. In der Saalmitte: zwei Chorschranken (mit Elefant bzw. Gazelle). – *Totenstelen* (teils im Hof aufgestellt) mit griechischen oder koptischen Inschriften oder aber Giebelstelen mit einer Art Portikusarchitektur, reich ornamentiert mit christlichen Symbolen (auch noch altägyptischen Lebenszeichen), Tieren, Pflanzen oder Oranten aus verschiedenen Zeiten (bis ins 18. Jh.) und den Orten Sakkâra, Eschmunên, Achmîm und Assuân.

Saal IX: Fresko von Adam und Eva vor und nach dem Sündenfall, aus Umm el-Beregata im Faijûm u. a.

An den Wänden der *Treppe*, die zum Oberstock führt, Reste von Stuckmalerei, darunter aus dem Kloster (!) von Baût das Fresko mit einer Szene aus dem Katz-Mäuse-Krieg.

Saal X–XII: Textilien
Die ausgestellten Fragmente weisen auf eine hochentwickelte Leinen- und Wollweberei hin, die teilweise an Gobelintechnik anklingt. Die farbigen Muster sind eingewirkt, nicht eingewebt, die feinsten Zeichnungen mit der fliegenden Nadel hergestellt. Auch die Kunst des Doppelgewebes war bereits bekannt.
Neben einfachen Stoffresten – man beachte wegen der schwierigen Technik besonders die runden Ornamente – sind Bänder, Reste von Gewändern, Stickereien und Stoffdrucke zu sehen. Die bedeutendsten Werkstätten befanden sich in → Tanis und Damiette. Wertvolle Funde machte man in den Nekropolen von Achmîm, Antinoë, Sakkâra. Die frühen Christen übernahmen zuerst den Brauch des → Balsamierens, dabei füllte man die Leibeshöhle des Toten oft mit Lumpen aus. Unter diesen Lumpen waren kostbare Stoffreste.

Die islamische Eroberung bedeutete keine Vernichtung der koptischen Textilkunst, nur die Stiltendenzen änderten sich.
Tuniken, Medaillons u. a. Dekorstücke; im Saal X auch Papyri und einige koptische Ostraka (beschriftete Scherben) des 6.–9. Jh.

Saal XIII: Malerei (Ikonen) und Elfenbeinarbeiten
Bis zur arabischen Invasion waren die Wände und Nischen der Kirchen und Grabkapellen ausgemalt mit gnostischen und apokryphen Themen; ferner Heilige, Oranten und Blumenfriese. Eine Skala von gebrochenen Farbtönen überwiegt, die Figuren sind mit Vorliebe braun umrandet.
Der islamische Einfluß bringt die Malerei zum Erliegen, wenn sie sich in abgelegenen Klöstern, wie dem → Antonius- und Paulskloster, auch bis in die Neuzeit hielt. Auf den nun aufkommenden Ikonen – d. s. Heiligenbilder mit kultischer Verehrung – sind Christus, Maria und Heilige dargestellt, besonders häufig Georg, Michael, Antonius, Basilius und der hl. Nikolaus. – Bei den Elfenbeinarbeiten in den Vitrinen fallen die hellenistischen Motive auf, wie die liegende Venus oder die Tänzerinnen mit flatternden Gewändern. Die Darstellung wirkt fast graphisch.

Saal XIV: Holzarbeiten
In einem Land, wo Holz immer ein kostbares Material war, wurde der Verzierung in Holz besondere Sorgfalt beigelegt, wenn diese Arbeiten im Verhältnis zu altägyptischen auch plump und primitiv erscheinen. In der frühen koptischen Zeit finden wir Reliefs mit Szenen aus dem Alten und Neuen Testament, die in der Art der Darstellung den Stein- und Beinarbeiten entsprechen. Wie in den anderen Kunstgattungen sind später geometrische Motive bevorzugt, häufig gruppieren sich geometrische Motive um ein zentrales Kreuz. Inkrustation von verschiedenen Holzarten und Materialien sind meisterhaft ausgeführt.
Hervorzuheben sind: Die große Holztür mit Eisenbeschlag – sie sperrte früher, wie allgemein üblich (bis zu Napoleon) ein Kairener Stadtviertel ab –, ein Altar, 6. Jh., ein Bischofssitz, eine Pilgersänfte mit Inkrustationen, Gesangspulte, Pilgerbetten, Fragment einer Mühle sowie eine Truhe für Priestergewänder.

Saal XV und XVI: Metallarbeiten
Gegenstände für den kirchlichen Gebrauch wie Lampen, Kreuze, Kerzenständer, Weihrauchgefäße, Kelche; ferner profane Gegenstände wie Schlüssel, Geld, Schmuck, Amulette mit christlichen Symbolen (Anker, Taube, Fisch, Kreuz), Agraffen, Gewandnadeln, Hausgeräte.

Saal XVII: Manuskripte
Die Manuskripte auf Pergament und Papier reichen vom 4. bis zum 18. Jh. Bis zum 13. Jh. sind nur Fragmente erhalten, da durch die Plünderung der Kirchen, besonders unter en-Nâsir Ibn Kala'ûn (1293–94) viel vernichtet wurde. Zahlreiche Manuskripte sind mit Miniaturen versehen, auch mit geometrischen Ornamenten, unter denen das Flechtbandmotiv eine bevorzugte Rolle spielt.
Fragmente aus dem Kloster des Makarios (6.–9. Jh.); Evangelium des Matthäus, 11. Jh.: Evangelium des Markus; Evangelium mit der Darstellung des Johannes, 13. Jh., in arabisch, u. a. – Eine große Zahl von Papyrus-Codices aus → Chenoboskion (1945 gefunden), eine koptisch-gnostische Bibliothek aus dem 2./3. Jh.; diese Handschriften haben unschätzbare Bedeutung für die Erforschung des frühen Christentums (nur nach Anmeldung zu besichtigen). – In der Saalmitte bemalter Terrakottasarg.

Saal XVIII: Marmorarbeiten
Unter anderem korinthische Kapitelle.

Am Ende des Gartens führt eine Treppe zu den *Sälen: XXII A+B, XXIII, XXIV A+B, XXV A, B + C* mit *Holzarbeiten* (Schlüssel, Kämme, Siegel, Backmodel).

Koptisches Museum 437

Die meisten Stücke stammen aus Unterägypten vom 5.–12. Jh.: Die Ikonostasis aus der Barbarakirche in Alt-Kairo (10. Jh.) mit 45 skulptierten Feldern, ein Türsturz aus der Kirche el-Mo'allaḳa mit dem Einzug Christi in Jerusalem (4. Jh.). Teile einer zweiflügeligen Tür aus der Barbarakirche (5. Jh.) u. a. – In den Vitrinen alte Kruzifixe.

Saal XXVI: Kinderspielzeug, an den Wänden Triptychen.

Saal XXVII, XXIX, XXX: Töpferarbeiten und Gläser
Die Gefäße und Scherben stammen aus Fustât und sind nach Form, Technik und Dekoration geordnet. Blumenmotive, Tiere, Fabelwesen, selten Menschendarstellungen; mit dem islamischen Einfluß beginnt eine stärkere Stilisierung.
Die Technik der Gasherstellung übernahmen die Kopten vom Alten Ägypten. Zu sehen sind: Lampen, Flakons, Teller aus irisierendem Glas.

el-Mo'allaḳa (darf zeitweise nicht betreten werden)

Wenige Schritte südlich der Ruinen des römischen Südturms an der Westseite des Kastells liegt der Eingang zur *Kirche el-Mo'allaḳa*, die ihren Zunamen »Die Hängende« deshalb erhalten hat, weil sie sich über dem römischen SW-Tor erhebt. Diese älteste Kirche von Ḳasr esch-Scham' stammt aus dem 7. Jh., sie wurde im 9. Jh. zerstört, im 10. Jh. unter dem Patriarchen Alexander (955–78) wieder aufgebaut und wiederholt umgebaut, zum letzten Male im Jahre 1775. Sie war nach 1039 Patriarchatsbesitz bis ins 14. Jh.

Ein schmaler langer Garten mit Palmen führt hin zur Westfassade, die mit ihren zwei Türmen sich dem Typ barocker Kirchenfassaden annähert. Eine breite, hohe Treppe steigt zu einem überdachten Vorplatz, dann durch die rechte Tür und einen Gang in einen Vorhof mit Springbrunnen, an den sich der Narthex anschließt. Die Westfront der Kirche bietet schöne Arabesken aus Stuck und Türen mit geometrischen Inkrustationsarbeiten.

Die Kirche hat fünf unregelmäßige Schiffe; früher war die Aufteilung wohl anders und die Kirche länger. Antike Säulen mit spitzbogigen Arkaden trennen die einzelnen Schiffe, bei den äußeren Säulenreihen ist der Abstand wesentlich kleiner als bei den inneren; über den Kapitellen läuft ein verbindender Architrav. Der schöne *Marmorambo*, der auf dünnen Säulchen mit Knaufkapitellen steht, stammt aus der Zeit um 1100; an seiner rechten Seite zwei Hochreliefs, die ein Kreuz unter einer Haube und ein Stufenkreuz (sog. Auferstehungskreuz) wiedergeben. Die drei östlichen Kapellen sind durch eine *Ikonostasis* geschlossen, die im unteren Teil feine Elfenbeininkrustationen in Ebenholz bietet (13. Jh.), im oberen Heiligenbilder auf Goldgrund (18. Jh.). Die nördliche Kapelle ist dem heiligen Georg geweiht, die mittlere, der *Hēkal*, Christus, die südliche Johannes dem Täufer. An der Südseite führt eine Tür in die abgerundete Südbastion mit der *Kapelle des Takla Hajmanot* (eines berühmten Heiligen, der die salomonischen Traditionen wiederherstellte [1270] und in Äthiopien verehrt wird) und dem *Baptisterium* (mit einem modernen farbigen Glasfenster).

Von den zahlreichen Ikonen stammt der größte Teil aus dem 18. Jh., nur einzelne gehen ins 14. Jh. zurück.

St. Sergius (Abu Serga)

Aus dem Museumsgarten gehen an der Nordseite einige Stufen hinab in eine Gasse, die zur *Kirche St. Sergius* (Abu Serga) führt. Diese älteste Kirche Kairos ist den Soldatenmärtyrern Sergius und Bacchus geweiht, wurde nach einer Zerstörung im 8. Jh. in der fatimidischen Zeit vom 10. bis 11. Jh. neu erbaut. Sie zeigt den *Grundtyp der frühchristlichen Basilika*: drei Schiffe, ein erhöhtes Querschiff, das nach außen nicht sichtbar hervortritt, einen Narthex, einen oberen Umgang und einen offenen Dachstuhl.

Die Kirche (27 m × 17 m) liegt heute wie in den Boden eingesunken, da sich das umliegende Straßenniveau erhöht hat. Die drei Türen im Westen sind verschlossen, der Eingang an

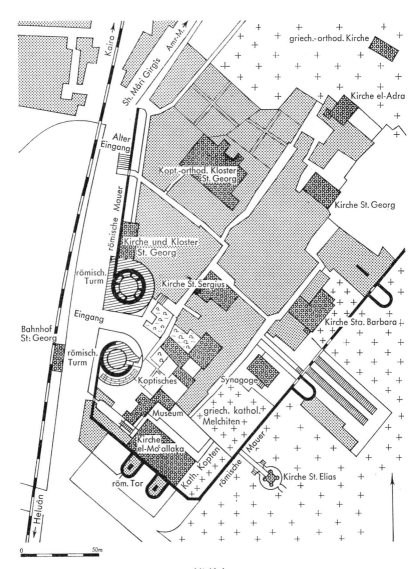

Alt-Kairo

der Südseite führt in den Narthex. Am Mittelportal haben sich Reste einer alten Holztür erhalten. Hier befindet sich vor dem Mittelschiff ein Bassin, in dem am Epiphaniastag die Fußwaschungen stattfanden. Die Apsis an der Nordseite enthält das Baptisterium. Das Mittelschiff ist auf jeder Seite durch fünf antike Säulen von den Seitenschiffen abgetrennt. Kleine spitzbogige Arkaden ruhen auf Säulen, deren Kapitelle durch Architrave verbunden sind. Das flachgedeckte Emporengeschoß steht auf antiken Säulen. Es ist für die Frauen bestimmt, die aber auch in den Seitenschiffen Platz nehmen können. Das Mittelschiff hat einen offenen Dachstuhl und einen schönen *Marmorambo* auf Säulchen (der ältere hölzerne Ambo und ein hölzerner Altar befinden sich im Koptischen Museum).

Die drei östlichen Kapellen sind durch eine *Ikonostasis* (der mittlere Teil 13. Jh.) geschlossen, in deren Elfenbeininkrustationen Kreuz und Stern vorherrschen; in die Wand sind fünf kleine figurale Holzreliefs eingelassen, besonders vorzüglich das der Geburt und der wunderbaren Vermehrung von Brot und Fisch. Diese Reliefs stammen von einer Holztür des 11. Jh. In der mittleren Kapelle, dem Hêkal, steht der Hochaltar unter einem Baldachin; die Stufen in der Nische sind alte Priestersitze (vgl. Ravenna). Die Nordkapelle ist dem heiligen Michael geweiht, die Südkapelle dem heiligen Georg. – Aus den Seitenkapellen führen Treppen zu der 10 m unter der Straße liegenden *Krypta* aus dem 5. Jh. (5 m×6 m). Sie ist 3schiffig, gewölbt und von alten Säulen gestützt. Von August bis Oktober steht sie unter Wasser. Der südliche Brunnen wird als Baptisterium benützt. Der Legende nach soll hier die heilige Familie gewohnt haben, da Joseph bei der römischen Besatzungsmacht Arbeit gefunden habe. Am 1. Juni wird die Erinnerung an die »Flucht nach Ägypten« hier liturgisch gefeiert.

Sitt Barbara

Östlich von Abu Serga die Kirche Sitt Barbara und die Synagoge. Die Kirche *Sitt Barbara* war ursprünglich den Heiligen Cyr und Johannes geweiht und später Barbara, der Märtyrerin aus Nicomedia. Die Kirche wurde wohl im 5. Jh. gegründet, im 7. und im 10./11. Jh. neuerbaut. Sie hat einen *basilikalen Grundriß* von 26 m×14,5 m, über den Säulen Emporengeschosse. Der *Ambo* im Mittelschiff entspricht dem von Abu Serga und el-Moʻallaḳa. Die drei Ostkapellen sind durch eine *Ikonostasis* (13. Jh.) abgeschlossen mit Elfenbeinintarsien in Form von geometrischen Ornamenten. Links vom Chor liegen zwei Kapellen für die Heiligen Cyr und Johannes sowie das Baptisterium. Die berühmte Holztür, die Ende des vergangenen Jahrhunderts im Mauerwerk der Kirche zum Vorschein kam, befindet sich im Koptischen Museum.

Synagoge

Die Synagoge (Kenîset Ben Ezra) ist eine ehemalige Michaelskirche, in der sich bis ins 8. Jh. der melchitische Kult gehalten hat. Die Kirche ist in der Form der *Basilika* gebaut, hat drei Schiffe, die durch Säulen getrennt sind, und seitlich Emporengeschosse. Die Seitenschiffe sind flach gedeckt, während das Mittelschiff einen offenen Dachstuhl hat. Links im Chor – hinter Glas – *vier Schriftspalten des Pentateuch* und moderne Schriftrollen in hohen silbernen Dosen, die mit Treibarbeit verziert sind. Schöne Maschrabîjen in den Seitenschiffen.

1894 kam bei Umbauarbeiten ein eingemauerter Schatz von etwa 200 000 Pergament-Fragmenten in hebräischer, aramäischer und arabischer Sprache zutage, von denen besondere Bedeutung den hebräischen Teilen des AT zukommt; denn sie haben eine ältere Textgestalt bewahrt als die vom 10. Jh. an allein gültige kanonische Fassung der Masora des Ben Ascher.

St. Georg

Von der Synagoge wende man sich zurück über die Kirche St. Sergius und gehe weiter in westlicher Richtung durch eine schmale Gasse mit ungepflegten Häusern, vereinzelten Portalen und bemerkenswerten Erkern bis zum alten eisenbeschlagenen *Stadttor* (auf Plan

S. 438 bei »Alter Eingang«). Im N führt eine Treppe hinauf zur Sh. Mâri Girgîs. Im S des Stadttores die griechische Kirche und das Kloster *St. Georg*. Links von der hohen Treppe, die zur Kirche hinaufführt, das Kloster. In der Kirche links vom Eingang – unter einem Baldachin – ein großes silbernes Relief des heiligen Georg mit alten Motiven; auf einer modernen Ikonostasis Heilige auf Goldgrund.

In Kairo haben sich noch viele interessante *koptische Klöster und Kirchen* erhalten; so im Hâret er-Rûm (Viertel der Christen), NW von Bâb Suwêla, drei zusammenhängende Kirchen *el-Adra* (Hl. Jungfrau), *Abu Sefên* (Merkurius-Kirche), im 1. Stock *Mâri Girgîs* (St. Georg), daneben 2 Frauenklöster; – im Hâret Emîr Todros (Viertel des hl. Theodor) Frauenkloster mit 2 Kapellen für *Todros* (hl. Theodor) bzw. den Eremiten *Abu Nafi*; – zwischen dem armenischen und dem koptischen Friedhof, in der Nähe der Moschee Sên el-Abidin, Kloster *Dêr Mâri Mina* (hl. Menas); – im NO der → Amr-Moschee (in der Nähe der Bahn), Kloster *Abu Sefên* (hl. Merkurius) mit 3 Kirchen und einem Nonnenkloster.

Fustât

1,5 km östlich von Kasr esch-Scham' liegen die Ruinen von Fustât, der von Amr im Jahre 641 gegründeten Stadt. Man erreicht sie über die Sh. Mâri Girgîs, von der man hinter dem griechisch-orthodoxen Friedhof rechts abbiegt. Die Grabungen in Fustât haben neben der Freilegung der Straßen und Häuser reiche Keramikfunde gebracht, die in dem → Arabischen und → Koptischen Museum ausgestellt sind. Die *Häuser* sind aus gebrannten Ziegeln oder Steinen errichtet und haben mehrere Etagen, in der Mitte einen Hof mit Wasserbecken und Springbrunnen. Die Gassen sind meist schmal (1–3 m), um Schutz vor der Sonne zu bieten. Man hat Anlagen zur Wasserversorgung und zur Beseitigung der Abwässer freigelegt sowie Zisternen, Mühlen, Ölpressen. Im 8. Jh. wird Fustât als reiche, blühende Stadt erwähnt, im Jahre 1168 von Schâwar durch Brand zerstört. Die etwa 1 km lange steinerne *Mauer* mit Tortürmen wurde 1176 von Karakusch, dem Statthalter Saladins, angelegt.

Als die bedeutendste Kirche von Fustât wird die *Merkuriuskirche* (31,5 m×21 m) angesehen; sie überrascht durch Größe und reiche Innenausstattung. Nach einer Zerstörung im 9. Jh. wurde sie 970 wiederaufgebaut. Der Brand von Fustât (1168) zog sie stark in Mitleidenschaft, so daß 1176 ein Neubau notwendig wurde; dabei ersetzte man die alten Marmorsäulen durch Ziegelpfeiler. Bemerkenswert sind die Ikonostasen aus dem 13. und 14. Jh. und die zahlreichen Ikonen.

Amr-Moschee (siehe auch S. 238) *(Gami' Amr Ibn el-Âs)*

Sh. Sîdi Hasan el-Anwar (9 C)

Geschichte

Die Amr-Moschee gilt als die älteste Ägyptens und als eins der ältesten religiösen Bauwerke des Islâms überhaupt, sofern man nicht den heutigen Bau datiert, vielmehr jenen von Amr Ibn el-Âs 642 gegründeten bescheidenen Ziegelbau, von dessen Architektur jetzt nichts mehr steht. Im Erstzustand war sie ein rechteckiges Bauwerk von 50 Ellen × 30 Ellen, mit 6 Toren, ohne Innenhof. In den nächsten zwei Jahrhunderten wurde sie mehrmals erweitert und dehnte sich bei einem Neubau 827 bereits auf ihre derzeitgen Maße aus, nachdem sie schon bei ihrem ersten Umbau 667 zu einer Hofmoschee umgestaltet war. Bei dem Brand von Fustât 1169 wurde die Moschee zerstört, durch Sultân Saladin jedoch wieder aufgebaut (1172/73). Die Hauptmasse des heutigen Baubestandes verdankt sie einer Restaurierung vom Anfang des 15. Jh., nachdem ihr auch Wasser und ein Erdbeben (1302) schwer zugesetzt hatten. Die Kette der Restaurierungen hat sich bis in jüngste Zeit fortgesetzt und dabei die Reste der früheren Anlage nach und nach weggerissen.

Besichtigung

Heute betritt man die Moschee durch drei Portale von der Westseite her, der Besuchereingang befindet sich bei dem 32 hohen Minarett. Die Moschee mit der Grundfläche von 110 x 120 m ist eine Hofmoschee mit mehrschiffigen Arkadenhallen, die einen zentralen Hof umlaufen, ein Typ, wie er für die Freitagsmoscheen Kairos durch das ganze Mittelalter hindurch maßgebend blieb. Der Westiwân hat 9, der Ostiwân 6 Schiffe. Die noch etwa 150 Säulen sind (wie üblicherweise in dieser Zeit rings ums Mittelmeer) antike Spolien (römische, koptische), ihr Größenunterschied ist durch verschieden hohe Basen ausgeglichen. Im S des Ostiwâns finden sich die ältesten Teile der Moschee, Spuren der ehemaligen Dekoration haben sich im Hauptriwâḳ am Ansatz der Arkadenreihen der SW-Wand erhalten in den holzgeschnitzten Architraven mit Rankenmuster und antikisierendem Akanthusmotiv. Das Brunnenhaus in der Mitte des Hofes stammt aus dem 9. Jh., sein Wasser soll nach dem Volksglauben mit dem Brunnen in Mekka kommunizieren.

Um diese alte Moschee spielt viel Volksbrauch und hat sich ein Kranz von Legenden geschlungen. So soll Omar die von einem Gitter umschlossene Säule im W des Mihrâb durch einen Hieb mit Mohammeds Peitsche von Medîna (nach anderer Version von Mekka) hierherversetzt haben. In der weißen Ader des Marmors erkennen die einen die Spur des Hiebes, die anderen die Namen Allâhs, Mohammeds und des Sultâns Sulaimân. Im gleichen Trakt steht das Paar der Prüfungssäulen, deren Abstand nur tugendhaften Menschen gestattet sich hindurchzuzwängen.

In der NO-Ecke das Grab des Schêchs Abdallâh, Sohnes von Amr: ein von einem Holzgitter umgebener steinerner Katafalk. Die beiden niedrigen Säulen, die die Nische in der NW-Ecke des Sanktuariums flankieren, sind durch Küsse von Heilung suchenden Kranken eingemuldet.

Im Jahre 1808, da die Nilüberschwemmung auszubleiben drohte, versammelten sich in der Amr-Moschee die islamische wie christliche und jüdische Geistlichkeit, um gemeinsam den Himmel anzuflehen.

Töpferviertel

An der Südseite der Amr-Moschee sind mehrere Ḳullenfabriken in Betrieb, kenntlich durch die insgesamt 60 glockenförmigen Brennöfen. Man kann in den *Töpfereien* die einfache Herstellung von Wasserflaschen, die sonst vornehmlich von → Ḳena kommen, beobachten. Der graue Ton erhält durch Beimengung von Asche die zur Verdunstungskühle nötige Porosität.

Nilmesser (arab. *el-Miḳjâs,* das Maß), 9 B

Südspitze der Insel Rôda.

Der Nilmesser von Rôda wurde wahrscheinlich 715 unter dem Omaijaden Sulaimân erbaut. Von besonderer Bedeutung waren die Restaurierungen von 861 unter dem Abbasidenkalifen Mutawakkil, 873 unter dem Emir Ibn Tulûn, 1092 unter dem Kalifen Mustansir bi-Ilâh, 1481 unter dem Sultan Ḳâït-Bey. Die letzte Instandsetzung erfolgte 1934–39. Vgl. auch S. 238 f.

Das Brunnenhaus, jetzt in einem Garten, hat nur noch musealen Wert. Es erhebt sich über einem quadratischen Becken, in das je nach Nilhöhe durch drei Öffnungen Wasser einströmen konnte. In der Mitte steht auf einer Basis eine achtkantige Meßsäule von 17 arabischen Ellen (= 9,18 m). Die kufischen Inschriften neben dem Pegel und auf den Marmortafeln an den Wänden des Brunnens, in den man auf einer Treppe hinuntersteigen kann, beziehen sich auf die Wiederherstellungen im 9. Jh. Überdacht ist der Nilometer mit einer arabesk verzierten Kuppel. — Der Tiefstand des Nils liegt bei 7 Ellen; bei 15 Ellen wurde von dem Schêch der Messungen der *Wafâ* ausgerufen, daraufhin früher der Damm der Bewässerungskanäle durchstochen. Dies Ereignis, etwa Mitte Juli, wurde mit lauten Festen gefeiert, jetzt nur noch für Touristen.

Heute sind die Wassereinläufe zugemauert, der Wasserstand des Nils wird außerhalb des alten Nilmessers an einer Skala abgelesen, zu der man über eine Treppe an der Ufermauer gelangt. Seit dem gleichbleibenden Wasserstand des Nils infolge des → Sadd el-âli ist der Nilmesser praktisch bedeutungslos geworden.

Umgebung von Kairo

Moḳáttamhöhe und Ausflug zur Mosesquelle und zum Kleinen und Großen versteinerten Wald.

Die 200 m hohe Moḳáttamhöhe mit dem Gebel Gijûschi liegt im Osten von Kairo. Die Aussicht auf die Stadt und das Niltal ist besonders in der Morgenfrühe und bei Sonnenuntergang prachtvoll. Der Ausflug auf den Moḳáttam ist ein Halbtagsausflug. Man nehme am besten für die Auffahrt Taxi oder Bus und gehe dann zu Fuß zur Zitadelle hinunter. Je nach militärischer Lage ist das Gebiet für Besucher gesperrt. → Ṣabalin.

Die Fahrt geht auf der 1957 für die neuen Wohnviertel *(Cité du Moḳáttam)* errichteten Straße und führt in großen Serpentinen den Berg hinauf, vorbei an alten → Steinbrüchen, die schon in der Pharaonenzeit benutzt wurden. Man lasse sich bis zum Casino Monte Bella fahren. Von hier hat man Sicht auf die Stadt und auf das Niltal mit seinen begrenzenden Höhenzügen und dem scharfen Rand des Kulturlandes gegen die Wüste. Von dem Casino gehe man zuerst ein Stück auf der Autostraße abwärts, dann führt links ein Trampelpfad den Berg hinunter. Falls man die → *Gijûschi-Moschee* besichtigen will, gehe man den Pfad in Richtung auf dieselbe zu, von dort scharf nach rechts zum *Fort Mohammed Ali*. Von hier hat man einen schönen Blick auf die Zitadelle mit der Moschee Mohammed Ali und auf die Minaretts des Alten Kairo (in der Nähe des Forts ist Photographieren verboten). Vom Kastell geht etwas links ein Hohlweg zur Zitadelle hinunter. Man überquert die Eisenbahnlinie und erreicht die Hauptstraße, die man hinaufgefahren ist. Bis um 18 Uhr kann man die Zitadelle durch das rückwärtige Tor (→ *Bâb el-Moḳáttam)* erreichen. Sonst gehe man auf der Hauptstraße links weiter, bis man das Gebiet der *Mamlûkengräber* und damit die Straßenbahn und Taxis erreicht.

el-Gijûschi-Moschee (7 G)

Diese Grabmoschee, deren Ruine eine der charakteristischsten Silhouetten Kairos abgibt, wurde 1085 von dem Emir Badr el-Gamâli, dem Großwesir des fatimidischen Kalifen el-Mustansir, errichtet und zählt zu den ältesten Moscheen der Stadt. Der Eingang ist

Heliopolis — Matarîja

an der NW-Seite im Unterbau des Minaretts, das mit seiner Kuppel auf einem quadratischen Schaft eine altertümliche Form darstellt. An den offenen Hof schloß sich ein Gebetssaal an, links davon das Grab des Stifters.

Den *Kleinen versteinerten Wald* am Gebel el-Chaschab kann man von dem Moķáttamhügel aus besuchen (etwa 1 Stunde). Man nehme unbedingt einen Führer mit. Will man auf den stark versandeten Pisten fahren, so ist das nur mit starkem Wagen, besser Jeep, zu machen. Der Weg führt durch reine Wüste immer ostwärts.

Auf halbem Weg trifft man eine Talschlucht und an deren Ende eine Felsspalte mit Wasser, die ohne erkennbaren Grund den Namen *Mosesquelle* (Ain Mûsa) erhalten hat. Ostwärts am Bergabhang weiter gelangt man zu vereinzelten Fragmenten versteinerter Baumstämme, die vermutlich durch die Tätigkeit kieselhaltiger Geiser in der Tertiärzeit entstanden sind; man hat Bambusarten, Palmen, Akazien erkannt. Nun geht man entweder denselben Weg zurück oder steigt durch das *Wâdi et-Tîh* (Tal der Verirrungen) nach Meʿâdi hinunter, einen hübschen Villenort mit Schwimmbad, Golf- und Tennisplätzen. In der Nähe wurde eine neolithische Siedlung mit Nekropole entdeckt.

Zum *Großen versteinerten Wald* gelangt man von der Moķáttamhöhe in 3-4 Stunden. Vom *Wâdi et-Tîh* geht man das Tal in östlicher Richtung etwa 2½ Stunden weiter, bis man zu den zahlreichen Trümmern von versteinerten Stämmen gelangt. Sie sind braun und schwarz wie poliert. Auf dem Rückweg geht man in dem Wâdi entlang bis nach Meʿâdi. Der Ausflug ist eine Tagestour und nicht ohne Anstrengungen und sollte keinesfalls ohne Führer gemacht werden.

Zum versteinerten Wald in der westlichen Wüste → Gîsa (S. 469), zu Versteinerungen → Geologie.

Alt-Heliopolis – Matarîja – Neu-Heliopolis

Autobus Nr. 300 vom Midân et-Tahrîr bis zur Station Matarîja.

Inmitten fruchtbarer Ackerfelder und tief in den Boden eingesunken erhebt sich einsam der Obelisk von **Alt-Heliopolis** als trauriger Rest einer ursprünglich hochbedeutenden Stätte. Heliopolis, etwa 12 km nordöstlich von Kairo, war nicht nur Gauhauptstadt, sondern auch ein religiöses Zentrum von höchstem Rang. Seit der 5. Dyn. wurde hier der Sonnengott Rê verehrt, und noch im Neuen Reich kann sich diese Kultstätte neben der des Amun in Karnak und des Ptah von Memphis als gleichbedeutend in dem Dreigestirn behaupten. Heliopolis war theologischer Mittelpunkt und fiktiver Ursprungsort des Königtums. Schon in der 4. Dyn. zogen von hier die Expeditionen nach dem Sinai, und die Leiter dieser Unternehmen hatten hier ihren Sitz; im Neuen Reich dürften hier die Annalen geführt worden sein. Herodot, Platon und Eudoxos von Knidos haben die Stätte besucht, aber die Araber haben sie nach und nach abgetragen zum Bau des neuen Kairo. Schon in hellenistischer Zeit wurden die Denkmäler verschleppt. Die Reste liegen heute unter dem Fruchtland begraben.

Beim Dorf **Matarîja** kündet einzig der *Obelisk Sesostris' I.* von dem ursprünglichen Ruhm des großen Sonnentempels. Sein Rosengranit stammt aus Assuân, der Monolith ist 20,50 m hoch. Die auf allen vier Seiten gleichlautende Inschrift berichtet, daß Sesostris I. (Beinamen) bei seinem Regierungsjubiläum den Obelisken gestiftet hat. Sein Pyramidion war einst mit Gold bezogen, ebenso die (Sonnen-) Falken, die die Inschrift eröffnen. Das Gegenstück dieses Kultsymbols für den Sonnengott ist im 12. Jahrhundert nach Christus umgestürzt. Außer diesem Paar haben in Heliopolis viele Obelisken gestanden, auch der von Sethos I. errichtete »flaminische Obelisk« auf der Piazza del Popolo in Rom.

Der *Sonnengott* wurde in Heliopolis unter den Namen Atum, Cheprê und Rê-Harachte verehrt, neben ihm der Phönix und der Mnevisstier. Auch gab es dort eine Nachbildung des Urhügels, von dem aus Atum die Schöpfung in Gang brachte. Die Stadt spielt eine wichtige Rolle in allen religiösen Texten, sie ist Sitz der Götterneunheit. Ihre Lehrmeinung hat die Reformbewegung Echnatons entzündet.

An der *Stadt* haben die Könige spätestens vom Beginn der 3. Dyn. bis in die römische Zeit gebaut und ausgeschmückt. Einige Schutthügel, Granitblöcke und Ruinen der Umfassungsmauer, Reste eines Tores (3,20 m hoch), ein römisches Bad sowie in einiger Entfernung Gräber sind neben dem Obelisken die letzten kümmerlichen Reste aus antiker Zeit.

Unter seinem alten Namen *On* (Stadt des Pfeilers) erscheint Heliopolis in der Bibel (1. Mose 41, 50), wonach der Schwiegervater Josephs Priester von On gewesen ist.

In Heliopolis verehrte man auch den *heiligen Baum,* in dessen Schatten der Horusknabe gestillt wurde. Es ist nicht ausgeschlossen, daß sich an diesen *Baumkult* die Legende von dem ebenfalls hier zu besuchenden *Marienbaum* angelehnt hat. Er steht vor der Marienkirche des Dorfes *Matarîja*, unter ihm hat sich der Legende nach die heilige Familie auf der Flucht vor den Verfolgern des Herodes verborgen. Die heutige Sykomore (Feigenbaum) ist nach 1670 an Stelle eines älteren Baumes gepflanzt worden, aber teilweise schon wieder abgestorben. Der kleine Garten, in dem sie steht, wird von einer Sâkija mit Quellwasser bewässert. Die Stätte war Wallfahrtsziel, auch auf dem Weg ins Heilige Land, und wurde von deutschen Pilgern im Mittelalter beschrieben. Doch schon in frühchristlicher Zeit stand hier eine Kapelle.

Neu-Heliopolis, von den Einheimischen auch Masr el-gedîda (Neu-Kairo) genannt, ist im NO Kairos (am Wege zum Flugplatz) 1905/6 von einer belgischen Gesellschaft der Wüste ähnlich abgetrotzt worden wie vormals Heluân. Der großzügige Villenort in gesunder Lage übt mit seinem Schwimmbad, den Vergnügungs- und Sportanlagen, Klubhäusern und Kasino viel Anziehungskraft aus. – Hinter dem Flughafen ist die neue Stadt Omar Ibn Chatâb im Bau.

Im Westen von Masr el-gedîda, westlich der Vorortbahn, residiert im *Palast* des 50 ha großen Parkes *von Kubba* der Staatspräsident; der

Palast wurde von Isma'îl für seinen Sohn Taufîk erbaut. – Den Rückweg über den Stadtteil Abbasîja nehme man durch die Ramsesstraße (die zum Bahnhof führt) und besichtige die 1968 eingeweihte koptische *St. Markus-Kathedrale*. Der gewaltige, aus einem einzigen Schiff bestehende Betonbau wurde als eine Art Reliquar für die Gebeine des hl. Markus errichtet, die anläßlich seines 1900sten Todestages von Venedig zurückerstattet wurden (vgl. S. 193).

Heluân (arab. Hammamât Heluân) und Umgebung

25 km südlich von Kairo, Endstation der *Heluânbahn*, die am Bahnhof Bâb el-Lûk abfährt; Autobus Nr. 431 und 432 vom Ramsesplatz (Hauptbahnhof Kairo) über den Midân et-Tahrîr; mit Auto den Nilkai entlang (Corniche). Nach 10 km Me'âdi (S. 442).
Hotels in Heluân: Antonio, 32 Sh. Borhan. – Des Princes, 16 Sh. Mustafa Safwat. – Excelsior, 5 Sh. Mansur. – Glanz, 25 Sh. Mohammed el-Maraghi. – Pension Evergreen, 26 Sh. Zaki.
Der Kurort Heluân (30 000 Einwohner) liegt auf einem Wüstenplateau 3 km vom Nil entfernt. Seine warmen *Schwefel-*, *Eisen-* und *Kochsalzquellen* sind wahrscheinlich seit dem Altertum bekannt und werden von an Rheuma und Hautleiden Erkrankten aufgesucht. Das trockene Wüstenklima ist günstig für Lungen- und Nierenkranke.
Heluân wurde von Isma'îl als Bad gegründet und von seinem Sohn Taufîk besonders geschätzt. Man schaffte von weither Gartenerde herbei und schuf eine künstliche Oase. Die Stadt ist nach einem regelmäßigen Grundriß angelegt. Die *Badeanlagen* befinden sich im Süden der Stadt. 1871/72 wurden die Quellen neu gefaßt, 1899 wurde das Badehaus im maurischen Stil gebaut. Auch ein Schwimmbad mit schwefelhaltigem Wasser ist in Betrieb. Im Osten der Stadt, vor dem großen Hospital, liegt der sehenswerte *Japanische Garten*, unweit davon ein Wachskabinett mit Mannequins in ägyptischen Trachten und mit folkloristischen Puppen aus allen Ländern der Erde, nordöstlich der Stadt die Sternwarte und das meteorologische Observatorium, im Zentrum ein Kasino. Der Kurortcharakter der Stadt wird durch die zunehmende Industrialisierung (Eisenverhüttung) stark beeinträchtigt, dagegen gewinnt es an Ruf durch sein zur Hochschule erhobenes Polytechnikum.
Heluân-Palast-Museum. Öffnungszeit: täglich 9–17 Uhr.

Umgebung

Nördlich Heluân liegt die neolithische Fundstätte von *el-Omari*, gegen → Me'âdi hin das Dorf *Tura*, in dessen Steinbrüchen der blendend weiße Kalkstein für die Verkleidung altägyptischer Bauten gebrochen und 1942 am hintersten Ende noch ein zum Abtransport auf Rollen bereitgestellter Verkleidungsblock für eine Pyramide entdeckt wurde, und im NO das an Versteinerungen reiche *Wâdi Hof-Felsenpanorama*.

Barrage du Nil (arab. el-Kanâtir el-charîja)

Motorschiffe täglich, Abfahrt unterhalb des Nile Hilton-Hotels oder → Rôd el-Farag; auch Verbindung durch Eisenbahn und Autobus. Zu empfehlen ist die Hinfahrt mit dem Taxi und bei gutem Segelwetter die Rückfahrt mit einem Segelboot. 24 km im NW von Kairo gelegen.

Der Barrage wurde erbaut, um den Wasserstand im Delta und oberhalb während des ganzen Jahres auf gleicher Höhe zu halten.
Die Arbeiten wurden unter Mohammed Ali um 1835 begonnen, 1861 nach den Plänen des

Franzosen Mougel Bey vollendet, aber schon 1867 mußte der Betrieb wegen mangelnder Festigkeit wieder eingestellt werden. Erst 1885–1890 wurde unter dem Engländer Sir Colin Scott Moncrieff eine Verstärkung vorgenommen, die nach einem Dammbruch 1909 bis 1910 abermals verstärkt werden mußte.

Die Anlage befindet sich dort, wo sich der Nil in zwei Arme teilt. Der Barrage über den *Arm von Rosette* ist 452 m lang und hat 58 Schleusen; der über den *Arm von Damiette* ist 522 m lang und hat 68 Schleusen. Die an abendländische Ritterburgen angelegte Architektur wirkt kurios. – In den Jahren 1936–1939 wurde 200 m nördlich der *Mohammed-Ali-Barrage* angelegt, um den Wasserspiegel auf dem Behêra- und dem Taufikîja-Kanal auf der gleichen Höhe zu halten. Zum Stausystem → Nil und → Bewässerung. Zwischen den beiden Nilarmen erstrecken sich schöne *Gartenanlagen*, die nach den Plänen des englischen Gartendirektors Draper gestaltet wurden. Hier legen die Schiffe an (Restaurant); an Fest- und Feiertagen werden die Gärten von Einheimischen besucht.

Wâdi Natrûn (Tagesausflug)

Ausfahrt von Kairo auf der Gišastraße, vor dem Mena-House-Hotel rechts ab auf die Wüstenstraße Richtung Alexandria bis zum Rasthaus (105 km), von dort westwärts in die Wüste zu den Klöstern. Alle Straßen sind befestigt, die Klöster ohne Sondererlaubnis dem Besucher zugänglich. Das Makarioskloster kann auch von der Straße Kairo–Alexandria bei Kilometerstand 89 (Wegweiser!) über eine gute Straße (Achtung bei Sandverwehungen!) erreicht und der Ausflug in Gegenrichtung von Alexandria aus unternommen werden. – Wer keine Taxe benützen möchte, fahre mit dem in beiden Richtungen mehrmals täglich verkehrenden (bequemen) Omnibus Kairo–Alexandrien und benütze erst vom Rasthaus aus eine (dort bereitstehende) Taxe. Wer nur einen halben Tag für den Ausflug aufwenden möchte, besuche das Makarioskloster. – Auf der Fahrt beachte man die der Wüste durch Bewässerung mühsam abgerungenen Pflanzungen und die damit verbundenen Siedlungen. – Im Kloster gebe man eine kleine Spende.

Das 32 km lange Natrontal liegt in der Libyschen Wüste unter Meereshöhe.

Seine 12–15 flachen Salzseen trocknen im Sommer fast ganz aus. Das rückständige Natron wird zum Bleichen von Leinen, zur Salz- und zur Glasherstellung verwendet. Von den über 50 Klöstern, die es im Mittelalter hier gab, haben sich vier erhalten, die an der alten Pilgerstraße nach Nordafrika zwischen Kairo und der Menasstadt liegen.

Von Norden nach Süden:
1. Dêr el-Baramûs (Kloster des Borrhomaios, wohl nicht Kloster der Römer [pa-romeos]).
2. Dêr es-Surjân (Kloster der Syrer).
3. Dêr Amba Bschôi (Kloster des heiligen Pschoi).
4. Dêr Abu Makâr (Kloster des Makarios).

Außer Dêr es-Surjân wurden diese Klöster im 4. Jh. gegründet, und zwar zunächst als Eremitenkolonien (zum Klosterleben s. S. 196 ff.). Nach dem Tode des Einsiedlers blieb die Gemeinschaft bestehen, die Totenkapelle wurde zum Kern der Anlage. Diese Klöster wurden im 5. Jh. wiederholt zerstört. Einen großen Aufschwung brachte 551 die wegen Auseinandersetzungen mit der byzantinischen Kirche erfolgte Übersiedlung des koptischen Patriarchen von Alexandria in das Kloster des Makarios. Im 9. Jh. wurden die Klöster so gründlich zerstört, daß keiner der heutigen Bauten vor diese Zeit zurückreicht.

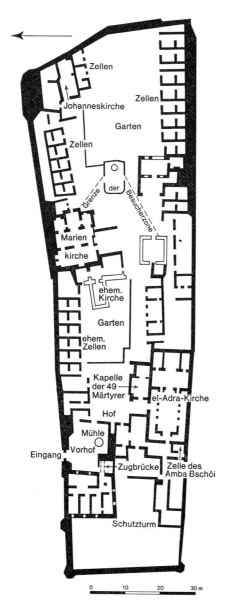

Dêr es-Surjân
(Kloster der Syrer)

Alle *Kirchen* sind festungsartig angelegt nach einem rechteckigen Plan. Sie sind von 10–12 m hohen und 2 m dicken Mauern umgeben, der einzige Zugang befindet sich in der Nordfassade. Die wichtigste Anlage ist der Donjon (arab. = Ķasr) oder Wachtturm, in den sich die Mönche bei Gefahr zurückziehen konnten. Er steht in der Regel im Herzen der Anlage isoliert, nur durch eine Zugbrücke im 1. Stock zugänglich, ist mit Brunnen, Kapelle, mit Zellen und Vorratsräumen ausgestattet. Die geistigen Zentren der Klosterbezirke sind die kuppelüberwölbten Kirchen, die aus Platzmangel bis zu dreien übereinander angelegt sind. Sie haben schöne Ikonostasen, auch wertvolle Ikonen und Wandfresken. Beachtlich sind die Kuppelwölbungen ohne Thromben oder Pendentifs. Ferner gehören zum Kloster ein langgestrecktes Refektorium mit einem gemauerten Tisch, der lebensnotwendige Brunnen, eine Bäckerei, eine Mühle und die Zellen der Mönche, in denen hintereinanderliegend Schlaf- und Arbeitsraum voneinander getrennt sind. In den Gärten werden vor allem Wein und Oliven angepflanzt.

Dêr el-Baramûs.

Nach der Legende soll das Kloster von Maximus und Domitius, den angeblichen Söhnen des Kaisers Valentinian (gest. 379) gegründet worden sein. Wie alle Klöster der Sketis wurde es mehrmals im 5. Jh. und 817 durch die Berber zerstört. Nach dem Wiederaufbau im 9. Jh. umfaßte man es mit hohen Mauern. Von den 4 Kirchen ist die des Makarios die bemerkenswerteste; hier haben sich eine bemalte Ikonostasis und eine Kanzel aus dem 13. Jh. erhalten. Am Schiff angebaut eine Georgs-Kapelle und eine Kapelle des hl. Theodor.

Dêr es-Surjân (4 km südöstlich von Dêr el-Baramûs).

Das Kloster wurde um die ursprünglich alleinstehende Theotokos-Kirche (der Gottesgebärerin geweiht) aus dem 6. Jh. erbaut, die zu dem benachbarten Dêr Amba Bschôi gehörte. Ein syrischer Kaufmann aus Mesopotamien mit dem Namen Tekrit kaufte sie Anfang des 8. Jh. für Mönche aus seinem Vaterland; um 930 wurde sie durch Abt Moses von Nisibis mit zahlreichen syrischen Handschriften ausgestattet. Auch hier sind Zerstörungen im 9. Jh. belegt, ferner wird erwähnt, daß im 14. Jh. die Pest fast alle Mönche hinwegraffte. Im 16./17. Jh. ging das Kloster von den Syrern an die Kopten über. 1842 lebten 43 Mönche im Kloster; heute sind es noch 37, die Zahl ist im Wachsen.

Sehenswert ist die *el-Adra-Kirche* (27 m lang), die noch teilweise aus dem 10. Jh. stammt, besonders im Hinblick auf die Ausstattung. Der sechsteilige holzgeschnitzte Hidschab (Falttür, die den Chor abschließt) ist durch eine syrische Inschrift 913/14 datiert. Die umrahmenden Stuckreliefs haben gewisse Ähnlichkeit mit den auch zeitlich parallelen in der Ibn-Tulûn-Moschee in Kairo. In der Halbkuppel des Chors haben sich wundervolle Fresken (Szenen aus dem Marienleben u. a.) erhalten, die auch aus dem 10. Jh. stammen dürften. Bemerkenswert sind ferner schöne Türen mit Elfenbeininkrustation, die (oben) Etappen der orientalischen Kirchengeschichte darstellen, zahlreiche Ikonen (voran Mâri Makârios) und in einer Kapelle an der rechten Seite des Schiffes byzantinische Fresken (Heilige und eine Kaiserin). Das Kloster besaß eine berühmte Bibliothek, von der im 18. Jh. zahlreiche Manuskripte in die Vatikanische Bibliothek und 1842 fast tausend arabische und koptische Werke an das Britische Museum in London (Tattam-Bibliothek) übergeben wurden. Der Rest der Bibliothek wurde zum Schutz vor Interessenten in Kairo eingemauert.

Dêr Amba Bschôi (1 km südöstlich von Dêr es-Surjân).

Dieses Kloster wurde um 390 durch einen Christen namens Bschôi gegründet, der sich schon als junger Mann hierher in die Wüste zurückgezogen hatte. Das Auf und Ab der Entwicklung verlief ähnlich wie in den anderen Klöstern. Patriarch Benjamin II. (1327 bis 1339) ließ Restaurierungen durchführen; im 17. Jh. soll sich die Anlage noch in gutem Zustand befunden haben, 1712 lebten nur noch 4 Mönche im Kloster, heute sind es 24. Schenûte III. wurde von Sadat 1981 hierher verbannt.

Wâdi Natrûn

Dêr Abu Makâr (5 km südöstlich von Dêr Amba Bschôi).

Das hochinteressante Makarioskloster, am Südende des Natrontales, hat eine bedeutende Geschichte hinter sich und ist durch seine gegenwärtige Wiederbelebung besonders eindrucksvoll. Es knüpft sich an die Gestalt des 390 verstorbenen wirkmächtigen Eremiten Makarios des Großen, dessen Jünger hier zunächst eine kleine Kirche und Zellen einrichteten und die dank eines Schutzturmes die dreimaligen schweren Überfälle des 5. Jh. überleben konnten. 49 starben freiwillig den Märtyrertod. Da hier der aus Alexandria verwiesene jakobitische Patriarch Theodosius I. 551 Zuflucht fand und seine zweite Weihe erfuhr, er die Fasten- und die Osterzeit hier verbrachte, nahm das Kloster noch im 10. Jh. eine Sonderstellung ein. Im ganzen hat das Kloster 29 Patriarchen gestellt. 1978 entdeckten Mönche unter der Klosterkirche Skeletteile, in denen mit Grund Überreste der Märtyrer und (?) Johannes' des Täufers vermutet werden.

Nachdem 1969 nur noch sechs Mönche in dieser verlassenen Einöde Klosterdienste taten, ist ihre Zahl inzwischen auf fast ein halbes Hundert angewachsen, und an kirchlichen Festtagen strömt eine doppelte Menge dem Kloster zu. Für deren Empfang wurden an der Innenseite der Umfassungsmauer in zwei Stockwerken übereinander für mehr als 100 Mönche Zellen erbaut. Für die Pilger, die sich an Wochenenden hier in Scharen versammeln, sind gleich hinter dem im N gelegenen Eingang (durch ein Eisentor) mehrere Bauten erstellt worden. Die unter dem Patriarch Benjamin I. 650 eingeweihte Kirche, die später durch eine größere »Makarioskirche« ersetzt wurde, steht heute innerhalb eines fast totalen Neubaus des Klosters, das mit einer sechsfachen Vergrößerung ein Areal von insgesamt 4 ha bedeckt. Außer den Kirchen ist nur noch der quadratische Schutzturm in der Mitte des Hofes Zeuge ehrwürdiger Vergangenheit. Der runde Wasserturm entstand 1954.

Zu den drei Kirchen im unteren Hof führt eine breite moderne Treppe. Dicht beieinander stehen dort die Kirche des Makarios, die des Apa Ischiron und die zu den 49 Märtyrern (mit zwei von drei alten Marmorsäulen gestützten Tonnengewölben). Die Stifterkirche als die älteste und bedeutendste verdient wegen ihrer Ikonostasis mit einem Schnitzwerk aus dem 5. und 6. Jh. besondere Beachtung. Die Kuppel des Nebenaltars wird von Trompen persischen Spitzbogenstils des 10./11. Jh. gestützt. Reste von Fresken an der Kirchenwand. Schrein mit den Reliquien des hl. Makarios und zwei weitere Schreine mit denen zweier Jünger des Heiligen.

In dem durch eine Zugbrücke betretbaren Schutzturm auf drei Etagen übereinanderliegend mehrere äußerst sehenswerte Kapellen mit bemerkenswerten Ikonen und Fresken. Unter dem Dach die Kapelle für St. Michael, der aus seiner Höhe die Klosterfestung verteidigt und schützt.

Die etwas beschwerliche Fahrt zu den gut 50 km nördlich des Wâdis gelegenen Eremitenzellen des 4.-9. Jh. in der „*Kellia*", wo auf einem etwa 20 km langen Ruinenfeld 1964 die Reste von über 700 Klöstern und Eremitagen aufgedeckt wurden, unternehme man nur mit einem ortskundigen Führer, besser: einem ägyptischen Archäologen.

Pyramiden und Gräberfelder von Gîsa, Abu Roâsch, Abu Gurôb und Abusîr

Anfahrt zu den Pyramiden von Gîsa:

Mit Taxi oder mit Omnibus Nr. 8 oder 900 vom Midân et-Tahrîr in 40 Minuten.

Im Pyramidenbereich Esel, Kamele, Pferdekutschen. Besteigung der Pyramiden verboten.

Lokale: Pyramiden-Rasthaus an der NO-Seite der Cheopspyramide; der Architektur des Baus entsprechend sind die Möbel des Rasthauses Nachbildungen der von Tutanchamun und die Wandmalereien Kopien altägyptischer Jagd- und Festszenen. – Stereo-Klub, nordwestlich der Cheopspyramide, schöner Blick, Bar im Freien; Café bei der Sphinx; nahebei Son et Lumière. – Nachtklub Sahara-City, 12 km hinter den Pyramiden von Gîsa auf einem Wüstenplateau, orientalische Tänze und orientalisches Essen in 2 großen Beduinenzelten. – Mena House Oberoi S. 341.

Einführung

Die Pyramiden von Gîsa sind das Wahrzeichen Ägyptens. 14 km südwestwärts von Kairo, am Rande der Libyschen Wüste gelegen, erheben sich die drei stereometrischen Grabbauten des Cheops, Chephren und Mykerinos als gewaltige, landschaftsverändernde Akzente. Um diese Pharaonengräber geschart, reihen sich die Mastabas (= Bankgräber) der königlichen Angehörigen und Beamten sowie der Bauleiter und ihrer Familien. Die Pyramiden von Gîsa sind weder die ältesten noch die nördlichsten, jedoch darf man sie als die klassischen nennen. Sie bilden einen Teil des sich über 100 km erstreckenden Friedhofsgeländes des AR und MR, das in Abu Roâsch sein nördliches, in Illahûn sein südliches Ende hat. Wie im Laufe dieses Zeitraumes die Residenzen ihren Ort wechselten, so veränderten die Pyramiden mit den zugehörigen Nekropolen ihre Lage; sie befinden sich jeweils im W auf der Höhe des gleichzeitigen Regierungssitzes. In geographischer Folge unterscheiden wir insgesamt *11 Pyramidengruppen,* deren wichtigste Vertreter genannt seien (weitere s. im Plan):

Abu Roâsch	Djedefrê, 4. Dyn.
Gîsa	Cheops, Chephren, Mykerinos, 4. Dyn.
Saujet el-Arjân	Cha-ba, 3. Dyn. und unvollendete der 4. Dyn.
Abusîr	Sahurê, Neferirkarê, Ne-user-Rê, Neferefrê, 5. Dyn.
Sakkâra-Nord	Teti, 6. Dyn.; Djoser, Sechemchet, 3. Dyn.; Unas, 5. Dyn.
Sakkâra-Süd	Pepi I., Merenrê, Pepi II., 6. Dyn.

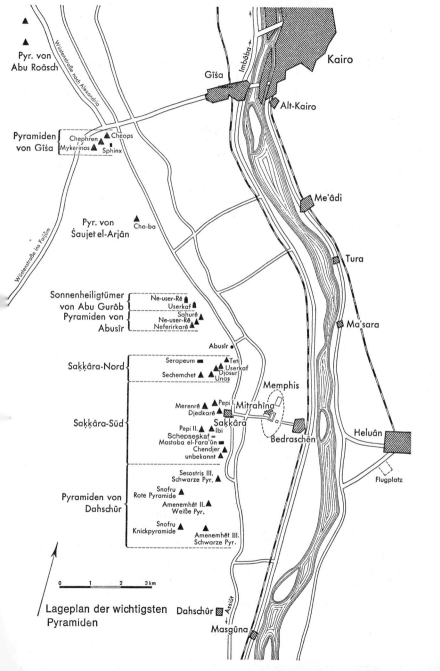

Dahschûr	Sesostris III.*, 12. Dyn.; Snofru (Rote Pyramide), 4. Dyn.; Amenemhêt II. (Weiße Pyramide), Amenemhêt III. (Schwarze Pyramide), 12. Dyn.; Snofru (Knickpyramide), 4. Dyn.
Lischt	Amenemhêt I., Sesostris I., 12. Dyn.
Maidûm	Snofru (?), 4. Dyn.
Hauwâra	Amenemhêt III. (mit Labyrinth), 12. Dyn.
Illahûn	Sesostris II., 12. Dyn.

Dem Reisenden seien besonders die Pyramiden von Gîsa, Saḳḳâra und an dritter Stelle die von Dahschûr empfohlen. Wird dem Eindruck der Pyramiden von Gîsa viel genommen durch die in den 60/70er Jahren entstandenen Hochhäuser an der Pyramidenstraße und die innere Auseinandersetzung mit den Monumenten gestört durch den Fremdenbetrieb, so ist Dahschûr durch moderne Nutzung des Nekropolengeländes immer stärker gefährdet. Die →Son-et-Lumière-Darbietung in Gîsa ist vielen Besuchern eindrucksvoll.

Anlage und Geschichte

Eine Pyramide ist ein Königsgrab. Selbst in den größten Maßen monumentalisiert sie nicht ein »Hier bin ich«, sondern ist sakraler Bau, der die für das Heil des Volkes rituell notwendige Bestattung des gottmenschlichen Pharaos gewährleistet.

Die Pyramide ist nur ein Teil der *königlichen Grabanlage*, ihr Inneres enthält ein System von ober- und unterirdischen Gängen und Kammern. Im Laufe ihrer Geschichte wandelt sie sich. Wir beobachten sie von ihren Anfängen zu Beginn der 3. Dyn. bis zur 17. Dyn. als Großform, während kleinere Pyramiden im NR über Privatgräbern der thebanischen Nekropole sowie in Nubien und auch später noch als königliche Gräber der Äthiopen gebaut werden.

Mit der frühesten Pyramide, der »Stufenpyramide« von Saḳḳâra, begegnet uns der erste monumentale Hausteinbau der Menschheit, wenn wir von den neolithischen Bauten von Jericho absehen dürfen. Nur wenige Wannengräber aus Stein gehen ihr voraus. Einige Generationen nach diesem menschheitsgeschichtlich ersten Umgang mit Haustein erstehen schon die architektonischen Wunderwerke von Gîsa, deren stereometrische Form nicht primitiver Anfang ist, sondern Läuterung eines Baugedankens bis zur Reinheit der Abstraktion. Ihre *Entwicklung* ist uns über verschiedene Vorstufen greifbar.

Das Grabmal des Königs → *Djoser* in Saḳḳâra wurde ursprünglich begonnen als Mastaba (= Bankgrab), d. h. eine Anlage, deren Oberbau

---

* Manchmal auch schwarze Pyramide genannt.

Einführung — Anlage

mit allseitig geböschten Wänden sich über einem Rechteck erhebt. Als königliches Grabmal war diese Mastaba von vornherein besonders groß, doch wurde sie noch dreimal vergrößert. Erst über diesem erweiterten Bau erstand eine vierstufige Pyramide (auf quadratischem Grundriß!). Endlich wurde das derart herausgehobene Grabmonument überbaut zu einer bereits 60 m hohen sechsstufigen Mastaba, zur »Stufenpyramide« über rechteckigem Grundriß.

Schon die nachfolgende »Pyramide« des Königs → *Sechemchet* erhebt sich über quadratischem Grundriß, erschien aber offenbar noch ebenso wie die von *Saujet el-Arjân* als Stufenanlage. Erst die Pyramide von *Maidûm* am Ende der 3. Dyn. wurde über ihren acht Stufen so umkleidet, daß sie als reine Pyramide dastand. Einige weitere Lösungen mit verschiedenen Neigungswinkeln (→ Dahschûr) tasten sich schließlich an die *klassische Form* der großen Pyramide von Gîsa heran. Die Theorie, daß das auch dort erkennbare Ineinander von Stufenkern und pyramidaler Verkleidung als Doppelanlage zu verstehen sei, die der König etwa in seiner Eigenschaft als Herrscher von Oberägypten und als Herrscher von Unterägypten bewohne, bedarf des gesicherten Beweises. Ganz deutlich jedenfalls ist dann nur noch an der *Wirkform* gelegen, wo im MR die Pyramiden über einem Skelett von Steinmauern aus Sand und Erde aufgefüllt sind.

Daraus entnehmen wir, daß die *Bautechnik*, aber auch die Erscheinungsform der Pyramiden verschieden ist; und ebenso voneinander abweichend erzeigen sich das Verhältnis der Pyramide zu den weiteren zugehörigen Bauten und diese Bauten selbst. Dennoch läßt sich auch hier ein Schema herausstellen.

Die Pyramide ist, baulich gesehen, nur das Gewand der eigentlichen Grabanlage. Die *Bestattungsräume* liegen in ihrem Kern oder unterirdisch. Bei der Stufenmastaba des Djoser dehnt sich unter dem massiven Oberbau ein Gewirr aus von Gängen, Schächten und Kammern, die der Beisetzung des Königs, seiner Gemahlin und seiner Kinder dienten. Zu diesen aus dem gewachsenen Fels gehauenen Räumen führt der Zugang von N außerhalb des Pyramidenbaus. Bei anderen Pyramiden, wie bei der großen Cheopspyramide in Gîsa, fällt der ebenso im N oberhalb des Bodens angelegte Zugang schräg abwärts durch das Massiv des Baus; die ursprünglich unterirdische Bestattungsanlage ist nach einer Planänderung in den Baukern hinaufverlegt worden.

Verschiedene religiöse Vorstellungen, denen verschiedene Kultbräuche entsprechen, werden offensichtlich soweit harmonisiert, daß sich in der 5./6. Dyn. ein ziemlich fester Plan entwickeln läßt: Der Zugang liegt im N, der Gang führt gerade und ebenerdig bis zur Mitte der Pyramidengrundfläche in eine kleine Halle; von hier aus zweigt nach rechts (Westen) der Zugang zur Sargkammer ab, nach links (Osten) zu dem Raum mit der Kultstatue, dem sogenannten *Serdâb*. Durch diese Ausrichtung nach Osten, d. i. zum Lande der Lebenden, ist die geistige Verbindung mit den Opferpriestern architektonisch zum Ausdruck gebracht, wie andererseits die Lage der Sargkammer im Westen auf das Reich der Toten hinweist. Die Nordrichtung stellt die Beziehung zu den Zirkumpolarsternen her, wohin nach einer der Jenseitsvorstellungen die Seele der Verstorbenen zu schweben wünscht.

Nach der furchtbaren Katastrophe der 1. Zwischenzeit, wo selbst die Stätten der Toten geschändet worden sind, übertrifft das Streben nach Sicherung der Grabanlagen den Willen zur Ordnung.

Zur Pyramide, dem sakralen Mittelpunkt der Grabanlage, gehört ein *Komplex von Bauten*, dessen klassische Gestalt sich wie die innerpyramidale Anlage selbst erst im Laufe der 4./5. Dyn. herausentwickelt hat. Die Bauten hatten nicht nur dem Totenkult zu dienen und die Beigaben aufzunehmen, sondern vor der Beisetzung auch die imitatio der Mumifikation und Reinigung sowie die Mundöffnung zu ermöglichen. Gemäß diesen vielfachen Aufgaben unterscheiden wir den Taltempel, an der Grenze von Fruchtland und Wüste gelegen, also am Eingang ins Totenreich, dann den von ihm aus wüsteneinwärts führenden Aufweg und schließlich den Verehrungstempel, der sich im Osten unmittelbar an die Pyramide anschließt und vielfach durch eine Umfassungsmauer mit ihm zusammengefaßt ist. Im Taltempel wurden lediglich die Beisetzungszeremonien ausgeführt, dann wurde er für immer verschlossen, während im Verehrungstempel nach der Bestattung der regelmäßige Kult vollzogen wurde. In den Tempelbezirk hatten nur die Priester Zutritt. Die Teilnehmer der Grabprozession machten vor dem Taltempel halt; nach der Beisetzung wurde die Pyramide selbst verschlossen, so daß niemand mehr die Grabräume betreten konnte.

Zur Pyramidenanlage gehört außerdem oft eine im Süden, innerhalb der Umfassungsmauer gelegene kleinere *Neben-Pyramide*, die bisher meist als Bestattungsanlage für die Königin angesehen wurde. Sie enthält zwar Gang und Kammer (mit Töpfen angefüllt), aber weder Kultbauten noch Sarkophag. Ihre Deutung ist nicht gesichert; sie mit dem Sed-Fest des Königs zusammenzubringen, hält die Verfasserin für die wahrscheinlichste Hypothese. Die Rolle der Nebenpyramide scheint bei der Grabanlage des Djoser das → Südgrab zu spielen, das entsprechend der Vorform der Pyramide, der Stufenmastaba, die Form einer Mastaba hat, mit allerdings gewölbtem Dach.

Die königliche Grabanlage wurde weiterhin vervollständigt durch *Schiffe*, die bis zu fünfen bei der Pyramide in bootförmig gemauerten Gruben beigesetzt waren.

Bautechnik

Von altersher galten besonderes Interesse und höchste Bewunderung der *technischen Leistung* des Pyramidenbaus. Noch immer spukt die Vorstellung einer in den Bau hineingeheimnisten *Zahlenmystik*. Von diesem Verdacht sind die Pyramiden durch exakte Forschung endgültig befreit, ihre Rätsel und Wunder liegen in der schier unfaßlichen und selbst mit den Mitteln modernster Technik kaum erreichbaren Genauigkeit des Baues sowie in der Bewältigung der Baustoffe und -massen ohne zureichende Apparate. Weder das Rad noch der Flaschenzug waren damals in Ägypten bekannt, ebensowenig Werkzeuge aus Eisen, aber solche aus gehärtetem Kupfer.

Zur Bearbeitung des Materials dienten Hämmer aus Diorit, Poliersteine aus Quarzit, Bolzen aus Kiesel, also Steinwerkzeuge; die Handbeile und Sägen waren aus gehärtetem Kupfer. Befördert wurden die Lasten mit Ziehschlitten. Auf Grund der in Maidûm nachgewiesenen Rampen und anderer minuziöser Beobachtungen ist die Bautechnik folgendermaßen rekonstruiert: Nach der Nivellierung und Nordung des Geländes wurde die unterste Lage der Steine gesetzt; hierauf legte man bis auf ihre Höhe eine Ziegelrampe an eine Seite und transportierte darauf das Material der zweiten Lage mittels Ziehschlitten (und Ochsen). Mit jeder neuen Steinlage wurde die Ziegelrampe entsprechend erhöht bzw. auch verlängert, bis die Pyramide bis zur Spitze aufgeführt war. Es stand nur der Kern mit seinen ausgesparten Räumen. In einem neuen Arbeitsgang wurde danach die Pyramide von oben nach unten verkleidet und erst durch das Einsetzen der Mantelblöcke die bisher vielstufige Außenseite geglättet. In der Regel hatte eine Pyramide durch die Wahl verschiedener Steinsorten drei Farbzonen. Die Ziegelrampe trug man mit jedem neuen Mantelstreifen um eine Lage ab. Unter der Voraussetzung, daß nur eine Rampe verwendet wurde (und nicht für die abwärts gleitenden Schlitten auf der Gegenseite eine zweite), ist für den Bau der Pyramide in Maidûm eine Bauzeit von 11 Jahren errechnet. Mit Grund ausgeschaltet ist bei dieser Berechnung die Verwendung der von Herodot (II, 124–125) beschriebenen Hebemaschinen und des seit dem NR nachweisbaren Kippschlittens.

Mit derart primitiven Mitteln ist es gelungen, diese überdimensionalen Bauten mit solcher Präzision zu errichten. Zum Bau der Cheopspyramide sind immerhin etwa 2½ Millionen Steine von je über 1 cbm Inhalt (das ist ein Gewicht von 2½ Tonnen) aufgetürmt worden; die schwersten Granitmonolithe, die in ihrem Innern verbaut sind, wiegen etwa 200 t. Die größte Abweichung in der Orientierung der Cheopspyramide vom wahren Norden ist nicht größer als 0° 5′ 30″.

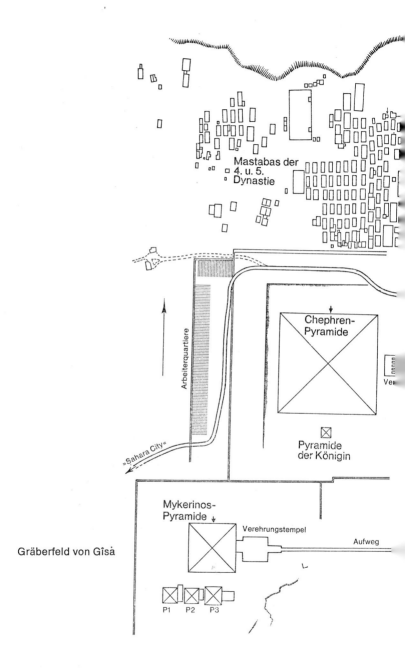

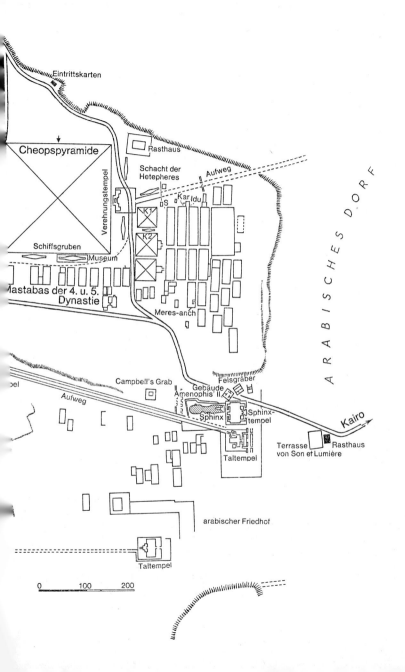

Sinn

Der *Sinn der Pyramide* ist nicht ein Monument für den Herrscher, nicht Erinnerungsstätte, nicht Mal seiner Anerkennung. Nur durch Aufschriften, die an ehemals versteckten Stellen, vielfach erst durch Zerfall oder Abbruch entdeckt, den Arbeitern während dem Bau Hinweise gaben, konnten die frühen Pyramiden überhaupt zugeordnet werden; nirgends steht darin oder gar darauf der Name des Grabbesitzers. Erst seit ihrer Beschriftung mit → Totentexten sind die Beigesetzten genannt, aber nur in dem dunklen und früher nie zugänglichen Innern. Auch die Kultstatue war den Augen der Lebenden verborgen, kein sichtbares Zeichen kündete von der Person des Pharao oder gar seinem Ruhm. Der Bau diente vielmehr einzig dazu, des Königs Fortleben zu gewährleisten und damit seine aus dem Jenseits wirkenden Kräfte zum Segen des Landes nutzbar zu machen. So war die Pyramide rituell notwendige Ausrüstung, um den Fortbestand des Volkes und seines Heiles zu sichern. Jüngste Entdeckungen bei der Mykerinos-Pyramide lassen vermuten, daß die heute verlorenen Verkleidungsblöcke des Eingangs den Namen der Inhaber getragen haben.

So auch war es nicht *sklavischer Dienst*, den die Bauarbeiter übten, wenn sie die Pyramide für ihren Gottkönig errichteten, sondern ihre von Gott geforderte Pflicht. Während der Überschwemmungszeit, da die Bauern auf ihren Feldern nicht arbeiten konnten, waren sie zu einer Art Arbeitsdienst dafür eingezogen. Sie wurden für ihre Arbeit mit Nahrung und Kleidern für sich und ihre Familie zu Hause versorgt, also rechtmäßig entlohnt.

Antwort schulden wir auf die oft diskutierte Frage nach der *Planung und Durchführung des Baus*. Wann hat der Herrscher die Pyramide begonnen, wovon hing die Größe des Baues ab; steht sie in einem Verhältnis zur Regierungszeit des Pharao, und woher konnte er bei der Bauplanung wissen, wieviel Herrscherjahre ihm beschieden sein würden; oder hat er die Pyramide durch ständige Ummantelung vergrößert (was eine ebenso ständige Errichtung und Beseitigung der Rampen bedeutet haben würde) oder auch ihre Größe durch anders geartete Erweiterungen seinem Lebensalter angepaßt? So und ähnlich lauten die Fragen.

Mit Sicherheit läßt sich nur dies sagen: Die Größe der Pyramiden steht nicht im Verhältnis zur Regierungszeit der Herrscher, dagegen spiegelt sie häufig die wirtschaftliche Lage des Landes wider oder auch die Bewertung des Königtums als religiöse Institution. Für einen vorzeitigen Tod war gern durch eine provisorische Sargkammer Sorge getragen, gelegentlich blieb die Pyramide unvollendet oder wurde durch den Nachfolger fertig gebaut. So gewinnen wir im ganzen den Eindruck, daß der Pharao die Größe seines Grabmals in der Regel bei der Planung festlegte.

Die Bauten von Gîsa

Cheopspyramide

Die größte Pyramide ist die *Cheopspyramide* in *Gîsa* mit einer Basis von 227,50 m im Quadrat (ursprünglich 230,38 m, d. h. 440 ägyptische Ellen), einer Höhe von 137 m (ursprünglich 146,6 m) und einer Seitenhöhe von 173 m (ursprünglich 186 m). Ihr Neigungswinkel beträgt 51° 52', die Diagonale der Pyramide verläuft genau von NO nach SW und trifft in ihrer Verlängerung die Diagonale der zweiten, der Chephrenpyramide. Das Mauerwerk ist über einem anstehenden Felskern errichtet und beträgt nach Abzug des gewachsenen Felsens und der im Innern ausgesparten Räume 2,34 Mill. cbm (ursprünglich 2 ½ Mill. cbm).

Als *Baustoff* ist der ringsum anstehende Nummulitkalk verwendet, in Blöcken von durchschnittlich 1,1 cbm; verkleidet war die Pyramide mit feinem weißen Tura-Kalk aus dem → Mokạttam-Gebirge. Von den ehemals glattpolierten Mantelsteinen sind nur noch Reste in den unteren Lagen der Ost- und Nordseite erhalten, die übrigen wurden verwendet zur Errichtung mittelalterlicher und moderner Bauten. Ob andersfarbige Verkleidungsblöcke, etwa Granit, in oberen Zonen verwendet waren, läßt sich nicht mehr ausmachen. Die Spitze der Pyramide fehlt heute, die obere Plattform beträgt 10 m im Quadrat.

Das Entfernen der glattwandigen Verkleidung hat die *Besteigung* der Pyramide möglich gemacht, doch ist sie heute streng verboten. Man versuche nicht, sie durch Trinkgelder zu erzwingen.

Von der Pyramidenspitze aus hatte man einen prachtvollen *Blick* auf Wüste und Fruchtland, auf den Gegensatz zwischen Öde und Grün, auf das goldbraune Sandmeer mit seinen grauen Felsklippen, den blanken Strom mit seinen üppigen Ufern, auf blitzende Kanäle und ein Gewoge von Palmkronen. Jenseits der 8-10-Millionen-Stadt begrenzt das Mokạttam-Gebirge der Arabischen Wüste das Blickfeld, vom blauen Grau bis zum Purpur-Violett je nach Tageszeit leuchtend; an seinem Westhang

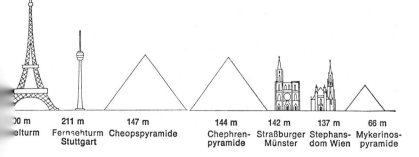

)0 m · 211 m · 147 m · 144 m · 142 m · 137 m · 66 m
elturm · Fernsehturm Stuttgart · Cheopspyramide · Chephrenpyramide · Straßburger Münster · Stephansdom Wien · Mykerinospyramide

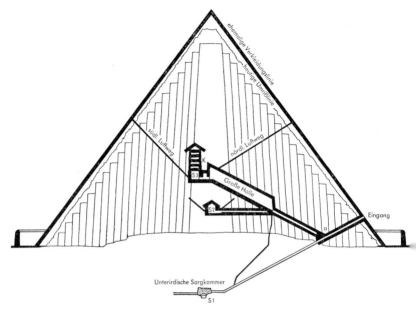

Schnitt durch die Cheopspyramide

die Zitadelle mit den Minaretten der Alabaster-Moschee, nadelfein in den Himmel stechend. Nach NO ergießt sich das Delta, im Süden reihen sich die Pyramiden von Abusîr, Saḳḳâra und Dahschûr an. In der nächsten Umgebung breitet sich das Totenfeld mit den großen architektonischen Brüdern; der Sphinx, tief unten in der Felsgrube lagernd, den Gräberstraßen mit den Mastabas und dem mohammedanischen Friedhof jenseits des Aufwegs im Schatten eines Felsknollens.

Das *Innere* der Pyramide ist ebenfalls zugänglich und sei jedem Interessierten empfohlen. Es enthüllt Baugeschichte und Anlage, ist aber nicht ganz mühelos zu besuchen; das streckenweise gebückte Gehen (bei leichter Steigung) kann beschwerlich sein (Geländer, Treppen, Klimaanlage und elektrisches Licht vorhanden). Auch Menschen mit Herz-Kreislauf- und Platzangstbeschwerden seien vorsichtig, ihnen ist besser der Besuch der Mykerinos-Pyramide (S. 467) anzuraten. Vor dem Entscheid erkundige man sich, ob die Klimaanlage in der Cheopspyramide funktioniert.

Cheopspyramide

Der heutige *Eingang*, ein Grabräuberloch, liegt bei 15 m über dem Niveau unterhalb des ursprünglichen Eingangs (wie üblich auf der Nordseite). Er führt in einem *Gang* von 1,20 m Höhe und 1 m Breite 98 m lang schräg abwärts in die unterirdische Sargkammer (S 1) der ältesten Anlage, deren Plan aber vor seiner völligen Verwirklichung wieder aufgegeben wurde. Man folgt ihm nur etwa 19 m lang und steigt bei a in einem 38 m langen Gang aufwärts (auf eiserner Stiege in gebückter Haltung) bis zur Großen Halle. Bevor man die Große Halle betritt, zweigt ein ebener Gang ab zur sogenannten Königinnenkammer (S 2), die die Grabkammer des zweiten Entwurfs darstellt.

Die *Große Halle* ist 47 m lang, 8,5 m hoch und 1 m bzw. 2,15 m breit. Ihr Bau überrascht durch die feine Fügung und die glatte Politur des Moḳáttam-Kalksteins; auch er gehört zu den Bauten, in dessen Fugen man kein Haar einschieben kann. Die Decke ist gebildet durch sieben Lagen vorkragender Steine und oben waagrecht abgeschlossen. Auch im übrigen sind interessante Einzelbeobachtungen zu machen; so entdeckt man an den Wänden Einschnitte, in denen das Balkengerüst für die aufgespeicherten Füllsteine fußte; nach der Beisetzung ließ man die Steine herunter und versperrte damit den Zugang. Aus der Stapelung dieser Steine erklärt sich die Höhe der Halle. Vom Ende der Großen Halle führt ein 6,75 m langer und 1,10 m hoher Gang waagerecht zur Grabkammer; das Vorgemach, zu dem er sich in seiner Mitte erweitert, war durch vier Fallsteine aus Granit geschlossen. Eine dieser Verschlußplatten schwebt noch in der Höhe, und man versäume nicht, auf sie zu achten.

Endlich betritt man die *Grabkammer* der dritten und letzten Planung im Herzen der Pyramide, 42,30 m über ihrer Sohle, wo der König bestattet war (S 3). 10,45 m × 5,20 m in der Grundfläche und 5,80 m hoch, ist der Raum allseitig mit Granit verkleidet; die Decke wird durch neun gewaltige 5,65 m lange Granitmonolithe gebildet, zu deren Entlastung in übertriebener Vorsicht oberhalb fünf Kammern (K) ausgespart wurden (von der Großen Halle aus sind sie durch Leitern zugänglich). Hier in den beiden oberen nur konstruktiv gemeinten Räumen hat sich auf mehreren Blöcken in Rotschrift der Name des Erbauers Cheops gefunden. Die Grabkammer ist wie die gesamte übrige Pyramide ohne Inschrift oder sonstigen Schmuck, im Innern so schlicht und großartig wie außen.

Von der ursprünglichen Beisetzung ist heute nur noch das Trumm des *Sarkophages* erhalten. Seine granitene Wanne ist 2,30 m lang, 89 cm breit und 1 m hoch, an der Oberkante beschädigt und — zumindest seit der französischen Expedition – ohne Deckel. Die dicken Sargwände tönen hell, wenn man darauf schlägt, der Raum gibt ein lang anhaltendes Echo. Der Sarkophag ist leer gefunden worden, die Mumie fehlt bis heute.

Die Grabkammer liegt auffallenderweise seitlich von der Pyramidenachse, und auch der Granitsarkophag steht nicht zentral im Raum, sondern an die Seite gerückt. Formal empfindet man diese Lösung als außerordentlich glücklich, doch kann das allein nicht der Antrieb der Alten gewesen sein. 90 cm über dem Boden der Kammer gehen zwei Luftwege ab, der nördliche von 71 m Länge in einem Winkel von 31°, der südliche von 53,2 m Länge in einem Winkel von 45°; vermutlich dienten diese beiden Wege dem Flug der Seele in den Himmel. — Weitere Räume der Pyramide sind unzugänglich.

Auch die Cheopspyramide hatte einen Taltempel, einen Aufweg und einen *Verehrungstempel.* Dieser im O an die Pyramide angebaute Tempel konnte in seinem Grundriß fast völlig wiedergewonnen werden, sein Pflaster ist noch zu sehen. Ihm östlich vorgelagert sind drei stark verfallene *Königinnenpyramiden* (K$_1$, K$_2$, K$_3$). Sie bilden einen Teil des großen *Familienfriedhofs,* dessen Mastabas bis zum Rande des Fruchtlandes reichen. Eine einzelne Reihe großer Mastabas im Süden sowie der großräumige Friedhof westlich der Cheopspyramide nahmen in der 4. Dyn. hohe Würdenträger, in der 5. und 6. Dyn. vor allem in Gîsa beschäftigte Totenpriester auf. Von den teilweise mit schönen Reliefs und Malereien ausgestatteten Grabanlagen sind nur wenige Beispiele öffentlich zugänglich. Plan S. 456 f.

Ebenso ist der *Schacht* (S), der die Grabausstattung der Mutter des Cheops, Königin *Hetepheres,* barg (heute im Ägyptischen Museum Kairo), nicht zu sehen; er liegt hart neben der nördlichen Königinnenpyramide, ist aber zugeschüttet. Dagegen stehen die fünf Felswannen teilweise offen, in denen königliche Schiffe beigesetzt waren; eins nördlich dem Aufweg, zwei beiderseits des Verehrungstempels und die beiden (?) 1954 entdeckten auf der Südseite der Pyramide, von denen erst das östliche unbedingt gesichert ist.

Schiff

Das 1954 im Süden der Cheopspyramide aufgedeckte *Schiff* ist in einem eigenen, an die Pyramide geklebten Bau aufgestellt.

Das Schiff aus Zedernholz, das nun beinahe 5000 Jahre alt ist, 43 m lang und in der Mitte 5,66 m breit, war eine Jacht des Königs Cheops und wurde ihm als Grabausstattung mitgegeben. Sein Bug erhebt sich bis zu 5 m, sein Heck 7 m. Obgleich kräftig gebaut, schwingt der Schiffskörper edel und großlinig durch bis zu den elegant in Papyrusdolden mündenden Enden.

Das Schiff wurde allerdings nicht in seinem fertigen Zustand »beigesetzt«, vielmehr war es auseinandergenommen in 1224 Teile und in einen nur 31 m langen rechteckigen Graben gebettet. Seine Bordbretter waren regelrecht aneinandergenäht und, wie die Löcher erkennen lassen, hohlgenäht, d. h. in einer Weise, die nur höchst selten die Kordel außen sicht-

bar werden ließ; für die ganze Barke scheinen nur drei Kupferstifte verwendet worden zu sein. Da Holz im Wasser quillt, Stricke sich zusammenziehen, war die Dichtigkeit des Schiffes gewährleistet. Gegenüber der leichten Schale ist das Gerippe der Barke kräftig: Die beiden Längsbalken von 23 m, welche die von einer Bordwand zur anderen reichenden Querbalken verbinden, wiegen je über 2 Tonnen.
Als *Zubehör* fanden sich 12 schnittige Ruder zwischen 6,50 m und 8,35 m Länge aus einem Stück Holz; davon dienten 10 zum Rudern und die beiden hinteren zum Steuern. Besonders reizvoll ist die Kajüte (9 m lang, vorn 4,15 m, hinten 2,75 m breit, 2,50 m hoch). Die Säulchen trugen einen Baldachin, der mit einer Matte so überdeckt war, daß die Kajüte durch frische Luft immer gut ventiliert wurde. Das hintere Gemach der Kajüte, dessen Dach auf drei Papyrussäulchen ruhte, betrat man durch einen Vorraum; Eingangs- und Zwischentür waren versetzt, so daß man in den hinteren Raum nicht unmittelbar Einblick hatte. Zum Betreten der Barke diente eine steuerbords montierte Brücke. Für den Kapitän stand auf dem Bug eine eigene kleine Kajüte.
Daß das Schiff nach nunmehr 5000 Jahren noch so tadellos erhalten ist, daß es wieder vollständig zusammengebaut werden konnte, ist seiner Einschalung zu verdanken. Der Graben, in dem es gefunden wurde (31 m lang, 2,60 m breit, 5,50 m tief), war – abgesehen von den drei kleinen Schlußplatten im Westen – abgedeckt mit 41 Steinquadern von durchschnittlich 4,50 m Länge, 1,80 m Höhe und 85 cm Breite mit einem Gewicht von 15–20 Tonnen. Die Blöcke waren gegeneinander hermetisch mit Mörtel und Kalk abgedichtet, so daß das Holz weder durch Feuchtigkeit noch von Schädlingen angegriffen werden konnte. – Auf der gleichen Höhe der ausgeräumten Schiffsgrube befindet sich im Westen ein entsprechender Graben, und es steht zu vermuten, daß ein weiteres Schiff dort aus dem Dunkel gehoben werden kann.

Chephrenpyramide

Die *Chephrenpyramide*, obwohl kleiner als die des Cheops, wirkt durch ihre höhere Lage größer als die erste, doch beträgt ihre Höhe nur 136,5 m (früher 143,5 m), die Grundfläche 210 m im Quadrat. Ihr Neigungswinkel von 52° 20′ weicht kaum von dem der großen Schwester ab. Sie zeichnet sich aus durch ihre Spitze, deren Verkleidung noch erhalten ist. Sie besteht aus Kalkstein, während die beiden unteren teilweise noch recht gut erhaltenen Lagen des Sockels aus Granit gearbeitet sind.
Um die Bauebene herzustellen, mußte von dem Felsuntergrund nach N und W viel abgetragen, im O dagegen eine Terrasse aufgemauert werden. Im S liegt innerhalb der Umfassungsmauer eine fast gänzlich abgetragene kleine Pyramide. Der zweiteilige Verehrungstempel im O ist zwar stark zerstört, aber im Fundament noch zu erkennen. Zu ihm herauf führt der Aufweg vom Taltempel, den man besuchen sollte; auch das Innere der Chephrenpyramide selbst ist für Touristen zugänglich (nicht ohne Anstrengung).

Auch die Chephrenpyramide läßt zwei Baupläne erkennen: Zuerst war beabsichtigt, über einer unterirdischen Kammer (mit Giebeldach) eine wohl kleinere Pyramide zu errichten, dann aber wurde der Bau (aus Geländegründen) weiter nach Süden verschoben und über der jetzigen Kammer erbaut. So führen zwei Gänge ins Innere, beide von der Nordseite aus. Der erste, unterirdisch verlaufende, durch den man auch jetzt in die Pyramide gelangt, wurde verrammelt, der andere (jetzt Ausgang), beginnt 15 m über der Grundfläche. Dieser zu Anfang mit Granit verkleidete Gang senkt sich 32 m abwärts in einem Winkel von 25° 55′ und läuft dann horizontal bis zur Grabkammer, die nach ihrem Entdecker Belzoni (vgl. die Inschrift gegenüber dem Eingang) Belzonis Kammer heißt. Sie endet

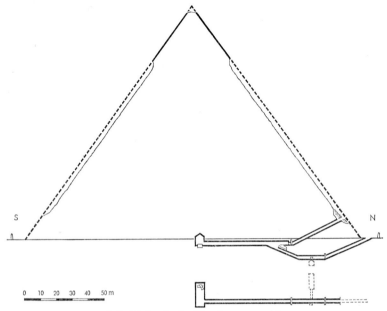

Schnitt durch die Chephrenpyramide

1,16 m östlich von der Achse der Pyramide, ist aus dem Felsen gehauen und im Winkel der Pyramide mit Kalksteinbalken bedeckt (Höhe 6,90 m, Grundfläche 14,10 m ✕ 4,95 m). Der hier von Belzoni gefundene, in den Boden eingelassene Granitsarkophag ohne Inschrift war mit Geröll gefüllt, sein Deckel zerbrochen.

Taltempel (Plan S. 465)

Der *Taltempel* des Chephren in der Nähe der Sphinx ist wie die großen Pyramiden vollendeter Ausdruck der Zeit durch seine Schlichtheit und Größe. Der ganz aus Granit aufgerichtete Bau ist ein Mauermassiv von quadratischem Grundriß (45 m ✕ 45 m; 13 m hoch) und mit geböschten Außenwänden; das Innere ist gleichsam ausgespart und dann architektonisch gestaltet. Die Ostseite ist als Fassade mit zwei großen, ehemals von Sphingen flankierten Portalen versehen, die von Königsinschriften monumental umrahmt sind.

Durch die beiden symmetrischen Eingangsräume (A) gelangt man in den Vorraum (B), in dem bei a die heute im Kairener Museum aufgestellte Chephrenstatue mit dem Falken in einem mit Grundwasser gefüllten Schacht gefunden wurde. Von der Mitte des quergelegten Rau-

Taltempel

mes führt ein Gang zur großen *Pfeilerhalle* in der Gestalt eines umgekehrten T. 6 monolithe Granitpfeiler gliedern die Querhalle (25 m × 7 m) in zwei, 2 × 5 Pfeiler die Längshalle (9 m × 17,4 m) in drei »Schiffe«. Nur durch die kleinen schrägen Luken an den Längswänden unterhalb der noch scharfkantig erhaltenen monolithen Architravbalken aus Rosengranit wurde die Halle beleuchtet. 23 überlebensgroße Königsstatuen, von denen einige im Kairener Museum zu sehen sind, standen an den Wänden der Halle an der Stelle der noch heute erkennbaren rechteckigen Standspuren. Man vergegenwärtige sich den farbigen Zusammenklang der Pfeiler aus Rosengranit auf alabasternem Fußboden honiggelber Tönung mit der Plastik aus Diorit in einem sparsamen Licht ägyptischer Sonne! Alle Architekturteile waren ursprünglich blank poliert und warfen die reflektierten Strahlen wie selbständige Lichtquellen mild in den Raum.

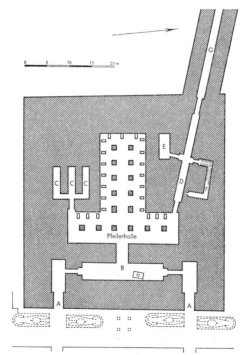

Taltempel der Chephrenpyramide

Während an der SW-Ecke der Halle ein Korridor zu *Nebenräumen* (C) führt, ebenfalls eindrucksvoll durch die Maße der verbauten Steine, gelangt man durch den Korridor an der NW-Ecke der Querhalle (D) zu dem mit Alabasterplatten ausgelegten »Pförtner«-Zimmer (E) links und über eine zweimal geknickte, ebenso mit Alabaster verkleidete Rampe (F) (Vorsicht am Boden!) rechts auf das Dach des Taltempels (nicht immer freigegeben). In der Verlängerung des schrägen Korridors erreicht man den Aufweg (G), der zum Totentempel der zugehörigen Pyramide hinaufführt.

Sphinx

Die nahe gelegene *Sphinx*, die als ein riesiger Torhüter am Eingang des Pyramidenfeldes lagert, ist ein Symbol des Alten Ägypten geworden und zählt zu seinen berühmtesten Denkmälern. Königliches Haupt und Löwenleib verbinden sich zum Sinnbild geisterfüllter Kraft.

Das *Antlitz* ist vom Kopftuch umrahmt, die Uräusschlange reckte sich unheilabwehrend an der Stirne hoch, Nase und Bart sind abgeschlagen. Die Farbe des Kopftuchs ist wie auch das Gelbrot der Körperbemalung bis auf geringe Spuren verschwunden. Das Bildwerk wurde mehrfach mutwillig beschädigt, besonders um 1380 n. Chr. durch einen bilderstürmenden Schêch, und dann später, als es die Mamlûken als Schießscheibe benutzten. Es fehlt heute auch der hohe, einst wohl aus Edelmetall gearbeitete Kopfschmuck, dessen Einsatzhöhle auf dem Kopf jetzt mit einer eisernen Platte geschlossen ist.

Die Sphinx liegt inmitten eines großen *Steinbruchs* und verdankt ihr Dasein dem Spiel der Natur ebenso wie der Phantasie ihres Urhebers. Denn bei dem Abbruch des Gesteins für die Cheopspyramide blieb ein Felsknollen stehen, der den nachfolgenden Chephren und seine Baumeister dazu anregte, ihn als Sphinx auszugestalten. So entstand die kolossale Figur, vor deren Brust eine Königs- oder Götterfigur gestanden hat. Die Höhe vom Pflaster unter den Vorderpranken bis zum Scheitel beträgt 20 m, die Länge der Sphinx 73,5 m; ihr Ohr ist 1,37 m, ihre Nase 1,70 m, der Mund 2,32 m groß und die breiteste Stelle des Gesichtes 4,15 m. Stellt man sich auf das Ohr, so kann man mit der Hand nicht auf den Scheitel hinauflangen.

Die Sphinx galt später als Bild des Horus, im NR auch als das des asiatischen Gottes Hauron; denn seinerzeit lag in ihrer Nähe eine Siedlung ausländischer Handwerker, die sie verehrten. Außerdem war hier ein *Rasthaus* der königlichen Prinzen gelegen, die als Generäle in der Umgegend Pferde einfuhren, jagten und Sport übten, insbesondere mit dem Bogen schossen. Amenophis II. wie auch Thuthmosis IV. hatten als Prinzen unter der Sphinx Träume, in denen diese ihnen die Königsherrschaft versprach, wenn sie sie vom Sand befreien würden; die sogenannte *Traumstele* Thuthmosis' IV. ist zwischen ihren Tatzen aufgestellt. Sie haben die Sphinx nicht nur ausgegraben, sondern auch ein Rasthaus gebaut; es liegt nordöstlich des göttlichen Tieres, ist aus Ziegeln erstellt und so ausgerichtet, daß man von seiner Rückwand aus, wo die große Stele Amenophis' II. stand (heute im Museum Kairo), durch die Tür ins Antlitz des Bildes schauen kann. Nach ihnen haben die Römer die Figur freigelegt. An sie erinnern die Reste einer Kultanlage mit einem Altar. – Der vor ihr liegende und axial auf sie bezogene »*Sphinxtempel*« wurde von Chephren erbaut.

Grundwasser, Erosion und Luftverschmutzung haben die Sphinx im 20. Jh. derart geschädigt, daß 1981 eine neuerliche Restaurierung nötig wurde.

Man widme auf dem Rückweg seine Aufmerksamkeit dem sogenannten *Campbell's Grab* aus der 26. Dynastie, einem Vorläufer der → Persergräber. Sein Oberbau ist verschwunden, ein 16,30 m tiefer Schacht stößt auf die jetzt zerstörte unterirdische Sargkammer, die mit einem echten Gewölbe von 3,35 m Spannweite gedeckt war. Die 4–5 aufgefundenen Särge waren leer.

Pyramide des Mykerinos (Plan S. 468)

Wer sich mehr Zeit nehmen kann zur Besichtigung der Gîsa-Nekropole, der besuche auf dem im Plan eingezeichneten Weg auch die *dritte Pyramide*, die des *Mykerinos* von nur 62 m Höhe (ehemals 66,5 m), die wie die des Vorgängers Chephren oben mit Kalkstein, unten mit Granit verkleidet war, an der Ostseite einen Verehrungstempel hatte, der durch den Aufweg mit dem Taltempel verbunden war. Besichtigung des Innern möglich, wenig anstrengend.

Der Eingang zum Pyramideninnern von Norden führt auf einer langen schrägen Rampe im Felskern nach unten zu einer kleinen Halle (H) mit schmalen Scheintüren; ein ebener Gang, immer noch in der Achse, vorbei an 3 Rillen für die Fallsteine, sowie der darüber verlaufende Eingangsschacht einer früheren Bauperiode münden in eine ehemals blinde Kammer (K). Durch einen modernen Durchbruch gibt sie den Blick auf die Deckenplatten der re. darunter liegenden Sargkammer (S) frei, deren Zugang über eine Treppe im Fußboden erreicht wird; ihre Deckenplatten aus Granit sind gehöhlt (falsches Gewölbe). In einem noch tiefer gelegenen Nebenraum (N) der Vorkammer 4+2 Nischen.

Die drei kleineren Pyramiden an der Südseite (P_1, P_2, P_3), der Bestattung königlicher Verwandten zugedacht, blieben unvollendet. – Die Statuen des Königs, die heute im Kairener Museum, Galerie 47 (und in Boston) aufgestellt sind, wurden in einer Abraumgrube beim Taltempel entdeckt. – Hinter der Mykerinos-Pyramide den berühmten 9-Pyramiden-Blick.

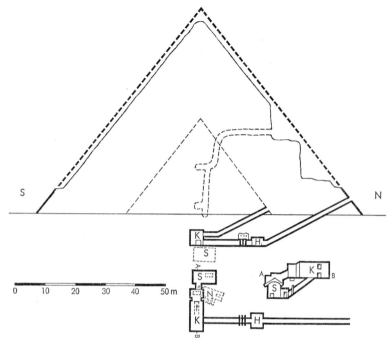

Schnitt durch die Mykerinos-Pyramide

Gräber auf dem Ost- und dem West-Friedhof

Im *Osten der Großen Pyramide* (Wegweiser) sind 3 sehenswerte Gräber zugänglich: das des Aufsehers der Pyramidenstädte des Chephren und des Mykerinos mit Namen Meri-Rê-nefer und Kosenamen Kar; daneben das des Pächters der Pyramide Pepis I. mit Namen Idu, beide (Vater und Sohn oder umgekehrt) aus der Zeit Pepis I. (6. Dyn.); südöstlich davon das der Meres-anch (4. Dyn.), Tochter des Kawab, Enkelin des Cheops, Gemahlin des Chephren. – Auf dem Westfriedhof Grab des Jasen.

Die *Mastaba des Kar (G 7101)* besteht aus Treppenpassage, Vorraum, Freilichthof, Opferraum und Sargkammer. – Bereits die Treppenpassage ist schön bebildert. – Im Hof re. vom Eingang in 3 Reihen: Bestattungs- und Opferszenen, mit Reinigungszelt, Totenpriestern, Klagefrauen,

Gräber

Sargträgern, Balsamierungshaus. — Auf der li. anschließenden W-Wand verrichten in 2 Reihen Totenpriester vor Kar und seiner hinter ihm stehenden Frau Opferzeremonien; beachte die vertauschten Hände des salbenden Priesters (mit ausgestrecktem kleinen Finger). — An der Rückwand der Halle, die man durch zwei Passagen beiderseits eines Mittelpfeilers betritt, Nische mit 5 aus dem Fels gehauenen Statuen des Grabinhabers und einer seines Vaters Idu. Von den Reliefs beachte man auf der li. anschließenden O-Wand den Verstorbenen in einer Sänfte getragen und li. um die Ecke anschließend mit seinen Hunden unter dem Stuhl. — Auf der W-Wand gegenüber Eingang zur Opferkammer mit Scheintür: Opfertexte, -liste und -szenen; dabei Küchen- und Schlachtszenen. Gut erhaltenes Relief mit teils frischen Farben.

Die *Mastaba des Idu (G 7102)* erreicht man über eine Treppe von N her, gelangt in einen Vorhof mit 3 Obelisken (Fragmente) in den Ecken und durch einen kurzen Gang in den schmalen Opferraum mit Scheintür und 6 Statuennischen. Die kleinfigurigen Reliefs ähneln motivisch denen der vorgenannten Mastaba. — Über dem Eingang zum Opferraum: Schrein mit Sarg auf von Ochsen gezogenem Schlitten, der das Balsamierungshaus verläßt. Li. in 4 Registern: Männer tragen den Sarg zum Balsamierungshaus; Opfer und Reinigungszelt; Schrein im Boot; Männer mit dem Sarg. Re. in 5 Registern: männliche und weibliche Trauernde, Frauen teils zusammenbrechend; Haus des Toten. — In der Scheintür steht der Grabherr plastisch vor der Wand, halb aus der Erde aufgestiegen, die Arme zum Opferempfang ausstreckend. Beiderseits der Verstorbene am Speisetisch, Nebenszenen. — Hintere Schmalwand: Idu in Sänfte, Spiele, Tanz, Brett- und Schlangenspiel, Musiker, Küchenszenen. — Anschließend neben den Nischen in 4 Registern: Männer kehren in Booten mit Tieren von den Marschen zurück. — In den Nischen 5 aus dem Felsen geschnittene Statuen (Halbplastiken) des Idu, eine des Kar, mit Namen und Titeln. Das Grab ist, weil zu eng, für Gruppenbesichtigung nicht zu empfehlen.

Felsgrab der Meres-anch III. (G 7530)

Das sehr schön reliefierte und bemalte, nicht ganz vollendete Grab der königlichen Gemahlin Meres-anch III., einige Mastabastraßen entfernt ebenfalls auf dem O-Friedhof gelegen, hat 3 Räume (und Sargkammer). — Die Außenwand beiderseits des Eingangs nennt außer Namen und Titel der hohen Frau ihr Todes- und Bestattungsdatum. Im Durchgang beiderseits Opfertexte vor der Grabherrin und über ihr Anubis-Schakal liegend, der Leichengott und -hüter; re. (N) werden ihr als Opfertiere Hyäne und Oryx-Antilope zugetrieben.

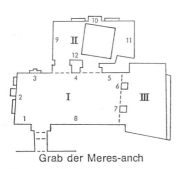

Grab der Meres-anch

Raum I: In 5 Reihen (1) Boote; Bildhauer beim Bearbeiten von Statuen; Handwerker, die u. a. Sarg (li.), Tor und Scheintür anfertigen; unten andere, die mit Blasrohren einen Schmelzofen anfachen; andere, die eine Sänfte u. a. Holzmöbel herstellen. (2) Meres-anch (re.) vor Opfern, Opferbringern und -zubereitung, und (tiefer) Fortsetzung der Handwerkerszenen; Herbeibringen von königlichem Mobiliar sowie (unten) 3 Nischen mit 6 Schreiberstatuen. Scheintür (3) und auf dem Architrav (4) Tote mit Opfertexten. – Verstorbene mit Familienangehörigen (5), eine berühmte Darstellung: M. selbst im Priestergewand eines Leopardenfelles über langem, weißem Gewand; vor ihr die Mutter Hetep-heres im (seltenen) modischen Kleid mit spitzen Schultern und mit »blondem Haar«, das den Ägyptologen manche Rätsel aufgab, bis sich dies Indiz einer »Libyerin« als ein Haarnetz herausstellte. – Auf den Pfeilern (6 und 7) M. mit Söhnen. Die Grabherrin (im Gewand mit Perlennetzmuster und Diadem) mit ihrer Mutter im Boot, Papyrus raufend (8) und, in 4 Registern, Vorführen von Gutsprodukten (oben) und (darunter) Vogelfang, Netzflechten, Vogelrupfen; 3. Reihe: Vieh; unten: Schifferspiele und Saateintreten durch Widder. Li. (groß): der beleibte Vater der Verstorbenen, der Prinz Kawab.

Raum II: Opferraum (mit Schacht zur Sargkammer). Opferdarbringen und Abrechnen (9); symmetrische Anordnung von: Scheintür (10) und aus dem Fels geschnittenen Statuen der Toten mit ihrer Mutter je beiderseits sowie Palastfassaden-Stelen. Vor M. in 2 Registern (11) Opferbringer, Musiker, Tänzer und Sänger; darunter Bilder aus Keller und Küche. – Am Pfeiler (12) Abrechnung vor der Verstorbenen.

Im *Raum III* an der Rückwand Nische mit 10 (nicht individuell benannten) aus dem Fels geschnittenen Statuen, von li. nach re. wohl: 3 Töchter, 4mal Meres-anch, 3mal ihre Mutter.

Der schöne Sarkophag aus schwarzem Granit mit Palastfassadenmuster barg noch die Knochen der (beraubten) Toten. Ihr Schädel konnte wiederhergestellt werden und erwies sich als breit, niedrig, nach unten schmal verlaufend und damit als der Typ, der bis zu Tutanchamun, also 1000 Jahre später, noch mit fast exakt denselben Maßen festgestellt ist. Ihre Größe wurde auf 1,54 m berechnet. M. starb mit über 50 Jahren, hatte u. a. an Zahnabszessen gelitten.

Abu Roâsch

Felsgrab des Iasen (G 2196)

Im Norden des Westfriedhofs (Wegweiser) ist das kleine, aber sehr hübsch reliefierte Grab des Gutsverwalters (Ende der 5. Dyn) zugänglich, dessen einzigen Raum mit einer Statuennische man über eine Passage von Norden her betritt. Türpfeiler und Durchgang sind mit Bildern des Toten und seiner Frau geschmückt. Li. (östliche) *Eingangswand:* In 3 Reihen werden dem Grabinhaber und seiner Familie Vieh und Wild, darunter eine Hyäne, vorgeführt und von 2 Schreibern registriert. — Auf der anschließenden *S-Wand:* Vor Iasen, der in einem Pavillon, mit seinem Hund unterm Stuhl, sitzt und eine Lotosblüte empfängt, machen sich unter der langen Opferliste Köche und Schlächter zu schaffen; unten die unfertige Szene mit Tänzern und Musikern sowie Männern, die Weinkrüge füllen. — Beiderseits der aus dem Fels geschnittenen Stehfigur des Verstorbenen Opferbilder mit Iasen am Tisch. — Auf der *N-Wand*, li.: der Herr, auf einen Stab gelehnt, vor ihm in 3 Registern landwirtschaftliche Szenen; unten: Widder treten die Saat ein, Kühe werfen Junge, säugen das Kalb oder werden gemolken; Mitte: Esel transportieren Korn, Vieh; oben: Ernte, Hirten, Vieh. Re.: Iasen im Boot scheucht mit Papyrus die Vögel hoch (im Papyrusdickicht li. hinter ihm ein schönes, ein Vogelnest beschleichendes Ichneumon), vor ihm ein Mann, der ihm Vögel entgegenreicht.

Ausflug zum steinernen Wald

Zuletzt sei ein Wüstenritt in den westlichen *steinernen Wald* empfohlen, den man (mit Führer) nördlich des Mena-Hauses antritt. Nach etwa 3 Stunden erreicht man den Anfang des an versteinerten Bäumen reichen Gebietes, das sich bis zum Wâdi Natrûn hinzieht und einen Besuch mehr lohnt als der → steinerne Wald der östlichen Wüste (S. 442 f.). Besuch nur freitags gestattet.

Abu Roâsch

8 km nördlich von Gîsa, am bequemsten zu erreichen auf der Wüstenfahrt von Kairo nach Alexandria (zu empfehlen als Ritt zu Pferd vom Mena-Haus, ein Weg etwa 2 Std.), liegen am Rand der Wüste bei der Ortschaft *Abu Roâsch* Reste mehrerer Pyramiden: am Fuße des Plateaus die einer mächtigen *Ziegelpyramide,* und 2 km westlich davon auf einem Vorsprung des Plateaus die zweier *Steinpyramiden.* Die eine, von der nur die Grabkammer ausgeschachtet ist, konnte bisher nicht zugewiesen werden, die östliche gehört dem Nachfolger und Sohn des Cheops mit Namen Djedefrê. Er hat diese Stätte gegenüber → Heliopolis vermutlich gewählt als Anhänger der Sonnenverehrung. Seine Pyramide ist fast ganz abgetragen, man sieht den in die Tiefe führenden Gang und den in den Fels gehauenen Raum für die Sargkammer. Die im O der Pyramide liegenden Ziegelruinen gehörten zum *Totentempel,* der anschließende

Felsspalt sollte vermutlich die Barke aufnehmen. In der Umgebung Frühzeitfriedhof, Gräber aus dem Alten und dem Mittleren Reich. Prächtig ist von oben der Blick ins Niltal und in die Libysche Wüste. Eine Sphinx von Abu Roâsch heute in → Port Taufîk. — Die Nekropole von Abu Roâsch gehörte zu dem nördlich gelegenen *Letopolis*, heute Kôm Ausîm, einer für die Sonnenverehrung seit frühester Zeit hochbedeutenden Stätte.

Der Schutthügel der ehemaligen Steinpyramide des Cha-ba (3. Dyn.) in *Saujet el-Arjân*, 1 Reitstunde südlich Gîsa, liegt in heute gesperrtem Militärgebiet und kann nicht besucht werden.

Abu Gurôb

In einem Eselritt von etwa 1½ bis 2 Stunden südwärts Gîsa erreicht man bei Abusîr das → *Sonnenheiligtum des Ne-user-Rê* von *Abu Gurôb*. Ein hoher gemauerter Obelisk, dessen Unterbau teilweise noch erhalten ist, war der kultische Mittelpunkt; ostwärts davor lag unter freiem Himmel (d. i. im Zugriff der Sonne) als Opferstätte für den Sonnengott ein 5,5 m × 6 m großer Altar aus Alabaster. Im Hof fanden sich neben Magazinen die Schlachtstätten für die Opfertiere, Blutrinnen im Pflaster mündeten in zehn Alabasterbecken (9 davon noch erhalten). Künstlerisch wertvoll sind vornehmlich die Reliefs aus dem gedeckten Hofumgang und der südlichen Kapelle mit Darstellungen aus dem Jubiläumsfest des Königs und aus dem Leben der Natur (heute in Berlin und Kairo). Von der Umfassungsmauer, dem Torbau, Aufweg und Taltempel  wie auch dem im Süden eingegrabenen Sonnenschiff sind nur noch die Spuren zu erkennen.

Von den übrigen *Sonnenheiligtümern*, die die Könige der 5. Dyn. getreu ihrem gewandelten Glauben errichtet haben, ist nur noch das jüngst zwischen Abu Gurôb und Abusîr ausgegrabene des *Userkaf* entdeckt, dessen stark zerstörte Anlage im wesentlichen der des Ne-user-Rê entspricht; der dort gefundene Kopf aus schwarzem Stein steht in der Empfangshalle des Kairener Museums.

Abusîr (Plan S. 473)

Der Weg nach Abusîr ist aus militärischen Gründen geändert, man erkundige sich jeweils nach den Absperrungen!

Wenig weiter südwärts, 11 km südlich Kairo, liegt bei *Abusîr* am Wüstenrand die Pyramidengruppe der Könige *Sahurê, Ne-user-Rê, Neferirkarê* und *Neferefrê* (in dieser Reihenfolge von N nach S). Die meisten Besucher sehen nur von der Bahn oder der Autostraße aus bei ihrer Fahrt

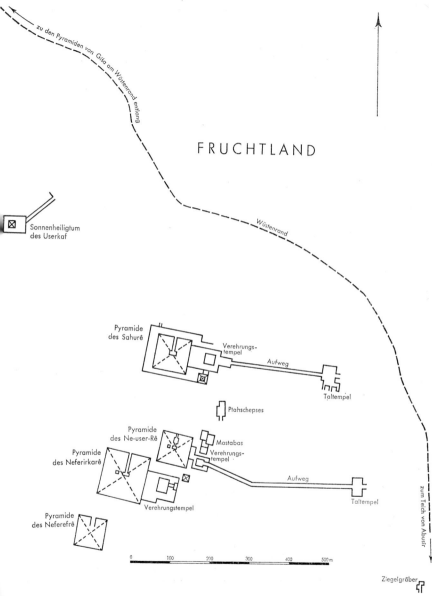

nach Sakkâra die Silhouetten der zu Trümmerhaufen zusammengesunkenen Bauwerke. Die Pyramide des Neferirkarê war mit 70 m die höchste, die des Neferefrê war nie vollendet. Taltempel, Aufweg, Verehrungstempel und eigentliche Pyramide sind auch hier die Hauptglieder der Anlage; den Aufweg des Neferirkarê, der in seiner ephemeren Bedeutung ausgedient hatte, hat Ne-user-Rê zu seiner Anlage abgeknickt. Die Wände im Verehrungstempel des Sahurê waren mit unübertrefflich feinen Flachreliefs bedeckt (ehemals etwa 10 000 qm), die noch erhaltenen Reste von rd. 150 qm sind heute in Kairo und Ost-Berlin.

Mastaba des Ptahschepses

Unweit im SO der Pyramide des Sahurê (oder: 100 m im NO der Pyramide des Ne-user-Rê) liegt die eigenartige Mastaba des Ptahschepses. Erosion, Benützung als Steinbruch und Plünderungen haben diese ungewöhnliche Anlage entsetzlich zugerichtet, so daß sie sich Maß, Konstruktion und Ausstattung nur schwer und noch immer nicht ausreichend abfragen läßt. Mit einem Ausmaß von 56,25 m × 42,25 m und in der Höhe (noch) 3,50–4 m stellt sie ein Bauwerk dar, das in 3 Phasen entstand, indem es mit den Rängen seines Besitzers anwuchs, bis es sich schließlich, als Ptahschepses zum Wesir und Fürsten (h3tj–') unter König Ne-user-Rê aufgestiegen war, über die Mastaba hinaus zu einer Art königlichem Totentempel ausgeweitet hatte.

Dieses größte aller nichtköniglichen Grabmäler des AR besitzt: 3 Eingangshallen, 3 Opferräume, eine Anzahl von Magazinen, 2 Serdâbs (Statuenräume), 3 Treppenhäuser und einen monumentalen Hof mit 20 quadratischen Pfeilern von 1 m × 1 m (bei Ptahhotep nur 4, bei Ti 12 Pfeiler) in einer Ausdehnung von rd. 13 m × 13 m. Weitere Räume konnten (noch?) nicht identifiziert werden, einer davon scheint 1–2 Barken aufgenommen zu haben. Überraschend war der Fund von 8stieligen Lotosbündelsäulen (eine davon jetzt im Museum Kairo) in den beiden späteren Eingangshallen, da sie vordem erst aus der 12. Dyn. (Beni Hasan) bekannt waren. Auch die Konstruktion der Decke der Grabkammer ist ungewöhnlich und erinnert an die der Pyramiden der 5. Dyn.: 12 große Monolithe aus feinem weißem Kalkstein lehnten sich zu einem Giebeldach aneinander. In der Hauptgrabkammer wurde die Wanne eines Granitsarkophages gefunden von knapp 3 m Länge, 1,50 m Breite und 1,10 m Höhe; er hatte einen ebenso vollendet gearbeiteten kleineren Kalksteinsarg umhüllt. Von den Statuen des Grabherrn, teils aus Granit, sind zahlreiche Splitter und Bruchstücke und kopflose Torsen gefunden.

Auch unter den noch erhaltenen, hervorragend gearbeiteten Reliefs gab es Überraschungen, beispielsweise daß ein Sohn des Ptahschepses auf dem Schoß seines Vaters sitzt, welches Motiv erst wieder in der Amarnazeit vorkommt. Weitere Reliefbilder bieten Goldschmiede bei der Arbeit, Bildhauer und Marktszenen, Schiffe sowie Darstellungen des Verstorbenen mit Frau und Familie. Zahlreiche Graffiti verschiedener Zeiten, etwa 275 Bestattungen aus späterer Zeit, zumeist der römischen.

Die Stätten von Memphis, Saḳḳâra, Dahschûr, Maidûm und Lischt

Für den Ausflug nach Memphis und Saḳḳâra (25 km) gibt es zwei Möglichkeiten:
1. Mit dem Auto. Der eindrucksvollste Weg führt zuerst auf der modernen Pyramidenstraße nach Gîsa. Kurz vor den Pyramiden, an der letzten Kanalbrücke (beim Golfplatz) zweigt man links ab und fährt am Kanal entlang (28 km) bis zur Abzweigung (rechts) zur Nekropole. Auf diesem Weg berührt man nach 14 km el-Haranîja. Man kann aber auch auf der Hauptstraße an der westlichen Nilseite nach Süden bis nach Bedraschên fahren und vor der Nekropole Memphis besuchen.
2. Ritt durch die Wüste. Dazu mietet man in der Karawanserei gegenüber dem Mena-House-Hotel ein Pferd, ein Kamel oder einen Esel; unterwegs lassen sich Abu Gurôb und Abusîr besichtigen, wenn auch aus militärischen Gründen der Weg dorthin umgelegt ist. Da zeitweise der Ritt nach Saḳḳâra überhaupt verboten ist, erkundige man sich vorher. Mittagspause im Zelt-Rasthaus in Saḳḳâra.

Der Besuch des Ruinenbezirks von Saḳḳâra kostet Eintritt, Kartenschalter an der Fahrstraße von Bedraschên vor dem Djoser-Bezirk.

el-Haranîja

Auf dem Weg nach Saḳḳâra liegt das Dorf *el-Haranîja*, das sich seit Mitte der 60er Jahre in westlichen Künstlerkreisen einen gewissen Ruf gemacht hat durch seine Kinderteppiche. Der 1974 verstorbene Begründer der Werkstätte, ein Architekt namens Ramses Wissa-Wassef, wandte sich mit der Idee, die Tradition der berühmten koptischen Gewebe zu pflegen, 1942 an Kinder und Jugendliche, nach eigener Vorstellung und Lust *Teppiche* zu gestalten, farblich wie nach Muster ihrer Kreativität zu folgen; er lehrte sie lediglich die Technik. Die Weberinnen spinnen oft auch ihre Wolle selbst und färben sie mit Naturfarben ein. Außer den aus Indigo und Cochenille gewonnenen Farben Blau und (Wein-) Rot werden sämtliche Pflanzenfarben in Ägypten selbst hergestellt. Der Erfolg brachte dem Unternehmen seit 1952 mehrere Ausstellungen in der westlichen Welt ein, und es lohnt, die naiven, spontanen, ursprünglichen Erzeugnisse, die bald historische, bald legendäre, bald Alltagsszenen vor Augen führen, zu besichtigen. Das Weben wurde zu einem wirtschaftlichen und damit zu einem Emanzipationsfaktor für die Mädchen und fand in mehreren Webereien um Kairo Nachahmer (Verkauf in Kairo, nicht in el-Haranîja).

Memphis

Geschichte

Der arabische Schriftsteller Abdellatîf (1162–1231) beteuert, die Fülle der Wunder von Memphis verwirre den Verstand, und ihre Beschreibung sei selbst dem beredtesten Menschen völlig unmöglich. Bis zum Beginn der altägyptischen *Geschichte* reichen ihre Anfänge zurück, aber da die meisten mittelalterlich-arabischen Gebäude in Kairo, die Paläste, Moscheen wie Privathäuser, aus Steinen dieser glanzvollen Metropole erbaut wurden, sind heute kaum mehr ihre Spuren nachzuzeichnen. In einem

Palmenhaine nahe dem Dorfe Mitrahîna zeugen ein Koloß Ramses' II., eine Alabaster-Sphinx und ein Denkstein des Königs Apries von dem alten Ruhm und Glanz. Eine zweite Statue Ramses' II. wurde 1954 von hier abtransportiert und vor dem Bahnhof in Kairo aufgestellt (S. 349); Bruchstücke weiterer Kolosse und das Balsamierungshaus ergänzen spärlich die wenigen Funde.
500 m nördlich der steinernen Zeugen ehrwürdiger *Vergangenheit* haben sich die Reste des Ptah-Tempels, des bedeutendsten Heiligtums von Unterägypten, gefunden, doch sind seine letzten Überbleibsel nur noch dem Forscher wertvoll, ebenso wie die Ruinen seiner Umgebung: ein Tempel für Apis (?) im S, neben ihm ein Tempel des Siamun; im O ein Palast des Merenptah, und im N die Reste eines Palastes des Apries sowie eines Neith (?)-Heiligtums. Alles was im Fruchtland liegt, ist im Grundwasser ertrunken, die aus luftgetrockneten Lehmziegeln erbauten Privathäuser sind vergangen.
Gegründet wurde Memphis als Festung um 3000 v. Chr., als die beiden Landeshälften des deltaförmigen Unterägypten und des schmallangen Oberägypten geeinigt und damit das Reich gegründet wurde. Spätestens 2800 v. Chr. erhielt es den Rang der Landeshauptstadt und als solche den Beinamen »Waage der beiden Länder«. An diesem geopolitisch wichtigen Ort residierten die Pharaonen des *Alten Reichs,* vermutlich unweit des als Haupttheiligtum errichteten Ptahtempels.
Der Königssitz, die »Weiße Mauer«, dehnte sich rasch zu einer gewaltigen Stadt, die seit dem *Mittleren Reich* nach der Pyramidenanlage Pepis' I. »Men-nofer-(Pepi)« hieß, im Munde der Griechen »Memphis«. Hier war auch das wirtschaftliche Zentrum des Landes. Waffen wie Schiffe entstanden hier, der Flußverkehr des Landes lief im Hafen von Memphis zusammen. Nach anfänglichem Aufenthalt in Theben (11. Dyn.) residierten auch die aus Oberägypten stammenden Herrscher des MR in Memphis.
Im *Neuen Reich,* da Theben zur Hauptstadt aufgestiegen war, lag in Memphis die Hauptgarnison des Landes, und der prinzlichen Befehlshaber residierten dort. Die Kriege mit den östlichen Nachbarn zwangen aber bereits Thuthmosis III., in der offiziellen Hauptstadt Theben nur noch besuchsweise zu weilen, sonst aber in dem strategisch ungleich günstiger gelegenen Memphis zu residieren; nach der Amarna-Episode wurde die Stadt auch offiziell wieder Hauptsitz. Hier wurden die Einfälle der Libyer aus dem Westen abgeschlagen, von hier zog das Heer nach Vorderasien aus. Auch als die *Ramessiden* ihre Hauptstadt ins Ostdelta verlegten, blieb Memphis Verwaltungszentrum. In den späteren Auseinandersetzungen der verschiedenen Fremdländer war Memphis stets das Züngelein an der Waage. In Memphis, das seit Haremhab zu einer Stadt von Weltrang gediehen war, hatten Karer, Griechen, Juden und Phönikier eigene Stadtteile und verehrten ihre eigenen aus-

Geschichte

ländischen Götter. Die Stadt blieb noch in *griechisch-römischer Zeit* Mittelpunkt des religiösen Lebens; hier wurden Königsfeste begangen und Priestersynoden abgehalten. Erst *Christen* und *Mohammedanern* gelang es, der alten Metropole das Lebenswasser abzugraben. Der von den arabischen Eroberern gegründete Sitz —↠ Fustât, aus dem das heutige Kairo hervorgegangen ist, hat zwar das Fruchtland gegen den Wüsten-

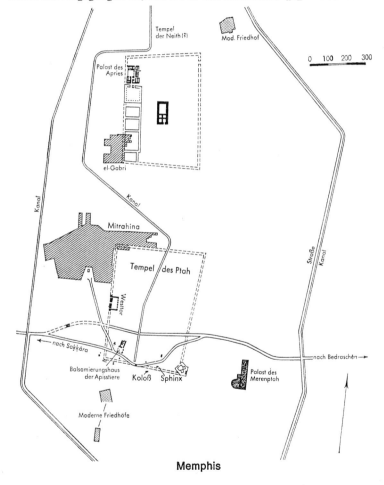

Memphis

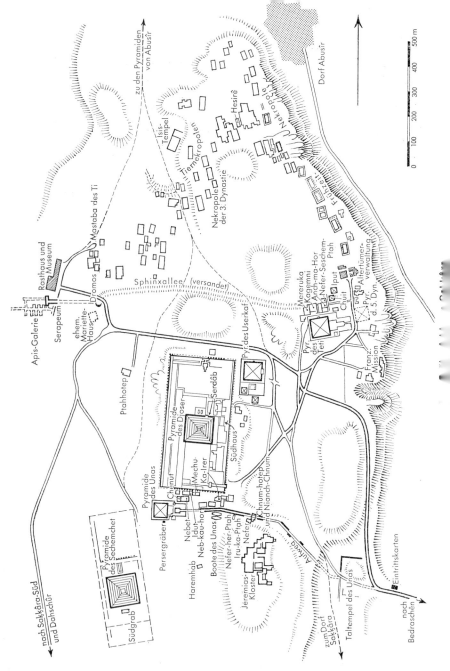

Denkmäler

rand ausgetauscht, »wiegt« aber noch ebenso »die beiden Landeshälften« wie das pharaonische Memphis.

Zur Bestätigung der alten Pracht sind für uns außer den Texten und der Nekropole von Sakkâra nur spärliche Dokumente aus dem Feld der Archäologie zurückgeblieben, jedoch mehr, als der Besucher der *Trümmerstätte* von Memphis ahnen kann. Denn spätere Pharaonen haben viele Statuen und Einzelstücke aus der Blütezeit von Memphis in ihre Deltastädte verschleppt, woher sie der Forscher geistig heimführen konnte. Die Ergebnisse des Spatens entnehme man dem Plan.

Denkmäler

Die oben genannte *Alabastersphinx* gehört aus stilistischen Gründen in die Zeit Amenophis' II. (8 m lang, 4,25 m hoch, 80 t Gewicht). Auch die Verwitterung der Seite, mit der sie bis 1912, also vielleicht anderthalb Jahrtausende, im feuchten Grund gelegen hat, konnte ihr den Adel der Gestalt nicht rauben. Die Figur dürfte den südlichen Eingang des Ptahtempels flankiert haben.

Dicht bei der Alabastersphinx ist heute der östlich von Mitrahîna gefundene *Denkstein* des Königs Apries aufgestellt (26. Dyn.). In altertümlicher Sprache werden dem Tempel des Ptah Länder und landwirtschaftliche Arbeiter zugewiesen. Das Dekret befreit sie zugleich von Steuern.

Den gestürzten und auf dem Rücken liegenden *Koloß* Ramses' II., um den eine Schutzhütte gebaut ist, sieht der Betrachter von einem erhöhten Umgang aus. Ursprünglich erhob sich das Standbild ebenfalls vor dem Eingang des Ptahtempels nahe der Sphinx. Die Statue aus feinstem Kalkstein (ursprünglich 13,5 m hoch; da Teile der Krone und Beine fehlen, jetzt 10,30 m) ist wunderbar gearbeitet, das Gesicht drückt die demütig ergebene Haltung Ramses' II. gut aus. Am Kinn sitzt der Königsbart, im Gürtel des Faltenschurzes steckt ein mit zwei Falkenköpfen verzierter Dolch. Auf der rechten Schulter, im Pektoral und auf dem Gürtel des Königsschurzes stehen die Namen Ramses' II., ebenso auf den nur aus Werkbrauch zu erklärenden Füllungen der zur Faust geballten Hände. Auf den Blindstücken zwischen seinen Beinen ist seine Gemahlin Bint-Anat graviert. — Bruchstücke weiterer hier gefundener Kolosse Ramses' II. und Ramses' IX. hinter der Hütte.

Nicht versäume man, das *Balsamierungshaus* der Apis-Stiere zu besichtigen, einzig in seiner Art. Von den Balsamierungstischen wird besonders der in der NO-Ecke seine Wirkung kaum verfehlen: Aus Alabaster (5,40 m × 3,07 m × 1,20 m), fast 50 t schwer, aus einem Block geschnitten, ist dieser Tisch ein wirkliches Meisterwerk. Auch das Becken vor seinem Abfluß ist erhalten. Von den übrigen Tischen ist einer unter Necho (26. Dyn.) datiert.

Sakkâra

Nach dem westlich des alten Memphis gelegenen Orte Sakkâra (weist wohl auf Sokar, den Nekropolengott von Memphis, und nicht den im Mittelalter hier hausenden Beduinenstamm gleichen Namens) ist der mittlere Teil der unterägyptischen *Nekropole* (d. i. zwischen Abusîr im N und Dahschûr im S) genannt, den der Reisende anschließend besuche. Von der frühesten Zeit der Geschichte bis in die Perserzeit, wenn auch vornehmlich im AR, sind hier Tote bestattet worden, Könige wie Privatleute. Das Wahrzeichen des Gräberfeldes ist die »Stufenpyramide« des Djoser, doch kann der aufmerksame Besucher am Wüstenrand von N nach S nicht weniger als 15 Pyramiden zählen und zwischen ihnen eine unübersehbare Stadt von Mastabas erkennen. Etwa zwei Dutzend Pharaonen fanden hier ein »glückliches Begräbnis«, dazu ihr Hofstaat von Würdenträgern und die Bewohner der alten Hauptstadt Memphis. Streckenweise sind die Stätten versandet oder auch noch nicht ausgegraben. Ein Flug über den Totenacker läßt ahnen, wieviel hier noch an bedeutenden Bauten verborgen liegt. Nicht nur Pharaonen und ihre Untertanen fanden hier ihre Ruhestatt, auch die heiligen Apisstiere von Memphis wurden seit der 18. Dyn. im sogenannten »Serapeum« bestattet und in den anderen Tiernekropolen deren Kuh-Mütter, Paviane, Falken sowie Ibisse, alles in spätester Zeit heilig gehaltene Tiere memphitischer Götter. Die Mastabas gruppieren sich mit Vorliebe um die Pyramiden der Könige, unter denen die Beamten mit einem Grabplatz beliehen wurden. Teile der Gräber sind in koptischer Zeit in das Jeremiaskloster (480 n. Chr. gegründet) verbaut worden, das von den Arabern zerstört wurde (960). – In Sakkâra liegt auch das von den Arabern »Gefängnis des Joseph« genannte Grab mit Tempel des → Imhotep, doch ist die am Ostrand des Wüstenplateaus vermutete Verehrungsstätte noch nicht aufgefunden.

Rundgänge

Gruppenreisende werden in der Regel mit Omnibussen auf drei Routen durch Sakkâra befördert mit den *Zielen:* 1. im O, genau nördlich des Kiosks für die Eintrittskarten, Teti-Pyramide, Mastaba des Mereruka, des Kagemni, des Anchmahor sowie des Nefersechem-Ptah. – 2. im W, Gegend des Mariette-Platzes, Mastaba des Ti und des Ptahhotep, Serapëum. – 3. Djoser-Pyramide, Unas-Pyramide, Unas-Aufweg, Persergräber, Mastaba der Königin Nebet und der Idut; voraussichtlich demnächst auch das Grab des Königs Haremhab südlich der Unas-Pyramide. Dem Reisenden seien zusätzlich die unvollendete Pyramide des Sechemchet, dem Freunde frühchristlicher Kultur auch das Jeremias-Kloster empfohlen. Im äußersten Norden, auf der Höhe von Abusîr werden die Tiernekropolen (Ibis-Galerie, Isëum, Pavian- und Falken-Galerien) für Besucher gerichtet, im äußersten Süden, auf der Höhe des Dorfes Sakkâra die Pyramiden Pepis I. und des Merenrê. Je nach Situation werden ab und zu einzelne Denkmäler geschlossen, dafür neu freigelegte dem Publikum zugänglich gemacht.

Im ganzen sind von den über 250 Privatgräbern (die Felsengräber nicht eingerechnet) etwa 30 zugänglich. Jene, die nur für den Fachmann belangvoll sind, werden hier nicht erwähnt. Doch auch die erwähnten sind nicht alle ohne weiteres zu besichtigen. Wer sie dringend besuchen will, richte ein Gesuch an die Generaldirektion der Altertümerverwaltung in Kairo oder an den Inspektor der Denkmäler in Saḳḳâra, versuche aber nicht – zum Schutz seiner eigenen Person wie der angesprochenen – durch Trinkgelder die Ghafire zu Ausnahmen zu bewegen. Die Verwaltung hat gute Gründe (darunter die Sicherheit der Besucher), nicht alle Denkmäler freizugeben. Im Frühjahr 1981 zählte Saḳḳâra täglich weit über 1000 Besucher. Für einen Ganztagsausflug nehme man ein Lunchpaket mit, Getränke im Rasthaus.

Im folgenden seien die Denkmäler in der Reihenfolge vorgestellt, die sich sachlich empfiehlt: 1. Djoser-Pyramide mit Umgebung, 2. Mariette-Platz-Bezirk, 3. Teti-Pyramide mit Gräberstraße, zuletzt die – gewiß auch nach ihrer Freigabe – seltener besuchten Randzonen der Tiernekropolen und der südlichen Pyramiden. Mit Djoser erfährt der Besucher den frühesten Höhepunkt altägyptischer Architektur; bei den Gräbern des Unas-Aufwegs teils erfrischende Unmittelbarkeit; mit Ti und Ptahhotep den Gipfel der Flachkunst des AR; mit Kagemni eine ins Raffinement gesteigerte Feinheit, aber bei der benachbarten Mastaba des Mereruka den sich nicht nur in Überladung äußernden relativen Abstieg; in den Tiernekropolen späte religiöse Verirrung, in den südlichen Pyramiden die großartige Einfachheit vollendeter Formen.

Djoser-Pyramide mit Umgebung (Zentralbezirk):
Stufenpyramide des Djoser

Die *Stufenpyramide des Djoser* ist eins der größten Wunder und behauptet als ältester Monumentalbau seinen einzigartigen Rang in der Geistesgeschichte der Menschheit. Nach kaum nennenswerten Vorläufern (→ Geschichte der Pyramiden) von einfachen Wannengräbern aus Stein wurde das gewaltige Grabmal in Höhe von 60 m errichtet, und die noch besser erhaltenen zugehörigen Bauten machen offenkundig, daß diese ersten Steinmetzen der Welt mit einer Sorgfalt und Präzision gearbeitet haben, wie sie kaum mehr erreicht worden sind. Ihre Technik ist schlechthin vollendet. Am Anfang ihrer *Geschichte* ist die Baukunst bereits voller Vorrat und steht auf einem Höhepunkt.

Das Keimhafte ihres *Wesens* ist nur in dem Sinne zu spüren, daß die Baugedanken trächtig waren an Möglichkeiten. Indes dürfen die anzutreffenden Nachbildungen anderer Materialien in Stein nicht als zaghafte Versuche bewertet werden, vielmehr erklären sie sich als Monumentalisierung des aus vergänglichen Baustoffen errichteten Palastes. Denn was Djoser hier für die Ewigkeit errichten wollte, war das in Stein umgesetzte Bekenntnis seines Lebens als Herrscher. Unter ihm und seinem kongenialen Baumeister (Arzt und Weisen) → Imhotep wurde das Alte Reich geprägt – mit seinen Erfindungen an Schrift und Kalender, dem Kunstkanon, den Weisheitslehren und dem durchorganisierten Staat. Die Verwaltung des Staates findet ihren sichtbaren Niederschlag im Palastgebäude, und eben diese Bauten sind als Scheinbauten im Pyramidenbezirk dauerhaft wiederholt.

Der ganze Pyramidenbezirk liegt innerhalb einer *Umfassungsmauer* (von 550 m Länge und 300 m Breite und einer ursprünglichen Höhe von 10,50 m) mit einer feinen Nischengliederung und 14 Scheintoren, sein Eingang am S-Ende der Ostmauer. Man beachte die wunderbare Glättung und Fugung der Steine (ohne Bindematerial), die nach nunmehr fast 5000 Jahren teils noch aufgeschichtet standen, teils wieder aufgesetzt sind. Man durchschreitet eine *Kolonnade* (mit modernem Schutzdach) von eigentümlicher Bauart: von ihren beiden Außenwänden springen Zungenmauern so weit vor, daß sie einen schmalen Mittelgang freilassen und rechts und links je 21 Nischen abgrenzen. Abgeschlossen werden die Zungenmauern durch »dorische Halbsäulen«, die jedoch nichts anderes darstellen als die in Stein übertragenen Stroh- und Schilfbündel, mit denen bei dem profanen Vorbild die Scherenwände aus Luftziegeln gegen Stoß abgesichert waren. Am Ostende des Ganges bemerken wir Scheintüren und am westlichen Austritt hinter einem kleinen Quersaal die steinerne Nachbildung von Holztüren mit offenstehenden Flügeln; die Pfosten drehen sich in ihren Pfannen am Boden.

In dem großen Pyramidenhof wende man sich zunächst der *Pyramide* zu, deren 6 Stockwerke knapp 60 m hoch sind. Wie bereits dargestellt (S. 411), ist der aus Kalksteinen aufgetürmte Bau zunächst als Mastaba angelegt gewesen, als solche zuerst dreimal vergrößert, dann zu einer vierstufigen, schließlich zu einer sechsstufigen Pyramide überhöht worden. Die Bauperioden lassen sich an den Fugen des jetzt bloßliegenden Baukörpers deutlich ablesen. Als einzige Pyramide hat sie einen rechteckigen

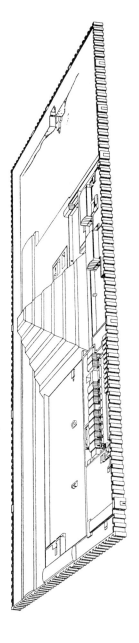

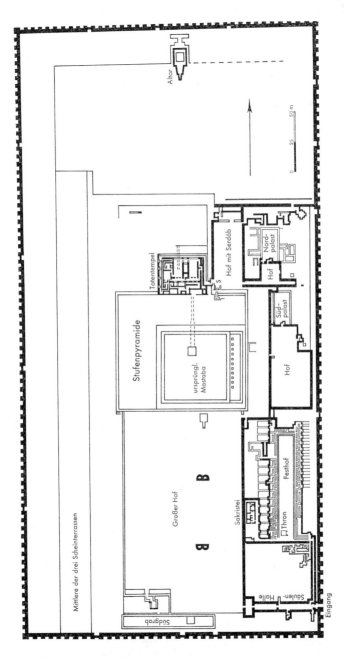

Rekonstruktion und Plan von König Djosers Grabbezirk mit Stufenpyramide in Sakkâra

Grundriß (109,20 m × 121 m), jede Stufe tritt etwa um 2 m hinter die andere zurück, ihre Höhen schwanken zwischen 8,40 und 10,50 m.
Die Pyramide kann heute nicht mehr bestiegen werden, da die Steine, ihrer Umkleidung beraubt, verwittert sind und abbröckeln; nur auf der Nordseite sind die unteren Mantelblöcke noch erhalten. Dorthin begebe man sich zunächst und lenke seine Aufmerksamkeit dem *Totentempel* zu. Wiederaufgebaut ist heute der Serdâb (Statuenraum), in dem man durch zwei Löcher in Augenhöhe die Nachbildung der Ka-Statue des Königs Djoser sehen kann, die hier aufgefunden wurde und jetzt im Museum zu Kairo steht. Diese »Gucklöcher« waren nun freilich nicht für einen Beschauer gedacht, vielmehr konnte durch sie die Statue die Opferung in Empfang nehmen. Vom übrigen Totentempel sind nur noch spärliche Reste zu erkennen.

Die von hier aus zugänglichen (bis zu 32 m tiefen) *unterirdischen Grabräume* — ein wahres Labyrinth von Gängen, Kammern und Schächten, das dem Begräbnis des Königs wie seiner Gemahlin und Kinder diente — sind nur ausnahmsweise wegen Einsturzgefahr zu betreten. In den östlich der granitnen Sargkammer gelegenen Gemächern waren die Wände in Nachahmung von Schilfmatten mit kleinen Platten aus blaugrüner Fayence bedeckt (heute im Museum Kairo), in einem anderen Raum tragen Türnischen Reliefpaneelen feinster Arbeit. Tausende kostbarster Steingefäße füllten die Gänge.

Vom Serdâb aus wende man sich dem »Hause des Nordens« und dem »Hause des Südens« zu, *Scheingebäuden für die Verwaltung* von Ober- und Unterägypten, mit je einem offenen Hof davor. Im Eingang des Südhauses besagt eine hieratische Aufschrift, daß ein Tourist Saḳḳâra um 1300 v. Chr. besucht habe. »O all ihr Götter des Westens von Memphis«, so schreibt er, »schenkt mir eine schöne Lebenszeit, damit ich euch dienen kann ... und daß ich nach einem hohen Alter ein schönes Begräbnis bekomme ... im Westen von Memphis.« Die Fassaden der beiden Gebäude sind mit kannelierten Halbpfeilern und Halbsäulen geschmückt, die in schöne Kapitelle enden.

In Richtung auf den Eingang zu gelangt man in den schmallangen Hof mit den *Hebsed-Kapellen,* wo der König das Dreißigjahrfest feierte. Steinerne Nachbildungen von Zäunen machen auch hier die Übersetzung des Regierungsgebäudes ins Dauerhafte offensichtlich; Treppen führen zu einem (heute zerstörten) oberen Stockwerk; ein Unterbau mit Stufen, der den Königsthron trug.

Indem man wieder in den großen Pyramidenhof tritt, streife man das Sakristei-Gebäude rechter Hand und besichtige zum Schluß des Rund-

Stufenpyramide des Djoser 485

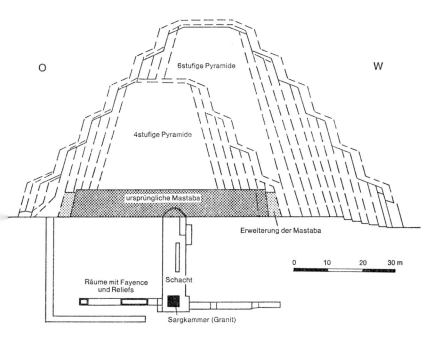

Aufriß der Stufenpyramide

ganges an der Südseite des Komplexes das zweite Grab; offenbar nimmt es die Rolle der Nebenpyramide der späteren Pyramiden ein, stellt also eine Begräbnisstätte für den Ka dar. Das *Südgrab* hat die Form einer Mastaba mit gewölbtem Dach, ist ohne Sarkophag gefunden worden und war mit Sicherheit nicht etwa das Grab der Königsgemahlin.

Man steigt die Treppe hinauf und blickt auf der linken Seite in den 28 m tiefen und 7,5 m × 7,5 m großen Schacht, an dessen Sohle eine nur 2,5 m × 2,5 m große Grabkammer aus Rosengranit gelegen ist. Besonders ausgestattet waren die Wände mehrerer Kammern: Grüne Fayencekacheln als Imitation geflochtenen Mattenbehangs waren mit Schnüren aufgenäht. In einem Raume tragen drei Scheintüren wunderbare Reliefs des Königs Djoser bei kultischen Festhandlungen.

Die nördlich benachbarte Kapelle mit einem schönen Fries von Uräen wird versuchsweise als *Kronenhaus* gedeutet.

Man steige die Treppe vollends hinauf und weite den Blick über das Gräberfeld von Sakkâra und nochmals die Gesamtanlage der Stufenpyramide. Unsere Phantasie werde angeregt durch das Graffito des Schreibers Ahmose, der »den Tempel des Djoser ... fand, wie wenn der Himmel darin wäre und die Sonne aufginge«. »Möchte doch«, so fährt er fort, »der Himmel frischen Weihrauch regnen lassen, damit er (der Ka des Djoser) mit Wohlgerüchen übergossen würde.« An der Außenseite der Südmauer ist der Uräenfries wiederhergestellt. Dicht an sie herangebaut ist eine große Zahl von Mastabas.

Mastaba der Idut

Nahe bei der südlichen Umfassungsmauer der Stufenpyramide liegt die sehenswerte *Mastaba der Prinzessin Idut*. Sie stammt aus der 5./6. Dyn. und wurde von einem Wesir erbaut, dann aber von der »Königstochter« Seschseschet belegt, die den Kosenamen Idut, »das Mädchen«, führt. Die Übereignung erkennt der Betrachter leicht daran, daß Name und Bild des Besitzers geändert worden sind. Von den 10 Räumen sind 5 ausgeschmückt, die beiden ersten fast ganz mit Szenen auf dem Wasser, während die hinteren dem Vorbereiten und Beibringen der Opfer gewidmet sind. Die gute Erhaltung der Farben entschädigt für die nicht immer hervorragende Reliefarbeit.

Eine der thematisch ergiebigsten Szenen befindet sich im zweiten Raum (hinter der Eingangshalle links) auf der W-Wand (links), re. unten: Die Grabherrin durchfährt in einem Nachen – mit Schreibutensilien und Papyrusrolle – den Sumpf; vor ihr im Dickicht Vogelbruten, die (li. oben) von einer Ginsterkatze und (darunter) von einem Ichneumon beschlichen werden. Neben dem Fischer mit der Reuse ein Harpunierer, der eins von zwei Nilpferden mit den im Maul verhakten Stricken hochreißt und die Lanze gegen das aufschreiende Tier schleudert. Hinter dem Beutetier wirft ein Nilpferdweibchen (vor Schreck?) ein Junges, das sogleich von einem

Krokodil weggeschnappt wird. Re. daneben (in der äußersten Ecke) das auch sonst beobachtete Angeln mit mehreren Haken.

Mastaba des Mechu

Die *Mastaba des Mechu*, Wesirs unter den drei ersten Königen der 6. Dyn., liegt unmittelbar im O der Mastaba der Idut. Mechu, der außerdem die Ämter eines Richters und Obersten der Verwaltung innehatte, war Nutznießer von rund 40 Gütern. Seine von O nach W ausgerichtete große Grabanlage mit Eingangskorridor und weiteren 6 Räumen lockt wegen ihrer Farbenfrische, besonders in der Kultkammer, zu einem Besuch. Kaum sonstwo kann die kolorierende Farbgebung in der ägyptischen Malerei so gut studiert werden wie hier, jedoch ist das Grab wegen seiner Gefährdung zeitweise geschlossen.

Das Grab entwickelt sich in der Achse des Eingangs, der sich zu einem langen, gegliederten Gang ausdehnt, von dem parallel dazu noch re. 2 Räume abzweigen: ein großer Hof mit einer 2-Pfeiler-Halle im W als Dach für den schrägen Stollen, der zur Grabkammer führt, und zweitens die Kultkammer mit der Scheintür im W.

Im *Türdurchgang* Mechu in beleibter Gestalt. – In dem anschließenden, nach N ausbiegenden Raum der *Passage:* Mechu mit Frau bei Jagd und Fischstechen; auf der S-Wand: Vorratsräume, Küche und Vogelfang mit Netz. – Im *Türdurchgang* zum langen Gang der Passage, li.: Bäckerei, re.: Viehzucht. *O-Wand:* Kornspeicher. – Auf der langen *S-Wand,* von oben nach unten und von li. nach re.: Segelboote (das erste mit Mumie), Ruderboote, Lastschiffe, Viehtransport auf Segelboot. 2 kleine Boote mit Fischern und Jägern. – Ernte und Worfeln. – Aufmarsch der Güter in der Person von 39 Frauen und einem Mann. – *W-Wand:* Weinlese. – *N-Wand:* Mechu bei Vogelfang mit Netz, Fischfang, Aussaat, Durchschreiten der Furt durch Rinderherde und beim Fischfang mit Reusen nach der Überschwemmung; große Wasserschildkröte und sich paarende Krokodile bei der Ausfahrt des Herrn. – Re. der Tür in den Hof: Goldschmiede.

Hof: Auf den Pfeilern Mechu mit Titeln und Namen. – N-Wand: einige, nur vorgezeichnete Darstellungen für Markt, Gartenanbau, unten Arbeiten im Teich. – In der Pfeilerhalle, S-Wand: Sohn des Mechu, Hetepka, am Speisetisch. – W-Wand: Scheintür des Hetepka.

In Fortsetzung des langen Ganges ein Raum, der sich zu beiden Kulträumen hin öffnet. In diesem *Vorraum, O-Wand:* Mechu, vor ihm 4 Harfenspielerinnen und Akrobatinnen im »Hathortanz«; sie tragen einen kurzen Schurz, Halsschal und am langen Zopf eine Kugel; hinter ihnen in beiden Reihen je 2 Takt klatschende Frauen. Darunter Schlachten für das Opfermahl, *W-Wand:* Mechu mit Frau, denen das Gesinde die Grabausstattung vorführt und das Bett richtet; *S-Wand:* Opferträger.

In der re. abbiegenden Hauptkultkammer (für Mechu) die üblichen Szenen von Opferern und Speisetisch, in noch leuchtenden Farben auf dem Relief; das an sich trockene Thema durch reizvolle Variation der Einzelheiten sehr lebendig gestaltet. Bildgrund blaugrau, Scheintür dunkelrot mit gelben Inschriften. — Die kleinere Kultkammer mit ähnlichen Szenen für einen Meri-Rê-anch.

Das Doppelgrab der Königinnen Nebet und Chenut

Unmittelbar im S des Grabes der Idut, gegenüber der NO-Ecke des Totentempels des Königs Unas, liegt das bedeutende, aus behauenen Kalksteinen errichtete Doppelgrab (49 m x 22 m, 4 m hoch) zweier Gemahlinnen des Unas (Ende der 5. Dyn.) mit Namen Nebet und Chenut. Die Zwillingsmastabas sind gleichzeitig und gleichberechtigt und im Schema gleichartig angelegt, die der Chenut (W) allerdings ist stark zerstört. Beide Gräber haben dadurch gelitten, daß sie im südlichen Teil mit der Eingangsmauer auf gewachsenem Felsen stehen, im nördlichen über einer Aufschüttung erbaut sind, so daß die Absetzung des Grundes sie gerissen hat. Der Grundriß der Mastabas ist ungewöhnlich: Um einen im S von der leicht geböschten Außenmauer begrenzten großen Hof liegt ein Kranz von Räumen.

Das Grab der *Nebet* betritt man durch den Eingang im O (re.), gelangt in einen Eingangsraum (E), von dort westlich (li.) in den Hof (mit meh-

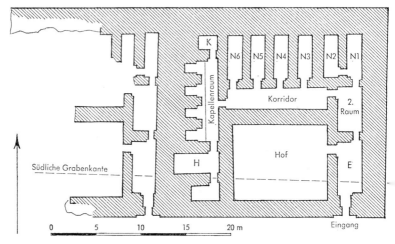

Doppelgrab der Königinnen Nebet und Chenut

reren Schächten) oder geradeaus in einen 2. Raum, von dem wiederum li. ein Korridor abbiegt, der die Verbindung herstellt zu Kapellenraum und Hauptkultkammer (H); vom 2. Raum geradeaus führt eine Passage zu 2 nicht gedeuteten Nebenräumen (N 1 u. 2), vom Korridor aus sind 4 weitere Nebenräume (N 3–6), mit Zwischendecken in 1,50 m Höhe, zugänglich. Im Norden des Kapellenraumes eine Kammer (K), in ihrer westlichen Längswand über einer gemeinsamen Steinbank 4 Nischen und zwischen ihnen 3 Statuen der Grabherrin. Es fällt auf, daß sowohl die W-Wand des Hofes wie die in H Scheintüren tragen; außerdem in N 1 eine spätere (?) roh gearbeitete Scheintür. Unter N 1 eine Grabkammer. Außer den — ehemals durch verriegelbare Türen abgesperrten — Nebenräumen, also den ganzen Weg vom Eingang bis zu den Sakralräumen entlang Bildszenen; ihre Qualität wechselt von bestem erhabenem Relief bis zu flüchtiger Ritzung. *Eingangsraum* (E): Fahrt in den Papyrussümpfen, Besichtigen der gefangenen Vögel; auf dem hinteren Türsturz ein schönes, in den Farben noch gut erhaltenes Bild der thronenden Grabherrin, an einer Lotosblüte riechend. — *2. Raum:* Herbeibringen von Speisen; außerdem das Ziehen von Schlitten, die mit überaus großen Weinkrügen beladen sind. Diese gleich zweimal dargestellte Szene ist bisher einzigartig und auch handwerklich die beste des Grabes. Nebet steht jeweils im unteren der 4 Streifen, dem Zug voran, rückwärts schreitend ein Sänger, dessen Lied auf eine kultische Handlung im Dienste der Hathor hinweisen könnte. Hinter der von ihrem Harem umgebenen Königin eine Zwergin. Über der Tür wie in E Bild der thronenden Nebet vor Opfern. — *Korridor:* Szenen konventioneller Art zur Versorgung aus den Stiftungsgütern. — *Hauptkultkammer (H):* Opferlisten und die Verstorbene am Speisetisch. — Überraschend in *Kammer* (K): Darstellung eines nichtköniglichen Mannes und »seiner geliebten Kinder«, vielleicht Vater oder Bruder der Nebet, die demnach einer nichtköniglichen Familie entstammen würde.

Von der Südseite der Umfassungsmauer aus führt der Weg (etwa 100 m) zur Unaspyramide.
Will man mit der sehr empfehlenswerten Besichtigung des Aufwegs zur Unaspyramide beginnen, so begebe man sich jedoch besser zum Eingang des Djoserbezirks zurück und gehe von dort aus auf einem Pfad in südlicher Richtung auf den Mittelteil des Aufwegs zu, wo die Reliefs am besten erhalten sind, und schreite auf ihm zur Pyramide.

Unaspyramide

Von dem heute zerstörten Taltempel der Pyramide (herumliegende Palmsäulen aus Granit) führte ein 690 m langer, 6,70 m breiter und ursprünglich 3,15 m hoher *Aufweg* zur Pyramide; der gedeckte Teil des gepflasterten Weges war jedoch nur 2,60 m breit und beiderseits mit wundervollen und thematisch größtenteils einzigartigen Reliefs geschmückt.

Einige wurden magaziniert, von den am Ort verbliebenen sei hingewiesen auf folgende (von O nach W): gebückte Höflinge (unter Dach) und Reste eines Bootes; auf der Südwand: Schiffstransport der Palmensäulen zum Grabbezirk des Unas; dahinter Darstellung der Schiffe, die ausländische, wohl asiatische Gefangene anfahren; gegenüber auf der Nordwand Händler auf dem Markt mit ihren Körben – der Affentreiber stiehlt einen Lattichbund aus dem Korb eines Nachbarn – Zubereiten von Fischen; daneben Handwerker: Metallarbeiter, Wiegen des Materials, Polierer; Sternendecke; vor dem Knick nördlich außerhalb Block mit Kampf gegen Asiaten; auf derselben Nordwand beim Knick des Weges wiederum gebeugte Höflinge, ebenso gegenüber auf der Südwand, daneben Soldaten mit Streitaxt; weiter westwärts derselben Südwand Jagd auf Wüstentiere mit schönen Einzelheiten des Tierlebens; danach Heimführen von Wild und landwirtschaftliche Szenen; gegen Ende des erhaltenen Teiles auf beiden gegenüberliegenden Wänden Gabenträgerinnen. – Beim Knick südlich des Aufwegs 2 große Bootswannen (45 m) aus regelmäßig zugehauenen Steinen.

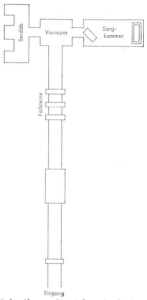

Die *Unaspyramide* ist von N her zugänglich und zeigt mit ihrer unterirdischen Anlage die klassische Ordnung der 5./6. Dyn. Ein schräg abwärts führender schmaler Gang, einst durch drei Falltore gesperrt, mündet in den *Vorraum*, von dem aus links der *Serdâb* mit drei Nischen abzweigt, rechts die *Sargkammer* mit dem Granitsarkophag des Königs. Während der Serdâb durch eine Platte flach abgedeckt war, haben Vorraum und Sargkammer ein Satteldach. Diese beiden Räume lenken die besondere Aufmerksamkeit auf sich durch die sog. *Pyramidentexte*, die die Wände von oben bis unten überziehen. Die Hieroglyphen sind eingeschnitten und mit blauer Farbe ausgemalt; sie enthalten Gebete an die Götter und beschäftigen sich mit der jenseitigen Existenz des verstorbenen Königs. Die Unaspyramide ist die älteste, die mit Texten ausgestattet ist, und stellt damit eine der frühesten Quellen altägyptisch-religiöser Texte überhaupt dar. Viele ihrer Sprüche sind einmalig; sie begleiten Ritualhandlungen der Beisetzung, die die Existenz Pharaos im Jenseits ermöglichen. Vorherrschend ist der Wunsch, in den Himmel zum Sonnengott aufzusteigen oder unter die Sterne versetzt, aber auch als Osiris verklärt zu werden.

> »König Unas leitet nun die unvergänglichen Sterne
> Und fährt über zu den Gefilden der Binsen,
> Es rudern ihn die Bewohner des Lichtreiches,
> Es fahren ihn die Bewohner des Himmelsgewässers.«

Zur klassischen Anordnung der Texte S. 518.
Auf der südlichen Außenwand der Pyramide verkündet eine Inschrift mit großen Hieroglyphen, daß Cha-em-Wêset, ein Sohn Ramses' II., die Pyramide restauriert habe.

Gräber am Aufweg des Unas
Längs des Aufwegs zur Unaspyramide liegen Felsgräber von Beamten der 5. Dyn. Sie sind relativ klein (1–2 Räume, 6–8 m lang), aber z. T. sehr gut und originell bebildert und frisch in den Farben, denn sie wurden bald nach ihrer Fertigstellung beim Bau des königlichen Aufwegs zugeschüttet. Die bedeutendsten sind hier aufgeführt, aber da gefährdet, vorerst geschlossen.

Nefer-her-en-Ptah
Das Grab des *Nefer-her-en-Ptah* (auch »Vogelgrab« genannt), das unter dem Aufweg des Unas liegt und einem Intendanten des Palastes und Perückenmacher der 5. Dyn. gehört, hat zwar bescheidene Ausmaße, ist aber wegen seiner sicheren und feinen Zeichnung beachtlich. Modern angelegte Treppenstufen führen zum Eingang des Grabes, dessen Schwelle jetzt in Höhe der 6. Steinlage der Stützmauer des Unas-Aufwegs liegt. Allerdings wurde der Grabeingang mit Steinen blockiert und kann nur noch unter Aufsicht eines Inspektors geöffnet werden. Nach li. (S) biegt eine schmallange Kultkammer ab, von deren W-Wand das letzte Drittel mit der Scheintür zurückspringt.
Dekoriert sind in der *Kultkammer* nur die N- und die W-Wand, die Bilder meist im Stadium der Vorzeichnung geblieben; ihre Reliefierung wurde abgebrochen. Dafür sind die Zeichnungen in Details ausgeführt, etwa die Vogelgefieder durch zarte Farbtupfen feinstens wiedergegeben. *N-Wand* (von oben nach unten): Der Grabherr, auf seinen Stab gestützt, beobachtet die Viehtreiber, von denen einer verprügelt wird. Vor einem alten Mann, dem ein Junge zu trinken gibt, werden Matten, Brote u. a. hergestellt. Bespringen einer Kuh; Kalben; Milch für Kälber und Menschen; Herbeibringen von Opfergaben. – *W-Wand* (von oben nach unten und von li. nach re.): Obstpflücken; Vogelgang mit Netz und Leimruten; Pflücken von Sykomorenfeigen; Weinernte, Weinlaube; Gartenbau und -bewässerung; Traubenpressen und -keltern, dabei 2 Männer, die den Takt schlagen; Ernte im Weinspalier; Opferträger.

Iru-ka-Ptah
Das ein wenig östlich vom vorigen gelegene, z. Z. wieder ganz vom Sand verwehte Grab des *Iru-ka-Ptah* (auch »Grab des Schlächters« genannt), wohl aus der frühen 5. Dyn., ist kulturgeschichtlich ein besonders wichtiges Grab dieser Gegend. Der Schlächter I., auch Chenu geheißen, hat offensichtlich in seinem Amt als »Reinigungspriester« auch den königlichen Schlachthof gereinigt.
In der schmallangen *Kammer* sind 10 kräftig bemalte und grobgesichtige Statuen des Grabherrn aus dem Felsen gehauen, 2 aus der N-Wand, 8 aus der O-Wand, darüber Schlachtszenen. 3 halbplastische Figuren des I. auf der W-Wand, dazu eine Frau. Auf der W-Wand außerdem die Scheintür. Im Fußboden der Kultkammer 5, meist wieder zugeschüttete Grabschächte.
Die Reliefs, grob und mit lauten Farben über einem grellgelben Grund, sind von unüblichem Realismus. N-Wand: Richten von Betten und Möbeln. O-Wand: Opfer und Räucherung. Grabherr vor Speisetisch. Zerlegen von Rindern (dem Rind re. ist die Haut abgezogen!). Jagd in den Papyrussümpfen, Vogelfang mit Schlagnetz. Segelboote, Ruderboote. 2 mit roten Linien vorgezeichnete Statuen.

Das Grab des Nianch-Chnum und des Chnum-hotep
Östlich des Grabes des Iru-ka-Ptah, noch östlich des großen Knicks des

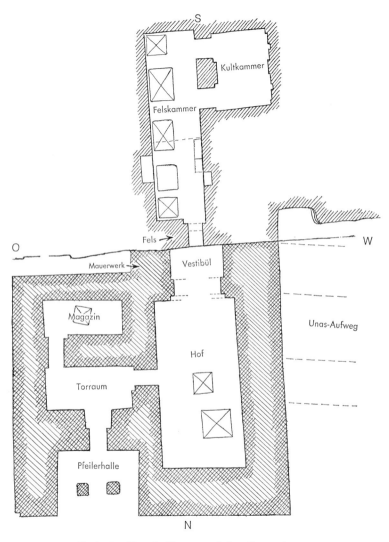

Grab des Nianch-Chnum und des Chnum-hotep

Unas-Aufwegs, wurden eine stattliche Reihe von Felsgräbern freigelegt, unter denen das oben genannte und das nachfolgende des Nefer einen Besuch lohnen, doch bleiben sie bis zu ihrer endgültigen Restaurierung geschlossen.

Das (Doppel-) Grab des Nianch-Chnum und des Chnum-hotep (am Fußweg zum Jeremiaskloster) gehört zwei befreundeten oder verwandten Männern, die in den Wandbildern gleichberechtigt nebeneinanderstehen, sich umarmen oder auch mit den Nasen berühren (= küssen). Beide waren Priester des Rê im Sonnenheiligtum des Ne-user-Rê (S. 430) und Vorsteher der Nagelpfleger des Palastes Ende der 5. Dyn. Durch die Errichtung des Unas-Aufwegs wurde der Eingang zu ihrem Grabe zugebaut.

Die Anlage besteht aus Pfeilerportikus, Torraum (Magazin), Hof, Vestibül (soweit Mauerwerk), Felskammer und Kultkammer. Die mit feinem, behauenem Kalkstein verkleidete Fassade und die Tür sind hervorragend reliefiert, allerdings nur flüchtig bemalt; die Wandbilder der Räume ebenfalls meist sehr gut reliefiert, haben aber durch Ausblühungen des schlechten Felsens gelitten, dennoch ist ihre Bemalung großteils erstaunlich frisch erhalten. Die Bilder verdienen vor allem Beachtung wegen der reichen und teils seltenen Themen; sie gehen inhaltlich oft etwas kunterbunt durcheinander.

In der *Pfeilerhalle* (Portikus) sind besonders gut erhalten die für die beiden Grabherren korrespondierenden Darstellungen des Bestattungsrituals in je 5 Registern auf O- und W-Wand; eindrucksvoll auf der S-Wand (= Eingangswand zum Torraum) Fischespeeren (li.) und Vogeljagd mit Wurfholz (re.). – Auf den Türgewänden des Eingangs zum Torraum beiderseits Einführung der Statuen ins Grab, in den Farben noch prächtig erhalten. Unten Einfangen mit Lasso, Fesseln und Niederwerfen eines Opferrindes »für die Abend-« bzw. »für die Morgenmahlzeit«.

Am *Durchgang zum Torraum* Brotbacken und Bierbrauen mit hübschen Einzelszenen, so eine Bäckerin mit ihrem Kind an der Brust vor dem Ofen beim Backen von Brot in Formen; eine Müllerin, die von ihrem kleinen Kind von hinten umarmt wird.

Im *Torraum,* dessen Reliefs sich durch gut erhaltene Farben auszeichnen, interessante und seltene Szenen. *N-Wand:* Die oberen Bilder (Baumfällen, Zerlegen einer am Baum aufgehängten Ziege, Werfen eines Zickleins, das von einer Ginsterkatze bedroht wird, aber der Hirte vertreibt die Ginsterkatze mit Stock; Werft sowie Gartenbau) wegen Beschädigung und Höhe schlecht zu würdigen. – Li. Seite (W): Singvogelfang, unten Nilschiff. – Re. Seite: Barbierhandwerk (Rasieren der Bein-, Kopf- und Schamhaare) und Nagelpflege (oben) sind Bilder aus dem Beruf der Grabherrn. Nicht weniger ungewöhnlich die 3 Reihen darunter mit den Marktszenen; beachte in der 2. Pavian und Meerkatze, in der 3. die verschiedenen Händler, der 4. die Tauschgeschäfte; eine ausgebreitete Stoffbahn wird begutachtet.

O-Wand: Aufzug von Opferträgern und vornehmen Personen, darunter die Eltern der Grabherren; Sockelzone: Nilschiffe.

S-Wand: In den noch farbenfrischen Bildern werden (hochinteressant!) die verschiedenen Fischfangarten gezeigt und erstmals aufgezählt. Oben Vogelfang, schlecht zu erkennen.

W-Wand: Über dem Durchgang zum Hof verdient die Jagd Beachtung (Reihe 3—5 von oben) mit der reichen Präsentation von Wüstenwild, leider recht zerstört.

Durchgang vom Torraum zum Lichthof: Auf li. Türlaibung N. in *Eselsänfte,* re. Ch. entsprechend, höchst beachtlich.

Der *Hof* ist unbebildert. — Im *Vestibül* auf O- und W-Wand großformatige, etwas monotone Bilder der Inspektion des Wüstenwildes; auf S-Wand Opferszenen. Von dieser Vorhalle aus betritt man den aus dem Fels gehauenen Teil des Grabes, die Felskammer und die Kultkammer.

In der *Felskammer* sind die Bilder auf den Seitenwänden einschließlich der Güter, die in 30 Frauen personifiziert sind, abwechselnd auf N. und Ch. bezogen, feines Relief, Bemalung fast überall verschwunden, Szenen sehr gut zu erkennen.

N-Wand: Worfeln, Messen und Tragen von Getreide in die Kornspeicher, dabei Schreiber.

O-Wand, li. Hälfte: Beide Grabherren (li. und re.) besichtigen die landwirtschaftlichen Arbeiten, Chnum-hotep unter einem Sonnenschirm, N. in einer Sänfte, begleitet von Windhund und Zwerg: Feldbestellung, Ernte und Drusch. — Re. Hälfte: Die Grabherren, von ihren Söhnen begleitet, besichtigen die Werkstätten, Chnum-hotep auf Sessel sitzend (li.), N. stehend (re.): Bildhauerwerkstatt mit Statuen, 4 stehend, 1 liegend. — Goldschmiede und Metallarbeiter. — Schreiner beim Anfertigen von Möbeln; Schmuckhersteller.

S-Wand: Speisetischszenen mit Musik, Tanz und Gesang. Die Frau des N. (li.) ist absichtlich ausgehackt, Chnum-hotep ohne Frau.

Zwischen beiden Türen zur Kultkammer die Grabherren, sich umarmend und »küssend«, hinter ihnen ihre Kinder.

W-Wand: Li. Vogeljagd mit Wurfholz, re. Fischespeeren; dazwischen in 4 Streifen: Brotbacken, Mattenherstellen. — Ziegeschlachten, Melken, Tränken eines Kalbes, Kalben. — Rinderherde durchquert Furt, Papyrusboote mit Waren. — Schifferstechen.

Die *Kultkammer* gehört beiden Grabinhabern zu gleichen Teilen, (N. südlicher, Chnum-hotep nördlicher), jedem eine Scheintür. Seitenwände: Opfermahl der beiden, Speiseliste und Gaben, Gabenträger, Schlachten. Zwischen den Scheintüren die sich umarmenden Freunde.

Felsgrab des Nefer

Weiter westlich (südlich des Unas-Aufwegs, nur etwa 20 m südwestlich vom Grab des Nianch-Chnum und Chnum-hotep, vom Unas-Aufweg durch eine moderne Steintreppe erreichbar, Schlüssel im Inspektorat) *das Felsengrab des Nefer* (wohl Ende der 5. Dyn.) und seiner Verwandten bzw. Kollegen, alle Leiter der Sänger, Nefer außerdem Inspektor des königlichen Hofes; er empfängt auf der Rückwand die Totenopfer. In dem einzigen, über 8 m langen Felsraum mehrere Grabschächte, in einer Seitennische (li.) Holzsarg mit ausgewickelter Mumie, wohl des Nefer; Gesicht mit Kinnbart, nackt mit blauem Halskragen, neben ihm Spazierstock und Stab. Auf den verkleideten Wänden bemalte Reliefs, gelegentlich durch humoristische Einzelheiten belebt. Die Reliefs sind im ganzen etwas grob, entschädigen aber durch das reiche Bildprogramm und die gute Erhaltung; sie sind frisch und lebendig und entbehren nicht origineller Einfälle. Hinter der rückwärtigen Schmalwand Serdâb für die Statue(n), die durch die Wandschlitze Weihrauch empfingen.

O-Wand: von li. nach re. und von oben nach unten; li. Hälfte: Grabherr mit Mädchen und Hund inspiziert die Arbeiten der 3 Register vor ihm: Ziegenhirten (einer zieht einem am Baum hängenden Tier die Haut ab). 2. und 3. R.: Fischfang mit Netz. 4. und 5. R.: Aufseher vor Auspressen von Trauben (dabei betätigt sich ein Pavian!) und Keltern mit Klapperern zur rhythmischen Regelung; Zwerge als Juweliere. 5. R.: Feldbestellung (Pflügen und Eintreten der Saat). — Re. Hälfte vor Ehepaar mit Tochter (ohne Namen) in 3 Registern Landleben. 1. R.: Leben und Arbeiten im Papyrusdickicht. Pächter werden zur Rechenschaft vorgeführt. 2. R.: Kühe auf Weide, Rind an Tränke, Hirten. 3. R.: Teigkneten für Brote, die am offenen Feuer gebacken werden. Herbeibringen von Vögeln in Käfigen, Vogelfang. 4. R. Tänzerinnen und Taktschlagende. Frau mit Mädchen im Kiosk. 5. R.: Schifferstechen, Segelboote zum Gebrauch des Toten.

O-Wand in der *erweiterten Kammer:* Holzverarbeitung. Bäume mit fressenden Ziegen, Männer ästen Bäume aus. Vor einem mit Fächer beschirmten, auf Stab gelehnten Mann: Stapellauf eines Schiffes (mit Igelkopf am Bug), Werpen des Schiffsrumpfes, mit seltenen Nebenszenen; ein Pavian kommandiert die Arbeit mit Stab. Fällen von Bäumen, Schreinerarbeiten. Viehfüttern.

S-Wand, li.: Nefer mit Frau Chonsu; darunter Schlachten, Gabenbringer. Mitte: fette Gestalt des Nefer, auf Stab gelehnt, mit Frau, klein zu seinen Füßen. Über ihm: Speisetischszene und -liste; darunter 3 querliegende Serdâbschlitze; vor ihm: Opferbringer; Musik (unten).

W-Wand: Scheintür für Nefer und Frau Chonsu (li); Palastfassaden-Scheintür; eine andere für seine Eltern Ka-Haj und Meret-ites; die nächste für Wer-bau und Frau Chent-kauwes, und (beim Eingang) eine für (seinen Bruder?) Sen-itef und Frau Chenemet.

Jeremiaskloster

Das (weiter östlich, auf der Höhe des Kiosks für Eintrittskarten gelegene) *Kloster des hl. Jeremias*, das am Ende des 4. Jh. gegründet und um 960 von den Arabern zerstört wurde und später als Steinbruch diente, ist heute ein großes, eindrucksvolles Ruinenfeld. Seine architektonischen Steinreste (darunter eine große Zahl reich skulptierter Kämpferkapitelle) und Malereien befinden sich im Koptischen Museum in Kairo.
Von N nach S schreitend, findet man im O des Hofes (mit achteckigen Steinplatten, fast völlig verschwunden), Säulenschäfte, die zum »*Hospital*« gehörten; im S anschließend das »Refektorium« mit der schönen Stele aus Quarzit von einem Amen-hotep am Eingang, die von den Christen als Türschwelle wiederverwendet worden war. Vom *Refektorium* selbst sind nur noch die Mauer im N aus ungebrannten Ziegeln mit einigen Nischen erhalten, von der Ostmauer ein kleiner Teil mit einem eingebauten runden Becken, und im S einige Säulenbasen.
Im O dieses südlichen Gebäudeteils die Refektoriums-*Kapelle* von quadratischem Grundriß mit 4 noch aufrecht stehenden Säulen auf Sockeln aus bläulichem Marmor. Die Kapelle konnte als Umgangs-Vierstützenbau geklärt werden, dessen Zentrum von einem Zelt gedeckt war. Im S gelangt man über eine Quarzitschwelle in einen weiten *Hof*, in dem die von 2 Säulen eingefaßte Kanzel (Ambo) aus Kalkstein gefunden wurde (heute im Koptischen Museum). Im gleichen Hof Granitbasen von 4 im Quadrat angeordneten Säulen, die ein Marmorbecken auf Granitsockel umgaben und das Dach einer Aedicula trugen. Dieser Atriumhof gehörte zu einem größeren Gemeinschaftsgebäude. – Westlich vom Refektorium lagen die *Mönchszellen* mit je einer halbrunden Gebetsnische in ihrer Ostwand. Einige der Nischenbilder mit Christus, Maria oder einem Heiligen im Koptischen Museum. – Den zuletzt genannten Hof trennt eine noch aufrecht stehende Gebäudegruppe aus ungebrannten Lehmziegeln von der Hauptkirche. In jenem Trakt u. a. die Bäckerei für das Abendmahlbrot.
Die fast völlig abgetragene *Kirche*, in der nur noch Säulenschäfte aus Granit, Marmor und Sandstein herumliegen und aus der mehrere Skulpturen ins Koptische Museum gewandert sind (Saal des hl. Jeremias), konnte durch minuziöse Nachuntersuchungen als dreischiffiger Bau (frühes 6. Jh., Vorgängerbau 5. Jh.) mit 3teiligem Narthex (Trennwände jünger) im W und rechteckigem Sanktuarium mit halbrunder Apsis in der hinteren Mitte rekonstruiert werden. – Im Süden der Ruinenstätte, etwa 35 m von der Hauptkirche entfernt, Reste einer zweiten, der kleineren »Gräberkirche«, deren gestürzte Säulenschäfte aus Kalkstein die sinnfälligsten Zeugen sind. Sie auch ist dreischiffig angelegt mit dreiseitig umlaufenden Seitentrakten, die durch Säulenreihen vom Mittelschiff getrennt sind, wie das für Ägypten typisch ist. Das Sanktuarium mit »Triumphbogen« enthielt wohl das Grab des hl. Jeremias.

Grab des Haremhab

Es war eine kleine Sensation, als südlich des Unas-Aufwegs (auf der Höhe der Unas-Boote) das Grab des Haremhab, Generals und Regenten Tutanchamuns, 1975 wiederentdeckt wurde, nachdem im 19. Jh. Reliefs und andere Einzelstücke daraus in den Handel gekommen waren und heute wegen ihrer hohen Qualität besondere Anziehungspunkte in den Museen von Kairo, London, Paris, Florenz, Berlin, Frankfurt, Wien, Leningrad, Brooklyn und vor allem von Bologna und Leiden darstellen. Dieses sein memphitisches Grab hat Haremhab aufgegeben, nachdem er nach dem Tod des Königs Eje selber die Majestätswürde (1336 v. Chr.) erhielt und er, der letzte König der 18. Dyn., sich sein thebanisches Grab im Königsgräbertal (S. 631) anlegte. Die memphitische Anlage blieb offensichtlich sakrosankt.

Grab des Haremhab

Das Grab ist nicht aus dem Fels gehauen, sondern freistehend. Hinter einem mit Steinen gepflasterten Vorhof betritt man von O her durch einen von hohen Pfeilern flankierten Eingang einen großen offenen *Säulenhof:* der anschließende Raum mit gewölbten Magazinen beiderseits entläßt in die rückwärtige Grabkammer. Die aus Lehmziegeln gebauten Wände des Hofs, noch in ihrer ganzen Höhe von 3 m erhalten, waren ursprünglich mit Platten aus feinem Kalkstein verkleidet und vollständig mit bemalten Reliefs verziert, welche Szenen aus dem privaten, beruflichen und religiösen Leben des Generals zeigten. Die meisten der jetzt in Museen befindlichen Reliefs stammen aus diesem Hof, ihre Gipsabgüsse können die unteren damals offensichtlich verwehten und daher heute noch erhaltenen Bilder (als Mittelstreifen) ergänzen, während die obersten Partien verloren sind. Viele Reliefs verraten deutlich den künstlerischen Einfluß Amarnas.

Ein im *Hof*gelände gefundener Reliefblock zeigt Haremhab, der in Stellvertretung des Königs einen (ungenannten) Kollegen empfängt, welcher soeben mit Ehrengoldkragen ausgezeichnet worden ist. Die Gestalt des Honorierten ist kein Idealbildnis, sondern das Porträt eines Mannes mit Hakennase, fleischigen Wangen und dickem Leib. — Im übrigen auf der W-Wand Szenen des täglichen Lebens, Festgelage, Militärlager in einer hügeligen Landschaft; Erscheinungsbalkon des königlichen Palastes (von dem aus wohl die Ehrung mit den Goldketten erfolgte); Opferträger. — Unfertiges Bild eines Schreines, einer Prozession von Fremdländern (O-Ende der S-Wand); unterhalb auffallende Zeichnung eines Pferdes. Beim Herbeiführen der gefesselten Ausländer fällt durchweg ihre grobe bis rohe Behandlung durch die ägyptischen Beamten auf, die sie an Stricken zerren und mit dem Stock antreiben; einige Ausländer widersetzen sich. — Auf den Säulen Paneelen mit dem General bei der Verehrung verschiedener Götter. In der NW-Ecke des Hofes Schacht zur Grabkammer.

Am *Eingang zum Vorraum* feine Darstellung von Haremhab vor einem Opfertisch mit dem Text der Mundöffnung darüber; unten lebendige Darstellung von Opferträgern und -produkten; hinter Haremhabs Stuhl sein Heeresschreiber Ramose. Auf dem westlichen Türpfosten Haremhabs Titel und Epitheta. Im *Vorraum* Statuen des Grabherrn auf einem Podest; auf einer der Statuenbasen fand sich ein Papyrus der 19. Dyn., mit einem Text aus der Weisheitslehre des Anii. Am westlichen Ende des Vorraums 2 dekorierte Basen für Anubisstatuen mit Namen und Titeln von Haremhabs Vorlesepriestern und deren Familien.

Dieser Vorraum (Statuenraum) führt in einen *zweiten Säulenhof,* dessen Wände bebildert sind. N-Wand: Teile des memphitischen Beisetzungsrituals; ein Feld zeigt Haremhab betend vor Osiris (zwei Vergleichsstücke im Britischen Museum) und eine Prozession von Opferträgern. — Auf dem N-Teil der O-Wand setzen sich die memphitischen Begräbnisszenen fort; einer der Blöcke bietet einen Blick ins Innere von Gebäuden. S-Teil der O-Wand: Haremhab empfängt Gefangene und Vertreter ausländischer Nationen, Afrikaner und Asiaten. Die Gruppe sitzender Afrikaner dahinter schließt an den Block in Bologna an. Dahinter Szene mit Wagen. — S-Wand: Haremhab sitzt nach li. gewandt, ein Totenpriester opfert ihm; darunter Schlächter, die Ochsen zerlegen; sitzendes Königspaar, ganz re. Haremhab unter der Rampe, die zum Thron führt, hinter ihm Gefangenenzug. Die Szene wird durch Reliefs in Leiden ergänzt. — Die W-Wand ist weitgehend zerstört.

Westlich im Hof ist die *Hauptkultkapelle* mit der Statue Haremhabs und einer Frau (ohne Inschrift, Haremhabs Frau?). An den Kultraum grenzen beiderseits Kapellen und Grabschächte. Riesige unterirdische Anlagen.

In der Umgebung des Haremhab-Grabes wurden weitere NR-Grabtempel entdeckt, die ihrer Freilegung entgegensehen.

Von der Unaspyramide begebe man sich über die Persergräber zur Pyramide des Sechemchet oder gleich zum Rasthaus, von da zum Serapeum und erst anschließend zu den großen Mastabas von Ti und Ptahhotep.

Persergräber

Etwa 20 m südlich der Mittelachse der Unaspyramide liegen *Gräber aus der Perserzeit,* kenntlich an ihren großen, breiten, tiefen Schächten, auf deren Sohlen die Sarkophage stehen. Eine moderne Wendeltreppe von 119 bequemen Stufen (von einem Haus überbaut) führt 25 m in die Tiefe, von wo aus drei ursprünglich getrennte, jetzt miteinander verbundene Gräber besucht werden können. Die Mühe lohnt; Taschenlampe mitnehmen.

Die drei Gräber gehören einem hohen Beamten und Priester *Ped-en-Isis,* einem Kommandanten der königlichen Flotte namens *Tja-en-nehebu* und schließlich einem Oberarzt namens *Psametich.* Alle haben wohl in der 26. Dyn. gelebt. Der letztgenannte ist nicht in seinem Grab beigesetzt, der Deckel seines Sarges war nie auf die Wanne gesenkt.

Die *Anlage* der drei Gräber ist die gleiche: Ein riesiger Schacht von etwa 12 m x 15 m ist ungefähr 25 m tief in den Felsen getrieben, parallel damit in wenigen Metern Abstand ein kleiner von 1,40 m x 1,30 m ebenso tief; an der Sohle wurden beide durch einen Quergang verbunden. Dieses System diente dazu, den gewaltigen Granit- oder Kalksteinsarkophag in die Tiefe zu lassen: Der große Schacht wurde mit feinem Sand gefüllt, auf ihn der Sarkophag gestellt; der Sarg senkte sich in dem Maße, wie der Sand unten in den kleinen Schacht eingelassen und von dort hinaufbefördert wurde. Stand der Sarkophag erst unten, so wurde er von einer gewölbten Kammer aus Kalkstein umbaut. Deren Wände, bis heute farbig, sind mit feinsten Hieroglyphen und religiösen Darstellungen bedeckt, und zwar in einem Stil und mit Texten, die sich eng an das Alte Reich anlehnen; die Nähe zur Pyramide des Unas ist gewiß kein Zufall.

Pyramide des Sechemchet

Zu der südwestlich gelegenen »*Unvollendeten Pyramide*« des Sechemchet führt auch vom Rasthaus aus ein kurzer Ritt. Die unvollendete Stufenpyramide des Nachfolgers von Djoser wurde in den fünfziger Jahren teilweise freigelegt, ihr Inneres ist nur mit besonderer Genehmigung (für Wissenschaftler) zu besichtigen. Man sieht Teile der aus weißem Kalkstein erbauten Risalitmauer, die den Pyramidenbezirk in 550 m Länge und 170 m Breite umgibt. Die Pyramide selbst ist nur bis zu einer Höhe von 7 m errichtet, dann aufgegeben worden. Von N her führt ein 75 m langer schräger Stollen zu der 40 m tief unter der Erde gelegenen Sargkammer, deren Sarkophag aus honiggelbem Alabaster unerbrochen, aber leer aufgefunden wurde. Von der Mitte des Stollens zweigt der Zugang zu 132 Magazinen ab, die, doppelkammartig angeordnet, unterirdisch den Pyramidengrundriß dreiseitig umgeben. Beigaben, so der feine Goldschmuck, im Museum Kairo.

Bezirk um den Mariette-Platz:
Serapeum

Das *Serapeum*, wenige Meter südlich des Rasthauses gelegen, enthält die aus dem Felsen gehauenen unterirdischen Grüfte der Apisstiere. Die *Stierverehrung* geht mindestens in thinitische Zeit zurück, im NR wird der Apis »Mittler« des Ptah und als heilig verehrt. Nach seinem Tode wird das Tier, das sich durch ein besonders gemustertes Fell auszeichnete, mumifiziert und nach der Art eines Menschen feierlich beigesetzt; in der 18. Dyn. jedes in einem eigenen Grab, seit Ramses II. in einer Sammelgruft in Sakkâra. Wie der Mensch nach seinem Tode zu Osiris wird, so auch der Apis zu »Osiris-Apis«. Zahllose Stelen, die in den unterirdischen Gängen der Gruft gefunden wurden, beweisen, daß man zu ihm als einem Totengott pilgerte und ihm Weihgeschenke stiftete. Durch die Gleichsetzung des Osiris-Apis mit dem ptolemäischen Sarapis wurde auch der ursprünglich hier fremde Gott Sarapis in Sakkâra verehrt und das gemeinsame Heiligtum mit »Serapeum« bezeichnet. Vgl. Iseum S. 517f.

Die von Amenophis III. bis Ramses II. angelegten *Einzelgräber* zählen 9; Ramses II. errichtete durch seinen Sohn Chaemwêset, dem bedeutendsten Hohenpriester des Ptahtempels in Memphis, der noch in der Spätzeit als Magier berühmt war, eine *Galerie*, in der bis unter Psametich I. insgesamt 28 Stiere in Holzsärgen beigesetzt wurden. All diese Anlagen sind heute nicht zu sehen, vielmehr die in der 26. Dyn. unter Psametich I. begonnenen und in ptolemäischer Zeit erweiterten. Psametich I. ließ eine neue *große Galerie* anlegen, deren unterirdische Grabkammern von einem Zentralgang aus zugänglich sind. Seit Amasis wurden die heiligen Tiere in Steinsarkophagen bestattet. Die *Oberbauten* des Serapeums, zu

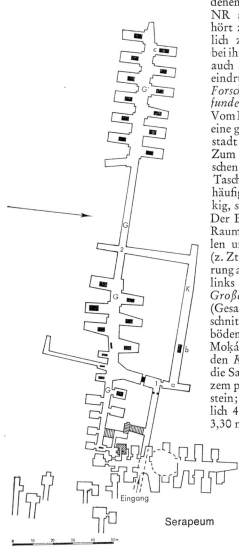

Serapeum

denen wie bei den Totentempeln des NR auch ein königlicher Palast gehört zu haben scheint, sind fast gänzlich zerstört; die *Sarkophage* waren bei ihrer Freilegung ausgeplündert, aber auch die leeren Särge sind durchaus eindrucksvoll und sehenswert. Der *Forscher ist besonders für die Papyrusfunde* des Serapeums dankbar.

Vom Fruchtland aus gelangte man durch eine große *Sphinxallee* durch die Totenstadt westwärts auf den → Dromos. Zum *Besuch* der spätzeitlich-ptolemäischen Grüfte versehe man sich mit Taschenlampen, da das elektrische Licht häufig versagt; Luft 26° C und stickkig, sonst ohne Anstrengung.

Der Eingang im Osten führt zu einem Raum (1), in dessen Wandnischen Stelen und Inschriften gefunden wurden (z. Zt. ihrer Auffindung für die Datierung außerordentlich wichtig). Zunächst links abbiegend, gelangt man in die *Große Galerie* (G) von 200 m Länge (Gesamtlänge 340 m) und einer durchschnittlichen Höhe von 8 m; die Fußböden und gewölbten Decken sind mit Moķáttam-Kalkstein ausgekleidet. In den *Kammern* rechts und links stehen die Sarkophage, aus rotem und schwarzem polierten Granit, wenige aus Kalkstein; in ihrer Größe von durchschnittlich 4 m (Länge) × 2,30 m (Breite) × 3,30 m (Höhe) un deinem Gewicht von 65–70 Tonnen sind sie aus einem einzigen Block herausgearbeitet. 24 der riesigen Särge stehen noch an ihrem alten Platze, ihre Deckel sind vielfach zurückgeschoben. Nur in zweien wurde noch Schmuck gefunden, alle übrigen waren ausgeraubt.

Nur drei der *Sarkophage* tragen Inschriften mit den Herrschernamen: Amasis, Kambyses und Chababasch (letzter ägyptischer »König« vor der Eroberung durch Alexander den Großen). Besondere Aufmerksamkeit widme man dem letzten Sarg auf der rechten Seite (c), der aus fein poliertem, schwarzem Granit gearbeitet und mit Inschriften und Ornamenten bedeckt ist; Treppen erleichtern den Zugang.

Auf dem *Rückweg* benütze man den bei 2 abzweigenden Gang, der in den zur Hauptgalerie parallelen Korridor K mündet. Hier trifft man bei b auf einen Sarkophag aus schwarzem Granit, der fast den ganzen Gang ausfüllt, und 20 Schritte weiter auf den zugehörigen gewaltigen Sargdeckel (a); die Stücke scheinen auf dem Transport hier liegen geblieben zu sein. Nach wenigen Schritten erreicht man wieder den Eingang.

Nicht unerwähnt bleibe das Bauwerk, das an der Talstelle der zum Serapeum heraufführenden Sphinxallee in ptolemäischer Zeit entstanden ist: der älteste Vorläufer der *»Klöster«*, wohin Gott fromme Männer (Katochoi) zeitweise rief, um ein karges und nach innen gewendetes Leben zu führen im Dienste ihres Gottes. Eine Wunderheilstätte zog die Kranken von weither an.

Dromos

Die Sphinxallee mündet beim Dromos der Dichter und Philosophen, einem halbkreisförmigen, heute durch eine Mauer vor Wind geschützten Bau. Die unter Ptolemaios I. aufgestellte Statuengalerie geistiger Ahnen seiner Vergangenheit sind stark zerstört und nur noch teilweise identifizierbar. Es lassen sich (von links nach rechts) erkennen: Platon, Heraklit, in der Mitte Thales von Milet, Protagoras, Homer, Demetrios von Phaleron, dieser auf eine Herme des Sarapis gestützt, und schließlich, relativ gut erhalten, Pindar. Vermutlich ist die Anlage eine Kopie nach der des hellenistischen Serapeums von Alexandria.

Weit bedeutender und schöner als das Serapeum sind die **Mastabas** von Saķķâra, von denen man wenigstens die 3 hervorragenden besuche, am besten in chronologischer Folge: Ti, Ptahhotep, Mereruka.

Mastaba des Ti

Die östlich vom Serapeum gelegene *Mastaba des Ti* ist die bedeutendste der 5. Dyn. In kanonischer Ordnung enthält dieses Grab alle Themen, die einem Ägypter des AR von Stand wichtig waren. Ti war Großgrundbesitzer und hoher Beamter des Hofes. Sein Grab ist eine reiche Anlage und sehr gut erhalten. Der Oberbau lag ursprünglich frei, heute steckt er durch Verwehungen im Sand.

Durch eine kleine *Vorhalle* mit zwei Pfeilern, auf denen der Grabbesitzer dargestellt ist, und mit (teilweise verwitterten) Wandreliefs gelangt man vom N her in den großen *Pfeilerhof*. Die 12 Stützen sind modern ergänzt, ebenso die Holzdecke, die sie tragen. In diesem von einer Kolonnade umgebenen Hof wurden die Totenopfer dargebracht, von seiner Mitte aus führt ein schräger Gang zur unterirdischen *Grabkammer,* in deren Nische der leere Sarkophag steht (nicht zugänglich). Die Wandbilder der großen Pfeilerhalle sind besonders ihres verwitterten Zustandes wegen nicht lohnend im Vergleich zu denen der hinteren Räume. In der N-Wand ist der Schlitz zu bemerken, der die Verbindung zum Serdâb, der Statuenkammer, herstellt.

Von der rechten hinteren Ecke (SW) geht der *Gang* ab (1), an dessen Wänden die Diener die Gaben ins Grab tragen. Die Scheintür an der rechten Wand gilt der Gemahlin des Ti, Neferhotepes. Im *zweiten Korridor* (2) sieht man links von unten nach oben: das Schlachten der Opfertiere, Statuentransport auf Schlitten zum Grab, davor einen Mann, der Wasser ausgießt; rechts: Landung der Schiffe, auf denen Ti seine Delta-Güter besichtigt hat; über der Tür: Ti mit seiner Gemahlin im Papyrusdickicht auf einem Nachen. Rechts führt eine Tür zur Seitenkammer, deren Wandbilder in den Farben besonders schön erhalten sind; auch das

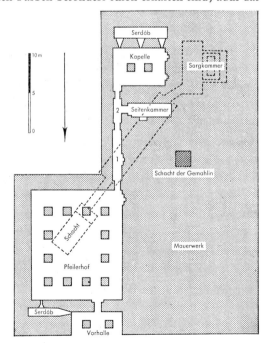

Mastaba des Ti

Mastaba des Ti

Sykomorenholz, in das der Türzapfen eingelassen war, ist im linken Pfosten oben noch (nach rund 4500 Jahren) erhalten.
Rechte Wand der *Seitenkammer:* Ti empfängt Blumen, Brote, Geflügel u. a. Opfergaben von seinen Dienern; oberster Streifen: Tische mit Opfergaben. Rückwand: Töpfer, Bäcker, Brauer; darunter: ein Mann mißt Getreide, Schreiber notieren die Maße. Linke Wand: Diener mit Opfergaben vor Ti, darüber Tische und Gefäße. Eingangswand: Tische und Gefäße.
Man wendet sich zurück in den Korridor, durchschreitet eine Tür mit Tänzerinnen und Sängerinnen (oben) zur Grabkapelle (5 m × 7,20 m, 4,50 m hoch) mit zwei (wie roter Granit bemalten) Pfeilern. An ihrer Südwand erkennt man den Schlitz (li.) in die zweite Statuenkammer (Serdâb), aus der die besterhaltene der hier aufgefundenen Figuren im Kairener Museum steht.

Grabkapelle
Die Reliefs der *Grabkapelle* zählen zum Schönsten, was an Wandbildern aus dem Alten Ägypten überkommen ist, und verdienen eingehende Würdigung. Wie alle guten ägyptischen Innenreliefs sind sie sehr flach, fangen den Blick nicht durch lautes Gebaren, sondern erschließen sich nur dem, der sich mit Geduld versenkt und sie Linie für Linie mit dem Auge nachzeichnet. Wir können hier nur die Themen summarisch angeben. Schematische Übersichten der vier Wände mögen das Aufsuchen der Bildgegenstände erleichtern.
Alles, was den Grabherrn im Leben beschäftigte und umgab, hat hier Gestalt angenommen in Bild und Schrift. Jede Szene ist sinngemäß placiert, der Bezug auf die Himmelsrichtung streng beachtet. Alle Szenen drängen auf die Grabkapelle zu, den kultischen Mittelpunkt, und dort sind die weltlichen nochmals als die äußeren vor die eigentlich religiösen geordnet.
Im Sinne der Themenführung beginne man deshalb die Betrachtung mit der *Nordwand,* die zugleich die schönste des Grabes ist. Auf ihr erscheint das Leben in den Deltasümpfen; die berühmteste Szene daraus: Ti im Boot vor dem kulissenartig aufragenden Dickicht, findet sich in jeder Kunstgeschichte.
Über einem Streifen von 36 Bäuerinnen mit Opfergaben sehen wir in dreifacher Gliederung von oben nach unten: *links Ti,* der dem Vogel- und Fischfang zusieht; Fische werden auf kleinen Tischen zerschnitten; darunter Herden auf der Weide mit reizenden Details des Landlebens. Besonders fein (re.), wie Hirten in kleinen Papyrusnachen Rinder durch einen Flußarm treiben, in dem zwei Krokodile lauern; sie beschwören die Räuber durch Gesten; li. zwei Zwerge mit dem Schoßaffen und den beiden Windhunden ihres Herrn.

504

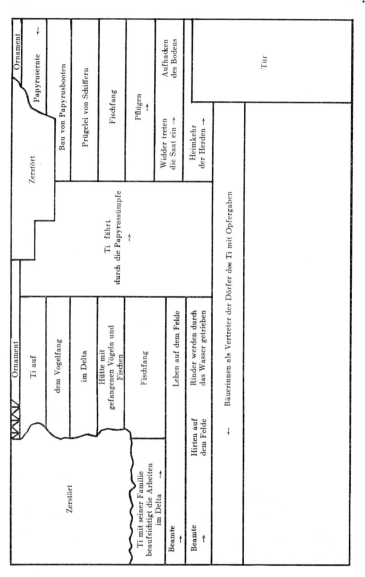

Kapelle: Nordwand

Mastaba des Ti

In der *Mitte* Ti in einem Nachen fahrend. Vor ihm ein zweiter Nachen mit Harpunierern, die Jagd machen auf Nilpferde; eins davon zermalmt ein Krokodil (entspricht der Natur!). Im hinteren Beiboot angelt der Koch einen Wels. Im Dickicht kreucht und fleucht es an Vögeln und schleichenden Raubkatzen, die den Jungen in den Nestern nachstellen.

Rechts: Papyrusernte und Bootsbau; Prügelei von Schiffern; Fischfang; Pflügen; Saateintreten und Zerhacken der Schollen; Heimtreiben der Rinderherde durch das Wasser, ein Hirt trägt ein Kälbchen auf den Schultern; beachte, wie die Beine der Hirten durch das Wasser hindurch zu sehen sind.

Auf der *Ostwand, links* vom Eingang: Ti, neben dem seine Gemahlin kniet, sieht den Erntearbeiten zu, vor ihm 10 Reihen von Ernteszenen. Von oben nach unten: Flachsernte und -bearbeitung; Getreide wird mit Sicheln (unterhalb der Ähre) geschnitten, in Säcke gestopft und auf Esel geladen, die es zur Tenne bringen; die Garben werden den Säcken entnommen und aufgehäuft; Rinder und Esel treten die Saat aus, das Dreschgut wird geworfelt und gesiebt, das Korn schließlich von einer Frau in einen Sack gesammelt. — *Rechts* davon ist in vielen (teilweise zerstörten)

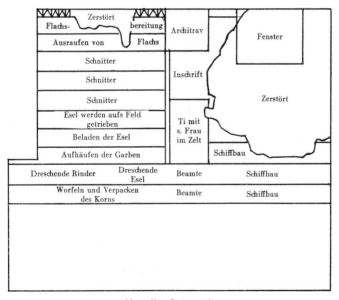

Kapelle: Ostwand

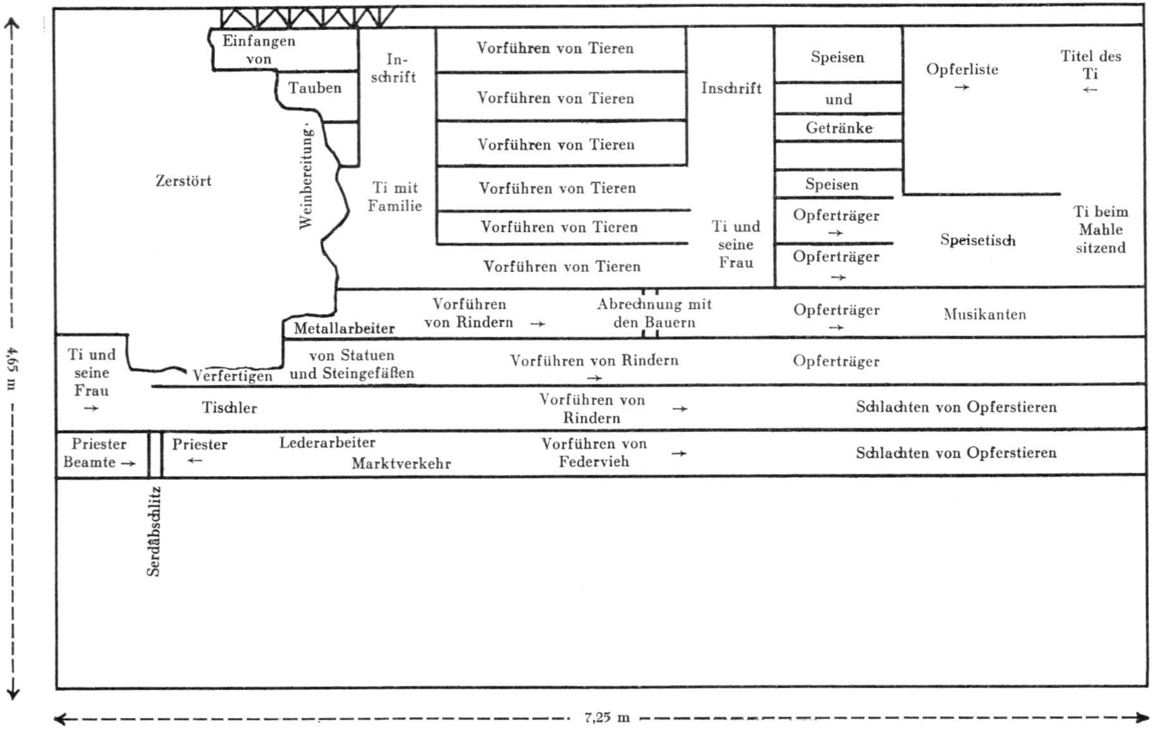

Titel des Ti ↓			
Opferliste ↓	Speisen und Getränke		Ti beim Mahle sitzend
	Speisen	Speisetisch	
	Opferträger ↓		
	Opferträger ↓	Musikanten	
	Opferträger ↓		
	Opferträger	Schlachten von Opferstieren	
		Schlachten von Opferstieren	

	Inschrift	Speisen und Getränke ...
Vorführen von Tieren		
Vorführen von Tieren		
Vorführen von Tieren		Ti und seine Frau
Vorführen von Tieren		
Vorführen von Tieren	Abrechnung mit den Bauern	
Vorführen von Rindern →	Vorführen von Rindern →	
	Vorführen von Rindern →	
	Vorführen von Federvieh →	

Inschrift — Ti mit Familie

Einfangen von Tauben — Weinbereitung

Metallarbeiter von Statuen und Steingefäßen

Zerstört

Verfertigen — Tischler

Lederarbeiter — Marktverkehr

Priester ←

Ti und seine Frau →

Priester Beamte →

Serdâbschlitz

← 4,65 m →

7,25 m

Kapelle: Südwand

Mastaba des Ti

Zeilen der gesamte Ablauf des Schiffsbaus dargestellt, vom Behauen der Stämme an, dem Sägen der Bretter bis zum endgültigen Bearbeiten mit Stemmeisen und Rammen, Dächsel, Drillbohrer und weiteren feinen Handwerkszeugen.

Auf der teilweise zerstörten *Südwand* beiderseits des Serdâbschlitzes zwei Männer, die der Statue räuchern. Die Wand ist in ihrem *oberen* Teil dreifach gegliedert, die waagrechten Friese sind jeweils unterbrochen durch die große Figur des Ti mit Familie bzw. Frau. Links: Rest des Taubenfangs, Mitte: Vorführen von Wild und Rindern für die Totenopfer, rechts: Speisetischszenen mit Opferliste. *Unten* links: Ti mit seiner Frau sehen den Handwerkern zu (von oben nach unten), den Metallarbeitern, Bildhauern, Tischlern und (unterste Reihe) den Lederarbeitern sowie dem Marktleben. Im Mittelteil der unteren Reihen: Vorführen von Rindern und Federvieh, im rechten: Opferträger, Musikanten, die zum Mahle spielen, Schlachten und Zerlegen der Opfertiere.

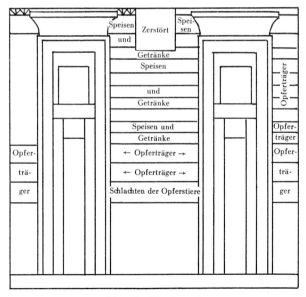

Kapelle: Westwand

Auf der *Westwand* bezeichnen zwei große, tiefgegliederte Scheintüren die Kontaktstelle zum Jenseits. Vor der 1. Scheintüre eine Opferplatte, in der Wandmitte: Schlachten von Opferstieren (unten), Gabenträger und (oben) Tische. An dieser nach W ausgerichteten Kultstelle, die auf den unterirdischen Sargraum bezogen ist, findet das Grab seinen Zielpunkt.

Mastaba des Ptahhotep

Südlich des Rasthauses liegt die »*Mastaba des Ptahhotep*«, an Schönheit der des Ti keinesfalls unterlegen. Sie ist innerhalb der 5. Dyn. etwas später zu datieren. Die Reliefs sind großfigurig, neue Proportionen haben die Gestalten in die Länge gezogen, der Motivschatz ist reicher geworden, die Darstellweise kühner. Im allgemeinen wird das ungeübte Auge die Bilder des Ptahhotep leichter erkennen als die des Ti, und keiner wird dem Meisterwerk seine Bewunderung versagen, wenn auch nicht alle Räume fertig ausgeführt sind.

Die *bauliche Anlage* der Mastaba ist umfangreich und für den Wesir Achethotep sowie (mit einer Nebenkammer) für seinen Sohn Ptahhotep

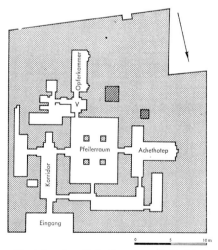

Mastaba des (Achethotep und) Ptahhotep

Mastaba des Ptahhotep

bestimmt. Da die Bilder des Sohnes weit besser erhalten sind, wird das Grab in der Regel nach ihm benannt. Man verweile nicht bei Nebensächlichkeiten, sondern begebe sich vom Eingang im Norden geradeaus durch den Korridor, wo man an den unfertigen Bildern der Wände die Relieftechnik studieren kann, weiter (nach rechts) in den großen Pfeilerraum und von hier in der Achse des Eingangskorridors (parallel verschoben) geradenwegs durch den Vorraum in den hintersten Raum, die im S gelegene Opferkammer.

Die Reliefs der *Opferkammer* des Ptahhotep gehören zum Schönsten der ägyptischen Kunst und sind auch in den Farben noch gut erhalten. Die Decke ahmt Palmstämme nach. In der Tür tragen Diener Opfergaben heran.

An der *Nordwand* (Türwand): über der Tür der Grabherr bei der Morgentoilette; ein Diener maniküert ihn, ein anderer massiert seine Beine; unter seinem Stuhl ein Diener mit dem Schoßaffen und den Windhunden des Herrn; ihm gegenüber Harfenspieler und Sänger, Zwerge als Juweliere (oben); — am Boden hockende Beamte (2 Reihen darunter). — Harfner und Flötist und ein taktschlagender Sänger (unten). — Li. neben der Tür Opferträger sowie Schlachten der Opfertiere.

Die *Ostwand* bietet in zwei Gruppen mit je 7 Reihen die interessantesten und schönsten Darstellungen. *Links* sieht der Grabherr allen Vergnügungen des Landes zu, wie es im Text heißt. 1. Eine Herde wird durch den Sumpf getrieben, Leute reißen Papyrus aus, bündeln ihn und tragen ihn fort. 2. Knabenspiele (die bis heute fortleben). 3. Weinernte und Keltern. 4. Tierleben und Jagd in der Wüste. 5. Arbeiten im Sumpf; Fischausnehmen, Strickedrehen, Bootsbau. 6. Vogelfang mit Schlagnetzen, Wegtragen der Beute in Kästen. 7. Bauern in ihren Booten auf dem Nil (mit Pflanzen und Fischen), Fischerstechen. Beachtenswert der Oberbildhauer Ni-anch-Ptah in dem Nachen links, dem ein Junge einen Trunk reicht. Hier liegt der seltene Fall vor, daß der Künstler des Grabes sich verewigt hat, ganz bescheiden zwar in einer unteren Ecke, aber namentlich.

Auf der *rechten* Wandhälfte betrachtet der Tote die Abgaben seiner Güter. 1. Knabenspiele; 2. und 3. Vorführen der Jagdbeute mit feinen Einzelheiten; vier Männer ziehen in zwei Käfigen Löwen (die wohl gezähmt werden sollen), ein anderer trägt an einem Joch junge Gazellen, die wie Pakete zusammengeschnürt sind, wieder ein anderer trägt Käfige mit Hasen und Igeln. 4. Hirten mit Herden auf dem Felde, die Kälbchen sind angepflockt, ein Junges kommt auf die Welt. 5. und 6. Vorführen der Rinder (siehe den dürren Hirten mit dem eingeknickten Bein). 7. Geflügel.

An der *Südwand* der Tote beim Mahl, vor ihm Bäuerinnen mit Gaben, Zerlegen der Opfertiere und Gabenträger.

Die *Westwand* ist die eigentliche Kultstelle und hat zwei Scheintüren; eine besonders reich gegliederte rechts; vor der linken steht die Opferplatte, zwischen beiden Scheintüren sitzt Ptahhotep beim Mahl vor einem reich beladenen Speisetisch; vor ihm opfernde Priester und Gabenträger, oben die Speiseliste.

Von der Opferkammer wende man sich zurück durch den Vorraum V und die Pfeilerhalle und durch deren westliche (links) Mitte in die *Opferkammer des Achethotep*. Auf den beiden Seitenwänden sitzt der Tote beim Mahl, Diener tragen ihm die Opfer zu. An der rückwärtigen Westwand, der Kultwand, ist eine Scheintür mit großer Opfertafel angebracht, an der Ostwand ist die Tür von Papyrusdickicht umkleidet; der Herr beobachtet das vielfältig gestaltete Leben im Sumpfland, rechts werden ihm Rinder zugetrieben, darüber festliches Fischerstechen. Unten beiderseits Ablieferungen der Gutsdomänen.

Bezirk um die Teti-Pyramide:

Pyramide des Userkaf

Der Weg zur 3. Besichtigungsgruppe berührt die bei der NO-Ecke der Umfassungsmauer der Stufenpyramide gelegene *Pyramide des Userkaf*, heute nur noch ein Trümmerhaufen behauener Blöcke des ehemals 74 m mal 74 m großen Bauwerks des 1. Herrschers der 5. Dyn. Mit der dicht um diesen Kernbau gezogenen Umfassungsmauer geradezu verwachsen lag der Totentempel unüblicherweise im S, während sich der Verehrungstempel an die Mitte der Ostfassade der Pyramide lehnte. Reste einer Nebenpyramide.

Pyramide des Teti

Der Abstieg zu den unterirdischen Grabanlagen der (zusammengestürzten) Pyramide liegt gegenüber der Mastaba des Kagemni.
Die *Anlage* dieses 1. Königs der 6. Dyn. nimmt ebenso wie die der Könige Pepi I. und Merenrê (S. 518) u. a. ganz das Schema der Unaspyramide (S. 490) auf. Die Ausbeutung des feinen weißen Kalksteins hat weite Teile der Pyramidentexte in den Grabräumen zerstört bzw. entfernt, so daß sich die gewaltigen Blöcke der Giebeldächer z. T. gesenkt haben. In mühsamer Kleinarbeit wurden alle im Schutt noch auffindbaren Textfragmente – mit verblüffendem Erfolg – gesammelt (zum Schema des Textprogramms S. 518).

Beim Eingang auf der N-Seite lassen sich nur noch Spuren einer Opferkapelle erkennen. - Auch der Totentempel auf der O-Seite der Pyramide ist stark zerstört. 7 Stufen führten zum Allerheiligsten mit 5 Statuennischen. In der Mitte des ehemaligen, von Säulenhallen umstandenen Hofes Reste eines rechteckigen Altars aus Alabaster mit Inschrift auf Teti. Bruchstücke von Türschwellen, -pfannen und -pfosten aus Granit. In den Vorratsräumen Reste von Kalksteintafeln, Relieffragmente. Ein Giebelblock zeigt, daß der über 5 m breite Eingangsraum durch ein falsches Gewölbe (S. 167) mit flacher Wölbung gedeckt war, blau gemalt und mit Sternen besetzt. - Auf der S-Seite, nahe der SO-Ecke, die verhältnismäßig gut erhaltene Nebenpyramide mit 2 kleinen runden Becken aus monolithem Quarzit in situ (O).

Knapp 100 m nördlich des Totentempels *2 kleine Pyramiden* der Gemahlinnen des Königs Teti mit Namen Chuit und Iput. An ihren O-Seiten Reste der Grabkapellen.

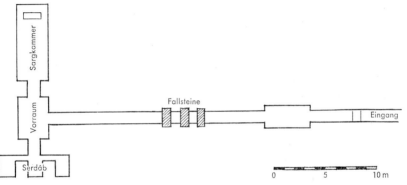

Pyramide des Teti

Mastaba des Mereruka

Vom Rasthaus aus nach O gelangt man zu der in der Nähe der stark zerfallenen Teti-Pyramide gelegenen Mastaba des Wesirs *Mereruka* aus der 6. Dyn. Von den 32 Räumen und Gängen der großen Grabanlage gehören die im Plan mit A bezeichneten Mereruku selbst, die mit B bezeichneten im SW seiner Frau und die unter C genannten 5 Räume im NO seinem Sohne. Das Grab ist reich mit Reliefs ausgestattet, die Vielfalt der Szenen groß, doch ist ihr künstlerischer Rang nicht auf derselben Höhe wie in den beiden vorgenannten Gräbern. Dennoch ist ein Besuch sehr lohnend. In der Folge können nur einige besondere Darstellungen herausgegriffen werden, im übrigen sei der Weg der Besichtigung durch die bloße Nennung der Raumziffern und eine Leitlinie im Plan bezeichnet.

Mastaba des Mereruka

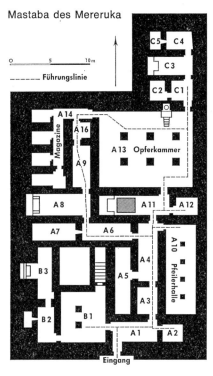

Beiderseits des *Eingangs* (im S) Mereruka und seine Frau. Gleich rechts im Eingang eine ungewöhnliche Darstellung: Als Künstler sitzt Mereruka selbst vor einer Staffelei und malt die drei göttlich personifizierten Jahreszeiten, vor ihm ein Sohn; der Maler hält in der rechten Hand das Schreibrohr, in der linken den Farbnapf, über seiner Schulter hängt seine Schreibpalette. – Auf der li. Türwand Mereruka mit Sohn, Frau und Dienern.

A 1, *Nordwand:* Mereruka mit Frau im Papyrusboot Fische stechend; Männer mit zwei kleinen Booten harpunieren drei Nilpferde; im Dickicht Vögel, das Wasser voll Fische. – *Südwand: Mereruka,* von seiner Frau begleitet, jagt auf seinem Boote in den Sümpfen; beachte die erzählenden Einzelheiten, besonders das Leben im Wasser; links unten werden Rinder durch einen Fluß getrieben, darüber Rinder, niedergeworfen zum Schlachten; Gartenarbeit.

A 2, mit Mumienschacht.

A 3, *Ostwand:* Mereruka mit Frau vor allerlei Tätigkeiten, die in 6 Zeilen dargestellt sind; von unten nach oben: Goldschmiede, Statuentransport zum Grabe, Tischler, Steingefäßbohrer. – *Westwand:* Mereruka und Frau, von Dienern begleitet, sehen einer Wüstenjagd zu; das Revier ist durch ein Gatter abgesperrt; sehr lebendige Schilderung und gute Beobachtung der Wüstentiere; Jagdhund reißt eine Antilope, Löwe fällt einen Stier an. Igel, Hasen.

A 4, *Ostwand:* re. der Grabherr mit Frau, von Dienern begleitet, beim Fischfang; dem Bruder in einem Boot wird Getränk in einer Schale gereicht; li. das Ehepaar mit Dienern, einer mit Meerkatze und zwei Jagdhunden an der Leine, den Lieblingstieren des Herrn. – *Westwand:* Kanzlei mit Schreibern, die Dorfältesten werden z. T. mit Stockprügeln zur Ab-

Mastaba des Mereruka

rechnung herbeigeschleppt; einer, nackt, wird am Pfahl geprügelt; re. sieht das Ehepaar zu, wie den Statuen des Verstorbenen geopfert wird.
A 5, unbebildert.
A 10 mit 4 Pfeilern verdient besondere Beachtung. *Westwand* von li. nach re.: Intimszenen aus dem Schlafgemach; das Bett wird gemacht, Mereruka lauscht dem Harfenspiel seiner Frau auf einem großen Ruhebett. — *Nordwand:* Totenpriester tragen dem Verstorbenen Speisen und Getränke heran. *Ostwand:* Opferträger vor dem Ehepaar, unten Tänzer und Tänzerinnen. — *Südwand:* Darbringen von Opfergaben.

A 11, Scheintür an der Westwand, mit einem Riegel verschlossen; der *Schacht* am Boden mündet in die unterirdische Sargkammer. Heute führt eine Wendeltreppe hinab; die Kammer, ehemals mit Fallstein verschlossen, ist mit Opfergaben und -listen sowie Prunkscheintüren ausgestattet, an der Rückwand der Steinsarkophag.

A 12, *Nordwand:* Opfergaben, Speicher, Austreten der Trauben und Keltern; an den anderen Wänden Darbringen von Speise und Trank für den Verstorbenen und Schlachten der Opferrinder.

A 13, *Opferkammer* mit 6 Pfeilern, der am meisten sehenswerte Raum; am Boden Steinösen zum Anbinden des Opfertieres. Aus der *Nordwand* tritt der Verstorbene plastisch heraus zum Empfang der Opfer auf der davor aufgestellten Opfertafel; unter den Wandreliefs beachte das Mästen von Hyänen; besondere Szene: Mereruka wird von zwei Söhnen geleitet, dann in einer Sänfte getragen; unter dem großen Gefolge zwei Zwerge, die die Hunde führen. — Auf der allein erhaltenen unteren Reihe der *Südwand* interessante und miniaturhaft feine Darstellung des Begräbnisses; vor dem Grabeingang Priester und Tänzerinnen, Opferträger, Schiffe (mehrere Männer schwimmen im Wasser), Leichenzug mit Klageweibern, eine Frau sinkt zusammen und wird von anderen gestützt; li. von der Tür fährt Mereruka auf einem Nachen durch den von Fischen und Krokodilen belebten Sumpf; beachte die seltene Wiedergabe eines Fischotters, der einen Fisch fängt. *Ostwand:* Mereruka mit Frau und Mutter bei den Erntearbeiten; sehr hübsch li. Mereruka mit seiner Frau beim Brettspiel. Über und neben der Tür zu C 1 Tänze und Musik, Spiele.

Die 5 dem Sohne gewidmeten *C-Räume* sind überwiegend mit Opferszenen ausgeschmückt. Die Namen des Sohnes sind getilgt und durch einen anderen Namen, vermutlich eines weiteren Sohnes, ersetzt. A 14 eröffnet eine Reihe von Magazinen in halber Mannshöhe. Die weiteren Räume: A 16, A 9, A 8 (Scheintür), A 6 (Westwand mit Geflügel, Schlitz zum Serdâb), A 7 enthalten wenig Interessantes. Durch A 4, A 3 und A 1 zurück erreicht man den Eingang zu B 1, einer Halle mit 2 Pfeilern, die die Räume des ebenfalls wenig interessanten Grabes der Ehefrau eröffnet.

Von den vielen *weiteren Denkmälern* in Sakkâra seien dem Reisenden, etwa bei einem zweiten Besuch des Gräberfeldes, folgende Sehenswürdigkeiten empfohlen: das unmittelbar nach O (re.) an die Mastaba des Mereruka anschließende Grab des Kagemni (Wesir, 6. Dyn.) und aus der ostwärts gelegenen »Gräberstraße« das Grab des Anch-ma-Hor (ebenfalls Wesir der 6. Dyn.), das wegen seiner ärztlichen Darstellungen berühmt geworden ist (Beschneidung und Zehenoperation), und auf das des »Ersten unter dem König« Nefer-seschem-Ptah.

Mastaba des Kagemni

Die Mastaba des *Kagemni* mit ihren insgesamt 10 Räumen bietet in der 3-Pfeiler-Halle anziehende Bilder mit: Tänzerinnen, Jagd in den Delta-Sümpfen, Gutshof, Boote und eine durch eine Furt ziehende Rinderherde; ferner Jungen, die einen Hund füttern, und eine Gerichtsszene. In dem ersten nördlich von dieser Halle abbiegenden Raum sieht man an der li. Wand, wie Hyänen genudelt werden und das Geflügel Futter bekommt. Über der Tür zum folgenden Raum wird Kagemni in einer Sänfte getragen; Vogelfang. Gegenüber Fischfang und -bearbeitung. In den weiteren Räumen hauptsächlich Opferszenen. — Wendet man sich von der 3-Pfeiler-Halle in den Vorraum zurück und begibt sich in die nördlich anschließende Halle, so entdeckt man eine Treppe auf das Dach des Grabes, wo in den zwei 11 m langen Gemächern ursprünglich wohl die Sonnenbarken abgestellt waren.

Gräberstraße

Grab des Anch-ma-Hor

Vom Grab des *Anch-ma-Hor,* auch das »Ärztegrab« genannt, ist leider der obere Teil abgetragen. Im 1. Raum Erntebilder, dabei durch den Fluß watende Rinder. Im 2. Raum Vogelfang und an der Rückwand Meißeln von Grabstatuen; in der Türlaibung bewegte Schlachtszenen. Die hinteren Räume enthalten Opferdarstellungen, beim Schlachten eines Rindes beobachtet man das Ausnehmen der Eingeweide. — Wendet man sich vom 1. Raum dem ehemals von 5 Pfeilern getragenen Saale zu, so erkennt man im Türdurchgang re. die Beschneidung, li. die Zehenoperation. — Im Pfeilersaal schließlich an der Eingangswand re. Diener und Frauen, die den Toten beklagen (eine Frau fällt in Ohnmacht), li. Tänzerinnen.

Grab des Nefer-seschem-Ptah

Aus dem Grab des *Nefer-seschem-Ptah,* das mit reizvollen landwirtschaftlichen Szenen bebildert ist, sei die Scheintür der Westwand im hintersten Raum hervorgehoben, aus welcher der Verstorbene zweimal heraustritt; darüber ein Fenster, aus dem er herausblickt, eine einmalige Ausstattung.

Wer über mehr Zeit verfügt, besuche auch die *Frühzeitgräber* am nordöstlichen Rande des Gräberfeldes (Abzweigung an der Teti-Pyramide), 5 Minuten nördlich von Mereruka entfernt. Über den in den anstehenden Fels gehauenen tiefen Gruben stehen Oberbauten in Ziegelwerk; häufig Brandspuren. Manche Forscher sehen in diesen Bauten Königsgräber.

Tiernekropolen

Bei der Freilegung eines Friedhofs der 3. Dyn. im äußersten Norden von Saḳḳâra, auf der Höhe des Dorfes Abusîr, stieß man unvermutet auf ein System von Tiermausoleen: eine Ibisgalerie im W mit etwa 2 Mill. Ibismumien; die von den Ausgräbern »Iseum« genannte »Ruhestätte der Mutter des Apis« (= Isis), wie die Alten die Nekropole der insgesamt 23 Kühe nannten; weiter die in 2 Geschossen angelegte Galerie der 425 Paviane und schließlich die der Falken. Alle diese unterirdischen Friedhöfe scheinen vom 4.–1. Jh. v. Chr. belegt gewesen zu sein. In religiöser Verirrung der Spätzeit ließen hier fromme Pilger auf ihre Kosten die genannten Tiere mumifizieren und beisetzen, je nach Aufwand die Mumien einfacher oder sorgfältiger in Mustern wickeln, mit Stuck überziehen und bemalen, teils sogar vergolden, sie in einfachen Krügen (Ibisse), in Holz- oder Steinsärgen bestatten.

Die Paviane kamen »vom Süden« und »von Alexandria« (d. h. nicht, wie behauptet, ebenfalls aus Innerafrika über das Rote Meer und das Mittelmeer, sondern vom nördlichen Afrika; es gibt sie heute noch im Atlasgebirge) nach Saḳḳâra; von einem wird gesagt, daß er »im Tempel« selbst zur Welt kam. Ebenso wurden die Ibisse in Ägypten selbst gehalten, genauer wohl: bei Abusîr an dem bis zu Beginn unseres Jh. stehenden Teich, in dessen Nähe eine zweite Ibisgalerie aufgedeckt worden ist. Dort wurden die Tiere aufgezogen und gefüttert, bis sie von einem Gläubigen gekauft und — wie anderswo Kerzen — gestiftet worden sind zur Beisetzung. Ähnlich mag es mit den damals noch häufigen Falken gewesen sein. Anders mit den Kühen, den Müttern der → Apisstiere, die man wie ihre Stierkälber in Memphis heilig hielt und nach ihrem Tode feierlich beisetzte. Ihre Grüfte legte man in einer Arbeitszeit von 4 Monaten bis zu 2 Jahren im voraus an, nach ihrem Tode, d. h. während der 70 Tage ihrer Balsamierung, schafften Arbeiter den Sarg zur Nekropole nach Saḳḳâra und nach Beendigung der Mumifizierung die Kuh selbst auf einem Schlitten dorthin zur Einsargung. Für die Tiere wurde ein Kult versehen, Besucher haben sich in den Nekropolen verewigt, haben Bittschriften niedergelegt oder Spenden gegeben.

Ibisgalerie

In der am weitesten nach W, südlich der Mastaba 3518 gelegenen *Ibisgalerie,* zu der man über eine Treppe hinuntersteigt, zweigen von einer

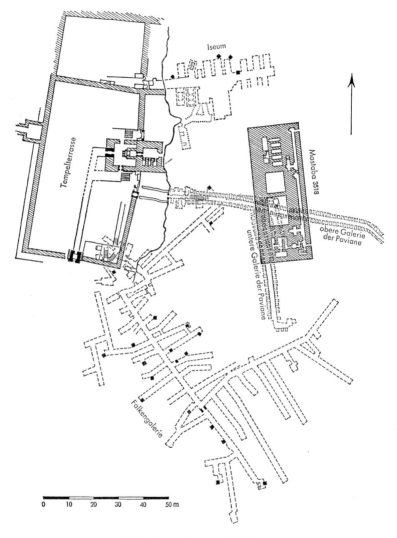

Tiernekropolen von Sakkâra

geschwungenen Mittelgalerie aus nach beiden Seiten 76 Gänge bis zu 150 m Länge ab, an deren Seitenwänden wie bei der Hauptgalerie weit übermannshohe und metertiefe Kavernen ausgehöhlt sind. In diesen »Vogelgräbern« sind die in Spitzkrügen beigesetzten Ibismumien vom Boden bis zur Decke Kopf bei Fuß aufgestapelt, in einer einzigen Tausende. Vornehmer, in eigenen Särglein bestattete Ibismumien stehen einzeln in Wandnischen. Kavernen wie Nischen waren durch Mauerwerk und Lehm verschlossen und versiegelt. Die volle Ausdehnung der Nekropole ist noch unbekannt.

Tempelplatz

Die drei weiteren Tiernekropolen waren von einem gemeinsamen *Tempelplatz* aus zugänglich. Diese in einen nördlichen und einen südlichen Teil gegliederte Tempelterrasse muß mit ihren sieben Toren, den Heiligtümern mit Naoi und Kultbildern einmal wundervoll gewesen sein, aber sie wurde, wie auch die Mausoleen selbst, von Christen zerstört. Der Platz war von einer christlichen Siedlung mit Kirche überbaut.

Kuhgalerie (Iseum)

Vom N-Raum der Tempelterrasse aus betritt man die *Kuhgalerie,* die allerdings wegen einer heruntergestürzten Decke nicht weit begangen werden kann. Die Sarkophage, meist aus Granit, seltener aus Holz, stehen beiderseits in tonnengewölbten Grüften, die mit Tura-Kalkstein sorgfältig verkleidet und durch Platten aus demselben feinen weißen Kalkstein verschlossen und versiegelt waren. Das Iseum darf als ein Gegenstück zum Serapeum gesehen werden, wo die »Söhne« der Kuhmütter begraben liegen. Im Vorplatz ist die Katakombe reich mit Stelen und Graffiti bedacht, auch die Deckplatten der Grüfte sind beschrieben, wenige in Hieroglyphen, mehr in Hieratisch und Demotisch, auch in Griechisch, so daß Wissenswertes über Nekropolenarbeit und persönliche Frömmigkeit durch sie überliefert ist. (Serapeum S. 499 ff.)

Paviangalerie

Von der Mitte der S-Halle aus geht die wunderbar gearbeitete *Affengalerie* ab, zunächst in W-O-Richtung gerade verlaufend, bis sie auf den Schacht der Mastaba 3518 stößt; von dort biegt sie in 2 Reihen nach Süden ab, bis wieder Grabschächte im Wege sind. Danach hat man von dieser »oberen Galerie« eine Treppe nach unten geführt in eine »untere«, lange Galerie. Beiderseits der Gänge sind regelmäßig und eng beieinander rechteckige Loculi für die Paviansärge ausgehöhlt, diese nach Benützung verschlossen und wie die andern versiegelt. Die Verschlußwände trugen Namen, Herkunftsort und Bestattungsdatum des Tieres.

Falkengalerie

Die untere Galerie hat eine Verbindung zur *Falkengalerie*, die von der SO-Ecke der Tempelterrasse aus über eine gebogene und gewinkelte Treppe erreicht wird und die ebenfalls wegen Kollission mit einem Grabschacht abgewinkelt werden mußte. Die Falken waren in der gleichen Technik wie die Ibisse bestattet. Mit Kammer 16 hielt die Falkennekropole eine Überraschung bereit: hier war eine Menge kostbares Tempelgerät, wie Opferlöffel, Räucherarme, Kannen, Krüge, Situlae und Lampen, geborgen.

Sakkâra-Süd

Die Pyramiden der Könige Pepi I., Merenê und Pepi II.

Für den Besuch von Sakkâra-Süd empfiehlt es sich, am Mariette-Platz in Sakkâra-Nord (nahe dem Museum und dem Rasthaus), Esel zu mieten und von dort über die hügelige Wüste zu den südlichen Denkmälern zu reiten.

Im Süden, auf der Höhe des Dorfes Sakkâra, werden die beiden unweit voneinander gelegenen Pyramiden Pepis I. und seines Nachfolgers Merenrê (6. Dyn.) zur allgemeinen Besichtigung vorbereitet. Diese wie die übrigen stark zerstörten und ausgebeuteten Pyramiden der 6. Dyn. sind in einem Jahrzehnt unvorstellbar mühsamer Archäologentätigkeit im Innern aus Tausenden und Abertausenden Steinflicken soweit restauriert, daß sich ihre Texte lesen lassen.

Beide Königsgräber haben in ihren unterirdischen Anlagen den klassischen Grundriß der Pyramiden der 6. Dyn., der durch Unas eingeführt und von den Folgekönigen kaum abgewandelt wurde. Gang, Vorraum, Serdâb und Sargkammer sind ihre wesentlichen Raumelemente (genauer s. S. 447). An der W-Wand des Sargraums steht jeweils der Sarkophag. Den bedeutendsten wissenschaftlichen Schatz machen die »Pyramidentexte« aus.

Als *Anordnungsschema* gilt: Auf der Wand des Vorraums, die zum Serdâb hin ausgerichtet ist (O-Wand), Schlangentexte; auf der O-Wand der Sargkammer (der aufgehenden Sonne zugewandt) Sonnentexte, auf der W-Wand der Sargkammer (dem Totenreich zugewandt) Osiristexte.

Die etwa 400 m südlich gelegene *Pyramide Pepis II.* mit: Taltempel, einem 500 m langen Aufweg (an dessen Südseite die Pyramide eines Königs wohl der 8. Dyn.) und dem unmittelbar an der Ostseite der Pyramide angebauten Totentempel (mit Pfeilerhalle, Statuenraum und der Opferkapelle) wurde gleichfalls als Steinbruch benützt und ist entsprechend zerstört. Die bemalten Reliefs des Baukomplexes, nicht nur symbolischer Thematik, waren von hervorragender Qualität, jedoch entsetzlich zerschlagen. – Die Nebenpyramide in der SO-Ecke des Hofes ist nicht sicher gedeutet, indes sich die Außenpyramiden zuweisen ließen zu einer Königin Udjebten (S), und den beiden Königsgemahlinnen Iput (NW) – in ihr Nebenbestattung der dritten Gemahlin Anchesen-Pepi – und Neith (N).

Pyramiden — Mastaba el-Faraʿûn

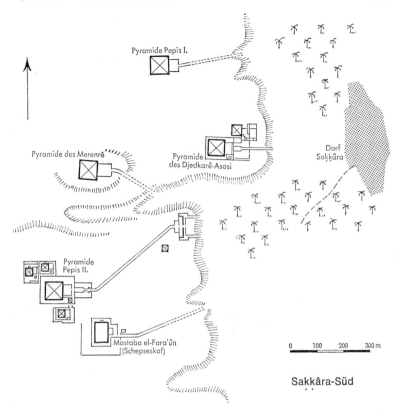

Sakkâra-Süd

Die *Mastaba el-Faraʿûn* (»Grab des Pharao«)

Dieses bedeutendste Grabmal des südlichen Sakkâra ist in der Form eines riesigen Sarkophages mit Tonnendach gebaut, im Innern prinzipiell wie die → Unaspyramide und ihre Nachfolger angelegt, außer daß der Serdâb vom Ende des Vorraums rechtwinklig nach N-S abknickt, statt sich östlich an sie anzuschließen. Sie gehört dem letzten Herrscher der 4. Dyn., Schepseskaf.

Das Bauwerk aus Blöcken von 1,50–2 m Höhe auf einem Grundriß von 100 m × 73,50 m, einst mit feinem Tura-Kalkstein verkleidet, ist auch im Innern vollständig aus gewaltigen Granitblöcken errichtet (teils geraubt). Der von Räubern zerschlagene Sarkophag, wie der des Mykerinos

feinstens poliert, stand ehemals an der Westwand der über 5 m breiten Sargkammer, die mit ihrem leicht gewölbten Giebeldach ungeheuer eindrucksvoll ist. — Man kann die Pyramide besteigen und auch im Innern besichtigen (Ghafir hat Schlüssel und bringt Kerzen); wegen des nur 1,27 m hohen Ganges anstrengend.
Totentempel, 760 m langer Aufweg, der bis zur Fruchtlandgrenze reicht (und der unter den Gärten des Dorfes Saḳḳâra liegende Taltempel), weitgehend zerstört.

Dahschûr

Man kann die Besichtigung mit der von → Saḳḳâra oder auch mit der des → Faijûm verbinden. Von Saḳḳâra fährt man auf der Kanalstraße in südlicher Richtung 7 km weiter. Aus militärischen Gründen ist die Zufahrt oft umgelegt oder verboten, man erkundige sich zuvor. Die Pyramiden dürfen nicht mit Fernglas oder Kamera bestiegen werden. Man sei im ganzen Gelände vorsichtig, sich nicht der Spionage verdächtig zu machen.

Die Nekropole von Dahschûr schließt sich im Süden an die von Saḳḳâra an und dehnt sich beinahe 3 km am Wüstenrande aus. Inmitten des Gräberfeldes liegen, abseits vom Fremdentrubel, die 5 Pyramiden von Dahschûr. Durch die gute Erhaltung der Verkleidung macht etwa die Knickpyramide auf viele Besucher einen stärkeren Eindruck als die Gîsa-Pyramiden. Auch die Konstruktionen im Innern sind eindrucksvoll (→ Geschichte der Pyramiden).

Die 5 Pyramiden sind in 2 Reihen angeordnet, am Wüstenrande 3 Pyramiden der 12. Dyn., ein Stück wüsteneinwärts 2 Pyramiden des Königs Snofru, der bereits bei Maidum eine Pyramide errichtet hatte.
Die Pyramiden der 12. Dyn. gehören von N nach S den Herrschern Sesostris III., Amenemhêt II. und Amenemhêt III. zu. Die nördliche und die südliche, die »schwarzen«, sind aus Nilschlammziegeln erbaut und waren ursprünglich mit weißem Kalkstein verkleidet, während die mittlere, die »weiße«, aus Kalksteinblöcken errichtet war. Die nördliche, 105 m × 105 m, jetzt noch 27 m hoch, folgte ebenso wie die südliche der Anlage von Sesostris II. in → Illahûn nicht nur durch Verwendung von Ziegeln für den inneren Kern des Oberbaus, sondern auch in der Ausgestaltung des Unterbaus zu einem Labyrinth aus Kammern und Gängen. Beide folgten auch, aus Sicherheitsgründen, ihrem Vorgänger darin, daß sie den Eingang zu den unterirdischen Räumen nicht wie beim klassischen Programm an die N-Seite legten, sondern irgendwo außerhalb des Pyramidenkörpers. Trotzdem wurden auch sie ausgeplündert. Die Pyramide Amenemhêts III. war einst durch das Pyramidion aus poliertem schwarzem Granit gekrönt, das sich heute im Kairener Museum (626, S. 356) befindet. Alle Pyramiden hatten Tempel und Aufweg, doch sind sie zerstört. 1976 wurde der Eingang zur Pyramide Amenemhêts III. freigelegt und ein Rest seiner (?) Bestattung zutage gefördert. Beim Taltempel, wo vielleicht später eine Bauhütte untergebracht war, fand sich u. a. das Kalksteinmodell einer typischen Pyramidenanlage des späten MR. Aus der Pyramide Amenemhêts II. stammen die Goldjuwelen und Diademe der Prinzessinnen Chnumet und Ita, die heute zu den staunenswerten Sehenswürdigkeiten des Kairener Museums (Juwelensaal, S. 363) zählen. – Die Bescheidenheit der Pyramiden – nach Maß, Bautechnik und Material – hat ihren Grund im neugewonnenen Verhältnis zum Bürger. Die Amelioration des Faijûms drängte sich als Staatsaufgabe in den Vordergrund.

Pyramiden

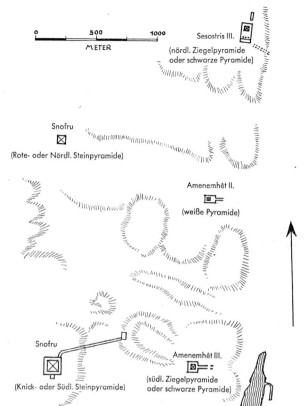

Pyramiden von Dahschûr

Die Steinpyramiden des Snofru

Die *nördliche Steinpyramide*, die sog. »rote Pyramide«, ist 101,15 m hoch, 213 m im Quadrat und hat einen Neigungswinkel von 43° 40'. Man kann sie leicht besteigen, achte aber darauf, daß das sehr poröse Gestein nicht abbröckelt und man dadurch fehltritt. Inneres nicht betretbar.

Die *südliche Steinpyramide* hat im unteren Teil einen anderen Neigungswinkel als im oberen und erhebt sich mit über 97 m über einer Fläche von 189 m im Quadrat. Diese sog. *Knickpyramide* vermittelt durch ihre gut erhaltene Bekleidung die Vorstellung vom ursprünglichen Aussehen der Pyramidenoberflächen.

Man kann sie besteigen, und zwar von der Südwestecke aus, aber nur mit Hilfe eines Dragomans; der Aufstieg ist leichter als bei Cheops, und die Aussicht lohnt. Auch das Innere der Pyramide ist zugänglich, wenn auch nicht ohne Anstrengung. Man muß schwindelfrei sein, Staubwolken in Kauf nehmen und stellenweise gebückt aufsteigen. Man benützt die Leiter auf der Nordseite und steigt dann im Innern über eine schräge Rampe.

Die Knickpyramide (Plan S. 523) – mit Taltempel, Aufweg, Nebenpyramide, Umfassungsmauer und Kultstätte – wurde von Snofru erbaut. Obwohl das Grabmal zweifellos ungebrochen *geplant* war, ist die Pyramide unterhalb ihrer halben Höhe von 54° 31′ abgeknickt auf 43° 21′, und zwar, nach der geringeren Sorgfalt der Steinfügung im oberen Teil zu schließen, um den Bau rascher zu Ende zu führen. Daß die Verkleidung aus Tura-Kalkstein besser als bei irgendeiner anderen Pyramide erhalten ist, resultiert aus der Technik: Die Steine sind nicht plan gelegt, sondern wie bei der Stufenpyramide neigen sie sich mittwärts.

Einzigartig ist die Pyramide auch dadurch, daß sie zwei *Eingänge* hat, den einen etwa in der Mitte der *Nordseite* 11 m über dem Grund, den anderen auf der Westseite. Der nördliche (E 1) führt zunächst durch den Pyramidenkörper und dann in den unterirdischen Felsen bis zu einer Kammer (K 1) – mit einem Giebeldach aus vorkragenden Steinen –, die wie ein Vorraum einer etwas höheren Kammer (K 2) – mit beachtlicher Deckenkonstruktion – vorgelegt ist. Von der dem Eingang gegenüberliegenden Wand führt ein Gang zu einer tiefen Grube, darüber steigt ein blinder Schacht senkrecht auf. Ein zweiter Gang läuft vom Dach aus zu einem höher gelegenen Punkt des offensichtlich durch Steinblöcke versperrbaren Schachtes.

Vom Eingang auf der *Westseite* (E 2) führt bei einer anfänglichen Neigung von 30° und nach dem Knick von 24° 17′ ein 64,5 m langer Korridor durch den Pyramidenkörper zu einer oberen Kammer (K 3), südöstlich von Kammer 2 gelegen, ebenfalls mit kleinkalibrigen Steinen gebaut und vorkragend überdeckt, dazu gestützt und verstrebt durch Balken aus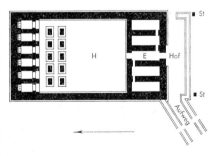
Zedernholz. Ein unregelmäßig gebrochener Gang verbindet den waagerechten Teil des oberen Korridors mit dem Dach der Kammer 2 und diente vermutlich den Bauarbeitern nach ihrem letzten Handgriff zum Aussteigen aus dem Bau.

Alles, was noch in der Pyramide gefunden wurde, waren Reste einer Eule und Skeletteile von fünf Fledermäusen, die in einer Holzschachtel

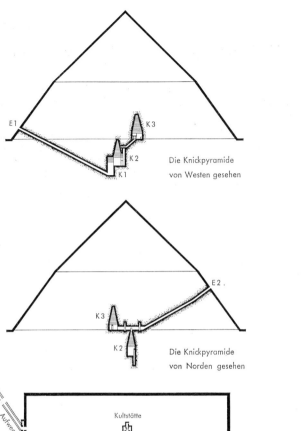
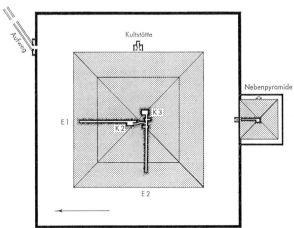

Knickpyramide
mit »Tal«-tempel
(Plan S. 522)

im oberen Korridor beigesetzt waren, aber weder Sarkophag noch sonstige *Beigaben*. Nur durch zwei mit rotem Ocker gemalte Werknotizen auf Bausteinen ist der Name *Snofru* gesichert. — An der Ostseite der Pyramide befand sich der Opferplatz mit Vorraum, Altar und zwei hohen Kalksteinstelen, die sehr fein mit den Namen und Titeln des Königs beschriftet waren.

Im Süden der Pyramide liegt, an ihre Steinumfassung angelehnt, eine zweite, *kleine Pyramide* mit einem Grundriß von 55 m im Quadrat und einer ursprünglichen Höhe von 32 m. Von ihrer Nordseite führt ein Korridor zu einer Kammer im Zentrum; vor dem Eingang steht eine kleine Kapelle mit einer tiefen Grube, an ihrer Ostseite waren zwei prächtig ausgearbeitete Stelen errichtet und zwischen ihnen ein kaum noch nachweisbarer Ziegelaltar. Der Zweck der Pyramide dürfte ähnlich zu erklären sein wie das sog. → Südgrab des Djoser.

Der sehr lange, ungedeckte *Aufweg* zur Pyramide vom Taltempel her trifft am Ostende der Nordseite auf die Umfassungsmauer. Zwei tiefe Nischen fangen ihn auf, die östliche davon ist auf der Nordseite geöffnet, um den diensttuenden Priestern einen bequemen Einschlupf zu ermöglichen, ohne daß sie erst den 706 m langen Aufweg heraufzustapfen hatten (Plan S. 522 f.).

Das andere Ende des Aufwegs bildet zugleich einen schmalen Hof im Süden des »*Taltempels*«, der sowohl durch seine Größe wie die Feinheit seiner Ausführung überrascht; trotz einer systematischen Zerstörung übertrifft er fast alle sonst aus dem AR bekannten Bauten. Über 1400 Relieffragmente mögen Einblick gewähren in das Maß der Zerstörung, die noch erhaltenen künstlerisch höchst wertvollen Bilder, Opferträgerinnen, Festrituale, wurden abgesägt und magaziniert.

Vor dem Hof steht beiderseits je eine Kalksteinstele (St), wiederum mit Namen und Titeln des Königs. Das aus Eingangshalle (E), offenem Hof (H), Pfeilerhalle und sechs Schreinen an der Rückseite bestehende Heiligtum war mit Tura-Kalkstein verkleidet und bis auf den Hof mit wundervollen Reliefs bedeckt. In den Schreinen standen überlebensgroße Statuen des Königs, in den zwei westlichen als eine Art Hochrelief mit der Mauer verbunden. Der Zweck des nicht am Wüstenrande, sondern innerhalb der Wüste gelegenen »Tal«-tempels ist nicht eindeutig geklärt. Spätere Ausgrabungen in der Umgebung mögen zur Erhellung seiner Funktion beitragen. Soviel ist bereits gesichert, daß auf diesen Tempel von Osten her, aus dem Tal herauf, ein Stück Aufweg zugeht, mindestens 150 m.

In Dahschûr-Süd sind außerdem Pyramiden der 13. Dyn. festgestellt.

Lischt

Der Besuch läßt sich (wie Maidûm) am besten verbinden mit Saḳḳâra oder einer Fahrt ins Faijûm; s. dort S. 530 bei 170 km).

Nach dem Orte Lischt, 65 km oberhalb von Kairo, sind die beiden MR-Pyramiden genannt, die dort am Rande der Wüste, etwa 2 km voneinander entfernt, liegen. Heute sind sie stark zerstört, im Innern nicht zu betreten. Vermutlich lag im Gebiet von Lischt die von Amenemhêt I. gegründete Königsstadt der 12. Dyn. Die nördliche Pyramide gehörte eben diesem Amenemhêt I., die südliche dessen Sohn und Nachfolger Sesostris I.

Die *nördliche Pyramide* hat – auf einer tiefer gelegenen Terrasse – ihren Totentempel im Osten; neben ihm, noch innerhalb der Umfassung, liegt das Grab des Wesirs *Antefoker*, der als Oberaufseher der Pyramidenstadt fungierte. Auf der Westseite der Pyramide sind die Gräber der Prinzessinnen und Verwandten angelegt, außerhalb der Umfassung etwa 100 Mastabas der Großen der Zeit. Auch haben sich bei der Pyramide Amenemhêts I. zahlreiche Beisetzungen von Eidechsen gefunden, ohne daß ein zugehöriger Kult bekannt wäre. In der Pyramide selbst sind sehr viele Kalksteinblöcke von AR-Gräbern aus Dahschûr, Saḳḳâra und Gîsa verbaut, viele davon tragen Inschriften und Reliefs. Die Grabkammer ist heute ständig vom Grundwasser überflutet, die exakte Untersuchung der Anlage schwer durchführbar.

Die *südliche Pyramide*, deren Seitenlänge 107 m, deren Höhe 61 m betrug, ist ganz entsprechend angelegt, hat ebenfalls im Osten ihren Totentempel, innerhalb der Umfassung 9 kleine Pyramiden für die weiblichen Familienangehörigen, außerhalb Mastabas. Durch den Verfall der Pyramide wurde ihre Konstruktion sichtbar: Ein steinernes Gerippe über dem Grundriß eines mit einem Schrägkreuz kombinierten Griechischen Kreuzes ✶ war mit Steinsplittern und Sand ausgefüllt, das ganze mit wuchtigen Kalksteinblöcken glatt verkleidet. Im Aufweg und in der Eingangshalle des Totentempels waren herrliche Osirisstatuen aufgestellt, im Pfeilerhof (wahrscheinlich 24) lebensgroße Sitzstatuen des Königs (Rest heute in Kairo), dahinter Stehfiguren Pharaos. Der bei der Pyramide gefundene Prinzessinnenschmuck (der Sit-Hathor-Iunet) kann den Vergleich mit dem bei → Dahschûr gefundenen aufnehmen (jetzt in Kairo), die Grabbeigaben, wie Vasen, Kästchen, Toilettengeräte u. ä., sind von subtiler Schönheit (heute großenteils im Metropolitan Museum in New York).

In der Umgebung Gräber hoher Beamter, darunter das des Sesostris-anch mit wunderbar geschriebenen Totentexten in der Sargkammer.

Maidûm

Bahnstation er-Rikka; S. 530 bei 155 km. Zur Besichtigung des Pyramiden-Innern Licht mitnehmen!

Die *Pyramide von Maidûm* ist in ihrer jetzigen Erscheinungsform die ungewöhnlichste Ägyptens. Ihre Gestalt legt verschiedene der Bauphasen bloß, die sie durchlaufen hat, bis sie ihre reine Pyramidenform gewonnen hatte.

Vermutlich über dem nicht mit Sicherheit klargestellten Kern einer kleinen Mastaba oder Stufenpyramide wurde zunächst eine 7stufige Pyramide erstellt, indem man den Kern mit 6 Mauermänteln in abnehmender Höhe umgab; jeder Mantel war von unten bis oben mit Tura-Kalkstein verkleidet, ihr »Verband« war lediglich durch die Neigung bewerkstelligt (1). Danach hat man die Spitze erhöht, die 6 Mäntel je aufgestockt, einen siebten Mantel als nunmehr achte unterste Stufe darübergelegt (2). Auch diese Steinmäntel wurden mit Tura-Kalkstein verkleidet, so daß also die 7stufige wie die 8stufige Pyramide einmal als endgültig geplant waren. Schließlich aber wurde die 8stufige Pyramide aufgefüllt, zu einem glatten geometrischen Körper und diese echte Pyramide mit Tura-Kalkstein verkleidet (3).

Was nun heute zu sehen ist, ist oben zunächst ein Stück der 8stufigen Pyramide, dann das rauhe Band der nichtverkleideten Auffüllung, danach die Verkleidung der 7stufigen Pyramide. Der unterste Teil, der die letzte Bauphase erkennen läßt, steckt heute im Schutt, und zwar jenem Schutt, der durch Abrutsch der äußeren Pyramidenschichten schon im Altertum auflief.

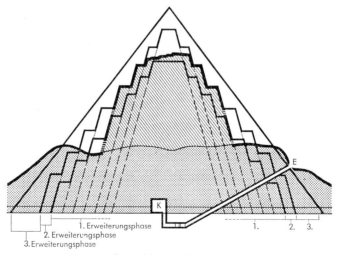

Pyramide von Maidûm

Der *Eingang* zur Pyramide (E) befindet sich im Norden, etwas oberhalb der untersten der acht Stufen, der Korridor neigt sich mit 28°, führt bis in den gewachsenen Felsen, verläuft nach 58 m eben, bis ein senkrechter Schacht aufsteigt zur Grabkammer (K); unterwegs Absperrungsvorrichtungen. Die Grabkammer (2,6bm × 6 m) ist aus Kalkstein gebaut und mit Giebeldach unecht überwölbt; in der Südwand Einbruchstelle von Grabräubern. Die Holzbalken im Innern mögen Bauzwecken gedient haben, oder aber dem Transport von Grabausrüstung, von der indes nichts mehr gefunden wurde. — Von den weiteren zum Pyramidenbezirk gehörigen Elementen ist der Totentempel aus Tura-Kalkstein an der Ostseite noch sehr gut erhalten, ein schönes schlichtes Bauwerk mit der Kultstelle eines Altars und zwei unbeschrifteten Stelen.

Besucherinschriften der 18. Dyn. sprechen als Inhaber des Bauwerks König *Snofru* an, den ersten Herrscher der 4. Dyn., aber nachdem es unwahrscheinlich ist, daß dieser König drei Pyramiden (zwei in → Dahschûr) für sich gebaut hat, ist es möglich, daß er die Pyramide von Maidûm nur vollendet hat, und zwar für seinen Vorgänger Huni, der sie demnach für sich begonnen hätte.

Im N Gräber des Hofstaates und aus jüngerer Zeit. Aus denen der 4. Dyn. die berühmten Gänse von Maidûm sowie die Statuen des Prinzenpaares Rahotep und Nofret (beides im Kairener Museum, Erdgeschoß, Raum 32). Außerdem stammen von hier die einzigartigen Pastenreliefs des Neferma'at (Kairo, Erdgeschoß, Raum 41). Kein Wandschmuck mehr an Ort und Stelle, Besuch lohnt nicht.

Das Faijûm (Plan S. 528 f.)

Allgemeine Hinweise

Von Kairo aus kann man eine eintägige *Autorundfahrt* durch das Faijûm unternehmen, und, wenn man sich mit einem flüchtigen Eindruck begnügen will, den Weg über die Pyramiden von → Maidûm und → Lischt nehmen. Besser aber beschränkt sich der eilige Reisende, der nur 1 Tag zur Verfügung hat, auf eine N-S-Durchquerung des Faijûms mit einem Abstecher zum See. Möchte man das Faijûm gründlicher kennenlernen, so kann man zur Not in der Auberge du Lac oder im Pavillon de Chasse übernachten (Vorausbestellung empfiehlt sich). Von Kairo besteht auch eine *Autobusverbindung* (Abfahrt Midân et-Tahrîr, mehrmals täglich) zur Auberge du Lac und weiter nach Medînet el-Faijûm. Die *Eisenbahn* führt ebenfalls nach Medînet el-Faijûm, umsteigen in el-Wâsta. Von der Endstation Kleinbahnen nach Sinnûris und über Ibschawâi nach Abu Ksâ. Illahûn erreicht man auf der Strecke Kairo-Beni Suêf (umsteigen)–Illahûn, bequemer mit dem Auto über Karânis. Nach Dîme u. U. Überfahrt mit Fischerkahn von der Auberge gu Lac (s. bei 85 km). In Medînet el-Faijûm Taxen.

Vor einer Privatfahrt erkundige man sich nach etwaigen militärischen Verboten.

Autorundfahrt (am meisten ist ein Sammiltaxi ab Kairo zu empfehlen), Achtung Vieh!

15 km Pyramiden von Gîsa. Man biegt vor dem Mena-House-Hotel rechts auf die Wüstenstraße nach Alexandria ab.

21 km links biegt die Autostraße ins Faijûm ab, die etwa 60 km durch ein flache. Wüstengebiet führt.

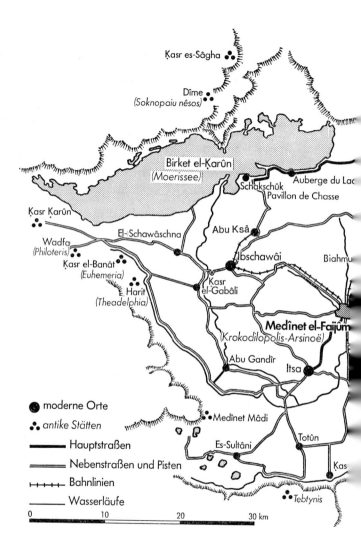

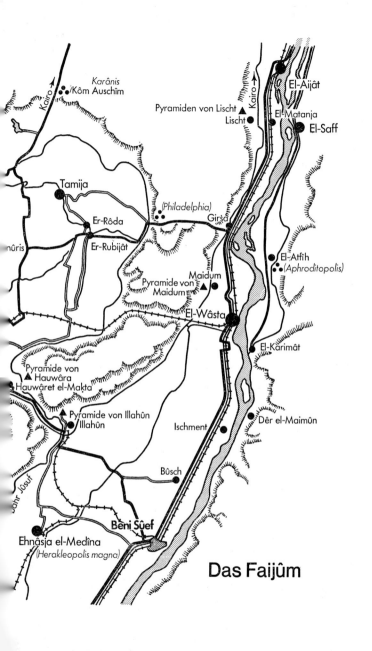

76 km links der Straße Kôm Auschîm, die Stätte des griechischen → Karânis, rechts abzweigend Piste nach → Ḳasr es-Sagha (25 km).

81 km links Abzweigung nach Medînet el-Faijûm.
geradeaus weiter

85 km Auberge du Lac am Ḳarûn-See. Boote zur Überfahrt zu den Ruinen von → Dîme.

Weiter am See entlang

96 km Pavillon de Chasse in dem kleinen Fischerdorf Schakschûk (Bootsvermietung); und weiter über Ibschawâi nach → Ḳasr Ḳarûn am SW-Ende des Sees.

103 km Medînet el-Faijûm (200 000 Einw.). Im Norden der Provinzhauptstadt die Ruinen von → Krokodilopolis-Arsinoë.
Ausflüge: 1. → Ḳasr Ḳarûn, 40 km NW über Ibschawâi, 2. → Medînet Mâdi, 32 km SW über Itsa und Abu Gandîr, 3. In SO-Richtung auf der Straße nach Illahûn nach 8 km (linke Seite) Pyramide von → Hauwâra und Labyrinth; nach weiteren 12 km Pyramide von → Illahûn und 2 km nördlich davon Kahûn, Stätte einer Arbeitersiedlung Sesostris' II.

155 km Girsa (über → Biahmu und Sinnûris), 5 km SW (Straße) Pyramide von → Maidûm S. 525 f.).

170 km el-Matanja, 3 km westlich der Straße von → Lischt (S. 525).

230 km Kairo.

Lage und Geschichte

Das Faijûm ist in die 130 m über dem Meer sich erhebende Libysche Wüste eingesenkt und wird getränkt durch den *Bahr Jûsuf* (Josephsfluß); bei Dairût zweigt dieser über 300 km lange einzige Nebenfluß des Nils vom Ibrahimîja-Kanal ab und versickert in tausend Rinnsalen in dem eirunden von einer Hügelkette umrandeten *Fruchtbecken* des Faijûm. Sein Klima ist äußerst günstig, die Fruchtbarkeit dieser Niloase nahezu sprichwörtlich. Bananen, Orangen, Baumwolle, Zuckerrohr, Getreide, Reis, Mais, Wein und Olivenbäume (diese auch in Chârga) gedeihen hier vorzüglich, ebenso Blumen in reicher Fülle (zumeist für Parfümherstellung). Schon unter den Ptolemäern und Römern war die Senke berühmt. Von dem ehemals großen Binnensee, zu dem hin die Wasser des Bahr Jûsuf in drei Stufen abfallen, dem »*Moërissee*« (altägyptisch merwer), ist als letzter Rest die → Birket Ḳarûn übriggeblieben. Von dem Namen »pa jôm« (= der See), wie der See in koptischer Zeit hieß, leitet sich die Bezeichnung »Faijûm« für die gesamte Niederung her. Denn ursprünglich hat der See wohl das ganze Becken eingenommen; doch verkleinerte er sich in späterer Zeit, wie die aufgefundenen Ruinen erkennen lassen. Während sein Wasserspiegel im Altpaläolithikum bei Nilhochstand auf 22 m über den Spiegel des Mittelmeeres gestiegen sein dürfte, steht er heute 44 m unter dem Meere. Im Altertum (60—20 m u. M.) wimmelte er von Krokodilen, so daß der krokodilgestaltige Sobek als Hauptgott des Gebietes verehrt wurde.

Lage und Geschichte 531

Rings um den See laufen Sagen und Legenden; die Angst vor bösen Geistern erreicht ihren Gipfel bei Ḳasr Ḳarûn, wo Beduinenüberfälle nicht selten waren. Die Landschaft ist eindrucksvoll, viele Reste *altertümlichen Brauches* haben sich erhalten. Die als »Kornbraut« gebundenen Strohpuppen, die heute die Kinder bevorzugt dort dem Reisenden als Andenken anbieten, wurden schon in pharaonischer Zeit der schlangengestaltigen Nährgöttin geweiht.

Bereits im Paläolithikum waren die Ränder des Faijûm besiedelt, seine *Geschichte* beginnt mit der 12. Dyn. Bedeutendes Interesse haben dem Faijûm die Herrscher des MR zugewandt, unter ihnen namentlich Amenemhêt III., der wegen seiner Verdienste um das Faijûm nach seinem Tode göttlich verehrt wurde. Während im AR die jährlichen Überschwemmungswasser das Becken in eine nicht anbaufähige See- und Sumpflandschaft verwandelten (nur Gurken wurden am Ufer gepflanzt), regulierten die Könige der 12. Dyn. die Wasserzufuhr durch Damm- und Schleusenbauten und machten damit das Faijûm urbar. Die Ptolemäer, insbesondere Ptolemaios II., haben die See durch Dämme auf die Größe etwa der heutigen Birket Ḳarûn eingeengt und die Sümpfe vollständig trockengelegt. Nach Strabo gab es zwei Schleusen am Bahr Jûsuf, die die Überschwemmungsgefahr regulierten; bei Illahûn ist heute noch ein großes Schleusenwerk in Betrieb. – Teje, die Gemahlin Amenophis' III. (18. Dyn.), hatte bei Illahûn ihren Witwensitz. Ptolemaios II. siedelte im Faijûm seine griechischen und makedonischen Veteranen an, die zu den eifrigsten Sobekverehrern wurden. Die hellenistischen Siedlungen haben Tausende von griechischen und auch ägyptische Papyri geliefert, durch die das Leben der Provinz in griechisch-römischer Zeit anschaulich wird.

Das Faijûm bildet eine Provinz für sich und zählt über 1 Mill. Einwohner; Fellahen, Beduinen und an den Ufern des Sees Fischer. Der fünfte Teil der *Bewohner* lebt in der Hauptstadt *Medînet el-Faijûm,* von der wie Spinnenbeine Wasseradern, Wege und Kleinbahnen nach allen Rändern hinstreben. Achtung, Vieh!

Die *Birket Ḳarûn,* der Moërissee der Griechen, mit dem Auto von Medînet el-Faijûm über Ibschawâi zu erreichen, liegt 44 m u. M., ist 50 km lang, 12 km breit, durchschnittlich 4 m (stellenweise bis zu 18 m) tief, leicht salzhaltig; dabei wie im Altertum reich an Fischen (bis zu 2 m langen Arten) und Wasserwild. Im Süden schiebt sich das Fruchtland vielfach bis ans Seeufer heran, im Norden öde Wüstenberge.

Die sehr aufwendige, mit deutscher Hilfe bewirkte und von durchschlagendem Erfolg gekrönte Reinigung des Faijûms von der → Bilharzia ist bereits wieder rückläufig.

Von den *Ruinenstätten* seien die wichtigsten hervorgehoben, und zwar in der Reihenfolge der auf S. 527 f. beschriebenen Autorundfahrt. Zu Maidûm S. 525 f., Lischt S. 525.

Karânis, Biahmu

Karânis (heute Kôm Auschîm) liegt unmittelbar neben der asphaltierten Straße Kairo-Faijûm, von Kairo herkommend, nach 76 km, auf der linken Seite (rechts zweigt eine Piste nach Ḳaṣr es-Sâgha ab), gleich hinter der bewachten Schranke vor dem Faijûm (mit erstem Fruchtlandstreifen; man fährt dann wieder eine Weile durch Wüste, bevor die Senke beginnt). – Bei Karânis kleines Rasthaus und Ausgrabungsmuseum mit Funden von Karânis und Hauwâra.

Das aus vielen Urkunden bekannte griechische *Karânis* ist östlich des Ostufers auf dem Hügel Kôm Auschîm in der Wüste gelegen. Das Dorf ist eine Gründung aus ptolemäischer Zeit; den Hauptgöttern des Ortes Pnepheros und Petesuchos war der im Süden der Siedlung gelegene Tempel (unter Nero vollendet und von Commodus restauriert) geweiht. – In einem zweiten Tempel, im Norden gelegen, scheinen ein Krokodilgott und Sarapis sowie Zeus-Ammon verehrt worden zu sein. – In den Wohnhäusern mit schön geschmückten Nischen und Wandmalereien, Fenstern und Treppen, Küchen, Ställen wurden viele Einzelfunde gemacht. Nahe dem Rasthaus Bad mit Wanddekoration.

Wer sich zunächst der Hauptstadt Medînet el-Faijûm zuwendet, trifft, über Sinnûris kommend, 7 km nördlich von Medînet el-Faijûm auf das Dorf *Biahmu,* an dessen Bahndamm sich zwei riesige Sockel erheben; ehemals trugen sie *Kolossalfiguren* König Amenemhêts III. aus rotem Sandstein, deren Höhe auf 12 m berechnet wird. Die Sockel sind die beiden von Herodot als »Pyramiden« bezeichneten Unterbauten, die damals »im Mörissee« standen und heute von den Fellahen »kursit el-faraʿûn« (Stuhl des Pharao) genannt werden.

Wer von Karânis (Kôm Auschîm) nach Ḳaṣr es-Sâgha weiterfahren möchte, folge der von hier nach Westen abzweigenden Wüstenpiste 25 km; von dort führt sie weiter zu der 7 km südlich davon gelegenen Ruinenstätte Dîme, die man zwar auch vom Seehotel aus mit Boot erreichen kann, doch nicht ohne die Gefahr, bei tiefem Wasserstand durch Schlamm waten zu müssen.

Ḳaṣr es-Sâgha

Anfahrt s. o. bei Karânis.

Der auf einer Terrasse des stufenförmigen Steilabfalles liegende Tempel von *Ḳaṣr es-Sâgha* ist ein schlichtes, schmuckloses Bauwerk mit einem Vorraum, 7 Kammern und 2 Querhallen aus Kalkstein. Es stellt ein Heiligtum vermutlich für den krokodilgestaltigen Faijûm-Gott Sobek dar und stammt aus der 12. Dyn.

Die Gegend von Ḳaṣr es-Sâgha war bereits in altpaläolithischer Zeit besiedelt und blieb es bis weit in die christliche Epoche. Davon künden die hoch über dem ägyptischen Tempel gelegenen Ruinen des koptischen Klosters Dêr Abu Lîfa und eine Anachoretenhöhle.

Dîme

Anfahrt s. S. 530, bei 85 km.

Die Stadt von ½ qkm Ausdehnung sicherte im Altertum die Karawanenstraße zu den Oasen der Libyschen Wüste. Ein Prozessionsweg von 370 m Länge — ursprünglich von liegenden Löwen flankiert — führte zwischen den noch immer gut erhaltenen Häusern zu einer ptolemäischen Tempelanlage, die von einer Lehmziegelmauer umschlossen war. Dieser Haupttempel war dem Soknopaios gewidmet, der ptolemäischen Faijûmform des Gottes Sobek, nach dem die Stadt auch den Namen »Insel des Soknopaios (Soknopaiu nêsos)« hatte; außer ihm war der Kult auch der Göttin Isis geweiht. Nur noch wenige Reliefs sind erhalten. Die Ruinen ergeben weitere kleine Tempel und Kapellen.

Kasr Karûn

Anfahrt s. S. 530, bei 103 km.

Die Trümmerstätte von *Kasr Karûn* liegt am SW-Ende des Sees in der Wüste, ehemals am Seeufer. Die Ruinen der Stadt sind die des alten Dionysias, wo die Grenze der römischen Provinz verlief; von hier aus zog die Karawanenstraße nach der Oase Bahrîja.

Die im äußersten Nordwesten gelegene *Festung* mit der eindrucksvollen Ausdehnung von 94 m × 81 m ist aus gebrannten Ziegeln sehr sorgfältig gebaut, nur das einzige Tor, das die Mauer im Norden durchbricht, aus Kalkstein errichtet. Vier Ecktürme (8,20 m × 9,50 m) und fünf Mitteltürme bewehren die Mauer, das Eingangstor ist durch zurückgezogene Mauern (4,10 m lang) flankiert.

Der noch recht gut erhaltene, restaurierte spätptolemäische *Tempel* von 19 m × 28 m im Zentrum der archäologischen Stätte war dem Faijûmgott Sobek gewidmet. In der Achse an der Rückwand drei niedrige Nischen für Kultbarke und -statuen. Unter dem Allerheiligsten Krypten und Zugang zu einem Orakelraum über der Mittelnische. Man steige auch zum oberen Stockwerk (mit mehreren Räumen) und auf das Dach, um von hier den weiten Blick über die versandete Stadt, die See- und die Wüstenlandschaft zu haben.

In der Achse des Tempels 330 m östlich liegt ein Kiosk ähnlich dem von Philae, und weitere 140 m südöstlich ein römisches Mausoleum. Im übrigen Bezirk sind öffentliche und private Bauten, auch eine Zisterne, ausgegraben: im Süden bekunden mehrere Stadtruinen mit Tempeln und Nekropolen die Bedeutung der Grenzstadt.

Medînet el-Faijûm, Krokodilopolis-Arsinoë

Man erreicht die Stätte von N kommend über Sinnûris oder von Ķasr Ķarûn her über Ibschawâi.
Unterkunft: Auberge du Lac, 30 km im NO von Medînet el-Faijûm am Seeufer; Pavillon de Chasse, Schakschûk, 7 km im W des vorigen; beide im Sommer geschlossen. Kein Hotel in der Hauptstadt.

Medînet el-Fajûm ist die Hauptstadt der Provinz Faijûm mit allen öffentlichen Ämtern, ist Handelszentrum des Gebiets und an Markt- und Festtagen Treffpunkt der umwohnenden Bauernbevölkerung. Die vom Bahr Jûsuf durchflossene, volkreiche Stadt (etwa 200 000 Einwohner) mit ihren vielen kleinen Brücken, einigen hübschen Plätzen, mehreren Moscheen (im westlichen Stadtteil eine ans Ende des 15. Jh. zurückgehende) und einer großen koptischen Kirche ist durchaus reizvoll. Charakteristisch für das Faijûm sind die unterschlächtigen Wasserräder, die Zikkurat-Form der Taubenhäuser und der Artenreichtum an Vieh.
Im Norden der Hauptstadt, an der nach Abûksâ führenden Eisenbahnlinie, liegt *Krokodilopolis-Arsinoë*, mit 227 ha, ehemals eine der größten Stadtruinen, die jedoch durch → Sebbahgräber und Ziegelbrenner abgetragen wurde. Der bedeutendste, 20 m hohe Schutthügel ist der Kimân Fares jenseits der Eisenbahngeleise. Die Stadt war die Kultstätte des krokodilköpfigen Wassergottes Sobek (Sûchos), dessen Schutzherrschaft das ganze Faijûm unterstand. In einem Wasserbecken, von dem noch Reste erhalten sind, wurden ihm heilige Krokodile gehalten. Von der Hellenisierung der Stadt durch Ptolemaios II., mit der er die Inthronisierung der Königin Arsinoë als Schutzgöttin verband, hat die »Krokodilstadt« ihren Namen in »Arsinoë« gewandelt. Der Haupttempel mit dem Krokodilsee lag am Nordende der antiken Stadt. Der im frühen MR gegründete Bau hatte nach einer zeitgenössischen Beschreibung im großen Säulensaal einen Boden aus Rosengranit und goldbeschlagene Tore. Aus dem Heiligtum stammt die prächtige Statue Amenemhêts III. im Priestergewand, die heute unter Nr. 395 im Kairener Museum steht. Bei Ausgrabungen anläßlich moderner Bauarbeiten wurden griechisch-römische Thermen mit je 2 Rotunden (für Frauen und Männer) aufgedeckt, dazu die nötigen Versorgungsanlagen. Die bei aller Vorstellungskraft im Geiste nicht mehr rekonstruierbare Glanzstätte ist zu einem unübersehbaren Scherbenfeld geworden, dessen hellenistisch-koptische Architekturfragmente, griechisch-römische Kleinfunde, Münzen, Papyrusbruchstücke sowie Statuen- und Stelenfunde Bedeutung wie Langlebigkeit der antiken Stätte bezeugen.

Medînet Mâdi, Tebtynis

Medînet Mâdi liegt jenseits des äußersten Kanalweges, der am SW-Rand das Faijûm umschließt. Man besucht es von Medînet el-Faijûm oder auch von Ķasr Ķarûn auf schmalem Dammweg, der ständig nördlich des Kanals am Wüstenrand entlangführt. Medînet

Medînet el-Faijum, Medînet Mâdi, Tebtynis, Hauwâra 535

Mâdi ist kenntlich an einer leichten Erhebung, auf der das Gebäude der Antikenverwaltung (Wächter!) liegt, dahinter verdeckt der Tempel. – Von Medînet el-Faijûm über Itsa und Abu Gandîr (das man aber nicht zu berühren braucht) mündet die Asphaltstraße auf denselben Dammweg am el-Nasle-Kanal und führt in gleicher Richtung als schlechte Piste nach 5 km zum Gebäude der Antikenverwaltung.
Nach *Tebtynis* verfolge man den Dammweg an Medînet Mâdi vorbei 15 km in SO-Richtung, immer am Wüstenrand bleibend.

Am Südrand des Faijûms haben noch die beiden Städte Medînet Mâdi und Tebtynis, von denen besonders die erste sehr empfohlen werden kann, archäologische Bedeutung erlangt.

Medînet Mâdi schenkte seinen Ausgräbern ein koptisches Gemälde, einen Segelwagen aus Holz, griechische Papyri und Reste römischer Mosaiken, vor allem aber als älteste Teile einen Tempel aus dem MR und zwei Köpfe Amenemhêts III. Er auch hat den Tempel begründet, sein Sohn und Nachfolger vollendete ihn. Das kleine Heiligtum aus Vorhalle und Allerheiligstem mit drei Nischen war den Göttern Sobek, Horus und Renenutet geweiht und bereichert aufs willkommenste die Architekturreste aus dem MR (→ Mentuhotep-Tempel von Dêr el-bahri, → Kiosk Sesostris' I. in Karnak und Tempel von Ḳasr es-Sâgha). Ramessiden und Libyer haben sich in ihm verewigt, die Ptolemäer ihn nach N und durch 3 Querhallen nach S verlängert. Ebenfalls ptolemäisch sind die vorgelegten Torbauten, deren südlichster in die Rückwand des Vestibüls einbezogen ist. Auf den zwei Pfeilern des Eingangs zum Vestibül waren vier Isishymnen graviert, in griechischer Sprache und signiert von Isidor. Diese vier Gedichte ägyptischen Geistes, aber homerischen Stils sind ein bedeutendes Beispiel ptolemäischer Mischkultur (heute im Museum Alexandria). Andere Inschriften dieser Pfeiler berichten von der Erbauung des Vestibüls im 22. Jahr der Regierung Ptolemaios' IX. Soters II. Zum eindrucksvollsten der ganzen langgestreckten Anlage gehört die auf das Vestibül mündende Löwen- und Sphinxallee, an der bis ins 3. nachchristliche Jh. gebaut wurde.

Tebtynis hat seinen ruhmreichen Klang durch die Funde griechischer und demotischer Papyri. Ein frühptolemäischer Tempel und eine Stadt haben nur Trümmer zurückgelassen, die zahlreichen Einzelfunde sind in die Museen gewandert.

Hauwâra

8 km südöstlich der Hauptstadt, vom Dorfe Hauwâret el-Maḳta aus zu besuchen, liegt am Rande der Wüste die *Pyramide* von *Hauwâra,* das Grabmal König Amenemhêts III., jenes Herrschers, der sich um die Erschließung des Faijûms hochverdient gemacht und der mit seinen Statuen mit das beste an ägyptischer Plastik geschaffen hat. Die Pyramide

erhebt sich über einem Quadrat von 106 m; ein natürlicher Fels in Höhe von 12 m ist als Kern stehengeblieben, im übrigen ist sie aus ungebrannten, mit Stroh durchsetzten Nilschlammziegeln erbaut und war mit Kalksteinplatten verkleidet.

Der Eingang an der Südseite ist jetzt unzugänglich, er führt durch ein Gewirr von Gängen im Innern des Denkmals zur Sargkammer, die offensichtlich ursprünglich nicht nur für Amenemhêt selbst, sondern auch für seine Tochter Nofru-Ptah vorgesehen war, die indes später in einem eigenen Grab (s. u.) bestattet worden ist. Die Wanne der Sargkammer, aus einem gelblichen Quarzit, ist monolith und auf ein Gewicht von 110 Tonnen berechnet. Über ihrem Dach liegen 2 Entlastungskammern, über denen sich ein gewaltiger Bogen aus Ziegeln wölbt.

Einzigartig ist der südlich der Pyramide gelegene Totentempel, das schon im Altertum berühmte *Labyrinth*, das zu den sieben Weltwundern zählt. Da es seit der römischen Zeit als Steinbruch gedient hat, ist es bis auf geringe Reste von Mauern, Kalkstein- und Granitsäulen sowie Steinschutt verschwunden. Nach Strabo, der das Labyrinth ausführlich beschreibt, war der Anlage 200 m lang. Kein Fremder, so schreibt er, könne sich in die Säulengänge hinein- oder aus ihnen herausfinden. Die Anlage, die »großartiger als alle griechischen Bauwerke zusammen« gewesen sein soll, habe in zwei Stockwerken je 1500 Räume enthalten. Von hier stammt auch die vollendet schöne Kalksteinstatue Amenemhêts III. (Nr. 385 des Kairener Museums), der an Hoheit keine andere gleichkommt. — In dem Gräberfeld nördlich der Pyramide liegen die Großen von Krokodilopolis bestattet (seit dem MR).

Am Weg nach Hauwâra, von Hauwâret el-Maḳta kommend links der Straße, kann die wieder freigelegte eindrucksvolle Grabkammer der Prinzessin *Nofru-Ptah* mit Resten der Ziegelpyramide darüber besichtigt werden.

In Hauwâra wurden bei weitem die meisten *Mumienporträts* gefunden, die übrigen in anderen Faijûmorten und in Alexandria (z. Z. über 750 bekannt; heute in Museen und Privatsammlungen). Sie setzen die altägyptische Sitte fort, den Kopf des Toten, zunächst in einer Stuckschicht, später durch eine bemalte Maske aus Leinwand und Kartonage, herauszuarbeiten. Hat dieser »geheime Kopf« den Sinn, den Toten im Rahmen der Jenseitserwartung gegen den etwaigen Verlust seines Kopfes zu sichern, so das Mumienporträt die Aufgabe, die Züge des Verstorbenen zu erhalten. Es wurde den Hinterbliebenen um so bedeutungsvoller, als die Mumie im Hause aufgestellt war. Wir kennen es von Griechen und Römern, Semiten und wenigen Ägyptern, und zwar nur aus christlicher Zeit.

Das Mumienporträt, das in verschiedenen Techniken (besonders enkaustische, weniger Tempera-Malerei, vgl. S. 216) um ein möglichst lebenswahres Bildnis ringt, erreicht vielfach höchste künstlerische Qualität. Während sich in → Hermopolis zahlreiche Stuckbüsten fanden, bei denen das Haupt frei über dem Mumienkopf aufragt, schuf das Faijûm, und zwar ziemlich ausschließlich, fast nur gemalte Bildnisse. Das beinahe lebensgroße Brustbild auf Holz oder Leinwand, das über dem Gesicht des Toten in die Mumienbinden eingewickelt wurde, stirbt etwa im 4. Jh. aus, während die Maske, wenn auch sehr selten, bis in byzantinische Zeit nachlebt. Als ein Edikt des Kaisers Theodosius (392) Ahnenkult und Mumifizierung verbot, scheinen die Mumien an ihrer Fundstelle bei Hauwâra verscharrt worden zu sein (vgl. auch Sarg und Mumifizierung).

Illahûn, Kahûn

Das Grabmal Sesostris' II., die *Pyramide* von *Illahûn*, besucht man von der Station Illahûn oder auch von der Kleinbahnstation Basch-Kâtib aus; besser aber mit dem Auto, indem man nach Hauwâret el-Makta zurückfährt und von dort der Straße am Bahr Jûsuf entlang folgt. Über Dimischkîn errreicht man Illahûn, dann nordwärts Sîdi Gâdalla und schließlich in der Wüste (am besten mit einem Führer) die Nekropole mit der Pyramide.

Auf einem Felsen ist zunächst ein sternförmiges Mauergerüst aus kolossalen Kalksteinblöcken errichtet, dann die Pyramide wie die von Hauwâra aus Nilschlammziegeln aufgebaut, mit einer Seitenlänge von 107 m. Der ganze Bau war mit weißen Kalksteinblöcken verkleidet; am unteren Ende der Verkleidung sorgte eine Rinne für den Abfluß des Regenwassers. — An der O-Seite der Pyramide liegt der bescheidene Totentempel. Der Eingang zu dem Grabmal befindet sich — entgegen der Tradition — nicht an der N-Seite, vielmehr führten 2 miteinander verbundene Schächte von der S-Seite in die Erde. Durch den größeren der beiden wurde der Königssarkophag 12 m tief in einen Korridor hinabgelassen, der auf Umwegen in die aus Granit erbaute Grabkammer mündete. Hier wurden ein trefflich gearbeiteter Sarg aus Rosengranit und ein Opfertisch aus Alabaster gefunden.

Nördlich des Grabmals liegen acht *Felsengräber* sowie die Reste der Pyramide der Königin, während in den südlich der Pyramide gelegenen vier Schachtgräbern nahe königliche Verwandte beigesetzt waren. In dem der Prinzessin Sit-Hathor-Iunet ist der Goldschmuck gefunden worden, der zum Schönsten an Juwelierkunst überhaupt gehört (heute großenteils in Kairo, teils im Metropolitan Museum in New York).

In der Stadt *Kahûn* (meinungsgleich mit Illahûn), 2 km nördlich der Pyramide, die Sesostris II. für die Zeit seines Pyramidenbaus begründete, sind viele Geräte aus dem täglichen Leben gefunden worden. Auch als Anlage war sie den Forschern interessant, sind doch von den im Fruchtland gelegenen Siedlungen so gut wie keine mehr auf uns überkommen. Heute ist nichts mehr zu sehen.

Oberägypten

Von Kairo bis Luksor

Allgemeine Hinweise zur Fahrt

Flugzeug

Die Misrair fliegt mehrmals täglich von Kairo nach Luksor (50 Minuten) und weiter nach Assuân (20 Minuten) – Abu Simbel.

Eisenbahn (674 km)

Luksor–Assuân, Endstation der ägyptischen Bahn. Die günstigste Verbindung ist:
Kairo (mit Schlafwagen, einige moderne Schlafwagenzüge sind klimatisiert) ab 20 Uhr – 7.30 Uhr Luksor – 11.30 Uhr Assuân. – Assuân mit dem Schlafwagen ab 16.20 Uhr, Ankunft Kairo 9 Uhr (häufig Verspätung). Abendessen und Frühstück im Zug. Fahrkarten sollte man sich Wochen voraus sichern.

Schiff (740 km)

Das ganze Jahr über fahren Nildampfer von Luksor nach Assuân und zurück; von Dezember bis Mai einige zusätzlich, aber nicht regelmäßig.
Die Agenturen offerieren außerdem 1–2mal jährlich 14tägige Kreuzfahrten von Kairo bis Assuân; die Haltestellen ermöglichen den Besuch der bedeutendsten Denkmalstätten. Man wende sich an die Reiseagenturen Nile-Hilton-Hotel; Eastmar, 13 Ḳasr en-Nîl; Trans Egypt Travel, 37 Ḳasr en-Nîl.
Der regelmäßige Schiffsverkehr zwischen Luksor und Assuân hat die Haltestellen Dendara – Esna – Edfu – Kôm Ombo.

Auto

An der gut ausgebauten Straße von Kairo bis Luksor gibt es genügend Tankstellen und Garagen, aber außer in Minia und Nag Hammâdi keine ausreichenden Hotels bis zum Zielort. Ausfahrt Kairo Richtung Gîsa, auf dem linken Nilufer südwärts, Uferwechsel in Ḳena. – Wer es vorzieht, mag zur Fahrt nach Oberägypten auch die → Küstenstraße am Roten Meer wählen (S. 774 f.).

Die Fahrt

Was bei der Einfahrt in den Hafen Alexandrias oder der Landung auf dem Flugplatz in Kairo dem europäischen Reisenden gewaltig als *Andersartigkeit des Landes* und seiner Bewohner ins Gesicht springt, das vermag er auf der Fahrt zu durchdringen und zu unterbauen, wenn er schon nicht die Möglichkeit hat, durch Zusammenleben oder wenigstens Gespräche mit den Einheimischen die Besonderheit des Fremden zu würdigen. Auf der nun folgenden Strecke durch Oberägypten wird er so vieles zu beobachten finden, daß er bedauert, nur zwei Augen zu haben.
Die Vielfalt und Staffelung wie auch der Wechsel der verschiedenen Landschaftsformen mit ihrer Flora und Fauna, wie er sie von der eigenen Heimat her kennt, wird hier auf-

Allgemeine Hinweise – Die Fahrt

gehoben und verwandelt in das gleichmäßig Eindrückliche dieser *Landschaft*, das aber alles andere als Eintönigkeit und Langeweile bedeutet. Alle Formen und Farben sind in Ägypten bestimmt durch große, klare Verhältnisse, beinahe zu Symbolwerten abstrahiert. Das frische Grün im Fruchtland und das grelle Gelb-Weiß der Wüste, die den Ackerboden zu beiden Seiten feindlich einschnürt, und das Blau des Himmels, das sich gelegentlich im Nil widerspiegelt, der als Schlagader das Land durchzieht – das sind die Farben, die das Land prägen, scharf gegeneinander abgegrenzt, ebenso unvermittelt, wie Tag und Nacht ineinanderwechseln. Die feinen Spiele des Lichts bis zu den Wüstenbergen am Rande bei Tagesanbruch und am Abend, wenn die Sonne untergeht, sind kurz, aber ebenso abgewandelt und bewegt wie die tausendfachen kleinen Windungen des Stromes, die aus einem Weg erst eine Lebensmacht werden lassen.

Dicht aufgereiht liegen die *Dörfer* aus Nilschlamm als ein Stück Erde selbst, vielfach unter Palmen; die Städte mit ihren weißen Minaretten; die Friedhöfe mit ihren einfachen steinbegrenzten Hügeln als ein Stück Wüstenlandschaft, eingestreut ins Unendliche ihrer Weite und Zeiten.

Auf den *Feldern* die Hirten mit ihren Ziegen und Schafen, auf den Wegen die Händler mit Kamelen; Esel tragen unentwegt Lasten, Büffel treiben die Wasserräder, am Schadûf schwitzen braune Männer. Steil lösen sich schwarz verhüllte Frauen aus dem Grund und schreiten mit dem Wasserkrug auf dem Kopf zum Fluß. Und vielleicht hat einer das Glück, ein Totenzelt aus roten Teppichen zu sehen, dem rot bedeckten Sarg eines Leichenzuges zu begegnen oder gar dem Wagen mit Dorfjungen, die zur Beschneidung gefahren werden und einen roten Turban tragen.

Der Reisende wird die Feldbestellung beobachten ebenso wie die Männer am Boden mit ihren Wasserpfeifen; die Kuhreiher, die sich um die Tümpel scharen, oder auch den einsamen Raubvogel, der plötzlich über einem Berge steht. Auf den Bahnsteigen bieten sich abwechslungsreiche Schauspiele gedrängter Fellahen, der Glöckner gibt das Signal zur Abfahrt.

Wir begleiten die Autoreise nun und empfehlen der Aufmerksamkeit jene Orte, die zu den Stätten der Antike Zugang verschaffen oder in Beziehung stehen. Wer Eisenbahn oder Schiff benützt, erlebt die Reise entsprechend abgewandelt. Die bedeutenderen Denkmäler sind anschließend an die Fahrt in geographischer Folge aufgeführt.

Zunächst sieht man auf der W-Seite (15 km) die drei großen Pyramiden von → *Gîsa*, südlich davon die von → *Abusîr*.

24 km Bedraschên als Ausgangsort für die Pyramiden von → *Sakkâra* (Stufenpyramide) und nach → *Memphis* (auf dem O-Ufer Heluân); südlich davon die Pyramiden von → *Dahschûr*, die rote Steinpyramide, die sog. Knickpyramide aus Stein und die kleinen aus Nilschlamm errichteten Pyramiden, die wie Hügel wirken.

58 km el-Matanja, Abzweigung zu den Pyramiden von → *Lischt*, die nördliche von Amenemhêt I., die südliche von Sesostris I. (12. Dyn.).

70 km Girsa, Abzweigung ins → *Faijûm* und zur »falschen« Pyramide von → *Maidûm*, die durch Einsturz ihr zikkuratähnliches Aussehen erhielt.
Gegenüber, am O-Ufer des Nils, Atfih, mit den kümmerlichen Resten von *Aphroditopolis*, das besonders in christlicher Zeit durch den heiligen Antonius berühmt wurde; östlich der Stadt hatte er seine Anachoretenwohnung, floh aber vor der Menge der Wallfahrer weiter bergauf.

82 km el-Wasta, Abzweigung der Bahnlinie nach dem → *Faijûm* (38 km bis Medînet el-Faijûm).

115 km *Beni Suêf*, Hauptstadt der gleichnamigen Provinz (150 000 Einw.), mit Nebenbahn über Illahûn bis Medînet el-Faijûm; größte Breite der oberägyptischen Niloase (17 km); Anbau von Zuckerrohr, Gemüse und Baumwolle; Textilindustrie. –

16 km westlich von Beni-Suêf liegt Ehnâsja el-Medîna, östlich des Bahr Jûsuf der 1½ qkm große Schutthügel von *Herakleopolis magna*. Abzweigung nach → Illahûn.

Am O-Ufer des Nils führt von Biâd en-Nassâra ein Karawanenweg zu den 40 km vom Roten Meer entfernten sehr alten → *Klöstern* der hll. Antonius und Paulus (gegr. 4. Jh.).

136 km Biba el-Kubra, Ausgangsstelle zu den 22 km westlich jenseits des Bahr Jusúf am Wüstenrande gelegenen 159 Felsengräbern der Gaufürsten von *Deschâscha* aus der 5./6. Dyn. mit interessanten Wandreliefs; sehenswert die Gräber des Iteti und des Inti (Belagerungsszene).

149 km Kreisstadt el-Faschn, südöstlich davon auf einer Insel *el-Hîba* mit den Trümmern einer in der 21. Dyn. erbauten Stadt und den Ruinen eines Amontempels Scheschonks I. (22. Dyn.).

169 km Maghâgha, Kreisstadt mit Zuckerfabrik und Ausgangsstelle einer Straße nach der Oase → *Bahrîja*. – Südlich, am O-Ufer, das Dorf Scharûna mit Felsengrab des Pepianch aus der 6. Dyn., Felsengräber der Spätzeit und Resten eines ptolemäischen Tempels. – Von hier aus kann man (aber nur mit Führer) zu dem schwer zu erreichenden Samuels-Kloster (Dêr Amba Samuʻîl) über Idwa gelangen.

187 km Beni Masâr, Kreisstadt, von der 5 km südlich entfernt die griechische Gauhauptstadt *Kynopolis* (O-Ufer) liegt. – 15 km nordwestlich am Bahr Jûsuf Behnesa an der Stelle des alten *Oxyrhynchos*, in christlicher Zeit eine Mönchsstadt um 12 Kirchen und einer großen Zahl von Klöstern, mit 10 000 Mönchen und 12 000 Nonnen im 5. Jh. In den Stadtruinen große Mengen bedeutender Papyri griechischer, koptischer und arabischer Sprache gefunden; Reste eines römischen Theaters. Von hier führt ein Wüstenweg nach der Oase → Bahrîja.

204 km Kolôsana. Am O-Ufer Surarîa mit einem aus dem Fels gehauenen Hathor-Heiligtum des Merenptah. – Ebenfalls aus dem Fels geschlagen daneben Ramses III. mit der Göttertriade Sobek, Hathor und Horus.

211 km Samalût, Kreisstadt mit Zuckerfabriken.

220 km *Itsa*, große Baumwollfelder, Zuckerrohrplantagen; am O-Ufer das mächtige Felsgebirge des *Gebel et-Têr* (Vogelberg). Auf der breiten Hochfläche des steilen Felsens liegt das koptische »Kloster der Jungfrau« (Dêr el-ʻAdra). Zufahrt mit Auto s. Minia.

Südlich von Gebel et-Têr *Tehna* (O) mit altägyptischen Felsgräbern; in der Umgebung weitere antike Reste. Zufahrt mit Auto s. Minia.

234 km *Minia*, Hauptstadt der gleichnamigen Provinz (150 000 Einwohner), zwischen dem hier 1 km breiten Nil und dem Ibrahimîja-Kanal gelegen; Mittelpunkt des oberägyptischen Baumwollhandels, buntes orientalisches Leben (Markttag Montag), freundlich-angenehme Stadt mit breiter Uferpromenade und modernisierten Plätzen. Lamati-Moschee der Fatimidenzeit mit antiken und koptischen Spolien, besonders Kapitellen. (Besuch lohnt.) – Baumwollfabrik. Hilfswerk der ägyptisch-evangelischen Kirche (Second evangelical and Coptic evangelical organisation for social services). Universität. Museum mit regional bedeutungsvollen altägyptischen Stücken, bisher in Kairo, am Nil (in Vorbereitung).

Minia wird mehr und mehr als Touristenzentrum ausgebaut und ist Ausgangspunkt für eine Reihe lohnender Unternehmen. Man besuche im N → Dêr el-ʻAdra und → Tehna. Im Süden sollten → Saujet el-Maitîn

(O) aufgesucht werden, → Beni Hasan (O), → Hermopolis, → Tûna el Gebel, das Museum von Mellaui und → Amarna.

Hotels, 2. Kl.: Lotus (im Norden des Bahnhofs). – Einfach: Seti und Palace (Zentrum). – Savoy (am Banhof). – Sehr einfach: Ibn el Khasib. – Beach Hotel. Baumwollfabrik (auch Herstellung von Ölkuchen und Seife) kann nach vorheriger Anmeldung besichtigt werden. – Touristenbüro 51 Sh. el-Gêsch.

254 km Abu Ḳurkâs, bedeutende Zuckerfabrik; südlich am O-Ufer die Felsengräber von → *Beni Hasan* und das → *Speos Artémidos*, ein aus der 18. Dyn. stammender Felsentempel, und viele weitere antike Reste.

272 km er-Rôda; 6 km westlich bei dem Dorfe el-Eschmunên die ausgedehnte Ruinenstätte der ehemals berühmten Stadt Schmunu, des → *Hermopolis* der Griechen, zugleich Hauptstadt des oberägyptischen „Hasengaues", dessen Fürsten sich im MR südlich gegenüber, am Rande der Ostwüste bei *Dêr el-Berscha*, in Felsengräbern bestatten ließen. Bedeutend ist nur Nr. 2, das Grab des Thoth-hotep (eines Gaufürsten der 12. Dyn.), mit der einmaligen Darstellung des Transportes seiner Kolossalstatue; ebendort weitere zahlreiche Gräber vom AR bis in die Ptolemäerzeit sowie Steinbrüche. Im N der Nekropole liegt inmitten eines Palmenhaines das Kloster des Aba Bschôi (8. Jh.; mit älteren Teilen).

Gegenüber von er-Rôda am Ostufer, zwischen Palmen das Dorf *Schêch Abâda* und östlich davon die Ruinen von *Antinoupolis* oder *Antinoë*, der »Antinous-Stadt«, die Kaiser Hadrian zu Ehren seines Lieblings Antinous 122 n. Chr. gegründet. Denn hier soll sich der schöne, durch viele antike Bildwerke bekannte Jüngling ertränkt haben, um von seinem kaiserlichen Freunde, dem das Orakel einen schweren Verlust geweissagt hatte, Schlimmeres abzuwenden. Von der kaiserlichen Ansiedlung, die bis auf Napoleons Tage noch ansehnliche Überreste zu bewundern gab (Theater, Triumphbogen, Kolonnaden, Zirkus, Hippodrom), ist ebenso wenig zu sehen wie von den Nekropolen des MR und der griechisch-byzantinischen Zeit, die in den letzten Jahrzehnten ziemlich ausgeplündert worden sind. Die meisten der in den Handel gekommenen koptischen »Isismysten« stammen von Raubgrabungen in den Friedhöfen von Antinoupolis, während die Bauten der alten Stadt Mohammed Ali zum Bau der Zuckerfabrik von er-Rôda dienten. – Von dem nördlich von Schêch Abâda gelegenen, eine Besichtigung lohnenden Tempel Ramses' II. stehen noch die Säulen des Vorhofes und des Säulensaales. Von den antiken Bauten (Triumphbogen, Theater, Säulengänge) der seit der Frühzeit kultivierten Stätte (Nekropole gefunden) kaum mehr Reste, ebenso sind die römischen und christlichen Friedhöfe ausgeraubt. Zu sehen noch ein spätrömisches bemaltes Grab-Hypogäum, im NO Ruinen eines koptischen Klosters.

3,5 km nilaufwärts von Schêcha Abâda liegt in der Wüste »das Kloster des hl. Johannes« *Dêr Abu Hennes* mit einer nahezu vollständigen, von einer Mauer umgebenen Anlage (einschiffige Kirche, Unterkunftsbauten, Refektorium, Rückzugsturm) aus dem frühen 8. Jh. Dahinter, auf der N-Seite einer engen Schlucht, alte Steinbruchhöhlen, die in altchristlicher Zeit als Eremitenklausen und Kapellen benützt wurden. Die größte Grotte (heute noch zum Gottesdienst verwendet) wird der Zeit der Kaiserin Helena zugeschrieben; sie ist mit Wandbildern (Heiligen und Szenen aus dem Neuen Testament) geschmückt, die benachbarte Kapelle mit der Erweckung des Lazarus und der Hochzeit von Kana. Griechische und koptische Besucherinschriften.

278 km *Mellaui Kreisstadt* (Hotel Semiramis, möglich), Ausgangsstelle für die MR-Felsengräber von el-Berscha im Norden und die südlich gelegenen von → Schêch Sa'îd (O) aus dem AR, nach → Hermopolis und → Tûna el-Gebel im Westen sowie → Amarna im Osten; ab

Mellaui Busverbindung nach → Kusîja und → Mêr. – Auf einer Kanalaushubstraße kann man → Dêr el-Mahárrak erreichen. – An Markttagen buntes, lärmendes Treiben.
In Mellaui ägyptisches Museum s. S. 560.

289 km *Dêr Mawâs*, von wo aus man über das Dörfchen Beni Amrân [W] die Ruinen von → Tell el-Amarna (O) besucht, deren nördlicher Teil bei et-Till, deren südlicher bei Hagg Kandîl gelegen sind.

300 km Dairût; von hier Busverbindung nach → Mêr; etwa 3 km nordwestlich davon am Rande der Wüste das Dorf *Baûît* mit den Trümmern eines koptischen Klosters und ein römischer Apollo-Tempel. Abzweigung des Bahr Jûsuf vom Ibrahimîja-Kanal.

312 km *Nasâli Ganûb;* jenseits des Ibrahimîja-Kanals liegt nahe westlich das alte Kusai (el-Kusîja) und 8 km westwärts in der Wüste *Mêr* mit den Felsengräbern der Gaufürsten aus der 6. und 12. Dyn., von denen besonders die des Senbi und seines Sohnes Uch-hotep großes Interesse verdienen; ihre Reliefbilder zählen zu den besten Werken der MR-Flachkunst. Sehenswert außerdem Grab des Pepi-anch (A 2, 6. Dyn), in dessen Serdâb von vielen Hundert Ahnen noch 225 eindrucksvoll an den Wänden mit Namen und Titeln in der Gestalt von Statuenbildern erhalten sind. – Im Grab des Uch-hotep (C 1, 12. Dyn.), eines Vorstehers des Hathortempels, werden alle Arbeiten von Frauen verrichtet.

Mêr ist mit dem Bus zu erreichen ab Mellaui oder Dairût, etwa stündlich; Mellaui-Kusîja (³/₄ Std.), Kusîja-Mêr (1 Std.), von Mêr, Ortsmitte, bis zu den Gräbern Eselritt. – Taxi ab Kusîja bis Wüstenrand, von da zu Fuß ¹/₂ Std. zu den Gräbern. Mit dem Auto zu den Gräbern zu fahren ist riskant, man kann steckenbleiben. Eine Begleitperson empfiehlt sich; Erkundigung beim Inspektorat in Minia. Wächter am Ort.

Von hier aus oder Manfalût (W), 350 km, führt eine Wüstenstraße nach der Oase → Farâfra.

330 km *Manfalût*. Sitz eines koptischen Bischofs. Zucker- und Dattelbranntweinfabrik (für die koptischen Gemeinden), bedeutender Markt; an dem östlichen Wüstenrande → *Dêr el-Gebrâui* mit 120 Felsengräbern (16 beschriftet und bebildert) meist aus dem Ende des AR, aber teils zerfallen. In der Dorfkirche von Dêr el-Gebrâui ist ein schwarzer Stein vermauert mit einer lateinischen Inschrift römischer Legionen, die ihr Lager an diesem Ort ihren Gottheiten weihen. – Von Manfalût Wüstenstraße zur Oase → Farâfra. 25 km nordwestlich von Manfalût am Wüstenrand das bewohnte Männerkloster Dêr el-Mahárrak (ursprünglich Dêr el-'Adra), d. i. „das verbrannte Kloster". Der Ort gilt als der südlichste Aufenthalt der Heiligen Familie in Ägypten. – 7 km im NW Kôm Dâra mit AR-Nekropole, die sich in S bis zur Festung Dâra hinzieht.

348 km Mankabad, großer ummauerter Klosterbezirk mit mehreren, teils reich ausgestatteten Toren. Im Innern mehrere einschiffige Kirchen aus dem 8. Jh. – Nach 3 km Abzweigung zu den Oasen el-Chârga und ed-Dâchla.

357 km *Assiût*, inmitten einer 20 km breiten Fruchtebene und zugleich am Ende einer wichtigen Karawanenstraße, schon im Altertum bedeutend, ist neben Assuân die größte Stadt Oberägyptens mit rd. 220 000 Einwohnern und ist wegen ihres traditionsreichen, wiederbelebten Kunstgewerbes berühmt: eingelegte Holz- und Lederarbeiten, Töpferwaren, Elfenbeinschnitzereien, Webereien, sowohl feine mit Gold- und Silberfäden durchwirkte Tüllschals als auch bunte Wolldecken; Groß-

handel mit Soda, Natron, Getreide und Baumwolle. Arabische Hochschule, Technische Schule und zahlreiche andere Institutionen (auch Krankenhäuser und Banken) haben in dieser Provinzhauptstadt ihren Sitz. Flughafen, zweimal wöchentlich Flug nach Kairo. Unweit vom Bahnhof kleines Museum.

Hotels: Windsor, Savoy, Assiout es-Siahi (alle nur notfalls). – American Mission Hospital, 86 Sh. Galâlal ed-Dîn.

Bei dem Dorfe el-Walidîja reguliert der *Staudamm* von Assiût den Ibrahimîja-Kanal und die Bewässerung der Provinzen Assiût, Minia und Beni Suêf; der gleichzeitig mit dem → Staudamm von Assuân errichtete Damm (auf dem auch eine Autostraße über den Nil führt) ist 883 m lang, 12,5 m hoch und hat 111 Öffnungen. Von Assiût bis Sohâg außerordentlich fruchtbare Landschaft, auch viele Taubenhäuser.

Als Hauptstadt des 13. oberägyptischen Gaues war *Assiût* im Alten Ägypten die Hauptkultstätte des Wolfsgottes Upuaut (Lykopolis). *Assiût* ist auch der Geburtsort des Neuplatonikers Plotin (205–270 n. Chr.). Im 14. Jh. zogen sich christliche Einsiedler in die antiken Gräber zurück, unter ihnen der berühmte Johannes von Lykopolis.

Südwestlich der Stadt jenseits einer über den Sohagîja-Kanal führenden Brücke liegen auf halber Höhe die *Felsengräber des alten Assiût,* dessen bedeutendstes die unter Sesostris I. lebendem Gaufürsten Hep-djefai gehört; hinter der hohen Längshalle ein Quersaal mit Anrufungen an die Grabbesucher (li.) und zehn Verträgen (re.), die der Tote zur Sicherung seiner Opfer mit den Priestern geschlossen hat. Nach einer Gestalt ihrer Heldensagen nennen die Araber dies Grab (ebenso wie das → Speos Artémidos) Stabl Antar.

Von hier aus hat man eine wundervolle *Aussicht* auf die Stadt mit ihren Minaretten und Palmen inmitten des Häusermeeres, auf den von Booten belebten Kanal und das Ostgebirge jenseits des weiten Fruchtlandes. Links unten der arabische Friedhof mit Hunderten von Grabkuppeln. Großartiger noch ist der Blick von den höher gelegenen *Gräbern* aus der Epoche vor dem MR, dessen mittleres, das »Soldatengrab«, dem Gaufürsten Cheti (Nr. 4) gehört, von dem aus man nach Süden zu dem des Tef-ib (Nr. 3) hindurchgeht.

382 km Abutîg. Bedeutender Markt.

384 km Sedfa, am Straßenrand „Taubentürme"; gegenüber 2 km vom O-Ufer entfernt, *el-Badâri,* in dessen Umgebung älteste vorgeschichtliche Gräber (der sog. Badâri-Kultur) ausgegraben wurden. Nördlich davon Tasa.

410 km Meschta; auf gleicher Höhe auf dem O-Ufer fruchtbare Ebene von *Kâu (el-kebîr),* halbkreisförmig von einem Bergkranz umschlossen. An dessen nördlichem Ende bei dem Dorfe *el-Hammamîja,* am Chisindarîja-Kanal, 3 reliefgeschmückte Felsengräber aus dem Anfang der 5. Dyn.; 30 Minuten Fußmarsch südöstlich davon am Felshang in Terrassen Felsengräbern von Fürsten des 10. Gaues aus dem MR, die größten und stattlichsten in ganz Ägypten, aber völlig abgetragen. Diese

riesige Nekropole von *Antaiopolis* ist belegt worden bis in späte Zeit. In den nach O in die Wüste sich hinziehenden Steinbrüchen demotische Graffiti, dabei Darstellung des Gottes Antaios und der Göttin Nephthys. – Antaios ist der von den Griechen dem hier verehrten ägyptischen Gotte Anti gleichgestellte Gott, der auch der Stadt ihren Namen gab. Nach dem Mythos war Antaios ein durch seine Kraft berühmter libyscher Riese, der alle Fremden, nachdem er sie im Ringkampf überwunden hatte, tötete, um aus ihren Schädeln seinem Vater Poseidon einen Tempel zu bauen. Herakles besiegte und tötete ihn. – Nach Diodor hat in Antaiopolis der Entscheidungskampf zwischen Horus und Seth stattgefunden. In römischer Zeit war Antaiopolis die Hauptstadt eines eigenen Gaues, des Antaipolites. Die Reste eines von Philometer errichteten, von Marc Aurel und Lucius Verus 164 n. Chr. erneuerten Antaios-Heiligtums im Süden wurden 1821 vom Nil weggespült.

420 km Tahta, Kreisstadt mit bedeutendem Viehmarkt.

450 km *Sohâg*, Hauptstadt (Baumwollstoffabrikation) der Provinz Sohâg mit 1 800 000 Einwohnern, von der aus an der westlichen Wüstengrenze das → Rote Kloster im Norden (Dêr el-ahmar) und das → Weiße Kloster im Süden (Dêr el-abjad) besucht werden können. Bei Sohâg spannt sich eine der größten *Brücken* Ägyptens (1953) mit einer Länge von 665 m über den Nil (in der Mitte eine Drehbrücke); sie führt hinüber nach *Achmîm* mit Resten, die zu den bedeutendsten Tempelbauten des Pharaonenreiches gehört zu haben scheinen; ringsum zerstörte Nekropolen. Gräber seit Ende AR. Grabungen im Gang. Statue Ramses' II. und einer Tochter in der Stadt freigelegt. In christlicher Zeit reihte sich hier Kloster an Kloster, hier starb auch der Patriarch von Konstantinopel Nestorius. –

In Sohâg Hilton-Hotel – Atlas-Hotel – el-Khayyam-Hotel – Semiramis-Hotel – Hotel Andalous (alle nur bescheiden). – Jugendherberge: 5 Sh. Port Saʿîd.

480 km *Girga*, Hauptstadt der gleichnamigen Provinz; die Stadt ist durch den sich verschiebenden Nil bedroht; Girga besitzt außerhalb der Stadt ein römisch-katholisches Kloster; noch Anfang des 19. Jh. lebten dort europäische Mönche. 6 km nordwestlich davon an der Stelle des heutigen el-Birba das alte *This*, Hauptstadt des gleichnamigen Gaues, aus der die Könige der beiden ersten Dynastien stammen; in der Umgegend viele Gräber und Tempelreste; auf dem O-Ufer bei *Naga ed-Dêr* mehrere Nekropolen, teils aus der Vorgeschichte. – Fruchtbare Ebene mit zahlreichen Schöpfbrunnen und – meist turmartigen – Taubenhäusern.

498 km *Baljána*, Ausgangspunkt für eine äußerst lohnende Fahrt (Taxis am Bahnhof, nahebei für den Notfall eine sehr einfache Unterkunft) nach → *Abydos*, 12 km westwärts am Wüstenrand bei dem Dorfe el-Arâba gelegen. – Die Fahrt durch die fruchtbare Ebene ist sehr schön, in den Hürden von Durrastroh – oder auch in flachen braunen Beduinenzelten – wohnen die auf dem Felde arbeitenden Fellahin mit ihrem Vieh. – Von hier aus südwärts immer häufiger Dûmpalmen.

520 km Abzweigung einer kleinen Straße, die über eine Staudamm-Brücke zum O-Ufer und südwärts nach Ķena führt.

535 km *Nag Hammâdi*, Kreisstadt mit einer der größten Zuckerfabriken Ägyptens; die Bahn überquert auf einer 400 m langen *Eisenbrücke* den Nil und bleibt bis Luksor-Assuân–Schellâl auf dem O-Ufer. Der Nil beendet hier seine große Ost-

Sphinx und Cheops-Pyramide in Gîsa ▶
Kopf einer Kolossalstatue Amenophis' IV. Luksor-Museum ▶▶

Die Fahrt bis Koptos

schleife. (Autofahrer bleiben besser auf dem linken Nil-Ufer bis Ḳena.) – Hotel Isis (Aluminiumhotel genannt) von Russen anspruchsvoll gebaut, aber allmählich verfallend.

540 km Hû, das alte *Diospolis parva*; nahe nördlich der Bahnstation ed-Dâbba liegen auf dem N-Ufer (der Nil macht hier eine O-W-Schleife) bei großen Steinbrüchen die Fürstengräber von *Ḳaṣr weṣ-Saijâd* (6. Dyn.) sowie weitere kleinere Gräber, in denen in christlicher Zeit koptische Mönche gehaust haben; beim Dorf wurden 1945 in der aufsehenerregenden gnostischen Bibliothek »die Handschriften von Ḳasr wes-Saijâd (oder griech. *Chenoboskion)*« gefunden, die in 13 Bänden fast sämtlich unbekannte theologische Texte in koptischer Sprache enthalten (heute im Koptischen Museum in Kairo). In den Codices, meist noch in ihren Originalledereinbänden, finden sich gnostische und hermetische Originalschriften, die der Vernichtung in der Alten Kirche entgangen waren (vgl. S. 436). – 2 km südlich von Hû liegt Eglum, ein mit sowjetischer Hilfe entstandenes Industriezentrum für Aluminiumverarbeitung. – Die weitere Straße verläuft ab Hû etwa 40 km durch die Wüste parallel zum Niltal.

577 km Fau Ḳibli mit Resten des Pachomius-Klosterkomplexes mit einer fünfschiffigen Basilika des 5. Jh. über dem Vorgängerbau einer ebenfalls fünfschiffigen Basilika des 4. Jh. (vgl. S. 211 und 197).

585 km rechts (am linken Nilufer) kleine Straße (1,2 km) zum Tempel von → *Dendara.*

587 km Über die Ḳena-Brücke auf das rechte Nilufer wechseln. Wer direkt zu den thebanischen Nekropolen nach Ḳurna fahren möchte, bleibe auf dem linken Nilufer und benütze die weniger gute, aber befahrbare Straße über Ballâs–Kôm Bellalet-Tûch–Danfîḳ. Wir setzen jetzt die Route auf dem rechten Nilufer fort.

590 km *Ḳena,* Hauptstadt der gleichnamigen Provinz mit 69 000 Einwohnern, bekannt durch die Herstellung poröser Wasserkrüge (Ḳullen), mit denen die Stadt ganz Ägypten versorgt. Am Westufer in der von den Griechen Typhonia genannten Gegend der Ort *Ballâs,* aus dessen Tonerde die Ballalîs (sing. ballâs) gefertigt werden. 3 km nördlich des Dorfes Ballâs liegt die Ruinenstätte Dêr el-Ballâs mit den Resten von 2 etwa 600 m voneinander entfernten Palästen des NR; zwischen beiden eine ältere Stadt. Die Paläste haben je ihr Zentrum auf einem künstlichen Berg (Akropolis), und waren von zahlreichen Säulenhallen (die Steinbasen der Holzsäulen sind noch erhalten) umgeben. Eindrucksvoll sind heute noch die Treppenanlagen des Südpalastes. – Ḳena ist Ausgangsort für die östlichen Wüstenstraßen zum Roten Meer (bis Port Safâga (165 km, asphaltiert), früher bis Arabien und Indien. Von hier aus (wenn nicht von Luksor) unternimmt man den Besuch nach → Dendara. Autobrücke über den Nil. Autofahrer tangieren Dendara 5 km vor Ḳena. – Einfachstes Bahnhofshotel.

615 km Ḳuft, das alte *Koptos,* schon früh bedeutende Handelsstadt und noch in griechisch-römischer Zeit Hauptumschlagplatz für die Waren nach Arabien und Indien; ihr Stadtgott Min war Schutzherr der Wüstenfahrer. Von hier aus zogen sie zum → Roten Meer, zur → Sinaihalbinsel, nach → Punt und ins → Wâdi Hammamât zum Steinbruch. Später zogen die Karawanen über Ḳûs und über Ḳena. Heute starke koptische Siedlung und der Ort, der für archäologische Grabungen die besten Facharbeiter stellt (Ḳufti).

◀ *Doppeltempel von Kôm Ombo.*
◀◀ *Treppe aufs Dach im Horustempel von Edfu.*

624 km r. Straße (4,5 km) nach Ḳûs, nordwestlich davon am Rande der westlichen Wüste die Ruinen des alten *Ombos,* der ältesten Hauptstadt Oberägyptens, die unter der Schutzherrschaft des Gottes Seth stand; nahebei große vorgeschichtliche Nekropolen. Moschee el-Amri bemerkenswertester islamischer Bau Oberägyptens. Der Brunnen (Sebîl) trägt auf dem monolithen Becken die Kartuschen Ptolemaios' II. Philadelphos. – 6,5 km südlich von Ḳûs das Dorf Garagos, wo nach dem Vorbild von el-Harranîja Kinderteppiche, außerdem Keramiken hergestellt werden. – In gleicher Höhe, auf dem W-Ufer des Nils, *Nekâda,* vornehmlich von Kopten bewohnte Stadt, wissenschaftlich bedeutend durch die am Wüstenrand aufgefundene Ziegelmastaba aus der Zeit des → Menes (54 m × 27 m mit 21 Räumen), des ältesten ägyptischen Königs; heute stark zerstört. – Im koptischen Friedhof das größte der hier am Wüstenrand aufgereihten koptischen Klöster, Dêr *el-Malâk,* mit vier Kirchen und 28 Kuppeln.
Weiter im Süden, am linken Nilufer, bei Danfîḳ eine Gruppe von Klöstern, von denen das Kloster *Dêr Mârî Buktûr* (hl. Victor) oder Dêr el-Kula durch seine Fresken (10. oder 11. Jh.) in den Kuppeln hervorragt. Auf der rechten Nilseite, 8–10 km nordöstlich von Luksor, bei Medamûd, das *Kloster Dêr Amba Pachom* (wohl aus dem 7. Jh.; letzte Restaurierung 1842), eindrucksvoll durch seine schöne Lage; heute von koptischen Familien bewohnt.

647 km Abzweigung einer Straße (1,5 km) nach r. bis → Medamûd.

651,5 km → *Luksor* (O).

Dêr el-Adra und Tehna el-Gebel

Den Besuch der beiden archäologischen Stätten unternehme man von Minia aus, benütze die Autofähre auf das Ostufer und dann die kleine asphaltierte Straße nach Norden (21 km). Um sicher zu gehen, erkundige man sich vorher beim Inspektorat in Minia.
Das koptische Kloster *Dêr el-ʿAdra,* das »Kloster der Jungfrau«, wurde angeblich von der hl. Helena gegründet, ist jetzt nur noch von 2 Priestern mit Familien bewohnt. Die leeren Häuser der Umgebung ziehen aber an hohen Feiertagen der Mutter Gottes große Pilgerscharen an sich. – Die Kapelle ist teilweise aus dem Fels gehauen, sie könnte, wie die Legende will, ins 4. Jh. zurückreichen. Die römische Umfassungsmauer wurde in arabischer Zeit ausgebessert, die Tafel über dem schönen Tor erinnert an die Restaurierung von 1938.
Weiter südlich, 10 km im N von Minia, liegt *Tehna el-Gebel* am Fuß des Gebel et-Têr, des »Vogelbergs«, mit Ruinen der antiken Stadt Tehna. Oberhalb einer Grotte Inschrift für Ptolemaios V. Epiphanes; kurz südlich davon ein aus dem Fels gehauenes Kolossalbild Ramses' III. mit Amun und Sobek; unmittelbar hinter der antiken Stadt auf einem Felsen ein Relief (römischer Zeit) von zwei Männern, die ein Pferd am Zaum halten. – Bedeutender aber als diese Sehenswürdigkeitei sind die altägyptischen Felsgräber in Mastabaform aus dem AR mit Reliefs und wichtigen juristischen Inschriften. Nördlich davon Felsengräber aus griechisch-römischer Zeit. Die Gegend dürfte dem griechischen Akoris gleichzusetzen sein. Das Gebirge wurde auch als Steinbruch benützt.

Saujet el-Maitîn und Kôm el-ahmar

7 km südlich von Minia, ebenfalls am Ostufer, liegt südlich des 3 km sich ausdehnenden islamischen Kuppel-Friedhofs des Dorfes Ṣaujet- en-Nasser (wie es heute nennt) der Kôm el-ahmar, »der Rote Hügel«, mit der altägyptischen Nekropole, die trotz der Zerstörung durch Steinbruch noch durchaus sehenswert ist. Die Felsengräber der hier bestatte-

Ende der Fahrt — Tehna el-Gebel — Saujet el-Maitîn — Beni Hasan

ten Fürsten stammen meist aus dem Ende des AR, aus ihnen ragen die des Ni-anch-Pepi und des Chu-nes aus dem AR hervor. In dem des Nefer-secheru (18./19. Dyn.) im NW Darstellung des Grabinhabers mit Gemahlin vor Osiris, Isis und Nephthys; Totenszenen und Ackerbau; Statuen der rückwärtigen Nischen zerstört. — Auf dem Gipfel des Hügels ein auf dem Gesicht liegender Koloß ohne Inschrift.

Beim Dorfe *Nuêrât* im S einige Felsgräber des AR.

Beni Hasan

Beni Hasan und Speos Artémidos kann man von Minia mit einem Motorschiff erreichen; doch sind die Schiffe ziemlich groß (100 Sitzplätze), daher nur für größere Gruppen zu empfehlen. Das Schiff fährt bis zum Dorf Beni Hasan am O-Ufer (23 km); von dort zu Fuß oder auf Mieteseln zu den Felsgräbern. Das Schiff nach Beni Hasan und gegebenenfalls einen Dragoman kann man durch das Touristenbüro in Minia bestellen. — Üblicherweise fährt man mit dem Auto von Minia oder Mellaui am W-Ufer des Nils entlang bis Abu Ḳurḳâṣ (21 km); von dort durch die Felder an den Nil, wo man nach Beni Hasan übersetzen kann mit Segel-, Ruder- oder Motorboot. — Bei Ankunft der Nilschiffe stehen Esel für Touristen bereit.

Ist man auf dem Ostufer gelandet — bei niederem Nil tragen einen die Bootsleute von der Sandbank ans Ufer (Trinkgeld!) —, so sieht man die Wege am Bergabhang bereits hinaufführen; man gehe zwischen den Feldern auf den südlichen (rechts) zu (20 Min.), kommt oben bei Grab 32 an und wende sich nach links (nördlich).

Die Felsengräber

Die Anlagen verdanken ihren Namen einem Araberstamm, der jetzt noch Beni Hasan esch-schurûḳ bewohnt. Die in einer Reihe angelegten insgesamt 39 Felsgräber stammen von Fürsten aus dem MR und zählen wegen ihrer wichtigen Inschriften, der einmaligen Darstellungen von Sport, Spiel und Handwerk sowie ihrer eigenartigen Architektur zu den Besonderheiten Ägyptens. Wer wenig Zeit hat, begnüge sich mit den Gräbern 17, 15, 3 und 2. Die Wandbilder sind auf Stuck gemalt, aber wegen starker Verschmutzung nicht gut zu erkennen. In Grab 3 ist stellenweise der Versuch einer Reinigung gemacht, aber erst wenn sich nach Jahren herausgestellt haben wird, daß das Verfahren nicht schadet, soll die Reinigung allgemein durchgeführt werden. An diesen Stellen bekam man einen Eindruck von der Frische der Bilder und erkennt den ungewöhnlichen Reiz der Entwürfe. Die auffallende Betonung des Sportes ist bezeichnend für die Haltung des MR.

Nr. 17, Grab des Cheti, Gaufürsten der 11. Dyn., ist ein einfacher Saal, von dessen 6 Lotosbündelsäulen mit geschlossenem Kapitell noch 2 stehen. Links vom Eingang (a) schlecht erhaltene Reste einer Fischjagd, Vogelfang und Szenen im Papyrusdickicht. — N-Wand, W-Hälfte (b), oben: Wüstenjagd, dabei Fabeltiere; darunter Barbiere, Handwerker, Weber

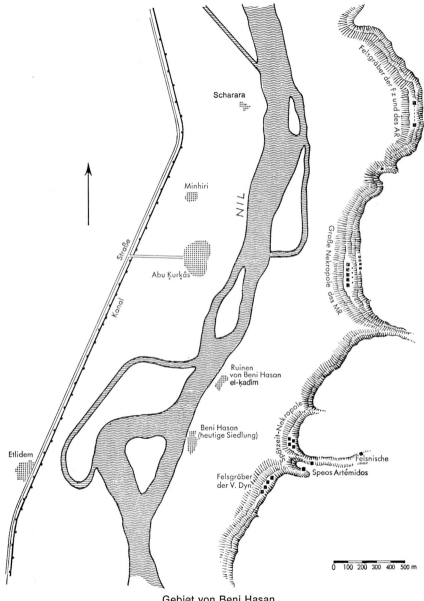

Gebiet von Beni Hasan

Felsengräber

und Flechter; darunter interessante Spiele und Sport; darunter Tänzer und Tänzerinnen, Statuentransport (re.); unten Handwerker, Tischler u. ä. – O-Hälfte (c) Grabherr mit Frau, Hunden, Musik, den Bildern bei b zugewendet; ganz re. oben Gabenträger (nach li. schreitend), unten re. geführte Tiere. – Rückwand (d): oben Ringer in kinematographischen Phasen, unten Kriegsspiele, Kampf um eine Festung. – S-Wand (e): Herr mit Frau, Hund, Musik, nach li. gewendet; daneben nach re. gewendet Herr, begleitet von Fächerträgern, Sandalenträgern, einem Krüppel- und einem Rassenzwerg, Hunden; re. anschließend (f): Grabherr empfängt Opfergaben, ganz re. Speicher, oben Tänzer und Tänzerinnen. – W-Wand (g): Leben auf dem Land mit Tieren, unten auf dem Wasser; re. der Scheintür: Schlachten und Opferträger.

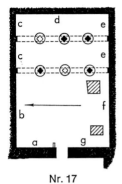

Nr. 17

Nr. 15, Grab des Baket, Vater des Cheti und Gaufürsten der 11. Dyn., ist eine ähnliche Anlage wie Nr. 17, hatte aber nur zwei Säulen (heute weggebrochen) und in der SO-Ecke eine kleine Nische mit Statuensockel. Auf der N-Wand (b–c) oben: Jagd in der Wüste mit Fabeltieren, darunter Barbier, Wäscher und Weber, Maler, ähnlich wie bei Nr. 17; unten li.: Grabherr mit Frau, vor ihm in 4 Reihen: Weberinnen, Spiel und Sport, Ballspiel; Vorführen von Vieh; Musik, Metallarbeiter; Fischfang, re. verschiedene Vögel mit beigeschriebenen Namen. – O-Wand (d): oben Ringer in kinematographischen Phasen, unten Kriegsspiele, Kampf um eine Festung, ähnlich wie bei Cheti. – S-Wand, li. vom Schrein (e): kleine Einzelszenen, dabei Tiere mit beigeschriebenen Namen; re. (f) Grabherr, vor ihm in 6–7 Reihen (Sockel zerstört): Männer, die einen Schrein mit seiner Statue ziehen (oben), davor Tänzer, Tänzerinnen, Gabenträger, vor allem mit Schmuck; Vorführen von Vieh, dabei (li.) Prügelstrafe, einmal sogar (3. Reihe) für eine stillende Mutter, Schreiber notieren die Abgaben, einige Bauern werden mit Gewalt zur Abrechnung geschleppt; darunter (4. Reihe): Töpfer an der Drehscheibe, li. unten Metallarbeiter, re. zwischen den beiden kleineren sich zugewandten Bildern des Grabherrn vor allem Männer bei verschiedenen Spielen. Koptische Graffiti von christlichen Einsiedlern.

Nr. 3, Grab des Fürsten Chnumhotep, besteht aus Vorhalle mit zwei 16kantigen Säulen, die sich nach oben verjüngen und fälschlich als protodorisch bezeichnet werden. Über dem Architravbalken ragt das Gesims vor mit aus dem Fels geschnittenen zierlichen Nachbildungen von Latten, die ebenfalls an dorische Sparrenköpfe erinnern. Der Hauptraum wird durch vier Säulen in drei schwach gewölbte Schiffe gegliedert; die hintere Mitte gibt den Eingang in eine Nische frei, in der eine Sitzstatue des Grabherrn gestanden hat. Die Anlage entspricht so sehr der nachfolgend behandelten von Grab Nr. 2, daß auf die Buchstaben dieses Grundrisses verwiesen werden kann. Das Grab ist wohl das berühmteste von Beni Hasan und voll interessanter Szenen. Unten ringsum die grün ausgemalte Felsinschrift mit der Biographie des Grabinhabers, die ein Stück Gaugeschichte seiner Zeit mitteilt.

Auf der Eingangswand über der Tür Transport der Statue des Toten im Schrein, davor pantomimische Spiele; darunter sieht der Tote Tischlern bei ihrer Arbeit zu. — Nördlich der Tür (a) oben: die Kanzlei des Toten; re. notiert ein Schreiber das Getreide, das in die Scheunen getragen, vorher unter Aufsicht gemessen und registriert wird; li. wird Silber gewogen. Die beiden Reihen darunter bieten Feldarbeiten — Harken, Pflügen, Ernte, Dreschen; 4. Reihe: die Fahrt der Mumie nach Abydos; 5. Reihe: Wein- und Feigenernte, Feldbestellung; unten Rinder im Wasser und Fischfang.

Die N-Wand (b) zeigt oben li. den Grabherrn auf der Jagd in der Wüste mit vielen lebendigen Einzelszenen, auch des Lebens der Tiere; in der 3. Reihe, etwa Mitte, die berühmteste Darstellung von ganz Beni Hasan: die *Semitenkarawane*, die auf die Figur des Grabherrn ganz re. zuschreitet. Der Oberjägermeister führt Asiaten, Männer, Frauen und Kinder, mit ihrem Vieh heran, Steinböcken und zwei beladenen Eseln. Die »37 Aamu«, wie sie in der Beischrift heißen, semitische Beduinen aus der Ostwüste, werden geleitet von dem »Herrscher der Fremdländer«, welcher Titel erstmals den Namen für »Hyksos« zu nennen scheint.

Ein Schreiber übergibt dem Herrn die Liste der »Sandwandler«. Sie sind als Semiten gekennzeichnet durch ihre scharf geschnittenen Nasen, den spitzen Kinn- und einen Backenbart, tragen dichte Haarschöpfe und Gewänder aus bunten, streifig gemusterten Stoffen. Als Waffen führen sie Pfeil und Bogen und Bumeranghölzer, einer schlägt die Leier. Diese Semitenkarawane kann der Vorstellung von Abrahams Zug durch die Wüste nachhelfen. — In den Streifen darunter werden dem Toten seine Herden vorgeführt.

Auf der O-Wand (c) Vogeljagd des Herrn im Papyrussumpf, darunter Fischfang; über der Tür sitzt der Grabherr und fängt Vögel mit einem großen Schlagnetz; rechts (d) Fischstechen des Grabherrn, darunter Schifferspiele. — Die S-Wand (e) zeigt den Toten vor dem Speisetisch, oben die Opferliste, vor dem Tisch eine Fülle von Gaben, re. Opferträger; re. oben eine kleine Entsprechung für die Frau. In den untersten Reihen bringen Hirten Rinder, Gazellen, Antilopen, Federvieh; darunter Schlachten und Zerlegen von Opfertieren. — Auf der re. Eingangswand (f) oben Wäscher, Säger; darunter Töpfer am Brennofen, Holzfäller; Herr wird in

Felsengräber

Sänfte getragen, vor ihm Schiffbau. 3. Reihe: Fahrt zur Totenfeier nach Abydos; 4. Reihe: Töpfer sowie Frauen beim Weben und Spinnen; unterste Reihe: Tischler fertigen Schrein, Bildhauer poliert Statue.

Nr. 2, Grab des Amenemhêt oder kurz Ameni, Gaufürsten unter Sesostris I. (12. Dyn.) ist Nr. 3 entsprechend angelegt. Auf eine Vorhalle mit zwei achteckigen Säulen, die die leicht gewölbte Decke tragen – Pfosten und Türsturz mit Gebeten, Titeln und biographischer Inschrift –, folgt der Hauptraum, dessen drei Schiffe von vier 16kantigen, sehr fein kannelierten Säulen getragen werden. An der Rückwand eine Nische mit den stark zerstörten Statuen des Grabherrn, seiner Mutter und seiner Frau. Die Wandbilder ähneln denen des Chnumhotep (Nr. 3), sind daher hier nur kurz aufgeführt.

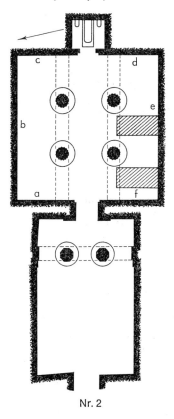

Nr. 2

An der nördlichen Eingangswand (a): Handwerker (Schuster, Schreiner, Goldarbeiter, Töpfer, Wäscher), unten Feldarbeiter. – An der N-Wand (b): oben Jagd in der Wüste; 2. Reihe: Statuentransport mit Tänzern; darunter werden die Abgaben der Güter dem Herrn (re.) vorgeführt; die beiden unteren Reihen: Kanzlei mit Schreibern, die registrieren, und Vorstehern, die Leute mit Gewalt heranschleppen. – Rückwand (c–d): Ringer- Kriegsspiele mit Kampf um eine Festung, unten Abydosfahrt zu Schiff. – S-Wand (e): li. der Grabherr vor dem Speisetisch, davor Opfergaben und Opferträger, re. entsprechend, nur kleiner: Speisetischszene seiner Frau: unten Schlachten und Zerlegen der Opfertiere.

Von den *übrigen Gräbern* können als sehenswert empfohlen werden: Nr. 14, Grab des Gaufürsten Chnumhotep unter Amenemhêt I. mit einer Libyerkarawane; Grab 18, unvollendet, mit interessanter Architektur; Grab 23 mit koptischer Inschrift – auch sonst finden sich viele koptische Graffiti; Grab 28, das in christlicher Zeit in eine Kirche umgewandelt war; Grab 29, des Gaufürsten Baket, mit recht gut erhaltenen Wandbildern. Die Gräber 34—39 sind unvollendet.

Unterhalb dieser Gräberstelle liegen am Bergabhang zahlreiche kleinere Gräber von Beamten geringeren Standes aus dem MR.

Von Grab 2 aus kann man hinuntersteigen, doch ist der anliegende Feldbesitzer nicht immer bereit, einen dort durch das Fruchtland zum Landungsplatz gehen zu lassen (Trinkgeld!). Man gehe dann in der Wüste zurück.

Speos Artémidos

Südlich der Felsgräber, etwa 1/2 km vor dem Eingang zu einem Wâdi, liegt der arabisch nach einem alten Helden Istabl Antar (Antars Stall) genannte Felsentempel, den die Griechen Speos Artémidos (Grotte der Artemis) nannten. Er ist unter Hatschepsut und Thuthmosis III. erbaut und der löwenköpfigen Göttin Pachet, der Göttin des Wâdis, geweiht. Die später von Thuthmosis III. getilgten Bilder seiner Nebenbuhlerin Hatschepsut ließ Sethos I. (19. Dyn.) durch die seinen ersetzen. Hinterer Teil der Anlage von Sethos I. geschmückt.

Der Felsentempel besteht aus einer Vorhalle mit 2 × 4 Pfeilern und dem mit ihr durch einen kurzen Gang verbundenen Allerheiligsten, dessen ungefähres Quadrat in der hinteren Mitte um eine Nische erweitert ist. — Über dem Eingang preist eine große Inschrift (re. Hälfte) nach einem Rückblick auf die Hyksoszeit die Regierung der Hatschepsut. Die li. freie Hälfte war wohl einer Fortführung vorbehalten. Von den 4 (unvollendeten) Pfeilern der Fassade, die mit Sistren geschmückt werden sollten, stehen noch 3, ihre Seitenflächen tragen Widmungstexte für Thuthmosis III. und Sethos I. An der Rückwand der Pfeilerhalle li. der Tür von li. nach re.: Thoth vor der Götterneunheit (12! Götter); der König vor Amun-Rê kniend, Pachet hinter ihm; auf den drei Bildern re. der Tür: Pharao vor Amun-Rê opfernd; der König empfängt von Pachet die Hieroglyphen »Leben«, die an zwei Szeptern hängen; Thoth führt den König ein. Über dem Durchgang Kultlauf des Königs mit Ruder und Vase zu Pachet, darunter beiderseits Sethos I., links im Durchgang eine lange der Pachet geweihte Inschrift, dahinter der König, der Göttin Pachet Wein opfernd (li.) und (re.) ihr ein Pavianbild darbringend. — Auf der Rückwand des Allerheiligsten Widmungstexte, auf den Pfosten der Nische, in der das Kultbild der Göttin stand, beiderseits Reliefbilder mit Pachet.

Rechts (westlich) neben dem Speos Artémidos ist eine zweite Grotte. An ihrer Außenseite an der Tür die Namen Alexanders II.; darunter 6 kleine Bilder des Königs vor Göttern. Der unvollendete, von Pfeilern getragene Innenraum ist verfallen. — In der Umgebung mehrere Felsgräber aus dem NR. — Nach 20 Minuten Fußmarsch am Ende des Wâdis, dem »Tal der Anachoreten«, dessen zahlreiche Felsenhöhlen den frühen Einsiedlern als Klause dienten, links kleine Kultnische für Pachet (und Chnum u. a. Gottheiten), Türrahmen und Innenwände reliefiert, Reste von Malerei; gewidmet von Thuthmosis III., Hatschepsut mit Nofrurê. — Rechts davon Widmungsstele eingraviert.

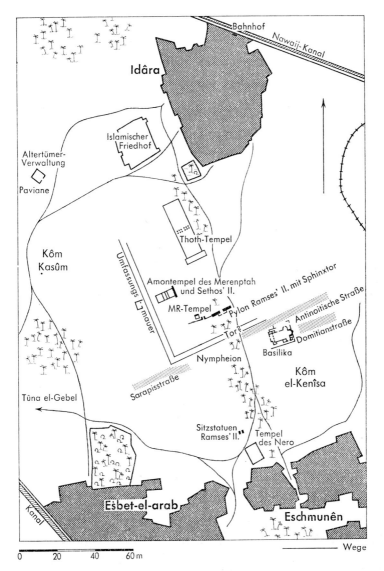

Hermopolis magna

Hermopolis magna

Hermopolis und Tûna el-Gebel erreicht man von Mellaui oder von Minia aus; von Minia in südlicher Richtung bis er-Rôda (42 km), dann 6 km westlich bis zum Dorf Eschmunên, nahebei die Ruinen von Hermopolis. Nach → Tûna el-Gebel weiter 10 km in westlicher Richtung über den Bahr Jûsuf bis an den Wüstenrand (asphaltierte Straße); kleines Rasthaus bei den Ruinen.

Das weite, heute unübersichtliche Gelände des alten »Schmunu«, dessen Name in Eschmunên weiterlebt, ist mindestens 6000 Jahre lang überbaut und umgestaltet und bis ins 20. Jh. als beliebtes Sebbahfeld (als Düngemittel verwendete Schutterde) gründlich durchwühlt worden, so daß von der ruhmreichen Hauptstadt des 15. oberägyptischen Gaues, des Hasengaues, nur noch Ruinen erhalten blieben. (Die noch im letzten Jh. mächtig aufragenden, in Jahrtausenden gewachsenen Stätten sind Zug um Zug als nahrhafter Dung auf die Felder abgefahren worden.) Nach dem dort verehrten Schreiber- und Weisheitsgotte Thoth, dem Hermes der Griechen, erhielt die Stadt den Namen Hermopolis. Hier sind die acht Urgötter beheimatet, von hier stammt die theologische Lehre vom Urei des Großen Schnatterers, wonach in Hermopolis die Schöpfung der Welt in Gang gesetzt wurde. Ei und Hase sind demnach an diesem Ort zum erstenmal zueinandergesellt.

Die uralt geheiligte Stätte hat von ihren pharaonischen *Bauten* Reste eines Tempels aus dem MR erhalten, mehrere Tempelreste der Ramessiden und ist ungewöhnlich ergiebig gewesen für städtebauliche Fragen der griechisch-römischen Zeit. — Besondere Bedeutung kommt den etwa 2000 Reliefblöcken zu, die in bestem Zustand, teils noch mit den frischen Farben der Malerei, aus den Fundamenten vor allem des Pylons Ramses' II. gehoben wurden. Sie stammen nach dem Bildprogramm vom Atontempel des gegenüberliegenden Amarna und vermögen neues Licht auf die Vorgänge in dieser Stadt zu werfen. Leider sind etwa 1000 Blöcke durch Raubgrabungen in der jüngsten Vergangenheit in alle Winde zerstreut worden. — Als archäologische Besonderheit darf auch die imposante christliche Basilika gelten, die nur noch in der → Menasstadt eine Rivalin und im → Weißen Kloster bei Sohâg eine Verwandte hat.

Bau-, Plastik- und Reliefreste fanden sich in großer Menge, außerdem eine erhebliche Zahl von römischen und byzantinischen Papyri, Münzen und massenhaft Keramik, darunter Bruchstücke mykenischer Bügelkannen, ein Gefäß mit Tierfries und Girlanden, Tonlampen und andere Gerätschaften, die zu einer Siedlung gehören. Die Papyri vermitteln eine lebendige Anschauung von den Einrichtungen der Stadt wie dem Leben ihrer Bewohner. Die in den Papyri genannte Agora konnte bisher topographisch nicht gesichert werden. Aufschlußreiche Angaben verdanken wir einem Papyrusfragment (heute in Wien) aus der Mitte des dritten christlichen Jahrhunderts, in dem Reparaturkosten verschiedener öffentlicher Bauten und Kolonnaden entlang einer in Ost–West-Richtung verlaufenden Hauptstraße aufgestellt sind, wohl der Antinoïtischen Straße. Die überall im Gelände verworfenen Säulen verschiedenen Gesteins sind Überreste von solchen römischen Prachtstraßen. – Zeitweise ist das Gelände versumpft, Grundwasser frißt an den Denkmälern.

Basilika 555

Bei der Domitianstraße, wo man seine Besichtigung beginnen mag, liegt die stattliche *Basilika,* deren wiederaufgerichtete Säulen heute das Ruinenfeld weithin beherrschen. Das Bauwerk aus der ersten Hälfte des 5. Jh. (410–440 n. Chr.) ist der Jungfrau Maria geweiht und hat auch dem südlich gelegenen Hügel den Namen Kôm el-Kenîsa (Kirchenhügel) gegeben. Es steht auf den Resten eines dorischen Peripteraltempels (6 zu 10 [?] Säulen) aus der Zeit Ptolemaios' III. Euergetes I. (247–22 v. Chr.);

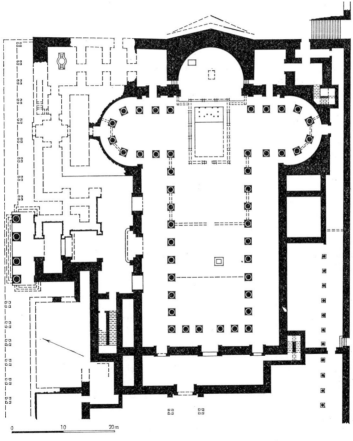

Basilika von Hermopolis magna

dieser dorische Tempel ist der älteste Bau in rein griechischem Stil, der auf ägyptischem Boden nachgewiesen wurde. Ebenfalls noch in hellenistische Zeit datieren unter der Basilika gefundene Reste eines Baues mit korinthischen Säulen, bei denen jedoch nicht ausgeschlossen werden kann, daß es sich um Spolien handelt.

Von der Basilika nehme man, sofern man nicht den *Sitzstatuen Ramses' II.* vor seinem ehemaligen Tempel weit südlich beim alten Haus der Altertümerverwaltung einen Besuch abstatten will (nicht lohnend), seinen Weg über das *Sphinxtor* (30. Dyn.) vor dem Pylon Ramses' II. zur nahe gelegenen Ruine des *MR-Tempels,* dessen Pylon von Amenemhêt II. stammt (heute von Grundwasser umgeben); er ist den Göttern Thoth und Chnum geweiht. Weiter wende man sich nordwestlich, wo nahe bei der Umfassungsmauer des heiligen Bezirks die Ruine des *Amontempels* aus der 19. Dyn. sichtbar aufragt. An der östlichen Außenwand des nördlichen Pylons Reste einer langen Inschrift Merenptahs, an den Innenwänden des Pylons Reliefs von Sethons II. Eine Kolossalstatue Ramses' II. aus Rosengranit, von Merenptah usurpiert, ehemals vor dem Pylon, steht heute mit anderen Funden aus dem Gelände im Museum Kairo.

Die *Umfassungsmauer,* deren Südwestecke freigelegt wurde und die man vom Amontempel aus noch ein Stück nordwärts verfolgen kann, dürfte jene sein, die der Hohepriester Petosiris, die bedeutendste Persönlichkeit von Hermopolis, hat errichten lassen, wie er in seinem Grabe in → Tûna el-Gebel schreibt.

Nördlich davon die kümmerlichen Reste des Tempels von Philipp Arrhidaios, eines Halbbruders von Alexander d. Gr.

Inmitten eines Palmenhaines liegen die letzten Säulen dieses zu seiner Zeit berühmten *Thoth-Tempels,* der an gleicher Stelle (?) seit frühester Geschichte durch den Lauf pharaonischer Zeit gedient hat, bis ihn *Petosiris* verfallen fand. Er hat ihn restauriert (um 330 v. Chr.), »wie er vorher gewesen« ist, und noch zu Beginn des vorigen Jh. war er vollständig erhalten. Der Tempel des Thoth spielt in der Literatur die Rolle eines an Zaubertexten reichen, geheimnisvollen Heiligtums, wie es der Gestalt des übersinnlich-kundigen Thoth entspricht. Nachdem der Hohepriester ihn erneuert hatte, lebt der ruhmreiche Name des Tempels fort im »Tempel des Hermes trismegistos« oder »großen Hermaion« der Griechen.

Auf den Thoth-Tempel scheinen alle wichtigen Bauten innerhalb der Umfassungsmauer bezogen: Der Amontempel im Westen und ein entsprechender im Osten flankieren einen etwa 90 m × 100 m freien (?) Platz vor dem Thothtempel, so daß eine große Menschenmenge hier den Kultprozessionen und -spielen beiwohnen konnte. Der Zugang führte vom Sphinxtor herauf, nach außen die Umfassungsmauer durchbrechend, die an dieser Stelle wohl mit einem besonderen Torbau ausgestattet war.

Basilika — Tempelanlagen 557

Der Tempel selbst war mit Parkanlagen und Teichen umgeben, mit Obelisken bestellt und mit Weihfiguren angefüllt. Als die wichtigsten Funde des Tempels dürfen die 8 kolossalen Granitstatuen von aufrecht hockenden *Pavianen* gelten, die Amenophis III. gestiftet hat und von denen heute zwei vor dem ehemaligen Lager der Deutschen Hermopolis-Expedition (heute Ägyptische Altertümerverwaltung) wiedererrichtet sind. Diese einst prächtigen Kultfiguren des Schreiber- und Weisheitsgottes Thoth (ohne Sockel 4,50 m hoch, 35 to schwer), sind absichtlich durch Feuer und Wasser zerstört, ihre Bruchstücke ebenso absichtlich durch die Ptolemäer unter dem Tempel beigesetzt worden.

Südlich des Kôm Ḳasûm ist die Ansatzstelle des alten Dammes nach Tûna, der großen Nekropole jenseits des Bahr Jûsuf, wohin man sich von Hermopolis aus begebe. Dort sind verhältnismäßig bequem zu erreichen auch die beiden *Felsinschriften* Amenophis' IV.

Diese Stelen (A und B auf Plan S. 562) sind zwei der 14 untereinander ähnlichen *Grenzstelen* Amarnas (vgl. S. 561 und 114), die den Rand des Stadtgebietes bezeichnet haben. Der Reisende wird in der Regel nur die unweit des Petosirisgrabes (s. unten) gelegene Stele A besuchen, der man auf der Fahrt zur Nekropole von → Tûna eh-Gebel dicht vorbeikommt (2 km vor dem Rasthaus am Fuß des Felsabbruchs). Sie bildet zusammen mit zwei Figurengruppen die Rückwand einer aus dem Felsen gehauenen, ursprünglich wohl gedeckten Gedächtnisnische. Unter dem der Amarna-Sonne opfernden Königspaar, Echnaton und Nofretete, legt der Pharao seinen Entschluß – in einem auf allen Stelen gleichen Wortlaut – nieder, an dieser Stelle seine Hauptstadt zu gründen, und beschreibt diese Stadt mit ihren Staats-, Tempel- und Grabanlagen. Die Stelen wurden im Jahre 6 der Regierung errichtet. – Die bereits geborenen Prinzessinnen stehen als Plastik neben den Figuren ihrer Eltern, ihre jüngeren Schwestern sind auf den Statuen in Relief nachträglich angebracht.

Tûna el-Gebel
Zur Anreise s. bei Hermopolis magna, S. 554

Grabtempel des Petosiris

Der in der westlichen Wüste gelegene Grabtempel des *Petosiris*, eines Hohenpriesters von Hermopolis, wurde als Familiengrab um 300 v. Chr. errichtet. Der zierliche Bau ist besonders kunstgeschichtlich von höchstem Interesse; während die religiösen Reliefdarstellungen der hinteren Kapelle in rein ägyptischem Stile gearbeitet sind, wurden die Bilder der Vorhalle, welche vorwiegend Szenen des täglichen Lebens aus der profanen Welt bieten, in einem ägyptisch-griechischen Mischstil oder auch in graeco-ägyptischem Provinzstil gehalten. Kein anderes ägyptisches Monument zeigt mit dieser Deutlichkeit, wie griechischer Einfluß nach Ägypten einsickerte, aber höchstens bis an die Schwelle zum Totenglauben.
Von den beiden Räumen mit z. T. noch gut in den Farben erhaltenen Reliefs ist die Vorhalle (V) Petosiris selbst geweiht, die von Pfeilern ge-

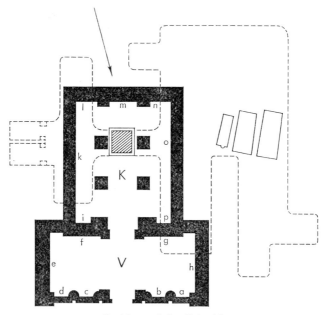

Grabtempel des Petosiris

stützte Kapelle (K) dem Kult des verstorbenen Vaters Es-Schu und seines älteren Bruders Djed-Thoth-efanch gewidmet. Zu dem Grabe führt eine 4 m breite und etwa 20 m lange gepflasterte Straße, an der sich li. ein 2,40 m hoher Hörneraltar erhebt.

An der *Fassade* des Tempels vier durch hohe Schranken verbundene Säulen mit reichen Pflanzenkapitellen, in der Mitte das Portal. Auf den Schranken wie den seitlichen Pilastern Darstellungen des Petosiris, vor den Göttern seines Heimatgaues opfernd und betend.

In der *Vorhalle* auf den Rückseiten der Schranken von li. nach re. (a und b): Metallarbeiter stellen in verschiedenen Phasen ihrer Arbeit Geräte her, einer einen komplizierten Tafelaufsatz; das Metall wird gewogen (b), die fertige Ware verpackt und abgeliefert; Perspektiveversuche z. B. bei den Truhen. Auf den östlichen Schranken (c und d): In den beiden oberen Reihen Salbenbereitung, in den beiden unteren Tischler bei ihrer Arbeit; dabei ist die erste Drehbank im Altertum dargestellt (d). Unter den Arbeitsstücken ein Prunkbett (e). — An den Seitenpilastern ist oben der Grabherr mit einem Freund beim Brettspiel wiedergegeben. — Auf der

Grabtempel des Petosiris

li. Wand (e) von unten nach oben in drei Reihen: Pflügen, Flachsernte, Getreideernte; li. wird das Getreide mit Stöcken gedroschen (beachte die vorderansichtige Darstellung!). — Auf der Rückwand li. (f): unten Opferträger mit phantastischen Blumenbinden, darüber die Söhne des Petosiris vor ihren Eltern. Auf der re. Seite (g) eine entsprechende Darstellung: Über trauernden Frauen und einer Opferszene (unten) stehen die Töchter vor ihren Eltern. — Auf der re. Wand (h) in den beiden oberen Reihen: Rinderherde auf dem Feld, unten: Weinernte, Weinpresse, Abfüllen in Krüge und Ablieferung.
Die vier Pfeiler der *Kapelle* sind mit Inschriften und der Darstellung des Grabherrn, der vor verschiedenen Gottheiten betet, versehen. Auf der li. Eingangswand (i): Die Göttin Nut (oben) spendet aus einem Baume den Eltern des Petosiris Wasser, darunter Petosiris vor seinem Vater betend; Sockel: Rinder werden durch einen reich belebten Papyrussumpf getrieben. — Auf der li. Wand (k): Darstellung des Begräbnisses: der Sarg (li.) wird auf einem Leichenwagen gefahren, Männer, Götter (dabei die vier Horussöhne) und Frauen schreiten, teils mit Opfergaben, zum Grabe. Rechts gießt ein Priester über die vor dem Grabe stehende Mumie das Reinigungswasser aus; am Sockel Opferträger in phantastischer Ausschmückung. — Auf der durch 2 Pilaster dreigeteilten Rückwand li. (l): Der Vater vor neun die Sonne anbetenden Göttern (oben); der Bruder betet mit seinen Kindern vor seinem Vater (unten); am Sockel werden Rinder durch Sumpflandschaft getrieben. — In der Mitte (m): Vater und Bruder beten zu Osiris und Isis bzw. Nephthys, darunter Schlangen- und Geiergöttin, mit ihren Flügeln den als Käfer gestalteten Osiris beschützend; die ganze Szene, die im Mittelpunkt des Grabes steht, ist eine verschlüsselte Symboldarstellung des Geheimnisses der Auferstehung. Auf dem Sockel neben Heilszeichen der Seele Wasser gespendet. — Auf der re. Seite (n) betet oben der Bruder zu neun Gottheiten, darunter Petosiris vor seinem Bruder; am Sockel Sumpflandschaft mit Nilpferden und Krokodil (man beachte, wieweit die fast karikaturhaft wirkenden Tiere von den frühen nach der Natur beobachteten abweichen). — Auf der re. Wand (o) von li. nach re.: oben der Bruder zu 9 Pavianen, dann vor Göttern, vor 12 Schlangen und Stieremblemen betend. Djed-Thoth-efanch wird vor Osiris geführt; derselbe betend. In der mittleren Reihe spricht der Grabherr zu verschiedenen Göttern das 18. Kapitel des Totenbuches. In der unteren Reihe Opferträger mit Kindern in verschiedensten Stellungen. — Auf der Eingangswand re. (p): oben der Grabinhaber vor dem Opferträger, darunter Petosiris vor seinem verstorbenen Bruder; am Sockel treiben Leute in Booten Rinder und Kälber durchs Wasser.
Der abgesperrte *Grabschacht* führt zu einer Kammer, in der Petosiris mit seiner Gattin und einem Sohn beigesetzt waren. Der Sarg des Petosiris im Museum zu Kairo.

Totenstadt

Petosiris wurde als Nekropolenheiliger verehrt, sein Grab galt als heilige Stätte, um die herum in römischer Zeit weitere Grabbauten entstanden sind. (Die römischen Grabhäuser mit Bemalung stammen alle aus dem 2. Jh.). So kommt es, daß schließlich im Umkreis um das Grab des Hohenpriesters eine ganze *Totenstadt* heranwuchs, ähnliche Grabtempel aus Ziegel und Stein mit einer völligen Wohnhaus-Innenausstattung in bemaltem Gips und beachtenswerten Malereien in ägyptisch-römischem Mischstil mit teilweise hellenistischer Thematik. Aus dieser geisterhaften Stadt mit wohlerhaltenen Häusern und Tempeln interessanter Architektur stammen zahlreiche Funde, vor allem auch schöne Fayencen.

Nach Besichtigung einiger dieser Grabhäuser, so der Isidora (griechischer Stil), des Padikem und des Hauses Nr. 16, wende man sich zu der ältesten erhaltenen vollständigen *Sâķija* (35 m tiefer Brunnenschacht), die bei ihrer Entdeckung noch betriebsfähig war, aus ptolemäischer Zeit. Man kann bis zum Grundwasser hinuntersteigen; oberirdisch Schöpfbrunnen mit Ausgußlöchern. – Schließlich besuche man die unterirdische *Thoth-Kapelle* mit einer Pavian-Kultstatue sowie die Katakomben mit einer Unmenge Mumien von Affen und Ibissen, die als heilige Tiere des Weisheitsgottes Thoth in Grüften beigesetzt waren (vgl. die Tiernekropolen in Saķķâra).

Museum von Mellaui

Hauptstraße neben der Stadtverwaltung. – Öffnungszeiten: ganzjährig 9–16 Uhr außer Mittwoch; freitags 8–12 Uhr. An Feiertagen Sonderregelung.

Das Museum birgt im wesentlichen Lokalfunde (Eschmunên-Hermopolis, Tûna el-Gebel, Mêr), die größeren Stücke im Erdgeschoß und in einem schmallangen Raum des *Obergeschosses* Glas, Fayence, Keramik, Öllampen, Münzen, Papyri, Textilien und Hausrat. Der rechteckige Grundriß des Erdgeschosses mit dem Eingang in der Mitte der frontalen Breitseite ist symmetrisch aufgeteilt in je eine tiefe Halle an den Seiten mit Vitrinen und einen von Säulen gestützten Mitteltrakt, der hauptsächlich mit Sarkophagen bestellt ist.

In der *linken Halle*: an der Wand Malereien; vorn li. ptolemäischer Königskopf aus Eschmunên; in den Vitrinen Ibisfiguren, wie sie neben dem Pavian dem Thoth von Hermopolis heilig waren; Holz- und Steinsärge für Ibismumien (vgl. die Ibisgalerien und deren Funde von Saķķâra); Mumien von Ibissen; Tonsärge für Ibismumien; Ibismumien in schöner Wicklung; Ibiseier; am Ende der Halle in der Mitte eine wundervolle, vergoldete Ibisstatue mit der von zwei Ibisfiguren flankierten Göttin der Wahrheit Ma'at ihr gegenüber.

Im *Mitteltrakt* mit den Sarkophagen zeigen 19 Vitrinen Alabaster-Kanopen, Uschebtis, Schmuck, Sistren sowie Mumienköpfe. Herauszuheben sind: vorn re. ein 30 cm hoher Würfelhocker; dahinter 3 Särge aus Assiût, 12. Dyn., mit schönen Malereien, und besonders hinten in der Mitte, dem Eingang gegenüber, die bemalte Kalkstein-Gruppe des Pepi-anch-heri-ib aus Mêr, AR.

In der *rechten Halle*: Isis- und Osirisstatuetten, Paviane u. a. Bronzefiguren; vorn re. ein Königskopf mit Kopftuch aus Eschmunên-Hermopolis, Kalkstein, Datierung ungewiß (vgl. den der li. Halle gegenüber). Wiederum hinten in der Mitte der Halle ein Glanzstück: bemalter Holzschrein von Darius mit Mumie eines kleinen Affen.

Tempel Sethos' I. in Abydos ▶
Festungstempel Ramses' III. in Medinet Hâbu ▶▶

Tell el-Amarna

49,5 km südl. Minia links Stichstraße zum Nil (Wegweiser!), dort Fähre zum Übersetzen. Man reitet jenseits des Flusses mit dem Esel, den man vorher bestellen muß, benützt ein Wüstenauto oder geht zu Fuß (¾–1 Stunde), an der Stätte des Großen Tempels vorüber in nordöstlicher Richtung, zuerst zur nördlichen Gräbergruppe (Wächter unterwegs im ehemaligen Grabungshaus). Besuch der südlichen Gruppen ist nur mit einem Fahrzeug (Wüstenauto) möglich, das man sich ebenfalls vorher beschaffen muß, am besten über das Touristenbüro in Minia. Für die Nilschiffgäste stehen Esel und Wüstenfahrzeuge bereit. Jenseits des Dorfes el-Hagg Kandîl ein kleines Rasthaus.

Amarna (Name eines Beduinenstammes) heißen die Ruinen der *Stadt*, die mit ihren Palästen, Tempeln und Felsengräbern die Residenz Achet-Aton, »Aufgang der Sonne«, bilden. → Echnaton = Amenophis IV. hat sie hier in Mittelägypten auf jungfräulichem Boden gegründet, als er in Protest gegen den Kult des Reichsgottes Amun sowie gegen die Verehrung der übrigen alten Götter die bisherige Reichshauptstadt → Theben verließ, um seiner Idee der ausschließlichen Huldigung des (Sonnengestirns) → Aton zu leben. *14 Stelen* (vgl. S. 557) haben den Bezirk seiner Residenz abgegrenzt, die im Westen über den Bahr Jûsuf hinaus bis an den Rand der Wüste und ebenso ostwärts des Nils bis zu den Wüstengebirgen reicht und sich fast in gleicher Ausdehnung von Norden nach Süden erstreckt; nur das *Grab der königlichen Familie* liegt außerhalb dieser Grenze tief in einem Wâdi der östlichen Wüste zwischen der nördlichen und der südlichen Gruppe der Felsgräber; auch die Paläste erstanden auf dem O-Ufer, wo heute bis auf die westlichen Grenzstelen alle Überreste zu finden sind.

Da nach Echnatons Tode (1364–1347 v. Chr.) die alten Götter wiederum auf ihre Throne erhoben wurden und des Ketzers übernächster Nachfolger Tutanchamun das Hoflager nach Theben zurückverlegte, und da diese Stätte als eine verfemte auch niemals wieder besiedelt, also weder verändert noch überbaut wurde, ist die Stadt, obwohl rasch verfallen, in ihrer Anlage besser zu erkennen gewesen als irgendeine sonst. Auch die von Haremhab bis zum Fundament niedergerissenen Tempel und Paläste konnten nach mühseliger archäologischer Arbeit in ihren Grundrissen gesichert werden. Jedoch ist von der ganzen alten Herrlichkeit jetzt nichts mehr zu sehen. Die letzten Spuren sind vom Sand überweht, und dem Besucher bieten sich – bis auf die Gräber – nichts als kahle Wüste und Enttäuschung.

Von dem Mittelpunkt der Sonnenstadt, dem Großen *Atontempel*, sind nur noch die Spuren erhalten (730 m × 275 m), ebenso vom Kleinen Tempel, dem offiziellen *Königspalast* (den einige Forscher als weiteren, den Haupttempel des Aton [den pr-Itn] deuten) im Zentrum (von den erst 1912 gewaltsam zerhackten Fußböden Reste im Kairener Museum), dem nördlichen Palast, wo vermutlich nach dem Zerwürfnis der Ehe-

◀ *Säulenkapitelle unter astronomischer Decke im Tempel von Esna*
◀◀ *Pfeilerhalle im Grabe Ramses' VI. im Königsgräbertal in Theben*

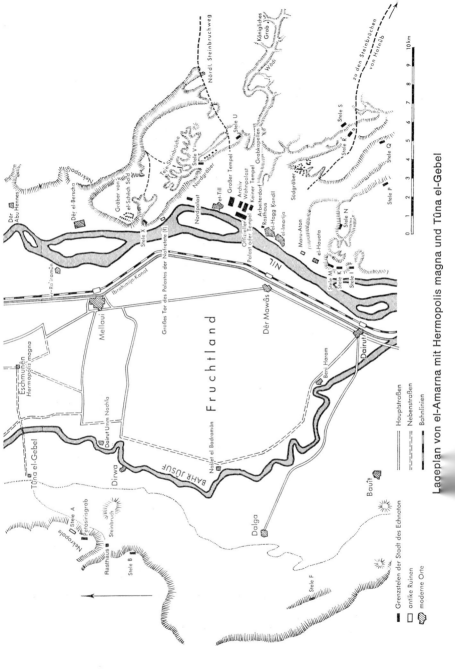

Lageplan von el-Amarna mit Hermopolis magna und Tūna el-Gebel

gatten die Königsgemahlin Nofretete residierte, sowie von den beiden Südpalästen Maru-Aton und el-Hauata. Östlich vom Hauptpalast, der durch das auf die Königsstraße gehende Erscheinungsfenster und die Schlafräume der königlichen Familie in seiner Bestimmung festliegt, wurden 1888 als Teil des Staatsarchivs die *Tafeln von Amarna* gefunden, eine große Anzahl von Tontafeln (jetzt in den Museen Berlin, London und Kairo) mit der Korrespondenz babylonischer und anderer vorderasiatischer Könige sowie phönizischer und syrisch-palästinensischer Vasallen an die Pharaonen Amenophis III. und Echnaton; diese in babylonischer Keilschrift geschriebenen Briefe sind historisch von ungeheurem Wert, geben sie doch wie kein anderes Dokument Einblick in die politisch-diplomatischen Verhältnisse jener Zeit.

Von den schönen *Villen und Gärten* Amarnas war das Haus des *Bildhauers Thuthmosis* mit den Werkstätten der Kunsthandwerker einzigartig ergiebig, da es die vielen Gips- und Steinskulpturen geliefert hat, die jetzt in den Museen zu Berlin und Kairo unsere Aufmerksamkeit fesseln, insbesondere die Büste der Nofretete; die meisten der Werkstücke sind als Arbeitsmodelle zu bewerten.

Felsengräber

Von den *25 Felsengräbern* sind viele (infolge der Rückverlegung der Residenz nach Theben) unvollendet geblieben. Am bedeutendsten sind die Gräber Nr. 1 (von Norden nach Süden gezählt), Grab des Huje; Nr. 2, Merirê II.; Nr. 4, Merirê I., eins der größten und bemerkenswertesten, und von der S-Gruppe Nr. 9, Grab des Mahu, und schließlich das Grab des Eje, Nr. 25, des späteren Königs und Nachfolgers Tutanchamuns, mit dem berühmten Sonnengesang. Kennzeichnend für diese Gräber sind die intimen Szenen, die aufschlußreichen Bilder über die königliche Familie und die neue künstlerische Freiheit; auch ein neuer Sprachstil ist hoffähig geworden. — In den Hügeln ringsum weitere unbeschriftete Felsgräber, zahlreiche Alabaster- und Kalksteinbrüche (→ Religion Amarnas, Geschichte, Sprache).

Nordgruppe

Grab Nr. 1, Grab des Huje, Vorstehers des königlichen Harems und Haushofmeisters der Königin Teje, hat in seinen 3 Räumen historisch interessante Reliefs. Auf der Außenwand Betender mit Sonnenhymnus.

An der li. Eingangswand der *Säulenhalle* (a) Echnaton und seine Gemahlin der Königin-Mutter Teje gegenübersitzend, mit Trinkgefäßen; bei Nofretete zwei Prinzessinnen, li. Tejes Tochter Baketaton.

Tell el-Amarna

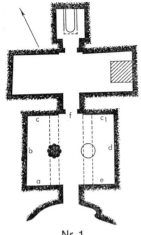

Nr. 1

Unten Musikantinnen und Höflinge, Speisetischchen, Asiaten mit Musikinstrumenten. – Auf der li. Wand (b) wird der König, von einem großen Gefolge begleitet, auf einem von Löwen flankierten Thronsessel von seinem Palast (li. oben) zu einer Empfangshalle (re.) getragen, um die Tribute der unterworfenen Völker entgegenzunehmen. – Auf der Rückwand beiderseits der Tür (c und c 1) spendet in zwei sich entsprechenden (stark zerstörten) Darstellungen Echnaton mit seiner Gemahlin dem Grabherrn Lobgold; darunter die von Huje beaufsichtigten hochinteressanten Werkstätten des Palastes. – Die rechte Hallenwand (d) zeigt den Tempel von Amarna »Sonnenschatten des Rê« mit dem großen Altar im Säulenhofe und den Statuen, zu dem (re.) der König seine Mutter Teje führt, der der Tempel geweiht ist; die beiden befinden sich zwischen dem ersten und zweiten Pylon, werden von Wachen begleitet, über ihnen die Amarna-Sonne; unten Gefolge unter Leitung des Huje. – Auf der re. Eingangswand (e) ähnliche Darstellungen wie bei a, die königliche Familie aber nicht trinkend, sondern speisend; Echnaton mit einem großen Rippenstück, Nofretete mit einer Gans in der Hand. Über der königlichen Familie die Amarna-Sonne, deren Strahlen in Hände endigen, die dort, wo sie die Nasen treffen, Lebenszeichen halten. – Beiderseits der zur Querhalle führenden Tür Huje betend; über der Tür (f) die wichtige Darstellung: li. huldigen 4 Prinzessinnen ihren Eltern Echnaton und Nofretete, nebeneinander sitzend; re., einander gegenüber, Amenophis III. und Teje mit ihrer Tochter Baketaton; über den Paaren jeweils die Amarna-Sonne. In der *Querhalle* der Mumienschacht, von einer im Fels stehengelassenen Mauer umgeben. – In einer Nische der kleinen hinteren *Kammer* die überlebensgroße Sitzstatue des Grabherrn mit zerschlagenem Kopf. – An den Wänden Begräbnisszenen mit Mumie, Klagefrauen, Opferträgern, Wagen, Betten, Stühlen u. a.

Grab Nr. 2, das Grab des Merirê II., der wie Huje Vorsteher des königlichen Harems war, wurde z. Z. der Mitregierung Semenchkarês, des Schwiegersohns Echnatons, weiter bearbeitet und ist daher besonders interessant. Die Anlage ähnelt der von Nr. 1, aber nur die von zwei Säulen getragene Halle wurde vollendet. Auf der Außenwand Grab-

Felsengräber

inhaber, der zur aufgehenden Sonne betet. – Bei a (vgl. Plan zu Grab Nr. 1) an der li. Eingangswand, sitzt der König unter einem Baldachin, seine Gemahlin Nofretete gießt ihm einen Trunk durch ein Sieb in eine Schale, die er hält; bei ihr stehen drei Prinzessinnen; unten Musikantinnen und Diener. – Auf der Rückwand, re. der Tür (c 1) wird der Grabherr von Semenchkarê und Meritaton unter der Amarnasonne belohnt. Auf der re. Wand (d) sitzt das Königspaar Hand in Hand unter einem erhöhten Baldachin auf einem freien Platze und empfängt mit sechs Prinzessinnen die vielfältigen Tribute der Asiaten (li.), Libyer und Südvölker (re.); darunter Wagen, abgestellte Sänften des Königspaares, militärische Eskorte, Diener u. a. – Auf der re. Eingangswand (e) belohnt das Königspaar Echnaton und Nofretete mit fünf Prinzessinnen den Grabherrn vom Balkon des Palastes herab mit »Lobgold«; im Vorhofe des Palastes (re.) warten Wagen und Wedelträger des Königs, Schreiber und Diener des Merirê. Unten die Rückkehr des Belohnten und sein Empfang zu Hause.

Die folgenden Gräber liegen eine knappe Viertelstunde weiter südöstlich am Abhang eines anderen Gebirgszuges, so daß man ein Tal überqueren muß. Wer schlecht zu Fuß ist, mag hinuntersteigen zu den Eseln und hinüberreiten.

Grab Nr. 3, das Grab des Ahmose, Wedelträgers zur Rechten des Königs, ist unvollendet. An den Außenwänden Sonnenhymnen. Die Szene auf der li. Wand der Halle zeigt über dem Mahl der königlichen Familie vier Reihen bewaffneter Soldaten, die zum Tempel eilen; hinter ihnen der königliche Wagen (erst rot vorgezeichnet). In den Seitenkammern Mumienschächte und Scheintüren, hinten Statuenraum.

Grab Nr. 4, das des Merirê I., eines Hohenpriesters des Aton, ist eins der größten und bedeutendsten. Auf den Außenwänden Grabherr im Gebet an die Sonne.

Es folgen sich in der Achse hinter einem weiten Platz ein Vorraum, eine ehemals von 4 Säulen (2 davon zerstört) getragene Halle und zwei weitere noch unvollendete Räume, deren letzter wiederum als Statuenkammer dienen sollte. – Durch die mit einer Hohlkehle geschmückte Eingangstür, auf deren Innenseiten der Tote betend dargestellt ist, gelangt man in den *Vorraum* mit den beiden Scheintüren, vor denen je der Grabherr betet und hinter denen je ein großer Stabstrauß steht; im übrigen hymnische Texte.

In der Tür zur *4-Säulen-Halle* re. Merirê, li. seine Gemahlin im Gebet. Auf der li. Eingangswand (a) beschenkt Echnaton vom Erscheinungsfenster seines Palastes aus Merirê mit Gold und führt ihn in sein Amt als Hohenpriester ein. Auf der li. Wand (b) fährt das königliche Paar in zwei Wagen aus dem

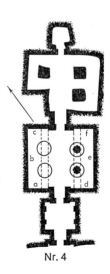

Nr. 4

Palast (li. oben) zum Sonnentempel (re.); vor den Wagen Leibwache, dahinter Prinzessinnen und Gefolge zu Wagen und zu Fuß. Auf der li. Hälfte der Rückwand (c) setzt sich die Szene fort: Vor dem Eingang des Sonnentempels erwarten die Priester mit Opfertieren sowie Musikantinnen des Tempelchores die königliche Familie. Beachte die Darstellung des Sonnentempels mit Flaggenmasten, vielen Pylonen und Altären!
Man begebe sich zum Eingang der Halle zurück und betrachte die re. Hälfte. Auf der re. Eingangswand (d) opfern das königliche Paar und die Prinzessinnen Meritaton und Meketaton der Sonne; an den Altären amtiert Merirê mit einem zweiten Priester; darunter Höflinge, Priester, Wagen, blinde Tempelsänger (re. unten sehr ausdrucksvoll!). — Auf der re. Wand (e) oben Besuch des Königs im ausführlich dargestellten Tempel mit Gemahlin und 4 Prinzessinnen (li.), am Südende (re.) Palast, von dem der Zug seinen Ausgang nahm; unten empfängt Merirê vom Königspaare Goldketten. Li. davon, auf der Rückwand (f) sich fortsetzend, das Anwesen des Merirê mit Kornspeichern, Vorratsräumen, konfortablem Wohnhaus und Garten mit Teich.

Grab Nr. 5, das des Oberarztes Pentu, ist sehr zerstört und unvollendet, enthält einen Sonnenhymnus und das Königspaar im Gebet mit Gefolge. Ein wenig südöstlich liegt das Grab Nr. 6, des Panehesi, Kanzlers und Aufsehers der Speicher. Es ähnelt in der Anlage Grab Nr. 4 ohne Vorraum. An den Außenwänden Anbetungsszenen mit den beiden königlichen Zwergen. Die Scheintür in der Rückwand der vorderen 4-Säulen-Halle li. wurde in christlicher Zeit in ein vertieftes Taufbecken umgewandelt; re. führt eine Treppe zur Sargkammer. Li. Eingangswand (a, vgl. Plan Nr. 4) Verleihung von Lobgold an den Grabherrn; li. Wand (b) Sonnentempel, in dessen Hof hinter dem großen Pylon der König, auf dem Altar stehend, zur Sonne betet. Auf der re. Eingangswand (d) bringt der Grabherr dem vom 4 Prinzessinnen begleiteten Königspaar Opfergaben. Auf der re. Wand (e) Ausfahrt des Königspaares aus dem Palast (re. oben) zu Wagen, gefolgt von Prinzessinnen und Leibwache.

Eine halbe Stunde im SO des Grabes Nr. 6 *Grenzinschrift* an einer Felswand (Stele U); halbwegs zwischen der nördlichen und der südlichen Gräbergruppe an einem Vorsprung der Ostberge vor dem Eingang zum Königstal, Stätte eines von einer Mauer umgebenen *Wohnviertels*, in dem die beim Bau der Felsengräber beschäftigten Arbeiter untergebracht waren; in der Nähe eine Gruppe von einigen Dutzend Kapellen, ehemals aus Ziegeln, heute verfallen.

Südgruppe (etwa 4 km südlich der Nordgruppe)

Von den 18 Gräbern (Wächter bei Hagg Ḳandîl) ist das nördlichste, das Grab Nr. 7, das des Pa-ren-nefer, dessen Wandbilder denen der Nordgruppe ähneln; nicht vollendet.

Grab Nr. 8, das des Tutu, zeichnet sich durch eine großartige Architektur aus, ist aber ebenfalls unvollendet. Sein großer Säulensaal wurde von zweimal 6 Säulen (noch 8 erhalten) gestützt. Die hinteren Säulen sind durch Schranken verbunden, zwischen dem mittleren Paar öffnet sich ein Halbtor. Li. Treppe zur Sargkammer, zu beiden Seiten Nischen, z. T. unvollendet, mit Statuen. Korridor dahinter in der Achse unvollendet. – Re. Eingangswand (d, vgl. Plan Nr. 4) Verleihung von Lobgold mit Begleitszenen, li. Eingangswand (a) Königspaar auf Sesseln im Gespräch mit Tutu; hinter ihm andere Höflinge in untergebener Haltung.

Felsengräber

Grab Nr. 9, das des Polizeikommandanten Mahu, liegt dicht neben Nr. 8 und ist eins der wichtigsten wegen seiner besonderen Darstellungen. Zum Eingang führt eine schmale Treppe hinab, an den Eingangspfosten außen Sonnenhymnus. In der Eingangstür li. (a) der König, der die Hieroglyphe »Wahrheit der Sonne entgegenhält, die königliche Gemahlin und Prinzessin Meritaton mit Sistren am Sonnenaltar opfernd; darunter Mahu kniend und der Sonnenhymnus, den er spricht; re. (b) Mahu betend. – In der folgenden *Querhalle* auf der li. Eingangswand (c) der König am Palastfenster (erst vorgezeichnet). Auf der li. Wand (d) eine oben abgerundete Stele, zu der zwei Stufen führen; oben ist das Königspaar vorm Altar, unten der Tote im Gebet. Die Darstellung re. davon setzt sich auf der Rückwand li. fort (e): Leute vor dem Sonnentempel, unten (unvollendet) vorn Mahu mit seinen Truppen, der die Standarte vor dem Palast empfängt. Die Szene auf der re. Hälfte der Rückwand (f) setzt sich auf der re. Wand fort: oben das

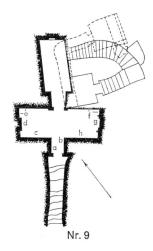

Nr. 9

Königspaar, aus dem Palaste fahrend, um die Befestigungen der Sonnenstadt Amarna zu besichtigen, ein Vortrab eilt dem Wagen voraus. In der Mitte der re. Wand ist ein Grabstein (g) dargestellt. Auf der re. Eingangswand (h) in der untersten Reihe die Ausfahrt des Mahu; re. die Szene aus seinem Berufsleben, die dem Grab seinen besonderen Reiz verleiht: Mahu führt gefangene Ausländer vor den von seinem Gefolge begleiteten Wesir. In der 2. Reihe von unten: li. Mahu, auf seinen Stock gestützt am Wachtfeuer, vor ihm seine Untergebenen, re. Wagen und laufende Soldaten. – Beiderseits der Tür zum hinteren Raum der Tote im Gebet, an der Rückwand des rückwärtigen Raumes eine Scheintür; re. führt eine Wendeltreppe mit 47 Stufen 2 Stockwerke tief zur Sargkammer, die als einzige der Nekropole vollendet und vielleicht auch als einzige belegt war.

Von den nun *folgenden Gräbern* sind die meisten unvollendet und nur mit wenigen üblichen Szenen reliefiert oder auch nur vorgezeichnet. *Grab 12 und 13* zeigen, wie die Gräber ausgehöhlt wurden. *Nr. 14*, Grab des Wedelträgers Maj, dessen Namen überall getilgt ist, zeigt an der re. Eingangswand das schöne Bild des Kais von Amarna mit Schiffen, Gärten und dem Palast. *Grab Nr. 17* ist als Anlage besonders schön, aber ohne Bildschmuck oder Inschriften.

Grab Nr. 23, das des königlichen Getränkeschreibers Ani, ist von den übrigen abweichend nur längs gerichtet. Die Wände sind mit Stuck beworfen, aber nur z. T. bemalt, die Malereien stark verblaßt. In der Nische die überlebensgroße Statue des Grabherrn.

Besondere Beachtung verdient das Grab des späteren Königs Eje *(Grab Nr. 25)*, des Nachfolgers Tutanchamuns, obwohl es unvollendet blieb wie so viele andere Amarna-Gräber; mit der Rückverlegung der Residenz nach Theben ließ sich nach dem Tod Echnatons auch Eje sein Grab dort (Nr. 23, im westlichen Königsgräbertal) anlegen. In Echnatons Diensten war Eje Fächerträger, Stallvorsteher und vor allem »Gottesvater« d. i. Königserzieher.

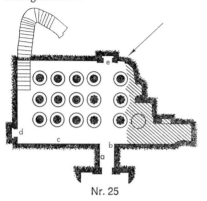

Nr. 25

An den Türpfosten re. und li. knien unten Eje und seine Gattin, über ihnen der berühmte große Sonnenhymnus von Amarna. – Im Eingang li. (a): das königliche Paar, begleitet von drei Prinzessinnen, der Schwester der Königin Mutbenret sowie Zwerginnen und Höflingen, betet zur Amarna-Sonne; unten: Eje und seine Frau im Gebet. Re. (b) Eje in Amtstracht mit seiner Frau im Gebet, dessen Text beigeschrieben ist.

In der *Halle*, die von 24 Papyrussäulen mit geschlossenem Kapitell gestützt werden sollte, sind nur 15 ausgearbeitet, davon erst 4 fertig; die übrigen von oben her begonnen. An 3 Säulen sind der Grabherr und seine Frau dargestellt, wie sie die Namen des Gottes und des Königspaares verehren. Über der unvollendeten Tür (e) in der Rückwand wiederum Eje mit seiner Frau Teje im Gebet kniend vor der Amarna-Sonne und Namensringen. Auch in der NW-Ecke (d) eine unvollendete Tür, in der NO-Ecke eine Treppe, die zu der noch nicht begonnenen Sargkammer hinunterführen sollte.

In der li. Eingangswand ist die einzige vollendete Wanddarstellung (c), eine beachtliche Szene: Li. steht das Königspaar und wirft aus dem Erscheinungsfenster des Palastes für Eje und seine Frau Schmuck und Kostbarkeiten (die Oberkörper der beiden Belohnten stehen im Museum in Kairo). Von den 3 kleinen Prinzessinnen neben der Königin streichelt die vordere der Mutter das Kinn, über ihnen die Amarna-Sonne, deren Strahlen hier auch den Oberkörper des Königs und die Krone seiner Gemahlin umfassen, hinter ihnen Vorratshäuser des Palastes und Harem mit ausländischen Frauen. Im Hof des Palastes steht verehrend das Gefolge, die Beamten, Ausländer, Wagenlenker und Soldaten, Wedel- und Fächerträger; unten vergnügt springende Buben. Re. verläßt Eje den Palast und wird von seinen Verwandten und Freunden jubelnd empfangen und beglückwünscht. Das Volk wirft jauchzend die Hände in die Höhe. Diener tragen die Geschenke weg. In der obersten Reihe sitzen die Pförtner und unterhalten sich neugierig mit den Jungen über das Ereignis, das ihnen von der Gassenjugend zugetragen worden ist.

Königsgrab

Der Wächter von Hagg Kandîl öffnet auch das »Königsgrab«, das *Familiengrab Amenophis' IV.* in dem Gebirgstale Darb el-Melek, das sich zwischen der nördlichen und der südlichen Gräbergruppe nach O erstreckt. An mehreren unbeschrifteten Gräbern vorbei erreicht man – nur zu Fuß oder Esel – auf engem Pfad etwa 11 km abseits von Tell el-Amarna das sehr zerstörte Felsengrab (Nr. 26).
20 Stufen, die eine Schleifbahn in der Mitte begleiten, führen über einen schrägen Gang, eine 16stufige Treppe und einen Vorraum mit zerstörten Wandbildern und zugeschüttetem Schacht geradenwegs zum *Sargraum*, in dem nur noch 1 Pfeiler steht; in der re. Wand hinten eine kleine Nische. Von den in Stuck geschnittenen Wandbildern ist leidlich erhalten das Königspaar mit Prinzessinnen in Anbetung vor der Sonne auf der li. Eingangswand und die berühmt gewordene, weil motivisch einzigartige Szene auf der li. Wand: Das Königspaar beklagt den Tod der Prinzessin Meketaton; es steht mit Gebärden des Schmerzes an ihrer Bahre, dabei Klageweiber.
Wendet man sich von dem Sargraum zurück und schreitet wieder dem Ausgang zu, so erreicht man li. von der 16stufigen Treppe *drei Räume*, der 1. und 3. mit Text und Bild geschmückt. – Im ersteren auf der re. Eingangswand in der unteren Reihe wiederum die verstorbene Prinzessin auf dem Totenlager, an dem die königlichen Eltern und Klageweiber trauern. In der oberen Reihe das Königspaar, die Amme mit einer kleinen Prinzessin, Klagefrauen, um die verstorbene Meketaton jammernd. Die beiden Hauptwände zeigen fast die gleichen Bilder: Das Königspaar, vier bzw. drei Prinzessinnen und Gefolge bringen im Tempel der aufgehenden Sonne Gebete und Opfer dar; die Sonne geht hinter dem Tempel über den Bergen auf, wie das in Amarna besonders schön zu beobachten ist; Tiere, wie Strauße, Gazellen, nehmen an der Morgenbegrüßung teil; li. davon huldigen die Menschen, darunter Neger, Libyer und Asiaten in ihrer einheimischen Tracht, dem astralen Gott.
Während der 2. Raum unbebildert ist, findet sich im 3. Raum auf der Rückwand li. die Prinzessin unter einem Baldachin, vor ihr die königliche Familie mit Gefolge in Klage; Fortsetzung auf der re. Wand. Auf der li. Wand liegt die Mumie unter demselben Baldachin, vor ihr wiederum die königliche Familie klagend; weiter re. die Amme mit einer kleinen Prinzessin an der Brust. Auf der Eingangswand Grabausstattung: Möbel, Toilettengeräte, Kästen u. a. – Man schreite dem Ausgang zu; vom schrägen Gang aus führt ein gebrochener 5räumiger Korridor zu einem unvollendeten Gemach; alles ohne Schmuck.
Das Grab, entsetzlich zerstört, ist für den Reisenden ohne jegliches Interesse und für den Ägyptologen nur nach etwaiger Überwindung großer Schwierigkeiten zugänglich, da es seit 1934 gesperrt ist.

Hatnûb

Von der südlichen Gräbergruppe aus führt ein Weg ostwärts zu den *Alabasterbrüchen von Hatnûb*, die besonders, wie die zahlreichen Felsinschriften beweisen, im Alten und frühen Mittleren Reich ausgebeutet wurden. Sie liegen von Tell el-Amarna etwa 5 Stunden entfernt und waren unter den zahlreichen Kalkstein- und Alabasterbrüchen der Umgebung die bedeutendsten.
Einen guten Kilometer im N des vermutlich der Königin Nofretete gehörenden Palastes an einem Felsvorsprung *Stele X*, die älteste der Grenzstelen, deren Text die Besitzergreifung des Hoheitsgebietes der neuen Hauptstadt verkündet und die Jungfräulichkeit des Bodens hervorhebt.

Wieder etwa einen Kilometer weiter im N die sehr verschandelten Felsgräber von *Schêch Sa'îd,* die dem Gaufürsten des Hasengaues aus dem AR zugehören. Besuch lohnt nicht.

Das Weiße und das Rote Kloster bei Sohâg

Eisenbahnstation Sohâg (470 km südlich von Kairo; mit Auto 450 km). Hotels s. bei Sohâg. Vom Bahnhof mit Taxi zu den beiden Klöstern, hin und zurück etwa 24 km. Auf guter Straße bis Sohâg, dann 7 km in NW-Richtung aus der Stadt (man überquert die Eisenbahn und kommt durch ein Gebiet mit zahlreichen Ziegelbrennereien) bis an den Rand der Wüste. Vom Weißen Kloster noch etwa 5 km in nördlicher Richtung bis zum Roten Kloster. Die Klöster sind auch mit Bus erreichbar. Sie sind von koptischen Familien bewohnt und zur Besichtigung freigegeben. Ein koptischer Priester des Weißen Klosters hat auch den Schlüssel zur Kirche des Roten Klosters.

Das Weiße Kloster (Dêr el-abjad), auch → Dêr Amba Schenûda genannt, wurde um 440 gegründet, hatte → Schenûte (gest. 451) zu seinem bedeutendsten Abt und war das bedeutendste aller ägyptischen Klöster. Es zieht schon von weitem durch die isolierte Lage des massigen Baus die Blicke der Besucher auf sich. Seine ehemals enorme Bibliothek wird heute großteils in europäischen Sammlungen wissenschaftlich ausgewertet.

Das rechtwinklige Kloster (etwa 36 m × 73 m) ist von hohen Mauern aus weißen Kalksteinblöcken umgeben, die aus den Ruinen von Athribis stammen. Die Mauern sind durch zwei übereinanderliegende Fensterreihen gegliedert. Die abschließende Hohlkehle der Mauer und die des mit Granitsteinen eingefaßten Südportals erinnern an ägyptischen Tempelschmuck.

Vom Eingang an der Südseite betritt man einen langen Raum, der ursprünglich einen zweigeschossigen Bau für die Gemeinschaftsräume und die Mönchszellen umgab. Man achte auf die koptischen Aufschriften (mit roter Farbe an den Wänden) und den Schrein aus schwarzem Granit aus Athribis. Nördlich hinter ihm erstreckt sich die ehemals dreischiffige *Basilika*. Von den 42 Säulen (verputzter Ziegelstein) stehen noch 8 auf hohen Sockeln aufrecht; ein Teil des Schiffes jetzt mit Häusern bebaut. Der *Dreikonchenchor* mit der querschiffartigen Vorhalle ist durch eine Mauer mit 3 spitzbogigen Portalen vom Schiff abgetrennt.

Die Konchen des Chores sind durch Säulen und Nischen (in 2 Reihen übereinander) gegliedert und von einem plastischen Dekor aus Weinlaub, Ranken und Muscheln überzogen. Das Blattwerk des trennenden Architravs hat eigentümlich gratige Formen. Die Fresken in den Konchenwölbungen wurden um 1076 von dem Armenier Daskian begonnen und dürften später restauriert worden sein. In der Mittelapsis **der thronende** Christus, in der Südkonche das leere Kreuz mit dem Grabtuch in einer Mandorla, von den 4 Evangelisten umgeben; links Maria unter dem Stern, rechts Christus unter der Sonne. Zwischen Mittelapsis und südlicher Konche liegt die überwölbte Taufkapelle, von dem entsprechenden Raum auf der Nordseite führt eine Treppe in die Krypta. Als Pflaster des Schif-

Weißes Kloster bei Sohâg

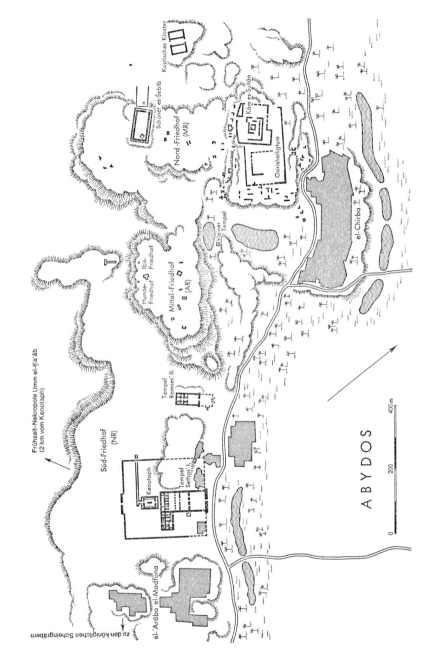

fes wurden Granitblöcke (Hieroglyphen!) eines benachbarten Tempels verwendet, ebenso für den Kanzelaufgang und die Kanzel selbst. – An der Westseite der Kirche befindet sich der *Narthex,* an dessen Nordseite sich eine gewölbte Nische mit Säulengliederung erhalten hat. In der SW-Ecke das Baptisterium. – Das Weiße Kloster ist heute ein lokaler Wallfahrtsort, zu dem jedes Jahr am 14. Juli Kopten wie Mohammedaner pilgern. Rund um den Klosterbezirk finden sich zahlreiche koptische Gräber.

Das Rote Kloster (Dêr el-ahmar), in einem Palmental gelegen, trägt auch den Namen Dêr Amba Bschôi. Seine Anlage ist der des Weißen Klosters ähnlich, aber kleiner und aus roten Ziegeln gebaut, wohl ebenfalls um 440. Das Kloster befindet sich inmitten eines Dorfes, die Häuser sind bis an die Klostermauern herangebaut. Von der dreischiffigen Basilika haben sich als besonders sehenswert die Säulen mit schönen Pflanzenkapitellen erhalten. Der durch die Zerstörung entstandene Freiraum wurde durch eine hohe Ziegelmauer unterteilt. Der Dreikonchenchor ist durch eine Mauer abgeschlossen, die Apsiden sind reich durch Säulen, Friese und Nischen mit gebrochenen Giebeln gegliedert und ornamental bemalt, gröber als im Weißen Kloster. Die Fresken stammen wahrscheinlich von einem Maler Merkurios (um 1301); sie zeigen in der Mittelapsis Christus in der Mandorla, umgeben von den 4 Evangelisten, darunter die 12 Apostel. In der rechten Konche sieht man den thronenden Amba Bschôi. Der südliche Raum könnte als Refektorium gedient haben. Neuere Untersuchungen scheinen die Vermutung zu bestätigen, daß ein späterer Vorbau auf der Südseite als Rückzugsturm gedient hat (10./11. Jh.).

Abydos (Plan S. 572)

Bahnstation ist Baljána (153 km nördlich von Luksor). Autofahrt 148 km Luksor–Baljána. Man verbinde den Besuch mit dem von → Dendara. Am Bahnhof Taxen, bis zum Tempelbezirk 12 km. Mit dem Auto fährt man von Sohâg nach Abydos auf guter Straße; von Luksor auf dem Ostufer nach Norden bis Kena, überquert die große Nilbrücke und fährt weiter bis Baljána. Von hier 9 km in westlicher Richtung zum Tempel von Abydos. Rasthaus vor dem Tempel für Getränke, Proviant besser mitbringen. Für Notfälle in Bahnhofsnähe ein einheimisches Hotel.

Abydos gehört zu den ältesten und heiligsten Stätten Ägyptens. Hier ließen sich schon die Könige der 1. Dynastie und ihre Großen bestatten, und aus dem Alten Reich sind bedeutende Tempel des alten Totengottes Chenti-Amentiu, »des Ersten der Westlichen« (= Verstorbenen), dem bald Osiris gleichgesetzt wird, nachgewiesen. Eine, freilich meist oder stets nur rituell »simulierte«, Fahrt der Mumie zu diesem Ort gehört zu jeder ordentlichen Beisetzung. Denn hier lag Osiris-Chenti-Amentiu begraben, hier ist er von den Toten auferstanden, und in dessen Nähe letzte Ruhestätte oder wenigstens, da dies nur in seltenen Fällen möglich war, einen Gedenkstein zu haben, versprach Teilhaftigkeit an der Auferstehung aus dem Tode. Könige errichteten sich hier große Kenotaphe. So finden wir in Abydos ausgedehnte Nekropolen von der frühsten Zeit ägyptischer Geschichte bis in die Spätzeit mit einem neuen Ansatz unter Sethos I. im Gegenstoß zur Amarna-Religion. Einmal jährlich fanden unter großer Beteiligung der Bevölkerung »Spiele« statt, die das Suchen und Finden des Leichnams des Gottes, den Kampf mit seinen Gegnern, seine Auferstehung und triumphale Heimkehr in den großen Tempel zum Gegenstand hatten. Dieser Tempel, einer der wichtigsten Ägyptens, fiel den Verfolgungen des Heidentums in christlicher und islamischer Zeit zum Opfer. Gut erhalten dagegen ist der mit einem Scheingrab (Kenotaph) verbundene Tempel Sethos' I., dem nun das vornehmliche Interesse gelte.

Tempel Sethos' I. (Plan S. 575)

Das Heiligtum aus Kalkstein, das erst Ramses II. vollendete (vorderer Teil), weicht mit seinen 7 Kultkapellen — für die oben genannten Götter und den göttlich verehrten Sethos I. selbst — vom üblichen Plane ab. Das Tempelhaus gliedert sich dem Gedanken nach entsprechend in 7 Einzelbauten mit eigenen Toren, so daß durch die Vielzahl der Kultstellen die Querachse verbreitert ist. Ein rechtwinklig anschließender Flügelbau enthält einen Schlachthof, Magazine und andere z. T. unvollendete Nebenräume. Die auch farblich bestens erhaltenen Reliefs, besonders die aus der Zeit Sethos' I., gehören zu den Meisterwerken ägyptischer Kunst.

Die gesamte *Anlage* hatte eine innere und eine äußere Umfassungsmauer, welch letztere im Westen durch den »Wüstenpylon« unterbrochen war. Das kleine Gebäude links vom Sethostempel (T) ist ebenfalls ein Bau Sethos' I. (16 m × 14 m) mit 10 Säulenbasen und einem Thronsockel, zu dem einige Stufen emporsteigen. Hier konnte der König oder sein Beauftragter die Produkte besichtigen, bevor sie in die dahinter liegenden Ziegelmagazine eingelagert wurden.

Den großen Tempel betritt man von NO her, sein *Eingangspylon* sowie der *erste Hof* sind sehr zerstört. Bei a Darstellung des Kampfes Ramses' II. gegen die Hethiter: Die abgeschnittenen Hände der gefallenen Feinde werden gezählt, die Beute wird Amun dargebracht. Eine Rampe, vor der zwei ummauerte Brunnen zu beobachten sind, führt zur rückwärtigen Pfeilerhalle; an derem Sockel die Kinder Ramses' II. Auf der Rückwand der anstelle des zu erwartenden zweiten Pylons errichteten Trennmauer, die nach den Inschriften von Sethos I. stammt, setzen sich die Darstellungen Ramses' II. fort.

Bei b rechts und links im *zweiten Hof* Denkinschriften Ramses' II.; bei c Ramses II. während des Opfers vor verschiedenen Gottheiten und beim symbolischen Niederschlagen der Feinde vor Amun. Eine zweite Rampe führt zu einer zweiten Pfeilerhalle (wiederum mit 12 Pfeilern), die ursprünglich 7 Türen hatte zum Eintritt in das innere Tempelhaus.

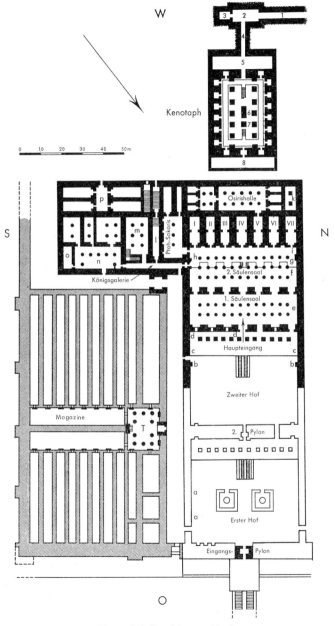

Tempel Sethos' I. von Abydos

Links neben der Haupttür bei d eine lange Inschrift über die Vollendung des Tempels durch Ramses II., sonst Ramses II. vor Göttern.

Von den sieben Türen, die zu den Götterkapellen geführt hatten, ließ Ramses II. alle zumauern, bis auf die mittlere, den Haupteingang. Er führt in den *1. Säulensaal* (52 m × 11 m), dessen 24 Papyrusbündelsäulen mit geschlossenem Kapitell die Kapellen voneinander gliedern. Die ursprünglichen erhabenen Reliefs auf den Säulenschäften von Sethos I. ließ Ramses II. durch rohe versenkte Reliefs ersetzen; sie zeigen jeweils Ramses II. im Verkehr mit der Gottheit und deren Familie, der die jeweilige Kapelle geweiht ist. Auf der rechten Schmalwand (e) rituelle Reinigung Ramses' II. durch Thoth und Horus, Einführung des Königs in den Tempel und Darbietung eines Behälters für Papyrusrollen an Osiris, Hathor-Isis und Horus.

Sieben Türen öffnen sich in den *2. Säulensaal* mit 3 × 12 Säulen, die wie die des 1. Säulensaales jeweils die Prozessionswege in die hinteren Kapellen flankieren; die beiden vorderen Reihen haben geschlossene Kapitelle, die hintere, auf einer Erhöhung, sind Baumstammsäulen, die auf zylindrischen Schäften ihre Platten als Abakus unmittelbar unter den Architraven tragen. Die Inschriften der Wände und Säulen von Sethos I. sind von erlesener Arbeit; sie zeigen den König vor Göttern. Bei f: Sethos räuchert und spendet eine Libation aus drei mit Blumen geschmückten Gefäßen vor Osiris und Horus; daneben der König mit einer Räucherpfanne vor einer Kapelle, in welcher Osiris thront; vor ihm die Wahrheitsgöttin Ma'at und Ronpet, die Göttin der Zeit, hinter ihm Isis, Imentet (die Göttin des Westens) sowie Nephthys, und dahinter 9 kleine Gottheiten. Auf dem Pfeiler (g) [und entsprechend bei h] der Djedpfeiler (das Osirissymbol von Busiris) und beiderseits der König. Bei i bringt Sethos der Osiristriade ein Bild der Ma'at dar. Beachte das feine Profil des Königs, die porträthaltigen Züge, die hoheitsvollen Gesten und den Adel im Ausdruck der Gestalt.

Rückwärtig sieben *Kapellen,* die ursprünglich mit Holztüren verschlossen waren; in ihnen standen im hintersten Teil die Kultbilder der Götter, von links nach rechts: Sethos I. (I), Ptah (II), Harachte (III), Amun (IV), Osiris (V), Isis (VI), Horus (VII); im vorderen Teil der Kapellen wurden die Barken abgestellt, wenn sie zu kultischem Zweck aus dem Barkensaal (m) überführt waren. Vor jeder Kapelle eine Rampe, vor der mittelsten, der Amonkapelle, eine Treppe. Die Decken, mit Sternen und den Vornamen Sethos' I. geschmückt, haben die Technik des falschen Gewölbes. Die auch in den Farben wunderbar erhaltenen Reliefs der Wände schildern den Kult, der sich in den Kapellen abspielte; an den Rückwänden steinerne Türnachbildungen mit gegengleichen Opferszenen; in den Nischen der Pfeiler, zwischen den Kapelleneingängen, ebenfalls Reliefschmuck.

Tempel Sethos' I

Von der Osiriskapelle (3. von r. = V.) führt eine Tür zur quergelagerten Osirishalle mit 10 Säulen ohne Kapitelle, rechts davon 3 kleine Kapellen mit prachtvollen Reliefs für Horus (rechts), den vergötterten König (Mitte) sowie Isis (und Osiris) (links): der dahinter liegende Raum (k) ist von jeher unzugänglich gewesen. Von der Osirishalle nach links liegen ein kleiner 4-Säulen-Saal, eine zweite Osirishalle, mit Schmuck an der Ostwand, und nach links anschließend 3 zerstörte Kapellen. Der ganze von der Osiriskapelle aus zugängliche *Quertrakt* gehörte zum Kult des Osiris.

Vom 2. Säulensaal aus gelangt man neben der Königskapelle (I) in einen Saal des *Ptah-Sokaris,* des memphitischen Totengottes, mit besonders feinen Reliefs: Sethos I. in Verehrung vor Sokar und anderen Gottheiten. In den Flügelbau führt die »*Königsgalerie*«, der wegen ihres außerordentlichen historischen Wertes besondere Aufmerksamkeit gebührt. An ihrer rechten Wand ist die berühmte »Königsliste von Abydos« aufgeschrieben, die, von einigen unbedeutenden oder illegitimen Herrschern abgesehen, die Pharaonen von Menes an, dem ersten Regenten des Landes, bis zu Sethos I. aufreiht. Sethos I. mit dem Räuchergefäß und hinter ihm der Kronprinz Ramses II. (mit der Kinderlocke), aus einem Buche rezitierend, verehren ihre 76 königlichen Ahnherren, die in den beiden oberen Reihen genannt sind. - An der linken Wand bringen die beiden ebenso pietätvoll das Totenopfer für eine lange Reihe von Göttern.

Im Durchgangsraum zum *Treppenhaus* (l) hinter der Königsgalerie interessante Kultszenen (Vasenlauf, Vogelfang, Stierfang); an den Treppenwänden aramäische und phönizische Besucher-Aufschriften. An den Wänden des Barkensaales (m) Bänke für die Opfer oder auch Tempelschätze. Hinter dem an den *Schlachthof* (n) grenzenden Raum (o) ein tiefer Brunnen, der mit dem Grundwasser Verbindung hatte. Durch die Außentür des Schlachthofes wurde das Opfervieh eingetrieben. Vom Raumkomplex p, dem höhergelegenen Schatzhaus, aus führt eine Tür ins Freie auf den Hügel des sogenannten Osireions, das ein Scheingrab Sethos' I. darstellt (heute steigt man über die Treppe hinauf ins Freie).

Kenotaph Sethos' I. (»Osireion«; Plan S. 575)

Dieses *Scheingrab,* das lange für das Grab des Osiris gehalten wurde, liegt 8 m hinter und tief unter dem Tempel und ist sowohl wegen seiner elementaren architektonischen Sprache als auch wegen seiner religiösen Funktion von hoher Bedeutung. Der von Sethos I. errichtete Bau, axial auf die hinteren geheimen Osirisgemächer des Tempels bezogen, lag ganz in einem künstlichen, mit Bäumen bestandenen Hügel verborgen. Kalk- und Sandstein, für die betonten Bauglieder Granit, dienten als Material; die Inschriften und Darstellungen stammen von dem späteren König

Merenptah, nur die an dem Satteldach des abschließenden Querraumes sind von Sethos selber.

Ursprünglich führte eine Treppe außerhalb der Tempelumwallung aus Ziegel zu dem mit einem Ziegelgewölbe überdeckten Eingangstor im Nord(-West)en, von ihm aus ein 110 m langer schräger *Gang* (1) in den Vorraum (2). Nachdem heute der Eingang zerstört ist, betritt man den Gang und erkennt auf dessen Wänden Unterweltstexte, rechts aus dem »Pfortenbuch«, links aus dem »Höhlenbuch«. Der *Vorraum*, an dem noch eine kleine Kammer (3) hängt, ist ebenfalls mit religiösen Texten und Inschriften bedeckt; er ist heute unmittelbar durch eine Leiter zugänglich. Der nach Osten abzweigende Gang (4) mündet in den 20 m × 6 m großen und von einem Satteldach überdeckten *Querraum* (5), den Merenptah ebenfalls mit → Totenbuchtexten beschriften ließ.

Der nun folgende 20 m breite und 30 m lange *Saal* ist von einem brückenlosen Graben umgeben, auf den 17 unzugängliche Kammern münden. Der Graben stand unter Wasser, während die Mittelhalle als Insel herausragte, und wir erkennen in der eigenartigen Anlage den vom Urwasser Nun umflossenen *Urhügel*, auf dem der Urgott die Welt erschaffen hat. An den Schmalseiten dieser Urhügel-Mittelhalle führen zwei Treppen zum Wasser hinunter. Dieses Wasser ist Nilwasser und wird durch einen 17 m unter dem Tempel in seiner Hauptachse laufenden Kanal vom Fluß zugeführt. Vermutlich waren auch die beiden Brunnen im 1. Hof des Tempels von demselben Wasser gespeist. – Zwischen den beiden – nur konstruktiv zu erklärenden – Pfeilerreihen sind im Pflaster zwei Vertiefungen, eine längliche (6) in der Mitte und eine fast quadratische (7), deren Sinn nicht geklärt ist, die aber vielleicht den Scheinsarg und den Kanopenkasten aufgenommen hatten. Von der Kammer der Hauptachse kommt man in den letzten *Quersaal* (8), der vielleicht als Kenotaph des Königs bestimmt war; an seinem Satteldach (Westseite) die Himmelsgöttin Nut, die vom Luftgott Schu emporgehoben wird; unter ihrem Leib Sterntafeln, kosmographische Texte, mathematische Anweisung zur Anfertigung einer Sonnenuhr und dramatische Texte. Auf der Ostseite astronomische Szenen, der Himmel wiederum als Nut dargestellt, sich im Bogen des Himmels über die Erde spannend.

Heute, nachdem sich der Grundwasserspiegel gehoben hat, liegt die Anlage fast immer unter Wasser und ist von der Südseite her über eine Eisentreppe zugänglich. Etwa an ihrem Ausgangspunkt ist ein Modell des Kenotaphs aufgestellt, mit Hilfe dessen der Reisende erkennen mag, daß die Anlage des Kenotaphs der von Herodot beschriebenen unterirdischen Einrichtung der Großen Pyramide von Gîsa entspricht. Ob der Göttertempel die Stelle des Totentempels der Pyramide einnimmt, mag dahingestellt bleiben.

Tempel Ramses' II.

Nördlich vom Tempel Sethos' I. liegt, in einigen Minuten zu Fuß erreichbar, ein stark zerstörter *Tempel Ramses' II.*, ebenfalls dem Totenkult des Königs und Osiris geweiht. Das ganze Heiligtum ist bis auf 2 m Höhe abgetragen. Das ist um so bedauerlicher, als dieser Tempel alle übrigen Bauten Ramses' II. an Schönheit und Sorgfalt der Ausführung weit überragt, denn er stammt aus der Frühzeit seiner Schaffensperiode, wo er noch in der Tradition seines Vorgängers stand. Teilweise kommen die Reliefs an die Güte derer von Sethos heran, auch die Farben sind großenteils gut erhalten. Erkennbar ist der Grundplan der Anlage mit erstem Pylon, erstem offenen Säulenhof (zerstört) und einer kleinen Kapelle auf der Südseite, zweitem Pylon, zweitem Hof mit Osirispfeilern, höher gelegener Pfeilerhalle (V), zwei hintereinanderliegenden Sälen (S_1, S_2) mit je 8 Pfeilern und seitlich angrenzenden Götterkapellen (Osiriskapelle O) sowie Alabasterheiligtum in der hinteren Mitte (A). Darin eine stark zerstörte Granitgruppe von 5 Figuren, von l. nach r.: Ramses II., eine Göttin, Amun, eine weitere Göttin und Sethos I. Als Werkstoffe sind im übrigen feinkörniger Kalkstein verarbeitet, für die Pfeiler Sandstein, für die Türrahmen roter und schwarzer Granit. Nur im Hof und im ersten Saal mit ihren zugehörigen Nebenräumen ist an Stelle der feinen Flachreliefs ein roheres versenktes angewandt; im Hof ein Opferzug, an den Außenwänden Szenen aus dem Hethiterkriege, an der Südwand Bauinschrift und Stiftungslisten, in den hinteren Gemächern der König im Verkehr mit Göttern, opfernde Priester und andere religiöse Darstellungen.

Im NW des Ramses-Tempels liegen noch zwei erwähnenswerte Anlagen: die frühzeitliche *Schûnet eś-Śebîb,* ein zu einem Königsgrab gehörender Palast(?)hof, und östlich davon beim Dorfe el-Chirba (heute Beni Mansûr) die alte Stadt Abydos mit dem aus der frühesten Geschichte Ägyptens stammenden *Osirisheiligtum,* das jedoch nur noch trümmerhaft erhalten ist. Für den besonders Interessierten lohnt auch ein Besuch der ausgedehnten Nekropolen bis zu den östlichen Kenotaphs sowie des koptischen Klosters im äußersten Westen.

Östlich davon lag auf dem *Kôm es-Sultân* der älteste, zentrale, hochheilige Tempelbezirk des Osiris. In der W-Ecke stand auf einem trapezförmigen Gelände der in der Frühzeit gegründete, fünfmal eneuerte und verwandelte, zuletzt in der 18. Dyn. wiedererrichtete berühmte Osiristempel. Heute nur noch unansehnliche Trümmer.

2 km südlich des Kenotaphs ist *Umm el-Kaʿâb* (»Mutter der Scherben«) gelegen, eine große Frühzeit-Nekropole mit 350 Gräbern, darunter 8 königlichen; im S des Kenotaphs (2–4 km) königliche Scheingräber des Mittleren und Neuen Reiches.

Dendara

Man macht den Ausflug nach Dendara (in Verbindung mit → Abydos) am besten von

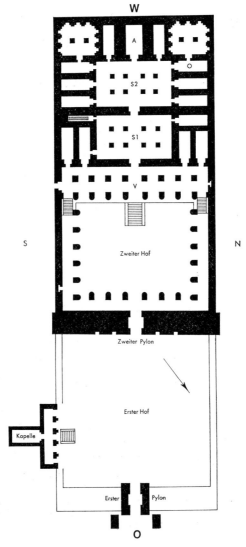

Tempel Ramses' II. von Abydos

Luksor aus mit Taxi; kann auch den öffentlichen Bus bis Ḳena benützen (Fahrzeit einfach 2 Stunden). Rasthaus nahe Tempel. Taschenlampe sehr zu empfehlen!
Dendara, das griechische Tentyra, war die *Hauptkultstätte* der Himmels- und Liebesgöttin Hathor (Aphrodite) und gilt als eine der berühmtesten Städte Altägyptens. Mit Hathor zusammen wurden ihr göttlicher Gemahl, der Falkengott Horus von Edfu, und ihr Sohn Ihi verehrt, der jugendliche Gott der Musik. Am Großen Neujahrsfest fand die Hauptfeier an diesem Kultort statt. Von der einst blühenden Stadt, in deren Mitte er lag, sind einzig Scherben und Schuttberge übriggeblieben.
Bereits im frühen AR hat hier ein Heiligtum gestanden; es wurde öfter ausgebessert und im ersten christlichen Jahrhundert (Domitian, Nerva, Trajan) schließlich durch den heute noch bestens erhaltenen Hathortempel ersetzt, dessen Beschriftung in der römischen Zeit vollendet wurde. Die ausgedehnte Anlage innerhalb einer Ziegelumwallung von 290 m Länge und 280 m Breite umfaßt neben dem Hathortempel zwei Geburtshäuser, einen heiligen See, einen Isistempel (im Süden) und zwischen den beiden Geburtshäusern im Vordergrund eine koptische Kirche, Reste eines alten Sanatoriums. Vor dem Nordtor, bei dem man die Besichtigung beginne, beiderseits römische Brunnenanlagen. Ein weiteres Tor liegt auf der Ostseite, ein drittes ebenfalls im Osten, aber außerhalb des Tempelbezirks; nicht erwähnt bleiben kleinere kaum identifizierbare Ruinen. Ein Hathorschrein (früher im O) von Mentuhotep II. (11. Dyn.) heute im Kairener Museum.

Der Hathortempel

Auf das Nordtor führt ein einstmals durch Säulen abgeschlossener Weg. Man schreite an den Nebenbauten vorbei zunächst auf den *Haupttempel* zu. Sein Anblick überrascht, da die Pylone und der säulenumstandene Hof (H) nicht ausgeführt sind, so daß man den Blick unmittelbar auf die Vorhalle (V) hat; der Tempel wirkt dadurch intimer, jedoch steht er wegen des Adels seiner Maße keinem seiner Artverwandten nach; was den Wandschmuck angeht, so ist er einer der interessantesten überhaupt. Er spiegelt künstlerisch, was sich im Tempel an kultischen Zeremonien vollzog, besonders an jenen den Jahresrhythmus bestimmenden liturgischen Festen.
Der Tempel, wie beinahe alle ptolemäischen aus Sandstein, ist auf den Nil hin ausgerichtet. Da der Strom hier jedoch von O nach W fließt, liegt sein Eingang im N, so daß er, wie die Inschriften besagen, nach einem »geistigen Osten« gewendet ist.
Man beachte im Tor die Verwendung von Basalt bei der Steinlage für die Türangel. In der Hohlkehle über den Türpfosten ringsum die Strahlen sendende Flügelsonne in der für Dendara typischen Art.
Die Große *Vorhalle* (42 m × 25 m) wird von 24 Sistrumsäulen getragen,

deren vordere Reihe durch 6 Schranken verbunden und durch ein mächtiges Hohlkehlengesims mit der geflügelten Sonne in der Mitte zur Fassade gestaltet ist. Auf ihren Innenwänden sind in 4 Reihen übereinander die römischen Kaiser Augustus, Tiberius, Caligula, Claudius und Nero als Pharaonen dargestellt, wie sie Hathor und anderen Göttern Weihegeschenke darbringen.

Die Reliefs auf den Innenseiten der *Säulenschranken,* die die feierliche Einführung des Herrschers in das Heiligtum zum Gegenstand haben, sind abgemeißelt. Sobald sich das Auge an die Dunkelheit gewöhnt hat, vermag es dennoch folgende Szenen recht gut zu erkennen:

(a) Nero mit der unterägyptischen Krone tritt aus dem Palast, gefolgt von seinem Ka, vor ihm ein räuchernder Priester.

(b) Horus, falkenköpfig, und Thoth, ibisköpfig, gießen das Reinigungswasser über den König; es ist das Wasser des Lebens, wie die Symbolgestalt des Wasserstrahls als Reihe von Lebenszeichen aussagt.

(c) Die Schutzgöttinnen von Ober- und Unterägypten segnen den König. Auf den entsprechenden Schranken li. vom Eingang dieselben Darstellungen für den König als oberägyptischer Herrscher.

Die *Decke* der Vorhalle ist durch die Architrave in sieben Felder geteilt und mit astronomischen Darstellungen ausgestattet. Im Mittelfeld fliegende Geier und Sonnen. Beiderseits symmetrisch anschließend: Bilder der Mondphasen (im W) und der Sonne (im O) während der 12 Stunden des Tages; in der jeweils mittleren Reihe die Sonnenfahrt der Nacht und des Tages; in den Außenfeldern jeweils die Himmelsgöttin Nut mit Bildern des Tierkreises und Barken mit personifizierten Sternen (Dekanen) unter ihrem Leib, teils noch sehr gut in den Farben erhalten. Nut gebiert die Morgensonne, deren 9 Strahlen den Tempel von Dendara treffen, dargestellt als ein Hathorkopf im Niltal zwischen baumbestandenen Bergen. Die geflügelte Abendsonne geht in ihren Mund ein. Dies für Dendara typische Bild findet sich im Tempel wiederholt.

Die Rückwand der Halle, von einer Hohlkehle bekrönt und einem Rundstab eingefaßt, bildet die Fassade des inneren Tempels, ihr Portal gibt den Eingang frei auf den *»Saal des Erscheinens«* (S). Die sechs Säulen dieses Saales enden in reiche Kompositkapitelle, auf denen Hathorköpfe sitzen, ihre Basen und zwei untere Trommeln sind aus Granit, die übrigen Teile aus Sandstein gefertigt. Das Licht aus den acht viereckigen Deckenöffnungen (mit reliefierter Tropfenschnur der Sonnenstrahlen, welche Formgebung sich auch im »Philae«-Tempel wiederfindet) fällt auf die reliefgeschmückten Wände: In vier Reihen der König – sein Name ist nicht ausgefüllt – vor Gottheiten von Dendara. – In der unteren Reihe die Grundsteinlegung des Tempels:

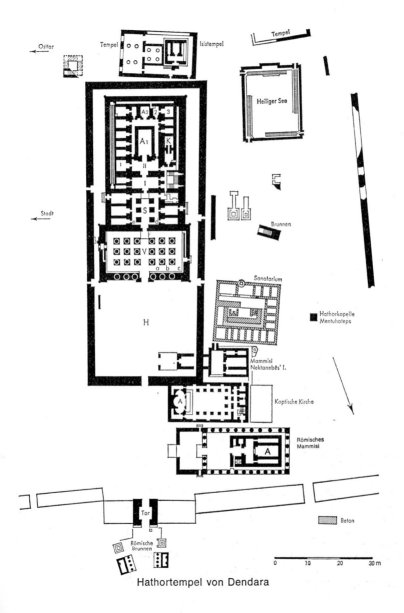

Hathortempel von Dendara

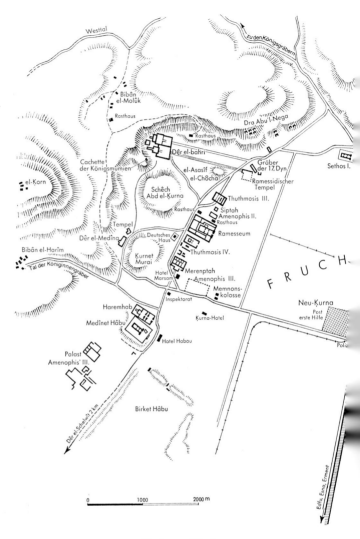

Theben — West

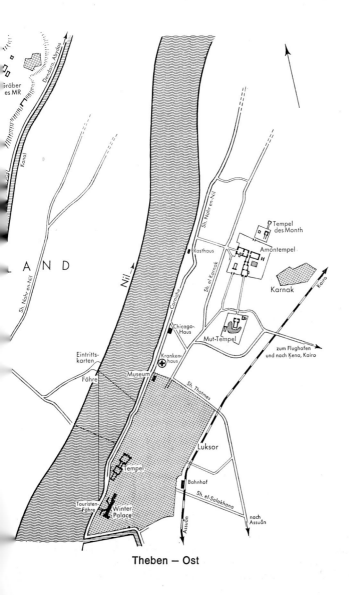

Theben — Ost

(d) Der König mit der unterägyptischen Krone tritt aus seinem Palast, vor ihm ein räuchernder Priester; er reißt mit der Hacke den Boden auf, d. h. er macht den ersten Spatenstich, angesichts der Göttin Hathor.
(e) Der König mit der oberägyptischen Krone schreitet aus dem Palast und bringt Hathor die Bausteine auf einem Tablett. — Die je drei Räume beiderseits dienten als Schatzkammern, Laboratorium (mit Rezepten für Salben, mit denen das Kultbild betupft wurde, und mit personifizierten Düften) und Magazine.
Nach Süden schließen sich zwei *Vorsäle* an (I, II), der Opfersaal, der vor allem den König vor Hathor opfernd zeigt, und ein zweiter Vorsaal, beide von Seitengemächern umgeben. Vom Opfersaal aus führen seitlich Treppen aufs Dach, in Kammer 1 wurden die Gewänder der Götterbilder sowie Spezereien aufbewahrt; gegenüber durch den »Silberraum« gelangt man über einen kleinen offenen Hof zu dem entzückenden *Kiosk* (K), wo der Geburtstag der Hathor gefeiert wurde. An der Decke die Himmelsgöttin Nut ähnlich wie auf der Decke der Vorhalle. Zwischen den drei Fenstern auf der Rückseite des Hofes stehen Pfeiler mit Hathorköpfen, an den Wänden des Hofes sind die Opfer dargestellt, die am Geburtsfest gespendet wurden. Im Pflaster des Hofes führt eine Treppe zu einer *Krypta*.
In der Mittelachse geradeaus gelangt man vom 2. Vorsaal (II), wo sich die Offizianten zur Neujahrsprozession versammelten, zum *Barkenraum* (A 1), wo ehemals die heiligen Barken mit den Götterbildern standen. Die Wandbilder schildern die Phasen der Zeremonien, die der König oder sein priesterlicher Stellvertreter zu vollziehen hatten, wenn sie diese »geheimnisvoll, verborgenen Gemächer« zum Vollzug des Rituals betraten: Er schritt zur Kapelle empor, löste das Band der Tür und das Siegel, öffnete die Tür, erblickte die Göttin, betete vor ihr, räucherte vor den heiligen Barken, brachte mit dem jugendlichen Ihi Hathor und ihrem Gemahl, dem Horus von Edfu, ein Bild von der Göttin Ma'at (der Wahrheit) dar.
Um die Kapelle läuft ein *Korridor*, auf den 11 kleine Räume ringsum münden, die als Kapellen und Sakristei verwendet wurden; in der hinteren mittleren (A 2) stand ein Schrein mit einem Kultbild der Hathor. — Von Raum 2 und 3 hat man Zugang zu *Krypten*, von denen nicht weniger als 12 in den dicken Tempelmauern ausgespart sind; oben sind sie durch Steinplatten abgedeckt. Durch die engen Öffnungen steigt man [meist in Raum 2] auf steiler Treppe hinab und wird für die geringe Mühe unten durch vortrefflich erhaltene und in den Farben noch sehr frische Reliefs belohnt; sie zeigen die Kultgegenstände, die wohl hier aufbewahrt wurden. Die Krypten liegen in drei Höhen übereinander, die tiefsten sind jetzt durch eindringendes Grundwasser gefährdet. Fledermäuse!

Hathortempel

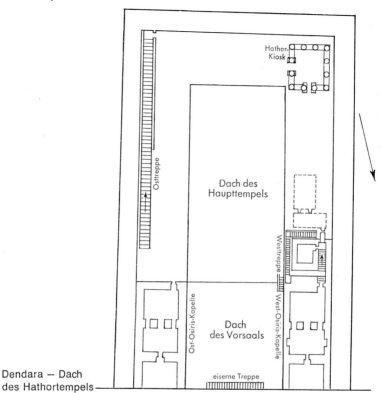

Dendara – Dach des Hathortempels

Dach der Vorhalle

Vom Opfersaal (I) führen zwei Treppen auf das *Dach*, eine lange gerade (links), ziemlich dunkel, und eine zehnmal rechtwinklig gewendete, durch Fensterluken gut erhellte (rechts), beide an den Wänden mit feierlichen Prozessionen, wie sie am Neujahrsfeste stattgefunden haben, re. aufwärts schreitend und li. abwärts ziehend. Sie trugen die Kultbilder der Hathor auf das Tempeldach, »damit sich die Göttin mit den Strahlen ihres Vaters Rê (des Sonnengottes) vereine«.

Auf dem Tempeldach findet sich in mehreren Höhen noch eine Vielfalt von Gebäuden. Zunächst besichtige man an der Südwestecke den kleinen oben offenen Kiosk mit 12 Hathorsäulen. An dem westlichen Treppenhaus vorbei gelangt man zu einer dreiteiligen *Osiriskapelle*, deren Inschriften und Darstellungen sich auf den Kult des gestorbenen und wieder auferstehenden Osiris beziehen, der hier begangen wurde; dazu gehören viele astronomische Bilder. Die Kapelle ist zugleich das Osirisgrab, denn hier verehrte man einen Körperteil als Relique. Das Osirisheiligtum hat sein Gegenstück auf der Ostseite. Die Sockelinschrift von 150 Zeilen bietet Einzelheiten zum berühmten Osirisfest im Monat Choiak. An der Decke des Zentralraumes beachte man den Gipsabdruck des »*Tierkreises von Dendara*«, der runden Himmelsdarstellung, deren berühmtes Original sich heute im Louvre befindet. Im hintersten Raum ein Fenster mit den Bildern des toten und wiederauferstehenden Osiris. Man besteige die Treppe im Nordwesten zum Dach des ersten Vorsaals und dann die eiserne auf das Dach der Großen Vorhalle; von hier herrlicher Rundblick auf das Tempelgelände, das Niltal und die fernen Wüstenberge.

Bei einem Rundgang um den Tempel beachte man die seitlichen Wasserspeier in Form von Löwenköpfen und sehe sich die römischen Inschriften und Bilder der *Außenwände* an: die der Ost- und Westwand stammen großenteils von Nero, die der hinteren Südwand zeigen ganz links Kleopatra mit ihrem Sohn Ptolemaios XV.-Cäsarion, den Sohn des großen Cäsar, vor den Göttern von Dendara, doch sind die Gestalten lediglich durch die beigefügten Namen zu erkennen, nicht etwa porträtähnlich. In der Mitte der Wand ein Kolossalkopf der Hathor, der mit dem Kultbild im Innern am Ende der Tempelachse korrespondiert. Dort konnten sich die Gläubigen, da sie keinen Zutritt zum Heiligtum hatten, ihrer Göttin nähern.

Hinter dem Hathortempel ein *Isistempel*.

Geburtshäuser

Wie zu jedem größeren späten Tempel gehört auch zum Hathortempel ein *Geburtshaus*, in dem die Geburt des göttlichen Kindes des im Haupttempel gefeierten Gottespaares alljährlich kultisch begangen und auch schauspielerisch dargestellt wurde: mit dem Geburtsfest des Gotteskindes ist zugleich das des Gottessohnes Pharao gefeiert worden.

Das *südliche* Geburtshaus, das Mammisi Nektanebês' I. (30. Dyn.) gehört zu einer älteren Anlage und wurde von der römischen Tempelmauer durchschnitten. Man nähert sich ihm von Osten her durch eine Säulenhalle, deren Stützen im Stil der Zeit durch Schranken verbunden sind. Ein ptolemäisches Portal führt in den Quersaal, dessen mittlere Türe in das Allerheiligste entläßt. Seine Wände zeigen im Relief die Geburt des Hathorsohnes Ihi, seine Ernährung und Präsentation. Vom linken schmucklosen Raum steigt eine Wendeltreppe auf das Dach.

Das größere Geburtshaus aus *römischer* Zeit, dicht hinter dem Nordtor, ist nach der Art eines Peripteros errichtet. Im Allerheiligsten (A), dem eigentlichen Geburtszimmer, ist die Geburt des Gotteskindes, das Stillen durch göttliche Ammen und die weitere Aufzucht geschildert. Die Bêsfiguren an den Deckplatten des umlaufenden Säulenganges galten für Mutter und Kind als Schutzbringer.

Koptische Kirche, Sanatorium und Nebenbauten

Die nach Süden anschließende, zwischen den beiden Mammisi gelegene *koptische Kirche* aus dem späten 5. Jh. darf als Muster einer alten ägyptischen Kirche gelten (nur die von Sohâg sind älter). Man betritt sie von der Nordwestecke aus, gelangt über den die ganze Breite einnehmenden Narthex in das dreischiffige Langhaus und das kleeblattförmig abschließende Allerheiligste (A). Vom Narthex aus gelangt man nach W in das Baptisterium, dessen Nische noch mit der Taube des Heiligen Geistes gekrönt ist.

Im Süden der koptischen Basilika, jenseits des von Nektanebês I. gegründeten Mammisi, schließen sich die Reste eines *Sanatoriums* aus römischer Zeit an. Ausgrabungen haben darin eine Heilstatue und Badeanlagen aufgedeckt.

Der *See*, heute mit Palmen bepflanzt, und die weiteren *südlichen Tempelreste* lohnen kaum einen Besuch, doch sei besonders aufmerksam gemacht auf den zum großen Tempel gehörigen *Brunnen* im Westen, der die Verbindung zum Urwasser herstellt, aus dem heraus die Kultstätte als mythischer Schöpfungsort sich erhebt.

Es mag kaum Zufall sein, daß gerade vor diesem Tempel heute einfache, volkstümliche Musikinstrumente feilgeboten werden; sie dürften einer auf die Musikfeste dieses Tempels zurückgehenden Jahrtausende alten Tradition folgen.

Theben (Plan S. 584–585)

Ost (Luksor und Karnak) – West (Nekropole)

Allgemeine Hinweise (von A–Z)

Ausflüge: siehe unter Zeitplan.
Bahnhof: Im Südosten der Stadt (Luksor). Vor dem Bahnhof Taxen, Hotelautobusse und Pferdedroschken.
Banken: Nationalbank von Ägypten, Sh. el-Bahr (beim Winter Palace). Bankfiliale im Winter Palace.
Dragoman: Für den Besuch der Tempel von Luksor und Karnak ist ein Führer erläßlich, für Reisegruppen wie überall in Ägypten dagegen Pflicht. Für die Besichtigung der Totenstadt Theben sollte man sich einen Dragoman nehmen. Man lasse sich ihn durch das Ho-

Theben

tel empfehlen, die meisten sprechen englisch und französisch, einige auch deutsch. Das Programm ist genau festzulegen und der Preis vorher zu vereinbaren.

Eintrittskarten: Erforderlich für den Besuch der Tempel und Gräber auf beiden Ufern. Kartenschalter befinden sich vor den Tempeln von Luksor und Karnak für den jeweiligen Bezirk selbst. Für die Westseite erhält man diese Karte bei der Anlegestelle der Fähre, aber *nicht* bei den einzelnen Bauwerken selbst. Außerdem kann man von der Altertümerverwaltung in Luksor Karten für Gesamt-Theben erhalten und auch bei der Altertümerverwaltung in Kairo für ganz Oberägypten.

Einkäufe: Für alle Andenken gibt es Spezialgeschäfte im »Touristen-Zentrum«, einem Geschäftsviertel zwischen Luksor-Hotel und Winter Palace; für Waren einheimischen Bedarfs begebe man sich in die Sh. el-Birka, der wichtigsten Ladenstraße (Sûḳ); Antiquariat in den Andenken- und Photoladen R. G. Seif, einem kleinen Winter-Palace-Bau am Nilufer.

Flugplatz: 11 km nordöstlich der Stadt, Autobusverbindung. Täglich mehrere Flüge nach Kairo (50 Minuten) und Assuân (20 Minuten). Außerdem ist der Flughafen für einige Charterlinien zugelassen.

Gottesdienste: Amerikanische Kirche, Sh. el-Karnak; Anglikanische Kirche (deutschsprachiger evangelischer Gottesdienst) im Garten des Luksor-Hotels; Franziskaner-Kirche, Sh. Port Sa'îd; mehrere koptische Kirchen.

Hotels und Rasthäuser: Hotel Etap, an der Corniche, im N der Stadt. – New Winter Palace, am Nil, Terrasse, Garten, Bar, komfortable Badezimmer, Klimaanlage, Tennis, Reitpferde. – Winter Palace, am Nil, Terrasse, Schwimmbad, Bar. – Luksor-Hotel, Sh. Lokanda, hinter dem Luksor-Tempel, Garten, Bar. – Savoy-Hotel, am Nil, Terrasse, Garten, mit Bungalows und Schwimmbad. – Die Preise der Hotels sind vom 1. Mai bis 31. Oktober niedriger als in der Hochsaison vom 1. November bis 30. April. Alle mit Restaurant. – Zeitweise liegen Hotelschiffe in Luksor (Luxusklasse). – Weitere Hotels sind geplant, ebenso eine Hotelschule und ein Campingplatz.
Bei Ausflügen auf die Westseite gebe die Hotels Picknickpakete mit; in den Rasthäusern erhält man Getränke. Kleine »Hotels« auf der Westseite → Theben-West!

Kamelmarkt: Dienstag, NNO außerhalb der Stadt.

Krankenhaus: Regierungshospital am Nilufer Richtung Karnak.

Museum (kurz vor Karnak am Nil): Öffnungszeit: im Sommer 18–22 Uhr, im Winter 16–20 Uhr.

Post: Sh. el-Mahatta (Bahnhofstraße).

Reiseagenturen: Schlafwagenkarten im Bahnhof. – Reisebüros und Vertretungen der Fluglinien im Touristen-Zentrum nahe Winter Palace.

Schiffahrt: Die Linienschiffe von Kairo nach Assuân und zurück halten vor dem Winter Palace; lokale Nilfähre vor dem Luksor-Tempel, Touristen-Fähre vor dem Winter Palace und dem Savoy-Hotel (beim Landeplatz der [einfachen und billigen] lokalen Fähre gibt es keine Eintrittskarten für Theben-West zu kaufen!). Segelboote vor dem Winter Palace und dem Savoy-Hotel. Fahrt zur Bananen-Insel (sehr verkommen), etwa 1 Stunde, Spaziergang durch die Plantage, kleines Lokal.

Son et Lumière: Ton- und Lichtvorstellungen in Karnak, Beginn 18 Uhr, Dauer 1½ Stunden. Deutsch: Donnerstag; englisch: Montag, Mittwoch, Samstag; französisch: Sonntag, Dienstag, Freitag; arabisch: Donnerstag; Freitag um 20 Uhr.

Verkehrsmittel: Taxen, Pferdedroschken, Esel.
Den *Ausflug nach Karnak* macht man allgemein mit einer Pferdedroschke, während innerhalb der Totenstadt Theben ein Taxi günstig ist. Man bezahlt in beiden Fällen einen Gesamtpreis, den man vorher ausmacht. Man lasse die Taxen nicht zu dicht an die Gräber heranfahren, da die Bauten durch die Erschütterung erheblich leiden; aus gleichem Grunde langsam fahren und auf der Spur bleiben!

Geschichte

Wichtige Adressen: Egyptian State Tourist Department, im Touristen-Zentrum, nahe Winter Palace. – Office de Tourisme, im Bahnhof; Inspectorate of Antiquities, Sh. el-Karnak nahe Karnak-Tempel.

Zeitplan (Besichtigungsvorschlag)

A. 2 Tage Luksor
1. Tag: vorm. Tempel von Luksor, nachm. Karnak und Luksor-Museum.
2. Tag: Tagesausflug auf das Westufer (Tal der Könige – Dêr el-bahri – Privatgräber – Ramesseum – Medînet Hâbu – Memnonskolosse).

B. 6 Tage Luksor
1. Tag: vorm. Tempel von Luksor, nachm. Karnak.
2. Tag: Tagesausflug auf das Westufer (Tempel von Kurna – Tal der Könige – Dêr el-bahri – Privatgräber – Ramesseum – Memnonskolosse).
3. Tag: vorm. Ausflug auf das Westufer (Tal der Königinnen – Medînet Hâbu – Dêr el-Medîna); nachm. Luksor-Museum und evtl. zweiter Besuch von Karnak mit Son et Lumière.
4. Tag: Tagesausflug nach Esna und Edfu.
5. Tag: Tagesausflug nach Dendara oder Abydos oder beides vereinigend.
6. Tag: Tagesausflug nach Medamûd und Tôd.

Die Ausflüge kann man mit der Bahn machen, besser aber mit Taxi; öffentlicher Bus nicht zu empfehlen.

Die antike Stätte und ihre Geschichte

Die »hunderttorige« Stadt, wie Homer (Ilias IX., 381–383) die glanzvollste Metropole der alten Welt nennt, strahlte ihren Ruhm schon in der Antike in alle Lande. Der Anfang ihrer *Geschichte* reicht zwar bis in die Frühzeit zurück, aber seit dem MR ragt sie hervor, und nach der Vertreibung der Hyksos verdrängt sie → Memphis aus seinem Vorrang als religiöser und politischer Mittelpunkt. Amun, »der König der Götter«, überflügelte den Lokalgott Month, und alles Gold des damaligen Weltreiches floß in seinen Schoß. Thebens Macht reichte bis zum Zweistromland im Norden und im Süden bis ins Herz Afrikas. »Nubier und Ägypter ohne Zahl sind ihre Stärke und Leute von Punt und Libyer bilden ihre Helferschaft« (Nahum 3, 9). Die Pharaonen des NR hatten in Theben ihre Paläste, in der Nekropole auf dem Westufer waren sie bestattet.

Dieses Westufer pflegen wir heute allein mit »Theben« zu bezeichnen, indes sich der alte *Name* auf beide Nilseiten bezog. Als der Grabbezirk im Westen schließlich zu groß wurde und eine eigene Verwaltung brauchte, sprach man von Theben-Ost und Theben-West. Heute ist der Ostteil der alten Stadt in »Karnak« (N) und »Luksor« (S) aufgespalten. Der altägyptische Name lautete »Wêset« oder einfach »Nut«, das heißt »die Stadt« (wie Urbs für Rom), und wurde in der Sprache der Bibel zu »No«.

Für Jahrhunderte blieb Theben vornehmste Residenz und mächtigste *Weltstadt des Orients,* bis die Verlegung des Herrschersitzes ins Delta ihrer politischen Stellung ein Ende machte. Aber erst der Einfall der Assyrer hat sie endgültig von ihrer Höhe herabgestürzt, ausgeplündert, verwüstet und ihre Bewohner als Sklaven deportiert; unter den Ptolemäern sank sie auf die Ebene einer Provinzstadt herunter, die sich bald in einzelne Dörfer auflöste. Nach einem Aufstand gegen zu hohe römische Steuern wurde sie unter dem Stadthalter Cornelius Gallus zerstört. Die Christen stürzten ihre Bildwerke und verwandelten die Tempel respektlos in Kirchen und Klöster, Bauteile verbrannten in den Kalköfen, zwischen die Mauern der Heiligtümer und in den Gräbern nisteten sich bis ins 19. Jh. hinein Wohnhäuser ein.

Strahlt die alte Stadt demnach nicht mehr im Gold ihrer Tempelwände, in der Farbenpracht ihrer Pylone und im Glanz der Edelsteine in Palast wie Grab, so leuchtet Theben dennoch auch *heute* im stillen Licht seiner geistigen Kraft und steinernen Erinnerung. Zu ihr zählen im Osten der riesige Amontempel von Karnak mit den kleineren Heiligtümern für seine Familie und Nebengottheiten sowie für den alten Lokalgott Month; südlich davon Luksor ein weiterer Tempel für den Reichsgott Amun; auf dem Westufer die Totentempel der Pharaonen, die zugleich Amontempel waren; die königlichen Gräber und Reste ihrer Paläste und Festungen sowie die Privatgräber, die wabenartig den Fels durchlöchert haben, und schließlich eine Arbeiterstadt.

Theben-Ost

Luksor

Luksor mit seinen großen Hotels, den Dragomanen, Andenkenhändlern und Antikenläden ist der Mittelpunkt des Fremdenverkehrs in Oberägypten; von Luksor aus besucht man die Stätten des Altertums beider Nilufer. El-Uḳsur leitet sich her von el-Ḳusûr = die Burgen und bezieht sich auf zwei römische castra (Lager).

Der Luksor-Tempel

Der Luksor-Tempel im Süden der Stadt erhebt sich vielgliedrig an der Uferstraße des Nils und schließt in seiner nordöstlichen Ecke die Moschee des Abu'l-Haggâg ein. Da der Heilige von den Mohammedanern sehr verehrt wird, kann man diesen Tempelwinkel nicht freilegen; doch wurde wenigstens der erste Pylon wieder ausgegraben, so daß der Tempel durch seinen richtigen Eingang von vorn zugänglich ist. Das Fest des Abu'l-Haggâg mit einem sonst ganz unüblichen Umzug von Barken und Reiterspielen erinnert lebhaft an das Opetfest auf den Wänden der großen

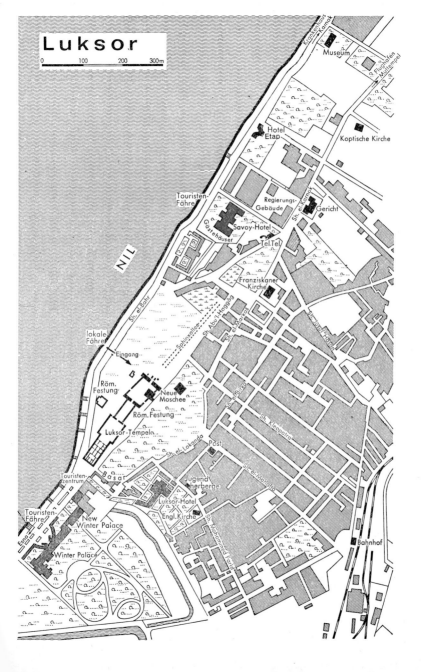

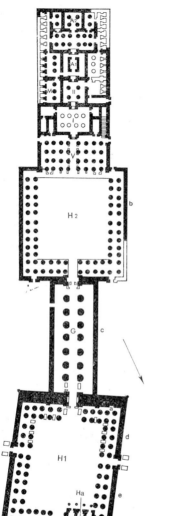

Tempel von Luksor

Kolonnade, das sich hier in Luksor vor dreieinhalb Jahrtausenden abgespielt hat.

Neuerdings wird das Fest leider immer stärker bewußt an das altägyptische angeglichen, so daß selbst die nubischen und ägyptischen Tänzer nicht fehlen, denen der als Pharao verkleidete Festherr in Karnak von einer Tribüne aus Geschenke (Süßigkeiten) zuwirft.

Amenophis III. hat den Tempel – wohl durch den *Baumeister* Amenophis, den »weisen Sohn des Hapu«, an Stelle eines älteren Heiligtums – aus Sandstein errichtet für die thebanische Götterfamilie Amun, Mut und Chons, »auf einem silbernen Boden, einem Bett von Weihrauch«, wie die Inschriften besagen. Dieser älteste (hintere) Tempeltrakt hatte eine Länge von 190 m, und seine größte Breite betrug 55 m. Die zuvor von Hatschepsut erbaute Granitkapelle lag damals an nicht bekannter Stelle dem Tempel frei gegenüber und wurde erst von Ramses II. an jetziger Stelle im großen Säulenhof errichtet. Dieser Säulenhof fällt aus der Achse, weil er – wie die Kapelle – auf den südlichen Ausgang von Karnak ausgerichtet ist, mit dem ihn Nektanebês I. durch eine Sphinxallee verband. Nunmehr beträgt die Gesamtlänge 260 m.

Während des Bildersturms Amenophis' IV. wurde Amun auch in diesem Tempel getilgt, doch der vom »Ketzerkönig« in der Nähe errichtete Sonnentempel ist später wieder zerstört worden. Tutanchamun ließ die Wände des Säulenganges (G) mit Reliefs ausstatten, Haremhab und Sethos I. die Amonreliefs wiederherstellen (man kann bei den Bildern und Namen des Amun deutlich die wiedergeglättete leicht eingemuldete Ausbesserung erkennen). Der Vorsaal I wurde um 300 zu einem Tempel des Kaiserkultes — inmitten eines römischen Lagers — umgestaltet, doch gibt eine eingebrochene Tür in der Apsis jetzt den Durchgang wieder frei.

Vor dem gewaltigen *Pylon* Ramses' II., der den Tempel heute an seiner Nordseite abschließt, standen einst 6 Kolossalstatuen des Königs, von denen jetzt nur noch die beiden Sitzbilder in Höhe von 14 m und eine rechte (westliche) Stehfigur erhalten sind. Von den beiden großen *Obelisken* (mit Pavianen am Sockel) steht der westliche (und um gut 2 m kleinere) seit 1836 auf der Place de la Concorde in Paris. Die versenkten Reliefs des Pylons (65 m breit) haben den Feldzug Ramses' II. gegen die Hethiter zum Gegenstand; auf der rechten Turmwand hält der König Kriegsrat mit seinen Fürsten, daneben das Lager, wie es von den Hethitern überfallen wird, und ganz rechts Ramses II. auf seinem Streitwagen. Die linke Turmwand zeigt das Schlachtengetümmel: Ramses II. sprengt unter die Feinde; diese fliehen gegen ihre Festung Kadesch, und ganz links der Hethiterfürst auf seinem Wagen, sich angstvoll nach Ramses umblickend. Der Text besingt die Schlacht in hochpoetischer Sprache. — Die viereckigen Löcher über den Rillen für die Flaggenmaste dienten zu deren Verklammerung. — Zur Rückseite des Pylons sei besonders hingewiesen auf die Darstellung des Minfestes mit dem in Prozession getragenen Kultbild und mit dem zeremoniellen Aufrichten eines Gestänges. Darunter Festzug der Königskinder zum Luksor-Tempel (östlich).

Der hinter dem Pylon liegende große *Säulenhof* (H 1) Ramses' II. (57 m lang, 51 m breit) ist ringsum von (ungleichen) Kolonnaden umgeben, deren Decke von 74 Papyrussäulen mit geschlossenem Kapitell gestützt wird. In der Nordostecke erhebt sich die schon genannte Moschee des Abu'l-Haggâg. In der Nordwestecke die zierliche Granitkapelle Hatschepsuts (Ha), deren Reliefs von Ramses II. stammen. Die Wände des Hofes sind größtenteils mit religiösen Texten und Bildern bedeckt; besonderen Hinweis verdient das Relief an der Südwand bei a, das die Fassade des Tempels selbst zeigt, den eben im Original gesehenen Pylon mit seinen Flaggenmasten, mit den Statuen und Obelisken; von der Westwand her schreitet ein festlicher Zug von geschmückten Opfertieren auf ihn zu, angeführt von den Prinzen. Im südlichen Teil des Hofes zum Teil sehr schöne von Ramses' II. usurpierte Statuen Amenophis' III., durchschnittlich 7 m hoch.

Zwischen zwei Sitzfiguren des Königs und dem südlichen Ausgang hindurch schreitet man auf den eindrucksvollen *Säulengang* G zu (52 m lang),

den Amenophis III. seinem Tempel vorgelegt hatte. Ein Augenmerk richte
man auf die feinen ramessidischen Gruppen aus kristallinischem Kalkstein
gleich südlich beiderseits des Portals. Sieben Paare fast 16 m hoher Papyrussäulen mit offenem Kapitell überragen weithin sichtbar die Ruine und
bieten insbesondere von der Nilseite her einen imposanten Anblick. Die
schweren Architrave lagern heute noch auf ihrer hohen Deckplatte. Die
Reliefs an den Wänden von Tutanchamun gehören zum Interessantesten
des Heiligtums. Sie erzählen, wie am sog. *Opetfest* die Götter des Tempels von Karnak in ihren Barken auf dem Nil, vom Jubel des Volkes
begleitet, nach Luksor fahren, die Götter hier besuchen und einige
Tage darauf ebenso zurückreisen. Man beginne die Betrachtung in der
Norwestecke und schließe an der Nordostecke, beachte die verschiedene
Ausstattung der Barken (besonders an Bug und Heck), die Kioske am
Prozessionsweg, die Priester, Tänzerinnen und Musikanten, unter denen
auch Ausländer (Neger) auftreten.
Durch den südlich anschließenden *Säulenhof* (H 2, 52 m lang, 46 m breit)
mit einer zweifachen Kolonnade begibt man sich zur Vorhalle (V) des
eigentlichen Tempelhauses, dessen Decke von 4 × 8 = 32 Papyrusbündel-
säulen getragen wurde und dessen Wände mit religiösen Szenen bedeckt
sind. Der folgende Raum I (I. Vorsaal), aus dem seine 8 Säulen entfernt
wurden, war zu einem römischen Tempel für den Kaiserkult umgebaut.
Dieses *Sacellum* gehörte zu dem von Diocletian in Luksor angelegten
Lager und war vollständig ausgemalt. Vom Eingang her zogen – oberhalb
eines Ornamentstreifens, der Intarsien imitierte – Soldaten über die
Seitenwände bis zur Nische in der Mitte der Rückwand, wo die vier
Herrscher der Tetrarchie unter Diocletian abgebildet waren und – unter
Androhung der Todesstrafe auch von den Christen – angebetet werden
mußten. In der Nische sind noch Reste der Malerei zu erkennen.

Ohne Berücksichtigung der seitlichen Nebenräume sowie der ursprünglich aufs Dach führenden Treppe schreite man durch Raum II (4 Säulen),
den Opfertischsaal für die Barke, in der Achse des Tempels zum *Allerheiligsten* (A1), dem Sanktuar Alexanders des Großen, das durch ihn in
seine jetzige Gestalt umgewandelt worden ist. An Stelle der ehemaligen
vier Säulen hat er in diesem Barkenraum zusätzlich einen Granitschrein
für das Gottesschiff (?) errichtet. Auf seinen Innen- und Außenwänden ließ
er sinnvoll auf den Raum bezogene Riten darstellen ähnlich wie Amenophis III. auf den Wänden des Raumes selbst.
Die Wandreliefs dieses Raumes (A1) sind in drei Bildstreifen angeordnet
und umfassen drei Themengruppen: An der Eingangswand beiderseits
der Tür ist sinngemäß der Einzug des Königs in das Allerheiligste dargestellt. An der Rückwand des Raumes sind von der Fortsetzung des
Themas Reste der Inthronisation erhalten. Kniend empfängt der Herr-

Luksor-Tempel

scher aus der Hand Amuns die Doppelkrone, und Iunmutef verkündet der versammelten Götterneunheit das Ereignis. – Die Seitenwände wie die obere Hälfte der Eingangswände sind vorwiegend mit Opferriten bedeckt, die Wände des Mantelraumes mehrfach mit der Darstellung der Amonsbarke reliefiert. – Die Rückwand ist in der Mitte durch einen späteren Türdurchbruch zerstört.

Während die rückwärtigen Gemächer, der Raum für das Kultbild (A_2), und der vorliegende breite Opfertischsaal (12 Säulen), der zugleich die architektonische Manifestierung des Sonnenweges bedeutet, zwar kultisch bedeutend waren, aber weniger attraktiv sind, versäume man nicht, die östlich an Raum II anschließende Halle zu besuchen, den höchst interessanten *Geburtsraum* (M), der der Idee nach als Vorläufer der Mammisi betrachtet werden darf. Man mache sich die Mühe, die von Echnaton zerhackten Reliefs trotz ihrer Zerstörung genau anzusehen. Auf der Westwand bieten sie den Mythos der Geburt Amenophis' III., auf der Südwand des Königs Thronbesteigung.

Westwand, untere Reihe, von rechts nach links: rechts Amun; Hathor (zerstört) umarmt die Königin Mutemweje, die Mutter Amenophis' III.; Amun und der König (sehr zerstört); Amun und Thoth im Gespräch; Amun und Mutemweje sitzen auf einem Bett, unterstützt von den Göttinnen Selkis und Neith; Amun und Chnum; Chnum bildet zwei Knaben, Amenophis III. und seinen → Ka, auf der Töpferscheibe, Hathor ihm gegenüber. — Mittlere Reihe von links nach rechts: Thoth verleiht Mutemweje die Würde einer Königsmutter; Mutemweje (gravis) wird von Hathor und Chnum in die Geburtshalle geführt; Geburt des Kindes unter dem Beistand von Geburtshelfern; Hathor (zerstört) übergibt Amun das Neugeborene; Amun hält das Kind auf den Armen, daneben Hathor und Mut. — Obere Reihe von links nach rechts: im Beisein der Königin und Selkis säugen zwei göttliche Ammen – darunter zwei Kühe – den Prinzen und seinen Ka; 9 Gottheiten halten den Prinzen; Heka hält den Knaben und seinen Ka auf dem Arm, hinter ihm der Nilgott; Horus übergibt den Prinzen und seinen Ka dem Amun; Chnum und Anubis; das Kind und sein Ka vor Amun; Amenophis III. und sein Ka vor der Schreibergöttin Seschât (Entstellung aus der Beschneidungsszene).
Mit dieser auch aus anderen Tempeln bekannten Szenenfolge (vgl. Dêr el-bahri), deren Vorbild bis ins frühe Alte Reich (2700 v. Chr.) zurückgeht, erfahren wir in Text und Bild eine Parallele, ja die geistige Vorlage zur *Weihnachtslegende*. Amun, der Windgott, das Pneuma der Griechen, wählt die (jungfräuliche) Königin als irdische Mutter für seinen göttlichen Sohn, den neuen König, der Mensch und Gott zugleich ist; sendet seinen Botengott Thoth (angelos = Engel) auf die Erde, um der Königin ihre neue Würde als Königinmutter zu verkünden, und erteilt zugleich dem

Töpfergott Chnum den Auftrag, das Kind und seinen Geist zu bilden. Unter dem Beistand der Götter kommt der »erstgeborene« Sohn auf die Welt, wird von göttlichen Ammen ernährt und dem Vatergott präsentiert, der ihn im Himmel anerkennt. Es folgen die Beschneidung, Taufe und Inthronisation des Königs. Dies ist der Mythos, der von der Gottmenschnatur des Pharaos kündet.
Den Rückweg zum Eingangspylon benütze man, um die *Außenwände* anzuschauen; auf den westlichen sind Reliefs von den asiatischen Kriegszügen Ramses' II. angebracht (Naharina und Hethiterschlacht b–e). – Neben dem großen Säulengang stehen Ruinen aus der Spätzeit. – Vor dem Pylon haben neuere Ausgrabungen den Anfang der Sphinxallee (und eine römische Kapelle) freigelegt, die nordwärts 3 km lang bis Karnak führte; dort erkennt man beim Chonstempel ihr anderes Ende. Zwischen den von Nektanebês I. stammenden Sphingen stand je ein Baum, die Gruben mit Wasserzuleitung sind großteils noch erhalten. In einiger Entfernung sind auch Häuser aus der Ramessidenzeit zutage gekommen. Die Quellen, die die Leitung speisten, lagen beim Eingang in die Allee (Luksorende), die Wasserleitung ist in gebrannte Ziegel gefaßt. Nach der Inschrift auf einer Sphinxbasis hatte Nektanebês außer den Bäumen auch Blumen gepflanzt, so daß man sich die Allee als eine prächtige Prozessionsstraße vorzustellen hat. – Westlich entlang der Allee sind unter islamischen Häusern koptische Siedlungen freigelegt gewesen (alle abgetragen), und darunter römische Häuser mit Bädern, in den noch tieferen Schichten schließlich ptolemäische und spätzeitliche Siedlungen. – Östlich wie westwärts des Tempels liegen Teile eines römischen castrums und auf der O-Seite wie vor dem Pylon die Ruinen von drei frühchristlichen Kirchen.
Die kleine Kapelle vor dem Pylon ist ein Peripteros auf einem Podium; Säulen und Wände aus ungebrannten Ziegeln, Türumrahmung aus Stein. Auf dem Türsturz steht unter der Hohlkehle in griech. Sprache die Bauinschrift, die besagt, daß der Decurio C. Julius Antonius am 24. Januar 126, am Geburtstag des Kaisers Hadrian, den Tempel dem Zeus Helios Sarapis geweiht hat. Er selbst war Neokoros des Sarapis. Im Tempelchen fanden sich Statuen von Osiris-Kanopus und Isis, außerdem zwei Stiere. Die ganze Anlage entspricht alexandrinischem Vorbild.
Die schöne Ruine des Tempels sollte man auch in der Dämmerung oder bei Mondlicht besuchen, wo sie sich, von den Wunden der Jahrtausende scheinbar geheilt, zusammenschließt.

Luksor-Museum

Öffnungszeiten: im Winter 16–20 Uhr, im Sommer 18–22 Uhr.

Das 1976 eröffnete Museum von Luksor ist als *Bau* wie seiner Ausstattung nach mustergültig. Hier geben in vorzüglicher Ausstellung mit konzentrierter Einzelbeleuchtung erlesene Stücke, zumeist aus dem thebanischen Bezirk und aus Dahamscha südlich von Erment, in 2 Etagen zwar nicht von der Fülle, aber von der Qualität altägyptischer Kunst einen besseren Eindruck als das zu einem Magazin heruntergekommene Nationalmuseum in Kairo. Ein paar Stücke sind von dort hierhergeholt; nicht alle sind benummert. Ein ausführlicher Führer in Englisch und ein Kurzführer, auch in Deutsch, sind an der Kasse auf Verlangen wohlfeil zu kaufen.

Die Besichtigung beginnt bereits vor dem Bau im *Freien* mit einzelnen großformatigen Denkmälern hoher Güte: so dem Kolossalkopf Amenophis' III. (Rosengranit) aus seinem Totentempel in Ḳurna (bei den Memnonskolossen) und (re.) der »Schießstele« Amenophis' II. aus Karnak, auf der der König von seinen ruhmreichen Schießkünsten »angesichts des ganzen Heeres« berichtet.

Erdgeschoß

Im Hausinnern li. Osirisstatue, 11. Dyn., und schräg re. in einem *Rondell* (196) der Kuhkopf der Göttin Hathor, vergoldetes Holz, aus dem Grab des Tutanchamun; die Augen des prachtvollen Tierbildes aus schwarzem und weißem Glas, das Gehörn aus Kupfer (oder Bronze?). Die mit Harz schwarz bestrichenen unteren Teile deuten die Unterwelt an, aus der diese Erscheinungsform der Göttin, die dem Toten die Wiedergeburt verheißt, emporsteigt. – Die weitere Beschreibung beginnt oberhalb der (unteren) Treppe mit der (li.) Nordwand und führt (mit Auswahl) rings um den Saal.

Nordwand: 101, Malerei aus dem thebanischen Grab Nr. 226, des Hekareschut (?) mit Amenophis III. unter Baldachin, hinter ihm seine Mutter Mut-em-uja, auf Thronsockel Fremdländer; (von Höflingen gehaltene) Straußenfedern fächeln dem König Luft zu. 18. Dyn.

Ostwand von li. nach re.: 34 und 31 Statuen des Wesirs Muntuhotep, 12. Dyn., aus schwarzem Granit, im Schreibersitz mit Papyrusrolle und Tintennapf auf dem Knie, Palette über der Schulter; die üppigen Körperformen deuten Rang und Wohlstand des Mannes an. Vor dem 1. Pylon in Karnak gefunden. 31 wurde von Rome, dem 3. Amunspropheten, in der 19. Dyn. erneuert; bei beiden fehlt der Kopf. – 55, Block aus der Roten (Quarzit-)Kapelle der Königin Hatschepsut aus Karnak (die übrigen zugehörigen Blöcke im Magazinhof von Karnak gelagert) mit der Weihung ihrer beiden Obelisken an Amun; laut Inschrift waren die Obelisken »mit Feingold bedeckt«. Einer der beiden steht noch heute aufrecht zwischen dem 4. und 5. Pylon, der andere liegt zerbrochen am Boden. – 242, kleiner Obelisk (Rosengranit) aus Karnak mit der Titulatur Ramses' III. – 212, Statue des Maja (grauer Granit), der auf einem Altar eine Königsstatue für den Krokodilgott Sobek weiht; 18.(/19.) Dyn., in Dahamscha, südlich von Erment aus Anlaß von Bauarbeiten ausgegraben. – 61, Wandmitte, Stehfigur Thuthmosis' III. (Basalt) aus der Cachette (Abraumgrube) nördlich des 7. Pylons in Karnak gefunden. Meisterwerk. – 180, Alabastersphinx von Karnak (Mut-Tempel), Ende 18. Dyn.; die (abgebrochenen) anstelle von Vorderpfoten vorgestreckten Hände reichten eine Votivgabe dar. – 82, bemalte Sandsteinfigur eines stehenden Mannes mit Ehrengold um den Hals, als einziges Stück des Museums nicht aus Theben oder seiner Umgebung, sondern aus Ḳâu el-kebîr stammend; 18. Dyn. – 70, bemaltes Kalksteinrelief des schwarzhäutigen Amun-Min aus dem Tempel Tuthmosis' III. in Dêr el-bahri, frühe 18. Dyn., nach der Zerstörung in der Amarnazeit in der späten 18. Dyn. wiederhergestellt. – 64, Thuthmosis III. mit Atefkrone aus dem Tempel von Nr. 70. – 73, Würfelhocker aus schwarzem Granit mit Namen Jamu-Nedjeh, 18. Dyn., aus Ḳurna. – 227, Würfelhocker mit Hathorsistrum (Kalkstein), aus Dêr el-bahri, Zeit Ramses' II. (19. Dyn.); der hochgestellte (kahlköpfige) Beamte mit Namen Amun-em-inet erscheint mit der Bittgebärde, die die Inschrift erklärt: »Gib mir (o du an meinem Grabe Vorübergehender) Bier in meine Hand ... oder wenigstens kühles Wasser«. – 123, Weihblock des Nebnefer (schwarzer Granit, Zeit Amenophis' III., 18. Dyn.) für den Krokodilgott Sobek von Dahamscha bei Erment. Auf dem allseitig ausgearbeiteten Block liegen obenauf zwei Krokodile, heilige Tiere des Sobek, vorn Hathorsistrum, seitlich Stifterfiguren.

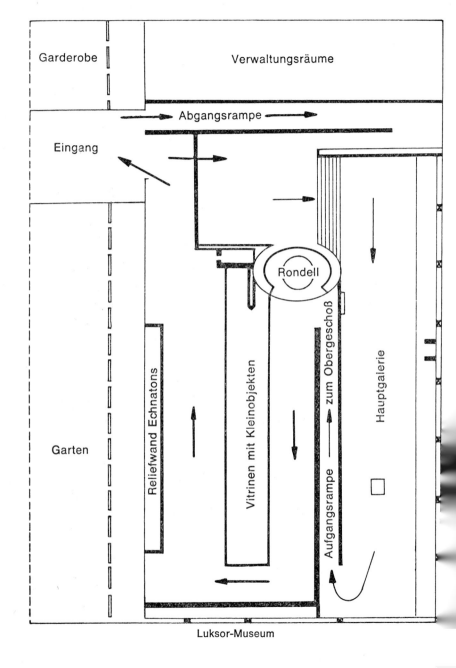

Luksor-Museum

Südwand: 79, Kalksteinstele mit Darstellung des krokodilköpfigen Sobek unter einer Sykomore, dahinter die »Herrin des Windes«; der Hohepriester Pia und seine Familie dem Gotte (in 2 Bildstreifen) opfernd; aus Dahamscha bei Erment. 18. Dyn. –
Frei im Raum steht als einzigartiger Fund 107, eine kolossale Kalzitgruppe des krokodilköpfigen Gottes Sobek-Rê mit Amenophis III., die von Ramses II. usurpiert wurde. Die ungewöhnliche Plastik wurde 1967 auf dem Grund eines antiken mit Wasser gefüllten Schachtes im Erment-Kanal bei Dahamscha gefunden.
Von der *Westwand* (Treppenwange) seien hervorgehoben: 104, Sitzfigur Amenophis' III. (schwarzer Granit) aus dem Luksor-Tempel, und 43, die historisch bedeutende Stele des Königs Kamose mit der Schilderung seines Sieges über die Hyksos in der 17. Dyn. (Kalkstein), aus Karnak. Mindestens 2 solcher Stelen waren für Kamose im Amontempel aufgestellt. Dem Bericht über den Sieg bei Auaris folgt die Schilderung der triumphalen Heimkehr nach Theben.

Obergeschoß

In der 1. Etage wird der Besucher zunächst zu 2 gebogenen Vitrinen geführt. Die re. enthält Kleinfunde wie die Grundsteinbeigaben Mentuhoteps II. aus Dêr el-bahri, Silberschalen und Schmuck; die li. Münzen und kleine Weihfiguren.
Nun besichtige man die lange, geschickt gegliederte *Mittelvitrine*. Ostseite (zur Treppe hin) von re. nach li.: 49, Kalzitbahre zur Mumifizierung eines Kindes (?), NR-Sp, in Medînet Hâbu gefunden. – Erlesene Kleinplastik (Köpfe) des NR. – 200 und 199, zwei hölzerne Totenbarken-Modelle aus dem Grab des Tutanchmun. – Reliefblöcke Echnatons. – 248 und 251, zwei Totenpapyri, 21. Dyn., aus Dêr el-bahri – 272 und 275, zwei Opfertafeln, Sp, aus der Gegend von Theben. – Weihstelen des NR. –
Auf der Gegenseite: 1, vorgeschichtliche Gefäße. – 206, kleine Plastik eines liegenden Sobek. 18./19. Dyn., Dahamscha. – 193, Pfeile aus dem Grabe des Tutanchmun, aus Schilfrohr, Holz, Bronze und Knochen. – 7, Steingefäße der 1.–4. Dyn. – 203, Kalksteinköpfchen des Tutanchamun aus dem Month-Tempel in Karnak. – 190, 186 und 187, zwei Sandalenpaare aus Schilfrohr und Pflanzenfasern, sowie 63, vergoldete Bronzerosetten aus dem Grab des Tutanchmun; die restlichen der 637 Rosetten von dem Bahrtuch des Tutanchmun-Sarkophages befinden sich im Museum Kairo. – Hausrat, NR. – 263, Kasten mit Kanopenkrügen, 22. Dyn., aus Dêr el-bahri. – 257, Mumienhülle der Schepenchons, bemalte Kartonage, 22. Dyn., aus Theben, Grab Nr. 192. –
Nun begebe man sich zur *Südwand* (Schmalseite). Von li. nach re.: 117, Schreiberfigur des Amenophis, Sohnes des Hapu. 18. Dyn. (schwarzer Granit), auf der Nordseite des 10. Pylons in Karnak gefunden (Gegenstücke in Kairo). Der Weise genoß in ptolemäischer Zeit sogar göttliche Verehrung. – 58, Quarzitblock aus der Roten Kapelle der Königin Hatschepsut aus Karnak, mit Tänzern, akrobatischen Tänzerinnen, Harfner u. a. Musikanten bei einem Götterfest, 18. Dyn. (vgl. Opetfest in Luksor). – 260, Würfelhocker (Kalkstein) eines Wesirs der 22. Dyn. (aus Karnak).
Auf der *Westwand* sind 283 bemalte Reliefblöcke aus Sandstein zu einer Wand zusammengetragen (141), die ursprünglich zu einem Atontempel gehörte und nach Echnatons Sturz im 9. Pylon von Karnak verbaut und dort aufgefunden wurde. Li. Verehrung des Aton durch Echnaton und Nofretete, re. Zurüstung der Opfer durch die Tempeldiener, Land- und Viehwirtschaft, Handwerkerstuben und Brauereien des Tempels; hochinteressante Einzelheiten. Die Blöcke heißen ihres Formats wegen (3 [arabisch talâta] Handspannen breit) Talatât-Blöcke. – Beiderseits der Wand Kolossalköpfe Amenophis' IV – Echnatons aus seiner frühen Periode in Karnak.
Beim *Rampengang* hinunter ins Erdgeschoß steht oben eine Kolossalstatue Thuthmosis' I., an der Rampenwand 302, 305, 308, koptische Grabsteine aus der frühchristlichen Zeit (6./7. Jh.).

Karnak

Karnak, mit dem südlichen Luksor verbunden und Richtungsziel der Terrassenanlage von Dêr el-bahri auf dem Westufer, ist eine Tempelstadt von riesigem Ausmaß und zählt zu den alten Wundern der Welt. Es erblüht mit dem Machtanstieg des Reichs- und Hauptgottes Amun. Ihm wurde hier von der 11. Dyn. an bis in römische Zeit gehuldigt. Hier erfährt man eindrucksvoller als irgendwo das »Maß an Opferung« (Rilke).

Von Luksor aus fährt man auf der Uferstraße nordwärts, bis man nach einer Einbiegung ostwärts die von einem alten Nilkanal ausgehende Widdersphinxallee erreicht, die geradenwegs auf den 1. Pylon des Großen Amontempels zuführt.

Der Große Amontempel

Der Amontempel ist eine Anlage von langer *Baugeschichte,* und um ihn ganz zu verstehen, müßte man ihn historisch entfalten. Fast alle Könige vom Mittleren Reich bis zu den Römern haben an ihm gebaut. Er liegt,

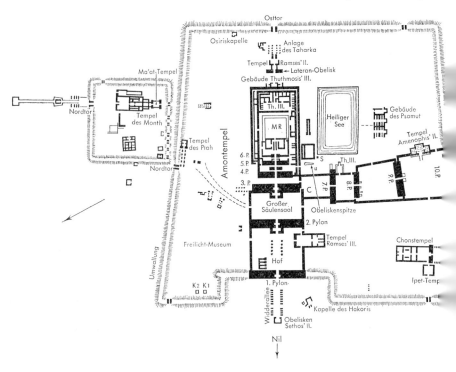

Amontempel 603

zusammen mit seinen kultischen Nebenanlagen, mit einem Tempel des Sohngottes Chons im Süden, dem Tempel des Ptah im Norden, einem Osiristempel im Osten innerhalb einer mächtigen Ziegelumwallung, auf die zwei große Spinxalleen zugeführt haben: außer der von uns beschrittenen die vom Luksortempel heraufführende, die sich beim Mut-Tempel gabelte in eine östliche und eine westliche. Außer dem 1. und 10. Pylon brechen noch sechs Tore in den Wall ein.

Außerhalb des Amontempels liegen zwei weitere Baukomplexe; der Month-Tempel im Norden und der Tempel der Amonsgemahlin Mut im Süden, beide innerhalb einer eigenen Ziegelumfriedung. Auf den Month-Tempel führt vom Norden her eine weitere Sphinxallee, ebenso sind Amon- und Mut-Tempel (durch die östliche Sphinxstraße) verbunden, schließlich säumten Sphinxskulpturen den Verbindungsweg zwischen der östlichen und westlichen Sphinxallee im Süden des Amontempels. Die Kaianlage nördlich vom Month-Tempel bezeichnet die Landestelle des Kanals, der bis nach Medamûd führte.

Wir beginnen unsere Besichtigung mit dem *Amontempel* (einschließlich Freilichtmuseum, Tempel Ramses' III. und den Nebenbauten der Haupt-

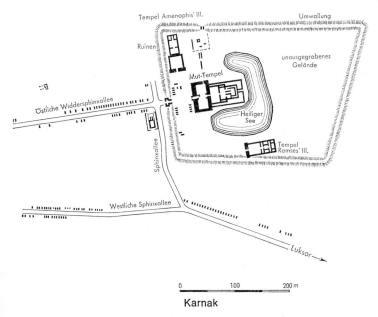

Karnak

achse) und beschränken uns in Anbetracht seines Ausmaßes auf das Wesentliche.

Wasserstandsmarken (von der 22.–26. Dyn.) an der Kaimauer vor der *Sphinxallee* bezeichnen die Höhe der Nilflut, die hier von alters her in den Kanal anstieg. Südlich der Allee (rechts) zwei Rampen, über deren eine man aus dem ersten Überschwemmungswasser für Amun einen Krug füllte. Nach zwei kleinen Obelisken von Sethos II. führt eine schöne Widdersphinxallee (Widder ist heiliges Tier des Amun) zu dem in die Ziegelumwallung eingebauten *1. Pylon,* dessen Planung auf die libysche Dynastie zurückgeht. Mit einer Breite von 113 m, einer Höhe von 43,50 m und einem 15 m dicken Mauerwerk ist er der größte, allerdings unvollendet gebliebene Torbau. Man beachte auf der Innenseite des Pylons, Südflügel, die aus ungebrannten Ziegeln aufgeführten Baugerüste, die nicht wieder ganz abgetragen wurden und über die Bautechnik willkommene Aussagen machen konnten. Gebaut wurde der Pylon erst in der 30. Dyn. oder unter den frühen Ptolemäern.

Beim Eingang rechts hängt ein vorzüglicher *Plan der Anlage,* der in verschiedenen Farben die Bauphasen gut veranschaulicht. Man erkennt darauf, wie der Kern des Tempels aus dem Mittleren Reich sich unter Thuthmosis I. zunächst nach Westen (vorn) und, wenn wir das bauliche Spiel der Folgezeit vereinfachen dürfen, unter Thuthmosis III. nach Osten bis zur hinteren Grenze erweitert hat, wie danach der Bau immer mehr durch vorgesetzte Glieder nach Westen angewachsen ist, gleichzeitig aber vor dem Pylon Thuthmosis' I. eine Nebenachse rechtwinklig aus Süden auftraf, in der bis unter Haremhab noch vier große Pylone bis an die Grenze des Tempelbezirkes ausgegriffen. Der Tempel ist also, im großen und ganzen gesehen, wie jeder Tempel von hinten nach vorn gewachsen (6 Pylone), außerdem aber von seinem Mittelhof aus nach rechts (Süden), so daß die Achsen T-förmig zueinander stehen.

Man hat einen ausgezeichneten *Überblick* über die Anlage von der Höhe des Pylons herab, zu dem man aber nicht mehr hinaufsteigen darf. Sonst würde man im äußersten Osten (ganz hinten), quer zur Tempelachse liegend, den »Festtempel« Thuthmosis' III. und das in die Ziegelumwallung eingebaute Osttor des Bezirks in der Achse des Tempels erkennen; auf dem Gelände zwischen dem Haupttempel und der nach Süden abzweigenden Prozessionsstraße den heiligen See, an dessen Ufer der große Skarabäus Amenophis' III. Aufmerksamkeit erweckt.

Auf dem freien Gelände nördlich des Großen Hofes, aber noch innerhalb der Ziegelumwallung, sind, durch ein Gatter abgesperrt, neue Grabungsfunde aufgestellt *(Freilichtmuseum),* in der Mehrzahl isolierte Blöcke, deren Bauzusammenhang noch nicht gesichert ist; darunter die der Roten Kapelle der Hatschepsut. In diesem sog. »Musée« ist auch die Kalksteinkapelle Sesostris' I., der älteste Gebäudeteil des Amontempels, aus verbauten Blöcken wiedererrichtet; neben ihm das Alabastersanktuar Amenophis' I. (bei K_1 und K_2).

Amontempel 605

Zu einer einfachen kleinen, dem ithyphallischen Amon-Min geweihten *Stationskapelle* führen auf Stirn- und Rückseite je eine flache Treppe mit einer in der Mitte verlaufenden schrägen Rampe (zum Ziehen der Barken-Schlitten) hinauf in den einzigen Raum, in dessen Mitte ein Untersatz steht zum Abstellen der heiligen Barke mit dem Götterbild.

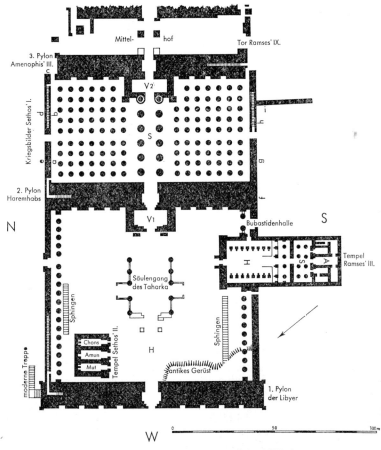

Amontempel in Karnak (westliche Hälfte)

Die Wände sind innen und außen mit religiösen Bildern und Texten bedeckt. Auf dem Sockel Liste der ägyptischen Gaue mit Angaben ihrer Ausdehnung, ihrer Nilhöhe und ihrer Kulte, außerdem Aufzeichnung der Gesamtlänge Ägyptens. An diesem architektonischen Juwel, das unbegreiflicherweise der Öffentlichkeit noch immer nicht zugänglich ist, treten Bauwille wie Schmuckgedanke des Mittleren Reiches musterhaft zutage, und erst auf dem Hintergrund solch stillen Adels heben sich die gewaltigen und lauten Baugebärden der Ramessiden und ihrer Nachfolger als Ausdruck einer ganz anderen Gesinnung deutlich ab.

Der große *offene Hof* hinter dem 1. Pylon (84 m tief, 103 m breit) ist beiderseits von Säulengängen eingefaßt, in seiner vorderen (nordwestlichen) Ecke ist eine dreiteilige (Amun-Mut-Chons-)Barkenstation Sethos' II. einbezogen. Seine Südseite (rechts) wird durch einen quer stehenden Tempel Ramses' III. durchbrochen, der derselben Götterdreiheit gewidmet ist. Die beiderseits abgestellten Widdersphingen gehörten zur Allee, die vor dem Bau des Ersten Hofes bis zum 2. Pylon heraufführte, während später dort Taharka eine Halle mit 10 mächtigen Säulen errichtete.

Der genannte *Amontempel Ramses' III.,* ein Pylontempel, in dessen Längshof (H) beiderseits je 8 und rückwärts 4 Osirispfeiler stehen, dessen quergelagerte Vorhalle von 4 Säulen, dessen anschließender Saal (S) von 8 Säulen bestimmt wird und der als Allerheiligstes (A) eine dreiteilige Kapelle (in der Mitte für Amun, links für Mut, rechts für Chons) mit angrenzenden Nebenräumen aufweist, stellt einen nach einheitlichem Plan kanonisch gebauten Göttertempel dar, wie er seit der Ramessidenzeit bis in die letzten baulichen Ausläufer unter den Römern prinzipiell verbindlich blieb. Auf der Vorderseite des Pylons die symbolische Darstellung des Erschlagens der Feinde, auf der Rückseite erhält Ramses III. von Amun das Zeichen langjähriger Regierung, an den Wänden Darstellungen der Festprozession, in den hinteren Gemächern jeweils Ramses III. im Opfer vor der Barke der betreffenden Gottheit. Man beachte das langsame Aufsteigen des Bodens auf dem Weg vom Eingang durch die Mittelachse bis in den heiligsten Raum (Gesamtlänge 52 m). Auf der Westwand außen schöne Barkendarstellungen im Zusammenhang mit dem Opetfest.

Man wende sich zurück in den Großen Hof, dessen Flanken nach ihren Erbauern als *»Bubastidenhallen«* bezeichnet werden. Hier begebe man sich in die Mitte und setze sich noch einmal mit den gewaltigen Ausmaßen und wundervollen Proportionen des Bezirks auseinander und versuche im Anblick der einzigen ganz erhaltenen *Säule des Taharka* nachzuempfinden, was Rilke unvergleichlich in seinem Gedicht »In Karnak war's« über sie ausgesprochen hat. »Die Eine, sie steht, und sie trägt Ägyptens Nacht«. Der Abakus über dem offenen Kapitell zeigt, daß der Gang ursprünglich gedeckt war. 21 m hoch reckt sie sich auf, 25 Lagen sorgfältig

Amontempel 607

behauener Steine bauen den Schaft, 5 Lagen das Kapitell, das 5 m Breite und 15 m oberen Umfang hat. — Nordöstlich daneben die von *Pinodjem* usurpierte Stehstatue Ramses' II. mit einer Tochter, aus Rosengranit, li. vor der Vorhalle (V 1) des 29,50 m hohen Tores; außerdem flankieren zwei Kolossalfiguren Ramses' II. den Eingang zu ihr. Der 2. *stark verfallene Pylon* stammt nach jüngsten Forschungen spätestens von Haremhab, doch haben spätere Pharaonen ihn mit Reliefs geschmückt, und noch Ptolemaios Philometor hat ihn erneuert. Hinter ihm der

Große Säulensaal, der wohl an Großartigkeit nirgends in der Welt übertroffen wird. Trotz der Ausbesserungen mit leblosem Zement macht dieses strotzende Aufsprießen steingewordener Papyrusstauden einen unvergeßlichen Eindruck. Man versäume nicht, ihn auch von der Nordseite her gegen die letzten noch erhaltenen steinernen Fenstergitter im Süden zu betrachten. — 134 Säulen, das sind 12 Doldensäulen + 122 Papyrusbündelsäulen, aus Sandstein ordnen sich in 16 Reihen auf einem Feld von 104 m Breite und 52 m Tiefe; der Flächenraum von 5408 qm ist allein fast ebenso groß wie der, den der Kölner Dom bedeckt (6166 qm). Die Kapitelle der mittleren Säulenreihen, die die Prozessionsstraße säumen, sind geöffnet, die übrigen geschlossen. Die drei Mittelschiffe, deren Decke sie tragen, überragen mit ihren 24 m die Seitenschiffe um 10 m. Die Säulen der Seitenschiffe sind aus halben Trommeln von 1,10 m Höhe und 2 m Durchmesser aufgemauert, haben einen Umfang von 6,40 m; während die mittleren einen Durchmesser von 3,50 m haben und einen Umfang von mehr als 10 m und damit die Dicke der Vendômesäule in Paris oder der Trajansäule in Rom erreichen.

Säulenschäfte, Deckplatten und Architrave, wie auch die Wände des Großen Säulensaales, sind mit Inschriften und Reliefs überdeckt, die meisten Säulen der Nordhälfte von Sethos I. in erhabenem und viel feinerem Relief, die in der Südhälfte von Ramses II. in versenkter und gröberer Technik; auch andere Ramessiden haben ihre Namen eingeschrieben; an den Architraven sind die Farben vielfach gut erhalten. Von den Wandreliefs sind besonders die Sethos' I. (a—b) an der Nordwand hervorzuheben, die den König bei religiösen Handlungen zeigen.

Besondere Aufmerksamkeit verdienen die historischen Reliefs an den *Außenwänden des Saales* (am besten bei Nachmittagsbeleuchtung zu erkennen), die nördlich die Siege Sethos' I., südlich die Ramses' II. über Palästina und die Libyer verherrlichen. Auf der Ostseite der *Nordwand* (c): Sethos im Libanon, deren Bewohner Zedern für ihn schlagen; darunter Schlacht gegen asiatische Beduinen; links oben die Festung Kanaan, deren Einwohner um Gnade flehen oder Fliehende zu sich hinaufziehen. Um die Ecke (d): Schlacht in Syrien; links die Festung Jenoam, von Wasser umgeben, Flüchtige hinter Bäumen versteckt; der König bindet Ge-

fangene; der König mit zwei Feinden in jedem Arm, führt zwei Reihen gefangener Syrer an Stricken; er führt sie vor die Götter Amun, Mut und Chons. — Darunter von links nach rechts: Triumphzug Sethos' I. durch Palästina; Schlacht gegen Südpalästina; triumphaler Heimzug, ein Kanal voller Krokodile bezeichnet die Grenze zwischen Asien und Ägypten; auf der ägyptischen Seite bei dem Wächterhaus nahe der Brücke Priester mit Blumensträußen und Vornehme zu seinem Empfang; der König weiht die Gefangenen und die Beute dem Gotte Amun.
Beiderseits der Tür die Darstellungen des symbolischen Niederschlagens der Feinde vor Amun, der dem König das Sichelschwert reicht.
Auf der westlichen Seite der Nordwand ist die Darstellung von rechts nach links zu lesen (e), beginnt also am anderen Ende. Oben: Erstürmung der Feste Kadesch am Orontes in Nordpalästina (Land Amor); mittlere Reihe: Schlacht gegen die Libyer, die gekennzeichnet sind durch lange, seitlich getragene Zöpfe, Feder auf dem Kopfe und Phallustasche; rechts ein Haufen verwundeter und getöteter Feinde; die übrigen, teils analogen Szenen sind wohl gut verständlich. Unten: Schlacht gegen die Hethiter in Nordsyrien; die thebanische Götterfamilie, der Sethos I. Gefangene wie Beute weiht, ist um die Göttin der Wahrheit und Ordnung (Ma'at) vermehrt. (Eilige Reisende besuchen von hier aus den Ptahtempel bei der nördlichen Ziegelumwallung; s. S. 612 f.).

Die *südliche Außenwand* g und h schildert ähnlich die Kriegs- und Siegeszüge Ramses' II. Mehr als sie fesselt indes die westlich anschließende Inschrift Scheschonks I. (f), die den Sieg des biblischen Sisak (= Scheschonk) über Rehabeam von Juda, den Sohn Salomos, verherrlicht (vgl. 1. Könige 14, 25—26, und 2. Chron. 12, 2—9). Amun (links) führt an Stricken 5 Reihen eroberter Städte, die durch einen Mauerring dargestellt sind, der den Stadtnamen umschließt; personifizierend erhebt sich aus jeder Stadtmauer der Oberkörper eines gefesselten Semiten (mit gekrümmter Nase, vorstehenden Backenknochen und Bart). Unter Amun die Gaugöttin von Theben mit ebenfalls 5 Reihen Gefangener an Stricken. Rechts symbolisches Niederschlagen der Semiten.
Weiterhin beachtenswert ist bei i der vorspringenden Mauer auf einer eingelassenen Stele der *Friedensvertrag Ramses' II.* mit den Hethitern.

Der 3. Pylon, von Amenophis III. erbaut, ist verfallen. Die Seitenzeilen hat Ramses II. hinzugefügt. In seinen Fundamenten verbaut oder als Füllstein gefunden wurden die Reste der S. 605 f. erwähnten Alabasterschreine von Sesostris I. und Amenophis I., viele hundert Blöcke eines Baus der Hatschepsut, eines Alabasterschreines Amenophis' II. und schließlich noch eines alabasternen Sanktuars von Thuthmosis IV.
Die Baugeschichte der an den 3. Pylon östlich anschließenden Teile ist verwirrend und schwierig, und wir beschränken uns auf die Beschreibung

Amontempel

der erhaltenen Reste. In dem schmalen Mittelhof zwischen 3. und 4. Pylon standen zwei Obelisken von Thuthmosis I. und ein anderes Paar von Thuthmosis III.; nur einer von Thuthmosis I. von 20 m Höhe auf einem quadratischen Sockel von fast 2 m Seitenlänge ist stehengeblieben, er wiegt 130 Tonnen und enthält die Weihinschrift des Königs. Zur Zeit ihrer Er-

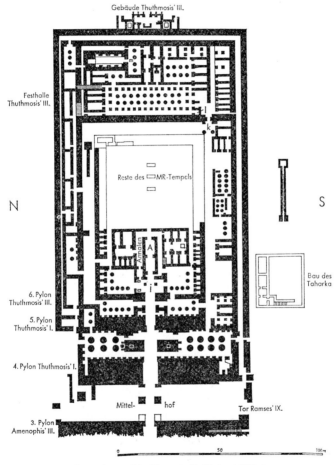

Amontempel in Karnak (östliche Hälfte)

richtung flankierten die beiden Obelisken Thuthmosis' I. den Eingang des Tempels. Auf der O-Seite des N-Flügels ist hinter einem langen Zugboot die von Amenophis III. gebaute Festbarke des Amun dargestellt, ein schwimmender Tempel.

4. *Pylon* (von Thuthmosis I.) und anschließende *Säulenhalle* sind ebenfalls sehr zerstört. Als ein Wahrzeichen des ganzen Tempels ragt darin noch der linke der beiden *Hatschepsut-Obelisken* auf, 29,50 m hoch, 2,65 m im Quadrat an der Basis, gearbeitet aus Rosengranit und ursprünglich an der Spitze mit Elektron (Weißgold, d. h. eine Mischung von Gold und Silber) bedeckt. Er wiegt 323 Tonnen und wird in der Höhe nur durch den → Lateranobelisken in Rom (30,7 m) übertroffen (sowie den unfertigen von → Assuân). Die Inschriftbänder auf seinen vier Seiten nennen die Weihung, auf der Basis wird die Herstellung in nur 7 Monaten mitgeteilt. In den oberen Bildern, die Hatschepsut, ihren Vater Thuthmosis I. und Thuthmosis III. vor Amun opfernd zeigen, wurden von Echnaton Namen und Figuren des Amun getilgt, von Sethos I. wiederhergestellt. Die Mulden der Korrekturen sind gut erkennbar. Erstaunlich bleibt auch hier, wie der Eiferer sein Verfolgungswerk selbst bis zur höchsten Spitze trieb. Einzelheiten lassen sich bequemer beobachten an dem umgestürzten Bruder, dessen Oberteil weiter rechts am Boden liegt; man widmet sich ihm in der Regel auf dem Weg zum heiligen See. Schließlich beachte man das Mauerwerk, mit dem Thuthmosis III. in seinem Haß gegen die Halbtante die Obelisken bis zum Dach hinauf umgeben hatte, um sie unwirksam zu machen; oberhalb des Daches hatten sie hinausgeragt. — In den nachträglich durch Umbau entstandenen Nischen Osirisstatuen.

Durch den dicht folgenden, ebenfalls von Thuthmosis I. errichteten 5. *Pylon* gelangt man zu zwei sehr zerstörten Vorhallen und beiderseits anschließenden Höfen, die mit 16kantigen Säulen und Osirisstatuen geschmückt sind, und schließlich zu dem bescheidensten, dem 6. *Pylon,* der von Thuthmosis III. erbaut, aber stark zerstört ist. Auf der W-Wand Listen der von ihm eroberten asiatischen und nubischen Orte (Stadtring mit Oberkörper der gefesselten Feinde), sog. »Fremdvölkerlisten«.

Besondere Aufmerksamkeit gebührt dem anschließenden Saal (j) mit den beiden herrlichen *Granitpfeilern,* auf deren einem die Lilie, Wappenpflanze von Oberägypten, der südlichen Landeshälfte, gebildet ist (rechts, südlich), auf deren anderem der Papyrus, das unterägyptische Wappen (links, nördlich). Es stehen hier auch die wunderbaren, aus rotem Sandstein gehauenen Statuen des Amun und seiner grammatischen Gefährtin Amaunet, die Tutanchamun gestiftet hat. Der Saal setzt die historischen Aufzeichnungen des 6. Pylons fort.

In Verfolgung der Mittelachse betritt man das kultische Zentrum (A). Die *Granitkapelle,* die an Stelle einer älteren von Philipp Arrhidaios

(323—317 v. Chr.) errichtet wurde, barg, auf dem noch vorhandenen Sockel stehend, die Barke mit dem Götterbild. Von den beiden Gemächern öffnet sich das vordere, 6 m lange, nach Westen, das hintere, 8 m lange, nach Osten, die granitenen Wände sind innen wie außen mit Reliefs bedeckt, die teilweise noch gut in den Farben erhaltenen Bilder zeigen den König bei rituellen Handlungen. Die N-Wand des rings um die Kapelle laufenden *Annalensaales* sowie die Wände des Wappenpfeilerraumes (j) sind mit historischen Inschriften bedeckt, die nördlich und südlich angrenzenden Gemächer der Hatschepsut waren zerstört. Die *nördliche Kapelle* wurde wieder aufgebaut (verschlossen) und kann besichtigt werden (Ghafir schließt auf). Die N-Wand ist in den Farben noch sehr gut erhalten und bietet eine Probe besten Reliefs. Re.: Reinigung der (ausgehackten) Königin durch Thoth und Horus, darüber Einführung in den Tempel. Li.: Vasenlauf zu Amun-Kamut-ef, darüber Weihung der Opfer vor Amun. Im südlichen Teil der Granitaltar Thuthmosis' III. und eine schöne Gruppe von Amenophis II. (und Amun).

Von dem nach Osten folgenden *ältesten Teil* des Tempels, dem Kern aus dem Mittleren Reich, ist fast nichts mehr erhalten, man schreite durch ihn auf das Hauptportal der Großen *Festhalle Thuthmosis' III.* zu (im Südwesten bei k), durch deren Vorräume man zu dem in seiner Art einzigen, zur Hauptachse des Tempels quer ausgerichteten Saal mit Zeltstangensäulen gelangt. 2 × 10 Säulen und 32 Pfeiler tragen die Decke des 44 m langen und 16 m breiten Raumes, der in den drei »Mittelschiffen« höher ist und hier, wie die Säulenform andeutet, ein Festzelt nachbildet. Die Basen der Mittelhalle sind — wie auch sonst häufig — gerade abgeschnitten, um der Prozession ungehinderten Durchgang zu gewähren.

In dem Südwest-Gemach der Halle bei l wurde die *»Königstafel von Karnak«* entdeckt, 61 Reliefkultbilder altägyptischer Pharaonen von der Frühzeit bis in die 18. Dyn. von hohem historischen Wert (heute in Paris), an Ort und Stelle ein Gipsabguß. Auf der Nordseite drei Kapellen.

Von den sehr zerstörten östlich anschließenden Räumen verdient einen Hinweis der sog. *Botanische Garten* (m), dessen Decke von vier noch gut erhaltenen Papyrusbündelsäulen mit geschlossenem Kapitell getragen wurde; ihre jungfräulich knappen Formen verraten die Anmut der Kunst der frühen 18. Dyn. Auf der nur noch bis in halbe Höhe anstehenden Wänden hat Thuthmosis III. die Pflanzen und Tiere darstellen lassen, die er aus Syrien in die Heimat mitgebracht hat. Nicht nur isolierte ganze Pflanzen, auch Blätter, Blüten, ja aufgeschnittene Samenkapseln werden hier wie in einem Lehrbuch abgebildet und illustrieren ein ausgesprochen naturwissenschaftliches Interesse. Es ist ja derselbe Pharao gewesen, der das Haushuhn aus Syrien nach Ägypten mitgebracht hat — den Vogel, »der jeden Tag gebiert«, wie es in den Texten heißt.

Treppe und Steg führen auf halbe Höhe, wo man einen Blick über das *östliche Trümmerfeld* hat und weiter hinaus auf das 19 m hoch aufragende Osttor im Verband der alten Ziegelumwallung, von Nektanebês I. (378–361 v. Chr.) erbaut — vom Eingangspylon 470 m entfernt. Diesseits des Osttors erblickt man die Ruinen des von Thuthmosis III. begonnenen, von Ramses II. fortgesetzten und von Taharka erweiterten »*Obeliskentempels*«, dessen Kultsymbol heute vor dem Lateran aufragt; 357 ließ Constantius den 30,7 m hohen Monolithen Thuthmosis' III. in Rom aufrichten, und zwar im Circus maximus, 1587 Papst Sixtus V. auf dem Lateran. — Unmittelbar zu Füßen *Tempelgebäude Thuthmosis' III.* mit 2 seitlichen Obelisken der Hatschepsut (Basen in situ). Im Innern des Naos noch die sehr beschädigte Statuengruppe aus kristallinem Kalkstein. Auf dem Gürtel der einen königlichen Sitzfigur der Name Thuthmosis' III. (ursprünglich Hatschepsut?) mit einer Göttin (?). — Davor ein hellenistischer Hörneraltar. — Jenseits der östlichen Ziegelumwallung lag der *Tempel Echnatons*, aus dem die karikaturhaften Standbilder stammen, die heute im Museum von Kairo und Luksor durch ihre Expressivität erschrecken.

Nördlich unmittelbar an der Umwallung eine gut erhaltene Sp-Kapelle des Osiris-Hekadjet mit ungewöhnlichen Reliefs.

Die nördlichen Tempel von Karnak (Plan S. 602)

Von den nördlich des Amontempels gelegenen Bauwerken lohnt ein Besuch nur zu dem *Tempel des Ptah*. Man erreicht ihn über einen Pfad, der vom nördlichen Ausgang des Großen Säulensaales über eine alte gepflasterte Straße in nordöstlicher Richtung verläuft. Man schreite also die Mittelachse des Tempels zurück (eilige Reisende schließen den Besuch des Ptahtempels an die Besichtigung des Großen Säulensaales unmittelbar an) und begebe sich zu dem noch innerhalb der großen Ziegelumwallung malerisch zwischen Sykomoren, Palmen und Henna-Sträuchern gelegenen Heiligtum. (Im Bezirk der links am Wege gelegenen Oisirisheiligtümer gelegentlich Kobras).

Dem Schutzgott von Memphis geweiht, dem Schöpfer und Herrn der Neunheit, wurde der Tempel von Thuthmosis III. erbaut, von Schabaka und einigen Ptolemäern erweitert und wiederhergestellt; der verschiedene Reliefstil läßt die Entstehungszeiten deutlich ablesen. Man läßt sich gern von den sechs hintereinander liegenden Toren empfangen und freut sich an den reichen Kapitellen der Kompositsäulen. Hinter dem kleinen Hof und der Halle mit zwei 16kantigen Säulen liegt das Allerheiligste mit drei Kapellen. In der mittleren steht noch — ein ungewöhnlicher Fall — das Kultbild, eine (heute kopflose) Sitzstatue des Ptah, in der rechten das seiner löwenköpfigen Gemahlin Sechmet. Wenn man die moderne Holztür geschlossen hat, erlebt man durch eine Deckenluke die Wirkung der ursprünglichen dämmrigen Beleuchtung.

Amontempel — Die nördlichen und die südlichen Tempel

Der von dem prächtigen Nordportal (mit Kartuschen Ptolemaios' III. und IV.) überragte Bezirk des *Month-Tempels* ist für Touristen nicht zugänglich (Hunde!) und lohnt auch keinen Besuch.

Die südlichen Anlagen des Amontempels (Plan S. 602)

Zu den *südlichen Anlagen von Karnak,* die man vom Mittelhof des Amontempels aus am besten erreicht, gehört der für rituelle Bootsfahrten benützte *heilige See* (120 m × 77 m) mit dem *Riesenskarabäus* aus Granit (S), den Amenophis III. dem Gott der aufgehenden Sonne gewidmet hat. Auf dem Weg zu ihm versäume man nicht, den hier liegenden Teil des umgestürzten *Obelisken der Königin Hatschepsut* zu würdigen, besonders das Bild der Stifterin, die von Amun gekrönt wird. Zwischen See und Haupttempel liegt der unterirdische *Bau des Taharka* (den man am leichtesten von seiner NW-Ecke aus besucht) mit singulären Darstellungen im Innern (Osirisgrab, schießende Gottesgemahlin, ballwerfender König); ursprünglich war er verbunden mit dem Brunnen zur priesterlichen Reinigung (sog. »Nilmesser«) dahinter und durch eine Treppe mit dem Heiligen See.

Nach etwaiger Erfrischung bei der Coca-Cola-Schänke im Freien durchschreite man in Richtung auf den Mut-Tempel die *Prozessionsstraße* mit ihren vier Pylonen. Im Hof vor dem *7. Pylon* (Thuthmosis III.) rechts war die berühmte *Cachette* (C), in der die aus dem Amontempel in der ptolemäischen Zeit ausgeschiedenen Stifterbilder begraben lagen. Die 18 000 Statuen aus Stein und Bronze, die mit ihrer Überfülle das Gotteshaus bevölkert hatten, wurden hierher abgeräumt und bilden seit ihrer Entdeckung (1902—1909) einen kostbaren Schatz des Kairener Museums. — Vor der Nordfassade des 7. Pylons sieben Kolossalstatuen von Königen des Mittleren und Neuen Reiches aus Granit.

Der 8. Pylon, erbaut durch Hatschepsut, ist recht gut erhalten und beiderseits reliefiert. Besonders schön zu sehen ist auf der Südfassade die symbolische Darstellung des Niederschlagens der Feinde durch Amenophis II.; historisches Interesse hat das Relief an der Außenwand der östlichen Hofmauer dicht neben den Ruinen der ursprünglichen Kapelle Thuthmosis' III., das den Hohenpriester Amenophis vor einer Statue des in Tanis regierenden Königs Ramses' IX. zeigt. — Von den vier (der ehemals sechs) Kolossalstatuen auf der Südseite des Pylons ist die Kalksteinfigur Amenophis' I. (westlich, links) gut erhalten.

Der 9., im Wiederaufbau befindliche *Pylon* war aus Trümmern eines Tempels Echnatons (vgl. die Talatât-Blöcke im → Luksor-Museum) und Tutanchamuns von Haremhab hohl gebaut und hat daher »nur« 3000 Jahre gehalten. In die Ostmauer des angrenzenden Hofes ist ein kleiner *Tempel Amenophis' II* einbezogen, seine feinen und in den Farben gut erhaltenen Reliefs sind ohne große Wichtigkeit, aber in ihrer Keuschheit

eine Herzensweide für den stillen Beschauer. Auf dem Mauerstück daneben (südwärts) führt Haremhab Gefangene aus dem Lande → Punt und aus Syrien vor die thebanische Göttertriade.
Der *10. Pylon,* ebenfalls von Haremhab aus den Bausteinen eines niedergerissenen Tempels Amenophis' IV. errichtet, entläßt die Sphinxallee zum Mut-Tempel, den man aber über die Sh. el-Karnak erreicht. Im N des Pylons zwei wahrscheinlich usurpierte Kolosse mit den Namen Ramses' II. und seiner Gemahlin Nofretiri, im Süden Kolosse Amenophis' III. und Haremhabs. Man begebe sich zu dem in der Südwest-Ecke des Amonbezirkes gelegenen Tempel des Chons.

Der Bezirk des Chonstempels

Der Tempel des *Chons* ist dem Sohn des Amun und der Mut geweiht, von Ramses III. begonnen und im wesentlichen von Nachfahren bis zu Herihor ergänzt worden. Zwischen den Sphingen Ramses' XI., die dem Tempel vorgelagert sind, tritt man auf das Bauwerk zu, das als Musterbeispiel eines Tempels gelten darf. Insofern tut man nicht schlecht daran, wenn man seinen Besuch in Karnak mit diesem Bauwerk beginnt. Aber wenn man wie wir seine Besichtigung dem Großen Amontempel folgen läßt, so erkenne man die bisher angetroffenen Baugedanken in diesem klassischen Beispiel noch einmal gerafft und geklärt.
In dem *Eingangspylon* (32 m lang, 10 m breit, 18 m hoch) laufen die vier Rillen zur Aufnahme der Flaggenmaste, die in den entsprechenden Mauerlöchern oben verklammert waren. — Der offene Hof (H) ist dreiseitig von einer doppelten Säulenreihe mit geschlossenem Papyruskapitell umstanden, von den Reliefs beachte man das auf der östlichen Wand (1), das den Chonstempel selbst mit seinem Pylon und den Flaggenmasten zeigt (vgl. in Luksor); links davon räuchert Herihor vor den Barken der thebanischen Götterdreiheit. Auf einer Rampe steigt man auf über den rückwärtigen Säulengang zu dem quergelagerten gedeckten *Säulensaal* (S), dessen Dach sich in der Mitte über die Seiten-»Schiffe« um 1,50 m erhebt; die Kapitelle der den Prozessionsweg säumenden mittleren Papyrussäulen öffnen sich.
Im *tiefen Saal,* der nochmals um eine Stufe erhöht liegt, erhebt sich das nach vorn und hinten offene Allerheiligste (A 1), in dem auf einem Sockel die Barke für das Götterbild stand. Unter dem Pflaster des Raumes wurde die schöne Statue des Chons aufgefunden, die sich heute im Museum Kairo befindet, unter Tutanchamun als Kultbild gedient hat, von den Ramessiden aber »begraben« wurde. Sie hatten ihr Kultbild im hintersten Gemach, dem Allerheiligsten mit Nische (A 2), aufgestellt, doch ist der Raum später durchgebrochen und mit einer Tür ins Freie geöffnet worden (heute wieder vermauert). Es ist nicht ausgeschlossen, daß die dahinter stehenden Säulen das Dach eines gehei-

92 15

Chonstempel

men Raumes für den Orakelpriester trugen, denn unter Herihor war das Orakelwesen in besonderem Schwange und verlangte einen geheimen Ausgang.
Die übrigen umliegenden Gemächer sind teils Kapellen für Nebengötter, Raum c für Osiris; er sowie die Räume a und b sind wegen der gut erhaltenen Reliefs besonders sehenswert, in b befindet sich die seltene Darstellung eines löwenköpfigen Amun, die Farben der *hinteren Gemächer* erfreuen durch ihre Frische. Auch die Wände des übrigen Tempels sind mit religiösen Szenen bedeckt, meist von Ramses IV.; die beiderseits der ptolemäischen Tür von A 1 in den Viersäulen-Saal stammen von Kaiser Augustus.
Während der Pylon nur mit Mühe zu ersteigen ist, sollte man versuchen, durch die hintere Treppe, seitlich von A 1, das *Tempeldach* zu erreichen, da man von oben nicht nur eine lohnende Aussicht hat auf das Tempelgelände, sondern auch das treppenartig abfallende Dach sowie die als Beterspuren zu verstehenden eingeritzten Fußsohlen, oft mit beigeschriebenem Namen, bemerken kann. Rekonstruktion S. 177.

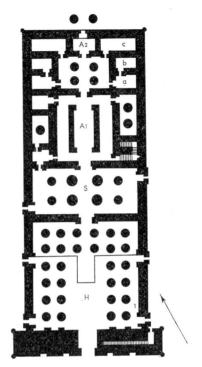

Chonstempel in Karnak

An der Westseite des Chonstempels liegt ein kleines *Heiligtum* Euergetes' II. für die nilpferdgestaltige *Göttin Ipet*, nach älteren Vorläufern entstanden unter Ptolemaios VIII. bis Augustus, das Tor im O in der 30. Dyn. Der vordere Teil der Anlage ist weitgehend zerstört, doch die hintere Partie derart interessant, daß man es sich nicht versagen sollte, sie trotz einiger Unbequemlichkeiten aufzusuchen. Eine Taschenlampe ist wegen völliger Dunkelheit unentbehrlich.

Der Tempel ist Geburt und Auferstehung des Osiris geweiht, die Nilpferdgöttin Ipet gilt hier als seine Mutter. Man betritt heute den Tempel an seiner Rückseite, vom Chonstempel her, gelangt somit in den Statuenraum, unter dem das Grab des Osiris mit einem Grabschacht liegt. Die Nische in der Rückwand barg die Kultstatue der Ipet; heute an der l. Seite ein Reliefbild von ihr. Von dem davorliegenden Raum führt die südliche Tür in einen der Geburt des Osiris gewidmeten Raum, die nördliche in den der Auferstehung. An dessen N-Wand liegt Osiris auf einem Bett, über ihm schwebt seine Seele in Vogelgestalt mit dem Kopf des Amun. Isis und Nephthys zu Häupten und Füßen des Osiris, hinter Nephthys erschlägt Horus (kleine Figur) den Osiris-Mörder Seth. Die Szene wird flankiert von den acht Urgöttern mit Frosch- bzw. Schlangenköpfen. Neben dem vorgelagerten Zwei-Säulen-Saal Magazine für Kultgeräte, die an den Wänden als Opfergaben dargestellt sind.

Man verläßt den Chonstempel durch das von Euergetes I. erbaute hohe Tor, das in der Achse des Tempels ins Freie führt. Das Portal war zugleich der südwestliche Eingang in den heiligen Bezirk des Amun, zu dem hier die Sphinxalle aus Luksor mündete. Das schöne Portal aus Granit zeigt den Erbauer im Opfer vor den thebanischen Gottheiten.

Wer es nicht eilig hat, erwarte im Amonbezirk den Sonnenuntergang. Wer Glück hat, sieht in der Dämmerung einen vorbeihuschenden Schakal.

Der Mut-Tempel (Plan S. 603)

Eintrittskarte am Schalter des Karnak-Tempels.

Der zwischen Palmenhainen südlich des Amonbezirks gelegene und mit ihm durch eine Sphinxallee verbundene *Tempel der Göttin Mut* (Gemahlin des Amun) wird von einem hufeisenförmigen See umschlossen. Er ist von Amenophis III. gebaut, Zusätze datieren bis in die Ptolemäerzeit; auch der heilige See geht in die 18. Dyn. zurück.

Von der einst prächtigen Anlage sind fast nur noch die zwischen Kameldorn aufragenden steinernen Katzen erhalten, Granitbilder der löwenköpfigen Heilgöttin Sechmet. Amenophis III. weihte sie hier w:) anderwärts vermutlich in den Jahren seiner schweren Krankheit, wobei geistig eine schillernde Verbindung zu der ebenfalls gelegentlich löwenköpfigen Mut bestanden haben mag. Diese von dem König gestifteten insgesamt 574 Statuen im Carré des Hofes, »wären fünf an einer Seite nicht gestürzt gewesen (du auch sahst dich um), sie wie sie waren, katzig, steinern, stumm, hätten Gericht gehalten« (Rilke). In fast alle größeren Museen Europas sind solche Sitzfiguren der Sechmet abgewandert. – Das Hufeisen des Sees sollte die Gefährlichkeit der Tempelherrin abschirmen. Die Umwallung schließt ein Trapez von etwa 10 ha ein.

Im gleichen Bezirk findet sich nordöstlich ein *Tempel Amenophis' III.*, aus Sandstein, für Amun-Rê (mit Geburts- und Beschneidungsszenen aus der nachramessidischen Zeit im 1. Hof) und in der SW-Ecke einer Ramses' III., beide verfallen.

Theben — West

Den *Rückweg* nehme man durch die Karnakstraße, vorbei am christlichen Friedhof, wo gegenüber die Straße nach Ḳena abzweigt, vorbei an der Koranschule, an der koptischen Kirche, den Gebäuden der höheren Schule, der katholischen Kirche neben der Schule der Franziskanerinnen und dem Gericht ins Innere Luksors.

Theben-West (Plan S. 584)

Achtung, Eintrittskarten nicht bei den einzelnen Denkmälern zu erhalten! Kartenschalter auf dem Westufer, bei der Fährentreppe, Holzbude. Ermäßigungen für Berechtigte beim Inspektorat. – Taxen und Esel auf der Westseite.

Kleine, sehr einfache Hotels mit wenigen Betten: Hotel Marsam an der Wegbiegung hinter dem Tempelgelände Amenophis' III. und Habou-Hotel bei Medînet Hâbu (→ Plan). – Ḳurna-Hotel bei den Memnonskolossen (Bierausschank). Lunchpaket besser mitbringen!

Auf dem westlichen Ufer des Nils dehnt sich in der Höhe von Karnak und Luksor die *gewaltige Nekropole*, die in der Frühzeit ihren Anfang nahm, bis in die 26. Dyn. immer weiter ausgebaut und bis in koptische Zeit, das sind insgesamt 3½ Tausend Jahre lang, belegt wurde. Ihr Höhepunkt liegt im Neuen Reich. Der nördlichste Tempel ist der von Sethos I. in Ḳurna, vom Totentempel Amenophis' III. ragen nur noch die Memnonskolosse mitten aus dem Fruchtland auf. Die Königsgräber der 18.–20. Dyn. sind in die verborgenen Schluchten des 300 m hoch ansteigenden Tafelgebirges eingebettet, die der Pharaonen getrennt von denen der Königinnen und Prinzen. Die hohen Würdenträger und königlichen Beamten der damaligen Hauptstadt ließen sich in den Felsgräbern an den Hängen des Wüstengebirges bestatten. Das Anwachsen des Gräberbezirkes machte es in der Ramessidenzeit verwaltungstechnisch nötig, daß der »Westen der Stadt«, die Nekropole, von »der Stadt«, Theben-Ost, abgetrennt wurde.

Die *Landschaft* der thebanischen Gräberstadt ist unvergleichlich großartig; man sollte sie in der Einsamkeit erleben, um das, was den Charakter dieser Totenberge bestimmt, aufnehmen zu können. Auf die ausgewaschenen Felsen stemmt sich die Sonne aus dem Stahlblau des Himmels und läßt alles verdorren, was leben will. Wer helle Ohren hat und Zeit genug, auch die Nächte draußen zu verbringen, dem wird das Totenfeld lebendig.

Die Könige hätten sich kaum eine Landschaft wählen können, die ihrer Majestät ebenbürtiger gewesen wäre als »das *Königsgräbertal*« (Bibân el-Molûk). Es wird von der Naturpyramide des »Hornes« überragt, wo nach altägyptischem Glauben »die Herrin des Westens, die das Schweigen liebt«, ihren Thron hatte. Zu den Königsgräbern der Wüstentäler gehören die Totentempel am Rande von Fruchtland und Wüste. Was bei den Pyramiden des AR noch vereinigt war: Grabstätte und Kultort, das ist hier – wohl nicht allein aus Sicherheitsgründen – auseinandergelegt. Zu den *Totentempeln,* die zugleich dem Kult des Amun dienten und die sämtlich nach dem Nil hin ausgerichtet sind, gehören Bibliotheken, Schulen, in denen Schreiber wie Maler unterrichtet wurden, Priesterwohnungen sowie Speicher und Stallungen, aber auch Kasernen für die Wachmannschaften schlossen sich an. Seen, Haine und Pflanzenbeete belebten nicht nur die Landschaft, sondern waren kultisch notwendige Bestandteile. Hinter diesem Mondbogen von Totentempeln haben die *Gräber der »Privatleute«* die Hügel der Wüste durchlöchert wie Bienenwaben. Nekropolenarbeiter, wie Bauarbeiter, Steinmetzen, Maler und Balsamierer, wohnten in der Umgegend, in Dêr el-Medîna wurden sie schließlich gettoartig angesiedelt; dort auch hatten sie selbst ihre eigene kleine Nekropole und volkstümliche Heiligtümer.

Auf dem Westufer sollten zumindest folgende *Stätten* aufgesucht werden: Das Tal der Könige und das Tal der Königinnen; die wichtigsten Privatgräber; einige Grabtempel (der von Sethos I. bei Kurna, Dêr el-bahri, Ramesseum, Medînet Hâbu, Memnonskolosse) und die Stadt der Nekropolenarbeiter Dêr el-Medîna mit ihrem Tempel. Wir beschreiben die Denkmäler nach ihrer geographischen Lage in der Reihenfolge, in der man sie sehen wird. Zum Besuch von Theben-West sehe man mehrere Tage vor, allerwenigstens zwei, wenn man nicht allzu oberflächlich sein möchte und dazu gänzlich erschöpft und verwirrt zurückkehren will. Die Königsgräber werden um 13 Uhr, die Privatgräber um 16 bzw. 17 Uhr geschlossen. Zu den Eintrittskarten vgl. auch S. 588. Unbedingt Taschenlampe mitnehmen.

Totentempel Sethos' I. von Kurna

In der Nähe des Dorfes Kurna liegt der Grabtempel Sethos' I. Trotz der Zerstörung der beiden Pylone und Höfe bietet der Tempel so viel Sehenswertes, daß sein Besuch durchaus lohnt. Meist wird er auf dem Wege zu den Königsgräbern en passant »erledigt«, doch wird man ihm damit keineswegs gerecht; er verdient vielmehr, daß man seine zwar durchaus nicht ungewöhnlichen, aber eben thematisch klassischen Reliefs eingehend betrachtet, denn sie sind vorzüglich ausgeführt. Die Skulpturen gehören zur hohen Kunst der 19. Dyn. und sind denen von → Abydos zu vergleichen. Zwischen 1. und 2. Pylon lag, wie beim Ramesseum und beim Festungstempel von Medînet Hâbu links an den Tempel angrenzend, der *Palast* des Königs, im wesentlichen aus Ziegeln aufgerichtet und in der Spätantike überbaut; heute bis auf die Grundmauern vergangen.

Nördlich der Tempelachse wurden 1976 die Tempelmagazine freigelegt, die von einer zentralen Pfeilerhalle (mit Kalksteinpfeilern) aus erschlossen wurden. Die ausgedehnte Anlage stellt das erste Beispiel eines Ziegelmagazins bei königlichen Totentempeln in Theben-West dar (vgl. Ramesseum). In einem Mauerbereich Ziegelstempel auf den Namen Sethos' I. 1979 kam bei der Untersuchung der Umwallung des Tempelbezirks im W und N eine mit Türmen bewehrte Umfassungsmauer zutage.

Der Tempel war wie alle Totentempel Amun geweiht und zugleich für den Totenkult Sethos' I. und den seines Vaters Ramses I. bestimmt. Der *Bau* wurde von Sethos I. errichtet, blieb aber unvollendet: Ramses II. schmückte ihn fertig aus und legte einen Sonnenhof an. Von der ursprüng-

Tempel Sethos' I. von Kurna

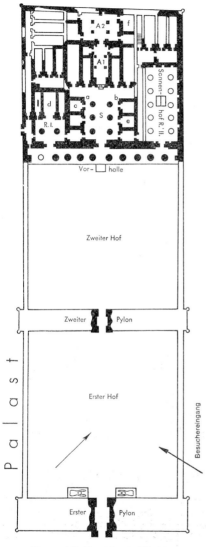

Tempel Sethos' I. von Kurna

lich 158 m langen Anlage sind nur die hinteren Gemächer in einer Länge von 47 m erhalten. So wendet der Tempel seinem Besucher als Fassade heute die 9 (von ehemals 10) Säulen der 50 m breiten Vorhalle zu, die sich mit drei Türen in die Drillingsanlage öffnet.

Durch die Mitteltür gelangt man in den *Säulensaal* (S) (6 Papyrussäulen mit geschlossenem Kapitell), auf dessen Deckenplatten über dem Mittelgang die geflügelte Sonne, fliegende Geier und die von Schlangen umrahmten Namen Sethos' I. zwischen zwei Schriftzeilen stehen. Die flachen Wandreliefs zeigen Sethos I. und Ramses II. im Opfer vor Gottheiten; bei a wird Sethos von Mut, bei b durch Hathor von Dendara gestillt. 3 × 2 *Seitenkammern* rechts und links sind mit schönen Reliefs bedeckt: Sethos I. opfernd oder bei anderen Kulthandlungen; in dem hinteren Gemach links (c) begegnen wir den seltenen Szenen, in denen der König zwischen den Gottheiten thront; Thoth opfert vor der heiligen Barke Sethos' I. (links); der König als Priester versieht den Kult vor seinem Ka (rechts), oder er ist als Osiris von dem thebanischen Götterpaar Amun und Mut sowie dem memphitischen, Ptah und Sechmet, umgeben (Rückwand).

Hinter einem erhöhten Querraum liegt als mittlere von 5 Kammern der Barkenraum (A 1) mit dem Untersatz für die Amon-

barke. Der rückwärtige Kultbildraum (A 2) wird von 4 Pfeilern getragen, die Seitenkammern sind sehr zerstört; bei f Osiris auf Bett.
Links von diesem Mitteltrakt sind die *Kulträume* für Ramses I., *rechts* davon die späteren für Ramses II. Der lange Hof (23 m × 14 m) mit Altar von Ramses II. für den Sonnengott Rê ist mit weniger guten, vertieften Reliefs ausgeschmückt, von den Säulen sind lediglich Spuren im Boden zu erkennen; die hinteren Räume sind zerstört. Lohnend dagegen ist der *linke* Flügel für Ramses I. Hinter dem kleinen Kultraum mit zwei Säulen und schönen Flachreliefs liegen drei Kammern. In der mittleren (d) räuchert Sethos I. (rechts und links) vor der Barke des Amun und salbt die Statue seines Vaters Ramses I. mit einem Finger. An der Rückwand sieht man auf einer doppelten Scheintür für Ramses II. den Osirissarg des Königs, auf dem Isis als Falke sitzt. Die übrigen Räume sind teils zerstört, teils in ihren Darstellungen ohne besonderen Belang.
An der SW-Ecke des Tempels reiches Grundsteindepot gefunden.
Neben der Ostmauer des Palastes von der tiefer liegenden Schicht der 18. Dyn. bis hinauf in die spätantike Bebauung wurde durch zahlreiche Funde (1976) von Keramiköfen der Beweis erbracht, daß in dieser Gegend Thebens eine durchgehende Töpfertradition bestand.

Die Königsgräber Bibân el-Molûk

Rasthaus hinter der Absperrung am heutigen Eingang des Grabbezirks.

»Tore der Könige« nennen die heutigen Ägypter den Talschluß im thebanischen Westgebirge, an dessen Sohle die Öffnungen der Königsgräber gähnen. Überragt von der natürlichen Felspyramide el-Ķorn (Das Horn), der »Herrin, die das Schweigen liebt«, wie die Alten Ägypter den Gipfel über der Stadt der Toten hießen, stürzt der Felsen in die Tiefe des lang hingestreckten Friedhofes mit seinen insgesamt 64 Ruhestätten. Lagen zwar hier auch die Königin Teje, Gemahlin Amenophis' III., und einige wenige andere Königsgemahlinnen begraben und war es gelegentlich auch dem einen oder anderen nichtköniglichen hohen Würdenträger gestattet, sein Grab hier anzulegen, so wurden doch vornehmlich Könige beigesetzt.

Geschichte

Die ältesten *Königsgräber* liegen bei Abydos, andere in Saķķâra, eines in Neķâda; allerdings steht nicht sicher fest, ob einige davon nur als Kenotaph anzusehen sind. Von der 3. Dyn. an wird die Pyramide, wie wir sie von →Abu Roâsch bis ins → Faijûm kennengelernt haben, die bevorzugte Form des Königsgrabes bis in die frühe 18. Dyn. Jetzt aber entwickelt sich der neue Typ, der für Jahrhunderte gültig bleibt und uns am besten zugänglich ist im Königsgräbertal.

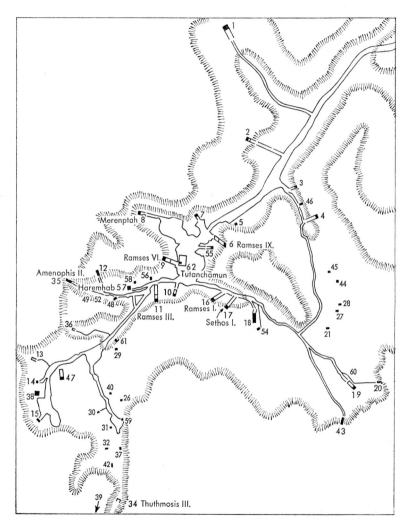

Königsgräber (Bibân el-Molûk)

Anders als bei den Pyramidenanlagen sind von nun an Grab und *Totentempel* voneinander getrennt. Nicht nur das Streben nach Sicherheit hat diese Auseinanderlegung bewirkt, sondern auch eine neue Bewertung der Totentempel. Denn sie sind zugleich Heiligtümer des Amun, unterstehen auch verwaltungsmäßig der Amonspriesterschaft, sind also vornehmlich Nebentempel des großen Amontempels und dienen in der Regel nur mit einer Seitenkapelle dem Kult des toten Königs; an der Grenze der thebanischen Wüste folgen sie dem Fruchtlandbogen von Norden nach Süden. Die zugehörigen *Gräber,* die nun nur noch den Sarg und die Beigaben aufzunehmen hatten (Wagen, Waffen, Truhen und andere Möbel, Gefäße und fürstliche Gewänder; Statuen, Götterbilder, Kanopen und Uschebtis), sind von Thuthmosis I. an bis zum Ende der 20. Dyn. in dem von Norden zugänglichen Tal hinter dem Berg von Dêr el-bahri angelegt, und zwar als Felsgräber. Bis über 200 m tief sind ihre Gänge und Kammern stollenartig in das Kalksteinmassiv eingetrieben. Besonders eindrucksvoll sind die beiden Grabanlagen der Hatschepsut. Bei der westlich des Königsgräbertales gelegenen befindet sich der Zugang 70 m über der Talsohle an einer steilen Felswand; bei der im Königsgräbertal selbst und axial auf ihren Totentempel von Dêr el-bahri bezogenen führt ein U-förmig gebogener Gang von 213 m Länge knapp 100 m in die Tiefe. Beide Gräber sind dem Reisenden nicht zugänglich. Nur einige der 64 bekannten Gräber in Bibân el-Molûk können besucht werden, die Anzahl wechselt, meist jedoch sind die Gräber Nr. 6, 9, 17, 34, 35 und 62 zur Besichtigung freigegeben.

Das Grab des Tutanchamun hat nur deshalb seine Berühmtheit erlangt, weil es als einziges unberaubt entdeckt worden ist. Schon Ende der 18. Dyn. fangen trotz der kleinen Festungen, die unbefugtem Zugang wehrten, die *Plünderungen* an, in der Ramessidenzeit gewinnen sie stärkeren Umfang, und als am Ende der 20. Dyn. die Thebaïs durch innere und äußere Schwierigkeiten beunruhigt wurde, hat wirtschaftliche Not zu einer Grabräuberei großen Stils geführt; aber auch Priester und Beamte sind, wie die Gerichtsakten dieser Zeit nachweisen, an der Plünderung beteiligt. Da fast kein Grab mehr unerbrochen war, sind in der 21. Dyn. die Könige umgebettet bzw. wenigstens ihre → Mumien neu bestattet worden. Mehrere Königsmumien wurden zusammen in dem einen oder anderen Grab versteckt, zuletzt im Grabe Amenophis' II. und in einem großen Felsgrab oberhalb Dêr el-bahri (→ Cachette). Heute ruht nur noch Tutanchamun in seinem Grab.

Während der 500 Jahre Regierungszeit der 18. bis 20. Dyn. hat nur Amenophis IV. aus religiösen Gründen sein Grab in → Tell el-Amarna anlegen lassen, alle übrigen Pharaonen waren in den Bibân el-Molûk vereinigt, bis die 21./22. Dyn. mit dem Sitz ihrer Regierung auch die Begräbnisstätte nach → Tanis verlegte.

Königsgräber

Anlage und Ausstattung

Im wesentlichen sind die Gräber des Königsgräbertales nach einem *Grundplan* angelegt, wenn auch im einzelnen sehr voneinander abweichend. Drei Korridore liegen hintereinander, am 1. manchmal kleinere Nebenräume, am 2. und 3. sind Nischen ausgespart für das Totengerät; nach einer Vorhalle betritt man den Sargraum, wo in einer Vertiefung am Boden der Sarg eingelassen war. Anschließende Nebenräume bargen die Schätze der Beigaben. Die Abwinklung in der Achse der Königsgräber, welche die Anlage von Thuthmosis I. bis zu Amenophis III. kennzeichnet, wird in der Nachamarnazeit nur noch ein einziges Mal, von Ramses II., aufgenommen. Während von Amenophis II. bis zu Sethos I. der Sargraum aufgeteilt ist in eine tieferliegende Sarkophagkammer und eine höherliegende Halle mit drei Pfeilerpaaren, führt Ramses II. die bis in die 20. Dyn. gültige Dreiteilung des Sargraumes ein, dessen tieferliegender Mittelteil von zwei Pfeilerreihen flankiert wird. Selbstverständlich war der König durch das »Königsmaß« seiner Ruhestätte privilegiert. Die Korridore hatten beispielsweise von Eje bis zu Ramses II. einen quadratischen Querschnitt von 5 × 5 ägyptischen Ellen (2,60 m) im Unterschied zu den wesentlich bescheideneren nichtköniglichen Gräbern in den Bibân el-Molûk wie auch zu den → Königinnengräbern. Die Wohnungen der Toten waren hierarchisch abgestuft.

Den bei weitem wichtigsten *Wand-»Dekor«* der Königsgräber bestreiten das »Amduatbuch« und das »Pfortenbuch«, deren Gewusel von Schreckgestalten oft die Wände von oben bis unten träge überzieht. Das *Amduatbuch*, das berichtet von dem, »was in der Unterwelt ist« und durch Vignetten illustriert wird, ist seit Thuthmosis I. bekannt (Fragmente in Kairo) und erscheint in der großen Fassung in den Gräbern Thuthmosis' III. und Amenophis' II., wo es noch ganz in der Art von Papyri in Kursivstil aufgezeichnet ist. Das Grab Sethos' I. bietet einen umfassenden Text (es fehlt nur die 12. Stunde), daneben noch eine Kurzfassung, wie sie sonst für Privatpersonen und Papyri angewendet ist. Geistige Vorläufer des Amduatbuches reichen weit in die Geschichte zurück, aber im NR versucht man, die vielerlei Jenseitsvorstellungen zu ordnen, indem man sie entlang dem Weg der Sonne durch die Unterwelt während der 12 Nachtstunden placiert. Der nächtliche Weg der Sonne, der sich von Kammer zu Kammer bewegt, ist demnach der Leitfaden und tritt im Amduatbuch auch bildlich heraus. Die Texte versuchen tiefgründig, die allnächtliche Krafterneuerung der Sonne in ihrem Geheimnis zu fassen.

Eine andre Form der Systematisierung wählt das *Pfortenbuch*. Auch dieses Unterweltsbuch verfolgt den Weg der Sonne über den Nachthimmel als Gegenstand der Beschreibung, doch legt es im Unterschied zu jenem den Akzent auf die Tore, die »Pforten«, die, von Ungeheuern und feuerspeienden Schlangen bewacht, Stunde für Stunde dem Sonnengott den Weg sperren und nur durch die rechten Schlüsselworte geöffnet werden können. Beim Pfortenbuch stehen die bildlichen Darstellungen im Mittelpunkt, indes sich die Texte nur erläuternd um sie ranken. Zwischen den hohen Toren laufen jeweils drei waagerechte Streifen mit dem Fluß in der Mitte, auf dem die Barke des Gottes fährt, und den Ufern beiderseits, an denen die Domänen und Toten hausen. Zwischen der 5. und 6. Stunde steht die Hohe Halle des Osiris, in der er Gericht hält; am Schluß – wiederum in einem Bild von ganzer Höhe – geht die Sonne auf: Der Gott des Urwassers hebt das Sonnenschiff aus den Fluten empor. Das Pfortenbuch findet sich erstmals im Grabe des Haremhab und erscheint von da an in fast sämtlichen Königsgräbern.

Denn der tote König ist nach einer bestimmten religiösen Sicht nach dem Tode mit dem Sonnengott wesenseins, und was dem (widderköpfigen) Sonnengott widerfährt, ist zugleich das *Schicksal des Königs*. Die Jenseitswelt mit ihren schauerlichen Höllentieren führt in nachweisbarer Linie bis zu Dantes inferno. Sie zu kennen gewährleistete dem Toten die »Verklärtheit« und gereichte auch den Lebenden zum Nutzen, wie die Texte versichern. Die Mächte der Finsternis galt es geistig zu besiegen.

Weitere *Unterweltsbücher*, »die Hymnen zur Lobpreisung des Sonnengottes Rê« sowie Sprüche zur »Mundöffnung« des Toten, d. h. zur Belebung seiner Mumie, sind – meist an den Eingangskorridoren – aufgezeichnet. Die nichtköniglichen Gräber im Königsgräbertal blieben bis zum Ende der 19. Dyn. grundsätzlich undekoriert.

Die einzelnen Gräber

Nach dieser grundsätzlichen Vorwegnahme sei die *Beschreibung* der Königsgräber kurz gefaßt und auf die *wichtigsten* beschränkt. Eilige Reisende mögen sich begnügen mit den Gräbern Nr. 62, 35 und 17, möglichst sollte man aber auch die Gräber 8 und 9 sehen; wer mehr Zeit hat, besichtige die Gräber 6, 8, 62, 9, 35, 57, 11, 16, 17 und 34, und zwar in der angegebenen Reihenfolge, während wir die genannten Gräber in der Folge ihrer Nummern aufführen. In chronologischer Sicht ergibt sich die Folge: 34 (Thuthmosis III.), 35 (Amenophis II.), 62 (Tutanchamun), 57 (Haremhab), 16 (Ramses I.), 17 (Sethos I.), 8 (Merenptah), 11 (Ramses III.), 9 (Ramses VI.), 6 (Ramses IX.).

Die übrigen (hier nicht beschriebenen) Gräber sind in der Regel für Touristen geschlossen (manchmal auch einige der genannten). Die bedeutenderen davon gehören: Nr. 1 Ramses VII.; Nr. 2 Ramses IV.; Nr. 4 Ramses XI., dem letzten Ramessiden (unvollendet); Nr. 7 Ramses II.; Nr. 14 der Königin Ta-wosret, Gemahlin Sethos' II., später von Sethnacht usurpiert (in der hinteren Grabkammer herrlicher Granitsarkophag des Sethnacht); Nr. 19 dem Prinzen Monthu-her-chopeschef, einem Sohn Ramses' IX.

Königsgräber

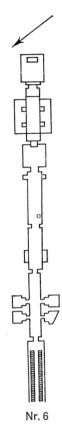

Nr. 6

(unvollendet); Nr. 20 der Königin Hatschepsut (bis zur Sargkammer ein enger, gekrümmter Schlauch, ohne Inschriften oder Bilder, von insgesamt 213 m Länge und einem Gefälle von 97 m); Nr. 43 Thutmosis IV. (unvollendet); Nr. 47 Siptah (unvollendet, aber mit einigen guten Bildern und prächtigen Hieroglyphen).

Grab Nr. 6, Ramses' IX. Das Grab (unvollendet) führt 82 m lang in den Berg; zwischen der Eingangstreppe verläuft eine Rampe, es folgt ein Korridor mit 4 Seitenkammern, ein zweiter und ein dritter Korridor, beide mit je zwei kleinen Nischen, eine Vorhalle, schließlich ein Saal mit 4 Pfeilern und enlich die Sargkammer.

An den Korridorwänden die im allgemeinen Teil genannten Texte und Sonnenfahrten; Totenbuchsprüche und mythologische Szenen sowie der Tote im Verkehr mit Gottheiten. Im 3. Korridor bei a ein Bild der Auferstehung: Die Mumie des Königs liegt schräg in einem Berg, die Arme hat er über dem Kopf erhoben, über der Mumie ein Skarabäus (Käfer) und ie Sonne. Die Wände des Sargraumes tragen Darstellungen von Göttern und Geistern, an der gewölbten Decke erscheint zweimal die Himmelsgöttin, als Morgen- und als Abendhimmel mit den Sternbildern und Sternenbarken an ihrem Leibe; schon an den Korridordecken astronomische Darstellungen (vgl. Grab Ramses' VI.). Auf dem weißen Hintergrund der Wände wirken die Farben ausgesprochen froh.

Grab Nr. 8, Merenptahs, ist eine bedeutende Anlage, 110 m in den Felsen eingetrieben. Die Korridore, mit Rê-Hymnen, Götterfiguren und Texten aus dem Pfortenbuch bedeckt, führen über eine Kammer (bei a anstatt der vier Menschenrassen zweimal zwei Asiaten und zweimal zwei Neger) mit Nebenraum steil abwärts bis zu einem Vorraum, in dem der weiter unten gefundene Granitdeckel des äußeren Sarges liegt (S), und weiter über Stufen zu dem Pfeilersaal. Im tonnenüberwölbten Mittelteil steht der sehr schöne Deckel des Innensarges aus Rosengranit, in der Form eines Königsringes gearbeitet. Die Gestalt des Königs, der auf ihm wie auf einem Polster ruht, das von der die Erde umringelnden Schlange eingefaßt wird, ist wunderbar gearbeitet und von großer Wirkung. Neben und hinter dem Pfeilersaal schließen sich weitere Räume an, sie sind unzugänglich und ohne Belang. Plan S. 578.

Das Grab Nr. 9, Ramses' VI., als das »Grab des Memnon« oder nach der

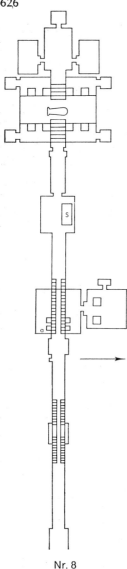

Szene bei a »Grab der Seelenwanderung« genannt, liegt unmittelbar über dem Grabe Tutanchamuns und war ursprünglich für Ramses V. angelegt. Seine für die 20. Dyn. erstaunlich guten versenkten Reliefs zeigen die Fahrt der Sonne nach dem Pforten- sowie nach dem Amduatbuch und weitere auf das Jenseits bezügliche Bilder und Texte. Nach 3 Korridoren erreicht man über einen Vorsaal eine 4-Pfeiler-Halle, die das Grab Ramses' V. abgeschlossen hatte. Ihre Decke mit Sterntafeln vollendet die schon im 3. Korridor beginnenden astronomischen Darstellungen (ähnlich wie im Grabe Ramses' IX., Nr. 6). – Nach 2 weiteren Korridoren und einem zweiten Vorsaal der zweite Pfeilersaal mit den Trümmern des Granitsarkophages; an der Rückwand eine Nische. Farbige Hieroglyphen auf weißem Grund. An der gewölbten Decke Tag- und Nachthimmel als Göttinnen, an den Wänden Unterweltstexte. Viele griechische und koptische Inschriften. – Der Schutt dieses Grabstollens hatte das Grab Tutanchamuns so völlig überdeckt, daß dies erst 1922 wiederentdeckt worden ist.

Grab Nr. 11, Ramses' III., das sog. *»Harfnergrab«,* ist eins der größten (125 m lang) und in seiner Anlage reich gegliedert; der in den Farben gut erhaltene Bildschmuck gehört zwar nicht zu den Spitzenleistungen, aber er ist thematisch mannigfaltig und daher besonders reizvoll; vornehmlich die Seitenkammern sind *unüblichen Themen* gewidmet. Während die beiden er-

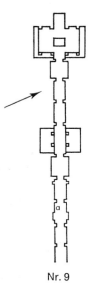

Nr. 8   Nr. 9

Königsgräber

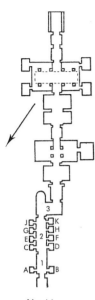

Nr. 11

sten Korridore zwischen den Nischen Hymnen auf Rê enthalten (im 2. Korridor die Schlußtexte der ersten drei Stunden des Amduat), zeigt die 1. Seitenkammer li. (A) Bäcker, Schlächter, Köche; Lederarbeiter; die 2. re. (B) zwei Reihen Schiffe mit gespannten und gerefften Segeln. – 3. Seitenkammer li. (C): Der Nilgott reicht seine Gaben Göttern der Fruchtbarkeit, gegenüber andere Fruchtbarkeitsgötter und Königsschlangen. Die 4. Seitenkammer re. (D) war die Waffenkammer des Königs, die 5. (E) deutet durch ihre Darstellungen wiederum auf die Opfergaben hin. Die 6. (F), die Schatzkammer, hatte, wie die Wandbilder zeigen, Gefäße magaziniert, Körbe, Krüge und Flaschen, Bügelkännchen, aber auch Elefantenzähne, Halsbänder und Betten mit Kopfstütze sowie Tritte zum Hinaufsteigen. Während die 7. Kammer (G) dem Ka des Königs und heiligen Tieren gewidmet ist, sieht man in der 8. (H) das Elysium, wo gepflügt, gesät und geerntet wird und der König in einer Barke auf einem Kanal fährt. – Die heute stark beschädigten Harfner der 9. Kammer (J) haben dem Grab seinen Namen gegeben, die 10. Kammer (K) bietet zwölf verschiedene Osirisbilder.

Raum 3 ist mit Rücksicht auf das benachbarte Grab Nr. 10 seitlich verschoben worden, so daß die Achse hier einen Knick erfährt. Die folgenden Räume enthalten Szenen aus den Unterweltsbüchern sowie Darstellungen von Göttern; der 4-Pfeiler-Saal (mit den vier Menschenrassen) ist abschüssig. Von den hinteren Gemächern ist nur noch der 8-Pfeiler-Saal bemerkenswert, weil hier der Sarkophag gefunden wurde, dessen Unterteil jetzt im Louvre, dessen Deckel in Cambridge steht, während die in der Cachette entdeckte → Mumie sich in Kairo befindet.

Das Grab Nr. 16, Ramses' I., ist klein und hat die wichtigsten Szenen gedrängt beieinander. Über einen abschüssigen Gang zwischen zwei steilen Treppen gelangt man unmittelbar in die von zwei kleinen Räumen flankierte Sargkammer, in welcher der Granitsarg des Königs steht, rot mit gelben Inschriften und Szenen. Die farbigen Bilder und Texte der Wände (Pfortenbuch) stehen (gemalt, nicht Stuckrelief) auf grauem Grund, besonders eindrucksvoll Ramses I. vor den verschiedenen Gottheiten; an der Rückwand rechts das Geleit des Königs vor den Thron des Osiris (vgl. Grab Nr. 57).

Das Grab Nr. 17, Sethos' I., 100 m lang, ist das nach seiner Erhaltung und

Ausführung meist gerühmte des Königsgräbertales. Es ist das einzige hier, das vollständig in erhabenem, bemaltem Relief dekoriert ist. Die Reliefs auf gelbem Grund sind flach und zart und in den Farben differenziert. Das Grab heißt nach seinem Entdecker auch »Belzonis Grab«. Vgl. Abb. auf S. 170.

Eine Holztreppe führt zum Eingang von *Korridor 1*, dessen Decke mit fliegenden Geiern, dessen Wände mit Rê-Hymnen und -bildern geschmückt sind. – Im *2. Korridor* führt eine weitere Treppe in die Tiefe; in den oberen Wandnischen der Sonnengott in 75 verschiedenen Darstellungen, darunter jeweils Texte aus dem Amduatbuch; am Ende beiderseits die Schwestern Isis und Nephthys (a und b). Im *3. Korridor* Fahrt der Sonne durch die Nachtstunden, in dem kleinen quadratischen *Saal 4* der König vor verschiedenen Göttern. Senkrecht nach unten ist ein Schacht ausgehoben, der mit der Unterweltstopographie zusammenhängt und nicht, wie man früher annahm, als Fallschacht für Grabräuber gedacht war. Eine (heute entfernte) Wand schien das Grab abzuschließen.

Über einige Stufen steigt man zum *Pfeilersaal 5* hinunter, in dem wiederum die Fahrt der Sonne durch die Unterwelt dargestellt ist (durch verschiedene Abschnitte). Links in der unteren Reihe Horus, vor ihm je vier Vertreter der »vier Menschenrassen«, d. h. vier »Menschen«, d. s. Ägypter, vier Asiaten mit spitzem Bart und in buntem Schurz, vier gut charakterisierte Neger und vier Libyer mit Federn auf dem Kopf und tatauiert (c–d). In der Mitte der Rückwand thront Osiris, hinter ihm Hathor; der falkenköpfige Horus geleitet den König auf die Gruppe zu (e). – Auf den vier Pfeilern der König vor verschiedenen Göttern.

Ein paar Stufen führen in den axial anschließenden *Raum 6*, in dem die Wandbilder erst rot und schwarz vorgezeichnet, aber noch nicht reliefiert sind. Die Fahrt der Sonne durch die Unterwelt wird immer weiter durch die Nachtstunden verfolgt; besonders interessant die Rückwand, die rechte Eingangs- und Seiten-

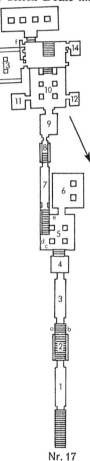

Nr. 17

Königsgräber 629

wand mit den an Dantes inferno erinnernden Qualen der Verdammten.
Man begibt sich zurück in Saal 5 und in einer nach links verschobenen Achse über zwei Treppen und durch zwei Korridore (7, 8) mit Mundöffnungsszenen und -ritualen zu *Vorsaal 9*, wo Sethos I. vor verschiedenen Totengöttern in wundervollem Relief wiedergegeben ist. Mit der neuen Achse scheint das Grab noch einmal wiederholt und gesteigert.
Saal 10 wird im vorderen Teil von 6 Pfeilern getragen, der hintere Teil ist überwölbt und barg den Alabastersarg (jetzt Soane-Museum in London); die 70 Jahre später in Dêr el-bahri gefundene → Mumie im Kairener Museum. An den Wänden des Pfeilersaales Bilder aus dem Totenreich nach dem Pfortenbuch; im hinteren Teil Fahrten der Sonne; am Ende der linken Wand eine Nische mit der Zeremonie der Mundöffnung, die der hundsköpfige Anubis an Osiris vollzieht (f). Die astronomischen Darstellungen der Decke dieses »die Goldene Halle« genannten Saales dienten dem Toten zu seiner zeitlichen Eingliederung.
Während die Wände des *Seitenzimmers 11* einen Teil des Pfortenbuches tragen, ist die Wandausstattung der gegenüberliegenden (rechten) *Seitenkammer* (12) von höchstem Interesse: Auf der Rückwand steht die *Himmelskuh*, von dem Luftgott Schu gestützt, auf ihrem Leibe zwei Sonnenbarken; die angrenzenden Wände enthalten den hochwichtigen Text eines alten Mythos, wonach die Menschen sich gegen den Sonnengott empört haben, er sie bestraft, aber in seiner Gnade einen Rest von ihnen errettet; jedoch zieht sich der Sonnengott in die Ferne zurück. (Vgl. die alttestamentliche Sage von der Sintflut, die zwar, dem Klima Babyloniens entsprechend, woher die Sage kommt, andere Bilder verwendet, aber die gleiche religiöse Aussage macht). – Die *Seitenkammer 13* mit zwei Pfeilern diente als Schatzkammer, auf der umlaufenden Steinbank waren die Gaben abgestellt. An den Wänden die Sonnenfahrt nach dem Amduatbuch, an der Rückwand dabei Totenwohnungen, deren Türen sich beim Nahen des Gottes öffnen. – Die Bilder der gegenüberliegenden *Osiriskammer (14)* sind zerstört, der rückwärtige 4-Pfeiler-Saal ist unbebildert. Ein von der »Goldenen Halle« ansetzender Gang wurde auf eine Länge von 136 m freigelegt, ohne daß damit sein Ende erreicht wäre. Weitere Klärungen erweisen sich als zu gefährlich.

Grab Nr. 34, Thuthmosis' III., liegt in einer engen und steilen Felsschlucht am Ende des Tales, sein Eingang ist über eine hohe, aber bequeme Eisentreppe errreichbar; bequeme Stufen führen im Innern in die Tiefe; die Besichtigung ist etwas anstrengend, aber durchaus ungefährlich und sehr lohnend. Man dringe ein bis über den 6 m tiefen Schacht, der heute mit einem Steg überdeckt ist. Auf dem blauen Grund der Decke sind weiße Sterne gemalt. Ebenso ist die Decke des rechtwinklig nach links umbiegenden Saales 1 mit Sternen übersät; an den Wänden des unregelmäßigen Raumes (mit 2 Pfeilern) sind 741 Gottheiten und Dämonen in Listen verzeichnet.

Die über die Treppe links hinten erreichbare weiträumige *Sargkammer 2* (15 m × 9 m) hat die Form einer Unterweltshöhle; 2 Pfeiler tragen die mit gelben Sternen verzierte blaue Decke. Texte und Bilder an den Wänden aus dem Amduatbuch in Kursivstil, schwarz und rot auf grauem Grund, sind trefflich erhalten und wirken wie ein aufgerollter Papyrus; auch die schönen Darstellungen des Königs und seiner Familie auf den Pfeilern sind beachtenswert (dabei König, der von Baumgöttin gestillt wird). Der Sarg auf einem Alabastersockel ist aus rotem Sandstein, Texte und Bilder darauf sind rot ausgemalt. Die Mumie wurde in Dêr el-bahri gefunden, die Funde der vier Seitengemächer befinden sich im Kairener Museum.

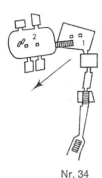

Nr. 34

Grab Nr. 35, das Amenophis' II., hat in seiner Anlage klassisch verwirktlicht, was Thuthmosis III. erst tastend versucht. Auch diese Anlage biegt rechtwinklig nach links, und die Folge der Gänge und Räume entspricht völlig der des Vaters, aber die Linien verlaufen gerade, die Winkel sind Rechte. Die Sargkammer ist hier von 6 Pfeilern bestellt, in ihrem hinteren Teil liegt eingeschachtet die Sargwanne.

Die *Ausstattung* des *Raumes* ist unüblich, insofern die Wände Papyrus nachahmen (Amduatbuch in Kursivhieroglyphen mit Bildern). Auf getöntem Grund in der Farbe von frischem Papyrus sind die Figuren nur in Umrissen gezeichnet. Sie sind von hoher Qualität, und das Skizzenhafte der Niederschrift vermittelt den Eindruck des Ursprünglichen besonders stark. Hier wird die unübertroffene Sicherheit ägyptischer Pinselführung sinnfällig. An den Pfeilern ist Amenophis II. vor den verschiedenen Totengöttern (Osiris, Anubis, Hathor) dargestellt, an den Wänden stehen Texte und Bilder aus dem Amduatbuch, die Decke ist mit gelben Sternen auf blauem Grund bemalt. Der Sandsteinsarkophag in der Ausschachtung, zu der ein paar Stufen hinabführen, enthielt die → Mumie des Königs, die 1934 nach Kairo über-

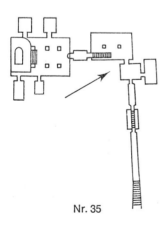

Nr. 35

Königsgräber 631

führt wurde. Wie bei → Tutanchamun waren Strauß und Girlande noch erhalten. Beiderseits je 2 Nebenkammern.
In das Grab, das auf dem Weg zum Sargraum zweimal durch Mauern abgeschlossen war, hatte man aus Sicherheitsgründen etwa ein Dutzend Königsmumien umgebettet. Bei der Entdeckung war der Boden überhäuft mit Uschebtis und Holzstatuetten.

Grab Nr. 57, das des Königs *Haremhab*, überrascht durch seine farbfrischen, großfigurigen Wandbilder (in Steinrelief), die die wichtigsten Götter des ägyptischen Pantheons vorführen. Ihre Anordnung folgt einem wohldurchdachten System. Als Bildprogramm der Sargkammer erscheint erstmals das Pfortenbuch. Für den Kunstwissenschaftler ist das Grab von besonderem Interesse, da es mit sämtlichen Herstellungsstadien der Räume aufwartet. Der schöne Sarkophag aus Granit steht noch in der Sargkammer (vgl. Grab Nr. 16). – Älteres Grab des Haremhab S. 496–498.

Das Grab Tutanchamuns, Nr. 62, hat unter allen Königsgräbern die größte Berühmtheit erlangt durch seine Unversehrtheit. Am 4. November 1922 wurde das Grab des 17- bis 19jährig Verstorbenen nach fünfjährigem systematischem Graben gefunden, am 26. November eröffnet. Zwar war es nach der Beisetzung erbrochen worden, doch danach wieder behördlich verschlossen und versiegelt und durch die Schuttmassen des oberhalb angelegten Grabes Ramses' VI. (Nr. 9) weiteren Zugriffen unabsichtlich entzogen. So wurde der *Grabfund* des jugendlich verstorbenen (wohl ermordeten) und in einem Notgrab bestatteten Königs der vollständigste und kostbarste, der je in Ägypten gemacht wurde. Er füllt heute einen Teil des Kairener Museums und gibt eine Vorstellung von dem Glanz, in dem ein Pharao beigesetzt war. Es ist kaum glaublich, daß diese Menge von Ausrüstungsgegenständen Platz hatte in der bescheidenen Grabanlage.

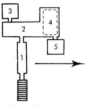

Nr. 62

Eine 16stufige Treppe führt in die Tiefe, man gelangt durch eine ehemals versiegelte Tür in einen abfallenden Gang (1) und durch eine zweite Tür in den Hauptraum des Grabes, eine Vorkammer (2), die mit Beigaben über und über angefüllt war. Ebenso barg die Seitenkammer (3) köstlichstes Gerät. Die Trennwand vor der Sargkammer (4), an deren Tür zwei große Holzfiguren des Königs standen, ist jetzt niedergelegt, so daß der Besucher über ein Geländer in die *Sargkammer* blicken kann (6,50 m × 4 m). Sie ist der einzige ausgemalte Raum und war mit den Särgen und deren umhüllenden Schreinen ganz ausgefüllt. Heute steht in der Mitte der *Sarkophag* aus edelstem gelbem Quarzit, an dessen vier Ecken Schutzgöttinnen ihre Flügel umarmend ausbreiten. Sein Deckel aus rotem Sandstein gehörte nicht ursprünglich dazu. Jetzt ist durch einen Glasdeckel der mumienförmige Holzsarg zu sehen, der mit Stuck überzogen, vergoldet und mit Halbedelsteinen eingelegt ist. Das Antlitz ist porträthaft, der Leib von Fittichen umschlossen, in den Händen hält der König die Insignien seiner Würde. Im Innern des Sarges liegt noch die Mumie des Königs; alle übrigen Särge in Kairo.

Über gelbem Grunde ist auf der Ostwand der Kammer das Begräbnis Tutanchamuns dargestellt, auf der Nordwand vollzieht sein Nachfolger, König Eje, die Zeremonie der Mundöffnung an der Mumie des Verstorbenen; in der Mitte der Wand wird der König von der Himmelsgöttin Nut empfangen, li. umarmt er den Jenseitsgott Osiris, wodurch er sich mystisch mit ihm vereinigt. Die Unterweltsbilder der Westwand sind durch einige Affen angedeutet. Auf der Südwand ist Tutanchamun zwischen den Nekropolengöttern Anubis und Hathor dargestellt. — Die Löcher an den Wänden dienten zur Zusammenfügung der die Kammer ausfüllenden Schreine (heute in Kairo). — Die Schatzkammer (5) ist ohne Schmuck und nicht zugänglich.

Das westliche Tal

Noch einsamer und landschaftlich nicht minder schön liegen die wenigen Gräber im *westlichen Tal von Bibân el-Molûk*, aber sie werden nur selten besucht. Die Reihe beginnt mit dem Grab *Amenophis' III.* (Nr. 22); am Ende des Tales und ganz versteckt liegt das Grab des *Eje* (Nr. 23; wegen der 12 darin gemalten Paviane »das *Affengrab*« genannt), Nachfolgers von Tutanchamun, dessen Sarg in Kairo steht. Wer die bisher aufgeführten Gräber besucht hat, wird die Szenen grundsätzlich verstehen; die Ausschmückung des Eje-Grabes erinnert an die des Tutanchamun. Die beiden übrigen *Gräber 24 und 25* sind nicht zugänglich.

Von Bibân el-Molûk nach Dêr el-bahri

Wer es kräftemäßig leisten kann, versäume nicht, vom Königsgräbertal nach Dêr el-bahri den *Fußpfad* über den Berg zu gehen; er ist nicht sehr anstrengend, nur heiß, aber ein ständiger leichter Wind sorgt für Kühlung. Viele werden auf ihrer Ägyptenreise nur diese einzige Gelegenheit haben, Großartigkeit und Todesnähe der Wüste zu erleben. Da man auch nach Dêr el-Medîna hinübersteigen kann, sage man einem Fellahenjungen genau, wohin man will; es stehen immer genügend Führungswillige herum. Von Grab 16 aus geht man eine halbe bis drei viertel Stunden.

Von der *Höhe* aus hat man einen prachtvollen Blick zurück in die erhabene Einsamkeit des Königsgräbertales, auch die geologisch Interessierten werden durch den Aufbau des ausgewaschenen Felsgebirges auf ihre Kosten kommen. Vom Kamme aus ostwärts blickt man in den Kessel von Dêr el-bahri; Schwindelfreie sollten an den Rand des überhängenden Felsens

Königsgräber — Dêr el bahri

treten, um in die Tiefe zu schauen, jedoch achthaben, daß unter ihren Füßen nichts wegbröckelt. Man erblickt links den Tempel der Hatschepsut, rechts daneben den Mentuhoteps; deutlich festzustellen sind von oben die alten Baumgruben. Zwischen beiden liegt der stark zerstörte Tempel Thuthmosis' III. Über das Vorland hin und die Fruchtebenen beiderseits des Nils schaut man nach Karnak genau gegenüber und Luksor weiter rechts bis zu den Ostbergen am jenseitigen Ufer. Der Talkessel zu Füßen galt als Stätte der Hathor, die hier in der Gestalt einer Wildkuh als Nekropolengöttin verehrt wurde. In den Malereien der Gräber tritt sie aus dem Westgebirge dem Verstorbenen entgegen. Anders beschränkt sich die Darstellung auch auf ihr in Vorderansicht wiedergegebenes menschliches Antlitz mit Kuhohren.

Dêr el-bahri (vgl. Rekonstruktion und Plan S. 634 und 635)

Den Tempel von Dêr el-bahri besucht man in den kühleren Nachmittagsstunden, falls man die in dem Kessel besonders brütende Sonne fürchtet, dagegen besser in den Morgenstunden, falls man mehr Wert legt auf gute Beleuchtung der Reliefs. Man besichtigt zuerst den Tempel der Königin Hatschepsut und nur bei ausreichender Kraft und Zeit jenen König Mentuhoteps. Der arabische Name »Dêr el-bahri« deutet auf das »nördliche Kloster«, das christliche Mönche in dem Tempelbezirk der Hatschepsut errichtet hatten. Rasthaus.

Tempel der Hatschepsut

Der *Terrassentempel* der Königin Hatschepsut ist genial eingebettet am Fuße des 300 m steil aufragenden Felsens, der mit seinen nach Osten verlaufenden Abfällen den Tempelbezirk wie mit weiten Fittichen umarmt. Selten verbinden sich Bauwerk und Natur zu einer solch architektonischen Einheit. In ihrem gegilbten Weiß heben sich die Kalksteinmauern des Tempels vom Gold ihres Hintergrundes ab, das mit den tiefen Schatten seiner senkrechten Schründe am Abend ins Violett hinüberspielt.

Axial auf den Amontempel von Karnak bezogen und westwärts auf das Grab der Königin im Königsgräbertal, ist der Totentempel der Königin nach dem Plan ihres Günstlings Senenmut in drei Terrassen aufgebaut, die durch Rampen miteinander verbunden sind und durch sie in eine nördliche und eine südliche Hälfte geteilt werden. *Hatschepsut* war die eigenwilligste und originellste Pharaonin auf dem Thron und entsprechend einzigartig gehaßt von dem rechtmäßigen, aber verdrängten König Thuthmosis III., der, nach ihrem Tode zur Macht gekommen, seine Stiefmutter und Halbtante (an ihren Denkmälern) Jahre später verfolgte. Ihr Tempel, der zugleich Amun geweiht war, erlitt außerdem die Nachstellungen Echnatons, so daß er ein bewegtes Schicksal hinter sich hat. Ramses II. hat ihn restauriert. Die modernen Ergänzungen haben ihm vie¹

Rekonstruktion der Tempel von Dêr el-bahri. (Die Pyramide ist nicht gesichert)

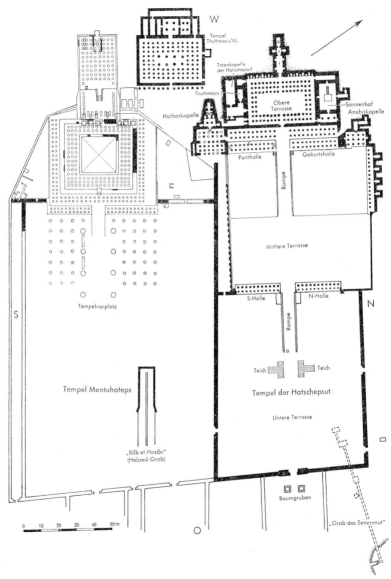

Tempel von Dêr el-bahri

von seinem Glanz genommen, aber wer von der Kälte des Zementes abzusehen vermag, wird seinen Reiz zu schätzen wissen.
Von der Ebene herauf, wo einst ein zugehöriger Taltempel stand, führte eine Sphinxallee bis zu dem heute so gut wie ganz verschwundenen Torbau, vor dem in viereckigen Behältern zwei Perseabäume gepflanzt waren (Mimusops schimperi), deren Stümpfe nach 3½ tausend Jahren noch erhalten und heute mit einem Gatter eingefaßt sind. *Drei Terrassen* steigen hintereinander auf, zwei nach Westen abgeschlossen durch Hallen, die dritte von einer Kolonnade umstanden; die Absätze der Terrassen sind aus dem Gebirge herausgearbeitet, ebenso die hinteren Kulträume, so daß sich die Anlage dem Gelände feinfühlig anschmiegt. Kalksteinquader verkleiden die Felswände.
Die Rampe der *unteren Terrasse* trennt das erste Hallenpaar; auf der Innenseite ihrer linken Wange beachte man die Figur des sitzenden Löwen (a). Die unteren Hallen mit 2 × 11 Stützen sind recht beschädigt. Beide Pfeilerhallen oben mit Hohlkehlen abgeschlossen, an der nördlichen noch ein Löwe als Wasserspeier erhalten. Auf der Rückwand der nördlichen Halle Reste des kultischen Vogelfangs auf einem Teich; auf der Südhalle Transport und Weihe der Tempelobelisken von Karnak, Soldaten, die zum Fest ausziehen. Vor der Rampe noch die Mulden der Teiche, deren einer eben in der Bildbeschreibung genannt wurde, außerdem Gruben für Blumen und Bäume.
Von der *mittleren Terrasse* aus beschreitet man im Norden die *Geburtshalle,* im Süden die Punthalle. Die nördliche Halle mit 22 Pfeilern, auf deren vier Seiten Amun der Königin die Hände segnend auf die Schulter legt; das Bild der Königin ist immer getilgt, manchmal hier wie an anderen Stellen ihr Name durch den von Thuthmosis III. ersetzt. Auf den Wänden ist entsprechend wie in dem ausführlich beschriebenen → Geburtsraum von Luksor die Zeugung Hatschepsuts durch Amun und ihre Geburt durch die Königin-Mutter Ahmes dargestellt und durch Inschriften erläutert. Das ursprüngliche Relief ist äußerst fein und auch farbig gut erhalten, so das Bild der Königin, die in Demut die Verkündigung ihrer Rangerhebung durch den ibisköpfigen Botengott Thoth annimmt, und die Figur der graviden Ahmes, die von dem widderköpfigen Chnum und der Geburtshelfergöttin Heket (froschköpfig) zur Entbindung geführt wird; die übrigen Bilder sind größtenteils ramessidisch erneuert.
Nördlich führen zwei Stufen in eine Halle mit 12 sechszehnkantigen Säulen und schönen Wandreliefs, die die Königin (meist getilgt) vor verschiedenen Göttern im Opfer zeigt. — Drei Stufen führen zu der dahinter liegenden *Kapelle des Anubis,* deren drei kleine Kammern, überwölbt und mit noch prächtig erhaltenen farbigen Reliefs ausgeschmückt, wiederum die Königin oder Thuthmosis III. opfernd vor verschiedenen Gottheiten bieten. Die Säulenhalle der Nordseite ist unvollendet.

Dêr el-bahri

Die Bilder der *Punthalle* schildern eine Handelsexpedition nach »Punt«, dem heutigen Somaliland (und südlichen Arabien), unter der Regierung der Pharaonin Hatschepsut. Auf der *Südwand* (b), wo man die Betrachtung beginne, sind die bienenkorbähnlichen Hütten eines Dorfes von Punt zu sehen, die zwischen Weihrauchbäumen und Palmen am Wasser stehen. Auf Leitern steigt man zu den Eingängen der Pfahlbauten empor. Rechts wird der ägyptische Gesandte mit seinem Gefolge von dem Fürsten von Punt begrüßt, darüber der Gesandte, der die aufgehäuften Gaben vor seinem Zelt von den Puntiern entgegennimmt (Gold, Weihrauch, Elefantenzähne). Die *Fürstin von Punt* mit den Fettpolstern, dem Hohlkreuz und einer leidvollen Miene ist auf einem Esel herangeritten, denn sie ist adipös und kann sich kaum mehr aufrecht halten. Das Originalfragment befindet sich heute im Museum zu Kairo, im Tempel hier ist das Reliefstück durch eine Gipsnachbildung ersetzt. Darüber das Herantragen von ausgegrabenen und in Kübel eingesetzten Myrrhenbäumen, die auf die Schiffe verladen werden; beachte im Wasser die scharf charakterisierten Fische, mit deren Hilfe hauptsächlich die geographische Bestimmung des Landes getroffen werden konnte; es sind Fische des Roten Meeres, die ichthyologisch so getreu wiedergegeben sind, daß man sich trotz aller Hochachtung vor der Beobachtungsgabe ägyptischer Künstler nur vorstellen kann, daß eigene »Naturforscher« die Expedition begleitet haben (wie ähnlich die Kriegszüge Thuthmosis' III.). Auch die Krankheit der Puntfürstin (Adipositas), deren Symptome in einem modernen Lehrbuch nicht exakter gekennzeichnet sein könnten, dürfte von einem eigenen Beobachter festgehalten sein.

Auf der *Westwand* (c) ist die Befrachtung der Schiffe in Punt dargestellt. Man beobachte die vielen Einzelheiten der gestikulierenden Männer, der Matrosen im Tauwerk, der Vertäuung der Waren; mit Tragstangen werden die eingekübelten Myrrhenbäume die Schiffsrampe hinaufbefördert, Säcke, Ballen und Krüge geschleppt, Affen spielen im Takelwerk. Mit gespannten Segeln fahren die Schiffe nach Ägypten zurück. Darüber werden neben den Warenträgern die Großen gezeigt, die in Verehrung vor der Königin am Boden liegen. Rechts anschließend erblickt man Hatschepsut, als männlicher Pharao dargestellt, aber ausgemeißelt, von ihrem Ka begleitet, wie sie die heimgebrachten Schätze dem Amun weiht; die Weihrauchhaufen werden mit Scheffeln gemessen, Thoth registriert sie. Darüber sind die Produkte übersichtlich zusammengestellt: die Truhen mit Gold, die Edelmetallringe, Panther und deren Felle, anderes Vieh, auch eine Giraffe, Straußeneier und -federn, Elefantenzähne, Bogen, Ebenholz, Götter wiegen Metallringe gegen kuhgestaltige Gewichtssteine, und die Schreibgöttin Seschât führt ein Verzeichnis. Ganz rechts bringt Thuthmosis III. der von Priestern getragenen Amonbarke Weihrauch dar; die Königin in langem Gespräch (Text) vor Amun (stark ausgemeißelt).

An der *Nordwand* (d) sitzt die Königin unter einem Baldachin — hinter ihr ihr Ka — und gibt ihren Großen Weisungen (Text).
An die Punthalle nach Süden schließt sich eine *Kapelle der Hathor* an, der Nekropolengöttin. Zwei Vorsäle liegen hintereinander, der erste mit 16kantigen Säulen und Hathorpfeilern, der etwas höher gelegene hintere ebenfalls mit 16kantigen Säulen und dazu Hathorsäulen. An den Eingangsmauern ein schönes Relief, in dem die Hathorkuh der Königin die Hand leckt; auch in den Räumen teilweise die ansprechenden Wandbilder (Säugen und Lecken der Hathorkuh; große Opferprozession zu Schiff; kultischer Vogellauf der Königin) noch erhalten. Unter der Wirkung des einflutenden Sonnenlichtes wirken die Stützen golden und ihre plastischen Kapitele ebenso großartig wie intim.
Hinter diesen Vorsälen der Hathorkapelle sind noch *drei Räume* in den Felsen gehauen mit mehreren Nischen. Besonders sehenswert sind die Wandreliefs des zweiten Raumes (e), wo die Königin vor der Hathorkuh opfert, die unter einem Baldachin in einer Barke steht und an deren Euter die Königin (ausgemeißelt) trinkt; vor der Königin Hathors Sohn Ihi (Musikgott), mit einem Sistrum. In dem hintersten Raum mit einem Parabelgewölbe zwei ähnliche Darstellungen in vortrefflicher Arbeit. Sterndecke. Im 1. der 3 Felsenräume (mit 2 Säulen) wurde der Opfertisch aufgestellt für die im hintersten Raum stehende plastische Kuhgöttin (Stein); im mittleren Raum war der tragbare Barkenschlitten mit einer Holzplastik der Hathorkuh aufgestellt.
Über die Rampe des zweiten Hofes schreitet man zu den *oberen Hallen* aufwärts, die jetzt wiederaufgebaut sind; von den ursprünglichen Osirispfeilern konnten einige wiederaufgerichtet werden. Hinter dem granitenen Mitteltor öffnet sich die obere Terrasse, deren Innenhof von polygonalen Säulen umstanden ist (modern wiederhergestellt). Die Reliefs des Festzuges an den Wänden sind von koptischen Mönchen beschädigt worden.
Im Norden (rechts) stößt ein *Sonnentempel* an; nach einer Vorhalle gelangt man in den offenen Hof mit dem Altar, dessen Opfer Rê-Harachte, der Sonnengott, unmittelbar vom Himmel aus ergreifen konnte. Die Nordwand öffnet sich zu einer kleinen Kapelle mit zwei Räumen für den Kult einer Statue Thuthmosis' I.
Die südlich (links) vom Säulensaal liegende *Opferhalle* war bestimmt für den Totendienst der Königin Hatschepsut und Thuthmosis' II. Die dem Opferdienst gewidmeten Szenen — wie Schlachten, Zerlegen der Tiere, Gabenbringen, Räucheropfer — sind noch gut erhalten. Die rückwärtige Tür des überwölbten Raumes führt ins Reich der Toten. Von den sie umgebenden anderen Räumen lohnt einen Besuch nur die Kleiderkammer in der SW-Ecke der oberen Terrasse.
Vom Säulenhof aus zugänglich durch einen Mittelgang und ein granitenes Tor ist der allerheiligste *hinterste Teil* des Tempels mit drei Räumen (I,

II, III), deren beide vorderen gewölbt sind, deren letzter, von Euergetes II. reliefiert, stark abfällt gegen die feine Kunst der Hatschepsut; er galt in ptolemäischer Zeit der Verehrung Imhoteps, des Weisen unter Djoser, und des Amenophis, Sohnes des Hapu, des Weisen unter Amenophis III. Der Wächter zeigt gern den hinter der Tür sitzenden Senenmut, den Erbauer des Tempels und geistigen Vertrauten der Königin, der auch ihre Tochter Nofrurê erzogen und das Vermögen des Amun verwaltet hat. Um an den königlich-göttlichen Ehrungen teilzuhaben, ließ er sein Bild hier und an einigen anderen versteckten Stellen des Tempels anbringen.
Von hier oben hat man einen schönen *Blick* hinüber nach Karnak, woher beim »schönen Fest im Wüstental« die Amonbarke und zugleich alles Volk der östlichen Stadt herübergezogen kam, um eine Nacht in Dêr el-bahri bzw. in der Nekropole bei den toten Angehörigen mit Sang und Opferschmaus im Licht von Fackeln zu begehen, die des Morgens in Milch gelöscht wurden. — An einem Felsvorsprung oberhalb des Tempels ist die Stelle entdeckt worden, von der ein Priester den Ablauf der Prozession beobachtete, um das Signal für die Empfangszeremonien zu geben.

In der Nordost-Ecke der mittleren Terrasse liegt das Grab der Königin *Nofru* (11. Dyn., heute verschüttet). Bei einem alten Steinbruch nördlich der Zugangsallee befindet sich der Eingang zu einem der beiden *Gräber des Senenmut* (Nr. 353). Ein 99 Meter langer enger Gang führt in die Tiefe, nach drei Vierteln des Wegs öffnet sich — bald nach der Nische rechts mit einer lebendigen Skizze des Kopfes von Senenmut auf der schon geglätteten Rückwand — eine erste, bald darauf eine zweite und schließlich unterhalb der Nordost-Ecke der unteren Terrasse des Hatschepsut-Tempels eine dritte und letzte Kammer. Sehenswert in dieser unvollendeten Anlage ist die astronomische Darstellung der Decke über der Kammer, die in keinem Privatgrabe wiederkehrt. Senenmut, der im Schirmbereich seiner Patronin zur ewigen Ruhe beigesetzt werden sollte, fiel in den letzten Jahren ihrer Regierung in Ungnade und wurde nicht hier, sondern wohl in seinem Grabe Theben Nr. 71 bestattet. (Vgl. zum Terrassentempel ergänzend beim hier folgenden Tempel Thuthmosis' III.).

Tempel Thuthmosis' III.

1964 entdeckte man beim Brechen von Steinen zur Rekonstruktion des Terrassentempels über der höchsten Terrasse und südlich von ihr gelegen ein *Heiligtum Thuthmosis' III*. In der Säulenhalle mit 16kantigen »protodorischen« Säulen lagen Bruchstücke der Mauern und Decke, 5 Statuen des Herrschers, eine Statue Senenmuts (ohne Kopf), Mumien, Kleingegenstände und als bedeutendster Überrest die ungewöhnlich farbenfrischen bemalten Wandreliefs in bester Ausführung, dabei Krönungsszene (einige davon heute im → Luksor-Museum). Der Tempel ist in nachramessidi-

scher Zeit durch Bergrutsch zerstört und danach als Steinbruch ausgebeutet worden. Aus dem Schutt sind mit den Säulen- und Wandfragmenten auch lange hieratische Tintenaufschriften von Pilgern und Betern der 19./20. Dyn. freigelegt worden. Wiederaufbau im Gang.
Im *Steinbruch* fanden sich viele von Thuthmosis III. zerschlagene Statuen der Hatschepsut. Ihre Bruchstücke zusammen mit den im Tempel entdeckten Standspuren ergaben, daß der Terrassentempel insgesamt 22 Sphingen aus rotem Granit, 28 überlebensgroße Standbilder der Königin aus buntem Stein, über 100 Kalksteinsphingen und über 40 Osirisfiguren Hatschepsuts aus Kalkstein besaß.

Totentempel des Mentuhotep

Der unmittelbar südlich gelegene *Totentempel des Königs Mentuhotep,* dessen Hof zum Teil dem Tempel der Hatschepsut zum Opfer gefallen ist, stammt aus dem frühen Mittleren Reich und ist ebenfalls terrassenförmig angelegt; der König der 11. Dyn. hat also das Verdienst der Originalität von Lage wie Anlage, wenn auch sein Tempel verschieden ist von dem späteren. Von Mentuhotep stammt außerdem der als Bâb el-Hosân bekannte älteste Teil, der eine Statue und Grabgegenstände, aber keine eigentliche Bestattung barg. Hinter dem von Mentuhotep angelegten Zentralbau, der früher als Pyramide rekonstruiert wurde, dessen Gestalt und Funktion sich aber nicht erschließen, sowie in seinem Umkreis sind auch die Prinzessinnen und Würdenträger des Hofes beigesetzt (Särge im Museum Kairo).
Über einem unterirdischen Königsgrab erhebt sich eine Terrasse mit Pfeilerhallen um den Zentralbau, mit den Gräbern und Kapellen für die Angehörigen — eine durch Größe und Schlichtheit imponierende *Anlage.* Zu dem Vorplatz, wo Gruben noch heute an die Baumbestände des Tempelparks mit seinen königlichen Figuren (jetzt im Museum Kairo) erinnern, führte aus dem Tal herauf eine breite Allee. Der massive Zentralbau war von einem großen, von 140 8kantigen Pfeilern gebildeten Umgang umschlossen (40 m × 42 m). Der 150 m schräg in die Tiefe führende Zugang zur Grabkammer, wo der Sarkophag gefunden wurde, ist nicht mehr zu betreten, wie auch von den hinteren Räumen einschließlich dem aus dem Felsen gehauenen Allerheiligsten nicht mehr viel erhalten ist. Die Ausstattung war künstlerisch hoch wertvoll, die Reliefs in ihrer Herbheit gehören zum Schönsten, was ägyptische Meisterhände geschaffen haben.
Angesichts der Fülle ägyptischer Sehenswürdigkeiten wird der Mentuhotep-Tempel fast so selten besucht wie die Stätte der nördlich anschließenden kleinen *Hathorkapelle* aus dem MR, die von Thuthmosis III. wiederhergestellt wurde, jetzt aber wiederum zerstört ist. Man sollte sich aber an dieser Stelle vergegenwärtigen, daß das Allerheiligste mit

dem Kultbild der göttlichen Kuh, das von Amenophis II. stammt (heute im Museum Kairo), hier aus dem Felsen herausgeschnitten wurde.
Von Dêr el-bahri ist schließlich zu erwähnen, daß südlich des großen Tempels in der sog. *Cachette*, einem kompliziert angelegten, entlegenen Versteck, in der 21. Dyn. → Königsmumien und Leichen von Königinnen (17.–21. Dyn.) geborgen wurden, um sie vor weiteren Schändungen zu bewahren, bis sie 1875 von Fellahen aufgestöbert und erneut beraubt wurden; als man 1881 den neuen Dieben auf die Spur gekommen war, wurden die Mumien ins Museum Kairo überführt (vgl. S. 367 f.). – 1891 fand man nördlich des unteren Hofes ein *Massengrab* thebanischer Priesterfamilien mit 163 Särgen. Andere Grabfunde bleiben hier unbehandelt, so auch das *Grab eines Intef* (Nr. 386), unter dem Aufweg Thuthmosis' III. gelegen, das mit seinen ungewöhnlichen und gut erhaltenen Malereien einige Überraschungen bereithält.

Ramesseum

In der Regel besucht der Reisende nach Dêr el-bahri zunächst einen Teil der Privatgräber, doch empfiehlt es sich, in unsrer Darstellung den Totentempel Ramses' II. folgen zu lassen, das sog. Ramesseum, und hinterher die Privatgräber geschlossen zu behandeln. – Westlich vom Ramesseum liegt am Wege nach Dêr el-Medîna das *Deutsche Haus*, ein für in Theben arbeitende Forscher gestiftetes Wohnhaus. – Man betritt heute das Ramesseum-Gelände von der Seite (N) des unweit gelegenen Rasthauses.

Das Ramesseum ist einer der *Totentempel* am Rande der Wüste, hatte aber im Altertum über seinen kultischen Zweck hinaus die Bedeutung einer Schule für Schreib- und Malzöglinge. Zahlreiche wichtige Papyri sind unter seinen Mauern gefunden worden in dem Grab eines Zauberers und fahrenden Märchenerzählers aus dem Mittleren Reich. Auch war ihm (südlich am 1. Hof) ein Palast des Königs angebaut (vgl. Medînet Hâbu). Diodor (I, 47/49) schildert das Ramesseum unter dem Namen »Grab des Osymandyas« (der auf den Thronnamen Ramses' II. zurückgeht).

Der *Eingangspylon* von 67 m Breite gleicht an der Außenseite eher einem Steinbruch, aber auf der Innenseite, nach dem Hofe zu, sind die Darstellungen der syrischen Feldzüge Ramses' II. gut zu erkennen; besonders der Hethiterkrieg ist erwähnenswert, weil er sehr lebendig erfaßt ist. Das gelöste und gelockerte Lagerleben mit schwatzenden Soldaten, sich reckenden Eseln, abgeschirrten Pferden, mit Balgerei und Streit ist voller Atmosphäre, und man erschrickt förmlich, wenn man plötzlich oben (li.) die Hethiter hereinbrechen sieht. Unter dem Kriegsrat des Königs mit seinen Fürsten werden die eingebrachten Spione durchgeprügelt.

Der *erste Hof* (H 1) ist bis auf die Reste der Westmauer zerstört; vor ihr die Trümmer eines *Kolosses* Ramses' II. (K), der trotz seiner ungewöhnlichen Größe sorgfältigst gearbeitet war. Ein paar Daten mögen

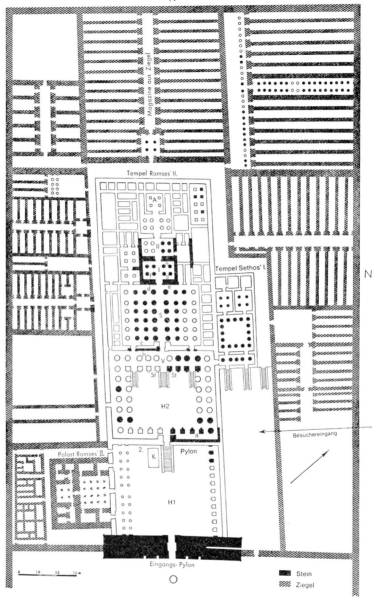

Ramesseum

Ramesseum 643

das Maß der Granitfigur erstehen lassen: Brustweite 7 m, Umfang des Armes am Ellenbogen 5,33 m, Länge des Zeigefingers 1 m, Nagellänge am Mittelfinger 19 cm; die Gesamthöhe dürfte 18,00 m, das Gewicht über 20 000 Zentner betragen haben. Leider ist das Gesicht der Statue zerstört. Ein Wiederaufrichten scheiterte bisher am Gewicht.

Der *zweite*, von doppelten Säulengängen umgebene *Hof* (H 2) ist weniger zerstört, imposant stehen noch die 2 × 4 Osirispfeiler an Ost- und Westseite. Auf der Vorderwand bei a wieder die Kadeschschlacht (unten) mit ergreifenden Szenen der überwundenen Hethiter, die teilweise in den Fluten des Orontes ertrinken. Darüber eine religiös wichtige Darstellung des Minfestes (Erntefest), das bei der Thronbesteigung des Königs gefeiert wurde. Von den Kolossalstatuen (St) des zweiten Hofes sind die Trümmer der einen aus schwarzem Granit erhalten, an dem noch gut erhaltenen edlen Kopf die Lippen rot gemalt.

Drei Treppen führen zu der *Vorhalle* (V) hinauf, von deren Rückwand noch ein Rest steht. Bei b drei Reihen schöner Darstellungen: unten die 11 Söhne Ramses' II.; in der Mitte führen Atum und der falkenköpfige Kriegsgott Month den König in den Tempel; Month hält ihm das Zeichen für »Leben« an die Nase; rechts kniet der König vor der thebanischen Göttertriade, oben opfert er dem Ptah (links) und räuchert dem ithyphallischen Min und einer Göttin.

Hinter der Vorhalle liegt der große *Säulensaal* (S) mit ursprünglich 48 Säulen, die drei erhöhte Mittel-»Schiffe« und 6 niedrigere Seiten-»Schiffe« trugen, ähnlich wie in Karnak. Die aufgesetzten Pfeilerwände der Seiten hatten Fensteröffnungen. Auf den Säulenschäften ist Ramses II. vor Göttern im Opfer gezeigt, von den Wandreliefs ist bei c die Erstürmung der hethitischen Festung Dapur beachtenswert. – Auf der gegenüberliegenden (West-)wand bei d und e die königlichen Söhne und der König im Verkehr mit Göttern.

In dem folgenden ersten kleinen *Vorsaal* (I) tragen 8 Säulen mit geschlossenem Kapitell die Decke mit astronomischen Darstellungen. Die Wandbilder g und f zeigen Barkenprozessionen durch Priester für Amun, Mut und Chons, den König und die Königin Ahmes-Nofretiri und gegenüber bei h den König unter dem heiligen Persea-Baume von Heliopolis, in dessen Blätter Atum (links), die Schreibergöttin Seschât und Thoth (rechts) den Namen des Königs eintragen.

Der zweite kleine als Bibliothek dienende *Vorsaal* (II) ist nur noch mit 4 Säulen in der nördlichen (rechten) Hälfte erhalten und auf den Wänden mit konventionellen Darstellungen geschmückt. Die hinteren Gemächer einschließlich dem Allerheiligsten (A) sind vollständig zerstört.

Die gesamte um den Tempel liegende Fläche innerhalb der ein Geviert von 270 m auf 175 m einschließenden Ziegelumwallung war im Altertum ausgefüllt mit *Ziegelbauten,* gut konstruierten Gewölben, die als Magazine gedient haben, Wohnungen und Ställen.

Ganz entsprechend wie in Medînet Hâbu und beim Sethostempel in Kurna diente die Südmauer des ersten Hofes als Eingangsfassade zum *Palast,* in den sich drei Türen öffnen. Das Gebäude selbst war aus Ziegeln erstellt und ist zerfallen, konnte aber noch so gut rekonstruiert werden, daß der Plan der Anlage deutlich wird (→ Grundriß). Die letzten Grabungen haben an der Außenmauer des Tempels einen (früheren) Tempel Sethos' I. ergeben, dessen Kult Ramses II. weiter unterhielt. Er ist bis auf die Grundmauern zerstört, konnte aber ebenfalls in seiner baulichen Anlage geklärt werden.

Privatgräber

Auf dem Westufer zählt man heute neben den unbeschrifteten Gräbern *464 Privatgräber,* die meisten von höheren Beamten und Priestern; sie sind in den Fels eingehauen und durch Inschriften und Wanddekor ausgestattet, meist bemalt oder mit Reliefs versehen. Außer den schon erwähnten von Dêr el-bahri gruppieren sie sich von Norden nach Süden um Dra Abu'l-Nega, in der Talsenke von el-Asasîf, bei der Kuppe el-Chôcha und mit der größten Zahl, innerhalb einer oberen und einer unteren Umwallung, am Hügel von Schêch Abd el-Kurna; die von Dêr el-Medîna werden später aufzuführen sein, die von Kurnet Murai bilden den südlichen Abschluß. Die Gräber sind mit Nummern versehen und meist verschlossen durch Türen, die ein Wächter (Ghafîr) öffnet (vgl. auch S. 669 ff.).

Wegen Beschädigungen sind die meisten Gräber für Touristen geschlossen worden, teils versiegelt, teils vermauert; man bedränge das Aufsichtspersonal nicht. In der Regel sind zu besichtigen die in Schêch Abd el-Kurna beieinander liegenden Gräber: Nr. 52 (Nacht), 55 (Ramose), 60 (Antefoker), 69 (Menena), 96 (Sennefer) und 100 (Rechmirê). Zu den Grabbezirken s. Plan S. 584.

Dra Abu'l-Nega

Diese Gräber des nördlichsten Bezirks sind teilweise imposant überragt durch mächtige Ziegelpyramiden, ähnlich wie die von → Dêr el-Medîna und wie sie häufig in Gräbern der Ramessidenzeit dargestellt werden. Rekonstruktion S. 646.

Viele sind wundervoll gearbeitet, so die des Neb-wenenef (Nr. 157), des Bak-en-Chons (Nr. 35), des Rome-roij (Nr. 283), dreier Hoherpriester des Amun unter Ramses II., oder das des Amonpriesters Tja-nefer (Nr. 158) aus der 20. Dyn., doch sind sie nicht öffentlich zugänglich.

El-Asasîf

In der Ebene unterhalb von Der el-bahri liegt das Asasîf mit Gräbern meist der 25./26. Dyn., die einen von allen anderen abweichenden Typ repräsentieren. Bei genauem Hinsehen ergibt sich, daß ihre Elemente nicht neu sind, vielmehr solche von früheren Gräbern wie auch von Tempeln wiederholen. Es sind Felsengräber von ungewöhnlichem Ausmaß, reicher Innenausstattung und meist sehr sorgfältiger Bearbeitung. Man sieht ihnen den Wohlstand ihrer Besitzer an. Wie die Architektur, so läßt die Bebilderung eine gewisse Renaissance früherer Programme erkennen.

Man gelangt zu den Gräbern durch einen Pylon, der durch ein Tor in einen (früher baumbestandenen) weiträumigen, geschlossenen Hof entläßt. Von solchen Pylonen ragen Mauerreste kennzeichnend aus dem Gelände; sie trugen Bilder des Grabherrn und biographische Inschriften. Es folgt ein zweiter Hof, von dem aus eine zweite, meist gewinkelte Treppe in die Tiefe führt und in dem sich ein großer Lichtschacht öffnet. Die unterirdischen Räume bilden ein vielfältiges System von Kammern und Hallen, an deren Ende der Schacht zur Grabkammer abstürzt. Bemerkenswert ist die Ausrichtung der Gräber auf bestimmte Punkte an der Prozessionsstraße des Terrassentempels von Dêr el-bahri, doch ist deren Funktion noch nicht geklärt.

Als ein klassisches Beispiel einer solchen Grabanlage darf das Grab des *Anch-Hor (Nr. 414)* gelten, das sich der »Gouverneur von Oxyrhynchos, der Gouverneur der Oase Bahrîja (u. a. Bezirke), der Vorsteher von ganz Oberägypten und ... Schatzverwalter der Gottesgemahlin Nitokris« aus der 26. Dyn. erbauen ließ. Das Grab entspricht dem oben beschriebenen Typ weitgehend. Beim Gang nach unten trifft man auf eine Vorkammer mit Scheintür, zwei Pfeilerhöfe und über eine Vorhalle in die mit einer Statuennische versehene Kultkammer. Von einem seitlich abzweigenden Raum fällt ein Schacht zur Grabkammer, die von einem gewinkelten Korridor umgeben ist. – Das Grab ist zwar musterhaft wieder hergerichtet, aber die Zerstörungen der Wandbilder sind derart, daß sich für den Reisenden kaum bedeutungsvolle Szenen herausgreifen lassen.

Grab des *Pabasa (Nr. 279)*, das in seiner Klarheit als Musterbeispiel einer solchen Anlage gelten darf und ohne zu große Mühe besucht werden kann; die Schlüssel muß man sich vom Oberghafîr besorgen. Das Grab des Pabasa, Haushofmeisters der Gottesgemahlin Nitokris, Tochter des Psametich I., empfängt unterirdisch am Ende einer steilen Treppe mit einer Vorkammer

Rekonstruktion nach Grab Nr. 288/9, Dra Abu'l Nega

(Speisetischszene, Abydosfahrt); es folgt, am Fuße eines 14 m tiefen Schachtes gelegen, ein offener Hof mit östlicher und westlicher Pfeilerhalle; an einigen Pfeilern außer den Bildern des Totenopfers Darstellung von Weinbereitung, Fischerei und die singuläre Szene der Bienenzucht (am Mittelpfeiler li.); Deckenmuster gut erhalten. Im folgenden Saal opfert Nitokris in Begleitung von Pabasa Wein vor Osiris, Isis und Horus; auf der gleichen (Süd-) Wand li. bringt Psametich, dem Nitokris und Pabasa folgen, Rê-Harachte Milch dar. Spitzenqualität an Reliefs, Köpfe leider herausgeschnitten. In der Sargkammer fein gravierte Hieroglyphen und archaisierende Figuren sorgfältigster Arbeit.

Westlich davon liegt das Grab des *Monthemhêt* (Nr. 34), Gouverneurs von Oberägypten in Theben z. Zt. Taharkas und Psametichs I., das nicht nur sehr ausgedehnt, sondern ungeheuer kompliziert angelegt ist. Inhalt-

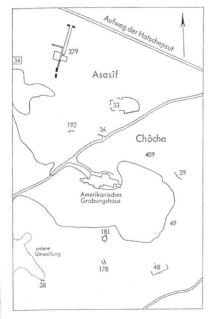

El-Asasîf und el-Chôcha

lich umfassen die Bilder zwar nur Opfer, Gebet und Litaneien, Totenbräuche und Gottesverehrung, aber sind von wundervoller Ausführung. Der große Lichthof mit starken dekorativen Lilienreliefs auf den Pfeilern ist imposant. Von den rings um ihn angeordneten Kammern sind jene neben der Statuengruppe hinten rechts hervorzuheben. Beim Eingang in die Unterwelt das Unterweltsbuch.

Das größte und stattlichste, als Plan ungemein vielfältige, dabei sehr akkurat gewinkelte und gerichtete Grab ist *Nr. 33*, das des Propheten *Petamenophis,* das wie das vorgenannte mit prachtvoll gearbeiteten mythologischen oder doch religiös-rituellen Szenen und Inschriften bebildert, heute aber als Magazin verwendet und daher versiegelt ist; Besichtigung ohnedies wegen Schächten lebensgefährlich.

Nr. 36, Grab des Ibi, obersten Gutsverwalters der Gottesgemahlin Nitokris unter Psametich I., Vaters von 8 Söhnen; Nebenbestattungen. Das Grab mit seinen (einschließlich Lichthof) 13 Räumen, 3 Treppen und der Sargkammer ist, mit den übrigen spätzeitlichen Gräbern verglichen, klein, doch durch sein (archaisierendes) Bildprogramm äußerst reizvoll und sehenswert. Seine Reliefs haben kunstgeschichtliche Bedeutung erlangt, weil sie die Szenen aus dem Grab eines Namensvetters aus dem AR nachbilden und die retrospektive Geisteshaltung der Saïten wie auch das Verhältnis von Vorlage zu Umsetzung klassisch veranschaulichen.

Man erreicht das Grab über eine steile Treppe (T 1). Nur die ersten 3 Räume sind dekoriert: der Vorraum mit Kultnische für Psametich I.; die durch nachträgliche Erweiterung unsymmetrische Halle mit 3 Pfeilern und 2 Pilastern mit Hathorkapitellen und einer Kultnische für Nitokris; der Lichthof mit Opfernische für Ibi; vom 4. Raum, der dreischiffigen Säulenhalle, ist nur ein Wandstück re. bearbeitet, sowie die Türumrahmung zu Raum 5. Im übrigen ist das Grab unvollendet. 2 weitere Treppen (T 2 und T 3) führen in ein 2. Stockwerk, das aber mit Raum 13 abbricht. Die Sargkammer (R 14 mit gewölbter Decke) liegt unter dem offenen Hof, nicht zufällig nahe der Opfernische. Die Szenen der Wanddekoration sind in versenktem Relief gearbeitet, nur die betonten, größeren Figuren in erhabenem, die Hieroglyphen in der Regel blau ausgemalt, z. T. auf gelbem Hintergrund.

Vorraum: li. Opfergaben für den Grabherrn, re. Anbetung des Rê; auch im übrigen Opfergaben für den Verstorbenen bzw. Ibi im Gebet und opfernd. Decke mit Titeln des Toten.

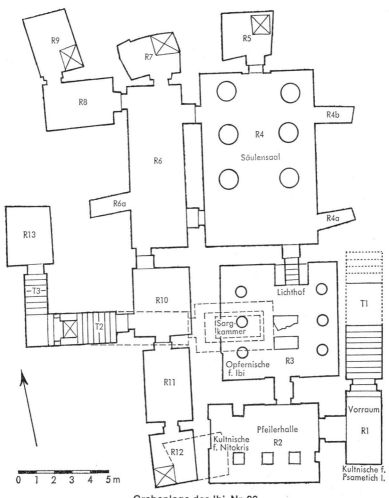

Grabanlage des Ibi, Nr. 36

Pfeilersaal: li. Wand (hinter den 3 heute zerstörten Pfeilern) li.: Grabherr vor 5 Reihen handwerklicher Szenen wie Sandalenmacher, Bildhauer, Metallarbeiter, Wagner, Töpfer, Bootsbauer. Re.: Musik, Tanz und Spiel; unten Opferträger. Neben der Opfernische Anruf an Besucher mit ungewöhnlichem Text. Decke mit Opfertext.

Lichthof: Opfer- und Anbetungsszenen; hinten li.: Leichenbegängnis, Abydosfahrt. – Re. Wand: Bestattungsszenen; Jagd und Ackerbau.

Säulensaal: Weihrauch und Trankspende für Ibi; Isis und Nephthys, je von Anubis gefolgt. Türumrahmung zu R 5, in Malerei: Kultszene mit 2 Adoranten vor Harachte und Atum; Reste eines Verklärungstextes für Psametich, darunter Ibi vor Gabentisch.

Sargkammer: in roter Vorzeichnung ausgeführte Texte und Darstellungen aus dem Themenkreis um die Sonne wie Auszug aus der Sonnenlitanei (N-Wand); Totenbuch, Kap. 161 (östliche und westliche Enden der N- und S-Wand); Geburt des Sonnenkindes (O-Wand). Astronomische Decke.

Die *Thematik* bevorzugt wie in allen spätzeitlichen Gräbern Ritualszenen, vor allem Opfer für den Verstorbenen, besonders Blumenopfer. Gegenüber den gleichzeitigen Gräbern fällt die Aufnahme profaner Szenen auf. Diese lehnen sich an Vorlagen früherer Darstellungen an, vornehmlich solcher aus dem Grab des gleichnamigen Mannes (Ibi) aus Dêr el-Gebrâui (AR); Opfer- und einige Bestattungsszenen an das Grab des Monthemhet (Nr. 34) und auch an das des Pabasa (Nr. 279), die aber ihrerseits die entsprechenden Szenen im Hatschepsuttempel kopierten. Die biographische Inschrift hat ihr Vergleichsstück in Grab 128. Die Imitationen sind aber nicht wirkliche Kopien, sondern sind auf Grund der Vorlagen für die eigenen Bedürfnisse überarbeitet und durch Auswahl, Umstellung, Hinzufügung oder Weglassen zu etwas Individuellem geworden.

Nr. 192

El-Asasîf — El-Chôcha 651

Zu den Besonderheiten des Grabes zählt die *Autobiographie* Ibis, soweit sie vom Schema abweicht. Er fordert zum Besuch des Grabes auf, beschreibt die eigene Wanddekoration und ermuntert, seine Darstellungen zu kopieren und sich durch Inschriften (weise Sprüche o. ä.), die sogar in Stein zu schneiden aufgerufen wird, in dem Grab mitzuverewigen. Der einmalige Text endet mit der Bitte, ein Totenopfer zu spenden.

Äußerst zu empfehlen ist ein Besuch des hervorragend schönen *Grabes Nr. 192* aus der 18. Dyn., das zwar im Asasîf liegt, aber nichts mit dem saïtischen Typ zu tun hat. Sein Inhaber mit Namen *Cheriûf* war Vermögensverwalter der Königin Teje unter Amenophis III. und IV.; es ist von ungewöhnlicher Größe; auf einen reich ausgestalteten Hof folgen die Querhalle mit 3 × 10 Säulen und die Längshalle mit 2 × 9 starken Pfeilern; ringsum sind Gräber angebaut. Beste Reliefkunst. Plan S. 650. Im *Vorraum* auf der Ostseite des Hofes sind einige Darstellungen Amenophis' IV. im Gebet an verschiedene Götter (1–3), also vor seiner Wende zum Atonglauben. Wichtig und künstlerisch bedeutend sind die Bilder in der Pfeilerhalle an der Westseite des Hofes (heute Schutzmauer vorgelegt), wo ein Hebsed (Fest), d. i. eine Jahresfeier der Thronbesteigung, wiedergegeben ist. Bei 4 (li.) in zwei Reihen: Amenophis III. und Teje (re.) verlassen den Palast, vor ihnen Priester mit Standarten, darunter acht Prinzessinnen, Tänzerinnen und Akrobaten, vor ihnen Affe, fliegender Vogel, springendes Kalb, darunter Priester (einer mit Maske), Tänzerinnen, Musikanten mit Tamburin und Flöten. — Daneben (5) der Verstorbene (zerstört), mit einem Text des 30. Regierungsjahres, vor Amenophis III., Hathor und Teje in einem Pavillon. — Gegenüber (re.) bei 6 in zwei Reihen Amenophis III. und Teje mit 16 Prinzessinnen (mit Sistren), die dem zeremoniellen Aufrichten des Osirispfeilers durch den König beiwohnen; Tanz, Gesang, Spiel, Opfer. — Bei (7): der Verstorbene, mit einem Heb-sed-Text aus dem 36. Jahr, opfert Vase und Pektorale dem thronenden Königspaar.

Im *Durchgang* zur (unfertigen) Pfeilerhalle: Gebet, Opfer, Rê-Hymne. — Pfeilerhalle und Statuennische nicht vollendet.

El-Chôcha

Wer Zeit haben sollte, den im südlich angrenzenden Bezirk von *el-Chôcha* gelegenen Gräbern einen Besuch abzustatten, dem seien empfohlen: *Nr. 181* (Nebamun und Ipuki, Ende der 18. Dyn.), *Nr. 178* (Neferronpet, Zeit Ramses' II.), *Nr. 48,* (Amenemhêt-Surêre, Zeit Amenophis' III.), *Nr. 49* (Neferhotep, Zeit Haremhab), *Nr. 39* (Pujemrê, Zeit Thuthmosis' III.), sowie *Nr. 409* (Kiki) oder, vom Asasîf kommend, in umgekehrter Reihenfolge. Beschrieben seien nur Nr. 49, Nr. 181 und Nr. 409. Nr. 38 → S. 656 f.

652   Theben – West

Nr. 49, Grab des Neferhotep, obersten Schreibers des Amun, Zeit des Eje, zählte mit seinen kleinfigurigen Bildern und der überaus reichen und besonderen Thematik zu den schönsten Gräbern Thebens, ist aber heute derart zerstört und verschmutzt, daß man ohne minuziöses Studium kaum noch etwas erkennen kann. Seine Anlage wandelt den Typ insofern ab, als die Längshalle (S. 605) verbreitert ist und durch 4 Pfeiler gestützt; die Statuennische ist auch in den Flanken ausgebaut, der Vorhof, von dem nach beiden Seiten weitere Gräber abgehen, ungewöhnlich groß und beiderseits des Eingangs mit Stelen ausgestattet. Im Durchgang (li.) herrliches Relief des betenden Neferhotep und seiner Frau mit Sistrum.
Querhalle, Wand C: Das Ehepaar besichtigt die Grabausstattung und die Anfertigung der Särge, Totenprozession; Priester, vor den Mumien beim Pyramidengrab im Beisein der Trauernden Zeremonien ausführend. *Wand A:* Fortsetzung der Totenprozession, Trauernde, Eingehen zur Westgöttin, darunter (zur) Hathorkuh im Westgebirge. – *Wand B:* Neferhotep, vor dem Königspaar im Erscheinungsbalkon, wird in Gegenwart der Beamtenschaft belohnt und sprengt (li.) in seinem Wagen mit den verliehenen Goldketten um den Hals nach Haus. Neferhoteps Frau empfängt (darüber) im Haremsgarten Belohnungen durch die Königin.
Im *Pfeilersaal,* von dem (li.) ein gewinkelter Gang in die unterirdische Sargkammer führt, befindet sich die berühmteste Szene des Grabes: auf der *re. Längswand* (F) die Darstellung des Karnaktempels, in dessen Vorhof Neferhotep Blumen empfängt; vor dem Pylon hat seine Frau durch Berühren des Straußes an der Ehrung teil. Li. davon Kai und Nil

Rekonstruktion des Oberbaus von Grab Nr. 181, el-Chôcha

El-Chôcha

mit Schiffen. Darunter Tempelspeicher mit Weinkeller, Garten mit Schadûfs, Arbeiter in ihren Werkräumen. – In den *Nischen* re. und li. unbenannte Paare, hinten die Grabinhaber Neferhotep und seine (noch sehr gut erhaltene) Frau Merit-Rê.

Nr. 181, Grab der königlichen Bildhauer Nebamun und Ipuki (Ende 18. Dyn.), ist besonders reizvoll durch seine Frische. Die Anlage ist die klassische (Plan S. 605, Rekonstruktion S. 603), nur steht die Querhalle schräg zur Längshalle (dort li. geht der Schachtraum ab).

In der *Querhalle li., Wand A:* Opferspenden durch Nebamun und seine Mutter (2); Gastmahl in 3 Registern mit hübschen Einzelheiten (3); Nebamun mit seiner Mutter empfängt die Spende seiner Gemahlin (4). Darunter: Schlachten; 4 blinde Sänger singen Hymne an Amun; Priester und Verwandte opfern vor Ipuki und dessen Frau. – *Rückwand* (5): Leichenbegängnis, Transport der Grabausrüstung, Barken, Katafalk und Klagefrauen. – *Wand B:* Fortsetzung der Bestattungsszenen (stark zerstört) und rituelle Zeremonien vor dem Grab; die Witwe ist zu Füßen der Mumie zusammengesunken.

Im *re. Flügel, Wand C:* Nebamun verehrt die Nekropolenheiligen Amenophis I. und seine Gemahlin Ahmes-Nofretirı, Ipuki (?) und seine Frau verehren die Hathor-Kuh (zerstört). Die lebendigsten Szenen des Grabes sind die der 3 Reihen darunter mit der Besichtigung der Werkstätten, wo das Abwiegen des Metalls und das Herstellen von Schreinerwerkstücken (Schrein, Truhe) und Metallarbeiten, Schmuck, Gefäße, Sphinx u. a. dargestellt ist. Jeweils ganz re. in den 3 Reihen untereinander: Sägen eines senkrecht fixierten Brettes; Anfachen des Feuers mit Blasrohr, die re. Hand faßt gleichzeitig mit der Zange den zu erhitzenden Gegenstand; Fädeln eines Perlenkragens; unten Mitte:

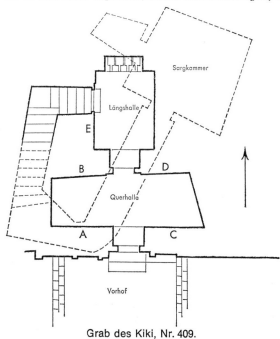

Grab des Kiki, Nr. 409.

Anfachen des Feuers durch Blasebalg. – *Rückwand* (12): Ipuki spricht das Sündenbekenntnis vor Osiris und den Horussöhnen, darunter die beiden Grabherrn gegengleich je vor ihren Eltern Blumen spendend. – *Wand D:* Gaben für die Verstorbenen. – In der *Längshalle* re. eine unvollendete Gastmahlszene.

Nr. 409, Grab des Simut, genannt Kiki, Schreibers und Kontrolleurs des Viehs des Amun u. a. Götter, aus der Zeit Ramses' II., hat einen im Prinzip klassischen Grundriß (S. 654), nur daß es nach N ausgerichtet ist (statt nach W); seine »Längshalle« ist verbreitert, die rückwärtige Nische mit 4 Statuen ausgestattet. Zwar hat es durch Salz gelitten, ist aber noch immer farbenfrisch. Die Bilder sind kleinfigurig; im Eingang sehr gut reliefiert, nach hinten immer flüchtiger. Die Decke mit Feldern und Schriftbändern ist mit abwechslungsreichen Ornamenten bemalt.
Beiderseits des Eingangs Stelen mit Hymnen an Sonnen-, Wahrheits- und Totengötter. – Im Durchgang beiderseits Kiki betend, li. zu Rê-Harachte, re. zu Osiris. – *Querhalle,* li. *Wand A* mit Fortsetzung auf li. Schmalwand und *Wand B* (hier Anfang): Große Weihinschrift, wonach Kiki sein Vermögen seiner Schutzgöttin Mut vermacht und seine Familie ausdrücklich enterbt. Er selbst lebt in Armut weiter, sich ganz der Gnade der Mut – auf Wand B im Kiosk dargestellt – anbefehlend. Auf Wand B, unten: Opferzeremonien; beachte in der Mitte den stark stilisierten Baum im Pflanzkübel; darüber Kiki vor Ptah-Sokaris und (re.) vor Osiris betend; oben: dem Amun 4 Kälber, Blumen und Wein (am Joch) darbringend. *Wand C* (mit Bezug auf Kikis Amt): Inspektion der Rinder der thebanischen Götter, darüber an die Sprüche 145/146 des Totenbuches angelehnter Text. Gegenüber, *Wand D:* Fortsetzung der auf der Schmalwand beginnenden Trauerprozession; darüber Mitte: Totengericht mit Herzwägung vor Osiris; re. Darreichen des Mundes durch die Westgöttin, eine Form der symbolischen Wiederbelebung.
Der *hintere Raum* ist nicht fertig dekoriert. Vor dem Eingang zum Stollen in die Sargkammer, *Wand E li.:* Transport der Mumie zur Sargkammer; in der hinteren Mitte Statuennische mit den Figuren von (li. nach re.): Kikis Frau Rajaj, Kiki, Merirê und Tutuja.

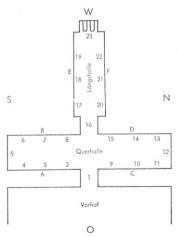

Typ des thebanischen Felsgrabes im NR

Schêch Abd el-Ḳurna

Besonders dicht drängen sich die Gräber von *Schêch Abd el-Ḳurna*, und der Reichtum an Wandbildern entfaltet das gesamte Leben der Alten. In der *Regel* gelangt man von einem Vorhof, wo sich bei den Totenfesten die Angehörigen feiernd niederließen, in die breite Querhalle, deren Decken bei größeren Gräbern durch Säulen oder Pfeiler gestützt werden, und dann in eine Längshalle, deren hintere Wand zu einer Nische ausgestaltet ist für die Statuen des Verstorbenen und seiner Nächsten. Schematisch gesehen hat das Grab die Form eines umgekehrten T. Der Sitz der Wandbilder entspricht einem Kanon, die Himmelsrichtung ist bei der Anordnung der Szenen wie immer beachtet, im allgemeinen führt der

El-Chôcha — Schêch Abd el-Kurna

Weg von den weltlicheren Themen im vorderen Raum zu den religiösen in der Längshalle, wo am häufigsten die Zeremonien des Begräbnisses dargestellt sind.

Die Schmalwände der Querhalle ahmen oft Grabstelen nach, gern solche aus Granit. Auf ihnen stehen die Gebete für den Toten und sind die Opfer für ihn dargestellt, auf der gegenüberliegenden lesen wir die Biographie des Mannes. Da der thebanische Kalkfelsen schlecht beschaffen ist, sind die Wände mit Nilschlamm überzogen und geweißt. Mit dem

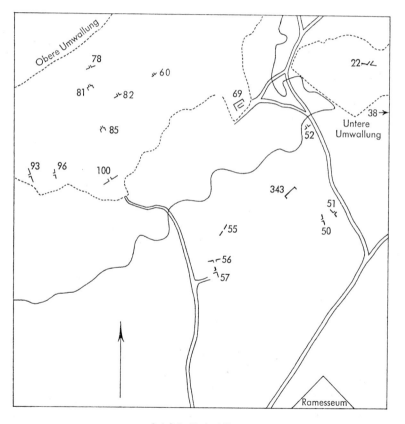

Schêch Abd el-Kurna

Stilwandel hat sich auch die Farbe des Untergrundes geändert, dem Weiß und milchigen Blau folgt in der Ramessidenzeit ein sattes Ocker. Die Gräber sind wahre Museen ägyptischer Malkunst und, soweit sie nicht geschändet wurden, eine Augenweide, die niemand versäumen sollte. Sie enthüllen das kulturelle und religiöse Leben ihrer Zeit in einzigartiger Dokumentation und sind als geistesgeschichtliche Quelle kaum auszuschöpfen. Ihre Inhaber gehören vornehmerem Stande an, sind Priester, höhere Beamte und Offiziere, während das Volk in einfachere Gräber gebettet war.
Aus der Fülle dieser schönen Privatgräber, die eine ganz andere Seite ägyptischer Kunst und Lebensart eröffnen als die königliche Nekropole, sehe man *bei beschränkter Zeit* wenigstens folgende: beim nördlichen Tor der oberen Umwallung Nr. 69, Grab des Menena, und, ebenfalls in der oberen Umwallung, in der Südwest-Ecke, Nr. 96, das Grab des Sennofer; von der außerhalb der Umwallung gelegenen Südgruppe (von Grab 96 aus in der umgekehrten Reihenfolge): Nr. 52, Grab des Nacht; Nr. 51, des Userhêt; Nr. 57, des Chaem-hêt, und Nr. 55, des Ramose, die sämtlich unweit voneinander in der Ebene liegen. (Bei noch weniger Zeit empfehlen sich Nr. 69, Nr. 52 und Nr. 55.) Wer über mehr Zeit verfügt, besuche ferner die Gräber: Nr. 38, des Djoserkaraseneb; Nr. 50, des Neferhotep; Nr. 56, des Userhêt; und in der oberen Umwallung: Nr. 78, des Haremhab; Nr. 81, des Enêne; Nr. 82, des Amenemhêt; Nr. 60, des »Antefoker«; Nr. 85, des Amenemheb; Nr. 93, des Kenamun, und Nr. 100, des Rechmirê. Je nach Wahl ordne man die Gräber mit Hilfe der Lageskizze in den angedeuteten Rundgang ein, indes wir sie hier in der Reihenfolge ihrer Nummern behandeln. *Für diejenigen Anlagen, deren Grundriß nicht gesondert beigegeben ist, beziehen sich die Hinweise — der erste im Abschnitt mit* — auf die Buchstaben und Ziffern des typischen Planes (S. 654).*

Nr. 22, Grab des Wah, königlichen Haushofmeisters (Anfang 18. Dyn.), mit ungewöhnlich schönen Malereien. Anlage klassisch (Plan S. 605), nur die Querhalle ist ausgeschmückt. Im li. Flügel, Wand A und B: Opferszenen, auf Rückwand (5) Stele; im re. Flügel Wand C: Gastmahlszenen mit Gästen und Musikanten, Tänzerinnen, dabei eine schwarzhäutige kleine Negerin. Auf der Rückwand (12): Jagd, Fisch- und Vogelfang; darunter Weinlese und Vogelfang mit Netz; gefangene Vögel hacken auf den außerhalb des Netzes sitzenden Lockvogel mit ihren Schnäbeln ein. Wand D, Fortsetzung von Wand C: Opfer vor dem Grabherrn und seiner Gemahlin, Gäste, Musikanten; Herbeibringen der Speisen und Getränkebereitung.

Nr. 38, Grab des Djoserkaraseneb, Kornzählers des Amun-Speichers unter Thuthmosis IV., ist eine typische Anlage (Plan S. 654), verhältnismäßig klein, aber mit einigen besonders schönen Bildern. — Auf der li. Schmalwand (5): Ernteszenen mit Opfer vor Termuthis (Schlangengöttin); dar-

Schêch Abd el-Kurna

über Landvermessung; darunter Worfeln (re.); Rückwand re. (D): hervorragende Darstellung eines Mahles mit anmutig bewegten Musikantinnen und Tänzerinnen (mit Harfe, Laute, Doppeloboe und Leier) vor dem Grabherrn (kopiert in Grab Nr. 75). Grab unvollendet, teils noch das Quadratnetz (als Bildraster) zu sehen.

Nr. 50, Grab des Neferhotep, Gottesvaters des Amun-Rê unter Haremhab, liegt östlich von Nr. 57 und steht mit seinen versenkten Reliefs im Übergang zur Richtung der feierlich-starren Darstellungen der Ramessidenzeit. In der Querhalle mit einer schön bemalten Decke wird an der linken Schmalwand (1) der Grabinhaber vor dem König mit Ehrenketten geschmückt. An der Rückwand links von der Tür (2) der Tote mit seiner Familie, denen ein Sohn opfert bzw. räuchert; darunter Harfner mit 2 Liedtexten und Lautenspielerin. Harfnerlieder, die zu frohem Lebensgenuß auffordern, sind kunstvolle Ausprägungen des damals fast tausend Jahre alten carpe diem. Darunter u. a. Brettspiel (li.). Bei 3 schöne Stele mit zwei Bildfeldern. In der Längshalle Abydosfahrt; Götterfeste, Festtexte und nochmals Harfnerlied vor dem Toten und seiner Frau. – In der rückwärtigen Nische Statuen des Toten und seiner Familie.

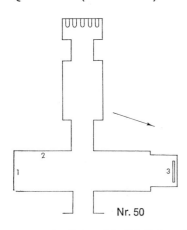

Nr. 50

Nr. 51, Grab des Userhêt, ersten Propheten des königlichen Ka von Thuthmosis I. (Zeit Sethos' I.). Besonders eindrucksvoll ist das Bild an der rechten Schmalseite (12) *, wo der Tote mit Frau und Mutter unter einem Baum sitzt an einem See, aus dem ihre als Vögel gebildeten Seelen trinken. Rechts steht die Göttin, die den Verstorbenen Wasser spendet; beachte, wie die Strahlen jeweils in die Becher der Trinkenden fließen! – An der Rückwand bei 15 der Tote mit zwei Frauen und Sohn im Opfer vor Osiris, gegenüber (li.) vor Thuthmosis I. (mit schwarzer Hautfarbe) und Ahmes-Nofretiri.* Vgl. Plan S. 654.

Nr. 52, das Grab des Nacht, ist eines der schönsten überhaupt und noch wunderbar frisch in den Farben. Man achte darauf, daß man in den engen Räumen nicht an die Wände stößt, denn durch den häufigen Besuch haben die Gräber stark gelitten, besonders auch durch die Erschütterung des Bodens, durch die der Wandbewurf abbröckelt, wie man im Grabe des Nacht beobachten kann. In jüngster Zeit sind seine Wände durch Glas geschützt.

Nacht war Astronom und hoher Beamter unter Thuthmosis IV. Nur der *Querraum* ist mit Bildern geschmückt, teilweise unfertig. *Links vom Eingang* (A) * opfert der Tote mit seiner Frau, zu seinen Füßen Schlächter; unten sieht Nacht den Feldarbeiten zu; Pflügen, Aufhacken des Bodens, Säen, Zerkleinern der Schollen mit Hämmern; köstliche kleine Einzelbeobachtungen und Stimmungsbilder: links trinkt ein Mann aus einem im Baume hängenden Wasserschlauch, einer fällt einen Baum (re. unten), von der Überschwemmung blieb eine Wasserlache zurück. — Darüber sieht Nacht den Erntearbeiten zu; in drei Reihen untereinander: Sicheln des Getreides (unten), hinter den Männern liest eine Frau die Ähren auf, zwei Männer stecken die Ähren in einen Korb, zwei andere Frauen ernten Flachs, indem sie ihn ausreißen; in der mittleren Reihe wird das gedroschene Getreide gemessen, oben geworfelt. An der linken Querwand (5) eine Scheintür, wie Granit bemalt, mit dem Ehepaar beim kultischen Mahl und 2 × 3 Opferbringern. Unter der Tür schön aufgebaute Opfergaben, beiderseits Baumgöttinnen als die eigentlichen Spender. Auf der anschließenden Längswand (B) ein Festmahl, rechts sitzt das Ehepaar vor einem Speisetisch, unter dem Stuhle die Lieblingskatze, einen Fisch verzehrend; der Sohn trägt Blumen und Gänse herbei; drei Musikantinnen und Tänzerinnen würzen das Mahl; »die kleine Nachtmusik« ist kompositorisch wie in der Linienführung von einmaliger Schönheit. Links davon in mehreren Reihen übereinander die Gäste, nach Geschlechtern getrennt. 3. Reihe von unten: blinder Harfner, Frauen mit schönen Gebärden im Gespräch; nackte Dienerin legt Dame Schmuck an.
Rechts von der Tür (D): unten (links) sitzt das Paar in einer Laube, Diener bringen Blumen, Trauben, Geflügel und Fische; rechts Vogelfang im Schlagnetz, Rupfen der getöteten Tiere, Aufhängen zum Trocknen; darüber Weinernte und -pressen, Abfüllen in Krüge. — Oben links der Tote und seine Frau, rechts Nacht beim Fischestechen (Speer fehlt) und (gegengleich) auf der Vogeljagd (mit dem Bumerang) im Papyrusdickicht. Man beachte, wie die Hieroglyphen erst blau geschrieben und noch nicht farbig ausgemalt sind.
Die rechte Querwand (12) ist noch weniger vollendet: das Ehepaar vor dem Speisetisch, Verwandte mit Opfergaben; Fortsetzung des Themas auf der anschließenden Wand (C). — Beachte die mit Ornamentbändern bemalte Decke, den oberen Fries, die Schmuckbänder als Bildrahmen sowie den Sockelabschluß.* Vgl. Plan S. 654.

Nr. 55, Grab des Ramose, des Wesirs unter Amenophis III. und IV. Das Grab, zu Beginn der Regierung des Ketzerkönigs entstanden, ist eines der interessantesten, weil es den Stilwandel unter Amenophis IV. deutlich macht, die religiöse Auffassung im Bruch zeigt und damit eine *historische Wende markiert*. Durch den frühen Tod des Ramose blieb das Grab un-

Schêch Abd el-Ḳurna

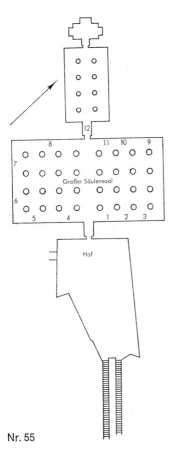

Nr. 55

vollendet, so daß ein Teil der Szenen nur noch gemalt werden konnte. So sind Teile der Grabwände mit feinem Relief verziert, mehr oder weniger fertig, andere Teile bemalt oder aber doch schwarz skizziert, und neben den konventionellen Stil treten die Ausdrucksformen Echnatons. Das Relief gehört zum besten der ägyptischen Kunst. Man nehme sich Zeit, die zarte Modellierung der Figuren, den Adel der Linien und die Hoheit der schlechthin vollkommenen Gestalten zu würdigen.

Aus dem offenen Hofe tritt man in den *großen Saal*, der heute durch Oberlicht erhellt ist; seine Decke wird von 4×8 Säulen getragen. Auf der nördlichen Hälfte der *Eingangswand* Reliefs im Stile Amenophis' III. Von rechts nach links: Ramose in der Amtstracht des Wesirs und seine Frau (1), gefolgt von mehreren Beamten, bringen Opfer; (2) oben: der Verstorbene, hinter ihm seine Frau, vor ihnen drei Töchter mit Sistren und Menits; unten wird über die Statue des Toten das Reinigungswasser ausgegossen; (3) Ramose und seine Frau sowie Verwandte empfangen von Dienern Opfer; unten: das Ehepaar und ein Kollege aus Memphis mit seiner Frau am Speisetisch, vor ihnen zelebriert ein Priester im Pantherfell. – Auf der südlichen Hälfte der Eingangswand weiht der Tote Opfergaben (4); Gans unter Stuhl im Zuge der Amonsverfolgung unter Echnaton ausgehackt; drei Sänger, Schlächter und Gabenträger; rechts daneben (5): Gäste vor dem Toten (mit Gans [ausgehackt] unter dem Stuhl), seine Frau und Verwandte; 4 Paare vor dem Toten mit Frau und anderen Verwandten (Katze mit Vogel unter dem Stuhl).

Auf der *Südwand* (6) Malerei des Begräbnisses (zur Westgöttin) mit ausdrucksvoll bewegten Klagefrauen und einer Prozession von Männern, die die Grabbeigaben tragen; Priester vor den Mumien am Grabe. Rechts (7)

Ramose und Frau sprechen Hymnen vor Osiris; 4 Figuren des Toten vor Grab und Jenseitstoren.
Auf der *Rückwand* anschließend (8) Amenophis IV., in konventioneller Weise dargestellt, mit der Wahrheitsgöttin Ma'at unter einem Baldachin, empfangen die Huldigung des viermal dargestellten Ramose (unfertig). Rechts vom Durchgang in die hintere Halle (9–11) der König in der neuen Darstellweise des »Amarnastiles« mit seiner Gemahlin Nofretete auf dem Erscheinungsbalkon des Palastes mit Palmsäulen, über ihnen der Strahlenaton; vor ihnen wird Ramose, der von ihnen mit dem Lobgold beschenkt worden ist, geschmückt; hinter ihnen Beamte, männliche und weibliche Fächerträger; Höflinge, ausländische Gesandte und Tempelvertreter huldigen dem Verstorbenen (nur vorgezeichnet). Das Nebeneinander des gleichen Themas ist geeignet für einen Stilvergleich.
Die hintere, von 8 Papyrusbündelsäulen getragene *Längshalle* ist unvollendet, ebenso der rückwärtige Nischenraum, der den Abschluß bildet. Nur in dem Durchgang zur Längshalle (12) finden wir links Ramose mit Frau, die mit Hymnen an Rê eintreten; rechts den Toten, der zum Grab schreitet, mit Autobiographie und Hymnen. Man beachte bei den Hieroglyphen den Wechsel von erhabenem zu versenktem Relief!

Nr. 56, Grab des Userhêt, königlichen Schreibers unter Amenophis II., südlich von Nr. 55 gelegen, hat besonders schöne Deckenornamente und ist mit hübschen Wandbildern (aus seinem Berufsleben) ausgestattet; ungewöhnliche Verwendung von rosa Tönen. Auf der linken Seite der Rückwand (B)* ein Festmahl mit Musik (Harfner, Lautenspielerin); beachte die Affen unter den Stühlen; auf der rechten Hälfte der Rückwand opfert der Tote Amenophis II. (rechts) im Kiosk Blumen und Früchte (13); links davon (14) 4 Reihen Männer vor Vorratshäusern, weiter links (15) Inspektion der Rekruten und, besonders reizvoll, unten die Barbiere bei ihrer Arbeit; die Wartenden sitzen im Baumschatten – schon damals saß man lange an! –; beachte, wie einer den andern vom Stühlchen heruntersehiebt (re. unten)!
Auf der linken Wand der *Längshalle* (E) lebhafte und gut komponierte Jagdszene, unter den Jagdtieren auch eine Hyäne; Fisch- und Vogelfang, Weinernte mit Opfer an die Nährgöttin. Auf der rechten Wand (F) Grabprozession, einschließlich der Priester mit den Mundöffnungsgeräten. Nische mit Statuenresten des Ehepaars.* Plan S. 654.

*Nr. 57, Grab des Chaemhêt, S*peicheraufsehers von Ober- und Unterägypten unter Amenophis III., neben Nr. 56 gelegen. Dies Grab zeichnet sich künstlerisch aus durch die den Reliefs von Ramose (Nr. 55) verwandten feinen Flachbilder und die thematisch *ungewöhnlichen Darstellungen.* Reste der Grabstele noch im Hof, Reste zweier Statuen im Innern. Außer den Opfer- und Gebetsszenen beachte auf der rechten (nördlichen) Hälfte

Schêch Abd el-Kurna 661

der Eingangswand (11) * das Vermessen der Felder (Warten der Wagen und Vorbereitung der Mahlzeit für den Herrn, der die Arbeiten beaufsichtigt) und darunter lebhaft bewegte Ernteszenen. Auf der Rückwand (B) links bringt Chaemhêt dem unter einem Baldachin thronenden Amenophis III. den Erntebericht; rechts (D) eine entsprechende Darstellung: der König belohnt Beamte; an dem prächtigen Thron ist der König als Sphinx dargestellt; schön die zwei Reihen ergebener Beamter hinter Chaemhêt. In der obersten Reihe wird der Grabherr geschmückt und gesalbt.
Bilder und Texte in der *Längshalle* sehr zerstört, in der zusätzlichen Querhalle am Ende Statuennischen für den Toten, seine Frau und weitere Verwandte. Das reich angelegte Grab verfügt auch über eine mit Opferszenen ausgestattete Vorhalle. * Vgl. Plan S. 654.

Nr. 60, Grab des »Antefoker«, Wesirs unter Sesostris I., eins der ältesten Gräber der Nekropole (12. Dyn.), gehört seiner Mutter namens Senet. Ein ungewöhnlich langer Gang führt in die einzige, beinahe quadratische Kammer mit einer Nische, vor der jetzt (ursprünglich ganz hinten) die lebensgroße, aber stark zerstörte Statue der Senet steht. Die Bilder, unmittelbar auf die Wand gemalt, sind, dem Stil der Zeit entsprechend, streng bis herb und nicht nur wegen ihrer Seltenheit wertvoll. — Auf der re. Wand: Vogelfang mit Schlagnetz; Jagd in der Wüste mit dem Wurf eines Esels; oben Hirsche; Küche, Bäckerei und Brauerei; Antefoker und seine Frau besichtigen die ihnen gemachten Neujahrsgeschenke. — Li. Wand: Weinernte mit Tanz darunter; Totenfahrt nach Abydos; Leichenfeier mit Prozession zu Wasser und zu Land; Hathorpriesterinnen tanzend, Männer mit Kastagnetten, darunter Flötistin. — In der Kammer Opferszenen, Harfner und Harfnerin singend mit Liedtexten (re. Eingangswand). Nischenrückwand: Scheintür für Senet. — Auf allen Wänden ungewöhnlich viele hieratische Besucherinschriften.

Nr. 69, Grab des Menena, Katasterschreibers der Ländereien und Feldmessers unter Thuthmosis IV. Ist auch die Malerei weniger akkurat ausgeführt als die des Nacht, so doch besonders frisch und ursprünglich. Die Komposition ist lebendig durch zahlreiche *originelle Einfälle* und erfreut durch entzückende Genreszenen. Architektonische Anlage klassisch.
In der Eingangspassage (1) der Verstorbene mit Frau und Tochter betend, Hymnen an Amun-Rê und (links) Text zum Talfest. Die *Querhalle* zeigt bei 2 neben Opferszenen in 4 Streifen Landwirtschaftsbilder. Oben (aus der Tätigkeit des Grabherrn) Feldvermessung; der Alte, der sich auf den Kopf des Jungen stützt, deutet mit einem szepterähnlichen Stab auf den Grenzstein; der Strick wird gespannt, Schreiber notieren, von rechts kommen Bauern mit Erfrischungen, wodurch sie hoffen, der Züchtigung (nebenan) zu entgehen, andere flehen um Erbarmen. — Darunter Beamte; Pferde und Wagen warten; Messen des Getreides, das dabei von einer

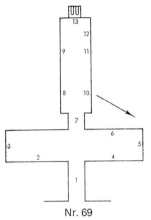

Nr. 69

Seite auf die andere geschüttet wird, Notieren des Berichtes, Worfeln und Dreschen mit Ochsen. Darunter Menena beim Beaufsichtigen der Ernte; beachte die beiden sich an den Haaren raufenden Mädchen und den Flöte blasenden Jungen. Unten Pflügen; ein Mädchen zieht einem einen Dorn aus dem Fuß; Flachsraufen.

Auf der *linken Schmalwand* (3) betet das Ehepaar zu Osiris; darunter Gabenträger, zwei Männer besorgen ein Brandopfer. Auf der rechten Eingangswand (4) zwei Opferszenen mit Schlächtern, drei klatschenden Sängern mit Liedtext zum Brandopfer.

Auf der *rechten Schmalwand* (5) Stele mit 3 Streifen gegengleicher Bilder: Götter (oben), Paare (Mitte) und Toter mit Frau betend, unten von Priester gefolgt; seitlich Betende. Bei 6 Opferszenen und Gabenbringer.
Im Durchgang zur hinteren *Längshalle* verläßt der Tote mit Frau (links) das Grab zum Talfest (7). Es folgen vorwiegend religiöse Szenen.
Bei 8 Begräbnisszenen; in den zwei oberen Streifen Opferträger, Zug der Grabausstattung mit Statuetten, Boot mit Klagenden und Sargtransport zur Westgöttin; in den beiden unteren Reihen Priester, Schlächter, Schreine und Boote in Prozessionen zu Anubis, dem Bestattungsgott. — Bei 9 Totengericht vor Osiris mit Thoth als Schreiber und Horus als Wägemeister; das Herz des Toten auf der Waage gegen die Wahrheit: Opferende. — Bei 10 in drei Reihen Wallfahrt nach Abydos und Zeremonien vor der Mumie; Opferträger. — Daneben (11) der Tote mit seiner Familie in den Deltasümpfen beim Fischen und Vogelfang (vgl. Nacht) in zwei Booten gegengleich; Opferträger. — Auf dem Rest der Wand (12) opfert dem Toten und seiner Frau in zwei Streifen eine Reihe von Verwandten. — An der Rückwand (13) *Nische* mit dem Unterteil einer sitzenden Doppelstatue des Menena und seiner Frau, seitlich Opferträger. — Beachte auch die Deckenornamente. — Fast überall ist das Gesicht des Toten von einem persönlichen Feind ausgehackt worden, damit Menena im Jenseits nicht fortlebe.

Nr. 78, Grab des Haremhab, königlichen Schreibers und Rekrutenschreibers unter Amenophis II. bis Amenophis III., liegt in der oberen Reihe und hat hinter Quer- und Längshalle einen großen, aber unvollendeten 4-Pfeiler-Raum. Es können von den vielen ungewöhnlich interessanten und humorvollen Darstellungen nur die wichtigsten hervorgehoben werden. — Im *Quersaal* ist beiderseits der Eingangstür (A und C)* ein Gast-

Schêch Abd el-Ḳurna 663

mahl mit Musik und Tanz dargestellt. An den beiden Schmalwänden (5 und 12) Stelen. An der westlichen Rückwand (B) Einrücken der Rekruten, Proviantausgabe und Registrierung. Auf der östlichen Rückwand (D) empfängt Thuthmosis IV. die ausländischen Tribute (Syrer und Nubier); beachte die nubischen Tänzer, Trompeter und Trommler; scharf gezeichnete Rassenmerkmale. — In der *Längshalle* links der Leichenzug (E); beachte die Ochsen mit geschmücktem Gehörn vor dem Sarkophag! Die Grabbeigaben, die mitgetragen werden, erinnern in ihrer Kostbarkeit und Vielfalt an den Schatz des Tutanchamun; Totenfahrt nach Abydos (17). Reste des Totengerichts mit Thoth, Ma'at und Osiris (19). — Auf der rechten Wand (F) rechts Leichenfeier (20), insbesondere Riten vor den Mumien; links (22) Jagd des Verstorbenen und seiner Familie auf Vögel und Fische, darunter mit Netzen; beachte den Obervogelfänger und Struppian bei der Gruppe von Pelikanen und die fein gezeichneten Vögel! Die Malereien dieses Grabes zählen zu den bedeutendsten Beispielen künstlerischen Schaffens. Ob minuziös ausgeführt oder nur in flott hingeworfenen Umrissen skizziert, die Bilder zeugen von einer begnadeten Meisterhand. Zart und feinfühlig, impressionistisch hingehaucht, entzücken viele oft stillebenartige Einzelheiten, die man bei dem leider schlechten Erhaltungszustand sich herausfinden muß (versunkene Klagefrauen, Vogel auf Papyrusdolde, Mann, der durch die Tür geht, u. a. m.).
Beide Räume haben schöne Deckenmuster.* Vgl. Plan S. 654.

Nr. 81, Grab des Ineni, Aufsehers der Speicher des Amun unter Amenophis I. bis Thuthmosis III., gehört als eines der ältesten des NR zu den wenigen Anlagen, deren Querhalle nur durch 6 Pfeiler (heute zerstört) gegen den Hof hin abgetrennt ist, sich aber ohne Mauer gegen ihn öffnet. — An beiden Schmalseiten (5 und 12)* Stelen mit autobiographischem Text. In der *linken Hallenhälfte* ist der Tote in seinem Amt als Aufseher dargestellt, der das Wiegen der Amonschätze (6), die landwirtschaftlichen Abgaben (7) für dessen Tempel sowie den ausländischen Tribut (Nubier und Syrer [8]) überwacht. — Die *rechte Hallenhälfte* zeigt den Verstorbenen beim Fischen und auf der Vogeljagd, Nilpferd bei (14), Reste einer Weinernte und den Herrn mit Verwandten (15). — Auf den *Pfeilern* (4) der Tote mit Hund auf der Jagd in der Wüste (beachte Hyäne!); mit seiner Frau in seinem Hauswesen (3); Haus und Garten werden gezeigt, eine Liste nennt die Bäume, die sich darin befinden; Bäume und der Gartenteich sowie schließlich das Haus mit seinen Vorratsspeichern sind in 4 Reihen wiedergegeben; die Pfeiler 10 und 11 bieten Ackerbau- und Ernteszenen. — Im *hinteren Gang* Riten vor den Grabstatuen des Toten (16), seine Leichenprozession, Fahrt nach Abydos (E) und Opfer (F). — Die Decke ist bemalt mit einem gelben Band mit Hieroglyphen; in der (recht dunklen) *Nische* außer Opfern und den Titeln des Toten beiderseits ein Bankett mit Musikern, an der Rückwand 4 Sitzstatuen: Ineni, seine Frau und Eltern.* Vgl. Plan S. 654.

Nr. 82, Grab des Amenemhêt, Kornzählers des Amun-Speichers z. Zt. Thuthmosis' III., ist in der Grundform eine typische Anlage (Plan S. 654). aber die beiden Verbindungsgänge sind lang ausgezogen, die »Längshalle« ist fast auf ein Quadrat zusammengedrückt. — Von den Darstellungen sind beachtenswert an der li. Rückwand (B): das Gastmahl am Neujahrsfest mit Musikantinnen (eine mit Doppeloboe), Harfner und Sängerinnen; darunter Stierkampf. — Im Gang (16) li. Wand: Bestattungsfeier und Totenfahrt nach Abydos; re. Wand: Totenmahl mit Musikanten und Gabenträgern. In der quadratischen Halle li. (E) Hathorfest mit Sprungtänzern. Die übrigen Szenen sind noch mehr zerstört.

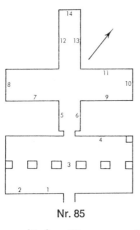

Nr. 85

Nr. 85, Grab des Amenemheb, Befehlshabers unter Thuthmosis III. und Amenophis II., ist mit einer imposanten Querhalle (mit 6 Pfeilern) und einer durch Seitenkammern zu einem *Kreuz* ausgeweiteten Längshalle stattlich angelegt. — An den *Pfeilern* Bilder Amenemhebs und seiner Frau. Links vom Eingang (1, 2) leitet Amenemheb die Austeilung der Verpflegung an die Truppen (Brot und Fleisch); Registrierung und Versorgung der Truppen. — Am eigenartigsten in diesem Grab ist die unerwartete Begegnung mit einer Hyäne, die gerade Junge geworfen hat und deshalb gefährlich ist, auf der Rückseite über den beiden mittleren Pfeilern (3). Deckenmuster! — Auf der rechten *Rückwand* (4) Thuthmosis III. unter einem Baldachin, vor ihm der Grabinhaber, der in einem autobiographischen Text von seinem Anteil an den Feldzügen des Königs in Asien berichtet; rechts darunter Tribut bringende Syrer (auch Kreter) mit Frauen und Kindern in ihren eigentümlichen Gewändern.

In der *Längshalle* links (5) besieht Amenemheb seine Grabausrüstung; rechts (6) Priester mit Opferlisten und Opferträgern vor dem Toten mit Frau; darunter Bankett. — In der linken Seitenkammer (7) Grabprozession zur Westgöttin, Mumie auf der Bahre mit Anubis als Balsamierer, Aufrichten der Obelisken; Opfer an Osiris (8). In der rechten Seitenkammer Fisch- und Vogelfang (9, 10) und reiches Gastmahl (11) mit Musik (Harfner, Harfnerin, Flötenbläserin, Leierspielerin). — Im hinteren Teil der Längshalle links (12) Grabprozession, Opferszenen; rechts (13) Garten Amenemhebs mit Fischteich; hinten (14) Anubis, Osiris, Opfer.

Nr. 93, Grab des Kenamun, Obervermögensverwalters Amenophis' II., war ursprünglich *eines der schönsten Gräber* des Hügels, hat aber durch Zerstörungen, die es schon in der Antike erfahren hat, sehr gelitten. Der Hintergrund ist gelb, für die 18. Dyn. einmalig, die Zeichnungen sind ungemein sorgfältig. Die vordere Querhalle hat 10 Pfeiler, hinter der Längshalle, die nur noch auf der rechten Seite nennenswerte Reste enthält, folgt eine hintere Querhalle mit 8 Pfeilern und Nische mit nur wenigen Bildern. — Bei 3 * eine Prozession von Statuen des Verstorbenen zu Tempeln und zu seinem Grab; Priester vollziehen Riten; Tänzer und Tänzerinnen, Sänger und Sängerinnen begleiten den Zug; Leute, darunter nackte Buben, schwingen Zweige; Schlächter. Bei 8 besichtigen Amenophis II. und Ma'at in einem Pavillon die Neujahrsgeschenke, die ihnen Kenamun vorführt: Wagen, Halsbänder, Sphingen, königliche Statuetten. — Bei 14 der Tote (zerstört) mit Frauen und einer Laute spielenden Sängerin vor seiner Mutter, die den jungen König auf den Knien hält (sie war Amme des Königs). — Auf den Pfeilern zumeist Opfer und Hymnen, auf der Südseite des 2. südlichen Pfeilers in 7 Reihen die Bereitung von Speisen und Trank durch Bäcker, Brauer, Metzger und Köche, auch Vasenmacher dabei. — Im *Gang* bei 20 der Verstorbene (zerstört) mit Sohn auf der Jagd in der Wüste, dabei Strauße und ein werfender Wildesel, dessen Junges beim Geburtsakt von einer Hyäne weggefressen wird; bei 21 Fischen und Vogeljagd (stark zerstört); bei 22 in 4 Reihen weibliche Gäste von einem (sonst zerstörten) Bankett. — In der hinteren Halle Opferhandlungen.* Vgl. Plan S. 654.

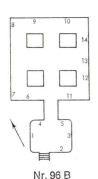

Nr. 96 B

Nr. 96, Grab des Sennefer, Vorstehers von Theben unter Amenophis II. Die oberen (A) Räume dieses Grabes sind ohne Belang, aber die *unterirdischen* (B) mit religiösen Bildern ausgemalten Kammern, zu denen eine steile Treppe (43 Stufen) hinunterführt, zeichnen sich aus. Auf einen Vorraum folgt eine quadratische Halle mit vier Pfeilern. — Besonders schön ist die Ausgestaltung des *Vorraumes* als Weinlaube, von der dies Grab seinen Namen Tombeau des Vignes hat; an den über die Decke spielenden Ranken hängen dunkle Trauben. An der linken Wand (1) sitzt Sennefer und empfängt von seiner Tochter und 10 Priestern Opfer; an der rechten Wand (2–3) bringen Diener die Grabausrüstung. Auf der Rückwand beiderseits der Tür Sennefer betend und seine Frau Sennetnefret mit Sistrum und Menit (4 und 5).

Im *Pfeilersaal* ist die Decke teils mit Wein, teils mit Flechtmustern bemalt; auch im Fries der Wände Weinranken. Auf den Türpfosten Totengebete, auf der linken Eingangswand (6) der Verstorbene mit Merit, einer anderen seiner drei Frauen, aus dem Grabe heraustretend, um jeden Tag »die Sonne zu sehen«; auf der linken Wand (7–8) Leichenprozession und ausführliche Grabzeremonien (vor den Augen des Sennefer) vor Osiris und der Westgöttin; hinten (9/10) Sennefer und seine Gemahlin beim Mahl, Priester vollziehen die Opfer, Grabprozession, Abydosfahrt; an der rechten Eingangswand (11) der Tote und Merit beim Mahle, ihr Sohn als Priester räuchert und gießt eine Libation vor ihnen aus; rechte Seitenwand: ein Priester gießt das Reinigungswasser über den Verstorbenen und seine Gemahlin (12); Totenbuchtext; Anubis an der Bahre der Mumie zwischen Isis und Nephthys (13); der Tote und seine Gemahlin beten in einer Weinlaube zu Osiris und Anubis (14). Auf den Pfeilern reicht die Gemahlin dem Grabinhaber Speise und Trank.

Nr. 100, Grab des Rechmirê, Wesirs unter Thuthmosis III. – Amenophis II., liegt gegenüber dem Eingang zur oberen Umwallung und besteht aus einer Querhalle (hinter dem Vorhof) und einer 29 m langen und nach dem Innern hin zunehmend hohen *Längshalle*. Das Grab ist gut erhalten und an Szenen mannigfaltig und aufschlußreich. – Auf der linken Eingangswand (A)* sitzt Rechmirê in seiner Audienzhalle und empfängt Boten und Bittsteller; Leute bringen ihm Abgaben; bei 5 Autobiographie; auf der Rückwand gegenüber (6) empfängt er die Geschenke der Fremdvölker, von oben nach unten: von Punt, von Kreta, den Nubiern, Syrern; unten: Gruppen nubischer und syrischer Männer, Frauen und Kinder, mit militärischer Eskorte; beachte die verschiedenartigen Tribute der einzelnen Völker! Bei 8 der höchst wichtige Einsetzungstext des Wesirs und seine Dienstordnung, die tiefen Einblick gewähren in Ethos und Funktion ägyptischen Beamtentums. – In der rechten Hälfte der *Querhalle* verschiedenartige Inspektionen Rechmirês von Abgaben aus den Ländereien und den Tempelwerkstätten; bei 15 Reste einer Wüstenjagd, dabei Strauße, Wildstiere, Hyänen; Vogeljagd im Papyrussumpf.
In der *Längshalle* links (17): Rechmirê beaufsichtigt die Abgaben für die Tempel; Mitte (18): prüft die Handwerker bei ihrer Arbeit (äußerst interessante Einzelheiten: Lederarbeiten, Drillbohrer, Blasebalg; Metallguß einer Tür; Ziegelstreichen, Mauerbau mit Ziegelrampe); daneben (19): Begräbnisszenen und Opfer. – Auf der rechten Wand (20): Schiffe, die von einer Huldigung Amenophis' II. heimkehren; (21) festliches Mahl mit Musik und Gesang; (22) Barkenprozession der Statue mit Riten; Mahl, Opfer vor dem Toten, seiner Mutter und Gemahlin. – Rückwärtig (23) *Nische* mit Scheintür.* Vgl. Plan S. 654.

Nr. 343, Grab des Ausländers Benia, der in Ägypten Pa-heka-men genannt wurde, eines Aufsehers der Arbeiter im Schatzhaus, ist klein und bescheiden, aber frisch in den Farben, und zeigt die Grundszenen in einer klassischen Anlage; Zeit Thuthmosis' III. – *Querhalle:* Bewirtung, Mahl mit Musikern vor Gästen, Viehinspektion; an den Seitenwänden: Scheintür bzw. Stele; *Längshalle:* Totenprozession zur Westgöttin, Fahrt nach Abydos, Mundöffnung und Opfer; *Nische:* Statuen des Verstorbenen und seiner Eltern; die Decke mit schönen Ornamenten bemalt. Kleine Einzelheiten können erfreuen, so das Wasserschöpfen eines Bootsmannes oder das Peitschenschwingen eines Antreibers. Die persönliche Szene des Grabes befindet sich in der Querhalle, li. Eingangswand (A): Benia besichtigt das über 3 Reihen verteilte Wägen und Protokollieren von Goldringen und Schmuck.

Dêr el-Medîna, Kurnet Murai, Königinnengräber

Einen Besuch in *Dêr el-Medîna* sollte man nicht versäumen, um sowohl den hübschen kleinen Tempel als auch die Stadt der Nekropolenarbeiter sowie das eine oder andere ihrer äußerst stimmungsvollen, intimen Gräber nahebei anzusehen. Allerdings sind die Gräber wegen Beschädigung und Diebstahl häufig geschlossen, und zu Ḳurnet Murai wird man nur selten Zeit haben.

Dêr el-Medîna (Plan S. 669)

Tempel

1 km westlich vom Ramesseum liegt am Wege zu den Königinnengräbern, von einer hohen Umfassungsmauer umgeben, der zierliche *Tempel von Dêr el-Medîna* (»Kloster der Stadt«). Die aus getrockneten, in Bogen übereinandergelegten Ziegeln errichtete Mauer durchschreitet man an ihrem südöstlichen Steinportal und gelangt in den Vorraum des Heiligtums, das im 3. vorchristlichen Jh. (Ptolemaios IV.) begonnen, von Ptolemaios XIII. nochmals fortgeführt, aber niemals vollendet wurde. Es war der Wahrheitsgöttin Ma'at sowie der Totengöttin Hathor geweiht. Der Tempel ist aus Quadern aufgerichtet, an seiner Fassade haben sich Griechen und Kopten verewigt. In christlicher Zeit, da hier Mönche wohnten, sind die Inschriften und Reliefs zwar beschädigt worden, doch entbehrt das Bauwerk nicht seines Reizes. Es ist ein gutes Beispiel ptolemäischer Architektur und dank der Benützung durch die koptischen Mönche noch mit beinahe allen Nebenräumen erhalten. Es besteht aus Vorraum, Vorsaal und drei parallelen Kapellen.

Die Decke des Vorraums ruht auf zwei Blumensäulen, im anschließenden *Vorsaal* zeigen vertiefte Reliefs den König im Opfer vor Göttern. Der Architrav über den Schrankensäulen bietet auf der Innenseite die Darstellung der *vier Winde,* verkörpert durch (links) vierfach geflügelten Käfer mit Widderkopf (Ostwind); Widder, ebenfalls vierfach geflügelt und mit vier Köpfen (Nordwind); und (rechts) wiederum vierfach geflügelten Löwen (Südwind) und Seelenvogel mit Widderkopf und vier Flügeln (Westwind). — In der linken Wand oben sitzt ein hübsches Fenster, das die Treppe aufs Dach beleuchtet.

In der *Mittelkapelle* Ptolemaios IV. Philopator mit seiner Schwester Arsinoë sowie Ptolemaios VI. und VII., vor verschiedenen Göttern opfernd. In der *linken Kapelle* eine sehr schöne und ungewöhnlich vollständige Reliefdarstellung des *Totengerichts* (linke Wand): Zwei Wahrheitsgöttinnen, an den Federn auf dem Kopfe kenntlich, führen den Toten in die Gerichtshalle ein; oben betet er vor den 42 Totenrichtern. Anubis und Horus wiegen das Herz des Toten gegen die Wahrheit, der ibisköpfige Thoth registriert das Urteil; rechts thront Osiris als Totenrichter; die vier Horussöhne auf einer Lotosblume, »der Fresser« der Unterwelt in Nilpferdgestalt als Höllentier, dessen Rachen die Schuldigen verfallen. Im übrigen Raum Opfer des Königs. Man beachte auf dem Türsturz ferner den vierköpfigen Widder, den Gott des Nordwindes — über ihm ein fliegender Geier — von vier Göttinnen angebetet. Auf den Türpfosten der König und je drei hunds- und falkenköpfige Genien. — In der *rechten Kapelle* wiederum Ptolemaios IV. und VII. vor verschiedenen Göttern, gute Reliefs.

200 m nordöstlich des Tempels ein 42 m tiefer, unvollendeter *Brunnenschacht*, der mit Abfall aus der Künstlerstadt, darunter über 5000 Ostraka (Kalkstein- und Tonscherben) mit Text- und Malskizzen aus dem Schulbetrieb aufgefüllt war. Sie bieten hochwertvolle Informationen aus dem Alltagsleben der kleinen Stadt (s. u.).

Stadt

Südlich des Tempels stößt man auf die wieder ausgegrabene *Stadt der Nekropolenarbeiter*, deren Häusergrundrisse sämtlich noch erhalten sind; oft ist noch der Ansatz der Treppe in die oberen Gemächer erkennbar. Hier haben die Künstler und Arbeiter, die Steinmetzen, Maler, Bildhauer und Erdarbeiter gewohnt, die die Königsgräber angelegt haben, gettoartig abgeschlossen von ihrer Umwelt, wohl damit sie kein Geheimnis der Bauten preisgeben konnten. Sie wurden durch Lieferungen versorgt, die am Stadttor in Empfang genommen wurden. Dort ist auch die Zisterne für das Trinkwasser erhalten. Erst als mit zunehmenden Wirren unter den späten Ramessiden die Regelmäßigkeit der Verpflegung nicht mehr eingehalten werden konnte, brachen auch in der Nekropolenstadt von Dêr el-Medîna Unruhen und Streiks aus, deren ausführliche Akten uns erhalten sind.

Überhaupt ist unsere Kenntnis durch diese kleine Stadt unverhältnismäßig bereichert worden. Auf unzähligen *Ostraka* — Stein- und Tonsplittern — haben die Künstler ihre Skizzen hingeworfen, ihre Notizen und Aufzeichnungen; haben Abrechnungen und Briefe geschrieben und Angaben über das tägliche Leben gemacht, wie sie uns kaum nochmals in solcher Fülle und Detaillierung überkommen sind. Wir hören da z. B., wie oft ein Mann sich krank gemeldet hat, sei es, weil er Kopfweh hatte,

Dêr el-Medîna

weil er seiner Frau bei der großen Wäsche helfen mußte, oder auch einfach, weil er »faul« war. Wir hören, wie lange sich Leute vor Gericht miteinander gestritten haben um einen entliehenen Esel, und sind über die Familienverhältnisse derart gut unterrichtet, daß wir nicht nur ein Adreßbuch herausgeben, sondern auch die Biographie ihrer Einwohner vor 3 1/2 Jahrtausenden schreiben könnten.

Die *Wohnungen* der Stadt scheinen eng, sind es auch, weil die Leute zusammengefaßt werden mußten auf kleinem Raum. Immerhin muß man bedenken, daß ein weiteres Stockwerk darüber lag, wo meist die Frauen und Kinder geschlafen zu haben scheinen. Durchschnittlich umfassen die Häuser, d. i. der Wohnraum für 1 Familie, etwa 90 qm. Bei den unteren Schlafräumen entdeckt man eingebaute Betten. Manche Wände sind noch in Resten bemalt wie nachmals in den Vesuvstädten.

Nekropole

Besser als die Stadt ist die *Nekropole* dieser Leute erhalten, die sie sich selbst ausgemalt haben, und dies mit besonderer Hingabe. Ihre Felsgräber in dem Westberge stammen aus der 19. und 20. Dyn. Wir begnügen uns hier mit denen Nr. 1, 3, 217, 291, 335, 340 und 359. Man beachte mit einem Blick auf den Berg, wie die Pyramide in kleiner und spitzer Form jetzt bei vielen Gräbern über dem Eingang steht (vgl. Rekonstruktion S. 174). Die fast ausschließlich religiösen Szenen gewidmeten Malereien sind innig und fromm.

Grab Nr. 1, des Sennodjem, liegt genau seinem Haus gegenüber am Fuße des Berges. Die kleine einfache Sargkammer ist überwölbt und wie ein Sarg durch Bänder in Felder eingeteilt. Auf goldgelbem Hintergrund stehen auf der *linken Eingangswand:* die Mumie auf der Bahre zwischen Isis und Nephthys als Falken; Söhne opfernd, der mittlere mit dem Segel als Zeichen des Windes (= Lebensodem). *Linke Schmalwand:* Unter Anubis-Schakalen beten Toter mit Frau zu Unterweltsgöttern. Auf der Rückwand zwei Szenen: Anubis besorgt die Mumie auf der Bahre, Texte aus dem Totenbuch; der Tote vor Osiris, zu dem ihn von rechts Anubis führt. Die *rechte*

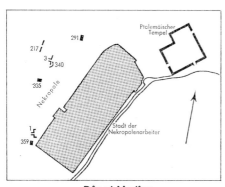

Dêr el-Medîna

Schmalwand ist die schönste: Unter den die Sonnenbarke anbetenden Affen vier Felder des Elysiums, wo die Bäume am Flußlauf reife Früchte tragen und der Tote mit seiner Gemahlin pflügt und Korn und Flachs erntet. Auf der *rechten Eingangswand:* Der Tote und seine Frau beten zu Wächtern an Unterweltstoren. Von den acht schönen Szenen der *Decke* sei lediglich hingewiesen auf den Toten, der »an die Himmelspforte pocht« (hintere Hälfte links), und (am anderen Ende) die Wasser und Nahrung spendende Baumgöttin. Grabfunde in Kairo S. 361.

Grab Nr. 3, des Paschedu (ramessidisch), dem auch das Grab Nr. 326 gehört, erreicht man über eine steile Treppe, die über mehrere Gemächer in die Sargkammer führt. Besonders schön an der rechten Eingangswand der Tote, der, unter einer Palme am Boden liegend, aus dem Teich trinkt. Gegenüber im oberen Zwickel Baumgöttin. An den beiden Längswänden der Tote (mit Familie, an deren Spitze der weißhaarige Vater steht, bzw. mit Tochter) im Gebet vor verschiedenen Göttern und Emblemen. Seitlich des aus Kalkstein aufgemauerten Sarges (mit negativem Sündenbekenntnis und Totenbuchtexten) Abydosfahrt, Toter mit Frau und Kind im Boot; an der Rückwand Osiris vor dem Westgebirge und Horus als Falke. An der gewölbten Decke Götter.

Grab Nr. 217, des Bildhauers Ipui, unter Ramses II., mit sehr lebendigen Szenen aus dem täglichen Leben; Belohnung durch Ramses II. und Prozession zum Pyramidengrab, Haus und Garten mit Schadûf (!) an der linken Eingangswand der Querhalle; Bilder aus der Landwirtschaft an der rechten Eingangswand; Herstellung der Grabausstattung, Fischfang an der rechten Schmalwand; im übrigen meist Gebets- und Opferszenen sowie zwei Statuen (des Toten und seiner Frau) beiderseits des Durchgangs zum hinteren Raum.

Grab Nr. 291, des Nu und des Nachtmin, zweier Nekropolenarbeiter aus der späten 18. Dyn., ist interessant wegen seiner skizzenhaften Strichführung und der monochromen Malerei.

Grab Nr. 335, des Nachtamun, Priesters der 19. Dyn., mit unfertigen Darstellungen im Hof, ist in seinem unterirdischen Teil mit drei bebilderten Kammern über eine steile Treppe zugänglich. Bereits der Zugang einschließlich der Decke ist mythischen Vorstellungen von der Sonne gewidmet und einer Hymne an Rê. In der *1. Kammer* Mundöffnungszeremonien und das Bild zweier Mumien vor dem Pyramidengrab im Gebirge (li.), im übrigen verschiedene Opferszenen. — In der *2. Kammer,* die rechts abbiegt, auf der Rückwand eine Baumgöttin, unter der der Verstorbene und seine Frau aus einem Teich trinken; darunter Fahrt nach Abydos. — In dem Gang, der aus der 1. Kammer zu der in der Grabachse

Dêr el-Medîna — Kurnet Murai

liegenden hinteren *(3.) Kammer* führt, li. der Tote und seine Frau im Gebet vor der über zwei Eseln aufgehenden Sonne. In der 3. Kammer, re. eine Wägeszene mit dem Ehepaar und der Göttin Ma'at vor Thoth als Pavian auf einem Pylon.

Grab Nr. 340, des Amenemhêt, Nekropolenarbeiters aus der 18. Dyn. Die Anlage ist eine der kleinsten, aber die Wandbilder sind vorzüglich erhalten. In den Vierecken der Decke Trauben und Weinblätter, an den Wänden Opfer- und Gebetsszenen, teils unvollendet; an der rechten Schmalwand das Leichenbegräbnis mit Männern, die den Sarkophag auf den Schultern tragen, und anderen mit Grabausrüstung. In der Mitte hinten Nische. — Aufschlußreich für die Maltechnik!

Grab Nr. 359, des Onuris-cha, Werkmeisters unter Ramses III. und IV., ist ein besonders schönes Beispiel seiner Zeit. In der oberen Kammer u. a. Pforten- und Totenbuch (li. u. hinten); in der unteren 17 wundervolle Anbetungs- und Jenseitsszenen auf der linken und 14 auf der rechten Wand in je 3 Registern. Man beachte li. den (aus Trauer) unrasierten Grabinhaber und die Art, wie er am Speisetisch seine Frau umarmt.

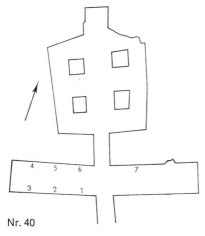

Nr. 40

Kurnet Murai

Der Hügel von *Kurnet Murai,* der von einer Klosterruine aus Ziegeln bekrönt ist, trennt das Tal von Dêr el-Medîna vom Fruchtland und enthält eine Reihe von Felsengräbern aus der 18./19. Dyn. Zur Besichtigung sei dem Reisenden besonders das ehemals prächtige

Grab Nr. 40 empfohlen, das des Vizekönigs von Kusch unter Tutanchamun (das einzige dieser Zeit) mit Namen *Amenophis-Hui.* Hinter der ungeraden Querhalle erweitert sich die Längshalle zu einem 4-Pfeiler-Saal; nur der erste Raum ist bebildert. Sind auch die Wände — gegenüber den ersten wissenschaftlichen Aufnahmen — stark zerstört, so bietet der Rest immer noch genug an künstlerischer Schönheit wie an *Einzigartigkeit der Motive.* Nur die sehenswertesten seien herausgegriffen.

Bei 1 auf der linken *Eingangswand,* der Tote mit Familienangehörigen

hinter sich begibt sich zu zwei (prachtvoll ausgeführten) Schiffen (auf dem unteren vor der Kajüte ein Kiosk mit Pferden), indes ihn drei Reihen von Beamten und (unten) Beamte, Sängerinnen und Tänzerinnen empfangen. — Anschließend (2) inspiziert er fünf Reihen nubischen Tributes (beachte die scharf gezeichneten Gesichter der Nubier), der gewogen (Kuh als Gewichtsstein) und registriert wird, und daneben (3) die Frachtschiffe mit den Ladungen. — Auf der *gegenüberliegenden Wand* (4): Der Tote kehrt aus Nubien zurück, in sechs Reihen untereinander Transportschiffe mit Waren (Pferde, Vieh); daneben (5) der Tote als Wedelträger, wie er (in vier Reihen) nubischen Tribut empfängt: Schilde, Möbel, Waffen, Gold, Weihrauch, Myrrhen, eine Giraffe, Pantherfelle u. a. Besonders köstlich die nubische Prinzessin im Ochsenkarren, prächtig am Ende des Zuges (obere Reihe, links) die nubische Mutter mit dem Kind in der Rückenkiepe und den Kleinen (mit Büschelhaaren) an der Hand; beachte das zu Nubiern bzw. Negern ausgedeutete Gehörn der Bullen (2. Reihe). Rechts daneben (6) setzt sich der Tribut fort, dabei kostbare Gefäße mit Aufsatz ganzer Landschaften, schließlich der Vizekönig vor Tutanchamun.
Bei 7 jenseits der Tür, führt Hui Tutanchamun (in einem Pavillon) die Tribute der Nordvölker vor: Syrer bringen kostbare Gefäße, einen Löwen, Pferde u. a.; beachte den Unterschied in den Physiognomien der südlichen (links) und der nördlichen (hier) Völker, in der Gewandung, Gesittung und schließlich der Ware. — Während die Wände durch die späten Grabeinwohner stark gelitten haben, ist die Decke noch gut erhalten.

Wer sich noch Zeit nehmen will, zwei bescheidene, aber in ihrer Sorglosigkeit für die ramessidische Zeit bezeichnende Gräber anzusehen, besuche die beiden einander benachbarten Anlagen Nr. 277 und 278, die ebenso weit südlich des Pfades liegen wie Hui nördlich davon.

Nr. 277, Grab des Ameneminet, Priesters der 19. Dyn., enthält ein paar *kuriose Einzelheiten,* aber auch stilistisch Interessantes. — In der einzigen unregelmäßigen Halle *links* vom Eingang lange Prozession von Statuen Amenophis' III. und seiner Gemahlin Teje; der Zug führt über die Rundung hinweg zur anschließenden Wand, wo auf einem Teich das Boot mit dem Schrein durch das Ruderboot gezogen wird; ohne Standlinie schwimmen die beiden Fahrzeuge mitten im Wasser. Darunter Riten der Priester vor den Mumien am Pyramidengrab mit einer Stele davor. — Darunter Grabprozession zur Westgöttin und schließlich Leichenbankett. *Rechts* daneben über dem Eingang nach unten der Tote räuchernd vor der Statue des Mentuhotep (Erbauers des Tempels von Dêr el-bahri) und der Königin Nofretiri vor der Hathorkuh des Westgebirges; darunter tragen vier Männer die Mumie ins Grab, ein Priester räuchert vor ihnen her; aufgebahrte Mumie mit darüber schwebendem Seelenvogel.

Kurnet Murai – Königinnengräber

Nr. 278, Grab des Amenemheb, Hirten des Amun-Rê, aus ramessidischer Zeit (19. Dyn.) ist zwar klein, aber wegen seines *unvollendeten Stadiums* reizvoll. Bei 3* und 5 die Skizze der Grabprozession; bei 7 der Tote mit seiner Frau, die Hathorkuh im Gebirge (als Nekropolengöttin) anbetend; auf der gegenüberliegenden Schmalwand bei 12 Baumgöttin gegenüber Totenpaar mit Ba-Vögeln, die trinken, und bei 14 an der rechten Rückwand zwei Reihen mit Anbetungsszenen vor Osiris mit Isis und Nephthys; Abydosfahrt. — Stilistisch zählt die Malerei wie die des vorigen Grabes zur Richtung der unsorgfältig bis schlampig ausgeführten, wie sie in der Ramessidenzeit neben der feierlich-erstarrten typisch wird; die Figuren sind überlängt und farbenfroh.* Vgl. Plan S. 654.

Tal der Königinnengräber

Das *Tal der Königinnengräber* (Bibân el-Harîm) erreicht man entweder über Dêr el-Medîna oder auch von Medînet Hâbu aus. Es enthält einzelne Gräber der 17. Dyn., hauptsächlich aber Gräber von Königinnen und Prinzen der Ramessidenzeit (19./20. Dyn.). Für Architektur wie Ausschmückung der Königinnengräber gilt ein eigener Kanon. Ihre Anlage ist denen der Königsgräber verwandt, doch bescheidener in der Ausdehnung. Auch hier ist bereits am Ende der 18. Dyn. erstmals geraubt

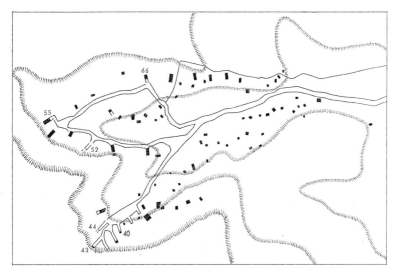

Königinnengräber (Bibân el-Harîm)

worden, in der 21. Dyn. wurden die Mumien umgebettet und neu bestattet. Ein Besuch der Nekropole lohnt sehr, allein die landschaftliche Schönheit wiegt die Mühe auf. Von den mehr als 70 *Gräbern* sind viele unvollendet und unansehnlich. Die Darstellungen und Inschriften sind selten reliefiert, meist auf die mit einer Lehmschicht beworfenen Kalkwände gemalt. Die Motive, vornehmlich Kultszenen und diese weniger spekulativ-theologisch als die der Königsgräber, schreiten in der Regel die Wände großfigurig ab.

Der Reisende sollte, soweit erlaubt, folgende Gräber sehen: 43, 44, 52, besonders aber 55, und als Höhepunkt das allerdings jetzt meist geschlossene, weil durch Bergrutsch allzu gefährdete und schon stark beschädigte Grab Nr. 66 (Plan S. 673). Wer darüber hinaus Zeit hat, besuche auch Grab Nr. 40.

Nr. 40, Grab einer Königin mit unbeschriebener Kartusche, bestehend aus 2-Pfeiler-Raum, rechter Seitenkammer und hinterer Kapelle, stark zerstört, aber interessant und ungewöhnlich. Man beachte besonders folgende Szenen: im 2-Pfeiler-Raum Rückwand (li.) Opfer der Toten vor Hathorkuh (mit hieratischem Text) auf der Barke und (re.) vor dem Westfalken auf dem Gebirge. – Im Seitenraum die beiden Balsamierungsbetten re. und li. vom Eingang, im übrigen die vier Kanopenkästen beiderseits der geflügelten Ma'at. – In der gewölbten Kapelle großfigurige Darstellungen aus der Unterwelt; li. vom Eingang: Schakal und Löwe als Wächter und zwei kauernde Dämonen; li. Seitenwand: Jmset, Duamutef (Kanopen-) u. a. Götter, Isis und Neith; außerdem in einem Pavillon ein Bogen schießender Affe, der die stechende Sonne verkörpert, und zwei Paviane. Rückwand: Verstorbene und Affe vor einem Schrein, Dämonen, zwei Boote, in einem Pavillon Dämon in Vorderansicht, Toëris und Hememet als Geier (vgl. Grab Nr. 43).

Nr. 43, Grab des Prinzen Seth-her-chopeschef, Sohnes Ramses' III., zeigt in heute stark geschwärzten Reliefs den Prinzen und König im Gebet vor verschiedenen Göttern und bei kultischen Handlungen, im zweiten Korridor auf der re. Wand vor den vier Kanopengöttern. In der Halle dahinter an der li. Eingangswand Schakal und Löwe als Wächter, an der re. Eingangswand löwenköpfiger Nebneri und Heri-Ma'at als nackte Jungen kauernd. Hinter dem Durchgang zu einer li. Seitenkammer auf der li. Wand Hememet als Geier, Toëris und Dämon in Vorderansicht, auf der Rückwand li. zwei hockende Paviane und Bogen schießender Affe (vgl. Grab Nr. 40). In der letzten Kammer, Rückwand, rechts und links Osiris, an den Seitenwänden verschiedene Gottheiten. Sternendecke.

Nr. 44, Grab des Prinzen Cha-em-wêset, Sohnes Ramses' III., bietet in farbig sehr gut erhaltenen Reliefs im Korridor re. den Prinzen mit seinem Vater vor Göttern und li. den Prinzen allein vor Totengöttern. In den Seitenräumen der Prinz vor den Kanopengöttern, Rückwand Osiris;

Königinnengräber

beachte das gefleckte Hundegesicht der »Götterneunheit der Unterwelt« (li.), dahinter Horus als nacktes Kind. Im 2. Korridor die beiden vor den Toren des jenseitigen Gefildes mit ihren Wächtern; Totenbuchtexte. Im übrigen der Prinz bzw. König vor Göttern. — In der hinteren Kapelle li. vom Eingang Schakal und Löwe als Wächter, auf den Seitenwänden Opfer, auf der Rückwand Doppelszene: vor thronendem Osiris der König betend, li. hinter Isis und Neith, re. hinter Nephthys und Selkis.

Nr. 52, Grab der Königin Titi, Gemahlin eines Ramses, besteht aus einem Vorraum, einem langen ebenen Gang und einer von drei Gemächern umgebenen Kapelle. Im Gang dieser kreuzförmigen und in ihren Darstellungen gut erhaltenen Anlage rechts und links die Göttin Ma'at kniend und ihre geflügelten Arme öffnend. Weiter an den Wänden die Königin vor Göttern und Genien, und am Ende Nephthys (rechts) und Isis (links). In der Kapelle Götter und Dämonen, im rechten Seitengemach auf der Rückwand die Hathorkuh als Totengöttin im Westgebirge; vor ihr eine Sykomore, aus der Hathor in Menschengestalt die Königin mit Wasser erquickt. Im linken Seitengemach ist der Mumienschacht. In der Kapelle thront an der Rückwand Osiris, vor diesem Neith und Selkis, hinter ihm Nephthys und Isis sowie Thoth; an den Wänden Götter und Totengenien vor Speisetischen und die Königin, sie anbetend.

Nr. 55, Grab des Amun-her-chopeschef, Sohnes Ramses' III., ist in den Farben ausgezeichnet erhalten und mit Nr. 44 das beste der heute zugänglichen Gräber in diesem Tal. — Im 1. Saal der Vater des Prinzen, Ramses III., von Isis umarmt; Ramses III., der stellvertretend für seinen verstorbenen Sohn vor Ptah räuchert; der Prinz, fast überall von seinem Vater begleitet, vor verschiedenen Gottheiten, die den König bei der Hand fassen. Man beachte den Wechsel des Ornats, besonders der Kronen, und maltechnisch die Durchsichtigkeit der Gewänder! — Im Durchgang zum langen Gang li. Isis, re. Nephthys. Im Gang, der in der Achse folgt, sind Motive des Pfortenbuches, Wächter vor Unterweltstoren angebracht, in der rückwärtigen Kammer (unfertig) steht der Granitsarkophag. Die seitlichen Gemächer sind ohne Bilder und geschlossen. Die im Grab aufgestellte Babymumie (Föte?) zeigt, daß der Verstorbene ungeachtet seines Lebensalters als »der Sohn« dargestellt wurde.

Nr. 66, Grab der Königin Nofretiri, der zweiten Hauptgemahlin Ramses' II., ist nicht mehr geöffnet, denn ein Bergrutsch bringt die aufgesetzten Lehmschichten der Wände zum Abblättern und Salz blüht aus, so daß heute die herrlichen Bilder zum Teil am Boden liegen, trostlos zerschmettert. Das Grab, die erste vollständig dekorierte Anlage im Königinnengräbertal, ist in seiner Anlage bereits ungewöhnlich, und die Reliefs — nicht ausgemeißelt, sondern aus der aufgelegten Schicht ausgeschnitten

und bemalt — sind feinstens ausgeführt und gehören zum *Eindrucksvollsten* der ramessidischen Malerei. Die großfigurigen Bilder der Königin stellen den unüberbietbaren Gipfel zeitgenössischer Malkunst dar. Vermutlich kam es dem Grab zustatten, daß jenes des uralten Ramses II. längst vollendet war und die Künstler des Königsgrabes für Nofretiris Anlage voll zur Verfügung standen. Auch das Dekorationsprogramm hebt dies Grab heraus. Es ist vor allem durch Texte und Darstellungen aus dem Totenbuch geschmückt. Die Decken sind als Sternhimmel gestaltet.
Eine Treppe führt in den *1. Raum* hinab, an dessen Wänden li. eine Bank läuft zum Abstellen der Gaben. Die Texte des 17. Totenbuchkapitels sind illustriert mit: dem schönen Bild der Brett spielenden Königin unter einem Baldachin; der vogelgestaltigen Seele der Königin; der Königin, die zu der von zwei Löwen getragenen Sonne betet; dem ibisgestaltigen Gotte Thoth; der Mumie auf der Bahre, und mit Gottheiten. — Auf den rechten Wänden sieht man Nofretiri vor Osiris, zum Sonnengotte Harachte und zur Westgöttin betend und ähnlich vor weiteren Gottheiten. — In der *Seitenkammer* rechts Chnum, von Isis und Nephthys begleitet, und die Königin vor heiligen Tieren und Göttern, und dem Gotte Thoth ein Schreibzeug darbringend. — Auf der Treppe hinunter wiederum die Königin vor Gottheiten, unten Isis und Nephthys, auf den Knien klagend. Über der Tür auf dem Architrav die Wahrheitsgöttin Ma'at mit ausgebreiteten Schwingen. — Im *4-Pfeiler-Saal* der Sarg. Die Wandreliefs sind hier und in den drei umliegenden Kammern noch mehr zerstört.
Eine vollständige Nachbildung des Grabes im Musée Borély in Marseille.

Medînet Hâbu

Von der Reihe der Totentempel, die sich vor den Steilabhängen der thebanischen Westberge immer prächtiger entfalten, ist der Festungstempel Ramses' III. von *Medînet Hâbu* der südlichste unserer Führung. In das große, von einer hohen Ziegelmauer umgebene *Areal* wurde im Osten ein Tempel von Hatschepsut und Thuthmosis III. einbezogen, im Norden nimmt der Verlauf der Mauer Rücksicht auf einen Tempelpalast, der von Eje und Haremhab hier erbaut worden war. Da die kultische Bedeutung des schräg zur Achse liegenden Tempels der 18. Dyn., des sog. »Kleinen Tempels von Medînet Hâbu«, durch die Einmauerung keineswegs erstickt wurde, sondern weiter gedieh, wuchs das Heiligtum in die Länge, durchbrach die Ziegelumwallung an der Eingangsseite und dehnt sich heute bis gegen den alten Landeplatz hin aus.
Der Totentempel Ramses' III. bildet das *Herzstück* des Bezirks und ist aufs engste verwandt mit der Anlage des Ramesseums. Auch bei ihm liegt seitlich des Ersten Hofes der Palast, auch er wird rings umgeben

Königinnengräber — Medînet Hâbu

mit Ziegelgebäuden: Wohnungen für Priester, Offiziere und Beamte, Verwaltungsgebäuden, Magazinen, Stallungen; er hat mehrere Brunnen, einen heiligen See und ist durch je ein Festungstor im Westen gegen die Wüste und im Osten gegen die Kanalseite geschützt. Wüstentor wie östliches »Hohes Tor« sind in die Umfassungsmauer einbezogen, vor dem Westtor liegen die Kapellen der königlichen Familie (S. 684).

Geschichte

Medînet Hâbu ist der Ort einer langen *Geschichte,* und es sollen hier wenigstens die wichtigsten späteren Einbauten, die das heutige Gesicht des Baukomplexes bestimmen, genannt werden, ehe wir die Führung selbst beginnen. Die Tempelfestung war lange Zeit der Sitz der Verwaltung, in ihr wohnte auch Butehamun, der die Bergung der Mumien aus ihren königlichen Gräbern in der 21. Dyn. leitete; von hier aus wurde der damalige Grabräuberprozeß geführt. Seit der 22. Dyn. wurde die Tempelstadt auch mit Gräbern belegt; so ließ sich der Priesterkönig Harsiëse im Ersten Pylon bestatten, in der 25./26. Dyn. haben die thebanischen Gottesgemahlinnen auf diesem heiligen Boden ihre Grabkapellen errichtet. Seit der römischen Zeit wurden in die Stützen des gesamten Bezirkes Wohnhäuser eingebaut, und bis ins 9. nachchristliche Jahrhundert wuchsen weitere Ziegelhäuser Schicht um Schicht übereinander. In koptischer Zeit hat man im 2. Hof des Tempels eine großartige Kirche eingerichtet, so daß Medînet Hâbu bis 1895, da es ausgegraben wurde, die Geschichte von zweieinhalb Jahrtausenden einverleibt hatte. Bis zu ihrer Zerstörung im 10./11. Jh. im Zusammenhang mit einer Christenverfolgung war die Stadt eine wirtschaftlich-politische Zentrale, von der zahlreiche koptische, vor allem juristische Papyri und hinterlassener Hausrat beredtes Zeugnis ablegen. Heute ist die *Anlage* von allen Ziegeleinbauten »gesäubert«, ihr ursprünglicher Plan konnte gedanklich rekonstruiert werden (Grundriß). Geschichtlich, kulturhistorisch wie künstlerisch ist sie kaum auszuschöpfen.

Der Bezirk um das Hohe Tor

Wir nähern uns heute vom Osten, wo eine Kaianlage den Verbindungskanal zum Nil hin abschloß. An den späteren Erweiterungsbauten und dem Pförtnerhaus vorbei gelangen wir zum »Hohen Tor« und beobachten an den hochsitzenden Königsplastiken der durch Rücksprünge unterbrochenen Seitenwände eine perspektivische Absicht, die sich in der Flucht von niedriger werdenden Toren durch die Pylone und Mauern hindurch entlang der Mittelachse bis zum Allerheiligsten im hintersten Gemach fortsetzt.

Der *Torbau* (22 m hoch) liegt im Zuge der ursprünglich 17 m hohen Festungsmauer und diente gelegentlich dem privaten Aufenthalt des Königs, wie die Wandbilder aussagen. Die beiden Türme fangen, nach

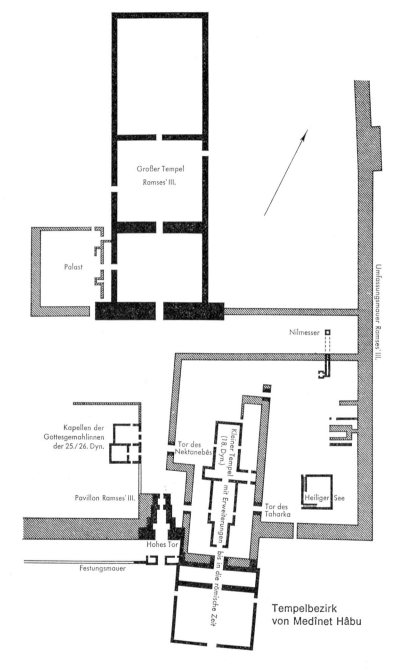

Medînet Hâbu

hinten vorspringend, einen Hof zangenartig ein und verbinden sich in dem rückwärtigen oberen Torbau zu einem einheitlichen burgartigen Baukörper. Die Reliefs zeigen rechts den König beim Niederschlagen der Feinde vor Rê-Harachte und darunter sieben gefesselte Große der besiegten Völker: Cheta = Hethiter, Amur, Tjeker, Schardana ~ Sardinier, Schasu (Beduinen), Tursha ~ Thyrrhener, Peleset = Philister; links erschlägt Ramses III. vor Amun-Rê die Nubier und die Libyer. In dem Hof zwischen beiden Türmen über dem ersten Stockwerk Konsolen, die mit vier Büsten von Kriegsgefangenen geschmückt sind; an den Wänden Opferszenen.

Nun steige man die moderne Treppe am *südlichen Turm* (links, von hinten) hinauf zu den beiden im Mittelbau übereinandergelegenen Gemächern, deren ursprüngliche Zwischendecke heute zerstört ist. In dem oberen Raum — wie auch weiteren Gemächern des Torbaus — ist der König in zärtlicher Tändelei mit seinen Haremsdamen dargestellt; diese Szenen sind einmalig. Durch die Fenster hat man nicht nur einen schönen Blick auf die Niloase im Osten, sondern auch auf die Tempelgebäude und Hausruinen im Westen. Man mache sich hier die Anlage des Komplexes klar.

In der Mittelachse nach hinten schreitend, trifft man auf der Höhe des zum Bezirk des Kleinen Tempels führenden Tores des Nektanebês I. (rechts) zur linken Hand auf die *Grabkapellen* der Gottesgemahlinnen Amenerdâs (links, Halle mit 4 Säulen und Allerheiligstem mit umlaufendem Korridor), den bescheideneren rechts anschließenden von Nitokris, Schepenupet und Mehit-en-Usechet der 25./26. Dyn. Die Anlagen der Priesterfürstinnen mit Sargräumen und Tempelchen sind baugeschichtlich bemerkenswert durch ihre in Ägypten erstmals belegten echten Steingewölbe — sowohl über den unterirdischen wie den oberen Räumen.

Großer Tempel

Der *Große Tempel* von Ramses III., der zugleich dem Amun geweiht war, hat zwei Pylone, zwei Höfe und hinter dem Großen Säulensaal kleinere Säulenvorsäle mit Nebenräumen und Kapellen vor dem Allerheiligsten. Südlich des 1. Hofes liegt der Palast.

Auf dem *1. Pylon* mit den vier Rillen für die Flaggenmaste sind die Siegestaten des Königs verewigt. Rechts und entsprechend auch links das Niederschlagen der Feinde vor Amon-Rê-Harachte mit der Aufzählung bezwungener Länder, die Schilderung der Siege gegen die Libyer, und unten die Verleihung langer Regierungszeit, und neben dem Portal eine Gedenkinschrift auf die Geschenke an Ptah (vgl. Abu Simbel). — Der Pylon kann bestiegen werden und bietet einen lohnenden Rundblick, im Süden auf den riesigen Wall um den ursprünglichen Palast-See (Birket

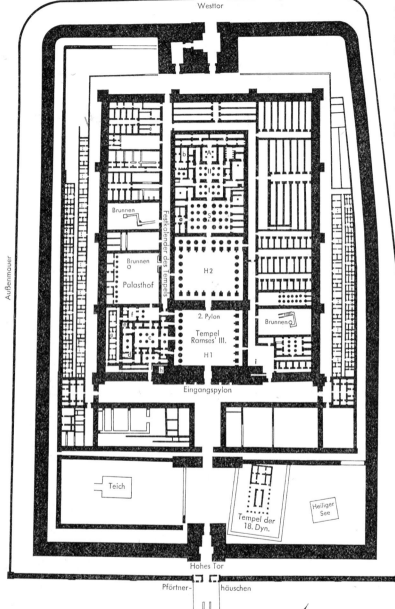

Medînet Hâbu zur Zeit seiner Erbauung

Hâbu) Amenophis' III., der an manchen Stellen von Wohnhäusern überbaut ist. Auf der Plattform des Pylons achte man auf die Gruben der Schwalbenschwänze.
Der *1. Hof* (H 1) von 33 m × 42 m, dessen linke Halle von Säulen, dessen rechte von Osirispfeilern gestützt wird, ist historisch besonders ergiebig. Er zeigt die Kriegszüge Ramses' III. gegen die Libyer, gegen die Seevölker und den Sturm auf die Festung von Amor. Man schreite die Wandreliefs im Gegensinne des Uhrzeigers ab und beginne links (südlich) neben dem Eingang.
Hier, auf der Rückseite des Eingangspylons, der den Hof auf seiner Ostseite begrenzt, verfolgt Ramses III. auf seinem Streitwagen die fliehenden Libyer, die chaotisch durcheinanderwirbeln; darüber Text mit Vorgeschichte und Verlauf der Schlacht. — Auf der nördlichen Hälfte des Pylons besichtigt Ramses III. Gefangene und Beute des libyschen Feldzugs, dessen Geschichte in der hieroglyphischen Inschrift darüber beschrieben wird. Die Zahl der gefallenen Feinde wird den Haufen von Händen und Phalloi abgelesen.
Auf der Nordseite des Hofes (hinter den Osirispfeilern) ist in der oberen Hälfte der Wandreliefs Ramses III. vor verschiedenen Gottheiten betend und opfernd dargestellt, darunter von rechts nach links: Ramses III. feiert seinen Sieg gegen die Syrer, die ihm gebunden von links entgegengeführt werden. Ramses III. mit Pfeil und Bogen stürmt eine Festung in Amor; vor seinen Füßen Schardana als Hilfstruppen, kenntlich an ihren runden, mit Hörnern und mittelständigen Kugeln geschmückten Helmen. Rückkehr Ramses' III. vom Feldzug in Amor; vor seinem Wagen Gefangene, neben ihm der auch sonst wiedergegebene Kriegslöwe. Ramses führt die Gefangenen seiner libyschen und asiatischen Kriegszüge der thebanischen Göttertriade Amun, Mut und Chons vor.
Auf der Westseite des Hofes, dem *2. Pylon,* lesen wir rechts die Inschrift auf den königlichen Sieg über die vereinigten Mittelmeervölker, die Ägypten zu Land und zur See bedroht hatten. — Links führt der König die Gefangenen, Danaer und Philister (mit Büschelkrone), vor Amun und Mut. Damit haben die Kriegsdarstellungen des 1. Hofes ihr Ende.
Die Südwand (hinter den Säulen) stellt zugleich die *Fassade des Palastes* dar, zu dem aus dem Hofe drei Türen führten. Von einem Balkonfenster konnte der König soldatische Wettkämpfe verfolgen, Huldigungen empfangen und selber Belohnungen austeilen. Unter dem Erscheinungsbalkon sind die Bilder von Ringenden und Jubilierenden festgehalten, wie sie bei solchem Anlaß im Hofe zu sehen waren; beiderseits des Balkonfensters der seine Feinde erschlagende König, der auf einem Gesims feindlicher Köpfe steht. Rechts besichtigt Ramses III. seine Pferde, links nimmt er, von seinem Löwen begleitet, auf dem Kriegswagen mit seinem Hofstaat die Parade der Soldaten und ausländischen Söldner ab.

Der *2. Hof* (H 2), wie der des Ramesseums gestaltet, 38 m lang, 42 m breit, war in christlicher Zeit als Kirche eingerichtet. Die Reliefs der Wände zeigen im Norden und Osten (von links nach rechts) oben das Fest des Erntegottes Min. Der König unter einem Baldachin wird festlich geleitet, er opfert und räuchert vor dem Bilde des Min, das in Prozession auf einer Bahre getragen wird. Die Prozession wird angeführt von dem König und dem heiligen Tier des Erntegottes, einem weißen Stier. Schließlich erwartet der König die Prozession, Priester lassen vier Tauben als Boten in die vier Himmelsrichtungen fliegen, der König zerschneidet eine Garbe; Rezitationen, Opfer. — Die unteren Bildreihen geben die Prozession der heiligen Barken der thebanischen Götterdreiheit wieder. Der südliche Teil der Osthalle und die Südhalle sind auf den Rückwänden mit Szenen aus dem Feste des Ptah-Sokaris bebildert, unten mit solchen aus dem Libyerkrieg. Inschriften mit Kriegsbericht. — Auf der Rückwand der Westhalle erscheint Ramses III. (oben) vor den Göttern; darunter Prinzen und Prinzessinnen.

Die *folgenden Räume* wurden bis auf die Stümpfe, die heute noch stehen, abgerissen und überbaut; bis zu diesem Niveau war die Erde damals angewachsen. Über aufsteigendem Boden betritt man zunächst die *Große Säulenhalle* (S; 4 × 6 Säulen mit betonter Mittelreihe, drei höheren Mittel-»Schiffen« und je zwei Seiten-»Schiffen«), auf deren Wänden der Pharao vor Göttern dargestellt ist. An der Südwand weiht Ramses III. der thebanischen Götterdreiheit goldene Prachtgefäße. Nach zwei weiteren kleinen Säulenvorsälen in der Achse (I, II) folgt das Allerheiligste (A) für die Barke mit 4 Pfeilern, seitlich davon Nebenkapellen; in den linken hinteren, die dem Osiris geweiht waren, hat der mit gewölbter Decke (b) astronomische Darstellungen. Eine Treppe führte zum Obergeschoß. Seitlich des Großen Säulensaales waren die Tempelschätze magaziniert (a), man erkennt (links) die Ablagebänke; interessant ist besonders die »Tapetentür« in das Schatzhaus, d. h. eine Tür, die dadurch getarnt ist, daß die Reliefs über die Türnaht hinweg fortgesetzt, heute, da die Tür fehlt, abgeschnitten sind. An den Wänden sind die Schätze verzeichnet, die hier gespeichert waren als Gabe für die Götter; an der Rückwand sieht man, wie die Kostbarkeiten gewogen werden.

Südlich des 1. Hofes sind in musterhafter archäologischer Arbeit die Grundmauern des *Palastes* mit einem Gipsschutz überzogen und damit aus den Trümmern gut herausgeformt. Man erkennt noch den Audienzsaal (c) mit dem Unterbau für den Thron, zu dem eine niedere Treppe hinaufführt, den Schlafraum des Königs (d), ein Badezimmer (e), Waschräume und Klosetts, die Gemächer für die Königin (f) und Haremsfrauen (g), anschließend den Palasthof. Ansätze am Mauerwerk zeigen, daß die Palasträume überwölbt waren.

Von den Bildern der *Außenwände* sei besonders hingewiesen auf die südliche Westwand des 1. Pylons (h), wo in prächtigen Reliefs der König bei der *Jagd* gezeigt wird; oben jagt er Antilopen und wilde Esel, unten *Wildstiere;* ein bereits getroffenes Tier versucht durch Flucht in das von Fischen und Sumpfvögeln belebte Dickicht zu brechen, ein schon erlegtes liegt auf dem Rücken; am Ufer begleiten Prinzen und anderes Gefolge den Herrn als Jagdgehilfen. Man wähle zur Besichtigung den späten Nachmittag, damit das großartige versenkte Relief gut beleuchtet ist und man Gelegenheit hat, nicht nur die Details, sondern auch die Gesamtkonzeption der Wand zu würdigen.

An der *Südwand* des Tempels ist ein Festkalender aufgezeichnet, beiderseits des Balkonfensters der König in der Triumphalgebärde, auf der südlichen Hälfte der *Westwand* sind Bilder aus dem Kriege gegen die Neger zu sehen, auf ihrem nördlichen Ende beginnt die Darstellung des Libyerkrieges, die sich auf der *Nordwand* fortsetzt. Dem Kriege gegen die (westlichen) Libyer folgt (nach Westen) der gegen die (nördlichen) Seevölker und ihm die Kämpfe im östlichen Syrien. Unter diesen Kriegsbildern, die durch zahlreiche Einzelheiten gewürzt und historisch ergiebig sind (vgl. die Charakterisierung der verschiedenartigen Fremdvölker), gelte die besondere Beachtung der Seeschlacht gegen die Nordvölker (auf dem Mittelteil der Wand), die in einer Nilmündung von der ägyptischen Flotte (kenntlich an den Löwenköpfen am Bug) vernichtet wurden. Auf dem 1. Pylon (rückwärtige Nordwand [i]) Motive aus Kämpfen gegen Asiaten und Libyer.

Kleiner Tempel

Den *Kleinen Tempel* von Medînet Hâbu, ursprünglich von Hatschepsut gebaut, von Thuthmosis III. verändert, besichtige man auf dem Rückweg, indem man seinen Bezirk durch das Tor des Nektanebês betrete.

Der frühe Bau zeichnet sich wie alle der 18. Dyn. durch Leichtigkeit und glückliche Maßverhältnisse aus. Die Reliefs der Cella sind ptolemäisch, wenn auch inschriftlich nicht als solche gekennzeichnet; vielmehr gebärden sie sich als Bilder Thuthmosis' III. Das Nebeneinander beider Stile ist für den Vergleich der hochwertigen Kunst der 18. Dyn. zur imitativen groben der Ptolemäerzeit besonders lehrreich.

Die Zerstörungen durch Echnaton sind durch Haremhab und Sethos I. wiedergutgemacht, spätere Pharaonen haben bis hin zu den Römern an der Kultstätte um- und weitergebaut. In der 25. Dyn. wurde eine Längshalle mit Pylon vorgelegt, in der Perserzeit ein Kiosk, von den Ptolemäern (2.–1. Jh. v. Chr.) ein weiterer Pylon und von den Römern ein Hof vorgebaut. So wurde die ursprünglich »peripterale« Anlage durch die späteren Vorbauten zu einem einseitig ausgerichteten Pylontempel umgedeutet. Die kultische Wichtigkeit des Kleinen Tempels wird noch für die letzte Zeit bezeugt durch den römischen Hof, der als Auftakt eines weiteren mächtigen Vorbaus geplant war; von Süden aus sind zwei Tore auf ihn ausgerichtet.

Der nach Norden anschließende *Tempelbezirk*, der *Eje* seine Entstehung verdankt und *Haremhab* seinen Abschluß, bietet hinter drei Pylonen ebenfalls ein ausgedehntes Heiligtum mit Vorratshäusern sowie einen Palast links des Prozessionsweges im Vorhof. Zwar konnte er archäologisch erhoben werden, doch ist er so sehr zerstört, daß ein Besuch nicht lohnt. Die Kapellen der königlichen Familie außerhalb des Westtors sind vollends zugeweht.

Umgebung von Medînet Hâbu

500 m südwestl. des Tempels von Medînet Hâbu liegt das *Kloster St. Theodor der Krieger* (Dêr Schahîd Todrûs el-Mahâreb). Schlüssel beim koptischen Priester in Aijub el-Dighelm bei Medînet Hâbu. Die Kirche hat vier Haikals, die, von N nach S, der Jungfrau Maria, St. Claudius, St. Theodor und St. Michael geweiht sind. Die 17 Kuppeln des Daches ruhen auf Bogen; das Licht erhält die Kirche durch Schlitze in den Kuppeln. Taufstein am Südende der Kirche.

Ḳasr el-Agûs, 200 km im SW der Umfassungsmauer von Medînet Hâbu gelegen, ist der heutige Name einer kleinen, unvollendeten Thoth-Kapelle aus der Zeit Ptolemaios' VIII. bis Euergetes' II., in deren zweitem Raum der König außer dem Hauptgott Thoth dem Imhotep und dem Weisen Amenophis, Sohn des Hapu, opfert.

Unmittelbar an *Ḳasr el- Agûs* stößt mit seiner N-Ecke der Wall des 2,2 km × 0,9 km großen Palast-Sees Amenophis' III., die Birket Hâbu, der wohl nicht, wie man früher vermutet hat, ein Vergnügungssee gewesen ist, sondern der Versorgung des westlich angrenzenden Palastes gedient hat. Der Verbindungskanal zum Nil ist nachgewiesen.

Von dem Palast Amenophis' III. mit dem heutigen Namen »*Malḳata*« sind nur noch Fundamentspuren erhalten. Seinen ehemaligen Glanz lassen Freskoreste (in Kairo und New York) noch ahnen.

Etwa 1 km südlich des Sees liegt das der Göttin Isis geweihte römische Tempelchen *Dêr el-Schelwît* mit dem Namen des Hadrian und des Antoninus Pius; auf seinem Pylon werden auch Vespasian, Domitian und Otho genannt.

Memnonskolosse

Auf dem Wege von der Landestelle zur thebanischen Nekropole trifft man inmitten des Kulturlandes auf die weithin sichtbaren Memnonskolosse, denen man sich in der Regel auf dem Rückweg von Medînet Hâbu oder auf dem Heimweg vom Ramesseum zuwendet. Man bezeichnet mit dem Namen die beiden 17,9 m hohen Sitzstatuen Amenophis' III., die wahrzeichenhaft als imposante Reste seines Totentempels erhalten geblieben sind und im Altertum zu den Weltwundern zählten.

Auch von dem besser erhaltenen *südlichen Koloß* ist die Krone verloren, mit der zusammen er etwa 21 m gemessen haben wird. Am nördlichen Koloß steht zur Rechten Amenophis' III. die königliche Gemahlin Teje, zur Linken des Königs Mutter Mutemuja; die Figur zwischen seinen Beinen ist zerstört. An der Seite des Thrones sind in versenktem Relief je zwei Nilgötter dargestellt, die die Wappenpflanzen von Ober- und Unterägypten um das Schriftzeichen für »Vereinigen« schlingen — ein

Symbol, das für die Vereinigung der »beiden Reiche« (von Ober- und Unterägypten) häufig am Thronsockel erscheint. Die Tätigkeit des Zusammenbindens, die auch von dem Gottespaar Horus und Seth ausgeführt werden kann, versinnbildlicht das Amt des Herrschers schlechthin, dessen ständige Aufgabe es ist, widerstreitende Elemente zu versöhnen.

Als den Baumeister der Kolossalfiguren aus gelbbraunem Kieselsandstein hat man den »weisen Amenophis«, Sohn des Hapu, erkannt, der den Transport aus den Steinbrüchen vom Westufer Assuân leitete und auch als der Erbauer des Luksor-Tempels angesehen werden darf. Die Riesen sind aus einem einzigen Sandsteinblock herausgehauen.

Seit der Zeit der Ptolemäer galten die Statuen für Bilder des sagenhaften äthiopischen Königs *Memnon*, Sohnes der Eos und des Tithonos, der im Trojanischen Kriege von Achill getötet wurde. Die Gleichsetzung dürfte auf einem Anklang des Vornamens Amenophis' III. mit »Memnon« beruhen, wie die Bezeichnung des Großen Tempels von Abydos als »Memnoneion« auf dem verwandten Klang mit dem Vornamen Sethos' I. Da ereignete es sich, daß der nördliche Koloß durch ein Erdbeben spätestens 27 v. Chr. in Gürtelhöhe absprang und fortan beim Aufgehen der Sonne sang. Das allmorgendliche Tönen hielt man nun für den Gesang des Memnon, mit dem er seine Mutter Eos bei ihrem Erwachen begrüßte. Die Rosenfingrige beantwortete die Klage durch ihre Tränen, den Morgentau, mit denen sie ihren geliebten Sohn benetzte.

Vor dem Geographen Strabo berichtet darüber ein Besucher-Gedicht aus dem Jahre 65 n. Chr. Pausanias und Juvenal sprechen von dem Klang mit Selbstverständlichkeit. Blieb er einmal aus, so galt das als Zeichen dafür, daß der Gott erzürnt sei. Seit Septimius Severus nach seinem Besuch im Jahre 199 n. Chr. den oberen Teil der Statue aus fünf Lagen von Blöcken recht roh wiederhergestellt hat, ist der Koloß verstummt.

Das Klagen machte die Königsriesen berühmt und zog viele ägyptische, griechische und römische *Besucher* an. Sie gravierten ihren Namen in den Stein, schrieben Verse auf Knie und Sockel des (nördlichen) Kolosses in demotischer, griechischer und lateinischer Sprache. Die älteste Besucherinschrift stammt aus dem 11. Jahr des Nero, aber nach Tacitus soll bereits Germanicus die Kolosse im Jahre 19 n. Chr. aufgesucht haben. Hadrian hat ihnen 130 n. Chr. seinen Besuch abgestattet, und noch zu seiner Zeit war es bekannt, daß sich in »Memnon« eigentlich ein König Amenophis verbarg. Der Kaiser verweilte mit seiner Gattin und großem Gefolge mehrere Tage hier und erfuhr des Memnon besondere Huld.

Für die *Erklärung* des Phänomens macht man die starken Temperaturunterschiede und den Wechsel der Feuchtigkeit zwischen Tag und Nacht verantwortlich; bei der Erwärmung am Morgen seien an einer Bruchstelle

Partikelchen des Steines abgesprungen und hätten den Ton hervorgerufen; die gleiche physikalische Erscheinung soll heute noch in Karnak und Edfu wahrzunehmen sein. Ganz befriedigend ist indes diese Erklärung nicht.
Von der ehemals riesigen Anlage, als deren »Torhüter« die Kolosse zu denken sind, wurde außer anderen geringfügigen Resten noch eine heute in zwei Teile zerbrochene und stark beschädigte *Stele* aus dem Boden gehoben, die den Widmungstext enthält. Sie wurde im Tempelgelände wiedererrichtet, mit der Vorderseite nach Westen. — Eine andere große Stele mit der Bauinschrift des Tempels wurde von Merenptah usurpiert und steht heute im Museum Kairo (Israelstele). Neuere Ausgrabungen haben außer einer Reihe von Sechmet-Statuen, wie sie auch den → Mut-Tempel von Karnak bevölkern, eine 12 m hohe Statue des Königs aus Quarz, zwei 8 m hohe Figuren aus Alabaster sowie eine Sphinx mit Krokodilschwanz zutage gefördert. Inschriften nennen kretische Städtenamen. Der wertvollste Fund jedoch ist der 2 m hohe Kopf Amenophis' III. aus Rosengranit, Rest einer überaus fein gearbeiteten Plastik (heute im → Luksor-Museum).

Ausflüge in die Umgebung

Wer sich länger in Luksor aufhält, besuche die Ruinen von Medamûd, Erment und Tôd, dreier Städte, wo der thebanische Gaugott Month verehrt wurde. Alle Fahrten mit Taxi.

Medamûd

Nach dem 9 km nordöstlich von Luksor im Fruchtland gelegenen Tempel von *Medamûd* gelangt man über Karnak oder, indem man auf der Autostraße nach Ķena etwa in gleicher Höhe nach Osten abbiegt. Über eine Kanalbrücke südlich vor dem Dorf kann man bis 100 m an den Tempel heranfahren (Hunde!). Vor dem Ausflug nach etwa nötigen Genehmigungen erkundigen!
Der von Häusern und Palmen umgebene *Tempel* ist an Stelle von älteren, aus der 11./12. und der 18. Dyn. stammenden Tempeln in der Ptolemäerzeit (3. Jh. v. Chr.) erbaut und in der römischen Kaiserzeit erweitert worden. Er war dem Kriegsgotte Month, der hier Orakel gab, und dem ihm heiligen Stiere Buchis geweiht. Die heute stark zerstörte Anlage ist bei allem Typischen einmalig. — Etwa 150 m westlich des Eingangstores führt von einer Kaianlage mit ehemals 2 Obelisken, ähnlich der von Karnak, eine Sphinxallee zum Eingangstor herauf.
Man betritt den Tempel durch das von Tiberius errichtete, jetzt eingestürzte Tor in der Ziegelumwallung. Vor der pylonartigen Fassade des Tempels lagen drei Kioske, von denen je eine Tür in den anschließenden großen Säulenhof führte; im mittleren Darstellung von Musikanten. Südlich an den Südkiosk schloß sich die Audienzhalle mit 4 Mittelsäulen an. — Im Säulenhof, mit Reliefs des Antoninus Pius geschmückt, stand vorn links ein Altar, dem alle Blöcke von Ptolemaios III. Euergetes I. wiederverwendet wurden. Die Rückseite des Hofes wird gebildet von einem Portikus, von dem noch 5 Säulen aufrechtstehen; die beiden mittleren, das halbhohe Tor flankierenden, sind schöne, reiche Pflanzenkompositsäulen, die 23 übrigen Papyrusbündelsäulen mit geschlossenem Kapitell. Der Portikus stammt von Ptolemaios VII. Euergetes II.
Dahinter folgte das eigentliche Tempelhaus: ein quergelagerter Saal mit 4 Säulen, 2 Vorsäle und schließlich das Allerheiligste, umgeben von einem Kranz von Kapellen. Im Norden und Süden wurde dieses eigentliche Tempelhaus von Säulenkorridoren flankiert. Hin-

ter dem Tempelhaus, aber baulich mit ihm vereinigt, lag »der große Osthof«, der für den Kult des Buchisstieres bestimmt war, der hier Orakel erteilte; an seiner N-Seite ein eigener Tempel mit einem inneren Hof vor einer kleinen Kapelle. Die Basis der Kolossalfigur in der Mittelachse des ganzen Tempels hinten stammt wohl von Thutmosis III., das Tor aus rotem Granit, das in den S-Flügel führte, von Sesostris III.
Am Sockel der nördlichen, östlichen und südlichen Außenmauer ist, wie an vielen anderen Stellen des Tempels, eine Prozession Gaben bringender Nilgötter dargestellt. An der südlichen Außenwand steht eine Denkschrift, deren Text auf die im Tempel befindliche Orakelstätte Bezug nimmt. Im übrigen Reste von Trajan und Domitian vor dem Stier.
Im Osten des Tempels lag ein ptolemäischer Friedhof, im Süden der Heilige See, Speicher und Brunnen. – Die Funde, von denen die wundervollen Reliefs aus dem MR hervorgehoben seien, befinden sich heute in den Museen von Kairo und Paris (Louvre).

Tôd (Tûd)

Ebenfalls auf der Ostseite des Nils, nach Überquerung der Gleise beim Bahnhof von → Erment, 20 km südlich von Luksor, liegt *Tôd* (Tûd), das alte Tuphium, inmitten des Dorfes, mit Resten eines großen Month-*Tempels* aus der Ptolemäer- (Ptolemaios VII. Euergetes II.) und Kaiserzeit (Antoninus Pius), der den älteren, bis in die Zeit Userkafs (5. Dyn.) zurückgehenden Anlagen vorgelegt ist. Ruinenhaft erhalten sind heute nur noch der römische Hof mit 4 noch in halber Höhe stehenden Säulen, die kleine anschließende Mittelhalle, die rechts an sie anschließende Kapelle der thebanischen Göttin Tenenet und das über ihr gelegene Schatzhaus mit ausgesprochen interessanten Szenen. Von den nach hinten anschließenden Teilen konnten nur noch die Fundamente oder der Mauerverlauf gesichert werden, denn der ganze Tempel war bewohnt, d. h. überbaut und gleichzeitig abgetragen. Auch eine große koptische Kirche war über seinem rückwärtigen (alten) Teil errichtet. Heute liegt die freigelegte Ruine malerisch ins Dorf gebettet zwischen Palmen und Tamarisken ungewöhnlich schön. – Innerhalb der Umfassungsmauer (östlich) ein Tempel aus dem NR, den Ramses II. wiederhergestellt hat. Außerhalb der Tempelumfassung lagen römische Bäder.
Von besonderer Bedeutung ist der aus dem Fundament der 12. Dyn. gehobene *Schatz* Amenemhêts II., der sich heute im Museum Kairo und im Louvre befindet: In 4 Kupfertruhen fanden sich Goldbarren und -stäbe, Silberketten sowie Gold-, Silber- und Bleigegenstände, darunter schöne Schalen, Tierfiguren und ein Etui, ursprüngliche Siegelzylinder und Amulette mit Keilschrift; die Gegenstände dürften Geschenke aus Mesopotamien sein.
Die herrlichen Reliefs der älteren Anlage sind ebenfalls unter die Museen in Kairo und Paris (Louvre) aufgeteilt. Reste davon wie andere Einzelteile (MR – koptisch) auch der spätesten Bauzeit lagern hinter dem modernen Eingangstor links an der Mauer entlang unter einem Schutzdach. Der Naos stammt von Sesostris I.

Erment (Armant)

Auf dem Westufer, etwa 20 km südlich von Theben (Taxi an der Landestelle des thebanischen Westufers; Anfahrt bis Tempel wegen Hunden ratsam!), liegt *Erment,* das südliche Heliopolis, das bei der Reichseinigung der 11. Dyn. politisch und religiös eine bedeutende Rolle gespielt hat. Wenn auch das Mammisi, in dem die Geburt des Sohnes der Kleopatra und des Cäsar dargestellt war, 1860 in eine Zuckerfabrik verbaut wurde, so bieten Reste des Month-Tempels des NR einige interessante Einzelheiten: auf dem Pylon Thutmosis' III. Triumphalszene sowie Züge gefangener Ausländer; auf der Rückseite des Pylons im Norden Darstellung eines Nashorns, vermutlich von Thutmosis III. erlegt, das besondere Aufmerksamkeit verdient, weil seine genauen Körpermaße verzeichnet wurden einschließlich der Größe seiner Fußspur. – Antike Bruchstücke auch in der Treppe zum Nil an der Uferstraße beim Basar vermauert. Die Buchis-Stiere des Gottes Month waren in einer dem → Serapeum von Memphis ähnlichen Begräbnisstätte beigesetzt.

Zu Gebelên und *Mo'alla* S. 688.

Von Luksor bis Assuân
(Straße 208 km; Nilstrecke 217 km)

Allgemeine Hinweise → Kap. von Kairo bis Luksor, S. 538.

Die Fahrt

Bis Esna verlaufen Bahn und Straße parallel.

20 km am linken Ufer → *Erment* (Armant), Stadt des Kriegsgottes Month (gräzisierter Stadtname Hermonthis). Bahn und Straße führen am Rande der Wüste entlang. – 3 km östlich der Station Erment liegt → *Tôd* mit seinen Tempelruinen.

28 km esch-Schaghab, südlich gegenüber am West-Ufer *Gebelên* (das man mit Auto über Erment erreicht), der »Doppelberg« mit dem Grab des Schêch Mûsa (auf der östlichen Spitze) und den geringen Resten des aus der 3. Dyn. stammenden Hathortempels, der letztmals unter den Ptolemäern wieder aufgebaut wurde; am Fuße des gleichnamigen Dorfes das antike Krokodilopolis, nahebei große alte Friedhöfe und Aphroditopolis. – Etwa 7 km südlich *Mo'alla*, auf dem Ostufer (auf der Autostraße überquert man beim Wegschild den Kanal auf einer Brücke ostwärts) in einem freistehenden Hügel 2 beschriftete Gräber der Ersten Zwischenzeit. Das bedeutendere gehört einem Gaufürsten Anchtifi. In 3 etwa parallel laufenden Reihen 30 verschieden geformte Säulen aus dem Felsen gehauen; Säulen mit Hieroglypheninschriften von historischer Wichtigkeit für den Bürgerkrieg dieser Zeit; an den Wänden Malereien mit Szenen aus Landwirtschaft, Jagd, Vergnügen und Handwerk, mit originellen Einzelheiten. Was den kunsthistorischen Wert dieses Grabes ausmacht, ist der Rückfall in vorkanonische Darstellweise, der häufig ein Schmunzeln abnötigt.

53 km West-Ufer, → *Esna* (griech. Latopolis), hübsche Kreisstadt (über 30 000 Einwohner) mit einem 874 m langen Staudamm (120 Schleusentore), altem Uferkai, Trümmern eines Nilmessers römischer Zeit. Als eigentlicher Endpunkt der Wüstenwege zwischen Niltal und Sudân verdankte es seine wirtschaftliche Bedeutung hauptsächlich dem Karawanenhandel.

In der Umgebung viele *koptische Klöster* mit nicht unansehnlichen Fresken, Eremitagen und Kirchen, noch heute viele Kopten. – 4 km südwestlich vom Bahnhof bei dem Dörfchen Sarnîch (Ost-Ufer) zwei historisch bedeutende Felsstelen aus dem Beginn der Regierungszeit Amenophis' IV. Hauptsehenswürdigkeit → *Tempel des Chnum*.

85 km → *Elkâb* (Eileithyiaspolis), dessen Stadtruine zwischen Bahn und Nil liegt. Steinbrüche hinter der Station und auf der Höhe ein Schêchgrab; rechts die alte *Stadtmauer*.

Auf dem West-Ufer die Pyramide *el-Kûla* (300 qm Grundfläche, heute noch 10 m hoch) und südlich davon das alte *Hierakonpolis* (Kôm el-ahmar), eine der ältesten Städte des Landes und einst wohl mit Elkâb zusammen eine Hauptstadt von Oberägypten; Stadtgott war Horus; vorgeschichtlicher *Friedhof*, *Felsgräber* des MR und der 18. Dyn., ansehnliche *Stadt*ruinen mit *Tempel*umfassung; *Festung*; bedeutende Funde (vgl. im Museum Kairo Wandmalereien aus einem vorgeschichtlichen Grabe, Narmerpalette, Goldfalken und Kupferfigur Pepis I.).

105 km West-Ufer, → *Edfu* (19 000 Einw.), griechisch nach dem hier verehrten Horus (= Apollon) Apollinopolis genannt. Horus – als fliegender Falke, als Mensch mit Falkenkopf oder aber als geflügelte Sonne dargestellt – focht hier gegen Seth einen seiner Kämpfe aus und erhielt jenen → *Tempel*, der Edfu über die Zeiten hinweg einen untilgbaren Namen sicherte; seine Pylone sind von weither sichtbar.

Die Fahrt — Esna

121 km Gebel es-Sirâg; nördlich davon, wo die Bahn zwischen den Nil und ein steiles Felsufer eingeklemmt ist, liegen am Abhange des Gebirges die malerischen *Ruinen* einer spätbyzantinischen befestigten Stadt mit einem Kloster. Hier verläuft auch die *geologische Grenze* zwischen Nummulitenkalk und Sandstein, der für die meisten Bauten Oberägyptens den Baustoff geliefert hat.

145 km Kagûg, etwa 3 km südlich davon an beiden Ufern die *Sandsteinbrüche von Silsila*, die besonders im NR ausgebeutet wurden. Für das → Ramesseum allein waren hier 3000 Arbeiter beschäftigt; nach einer Denkinschrift ließ Echnaton hier einen Obelisken für den Sonnentempel in Karnak brechen; viele *Inschriften* und auch Gedenknischen, eine unfertige Sphinx. Entsprechende, aber bedeutende Denkmäler auf dem West-Ufer des Gebel es-Silsila, vor allem die *Felsenkapelle* Haremhabs, künstlerisch wie historisch hochbedeutend durch die Reliefs und Inschriften auch der folgenden Jahrhunderte. — Anfang von → Neu-Nubien. — Straße und Bahn umgehen die Flußenge von Silsila, indem sie den Nil verlassen, führen geradewegs nach Süden durch die Wüste und dann durch das relativ junge Kulturland bei

164 km → *Kôm Ombo*, das durch große *Pumpwerke* bewässert und nun durch → Neu-Nubien erweitert ist. Baumwoll- und Zuckerrohrfelder, Zuckerfabrik.

Kôm Ombo (Hügel von Ombos, dessen Name auf die gräzisierte Form des altägyptischen Wortes für »Goldstadt« zurückgeht), war im Altertum Ausgangspunkt für *Wüstenfahrten* nach Nubien und Kulturort des (wegen der Inseln und Strudel hier verehrten) krokodilköpfigen Sobek (Suchos) und des falkenköpfigen Haroëris als den Hauptgöttern. Von den frühesten *Tempeln* ist kaum mehr etwas erhalten, die Ruinen der *Stadt* liegen im Sande. Sehenswert ist der → ptolemäische *Doppeltempel*, der zu den reizvollsten Bauten Ägyptens zählt.

171 km *Darâu*, großer hübscher Ort mit deutscher evang. *Mission*, die eine Poliklinik unterhält. An der ehemaligen arabisch-nubischen *Sprach- und Volksgrenze* gelegen, werden dort viele nubische Arbeiten, besonders *Körbe*, feilgehalten. Fesselnd ist der orientalische *Markt*, dienstags bringen die Bischarîn und Abâbda Kamele in den Handel, und man hat beste Gelegenheit, dort diese *Beduinenstämme* kennen zu lernen und ihre Sprache zu hören; sie ernähren sich durch Viehzucht (Schafe und Kamele) und durch Handel. — Bedeutender zivilisatorischer Aufschwung.

196 km el-Chattâra, die ersten Granitmassen, die auf den Katarakt bei Assuân hindeuten.

208 km *Assuân* in wunderbarer landschaftlicher Umgebung. Auf der Kubbet el-Haua (linkes Nilufer) das Schêchgrab über den → *Felsengräbern*, unten das Mausoleum → *Aga Châns*, im Felsbett des Stroms die Insel → *Elephantine* und die → *Pflanzen*-(früher Kitchener-)*Insel*.

Der Tempel von Esna

Bahnstation 53 km südlich von Luksor. → Die Fahrt von Luksor nach Assuân auch von Theben-West (Anlegeplatz) mit öffentlichem Omnibus zu erreichen. Zur Anfahrt mit Auto auf asphaltierter Kanalstraße (Ostufer), über die Staudamm-Brücke von Esna in die Stadt; Fahrzeit 1 Stunde. Straße auf dem Westufer nicht zu empfehlen.

In der Nähe der malerischen Basare, 9 m tief unter dem Straßenniveau, liegt als bedeutendste Sehenswürdigkeit von Esna der Tempel des Chnum aus ptolemäischer und römischer Zeit, der an der Stelle eines Tempels der 18. Dyn. völlig neu erbaut wurde. Ehemals standen in Esna 3 Tempel. Der nördlichste (5 km nördlich) wurde bereits in alter Zeit, der zweite, ebenfalls im N gelegene, unter Mohammed Ali abgerissen, der letzte hat schon im Mittelalter seinen Hauptbau verloren. So steht heute nur noch die ungewöhnlich schöne Vorhalle mit ihren 24 Säulen, ihr *Anblick* ähnelt dem von Dendara; besonders reizvoll sind die Kompositkapitelle. Der Besuch lohnt vornehmlich für Freunde der Spätzeit-Architektur – oder Textkundige.

Der Tempel des Chnum, des widderköpfigen Hauptgottes der Stadt (sonst Kataraktengott), und seiner Gefährtinnen Menhit und Nebet-Uu, später auch Neith, besteht nur aus einer 33 m breiten und 16,5 m langen *Vorhalle* (Dendara: 42 m × 42 m), deren Ostseite zu einer Fassade ausgebaut ist (37 m breit, 15 m hoch). Das Hohlkehlengesims — Flügelsonne in der Mitte von den Namen Claudius und Vespasian flankiert — bekrönt die Vorderseite, die zwischen 2 × 3 durch Schranken verbundenen Säulen ein Tor freiläßt. Auf den *Schranken* Pharao, der von Göttern in den Tempel geleitet wird; links »Taufe« durch Horus und Thoth. 4 × 6 Säulen (11,3 m hoch), 5,4 m Umfang) mit wundervollen, ebenso abwechslungsreichen wie eigenartigen Pflanzen(komposit)kapitellen und mit Reliefs wie Inschriften bedeckten Schäften tragen die Decke, die im Mittelfeld mit zwei Reihen fliegender Geier, an den Seitenfeldern mit astronomischen Bildern ausgestattet ist (vgl. Dendara). An den *Wänden* des harmonisch ausgewogenen und fast vollständig erhaltenen Saales opfern in vier Reihen Kaiser in der Tracht der Pharaonen vor den verschiedenen Göttern von Esna oder vollziehen andere kultische Handlungen; das ptolemäische *Portal* in der Mitte der Rückwand sollte ins Innere führen, die beiden seitlichen Nebenportale in den um das eigentliche Tempelhaus umlaufenden Gang; an der Nordwand ziehen der falkenköpfige Horus, Kaiser Commodus und Chnum ein

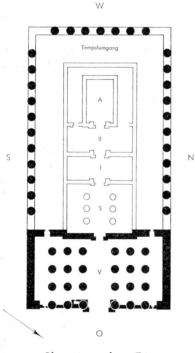

Chnumtempel von Esna

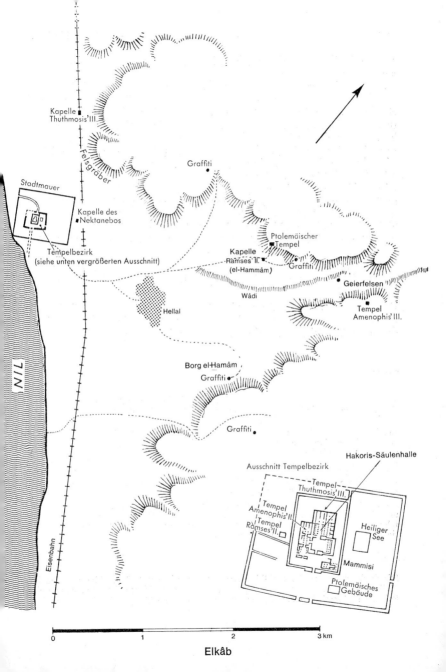

Netz mit Fischen und Sumpfvögeln zu, die in dieser Zeit Götterfeinde symbolisieren.
Auch die *Außenwände* tragen Inschriften und Reliefs römischer Kaiser, als deren letzter Decius (249–251) genannt ist. Beachtenswert an der südlichen und nördlichen Außenwand, wie die uralte Symbolszene von den kaiserlichen Nachfolgern wiederholt ist: Domitian erschlägt vor dem Tempelgott einen Haufen Feinde (S); der Tempelgott überreicht Trajan, der die Feinde erschlägt, das Sichelschwert (N). An der Ostwand ist an die Schranke links vom Eingang eine kleine Kapelle angebaut.
Wände und Säulen sind nicht allein mit reichen, teils überraschenden Ritualschilderungen bedeckt, sondern auch mit Mythen von der Weltschöpfung, vom Ursprung und weiteren Bestand des Lebens, mit Texten zur Königstheologie und hochpoetischen Hymnen. Auch Spuren der → Tefnutlegende lassen sich nachweisen. Aufschlußreich sind die eingehenden, detaillierten Schilderungen der Götterfeste durch den ganzen Verlauf der Festtage. Die bedeutendsten der Texte stammen aus dem zweiten christlichen Jahrhundert; die spätesten aus der Zeit des Decius (um 250 n. Chr.) stellen die letzte aus dem Alten Ägypten bekannte hieroglyphische Sammlung dar.
Esna nimmt unter den ägyptischen Tempeln, die gegen das Christentum zähen Widerstand leisteten, eine Vorrangstellung ein und war mit anderen ein Ort lebhafter, geistiger Auseinandersetzung.

Elkâb

Man erreicht die Stätte am besten mit einem Nilschiff oder mit Auto auf dem Weg nach Edfu, wo die Erlaubnis zur Besichtigung einzuholen ist. Die ortsansässigen Wächter dürfen die Gräber nur mit Inspektoratsgenehmigung entsiegeln.
Elkâb, auf dem O-Ufer gelegen, war von der Vorgeschichte bis in byzantinische Zeit eine bedeutende religiöse Metropole. Das Areal breitet sich aus in einer früher an Natron reichen Ebene (die im Altertum entsprechend ausgebeutet wurde für Mumifizierung wie für Weihrauch) am Eingang eines Wüstentales. Die Stadtmauer reicht bis hart an den Nil, Graffiti und Tempel liegen kilometerweit davon entfernt am Rande der Gebirgsfelsen. Die Stadt war der Geiergöttin Nechbet geweiht, die in griechischer Zeit an Eileithyia angeglichen wurde, so daß sie den Namen Eileithyiaspolis erhielt.
Die antiken Reste verteilen sich auf drei *Schwerpunkte:* die Stadt, die Felsennekropole und die Wüstentempel von El-Hammâm; markante Punkte sind weiterhin der Geierfelsen und die zahlreichen Felsinschriften an mehreren Orten. Hier können nur die wichtigsten Sehenswürdigkeiten skizziert werden.

Stadt

Die Stadt, deren (an der SW-Ecke vom Nil weggerissene) 11,5 m dicke und 6 m hohe Wallmauer ein Rechteck von 540 m × 570 m umschließt, birgt außer der Siedlung einen Palast und innerhalb einer eigenen Umfassung mehrere Tempel. Im N, O und S der

Elkâb

Wallmauer Tore, in ihrer Nähe auf der Innenseite Rampen, über die man auf die Wälle hinaufsteigen kann. Da die Mauer im N einen Friedhof des AR durchschneidet, muß sie später entstanden sein, vielleicht sogar erst in der 30. Dyn.
Die Stadt hat den größten Schaden im 19. Jh. erlitten, als die Sebbahgräber, zum Dung ihrer Felder, die Ruinen abtrugen, größtenteils bis auf die Grundmauern der Thinitenzeit, so daß im wesentlichen nur die Scherben der Töpferware übrig geblieben sind und rund um einen Hof mehrere Getreidebehälter.
Nicht besser als der Siedlung erging es dem Tempelgebiet im SW des nahezu quadratischen Stadtgeländes. Die Tempel, an denen fast ununterbrochen bis in die 30. Dyn. gebaut und erneuert wurde – in den Fundamenten fanden sich Blöcke aus dem AR verbaut – sind in jüngster Zeit bis auf den Grund zerstört worden. Als Haupttempel konnte im N der für die Ortsgöttin Nechbet nachgewiesen werden. Er stammt von Thuthmosis III., als letzter Bauherr wurde Nektanebos II. namhaft gemacht. Nechbet wurde zugleich als Schutzgöttin von Oberägypten und (mit ihrer unterägyptischen Schwester Uto zusammen) als Kronengöttin verehrt.
Westlich an ihren Tempel schließt sich der für Thoth, dem man hier als dem Gatten der Nechbet huldigte. Angelegt wurde dies Heiligtum von Amenophis II., fortgeführt von Ramses II., sein Pronaos und die Kolosse stammen aus römischer Zeit. Unter Psametisch I. entstand ein Gebäude, dessen Krypten Texte und Bilder apotropäischer Rituale zum Inhalt haben, andere Bilder gelten dem Sonnenkult und der Sechmet. – Vor dem Pylon seitlich ein Mammisi. Im O der Tempelumfassung Reste des Heiligen Sees, heute versteppt, und einige Nebenbauten.
Außerhalb der Stadtmauer im O eine Kapelle des Nektanebos und knapp 1 km nordwestlich (neben den Bahngleisen) die Ruinen einer Kapelle Thuthmosis' III.

Felsengräber

Die Denkmäler von Elkâb, die mehr Beachtung verdienen als die bisher genannten, sind die *Felsgräber*. Etwa 500 m vor der NO-Ecke der Stadtmauer (man kann mit dem Auto anfahren bis zum Fuß des Gebirges) ist eine lange Reihe von Gräbern dicht nebeneinander in den Felsen gehauen, meist nur aus einem schmallangen Raum bestehend, manchmal mit seitlichem Sargraum (hinten rechts) versehen und meist mit einer Statuennische an der rückwärtigen Schmalwand. Die Decken sind schwach gewölbt. Die Wände sind reliefiert und bemalt und enthalten – vielfach parallele – recht eigene Szenen, provinziell ausgestaltet, reizvoll und interessant, farbig überraschend gut erhalten.
Die wichtigsten Gräber sind: das des *Ahmose, genannt Pen-Nechbet*, mit Reliefs der Zeit Thuthmosis' IV.; das Grab des *Paheri*, wohl aus der Zeit Thuthmosis' III., das größte und reichst ausgestattete von allen; des *Setau*, ersten Priesters der Nechbet, aus der späten Ramessidenzeit; das Grab des *Ahmose, Sohnes der Ibana*, das der Nachwelt besonders wichtig ist wegen seiner genauen Angaben über den Kampf gegen die Hyksos, an dem er teilgenommen hat; das *Reneni* aus der ersten Hälfte der 18. Dyn. und schließlich das Grab des *Sebeknacht*, wohl aus der Zeit Sebekhoteps III., in dem erstmals in Ägypten ein vierrädriger Wagen dargestellt ist. Alle Gräber zeichnen sich aus durch originelle, teils derbe, teils humorvolle Beischriften.

Wüstentempel

Rund 2 km im SO der Felsnekropole liegen fast in der Achse des O-Tores der Stadtmauer nahe beieinander ein ptolemäischer Felsentempel und eine Kapelle für Thoth, heute unter dem Namen el-Hammâm (das Bad) bekannt, der von S zugängliche spät*ptolemäische Tempel* mit Treppe, Vorplatz, Vorhalle, innerem Hof und Kultbildraum

war der Nechbet geweiht. Nach den Inschriften hatte die Göttin hier als eine Löwin die Aufgabe, den Wüsteneingang zu bewachen, außerdem fungierte sie als Mondgöttin. Der Tempel war noch in christlicher Zeit ein Heiligtum und wurde zu einem Kloster umgewandelt, wovon zahlreiche Kreuze zeugen. – Der Wandschmuck der benachbarten *Kapelle des Thoth,* von Setau, Vizekönig von Kusch, unter Ramses II. erbaut, beschränkt sich auf Verehrungszenen für Thoth, Nechbet und Horus.
Weiter in östlicher Richtung liegen an der Ausgangsstelle einer Wüstenstraße mehrere Felsen, die mit Inschriften und Zeichnungen vom AR bis in demotische Zeit reich bedeckt sind. – In gleicher Richtung weiter, etwa 1 km östlich des *ptolemäischen Felsentempels,* liegt das Heiligtum *Amenophis' III.* für Nechbet, ein Tempel mit ptolemäischer Säulen-Vorhalle (bis auf den Boden abgetragen) und Allerheiligstem mit 4 Stützen. Die Hathorkapitelle weisen auf die gleiche Eigenschaft der Göttin wie die der Löwengöttin des ptolemäischen Felsentempels.
Weiter im S ein isolierter, markanter Sandsteinfelsen von über 12 m Höhe, der Borg el-Hamâm, das „Taubenhaus", mit zahlreichen Graffiti, darunter der Name Pepis II.; weitere 80 m im S, jenseits des Pfades, ein Inschriftfelsen mit dem Namen des Cheops.

Der Tempel von Edfu

Von Luksor mit der Bahn 105 km in südlicher Richtung; dann mit Droschke über die Nilbrücke durch die Stadt Edfu zum Tempel im Westen. Mit dem Auto auf Ostufer, asphaltierte Straße, Fahrzeit knapp 2 Stunden. Bahnhofsrestaurant. – Rasthaus am Eingang in den Tempelbezirk.
Edfu-Hotel, 2 km vom Bahnhof entfernt, südlich der Brücke, auf der O-Seite; 30 Doppelzimmer mit Bad, Schwimmbad, Klimaanlage (heruntergekommen).

Der *Horustempel* von Edfu, nunmehr 2000 Jahre alt, ist in seiner Unversehrtheit (in christlicher Zeit wurden die Reliefs nur wenig zerstört) und Vollständigkeit ein *Musterbeispiel* ptolemäischer Tempelbauten und macht auf jeden Besucher einen unvergeßlichen Eindruck. Der geschlossene, einheitliche Bau ist wie kein anderer die Verwirklichung seiner Idee und verdient deshalb einen hervorragenden Platz unter den Bauwerken des Altertums. Sind auch die Reliefs aus dem Geiste der Konvention, thematisch wie künstlerisch erstarrt, so ist doch die Architektur mit ihrer spielenden Bewältigung der Massen, den ungeheuerlichen Maßen und ihren Verhältnissen so überwältigend, daß man ihr hohe Bewunderung nicht versagen kann. – Die langen Inschriften – Tempel- und Festrituale, Bücherverzeichnisse, Weihungen, Gaulisten oder liturgische Tafeln – tragen beachtlich zu unserer Kenntnis der altägyptichen Kultur bei.
Der Bau steht an der Stelle eines älteren Tempels, heute ist aus der früheren *Geschichte* dieses heiligen Ortes nur noch ein Tempelrest am Südende der östlichen Umfassungsmauer erhalten, dessen rechtwinklig zugekehrter Pylon mindestens auf Ramses II. zurückgeht.
Der von 237–57 v. Chr. aus Sandstein errichtete Pylontempel hat die für seine Gattung klassische *Gestalt:* Die Tortürme führen in einen offenen Säulenhof, eine quergelagerte gedeckte Vorhalle (V), dann folgt das eigentliche Tempelhaus mit einem breiten Säulensaal (S) und zwei schmalen querliegenden Vorsälen (I, II) vor dem von kleinen Kapellen dreiseitig

umgebenen Allerheiligsten (A). Eine Umfassungsmauer schließt das Bauwerk zusammen, Treppen führen auf Pylon und Dach und hinab zu einem Brunnen. Das seitlich vor dem Eingang liegende Geburtshaus ist eine weitere obligate Ergänzung des Heiligtums, dessen Bezirk von einer doppelten Ziegelmauer umgeben war. In der teilweise noch erhaltenen äußeren Umwallung lag im Süden der Hauptachse ein großes Tor und ein kleineres westlich davon, in der Gegend der heutigen Stadt der heilige See. Westlich des Tempels erblickt man die hohen Schutthalden der alten Stadt. Unter den arabisch-koptischen Schichten liegen die Trümmer der römisch-griechischen Periode, in deren Häusern Papyri und Hausrat gefunden wurden. Auch die Reste eines alten Friedhofs sind in der Nähe ausgegraben worden.

Der *Tempel*, genau nach Norden orientiert und 137 m lang, ist dem falkengestaltigen Sonnengott *Horus* geweiht, der Hathor von Dendara (vgl. die entsprechende Beziehung des Dendara-Tempels hierher) sowie einem jugendlichen Horus (Harsomtus).

Der *Pylon*, der in der inneren Ziegelumwallung liegt und dessen Eingang durch ein Doppeltor verschließbar war, hat das gewaltige Maß von 64 m Breite und 36 m Höhe (nur der 1. Pylon von Karnak ist größer). In der üblichen Weise mit Hohlkehlengesims und Rundstab ausgestattet, ist er ringsum mit Inschriften und Darstellungen bedeckt; in den Einschnitten beiderseits des Portals standen vier Flaggenmaste, die in den Öffnungen darüber verklammert waren (die kleinen rechteckigen Öffnungen beleuchten das Innere). Auf der Vorderseite oben bringt ein König den Tempelgottheiten unter anderem Gaben dar, darunter packt Neos Dionysos einen Bündel Feinde am Schopf und erschlägt sie vor den Tempelgottheiten.
Jeder Tempelturm hat einen Durchgang zu den Außenseiten der Umfassungsmauer, die außer religiösen Reliefs lange Inschriften zur Baugeschichte der Tempelanlage trägt. Vor dem Pylon stehen zwei Falken aus schwarzem Granit. Auf der Nordseite des Pylons führen Türen in Innenräume, von denen aus man über 242 Stufen zum Dach des Pylons gelangt; herrlicher Rundblick auf den heiligen Bezirk und den landschaftlichen Umkreis.

Der *Hof*, gepflastert mit einer Kolonade von 32 Säulen umgeben, umschloß einen Altar in der Mitte. Die Kapitelle der Säulen sind reich entfaltet aus Palmen, Blättern und Blüten; die Schäfte sowie die Rückwände des Säulenumganges zeigen ptolemäische Pharaonen vor Göttern oder als Sieger. Der Gang des Königs nach dem Tempel und seine rituelle Reinigung durch Horus und Thoth, bei a und b, gehören zum klassischen Repertoire.

Vor dem Durchgang in die *Vorhalle* (V) steht links, Achtung gebietend, ein Falke, der rechte ist zusammengestürzt. Auf der Front der Vorhalle

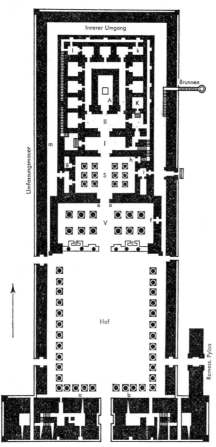

Horustempel von Edfu

mit Portal und 6 Säulenschranken bringt Euergetes II. Opfer vor Horus (seitlich) und Hathor (Mitte). Außer den 6 eingebundenen Frontsäulen enthält die Vorhalle 12 Säulen mit schönen Kapitellen. Die astronomischen Deckenbilder sind leider zu stark geschwärzt, als daß man ihre interessanten Einzelheiten erkennen könnte. Die Wände zeigen in versenktem Relief Kulthandlungen, auch die Grundsteinlegung des Tempels und seine Weihung (in der 4. Reihe auf der West-Wand); oben astronomische Darstellungen und ornamentale Streifen. Die Kapellen beiderseits des Eingangs dienten als *Bibliothek* (c) und Reinigungsraum (d). Über dem Eingang zum Säulensaal (e) das Sonnenschiff, verehrt von Ptolemaios IV. und den Wahrnehmungsgöttern Hören und Sehen auf der einen Seite, Erkenntnis und Entschluß auf der anderen. Eine Tür bei f entläßt in den inneren Umgang.

Der *Säulensaal* (S), dessen Decke durch 12 Pflanzensäulen getragen wird ist durch Luken erleuchtet, seine Reliefs sind religiösen Inhalts, von den Nebenräumen diente g als Laboratorium; auf seinen Wänden sind die Rezepte der für kultische Zwecke verwendeten Parfüme und Salben aufgeschrieben. Bei h gelangt man zur östlichen Treppe, die aufs Tempeldach führt. Ebenso führt vom 1. Vorsaal (I) beiderseits eine Treppe hinauf, entsprechend angelegt wie die von Dendara und ebenfalls mit aufwärts- bzw. abwärtsziehenden Priesterprozessionen ausgestattet. Die

(hölzernen) Dachkioske sind heute verschwunden. Der 2. Vorsaal (II) öffnet sich nach Osten über einen Hof, ähnlich wie in Dendara, zu einem *Kiosk* (K) mit der Darstellung der Himmelsgöttin Nut an der Decke, unter deren Leib die Sonne in Barken fährt.
Im *Kultbildraum* (A) beobachten wir den König, wie er sich zeremoniell der Horuskapelle nähert, vor seinen göttlich verehrten Eltern sowie der heiligen Barke der Hathor räuchert. Der granitene Schrein an der Rückwand gehört zum vorptolemäischen Tempel, der Untersatz davor aus schwarzem Granit diente als Barkensockel. Von dem Umgang ums Allerheiligste gelangt man zu kleinen Kulträumen, deren Bestimmung durch die Inschriften genau erkennbar ist. In den Eckräumen l und k führen Schächte und Treppen zu Krypten, deren Einstieg am Fußboden durch Platten überdeckt war.
Im *Tempelumgang*, den man vom Säulensaal aus Raum i oder der Vorhalle bei f erreicht, achte man auf die Wasserspeier in Form von Löwenköpfen. An der Tempelwand unten eine Prozession des Königs, seiner Gemahlin und der Lokalgötter zu der Götterdreiheit von Edfu; an der Innenseite der Umfassungsmauer Hymnen und Kultszenen, auf der West-Seite bei m Kämpfe des Horus gegen seine als Krokodile und Nilpferde gestalteten Feinde, wie er sie nach der Edfu-Sage ausgetragen hat. Der hier illustrierte Mythos ist im Tempel schauspielerisch dargestellt worden. Vom östlichen Tempelumgang aus führt eine Treppe (dunkel und schlüpfrig) zu dem außerhalb des Tempels gelegenen Brunnen mit Nilwasser.
Euergetes II. erbaute das *Geburtshaus* westlich vom Eingangstor in den großen Tempel, Soter II. schmückte es aus. Vorhof und Hof sind recht zerstört, das intimere Geburtshaus, eine Peripteralanlage mit Bêsfiguren an den Säulenwürfeln, besteht aus einem Vorraum, einer Vorhalle mit zwei seitlichen Kammern und dem Hauptgemach, wo wie in Dendara die Geburt, das Stillen des Horuskindes, seine Bildung auf der Töpferscheibe durch Chnum sowie das Musizieren und Rasseln vor dem Gotteskind dargestellt sind.

Tempelkult und -feste

Um einmal aufleuchten zu lassen, was in den Tempeln geschah, bietet der Horustempel von Edfu beste Gelegenheit, nachdem seine Bilder und Texte ausführlich berichten. Bei dem *täglichen Kult* wurde der Gott in seinem Schrein wie ein Großer des Reiches bedient. Die Diener waren die Gottesdiener, die Priester. Sie haben den Gott am Morgen geweckt, ihn gereinigt und gesalbt, ihn bekleidet, mit Speise und Trank versehen und ihm Hymnen gesungen und durch Lobpreisungen verehrt. Dreimal am Tage geschahen die jeweils nötigen Zeremonien, zumindest vor dem Kultbildraum oder in den davor liegenden, in der Regel durch Holztüren (gegeneinander) abgesperrten Sälen. In den Nebenräumen wurden die Opfergaben bereit- oder gar hergestellt.
Außer diesen täglichen Ritualen, bei denen jeder Handgriff zeremoniell festgelegt ist, fanden in den Tempeln *große Feste* statt; die von Edfu sind dort im liturgischen Kalender

verzeichnet und auch in den Wandbildern recht detailliert dargestellt. So wurde der Gott, der durch das Kultbild repräsentiert wird, alljährlich, zumeist am Jahresanfang, mit der Sonne vereinigt, um mit neuer Kraft belebt zu werden: Das Gottesbild wurde dazu auf das Tempeldach getragen und der Sonnenbestrahlung ausgesetzt, wie das an der Aufwärts- und Abwärtstreppe entlang den Wandreliefs abzulesen ist. – Jährlich einmal zog Hathor von Dendara zu ihrem Gemahl nach Edfu, um sich mit ihm aufs neue zu vereinen; 14 Tage dauerte das jubelnde Fest, an dem selbst die Toten der Umgebung für kurze Zeit teilnahmen. – Des weiteren wurde das Siegesfest gegen die Sonnenfeinde begangen; das Krönungsfest zur Erneuerung der Königsherrschaft des Horus-Falken und schließlich das Geburtsfest des königlich-göttlichen Kindes im Mammisi, das als Schauspiel ablief, wie entsprechend in Dendara, Esna, Kôm Ombo oder Philae.

Der Tempel von Kôm Ombo

Bahnstation 164 km südlich von Luksor, O-Ufer (→ Die Fahrt von Luksor nach Assuân). Den Besuch unternimmt man entweder als Halbtagsausflug mit dem Auto von Assuân aus (unterwegs interessanter Markt in → Darâu, dienstags sehenswerter Kamelhandel), oder man steigt bei der Eisenbahnfahrt nach Assuân in Kôm Ombo aus, muß sich dann aber vorher eine Taxe aus Assuân bestellen, um mit ihr zum Tempel und weiter nach Assuân zu fahren, wenn man nicht einen Bummelzug zur Weiterfahrt benützen will. Schließlich kann man dem Nachtschnellzug nach Luksor–Kairo von Assuân aus mit der Taxe vorausfahren. Mit dem Auto fährt man, von N kommend, etwa 2 km über Kôm Ombo hinaus bis zum Wegweiser, wo man beim Wasserturm nach rechts (W) einbiegt.

Das Große Doppelheiligtum des Sobek und des Haroëris von Kôm Ombo am Flußufer ist wegen seiner herrlichen Lage und der Einzigartigkeit als Doppeltempel einen Besuch wohl wert. Das Eingangstor in der Ziegelumwallung des Tempelbezirks ist mit deren westlicher Hälfte in den Fluten des Nils ertrunken.

Der Tempel entspricht den bekannten ptolemäischen *Anlagen* von Dendara, Edfu (auch Philae), ist aber nicht einem, sondern zwei Hauptgöttern geweiht und von vornherein als Doppeltempel einheitlich geplant. Durch eine fiktive Längsachse in zwei symmetrische Hälften geteilt, gehört er rechts dem Krokodilgott Sobek, links dem falkenköpfigen Haroëris. Beide Tempelteile, als Ganzes gestaltet, haben je eigene Eingänge, Prozessionswege und Kapellen. Der Zwillingstempel besteht in der üblichen Weise aus Pylon, Säulenhof, Vorhalle, Säulensaal und drei – statt gewöhnlich nur zwei – Vorsälen vor der Doppelkapelle, einem inneren und äußeren Tempelumgang, hinteren Gemächern und, außerhalb der Umfassungsmauer, einem Brunnen und dem Mammisi. Eine Ziegelumwallung faßt den Bezirk, in dem noch ein paar ältere Tempelreste liegen, zusammen. Die ganze Anlage ist ptolemäisch, nur einige Darstellungen im Hof und auf den Außenwänden stammen von römischen Kaisern, namentlich von Tiberius.

Der *Pylon*, nicht dicker als die äußere Tempelmauer, ist fast ganz zerstört, ebenso die Kolonnaden, die mit 16 Säulen den Hof auf drei Seiten umgeben. Die erhaltenen Stümpfe sind teils noch frisch in den Farben

Doppeltempel von Kôm Ombo

- Umfassungsmauer
- Sobek-Kapelle
- Innerer Tempelumgang
- 2 Brunnen
- Äußerer Tempelumgang
- Säulensaal
- Hof
- Pylon
- Mammisi
- Hathorkapelle
- Tor Ptolemaios' XIII.

N / S / W

(Tiberius vor den Göttern opfernd), das Pflaster ist gut erhalten. Auch dieser Pylon hatte eine Treppe zum Dach. In der Mitte des Hofes stand der Altar, zwei seitliche Granitwannen dienten wohl zu Waschungen. Auf der Innenseite des rechten (südlichen) Pylons und der anschließenden Tempelmauer Augustus, von einer Götterprozession gefolgt.

Die Rückseite des *Hofes* mit ihren Säulenschranken, zwei Portalen und zwei kleinen Türen ist als Fassade der Vorhalle gebildet; im Hohlkehlengesims zwei geflügelte Sonnenscheiben mit Uräen. Auf den beiden mittleren Schranken »Taufen« des Königs Neos Dionysos durch die Tempelgottheiten. Ein Fries sonnenbekrönter Uräusschlangen schließt die Schranken über der Hohlkehle ab.

Die *Vorhalle* mit 10 Komposit- und Palmsäulen ist mit Reliefs geschmückt, versenkten an den Säulenschäften, flachen an den Wänden (Kultszenen). Von den schönen Bildern sei die Segnung des Königs durch vier Götter herausgehoben (a); aber auch die anderen Szenen sind trotz ihrer teilweisen Zerstörung der Betrachtung wohl wert. Die Decke der beiden Mittelgänge trägt fliegende Geier, die Architrave unter den Deckplatten sind mit astronomischen Bildern bedeckt (Sterngötter in ihren Barken am Himmel); man erkennt noch ältere Vorzeichnungen sowie die als Hilfslinien fungierenden Quadratnetze.

Zwei Türen führen in den *Säulensaal,* dessen Decke von 10 Papyrussäulen mit offenem Kapitell getragen wird. Zwischen den Türen auf der Saalseite (b) ist das heilige Krokodil von Ombos wiedergegeben. Von den Wandreliefs sei hingewiesen auf c, wo Haroëris dem König Euergetes II., hinter dem seine Schwester una Gemahlin stehen, beide mit Namen Kleopatra, ein Sichelschwert überreicht sowie das Zeichen ewigen Lebens.

Durch jeweils zwei Türen gelangt man in die drei *Vorsäle* (I, II, III), die ebenso mit sehenswerten Reliefs bebildert sind. Zwischen den beiden Türen an der Rückwand des dritten Saales besonders schön (d): Philometor steht mit Kleopatra vor dem Mondgotte Chons, der dem König durch Einschreiben seines Namens in einen Palmzweig lange Regierungsdauer verheißt; dahinter Haroëris und Sobek. Die Nebenräume sind stark zerstört.

Nur noch in den Fundamenten erhalten sind die *Kapellen* für Haroëris (links) und Sobek (rechts); die Untersätze aus schwarzem Granit trugen die heiligen Barken mit den Götterbildern. Um dies Allerheiligste lagen kleine Gemächer mit Krypten.

Von der Vorhalle aus beschreitet man den Inneren Tempelumgang bis zu den *rückwärtigen* Gemächern, deren Reliefs und Inschriften unvollendet sind: von der mittleren Kammer aus führte eine Treppe zum Ober-

geschoß. An der Nordost-Ecke des Äußeren Umgangs bringt Kaiser Trajan kniend dem Tempelherrn Haroëris als Heilgott *ärztliche Instrumente* dar.

Von dem fast zerstörten *Geburtshaus*, dessen Anlage denen von Dendara und Edfu entsprach, betrachte man das Relief bei e, wo Euergetes II. mit zwei Göttern durch die von Vögeln durchschwirrten Papyrussümpfe auf einem Nachen fährt und Papyrus rauft. Lustigerweise schleicht statt des traditionellen Ichneumon ein Löwe auf einem Papyrusstengel hoch. Durch die Unterspülungen des Nils sinkt der Bau immer mehr zusammen. Eine Treppe führt bei f unterirdisch zum Nil; am Ufer ein sehr zerstörter Nilmesser-Brunnen (ähnlich wie in Edfu).

In einer Kammer der unvollendeten *Hathorkapelle* (Domitian) aus rotem Sandstein sind die in der Gegend gefundenen Mumien heiliger Krokodile versammelt, die wohl in dem Becken östlich des Mammisi (wo auch römische und koptische Reste erhalten sind) gehalten wurden. — Eine *Wasserleitung* mit dem zugehörigen Brunnenschacht und einige weitere Bauteste liegen in der Umgebung. — Im N des Tempels ein von Caracalla dem Sobek geweihtes kleines Heiligtum und die Ruinen einer koptischen Kirche und eines koptischen Wohnhauses.

Herrlich wie vom Nil auf die Tempelruine ist der umgekehrte *Blick* von dort auf den Nil und die Landschaft, das Kulturgebiet bei Kôm Ombo, die Insel Mansurîja, die Orte Schatb und Darâu bis hin zur Wüste im Westen.

Neu-Nubien (El-Nuba el-gedîda)

Das *Becken von Kôm Ombo* ist eine Schöpfung der Wâdi-Kôm-Ombo-Gesellschaft, die seit 1903 in einer für diese Zeit typischen privaten Unternehmung Wüste in ein Wirtschaftsgebiet verwandelt hat. Durch Schlammablagerungen aus dem Ende der Eiszeit war das Areal potentiell fruchtbar. Die Gesellschaft erhielt auf 99 Jahre eine Konzession zur Erschließung des Geländes, wovon 1952 11 600 Hektar bebaut und mit Hilfe einer Pumpstation bewässert wurden. Man baute Zuckerrohr und errichtete an Ort und Stelle eine Zuckerfabrik; 1950 lieferte Kôm Ombo 50 Prozent der Steuereingänge der Provinz Assuân. Um die zentrale Siedlung Kôm Ombo, einer weitläufigen Feld- und Industriestadt beiderseits der Verkehrsachse mit Läden und Geschäften, liegen 35 Dörfer; ein Netz von Kleinbahnen dient dem Transport der Zuckerrohrernte. Dieses Becken von Kôm Ombo, die sog. Abbasîja, wird im Westen begrenzt von dem Altkulturland am Nil, am übrigen Rand nunmehr erweitert um das Siedlungsgebiet von *Neu-Nubien*, das mit seiner Breite von 2-5 km nur geringfügig über die ehemalige Konzession hinausgreift und jeder Familie etwas mehr als 1 Feddân (0,4 ha) Bewässerungsland — von allerdings minderer Güte — bietet.

Um Kôm Ombo als Mittelpunkt wurden so in einem 60 km langen nahezu halbkreisförmigen Bogen auf der Ostseite des Nils, um die Abbasîja herum, die aus dem Gebiet des nubischen Stausees ausgesiedelten → Nubier neuangesiedelt. Einschließlich der kleinen nach Esna abgewanderten Gruppe beträgt die Zahl der Heimatvertriebenen etwa 100 000. Der Siedlungshalbring, südlich Gebel es-Silsila beginnend, entfernt sich an der weitesten Stelle 35 km vom Nil und wiederholt die 40 Dorfbezirke Un-

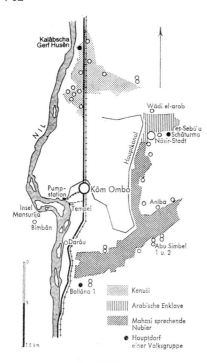

Neu-Nubien

ternubiens mit 33 neuen Dörfern in gleicher Reihenfolge und mit den gleichen Namen: Im Norden liegt das Siedlungsgebiet der Kenuśi, es folgt die arabische Enklave zwischen Sebû'a und Korosko mit der Hauptstadt Nâsir (Nasser)-Stadt, schließlich das Wohngebiet der Mahasi sprechenden Nubier. Doch sind die neuen Siedlungsstätten nicht mehr ausgedehnte Weiler mit Einzelhöfen, sondern kompakte Dörfer mit Schachbrett-Grundriß. Die Häuser sind zu Wohnvierteln zusammengefaßt nach Größe und nicht nach dem Bedarf der den Kern der nubischen Gesellschaft ausmachenden Großfamilien, so daß auseinandergerissen wurde, was alther gebracht zusammengehört. Jede Kulturgruppe hat ein Hauptdorf, je drei Dörfer haben eine Poliklinik in einem weißen Gebäude und eine Schule, im Umkreis gibt es zwei Hospitäler.

1967 war die Wüste urbar gemacht. Zucker-, Milchpulver- und Trockengemüsefabriken verschaffen den Siedlern von Neu-Nubien als Fabrikarbeitern Brot, das neue Kulturland ernährt sie als Farmer. Ihre Lehmhäuser haben sie zwar gegen Steinhäuser eingetauscht, auch haben sie teil an der modernen Zivilisation, doch ihr bei aller Armut königliches Dasein in Freiheit und in der Weite ihrer Heimat (von, beide Ufer zusammen, 600 km) ist dahin. War ihr Lebensrhythmus bisher durch die Nilflut bestimmt, so marschieren sie nun im Tempo einer modernen Industriegesellschaft. An höchst individuelle Lebensgemeinschaft gewohnt, mußten sie sich agrartechnisch anpassen, sich der strengen Herrschaft der Zuckerrohrkultur mit Dauerbewässerung, Anbaukontrolle und genossenschaftlicher Organisation unterwerfen. Inzwischen wurden sie (auch sprachlich) mehr und mehr arabisiert. Die Trauer um die zurückgelassenen Gräber und die Träume von einer Rückkehr in die angestammte Heimat schwinden mit den Alten dahin. Die Nachricht, daß ab 1977 ein Teil der Nubier in die angestammte Heimat werde zurückkehren dürfen, weil das Auf und Ab des Seespiegels viele Tausend ha anbaufähigen Bodens für einige Monate im Jahr freigebe, elektrisierte ganze Dörfer und polte ihre Sehnsucht von der Vergangenheit um auf die Zukunft. Inzwischen sind dort einige Siedlungen wiedererstanden.

Assuân und seine Umgebung

Allgemeine Hinweise (von A-Z)

Ärzte:
s. Krankenhaus.
Ausflüge: s. Zeiteinteilung.
Bahnhof:
Im Norden der Stadt gelegen. Züge nach Schellâl, 14 km südlich; nach Luksor-Kairo; Tageszug Abfahrt morgens, Nachtzug Abfahrt nachmittags, beide Züge mit Klimaanlage, Nachtzug mit Schlafwagen und Essen.
Banken:
Ägyptische Nationalbank, Bank of Alexandria, Bank of Cairo, Bank el-Gumhurîja (Misr Bank), alle an der Uferstraße gelegen, morgens geöffnet, oft auch abends, aber nur kurz. – Wechselmöglichkeiten auch in den großen Hotels.
Cafés:
Einfaches Café auf der Kitchener (Pflanzen-)Insel. – Im Park vor dem Katarakt-Hotel, gegenüber dem Grand Hotel gegen den Nil hin. – Yacht-Club. – Ferial-Garten mit Aussichtsterrasse und Café, zwischen Egyptair und Katarakt-Hotel.
Einkäufe:
Einheimische farbenfrohe Bastarbeiten (Körbe, Teller, nubische Handarbeiten) bei den Straßenhändlern neben dem Grand-Hotel. – Der Sûķ in der Marktstraße 100 m parallel zur Uferstraße bietet in bunter, lebendiger Fülle nicht nur Obst und Gemüse, auch Leder-, Töpfer- und Flechtarbeiten; Gewürze, Tee, Reiseandenken aus Ebenholz und Elfenbein (afrikanisch) bis hin zu ausgestopften Krokodilen. – In der Reisesaison gibt es Schmuck, Stoffe, Antiquitäten im Katarakt-Hotel zu kaufen (Nebenstelle eines Geschäftes in Kairo), Ansichtskarten in den Geschäften Nähe Grand-Hotel.
Flugplatz:
15 km südwestlich der Stadt. Assuân-Kairo täglich mehrere Flüge. Flugzeit Assuân – Luksor 20 Minuten, Luksor – Kairo 50 Minuten. – Nach Abu Simbel täglich je nach Bedarf mehrere Flüge. – Reservierungen und Bestätigungen 2 Tage vor Abflug im Air-Terminal an der Niluferstraße.
Gottesdienst:
s. Kirchen.
Hotels:
Turm-Hotel Oberoi auf Elepantine, Luxushotel mit Schwimmbad und Telex. – New Cataract-Hotel, Sh. Abdal et-Tahrîr, im Süden der Stadt auf einem Felsen gelegen; Cataract-Hotel, von der Terrasse prachtvoller Blick auf den Katarakt (z. Zt. im Umbau). Beide Hotels haben gemeinsam Schwimmbad, Garten, kleinen Hafen für Segel- und Motorboote. – Kalâbscha-Hotel, südlich des neuen Cataract-Hotels, etwas landeinwärts. – Gesîret Amun, auf der Amun-Insel (vor dem Haus der Begum). – Hotel Ramsis und Hotel Happi – Nile City Motel, Sh. Abdal et-Tahrîr, auf der Höhe hinter dem Cataract-Hotel; Bungalows mit je 2–3 Betten, herrlicher Blick auf die Stadt. – Philae-Hotel, Uferstraße, Nähe Fähre. – Grand Hotel, Uferstraße, zentral. – Hotel Abu Simbel, Uferstraße, Nähe Bahnhof. – Jugendherberge, Zeltplatz an der Uferstraße.
Kirchen:
Koptisch-orthodoxe Kirchen (Jungfrau-Marienkirche, Engel-Michael-Kirche, Maria-Markus-Kirche); Messen freitags und sonntags. – Koptisch-katholische Kirche, Ritus lateinisch, italienisch, koptisch; Messen freitags und sonntags. Große Schule angeschlossen und Poliklinik, etwa 25 Nonnen; Sozialarbeit und Mitarbeit im Regierungs-Hospital. –

Koptisch-evangelische Kirche; Gottesdienst sonntags morgens und abends. – Missionskapelle, Niluferstraße 5; Gottesdienst jeden Sonntag 10 Uhr.

Krankenhaus:
Deutsch-schweizerisches Missionshospital der evangelischen Mission in Oberägypten mit Poliklinik an der Uferstraße (neben Grand Hotel), s. Assuân-Stadt. – Altes (an der Uferstraße) und neues Regierungskrankenhaus (an der Straße nach Schellâl).

Polizei:
S. wichtige Adressen.

Post:
Uferstraße, neben Nationalbank, Nähe Kulturpalast. – Telephon, Telegraph, Telex: Hauptsitz bei Egypt-Air-Terminal. – Bahnhof: Hauptpost. – Telex auch im Oberoi und New-Cataract..

Reiseagenturen:
Misr Travel, im Touristen-Basar. – Eastmar, an der Uferstraße. – Wagonlits Cook, im Grand Hotel.

Restaurants (mit guter ägyptischer Küche):
El-Masri, Sh. el-Matár. – El-Nil, Sh. Abbas Farîd. – El-Gumhurîja, Bahnhof. – Abu Shelib-Hotel. – El-Medîna, Sh. Sa'ad Şaghlûl.

Schiffahrt:
Verkehr nach Kôm Ombo, Edfu, Luksor, u. U. auch Einzelbillets erhältlich. Anlegestellen Nähe Grand Hotel. – Nach Wâdi Halfa/Sudân vom Hafen Schellâl, (montags und donnerstags); Reservierung bei Tourist-Information, Assuân-Nord. (Nach Schellâl, 14 km, mit Bahn, Bus oder Taxi). – Bei den Hotels der Uferstraße auch Fährboote und Ausflugsbarken; Auskunft über Ausflug nach Abu Simbel im New Cataract-Hotel.

Unterhaltung:
Nubische Tänze und Volksmusik im Kulturpalast, Volkspark (donnerstags).

Verkehrsmittel:
Taxis am Bahnhof und an der Uferstraße. Zentrale 500 m südlich vom Bahnhof (auch Busbahnhof). Zum Flugplatz nur Taxen mit Sondererlaubnis. – Esel und Kamele für Wüstenausflüge (Aga Chân, Simeonskloster, Fürstengräber) am Westufer (Preis nach Vereinbarung). – Pferdedroschken vor den Hotels und auf dem Markt.

Wichtige Adressen:
Office de Tourisme, Touristen-Information und Polizei bei Hotel Abu Simbel, nördlich der Stadtverwaltung. – Polizei hinter Hauptpost. – In Assuân keine ausländischen Vertretungen.

Zeitplan:
Bei einem eintägigen Aufenthalt: Vormittags mit Taxi zum unvollendeten Obelisken und zum Tempelgebiet von Neu-Kalâbscha (falls genehmigt), zum Staudamm, Rückfahrt mit Segelboot durch den Katarakt. – Nachmittags Besuch des Simeonsklosters und des Grabmals von Aga Chân oder mit dem Segelboot zur Insel Elephantine (antike Stätte, Nilmesser, Museum), weiter zur Pflanzen-(Kitchener-)Insel, Rückfahrt.
Bei einem längeren Aufenthalt empfehlen sich außerdem ein Besuch der Felsengräber, der westlichen Sandsteinbrüche oder eine Fahrt zu weiteren Katarakt inseln, insbesondere zur Insel Sehêl, je nach Interesse auch zum Sadd el-âli. Nachdem die Bauten von Philae auf die Insel Agîlkia versetzt worden sind (Abschlußarbeiten 1980), sollte man eine Fahrt dorthin nicht versäumen.
Mit Taxi oder Eisenbahn (40 km nördlich von Assuân) erreicht man → Kôm Ombo, mit Flugzeug Abu Simbel.

Allgemeine Hinweise 705

Assuân – Name und Geschichte

Der altägyptische *Name* Abu, d. i. *Elefantenland,* erstreckte sich ursprünglich auf das gesamte *Assuân* einschließlich der Insel Elephantine mit der Stadt gleichen Namens. Abu war strategisch wichtig, da es die Katarakte und den Wasserverkehr nach Nubien beherrschte; auch die Karawanenstraße von Nubien und dem Sudân mündete hier. Außerdem hatte die Stadt große Bedeutung wegen des anstehenden, von Quarz, Feldspat und Glimmer durchsetzten (Rosen- und graudunklen) Granits; von der frühesten Zeit bis in die römische Epoche lieferten die Steinbrüche das Hartmaterial für Bild- und Bauwerke. Den Namen »Syenit« erhielt der Stein (durch Plinius) von der jüngeren Stadt Syene (= Assuân) am Ostufer, doch ist er wissenschaftlich jetzt für einen anderen (mehr Hornblende enthaltenden) Stein in Gebrauch.

Ins Buch der Wissenschafts*geschichte* hat sich die Stadt eingetragen durch einen Brunnen, in dessen Wasser die Sonnenstrahlen zur Zeit der Sommersonnenwende (Sommersolstitium) senkrecht einfielen: Der Athener Eratosthenes (276–196 v. Chr., Gelehrter des Museums Alexandria) führte auf Grund dieser Erscheinung die Erdmessung nach der Methode durch, die noch heute geübt wird. Nach Syene war der bissige Satiriker Juvenal (Anfang des 2. Jh.) als Kommandant der römischen Garnison versetzt. Durch räuberische Beduinenüberfälle (der aus der östlichen Wüste kommenden Blemyer) hatte die Stadt im 8./9. Jh. viel zu leiden, später fielen einer verheerenden Pest angeblich 20 000 Menschen zum Opfer. In christlicher Zeit war die Stadt Bischofssitz und erlebte unter den Kalifen eine neue Blüte. Den wiederholten Beduineneinfällen aus allen vier Himmelsrichtungen machte der türkische Sultân Selîm 1517 durch eine Garnison ein Ende.

Assuân-Stadt

Assuân, griechisch Syene, im Sperrgebiet des 1. Kataraktes liegend, ist eine der wohltuendsten Städte Ägyptens. Sein landschaftlicher Reiz ist ungewöhnlich, der Sonnenuntergang oft überwältigend, das Klima wegen seiner Trockenheit höchst angenehm; an Sauberkeit und menschlicher Gesittung gilt die Stadt als eine Oase. Im Januar sieht man nachts um 3 Uhr, im April bereits um 10 Uhr abends das Sternbild des Südlichen Kreuzes. Die Anziehungspunkte sind zahlreich und an Abwechslung so bunt wie das Spiel zwischen den Granitklippen des Stromes. Assuân, um die Jahrhundertwende als Winter-Luftkurort entdeckt, gilt als radioaktiv; Sandbäder in Assuân haben Heilerfolg bei Rheuma.

Mit dem Bau des »Nasser-Dammes« ist Assuân aus seinem Schlaf aufgeschreckt worden, die Stadt hat ihr Gesicht seitdem verändert. Die gewaltige Landschaft in ihrer Größe und Unberührtheit, in ihrer Stille und mondänen Sterilität ist auf dem Ostufer zu einem Industriegelände ge-

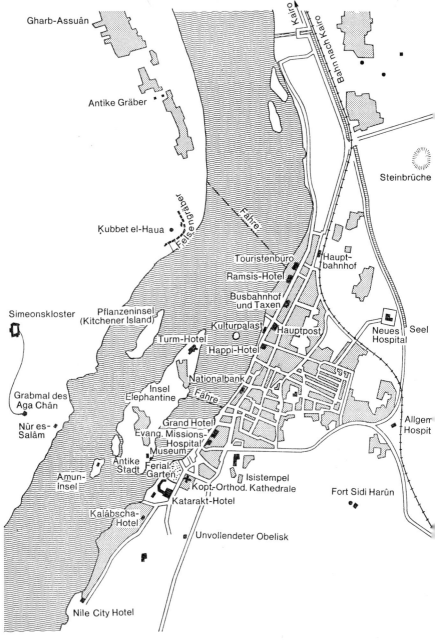

Assuân — Stadt

Assuân — Stadt

worden mit KIMA, dem größten Stickstoffwerk Nordafrikas und des Nahen Ostens, den Nebenanlagen des Hochstaudamms und den Erzgruben. Der Flugverkehr ist ausgebaut. Neue Hotels sind aus dem Boden gewachsen, allerdings nur selten sich glücklich in die Landschaft einfügend, sondern im Allerweltstil, wie riesige Packen von Zigarettenschachteln, auf der Insel Elephantine sogar ein Turmhotel. Auch ein Einkaufszentrum wurde geschaffen, ein Bootshaus erbaut, das »Haus der Kultur« an der Strandpromenade, daneben eine Moschee und eine Anzahl Mietblocks aus Eisen und Beton, ja eine ganze Neustadt mit Klimaanlagen und moderner Wohnausstattung. Die Einwohnerzahl ging schwindelnd in die Höhe (rd. 300 000), so daß Assuân nunmehr Assiût den Rang der größten Stadt Oberägyptens abgelaufen hat.

Die Stadt wurde jedoch nicht nur zu ihrem Nachteil modernisiert, sie erfreut durch hübsche Anlagen und wartet noch immer auf mit bunten Basaren und ursprünglichen Volksszenen; das frühere »Bad der Kleopatra« am Nilufer, wohl ein alter Brückenkopf, ist der Strandpromenade zum Opfer gefallen. In Assuân selbst stehen noch zwei altägyptische Tempel. Der besser erhaltene ist ein Isistempel aus der Zeit Ptolemaios' III. und IV. im Süden der Stadt, 300 m im NO des Katarakthotels. Er liegt unter dem heutigen Straßenniveau (Ghafîr in der Nähe). An Wandschmuck erhalten sind noch 4 traditionelle Reliefs mit Pharao vor Isis u. a. Gottheiten. — Felsgraffiti begegnen in Assuân und Umgebung allenthalben, besonders am Fluß. — Im Osten der Stadt ein Lager von Bischarîn-Beduinen für Handelskarawanen zum Roten Meer.

Glücklicherweise konnte das Krankenhaus der *Evangelischen Mission* in Oberägypten noch rechtzeitig erneuert werden, um den wachsenden Anforderungen gerecht zu werden. 1913 gegründet, wurde es 1960/61 durch zwei Neubauten erweitert. Das an der Uferstraße gelegene Gebäude ist das Schwesternhaus, das andere das Hospital (50 Betten) mit Operations- und Kreißsaal sowie Röntgenabteilung. 1981 konnte auch eine Wartehalle mit Remisen eingerichtet werden. In der teilweise noch vorhandenen alten Bauten wird die ambulante Behandlung durchgeführt, im Jahre durchschnittlich 50 000, stationäre 3000. Durch den vermehrten Verkehr, Industriearbeit und Touristik steigt die Zahl der hier behandelten Unfälle.

Die Mission hat ihre Arbeit in Assuân ursprünglich aufgenommen, um den am Ende des letzten Jahrhunderts heimgesuchten Nubiern zwischen Assuân und dem Sudân zu helfen; seit der Umsiedlung der Nubier aus dem Stauseegebiet ist die Missionsdiakonie auf alle Ägypter ausgedehnt worden. Heute wird außer der ärztlichen Hilfe auch durch Sozialarbeit (Heimarbeit, Alphabetisierung, Armenbetreuung), in den Stadtrandgebieten und durch Seelsorge und literarische Einführung in der Missionsstation selbst von deutschen, finnischen, schweizerischen und ägyptischen

Missionaren und Missionsarbeitern ein umfassender missionsdiakonischer Dienst für die Bevölkerung der Provinz Assuân geleistet. Zur Mission gehört auch die Außenstation → Darâu. – Im Betsaal Gottesdienst (s. Kirchen).

Elephantine

Fahrt zur Insel mit Segelboot wird am besten mit Besuch der Pflanzeninsel (Kitchener Island) verbunden. Ausflug wegen Hitze möglichst vormittags. Café im Turmhotel Oberoi.

Antike Stätte

Die Assuân gegenüberliegende, langgestreckte Insel wurde seit dem 4. Jt. besiedelt und teilt gewissermaßen die historische Keimzelle des Assuângebietes dar. Heute trägt die Insel zwei nubische Dörfer. Südlich des südlichen Dorfes, teils noch unter ihm begraben, dehnen sich die Ruinen der antiken Siedlung aus. Zwar ist, durch Sebbahgrabungen im SO der Stadt, durch ein Papyrusunternehmen und die Suche nach einem Jahwe-Tempel 1906–09 sowie durch historische Kriege dieses archäologisch äußerst wichtigen Geländes die Südspitze der Insel teils bis auf den Grund abgetragen worden, doch die exakten und systematischen Freilegungsarbeiten seit 1969 durch das Deutsche Archäologische Institut Kairo (DAI) in Zusammenarbeit mit dem Schweizer Institut für Baugeschichte, haben zur Funktion der Bauten wie zu ihrer zeitlichen Einordnung bedeutende Erhellung gebracht.

Danach ergibt sich, daß das Gebiet mindestens seit dem Beginn des 3. Jahrtausends besiedelt und mit Kultstätten versehen war. Etwa beim heutigen Nilometer lag der Hauptzugang zur Stadt. Er führte an einem Heiligtum vorbei, das der *Satet* gewidmet war und das seit der Frühzeit bis zu den Römern mehrmals neu- bzw. angebaut wurde. Satet (Satis), »die Herrin von Elephantine« (auch von der Insel Sehêl), dargestellt als Frau mit hoher Krone, an der zwei Antilopenhörner sitzen, galt als »Bringerin des Wassers«, da bei Elephantine (anders auch auf Bigga) die mythischen Nilquellen lagen. Satis war die Gemahlin des widderköpfigen Chnum, der ebenfalls dort als Kataraktengott verehrt wurde und, wohl im MR, eine Kultstätte erhielt.

Nördlich des Inselmuseums wurde eine monumentale Treppenanlage aus römischer Zeit angeschnitten, die – offenbar vom Hafen der antiken Stadt ausgehend – ehemals der Hauptzugang und Anfang der großen Prozessionsstraße zu den Tempeln von Elephantine gewesen sein dürfte. Die von zwei Terrassen flankierte, 6,50 m breite und über 20 m lange Treppe ist noch hervorragend erhalten.

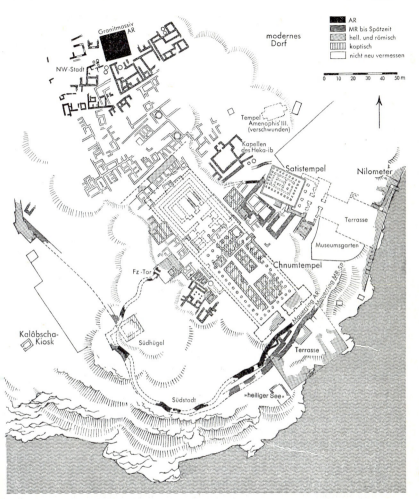

Elephantine — Vorläufiger Gesamtplan des Grabungsgeländes

Tempel der Satis

Vom Tempel der Satis (Satet) ist etwa die Hälfte der reliefierten Sandsteinblöcke wieder ans Licht gekommen, so daß in mühsamem Puzzle-Spiel das Bauwerk rekonstruiert werden konnte. Neben den häufigen

Opferszenen ist beispielsweise die Darstellung einer Bootsfahrt der Lokalgöttinnen Satet und Anuket überliefert.
Der Satis-Tempel war ein Peripteros, von dessen 32 Pfeilern noch 28 erhalten sind. 20 m × 14 m groß, besteht er aus einer Vorhalle mit 2 Hathorpfeilern und je einer Kapelle für Satet, den Reichsgott Amun und die nubische Lokalgöttin Anukis, sowie (hinten) einem Magazinraum. Dieser so rekonstruierte Tempel verdankt seine Entstehung der Königin Hatschepsut (18. Dyn.) und erlitt daher das Schicksal, von ihrem Nachfolger Thuthmosis III. (im Zuge seiner Verfolgung der Bauherrin) beschädigt zu werden. Entscheidendere Zerstörungen gehen auf die Ptolemäer zurück, die über dem Tempel einen neuen errichteten und für ihre Fundamente ein Mörtelbett brauchten.
Die Kultstätte hat eine historische Dimension von mehr als 3000 Jahren. Die älteste Kultstelle, Vorraum und Sakralraum, lag in der Nische zwischen zwei rundgeschliffenen Granitfelsen. Sogar die unterste Lage dieser Lehmziegelhütte, die innen mit blauen Fayence-Kacheln verkleidet war, konnte noch ermittelt werden.
In der 3. Dyn. wurde dem Ziegelbau ein ziegelummauerter Hof vorgelegt. In der 6. Dyn., da der Boden um fast 1 m höher lag, entstand eine anspruchsvollere Tempelanlage (wenn auch noch aus Lehmziegeln) mit einem Naos für das Götterbild. Unter Sesostris I. (12. Dyn.) wurde ein Kalksteintempel über die nun schon 1000 Jahre alte Anlage eingepaßt. Da der Stadthügel inzwischen weiter aufgewachsen war, mußte man auf einem Umgang über Rampen und Treppen zu ihm hinabsteigen.
Hatschepsut hat – nach weiteren 500 Jahren – den ganzen Kalksteintempel zuschütten lassen und auf dem nunmehr um 2 m angehobenen Niveau der Stadt den beschriebenen größeren Umgangstempel (Peripteros) errichten lassen; allerdings führte noch eine Schachtanlage zu dem alten Heiligtum hinab. Nach wiederum 1200 Jahren hat Ptolemaios II. – erstmals ohne erkennbare Beziehung zur Tradition der Vorgängerbauten – den Tempel in dem seit der 30. Dyn. üblich gewordenen Stil erneuert.
Nach insgesamt mindestens 9 Fassungen des Tempels setzten die Römer den Schlußpunkt der über 3000jährigen Baugeschichte. Danach wurde der Tempel als Steinbruch für christliche und später für islamische Bauten, vor allem in Assuân, benützt.
Sehr zu danken ist dem Deutschen Archäologischen Institut das einmalige Unternehmen, durch den Wiederaufbau sämtliche entscheidenden Bauphasen sichtbar gemacht zu haben. Die fehlenden Mauerblöcke sind durch Wände aus (60 000) Ziegelsteinen, jene bei früheren Grabungen zutage gekommen, jetzt im Louvre bewahrten Blöcke durch Kunststeinabgüsse ersetzt worden. In Vitrinen werden die Kleinfunde der Grabungsschichten in einer Art archäologischer Lehrschau gezeigt. Mit dieser Leistung ist Ägypten um eine Touristenattraktion reicher geworden.

Elephantine

Bei hinlänglicher finanzieller Unterstützung könnte auch der Tempel Sesostris' rekonstruiert werden. Vorerst gehen die Forschungen an den beiden Kaianlagen weiter, an zwei neu entdeckten Nilstandsmessern und an einem Widderfriedhof. Es steht zu hoffen, daß Elephantine als eine soziale Einheit und ein organisches Gebilde zur Schau gebracht werden kann.

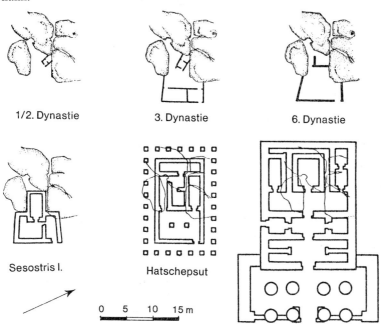

Entwicklung des Satistempels auf Elephantine

Tempel des Chnum

Nahe dem Satistempel und mit ihm durch einen Weg, später eine Treppe, verbunden, liegt der *Chnumtempel* auf dem Kôm (Hügel) bedeutend höher als der Tempel der Göttin und überflügelt ihn auch an Größe und Bedeutung. In der Spätzeit neu erbaut (von Nektanebos II. wiederbegonnen) und dabei leicht aus seiner früheren Achse gedreht, ist der Chnumtempel im Zentrum des antiken Siedlungsgebietes aus einem vergleichsweise bescheidenen Kernbau im Laufe der Geschichte zu einem beherrschenden Bauwerk angewachsen. Als die Römer ihm eine imposante Terrasse vorlegten, haben sie die natürliche Kaimauer dort um 15 m aufgeschüttet. Auch der Satistempel erhielt eine bis zur Uferböschung ausgreifende Terrasse; das Ufer zwischen beiden Terrassen wurde befestigt. Die beiden Tempel, ihre Verwaltungs- und Wohngebäude, die Magazine und Werkstätten eingerechnet, die großen Widderfriedhöfe des Chnumtempels und »der heilige See« am SO-Fuß der Chnumterrasse, der als Nilometer diente (30. Dyn.), und schließlich der zum Satistempel gehörende Nilometer einbezogen, haben etwa zwei Drittel des alten Stadtgebietes eingenommen.

Nilmesser

Der *Nilometer*, der sich gegen die nördliche Stützmauer der Terrasse des Satistempels lehnt und der nur von oben zugänglich gewesen zu sein scheint, gehört nach diesem Befund ausschließlich zum Satistempel. Die Anlage am Ufer ist ein aus Quadern erbautes, im Hauptteil durch Granitplatten und Sandsteinbalken abgedecktes, rd. 16 m hohes Treppenhaus, in dem das Wasser mit dem Strome (wohl nach dem Prinzip kommunizierender Röhren) steigt und fällt. Im Unterschied zu anderen vergleichbaren Anlagen (so Philae, Luksor, Esna) knickt der Treppenlauf dieses Nilometers aus geländetechnischen Gründen zweifach ab. Durch das untere Gangende drang das Nilwasser in den Treppenraum ein.

Der höchste, mittlere und tiefste Wasserstand wurde an den Wänden markiert, und je nach der gemessenen Flut sind die Feldarbeiten organisiert und die Steuern berechnet worden. Die Meßskalen stammen aus der Kaiserzeit und haben demotische und griechische Ellenbezeichnungen. Sie sind tagsüber durch Schlitzfenster der gegenüberliegenden Frontmauer, der Meßraum nachts künstlich beleuchtet worden, wie die in die Wände eingelassenen Lampennischen schließen lassen. Nachdem er über 1000 Jahre in Vergessenheit geraten war, ist der Nilmesser 1870 wiederhergestellt und in Gebrauch genommen worden, wie französische und arabische Aufschriften melden; die neuen Skalen sind auf Marmortafeln aufgezeichnet. Heute hat der Nilometer bei dem ziemlich konstant bleibenden Wasserstand (etwa 15,5 m NN) nur noch musealen Wert.

Ein kleines gemauertes Becken von rd. 8 m × 11 m liegt hart südlich der Terrasse des Chnumtempels. Da dies Becken nur während der Nilflut mit Wasser gefüllt gewesen ist, muß seine Funktion als »Heiliger See« angezweifelt werden, besonders auch, weil zwei Skalen es mit Sicherheit als *Nilmesser* ausweisen. Die eine dieser beiden Skalen entspricht genau der des Nilmessers beim Satistempel und an anderen Orten Ägyptens, indem sie die Höhe des Flutwassers über dem Nieder-Nil angibt. Daneben besteht aber hier ein zweites Meßsystem, das die Höhe der Flut über einem

Durchschnittsniveau der Äcker in Oberägypten angibt. Eine demotische Inschrift nennt die untere Grenze der Überschwemmung, die gerade eine Hungersnot vermeidet, und die obere Grenze, jenseits derer die Flut eine Katastrophe bedeutet, sowie das ideale Mittelmaß. Dieser Nilmesser wird nicht nur von Strabon beschrieben, diese zweite, nur hier im Original belegte Skala läßt sich auch in Texten bis in die Frühzeit Ägyptens, zu den Angaben des Palermosteins, zurückverfolgen. Wichtige Erkenntnisse für Klimaverschiebungen in den letzten 5000 Jahren sind zu gewinnen. Das Meßbecken des Chnumtempels dürfte aus der 30. Dyn. stammen, hat aber wahrscheinlich Vorgänger gehabt.

Weitere Denkmäler

Ein wenig nordwestlich des Satistempels ist aus einzelnen Kapellen im MR ein *Heiligtum für Heka-ib* zusammengewachsen, den vergöttlichten Gaufürsten von Assuân, der auf dem Westufer in einem der Felsgräber bestattet war. Aus dem Heiligtum stammen eine große Zahl herrlicher Statuen des Mannes.
Nordöstlich davon, bei der Senke, die das antike Bebauungsgebiet von dem heutigen Nubier-Dorf trennt, lag ein *Stationstempel Amenophis' III.* für Chnum. Kambyses, der die übrigen Tempel von Elephantine zerstört hat, verschonte diesen, doch 1822 wurde er, obwohl noch ausgezeichnet erhalten, abgerissen. Das ist um so bedauerlicher, als der Bau einen der spätesten Umgangstempel darstellte.
Die *Wohnsiedlung* erstreckt sich vom S her, westlich den Chnumtempel umgehend, bis zu dem spätestens in der 6. Dyn. errichteten Granitmassiv der NW-Stadt, das ehemals eine Pyramide trug. Im AR war die Südstadt von einem Mauerring umgeben, der einen natürlichen Felsrücken ausnützte. Im NW dieses Ringes wurde ein Stadttor der Frühzeit entdeckt.
Im 6. und 5. Jh. v. Chr. lag unter persischer Herrschaft innerhalb des Stadtgebietes Elephantine, an die nördliche Begrenzung des damaligen Chnumbezirks heranreichend, eine jüdische Militärgarnison mit einem *Jahu-Tempel,* der etwa am Platz des Allerheiligsten des Chnumtempels der 30. Dyn. gestanden haben dürfte. Elephantine war offensichtlich vorzugsweise Tempelstadt geworden, während sich die Wohnsiedlungen nach Syene, dem heutigen Assûan am Gegenufer, verlagert hatten. Von der Militärkolonie stammen die berühmten *Papyrusfunde* in aramäischer Schrift und Sprache, die erstmals über den außerjerusalemischen Tempelkult Nachricht überliefert haben. Die Priester des Chnum-(Widder!)Gottes, die wohl an dem Verzehr des Passah-Lammes (!) Anstoß nahmen, zerstörten den jüdischen Tempel, doch wurde er auf Befehl des Darius neu aufgebaut.
Das Ende des Kultbetriebs auf Elephantine und der Abbruch der Gebäude

zur Gewinnung von Baumaterial sowie das Einnisten von Wohnhäusern im Tempelbezirk ist nicht genau zu datieren. Im römischen Vorhof scheint ein Teil des aus Texten bekannten *Klosters* von Elephantine gestanden zu haben; dazu gehörte eine als Zentralbau angelegte Kirche vor dem früheren Tempeleingang. In koptischer Zeit erhob sich außerdem nordwestlich des Chnumtempels eine bedeutende *Basilika*, von der im Ruinengelände verstreut noch Säulenschäfte und -basen und Piedestale aus Granit herumliegen.

Im SW der alten Stadt, wo während der Bergungsaktion die Blöcke der zu versetzenden nubischen Tempel gelagert waren, ist aus im Kalâbscha-Tempel verbauten ptolemäischen Blöcken eine *Kapelle* errichtet. – Mit Nilometer und dem inmitten eines schönen Gartens gelegenen Museum gehört Elephantine als eine Stätte ungewöhnlicher historischer Tiefe und Begegnungen zu den geistigen Sammelpunkten Ägyptens. Von der Höhe des Kôms herab hat man eine prächtige Aussicht auf den Nil, gegen dessen Flut die Granitfelsen des Kataraktes sich machtvoll sperren.

Assuân-Museum

Außer montags und an Feiertagen im Winter von 9–14 Uhr, im Sommer von 8.30–13 Uhr und freitags von 8.30–11 Uhr geöffnet; meist nur Teile der Ausstellung zugänglich. 1980 wurde in Assuân der Grundstein für ein neues Nubien-Museum gelegt.

Dicht beim Nilmesser liegt das *Assuân-Museum* mit einer hübschen Sammlung von Grabungsgegenständen aus der Umgebung und aus Unternubien in vier Räumen.

Im *Säulengang* außer einer Reihe von Fragmenten und Torsen zwei unterlebensgroße Granitstatuen des Chema und des Sarenput II. sowie zwei Opfertafeln aus schwarzem Granit. — Im *Vorraum* Widdermumie in einem vergoldeten Sarg aus dem Widderfriedhof von Elephantine, wie sie in viele Museen gewandert sind; zwei prächtige Statuen aus schwarzem Granit; die des Heka-ib stammt aus seinem Heiligtum auf Elephantine, eine Nachbildung vor dem Bahnhof in Assuân. Stelen.

1. Raum: Vorgeschichtliche Funde aus dem 4. Jahrtausend, Keramik, Steingefäße, Schminkpaletten (beachte Seekuh [?] oder Elefant [?] und Giraffen auf Elfenbeinkamm!), Knochen- und Feuersteingeräte, Keulenköpfe, Amulette (beachte Skorpione!), Schmuck und Rollsiegel.

2. Raum: Funde aus dem AR (3. Jt.), Werkzeuge und Waffen aus Kupfer, verzierte Straußeneier, Porphyrschale, Schmuck (auch Muscheln).

3. Raum: Funde aus dem MR und NR (2. Jt.), Keramik, Alabastergefäße, Mumienmasken aus Gips, Fayencegefäße, Brettspiel; Wandvitrine: Toilettengeräte (Spiegelsammlung); Mittelvitrine: Waffen; Fenstervitrine: Schmuck, kleine Stele für Amun aus Wâdi es-Sebû'a; eigene Vitrine für Skarabäen.

Assuân-Museum — Insel Sehêl — Westufer

4. Raum: Gegenstände griechisch-römischer Zeit, meroïtische und christliche Stücke wie Mumien, Gefäße und Armbänder aus Bronze, meroïtische Glasflasche (Kostbarkeit), Keramik, (grobe) Amulette, Perlenkette, Weihrauchgefäß und -kessel.

Im *Garten und Hof* hinter dem Museum Architekturelemente der 18. Dyn., die Nektanebês II. in die → Tempel auf Elephantine verbaut hatte.

Pflanzeninsel (früher Kitchener Insel) oder Botanische Insel
(Karte S. 717)

in englischen Versionen Plantation Island oder Botanical Island genannt.

→ Elephantine; einfaches Café. Photoliebhaber sollten sich ausreichend mit Farbfilm ausrüsten. Modeschmuck nubischer Tradition wird preiswert angeboten.

Man sollte nicht versäumen, sich auch auf die westlich benachbarte Insel übersetzen zu lassen, das Kitchener Island oder die Insel el-Atrûn, die Lord Kitchener auf seiner Strafexpedition gegen die Mahdisten bewohnte, jetzt von der Regierung als Park für die Fremden gehegt wird. Wundervolle Exemplare botanischer Raritäten: Königspalmen, Granatbäume, Christsterne; Oleander, Jakaranden, Bauhinien; Bigonien und ein ganzer Rausch von Bougainvillea entzücken mit ihrem grünen Flor und den leuchtenden Farben der Blüten das von Wüstengelb und Himmelsblau ermüdete Auge.

Insel Sehêl (Karte S. 717)
mit Boot erreichbar.

Die nach Elephantine sehenswerteste Katarakteninsel ist die der Göttin Anukis geweihte Insel Sehêl. Auf ihr sind die Reste eines Tempels von Amenophis II. und eines von Ptolemaios IV.-Philopator sowie über 200 Felsinschriften zu sehen. Die bedeutendste und längste von ihnen, die »*Hungersnotstele*«, berichtet von Dürrejahren unter Djoser (3. Dyn.), die durch einen Anruf des Königs an die überschwemmungbringenden Kataraktengötter beendet wurden. Die Stele wurde von Ptolemaios IV. eingraviert, um durch diese Fiktion dem Kult der Kataraktengötter historische Würde zu verleihen. Im Volksmund heißt sie »Josephstein«.

Ausflug auf das Westufer:
Grabmal des Aga Chân, Felsengräber und Simeonskloster (mit Esel oder Kamel), u. U. Sandsteinbrüche nördlich davon.

Mit Segelboot auf das Westufer. Am Ufer, unweit der Felsengräber, warten die Esel oder Kamele, falls man sie einen Tag vorher bei einer Reiseagentur bestellt hat. Nach dem Besuch der → Felsengräber läßt man das Schêchgrab Kubbet el-Haua (182 m) re. liegen, reitet eine Strecke WNW, bis man eine ebene Wüstenfläche erreicht, dann SSW bis an ein Sandtal, an dessen gegenüberliegender Seite sich burgartig das → Simeonskloster erhebt (etwa 40 Minuten). Vom Kloster den alten, teilweise eingefaßten und mit Stufen versehenen Klosterweg hinunter zum Nil (15–20 Minuten, sehr sandig); oder vom Kloster auf dem Bergrücken einen asphaltierten Weg bis zum Grabmal des Aga Chân. Von hier

führt der asphaltierte Weg vorbei am Hause der Begum hinunter zum Nil, wo die Boote für die Rückfahrt warten.
Will man mit der Besichtigung des Grabmals beginnen, so segle man bis zur Baumgruppe unweit des Hauses der Begum und steige zu Fuß die moderne Straße hinauf zum Grabmal (10 Minuten). Von hier führt der asphaltierte ebene Weg in NNW-Richtung zum Simeonskloster (20 Minuten).
Die westlichen Steinbrüche besuche man vom Simeonskloster aus oder aber von Gharb-Assuân.

Grabmal des Aga Chân

Grabmal des Aga Chân (prachtvolle Aussicht auf Assuân und den 1. Katarakt). Das Grabmahl ist geöffnet: täglich von 9–12 Uhr und von 14–17 Uhr, außer montags.
Aga Sir Sultân Mohammed Schah (1877–1957) war das Oberhaupt der islamischen Sekte der Hodschas, eines Zweiges der Isma'iliten, von seinen Anhängern (ca. 4 Mill. in Indien und Ostafrika) als erblicher Imâm verehrt. Wegen seiner politischen Loyalität wurde er von der anglo-indischen Regierung in den Fürstenstand erhoben. Die Stätte seiner letzten Ruhe hat er hier gewählt, weil er sie für die schönste der Erde hielt. Das kuppelüberwölbte Mausoleum, zu dem eine Freitreppe hinaufführt, ist aus poliertem Assuân-Granit nach dem Vorbild der → Gijûschi-Moschee auf dem Moḳáttam bei Kairo erbaut. In dem Grabmal schreitet man über einen roten Teppich zu dem Sarkophag aus weißem Marmor, der täglich mit einer einzigen roten Rose geschmückt wird. Auf der Schmalseite des mit Koransprüchen überzogenen und wie eine Elfenbeinarbeit wirkenden Sarges ist neben dem Namen Aga Châns ein Feld ausgespart für den der Begum, die in der tiefer gelegenen Villa „Nûr es-Salâm" ihren Wintersitz hat. Im Innern Tafel mit der Geschichte der Sekte.

Felsengräber (Plan S. 719)

Gegenüber dem Nordende der Insel Elephantine, am Hang des westlichen Uferhügels unterhalb des Schêchgrabes Ḳubbet el-Haua, liegen in mehreren Terrassen die Felsengräber der Fürsten und Großen von Elephantine aus dem Ende des AR und aus dem MR, der Kommandanten, unter deren Leitung Soldaten und Dolmetscher den internationalen Durchgangsverkehr besorgt haben. Weithin sichtbar sind die alten Felsentreppen, die zu den Gräbern hinaufführen; sie bestehen aus zwei parallelen Stufenreihen beiderseits einer schrägen Rampe, auf der die Särge hinaufgeschleift wurden. Für den nicht unanstrengenden Aufstieg über Treppen (oder Eselritt) wird man auch durch den Blick belohnt, der freilich noch großartiger ist, wenn man die Mühe nicht scheut, bis zur Ḳubbet el-Haua zu steigen, von dort überblickt man die Wüste, den Nil und die Kataraktlandschaft überraschend weit. Bei den Gräbern beschränke man sich auf diejenigen, die wir im folgenden von S nach N in der oberen Terrasse abschreiten.

Nr. 25, das südlichste dieser Gräber, gehört *Mechu* (6. Dyn.) und ist in Anlage und Ausschmückung recht roh. Vor dem Eingang ein inschriftsloses Obeliskenpaar, in der Halle 3 × 6 roh behauene Säulen, in der Achse ein dreibeiniger Altar, in der Rückwand, oberhalb einiger Stufen, eine Nische mit Scheintür. Die Bilder: Opfer vor dem Toten, Feldarbeiten.

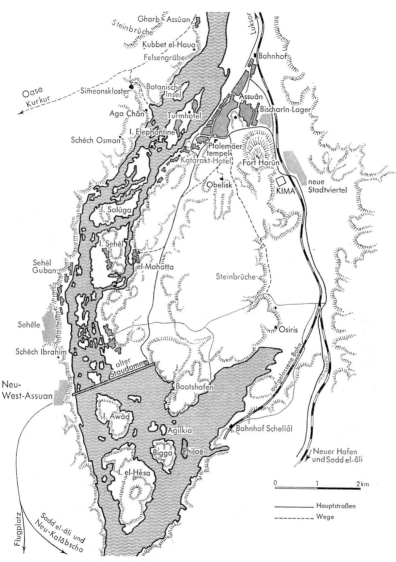

Gebietskarte von Assuân

Nr. 26 schließt als Grab des Sohnes *(Sabni I.)* unmittelbar an. Ähnliche Anlage, in der Halle 2 × 6 Pfeiler, auf der Rückwand der Verstorbene mit seinen Töchtern auf der Fisch- und Vogeljagd in den Sümpfen. Scheintürnische in der Rückwand links, etwa in der Mitte der Doppelanlage. Beide Gräber haben einen gemeinsamen Hof, in den je eine Rampe vom Nil heraufführt.

Auf der Fassade des Grabes berichtet eine Inschrift, daß Sabni auf die Nachricht hin, sein Vater Mechu sei auf einer Expedition tief in Nubien gestorben, mit 100 Eseln und zahlreichen Leuten auszog, um die Leiche heimzuholen. Er brachte sie auf einem Esel nach Assuân und bestattete sie in allen Ehren.

Rechts von diesem Doppelgrab hinauf gelangt man — an mehreren verschütteten Gräbern vorbei — zu *Nr. 28*, dem des *Heka-ib*, in dem der Verstorbene als Nubier dargestellt ist, und dann zu dem am Knick der Terrasse liegenden Grab

Nr. 30, eines Mannes mit demselben Namen, *Heka-ib*, aus dem MR. Eine Felsenhalle mit 6 Pfeilern, deren Mittel-»Schiff« mit flacher Tonne überwölbt ist; in der Kultnische an der Rückwand über einem farbigen Sockel eine Papyruspflanze und zwei stehende männliche Figuren. Der Papyrus hat hier die Bedeutung eines Leben spendenden Symbols.

Mit dem nördlich benachbarten Grab *Nr. 31*, der Anlage des Fürsten *Sarenput II.* (12. Dyn.), erreicht man eines der schönsten, besterhaltenen und größten Gräber. Besonders eindrucksvoll wirkt der geologisch geschichtete Sandstein.

In dem architektonisch sehr wirksamen hohen *Pfeilersaal* hinter dem unfertigen Hof steht rechts (zwischen 2. und 3. der insgesamt 6 sich verjüngenden Pfeiler) eine granitene Opfertafel; in der Verlängerung der Achse steigt eine Treppe in einen tonnenüberwölbten *Korridor* mit je 3 Nischen rechts und links, in jeder eine aus dem Felsen gehauene Mumiengestalt des Toten; vor der 1. Nische links das Bild des Verstorbenen, das in den Farben noch ausgezeichnet erhalten ist, mit Sohn und Biographie. Rückwärts anschließend ein kleinerer *Saal mit 4 Pfeilern* und einer Nische im Hintergrund; darin die sehr feine Darstellung des Toten vor dem Speisetisch, vor ihm sein Sohn mit Blumen; an der rechten Wand entsprechend seine Mutter am Speisetisch; an der linken Wand schließlich der Tote mit seinem Sohn und vor ihm seine Frau, die den Toten versorgt. Viele Einzelfunde aus diesem Grab sind jetzt in den Museen verstreut (siehe auch Assuân-Museum auf Elephantine).

Das folgende, nach N anschließende und ein wenig ältere Grab *Nr. 32 (Aku)* lockt allein wegen der schön gestalteten Kultnische, deren Bemalung, abweichend von den meisten übrigen Gräbern, nicht auf eine Stuckschicht, sondern unmittelbar über eine dünne weiße Tünche aufgetragen ist.

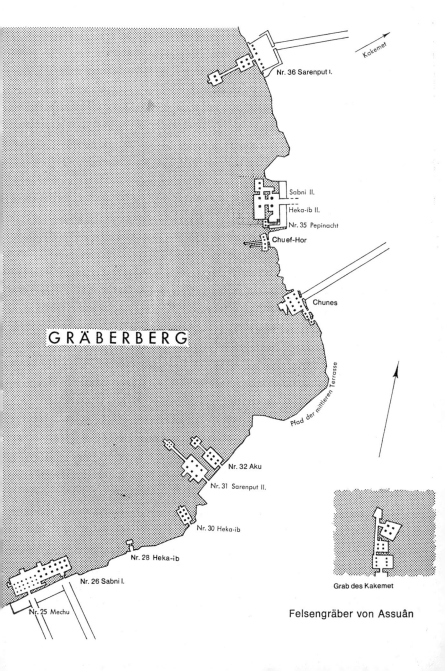

Das Grab des *Chunes* (Nr. 34 h, 6. Dyn., eine der kompliziertesten Anlagen jenseits der großen Wegbiegung, bietet in seiner Pfeilerhalle (8 Pfeiler) reizvolle Handwerkerszenen.

Das Grab des *Chuef-Hor* (Nr. 34 n, 6. Dyn.) ist in der Wissenschaft berühmt wegen seiner aufschlußreichen Inschriften beiderseits der Eingangstür. Der Grabinhaber rühmt sich des Erfolges von vier Handelsreisen nach Nubien und in den Sudân, erzählt in der Form eines königlichen Antwortbriefes besonders gewichtig von dem Zwerg, den er von seiner letzten Expedition aus dem Süden für den jugendlichen König Pepi II. mitgebracht hat.

Seine Majestät wünschte den Tanzzwerg »mehr zu sehen als alle Produkte vom Sinai und aus Punt«. So lesen wir seine Mahnung: »Wenn er (der Zwerg) mit dir ins Schiff steigt, so bestelle zuverlässige Leute, die an der Reling auf ihn aufpassen, damit er nicht ins Wasser fällt. Wenn er nachts schläft, so bestelle zuverlässige Leute, die bei ihm im Zelt schlafen, und kontrolliere zehnmal des Nachts.«

Ähnlich interessant berichtet der benachbarte Grabinhaber von *Nr. 35, Pepinacht,* auf der Fassade seines sonst nicht bemerkenswerten Grabes von seinen Feldzügen gegen die Nubier und die Bewohner der östlichen Wüste (6. Dyn.).

Neben dem Grab des Pepinacht liegt das neuerlich ausgegrabene Felsgrab des *Heka-ib II.,* dessen → Gedächtnistempel gleichzeitig auf Elephantine freigelegt wurde. Während es selbst recht mittelmäßig ausgestattet ist, liegt seine Bedeutung in den Votivgaben, deren Menge den Eingangshof buchstäblich ausgefüllt hatte; heute stehen sie im → Museum von Elephantine. — Von seinem Vorhof gelangt man durch den rechten (nördlichen) Eingang in das *Grab Sabnis II.*

Feine Kalksteinreliefs finden wir im Eingang zum Grabe des Fürsten *Sarenput I. (Nr. 36,* 12. Dyn.) weit im Norden. Eine Tür mit den Bildern des Toten führt in den *Hof* mit 6 Pfeilern im Hintergrund, über denen die Decke heute eingebrochen ist. Die Pfeiler sind mit schönen Darstellungen des Toten und biographischen Texten bedeckt. An der Rückwand, links von der Tür zum anschließenden 4-Pfeiler-Saal: Sarenput, gefolgt von seinem Sandalenträger und zwei Hunden; Stiere, teils miteinander kämpfend, werden ihm vorgeführt; darunter Sarenput in seinem Nachen mit Lockvogel Fische speerend; rechts von der Tür: Sarenput, gefolgt von einem Bogenträger, einem Hund und drei Söhnen; oben in einer Laube seine Frau, Mutter und zwei Töchter mit Blumen ihm gegenüber; unter dem Herrn drei Sängerinnen, am Boden hockend.

Die Tür in der Mitte der Rückwand öffnet sich in eine *Halle* mit 4 Pfeilern; hinter einem schmalen, von einer flachen Tonne überwölbten Gang folgt ein Raum mit zwei Pfeilern und der *Kultnische* am Ziel der Mittelachse. Die weitere Ausstattung des Grabes mit erzählfreudigen Illustrationen zu Sport, Handwerk, Haus, Küche und Kult ist stark zerstört.

Nordöstlich abgelegen ist das Grab des *Kakemet* (ohne Nr., Zeit Amenophis' III.), in dessen 6-Pfeiler-Hof eine Gerichtsszene vor Osiris dargestellt ist, eine Totenklage und der Verstorbene vor der Hathorkuh im Westgebirge; gegenüber (an der Nordwand): klagende Frauen bei der Mumie am Grabeingang. Die Decke der 4-Pfeiler-Halle ist prachtvoll ausgemalt mit fliegenden Vögeln und Spiralen mit Stierköpfen, wie sie an Kreta erinnern. An den Pfeilern der Tote vor Göttern, vor allen Osiris.

Neue Ausgrabungen bei den Felsengräbern in Assuân sind im Gange und bringen weitere Gräber ans Licht. Es konnte eine 3. Gräberreihe gesichert werden.

Simeonskloster

Das *Simeonskloster* ist nach einem Lokalheiligen des 5. Jh. Dêr Amba Sim'ân, auch Dêr Amba Hadra genannt und liegt auf einer Wüstenhöhe des Westufers, etwa gegenüber dem südlichen Ende der Pflanzeninsel. Über den Weg → Assuân, Ausflug auf das Westufer.

Das Simeonskloster ist eines der besterhaltenen und größten koptischen Klöster Ägyptens. Es wurde im 7. oder 8. Jh. gegründet, im 10. Jh. neu erbaut. Aber schon im 13. Jh. wurde es wegen Wasserversorgungsschwierigkeiten (das Kloster hat keinen Brunnen) und wiederholter Angriffe von Nomadenstämmen aufgegeben.

Das Kloster ist auf zwei verschieden hohen Felsterrassen erbaut und von einer 6—7 m hohen Mauer umgeben, deren untere Teile aus Bruchstein, die oberen aber aus ungebrannten Nilschlammziegeln bestehen. Eine Tür im *Ostturm* führt in den Hof der unteren Terrasse, rechts eine große Bank (Mastaba) für Pilger. Im Süden die dreischiffige *Basilika* (9. Jh.), deren Mittelschiff einst mit Kuppeln gedeckt war; noch gut hat sich der Steinplattenfußboden erhalten. Die Apsis des dreiteiligen Sanktuariums bietet Freskenreste, in der Mitte der Wölbung den thronenden Christus zwischen zwei Engeln, an der linken Wand Heilige; dazu arabische Besucherinschriften. Rechts führt eine Tür in das *Baptisterium* (mit Taufbecken) hinter der Apsis. Die Kirche ist von *Grotten* umgeben, die in den Felsen eingehauen sind und wahrscheinlich die Wohnungen der ersten Anachoreten darstellen. Eine davon — an der Westseite der Kirche — zeigt an der flachen Decke ein gemaltes teppichähnliches Muster (8. Jh.) in Braun, Rot, Gelb; geometrische Formen umgeben Vierecke mit Heiligenköpfen. Auch an den Wänden Reste von Heiligenfiguren, deren Gesichter später zerstört wurden.

An der Südostseite des Hofes *Schlafräume* mit je drei gemauerten Betten. Im Nordwesten der Kirche führen Stufen zur oberen Terrasse, wo sich

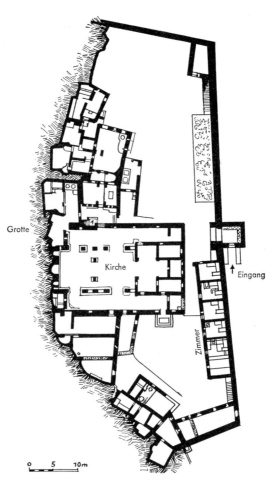

Simeonskloster (Dêr Amba Sim'ân). Untere Terrasse

Simeonskloster (Dêr Amba Sim'ân). Obere Terrasse
1 Treppe zur unteren Terrasse — 2 Dormitorium — 3 Refektorium — 4 Küche — 5 Stall —
6 Salzkläranlage — 7 Ölpresse — 8 Backofen — 9 Wasserrohr — 10 Wasserkläranlage —
11 Latrinen — 12 Weinpresse

donjonähnlich das einstmals drei Stockwerk hohe *Hauptgebäude* (Kasr) erhebt. Von den zwei erhaltenen Stockwerken kann man das untere betreten. Von einem Korridor, dessen Tonnengewölbe modern durch Eisengurte gestützt sind, gehen re. und li. die *Mönchszellen* mit gemauerten Betten ab. Am Ende des Ganges links das *Refektorium*, ein zweischiffiger Saal, der einstmals gewölbt war, wie die noch erhaltenen Basen der mittleren Säulen und die Gewölbeansätze zeigen. In den mit Steinplatten ausgelegten Fußboden sind runde Gruben mit aufgemauertem Rand eingelassen, in denen die Mönche ihre Mahlzeiten einnahmen. An der Schmalseite ein Waschbecken.

Im Klosterbezirk findet man ferner eine Mühle, eine Bäckerei, eine Weinund Ölpresse, eine Salzgewinnungsanlage, Bäder, Latrinen, Ställe.

Steinbrüche auf dem Westufer

Selten besucht werden die im allgemeinen unbekannten, aber sehr zu empfehlenden *Steinbrüche der westlichen Wüste* nördlich des Simeonklosters (hin und zurück etwa 2 Stunden Reit- oder 3 Stunden Fußweg). Vom Gräberberge aus nimmt man seinen Weg nordwärts bis zu dem Sandsteinbruch. Hier liegt in den Felsen des Gebel Simʿân (Simeonshügel) noch die Spitze eines verhältnismäßig kleinen (ehemals etwa 12 m hohen) Obelisken Sethos' I., seltsamerweise bereits mit Darstellung und Inschrift versehen. Außerdem sind die Spuren der alten Arbeitsmethoden wie des Abschleifens aufschlußreich zu beobachten, von den Transportstraßen insbesondere die 5 großen, aus Sandsteinblöcken gebauten 5–10 m breiten deutlich zu erkennen. An verschiedenen Stellen prähistorische Graffiti. – Über das Dorf Gharb-Assuân erreicht man die Landestelle am Gräberberg.

Steinbrüche auf dem Ostufer

Mit Taxi zu erreichen.

Ostwärts der kufischen Gräber, im Süden des Fort Harûn, liegt der nördliche der alten Steinbrüche und als besondere Sehenswürdigkeit der unvollendete *Obelisk*. Er ist 42 m lang, unten 4,20 m breit und hätte ein Gewicht von 1168 Tonnen besessen, mußte aber aufgegeben werden, weil sich ein Riß im Stein herausstellte. Auch der Versuch, einen kleineren Obelisken herauszuschneiden, scheiterte an einem Sprung im Stein. An den Arbeitsspuren läßt sich die Technik des Herausbrechens gut ablesen.

Um den Obelisken läuft ein Graben von 0,75 m Breite, der mit Granitkugeln ausgehämmert wurde. Bei anderen Werkstücken haben die *Steinmetzen* rings um den loszutrennenden Granitblock Löcher in den Fels getrieben, hölzerne Keile hineingeschlagen und sie naß gemacht. Durch das Quellen des Holzes wurde der Block abgesprengt. Gleich an Ort und Stelle wurden die Werkstücke roh zugehauen, zu Obelisken, Sarkophagen, Statuen, Türrahmen und Schwellen oder zu Sockeln und Götterschreinen, zu Wannen und schließlich zu Pflastersteinen, Architraven, Pfeilern wie zu Verkleidungsblöcken der Pyramidenkammern; dies waren die hauptsächlichsten Verwendungszwecke des Hartgesteins. Von hier aus wurden die Werkstücke auf einem Dammweg – der noch heute benützt wird – an die Landungsstelle in Assuân gebracht, auf Schiffe verladen und weitertransportiert (vgl. eine Darstellung in Dêr el-bahri). – Auf dem Obelisken und neben herum Spuren moderner Bohrer, die die Härte des Gesteins demonstrieren. – Oberhalb des Obelisken hat man eine weite Aussicht auf die Kuppen ringsum bis zum Simeonskloster in der westlichen Wüste.

Südlich des unvollendeten Obelisken Bruch einer Riesenstatue, Arbeitsspur eines weiteren Obelisken. Weiter nach Süden führt der Dammweg zu den *südlichen Steinbrüchen* mit ebenfalls unvollendeten Stücken: späten Sarkophagen, Kolossalfigur eines Königs (»Ramses«) und einer 6 m großen Osirisfigur.

Philae–Agílkia

Vom Bootshafen aus mit Motorboot zu erreichen.

Lage und Geschichte

Die kleine Insel Philae (460 m lang, 150 m breit, 3 km südlich des Alten Staudammes) barg eine Reihe schönster Tempelbauten aus der letzten einheimischen (30.) Dynastie (Nektanebês I., 370 v. Chr.) bis in die Zeit Hadrians; noch Marc Aurel und Commodus treten als ägyptische Pharaonen im Reliefschmuck der Tempelwände auf. Der Zusammenklang der Bauten mit der Natur war so voll Zauber, daß Pierre Loti die Insel in seinem Roman »La mort de Philae« »die Perle Ägyptens« genannt hat. In diesem Eiland mit einer ganzen Tempelstadt, dieser von Palmen umstandenen legendären Glaubensfestung, fand das wüstenmüde Auge des Reisenden ein Ziel.

Durch die Überflutung der Insel infolge der Stauwasser des Assuân-Dammes standen die Tempel die größte Zeit des Jahres bis zu den Pylonen unter Wasser, waren aber durch die Folgen des → Sadd el-âli lebensgefährlich bedroht (s. S. 732 ff.), so daß sie im Zuge der Bergungsaktion auf die nördlich von Bigga gelegene Insel Agílkia (neu geprägter Name im nubischen Kenuśi-Dialekt, tastend auch Eglikia, Gelkia, Angelika u. ä. genannt) versetzt wurden, allerdings nur in seinem südlichen Teil bis einschließlich des Harendotes-Tempels. Agílkia, vor der Errichtung des Alten Assuân-Dammes den Nordteil der Insel Bigga bildend, ähnelt Philae nach Größe und Umriß und ist zusätzlich durch Geländegestaltung der alten Götterheimat angeglichen worden.

Philae war 800 Jahre hindurch das letzte, späte Zentrum altägyptischer Religion. Die Hauptgöttin der Insel war Isis, neben ihr wurden Osiris, Nephthys und Hathor sowie die Kataraktengötter Chnum und Satis verehrt; schließlich war dort Jahrhunderte lang ein Falkengott heimisch. Nicht nur griechische und römische Pilger, auch Nubier, die Blemyer-Beduinen und sogar Meroïten aus dem tiefen Süden haben Isis gehuldigt, die Nubier bis lang nach Einführung des Christentums in Ägypten hierher ihre Wallfahrten unternommen. Erst im 6. Jh. wurden die Tempel unter Justinian geschlossen und teilweise für den christlichen Gottesdienst umgewandelt (nur der nördliche Teil der Insel war bereits seit der Mitte des 4. Jh. christlich), das Hypostyl des Isistempels in eine dem hl. Stephanus geweihte Kirche umgestaltet (Kreuze an den Türpfosten, brutale Ausmeißlung der alten Götter, Verschickung der Tempelstatuen nach Byzanz). Von den Hymnen und Gebeten an Isis, die fromme Pilger in die Tempelmauern kratzten, konnte die späteste demotische Inschrift ins Jahr 452 n. Chr. datiert werden, die letzte pagane griechische Inschrift stammt aus dem Jahre 456/457 n. Chr.
Ebenso zäh wie an den altägyptischen Göttern hielt das Glaubensvolk der Insel am Christentum fest. Bis weit über die im 7. Jh. erfolgte Islamisierung Ägyptens hinaus siedelte hier eine koptische Gemeinde. Noch aus dem Jahre 753 ist eine koptische Bauinschrift erhalten. Erst zwischen dem 11. und 13. Jh. ist auf Philae die christliche Ära zu Ende gegangen.

Die Tempel

Der Haupttempel der Insel ist der Göttin Isis geweiht mit ihrem Sohn Harpokrates; östlich von ihm liegt der Hathortempel, am Ostufer der Kiosk als malerischste Ruine von allen; westlich des Isisheiligtums ist das Tor des Hadrian von Bedeutung; im Norden seien der Tempel des Harendotes sowie die Ruinen des Augustus-Tempels erwähnt, im Süden der Tempel des Arensnuphis; mit den beiden Nilmessern, der alten Umwallung und dem Stadttor sind zwar nicht alle, aber die wichtigsten der *Bauten* wenigstens aufgezählt. Auf dem nördlichsten Teil der Insel sind die koptischen Kirchen und weitere koptische Bauten aus Kostengründen von der Rettung vorläufig ausgeschlossen worden (s. S. 730 f.). Da der für die → Versetzung der Inselbauten nötige Kofferdamm über dem Tempel des Harendotes verläuft, kann auch dieser erst nach der Entfernung der Stahlschienen geborgen werden. In Anbetracht der stattlichen Zahl von Denkmälern wird es dem Besucher kaum möglich sein, die einzelnen Gebäude im Detail zu betrachten. Unsere Beschreibung beschränkt sich daher auf die *Hauptpunkte.*
Die ältesten Reste noch stehender Bauten auf der Insel sind aufzuspüren im äußersten Südwesten mit der *Halle Nektanebês' I.* Von ihr aus zieht eine Mauer am Westufer der Insel entlang — an mehreren Stellen führen

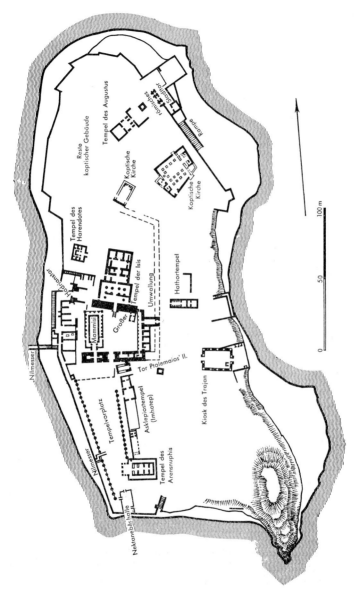

Die Insel Philae – Agilkia

Treppen zum Nil hinab —, wie sie ehemals die ganze Insel eingefaßt haben dürfte. Nördlich von der Nektanebêshalle liegt der weiträumige *Tempelvorplatz,* der in den Flanken von Kolonnaden, im Norden vom Pylon des Isistempels begrenzt ist. Bei den → Versetzungsarbeiten kamen eine Reihe wesentlich älterer Bauelemente zutage.
Der *Säulengang* an der Flußseite mißt 93 m in der Länge, seine Decke wird gestützt von 31 (früher 32) Pflanzensäulen von über 5 m Höhe; die schönen Kapitelle variieren reich; auf ihren Schäften wie auf der Rückwand der Kolonnade Tiberius (und Augustus) beim Opfer vor den Göttern; an der Decke Sterne und fliegende Geier. — Von den 16 Säulen der Osthalle sind nur 6 fertig geworden; mehrere Ausgänge führen von der Kolonnade in Heiligtümer, von denen aber nur noch das nördlichste gut erhalten ist: ein kleiner Tempel für *Asklepios-Imhotep.*

Isistempel

Der *Isistempel,* an der Stelle eines älteren Heiligtums, ist in seiner jetzigen Form von den Ptolemäern in der ersten Hälfte des 3. Jh. errichtet worden; er war lagemäßig und kultisch das Zentrum und weicht in seiner Gesamtkomposition von den klassischen Ptolemäertempeln ab. Eingangspylon, Vorhof mit Geburtshaus (Westen) und Kolonnade (Osten), 2. Pylon sind die Präludien des eigentlichen Isistempels.
Der *1. Pylon* mit einer Breite von 45,5 m und einer Höhe von 18 m zeigt auf seinem Ostturm über dem symbolischen Niederschlagen der Feinde Ptolemaios XII., wie er Horus und Nephthys die Kronen von Ober- und Unterägypten überreicht und vor Isis und Harpokrates (Horus als Kind) räuchert; auf dem Westturm bringt der König über der Triumphalszene ein Menit und einen Siegeskranz dar. Vor dem Pylon ragten zwei Obelisken auf und saßen zwei Löwen aus Granit; quer zum Ostturm steht das ehemals in eine Ziegelmauer eingebundene Tor Ptolemaios' II. Philadelphos; der Westturm ist durchschnitten von einem Eingang in das Geburtshaus. Im Südosten des Vorhofes steigt eine Wendeltreppe auf den Pylon, von dem aus man eine wunderbare Aussicht auf die Insel und ihre Umgebung hat.
Das Mittelportal führt in den *Vorhof,* in seinem Inneren rechts erinnert eine französische Inschrift aus dem »Jahre 7 der Republik« an Napoleon und die Verfolgung der Mamlûken. Der Vorhof wird östlich durch eine Kolonnade mit einer Gebäudereihe für die Priester begrenzt, im W liegt das Geburtshaus, zu dem man auch durch das Westtor des Pylons gelangt.

Ehe man in das *Geburtshaus* eintritt, werfe man einen Blick auf die Rückseite des Pylons, wo vier Priester die Isisbarke tragen; vor ihnen räuchert der König. Das Geburtshaus galt der Hathor-Isis als Mutter des Horuskindes. Wie die schon bekannten Mammisi in Dendara und

Edfu ist das Gebäude eine peripterale Anlage mit Säulen, auf deren Pflanzenkapitellen noch Sistrumkapitelle sitzen (in Edfu Bêswürfel, in Dendara Bêse an den Abaci). Durch eine Vorhalle und 2 weitere Räume erreicht man das Allerheiligste mit den Darstellungen aus der Kindheit des Horus: Der junge Gott lebt als Falke in den Deltasümpfen, wo er im Verborgenen aufgezogen wurde aus Angst vor den Nachstellungen des feindlichen Seth; Isis säugt ihn dort. Im 2. Raum die Geburtsszenen, Bildung des Kindes durch Chnum, Anerkennung im Himmel, Musizieren vor dem Neugeborenen u. a.

Der 2. *Pylon* steht schräg zur bisherigen Achse, ist nur 32 m breit und 12 m hoch. Er ist von Ptolemaios XII. Neos Dionysos (81–51) mit Opferszenen ausgestattet. Vom Westturm aus (Innenseite) kann man auch den 2. Pylon besteigen, doch lohnt der Aufstieg nur, wenn der auf den ersten nicht möglich ist. Im Mitteltor (rechts oben) waren Spuren frühchristlicher Bilder zu sehen. Von dem älteren Bau (Amasis), der die Achsendrehung verursachte, sind bei der Versetzung zahlreiche reliefierte Blöcke im Pylon verbaut gefunden worden.

Der nun folgende *Hof*, der zum Schutze gegen die Sonne mit einem Zelt abgedeckt werden konnte, mit den kleinen beiderseitigen Hallen und die Vorhalle mit ihren 8 Säulen sind unter Justinian (6. Jh.) als christliche Kirche eingerichtet worden, woran eine griechische Inschrift erinnert (koptische Kreuze an den Türpfosten eingemeißelt). Zuvor war die Vorhalle gegen den Hof durch Säulenschranken abgetrennt.

Durch mehrere *Vorsäle* mit dunklen Nebenräumen gelangt man alsdann ins Allerheiligste in der hinteren Mitte, in dem noch der Sockel steht, der die Barke für das Kultbild der Isis trug. Von der 1. westlichen (linken) Seitenkammer aus führt die Treppe auf das Dach zu dem Osirisheiligtum (im Westen), wo ausführlich der Tod des Gottes, die Zeremonien vor seiner Leiche, seiner Mumie, seiner Seele, an seiner Bahre und an seinem Grabe dargestellt sind (vgl. Dendara).

Auch auf dem *Hadrianstor*, westlich des 2. Pylons, Reliefs aus dem Osiriskult; außerdem eine berühmte Darstellung der Nilquellen.

Hathortempel und Kiosk

Wendet man sich vom Isistempel aus nach Osten, so stößt man (außerhalb seiner ursprünglichen Umwallung) auf die beiden Gebäude, die nächst dem Haupttempel die bedeutendsten und schönsten der Insel sind: auf den Hathortempel und — südöstlich von ihm, nahe dem Ufer — den Kiosk. Der *Hathortempel* — mit Vorhof, Äußerer und Innerer Halle und (jetzt zerstörtem) Allerheiligsten — erfreut besonders durch die Bilder an den Säulen. Von den musizierenden Tieren führt eine gerade Linie zu den grotesken Reliefs der romanischen Säulenköpfe. Nach dem Mythos hat Hathor auf ihrer Rückreise aus den sengenden Wüsten des Südens hier mit dem ersten Schritt auf ägyptischem Boden ihre Heiterkeit wiedergewonnen. — Der unvollendete *Kiosk* aus der Kaiserzeit mit seinen schönen Kapitellen ist in seiner Grazie und spielerischen Gelöstheit wohl der anziehendste Bau von ganz Philae. Er empfing unter Trajan die Prozessionen.

Von den nördlichen Bauten wurden bis jetzt nur der Tempel des Augustus und das römische Stadttor (Diokletian) gerettet, während die koptischen Gebäude einschließlich der beiden Kirchen dem Untergang preisgegeben wurden. Da die Westkirche aus Spolien des Harendotes-Tempels erbaut wurde, soll sie später durch Taucher gehoben werden (→ Versetzung).

Versetzung

Die Tempelbauten von Philae, deren (nicht versetzte) Grundmauern bis zu 8 m unter die Bodenfläche hinunterreichen und großteils auf den Granitfelsen der Insel aufsitzen, haben den Überschwemmungen durch den Assuân-Damm mehr als ein halbes Jahrhundert standgehalten. Die Tempelbauten standen, mit jeder Erhöhung des Dammes tiefer eintauchend, zuletzt bis zur Hohlkehle des 1. Pylons unter unbewegtem Wasser; nur in den wenigen Sommerwochen, da der Stausee abgelassen wurde, kam Philae wieder ans Licht. Das Wasserbad hat den Sandstein entsalzt und ihn dadurch sogar gehärtet, allerdings die Farben der Reliefs auf immer ausgelöscht.

Die Situation änderte sich für die Insel seit 1964, als sie mit dem Bau des → Sadd el-âli zwischen die beiden Staudämme zu liegen kam. Nun wurde in diesem Großbassin der Wasserspiegel je nach Erfordernis der Turbinen des E-Werkes geregelt mit der Folge, daß der Wasserspiegel täglich um mehrere Meter schwankte und nun die Bauten nicht nur bewegtem Wasser, sondern auch dem ständigen Wechsel von Tauchbad und Sonnenhitze ausgesetzt waren. Das bedeutete für die Tempel eine lebensgefährliche Bedrohung.

Von den zu ihrer Rettung ausgearbeiteten Plänen kam schließlich ein ägyptischer zur Durchführung, nach dem die Bauten über die Zwischenstation bei Schellâl nach Agílkia versetzt wurden. Rund um die Tempel hat man mit Hilfe von 4500 Tonnen Stahlschienen einen temporären Kofferdamm gezogen, das Wasser über der Insel abgepumpt; nach Trocknung, Säuberung und photogrammetrischer Aufnahme der Bauten, der Benummerung und Kennzeichnung der Blöcke durch Positionsmarken ist der Tempel abgebaut und in rund 40 000 Steinblöcken ausgelagert, sodann auf Agílkia wiedererrichtet. Dabei galt es, um allein die künstlichen Bankette aufzuschütten, 1 Mill. cbm Sand zu bewegen. Von den Wänden und den Böden der Tempel waren 22 000 t Schlamm zu lösen.

Die etwa 600 m im Nordwesten von Philae gelegene Ersatzinsel, wo die Tempel etwa 13 m höher liegen (116 m ü. d. M.) als auf Philae, mußte eingeebnet werden, da ihre Felsen bis zu 150 m ü. d. M. aufgeragt hatten, so daß 300 000 cbm Granit abzusprengen waren; mit dem abgetragenen Material ist ein Gelände von etwa 13 000 qm aufgefüllt worden, um so Agílkia in ihrer Oberflächengestaltung der Insel Philae anzunähern. Gartenbauingenieure halfen der landschaftlichen Gestaltung nach.

Zu bedauern bleibt bei dieser durch die italienischen Firmen Condotte d'Acqua und Mazzi ausgeführten Bergungsaktion, daß – aus Ersparnisgründen – nur die Bodenplatten der Bauten und ihr aufragendes Mauerwerk demontiert, nicht aber die tieferreichenden Fundamente freigelegt wurden. Denn so konnten weder ältere Bauelemente noch herab-

Kalâbscha

Beim Bâb el-Kalâbscha auf dem Westufer unmittelbar beim nördlichen Wendekreis lag der Mandulis-Tempel, der als erster der von der Flut bedrohten nubischen Tempel wiedererrichtet wurde. 1 km südwestlich des Sadd el-âli, auf einer Granitkuppe des Westufers, in einer der ursprünglichen Lage angeglichenen Position erhebt sich heute, die Landschaft beherrschend, der von (Ptolemäern und) Augustus erbaute und im 6. Jh. in eine Kirche umgewandelte Tempel, der nach Abu Simbel das großartigste Bauwerk Nubiens genannt werden darf. Der Tempelgott Mandulis ist der Lokalgott von Talmis, dessen Kult erst seit der Ptolemäerzeit nachzuweisen ist. Wegen seiner sonnenhaften Züge wurde er von den Griechen mit Apollon gleichgesetzt.

Die *Anlage* umfaßt einen Pylon, offenen Hof, Säulensaal und ein Sanktuar mit 3 Räumen; eine innere und eine zweischalige äußere Umfassungsmauer umschließen das Heiligtum. Es ist aus einem dichten hellen Sandstein erbaut, der nördlich des früheren Tempelbezirks gebrochen wurde. Das 72 m × 35,5 m große Heiligtum war vornehmlich dem nubischen Gotte Mandulis geweiht, seine Ausschmückung aber nie vollendet. Die späten Reliefs sind grob und oftmals vom Künstler nicht mehr verstanden.

Wie ehedem führt auch heute ein aus Quadern aufgemauerter *Dammweg* von knapp 32 m Länge und 8 m Breite über ein paar Stufen auf eine querlange Plattform vor dem etwa 14 m hohen Pylon, der sich aus der Achse des Tempelhauses herausdreht. Er ist ohne Reliefschmuck bis auf die Götter am Torweg; in jedem Turm ist eine Rille für die Flaggenmaste. Innen führt je eine Treppe zum Dach; man steige auf der südlichen (li. neben den beiden Kammern des Turmes) hinauf, gelangt in drei Absätzen bequem zum Dach und hat von dort eine prachtvolle Aussicht auf die nächste Umgebung, das Niltal und auf die Krone des Hochdammes im Süden sowie die Wasserwüste des Stausees.

Der *Hof* (H) hinter dem Pylon war auf drei Seiten von Kolonnaden umgeben, von denen auf der Nord- und der Südseite noch je 4 Säulen mit reichen Pflanzenkapitellen stehen. In den beiden Kolonnaden führen je vier Türen in kleine Kammern, die in der Mauer liegen; an der N-Wand außerdem eine Tür zum äußeren Tempelumgang und zur »Ptolemäerkapelle« (K). Die Rückseite des Hofes wird gebildet durch die Front der Vorhalle (V), mit halbhohem Portal in der Mitte und vier Schranken zwischen Säulen.

Auf den *Schranken* interessante Inschriften; auf der li. Schranke (a) Taufszenen mit Thoth und Horus, daneben Harsiësis von Talmis, dem zu Kalâbscha zugehörigen Ortsbezirk. — Auf der re. Schranke (b) ein Dekret in griechischer Sprache (wahrscheinlich aus dem Jahre 248/249 n. Chr.), von Aurelius Besarion, einem Strategen des Gaus von Ombos und Elephan-

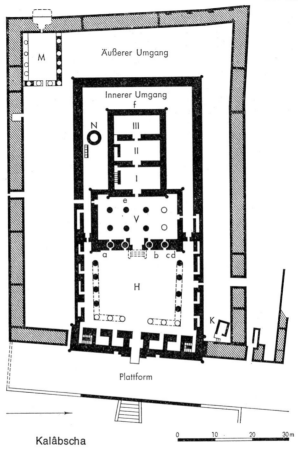

Kalâbscha

tine, wonach die Besitzer von Schweinen angehalten werden, ihre Tiere vom Tempel wegzutreiben. – Auf der 2. Säule re., bei c, steht zwischen zwei griechischen Weihinschriften eine lange Inschrift in meroïtischer Kursive. – Schließlich sei hingewiesen auf die Denkinschrift des Silko an der re. Ecke der Front (d). Diese Denkinschrift des Kleinkönigs der Nubier und aller Äthiopen, vermutlich aus dem 6. christlichen Jahrhundert, in schlechtem Griechisch, rühmt den Sieg des Königs über die Blemyer, die Silko von Primis bis Tâffa und Talmis (also der ehemaligen Stätte

unseres Tempels) verfolgt habe. Neben der griechischen Inschrift Ritzzeichnung eines nubischen Fürsten des 4.–6. Jh. zu Pferd, der einen Blemyer ersticht.
Die *Vorhalle* (V), deren Decke eingestürzt ist, hat 12 Säulen mit reichen Pflanzenkapitellen. Die Wandreliefs zeigen zumeist den Kaiser rituell vor Göttern. An der Rückwand, li. der Tür (e) ist (im 3. Streifen von unten) ein Ptolemäer dargestellt, der der Göttin Isis, dem Mandulis und Horus ein Feld darbringt; weiter re. der Gründer des ältesten Tempels von Kalâbscha: Amenophis II., wie er Min und Mandulis ein Weinopfer darbietet. Aus christlicher Zeit stammt das Bild (in Rot und Gelb) von den drei Männern im Feuerofen mit Engel auf den Säulenschranken li. vom Eingang (vom Stauwasser abgewaschen).
Die Reliefs der folgenden *drei Säle* (I–III) zeigen den Kaiser vor den Göttern von Talmis und anderen Gottheiten. An der Wand des I. Saales sind unten Gaugötter dargestellt, die Inschriften vielfach erst rot vorgezeichnet. Von hier steigt eine Treppe bis aufs Dach des III. Saales, kleine Stiegen führen weiter auf die höheren Dächer der vorderen Tempelräume. Vom Dach des II. Saales steigt eine Treppe abwärts zur Osiriskapelle.
Hof wie Vorhalle entlassen in den *inneren Tempelumgang*, in den von den Außenwänden des Tempelhauses herab unvollendete Wasserspeier (mit Auslauf und Tropfrinne) in Form von Löwenvorderteilen schauen; an der Rückwand (westliche Außenwand des Sanktuars [f]), großfiguriges Relief (etwa 3½ m hoch) des Augustus im rituellen Ornat ägyptischer Pharaonen vor den Göttern (li.) Isis, Horus und dem nubischen Mandulis sowie (re.) Osiris, Isis und Horus opfernd. Ihm gegenüber auf der Umfassungsmauer der Gott Mandulis und Pharao mit einer in Vorderansicht dargestellten Doppelkrone, ein Bild, das offensichtlich durch ein Kapellchen geschützt war, wie Einlaßspuren an der Wand zeigen. Auf der Südseite des Umgangs ein gut erhaltener Nilmesser (N).
Im *äußeren Tempelumgang* liegt in der Südwestecke das Mammisi (M) mit dem unvollendeten offenen Hofe und einer Felsenkammer, deren Tür (mit Reliefs der Pharaonen vor den Göttern) nachgegossen ist (s. unten). – In der NO-Ecke eine noch gut erhaltene 1,5 m tiefer gelegene Kapelle (K; 2 m × 2 m groß), vielleicht von einer älteren Tempelanlage aus der Ptolemäerzeit stammend. Der kleine Bau wird über Steintreppen von Osten her erreicht, die Wandreliefs sind unfertig.

Wiederaufbau

Der Tempel von Kalâbscha ist 38 km weiter südlich abgebrochen, in 16 000 Sandsteinblöcke bis zu 20 t schwer zerlegt, von schwimmenden Kranen Block um Block auf Schleppkähne verladen und mit Schiffen auf rund 100 Fahrten nilabwärts zunächst zu einem eigens angelegten Hafen transportiert worden. In der Nähe des neuen Standortes wurden die Bauteile, mit Kennzeichen und Nummern versehen, bis zum *Wiederaufbau* gelagert. Jeder Stein trug nach einem vielbedachten Schema die Lagebezeichnung: PSA 15/6 z. B.

bedeutete »Stein 6 der Schicht 15 auf der Außenseite der Südhälfte des Pylons«. Um den neuen Bauplatz herzurichten, mußten 12 000 cbm Gestein gesprengt werden – und dies, ohne die patinierte Steinhaut der landschaftlichen Umgebung zu verletzen. Abbau, Transport und Zwischenlagerung dauerten, von den notwendigen Unterbrechungen abgesehen, 118 Tage, der Wiederaufbau erforderte ein Jahr.
Die Abbauarbeit machte sichtbar, wo die antiken Architekten, Bildhauer und Steinmetzen auf Schwierigkeiten stießen und wie sie sie gelöst haben. Als besonderen Gewinn ergab die Abtragung den Fund der Grundmauern eines früheren Bauwerks; die über 200 gut gearbeiteten, teils noch wunderbar in den Farben erhaltenen Reliefblöcke werden als Museumsobjekte zu besichtigen sein. Von den fast vollständig eingestürzten Decken über den drei Räumen des Sanktuars und den Säulenhallen wurde die des Sanktuars, um die Reliefs zu schützen, mit Fertigbalken aus Stahlbeton ersetzt; doch die rings umlaufenden schmalen Nuten lassen den musealen Charakter dieser Maßnahme deutlich erkennen. Vom Nilmesser ist nur der obere Teil am neuen Ort aufgebaut, der tiefere indes blieb in Alt-Kalâbscha zurück; anstelle des Wasserspiegels sieht man einen Sandboden.
Vom Mammisi mußten die Felswand wie die Felsenkammer zurückgelassen werden; von der Eingangstür zur Felsenkammer mit ihren Resten der Darstellung Pharaos vor Göttern, die ursprünglich mit Goldplatten bedeckt waren, wurde ein Abguß am neuen Ort angebracht, die kleine Felsenkammer lediglich als Öffnung hinter dem Portal angedeutet. Am alten Platz hatte sich diese kleine Geburtshalle im Westen und Süden an die äußere Umfassungsmauer angelehnt, jetzt steht sie fast völlig frei, gegen Westen vor einer – im Vergleich zur ursprünglichen Lage – viel zu niederen Rückwand.
Aus verbauten Blöcken der Ptolemäerzeit wurde auf → Eleplantine eine Kapelle errichtet, ein aus anderen Spolien gewonnenes Tor im Museum Berlin-Charlottenburg.
Trotz aller Vorsicht sind selbstverständlich auch Schäden eingetreten. Durch den jahrzehntelangen Wechsel von Durchfeuchtung und glühender Sonnenbestrahlung war der Sandstein nicht mehr in bestem Zustande, und viele Quader sowie die meisten Kapitele zerbrachen bereits beim Anheben. Unter den darüber hinausgehenden Unglücksfällen ist besonders zu bedauern, daß ein großer Stein mit dem Hauptteil der Silko-Inschrift in das Transportschiff abgestürzt ist, so daß das historisch bedeutende Denkmal geteilt werden mußte. Von Fundament-, Stütz- und Ausbesserungsarbeiten sowie technischen Problemen gäbe es eine Fülle zu sagen. Im ganzen ist die Wiederaufstellung geglückt, wenn freilich auch aus einem heiligen Bezirk ein Freilandmuseum geworden ist.
Am 4. März 1975 erfolgte die feierliche Übergabe des Tempels (sowie der ptolemäischen Kapelle auf → Elephantine) durch die Bundesrepublik Deutschland an Kultusminister Jûsuf es-Sebai als Vertreter der ägyptischen Regierung.

Kiosk von Kertassi

In der Flucht des Pylons von Neu-Kalâbscha, etwa 50 m südlich auf dem gleichen Granitfelsen, ist das anmutige Tempelchen von Kertassi wiedererrichtet, das ehemals zwischen Debôd und Tâffa gestanden hat. Das zierliche, luftige Gebäude bildet ein glückliches Gegenstück zu den schweren Massen des Kalâbscha-Tempels. Der ursprünglich wohl 7,5 m × 10 m ausgedehnte Bau erinnert an den Kiosk von Philae. Von den durch halbhohe Schranken verbundenen Säulen stehen nur noch die zwei Hathorsistrumsäulen, die das Portalgewände flankieren (Norden), und vier weitere mit schönen Pflanzenkompositkapitellen, je zwei re. und li.; sie trugen einst über Architraven das bis auf einen Querbalken von 9,5 m Länge zerstörte Dach. Außer einer Reihe von Graffiti — demotischen und griechischen Inschriften — findet man auf der Nordsäule Pharao vor Isis-

Kalâbscha — Ḳertassi — Bêt el-Wâli 739

Hathor und Harpokrates, der auf dem Vereinigungssymbol steht; zwischen beiden ein kleiner Opferständer.
Der an Steinmetzzeichen, Inschriften (über 60 griechische Weihinschriften) und Stelen reiche Steinbruch von Ḳertassi, der auch mit seiner Nische und den sie umgebenden Wandfiguren manches Rätsel aufgab, mußte den Fluten preisgegeben werden; Einzelteile wurden für das in Assuân geplante Nubien-Museum geborgen.

Felsentempel von Bêt el-Wâli

Der Tempel von Bêt el-Wâli, gut 100 m westlich von Kalâbscha wiedererrichtet, lag ursprünglich zwischen Kalâbscha und dem Bâb Abu Hôr. Von dem Felsentempel Ramses' II. wurde nicht nur die Vorhalle als Kirche umgebaut und dazu mit Ziegelgewölben überdeckt, auch die Felsenräume sind in christlicher Zeit als Kirche benutzt worden; die Reste ihrer Malerei wurden abgelöst und geborgen.
Das Heiligtum besteht aus Vorhalle, Querhalle und Allerheiligstem. Die unteren Wände der Vorhalle sind aus dem Felsen geschnitten, die höheren, aufgemauerten Teile samt der Bedachung größtenteils verschwunden. Die altägyptische Vorhalle war mit einer einzigen Ziegeltonne von 6 m Spannweite überdeckt; davon war nichts mehr erhalten als ihre Spur auf der Felswand im Westen, gegen die sie anstieß. In christlicher Zeit ist dann die Vorhalle mit zwei hintereinanderliegenden Stutzkuppeln über einbeschriebenen Achtecken überdeckt worden, zwischen denen Einbauten anders überwölbt waren. Von diesen Stutzkuppeln waren noch Teile der in Ziegeln aufgemauerten Schildbögen auf beiden Seiten erhalten.
Besondere Beachtung verdienen die historischen Darstellungen auf den Seitenwänden der *Vorhalle*. Mit ungewöhnlicher Anschaulichkeit und vielen Details schildert die linke Wand (Süden) Szenen aus dem Kriege gegen die Neger, die re. (Norden) aus dem Kriege gegen die Syrer und Libyer. Man besichtige die Wände je vom Eingang aus nach hinten.
Auf der *linken Wand* mit dem Kriege gegen die Südvölker berichten zwei Bilder. Das *1. Bild* (li.) zeigt den König, der mit seinen Söhnen Amon-her-wenemef und Cha-em-wêset im Streitwagen gegen die Südvölker anstürmt. Die Feinde fliehen in ihr Dorf, das inmitten eines Dûmpalmen-Haines gelegen ist (li. Ende). Ein Verwundeter wird von zwei Männern geführt, seine Frau und Kinder kommen ihm entgegen; eine Frau (li.) hockt am Feuer und kocht. — Auf dem *2. Bild* (re. Hälfte) thront re. der König in einem Kiosk; unten führen hohe Beamte (als vierter der Vizekönig von Kusch) Nubier mit Tributstücken ein, der Vizekönig Amenemopet selbst als wichtigstes eine mit Pflanzen verzierte Platte, an der Ringe und Felle hängen. Den Beamten folgen zwei ge-

fesselte Neger, dann weitere Neger mit ihren Abgaben wie Affen, Windhunden, Leopard, Giraffe, Rindern und Strauß; zwischen den zu Armen umgedeuteten Hörnern der Rinder (auch oben) sitzt der Kopf eines Negers, der um Gnade flehend zu verstehen ist. Unter den Negern auch Frauen mit ihren Kindern; beachte die eine, die ihre Kleinen in einem Korb trägt, den sie mit einem Band an die Stirn gehängt hat. — Die reich verzierte Platte, das Prunkstück der Abgaben, auf die der erstgeborene Sohn Ramses' II. Amon-her-wenemef hinweist, ist in der oberen Reihe vor dem König aufgestellt. Der Statthalter von Nubien wird mit goldenen Ehrenketten belohnt. Unter den übrigen dort aufgebauten Tributstücken finden sich Goldringe, Stühle, Bogen und Schilde, Elefantenzähne, Leopardenfelle, Ebenholz, Straußenwedel, -federn und -eier, alles typische Produkte des Südens. Neger bringen außerdem einen Löwen, Gazellen und Rinder heran.

Die *rechte Wand* schildert den Krieg gegen die Syrer und Libyer in 5 Bildern. Auf dem *1. Bild* (re.) der König, der auf zwei Feinden (Syrern) steht, und drei andere beim Schopfe packt, empfängt einen Prinzen, der ihm Syrer und Libyer herbeiführt. — Auf dem *2. Bild* greift der König eine syrische Festung an, von deren Zinnen herab Männer (einer nach hinten herabstürzend) und Frauen (eine ihr Kind zum Zeichen der Ergebung herunterhaltend) um Gnade flehen. Der Pharao faßt einen als Symbolfigur aufzufassenden Feind, der einen zerbrochenen Bogen hält, am Schopf, um ihn zu töten; unten schlägt ein Prinz mit dem Beil gegen die Festungsmauer. — Auf dem *3. Bild* schlägt Ramses II. auf dem Streitwagen die Beduinen in die Flucht, er erschlägt zwei Feinde, zwei weitere sind an die Wagendeichsel gebunden. — Auf dem *4. Bild* erschlägt der König einen Libyer, der zusätzlich von seinem Hunde gefaßt wird. — Auf dem *5. Bild* thront Ramses II. in einem Kiosk, sein Löwe ruht zu seinen Füßen, hinter ihm Opfertischchen; Prinz Amon-her-wenemef führt ihm gefangene Syrer vor; darunter Wesir mit Gefolge.

Von der eben beschriebenen Vorhalle führen drei Türen in den *Quersaal*, der in den Felsen gebrochen und von zwei »protodorischen« Säulen gestützt wird. Die Säulen tragen je vier Inschriftreihen. Die Wandreliefs der Querhalle sind zwar gut ausgeführt, aber inhaltlich weniger interessant. Sie zeigen vornehmlich Ramses II. vor Göttern, in den beiden Nischen im Hochrelief den König zwischen Horus von Kubân und Isis (südlich, li.) bzw. den König zwischen Chnum und Anukis; re. und li. der Seitentüren erschlägt der König einen Libyer bzw. Neger (beachte die Himmelsrichtungen!). — Das *Allerheiligste* ist mit ähnlichen Bildern und sehr schön ausgeschmückt; beiderseits der Eingangstür wird der König gestillt, li. (S) von Isis, re. (N) von Anukis. An seiner Rückwand saßen drei nicht mehr identifizierbare Götterstatuen, die eine Dreiheit dargestellt haben dürften wie in Abu Simbel.

Von Assuân bis zur Südgrenze – Unternubien (310 km)

Land, Volk, Geschichte Nubiens

Nubien, das biblische Kusch, ist ein geographischer, völkischer und kulturgeschichtlicher Begriff, kein politischer. Die *Ausdehnung* des von Nubiern besiedelten Landes reichte von Assuân am 1. Katarakt bis Alt-Dongola und gehörte als »Unternubien« in seinem nördlichen Teil zu Ägypten, als »Obernubien« südlich von Adendân (nahe dem 2. Katarakt bei dem ehemaligen Wâdi Halfa) zum Sudân. Die → *Nubier* sprechen eine eigene Sprache (das Arabische Ägyptens allenfalls als Fremdsprache), haben einen eigenen physischen Habitus und eine eigene Kultur (vgl. S. 31). Nimmt man die Sprache als Kriterium, so sind die Nubier sogar dreigeteilt. Abgesehen von der arabisch sprechenden Enklave beim ehemaligen es-Sebûʿa, die Kenuśi, im Mittelstück die Mahasi sprechenden Nubier und etwa vom 3. Katarakt an südlich die Dongolaner. Während die Dongolaner von der Sintflut des Nasser-Sees verschont blieben, wurden die Kenuśi ganz und die Mahasi-Nubier zur Hälfte betroffen und damit geographisch auseinandergerissen.

Das nubische Land war bereits paläolithisch besiedelt, im neolithischen 5. und 4. Jt. bildete es eine *Kultureinheit* mit dem unteren Niltal, während es im 3. Jt. politisch selbständig war, jedoch mit Ägypten rege Handelsbeziehungen pflegte. Die Pharaonen beuteten die nubischen Goldgruben aus und bezogen als Wirtschaftsgüter: Ebenholz, Vieh, Elfenbein; Giraffenschwänze, Pantherfelle und Straußenfedern, außerdem Weihrauch, Myrrhen, Augenschminke, dazu seltene Tiere, aber auch Getreide und Öle und neben verschiedenen Hartgesteinen auch Edelsteine. Als im 2. Jt. die Nubier sich der Beduinenüberfälle aus den seitlich angrenzenden Wüsten nicht erwehren konnten, stellten sie sich in den Schutz ägyptischer Truppen und kamen damit zugleich einer Expansionspolitik Ägyptens entgegen. In dieser Zeit entstand am Nil entlang eine Kette großangelegter Festungen, zum Schutze des Landes, der Minenstraßen sowie der Handelskarawanen.

Weiter südlich, bei Kerma am dritten Katarakt, saß der Herrscher des *Reiches von Kusch*, der nach dem Zusammenbruch der ägyptischen Macht in der 13./14. Dyn. im Norden seine Herrschaft bis in die Gegend von Assuân ausdehnen konnte und sich sogar gegen die Fürsten von Theben mit den Hyksos verbündete. Erst die erstarkte 18. Dyn. zerstörte dieses

älteste faßbare rein nubische Reich und unterstellte es einem »Königssohn von Kusch«, einem ägyptischen Statthalter, der bei dem heutigen Anîba residierte. Als südlichster Punkt erreichte Thuthmosis III. Napata beim 4. Katarakt. Im späteren NR verfiel die ägyptische Herrschaft über Nubien, vor allem wohl, weil die Pharaonen an dem wirtschaftlich armen Land nach Erschöpfung der Goldminen kein Interesse mehr hatten.
Um 750 v. Chr. begegnet uns, ohne daß die Vorgänge im einzelnen aufgehellt wären, eine selbständige Königsdynastie mit der Hauptstadt *Napata*, und infolge politischer Wirren unterwarfen diese Herrscher aus dem Süden schließlich das ganze Pharaonenland (712 v. Chr.), bis sie durch die Assyrer, die 671 Memphis erobert haben, wieder daraus vertrieben wurden. Danach beschränkte sich ihre Regentschaft auf das Gebiet südlich des 3. Katarakts wie auf Teile von Obernubien, und die Formen ihrer Herrschaft, die bis dahin weitgehend ägyptisch bestimmt waren, fielen mehr und mehr ins Afrikanische zurück.
In welchem Verhältnis die um 300 v. Ch. aufblühende Kultur von *Meroë* (275 km nördlich von Chartûm, näher beim 6. als beim 5. Katarakt gelegen) zu der von Napata steht, ist dunkel. Jedenfalls ersteht in Meroë ein neues Reich mit gewaltigen Tempel- und Pyramidenbauten. Mit der griechischen und später römischen Welt am Nil verbinden es starke wirtschaftliche und kulturelle Bande. Obernubien gehört fest, Unternubien teilweise und wechselnd zum Reich von Meroë. In der älteren Zeit, bis etwa zur Zeitenwende, schreibt dies Reich mit Hieroglyphen und in ägyptischer Sprache, danach sein eigenes Idiom in einer eigenen, aus der ägyptischen abgeleiteten Schrift.
Nach der vollständigen Christianisierung Ägyptens (im 3. Jh.) hielt das nubische Volk noch lange zäh an altägyptischem *Glauben* fest und versah nach altem Brauch den Kult an den vielen Tempeln, die die Ägypter und im ägyptischen Stil nach ihnen die Griechen und Römer in ihrem Lande errichtet hatten – auf Philae bis ins 6. Jahrhundert. Nach dem Sturm des Islâms auf das Nilland bis Dongola (640) bewahrte es dem Kreuze ebenso konservativ eine Heimstatt, diasporadisch bis ins Mittelalter. Viele ägyptische Tempel wurden damals umgestaltet zu Kirchen, überraschend viele neu gebaut, Klöster gegründet, alle Bauten mit unschätzbaren Malereien geschmückt, nicht nur in byzantinischem Provinzialstil, auch von Künstlern aus Byzanz selbst geschaffen. Frömmigkeit der Nubier und Aktivität ihres Glaubenslebens sind kaum hoch genug zu veranschlagen, wie die Ergebnisse der Rettungsaktion aufs neue bestätigen. Kirchen, Kapellen und Klöster sind zu Hunderten entstanden. Über die mohammedanischen Fürstentümer Nubiens sind wir nur spärlich unterrichtet, indes die Unterwerfung des Landes unter die Herrschaft des neuzeitlichen Ägyptens durch Mohammed Alis Sohn (1821) ins Licht der Gegenwart rückt.

Land, Volk, Geschichte Nubiens

Der → Staudamm von Assuân bedeutete den Volkstod der Unternubier. Denn der *Stausee* reichte bis zur Südgrenze Ägyptens, nördlich von Wâdi Halfa, füllte also genau die trogförmig aus dem Wüstengebirge ausgeschnittene Niloase Unternubiens aus. Seitdem siedelten die Bewohner dieses Gebietes, die Kenusi, im kahlen Gestein der Wüste oberhalb ihrer ehemaligen Heimatdörfer, die sie seit mindestens 7000 Jahren bewohnt hatten. Seitdem segelten sie in ihren Booten zwischen den Palmwipfeln und Minaretts der versunkenen Weiler, 9 Monate harrend auf das Vierteljahr des Niltiefstandes, da die Flut ihre Felder wieder freigab zu raschem Anbau – und auf das Postboot, das ihnen allwöchentlich die notdürftigsten Nahrungsmittel den Nil heraufbrachte.

Die nubischen *Häuser*, Lehmwürfel, schmucksauber, oft weiß getüncht und liebevoll mit Tellern, Ornamenten oder auch figürlichen Szenen geziert, schön und traurig und des Abends lichtlos in der Landschaft liegend, waren eine Augenweide volkstümlicher Architektur. Einer der anerkanntesten ägyptischen Architekten schrieb dazu: »Die Dörfer mit ihren geräumigen, wunderschönen, sauberen und harmonischen Häusern – sie hatten in Ägypten nicht ihresgleichen. Jedes Dorf schien in einem Traumland gebaut; seine Architektur hätte in Atlantis erfunden worden sein können.« – Auf den Felsen ihrer Umgebung saßen im Sommer Scharen von Störchen, Reihern und Pelikanen, und der Eisvogel stand über den flachen Wassern des zurückflutenden Nils.

Sind die Unternubier seit dem Bau des Assuândammes im wörtlichen Sinne dezimiert, so treibt der → *Sadd el-Âli* nicht nur auf 300 km die Obernubier aus ihren Häusern, sondern er hat auch dem in der Wüste angesiedelten Rest der Unternubier ein weiteres Bergauf versagt. Sie mußten ihr Land endgültig verlassen, um in den zugewiesenen ägyptischen Gebieten zu siedeln (→ Kôm Ombo, Neu-Nubien).

Nicht ausgeschlossen ist es, daß die Ufer des Nasser-Sees zukünftig wieder besiedelt werden. Denn der Stausee wird nach den Berechnungen nur alle hundert Jahre einmal den Höchstwasserstand von 182 m erreichen, sein mittlerer Wasserstand zwischen 165 und 175 m schwanken, so daß also ein breites Nilschlammgebiet eine Bebauung jetziger Wüstengebiete ermöglichen würde.

Die *Landschaft!* Wer sie kannte, versteht die Heimattreue seiner ehemaligen Bewohner. Formen und Linien grenzten in ihrer Knappheit an die Abstraktion von Urbildern. Und am Südende der zweite Katarakt – gewaltig, aber spielend, zerrissen und farbig – ließ zwischen metallisch glänzenden Brocken von Urgestein schmale Rinnsale für die Strähnen des Nils. Auch er wurde von den Stauwassern verschlungen, und mit dem nubischen Land das gesamte Freilichtmuseum seiner Denkmäler, so-

weit sie nicht bereits dem Assuândamm zum Opfer gefallen waren oder durch internationale Hilfe gerettet wurden.
Was der nubische Boden birgt, sind *Dokumente* einer 7000jährigen Geschichte. Zum größten Teil sind sie kulturidentisch mit den ägyptischen. Erst seit dem Zerfall des Pharaonenreiches bildete sich in der Auseinandersetzung mit der von Süden heraufdrängenden Kultur die bisher unterschwellig vorhandene einheimisch-nubische Kultur eigen aus, der Art nach eine Volkskunst. Dicht reihen sich die Hunderte von Fundstätten aneinander, die Tempel, die Städte, die kleineren Heiligtümer, Nekropolen und Festungen. Felszeichnungen aus der noch schriftlosen Vorgeschichte mit heute weit nach Süden abgewanderten Tieren, Graffiti phönikischer Soldaten oder griechischer Besucher, Fresken altchristlicher Kirchen und Klöster hielten den Blick des Forschers fest. Am ergiebigsten sprechen die insgesamt kilometerlangen historischen wie religiösen Inschriften der größtenteils geborgenen ägyptischen Tempel, denen auch künstlerisch der höchste Rang unter den Überresten gebührt.

Anläßlich der Einweihung von Philae-Agílkia wurde 1980 in Assuân der Grundstein für ein Nubien-Museum gelegt.

Die Fahrt

Heute fliegt man über die Wasserwüste bis Abu Simbel, soll auch demnächst mit einem Hotelboot auf einer 5-Tage-Reise die unten aufgeführten Tempelgruppen besuchen können. Unter dem Wasserspiegel die versunkenen Dörfer der nubischen Landschaft und die antiken Stätten hinter sich lassend, vorbei am Bâb el-Kalâbscha, über den Wendekreis des Krebses hinaus, geht der Flug, den man am Landeplatz südlich des Hochdamms antritt.

Die beiden täglich verkehrenden Flugzeuge befördern rund 300 Besucher für wenige Stunden Begegnung mit der »Kathedrale der Ingenieure« in Abu Simbel. Flug langfristig vorbestellen. Auskunft im Neu-Katarakt-(New Cataract-)Hotel in Assuân. Gebuchte Flüge können abgesagt oder um Tage verschoben werden, man sei auf jede Überraschung gefaßt.

In Abu Simbel Hotel Nefertari, Auskunft ebenfalls über Neu-Katarakt-(New Cataract-)Hotel in Assuân.

Denkmäler

Von den nubischen Denkmälern, die durch den Stausee dem Untergang geweiht waren, sind an vier Stätten des neuen Nilufers folgende wiederaufgebaut worden:

In Neu-Assuân: die Tempel von Kalâbscha, Ķertassi und Bêt el-Wâli;
oberhalb des ehemaligen Wâdi es-Sebû'a (in Neu-Sebû'a): die Tempel von ed-Dakka, el-Maharráķa und Wâdi es-Sebû'a; dazu 4 Felsenkapellen von Ķasr Ibrîm.
Nördlich des ehemaligen Ámada (in Neu-Ámada): die Tempel von Ámada und ed-Derr sowie das Felsgrab des Pennût;
auf der Höhe des Hügels von Abu Simbel (in Neu-Abu Simbel): die beiden Tempel von Abu Simbel.

Die sudanesischen Tempel von Akscha, Buhen, Kumma (Semna-Ost) und Semna (West) sowie das Felsgrab des Djehuti-Hotep von Dibêra-Ost sind in einer für sie geschaffenen Anlage im neuen Museum von Chartûm wiederaufgestellt. Die Fresken der Kirche von Farâs sind in die Museen von Chartûm und Warschau gebracht worden.

Die drei Tempel Debôd, Tâffa und Dendûr sowie die Felskapelle von Ellesîja sind als Geschenk nach Madrid, Leiden, New York und Turin übergeben (s. Liste nächste Seite), die übrigen Dokumente den Fluten zum Opfer gefallen, abgesehen von leicht transportablen Teilen oder Proben, die als Museumsgut gerettet worden sind. Die Bauten der Insel Philae wurden bis auf die im Norden auf die nördlich der Insel Bigga gelegene kleine Insel Agílkia versetzt. Nachfolgende Liste erleichtere die Übersicht über das Schicksal der kulturellen Hinterlassenschaft im nubischen Lande von einst. Die Hilfe der BR Deutschland wurde belohnt durch ein ptolemäisches Tempeltor aus Kalâbscha (heute in Berlin-Charlottenburg).

Von den Wiederaufbauorten liegt → Neu-Assuân auf dem Westufer etwa in Höhe des Alten Staudamms; Neu-Sebû'a etwas nördlich von Alt-Sebû'a; Neu-Ámada ebenfalls etwas nördlich von Alt-Ámada; alle Orte wüsteneinwärts so hoch, daß sie von der zu erwartenden Flut nicht erreicht werden können, so auch Neu-Abu Simbel.

Die durch den neuen Stausee betroffenen Denkmäler in Nubien, von Nord nach Süd aufgeführt:

Orte	Denkmalgattung	In situ geborgen	Versetzt	Preisgegeben, ausgewählte Teile ins Museum gebracht	Wandmalerei abgelöst	Zum Geschenk gegeben	Ort des Wiederaufbaus
Ägypten							
Philae	Tempelinsel		+				Insel Agílkia
Debôd	Tempel		+			+	Madrid
Ķertassi	Kiosk		+				Neu-Assuân
	Steinbruch			+			
Tâffa	Tempel					+	Leiden
Bêt el-Wâli	Tempel		+		+		Neu-Assuân
Kalâbscha	Tempel		+				Neu-Assuân (Tor Berlin-Charlottenburg)
Dendûr	Tempel					+	New York Metr. Museum
Gerf Husên	Tempel			+			
ed-Dakka	Tempel		+				Neu-Sebûʻa
el-Maharráka	Tempel		+				Neu-Sebûʻa
es-Sebûʻa	Tempel		+		+		Neu-Sebûʻa
Âmada	Tempel		+				Neu-Âmada
ed-Derr	Tempel		+				Neu-Âmada
Pennût	Felsgrab		+				Neu-Âmada
Ellesîja	Felskapelle					+	Turin
Ķasr Ibrîm	Gedächtniskapellen und Baureste		+	+			Neu-Sebûʻa
Abu Simbel	Tempel		+				Neu-Abu Simbel
Abahûda	Tempel			+			
Gebel esch-Schams	Gedächtnisnischen			+			
Sudan							
Farâs	Kirche				+		
Akscha	Tempel		+				Chartûm
Dibêra	Felsgrab				+		Chartûm
Buhen	Tempel		+				Chartûm
Semna	Tempel		+				Chartûm
Kumma	Tempel		+				Chartûm

Wiedererrichtete Tempel von Neu-Sebû'a

Tempel von ed-Dakka (Pselkis)

Der älteste Teil des Tempels stammt von dem Äthiopenkönig Ergamenes (Kapelle vor dem Allerheiligsten). Dessen jüngerer Zeitgenosse Ptolemaios IV. Philapator legte einen Quersaal vor, während die Vorhalle von Ptolemaios VII. Euergetes II. gebaut ist. In römischer Zeit wurde das Allerheiligste (hinten) angebaut und der Pylon hinzugefügt. Dieser stattliche Tempel an der Stelle eines Vorgängerbaus und im Unterschied zu den meisten nubischen Tempeln von N nach S, also parallel zum Nil angelegt, war dem Gotte Thoth von Pnubs, einer äthiopischen Stadt, geweiht.

Der *Pylon* (knapp 24½ m breit) lag als Eingang in der äußeren Umfassungsmauer. Jeder der beiden wohlerhaltenen Tortürme mit Rundstab und Hohlkehle hat eine Rille für die Flaggenmaste und trägt zahlreiche griechische sowie auch demotische und meroïtische Besucherinschriften. Im Durchgang des Portals (mit Flügelsonne) ist li. der König dargestellt, oben Thoth, Tefnut und Hathor, unten Isis opfernd.

In jedem Turm führt eine Treppe aufs Dach, vorbei an einem Wächterraum (unten) und drei höher gelegenen Räumen. Auf dem Dach des westlichen Turmes sind Denkinschriften eingemeißelt sowie Fußsohlen zur Bezeichnung der Stelle, wo der Betende gestanden hat. Vom westlichen Turm aus kann man auch auf das Dach des Mittelportals gelangen.

Der *Hof* zwischen Pylon und Vorhalle ist vollständig zerstört. Die Fassade der Vorhalle, einheitlich von einem Rundstab umzogen, wird gebildet von zwei Kompositpflanzensäulen, die das Portalgewände flankieren, den Schranken und den Seitenwänden. Auf den (dicken ptolemäischen) Wandreliefs erscheint der König vor den verschiedenen in Dakka verehrten Gottheiten. Die Texte auf den Säulen des Eingangs nennen Ptolemaios II.–V. und VII. mit ihren königlichen Gemahlinnen.

Beachtenswerte Szenen und einmalige Darstellungen in *Vorhalle* (und Quersaal) gingen 1896 und 1902 durch Einsturz verloren. Von den Opferszenen sei eine auf der li. Wand (Mitte) herausgehoben, wo der König dem Thoth von Hermopolis (als dem Schreibergott), Thoth von Pnubs und Tefnut eine Palette opfert. Von den religiösen Bildern, die mit der Verwandlung des Vorraumes in eine Kirche auf die Wände grob in rotbrauner Farbe gemalt waren, sind kaum noch Spuren erhalten. — Die Tür in der Rückwand diente dem älteren Heiligtum als Hauptportal. An ihren Pfosten ist li. Philopator vor Rê-Harachte, Chnum-Rê und Hathor, re. vor Amun-Rê, Harendotes und Isis dargestellt. Im Durchgang li. weiht der Kaiser ein Bild der Wahrheit an Thoth von Pnubs (heute zerstört) und Tefnut. Die Decke der Vorhalle ist mit fliegenden Geiern ausgeschmückt.

Im folgenden Quersaal führt re. hinten eine Treppe aufs Dach; sie wurde in der Kaiserzeit angelegt: An ihrem oberen Ende ist in der Mauer eine Krypta ausgespart; im Raum selbst Opferszenen. Auf dem Sturz zur Tür der Ergamenes-Kapelle weiht Tiberius, gefolgt von einer »Kleopatra« betitelten Königin, ein Bild der Wahrheit an Thoth von Pnubs und Wepset, re. an Osiris und Isis.

Von den vielen Opferszenen der *Ergameneskapelle* (teils ansprechende, aber durchweg erstarrte Reliefs) ist besonders das auf der re. Wand (Mitte, li.) zu beachten: Der König opfert einem Pharao von Bigga und der Göttin Anukis Wein. — In der Ostwand (li.) führt eine (später gebrochene) Tür zu zwei Kammern, von denen die hintere (»römische Kapelle«) einige wichtige Szenen in relativ gutem Relief enthält. An ihrer Rückwand sitzen sich zwei Löwen gegenüber; darüber Thoth als Pavian, der Tefnut in Gestalt einer Löwin verehrt. In dieser Szene ist angespielt auf die Heimholung der Sonnenkatze aus dem Süden zur Zeit der Sonnenwende durch den von dem Sonnengotte Rê ausgesandten Götterboten (Thoth-Hermes). Oben zwei Ibisse, hl. Tiere des Thoth. Durch die verschieden tendierenden Kultbilder werden die verschiedenen Aspekte des Tempelgottes Thoth angeleuchtet. An der Rückwand der Ergameneskapelle li. vom Eingang zum Sanktuar ein wichtiger Stiftungstext: Ergamenes verewigt darin seine Schenkung des Landes von Assuân bis Takompso an Isis von Philae. Er übereignet ihrem Tempel »das Feld von 12 Aruren auf dem westlichen und 12 Aruren auf dem östlichen Ufer, macht zusammen 24 Aruren«.

In dem hintersten Raum, dem *Kultbildraum*, mit dem Granitschrein (wahrscheinlich von Augustus) ist der Wandschmuck von unterschiedlicher Güte, oft sehr grob und plump. Der Kaiser im Ornat des Pharao opfert vor verschiedenen Gottheiten, so für Arsnuphis und Tefnut eine Sphinx mit Salbölnapf (re. Wand, unten li.); für Thoth-Schu einen Blätter-Kranz mit Doppeluräus, d. i. die Krone der Rechtfertigung (Rückwand, re. oben, li. vom Fenster); der Göttin Isis ein Feld (Rückwand li. unten) oder Isis vom Abaton eine Halskette (li. Wand, unten li.). An der Basis auf jeder Hälfte der König, von Nilgöttern gefolgt, mit Opfern vor zwei Göttinnen; auf der Eingangswand re. der heilige Feigenbaum, unter dem Thoth in Gestalt eines Pavians sitzt. An der Rückwand zwei Fenster mit der darüber schwebenden Flügelsonne und eine später gebrochene Tür. — An der Außenseite dieser Rückwand war — ähnlich wie in Kalâbscha — eine große Nische in Türform angelegt, in der Thoth von Pnubs in Hochrelief dargestellt war.

Daß der Tempel von ed-Dakka bei der ehemaligen Station der Evangelischen Mission — wie die meisten nubischen Denkmäler — im Winter von der Flut überspült war, erschwerte seine Bergung.

Tempel von el-Maharráka

Von den drei bei Neu-Sebû'a wiedererrichteten Tempeln stammt der kleinste vom Westufer 120 km südlich von Assuân. Dieser »Tempel von Maharráka« (oder Ofendîna) bezeichnete die Stätte von Hierasykaminos, der »Stadt der heiligen Sykomore«, wo in ptolemäischer und römischer Zeit, wenn auch nicht ununterbrochen, die Grenze des Reiches verlief.

Das in spätrömischer Zeit erbaute Tempelchen war dem Gotte Sarapis geweiht. Das nicht vollendete, sehr zerstörte Heiligtum, das im Osten seinen Eingang hat, enthält einen rechteckigen offenen Hof, der auf drei Seiten von gedeckten Säulengängen umgeben ist. Die südlichen Säulen sind durch Schranken verbunden; in der Mitte führt eine Tür in den angrenzenden Raum. In der Nordostecke sind die Reste einer aus Quadern erbauten Wendeltreppe erhalten – einzig in ihrer Art; sie hat auf das Dach des Säulenganges geführt. Von den teils hochinteressanten Opferszenen der Wände sind nur noch Reste erhalten, u. a. wurden Thoth von Pnubs, Tefnut und Mandulis verehrt.

Tempel vom Wâdi es-Sebû'a

Nach dem gleichen Plane wie den Tempel von Gerf Husên hat Ramses II. den Tempel vom Wâdi es-Sebû'a angelegt, der unweit von seiner tieferen Lage auf dem gleichen Ufer heraufgeholt und in Neu-Sebû'a wiedererrichtet wurde. Er war Amun und Rê-Harachte geweiht, der König selbst genoß einen Nebenkult. Seinen Namen erhielt er durch die den Mittelweg flankierenden Löwensphingen (es-Sebû'a = die Löwen). Der Tempel ist in seinen untergeordneten Teilen aus Ziegeln, sonst aus Sandstein erbaut, das Allerheiligste im Felsen angelegt, die Reliefkunst beachtenswert.

Eine teils zerstörte Ziegelmauer umschloß den Tempelbezirk; ein Steinportal, vor dem zu beiden Seiten je eine Statue und eine Königssphinx stehen, führt in den *ersten Vorhof*, dessen Mittelweg von je drei Sphingen mit der Doppelkrone flankiert ist; dahinter Reinigungsbecken aus Stein. — Ein Steintor in einem jetzt zerstörten Ziegelpylon entläßt in den *zweiten Vorhof*, der zu beiden Seiten mit je zwei besonders schönen falkenköpfigen, also dem Sonnengott Rê-Harachte zugeordneten Sphingen ausgestattet ist. An der li. Wand führt eine Tür in einen kleinen außerhalb der Umfassungsmauer gelegenen Raum mit zwei runden Speichern, ein kleiner Vorbau innerhalb des Hofes in die neben dem Speicherraum gelegene Kapelle mit einem Altar für Amun-Rê und Rê-Harachte.

Die Treppe des 2. Vorhofes steigt zu einer Terrasse empor, auf der das *Tempelhaus* liegt. Vor seinem *Eingangspylon* (20 m hoch, 24,5 m breit) aus Stein standen vier kolossale Statuen des Königs mit den Emblemen des Amun-Rê (Stange mit Widderkopf) und des Rê-Harachte (Stange mit Falkenkopf). Die stark verwitterten Reliefs an den Tortürmen zeigen Ramses II., wie er symbolhaft vor den beiden Göttern Feinde erschlägt. — Durch das Mittelportal betritt man den *Tempelhof* (20 m × 20 m); re. und li. sind Hallen mit je fünf Pfeilern geschmückt, vor denen (ähnlich wie in Medînet Hâbu und Abu Simbel) Kolossalstatuen des Königs stehen;

an den Wänden Opferszenen in grober Arbeit. Li von diesem Pfeilerhof liegt ein Schlachthof mit durchbohrten Steinen zum Festbinden der Opfertiere. — Eine Treppe vom Pfeilerhof aus führt auf eine Terrasse.
Eine in christlicher Zeit in das alte Portal eingebaute Doppeltür entläßt in den eigentlichen *Felsentempel.* Dessen *große Halle* (12,40 m lang, 15,70 m breit, 6 m hoch) wird von sechs einfachen Pfeilern und sechs (sehr zerstörten) Königspfeilern gestützt; sie war in einen von W nach O orientierten Kirchenraum umgewandelt, wie vielfältige Reste beweisen, auch die Bilder von einigen Heiligen.
Hinter der Halle liegt ein *Quersaal* mit Kammern re. und li.; unter den Opferszenen zeigt eine auch Ramses II. vor seinem eigenen Bilde. Von den drei Kapellen, die sich auf der Rückwand des Quersaales öffnen, ist die mittlere das *Sanktuar,* wo die heilige Barke abgestellt war. Auf seiner re. Wand bringt Ramses II. der mit Falkenköpfen ausgestatteten Barke des Rê-Harachte Blumen dar, auf der li. opfert er der mit Widderköpfen verzierten Barke des Amun. Auf der Rückwand ist oben die Sonnenbarke dargestellt, in der der widderköpfige Rê-Harachte unter einem Baldachin sitzt, von dem knienden König (li.) und drei Pavianen (re.) angebetet; vor dem Sonnengott Thoth mit Buchrolle als Wesir. Darunter ist die Kultnische mit den jetzt zerstörten Statuen der göttlichen Dreiheit, die hier im Tempel verehrt wurde (wie ähnlich in Abu Simbel und Kalâbscha): Amun, Ramses II. und Rê-Harachte; re. und li. davon bringt der König Blumen dar. In christlicher Zeit wurde die Nische übermalt, in der Mitte blieb die große Figur des Apostels Petrus mit dem Himmelsschlüssel erhalten; die übrige Malerei wurde abgelöst und konserviert.

Wiedererrichtete Bauten von Neu-Ámada

Tempel von Ámada

Der Tempel von Ámada, den Göttern Amun-Rê und Rê-Harachte geweiht, wurde schon in der 18. Dyn. unter Thuthmosis III. und seinem Nachfolger Amenophis II. erbaut und ist von Thuthmosis IV. erweitert worden. Amenophis IV. hat die Bilder des Amun getilgt, Sethos I. sie wieder erneuert. Da die Räume in christlicher Zeit als Kirche benützt und zu diesem Zweck die Reliefs übermalt worden sind, blieben die alten Farben gut erhalten. Das Heiligtum ist bescheiden in seinen Ausmaßen, besteht nur aus Pfeilerhalle, Quersaal und Allerheiligstem, ist aber gerade wegen seiner glücklichen Maße, wegen der Güte seiner Bilder, deren Thematik sowie durch interessante Texte besonders reizvoll.

Tempel von Amada

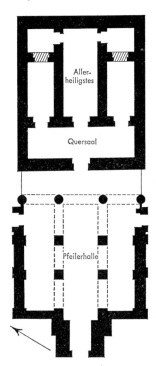

Tempel von Amada

Der aus Ziegeln gebaute Pylon ist verschwunden, man betritt heute das Heiligtum durch das steinerne *Portal,* das ehemals zwischen den beiden Türmen stand. Re. wird Thuthmosis III., li. Amenophis II. von Rê-Harachte umarmt; unten der Statthalter von Kusch Messui, vor den Kartuschen Merenptahs kniend. — Im Tordurchgang li. eine Denkinschrift über einen Feldzug Merenptahs gegen die Äthiopen; gegenüber der Statthalter von Kusch (unter Ramses II.), Setau, betend (u. a. auch in Ḳasr Ibrîm [und Farâs] verewigt).

Hinter dem Pylon lag ursprünglich ein von Ziegelmauern umschlossener *Hof,* an dessen Rückseite sich eine von vier protodorischen Säulen (vgl. Beni Hasan) getragene Halle erhob. Diesen Hof hat später Thuthmosis IV. durch den Einbau der 12 Pfeiler und der steinernen Seitenwände sowie der Decke verwandelt in eine gedeckte *Pfeilerhalle* (10 m lang, durchschnittlich 8–8½ m breit und 5 m hoch). Die Bilder auf den Pfeilern wie auf den Seitenwänden zeigen Thuthmosis IV. vor Göttern, auch die Architrave sind von ihm beschriftet. Dagegen stammen die Inschriften auf den Säulen von Thuthmosis III. und Amenophis II., und auch auf der Rückwand sind diese beiden Könige vor Göttern dargestellt.

Hinter der Pfeilerhalle liegt der Quersaal (2 m tief, 3,65 m hoch). Auf der li. Eingangswand wird Amenophis II. von Thoth und Horus von Edfu mit Weihwasser übergossen, das durch die Hieroglyphen als Lebenswasser verdeutlicht wird. Auf der li. Wand ein Kultlauf Amenophis' II. Auf den übrigen Wänden wird Amenophis II. von Göttern umarmt, oder er spendet ihnen ein Opfer. Von den drei Türen der Rückwand führen die beiden seitlichen in je eine Kammer; am interessantesten ist die rechte, in der Thuthmosis III. bei verschiedenen Zeremonien der »Grundsteinlegung« und Übergabe des Tempels dargestellt ist.

Die Mitteltür entläßt in das *Allerheiligste.* Unter der Sonnenbarke mit den Göttern Rê-Harachte und Amun-Rê, denen Amenophis II. Wein opfert, steht auf der Rückwand eine Denkinschrift aus dem 3. Regierungs-

Jahre des Königs. Der Text schildert die Vollendung des Tempels sowie einen Feldzug Amenophis' II. in Syrien, wo er sieben Fürsten gefangengenommen hat; sechs davon wurden an den Mauern Thebens, der letzte an den Mauern Napatas aufgehängt. — Die beiden vom Allerheiligsten abgehenden rückwärtigen Seitenkammern enthalten die üblichen Opfer- und Gebetsszenen.

Dieser kleine Tempel der 18. Dyn. schreckte nach 3500jährigem stillen Dasein jäh aus seinem Traum, als er um 2,6 km nordwärts und 65 m höher *versetzt* wurde. Weil er, aus einer Blütezeit ägyptischer Kunst stammend, in Relief und Malerei noch so gut erhalten war, erfuhr er die besondere Liebe, daß man ihn nicht zerlegte, sondern als Ganzes verschob (lediglich der vordere Teil wurde abgetragen). Ein Fahrgestell mit hydraulischen Winden, die wie ein Aufhängesystem wirken und dadurch die Bodenunebenheiten automatisch ausgleichen, beförderte ihn zentimeterweise durch ebenfalls hydraulisch betriebene Winden auf drei Geleisen. Unter dem 800 Tonnen schweren Gebäude hatte man zunächst Betonsockel angebracht, dann den Tempel en bloc verpackt und stabilisiert. So dankt der architektonische Schatz seine Bewahrung und Zukunft am neuen Seeufer einer Großtat moderner Technik der französischen Nation.

Tempel von ed-Derr

Der ursprünglich als grant-in-return vorgesehene Felsentempel von ed-Derr wurde ebenfalls bei el-Amada auf höherem Niveau wiederaufgebaut. Er ist dem Sonnengott Rê-Harachte geweiht und von Ramses II. errichtet. Von dem im ganzen recht sorglos ausgeführten, von N nach S gerichteten Bauwerk sind Pylon und Hof verschwunden, nur zwei Pfeilerhallen und drei Nischen erhalten.

Die erste *Halle* war teils aus dem Fels gehauen, teils aufgemauert. Allein die hintere Reihe der 3×4 = 12 Pfeiler, an die Statuen des Königs gelehnt waren, steht noch in größerer Höhe; von den mit historisch bedeutenden Darstellungen bebilderten Wänden verblieben die unteren Teile. Auf der re. (westlichen) Seitenwand Bilder aus dem nubischen Feldzuge Ramses' II.; eindrucksvoll in der unteren Reihe die Flüchtlinge, die ihre Verwundeten nach dem Gebirge tragen, wo eine Hirtenfamilie mit der Herde klagend sitzt. Auf der Rückwand ist der Löwe re. (westlich) der Tür zu beachten, der einen Feind am Bein packt, während der Pharao ein Bündel Feinde mit der Keule erschlägt.

Hinter dem folgenden *Felsensaal* (6 Pfeiler mit dem König vor Göttern) mit kanonischen religiösen Szenen schließen sich drei Kapellen an; in der mittleren, dem Allerheiligsten, stand die auf den Seitenwänden abgebildete Götterbarke. Auf der Rückseite der Rest der vier Kultstatuen: Rê-Harachte, Ramses II., Amon-Rê und Ptah.

Felsgrab des Pennût

Auch das ursprünglich als eines der jüngsten Gräber bei Anîba angelegte Felsgrab des Pennût, eines Beamten Ramses' VI. (20. Dyn.), wurde in diese Gegend verlegt (etwa 800 m westlich), weil seine Reliefs und Inschriften nicht nur gut erhalten, sondern auch besonders interessant sind. Das Grab besteht aus Eingang, quergelagerter Halle (6,50 m × 2,80 m) und einer Nische.

Im Eingang li. der Grabherr mit seiner Frau betend. – Im *Hauptraum* gehört die östliche (re.) Hälfte dem Diesseits und der Gottesverehrung, die westliche (li.) dem Jenseits; sie enthält fast nur Darstellungen aus dem Totenbuche. Die Wände sind, von der großen Inschrift abgesehen, in 2 Bildreihen aufgeteilt. – Auf der re. Eingangswand: 20zeiliger Stiftungstext für eine Statue Ramses' VI. – Auf der re. Wand: ein nicht mit Namen genannter Statthalter von Kusch wird von Ramses VI. unter einem Baldachin (li.) beauftragt, dem Grabherrn zwei silberne Schalen zu überreichen; der Statthalter, von einem Gutsverwalter Meri begleitet, vor der Statue des Königs (Mitte); Pennût, der die beiden Schalen in Händen hält, wird von Untergebenen geschmückt (re.). In der unteren Reihe

Felsgrab des Pennût — Ḳasr Ibrîm

Opfer und Gebete durch Pennût und seine Frau vor Eltern und Vorfahren. — Auf der Rückwand, re. der Tür: das Ehepaar mit 6 Söhnen im Gebet vor Rê-Harachte; darunter das Paar vor Osiris, re. Fortsetzung der zur re. anschließenden Wand gehörigen Vorfahren.
In der westlichen (li.) Hälfte der *Halle* auf der Eingangswand: Pennût steht vor dem Tor des Jenseits; re. daneben Pennût und seine Frau, die durch das Tor eingetreten sind, mit betend erhobenen Händen. Auf der Waage wird von Anubis das Herz gegen die Wahrheit gewogen, daneben (li.) das höllische Ungeheuer, re. Thoth, der das Wiegeergebnis registriert. Unten Mundöffnung vor der Mumie am Grabe (re.), li. Trauergefolge. — Li. Wand oben, mit der Fortsetzung der li. Eingangswand: Pennût und seine Frau werden von Harsiëse vor Osiris geführt, in den Totenrichter; re. daneben Anubis an der Bahre des Toten; Text aus dem 125. Kapitel des Totenbuches mit dem negativen Sündenbekenntnis. Unten: Pennût vor Göttern betend (li.), re. mit seiner Frau in jenseitigen Gefilden nach Totenbuch Kap. 110. — Auf der Rückwand, li. der Tür: Pennût auf den Knien betend vor der Hathorkuh im Westberg mit Pyramidengrab und Nilpferdgöttin; das Paar vor dem thronenden Rê-Chepri (re.). Unten: Der Grabherr wird von Anubis und Thoth mit Weihwasser übergossen (li.), als er vor Rê-Horus in einem Kioske (Mitte) tritt; das Paar vor Ptah-Sokar-Osiris betend (re.).
Beiderseits der Tür zur Nische Gebetszenen, oben Sonnenbarke. — In der Nische drei unfertige Statuen, die mittlere kuhköpfig, also der (Unterwelts-)Hathor zugehörig.

Ḳasr Ibrîm

Die römische Primis, eine wuchtige, die Landschaft beherrschende Festungsruine auf dem Ostufer, war ehemals einer der strategisch wichtigsten Punkte Nubiens; die Festung wurde erst im Mamlûkenkrieg 1812 zerstört. In der Stadtruine lagen ägyptische Tempel, über altkoptischer Kirche eine andere aus byzantinischer Zeit, die später als Moschee diente; eine weitere mit Gerichtshof, die mit Wohnhäusern überbaut war; ferner christliche Friedhöfe, Bischofs- und Priestergräber; Gedächtnisnischen am Westabhang des von Ost und Süd her aufgefüllten Burgberges, in der Südmauer ein Podium aus der Zeit des römischen Generals Petronius (23—22 v. Chr.); Felsinschriften und alte Kritzeleien. Die Ausgrabungen im Zuge der Bergungsaktion (4 Felsenkapellen ausgeschnitten) förderten u. a. Tonamphoren zutage mit meterlangen Schriftrollen aus Gazellenleder mit koptischen und altnubischen sowie Papierrollen mit arabisch-koptischen Texten und auch eine Stele mit meroïtischem Text. 1979 wurden in den Schuttschichten um die Befestigungsanlagen etwa 600 Papyri gefunden, demotische, griechische und lateinische, darunter Soldatenlisten mit Herkunftsangaben; außerdem Kanonenkugeln aus Sandstein mit eingeritzten Initialien sowie vielfältiger Hausrat aus römischer Zeit.

Die herausgeschnittenen Felsenkapellen wurden bei → es-Sebû'a eingebaut, die tiefer gelegenen sind überspült, die höheren noch zugänglich.

Wiedererrichtete Tempel von Neu-Abu-Simbel
Zur Anreise s. S. 744.

Großer Tempel von Abu Simbel
Der *Große (südliche) Tempel,* Amun-Rê von Theben und Rê-Harachte von Heliopolis geweiht, den Hauptgöttern von Ober- bzw. Unterägypten, mit einem Nebenkult für Ptah von Memphis und den vergötterten König selbst, ist genau nach Osten orientiert, so daß bei Sonnenaufgang an den Aequinoktien die Strahlen des aufgehenden Gestirns das Kultbild im Allerheiligsten am Ende der 63 m langen Mittelachse treffen.
Der Tempelvorplatz ist aus dem Felsen ausgehauen und im Norden und Süden von alten Ziegelmauern umgeben. Zwischen den Waschbecken gelangt man über die antike Treppe zur *Terrasse,* die vorn mit Reihen von Gefangenen und einer Hohlkehle geschmückt ist; an der Brüstung die Weihinschrift, dahinter Falkenfiguren (des Rê-Harachte) und Königsstatuetten.
An der Eingangsfassade erheben sich vier aus dem Felsen gehauene 20 m hohe *Kolossalfiguren* des Königs (K), die trotz ihrer Maße vorzüglich gearbeitet und geradezu weich im Ausdruck sind; ihre Größe steht in gutem Verhältnis zur Felswand. Die linke Sitzfigur ist am besten erhalten, die zweite schon im Altertum geborsten (der Oberkörper liegt am Boden), die dritte von Sethos II. ausgebessert worden. Die Statuen tragen die Doppelkrone, Königskopftuch, Uräus, Kinnbart; Schurz mit Vorderblatt; der Vorname Ramses' II. im Ring: auf der Brust, auf den Oberarmen und zwischen den Beinen. Zwischen den Beinen sowie beiderseits jeder Figur kleinere Plastiken von Mitgliedern der königlichen Familie. Auf den beiden südlichen Kolossen griechische, karische und phönikische Inschriften, die Söldner auf Kriegszügen eingraviert haben.
Am oberen Abschluß der *Tempelfront,* die die Stelle der Pylone bei freistehenden Tempeln einnimmt, begrüßen Paviane betend die aufgehende Sonne; in der Hohlkehle darunter die Vornamen Ramses' II. sowie Bilder des Amun (links) und des Rê-Harachte (rechts); über dem Eingangsportal der Vorname des Königs in Relieffiguren mit dem Bild des falkenköpfigen Sonnengottes in der Mitte. Beiderseits bringt der König diesem Gott ein Bild der Ma'at (Göttin von Ordnung und Recht) dar, auf dem Türsturz vollzieht er vor verschiedenen Göttern die Zeremonie der Grundsteinlegung.
Im *Eingang* an den Thronsockeln beiderseits die beiden Nilgötter, darunter links Neger, rechts Syrer als Gefangene mit charakteristischen Gesichtszügen.
Man betritt durch eine kleine, schon von Ramses II. eingebaute Pforte das *Tempelinnere,* das von der Schwelle bis zur Rückwand 55 m mißt

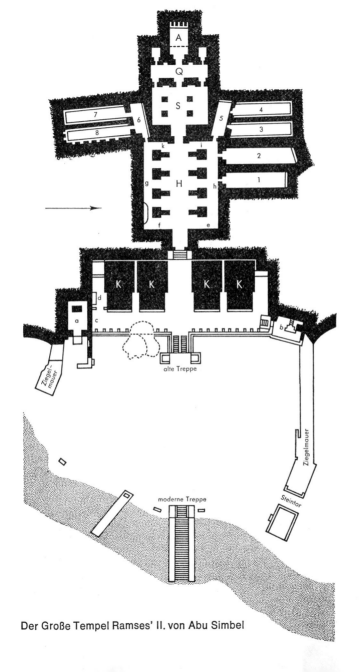

Der Große Tempel Ramses' II. von Abu Simbel

und sich aufgliedert in: eine tiefe Halle (H) mit 8 Osirispfeilern, einen kleineren (breiten) Saal (S) mit 4 Pfeilern, einen schmalen Quersaal (Q) und zwischen zwei Nischen schließlich das Allerheiligste (A). Dem Mitteltrakt sind nördlich (rechts) fünf (1—5), südlich (links) drei Kammern (6—8) angegliedert.

Die *tiefe Halle* (17,70 m × 16,50 m) mit den fast 10 m hohen vortrefflichen Kolossalstatuen Ramses' II. als Osirispfeiler — unter den im Mittelgang fliegenden Geiern und der Sternendecke der Seitengänge über dem ins Halbdunkel ansteigenden Fußboden — hat eine großartige Wirkung. Die teils auch farbig noch gut erhaltenen Wandreliefs sind historisch bedeutend.

Auf der rechten *Eingangswand:* Ramses II. erschlägt einen Haufen Feinde vor Rê-Harachte (e), links vor Amun-Rê (f).

Die *südliche Seitenwand* (li.) oben (g): der König in fünf Bildern vor Gottheiten; darunter drei Kriegsszenen; links: Der König erstürmt auf einem Streitwagen eine syrische Festung und erschießt die auf den Zinnen um Gnade flehenden Feinde; Mitte: Der König durchbohrt einen Libyer mit der Lanze; rechts: Triumphzug des Königs mit gefangenen Negern.

Die *nördliche Seitenwand* (re.) bietet die aus Abydos, dem Ramesseum und aus Luksor bekannte Hethiterschlacht (h). Unten von links nach rechts: Abmarsch der ägyptischen Truppen; Lager der Ägypter, mit Schilden verschanzt; aus dem Lagerleben Fütterung der Pferde, Troßknechte und königliches Zelt. Kriegsrat des Königs mit seinen Fürsten; darunter: zwei feindliche Spione werden durchgeprügelt; ganz rechts: Kampf der ägyptischen Wagenkämpfer mit den hethitischen. — Darüber die Kämpfe; links ist der König von den Wagen der Feinde umzingelt; Mitte: die vom Orontes umflossene Festung Kadesch, auf ihren Zinnen die feindlichen Verteidiger; rechts: Offiziere führen dem König die Gefangenen vor und zählen die abgeschnittenen Hände bzw. Glieder der Gefallenen. Rückwand: nördlich (re.), König bringt zwei Reihen gefangener Hethiter (i), südlich (li.) gefangener Neger (k) vor Gottheiten.

In den *Seitenkammern* teilweise steinerne Tische für die Schätze und Vorräte. — In den *hinteren Sälen* ausschließlich religiöse Szenen. Im Vier-Pfeiler-Saal Barkenprozessionen, im Allerheiligsten der aus dem Fels gehauene Sockel für die heilige Barke, in der rückwärtigen Nische die Figuren Ptah–Amun–Ramses II.–Rê-Harachte, das heißt der König inmitten der großen Trinität Leibgott-Geistgott-Vatergott.

Von den kleineren Denkmälern *außerhalb des Tempels* seien erwähnt: bei c, an der Südwand der Terrasse, die zum Gedächtnis an die Heirat Ramses' II. mit der Tochter des Hethiterkönigs eingemeißelte Inschrift; auf dem Oberteil der *»Hochzeits-Stele«* sieht man den Hethiterkönig, der Pharao seine Tochter zuführt; dahinter, in der Nische bei d, das Grab des englischen Majors Tidswell, der auf der Nilexpedition 1884 starb; der dem Sonnenkult gewidmete offene Hof im Norden der Terrasse (b); die südlich des Tempels gelegene Kapelle mit gut erhaltenen farbigen Reliefs (a).

Kleiner Tempel von Abu Simbel

Durch das Steintor Ramses' II. in der nördlichen Ziegelmauer begebe man sich zum *Kleinen Hathortempel,* der von Ramses II. zugleich seiner Großen Gemahlin Nofret-iri geweiht war. Die 28 m lange und 12 m hohe geböschte *Fassade* hat die Form eines Pylons (Hohlkehle heute abgefallen). Beiderseits des Eingangs lehnen je drei über 10 m hohe Standbilder Ramses' II. und seiner Gemahlin mit den Nebenfiguren ihrer Kinder, durch die strebepfeilerartigen Stege zwischen ihnen wie in Nischen stehend. Die 6 Pfeiler der *großen Halle* tragen auf der Vorderseite ein Sistrum mit dem Kopf der Hathor, auf den übrigen Seiten das königliche Paar und Gottheiten. Die Wandreliefs an der Eingangswand: symbolische Erschlagung ähnlich wie im Großen Tempel, sonst Verkehr des Königspaares mit Gottheiten. Hinter dem Quersaal mit zwei seitlichen Kammern das *Allerheiligste* mit einer Nische in Kapellenform; das Kultbild der Hathorkuh im Hochrelief, unter ihrem Kopf der König, von ihr beschützt. — Die Reliefs sind von subtiler Schönheit; beachte die Krönung der Königin durch Hathor und Isis im Quersaal, rechter Hand vom Eingang. Die überlängten Gestalten mit den fast gelenklosen Gliedern stehen an der Grenze zur Dekadenz.

Nördlich des Kleinen Tempels und südlich des Großen in der *Felswand* zahlreiche Denkinschriften und Gedächtnisnischen, meist aus der Zeit Ramses' II.

Wiederaufbau

Von den vielen jahrelang erwogenen Plänen zur Rettung der beiden Felsentempel von Abu Simbel kam mit dem Vertrag vom November 1963 eine kombinierte Lösung zum Zuge, deren Ausführung 42 Mill. Dollar gekostet hat. Die Tempel sind gemäß diesem Plan in Elemente von nicht mehr als 30 t zerlegt und originalgetreu 64 m oberhalb und 180 m landeinwärts von ihrem ursprünglichen Standort unter künstlich aufgeschüttetem Fels wiederaufgebaut worden.

Ein behelfsmäßiger Schutzdamm von 360 m Länge und 135 m Höhe sicherte den Bauplatz gegen eindringende Flut des während der Arbeit bereits steigenden Stausees. Der Fangdammquerschnitt hat als Dichtung eine Spundwand von insgesamt 13 000 qm; das für den Kofferdamm nötige Material von etwa 370 000 cbm wurde in einem nahe gelegenen Steinbruch gewonnen. Eine Sandböschung vor dem Tempel schützte die Kolosse und verstärkte zugleich die Fassade. Nur ein Rohrtunnel von 40 m Länge hielt den Zugang zum Tempelinnern von unten her frei. Beim Kleinen Tempel verfuhr man entsprechend.

Man trug zunächst den Fels hinter der Fassade (ohne Sprengung) ab und legte damit den Tempel von oben her frei. Gleichzeitig wurden sämtliche Räume durch Gerüste ausgesteift und der Stein, wo nötig, chemisch verfestigt. Ebenso sind die Stellen der vorgesehenen

Schnittkanten der künstlerisch bearbeiteten Flächen verfestigt worden, um einem Ausbröckeln vorzubeugen. Die Anker, die die Tempelblöcke aushoben, wurden mit einer Kunstharzmasse in die Transportstücke eingegossen, und Kunstharzinjektionen waren auch nötig, um die Risse in den Wänden und Decken zu schließen. Endlich sind die Blöcke etwa 80 cm stark (nach vielen Sägeproben in der Umgebung) ausgeschnitten worden.

Zum Heben und Verladen der Bauteile waren an jedem Tempel zwei seilverspannte Derricks von 30 bzw. 20 t Tragkraft aufgestellt. Insgesamt sind beim Großen Tempel 15 000 t, beim Kleinen 3500 t bewegt worden, ungeachtet der für die Hilfskonstruktionen nötigen Verlegungen. Die herausgeschnittenen Blöcke wurden auf einer hinter dem Schutzdamm angelegten Straße zum Standort befördert. Die Figurengruppe der hinteren Nische wurde in Quadern von 140 bzw. 100 t mit einem Elektrokran auf vorher verlegte Bodenblöcke aufgesetzt. Um die Spundwände aus Eisen wiederzugewinnen, wurde der Kofferdamm wieder abgebaut.

Beim Wiederaufbau ging man entsprechend vor. Die Tempel wurden zunächst über einem Gerüst errichtet und an einer Stahlbetonkonstruktion mit den Einzelteilen aufgehängt bzw. verankert. Darüber hat man jeweils Betonkuppeln errichtet, die einen Raum über dem Tempel freihalten und das aufgeschüttete Gestein tragen. Der Wiederaufbau wurde abgebrochen und auf höherem Fundament wiederholt, da der Höchststand des Stausees nach letzter Planung von 181 m auf 183 m gehoben werden sollte.

Das Dokumentationswerk hat sich der modernsten technischen Mittel bedient, so auch insbesondere der Stereophotogrammetrie, die für die Bergungsarbeiten in Nubien eigens entwickelt wurde. Ganze Bauwerke, Rundbilder oder Flachreliefs wurden mit ihrer Hilfe auf Karten mit Höhenlinien festgehalten, so daß der Storchschnabel sie bei Bedarf in maßstabgerechte Modelle umzusetzen vermochte.

Wie die Arbeit selbst, so brachte auch ihre Organisation eine Menge von Schwierigkeiten mit sich. Der Nachschub zu der abgelegenen Baustelle von Abu Simbel (1500 km von Alexandrien entfernt und 280 km von Assuân) wurde auf dem Nil befördert, eilige Sendungen und Personal mit zwei Flugzeugen; außer den knapp 100 Technikern waren durchschnittlich 800 Arbeiter beschäftigt, die europäischen Mitarbeiter in der Regel je 2 Jahre. Sie und ihre Familien mußten nicht nur untergebracht, sondern die Kinder auch unterrichtet werden. Das war insofern besonders schwierig, als die Arbeiter verschiedenen Nationen angehört haben, so daß man neben Arabisch und den Touristensprachen Deutsch, Französisch und Englisch auch Schwedisch, Italienisch und Spanisch zu hören bekam. Wenn man dazu das, besonders im Sommer für die Europäer, beschwerliche Klima bedenkt, so verdienen idealler Einsatz und Tatkraft hohe Anerkennung.

Auf dem Hintergrunde der modernen technischen Leistung mag erahnt werden, was jene Baumeister und Steinmetzen vor mehr als 3000 Jahren geleistet haben, als ihnen weder Generatoren noch Bohrtürme, weder mechanische Sägen noch Flugzeuge zur Verfügung standen, ja nicht einmal Hebekran oder Rad.

Internationale Tatkraft hat die Rettung Nubiens zustande gebracht, wissenschaftliche Ehrfurcht vor historischen Heiligtümern einer selbstherrlichen Überzeugung von bergeversetzender Technomagie in die Hand gespielt, um museale Dome auf einem gigantischen Freilichtschauplatz aufzustellen, aber die Götter konnte keiner mehr rufen. Lebensschlüssel wie Kreuz sind gleichermaßen zu Ornamenten abgesunken.

Am 10. 3. 1980 wurde die Rettung der nubischen Tempel mit einem Festakt beendet. Die Kosten des 20jährigen Unternehmens beliefen sich insgesamt auf mehr als 20 Millionen Kalâbscha (S. 734 ff.) mit 8 Millionen DM und steuerte 2 Millionen zur Versetzung von DM, die von über 50 Ländern aufgebracht wurden. Deutschland rettete den Tempel von Philae (S. 725 ff.) bei.

Randgebiete Ägyptens (Plan S. 773)

Die westlichen (Libyschen) Oasen

Libysche Wüste heißt der östlichste Teil der Sahara bis zum Nil. Von seltenen Platzregen abgesehen ist diese Zone Nordafrikas von 2 Mill. qkm Größe vollkommen regenlos. Das gewaltige Gebiet, das zu den trockendsten der Erde zählt, hat auch keine Flüsse und ist daher völlig ohne Vegetation. Nur Sand und Fels, nicht einmal Lebensraum für Nomaden. Allein in den Oasen finden sich menschliche Niederlassungen.
Mit *Oasen* bezeichnet man fruchtbare bewohnte Flecken mitten in der Wüste. Sie liegen als kleine Augen innerhalb großer Senken im Wüstenplateau (Depressionen) und sind die Folge irgendwelcher Wasserzufuhr aus einer 80–170 m unter der Oberfläche liegenden Sandsteinschicht. Das Fruchtland einer Oase liegt üblicherweise tief (→ Geologie), die Oase Sîwa 20 m u. d. M. Zu der 134 m unter dem Meeresspiegel gelegenen Senke von Ḳattara s. S. 24, 316 und 762.

»Oase« geht auf die *altägyptische* Sprache zurück und bedeutet dort »Kessel«. Die alten Ägypter kannten sieben Oasen. Sie waren von Ackerbauern bewohnt, die als begehrtesten Artikel Wein anbauten. Er wurde durch Esel oder Menschen ins Niltal gebracht. Außerdem lieferten die Oasen Öl, Rinder und Kleinvieh. Die Einverleibung der Oasen in den ägyptischen Staat war im MR abgeschlossen, und die ägyptischen Götter hielten ihren Einzug, voran der Oasengott Seth.

Zur politischen Bedeutung gelangten die Oasen erst im letzten vorchristlichen Jahrtausend, vermehrt in der Kaiserzeit. Von el-Chârga über ed-Dâchla, Farâfra bis Sîwa hin bildeten sie eine Abwehrzone gegen räuberische Nomadenvölker. Durch Nomadenüberfälle und unsachgemäßes Abholzen verloren die Oasen im Mittelalter, besonders nach der Eroberung Ägyptens durch die Türken, an Zahl und Bedeutung und dienten bis in die Neuzeit als eine Art Strafkolonie.

Heute zählt das ägyptische Libyen fünf Oasen von Nord nach Süd: Sîwa, Bahrîja, Farâfra, Dâchla und Chârga (ein paar kleinere Plätze sind nicht genannt: → Kurkur, → Wâdi Natrûn). Doch werden Reisende höchstens Sîwa und Chârga, selten noch Dâchla besuchen. Chârga als der wichtigste Stützpunkt ist durch alte Pfade auch mit Assiût, dem Sudân und über Dâchla hinaus auch mit Bahrîja-Sîwa verbunden. Durch das → Wâdi el-gedîd, das Neue Tal, sollen sie mehr und mehr durch anbaufähiges Land einander angeschlossen werden. Zur Geologie s. S. 12 f.

In Sitte und Brauchtum hat sich viel altes Gut gehalten. Am zivilisatorischen Fortschritt hat die Bevölkerung einstweilen wenig Anteil. Nach einer Meldung von Kairo von 1961 starben in der Oase Sîwa noch 35 Prozent der Frauen im Kindbett, »weil sie sich keinem Arzt anvertrauen wollen«. In Chârga – um ein anderes Beispiel strenger Sitten zu nennen – gilt die Witwe 40 Tage lang nach dem Tode ihres Mannes als Menschenfresserin und muß während dieser Zeit völlig einsam in einem Schlupfwinkel leben; der Kontakt der Verwandten beschränkt sich darauf, ihr Nahrung durch ein Fenster zuzuschieben. Erst wenn sie sich nach der Frist vom Fluche an einer Quelle reingebadet hat, wird sie von ihrer Umwelt, die sich während ihres Gangs zum Bad in den Häusern verbarrikadiert, wieder aufgenommen und erhält ihre Kinder zurück. Durch das Neue-Tal-Unternehmen zieht auch in die Oasen die Gegenwart ein.

Das Erlebnis einer Oasenfahrt ist vielfältig eindrucksvoll, doch die Reise anstrengend und nicht ohne Risiko.

Sîwa (über Marsa Matrûh)

Die Oase ist aus militärischen Gründen praktisch meist unzugänglich.
Ab Alexandria 597 km, ab Marsa Matrûh 302 km.

Zur Autofahrt ab Alexandria rechne man 2 Tage in jeder Richtung. Die Route führt von Alexandria aus an der Mittelmeerküste entlang auf einer Asphaltstraße (295 km) über → el-Alamên bis → Marsa Matrûh (mit der Bahn 5 Stunden; Flugzeug ohne festen Flugplan), von da aus auf einer Asphaltstraße, der Sikket es-Sultân (Sultanstraße) oder Sikket el-Istabl (Stallstraße) in südwestlicher Richtung: 4 km Flughafen, 9 km Wâdi er-Raml, 15 km bei Weggabelung (Wegweiser) links nach Sîwa; 40 km Wâdi el-Harajek mit dem Brunnen Bîr et-Tarif. Dann folgen eine Reihe von Zisternen, die durch den Winterregen gefüllt werden; 57 km Bîr el-Kanâjis, 86 km Bîr el-Helu, 99 km Bîr el-Istabl. 146 km Bîr en-Nuss (halbwegs zwischen Marsa Matrûh und Sîwa), 194 km Bîr el-Bakûr, 241 km Masrab el-Katrani, 272 km Masrab, 283 km Mahagiš, 302 km Sîwa (ab Alexandria 597 km). Damit zieht man denselben Karawanenweg, den schon Alexander der Große vor fast 2¹/₂ Jahrtausenden benutzt hat.

Für die Fahrt sowie die Benützung des Regierungs-Rasthauses südlich Sîwa zur Übernachtung (etwa 20 Personen, fl. Wasser, Selbstverpflegung) bedarf es einer Genehmigung durch den Gouverneur in Marsa Matrûh. Es wird empfohlen, nur in mehreren zuverlässigen und gut ausgestatteten Wagen zu fahren und sich genauestens vorher beraten zu lassen. Wasser und Treibstoff sind mitzuführen. Ersatzteile und Automechaniker unerläßlich. Beste Reisezeit Oktober bis Ende November und Februar bis Ende April; Dezember und Januar wegen der heftigen Küstenregen gefährlich bis unmöglich, in heißerer Jahreszeit Verdurstungsgefahr. Wegen Temperaturdifferenz zwischen Tag und Nacht von 20–25° warme Kleidung, zum etwaigen Baden in den Quellen Badeanzüge mitnehmen. Fahrten in Kleinbussen von Kairo über Wâdi Natrûn und die Marëotis-Seen in 6 Tagen vermitteln ägyptische Reisebüros, vornehmlich in Alexandria. Wöchentliche Autobusverbindung in beiden Richtungen über Marsa Matrûh mit Anschluß nach Alexandria, Fahrtdauer von Marsa Matrûh etwa 8 Stunden.

Hotels in Marsa Matrûh (beliebter Badeort und seit 1975 Freihafen): Rim. – Beau Site. – Des Roses. – Lido, geöffnet 15. Mai bis 30. September. – Riviera, geöffnet 15. April bis 15. Oktober.

Die *Oase* Sîwa liegt um 20 m u. d. M. und ist als westlichste der ägyptischen Oasen vom Niltal besonders hart abgeschnitten, ihr Anblick als Kontrast zur Wüste, nach einem Abbruch von 155 m (→ Geologie) auf das Niveau

Sîwa

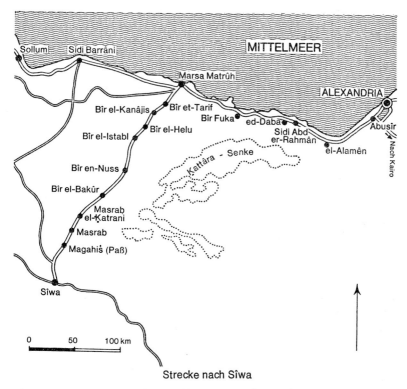

Strecke nach Sîwa

der Depression, sehr eindrucksvoll. Die *Bewohner* gehören einem Berberstamm an, sind aber zu einem kleinen Teil mit Beduinen und durch Sklaveneinfuhr mit Sudanesen untermischt; sie sprechen einen Berber-Dialekt, die Männer auch arabisch. Die Sîwa-Bewohner haben viele alte Sitten bewahrt, auch das Bewußtsein von der mythischen Zahl 40. Die Mädchen in ihren bunten Kleidern tragen viele kleine Zöpfchen, am Hals schwere silberne Ketten.

Die rund 6000 Einwohner verteilen sich auf mehrere kleine Ortschaften. Auf zwei getrennten Felsen liegen die größeren *Ansiedlungen:* das eigentliche Sîwa mit rund 5000 Einwohnern und Aghurmi (379 Einwohner). Die sich hoch an die Abhänge hinaufziehenden Häuser Sîwas, aus luftgetrockneten Ziegeln erbaut, sind meist gegen den Himmel offen, da es nie regnet. Im Altertum seien in Sîwa 1000 Quellen geflossen, heute zählt man 200, davon haben für die Bewässerung der *Kulturen* 80 eine größere Bedeutung. Es werden vor allem Datteln (200 000 Dattelpalmen mehrerer Arten) und Oliven (40 000 Olivenbäume) angebaut und durch Kamelkarawanen ins Nilland ausgeführt, dazu Orangen und ein wenig Wein. Als Haustier dient der Esel. Die Landschaft ist ungewöhnlich reizvoll.

Die *antiken Reste* dagegen sind nur noch spärlich. Vom Amontempel Nektanebês' II (30. Dyn.) von Umm-ebêda steht kaum mehr etwas. Der Tempel von Aghurmi von Amasis (26. Dyn.) jedoch ist noch recht ansehnlich; er darf wohl als die Orakelstätte des Zeus-Ammon gelten, zu dem Alexander der Große 331 v. Chr. gepilgert ist, um sich als Gottessohn bestätigen zu lassen; Münzen mit dem widderhörnigen Kopf des Königs verewigen dieses Ereignis. Der Tempel liegt weithin sichtbar auf einem 16–24 m hohen Kalksteinfelsen; nur sein Sanktuar ist reliefiert; dahinter Reste des Orakelganges. – An der Stelle des heutigen Aghurmi, 3 km westlich der Stadt Sîwa, lag die alte Hauptstadt. Die Felsgräber des Ḳâret el-Musabberîn oder Gebel el-Môta (26.–30. Dyn.) westlich davon verdienen einen Besuch wegen ihrer fremdartigen Bildprogramme und ihres Mischstils, dagegen nicht der Tempel von eš-Šeitûn und der römische Friedhof von Abu'l-Auâf, beide im O gelegen, in Richtung auf die Oase Arêg. Diese kleine, im SO von Sîwa liegende Oase birgt eine ägyptische Nekropole aus dem 2. Jh. n. Chr.

Die Oase Sîwa ist durch eine Piste mit der Oase El-Baḥrîja verbunden, eine zweite Piste führt durch die Ḳattara-Senke zum Niltal.

Die Ḳattara, die größte Senke (19 000 km²) der Sahara, ist ein durch Stürme in die Wüste eingemuldeter gigantischer Trog, dessen Boden dicht über dem höchsten Grundwasserhorizont liegt. Sie taucht bis zu 134 m, durchschnittlich 80 m unter den Mittelmeerspiegel ab. Der Plan, sie durch einen Kanal mit dem Mittelmeer zu verbinden und das Gefälle zur Energiegewinnung zu nutzen, wurde wegen der Nachteile und Gefahren fallen gelassen. Dagegen hoffen Ölsucher auf Erfolg; die 1979 von Shell erworbene Konzession umfaßt etwa drei Viertel der Senke, die Sowjets haben ihre fast 20 Jahre dauernde Ölsuche ergebnislos abgebrochen. Eine durch ihre Bohrung sprudelnde Wasserquelle bietet heute den Stützpunkt der Unternehmen und hat in dem extrem trockenen Wüstengebiet inzwischen einen schilfumgrünten See geschaffen. Die Senke erweist sich durch ihre Salzsümpfe, die überkrustet und durch Flugsand getarnt sind, als äußerst tückisch und sollte von Reisenden gemieden werden. – Am Westrand der Senke liegt auf einem Felsen die kleine Datteloase Ḳara mit 156 Einwohnern.

El-Wâdi el-gedîd – New Valley – Neues Tal

Machte bisher das Niltal den Begriff Ägypten aus, so wird nun in der westlichen Wüste ein »Neues Tal« projektiert bzw. geschaffen, indem die in einem alten Nilbett gelegenen Oasen erweitert, zunächst durch Straßen verbunden und durch Ausdehnung des Kulturlandes einander angenähert werden. Während die Oase Sîwa vom Mittelmeer her zugänglich ist, liegen die vier anderen Oasen: El-Bahrîja, El-Farâfra, Ed-Dâchla und El-Chârga von N nach S in einem zum Nil hin offenen Halbkreis in der Libyschen Wüste und sind – bis auf ein Stück zwischen Farâfra und Dâchla bereits durch eine Teerstraße miteinander und mit dem Niltal verbunden. Die Straße führt von Gîsa aus südwestwärts und ereicht, fast von S her den Bogen schließend, das Niltal wieder bei Assiût. In der aufgezeigten geologischen Senke hofft man einige Hundert ha Neuland zu gewinnen, indem man die seit Jahrtausenden genutzten artesischen Brunnen mit Hilfe moderner Bohrtechnik tiefer erschließt. Die unterirdischen Wasserreservoirs stellen fossile Grundwässer dar, die vor 30 000 – 100 000 Jahren infolge »eiszeitlicher« Niederschläge im heutigen Wüstengebiet aufgesammelt wurden.

Seit 1950 wurden die Böden vom Flugzeug aus erkundet, geologische Ermittlungen und kartographische Aufnahmen folgten, Wasserzuleitungen und Brunnenplätze wurden ausgemacht und die 3000 bereits genutzten Quellen oder bis zu 80 m tiefen Brunnenschächte um 330 neue bis zu 1500 m tiefe Schächte vermehrt, die täglich zwischen 5000 und 14 000 Kubikmeter Wasser fördern. Fast die gleiche Fläche wie das Fruchtland am Nil kann durch ausreichend viel Wasser agrarisch nutzbar gemacht werden. Bisher sind gegen 200 km² erschlossen.

Die Ingenieure des »Sahara Development« machen Versuchspflanzungen wie Tierzuchtversuche. Um die Felder zu befestigen, d. h. den wandernden Sand aufzuhalten, werden die Felder zunächst mit Alfa-Gras und Kasuarinen umsäumt, dann auf ihnen als Versuchspflanzen Dattelpalmen, Klee, Weizen und sogar Reis großräumig angebaut, jetzt auch Gemüse wie Bohnen und Tomaten, außerdem Obstbäume, Erdnüsse und selbst Blumen gepflanzt. Da die meisten Quellen reines, klares (süßes) Trinkwasser liefern (einige auch Thermalwasser), kann man in den Oasen ebenso unbedenklich Wasser trinken wie Obst essen.

Die im Kampf gegen Versandung festungsähnlich aus Lehmziegeln erbauten Ortschaften, deren Plantagen nicht nur die wirtschaftliche Grundlage der Oasenbewohner bilden, sondern deren Bepflanzung auch den Lebensraum der Menschen erweitert, indem Bäume und Strauchwerk vor der Wüstenhitze ebenso wie der winterlichen Kälte und vor allem gegen den Wüstensand, die Sandstürme schützen, sind jetzt durch neue Dörfer für die Zuwanderer aus dem übervölkerten Niltal vermehrt. Eine Familie erhält außer einem Haus mit 2 ha Land eine Kuh, einen Esel und einen kleinen Geflügelhof. Die Leute werden beschäftigt in den neu angelegten Industriestädten wie Ziegeleien, Fabriken zur Herstellung von Rohren, Mehlfabriken, Datteltrocknereien oder Teppich- und Keramikwerkstätten. Die Bevölkerungszahl in den Oasen steigt laufend.

Daß es an Bedenken gegenüber der mit großem Eifer unternommenen Melioration der Wüste nicht fehlt, sei nur erwähnt. Man befürchtet vor allem, daß sich die Grundwasservorräte erschöpfen. Daß mit dem Einbruch des 20. Jhs. auch uraltes kulturelles Erbe verlorengeht, ihm höchst interessante Bräuche und Sitten, wie sie dem abseitigen Leben angepaßt sind, verlorengehen, ist zwangsläufig. Doch gegen diesen Verlust tauschen die Oasenbewohner Uhr und Schreibstift, Schule und Krankenstation ein, können mit Hilfe von Generatoren bereits stundenweise Radio hören, haben Teerstraßen mit Taxen und in El-Chârga einen Flugplatz.
Im folgenden werden die Oasen des Wâdî el-gedîd von N nach S behandelt.

El-Bahrîja

El-Bahrîja, »die nördliche«, heißt im Altertum »die kleine« und wird von Kairo-Gîsa über eine neue Teerstraße in eingen Stunden (334 km), (auch mit Sammeltaxis für die

Oasenbewohner) erreicht. Sie ist volkreicher als Sîwa (über 6000 Einw.), hat jedoch dem Reisenden so gut wie keine antiken Reste zu bieten. Erhalten, aber meist unerschlossen: Amasis-Tempel, Apries-Kapelle und Nekropole bei den Hauptorten el-Ḳasr und el-Bauîti; südlich davon bei Ḳaret el-Farargi eine saïtisch-ptolemäische Ibiskatakombe; im W bei Ain el-Muftella 4 Kapellen des Amasis. Unter den Reliefs ist besonders jenes zu beachten, das neben den ägyptischen Göttern auch Lokalgötter der Oasen zeigt, während Amasis ihnen huldigt. In einem der Tempel verdient die Auferstehung des Osiris besondere Aufmerksamkeit. Im SW bei Ḳasr el-Megisba ein Tempel Alexanders d. Gr. sowie bei el-Aijûn nahebei eine Kapelle.

Die Oase exportiert vor allem Datteln und stellt Dattelwein her. Durch die Teerstraße, die die Oase auch mit El-Farâfra verbindet, ist sie neu belebt, hat zwar noch keine telefonische Verbindung mit dem Niltal, aber durch Einrichtung der Sammeltaxis eine Verbindung zur Weltstadt. – Parallel zur Straße verläuft die Bahnlinie, auf der das im Tagebau gewonnene Eisenerz von El-Gedîda, einer neuen Minenstadt mit gut 3000 Einw. (Arbeiter aus dem Niltal) für das Stahlwerk in Heluân befördert wird. Für die neue Minenstadt wurden 100 ha Wüste in Kulturland verwandelt. Mit 39° warmem Wasser aus knapp 1000 m Tiefe bewässert, gedeihen neben der Werkanlage Gemüse, Salat, Trauben, Erdnüsse und blühen sogar Rosen. – Südlich schließt sich die kleine Oase El-Haïs an. Von Bahrîja aus führen zwei Pisten südlich nach Farâfra.

El-Farâfra

Farâfra hat als antike Stätte heute überhaupt keine Bedeutung mehr, mit ihren noch nicht 1000 Einwohnern ist die kleine Oase nur als Station zwischen Bahrîja und Dâchla wichtig. Von Farâfra nach dem südlichen Dâchla wird die bisherige Piste über Bîr Abu Minkâr ebenfalls zu einer Teerstraße ausgebaut, so daß das »Neue Tal« durchgehend befahrbar sein und auch dieser abgeschiedenste Ägyptenwinkel Anschluß an die Gegenwart erhalten wird. Schon jetzt wird er zweimal wöchentlich von einem Arzt aus El-Bahrîja besucht und werden Lehrer für einige Monate aus dem Niltal in die Schule abkommandiert.

Ed-Dâchla

Dâchla, die am meisten bevölkerte (35 000 Einw.) und auch schönste Oase, ist heute zu erreichen von Assiût-Mankabad über Chârga auf asphaltierter Autostraße und bietet, südwestlich von dem Hauptort El-Ḳasr, eine große ägyptische Tempelruine aus römischer Zeit. Eine 1975 entdeckte Stadtruine römisch-christlicher Zeit harrt ihrer Untersuchung.

Der westlichste Punkt der Oase liegt 200 km westlich von El-Chârga, tägl. Autobusverbindung mit El-Chârga, Fahrtdauer 3½ Std. Von Kasr Dâchla aus führt in nordwestlicher Richtung ein Karawanenweg nach der nördlichen Oase Farâfra, der z. Zt. als Teerstraße ausgebaut wird.

We die Oase → El-Chârga wird Ed-Dâchla durch das »*Sahara Development*« bearbeitet. Doch stößt das Unternehmen hier insofern auf größere Schwierigkeiten, als die in Dâchla gebohrten Quellen salziges Wasser liefern (nicht süßes wie in Chârga). So muß das Wasser zunächst in ein System von flachen Becken geleitet werden, in denen sich das Salz ablagert.

Der im SW von el-Ḳasr gelegene *Tempel* der römischen Kaiserzeit Dêr el-Hagar (Kloster der Steine), der später Mönchen als Unterkunft gedient hat, läßt auf seinen vorzüglichen Reliefs die Namen Titus, Vespasian, Domitian und Nero lesen, die hier wohl als Restauratoren am Werk waren. Das neben anderen Göttern der thebanischen Triade Amun, Mut und Chons gewidmete Heiligtum besteht aus einem Hof mit 2 Säulen, einem 4-Säulen-Saal, einem Vorhof und dem Allerheiligsten. – In der weiteren Umgebung liegen mehrere *Ziegelbauten* von oft riesigem Ausmaß, vielleicht Kastelle; sie sind wissenschaftlich noch nicht untersucht. – Unweit des Tempels eine heiße *Quelle* (42°), die offenbar auch bereits von den Römern benützt wurde, wie die Einfassung vermuten läßt.

Die übrigen *archäologischen Stätten* der Oase dürften kaum von einem Reisenden aufgesucht werden: Im O Balât mit einem Tempel der Mut (18./19. Dyn., von Ramses IX. wiederhergestellt) beim Dorf Baschendi; ebendort ein Grab des 1. vorchr. Jh. und ein Friedhof der 21. Dyn.: die Kapelle Smint el-Charâb sowie der zerstörte Tempel Mût el-Charâb im SO von el-Ķasr. Die archäologischen Arbeiten sind in dieser Oase in vollem Gang und vielversprechend. Bei Balât wurden AR-Mastabas ausgegraben.

Die Oase ist fruchtbar dank ihrer vielen Quellen (moderne Tiefbohrungen für Brunnenanlagen bis zu 1300 m), sie bringt Datteln, köstliche Mango- und Zitrusfrüchte, Feigen und Aprikosen hervor. Ihre 10 Orte sind durch Pisten miteinander verbunden, nehmen an Einwohnerzahl und Leben zu. Viele Ruinen und verwehte Hügel dieser auch in der Antike bedeutenden Oase harren des Spatens.

El-Chârga

El-Chârga, jene Oase, die der Reisende am ehesten besuchen wird, ist von Assiût-Mankabad (228 km) mit dem Auto auf der Asphaltstraße zu erreichen (Unterkunft im Regierungsrasthaus, Selbstverpflegung; Getränke im Ingenieurkasino, nahe beim Tempel, u. U. bei Vorherbestellung auch Mahlzeiten, Gartenwirtschaft, WC). Auf dieser Strecke erfährt der Reisende die Vielfalt der Wüste, in der man über 100 km keine menschliche Siedlung antrifft, auch kein Beduinenzelt. Die Bahn von der Station Oasis Junction (an der Strecke Kairo-Luksor, 543 km) dient heute dem Güterverkehr, während für den Personenverkehr Omnibusse eingesetzt werden, tägl. ab Bahnhof Assiût, Fahrtdauer 4 Std.. Der Reisende wird ein Kraftfahrzeug vorziehen.

Die *Auto*fahrt ist heute weniger gewagt, da durch einige Wachstationen mit Telefonverbindungen und gelegentliche Kraftfahrzeuge der äußersten Gefahr begegnet werden kann. Allerdings sollte man, wie bei allen Wüstenstrecken, nur mit mehreren Wagen fahren, einen Automechaniker dabeihaben, ausreichend Wasser, Benzin und Verpflegung. Zeitig aufbrechen! Weg kann nicht verfehlt werden, aber Sandverwehungen sind immer eine Gefahr. Fährt man von Minia aus (dort übernachten), so rechne man für die Exkursion 3 Tage.

Die Oase

Die *Oase*, die »große Oase« (100 km lang, 20–50 km breit), ist von einer Hügelkette steil umrandet; bis zu 430 m steigen die Kreidekalkfelsen in Terrassen auf die Wüste hinauf. Chârga, im Altertum außerordentlich fruchtbar, hat im Mittelalter an Bedeutung verloren und pflanzt heute vornehmlich Dattelpalmen (200 000), daneben Obstbäume, Reis und Getreide. Von Lehmmauern umschlossen liegen die Gärten in der Landschaft; die Palmhaine und kleinen Plantagen, zu denen das Wasser aus einer Tiefe bis zu 600 m aufsteigt, heben sich lebensvoll ab gegen das Gelb der Sanddünen draußen. Die weiblichen Dattelpalmen werden im Frühjahr mit den Pollen der männlichen Blütenzweige künstlich befruchtet.

Die Grundwasser der obersten Horizonte sind in der Oase bereits im Paläolithikum genutzt und damals wohl auch erschöpft worden. Steinwerkzeuge und Felszeichnungen der Gegend (bis hinauf nach Ed-Dâchla) zeugen von dieser frühen Besiedlung. Mit dem Austrocknen der prähistorischen artesischen Brunnen schrumpfte die Bevölkerung ein, bis die Perser mit ihrer Technik des Brunnenbaus und dann die Griechen und Römer die Oasen zu neuer Blüte brachten. Im Mittelalter, besonders unter den Türken, verfielen die Siedlungen, erst moderne Technik hat sie wirtschaftlich wieder erschlossen, in Chârga wurden bedeutende Funde an Phosphaten gemacht.

Zum ersten Mal erwähnt wird El-Chârga von Herodot als eine »Insel der Seligen«. Seit Psametich war hier eine von den Samiern gegründete Handelsniederlassung. Ein Heer des Kambyses kam in den Sandstürmen der Oase um. Ptolemäische Könige und römische Kaiser haben sich in ihren Tempeln verewigt. Nestorius, Patriarch von Konstantinopel und als Ketzerbischof nach dem Konzil von Ephesus (431) verfolgt, fand in der Oase zuflucht und verstarb dort 451.

Die Stadt

El-Chârga ist der größte der Oasenorte (insgesamt 26 000 Einwohner). Bezeichnend für die alte Stadt sind die mit Palmstämmen und -zweigen zum Schutz gegen Sonnenhitze und Sandstürme völlig überdachte Gassen, die sich wie dunkle Tunnel sehr ineinanderwirren. Das *Leben* dieses Menschenschlags ist voller Überraschungen, hier hat sich manche Sitte aus der Pharaonenzeit erhalten, die sonst verlorenging. Indes fühlen sich nur elf Familien als »Ureinwohner«. Die Menschen, unter denen sich blonde und blauäugige befinden, sind auffallend sauber und ungewöhnlich gastfreundlich. Das von den Griechen Hibis genannte antike Stadtgebiet bildet aber heute nur noch ein bescheidenes Viertel im SO der seit dem modernen Aufschwung zur Metropole des Wâdi el-gedîd aufgeschwungenen neuen Stadt mit ihren zwei- und dreistöckigen Wohnhäusern, in denen die Zugewanderten leben, Nordafrikaner, seit dem Dammbau viele Nubier und die Arbeiter aus dem Niltal.

El-Chârga 767

Denkmäler

Die Oase ist reich an kulturgeschichtlichen Dokumenten aus den Zeiten der Perser bis zu den Kopten. An *Denkmälern* seien empfohlen: Der Tempel von Hibis, die Ruinen der gleichnamigen römischen Stadt, der frühchristliche Friedhof von el-Bagawât sowie das christliche Kloster; sie alle liegen im Norden der Oase und können in einem Tage besucht werden. Die südlichen, sowie im O der Tempel von Nadûra und die ferner liegenden, aber nicht minder lohnenden Ziele sind schwierig zu erreichen. Man lasse sich von einem Ortskundigen begleiten.

Die nördlichen Denkmäler von El-Chârga

Amontempel von Hibis

Der große *Amontempel von Hibis* (3 km nordwestlich von Chârga), von Darius I. (521—486 v. Chr.) erbaut, liegt innerhalb einer Ziegelumwallung malerisch in einem Hain von Palmen. Mit seinen Ausmaßen von 42 m × 20 m ist er der einzige namhafte Tempel, den die Perser in Ägypten erbaut haben. Das west-östlich orientierte Bauwerk wurde erstmals unter Nektanebes II., später unter den Ptolemäern und Römern erweitert. Durch 4 Tore hat man Zutritt, am rechten Flügel des zweiten Tores steht in 66 Zeilen ein griechisches Dekret des Kaisers Galba (69 n. Chr.) über Steuererhebung. Durch einen vorptolemäischen Portikus, den Säulensaal, eine quergelagerte Vorhalle und einen 4-Säulen-Saal gelangt man in das Allerheiligste mit durchaus unüblichen, höchst interessanten Darstellungen. Besonderes Augenmerk verdienen die edlen Säulenkapitelle, die feine Linienführung der Gesimse und das Ebenmaß des Baukörpers; auf den Außenwänden meist schlecht ausgeführte Reliefs. Die Tempelwände sind reich reliefiert, meist mit religiösen Szenen, die den König beim Opfer, im Kult oder im Schutz der Gottheit, umarmt, gestillt, mit Leben beschenkt, zeigen. Es kann nur auf einzelnes hingewiesen werden.

Im *Torweg* (T) Darius opfernd vor verschiedenen Gottheiten, im Durchgang Widmungstexte. – Im Portikus (P) Nektanebês I. und II. mit Göttern, Opfer, Umarmung, Taufe, Bau- und Widmungstexte.

In der *Säulenhalle* (H) bei a prächtige Darstellung des falkenköpfigen geflügelten Seth (mit Kampflöwe), der die Apophisschlange ersticht – Vorläufer des hl. Georg, der den Drachen tötet – auch in den Farben wundervoll erhalten. – In der *Vorhalle* (V) bei b Umarmung des Königs durch Geb und Nut, bei c Fahrt im Papyrusdickicht; auf der gegenüberliegenden Wand, im S, bei d, oben Salbung, Opfer, Umarmung durch Sechmet im Kiosk; darunter die acht Urgötter von Hermopolis, schlan-

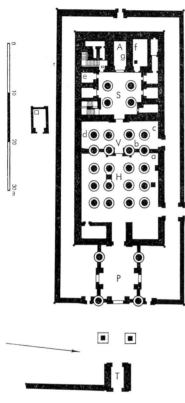

Hibistempel

genköpfig, langer Hymnus von Darius I. auf Amun-Rê; 3. Reihe: König mit Ibis im Kultlauf auf 21 Standarten zu; Sokarisbarke, von Darius mit Thoth und Harsiësis gezogen. Im übrigen weitere wichtige mythologische Inschriften. An Türpfosten zum 4-Säulen-Saal änigmatisch geschriebener Text. In der südlichen Nebenkammer des 4-Säulen-Saales (S) bei e Darstellung des Lebensbaumes, davor der König knieend, Thoth schreibt seinen Namen ein, die Göttin der Schreibkunst Seschât mit Hebsed-Szepter.

Das *Allerheiligste* (A) ist bedeckt in 9 Reihen übereinander mit kultgeographischen Einzelbildern, wie sie in keinem anderen Tempel mehr so ausführlich und gut erhalten und die topographisch wie religiös ungemein aufschlußreich sind. Der Kenner entdeckt hier beinahe das gesamte ägyptische Pantheon, die Götter in ihren verschiedenen Aspekten einschließlich ihren zugehörigen hl. Tieren; bei g auch die syrische Kriegs- und Liebesgöttin Astarte. – Rechts neben dem Allerheiligsten ein Gemach, in dem bei f die Schöpfergottheiten Chnum und Ptah den König auf der Töpferscheibe bilden (verkürztes Mammisi). Neith stillt ihn.

Eine Treppe aus dem 4-Säulen-Saal führt zu einer *Osiriskapelle* mit Tod, Bestattung, Auferstehung des Gottes, Klage von Isis und Nephthys; Apisstier mit Mumie; re. schöne Sokarisbarke mit Hymnus an Osiris, darunter Grab des Gottes Min. — Aus dem Allerheiligsten steigt eine Treppe aufs Tempeldach. Der Teich vor dem nördlichen Tor wird bereits im Jahre 69 n. Chr. in einer griechischen Inschrift erwähnt.

Dicht nördlich vom Tempel ist die römische *Stadt Hibis* gelegen und hat gar manches Haus noch wohl erhalten.

Etwa ½ km nördlich des Tempels liegt die erst teilweise ausgegrabene Siedlung ʿ*Ain et-Turba* aus dem 3.-5. christlichen Jahrhundert mit noch verhältnismäßig wohl erhal-

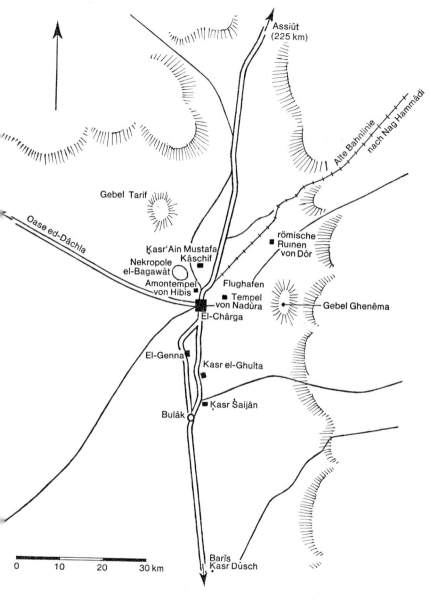

Oase von el-Chârga

tenen Wohnhäusern. – Östlich dieser Siedlung, dicht bei der Asphaltstraße, erhebt sich mit der Ziegelruine *Ḳaṣr el-Andrek* der Rest eines Klosters, der heute als Wohnhaus und Stall benützt wird.

El-Bagawât

Über 1 km nördlich des Hibistempels, außerhalb des antiken Stadtgebietes ziehen sich malerisch auf einem Höhenzug die 263 kleinen Grabbauten der spätantiken und christlichen Nekropole *el-Bagawât* weit hin. Wenn schon am Ende der Kaiserzeit angelegt, stammen die meisten der Ziegelgräber aus dem 4.–7. Jh. Unter anderem sind in dieser kleinen Totenstadt jene begraben, die als Glaubensverfolgte in die Oase geflüchtet waren. Sie folgten den großen Theologen des 4. und 5. Jh., vor allem → Athanasius und → Nestorius, die in die Oase el-Chârga verbannt waren. Die Gräber, noch ganz in der Nachfolge des orientalischen Altertums, bieten guten Aufschluß über frühkoptische Architektur. Die ausführlichen Anlagen können sich zu vollständigen kleinen Basiliken auswachsen. Die mit Halbsäulen oder Pilastern geschmückte Fassade hat nicht selten dreieckige Nischen für Lampen und ist mit Kapitellen und Rundbögen verziert. Die kuppelgedeckten Rundgräber dürften auf die Heilige Grabeskirche in Jerusalem zurückgehen. In dem Wüstensand, der den gut erhaltenen Friedhof umgibt, fanden sich viele Reste koptischer Webereien von den Gewändern der hier Bestatteten.

Kapelle des Auszugs

Die *Innendekoration* der Apsiden (→ koptische Malerei) ist meist geschwunden; dagegen gut erhalten sind die »*Kapelle des Auszugs*« (Nr. 30), eine der frühsten des Friedhofs (1. Hälfte des 4. Jh.), und die »Friedenskapelle« (beide geschlossen und durch den Ghafîr zu öffnen). In der ersten – meist alttestamentlichen Szenen gewidmeten – ist auf der weißgrundigen Kuppel als Hauptthema der Auszug des Volkes Israel aus Ägypten dargestellt, rings um den mit Trauben behangenen Weinstock im Zenit. Hinter Moses her zieht das mit seiner Habe bepackte Volk, verfolgt von den nachstürmenden Ägyptern; darunter (li.) Sta. Thekla im Feuer (bei den frühen Kopten besonders verehrt) und re. daneben der Schäfer mit seiner Herde; darunter Abraham, Isaak opfernd und Sarah im Gebet, die sieben klugen Jungfrauen. Innerhalb des Bogens darunter Golgatha, wobei das Kreuz Christi in ein Lebenszeichen umgewandelt ist. – Weiter re. (Westwand) in der unteren Reihe (unter dem Auszug mit Kamelen): Jeremias vor dem Tempel, Susanna, Hiob in seiner Krankheit auf einem Stuhl. Unter den ägyptischen Verfolgern – den letzten berittenen – li. das Boot, aus dem Jonas dem Ungeheuer vorgeworfen wird, und der Walfisch, den Jonas schnappend, dann ihn wieder ausspeiend; die Zersägung Jesajas, die drei Jünglinge im Feuerofen und Daniel in der Löwengrube (darunter wieder Gogatha); re. davon verlassen Adam und Eva das Paradies. – Re. daneben (Nordwand) die Arche Noah und darüber das Bild des Verheißenen Landes, das den Betrachter an die Fassade der großen Grabanlagen dieses Friedhofs erinnern wird.

Kapelle des Friedens

Die *Kapelle des Friedens* (Nr. 80, am W-Hang, nahe dem Eingang des Friedhofs gelegen) mit dem Pfau im SW-Pendentif ist ausgeschmückt mit großflächigen Heiligenfiguren in

El-Chârga — El-Bagawât

byzantinischem Stil (5. und 6. Jh.) und daher allgemein als das »Byzantinische Grab« bekannt; ihre Vorwürfe sind in den Katakomben von Rom wiederzufinden und in vielen frühen Kirchen in Ägypten wie anderswo. Im Osten: Adam und Eva (die Namen stehen jeweils darüber), re. von ihr, fast über dem Grabeingang: SS. Thekla und Paul, ein in Chârga sehr verehrtes Heiligenpaar, li. von Adam das Opfer Abrahams mit Sarah; weiter li. von Adam das Bild des Friedens (Irene), das der Kapelle den Namen gegeben hat; nach li. anschließend Daniel in der Löwengrube; die Gerechtigkeit (Dikaiosyne) mit der Waage und neben ihr das Gebet (Euche); dann der Prophet Jakob und die Arche Noah (mit 2 korinthischen Säulen); schließlich die Verkündigungsszene: Die Taube flüstert der Heiligen Jungfrau Maria ins Ohr. — Die Kapelle ist mit zahlreichen koptischen, griechischen und arabischen Graffiti bedeckt.

Weitere Kapellen und Kirchen

Beachtenswert wegen ihrer Reste von Bemalung sind ferner die Kapellen Nr. 25, 176, 210 und zwei weitere, deren Themen sich als SS. Paul und Thekla, das Opfer Abrahams, des Phoenix u. a. erkennen lassen.

In der Mitte des Friedhofs liegt als größtes Gebäude die *Kirche* mit ihren noch gut erhaltenen, etwa 6 m hohen Mauern; Eingang an der SW-Ecke, durch Säulenreihen dreigeteilt. Sie zählt zu den ältesten Ägyptens, dürfte aus dem 5. Jh. stammen.

Koptisches Kloster (Ḳasr Ain Mustafa Kâschif)

Über 1 km lang schiebt sich von el-Bagawât an nordwärts eine noch kaum bearbeitete antike Nekropole hin bis gegen die 3 km nördlich des Hibistempels gelegene Ruine des *koptischen Klosters*, heute *Ḳasr Ain Mustafa Kâschif* genannt, das etwa um 500 n. Chr. gebaut worden sein dürfte. Nach einer Zerstörung im 7. Jh. und völligen Wiedererrichtung wurde die Anlage nochmals aufgebaut, erfuhr aber etwa im 10. Jh. ihren Niedergang.

Der ehemals mindestens fünfstöckige Bau erhebt sich über dem Kern eines alten Eremiten-Felsgrabes, zu dem im Untergeschoß drei tonnenüberwölbte Vorkammern hinführen. Viereckiger Turmbau mit dem Eingang im Norden, Mönchszellen, Versammlungssaal, Refektorium, dreistöffige Klosterkapelle mit Altarnische, Nebenkapellen, ein knapp 5 m breiter Saal mit elliptischem Tonnengewölbe, Höfe, Gänge, Terrasse und Treppen sind Zeugen eines gewaltigen Baukomplexes. Die Palme und der grüne Strauch in einer Senke dicht nördlich des Klosters sowie die Spuren von Feldern westlich der Anlage lassen den ehemaligen Brunnen ahnen, der für das Kloster bzw. das Leben der Mönche Voraussetzung war.

Nach landesüblicher Bauweise der Spätantike und des frühen Mittelalters ist das aufgehende Mauerwerk größtenteils aus luftgetrockneten Lehmziegeln mit Lehmmörtel errichtet. Nur die wenigen unteren Bruchsteinmauern der Sockelschichten waren außen mit einem Lehmglattstrich verputzt. Die Außenmauern messen in ihrem unteren Teil 70 cm bis 1,05 m. Die nur einen halben Stein dicken Gewölbe sind stark gestelzt, fast elliptisch und in der in Ägypten üblichen Technik mit schräg liegenden Ringschichten aufgeführt und seitlich mit Ziegelbruch und Lehm hinterfüttert. Einige der oberen Gemächer trugen

flache Holzbalkendecken, die mit Palmzweigen und einem leichten Lehmstrich abgedeckt waren.
Die dicht westlich von Ķasr 'Ain Mustafa Kâschif aufragende *Lehmziegelruine* dürfte einen Seitenbau des Klosters darstellen, während der unmittelbar südlich an den Hauptbau anschließende *Annex* Gasträume für Pilger enthalten zu haben scheint.

Ein 2 km nördlich der Ziegelruine gelegener römischer *Wachturm* wird zu einer antiken Ansiedlung gehören, die von den Mönchen der großen *Kloster-Kolonie* errichtet worden ist. Ein Besuch des noch unausgegrabenen nördlichen Geländes des *Gebel et-Têr* genannten Ruinenhügels lohnt keineswegs.

Die südlichen Denkmäler von el-Chârga

2 km südöstlich erhebt sich auf einer Sandsteinhöhe der von einer hohen Ziegelmauer umgebene *Tempel von Nadûra* aus der Zeit von Hadrian und Antoninus Pius (138–161 n. Chr.), von dem aber nur noch die Vorhalle gut erhalten ist. Aussicht!

Wie an einer Perlenschnur aufgereiht folgen im Süden der Ortschaft Chârga noch drei alte Festungsorte mit Tempeln: Ķasr el-Ghuîta mit einem Tempel für die thebanische Göttertriade Amun, Mut und Chons aus der 25. Dyn. und ptolemäischen Zeit; Ķasr *Saijân* mit einem ptolemäischen, von Antoninus Pius wiederhergestellten Tempel, etwa in der Mitte der NS-Ausdehnung gelegen, und, am Südende, etwa 90 km südsüdlich von dem Oasenorte Barîs, Ķasr *Dûsch* (Kysis) mit einem Tempel für Sarapis und Isis, von Domitian, Trajan, Hadrian und Antoninus erbaut, alle drei ebenso wie Nadûra auf kleinen Hügeln gelegen (Aussicht!); an den Tempel von Ķasr Dûsch ist eine römische Festung angebaut.

Von Dûsch, dem südlichsten und einsamsten Oasenort, führt ein alter Karawanenweg, der sog. Darb el-arba'în (= Pfad der 40 Tage) südwärts zu den sudanesischen Oasen Selîma (heute nicht mehr benützt), wo auch ein Karawanenweg von Assuân einmündet, ein weiterer zweigt ostwärts nach Edfu ins Niltal ab; ein dritter in südöstlicher Richtung erreichte das nubische ed-Derr.

Die östliche (Arabische) Wüste und das Rote Meer

Wer Großartigkeit und Gewalt der Natur erleben möchte, kommt bei einer Wüstenfahrt zum Roten Meer auf seine Kosten. (Zeitweise Sondererlaubnis nötig.) Vor dem Kriege war jedes Unternehmen noch ein großes Abenteuer, man hatte Kamele zu satteln und sich für 8–14 Tage mit allem auszurüsten, was zum Leben notwendig ist. Inzwischen sind eine Reihe von Straßen gebaut, weitere sind im Werden, so daß man die Hauptsehenswürdigkeiten auf bequemen Asphaltstraßen erreichen kann. Immerhin sollte man sich vor jeder Fahrt gut unterrichten lassen an der Ausgangsstelle, nur mit zuverlässigen und mehreren Wagen fahren, sich mit Wasser und Benzin und reichlichem Proviant ausstatten, um bei Pannen nicht in Gefahr zu kommen. Automechaniker ratsam, Route nicht zu verfehlen, solange man sich an die Asphaltstraßen hält. Will man eins der Steinbruchgebiete aufsuchen, so muß man zelten. Von Kairo bis → Hurghâda verkehrt wöchentlich auch ein Flugzeug, außerdem hat Touropa regelmäßige Flüge ans Rote Meer im Plan. – Winter-

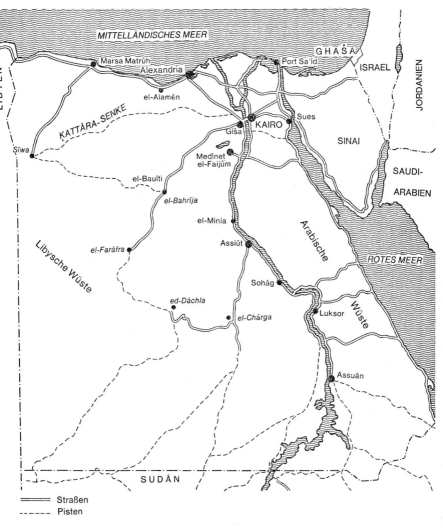

Randgebiete Ägyptens

aufenthalt nur südlich von Ḳosêr ratsam, da nördlich oft empfindlich kalt. – Die Wüstenstraße wird gelegentlich auch zur rascheren Anfahrt nach Oberägypten benützt.
Zum geologischen und landschaftlichen Charakter der von vielen (Trocken-)Tälern durchzogenen und mit Berg(-kett)en bis zu 2200 m durchsetzten »*Kordilleren Afrikas*« s. S. 13.

Die östliche oder *Arabische Wüste* zwischen Nil und Rotem Meer mit ihren Vulkangebirgen war im *Altertum* von vielen Karawanenstraßen durchzogen, denn sie eröffneten nicht nur die Handelswege nach Punt und zum Sinai, sondern führten zu den Breccia- und Granitbrüchen sowie zu den Goldminen; die Bergwerke lieferten Türkis, Malachit und Smaragd, vielleicht sogar ein geringwertiges Lapislazuli; im Wâdi Hammâmât sammelte man die abgesprengten Schieferblöcke auf. In der Regel zog man von Koptos aus, von wo aus man durch das in westöstlicher Richtung verlaufende Wâdi Hammâmât zu dem Hafen Leukós Limên gelangte, dem heutigen Ḳosêr. Zwei weitere wichtige Häfen waren nördlich davon Myós Hórmos, das jetzige Abu Schaʿr el-Ḳibli, und im Süden, auf der Höhe von Assuân, Berenike. Die alten Wege sind gekennzeichnet durch zahlreiche Graffiti, einfache Kritzeleien wie schöne Inschriften; außer historischen Daten finden sich dort eine Menge von Gebeten und am Ziel der Expeditionen häufig eine Felsinschrift zum Gedächtnis des Unternehmens. Außerdem sind die verlassenen Bergwerke und Steinbrüche zu sehen, Reste von Arbeitersiedlungen, viele inzwischen ausgetrocknete Brunnen und als Höhepunkte Tempelruinen.
Heute sind für Autofahrten durch die Arabische Wüste hauptsächlich *zwei Wege* zu empfehlen auf guten asphaltierten Straßen (Fahrzeit 3–5 Stunden), die vom Niltal aus die Wüste fast genau west-östlich durchqueren bis zum Roten Meer: die Strecke Ḳena–Bûr Safâga (Ḳenastraße; 165 km) und: Koptos-Ḳosêr (Wâdi Hammâmât; 194 km). Eine etwas längere Fahrt führt südlich davon von Edfu bis Marsa Alâm (230 km) und von da aus südlich zu dem alten Berenike (Bernis). Die »Direktstraße« Edfu-Berenike ist nicht zu empfehlen. Zu allen Orten gelangt man auch von Kairo aus über Sues und dann die Küstenstraße am Roten Meer entlang. Von diesen Straßen aus lassen sich die Hauptsehenswürdigkeiten der östlichen Wüste erreichen. Die nördlichste Strecke (außer Kairo – Sues) ist die el-Korêmat (85 km südlich von Kairo, südlich von el-Wasta)-Râs Ṣafarâna (250 km); sie führt auch zum → Antoniuskloster.

Küstenstraße mit Kloster des Antonius und Kloster des Paulus

Über den Zustand der Straße und die Freigabe für Touristenverkehr erkundige man sich beim Automobilklub in Kairo. Vorsichtiges Fahren an der Küste empfiehlt sich.
Kairo–Sues 135 km, von dort an der Sues-Bucht entlang, stellenweise eng und sehr kurvenreich.
189 km Ain Suchna (»warme Quelle«), mit begehbarem Salzsumpf und warmen Quellen. Beliebter Badestrand von Kairo.
227 km Abu Darag, kleiner Ort an der Küste.
259 km Râs Ṣafarâna, unbedeutender Hafen. Von hier führt eine Wüstenstraße ins Wâdi Arâba bis zum → Antoniuskloster; auch mit Bus zu befahren.
284 km Abzweigung (Wegweiser) einer Piste (15 km), die zum → Pauluskloster führt.
369 km Râs Ghârib, Ölfelder mit 150 Quellen, an einer modernen Siedlung mit Ölindustrie. Shell-Rasthaus, Einkaufsmöglichkeit, Tankstelle (tanken!), Telephon.
460 km Râs Gemsa, Ende des Golfs von Sues. Vor der Küste Korallinseln, Baden wegen der Haie gefährlich. Gegenüber Südspitze des Sinai.
529 km *el-Hurghâda* (el-Ghardaka), Hauptort des Grenzbezirkes am Roten Meer, Ölfelder, Hafen. Regierungsrasthaus (21 Betten), ehemaliger Sitz Farûks; Shell-Rasthaus.

Sheraton-Hotel, 5 km südlich von Hurghâda, 10 Min. vom Flughafen, am Meer gelegen; in der Mitte offener (klimatisierter) Rundbau mit 230

Küstenstraße mit el-Hurghâda

Betten, Schwimmbad, Tret- und Segelbooten, Surfbrettern; Boote zum Tauchen und Schnorcheln zu mieten; Bademöglichkeit (Vorsicht Haie!).
7 km südlich von Hurghâda, 10 Min. vom Flughafen entfernt ist das Bungalowdorf *Magawisch* im Entstehen. 200 Mietchalets (bis zu 300 m vom Meer entfernt) fertiggestellt, weitere im Bau; arabischer Baustil, Wohneinheiten für 1–3 Personen; Sportanlagen ähnlich Sheraton-Hotel, Hurghâda.
2 km nördlich von Hurghâda der *Gebel esch-Schâijib* (2182 m). – 10 km nördlich Maritimes Institut, Aquarium und Museum mit Fauna des Roten Meeres, Naturalienkabinett, teilweise vernachlässigt.
Ausflug von Hurghâda zum Mons Porphyrites (130 km hin und zurück), schwierige Strecke. Hurghâda selbst hat keine Sehenswürdigkeiten, gilt aber als Paradies für (Unter-)Wassersportler; das von seltenen Fischen und Lebewesen umschwärmte vorgelagerte Korallenriff ist mit Boot zu erreichen. → Das Rote Meer.

Täglich Autobusverkehr nach Hurghâda ab Kairo (Midân el-Ashar, 10 Uhr) über Sues und ab Ḳena über Safâga (9 Stunden). Flug ab Kairo (1 Stunde) täglich vorgesehen. – Von Luksor 4½ Stunden Fahrzeit, 291 km, auch Flug möglich.

594 km Port Safâga, unbedeutende Hafenstadt, Phosphatbergbau, Rasthaus, Bungalows, Tankmöglichkeit, Segelboote. Abzweigung der Wüstenstraße (165 km, asphaltiert) nach Ḳena (→ Ḳenastraße).

619 km Mündung des Wâdi Gawâsîs. Hier lag der altägyptische Rote-Meer-Hafen Sawu (MR); nur noch archäologische Spuren.

679 km Ḳosêr, kleine Hafenstadt (etwa 3000 Einwohner), Festung Selîms, kleiner Basar, Phosphatbergbau. Rasthaus der Regierung (15 Betten), Zelthotel (über Red Sea Tours), Segelboote. Während der Ptolemäerzeit in Ḳosêr beim Leukós Limên, dem »Weißen Hafen«, die Karawanenstraße endete, hatte sie in älterer Zeit ihr Ziel beim Wâdi el-Gasûs weiter nördlich. Zwischen Ḳosêr und Marsa Alâm erreicht man durchs Wâdi Mubârek die alten Goldminen von Umm Rus. → Wâdi Hammamât.
Für die Fahrt von Ḳosêr nach Berenike (Sondergenehmigung) nehme man genügend Benzin und Trinkwasser mit und statte sich wüstenmäßig besonders gut aus.

814 km Marsa Alâm, kleiner Fischerhafen. Rasthaus des Ägyptischen Fisch- und Jagdklubs (7 Zimmer), Übernachtungsgenehmigung bei der Geschäftsstelle in Kairo-Dokki; Sportfischerei. Von Marsa Alâm führt eine asphaltierte Wüstenstraße (230 km) nach Edfu. → Routen nach Berenike.

959 km → Berenike, heute ein kleines Dorf.

Das Rote Meer

Das Rote Meer (Bahr el-ahmar, im Altertum Sinus arabicus oder Mare erythraeum, später Mare rubrum), dessen Küste heute vornehmlich zum Baden (Vorsicht vor Haien!), Fischen und Zelten aufgesucht wird, hat seinen Namen von den kahlen, heißen Sandsteinfelsen der (Arabischen) Wüste, die im Alten Ägypten »das rote Land« heißt im Unterschied zu dem »schwarzen Land«, der Fruchterde Ägyptens. Das Wasser des Meeres, eines tertiären Grabenbruches von 200(–335) km Breite und 2200 km Länge in den Indischen Ozean, ist nicht etwa selbst rot, es ist auch nicht wie sonst die Tropenmeere blau, sondern wechselt seine Farbe mit den Algen und Korallenriffen, die fast das ganze Gestade säumen. Seitenkanäle längs der Küsten grenzen sich ab von der tiefen Mittelrinne (durchschnittlich 490 m, größte Tiefe 2359 m). Meeresbiologisch ist das Rote Meer von hohem Interesse. Der Salzgehalt des Meeres ist ungewöhnlich hoch (im Golf von Sues 43 °/oo), seine Temperatur ungewöhnlich warm; sie beträgt bis zum Boden fast gleichmäßig 21,5° C und steigt im Sommer an der Oberfläche bis auf 35° C an. Das Rote Meer ist eines der wärmsten der Erde. — Seit der Eröffnung des Sueskanals hat das Rote Meer große Bedeutung für die Schiffahrt zwischen Europa und Indien, Ostasien und Australien gewonnen. Eine Gefahr bedeuten die Korallenbänke, die quersetzenden Ströme sowie die Staubstürme. Vor einem etwaigen Unternehmen ans Rote Meer erkundige man sich aber nach dem Stand der Dinge (Sondergenehmigung, Sperrgebiet).

Durch sein mildes Klima, den feinkörnigen Sandstrand, den strahlenden Himmel und seine Meeresbiologie bietet das Rote Meer für Wassersportler und Taucher kaum vergleichbare Urlaubsvergnügen: Fahrten in Booten mit gläsernem Boden, Tauchen, Segeln, Schnorcheln, Surfing, Aqua Scope, Unterwasser-Fotografieren, Wasserskifahren. Der sogen. »Sport« des Harpunierens mit Tauchgeräten hat dem Bestand an den küstennahen Riffen bereits großen Schaden zugefügt und ist jetzt verboten. Touristisch ausgebaut ist bis jetzt vornehmlich el-Hurghâda, 529 km von Kairo, 291 km von Luksor entfernt, auch von Luksor mit Bus oder Flugzeug zu erreichen.

Kloster des Antonius

Anreise zu beiden Klöstern s. unter Küstenstraße S. 774, 259 km; Karte Sinai-Halbinsel

Das Kloster des Antonius ist das älteste erhaltene Kloster in Ägypten. Antonius d. Gr. in der Ostkirche auch als »Stern der Wüste« und »Vater der Mönche« verehrt, lebte als Wundertäter und Lehrer der Einsiedler. Er wurde um 250 in Koma (Oberägypten) geboren und starb 356. Über sein Leben berichtet, teils legendär, ein Brief, den sein Freund Athanasius an die Mönche in der Fremde schrieb. Seine Verehrung fand frühzeitig Eingang in Europa. Bald nach seinem Tode wurde das nach ihm benannte Kloster gegründet. Es liegt einige hundert Meter unterhalb der engen Höhle, in der Antonius völlig abgeschieden sein asketisches Leben führte.

Die abgelegene Lage schützte das Kloster vor der islamischen Invasion, so daß es noch im 12.–15. Jh. in kultureller Blüte stand. Nach einem Bericht aus dem 14. Jh. wurde die Zelle des Heiligen von kranken Pilgern aufgesucht, im 15. Jh. auch von europäischen Pilgern. Im Jahre 1484 oder 1493 wurde das Kloster durch mohammedanische Bedienstete geplündert und lag bis zur Mitte des 16. Jh. in Trümmern. Heute leben noch etwa 30 Mönche dort, denen ein Abt vorsteht. Bis 1951 wurde das Oberhaupt der abessinischen Kirche vom Patriarchen von Alexandria aus den Mönchen des Klosters gewählt.

Das Kloster liegt malerisch im Schatten einer Felswand und ist von einer 12 m hohen Mauer umgeben, an der ein Wehrgang entlangläuft und die von einem Wehrturm (Kasr) überragt wird. Der Eingang befindet sich an der westlichen Ecke der Nordmauer. Der alte Aufzug für Lebensmittel (über dem Eingang) ist noch in Betrieb. Oben sind die

Kloster des Antonius und Kloster des Paulus

Schächte zu sehen, durch die die Vorräte in die verschiedenen Speicher geleitet werden. Im Klosterbezirk gleich rechts das neue Gästehaus (8 Betten, Speisesaal, Küche, fließendes Wasser) und geradeaus die moderne, aber unvollendete Kirche mit ihren zwei viereckigen Türmen. An den schmalen Straßen, die in ostwestlicher und nordsüdlicher Richtung den Bezirk durchziehen, liegen die kleinen zweigeschossigen Häuser der Mönche. Von älteren Wohnanlagen sieht man noch Ruinen an der Westseite.

Am Ende der Nord-Süd-Straße liegt die Titularkirche (20 m $\times$ 6 m). Die Anlage dürfte in das 6. Jh. zurückgehen, während der heutige Bau wohl um das Jahr 1000 entstanden ist. Den besonderen Wert dieser Kirche machen die zahlreichen Fresken aus, denn sie entstanden in einer Zeit, als die koptische Kunst unter dem Einfluß des Islams andernwärts ihre Bildfreudigkeit schon aufgegeben hatte. Den vier Kuppelräumen, die an französische Kirchen des Périgord erinnern, ist seitlich ein weiträumiger Narthex angefügt. Dort haben sich in einer kleinen apsidalen Nische die besten Fresken erhalten. Man erkennt Christus in der Mandorla, umgeben von vier Engeln und den Evangelistensymbolen: einem Schild, auf der der Kopf eines Engels bzw. Stiers, Adlers und Löwen aufgesetzt ist, ferner an den Seiten Maria und Johannes. Besonders die Darstellung Christi erinnert an die in den romanischen Fresken Kataloniens. An den Wänden des ersten Kuppelraumes sind u. a. Reiterheilige, Eremiten und Asketen dargestellt (erneuert im 13. Jh.); in dem folgenden Raum erscheinen die ersten Patriarchen von Alexandria: der Evangelist Markus, Petrus, Athanasius d. Gr., Theophil, Kyrill, Dioskur u. a. (11.–13. Jh.), während am Triumphbogen die Erzengel Gabriel und Michael (Ende 10. Jh.) zu sehen sind; man möchte für sie einen byzantinisch geschulten Maler annehmen. In der Apsiswölbung Christus, umgeben von Engeln.

Neben dieser Kirche gibt es noch *6 weitere Kirchen* in der kleinen Klosterstadt, so Mâri Morkos (St. Markus), die einem bedeutenden Einsiedler aus der Zeit des hl. Antonius geweiht ist und dessen Grab hier gezeigt wird. Es ist ein dreischiffiger, breit gelagerter Pfeilerbau mit 12 kleinen Kuppeln, der durch zwei lange Holzschranken wie in zwei Querschiffe geteilt erscheint. – Andere kleinere Kirchen sind Petrus und Paulus bzw. der hl. Jungfrau geweiht, während im Ḳasr, dem quadratischen Turm, dessen Baumasse bis das 6 m hohe Tor heranreicht, wie üblich eine Michaelskirche liegt. – Dort oben hat man eine schöne Aussicht über das Kloster mit seinen Palmen- und Olivenhainen und auf eine zweite Oase im Osten, deren Quelle den Beduinen gehört. Wie im Katharinenkloster auf dem Sinai werden die Beduinen täglich vom Kloster mit Brot gespeist.

Die Lebensader des Klosters, eine sehr starke Quelle, entspringt an der Südmauer, unterhalb der hohen Felsen. In ihrer Nähe liegen die Ölmühle und die beiden alten Getreidemühlen mit schöner Kerbschnitzerei. Bemerkenswert ist das Refektorium, wahrscheinlich aus dem 7. Jh. und somit wohl der älteste erhaltene Bau des Klosters. In dem langen Raum stehen Tisch und Bänke aus Stein und an der einen Schmalseite der thronartige Abtssitz.

In dem Bergzug oberhalb des Klosters wird die Grotte (Maghâra) des hl. Antonius gezeigt, eine breite Felsspalte.

Kloster des Paulus

Das *Pauluskloster* ist in seiner Anlage dem des hl. Antonius ähnlich, aber kleiner und altertümlicher wirkend. Vielleicht wurde es schon im 5. Jh. ummauert; die heutige Umfassungsmauer stammt allerdings aus mittelalterlicher Zeit. Sie wird von einem hohen viereckigen Ḳasr (mit Michaelskapelle) überragt. Von dem Wehrgang, der teilweise gut erhalten ist, hat man einen schönen Blick bis zum Golf von Sues und bis zum Mosesberg auf dem Sinai. – Anreise S. 774, 284 km.

Der Einsiedler Paulus von Theben mit dessen Namen sich das Kloster verknüpft, wurde wahrscheinlich um das Jahr 234 geboren. Er soll sich während der Christenverfolgung unter dem Kaiser Decius in eine Felsengrotte der unteren Thebaïs geflüchtet haben, wo er von seinem 16. bis zu seinem 113. Jahr gelebt habe. Nach der Legende besuchte ihn dort – infolge einer göttlichen Offenbarung – kurz vor seinem Tode der hl. Antonius. – Sein Leben hat der hl. Hieronymus um 375 in überhöhter Form beschrieben. Das Grab wurde seit dem 6. Jh. von Pilgern verehrt, um das Jahr 460 wohl die erste Kirche über dem Grab des Heiligen errichtet. Die jetzige Anlage wird ins 6.–8. Jh. datiert. Heute bewohnen noch 23 Mönche das Kloster, von denen aber immer einige auf den weit entfernt liegenden landwirtschaftlichen Besitzungen arbeiten.

Man betritt den Klosterbezirk meist durch eine kleine Pforte an der Südseite und erreicht einen Platz, an dem das Gästehaus und die Titularkirche liegen. Hier zweigt auch die Straße mit den zweigeschossigen Mönchshäusern ab, die aber z. T. unbewohnt sind. Der eigentliche kirchliche Bereich wird durch eine Mauer von dem Garten getrennt, in dem sich eine Öl- und eine Getreidemühle befinden. Die Quelle an der Westmauer ist von einem Kuppelbau überfangen, daneben steht ein Waschhaus.

Von dem Vorraum der kleinen Oberkirche führt eine Treppe in die Unterkirche, der Grotte des Eremiten; man geht dabei an dem alten Einstiegloch vorbei. Hier sieht man eine gitterartige Ikonostasis vor drei nebeneinanderliegenden Kapellen. Rechts davor ein Sarkophag aus weißem Marmor, der als das Grab des hl. Paulus bezeichnet wird. Die zahlreichen Fresken sind leider z. T. in sehr schlechtem Zustand, besonders hat eine unsachgemäße Restaurierung im 18. Jh. großen Schaden angerichtet. In der Kuppel über der Engangstreppe erkennt man die berittenen Hauptheiligen der koptischen Kirche St. Georg, Theodor und den Erzengel Michael im Kampfe nicht gegen Drachen, vielmehr – und das ist einzigartig in der koptischen Ikonographie – gegen Teufel. An den Wänden der Unterkirche Engel, Heilige (u. a. Paulus und Antonius), Maria und das Jesuskind. Man kann zwei Schichten erkennen, unterschiedlich in ihrer Qualität und nach der Größe der Figuren. Die besten figürlichen Darstellungen haben sich in der Kuppel der linken Kapelle erhalten: Christus umgeben von den 4 Evangelisten und den 24 Ältesten der Apokalypse.

Die den hll. Paulus und Antonius geweihte Kirche wurde etwa 1600–1630 errichtet; die des Abu'l-Sefên um 1800. Georg Schweinfurth, der 1876 als erster Wissenschaftler das Kloster besucht hat, betont in seinen Reisebeschreibungen die großartige, geradezu unheimliche Lage inmitten einer Gebirgswildnis.

Von Kena nach Port Safâga (Kenastraße) mit Mons Claudianus und Mons Porphyrites

165 km, gute Asphaltstraße, 3mal wöchentlich Autobusverkehr (weiter bis Hurghâda = el-Ghardaka).

Die Straße von Ķena, anfangs ein Stück durch das Wâdi Ķena (das man aber nicht nach N weiter verfolgen darf), vom Bîr el-Krêija aus durch das Wâdi el-March, von el-Farugîja durch das Wâdi Abu Schîh und im letzten Drittel durch das Wâdi Umm Tâghir bis Bûr (= Port) Safâga ist eindeutig nach Osten und als einzige tadellos asphaltiert durchgeführt, so daß sich eine wegweisende Beschreibung erübrigt. – Wer antike Spuren verfolgen möchte, der biege beim Bîr el-Krêija auf die sehr schlechte bis kaum befahrbare Straße nach Nordosten ab bis über den Bîr Abd el-Wahâb hinaus und von da aus spitzwinklig nach Süden zurück, am Fuß des Mons Claudianus, bis man im Schatten des Gebel Umm Tâghir el-Fukâni wieder auf das Wâdi Umm Tâghir trifft. Wer die schlechte Wegstrecke abkürzen will, mag erst von diesem Wegdreieck aus durch das Wâdi Umm Dikâl nach Norden fahren und wieder zurück. – Die Granitbrüche *Umm Dikâl* (»Mutter der Säulen«) wurden hauptsächlich unter Trajan und Hadrian ausgebeutet. Nahebei sind die Reste einer Goldminen, ebenso an der Sohle des 1327 m hohen Gebel Abu Charîf weiter westlich. – *Safâga* ist ein kleiner Hafen am Roten Meer mit Phosphatminen einer Phosphatgesellschaft. Rasthaus; einige Bungalows an dem hübschen, mit Muscheln übersäten Strand. – Vom Bîr Abd el-Wahâb aus führt ein schlechter Weg nordöstlich bis Hurghâda (el-Ghardaka), das man aber leichter über Safâga erreicht.

Von Kena nach Port Safâga mit Mons Porphyrites 779

Mons Claudianus und Mons Porphyrites

Wer nur zum Mons Claudianus möchte, benütze die Ķenastraße und biege beim Kilometerstein 120 nach Norden ab. Zu dieser Wüstenfahrt rüste man sich gewissenhaft aus mit Wasser, Benzin, Vorräten, Zelt, Wolldecken, Automechaniker und beachte alle grundsätzlichen Regeln peinlich; nur mit mehreren guten Wagen fahren. Nirgends Wasser, nirgends Hilfe!
Durch die wasserarme, unwegsame Wüstenzone zwischen Nil und Rotem Meer zogen die antiken Straßen auch zu den wichtigsten Steinbrüchen der Ostwüste; zu den Granitbrüchen des *Mons Claudianus* und zum Porphyrberg (Gebel Abu Duchchân), in deren Umkreis umfangreiche und verhältnismäßig gut erhaltene Ruinen liegen.

Im Wâdi Umm Husên (750 m) des Mons Claudianus (1155 m) führt von Süden her geradlinig eine alte Straße auf ein römisches Lager (wohl eine Militärstation) zu, vorbei an einem Brunnen und einer Tierstation; bei der NW-Ecke der Umfassungsmauer des Lagers liegt ein Gebäude mit sorgfältig gemauertem Bad, nördlich davon ein Tempel für Sarapis, alle Bauten auf ein Achsenkreuz klar bezogen.

Das *Lager* mißt 70 m × 70 m, ist aus unregelmäßigen Granitbrocken flach geschichtet, an den beiden südlichen Ecken mit je einem schweren Viereckturm, an S- und O-Seite je in der Mitte mit Halbrundtürmen bewehrt. — Die Tierstation hatte nur an ihrer 56 m langen Nordmauer einen Zugang, ihr Hof mißt 53,5 m × 24 m, an den Futterbänken konnten etwa 300 Tiere gleichzeitig gefüttert und getränkt werden. Hinter den Ställen stehen noch übermannshoch die Pfeiler, die das Dach des Horreums (Vorratsspeichers für Futter u. ä.) trugen. Natürliche unterirdische Wasservorräte ermöglichten zusammen mit einer durchdachten Vorratswirtschaft (Zisternen) bescheidene Pflanzungen und Felder. Angesiedelt waren dort keine damnati (Verurteilte), sondern Facharbeiter. Alle Lager und Stationen waren gegen Beduinen stark befestigt. — Der *Tempel*, im 2. Jahre Hadrians erbaut, liegt hoch über der Siedlung und war durch eine 7 m breite Freitreppe zu erreichen. Seine Wände sind meist eingestürzt, von seiner Einrichtung ist außer einem zerbrochenen Altar aus der Zeit Trajans nicht mehr viel übrig. Das Heiligtum ist mit vielen Neben(auch Nischen-)räumen ausgestattet, der Kultraum von einem Umgang umgeben. — Außer diesen Hauptgebäuden sind ein Hydreuma und ein weiterer Brunnen zu erkennen, schließlich gelte die Aufmerksamkeit den Steinbrüchen mit ihren Werkplätzen, den Laderampen, Transportwegen mit Schotterürmen und einzelnen Werkstücken, darunter Riesensäulen, und den griechischen Inschriften. Im Umkreis weitere Tempel und Arbeitersiedlungen.

Der Claudianus-Granit (Quarzdiorit), der für die kaiserlichen Großbauten in Rom hoch geschätzt war, ist außer für Fußbodenbelag verwendet worden für große monolithe Säulen, so auch für 7 der 8 Frontsäulen der Vorhalle des Pantheon, weiter im Tempel der Roma und Venus, in der Villa Hadriana, den Caracalla- und Diocletianthermen u. a., vor allem in der Zeit Trajans und Hadrians, aber schon seit Nero.
55 km nördlich liegt der *Mons Porphyrites* (beim Gebel Abu Duchchân, 1661 m) mit seinen römischen Porphyrbrüchen, die das Material lieferten für große Sarkophage, Statuen und andere monumentale Einzelstücke. Trümmer eines jonischen Sarapistempels aus den ersten Jahren Hadrians bei einem großen befestigten Zentrallager (90 m × 55 m) und zweier Isistempel, komplizierte Wasseranlagen sowie mehrere »Dörfer« bei den Steinbrüchen sind die wichtigsten noch sehr eindrucksvollen Überreste.

Von Koptos (Kuft) nach Kosêr (Wâdi Hammamât)

194 km, Asphaltstraße. 2mal wöchentlich Autobusverkehr.

Das Hammamât-Gebirge ist ein Hochland mit schroffen Felsen und tiefeingeschnittenen Wâdis. Der Direktweg führt von Koptos nach Ķosêr durchs Wâdi Hammamât, aber man kann auch von Luksor aus zufahren, am besten über Koptos und nicht über Chusâm, Higâsa,

Lakêta, wo man auf die Straße aus Koptos trifft. Kommt man von Ķena, so wähle man am besten auch den Weg durch das Niltal bis Koptos anstatt den über die Karawanserei Bîr Ambar, der kurz vor Lakêta in den Weg aus Koptos einmündet und gekennzeichnet ist durch die 10–15 km voneinander entfernten alten Stationshäuschen und die gelegentlich noch ruinenhaft erhaltenen Türme der Semaphore (optische Telegraphen) aus der Zeit Mohammed Alis. In einer kleinen Oase erreicht man Lakêta als Siedlung der → Abâbda.

Beim Hauptbrunnen griechischer Inschriftrest mit dem Namen des Tiberius. Östlich des Dorfes verläßt man die Ebene und tritt zwischen Kreideterassen in das Wâdi Rôd el-aijid ein, von wo aus die Straße gesäumt ist mit Türmen und Hydreumata, römischen Wasserstationen. Über Ķasr el-Banât (38 m × 31 m großes »Schloß der Töchter«; gegenüber Sandsteinfelsen mit Inschriften griechischer, koptischer, arabischer, himjaritischer und sinaitischer Karawanen; daneben römische Wasserstation), den Engpaß Mutrak es-Selâm (am Eingang Inschriften, darunter eine von Amenophis IV.) erreicht man die Gebirgslandschaft, die das unvergleichliche Gebirge von Hammamât einleitet: Terrassenberge bis zu 1300 m, anfangs aus gelblichem, dann aus rötlichem Sandstein, beide aus der Kreideformation.

Die Straße führt mitten durch die Bergkette. Das eigentliche *Hammamât-Gebirge* der paläozoischen Formationen überwältigt durch die Großartigkeit seiner Bergriesen aus dunkler, harter Grauwacke, die nach alpiner Art steil und schroff in die Wâdis abstürzen. Hier, im Wâdi Hammamât, haben die Ägypter von früh an ihr graudunkles Hartgestein gebrochen, aus dem sie Statuen und Sarkophage herstellten (niger oder thebaicus lapis). Schon König Isesi (5. Dyn.) entsandte eine Expedition hierher, und noch unter dem Perser Artaxerxes ist da gearbeitet worden; Ramses IV. befahl ein Heer von 8368 Steinmetzen und Kriegern hierher, um Blöcke für den Amontempel in Theben zu brechen. Beim Bîr el-Hammamât, einem jetzt wasserlosen Brunnen von 5 m Durchmesser, liegen Reste einer römischen Mauer und von fünf zerbrochenen unvollendeten Sarkophagen. Die Fahrt ist archäologisch unausschöpfbar, insbesondere durch die zahllosen Graffiti.

Nach Nordosten biegend, über das alte Bergwerksgebiet *el-Fawâchir* (mit Resten des Tagebaus und tiefen unterirdischen Stollenanlagen, den Fundamenten Hunderter von Arbeiterwohnungen und zahlreichen Inschriften – kurz vor der Paßhöhe, links 5 große runde Felsen! –, läßt man rechts Bîr es-Sidd (eine Quelle mit Abâbda-Siedlungen) liegen und gelangt zur Paßhöhe und dann abwärts und weiter durch das Wâdi Abu Sirân zum Wâdi Rôsafa mit großem Brunnen nordwärts zur Ebene *el-Itêma,* wo die Grenze zwischen dem Urgestein und den Kalk- und Kreidesandsteinfelsen der Randgebirge verläuft; durch das Wâdi Bêda kommt man über Ambagi (Salzwasserquelle) nach Ķoser. Die kleine Hafenstadt Ķosêr ist heute ohne Bedeutung (eine Festung, Basare). Die Strecke ist in Flauberts »Reisetagebuch aus Ägypten«eindringlich beschrieben.

Routen nach Berenike und el-Kanâjis
(von Edfu nach Marsa Alâm)

Edfu – Marsa Alâm (225 km, asphaltiert) – Berenike (390 km); Kairo-Berenike über-Küstenstraße 959 km.

Nach Berenike führen vom Niltal verschiedene Wege, von Ķena bzw. Koptos aus, ebenso von Darâu; der direkteste geht von Edfu ostwärts bis Marsa Alâm und von da aus an der Küste entlang südwärts (380 km). Eine Fahrt schräg durch die Wüste von Edfu bis Berenike an den alten Wasserstationen entlang durch das Gebiet der Abâbda ist für Autos kaum durchzuführen. Der Weg des Hadrian zog von Antinoupolis ans Rote Meer und die Küste entlang.

Der hier vorgeschlagene *Weg* vom Bahnhof Edfu durchs Wâdi Abbâd führt durchs Wâdi Mia bis zum Tempel von Kanâjis; von da aus durch das Wâdi Baramîja an alten Bergwerken vorbei nordöstlich ins Gebirge hinein bis Bîr Bêsah. Hier wendet sich der Weg

Wâdi Hammamât – el-Kanâjis

südöstlich und durch das Wâdi Abu Karalja geradenwegs nach Osten bis Marsa Alâm, einem Fischerdorf am Roten Meer; führt dann bis Berenike im wesentlichen an der Küste entlang, schneidet die Halbinsel des Râs Banâs ab und ist zu verfolgen bis zu einem Dorf Medînet el-Harrâs. *Berenike* liegt etwa auf der Höhe von Assuân in der innersten Bucht des Meeres beim Râs Banâs, ein idealer Hafen.

Berenike ist eine ptolemäische Gründung (275 v. Chr.) und diente vornehmlich dem Seehandel Ägyptens mit Arabien und Indien. Heute bietet die Stätte, die sich 200–250 m breit am Ufer hinzieht, die Ruinen der alten Stadt mit einem kleinen Sarapjs-Tempel von Tiberius und Trajan in ihrer Mitte. Die alte Stadt ist aus Korallenbrocken erbaut und mehrere Meter hoch verweht. Auf einer Landspitze gegenüber den Ruinen scheint sich unter einem Schutthügel eine Festung oder ein Leuchtturm zu verbergen. – Im Wâdi Saket Smaragdminen, die bis in die Mamlûkenzeit ausgebeutet wurden.

Die Hauptsehenswürdigkeit der Stadt ist der an einer alten Wasserstation errichtete *Tempel Sethos' I., el-Kanâjis im Wâdi Mia*, dessen hintere Halle (5,70 m × 8 m) aus dem Sandstein der Bergwand am Südrand des Wâdis ausgehauen ist. Seine um 1,60 m breitere Vorhalle (7,30 m × 4 m) aus Sandsteinblöcken ist dem Felsmassiv vorgelegt. Durch vier Lotosknospensäulen und Architrave ist die quer gelagerte Eingangshalle dreigeteilt; ihre Wände tragen Bilder des Königs, der über Neger und Asiaten siegt. Ihr Mittelgang ist an der Decke mit Geiern geschmückt und setzt sich in gerader Achse nach einem schmalen Durchgang bis in die Hauptkapelle an der Rückwand der tiefen Halle fort. – Die tiefe Halle ist durch 4 Pfeiler gegliedert, die Darstellungen zeigen den König beim Opfer. Die langen Inschriften berichten von Stiftung und Bau des Heiligtums sowie der Gründung des Brunnens. Zur mittleren der drei rückwärtigen Kapellen steigen Stufen; im Kultbild vereinigen sich Sethos, Amun und Rê-Harachte. Dieser Tempel, an dem »schwierigen Weg, der kein Wasser hat«, ist ein Geschenk an den Gott, der »den guten Hirten « Sethos I. bei der Suche nach einer Wasserstation zu dieser Stätte geleitet hatte, die »sehr reichlich Wasser führte, wie die Höhle der Quellöcher in Elephantine«. – Östlich an einem Felsen drei Denkinschriften.

Sinai (Plan S. 784)

Natur und Geschichte

Das etwa gleichschenklige Dreieck der Halbinsel Sinai teilt das Rote Meer in den Golf von Sues im Westen und den Golf von Akaba im Osten. Politisch gehört es zu Ägypten, geographisch zu Asien; nahe seiner Küste verbindet seit Jahrtausenden die »Philisterstraße« die beiden Kontinente des Orients. Die Halbinsel war immer spärlich besiedelt, wenn die fruchtbaren Tälern den Viehherden ehedem auch mehr Futter geboten haben. Denn die Verkarstung des Landes hat vor allem um sich gegriffen, seit das Quarantänelager der islamischen Pilger in Tôr (an der südlichen Westküste), für die modernen Häfen, insbesondere aber für den Bau des Sueskanals die Akazien- und Tamariskenhaine abgeholzt wurden, jene Tamarisken, die das biblische Manna geliefert haben sollen. In ostwestlicher Richtung wird der Sinai-Keil durchschnitten von der Straße Sues-Akaba, in nordsüdlicher Ausdehnung *natürlich gegliedert* durch das Wâdi el-Arîsch. So weit sich dies Trockental im Süden ausfingert, reicht die öde Hochfläche, die nach Westen im Gebel et-Tih abbricht. Das sie umschließende Randgebirge türmt sich in dem gewaltigen Gebirgsmassiv aus Gneis, Granit, Syenit und Porphyr im Süden auf zu den Bergen Gebel Katerin (2639 m) und Gebel Mûsa (2285 m) sowie dem nordwestlich dieser Gruppe gelegenen schönen Gebel Serbâl (2070 m), an dessen Fuß entlang sich das paradiesische Wâdi Farân hinzieht. Älter sind die vom höheren Urgestein umschlossenen hellen Sandsteinfelsen, die im Süden die einstigen Seen umkreisen. Die Halbinsel endet mit ihrer Südspitze in dem steilen Kap Râs Mohammed (30 m). Wer einmal die Landschaft gesehen hat, den werden die Berge mit ihrem Farbenspiel immer wieder anziehen. Doch wünschte man dem Reisenden einen Vortouristik-Besuch, damit er die andachtsvolle Liebe eines Felix Faber verstehe, die er 1484 für den Berg »Horeb« der Bibel bekennt: »Der eine Gipfel erschien vor dem Aufstieg des Moses glühend vom heftigen Feuer, dessen Flammen Gott selbst auf wunderbare Weise entzündet hat, den anderen dagegen deckte vor der Bestattung der heiligen Katharina Reif und Schnee, um die Jungfräulichkeit der Katharina zu kennzeichnen.«

Auch Tischendorf, der Entdecker und Bearbeiter des Codex Sinaiticus, ritt, »bis er am zwölften Tag endlich von ferne das Katharinenkloster, das Ziel seiner Sehnsucht, erblickte, mit staunenden Augen durch diese Wunderwelt ... Immer imponierender erhob sich in der Ferne der stolzeste Gipfel der Sinaigruppe, der Serbâl. Schroffe und schroffste Berggipfel verbanden sich zu langen Ketten. So ritt Tischendorf über den wilden Bergpaß

Natur und Geschichte 783

Nugb el-Budra mit seinen treppenartigen Steigungen, durch den von Porphyrwänden eingeschlossenen ungeheuren Felsenkanal des Wâdi Maraara [Maghâra] mit den alten Türkisminen der Pharaonen, durch das berühmte Inschriftental Wâdi Mukättäb [Mokattib] mit seinen merkwürdigen Inschriften auf den Felswänden, durch die wundervolle Palmenoase des Wâdi Farân, um die sich die Amalekiter und unter Josua die Israeliten stritten, und wo man unter Bäumen noch heute das Manna findet.«

Mit dieser Wegskizze sind zugleich die wichtigsten *historischen* Marken benannt. Seit Beginn ihrer Geschichte haben die Ägypter im Sinai Türkis abgebaut, später auch Kupfer bzw. Malachit, vornehmlich im Wâdi Maghâra und Serâbit el-Châdim. Zahlreiche Stelen und Felsinschriften geben Kunde von den Minenarbeiten wie den Kämpfen, die die Pharaonen von der 3. bis 6. Dyn. dort gegen asiatische Feinde auszufechten hatten; bei Serâbit el-Châdim steht noch heute ein ansehnlicher Tempel der Hathor, »Herrin des Türkislandes«. Aus den Inschriften (deren letzte in die Zeit Ramses' VI. datiert) erfahren wir nicht nur die Namen der Expeditionsteilnehmer und ihrer Leiter, auch besondere Vorkommnisse sowie die Gebete und Opfer an Hathor und die anderen dort verehrten ägyptischen Gottheiten: den Gott der östlichen Wüste, Sopdu, den Mondgott Thoth und schließlich den vergöttlichten König Snofru.

Eine andere Bedeutung des Sinai muß erwähnt werden, sie kreist um die sog. *»Sinai-Inschriften«*. Etwa zwei Dutzend Inschriften auf Stein (einige davon auf Plastiken) aus dem 2. vorchristlichen Jahrtausend in einer westsemitischen Sprache haben großes Aufsehen erregt und konnten nur mühsam entziffert werden. Sie beziehen sich möglicherweise auf Totenopfer. Ihr Inhalt würde uns nicht berühren, aber die Schrift als solche bezeichnet einen hochwichtigen Schritt in der Geschichte der Geistwerdung. Denn die Bilder der ägyptischen Hieroglyphen werden zu lautlichen Einkonsonantenzeichen einer Art kanaanitischer Sprache umgewertet und von den Kanaanitern im Norden als Schrift übernommen, die dann durch Hebräer und Phönizier und über Griechenland mit manchen Veränderungen zu uns gelangt als »Buchstaben«-Alphabet. Mit großer Wahrscheinlichkeit haben die Schreiber der Sinai-Inschriften semitisch gesprochen und kannten sich in Ägypten gut aus, waren also wohl Leute, die zwischen dem 17. und 13. Jh. immer wieder ins Delta eingewandert sind. Sie haben dort die Kunst des Schreibens kennengelernt, die den Hieroglyphen zugrunde liegenden Begriffe in ihre Sprache übertragen und nach den Regeln der Akrophonie einen Bestand von Lauten gewonnen, mit denen sie den Gesamtumfang ihrer Sprache bezeichnen konnten. Durch Vermittlung der Phönizier kam die Kenntnis dieser semitischen Erfindung in den Besitz der Griechen, von deren Alphabet sich schließlich auch das unsere herleitet. So bedeutet der geistige Ort der Sinai-Inschriften den wichtigen Umschlaghafen zwischen altägyptischen Hieroglyphen und sämtlichen abendländischen wie den meisten vorderorientalischen Schriften.

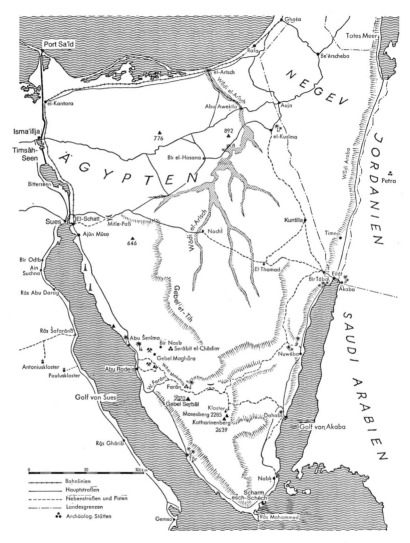

Sinai-Halbinsel

Natur und Geschichte

Der Sinai spielt eine weitere überragende Rolle als *Berg des Alten Testamentes*. Der dort »Horeb« genannte Berg, an dem (nach Ex 19 – Num 10) Jahwe mit Israel einen Bund geschlossen hat, wird von den Juden als Ort der Gesetzgebung verehrt. Elia wird als letzter Wallfahrer zum Horeb genannt (1. Kön. 19, 8),danach aber schwand die Lage des Berges nach und nach aus dem Gedächtnis. So ist es streng wissenschaftlich nicht erwiesen, daß dieser »Horeb« der Berg Sinai ist, oder aber ein midianitischer Berg vulkanischen Ursprungs. Nabatäische Inschriften des 1. vorchristlichen Jahrhunderts indes beweisen, daß der Sinai heilig gehalten wurde schon vor Kaiser Julian (361–363 n. Chr.), unter dem sich hier christliche Mönche erstmalig ansiedelten. Nach christlicher Tradition ist dort Gott im Brennenden Busch erschienen und hat für die Menschen seinen Willen in Gesetzen ausgesprochen. Keine wissenschaftliche Erhebung vermochte diese 2000 Jahre alte Vorstellung zu erschüttern. Denn ob historisch erwiesener Ort oder „nur" Gedächtnisstätte des Glaubens – der Gläubige ist gewiß, daß der Gehalt des Geschehens durch dieses Problem nicht beeinträchtigt wird.

So ist der Sinai voller Erinnerungsstätten an den Auszug der Kinder Israels (2. Mose 12 ff.), angefangen von den → Mosesquellen im N über den Gebel Fara'ûn, wo Pharao die Ausziehenden durchs Rote Meer verfolgte, bis Farân, das biblische Raphidim, wo Moses die siegreiche Schlacht gegen seine Besitzer, die Amalekiter, geschlagen hat, und den benachbarten Serbâl, auf dem Aaron und Hur dem Moses die Arme stützten und der als der Gottesberg Horeb galt, bis die Katharinenmönche den südlichen Mosesberg dafür in Anspruch nahmen. An dessen Fuß ließ Kaiser Justinian den zahlreichen Einsiedlern eine Festung als Zufluchtsort errichten, das Katharinenkloster. Der jungen Märtyrerin aus Alexandrien geweiht, bezog es den Platz des Brennenden Dornbusches ein sowie die Quelle, an welcher Moses die Schafe seines Schwiegervaters getränkt hatte. Weniger die islamische Invasion im 7. Jh. bedeutete für die christlichen Niederlassungen in Farân und im nahen Raithu (wohl Tôr an der Küste) den Niedergang als vielmehr das Versiegen des Pilgerstromes und dessen Gaben, auf die die frommen Väter (bis zu 400, dazu die Dienerschaft) bei aller Enthaltsamkeit angewiesen waren. In dieser Einöde konnte sich nur ein weltoffenes Kloster halten, das zu einem wirtschaftlichen Mittelpunkt der Gegend geworden war. Heute leben dort noch 17 Mönche; im Umkreis des Klosters und zu ihm gehörig, obwohl längst zum Islâm übergetreten, die Nachkommen der 200 ägyptischen und römischen Sklaven, die Justinian den Mönchen bei der Klostergründung mitsamt Familien zum Geschenk gemacht hat.

Der im übrigen menschenarme Sinai ist von *Beduinen* durchzogen, Nachkommen von arabischen Nomaden wie Abkömmlingen der Einwanderer aus dem Hedschas oder aus der syrischen Wüste. Die Einwanderungsschübe gehen bis in die Zeit Mohammeds zurück. Den etwa 10 000 Köpfen der mehr kriegerischen Nordstämme stehen die rund 4000 Menschen mit etwa 350 Zelten des südlichen Zentralmassivs, die Towara, entgegen, deren Frauen die Haar als Stirnhorn aufgesteckt und einen visierähnlichen Gesichtsschleier tragen, den mit Flitter überhäuften Burku. Mit Vorliebe schlagen die Wandernden ihr Lager unter einer Sajal-Akazie auf; ihr von Hunger gequältes Leben versuchen sie durch Schmuggel mit Haschîsch aufzubessern. Nebi Salih ist für sie eine Art Nationalheiliger und steht beinahe im Range des Propheten, dessen Glauben sie angenommen haben. Inmitten einer islamischen Welt liegt als christliche Oase das Katharinenkloster.

Der Sinai hat durch die Erdölausbeutung und -raffinerien an seiner Westküste sowie die Entdeckung von Kohlevorkommen im W, SO und N auch wirtschaftliche Bedeutung für Ägypten erlangt. Durch die Eroberung der Halbinsel durch Israel im Verlaufe des sog. Sechstagekrieges (5.–10. Juni 1967) kam der Sinai unter israelische Oberhoheit, wurde aber seit 1975 ratenweise zurückgegeben. Vollständige Übergabe April 1982.

Den heutigen Besucher wird der Weg zum Katharinenkloster führen und möglichst auf einen der beiden heiligen Berge, den Mosesberg, auf dem Moses die Gesetzestafeln aus der Hand Gottes erhielt, oder den Katharinenberg, auf dem Engel den Leichnam der Heiligen nach ihrem Martyrium niedergelegt haben.

Katharinenkloster

In aller Regel wird sich der Reisende für einen Ausflug zum Sinai einem Gruppenunternehmen anschließen. Es gibt einige Agenturen, die von Kairo aus je nach Bedarf (also nicht regelmäßig) Fahrten zum Sinai organisieren (und für Unterkunft und Verpflegung sorgen), teils mit Bus und Flugzeug, teils mit geländegängigen Wagen, je nach Beförderungsmittel verschieden lang (2–5 Tage). Da jetzt in Sues der Ahmed Hamdi-Tunnel den Kanal unterführt, ist die Reise zu Land wesentlich erleichtert, auch Asphaltierung der Straße bis zum Kloster in Arbeit. Die Flugreisen sind durch den von den Israeli während ihrer Besetzung der Halbinsel angelegten Flugplatz möglich geworden und für jeden (islamischen) Wochentag geplant und werden bereits unregelmäßig durchgeführt.

Das Kloster hat den Reisenden sein Gästehaus bedingt wieder geöffnet (160 Lagerstätten), das es während der Touristeninvasion aus Israel zeitweise verrammelt hatte; allerdings ist eine lange Voranmeldung erforderlich. Im übrigen Übernachtungsmöglichkeit in dem gut geführten »Hotel St. Kathrin«, dem ehemaligen Gästehaus der Israelis.

Die beste Reisezeit ist Februar bis April und Oktober bis November.

Soweit Reisebüros den Besuch von → Serâbit el-Châdim und den des → Wâdi Maghâri einbeziehen und dadurch auf Zelte angewiesen sind, muß man sich mit Bettsack und Decken ausstatten (bei den Büros anfragen), während die Direktroute zum Katharinenkloster mit ortsfesten Unterkünften auskommt. Diese klassische Route sei im folgenden skizziert.

Man rechnet 1–2 Tage Anreise, 1 Tag für die Klosterbesichtigung, 1 Tag für eine Bergbesteigung und 1 Tag für die Rückfahrt, falls man nicht die schnellere Flugmöglichkeit in Anspruch nimmt.

Fahrt

1. Tag: Wüstenstraße Kairo-Sues (134 km), Ahmed Hamdi-Tunnel oder Fähre und auf der asiatischen Seite südwärts die Straße nach Tôr. 31 km rechts geht ein Weg zu

Katharinenkloster 787

den *Mosesquellen* (Ajûn Mûsa, 1 km vom Meer entfernt). Die südlichste gilt als diejenige, in die Moses Zweige warf, um das Wasser trinkbar zu machen. Zurück zur Hauptstraße. 132 km *Abu Senima*, Tankmöglichkeit, Post- und Telegraphenstation. Rasthaus mit Übernachtungsmöglichkeit für 7 Personen; Proviant ist mitzubringen. Manganminen 36 km landeinwärts. – Man kann auch am 1. Tag in Sues übernachten.

2. Tag. 149 km Abu Rodeis Colony, eine Einrichtung der Petroleum Co. (Clubhaus mit Getränken und Zigaretten); Benzin. 152 km von der Hauptstraße zweigt links eine Asphaltstraße in das Wâdi Farân ab.
204 km *Oase Farân* mit prachtvollen Dattelpalmen und Tamarisken, auch Mais und Getreide.

Rechts vom Weg, bei der Einfahrt in den Palmenwald, das »kleine Kloster«, das dem Katharinenkloster untersteht und von den diesem angeschlossenen Beduinen verwaltet wird. Rastmöglichkeit ohne Bewirtung. Nahebei, in der Mitte der Oase, liegt der große Tell, der die alte Siedlung birgt (Tell Mechred), der einzige Tell in Süd-Sinai. Dort auch eisenzeitliche Funde. Farân war im 4. Jh. Bschofssitz und wurde im 7. Jh. von den Moslems zerstört. Von der wieder aufgeblühten Karawanenstadt des 12. Jh. zeugen geringe Ruinenreste einer Kathedrale, zweier Kirchen, von Häusern, Windmühlen und einer Umfassungsmauer sowie Felsengräber.

Das folgende Wâdi Tarfa ist durch die großen Tamariskenbäume leicht zu erkennen. Hinter der Felspassage, die die Beduinen el-Buweid (= Tor) nennen, erstreckt sich das Wâdi Schêch. Der kleine weiße Grabbau mit der grünen Kuppel wird als das Grab des → Nebi Salih verehrt; auf einem Hügel liegen die Aaronskapelle und eine kleine Moschee, zu Füßen der große Beduinenfriedhof. Hier feiern die Beduinen in jedem Mai das Frühlingsfest. 258 km *Katharinenkloster*, das in 1570 m Höhe liegt, in einem Tal zwischen dem Gebel Safsafa, dem Gebel Mûsa (= Mosesberg) und dem Gebel Monêga.

Geschichte des Klosters

Am legendären Platz des Brennenden Dornbuschs steht das Kloster, das den Anspruch erhebt, das älteste christliche Gotteshaus zu sein, in dem seit seiner Gründung, seit einhalb Jahrtausenden, ununterbrochen die Liturgie gelesen und gesungen wird.
Anfang des 4. Jh. wird eine Mönchsgemeinschaft am Fuße des Mosesberges erwähnt. Im Jahre 324 soll Kaiserin Helena die Mönche besucht und ihnen einen Schutzturm und eine Kirche gestiftet haben, der hl. Onophrius im 4. Jh. in das Kloster geflüchtet sein. Historisch gesichert ist der Besuch der Nonne Etheria (Egeria) aus Galicien um 400, deren lateinisch geschriebener Reisebericht 1884 in einer italienischen Klosterbibliothek aufgefunden wurde. Zwischen 548 und 564 ließ Kaiser Justinian den Mönchen auf ihren Wunsch eine Festung errichten. Justinians Architekt Elisa zog sich nach dem Chronikbericht wegen der schlechten strategischen Lage des Klosters den Unmut des Imperators zu und wurde enthauptet. Der Kaiser siedelte zum Schutze der Mönche 200 römische und ägyptische Soldaten in Klosternähe an, deren Nachkommen auch heute hat jeder Sinai-Mönch seinen Leib-Beduinen, der ihm zu Hand geht. Papst Gregor stiftete den Mönchen Betten und Kleider. Obwohl das Kloster schon seit dem 7. Jh. durch islamische Kriegsscharen immer wieder bedroht wurde, begann der Niedergang erst im 11. Jh. Zwischen dem 15. und 18. Jh. wurden die Mönche noch mindestens achtmal vertrieben, bis sich zur Zeit Napoleons das europäische Interesse dem Kloster zuwandte. Bonaparte hat 1800 bei seiner Ägypten-Expedition von Kairo aus dem Kloster seine verbrieften Rechte garantiert. Nach langem Tauziehen zwischen Ost- und Westkirche kam die immer wieder bedrohte Klosterburg als Exklave des griechisch-orthodoxen Christentums schließlich unter die Obhut der russischen Zaren, die das Kloster mit Dotationen reichlich versahen.

Das Kloster ist heute selbständig; im Jahre 1575 erkannte Rom die Autarkie an und bestätigte den Rang eines Erzbistums. Der Abt wird von den Mönchen gewählt und muß von Jerusalem bestätigt werden. Der heutige Erzbischof ist in das Filialkloster nach Kairo übergesiedelt und weilt nur zu hohen Festtagen im Katharinenkloster. Während seiner Abwesenheit wird er von 4 Archimandriten vertreten, von denen einer die Aufgabe eines Vikars hat, während die anderen die Wirtschaft, das Gästehaus und den Schatz verwalten; nur das Amt des Schatzmeisters wird auf Lebenszeit verliehen. Die Mönche befolgen die Regel des → hl. Basilius (329-379). Derzeit leben im Kloster 17 Mönche, auf den Außenstellen weitere 38. Durch Besitzungen auf Zypern, Kreta und anderen griechischen Inseln ist die wirtschaftliche Lage gesichert.
Die Mönche, meist aus Griechenland, führen ein asketisches Leben. Der Holzgong, die »Cymandra«, ruft sie zum Hauptgottesdienst, der von 4.30 bis 7.30 Uhr dauert, während von 14.30 bis 16 Uhr die Vesper abgehalten wird. Zwei Eremiten leben in den benachbarten Bergen, sie werden vom Kloster versorgt.

Besichtigung (auf die Zeit zwischen 9 und 12.30 Uhr eingeschränkt):

Eine 12–15 m hohe Mauer, 1,65 m breit, aus dicken Granitblöcken, mit stellenweise erhaltenen Wehrgängen und Blendluken, umgibt das Kloster. Die 84 m lange und 74 m breite Grundfläche deckt ein unregelmäßiges Rechteck. Während die Südwestmauer noch im wesentlichen aus der justinischen Zeit stammt, wurden die anderen Mauern zu verschiedenen Zeiten restauriert, so auch 1801 durch die französische Expedition unter Kléber. Damals wurde die Tür an der Nordwestseite eingebrochen und die später als Lastenaufzug benützte Seilwinde hoch oben in der Mauer für Personen außer Betrieb gesetzt. Die ursprünglichen Tore waren aus Sicherheitsgründen früh vermauert worden. Das Klosterinnere ist ein Gewirr von Gäßchen, Stiegen, Gängen, Treppen sowie labyrinthisch über- und ineinandergeschachtelten Gebäuden aus den verschiedensten Zeiten rings um die Basilika. Die einzelnen Kapellen, ursprünglich für die verschiedenen Konfessionen bestimmt, dienen heute dem griechischen Kultus. Die Moschee (mit Predigtkanzel und Koranständer aus dem 12. Jh.), die ihre Entstehung wohl einer Kriegslist verdankt (10. Jh.), liegt nahe der Klosterkirche und wurde christlichen Pilgern oft zum Ärgernis. Das prächtigste Gebäude ist die byzantinische Basilika.

Die *Basilika* wurde zwischen 548 und 565 erbaut. Man betritt durch eine Tür aus der Fatimidenzeit (11. Jh.) den Narthex, von dort durch eine byzantinische Tür (6. Jh.) die Kirche, die durch 12 Granitsäulen in drei Schiffe geteilt ist. Die drei Kapellen an der nördlichen Langhausseite sind den hll. Cosmas und Damian, dem hl. Simeon dem Styliten und der hl. Anna geweiht; die entsprechenden Kapellen der Südseite der hl. Marina, den hll. Konstantin und Helena, dem hl. Antipas. Von der flachen Holzdecke aus dem 18. Jh. hängen silberne Kronleuchter und Straußeneier (meist Stiftungen). Der farbige Fußboden aus Marmor und Porphyr wurde 1714 gelegt. Die 4 hohen Standleuchter vor der Ikonostasis sind eine Stiftung von Mattheus Bleyell aus Nürnberg von 1719.

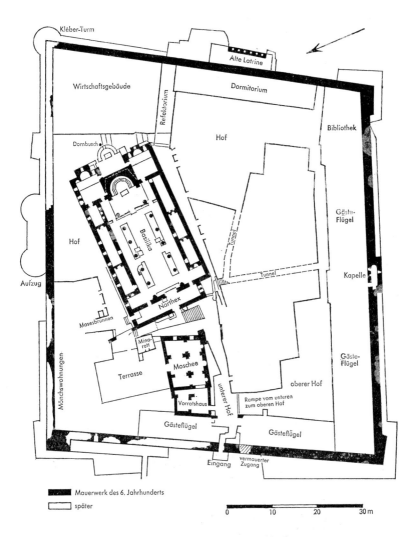

Katharinenkloster auf dem Sinai

Die *Apsismosaiken* aus dem 6. Jh. sind ein hervorragendes Beispiel der selten überkommenen byzantinischen Hofkunst. In der Mitte der Apsiswölbung Christus in der Mandorla; zu seiner Linken Elias, darunter Johannes Ev.; zu seiner Rechten Moses, darunter Jokabus d. Ä.; unterhalb von Christus liegend Petrus.

An der Stirnwand in der oberen Reihe Moses im Brennenden Dornbusch und der Empfang der Gesetzestafeln, darunter zwei schwebende Engel und zwei Köpfe in Medaillons, vermutlich Porträts von Justinian und Theodora. — Rechts vom Altar unter einem Baldachin ein Marmorschrein, der die Reliquien der hl. Katharina enthält. Nur an hohen Festtagen werden die beiden goldenen Kästchen, die Haupt und Hand der Heiligen bergen, gezeigt. Hinter der Ikonostasis zwei Silbersarkophage, die 1691 und 1890 von Rußland gestiftet wurden und der Aufbewahrung der Geschenke an die Heilige dienen.

In der nördlichen Chorkapelle *(Jakobuskapelle)* haben sich die einzigen Wandmalereien der Kirche erhalten. In der Wölbung Christus, darunter von links nach rechts: Jakobus d. Ä., Chrysostomos, Maria im Brennenden Busch, Basilius und Moses. — Die entsprechende Kapelle an der Südseite des Chors ist den Heiligen Vätern des Sinai geweiht.

Hinter dem Chor liegt die *Kapelle des Brennenden Dornbusches,* mit blaugrünen Isnikfayencen geschmückt. Sie gilt als der heiligste Ort des Klosters und muß, entsprechend Jahwes Gebot an Moses (Exodus 3, 4 und 5), ohne Schuhe betreten werden. Im Apsismosaik schlichtes Kreuz auf Goldgrund. Eine ewig brennende Lampe unter dem Altar weist auf den Platz hin, wo nach der Überlieferung der Dornbusch gewachsen ist. Diese Stelle ist mit reliefierten Silberplatten bedeckt, von denen die meisten wohl im 17. Jh. in abendländischen Werkstätten gearbeitet worden sind: Szenen aus dem Christusleben, dem der hl. Katharina, dem Alten und Neuen Testament.

Der Ginsterstrauch hinter der Apsis der Kapelle gilt als ein Sprößling des heiligen Busches.

Die Katharinenkirche, deren barockisierender Kirchturm erst 1871 errichtet wurde, war ursprünglich Maria und der Verklärung Christi geweiht. Ihren heutigen Namen erhielt sie erst im hohen Mittelalter, nachdem man die zwischen dem 7. und 9. Jh. aufgefundenen Reliquien der hl. Katharina von dem später Gebel Katerin genannten Berg hierher überführt hatte. Diese Umnennung setzt möglicherweise den Verlust älterer Reliquien voraus; man könnte dabei im Hinblick auf das Bildprogramm der Kirche an die des hl. Jakobus d. Ä. denken.

Das *Refektorium* an der Südostecke der Kirche ist ein 17 m langer, gewölbter Saal und scheint ursprünglich eine Kapelle gewesen zu sein. An den Mauern Fresken des Jüngsten Gerichts (1573), eigenartige Graffiti und Wappen von europäischen Pilgern an der Türlaibung und den Schwibbögen.

Katharinenkloster

Der *Mosesbrunnen*, wo nach der Legende Moses die Schafe seines Schwiegervaters Jethro geweidet hat, liegt nahe der Basilika (im Klosterbezirk weitere Brunnen), die *Kapelle des Heiligen Tryphon*, deren zwei Krypten als *Ossuarium* dienen, an der Nordwestseite des Klosters inmitten von Ölbäumen und hohen Zypressen. In dem Friedhof des Klosters ist nur Platz für 6 Gräber, so daß der jeweils am längsten beerdigte Bruder dem jüngst verstorbenen ausweichen muß ins Beinhaus. Die Klostertradition hütet die Erinnerung an insgesamt 7000 sinaitische Mönche, die hier und in den »Kleinen Klöstern« wie auch als Einsiedler gelebt haben.

Die *Bibliothek* (2. Stock des Gästehauses) enthält 3500 Manuskripte, davon 2250 griechische, 600 arabische, ferner armenische, georgische, syrische u. a. Die Werke haben meist religiösen Inhalt, aber es gibt auch einige medizinische und historische. In den Jahren 1844 (1853 und 1859) entdeckte Konstantin von Tischendorf hier den berühmten *Codex Sinaiticus*, eine griechische Pergamenthandschrift der Bibel aus dem 4. Jh., von dem sich die ihm zunächst überlassenen 43 Blätter in der Universitäts-Bibliothek Leipzig (als »Codex Friderico-Augustanus«) und der Hauptteil seit 1933 im Britischen Museum befinden, und versetzte damit die abendländische Wissenschaft in Aufruhr.

Die bedeutendsten Handschriften sind in zwei Vitrinen ausgelegt, darunter der Codex Syrus Sinaiticus, ein Faksimile des Codex Sinaiticus, die Abschrift eines Schutzbriefes des Propheten Mohammed mit seiner Hand als Siegel sowie ein Schutzbrief Napoleons. Diese Bibliothek ist nach der Vatikanischen Bibliothek die wertvollste ihrer Art.

Das *Museum* in dem neuen Gästebau neben der Bibliothek birgt eine der bedeutendsten Sammlungen ostkirchlicher Kultbilder, darunter seltene Wachsmalereien (Petrus, 5. Jh., und Maria, 6. Jh.), die fast ausschließlich hier noch erhaltenen Ikonen aus der Zeit des Bilderstreites (730–842) sowie zahlreiche byzantinische Ikonen aus dem 13.–15. Jh., Stücke von unschätzbarem Wert, im ganzen über 2000. Im Ausstellungsraum ferner Bischofskronen und Bischofsstäbe, Paramente, kirchliche Kleinkunst, sakraler Schmuck. Bemerkenswert ist ein Reliquienhalskreuz aus dem 4. Jh.

In der *Bäckerei* drei ungewöhnliche Holzmodel, mit denen die Brote an den Festtagen verziert werden.

Seit dem Besucherandrang aus Israel wird oft nur noch der Narthex der Basilika mit einigen wenig glücklich präsentierten Handschriften und ältesten Ikonen für Touristen geöffnet. Durch Neu- und Umbau sind Ehrwürdigkeit und Atmosphäre beeinträchtigt.

Mosesberg – Monêgaberg – Katharinenberg

Jede Besteigung kann durch Kamelritt erleichtert werden, die Tiere sind bei den umwohnenden Beduinen einen Tag zuvor zu bestellen.

Kurzreisende sollten den Mosesberg besteigen (Aufstieg 3 Stunden).

Der *Mosesberg* (Gebel Mûsa), 2285 m hoch, gilt als der heilige Berg, auf dem Moses die Zehn Gebote aus der Hand Gottes empfing. (Nach anderer Theorie ist der im Alten Testament → »Horeb« genannte Berg nicht der Mosesberg, sondern der Gebel Serbâl; S. 785.)

Man beginnt den Aufstieg östlich des Klosters (will man den Sonnenaufgang auf dem Gipfel erleben, im Frühjahr nicht nach 2.30 Uhr nachts) und folgt den Serpentinen des 1850 angelegten Kamelpfades. Nach 30 Minuten zweigt links ein Pfad auf den *Gebel Monêga* (1854 m) ab (Wegweiser) mit der Gipfel-Kapelle für die Jungfrau Maria (Aufstieg 50 Minuten). Von oben schöner Blick auf das Katharinenkloster.

Folgt man bei der Abzweigstelle den Serpentinen des Kamelpfades weiter, so erreicht man nach etwa 1 Stunde die Eremitage des heiligen Stefan, ein kleines Plateau mit Zypressen an einer Quelle (Ende des Kamelritts). Hier haben sich die 70 Ältesten, Moses und Aaron aufgehalten, zwei kleine Kapellen sind Moses und Elias geweiht.

Eine bereits 363 errichtete Kapelle wurde 530 von Justinian durch eine Kirche ersetzt, aus deren Ruinen 1934 die neue Kapelle erstand. Daneben eine kleine Moschee, denn für die islamischen Sinai-Beduinen ist ihr Nationalheiliger Nebi Salih von hier in den Himmel aufgefahren.

Von hier führen links 734 Stufen zum Gipfel, von dem sich ein großartiges Panorama auf das Sinai-Gebirge und den Golf von Akaba bietet.

Den Rückweg nehme man über die Treppe mit den mehreren Tausend Stufen, die ein Sinai-Mönch in Erfüllung seines Bußgelübdes aus ungefügen Granitquadern gebaut hat. Auf dieser Stiege durchschreitet man zwei Tore, das des Glaubens und das des heiligen Stefan, dessen Skelett noch heute zusammengesunken als Pförtner im Beinhaus sitzt. Ehemals wachte er bei der Beichtpforte darüber, daß kein Unberufener den heiligen Berg betrat; die Pilger bekannten hier ihre Sünden, ehe sie als Absolvierte den Aufstieg fortsetzen durften, vom Tor des Glaubens an nur noch barfüßig. Weiter abwärts trifft man auf die *Marienkapelle*, dann auf den *Mosesbrunnen*. Man erreicht das Kloster an seiner Südseite.

Der *Katharinenberg* (Gebel Katerin), 2639 m hoch (Aufstieg gut 5 Stunden), gilt als die Stätte, wo Engel den Leichnam der heiligen Katharina niedergelegt haben, nachdem die Märtyrerin in Alexandria den Tod gefunden hatte.

Der gut bezeichnete Weg führt über die Aaronskapelle in die Ebene von el-Melga, erreicht nach etwa 3/4 Stunden den klostereigenen Garten Bostani, kurz danach das kleine Kloster der hll. Apostel. Der Pavillon daneben, für König Fu'âd gebaut, aber nie von ihm benutzt, dient heute als Rasthaus (bis hierher Autofahrt möglich, ab hier Kamelritt). Nach weiteren 3/4 Stunden Kloster der 40 Märtyrer (Übernachtungsmöglichkeit), malerisch inmitten eines großen Gartens mit Obst- und Olivenbäumen gelegen. Danach steiler Aufstieg, zuletzt über Stufen (anstrengend).

Auf dem Gipfel die von dem Mönch Kallistos aus Kerasund erbaute Kapelle der hl. Katharina, in der ein Teppich die Stelle bedeckt, wo die Reliquien der Märtyrerin gefunden wurden. Die Aussicht, besonders bei Sonnenauf- und -untergang, ist unvergeßlich, der Fernblick geht über den Golf von Akaba, den von Sues, das Rote Meer, die zerklüftete Sinai-Landschaft sowie in die arabische Felsenkette.

In zwei Nebenräumen der Kapelle darf man mit Erlaubnis des Katharinenklosters übernachten, das zu diesem Zweck auch Decken ausleiht.

Etwa 1/4 Stunde entfernt steht ein kleines Expeditionshaus mit vier Räumen und auf dem benachbarten *Gipfel Sebir* ein Observatorium, beide Bauten von dem Kalifornischen Meteorologischen Institut Smith errichtet und 1933–1938 von zwei Forschern benützt, um Messungen zur Sonnenstrahlung durchzuführen.

Bei dem Abstieg bis zum Kloster der 40 Märtyrer (etwa 3½ Stunden) laufend großartige Ausblicke auf den Gebel Mûsa.

Finis (zum deutsch-ägyptischen Verhältnis)

Aus der Rede, die der Bundesminister des Auswärtigen, Hans-Dietrich *Genscher*, bei der Einweihung der neuen Deutschen Evangelischen Oberschule in Kairo am 12. Februar 1977 hielt:

... In den mehr als hundert Jahren ihres Bestehens hat die Deutsche Evangelische Oberschule wesentlich dazu beigetragen, die Freundschaft und den geistigen Austausch zwischen Deutschen und Ägyptern zu vertiefen. Dies gibt ihr ebenso wie die hohe Qualität ihres Unterrichts den besonderen Rang und das große Ansehen, das sie in Ägypten wie in Deutschland seit langem hat...

Seit geraumer Zeit besteht eine Zweigstelle des Deutschen Archäologischen Instituts in Kairo. Sie führt Grabungen zur Erforschung der reichen ägyptischen Geschichte durch, zuletzt in Elephantine. Das Zusammenwirken zwischen dem Deutschen Archäologischen Institut und der Ägyptischen Altertümer-Verwaltung ist vorbildlich. Beide Institutionen arbeiteten auch gemeinsam daran, die Mitqal-Moschee zu restaurieren, die im vergangenen Jahr eingeweiht werden konnte...

In Kairo und Alexandria bieten die Zweigstellen des Goethe-Instituts die viel genutzte Möglichkeit, deutsche Literatur, Kunst und Musik kennenzulernen. Die deutsche Sprache wird nicht nur an der Deutschen Evangelischen Oberschule und den beiden Schulen der Borromäerinnen besonders gepflegt, sondern hat seit langem einen festen Platz im Fremdsprachenunterricht an den staatlichen Schulen.

Das Interesse, Deutsch zu lernen, steigt dabei ständig. Ich vermerke besonders dankbar, daß im ägyptischen Unterrichtsministerium ein eigenes Inspektorat für Deutsch eingerichtet wurde, das sich um die mehr als 60 Schulen kümmert, in denen Deutsch unterrichtet wird. Ich begrüße ebenso, daß an der 'Ain-Schams-Universität 1975 ein Studiengang für ägyptische Deutschlehrer eingerichtet wurde. Auch die Deutsch-Abteilung an der Universität Kairo wird in absehbarer Zeit ganz von ägyptischen Fachleuten getragen werden...

Den Erfordernissen unserer modernen Zeit entsprechend haben wir die Zusammenarbeit in Wissenschaft und Technik stark ausgebaut... Von der gemeinsamen Forschung am Theodor-Bilharz-Institut für Tropenkrankheiten zieht sich der Bogen zu Projekten wie der Entwicklung der Sonnenenergie, der Bewässerung von Wüstenstrichen und der Exploration von Erdöl.

Universitäts-Partnerschaften und der Aufbau technischer Ausbildungsstätten wie des inzwischen zur Universität entwickelten Technikums Heluân dienen der Zusammenarbeit bei der Heranbildung von Fachkräften der verschiedenen Laufbahnen. Die gleiche Aufgabe hat der weitgefächerte Stipendiatenaustausch...

Ägypten ist für die Bundesrepublik wie im Kulturellen so auch im Politischen und Wirtschaftlichen ein Schwerpunktland der Zusammenarbeit. Wir suchen zum wirtschaftlichen Aufbau Ägyptens nach Kräften beizutragen. Unsere Kapitalhilfezusagen seit 1972 betragen 856 Millionen DM. Ägypten nimmt damit eine Spitzenstellung in unserer Hilfe ein...

Ein zweites Netz zur Zusammenarbeit wird in den Kooperationsabkommen zwischen der EG und den südlichen Mittelmeerstaaten geknüpft. Die Abkommen mit Ägypten, Syrien und Jordanien wurden im letzten Monat unterschrieben. Es fehlt jetzt nur noch der Libanon, dann ist dieses Netz fertig...

Bilaterale wie multilaterale Zusammenarbeit haben ein gemeinsames Ziel: Sie wollen zu Wachstum und Stabilität unserer beiden benachbarten Regionen beitragen. Wir werden dieses Ziel jedoch nur erreichen können, wenn es endlich gelingt, den Nahostkonflikt durch einen dauerhaften und gerechten Frieden abzulösen. Ich glaube, die Bedingungen für den Durchbruch zu einem solchen Frieden sind heute besser als wohl zu jeder anderen Zeit seit Beginn des Konflikts.

An dieser hoffnungsvollen Entwicklung hat Präsident Sadat einen ganz hervorragenden Anteil... Präsident Sadat hat oft die Überzeugung geäußert, daß Europa zum Zustandekommen eines Friedens aktiv beitragen soll.

Unsere Antwort ist: Wir sind dazu bereit – und dies auch aus eigenem Interesse... Wir wünschen den Frieden, und wir brauchen ihn, um all die vielfältigen Möglichkeiten fruchtbarer Zusammenarbeit zwischen unseren beiden Staaten und unseren beiden Regionen verwirklichen zu können...

Verzeichnis der Abbildungen und Pläne*

* Ägypten und benachbarte Länder	5
* Gouvernorate	11
* Abfluß des Nils	16
Arabische Zahlen	39
Seth und Horus verknüpfen die Wappenpflanzen von Ober- und Unterägypten, 12. Dynastie	42
Sethos I. Triumphator	43
Die wichtigsten Kronen der Königinnen und Könige	44
Eine Auswahl ägyptischer Königsnamen (Kartuschen mit Hieroglyphen)	64–67
Götter und Göttinnen	86–98
Amenophis III. wird von Seth und Horus mit dem Wasser des Lebens rituell gereinigt	103
Mundöffnung	107
Uschebti	108
Skarabäus	108
Totengericht	109
Beispiele für hieroglyphische Orthographie	120
Die Einkonsonantenzeichen der Hieroglyphenschrift	121/122
Die Schriften Ägyptens (Hieroglyphen, Hieratisch, Demotisch, Koptisch, Kufisch, Nashi)	123/124
Falsches und echtes Gewölbe	153
Götterbarke in Prozession	154
Kanopensatz (Eingeweidekrüge)	155
Naos (Götterschrein)	156
Obelisk	157
Opfertafel	158
Pylon	159
Säulenformen	161
Kapitellformen	162
Scheintür	163
Stelenformen	164
Sphinx	165
Würfelhocker	166
Grab Sethos' I. im Schnitt	170

* Gebietskarten und Stadtpläne sind mit einem Sternchen (*) gekennzeichnet.

Mastaba (Schema der Anlage) 171
Rekonstruktion des Oberbaus eines thebanischen Grabtys 174
Das Sonnenheiligtum des Königs Ne-user-Rê (Rekonstruktion) 175
Rekonstruktion eines ramessidischen Tempels 177
See mit Wasserträgern 186
Menschliche Figur 187
* Koptische Klöster und heutige Bischofssitze 198
Koptische Buchstaben für ägyptische Laute 206
Grundriß eines arabischen Hauses 248/249
* Alexandria – alte Stadt 298
Kôm esch-Schuḳâfa 301
* Alexandria – neue Stadt 304/305
Museum der griech.-röm. Altertümer in Alexandria 309
* Abu Mena 317
El-Alamên – Deutsches Ehrenmal 320
* Tempelbezirk von Tanis 329
Tanis – Königsgräber der 21./22. Dyn. 330
* Ismaʿilîja 333
* Port Saʿîd 338
Ägyptisches Museum – Erdgeschoß 352
Ägyptisches Museum – Obergeschoß 359
Museum für Islamische Kunst und Arabische Bibliothek 376
* Islamische Altstadt – 1. Gang 384
el-Aṣhar-Moschee 386
* Islamische Altstadt – 2. Gang 400
* Islamische Altstadt – 3. und 5. Gang 406
Ibn-Tulûn-Moschee 411
* Islamische Altstadt – 4. Gang 412
Zitadelle 416
Mohammed-Ali-Moschee 419
Sultân-Hasan-Moschee 422
* »Kalifengräber« 429
* Alt-Kairo 438
Dêr es-Surjân 447
* Lageplan der wichtigsten Pyramiden 451
* Gräberfeld von Gîsa 456/457
Pyramiden im Größenvergleich 459
Schnitt durch die Cheopspyramide 460
Schnitt durch die Chephrenpyramide 464
Taltempel der Chephrenpyramide 465
Schnitt durch die Mykerinos-Pyramide 468
Grab der Meres-anch 470

Verzeichnis der Abbildungen und Pläne

Sonnenheiligtum des Ne-user-Rê 472
* Nekropole von Abusîr 473
* Memphis 477
* Das Gräberfeld von Sakkâra 478
Rekonstruktion und Plan von König Djosers Grabbezirk mit Stufenpyramide in Sakkâra 482/483
Aufriß der Stufenpyramide 485
Doppelgrab der Königinnen Nebet und Chenut 488
Unaspyramide 490
Grab des Nianch-Chnum und des Chnum-hotep 492
Serapeum 500
Mastaba des Ti 502
   Kapelle: Nordwand 504
   Kapelle: Ostwand 505
   Kapelle: Südwand 506
   Kapelle: Westwand 507
Mastaba des (Achethotep und) Ptahhotep 508
Pyramide des Teti 511
Mastaba des Mereruka 512
* Tiernekropolen von Sakkâra 516
Sakkâra-Süd 519
* Pyramiden von Dahschûr 521
Knickpyramide mit »Tal«tempel 522/523
Pyramide von Maidûm 526
* Das Faijûm 528/529
* Gebiet von Beni Hasan 548
   Grab Nr. 17 (Cheti) 549
   Grab Nr. 2 (Amenemhêt) 551
* Hermopolis magna 553
Basilika von Hermopolis magna 555
Grabtempel des Petosiris 558
* Lageplan von el-Amarna mit Hermopolis magna und Tûna el-Gebel 562
   Grab Nr. 1 (Huje) 564
   Grab Nr. 4 (Merirê I.) 565
   Grab Nr. 9 (Mahu) 567
   Grab Nr. 25 (Eje) 568
Weißes Kloster bei Sohâg 571
* Abydos 572
Tempel Sethos' I. von Abydos 575
Tempel Ramses' II. von Abydos 580
Hathortempel von Dendara 583

Anhang

* Theben	584/585
Dach des Hathortempels von Dendara	587
* Luksor	593
Tempel von Luksor	594
Luksor-Museum	600
* Plan von Karnak	602/603
Amontempel in Karnak (westliche Hälfte)	605
Amontempel in Karnak (östliche Hälfte)	609
Chonstempel in Karnak	615
Tempel Sethos' I. von Kurna	619
* Königsgräber (Bibân el-Molûk) Übersichtsplan	621
Grab Nr. 6 (Ramses IX.)	625
Grab Nr. 8 (Merenptah)	626
Grab Nr. 9 (Ramses VI.)	626
Grab Nr. 11 (Ramses III.)	627
Grab Nr. 17 (Sethos I.)	628
Grab Nr. 34 (Thuthmosis III.)	630
Grab Nr. 35 (Amenophis II.)	630
Grab Nr. 62 (Tutanchamun)	631
Rekonstruktion der Tempel von Dêr el-bahri	634
Tempel von Dêr el-bahri	635
Ramesseum	642
Oberbau eines Grabes von Dra Abu'l Nega (Rekonstruktion)	646
* Thebanische Privatgräber von el-Asasîf und el-Chôcha (Übersichtsplan)	647
Grab Nr. 36 (Ibi)	649
Grab Nr. 192 (Cheriûf)	650
Oberbau von Grab Nr. 181 in el-Chôcha (Rekonstruktion)	652
Grab Nr. 409 (Kiki)	653
Typ eines thebanischen Felsgrabes im NR	654
* Thebanische Privatgräber von Schêch Abd el-Kurna (Übersichtsplan)	655
Grab Nr. 50 (Neferhotep)	657
Grab Nr. 55 (Ramose)	659
Grab Nr. 69 (Menena)	662
Grab Nr. 85 (Amenemheb)	664
Grab Nr. 96 B (Sennefer)	665
* Dêr el-Medîna	669
Grab Nr. 40 (Amenophis-Hui auf Kurnet Murai)	671
* Königinnengräber (Bibân el-Harîm) Übersichtsplan	673
* Tempelbezirk von Medînet Hâbu	678
Medînet Hâbu zur Zeit seiner Erbauung	680
Chnumtempel von Esna	690
* Elkâb	691

Verzeichnis der Abbildungen und Pläne

Horustempel von Edfu 696
Doppeltempel von Kôm Ombo 699
* Neu-Nubien 702
Assuân – Stadt 706
* Elephantine – Gesamtplan 709
Entwicklung des Satistempels auf Elephantine 711
* Felsengräber von Assuân 717
* Gebietskarte von Assuân 719
Simeonskloster. Untere Terrasse 722
Simeonskloster. Obere Terrasse 723
* Insel Philae – Agílkia 727
Kalâbscha 736
Tempel von Ámada 751
Der Große Tempel Ramses' II. von Abu Simbel 755
* Strecke nach Sîwa 761
Hibistempel 768
* Oase von el-Chârga 769
* Randgebiete Ägyptens 773
* Sinai-Halbinsel 784
Katharinenkloster auf dem Sinai 789
* Plan des Deltas bis Beni Suêf mit den wichtigsten antiken Stätten .... Vordere Vorsatzkarte

Übersichtskarte von Ägypten (vierfarbig) ..... im Band hinten beigelegt

Stadtplan von Kairo (vierfarbig) .... im Band hinten beigelegt

Verzeichnis der Photos

Triade des Mykerinos (Ägyptisches Museum Kairo) ... nach S. 112	Wandbild im Grab des Amunher-chopeschef, Königinnengräbertal Nr. 55 ..... nach S. 128
Mundöffnungsszene im Grab des Tun-anch-Amun ..... nach S. 112	Besorgung der Mumie, Wandbild im Grab Dêr el-Medîna Nr. 1 .... nach S. 176
Barke des Amun im Tempel Sethos' I. in Abydos ..... nach S. 112	Stufenpyramide des Djoser in Sakkâra .... nach S. 176
Relief im Grab des Ptahhotep in Sakkâra .... nach S. 112	Tempel von Luksor .... nach S. 176
Poetische Stele Thuthmosis' III. .... nach S. 128	Widdersphinxallee des Karnaktempels .... nach S. 176
Rückenlehne des Thronsessels Tun-anch-Amuns .... nach S. 128	Mohammed Ali-Moschee auf der Zitadelle von Kairo .. nach S. 416
Relief eines Gabenbringers im Grab des Ramose, Theben Nr. 55 .... nach S. 128	Mammisi und Koptische Kirche in Dendara ...... nach S. 416

Silbersarkophag im Katharinenkloster auf dem Sinai	nach S. 416	Doppeltempel von Kôm Ombo	nach S. 544
Aus einer Festmahlsszene im Grabe des Nacht, Theben Nr. 52	nach S. 416	Tempel Sethos' I. in Abydos	nach S. 560
Sphinx und Cheops-Pyramide in Gîsa	nach S. 544	Festungstempel Ramses' III. in Medînet Hâbu	nach S. 560
Kopf einer Kolossalstatue Amenophis' IV. Luksor-Museum	nach S. 544	Pfeilerhalle im Grabe Ramses' VI. im Königsgräbertal in Theben	nach S. 560
Treppe auf das Dach im Horustempel von Edfu	nach S. 544	Säulenkapitelle unter astronomischer Decke im Tempel von Esna	nach S. 560

Bücher von Emma Brunner-Traut, die dem Ägypten-Liebhaber und Reisenden empfohlen seien:

Altägyptische Märchen. Düsseldorf-Köln 1963, 5. Aufl. 1979.

Altägyptische Tiergeschichte und Fabel. Gestalt und Strahlkraft. 1959, 6. Aufl. Darmstadt 1980.

Die Alten Ägypter. Verborgenes Leben unter Pharaonen. Stuttgart, 3. Aufl. 1981.

Die altägyptische Grabkammer Seschemnofers III. aus Gîsa (in Tübingen). Mainz 1977, 2. Aufl. 1982.

Die fünf großen Weltreligionen, hrsg. von E. Brunner-Traut, mit einem Beitrag über den Islâm von J. van Ess. Freiburg, 9. Auflage 1981 (Herder Bücherei 488).

Die Kopten. Leben und Lehren der frühen Christen in Ägypten. Köln, Düsseldorf 1982.

Tiergeschichten aus dem Pharaonenland. (Ein archäologisches Kinderbuch.) Mainz 1977, 3. Aufl. 1982.

Von ägyptischer Kunst, von Heinrich Schäfer †, hrsg. von E. Brunner-Traut, Wiesbaden, 4. Aufl. 1963.

Gelebte Mythen. Darmstadt 1981, 2. Aufl. 1981.

Stichwortverzeichnis

Die Hauptsehenswürdigkeiten sind vor dem Ortsnamen durch Sternchen (*) gekennzeichnet

A
Aaron 785, 787, 792
Abâbda-Beduinen 30, 689, 780
Abahûda 746
Abaton 731
Abbasiden 68, 69, 224, 237–238
Abbasîja 701
Abd el-Ķurna s. Schêch abd el-Ķurna
Abd en-Nâsir s. Nâsir
Abd er-Rassûl 367
Abdellatîf 475
Abessinien 15
Abkürzungen 3
Abschawâi s. Ibschawâi
Abstammung der Ägypter 26
Abu'l-Auâf 762
– Bakr 62, 223
– Darag 774
– Gurôb 472
– 'l Haggâg 592, 595
– Hammâd 332
– Hennes 541, 561
– Ķurķâs 29, 541, 547
– Mena s. Menasstadt
– Raija 38
– Roâsch 471
– Rodeis 787
– Sabal 14
– Šenîma 787
*– Simbel 744, 745, 746, 754–758
– Tammâm 234
Abuķîr 14, 73, 314
Abu-Ksa 527
Abusîr (Busiris) 325
– (bei Gîsa) 472
– (Taposiris magna) 315, 316

***Abydos** 544, 573–579
*Kenotaph (»Osireion«) 577
Kôm es-Sultân 579
Osirisheiligtum 579
Schûnet eš-Šebîb 579
Tempel Ramses' II. 579
* Tempel Sethos' I. 574–577
Umm el-Ka'âb 579
Ach 111
Achäer 55
Achmîm 29, 544
Ackerbau 18
Ackerbauperioden 19
Ackergeräte 18
Actium 58
Adendân 8, 741
Affe 142
Affengrab 632
Aga Chân 716
Agâmi-Hannoville 315
Aghurmi 762
Agîlkia s. Philae
Agrarreform 76
Ägyptologie 73
Ahmed Badawi 231
– Fu'âd 76
– Haikal 38
– Ibn Tulûn 68, 239,
– Râmi 38
– Schauķi 38
Ahmed Hamdi-Tunnel 786
Ahmedîja 231
Ahmes, Königin 636
Ahmose, König 50, 65
– –, Mumie 368
–, Grab in Amarna 565
– Pen-Nechbet, Grab, in Elkâb 693
–, Sohn der Ibana, Grab in Elkâb 693
Aida 74
Aijubiden 69, 244–245
el-Aijûn 764
Ain el-Muftella 764
– Mûsa 442
– Suchna 774
– et-Turba 768
Aischylos 324

Akaba, Golf von 8, 782
Akazie 20, 782, 786
Akscha 745, 746
Aku, Grab (Assuân) 718
Alabaster 167, 569
– Sphinx 476
el-Alamên 316, 319
Alaun 13
Albertsee 14
Aleppo 71
Alexander der Große 56, 57, 67, 105, 762, 764
Alexanderroman 207

* **Alexandria** (Alexandrien) 23, 29, 57–60, 194, 291–313
Akademie 297
Amphitheater 297
Anfûschi 306
Antirrhodos, Insel 297
Antoniadis-Garten 313
Aquarium 312
Ausschiffung 291
Autobus 291
Bahnhöfe 292
Banken 291
Bibliothek, die alte 295, 297, 299
Bruchium 297
Buchhandlungen 292
Caesareum 297
Deutschsprachige Einrichtungen 292
Eleusis 297
Eunostos, Hafen 297
Flugplatz 292
Fort Ķâït-Bey 297, 312
Gärten 313
Gabbâri 306
Geschichte 294–296
Gottesdienst 292
Gräber, antike 304–307
Gymnasium 299
Häfen 294
Heptastadion 297
Hippodrom 297
Hotels 292
Ibrahîm-Terbâna-Moschee 312
* Katakomben 299, 304–307, s. auch Anfûschi
Katechetenschule 60
Kibitos, Hafen 297
Kôm ed-Dîk 299
* – esch-Schuķâfa 299, 304–305
Königsstadt (Regia) 297

Konsulate 292
Krankenhaus 292
Leuchtturm s. Pharos
Lochias 297
Mahmudîja-Kanal 297, 313
Midân et-Tahrîr 312
Mohammed Ali, Reiterstandbild 312
Moscheen 312–313
Museum, das alte (Museion) 295, 297, 299
* – griech.-röm. Altertümer 307–311
– der Schönen Künste 311
Mustafa 307
Nebî-Daniel-Moschee 313
Nekropolis 297
Nikopolis 297
Nuṡha-Garten 313
Paneum 299
Pharos, Insel und Leuchtturm 294, 297, 312
Polizei 293
* Pompejus-Säule 299, 300
Post 293
Ramla 293
Râs et-Tîn, Palast 299, 311
Regia (Königsstadt) 297
Reiseagenturen 293
Restaurants 293
Rhakotis 297
Schatbi 293, 306
Sema 299
Serapeum 295, 296, 299, 300
Sidi Gabr 293
Stadtteile 297
Strandbäder 293
Theater 293, 296
–, das alte 297
Topographie, alte 297–299
Verkehrsmittel 293
Zentrum 313
Zoologischer Garten 313

Algasel (al-Ghaṡṡâli) 230
Algorithmus 234
Ali 68, 219, 223
Almosen 225
Alphabet 121, 130, 783
–, arab. 2
Alt-Kairo s. u. Kairo
Alt-Heliopolis 443
Altes Testament s. Bibel
Amada 745, 746, 750

Stichwortverzeichnis   803

Amalekiter 783, 785
el-Amarna 52, 114, 115, 561–569
–, Gräber 563–569
–, Grenzstelen 557, 561, 566, 569
–, Stadtanlage 561
Amarnabriefe 53, 563
Amasis 66, 731, 762, 764
Amaunet 610
Amduatbuch 622
Amenemheb, Grab (Theben Nr. 85) 664
–, Grab (Theben Nr. 278) 673
Amenemhêt I. 49, 64
– II. 64, 520, 687
– III. 64, 532, 535, 536
–, Grab (Beni Hasan) 551
–, Grab (Theben Nr. 82) 664
–, Grab (Theben Nr. 340) 671
Amenemînet, Grab (Theben Nr. 277) 672
Amenerdâs (Amenirdis) 56, 66, 679
Amenophis I. 51, 65, 104
– I., Mumie 368
– II. 51, 65, 467, 613
– II., Grab 630
– II., Mumie 369
– III. 52, 65, 534, 608
– III., Grab 632
– III., Mumie 369
– III., Palast 784
– III., Tempel der Memnonskolosse 684–686
– III., Tempel in Luksor 592–598
– IV. s. Echnaton
Amenophis-Hui, Grab (Theben Nr. 40) 671
Amenophis, Sohn des Hapu 52, 355, 594, 684, 685
Amerikaner in Ägypten 26, 81
Ammon 104, 762
Amon s. Amun
Amonrasonther s. Amun
Amr Ibn el-Âs 68, 238, 296, 332
Amset 90, 155
Amulett 113
Amun (Mönch) 197
Amun (Amon-Rê) 86, 102
–, Tempel in Karnak 602–617
–, Tempel in Luksor 592–598
–, Tempel von Hibis 767
Amun-her-chopeschef, Grab (Nr. 55) 675
Amyrtaios 57
Anachoreten 61, 196, 197
Analphabeten 27, 37, 78
Anat, Tempel 331

Anch-Scheschonki 129
Anch-Hor 645
Anches-en-pa-Aton 53, 54
Anchtifi 688
Anchdoten 127
Ani 567
Anîba 742
Annalen 51, 611
Antaiopolis 544
Antefoker (Grab Nr. 60) 525
Antiken 285
Antilope 142
Antinoë 541
Antinoupolis 541, 780
Antinous 541
Antiochos III. 327
Antiphilus 295
Antoninus Pius 772
Antonius, Marc 58, 295, 297
–, Einsiedler 61, 196, 197
–, Kloster des 539, 540, 774, 776
–, Märtyrer 296
Anubis 86, 110, 636
Anukis 710
Apelles 295
Aphrodite 324
Aphroditopolis (Atfîh) 539
– (bei Gebelên) 688
Apis 87, 476, 499
Apisgrüfte in Saḳḳâra 499–501
Apollinopolis 688
Apollon 324, 688
Apollos 193
Apophis, König 50, 64
–, Gott 767
Apophthegmata 196, 207
Apries 66, 476, 764
Arabertum 30
Arabische Literatur 234–235
– Musik 235–236
– Poesie 234, 235
– Schrift 1, 2
– Sprache 1, 68
– Wüste 12–13, 772–781
Arabisierung 68
Aramäisch 713
Arbeiter 33
Archimedes 132
Archimedische Schraube 18
Architektur s. Baukunst
Ardep 288
Arêg 762
Arensnuphis 726

el-Arîsch, Wâdi 337, 782
Aristoteles 233
Arius 61, 296
Armant s. Erment
Armenier 26, 30, 32
Arsinoë, Stadt (Krokodilopolis) 534
Arsinoë I. 57, 58, 67, 534
Artaxerxes 66, 780
Ärzte 291
Ärztegrab 514
Ärztl. Instrumente in Kôm Ombo 701
el-Asasîf 645–651
al-Asch'ari 229
el-Aschraf Chalîl 70
el-Ashar 36, 69, s. a. Kairo, Moscheen
Asketen 61, 196, 197
Asklepios 728
Äsop 324
Aspektive 185–190, 210
Assiût 12, 29, 48, 542
–, Staudamm von 542

* **Assuân** 12, 23, 167, 703–715
  Aga Chân 717
  Agílkia s. Philae
  Bêt el-Wâli 739–740
  * Elephantine 708–715
    –, Chnumtempel 711
    –, Heka-ib-Kapelle 713
    –, Nilmesser 712
    –, Satistempel 709–711
  Felsengräber 716–723
  Geschichte 705
  Hochdamm 22, 77, 78, 82, 732–734, 743
  * Kalâbscha 734–738
  Kertassi 738
  Kitchener-Insel s. Pflanzeninsel
  Kubbet el-Haua 716
  Museum 714
  Name 705
  Neu-Assûan 734–740
  Nilmesser 712
  Pflanzeninsel 715
  * Philae 725–731
  Sehêl 715
  * Simeonskloster 721–724
  Stadt 705–708
  Staudamm von 75, 731, 742
  * Steinbrüche von 724–725

Assyrer 26, 56, 742
Astarte 768

Astronomie 133
Atâka-Gebirge 335
Atbâra 14, 15
Atfîh s. Aphroditopolis
Athanasius 61, 196, 207, 296, 770, 777
Athena 324
Äthiopien 26, 56, 194, 201, 217
Athribis 200
Aton 52, 87, 114, 561
Atum 87, 100, 444
Auaris 50, 328
Auferstehung 111
Augenkrankheiten 25
Augustus, Kaiser 58, 59, 297, 726
Aulâd Ali 26
Auletes s. Flötenspieler
Ausfuhr, heutige 20, 24
Ausländer in Ägypten 32
Außenhandel, altägyptisch 149
Auto VII, 285, 538
Autoreise VII, 285, 538
Avicenna (Ibn Sînâ) 234
Averroes (Ibn Ruschd) 234

B
Ba 110
Ba'al 50
Bâb el-Kalâbscha 744
Babylon, Kastell 68, 346, 434
Babylonier 57
Bäcker, altägypt. 144
Bad 145, 172
el-Badâri 543
Bademöglichkeiten 286
Badr el-Gamâli 69
Badraschên s. Bedraschên
* el-Bagawât 214, 770
Bagdad 68, 79, 224
Bahîg 315, 318
Bahr el-abjad 14
– el-ašrak 14
– el-Gebel 14
– el-Ghašâl 14
– Jûsuf 12, 530, 531, 542
– eš-Šarâfra 14
(el-) Bahrîja, Oase 533, 763
Baibars I. 70, 246, 247
– II. 397
Bairâm 226
Baket, Grab (Beni Hasan) 549
Bakschîsch 289
Balât 765
Baljána 544

Stichwortverzeichnis

Ballâh-Seen 339
Ballâs 545
Balsamierung s. Mumifizierung
Bankgrab s. Mastaba
Baring, Sir Evelyn 75
Barîs 772
Barke s. Götterbarke
Barķûķ 71
Barrage du Nil 16, 445
– Mohammed Ali 16, 445
Basalt 14
Basar s. Sûķ
Basilika 205, 212, 437, 545, 555, 714, 788
Basilius 200, 207, 788
Basilius-Liturgie 202, 788
Bassinbewässerung 17
Bastet 88, 95
Bauern, altäg. 147
Bauît 197, 215, 542
el-Bauîti 764
Baukunst, altägypt. 166–179
–, kopt. 211–212
–, islam. 237–249
Bäume 20
Baumwolle 19, 23, 74, 540, 544
Bautechnik 166, 455,
Beamte, altäg. 147–148
Bedeutungsmaßstab 187
Bedraschên 451, 539
Beduinen 26, 30, 689, 785
Bega 30
Begin 80
Begum 717
Behbêt el- Hagar 325
Behêra 10, 323
Behîg s. Bahîg
Behnesa 540
Benedikt 200
Benha 323
Beni Hasan 547–552
– Masâr 540
– Suêf 539
Benjamin I. 195
Berberi s. Nubier
Bergfluß 14
Berenike 67, 774, 775, 780, 781
el-Berscha 541
Bês 88
Beschneidung 36, 226, 597, 616
Bestattungsbräuche, islamische 227
Bêt el-Wâli 739–740, 745, 746
Bevölkerung, die heutige 25–32
Bevölkerungszahl 25

Bevölkerungszunahme 25, 83
Bewässerung 17, 18, 24
Biahmu 532
Biba el-Ķubra 540
Bibân el-Harîm s. Königinnengräber
– el-Molûk s. Königsgräber
Bibel, Beziehungen zur
  111, 115–117, 332, 608, 785, 790
Bibelübersetzung, koptische 194
Bienen 142
Bier 144
Bigga 731
Bilbês 328, 332
Bilderschrift s. Hieroglyphenschrift
Bildhauerkunst s. Plastik
Bildnis s. Porträt
Bildung 29, 36
Bilharzia 25–26
Biographien 126
Bîr Abd el-Wahâb 778
– Abu Minkâr 764
– Ambar 780
– el-Bakûr 760
– Bêsah 780
– el-Helu 760
– el-Istabl 760
– el-Kanâjis 760
– el-Krêija 778
– en-Nuss 760
– es-Sidd 780
– et-Tarif 760
Birket Hâbu 684
– Ķarûn s. Ķarûn-See
Bischarîn-Beduinen 30, 689
Bitterseen 335, 339
Blauer Nil 15
Blemyer 30, 726, 737
Blumen, altägyptische 144
Blütenkapitell s. Pflanzensäulen
Blutrache 30, 32
Bodenbearbeitung 19, 143
Bogen 138, 149
Bohne 19
Bokchoris 66
Bolbitischer Nilarm 322
Bonaparte s. Napoleon
Botanischer Garten von Karnak 51, 133, 611
Botan. Insel s. Pflanzeninsel
Bougainvillea 21
Brauchtum, islam. 226
Brauer 144
Breccia 774

Brettspiel 135
Brot, altäg. 144
Brüdermärchen 127
Brunnen, heiliger 178
Brunnenbohrungen 33
Bubastidenhalle 606
Bubastis 327
Buchdruckerei 73
Buchillustration 216
Buchisstier 687
Büffel 21
Buhen 745, 746
Bukolischer Nilarm 323
Bulaḳ 248
Bündelsäulen 162
Burdschiten 71
Bürgerrecht, röm. 59
Burku 786
Busiris 325
Buto 324
el-Buweîd 787
Byblos 127, 149
Byzanz 62, 195, 224

C
Cachette 367, 613, 641
Camp David 80
Camping 286
Caracalla 59, 295
Carter 80
Cäsar 58, 588, 687
Cäsarion 58, 67, 588
Cäsarius 200
Cäsar Octavianus s. Octavian
Cassianus 200
Casuarina 20
Cha-ba 451, 472
Chabiru 53
Chadîdscha 219
Chaemhêt, Grab (Theben Nr. 57) 660
Cha-em-wêset (Chaemwêset) 499
–, Grab (Nr. 44) 674
Chairemon 129
Chalkedon, Konzil von 62, 194
Chamäleon 21
Chamasîn 9
Champollion, J. F. 129, 130, 314
Chanka 246, 383, 392
* (el-)Chârga, Oase 214, 765–772
Chartûm 14, 15, 742, 745, 746
el-Chattâra 689
Chatti s. Hethiter

Chattuschil III. 55
Chedîve 72, 74
Cheironom 134
Chemmis 324
Chenoboskion s. Ḳasr wes-Saijâd
Chenti-Amentiu 573
Chenut 448
Cheops 47, 64, 457–462, 694
Chephren 47, 64
Cheprê 88, 444
Cheriûf, Grab (Theben Nr. 192) 173, 651
Cheti, Grab (Assiût) 543
–, Grab (Beni Hasan) 547
Chian 50, 64
Chirurgie, altäg. 133, 707
Chnum 89, 597, 598, 726
–, Tempel auf Elephantine 711
–, Tempel in Esna 689–692
Chnumhotep, Grab (Beni Hasan) 549, 551
el-Chôcha 651–654
Chons 89, 355
–, Tempel von Karnak 614–616
Christen 30, 60, 70, 95
Christentum, das frühe 193, 194, 726
Christenverfolgung 60, 61, 296, 346
Christianisierung 60, 742
Christusdornbaum 21
Chronologie s. Zeitrechnung
Chronolog. Übersicht 251–260
Chruschtschew, N. S. 77
Chuef-Hor, Grab (Assuân) 720
Chunes, Grab (Assuân) 720
Claudius 60
Clemens Alexandrinus 60, 129, 296
Codex Sinaiticus 782, 791
Commodus 532, 690, 725
Consensus 228
Constitutio Antoniniana 59
Cordoba 68, 224
Cromer, Lord 75

D
ed-Dâbba 545
(ed-)Dâchla. Oase 764
Dahamscha 601
* Dahschûr 451, 520–524, 539
Dairût 12, 542
ed-Dakka 745, 746, 747
Dal 733
Damanhûr 323
Damaskus 63, 68, 224, 237
Damiette 10, 14, 23, 69, 326, 446
Danfîk 545, 546

Stichwortverzeichnis

Dante 111, 624
Darâu 689, 701, 780
Darb el-arba'în 772
– el-Melek 569
Darius I. 66, 335, 768
Dattelpalme 20, 764, 765, 783, 787
Datum s. Sothisdatum
Debôd 745, 746
Decius 60, 296, 692, 777
Dediticii 59
Deinokrates 294
Delta 7, 14, 321–339
Deltastraße 322, 323
Demît 212, 214
Demokrit 132
Demotische Schrift s. u. Schrift
– Sprache 118, 128
* Dendara 29, 579–588
–, Sanatorium 588
–, Tierkreis von 588
Dendûr 745, 746
Dêr s. auch unter Kloster
– Abu Lîfa 533
– Abu Mena s. Menasstadt
– el-ʿAdra 540, 546
* – el-bahri 176, 633–640
– el-Berscha 541
– el-Gebrâui 542
– el-Hagar 764
– el-Kula 546
– el-Malâk 546
– Mâri Buktûr 546
– Mawâs 542
* – el-Medîna 146, 173, 667–671
– el-Schelwît 684
– Sitt Dimiana 199, 204
ed-Derr 745, 746, 752, 772
Derwische 230, 407
Deschascha 540
Determinismus 229
Deutschland, Bundesrepublik 77
– DDR 79
Dibêra 745, 746
Dichtung, altägypt. 127
Dienerfiguren 106, 180
Dikka 383
Dîme 533
Diocletian 61, 295, 730
Diodor 129, 544
Dionysius 60
Diorit 13
Dioskur I. 195
– von Alexandrien 202

Dispolis parva 545
Disûḳ 314, 324
Djebel s. Gebel
Djed (Pfeiler des Osiris) 94, 156
Djedefrê 47
–, Pyramide 451, 471
Djehuti-Hotep, Felsengrab 745
Djoser 47, 64
–, Stufenpyramide 451, 481–486
Djoserkaraseneb (Grab Nr. 38) 656
Dogmatik, islam. 227–232
Dolch 149
Domestikation 141–142
Domitian 581
Dongola 68, 742
Dra Abu'l-Nega 644
Dragomane 289
Dromedar 21
Dromos 501
Dua-Mutef 90, 155
Dûmpalme 20
Düngung 18
Durra 19
Dynastien 41, 251–256
Dyophysisten 194

E
Ebenholz 741
Echnaton 52, 53, 65, 114, 115, 561, 610, 612, 613, 780
–, Felsstelen 114, 557, 561, 566, 569
–, Grab 569
–, Talatât-Blöcke 601
* Edfu 12, 167, 694–698, 772, 774, 780
Eglûm 545
Ehnâsja 540
Eileithyiaspolis 692
Einbalsamierung s. Mumifizierung
Einfuhr 19
Einkommen 34
Einsiedler s. Eremit
Einteilung des Landes, administr. 8, 10, 11
–, natürl. 7–8
Entrittskarten 286
Einwohnerzahl 25
Eisen 13, 23
Eisenbahnen 23, 74, 286
Eje 54
–, Grab (el-Amarna) 568
–, Grab (Theben Nr. 23) 632
–, Tempel in Medînet Hâbu 684
Elefant 141, 142
Elefantenland 705

Elektrifizierung 28
Elektrizitätserzeugung 22
Elephantine 708–715
Elfenbein 138, 244, 245, 741
Elia 785
Elisa 781, 792
Elkâb 692–694
Ellesîja 745, 746
Energiequellen 33
Entwicklungsplanung 23
Ephraim 207
Erasistratus 295
Eratosthenes 13, 705,
Erbsen 19
Erdgas 23
Erdöl 23, 786
Eremiten s. Anachoreten
Ergamenes 748
Erment (Armant) 687
Ernährung, heutige 19
Ernährungswirtschaft, altägypt. 141–145
Ernte 18
Ersatzköpfe 180
el-Eschmunên 541, 554
Esel 21
* Esna 12, 29, 689–692
–, Staudamm von 688
Etheria 787
Ethik, altägypt. 105
Eudoxos von Knidos 443
Eukalyptus 20
Euklid 233, 295
Eulogie, kopt. 203
Euphorbia 21
Europäer in Ägypten 26, 32
Europäisierung 72
Eusebios 129

F
Fabel, altägypt. 128
* Faijûm 7, 12, 49, 527–537
–, Urbarmachung 49, 530
Faḳûs 328
Familie 35
–, altägypt. 147
(el-)Farâfra, Oase 764
Farân 786. s. a. Wâdi Farân
Farâs 212, 214, 215, 745, 746
Farbe 183
Farbgebung 183, 184
Farbstoffe 19
Farûḳ 76
– Schehata 38
el-Faschn 540

Fasten, islam. 225
–, kopt. 204
Fâtima 69, 219
Fatimiden 69, 240–244
Fauna 141–142
el-Fawâchir 780
Fayence 136
Feddân 288
Feinmechaniker 34
Feldarbeit, altägypt. 143
Feldgewächse 19
Fellahe 26–28, 32
Fenster 146, 607
el-Ferdân 339
Fernsehen 35, 37
Fês s. Tarbûsch
Fest vom Wüstental 104
Feste, islam. 226
Film 35, 37
Fische 22, 141
Fischfang 22, 141
Fischotter 142
Flachkunst 182–190
Flachs 19, 143
Flaggenmaste 178
Flechten 149
Fliegende Hunde 22
Flora 143–144
Flötenspieler s. Ptolemaios XII.
Flugplätze 341, 590, 703
Flugverkehr 341
Fortschrittsgedanke, altägypt. 42
–, heutiger 40
Franzosen in Ägypten 73
Französische Expedition s. Napoleonische Expedition
Frau, altägypt. 147
–, oriental. 34
Frauenbeschneidung 36
Frauenbewegung 35
Frauenklöster 199
Frauentracht s. Schleier
Fremdenverkehr 24
Friedrich II., Kaiser 70
Frömmigkeit 104–105
Fruchtbäume 70, 143
Fruchtland 7
Frühzeit 45
Fu'âd I. 76
Fürsorgewesen 34
Fustât 68, 238, 244, 440

Stichwortverzeichnis

G
Galabîja 27
Galba 767
Galen 233
Gallienus 61
Gamassa 315
Gâmiʿ 383
Garagen 286
Gartenkultur 143–144
Gaue, altägypt. 321
Gazelle 142
Gazellenfluß 14
Geb 89, 99
Gebel Abu Charîf 778
– Abu Duchchân 13, 779
– el-ahmar 14
– Barkal 51
– el-Chaschab 443
– Faraʿûn 785
– Genêfa 339
– Gijûschi 442
– Katerin 782, 791
– Marjam 339
– Mokáttam 442
– Monêga 787, 791
– el-Môta 762
– Mûsa 782, 786, 787, 791,
– Safsafa 787
– esch-Schâijib 775
– esch-Schams 746
– Serbâl 782
– es-Silsila s. Silsila
– et-Têr (bei Itsa) 540, 546
– et-Têr (Chârga) 772
– et-Tih 782
Gebelên (Oberägypten) 688
Gebet, altägypt. 105, 127
–, islam. 225
Gebetsrufer s. Muʾessin
Gebote, altägypt. s. Sündenbekenntnis
Geburtenkontrolle 25
– überschuß s. Bevölkerungszunahme
Geburtshäuser s. Mammisi
Geburtsgeschichte 102, 179, 597, 636
Gecko 21
Gedichte 127
el-Gedîda 764
Geflügelzucht 142
Geier 21
Geierfelsen (Elkâb) 692
Geister 28
Geld (Devisen, Währung) 286–287
Gemüse 19

–, altägypt. 144
Geographie, altägypt. 99
Geogr. Übersicht 7–8
Geologie 12–14
Gerf Husên 746
Gericht s. Recht und Totengericht
Gerste 19
Gesandtschaften s. Konsulate
Geschichte 41–83
– Übersicht 251–260
Geschichtsauffassung 42, 43
Geschichtseinteilung 41
Gesellschaft, altägypt. 147–149
Gesellschaftsreisen XI, XII
Gesetz, islam. 232
Gesteine 13
Gesundheit 25, 26
Gesundheitswesen 287
Getränke 287
Getreide 19, 143
Gewichte, heutige 287–288
Gewölbe 153, 644, 679, 770
Gewürze 19
Gharbîja 10, 323
Ghaša 8, 81
el-Ghardaka s. Hurghâda
el-Ghûri 71, 385
Gihân as-Sadat s. as-Sadat
Giraffe 142, 741
Giraffenfluß 14
Girga 29, 544
Girsa 539

* **Giṡa** 450, 459–471
    Gräber (Mastabas) 458–459, 468–471
    – des Iasen 471
    – des Idu 469
    – des Kar 468
    – der Meres-anch III. 469
    Hetepheres, Grab 462
    * Pyramide des Cheops (die Große) 459–462
    * Pyramide des Chephren (die zweite) 463–466
    * Pyramide des Mykerinos (die dritte) 467
    Pyramiden, kleine, der Königinnen 462, 467
    * Schiff der Cheopspyramide 462
    * Sphinx 466
    – -tempel 467
    * Taltempel des Chephren 464

Glas 136–137

Glasampeln 247
Glaubensbekenntnis, islam. 225
Glaubenskrieg 226
Gneis 13
Gnosis 207
Goethe 188
– –Institut 37
Gôhar 69, 385
Gold 33, 149, 150
Goldarbeiten, altägypt. 137, 180, 363, 365
Goldminen 742, 774
Goldschmiede 33
Golf von Sues 13
Göpelwerk s. Sâķija
Goschen, das biblische 332
Götter, altägypt. 85–98
Götterbarke 153–154, 178
Götterfeste 104
Götterneunheit 100, 552
Göttertempel 178
Gottesgemahlin 56, 679
–, Grabkapellen 679
Gottessohnschaft, altägypt. s. u. Geburtsgeschichte
Gottesstaat 55
Gouvernorate 8, 10–11
Grabanlagen, altägypt. 168–174
Grabbeigaben 106
Grabkapellen 172
Grabstein, kopt. 213
Granatapfel 20
Granit 13, 167
Granitbrüche s. Steinbruch
Gregor von Nazianz 202, 207
Gregor XIII. 133
Greif 165
Grenzdistrikte 10
Grenzen des altäg. Reiches 8, 46
– des heutigen Ägypten 8
Grenzstelen s. Amarna
Grenzverwaltung 8
Griechen 26, 32, 57–59
–, Kunst der 188
Gruppen, plastische 179
Gyges 56

H
Hadîth, 228, 232,
Hadrian 60, 295, 541, 685, 725, 772, 780
Hadrianstor auf Philae 729
Hagg Ķandîl 542, 561
Hai 775
el-Haïs (Oase) 764

al-Hallâdsch 230, 235
Hamiten 26
el-Hammamîja 543
Hanafiten 232
Hanbaliten 232
Handel, altägypt. 149–150
Handwerker 33
–, altägypt. 138–141
Hanf 19
Hängelampen s. Glasampeln
Hapi (Nilgott) 15
– (Kanope) 90, 155
Harachte 90, 94, 444 (s. a. Horus)
el-Haranîja 475
Haremhab, König 54, 65, 561, 614, 631, 684, 689
–, Felsenkapelle von Silsila 689
–, Grab (Saķķâra) 496–498
–, Grab (Theben Nr. 78) 662
Harendotes s. Horus
Harfnergrab 626
Harfnerlied 127
Harîm (Harem) 35, 146, 147
Harmachis s. Horus
Haroëris s. Horus
Harpokrates s. Horus
Harsiësis s. Horus
Harûn ar-Raschîd 68
Hasan, Sultân 71
Haschîsch 36, 786
Hathor 89, 100, 104, 581, 638, 640
Hathorsäulen 162, 638
Hathortempel auf Philae 729
– von Abu Simbel 757
– von Dendara 581
– vom Sinai 783
Hatnûb, Alabasterbrüche von 167, 569
Hatschepsut 51, 65, 552, 613
–, Terrassentempel 633
el-Hauata 563
Hauptstädte, heutige 10
Haus s. Wohnhaus
Hausmalerei 184
Haustier 21, 142
Hautfarbe der Ägypter 27
Hauwâra 529, 535
–, Pyramide von 535
Hauwâret el-Makta 529, 535
Hebegeräte für Wasser 17
Hebräer 53
Hedschas 786
Hedschra s. Hidschra
Heiligenverehrung, islam. 230

Stichwortverzeichnis

Heka-ib (Assuân) 713, 718, 720
Helba 19
Helena, hl. 541, 546, 788
Heliopolis 99, 444, s. auch u. Kairo
Heliopolis, Alt- 443
Heluân, Bad 445, 451, 764,
Henkelkreuz 307
Henna 19
Henut-Taui, Gemahlin Pinodjems I., Mumie 372
Hep-djefai, Grab (Assiût) 543
Hera 324
Herakleopolis magna 48, 540
Herakleopolitenzeit s. Erste Zwischenzeit
Herihor 55, 614
Hermaion 556
Hermes trismegistos 556
Hermonthis 687
Hermopolis magna (el-Eschmunên) 541, 553–557
– parva 323
Herodot 113, 141, 327, 332, 443, 766
Herophilus 295
Hesekiel 327
Hetepheres, Schacht 462
Hethiter 53, 54, 55, 598, 608, 679, 756
Hethitervertrag 55, 608
el-Hîba 540
Hibis 767
Hibiscus 21
Hidschra 220, 236
Hierakas 197
Hierakonpolis 324, 688
Hierasykaminos 749
Hieratische Schrift s. Schrift
Hieroglyphenschrift 119–123
–, Entzifferung der 73, 129, 130
Hieronymus 778
Himmelskuh, Buch von der 100, 629,
Hippokrates 233
Hirsch 141
Hochdamm s. Sadd el-âli
Hochschulen 37
Hochzeitsstele 55, 756
Hofmoschee 238
Hoher Priester des Amun 55
Hohes Tor 677
Hohlkehle 154
Hölle, altägypt. 110, 111
Holzverarbeitung 137–138
Homer 324
Honig 142
Hophra s. Apries

Horapollon 129
Horeb 782–785
Horus 90, 102, 694, 701, 731
–, Tempel von Edfu 694–698
–, Tempel von Kôm Ombo 698
Horus und Seth, Erzählung von 127
Horuskinder 90
Hôsch 383
Hotels 287
Huhn 21, 142, 611
Hui s. Amenophis-Hui
Huje, Grab (Tell el-Amarna) 563
Hülsenfrüchte 19
Hund 21
Hungersnotstele 715
Huni 527
Hur 785
el-Hurghâda 774
Hyäne 21, 142
Hydreuma 779
Hyksos 26, 50, 550, 693
Hyksoszeit s. Zweite Zwischenzeit
Hymnen 127
Hypatia 61

I

Iasen 471
Ibi, Grab (Theben Nr. 36) 648–651
–, König 48
Ibis 97, 142, 764
Ibn Tulûn s. Ahmed Ibn Tulûn
Ibrahîm Pascha 74
Ibrahimîja-Kanal 12, 540
Ibschawâi 527, 528
Ibtu 324
Ichneumon 21, 141, 328
Ichschididen 69, 240
Idschmâ 228
Idut, Grab 486
Ihi 90, 581, 588
Ihsan Abd-el-Kuddus 37
Ikone 216
Illahûn 521, 529, 537
Illahûn, Felsengräber von 537
–, Pyramide 537
Imâm 224, 232
Imhotep 47, 90, 481, 684, 728
Imperialismus, altäg. 51
Imuthes s. Imhotep
Inâl 392
Inaros 128
Inder 26, 339
Indienhandel 72

Indigo 19
Industrie 22–24
Industrialisierung 33
Industriearbeiter 33
Ineni, Grab (Theben Nr. 81) 663
Insinger, Pap. 129
Instrument, musikal. s. Musik
Ipet 615
Ipui, Grab (Theben Nr. 217) 670
Ipuki, Grab (Theben Nr. 181) 653
Irland 200, 217
Isesi 64
Iseum 325
Isis 91, 102, 620, 726
Isisblut 156
Isis-em-Chebet 362
–, Mumie 372
Isismysten 213, 541
Isistempel auf Philae 725–731
– in Dendara 588
Islâm 68, 196, 218–232, 296, 346, 742
Islamische Kultur 233–236
– Kunst s. u. Kunst
– Religion s. u. Religion und Islâm
Islamisierung 26, 68, 218, 742
Isma'îl, Vizekönig 74
Isma'ilîja 332–335, 339
–, Garten der Stelen 334
–, Kanal 331
–, Museum 334
Isokephalie 187
Israel, Israeliten 78, 79, 80, 115, 332, 356, 785
Isthmus von Sues 13
Italiener in Ägypten 26
el-Itêma 780
Itsa (am Nil) 540
Itsa (Faijûm) 528, 535
Iwân 383

J
Jagd, altägypt. 141, 142
Jahreszeiten, altägypt. 15
Jahu-Tempel 713
Jahwe 785
Jakobiten 201
Jarmuk 63
Jenseitsbücher s. Unterweltsbücher
Jenseitsgericht s. Totengericht
Jeremiaskloster 496
Jerusalem 60, 63, 70, 80, 116
Jesus Christus 79, 116
Jeû 207

Johann von Jerusalem 69
Johannes Chrysostomus 207
Johannisbrotbaum 20
Johanniter 72
Jôm-Kippur-Krieg 79
Joseph, Geschichten von 115, 127
Josephskanal s. Bahr Jûsuf
Josua 783
Jubiläumsfest 103
Juden 26, 296, 713 (s. a. Israeliten)
Judenaufstand 295
Julian 785
Justinian 200, 785, 787
Juvenal 685

K
Ka 110
Ka-Statue 180
Ḳâ'a 383
el-Kâb s. Elkâb
Ka'ba 220
Kadesch 55, 127, 595
Kafr el-Dawâr 323
– eš Šajât 323
– esch-Schêch 10
Kagemni, Mastaba 514
Kagera 14
el-Ḳâhira s. Kairo
Kahûn 145, 537

* **Kairo** 69, 244, 245–246, 340–442
  Abdîn-Palast 431
  Abu Serga, Kirche, s. Kirchen
  el-Aguša 350
  Alabaster-Moschee s. Moscheen
  * Alt-Heliopolis 443
  * Alt-Kairo 29, 68, 433–442, 451
  Amerikanische Universität 350
  Amr-Moschee s. Moscheen
  Aquädukt 417
  Aquarium 432
  Arabische Bibliothek 381
  Ärzte 340
  el-Askar 238
  Ausländische Vertretungen 341, 350
  Bâb s. Tore
  Babylon, Kastell 68, 346
  Bahnhöfe 340, 349
  Bain el-Ḳasrain 388
  Banken 340
  Barbara-Kirche s. Kirchen
  * Basare (Sûk) 405
  Beschtâk-Palast 392

Stichwortverzeichnis

Bêt s. Häuser
Bîr s. Brunnen
Botschaften 341
Brunnen 248, 250
– Josephsbrunnen (Bîr Jûsuf) 420
Buchhandlungen 340
Bulâķ 350
Chân el-Chalîli 349, 396, 398, 399
– eš-Šet 388
Chânka Baibars II. 397
– Farag Ibn Barķûķ 428
– des Schêchu 414
Corniche 349
Deutsches Archäologisches Institut 340, 350
Deutsches Kulturinstitut und Goethe-Institut 340
Deutsch-sprachige Einrichtungen 340
el-Dokki 350
Ešbekîja s. Gärten
Flugplatz 341
Frauenklöster 199
Friseur 341
Fustât 68, 244, 296, 346, 440
Galâ'a-Brücke 350
Gâmi' s. Moscheen
Garden City 350
Gärten 432
  Andalusischer Garten 433
  Botanischer Garten 433
  Ešbekîja-Garten 347, 349, 432
  Fluß-Garten 433
  Gesîra-Garten 432
  Tahrîr-Garten 432
  Zoologischer Garten 433

Gebel Gijûschi 442
Georgskirche s. Kirchen
Gesandtschaften 341
Geschichte 346–348
Gesîra 347, 350
Ghûrîja 401–402
Gîsa s. unter Gîsa als Hauptstichwort
Goethe-Institut 37, 340
Gottesdienst 341
Grabmoscheen 245
Handelsbauten 388, 397
Häuser, altarab. 248
  Bêt Gamâl ed-Dîn eš-Šahâbi 402
– Ibrahim Ketschudâ es-Sinnâri 432
– el-Kâdi 389
– Ķâït-Bey 405
– el-Kreatlia 373, 413

– el-Mušâfirchana 398
– Mostafa Ga'far 393
* – es-Sihaimi 248, 393, 394
Palast des Emir Beschtâk 392
– des Emir Tâs 408

Heliopolis, Alt- 443
– Neu- 443
– Flugplatz 341
Hotels 341
Imbâba 350
Institut, Deutsches Archäologisches 340
–, Goethe- 340
Islamische Altstadt 384–427
Josephsbrunnen 426
* Kâ'a des Muhibb ed-Dîn 389
Ķâhira 244, 346
* »Kalifengräber« 71, 428
Ķasr en-Nîl 349
– esch-Scham' 434
al-Ķatâi 239
Kirchen, deutsche 341, 350
  St. Georg 434, 439–440
  Markus 445
  Merkurius 440
* el-Mo'allaķa 437
  St. Sergius 437–439
* Sitt Barbara 439

Klöster, koptische 201
Koloß Ramses' II. 349
Konsulate 341
Koptisches Institut 205
Koptische Kirchen und Klöster s. unter Kirchen bzw. Klöster
Krankenhäuser 340
Lokale 341–343
Madrasen
  Abu Bakr Ibn Mušhir 394
  Barķûķ 391–392
  Bars-Bey 430
  el-Gai-el-Jûsufi 424
  Gamâl ed-Dîn 398
  Ghûri 401
  Inâl el-Jûsufi 405, 429
  Ķala'ûn 389
  el-Kamilîja 244, 392
  Ķanibey el-Mohammadi 415
  Ķurķumâs 430
  Mahmûd el-Kurdi 405
  Mithķâl 392
  en-Nâsir Mohammed 390, 391
  Salih Aijûb 389

Salâr 414
es-Salihîja 244, 389
Sangar el-Gauli 414
Sarghatmisch 414
Scha'bân 426
Sunķur es-Sa'di 407
Taghrîbirdi 414
der Tatar el-Higâsîja 398

el-Manial-Palast 431
Marienbaum 405
Markuskathedrale 212, 445
Matarîja 443
Mausoleum
 – des Ahmed el-Ķâsid 395
 – – Anas 429
 – Baibars II. 397
 – des Barķûķ 391
 – – Gôhar 385
 – – Kala'ûn 389, 390
 – – Ķarasunķur 397
 – – Nâsir Mohammed 391
 – der Sajida Nafîsa 405
 – des Schâfi'i 396
 – der Tughai 428
Midân s. Plätze
el-Mo'allaķa s. Kirchen
Moķáttam 348, 442
Moscheen (Gâmi') (s. auch Grabmoscheen und Madrasen)
 Ahmar s. el-Mu'aijad
 Aitmisch 427
 Aķ-Sûnķor 426
 al-Aķmar 242, 393
 Alabaster s. Mohammed Ali
* Amr 238, 440
 Asbak el-Jûsufi 414
* el-Ashar 36, 241, 244, 385–387
 Baibars I. 389, 396
 – II. 397
 Barsbey 387, 430
 Barķûķ 391
 Burdaini 405
 Cheir-Bek 427
 el-Fakahâni 402
 Gânibek 405
 Gânem es-Saifi 405
 el-Ghûri 401
 Gijûschi 69, 428, 442
 el-Hâkim 240, 241, 394
 Hôsch el-Pascha 409
 Husein 398
* Ibn Tulûn 240, 410–413
 Inâl el-Jûsufi 405
 Ķâït-Bey 247, 430–431
 Kala'ûn 389
 Ķidschmas el-Ishâķi 425
 Ķûsûn 405
 Mahmûd el-Muharram 398
 – el-Kurdi 405
 el-Mardâni 424
* Mohammed Ali 74, 418–420
 Mohammed Bek Abu-dh-Dhahab 387
 el-Mu'aijad 402
 en-Nâsir Mohammed 417
 er-Rifâ'i 424
 Sajîdna Husein 398
 es-Sâlih Talâi 404
 Sâlihîja 389
 Sangar el-Musaffar 407
 Esch-Schâfi'i 408
 Schêch el-Mutahhar 388
 Schêchu 414
 Sudûn 424
 Sulaimân 394
* Sultân Hasan 247, 421–423
 Sultân en-Nâsir 417
 Sûnķur es-Sa'di 407
 Ulmâs 407
Mosesquelle 442
* Museum, Ägyptisches 351–372
 Amarna -Briefe 356
 – -Fußboden 356
* – -Saal 355
* Amenemhêt III., Statuen 354
 Amenerdâs, Alabasterstatue 358
* Amenophis, Sohn des Hapu 355
 Chasechem 360
 Cheops, Figürchen 362
* Chephren, Statue 353
* Chons, Statue 355
 Denkmäler des AR 351–353
 – – MR 354
 – – NR 354–356
 – der Spätzeit 357–358
 Dienerfiguren 351, 360
* Djoser, Statue 353
* Dorfschulze 353
* Echnaton 355
 Ersatzköpfe 352
 Gallier, Marmorkopf 357
* Gänse von Maidûm 353
 Gebrauchsgegenstände 362
 Gewänder 362
 Grabbeigaben 360
 Harhotep, Grabkammer 354

Stichwortverzeichnis

Hathorkuh 354
* Hemaka, Grabfund 359
* Hesirê 353
* Hetepheres, Grabfund 362–363
* Israel-Stele 356, 686
* Juja und Tuja, Grabfund 361
* Juwelensaal 363–364
* Ka-Statue 360
Kanopus-Dekret 357, 358
Königsgräber, Fundstücke 361, s. a. Tanis
Königsmumien s. Mumiensaal
Königstafel von Saḳḳâra 356
Maj-her-peri 360–361
Mektirê 360
* Modelle 360, 362
Mumien 367
* Mumienporträts 362
* Mumiensaal 367–372
Musikinstrumente 362
* Mykerinos, Statuen 351
Narmer-Palette 359
Naturwissenschaftliche Sammlung 358
Nofretete 355
Nubische Kultur 358
Ostraka 362
Papyri 362
* Pepi I., Kupferstatue 353
Petosiris, Sarg 358
Pije-(Pianchi-)Stele 357
Pithom-Stele 357
* Puntfürstin 355, 637
* Pyramidion 356
* Rahotep und Nofret 353
* Ranofer, Statuen 353
Rosette-Stein 358
Sahurê-Reliefs 353
Särge 358
Semenchkarê 355
* Seneb, Gruppe des Zwergs 353
* Senenmut, Statue 354
* Sennodjem, Grabfund 361
* Sesostris III. 354
Skarabäen 362
* Soldaten 360
* Sphingen Amenemhêts III. 354
Taharka, Kopf 357
* Tanis, Königsgräber 363
* Teje, Köpfchen 362
* Thutmosis III., Schieferstatue 354
Thutmosis IV. 354
* Ti, Statue 353
* Tutanchamun, Grabschatz 364–367

–, Stele 355
Vorgeschichte 358

Museum der Ägyptischen Geographischen Gesellschaft 373
– – -Zivilisation 350
–, Baumwoll- 350
–, Eisenbahn 349, 373
–, Entomologisches und Ornithologisches 373
–, Ethnographisches 373
–, Gayer-Anderson- 373, 413
–, Geologisches 373
–, Geṡira 350, 374
* –, Islamisches 375–381
* –, Koptisches 434–437
* –, Landwirtschafts- 374
–, el-Manial-Palast 431
–, Militär- 374
–, für moderne Kunst 382
–, für schöne Künste 350
–, Muchtâr- 350, 374
–, Post- 349
* Muski 349
Nilmesser (Miḳjàs) 238, 350, 441
Obelisk Ramses' II. 433
– Sesostris' I. 444
Österreichisches Kulturinstitut 350
Paläste 248, 417
Photographie 343
Plätze 348–350
Midân el-Ataba el-Chadra 349
– Ramsîs 349
– eš-Ṡâhir 396
– Sulaimân 349
– et-Taḥrîr 347, 348, 349
– Tala'at Harb 349
Polizei 343
Post 343
Reiseagenturen 343
Rôda 238, 350
Ṡabalin 348
Salîba 410
Schiffahrt (Nil) 343
Schubra 343
Schule, deutsche 340
Schweizerisches Institut für Bauforschung 350
Schwimmbäder 343
Sebîl Kuttâb des Abd er-Rahmân Katchôda 392
Son et Lumière 344
Sport 343

St. Sergius s. Kirchen
Stadtmauern 69, 243, 395
Straßen
  al-A'sam 385
  el-Ašhar 401
  Gumhurîja 349
  Kasaba 385
  Ḳasr en-Nîl 349
  26. July 349
  el-Mu'išš li-Dîn 401
  Salîba 410
  Tala'at Harb 349
  at-Tumbakschîja 398
Sûḳ s. Basare
Synagoge 439
Theater 344, 349
Töpfereien 441
Tore 243
  Bâb el-Ašab 417
* – el-Futûh 243, 395, 396
  – el-Gedîd 417
  – el-Ḳarâfa 428
  – Mangak 424
* – en-Nasr 243, 395
* – Šuwêla 243, 403
  Wüstentor 417
Totenstadt 408, 428
Tura 445
* Turm von Kairo 347, 350
Universitäten 37, 350
Verkehrsmittel 344
Wakâla
  – des Abu'r-Rûs 388
  – el-Bašar'a 398
  – el-Ghûri 398, 399
  – Ḳâït-Bey 397
  – Nafîsa el-Bêda 403
Wasserleitung, alte 417
Zitadelle 69, 74, 244, 248, 416–420
Zoologischer Garten 433

Ḳâït Bey 71, 297, 385
Kakemet, Grab (Assuân) 721
Kalâbscha 734–738, 745, 746
Ḳala'ûn 70, 389
Kalender, altäg. 44, 45, 46, 133
–, islam. 236
–, kopt. 204
Kalifen 68, 223–224
Ḳaljubîja 323
Kalkstein 167
Kallimachos 295
Kambyses 57, 66, 325, 713, 766

Kamel 21
Kamelmarkt 689
Kamose 50
Kanaaniter 783
el-Kanâjis 780, 781
Kanaldistrikte 10
Kanäle 17
Kanon der Kunst 190
Kanope 90, 154
Kanopischer Nilarm 322
Kanopus 314
Kantâr 288
el-Ḳantara 337
Ḳantîr 50, 55, 115, 328, 331
Kapitell 181
Karânis 527, 532
Ḳâret el-Farargi 764
Ḳâret el-Musabberîn 762
Karkemisch 51
Karl Martell 224

* **Karnak** 602–617
* Amontempel Ramses' III. 606
  Bubastidenhalle 607
* Tempel des Amun (der Große Amontempel) 602–614
* des Chons 177, 614
  – der Ipet 615
  – des Month 613
  – der Mut 616
* – des Ptah 612

Kartoffel 19
Kartusche 64–67, 155
Ḳarûn-See 12, 32, 530, 531
Kaschta 56
el-Ḳasr 764
Ḳasr el-Agûs 684
  – Ain Mustafa Kâschif 771
  – el-Andrek 770
  – el-Banât 780
  – Dûsch 772
  – el-Ghuîta 772
  – Ibrîm 745, 746, 753
  – Ḳarûn 533
  – el-Megisba 764
  – es-Sâgha 532
Ḳasr wes-Saijâd (Chenoboskion) 197, 207, 545
  – esch-Scham' 434, 437
el-Ḳatâ'i 346
Katarakte 14, 705, 742
Katarakt, erster 8, 704, 705, 741

Stichwortverzeichnis

–, zweiter 741, 743
–, dritter 741
–, vierter 742
–, fünfter 742
–, sechster 742
Kataraktengebiete 14, 742
Katechetenschule 60, 296
Katharina 782
Katharinenberg s. Gebel Katerin
Katharinenkloster 200, 782, 785, 786–791
Katholiken 30, 201
Ḳattara-Senke 24, 316, 759, 761–762
Katze 21, 328
Ḳâu el-kebîr 543
Kebeh-Senuef 90, 155
Keilschrift 53
Kellia 197, 450
Ḳena 12, 545, 774, 778, 780
Kenamun, Grab (Theben Nr. 93) 665
Ḳenastraße 774, 778
Kenuši 741, 743
Keramik s. u. Töpferkunst
Kertassi 738, 745, 746
Ḳibla 383
Kiki 654
KIMA 707
Kino 35
Kiosk 155
– von Kertassi 738, 745, 746
– von Philae 730
Kirche s. Christianisierung
Kirche, kopt. s. unter kopt. Kirchen
Kirchenväter 207
Kircher, A. 129
Kitchener
– -Insel s. Pflanzeninsel
Klee 19
Kleidung, altägypt. 140
– der Fellahen 27
– – Kopten 195, 204
Kleopatra 58, 67, 295, 297, 586, 687, 748
Klima 9
Klimatische Veränderungen 45, 142
Kloster, kopt. 61, 196–200, 446, 742
  s. auch unter Dêr
– des Abu Hennes 541
– Ain Mustafa Kâschif 771
*– des Amba Bschôi 200, 448
*– des Antonius (Amba Intaniôs) 199, 201, 776
– – Apollon 197
*– – Borrhomaios (el-Baramûs) 407, 448
– in Chârga 771
– des Epiphanius 197
– – Jeremias 197, 215, 496
*–, Katharinen- 786–791
– el-Mahárraḳ (bei Manfalût) 200, 204, 215, 542
*– des Makarios (Abu Makâr) 199, 200, 204, 407, 408, 449
– – Mâri Buktûr 546
– – Menas (Abu Mena) 197
– – Pachomius (Amba Pachom) 197, 546
*– – Paulus (Amba Bôlos) 201, 777
– – Phoibamon 197
–, Rotes (el-ahmar) 199, 544, 573
– des Samuel (Amba Samuîl) 540
– – Todrûs el-Mahâreb 684
– – Schenûte (Amba Schenûda) 199, 570
*– – Simeon (Amba Simʿân, auch Amba Hadra) 197, 721
*– der Syrer (es-Surjân) 201, 448
–, Weißes (el-abjad) 199, 212, 544, 570
Klysma 335
Knickpyramide 520–524
Kobra 21, 97
Kohle 22, 786
Koinobiten 61, 197
Kokospalme 20
Kôm Abu Billu 213
– el-ahmar (bei Elkâb) 688
– Auschîm 532
– Ausîm 472
– el-Hisn 323
– Ḳasûm 553, 557
– el-Kulsum 335
*– Ombo 12, 689, 698–701
Kompositsäule 162
Königinnengräber in Theben 673–676,
  s. auch unter Theben
Königs, Stellung des 147
Königsgräber 169, 328–331, 620–632,
  s. auch unter Pyramiden
Königsgräbertal 169, 171, 620–632
Königslisten 44, 577, 611
Königsmumien, Schacht der (Cachette) 641
Königsnamen, altägypt. 64–67
Königspaläste s. Palastanlage
Königsring 64–67
Königsschlange s. Uräusschlange
Königstafeln s. Königslisten
Königstheologie 102
Konosso 731
Konstantin 61
Konstantinopel s. Byzanz
Konsulate u. Gesandtschaften 288, 292, 341

Kontur 187
Kopfbedeckung, arab. 27
Kopten 28–30, 68, 193–200
Kopten, Glaube u. Kirche 193–196, 201, 202
Kopt. Abendmahl 203
— Architektur 211–212
— Fasten 204
— Feste 204
— Gottesdienst 202
— Kalender 204
— Kirche von Dendara 589
— Kirchen s. unter Kairo
— Kirchenbau 211–212
— Kirchenmusik 202, 203
— Kleinkunst 213, 216–217
— Klöster s. Kloster, Kopt.
— Kunst 208–217
— Literatur 207
— Liturgie 202
— Patriarchat 69
— Schnitzereien 217
— Schrift 124, 206
— Sprache 205
— Textilkunst 216
— Tracht 204
— Wallfahrten 204
Koptos 545, 774, 779, 780
Korallenriff 13, 775, 776
Koran 34, 39, 220–222
Koranhandschriften 381–382
Kornbraut 531
Ḳosêr 774, 775, 779
Krankheiten 25, 26, 287
Kreuzfahrer 69
Krokodil 142, 311, 334, 532
Krokodilmumien 308, 701, 534
Krokodilopolis (Arsinoë; Faijûm) 534
Krokodilsee 339, 534
Kronen 44
Kronenschlange s. unter Uräus und Uto
Krönungsfest 103
Krypta 178, 586, 697
Ḳubbet el-Haua 715, 716, 717
Küche, altägypt. 145
Kufische Schrift 124
Ḳuft 29, 545, 779
Kuhreiher 21
el-Kûla 688
Kultnische 172, 173
Kultstatuen s. Statuen
Kultur, altägypt. 131–150
—, islam. 233–236

—, koptische 208–217
—, moderne 36–40, 233–236
Kumma 745, 746
Kunst, altägypt. 151–192
—, islam. 237–250
Kunstgewerbe, altägypt. 136–138
—, islam. 239, 240, 244, 247
Künstler, altägypt. 190, 191
Kupfer 783
Kuppel 153, 247, 770
Ḳurna, Totentempel Sethos' I. 618–620
Ḳurnet Murai 671–673
Kursi 383
Kûs 545, 546
Kusch 741
Kusai 542
Küstenstraße 774
Kuttâb 246, 383
Kynopolis 540
Kyrillos 202, 296, 777
Kyrillos-Liturgie 202
Kyros (kopt. Patriarch) 195

L
Labyrinth 536
Lakêta 780
Lampen 381
Landesflagge 77, 287
Landvermessung 132
Landwirtschaft 18–21
—, altägypt. 143–144
Lanze 149
Lapislazuli 149, 774
Latopolis s. Esna
Lebbechbaum 20
Lebenshaus 133
Lebensmüden, das Gespräch eines 126–127
Lebensregeln s. Weisheitsliteratur
Lebenszeichen 156, 211
Lederarbeiten, altägypt. 139
Leibniz 336
Leontopolis 197
Lepère 336
Lesseps, Ferd. von 336, 337
Letopolis 472
Leukôs Limên 774
Levantiner 26, 32
Libanesen 26
Libyer 26, 55, 608
Libysche Oasen 759–772
— Wüste 12, 13, 759
Lieder, altäg. 127
Linsen 19

Stichwortverzeichnis

Lischt 49, 525
Literatur, altägypt. 48, 125–129, 131
–, arabische 234–235
–, koptische 207
– im modernen Ägypten 37, 38
– zu Ägypten 277–281
Liwân s. Iwân
Lotosblume 21
Lotosbündelsäule 162
Löwe 141, 142
Ludwig IX. von Frankreich 70
– XIV. von Frankreich 336
Lukian 295
* Luksor 29, 589-601
* –, Tempel 592–598
–, Museum 598–601
Lupinen 19
Lüsterkeramik 240, 243
Luzerne 19
Lyker 55

M

Ma'at 91, 105, 148
Ma'atkarê, Gemahlin Pinodjems I., Mumie 372
Madrasa 244, 383, s. a. unter Kairo
Magawîsch 775
Maghâgha 540
Maghâra 777, 783
Magie 108
Mahalla el-Kubra 23, 325, 326
(el-)Maharráka 745, 746, 749
Mahasi 702, 741
Mahdi 232
Mahdi Allâm 37–38
Mahdistenaufstand 75
Mahes 327, 328
Mahfûs 37
Mahmud Teijmûr 37
Mahmudîja-Kanal 297
Mahu, Grab (Amarna) 567
Maidûm, Pyramide 525–527
Mais 19
Maj 567
Ma'kad 383
Makarius d. Ä. 197, 449
Makarius-Kloster s. unter Kloster des Makarius
Makedonier s. Ptolemäer
Makriši 392
Malachit 774, 783
Malerei, altägypt. 183–185
–, islam. 243

–, koptische 214–216
–, moderne 38
el-Malik el-Kâmil 70
Malikiten 232
Malkaf 146, 245–248
Malkata 684
Mamlûken 70, 224, 245–248
Mammisi 102, 155, 179, 588, 589, 697, 708, 728
al-Ma'mûn 68, 229, 233
Ma'mûra 314
Ma'mun el-Bata'ihi 393
Mandulis 734, 735
Manetho 41, 44
Manfalût 542
Mangan 787
Mango 20
Manhari 29
Manichäer 207, 229
Mankabat 542
Manna 782, 783
Manšâla 326, 337
Mansûra 70, 326
Mansurîja 701
Mara 339
Marabu 142
Marc Aurel 60, 295, 725
Märchen, altägypt. 127
Mareotis-See 33, 73, 323
Marienbaum 443
Mariette 351
Markus, Evangelist 60, 193, 212, 777
Markus-Liturgie 202
Marsa Alâm 774, 775, 780
Marsa Matrûh 316, 760
Maru-Aton 563
Ma'sarâ 167, 451
Maschhad 383
Maschrabîja 383
Maße der Kunstwerke 191, 192
–, heutige 287–288
Masr 347
Mastaba 171, 172–173
Mastaba des Anch-ma-Hor 514
– des Idu 469
– der Idut 486
– des Kagemni 514
– – Kar 468
– – – Mereruka 511–514
– – – Nefer-seschem-Ptah 514
– – – Ptahhotep 508–510
– – – Ptahschepses 474
– – – Ti 501–508

– el-Faraʿûn 47, 519
el-Matanja 539
Matarîja 443
Material für Statuen 179, 180
Mathematik 132
Matta al-Maskin 199
Maulbeerbaum 20
Maultier 143
Maurerarbeiten 167
Mausoleen, arab. 245, 246, 383
Meʿâdi 451
Mechu, Grab (Assuân) 716
Medamûd 686
Medîna 71, 220, 224
Medînet el-Faijûm 531, 534
– Hâbu 676–684
– Mâdi 207, 534
Medizin, altägypt. 133
Mehit-en-Usechet 679
Meketaton 53, 569
Mekka 71, 219, 220, 225
Mekkapilger 38, 225–226, 332
Meks 315, 318
Mellaui 541, 560
Memnon 685
Memnoneion 685
Memnonsgrab 625
Memnonskolosse 684
* Memphis 94, 475–479, 742
–, Balsamierungshaus 476, 479
* –, Koloß 476, 479
–, Ptahtempel 476, 479
* –, Sphinx 476, 479
Memphitische Lehre 100
Menas, hl. 318–319
Menas-Stadt 198, 199, 204, 212, 316, 318
Mendes 57
Mendesischer Nilarm 322
Menena, Grab (Theben Nr. 69) 661
Menes 64, 546
Mentuhotep (Könige) 49, 64, 581
–, Totentempel in Dêr el-bahri 640
Mêr 542
Merenptah 55, 65, 476
–, Grab (Nr. 8) 625
–, Mumie 371
Merenrê 64
–, Pyramide 451, 518
Mereruka, Grab 511–514
Meresanch III. 469
Merikarê 112
Merirê, Grab 564, 565
Meritamun, Gemahlin Amenophis' II.,

Mumie 372
Meritaton 53, 54
Meroë 726, 742
Meroïtische Schrift 747
Mesolithikum 45
Metallverarbeitung 137
Mihrâb 383
Milan 22
Militär, altägypt. 148
Miliz 148
Min 91, 104, 545
Minarett 243, 383
Mineralien 23
Minia 29, 540
Mission, altägypt. 85
–, christl. 201
–, evangel. 689, 704, 707
Mitanni 51, 52
Mithḳâl 392
Mitrahîna 476, 477
Mittelalter 68–72
Mnevis 444
Moʿalla 688
Mohammed, der Prophet 62, 219–222, 230
– Ali 72, 73, 248, 296, 445
– – Barrage s. u. Barrage
– el-Ichschîd 69
– en-Nâsir 71
Moḳáttam-Höhen 442
Mönch 199, 200
Mönchtum 61, 199
Mondgott 97
Mongolen 70, 224
Monophysiten 62, 194
Monotheismus, altägypt. 114
–, islam 229
Monotheletismus 195
Mons Claudianus 779
– Porphyrites 775, 779
Montaśa 314
Month 92, 687
–, Tempel von Karnak 613
Monthemhêt, Grab (Theben Nr. 34), 174, 647
Moërissee 530, 531
Moscheen 383, s. auch u. Kairo
Moscheenlampen 381
Moses 115, 332, 339, 782, 785, 786, 792
Mosesberg s. Gebel Mûsa
Mosesquelle b. Kairo 442, 443
Mosesquellen b. Sues 785, 787

Stichwortverzeichnis

el-Mu'aijad, Schêch 71
Mubârak 83
Mu'eššin 225
Mufti 232
Mu'išš 69, 385
Mu'išš-Kanal 328
Mumien 113, 367–372
Mumienporträt 113, 536
Mumienschacht (Cachette) 641
Mumienschändung 641
Mumifizierung 106, 113, 169
Mundöffnung 106, 107, 169, 454, 624
Munkar 227
Museen mit ägyptischen Altertümern 281–282
Musik, altägypt. 134
–, arabische 38, 235–236
–, koptische 202–203
Musiker 134
Musikinstrumente, altägypt. 134
–, heutige 38, 235–236
el-Musta'li 69
Musterdörfer 33, 78
Musterschatz der Kunst 190
Mut 92, 765
– Tempel 616
Muʻtašiliten 228–229
Mut-nedjmet 331
Mykerinos 47, 64
–, Pyramide 451, 467–468
Myós Hormos 774
Myrrhen 149, 741
Mysterienspiele 94, 156
Mystik, islam. 229–230
Mythen 98–102

N

Nabatäer 785
Nacht, Grab (Theben Nr. 52) 657
Nachtamun, Grab (Theben Nr. 335) 670
Nachtmin, Grab (Theben Nr. 291) 670
Nadûra 772
Naga ed-Dêr 544
Nag Hammâdi 197, 207, 544
Nagîb 76
Nagîb (Schriftsteller) 37
Nahas Pascha 76
Nahrungsmittel 28
Nakîr 227
Namen auf Statuen 181
Naophor 156
Naos 156, 176
Napata 56, 742

Napoleon Bonaparte 72, 73, 314, 336, 346, 432, 728, 787
Napoleonische Expedition 72, 129
Nashi 124
Nashorn s. Rhinozeros
Nâsir, Gamâl Abd-en 77, 78, 79, 339
Nasser s. Nâsir
Nationalflagge 8
Naturwissenschaften 132
Naukratis 324
Nawa 14
Nebamun und Ipuki, Grab von (Theben Nr. 181) 653
Nebet 488
Nebi Salih 786, 787
Nebîra 324
Nechbet 98, 694
Necho 66, 331
Nedjmet, Gemahlin Herihors, Mumie 372
Neferefrê 472
Neferhotep, Grab (Theben Nr. 49) 652
Neferhotep, Grab (Theben Nr. 50) 657
Neferirkarê 472
Neferronpet, Grab (Theben Nr. 178) 657
Nefertem 94
Neger s. Sudâni
Neith 92
Neḳâda 546
Nekropolenarbeiter 668
Nektanebês I. 66, 332, 726
– II. 66, 326, 327, 693, 762, 767
Nelson 73, 314
Neolithikum 45
Neos Dionysos s. Ptolemaios XII.
Nephthys 93, 102
Nero 60, 532, 588
Nerva 581
Nestorianer 30
Nestorius 544, 766, 770
Neu-Abu-Simbel 745, 746, 754–758
Neu-Ámada 745, 746, 750–753
Neu-Assuân 745, 746
Neu-Nubien 701
Neu-Sebû'a 745, 746, 747–750
Neues Tal 762
Neuland s. auch el-Wâdi el-gedîd
Neumen 134
Neunheit s. Götterneunheit
Ne-user-Rê 64, 175, 472
Nicäa, Konzil von 61, 296
Nil 14–17
–, mythologisch 15

Nilarme 322, 346, 445
Nilfeste s. Volksfeste
Nilhöhe 16
Nilmesser 238, 701, 712
Nilmündung 14
Nilpferd 97, 142
Nilquellen 14
–, Darstellung der (Philae) 729
Nilschwelle 15
Niltal 12, 13, 14
Nilüberschwemmung 15
Nitokris 56, 648, 679
Nitria 197
No 591
Nofretete 53, 563
Nofretiri, Gemahlin Ahmoses, Mumie 372
–, Gemahlin Ramses' II., Grab (Nr. 66) 675
Nofru 639
Nofru-Ptah 536
Nofrurê 166, 354, 552
Nomaden s. Beduinen
Nu, Grab (Theben Nr. 291) 670
Nubien 741–758, s. a. Unternubien, Obernubien u. Neu-Nubien
Nubier 26, 31, 49, 51, 149, 196, 212, 725, 733, 741–744
Nubische Schrift 31
– Sprache 31
Nun 100, 178
Nurîja 18
Nut 93, 99
Nutzland s. Fruchtland

O

Oasen 7, 13, 759–774, 787
Oasenbewohners, Klagen eines 127
Obelisk 47, 156, 176, 178, s. auch Kairo
– von Assuân 724
– der Hatschepsut 610
– Ramses' II. 595
– Sesostris' I. 443
– Thutmosis' I. 610
– – III. 709
Obeliskentempel 612
Oberägypten, Fahrt nach 538–546
Obernubien 742
Obstbäume 20
Octavian 58, 59, 295
Okka 281, 288
Oktoberkrieg 79
Ölfrüchte 19
Omaijaden 68, 223, 224, 237

Omar 63, 68, 223, 296
– Ibn el-Fârid 235
el-Omari 445
Ombos 546
Omdurmân 32
Omnibusse 288
On 444
Onophrius 787
Onuris-cha, Grab (Theben Nr. 359) 671
Opetfest 104, 596
Opferkammer 172
Opfertafel 157
Orakel 95, 104, 128, 762
Origines 60
Ornament, islam. 243
Osireion 577
Osiris 93, 101, 110, 577, 615, 616
Osiris-Apis 87, 499
Osirisfest 104
Osiriskapelle 586, 615, 768
Osirismythos 102
Osirismysterien 94
Osirispfeiler 157, 180
Osmanen 71, 248
Osorkon I. 66
– II. 327, 331
Ostrakon 157, 184, 668
Othmân 68, 220, 222
Oxyrhynchos 540

P

Pabasa, Grab (Theben Nr. 279) 645
Pachet 552
Pachomius 197, 200, 207
Paheri 693
Palämon 197
Paläolithikum 45
Palastanlage, altägypt. 146, 681, 682
Paläste, arab. 311
Palästina 49, 51, 53, 223, 608
Palermostein 44, 713
Palmen 20
Palmsäule 162
Pantherfelle 741
Panzer 149
Papier 140
Papyrusherstellung 140–141
Papyrussäule 161, 182
Papyrusstaude 21
Paradies 111
Pa-rem-nefer, Grab in Amarna 566
Paschalik 71
Paschedu, Grab (Theben Nr. 3) 670

Stichwortverzeichnis

Paß 288
Patriarch (Patriarchat) 61, 195
Paulus, Kloster 197, 777
Pausanias 685
Pavian 97, 142, 557, 754
Pelusischer Nilarm 322
Pelusium 58, 68
Pennût 745, 746, 752
Pentu 566
Pepi I. 64, 327
– II. 48, 64, 694, 720
Pepianch, Grab (Scharûna) 540
– – (Mêr) 542
Pepinacht, Grab (Assuân) 720
Peripteros 155, 683
Perseabaum 143
Perser 26, 57
Persergräber 498
Perspektive 185, 186, 188
Petamenophis, Grab (Theben Nr. 33) 174, 648
Petosiris, Grabtempel 174, 358, 557–559
Petrus von Alexandrien 207
Petubastis, Sagenkranz um 66, 128
Pfeil 138
Pfeiler 158
Pferd 21, 50, 142
Pflanzeninsel 21, 715
Pflanzensäulen 162
Pfortenbuch 623
Pharao 102
Pharos, Insel u. Leuchtturm 297
Pharsalus 58
Philae 82, 725–731, 742, 745
Philipp Arrhidaios 556, 610
Philister 55, 782
Phöniker 783
Phönix 444
Phosphat 13, 778
Photographie 288
Physiologus 207
Pianchi s. Pije
Pi-beseth 327
Pije 66, 325
Pilgerfahrt 225–226
Pinodjem 607
Pistis Sophia 207
Pithom 332
Plastik, altägypt. 179–182
–, kopt. 213–214
Platon 188, 233, 443
PLO 80, 83
Plutarch 129

Pnubs 747, 748
Polygamie 34
Polygnot 188
Polytechnikum 34, 445
Polytheismus 85
Pompejus 58
Porphyr 13, 782
Port Fu'âd 337
– Safâga s. u. Safâga
– Sa'îd 337
– Taufîk 335, 339
Porträt 181, 182
Post 288
Potiphar 127
Presbyterianer 30
Presse 37
Priesterkönige 328
Primis 753
Privatgräber in Theben 172–174, s. auch Theben
Proklos 233
Prophezeiungen 127
Protestanten 30, 201
Provinzen, heutige 10
Prozessionsstraße 166, 178, 613
Psametich I. 56, 66, 325, 499
– II. 66, 324
Pselkis s. ed-Dakka
Psusennes 331
Ptah 94, 100, 476, 479
–, Tempel von Karnak 612
Ptahhotep, Mastaba 508–510
Ptahschepses, Mastaba 519
Ptolemäer 57–59
Ptolemaios I. Soter I. 57, 67, 95
– II. Philadelphos 41, 57, 67, 326, 534
– III. Euergetes I. 58, 67, 326
– IV. Philopator 58, 67
– V. Epiphanes 67, 130
– VII. Euergetes II. 67, 747
– IX. Soter II. 67, 535
– XII. Neos Dionysos 58, 700
– XIII. 58, 295
– XIV. 58
– XV. Cäsarion 58, 588
– Astronom und Geograph 60, 233
Pujemrê, Grab (Theben Nr. 39) 651
Pumpwerke 18
Punt 48, 51, 132, 149, 637, 774
Pylon 159, 178
Pyramide 169, 450–458
– Amenemhêts I. 525
– – II. 451

– – III. 451, 535
Pyramide des Cha-Ba 451, 472
– – Cheops (die Große) 451, 459–462
*– – Chephren (die zweite) 451, 463, 468
– – Djedefrê 451, 471
– – Djedkarê 451
*– – Djoser 451, 481–486
– – Merenrê 451, 518
*– – Mykerinos (die dritte) 451, 467, 468
– – Neferefrê 474
– – Neferirkarê 451, 474
– – Ne-user-Rê 451, 472, 474
– Pepis I. 451, 518
– – II. 451, 518
– des Sahurê 451, 472, 474
– – Sechemet 144, 451, 499
– Sesostris' I. 525
– – II. 537
– – III. 451, 520
*– des Snofru 451, 521–524, 527
– – Teti 451, 510
*– – Unas 451, 489–491
– – Userkaf 451, 510
Pyramiden, Bau der 455
–, Geschichte 452–454
– von Abu Roâsch 451, 471
– – Abusîr 451, 472
*– – Dahschûr 451, 520–524
*– – Gîsa 451, 459–468
– – Hauwâra 535
– – Illahûn 537
– – el-Kûla 688
– – Lischt 525
– – Maidûm 525–527
– – Saḳḳâra s. Saḳḳâra, Pyramiden
– – Šaujet el-Arjân 451, 472
Pyramidenerbauer 47
Pyramidentempel 176
Pyramidentexte 112, 128
Pyramidion 159, 173–174

Q
Quadratnetz 182, 183
Quietismus 229

R
Raithu 785
Ramadân 225
Ramesseum 641–644
Ramla 293
Ramose, Grab (Theben Nr. 55) 173, 658–660
Ramses I. 65
–, Grab (Nr. 16) 627

Ramses II. 54, 65, 116, 127, 328, 544, 754
–, Kolosse 544, 754
– II., Mumie 369–371
– II., Obelisk 595
– II., Tempel in Abu Simbel 754–758
– II., Tempel in Abydos 579
– II., Tempel von Bêt el-Wâli 739
– II., Tempel von Gerf Husên 746
– II., Tempel in Luksor 592–598
– II., Tempel von es-Sebû'a 745, 746, 749
– II., Tempel in Theben (Ramesseum) 641–644
– III. 65, 546, 608
– III., Grab (Nr. 11) 626
– III., Mumie 371
– III., Tempel in Karnak 606
– III., Tempel in Medînet Hâbu 679–684
– IV. 780
– IV., Mumie 371
– V., Mumie 371
– VI. 65, 752
– VI., Grab (Nr. 9) 625
– VI., Mumie 371
– IX., Grab (Nr. 6) 625
– IX., Mumie 371
– XI., Mumie 371
Ramses-Stadt s. Ḳantîr
Raphidim 785
Râs Banâs 781
– el-Barr 315
– Gemsa 774
– Ghârib 774
– Mohammed 782
– Šafarâna 774
Râsi (Rhazes) 234
Rauschmittel 19
Rê 94, 100, 754, 755
Rê-Harachte s. Horus und s. Rê
Rechmirê, Grab (Theben Nr. 100) 664
Recht, altägypt. 148
–, islam. 227–232, 389
Regen 17
Reiher 22
Reinigung, rituelle 103
Reis 19
Reiseausrüstung 285
Reisezeit 289
Relief, altägypt. 182–183
–, kopt. 213–214
Religion, altägypt. 84–114
–, kopt. 193, 201–205
–, islam. 40, 218–222, 225–232
Renenutet 534
Republik 250, 258–260

Stichwortverzeichnis

Rhakotis 297
Rhinozeros 142, 143, 687
Rilke 95, 131, 606
Rind 21
Ritual 103–104
Riwāḳ 383
Rizinus 19
er-Rôda 70, 541, 554
Rohstoffe 22
Römer 26, 59–62
Rommel 319
Rosette 14, 296, 314, 325, 446
–, Stein von 130, 314
Rotes Kloster 199, 544, 573
– Meer 8, 10, 13, 22, 23, 149, 775, 776
Route Agricole 322–323
Rückenpfeiler 179
Rückert, Friedrich 234
Rudolf von Habsburg 70
Rundfunk 37, 39
Rundstab 159

S

Sâ el-Hagar (Saïs) 325
Saʿad Ṣaghlûl 75
Šabalin 348
Sabni I., Grab (Assuân) 718
– II., Grab (Assuân) 720
as-Sadat 79–82
–, Gihân 35, 82
Sadd el-âli s. Assuân, Hochdamm
Safâga 774, 778
Ṣafarâna 774
Saflor 19
Saft el-Hinna 332
Šagaṣîg 327, 328
Sahara Development 764, 765
Sahurê 48, 64, 472
Saʿîd 74, 336
Saʿîd Abdu 37
Saijid el-Badawi 323
Saijida Nafîsa 231
Saïs (Sâ el-Hagar) 325
Saïten 56, 57
Saïtischer Nilarm 322
Sajal-Akazie 786
Sâḳija 17, 144, 560

* **Saḳḳâra** 480–520
  * Apisgrüfte 499–501
  * Ärztegrab 514
    Dromos 501
    Frühzeitstraße 515

  Grab des Anch-ma-hor 514
  – der Chenut 488
  – des Haremhab 496–498
  – der Idut 486
  – des Iru-ka-Ptah 491
  * – des Kagemni 514
  – – Mechu 487
  * – – Mereruka 511–514
  – der Nebet 488
  – des Nefer 495
  – – Nefer-her-en-Ptah 491
  – – Nefer-seschem-Ptah 514
  * – – Ni-anch-Chnum 491–494
  * – – Ptahhotep 508–510
  * – – Ti 501–508
  * Gräberstraße 514
  Iseum 517
  Jeremiaskloster 496
  Mastaba el-Faraʿûn 519
  Persergräber 498
  Pyramide der Chuit 511
  * – des Djoser 481–486
  – der Iput 511, 518
  – des Merenrê 518
  – – Pepi I. 518
  – – Pepi II. 518
  – – Sechemchet 144, 499
  – – Teti 510
  – – Unas 489–491
  Userkaf 510
  Rasthaus 499, 518
  * Serapeum 499
  Sphinxallee 500
  * Stufenpyramide des Djoser 481–486
  Tiernekropolen 515–518
  Unas-Aufweg 491–495
  – – Gräber 491
  – – – Iru-ka-Ptah 491
  – – – Nefer 495
  – – – Nefer-her-en-Ptah 491
  * – – – Nianch-Chnum und Chnumhotep 491–494

Saladin (Salâh ed-Dîn) 69, 244, 396, 416, 420
Salben 140
Salbkegel 140
Salîb 201
Salîh 346, 389
es-Salihîja 328, 389
Salitis 50
Salomo 116, 207
Salz 23

Samalût 540
Samannûd 325
Sân el-Hagar (Tanis) 328–331
Sanatorium von Dendara 589
Sandstein 61
Sänger 134
Sarapis 61, 95, 296, 499, 532, 779
Sardinier 55
Sarenput I., Grab (Assuân) 720
– II., Grab (Assuân) 718
Sarg 160
Sargkammer 172, 173
Sargtexte 112, 113, 128
Sarkophag s. Sarg
Satis 709, 712, 726
Säuglingssterblichkeit 25
Saujet el-Arjan 472
– el-Maitîn 546
Säule, altägypt. 160–162
Säulenhallen des altägypt. Tempels 178
Schâba 324
Schabaka 66
Schadûf 17, 144
Schâfi'iten 232
Schagarat ed-Durr 70
Schakal 21
Schalûf 339
Schardana s. Sardinier
Scharî'a 232
Scharkîja 10
Scharûna 540
Schaśli 82
Schatb 701
Schattendarstellung, altägypt. 186
Schattenstab 179
Schêch Abâda 216, 541
Schêch Abd el-Ḳurna 654–667
– Sa'îd 570
Scheidungsrecht 34
Scheintür 163, 173, 207, 570
Schenûte 61, 195, 260, 544
– III. 81, 201, 205
Schepenupet I. 56, 627
– II. 56
Schepseskaf 47, 519
Scheschonk I. 56, 66, 116, 608
– III. 331
Schiefer 13
Schießstele von Karnak 599
Schiff in Gîsa 462
Schiffahrt 23, 538
Schiffbrüchigen, Die Geschichte des 127
Schiffsbau 139

Schî'a 231, 232
Schi'iten 69, 231
Schild 149
Schlangen 21
Schleier 34, 35
Scholastik 229
Schöpfräder 17, 144, 560
Schöpfung s. Weltschöpfung
Schreinerei, altägypt. 138
Schrift, altägypt. 119–125, 131, 184
–, arabische 39, 40, 124
–, demotische 123, 125, 726, 747
–, hieratische 122, 123
–, koptische 124, 209
–, kufische 124
Schriftarten, ägypt. 119–125
Schrifterfindung 45, 119, 131
Schriftsteller, heutige 37, 38
Schu 99
Schule, altägypt. 133, 134
–, heutige 36, 78
Schuttarna 52
Schwein 21, 45, 143
Schweinfurth 778
Schwemmland 13
Schwert 149
Schwimmen und Baden f. Reisende 289
Sebbah 18, 708
Sebekhotep III. 64, 693
Sebeknacht, Grab (Elkâb) 693
Sebennytischer Nilarm 322
Sebîl 246, 383
Sebir 792
es-Sebû'a 745, 746, 749, s. auch Neu-Sebû'a
Sechemchet, Pyramide 144, 451, 499
Sechmet 94, 95, 616, 686
Sechstagekrieg 78
See, heiliger 178
Seelenbegriffe 110, 111
Seevölker 55, 679
Sehenswürdigkeiten, wichtigste 251–260
eś-Śeitûn 762
Sekenenrê 65, 368
Sekten, islam 231–232
Seleukidenreich 58
Selîm I. 71, 72, 346
Selîma 772
Selkis 95
Semenchkarê 53, 54, 564
–, Mumie 369
Semiten 26, 550
Semna 745, 746
Senbi, Grab (Mêr) 542

Stichwortverzeichnis 827

Senenmut 166, 354
–, Gräber 639
Senf 19
Sennefer, Grab (Theben Nr. 96) 665
Sennodjem, Grab (Theben Nr. 1) 669
Septimius Severus 60, 685
Septuaginta 295
Seråbit el-Châdim 783
Serapeum in Alexandria 61, 295, 296, 299, 300
– bei Isma'ilîja 339
– in Saḳḳâra 499
Serapis s. Sarapis
Serbâl 785
Serdâb 172, 454, 484
Sesam 19
Seschât 96
Sesostris I. 64, 525, 543
– I., Obelisk 443
– II. 64, 537
– III. 64, 520
Setau 693
Seth 50, 96, 331, 546
Seth-her-chopeschef, Grab (Nr. 43) 674
Sethos I. 54, 65, 552, 608
– I., Grab (Nr. 17) 170, 627
– I., Tempel in Abydos 574–577
– I., Tempel el-Kanâjis 781
– I., Kenotaph (»Osireion«) 577
– I., Totentempel bei Ḳurna 618–620
– I., Mumie 369
– II., Mumie 370
Setom-Chaemwêse 128
Siamun 476
Sichelschwert s. Schwert
Sidi Abd er-Rahmân 316
Sidi Krêr 315
Šifta 325
Sikuler 55
Silko 738
Silsila 167, 689
Simeonskloster 212, 721–724
Sinai, Berg s. Horeb
Sinai-Halbinsel 8, 48, 77, 78, 782–792
Sinaikloster s. Katharinenkloster
Sinaischrift 131, 783
Sinân 392
Sinnûris 527
Sinuhe 49, 127
Sintflutsage 100
Siptah, Mumie 371
Sirius s. Sothis
Sisak s. Scheschonk I.
Sisal 19

Sistrum 134
Sistrumsäule 162
Sit-Hathor-Junet, Schmuck der 525, 537
Sitkamose, Mumie 372
Siût s. Assiût
Sîwa, Oase 57, 104, 760–762
Skarabäus 108
– in Karnak 613
Sketis 197
Sklaven 26, 32, 147, 169
Skorpion 21
Smaragdminen 774
Snofru 64, 527, 783
Sobá'a 9
Sobat 14
Sobek 96, 533, 534, 601, 689, 698, 701
s. auch Kôm Ombo
Soda 23
Sohâg 29, 61, 544
–, das Weiße u. das Rote Kloster bei 212, 570
Soknopaios 533
Soldaten, altägyt. 149, s. auch Militär
Soldatengrab (Assiût) 543
Sollum 8, 316
Son et lumière 344, 588
Sonne, die geflügelte 156
Sonnengesang 115, 563, 565
Sonnenglaube 47, 114
Sonnenheiligtum 175, 472
Sonnenkultus 47, 115, 561
Sonnenschiff 163, 472
Sorghum 19
Sopdu 783
Sothis 96
Sothisdatum 44, 45
Sowjet-Union 77, 79, 81
Soziale Gliederung, heutige 32, 34
– Verhältnisse, heutige 32
Spanien 68, 224
Spätzeit 56–57
Speiseliste 163
Speisen, altägypt. 145
–, heutige 275–276, 289
Spendenstelle s. Kultnische
Speos Artémidos 547, 552
Sphinx 96, 165, 180
– in Gîsa 466
– – Memphis 476
Sphinxallee 166, 501, 535, 598, 604, 614
Sphinxtempel 467
Spiele 135
Spielzeug 135

Sport, altägypt. 135
–, heute 289
Sprache, altägypt. 118–119
–, arabische 38
–, heutige 8
–, koptische 205
Sprüche Salomonis 116
Staat, altägypt. 147–150
–, heutige 208
Staatsbildung 45
Stadtanlage, altägypt. 146
Stadtdistrikte 10
Stadtmauer von Elkâb 692
Stände, soziale s. Gesellschaft
Standlinie 183
Stationstempel 178
Statuen 179, 181
Statuenraum s. Serdâb
Staudamm, 16, s. auch Barrage
– bei Assiût 16
– – Assuân 17, 742
– – Esna 16
– – Nag Hammâdi 16
– – Šifta 16
– Sadd el-âli 17, 743
Stausee 733, 743
Steinbearbeitung 136, 166, 167, 724–725
Steinbock 21
Steinbohrer 136, 167
Steinbruch 147, 166, 167, 569, 724–725, 779
Stele 164
Sternbeobachter 178
Steuerberechnung, alägypt. 46
Stickstoffwerke 18, s. auch KIMA
Stilgeschichte d. bildenden Kunst 182, 184, 185, 190
Stirnschlange s. Uräus
Stoffe, altägypt. 140
–, arabische 380
–, koptische 217
Storch 142
Strabo 60, 129, 297, 531, 536, 685, 713
Strauß 142, 741
Straußenei 203, 788
Stufenpyramide 481–486
Suchos s. Sobek
Sudân 75, 76, 142, 720, 746, 759
Sudâni 26, 32
Sudânneger s. Sudâni
Sues 13, 23, 335–336
Sueskanal 74, 75, 77, 336–339
Sufismus 230, 246, 391

Sûḳ 383
Sulaimân I. 72
Sündenbekenntnis, altägypt. 110, 112
Sunna 228
Sunniten 228
Sure 221
Syene 705, 713
Syenit 705
Sykomore 20, 749
Symbolische Zeichen 156
Symeon 200
Synagoge 61
Syrer 26
Syrien, alte Geschichte 51, 53, 149, 200, 223
–, neue Geschichte 77
Syringen s. Königsgräber

T
Tabak 23, 287
Tabenêse 61, 197
Tabût 18
Tacitus 685
Tâffa 745, 746
Taha Husên 37
Taharka 66, 357, 606, 613, 731
Tahrir 10
Tahta 29, 544
Takelothis 66
Talatât 601
Talmis s. Kalâbscha
Taltempel s. Totentempel
– des Chephren 464–466
Tamariske 20, 782, 787
Tanbûr 18
Tanis (Sân el-Hagar) 171, 328–331, 354
–, Könige von (Taniten) 56, 328
Tanta 323, 325
Tanz, altägypt. 134
Taposiris magna s. Abusîr
Tarbûsch 28
Tasa 543
Tauben 21, 142
Taufe s. Reinigung, rituelle
Taufîḳ 75
Taufîḳ el-Hakîm 37
Taufiḳîja-Kanal 445
Taxen 289
Tebtynis 534
Tef-ib, Grab (Assiût) 543
Tefnacht 56, 325
Tefnut 99, 692, 748
Tehna 540, 546

Stichwortverzeichnis

Teje, Königin 52, 531, 563, 564
–, Mumie 372
Tell el-Amarna s. el- Amarna
Tell Basta 327
– el-Dabʿa 50, 328
– el-Faraʿîn 324
– el-Jahudîja 327
– el-Masʾchûta 332
– el-Rotâba 332
Tempel 174–179
Tempelkult 103, 697
Tempelstatue 180
Temperatur 9
Teos 132
Teppiche 379–381, 475, 546
Therenutis 213
Terrassentempel s. Dêr el-bahri
Teschub 50
Teti 64, 510
Textilindustrie 23, 33, 350
Textilkunst, islam. 380
–, kopt. 216
Theater 37

* **Theben** 48, 589–686
  * Dêr el-bahri 633–640
  * Dêr el-Medîna 667–671
    Nekropole 669–671
    Stadt 668
    Tempel 667
    Geschichte 591–592

  * Königinnengräber 673–676
    Amun-her-chopechef (Nr. 55) 675
    Cha-em-wêset (Nr. 44) 674
    * Nofretiri (Nr. 66) 675
    Seth-her-chopechef (Nr. 43) 674
    Titi (Nr. 52) 675

  * Königsgräber 620–632
    * Amenophis II. (Nr. 35) 630
    Amenophis III. (Nr. 22) 632
    Eje (Nr. 23) 632
    * Haremhab 631
    Merenptah (Nr. 8) 625
    Ramses I. (Nr. 16) 627
    Ramses III. (Nr. 11) 626
    * Ramses VI. (Nr. 9) 625
    Ramses IX. (Nr. 6) 625
    * Sethos I. (Nr. 17) 627
    * Thutmosis III. (Nr. 34) 629
    * Tutanchamun (Nr. 62) 631
  * Medînet Hâbu 776–684

* Memnonskolosse 684–686
* Privatgräber 172–174, 644–677, 669–673
  Amenemheb (Nr. 85) 664

Theben

  Amenemheb (Nr. 278) 673
  Amenemhêt (Nr. 48) 173, 651
  Amenemhêt (Nr. 82) 664
  Amenemhêt (Nr. 340) 671
  Amenemînet (Nr 277) 672
  Amenophis-Hui (Nr. 40) 671
  Anch-Hor (Nr. 414) 645
  Antefoker (Nr. 60) 661
  Benia (Nr. 343) 666
  * Chaemhêt (Nr. 57) 660
  * Cheriûf (Nr. 192) 173, 651
  Djoserkaraseneb (Nr. 38) 656
  Haremhab (Nr. 78) 662
  Ibi (Nr. 36) 648–651
  Ineni (Nr. 81) 663
  Intef (Nr. 386) 641
  Ipui (Nr. 217) 670
  Ipuki (Nr. 181) 653
  Kenamun (Nr. 93) 665
  Kiki (Nr. 409) 654
  * Menena (Nr. 69) 661
  Monthemhêt (Nr. 34) 174, 647
  * Nacht (Nr. 52) 657
  Nachtamun (Nr. 335) 670
  Nachtmin (Nr. 291) 670
  Nebamun (Nr. 181) 653
  Neferhotep (Nr. 49) 652
  Neferhotep (Nr. 50) 657
  Neferronpet (Nr. 178) 651
  Nu und Nachtmin (Nr. 291) 670
  Onuris-cha (Nr. 359) 671
  Pabasa (Nr. 279) 645
  Pa-heka-men s. Benia
  * Paschedu (Nr. 3) 670
  Petamenophis (Nr. 33) 174, 648
  Pujemrê (Nr. 39) 651
  * Ramose (Nr. 55) 173, 658–660
  Rechmirê (Nr. 100) 666
  Senenmut (Nr. 71) 639
  – (in Dêr el-bahri, Nr. 353) 639
  * Sennefer (Nr. 96) 665
  * Sennodjem (Nr. 1) 669
  Simut s. Kiki
  Surêre s. Amenemhêt (Nr. 48)
  * Userhêt (Nr. 51) 657
  Userhêt (Nr. 56) 660
  Wah (Nr. 22) 656
* Ramesseum 641–644

Son et lumière 590
Totentempel des Mentuhotep 640
* Totentempel Sethos' I. 618–620
Theodizee 105
Theodosius I. 61, 121, 296, 449, 537
Theophilus 296
Thinitenzeit 46
This 544
Thoth 97, 556, 693, 694, 747, 748
Thoth-Kapelle 560, 694
Thoth-Tempel 556
Thoth-hotep, Grab (Dêr el-Berscha) 541
Thronfolge 102
Thuthmosis I. 51, 65, 601, 610
– I., Grab 171
– I., Mumie 368
– II. 51, 65
– II., Mumie 369
– III. 51, 65, 354, 731, 742
– III., Festtempel 611
– III., Grab (Nr. 34) 629
– III., Mumie 369
– III., Tempel in Dêr el-bahri 639
– III., Tempel von Medînet Hâbu 676
– IV. 65, 467
– IV., Mumie 369
–, Bildhauer 563
Thyrrhener 55
Ti, Mastaba 501–508
Tiberius 748
Tidswell 757
Tiere, heilige 85
Tierkreis von Dendara 588
Tiernekropolen 499, 515–518, 560
Tierzucht, altägypt. 142
et-Till 542
Timsâh-See 334, 335, 339
Tirâs 244, 389
Tischendorf 782, 791
Titi, Grab (Nr. 52) 675
Titus 60
Tôd 49, 687
Toëris 97
Toilettengeräte 137
Töpferkunst 136
Töpferscheibe 136
Tôr (Sinai) 782, 785
Totenbuch 111, 112, 128, 752
Totendienst 106
Totengericht 105, 109, 110, 668, 721
Totenglauben 101, 106–113
Totengötter 110
Totenliteratur s. Pyramiden- u. Sargtexte, Totenbücher, Unterweltsbücher

Totentempel 169, 176, 454, 462, 622
Towara 786
Trachom s. Augenkrankheiten
Trajan 58, 60, 295, 581, 701, 730, 779
Transkription arabischer Laute 2
Traumstele 467
Trinität, altägypt. 116, 756
–, christl. 61, 62, 229
Trinkgelder 289
Trojanisches Pferd 127
Tûch el-Karamûs, Schatz von 364
Tuluniden 68, 239–240
Tûna el-Gebel 174, 554, 557–560
Tunnel, Ahmed Hamdi- 786
Tura, Steinbrüche von 167, 445, 451
Turban 28
Türken (s. auch Osmanen) 26, 32
Türkis 774, 783
Tutanchamun (Tut-anch-Amun) 54, 65, 610
–, Grab (Nr. 62) 631, 632
Tutanchaton 54
Tutu (Grab in Amarna, Nr. 8) 566
Typhus 287
Typus, künstlerischer 181

U

Überschwemmung 15–17
Uch-hotep, Grab (Mêr) 542
UdSSR s. Sowjetunion
Uhren, altägypt. 133
Umm-Ebêda 762
Umschiffung Afrikas 133
Unas 64
– – Pyramide 489–491
UNESCO 733
Unsterblichkeitslehre, altägypt. 101, 111
Unternubien 741–758
Unterweltsbücher 172, 624
Upuaut 97, 543
Uräusschlange 21, 97
Uran 23
Ur-Ei 99
Urhügel 100, 178, 578
Urozean 101
USA 77, 78, 81, 83
Uschebti 108
Userhêt, Grab (Theben Nr. 51) 657
Userhêt, Grab (Theben Nr. 56) 660
Userkaf 472, 687
Uto 98

Stichwortverzeichnis

V
Valerianus 296
Vegetation 18–21
Verehrungstempel s. Totentempel
Verkehr 22–24, 139
Vernichtung der Menschen 100
Verstädterung 83, 347
Versteinerte Wald, der Große 443
– –, der Kleine 443
– –, der westliche 471
Versteinerungen 13, 445
Verwaltung 8, 10, 11
–, altägypt. 148
Verwunschener Prinz 127
Vespasian 295
Viehzucht 21
Viktoria-See 14
Visum 288
Vögel 22, 141
Vogelfang 141
Völkerschaften 26
Vokabular, deutsch-arabisches 261–276
Vorgeschichte 45

W
Wachs 142
Wâdi Abbâd 780
– Abu Karalja 781
– Abu Schîh 778
– Abu Sirân 780
– Arâba 774
– el-Arîsch 782
– Baramîja 780
– Bêda 780
– Farân 782, 783, 786
– el-Gasûs 775
– Gawâsîs 775
– el-gedîd 8, 23, 24, 762
– Halfa 8, 14, 743
– Hammamât 545, 774, 779
– Hof 445
– Ḳena 778
– Maghâra 783
– el-March 778
– Mia 781
– Mokattib 783
– Mubârek 775
* – Natrûn 61, 197, 212, 446–450
– –, Rasthaus 446
– Rôd el-aijid 780
– Rôsafa 780
– Schêch 787
– es-Sebû'a s. es-Sebû'a
– Tarfa 786
– et-Tîh 443
– Tumilât 322, 331
– Umm Dikâl 778
– Umm Tâghir 778
Waffen, altägypt. 149
Wagen 50, 139, 149, 361
Wagenbau 139
Wah, Grab (Theben Nr. 22) 656
Wahrheit und Lüge, Märchen von 127
Wakâla 383
Wallfahrt, koptische 204
Wallfahrt nach Mekka s. Pilgerfahrt
Wappenpflanzen 43, 610
Waran 21
Waschungen, religiöse 226
Wasserrad 18
Wasserschnecke 18
Wasserspeier 178, 697
el-Wasta 527, 539
Weben 149
Weihnachtslegende 102, 116, 597
Weihrauch 149, 687
Weinbau 20, 143
Weisheitsliteratur 126, 129
Weißer Nil 14, 15, 16
Weißes Kloster 544
Weizen 19
Weltbild, altägypt. 100
Weltkrieg, Erster 75
–, Zweiter 319
Weltschöpfung 99, 100
Weltvernichtung 100
Wenamun, Bericht des 127
Wepset 748
Werkverfahren der Flachkunst 182–184
Wertmesser 150
Wesir 148
Westcar, Papyrus 102, 127
Wetter 9
Widder 86
Widdersphinx 165
Wiedehopf 22
Wild 21, 141–142
Wildflora 21, 143
Wildstierjagd v. Medînet Hâbu 683
Winde 9, 667
Wirtschaft 22–24
Wissenschaften- altägypt. 132
Wissenschaften, arabische 233–234
Wochenbett, altägypt. 147
Wohnhäuser, altägypt. 145–146, 669
–, arabische 248, 249

– der Nubier 743
Wohnung 28
Wörterverzeichnis, arab. s. Vokabular
Würfelhocker 166
Wüste s. Arabische u. Libysche Wüste
Wüstenstraßen, östliche 772–775
–, westliche 322, 760–765
Wüstentiere 21, 141–142

X
Xerxes 76

Z
Zahlen, arab. 39, 271–272
Zahlenmystik 455
Zaubergeschichten 127
Zeichenweise, altägypt. 186–190
Zeit, osteurop. 289
Zeitrechnung, altägypt. 44
–, heutige 236, 289
–, islam. 236

–, koptische 204
Zeittafel 251–260
Zeltstangensäule 161
Zement 23
Zenobia 295
Zeus 95, 598
Zeus-Ammon 532, 762
Ziegelstreichen 146
Zierpflanzen 20
Zigaretten 23
Zitrusfrüchte 20
Zoan 328
Zoll 290
Zuckerfabriken 23, 541, 544, 687, 701
Zuckerrohr 19
Zuckerrübe 19
Zwerg 358, 720
Zwiebeln 19
Zwischenzeit, Erste 48
–, Zweite 50